做一个理想的法律人
To be a Volljurist

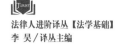

法律人进阶译丛【法学基础】
李 昊 / 译丛主编

德国债法各论

第16版

Schuldrecht Besonderer Teil
16. Auflage

〔德〕迪尔克·罗歇尔德斯
（Dirk Looschelders）/ 著

沈小军　陈丽婧 / 译

北京大学出版社
PEKING UNIVERSITY PRESS

著作权合同登记号　图字：01-2017-8010

图书在版编目(CIP)数据

德国债法各论：第 16 版／（德）迪尔克·罗歇尔德斯著；沈小军，陈丽婧译. --北京：北京大学出版社，2024.7
（法律人进阶译丛）
ISBN 978-7-301-34781-2

Ⅰ.①德… Ⅱ.①迪… ②沈… ③陈… Ⅲ.①债权法-研究-德国 Ⅳ.①D951.63

中国国家版本馆 CIP 数据核字（2023）第 248890 号

Schuldrecht Besonderer Teil, 16. Auflage, by Dirk Looschelders
© Verlag Franz Vahlen GmbH, München 2021
本书中文版由原版权方弗兰茨·瓦伦公司授权翻译出版。

书　　名	德国债法各论（第 16 版） DEGUO ZHAIFA GELUN（DI-SHILIU BAN）
著作责任者	〔德〕迪尔克·罗歇尔德斯（Dirk Looschelders）　著 沈小军　陈丽婧　译
丛书策划	陆建华
责任编辑	陆飞雁　陆建华
特邀编辑	张博文
标准书号	ISBN 978-7-301-34781-2
出版发行	北京大学出版社
地　　址	北京市海淀区成府路 205 号　100871
网　　址	http://www.pup.cn　http://www.yandayuanzhao.com
电子邮箱	编辑部 yandayuanzhao@pup.cn　总编室 zpup@pup.cn
新浪微博	@ 北京大学出版社　@ 北大出版社燕大元照法律图书
电　　话	邮购部 010-62752015　发行部 010-62750672 编辑部 010-62117788
印　刷　者	南京爱德印刷有限公司
经　销　者	新华书店
	880 毫米×1230 毫米　A5　30.375 印张　937 千字 2024 年 7 月第 1 版　2024 年 7 月第 1 次印刷
定　　价	188.00 元

未经许可，不得以任何方式复制或抄袭本书之部分或全部内容。
版权所有，侵权必究
举报电话：010-62752024　电子邮箱：fd@pup.cn
图书如有印装质量问题，请与出版部联系，电话：010-62756370

"法律人进阶译丛"编委会

主 编

李 昊

编委会

（按姓氏音序排列）

班天可	陈大创	季红明	蒋 毅	李 俊
李世刚	刘 颖	陆建华	马强伟	申柳华
孙新宽	唐波涛	唐志威	吴逸越	夏吴晗
徐文海	叶周侠	查云飞	翟远见	章 程
	张焕然	张 静	张 挺	

做一个理想的法律人(代译丛序)

近代中国的法学启蒙受自日本,而源于欧陆。无论是法律术语的移植、法典编纂的体例,还是法学教科书的撰写,都烙上了西方法学的深刻印记。即使是中华人民共和国成立后兴盛过一段时期的苏俄法学,从概念到体系仍无法脱离西方法学的根基。20世纪70年代末,借助我国台湾地区法律书籍的影印及后续的引入,以及诸多西方法学著作的大规模译介,我国大陆重启的法制进程进一步受到西方法学的深刻影响。当代中国的法律体系可谓奠基于西方法学的概念和体系之上。

自20世纪90年代开始的大规模的法律译介,无论是江平先生挂帅的"外国法律文库""美国法律文库",抑或舒国滢先生等领衔的"西方法哲学文库",以及北京大学出版社的"世界法学译丛"、上海人民出版社的"世界法学名著译丛",诸多种种,均注重于西方法哲学思想尤其英美法学的引入,自有启蒙之功效。不过,或许囿于当时西欧小语种法律人才的稀缺,这些译丛相对忽略了以法律概念和体系建构见长的欧陆法学。弥补这一缺憾的重要转变,应当说始自米健教授主持的"当代德国法学名著"丛书和吴越教授主持的"德国法学教科书译丛"。以梅迪库斯教授的《德国民法总论》为开篇,德国法学擅长的体系建构之术和鞭辟入里的教义分析方法进入我国大陆法学的视野,辅以崇尚德国法学的我国台湾地区法学教科书和专著的引入,德国法学在我国大陆当前的法学教育和法学研究中日益受到尊崇。然而,"当代德国法学名著"丛书虽然遴选了德国当代法学著述中的上乘之作,但囿于撷取名著的局限及外国专家的视角,丛书采用了学科分类的标准,而未区分注重体系层次的基础教科书与偏重思辨分析的学术专著,与戛然而止的"德国法学教科书译丛"一样,在基础教科书书目的选择上尚未能充分体现当代德国法学教育的整体面貌,是为缺憾。

职是之故,自2009年始,我在中国人民大学出版社策划了现今的"外国法学教科书精品译丛",自2012年出版的德国畅销的布洛克斯和瓦尔克的《德国民法总论(第33版)》始,相继推出了韦斯特曼的《德国民法基本概念(第16版)(增订版)》、罗歇尔德斯的《德国债法总论(第7版)》、多伊奇和阿伦斯的《德国侵权法(第5版)》、慕斯拉克和豪的《德国民法概论(第14版)》,并将继续推出一系列德国主流的教科书,涵盖了德国民商法的大部分领域。该译丛最初计划完整选取德国、法国、意大利、日本诸国的民商法基础教科书,以反映当今世界大陆法系主要国家的民商法教学的全貌,可惜译者人才梯队不足,目前仅纳入"日本侵权行为法"和"日本民法的争点"两个选题。

系统译介民商法之外的体系教科书的愿望在结识季红明、查云飞、蒋毅、陈大创、葛平亮、夏昊晗等诸多留德小友后得以实现,而凝聚之力源自对"法律人共同体"的共同推崇,以及对案例教学的热爱。德国法学教育最值得我国法学教育借鉴之处,当首推其"完全法律人"的培养理念,以及建立在法教义学基础上的以案例研习为主要内容的教学模式。这种法学教育模式将所学用于实践,在民法、公法和刑法三大领域通过模拟的案例分析培养学生体系化的法律思维方式,并体现在德国第一次国家司法考试中,进而借助于第二次国家司法考试之前的法律实训,使学生能够贯通理论和实践,形成稳定的"法律人共同体"。德国国际合作机构(GIZ)和国家法官学院合著的《法律适用方法》(涉及刑法、合同法、物权法、侵权法、劳动合同法、公司法、知识产权法等领域,由中国法制出版社出版)即是德国案例分析方法中国化的一种尝试。

基于共同创业的驱动,我们相继组建了中德法教义学QQ群,推出了"中德法教义学苑"微信公众号,并在《北航法律评论》2015年第1辑策划了"法教义学与法学教育"专题,发表了我们共同的行动纲领:《实践指向的法律人教育与案例分析——比较、反思、行动》(季红明、蒋毅、查云飞执笔)。2015年暑期,在谢立斌院长的积极推动下,中国政法大学中德法学院与德国国际合作机构法律咨询项目合作,邀请民法、公法和刑法三个领域的德国教授授课,成功地举办了第一届"德国法案例分析暑期班"并延续至今。2016年暑期,季红明和夏昊晗也积极策划并参与了由西南政法大学黄家镇副教授牵头、民商法学院举办的"请求权基础案例分析法暑期研习班"。2017年暑期,加盟中南财经政法大学法学院的"中德法教义学苑"团队,成功举办了"案例分析暑期培训班",系统地在民法、公法和刑法三个领域以德国的鉴定式模式开展了案例分析教学。

中国法治的昌明端赖高素质法律人才的培养。如中国诸多深耕法学教育的启蒙者所认识的那样,理想的法学教育应当能够实现法科生法律知识的体系化,培养其运用法律技能解决实践问题的能力。基于对德国奠基于法教义学基础上的法学教育模式的赞同,本译丛期望通过德国基础法学教程尤其是案例研习方法的系统引入,能够循序渐进地从大学阶段培养法科学生的法律思维,训练其法律适用的技能,因此取名"法律人进阶译丛"。

本译丛从法律人培养的阶段划分入手,细分为五个子系列:

——法学启蒙。本子系列主要引介关于法律学习方法的工具书,旨在引导学生有效地进行法学入门学习,成为一名合格的法科生,并对未来的法律职场有一个初步的认识。

——法学基础。本子系列对应于德国法学教育的基础阶段,注重民法、刑法、公法三大部门法基础教程的引入,让学生在三大部门法领域中能够建立起系统的知识体系,同时也注重扩大学生在法理学、法律史和法学方法等基础学科上的知识储备。

——法学拓展。本子系列对应于德国法学教育的重点阶段,旨在让学生能够在三大部门法的基础上对法学的交叉领域和前沿领域,诸如诉讼法、公司法、劳动法、医疗法、网络法、工程法、金融法、欧盟法、比较法等有进一步的知识拓展。

——案例研习。本子系列与法学基础和法学拓展子系列相配套,通过引入德国的鉴定式案例分析方法,引导学生运用基础的法学知识,解决模拟案例,由此养成良好的法律思维模式,为步入法律职场奠定基础。

——经典阅读。本子系列着重遴选法学领域的经典著作和大型教科书(Grosse Lehrbücher),旨在培养学生深入思考法学基本问题及辨法析理之能力。

我们希望本译丛能够为中国未来法学教育的转型提供一种可行的思路,期冀更多法律人共同参与,培养具有严谨法律思维和较强法律适用能力的新一代法律人,建构法律人共同体。

虽然本译丛先期以择取的德国法学教程和著述为代表,但是并不以德国法独尊,而是注重以全球化的视角,实现对主要法治国家法律基础教科书和经典著作的系统引入,包括日本法、意大利法、法国法、荷兰法、英美法等,使之能够在同一舞台上进行自我展示和竞争。这也是引介本译丛的另一个初衷:通过不同法系的比较,取法各家,吸其所长。也希望借助于本译丛的出版,展示近二十年来中国留学海外的法学人才梯队的更新,并借助于新生力量,在既有译丛积累的丰富经验基础上,逐步实现对外国法专有术语译法的相对统一。

本译丛的开启和推动离不开诸多青年法律人的共同努力,在这个翻译难以纳入学术评价体系的时代,没有诸多富有热情的年轻译者的加入和投入,译丛自然无法顺利完成。在此,要特别感谢积极参与本译丛策划的诸位年轻学友和才俊,他们是:留德的季红明、查云飞、蒋毅、陈大创、黄河、葛平亮、杜如益、王剑一、申柳华、薛启明、曾见、姜龙、朱军、汤葆青、刘志阳、杜志浩、金健、胡强芝、孙文、唐志威,留日的王冷然、张挺、班天可、章程、徐文海、王融擎,留意的翟远见、李俊、肖俊、张晓勇,留法的李世刚、金伏海、刘骏,留荷的张静,等等。还要特别感谢德国奥格斯堡大学法学院的托马斯·M.J.默勒斯(Thomas M. J. Möllers)教授慨然应允并资助其著作的出版。

本译丛的出版还要感谢北京大学出版社学科副总编辑蒋浩先生和策划编辑陆建华先生,没有他们的大力支持和努力,本译丛众多选题的通过和版权的取得将无法达成。同时,本译丛部分图书得到中南财经政法大学法学院徐涤宇院长大力资助。

回顾日本的法治发展路径,在系统引介西方法律的法典化进程之后,将是一个立足于本土化、将理论与实务相结合的新时代。在这个时代中,中国法律人不仅需要怀抱法治理想,还需要具备专业化的法律实践能力,能够直面本土问题,发挥专业素养,推动中国的法治实践。这也是中国未来的"法律人共同体"面临的历史重任。本译丛能预此大流,当幸甚焉。

李 昊
2018 年 12 月

序　言

本书新版(第 16 版)将教科书的内容更新至 2021 年 1 月中旬。新版包括了对 2020 年 12 月 10 日公布的转化《货物买卖指令》的法律草案以及 2021 年 1 月 13 日公布的转化《数字内容和数字服务合同指令》的政府草案的初步说明。虽然相应的新规定从 2022 年 1 月 1 日起才适用,但是德国债法与此相关的变化已经引起了学生们的极大兴趣。需要特别注意的是,新型冠状病毒大流行对合同性债法的影响。关于居间合同,2020 年 6 月 12 日公布的《关于公寓和单户住宅购买合同居间费用分配的法律》(BGBl. 2020 I 2911)已经涉及,新的判例也已全部得到了增补。特别值得一提的是,联邦法院各民事审判庭对买卖合同和承揽合同中拟制的瑕疵消除费用的可赔偿性做出的不同判决以及联邦最高法院对制造商在柴油丑闻中的侵权责任的判决。在租赁法中,关于联邦各州法律对租金上限容许性的规定得到了认可。此外,还对整本书进行了全面的审读和修订。衷心感谢上一版的读者提出了许多宝贵的建议和提示,还要非常感谢我的助手们,他们一如既往地支持我完成新版的定稿工作。读者来信请通过以下电子邮箱地址与我联络:LS. Looschelders@ hhu. de。

迪尔克·罗歇尔德斯
杜塞尔多夫,2021 年 1 月

2007年第1版序言

在拙著《德国债法总论》教科书面世5年后,《德国债法各论》现在也已交稿,其基本观念与"总论"相吻合。最重要的是,"各论"使债法的体系变得清晰,更易于学生理解。因此,在合同债之关系上我致力于突出其与普通履行障碍法的联系。

本教科书是在笔者债法各论课程的基础上完成的,包括大量从判例中选取的案例。借助这些案例可以使学生们明了,案例中所述及的问题以何种形式解答可能是重要的。抛开这一点,现行法在一些重要的领域(尤其是在不当得利法和侵权法领域)受到判例如此强烈的形塑,以致准确知悉相关指导判决似乎是不可缺少的。

在本书的写作过程中,我的助手们在很多方面都提供了帮助。尤其感谢我的学术助手 Christina Bruns、Hannah Gesing、Astrid Götz 以及 Véronique Wagner,学生助理 Mark Makowsky、Kirstin Smarowos 和 Bianca Walther 以及我的秘书 Bettina Jensen 女士;感谢我以前的学术助手候补文员 Marco Becker 先生、Dr. Sabine Boos 女士、助理教授 Thomas B. Schäfer 先生(日本东北大学)以及我的前任秘书 Gabriele Krüger 女士。

迪尔克·罗歇尔德斯
杜塞尔多夫,2007年1月

目 录

导　论 ··· 001
　一、债法各论的体系 ··· 001
　二、非典型合同与混合合同 ····································· 003

第一编　让与型合同与借贷合同

第一章　买卖合同 ··· 009
　第1节　基　础 ··· 009
　　一、债法改革与《消费品买卖指令》 ························ 009
　　二、其他发展 ·· 010
　　三、体系性 ··· 012
　　四、买卖合同的订立 ·· 013
　第2节　出卖人与买受人的义务 ································ 014
　　一、出卖人的义务 ··· 014
　　二、买受人的义务 ··· 015
　　三、出卖人的责任以及买受人就义务违反承担的责任 ··· 017
　第3节　买卖物的瑕疵 ··· 018
　　一、引言：买卖法瑕疵担保责任概览 ······················· 018
　　二、物的瑕疵的概念 ·· 019
　　三、属性偏离 ·· 020
　　四、与买卖物安装有关的缺陷 ································ 031
　　五、错误给付与给付不足量 ··································· 035

六、给付过量……041
　　七、权利瑕疵的概念……042
　第4节　买受人的权利……046
　　一、概览……046
　　二、继续履行请求权……048
　　三、解除……068
　　四、减价……079
　　五、损害赔偿请求权……080
　　六、费用补偿请求权(第437条第3项、第284条)……095
　　七、买受人的留置权和瑕疵抗辩权……096
　第5节　瑕疵担保权利的排除与限制……100
　　一、知悉或因重大过失而不知悉瑕疵(第442条)……100
　　二、约定的责任排除(第444条)……102
　　三、质物拍卖时瑕疵担保责任的限制(第445条)……104
　　四、商法上的检验义务与通知义务(《德国商法典》
　　　　第377条)……105
　第6节　消灭时效……106
　　一、概览……106
　　二、消灭时效期间……107
　　三、消灭时效的起算……108
　　四、解除权与减价权的排除……109
　　五、第138条在瑕疵后果损害上的适用……110
　　六、合同约定……111
　第7节　担　保……111
　　一、第443条规定的担保的约定与内容……112
　　二、属性担保与保质期担保……114
　　三、与第276条、第442条、第444条规定的担保
　　　　概念之间的关系……114
　　四、与法定瑕疵权利的关系……115

第 8 节　与买受人其他请求权与权利的竞合 ·········· 116
　一、基于错误的撤销 ······························· 116
　二、因恶意欺诈而生的撤销权 ······················ 118
　三、交易基础障碍 ································· 118
　四、缔约过失责任 ································· 120
　五、侵权 ··· 121

第 9 节　出卖人对供应商的追偿权 ·················· 126
　一、概述 ··· 126
　二、最终出卖人对供应商的权利 ···················· 127
　三、供应链条中的特殊性 ··························· 128
　四、追偿请求权的消灭时效 ························· 128

第 10 节　买卖法上的风险负担 ······················ 130
　一、买卖物的交付(第 446 条第 1 句) ··············· 130
　二、受领迟延(第 446 条第 3 句) ··················· 131
　三、寄送买卖(第 447 条) ·························· 132

第 11 节　附所有权保留的出售 ······················ 136
　一、问题的提出 ··································· 136
　二、简单的所有权保留 ····························· 137
　三、扩张的所有权保留(Erweiterter Eigentumsvorbehalt) ··········· 140
　四、延长的所有权保留(Verlängerter Eigentumsvorbehalt) ··········· 141
　五、加工条款 ····································· 142

第 12 节　权利或其他客体的买卖 ···················· 142
　一、权利买卖 ····································· 143
　二、尤其是：保理(Factoring) ····················· 145
　三、其他客体的买卖 ······························· 148
　四、关于含有数字内容合同的指令 ·················· 149
　五、尤其是：企业买卖 ····························· 150

第 13 节　特种买卖 ································ 153
　一、试用买卖(第 454 条、第 455 条) ··············· 153

目 录　003

二、买回(第456条及以下) …………………………………… 156
　　三、优先承买(第463条及以下) ……………………………… 157
第14节　消费品买卖 …………………………………………………… 160
　　一、适用范围(第474条) ……………………………………… 160
　　二、一般规定的不适用或修正(第475条) …………………… 165
　　三、在瑕疵责任方面的特殊性(第476条、第477条) ……… 169
　　四、对经营者追偿的特别规定 ………………………………… 178
　　五、关于担保的特别规定 ……………………………………… 179
第15节　国际买卖合同 ………………………………………………… 181
　　一、国际私法 …………………………………………………… 181
　　二、《联合国买卖法》和《欧洲共同买卖法》 ………………… 182
　　三、《欧洲共同买卖法》与新发展 …………………………… 182

第二章　其他让与合同 …………………………………………………… 185
第16节　互　易 ………………………………………………………… 185
第17节　分时居住权合同 ……………………………………………… 187
　　一、概述 ………………………………………………………… 187
　　二、概念与法律性质 …………………………………………… 188
　　三、消费者保护 ………………………………………………… 190
第18节　赠　与 ………………………………………………………… 193
　　一、概述 ………………………………………………………… 193
　　二、赠与人的保护 ……………………………………………… 196
　　三、附负担的赠与 ……………………………………………… 204
　　四、混合赠与 …………………………………………………… 205

第三章　金钱借贷与消费者借贷 ………………………………………… 208
第19节　概　述 ………………………………………………………… 208
　　一、借贷法的结构 ……………………………………………… 208
　　二、历史发展 …………………………………………………… 209
　　三、体系归类 …………………………………………………… 211

第20节　金钱借贷 ………………………………………… 212
　　一、(金钱)借贷合同的概念 ……………………………… 213
　　二、区分 …………………………………………………… 213
　　三、借贷合同的订立 ……………………………………… 214
　　四、基于借贷合同产生的义务 …………………………… 218
　　五、贷款的到期 …………………………………………… 220
第21节　消费者借贷 ……………………………………… 223
　　一、消费者借贷合同 ……………………………………… 223
　　二、有偿的金融协助 ……………………………………… 236
　　三、分期供给合同 ………………………………………… 240
　　四、无偿的借贷合同和金融协助 ………………………… 242
　　五、创业者 ………………………………………………… 243
　　六、不同约定 ……………………………………………… 243

第二编　转让使用的合同

第一章　使用租赁合同与商业租赁 ……………………… 247
第22节　一般使用租赁法 ………………………………… 247
　　一、概述 …………………………………………………… 247
　　二、使用租赁合同的缔结与生效 ………………………… 250
　　三、出租人的义务 ………………………………………… 252
　　四、出租人对物之瑕疵与权利瑕疵的责任 ……………… 257
　　五、竞合 …………………………………………………… 267
　　六、承租人的义务与责任 ………………………………… 272
　　七、租赁关系的结束 ……………………………………… 283
第23节　住房租赁的特殊性 ……………………………… 288
　　一、租赁合同的形式 ……………………………………… 288
　　二、关于租赁担保的约定 ………………………………… 289
　　三、出租人的留置权 ……………………………………… 290

四、承租人死亡时对其家属的保护⋯⋯⋯⋯⋯⋯⋯⋯⋯⋯⋯⋯ 294
　　五、租赁物出卖时对承租人的保护⋯⋯⋯⋯⋯⋯⋯⋯⋯⋯⋯⋯ 295
　　六、终止的保护⋯⋯⋯⋯⋯⋯⋯⋯⋯⋯⋯⋯⋯⋯⋯⋯⋯⋯⋯ 298
　第 24 节　商业租赁⋯⋯⋯⋯⋯⋯⋯⋯⋯⋯⋯⋯⋯⋯⋯⋯⋯⋯⋯ 306
　　一、商业租赁的种类⋯⋯⋯⋯⋯⋯⋯⋯⋯⋯⋯⋯⋯⋯⋯⋯⋯ 306
　　二、作为三人关系的商业租赁合同⋯⋯⋯⋯⋯⋯⋯⋯⋯⋯⋯⋯ 307

第二章　其他转让使用的合同⋯⋯⋯⋯⋯⋯⋯⋯⋯⋯⋯⋯⋯⋯⋯ 312
　第 25 节　用益租赁（Pacht）⋯⋯⋯⋯⋯⋯⋯⋯⋯⋯⋯⋯⋯⋯⋯ 312
　　一、用益租赁关系的概念与区分⋯⋯⋯⋯⋯⋯⋯⋯⋯⋯⋯⋯ 312
　　二、用益出租人的义务⋯⋯⋯⋯⋯⋯⋯⋯⋯⋯⋯⋯⋯⋯⋯⋯ 313
　　三、用益承租人的义务⋯⋯⋯⋯⋯⋯⋯⋯⋯⋯⋯⋯⋯⋯⋯⋯ 314
　　四、用益租赁合同的结束⋯⋯⋯⋯⋯⋯⋯⋯⋯⋯⋯⋯⋯⋯⋯ 315
　　五、农地用益租赁的特殊之处⋯⋯⋯⋯⋯⋯⋯⋯⋯⋯⋯⋯⋯ 315
　第 26 节　使用借贷⋯⋯⋯⋯⋯⋯⋯⋯⋯⋯⋯⋯⋯⋯⋯⋯⋯⋯⋯ 316
　　一、概述⋯⋯⋯⋯⋯⋯⋯⋯⋯⋯⋯⋯⋯⋯⋯⋯⋯⋯⋯⋯⋯ 316
　　二、当事人的义务与责任⋯⋯⋯⋯⋯⋯⋯⋯⋯⋯⋯⋯⋯⋯⋯ 317
　　三、使用借贷关系的结束⋯⋯⋯⋯⋯⋯⋯⋯⋯⋯⋯⋯⋯⋯⋯ 320
　第 27 节　物之消费借贷⋯⋯⋯⋯⋯⋯⋯⋯⋯⋯⋯⋯⋯⋯⋯⋯⋯ 322
　　一、基础⋯⋯⋯⋯⋯⋯⋯⋯⋯⋯⋯⋯⋯⋯⋯⋯⋯⋯⋯⋯⋯ 322
　　二、物之消费借贷的概念⋯⋯⋯⋯⋯⋯⋯⋯⋯⋯⋯⋯⋯⋯⋯ 322
　　三、消费借贷合同的成立⋯⋯⋯⋯⋯⋯⋯⋯⋯⋯⋯⋯⋯⋯⋯ 323
　　四、源于消费借贷合同的义务⋯⋯⋯⋯⋯⋯⋯⋯⋯⋯⋯⋯⋯ 323
　　五、消费借贷的到期⋯⋯⋯⋯⋯⋯⋯⋯⋯⋯⋯⋯⋯⋯⋯⋯⋯ 324

第三编　涉及行为的债之关系

第一章　雇佣合同与类似合同⋯⋯⋯⋯⋯⋯⋯⋯⋯⋯⋯⋯⋯⋯⋯ 329
　第 28 节　概　述⋯⋯⋯⋯⋯⋯⋯⋯⋯⋯⋯⋯⋯⋯⋯⋯⋯⋯⋯⋯ 329
　　一、雇佣合同与承揽合同⋯⋯⋯⋯⋯⋯⋯⋯⋯⋯⋯⋯⋯⋯⋯ 329

二、自由的雇佣合同（Freier Dienstvertrag）与劳动合同
  （Arbeitsvertrag） ……………………………………… 330
  三、雇佣合同的成立与生效 ………………………………… 333
第29节　当事人的权利与义务 ………………………………… 338
  一、受雇人的义务 …………………………………………… 338
  二、受雇人的责任 …………………………………………… 342
  三、雇佣人的义务 …………………………………………… 348
  四、给付障碍中的报酬请求权 ……………………………… 352
第30节　结束的原因 …………………………………………… 357
  一、受雇人死亡 ……………………………………………… 357
  二、到期 ……………………………………………………… 357
  三、终止 ……………………………………………………… 358
  四、废止合同 ………………………………………………… 362
第31节　治疗合同 ……………………………………………… 363
  一、治疗合同的定性与成立 ………………………………… 364
  二、治疗者的义务 …………………………………………… 365
  三、治疗者的责任 …………………………………………… 368
  四、患者的义务与不真正义务 ……………………………… 373
  五、住院治疗的特别规则 …………………………………… 374
第二章　承揽合同与类似合同 ………………………………… 377
第32节　适用范围与体系 ……………………………………… 377
  一、概述 ……………………………………………………… 377
  二、与买卖法的关系 ………………………………………… 378
  三、建筑合同法的改革 ……………………………………… 379
  四、其他特别规定与一般交易条款 ………………………… 382
第33节　合同的缔结与内容 …………………………………… 384
  一、缔约与生效 ……………………………………………… 384
  二、合同变更与定作人的命令权 …………………………… 386
  三、承揽人的义务 …………………………………………… 387

四、定作人的义务 ································· 390
　　五、风险移转 ····································· 396
　　六、承揽人的担保 ································· 399
第34节　物之瑕疵与权利瑕疵的担保 ······················ 402
　　一、第633条的瑕疵概念 ···························· 402
　　二、定作人依第634条的权利 ························ 405
　　三、瑕疵权利的排除 ······························· 416
　　四、消灭时效 ····································· 416
　　五、建筑师与建筑承揽人的连带债务人责任 ············ 420
第35节　承揽合同的结束 ································ 421
　　一、定作人终止 ··································· 421
　　二、承揽人终止 ··································· 422
　　三、出于重大原因的终止 ··························· 423
　　四、终止的形式 ··································· 423
第36节　包价旅游合同 ·································· 425
　　一、包价旅游合同的概念与界定 ····················· 426
　　二、包价旅游合同的当事人 ························· 429
　　三、包价旅游合同的订立 ··························· 434
　　四、合同当事人的主给付义务与附随义务 ············· 435
　　五、旅游活动开始前旅游合同的变更与解除 ··········· 436
　　六、合同转让 ····································· 439
　　七、旅游有瑕疵时旅游组织者的责任 ················· 439
　　八、(旅游组织者)破产时的保障 ···················· 454
第三章　居间合同与悬赏广告 ···························· 457
第37节　居间合同 ······································ 457
　　一、基础 ··· 457
　　二、委托人的义务 ································· 459
　　三、居间人的义务 ································· 460
　　四、居间合同的特别形式 ··························· 461

第38节　悬赏广告 ………………………………… 467
　一、基本原则 ……………………………………… 467
　二、构成要件 ……………………………………… 468
　三、界定 …………………………………………… 469
　四、撤回 …………………………………………… 470
　五、多人实施与多人共同参与 …………………… 470
　六、优等悬赏广告(第661条) …………………… 471
　七、获奖允诺(Gewinnzusagen，第661a条) …… 472

第四章　委托、事务处理及支付服务 ………………… 475

第39节　委托 ……………………………………… 475
　一、委托关系的重要特征 ………………………… 475
　二、受托人的义务 ………………………………… 477
　三、委托人的义务 ………………………………… 480
　四、委托关系的终结 ……………………………… 482

第40节　事务处理与非现金支付往来 …………… 484
　一、事务处理合同 ………………………………… 484
　二、支付服务 ……………………………………… 488

第41节　对建议、咨询及推荐承担的责任 ……… 495
　一、基于咨询合同而承担的责任 ………………… 496
　二、侵权责任 ……………………………………… 496
　三、信赖责任 ……………………………………… 496

第五章　无因管理 ………………………………………… 498

第42节　概述 ……………………………………… 498
　一、概论 …………………………………………… 498
　二、无因管理的功能 ……………………………… 499

第43节　正当的无因管理 ………………………… 501
　一、构成要件 ……………………………………… 501
　二、法律后果 ……………………………………… 513

第44节 不正当的无因管理 ... 519
 一、不正当无因管理的构成要件 ... 519
 二、管理人的义务 ... 519
 三、本人的义务 ... 524

第45节 非真正的无因管理 ... 525
 一、错误的自己事务管理 ... 525
 二、事务越权 ... 526

第六章 保管合同与旅店经营者责任 ... 528

第46节 保管合同 ... 528
 一、概述 ... 528
 二、保管合同的内容 ... 528
 三、界定 ... 529
 四、保管人的义务 ... 530
 五、保管人违反义务的法律后果 ... 531
 六、寄存人的义务 ... 534
 七、寄存人违反义务的法律后果 ... 535
 八、商法上的仓储行为 ... 536
 九、不规则保管合同 ... 536

第47节 旅店主人的责任 ... 538
 一、概述 ... 538
 二、构成要件 ... 539
 三、责任界限 ... 540
 四、旅店主人的质押权 ... 540

第四编 关于风险的合同

第48节 终身定期金合同 ... 545
 一、判例的继受 ... 545
 二、终身定期金作为继续性债之关系 ... 546

第49节　赌博合同与博彩合同 ·················· 547
　一、赌博与博彩(第762条) ···················· 547
　二、乐透合同和抽奖合同(第763条) ············· 549

第五编　债权的担保与确认

第50节　保证合同 ···························· 553
　一、保证合同的功能与结构 ···················· 553
　二、区分 ································ 555
　三、保证合同的效力 ························· 559
　四、主债务的存在及保证的范围 ················· 566
　五、保证事件的发生 ························· 568
　六、保证人的抗辩 ·························· 568
　七、保证的消灭 ···························· 571
　八、保证人的追偿权 ························· 572
　九、保证的特别形式 ························· 573
　十、与其他担保权利的竞合 ···················· 574

第51节　和解 ································ 577
　一、概念与功能 ···························· 577
　二、构成要件 ······························ 578
　三、一般的无效事由 ························· 578
　四、意思表示错误的情形 ······················ 579
　五、法律后果 ······························ 580

第52节　债务允诺与债务承认 ···················· 582
　一、独立的债务允诺与债务承认 ················· 582
　二、有因的债务承认 ························· 584
　三、无合同特征的承认 ······················· 585
　四、尤其：事故现场的承认 ···················· 585

第六编　不当得利法

第 53 节　基础 ··· 589
　一、不当得利法的发展与功能 ·· 589
　二、给付型不当得利与非给付型不当得利的区分 ················· 590
　三、法律和参引的体系性 ··· 591

第 54 节　给付型不当得利 ··· 592
　一、一般给付型不当得利 ··· 593
　二、给付不当得利的其他情况 ·· 602

第 55 节　非给付型不当得利 ··· 612
　一、一般的权益侵害型不当得利（第 812 条第 1 款
　　　第 1 句第 2 选项） ·· 613
　二、无权处分（第 816 条） ··· 619
　三、第 822 条规定的直索型不当得利（Durchgriffskondiktion）······ 628
　四、支出费用型不当得利 ··· 630
　五、求偿型不当得利（Rückgriffskondiktion）···················· 632

第 56 节　不当得利请求权的内容与范围 ······································· 634
　一、返还用益与替代物（第 818 条第 1 款）······················· 635
　二、价值赔偿（第 818 条第 2 款）······································ 636
　三、得利的丧失（第 818 条第 3 款）·································· 636
　四、受领人承担的加重责任（第 818 条第 4 款、第 819 条、
　　　第 820 条）·· 638
　五、双务合同回复的特殊性 ··· 644
　六、得利抗辩权（第 821 条）·· 650

第 57 节　多数人关系中特殊性 ·· 652
　一、问题的提出 ··· 652
　二、给付关系的复数性 ·· 653
　三、给付型不当得利与权益侵害型不当得利的竞合 ············· 663

第七编 非合同损害赔偿责任

第一章 导　论 ································· 669
　第 58 节　概要 ································· 669
　　一、责任法的功能 ····························· 670
　　二、基本判断 ································· 670
　　三、《德国民法典》侵权法的体系 ··············· 673
第二章 加害人根据第 823 条第 1 款承担的责任 ······ 675
　第 59 节　责任的基本问题 ······················· 675
　　一、构成要件该当性和行为违法性 ··············· 676
　　二、交往义务的意义 ··························· 676
　　三、违法阻却事由 ····························· 684
　　四、过错 ····································· 687
　第 60 节　第 823 条第 1 款的各个要素 ············ 693
　　一、法益侵害 ································· 693
　　二、违反义务的作为或者不作为 ················· 705
　　三、责任成立的因果关系 ······················· 708
　　四、违法性 ··································· 710
　　五、过错 ····································· 710
　　六、损害与责任范围的因果关系 ················· 711
　　七、责任排除事由 ····························· 711
　　八、法律效果 ································· 712
　第 61 节　一般人格权 ··························· 714
　　一、历史发展 ································· 714
　　二、一般人格权作为框架权 ····················· 716
　　三、重要的案例类型 ··························· 717
　　四、法律效果 ································· 724

第62节 营业权 727
　一、概述 727
　二、重要的案例类型 729
第63节 缺陷产品责任 732
　一、问题的提出 732
　二、在生产者侵权责任上的证明责任倒置 733
　三、生产者的交往义务 735
　四、《产品责任法》规定的产品责任 739
　五、《产品安全法》 744
　六、《药品法》规定的责任 744

第三章 《德国民法典》的其他责任要件 748
第64节 保护性法律的违反 748
　一、第823条第2款的功能 748
　二、保护性法律的概念 749
　三、规范的保护领域 751
　四、违法性与过错 752
第65节 故意以背于善良风俗之方法所加之损害 753
　一、第826条的功能 753
　二、第826条规定的责任要件 754
　三、案例类型 757
第66节 补充要件 763
　一、信用的危害（第824条） 763
　二、关于性行为方面的规定（第825条） 767
第67节 过错推定责任 769
　一、为事务辅助人承担责任（第831条） 770
　二、监督义务人的责任（第832条） 776
　三、因建筑物造成的损害（第836条至第838条） 780
第68节 为动物承担的责任 783
　一、基础 783

二、为奢侈动物承担的危险责任(第833条第1句) ……… 784
　　三、为用益动物承担的责任(第833条第2句) ……… 787
　　四、动物看管人的责任(第834条) ……… 788
　　五、就野生动物以及狩猎之损害所承担的责任 ……… 789
　第69节　公职人员和司法鉴定人的责任 ……… 790
　　一、概述 ……… 790
　　二、公务员在国库行为中承担的个人责任 ……… 791
　　三、国家在主权行为上的责任 ……… 794
　　四、司法鉴定人的责任(第839a条) ……… 799

第四章　多数加害人与责任内容 ……… 805
　第70节　多数加害人的责任 ……… 805
　　一、共同加害人与共同危险行为人(第830条) ……… 805
　　二、连带债务人关系(第840条) ……… 810
　第71节　损害赔偿请求权的内容与范围 ……… 814
　　一、人身损害赔偿义务的范围(第842条、第843条) ……… 814
　　二、间接受害人的请求权(第844条至第846条) ……… 816
　　三、物的损害的赔偿请求权(第848条至第851条) ……… 820
　　四、消灭时效 ……… 821
　第72节　不作为请求权与排除妨碍请求权 ……… 822
　　一、概述 ……… 822
　　二、不作为请求权 ……… 823
　　三、排除妨害请求权 ……… 824

第五章　危险责任 ……… 827
　第73节　理论基础 ……… 827
　　一、危险责任的基本思想 ……… 827
　　二、法律规定的结构 ……… 829
　第74节　《德国民法典》之外的危险责任构成要件 ……… 831
　　一、《道路交通法》规定的机动车保有人责任 ……… 831
　　二、根据《赔偿责任法》为轨道以及能源设施承担的责任 ……… 841

三、其他危险责任 …………………………………………… 844
缩略语表 ………………………………………………………… 849
参考文献（节选）………………………………………………… 861
条文索引 ………………………………………………………… 867
事项索引 ………………………………………………………… 879
判决索引 ………………………………………………………… 919
译后记 …………………………………………………………… 937

导　论

一、债法各论的体系

本书是根据《德国民法典》第 3 编第 8 章中规定的**债法分则**（第 433 条至第 853 条）*编写的。立法者从立法角度将特别重要的各种类型的债务关系法典化。在此可以根据产生原因（参见拙著《德国债法总论》**第 5 节边码 1）区分基于法律行为的债之关系和法定的债之关系。

1. 基于法律行为的债之关系

在基于**法律行为**的债之关系上，合同作为产生行为的**依据**处于中心地位。以单方法律行为为基础的悬赏广告（第 657 条）则属于例外（参见第 38 节边码 1 及以下）。

在合同债之关系的框架下，可以以对各债之关系具有**典型性的给付**种类为导向进行体系化分类。根据这一标准可以分为七个大的合同类型群体。

第一个合同类型群体针对的是物、权利或其他客体的永久移转。人们将其称为**让与型合同**（Veräußerungsverträgen）。[1] 属于让与型合同的有买卖合同、互易合同（第 480 条）和赠与合同（第 516 条至第 534 条）。其中，处于核心地位的是买卖合同（《德国民法典》第 433 条至第 479 条）。此外，立法者在债法改革（参见拙著《债法总论》第 2 节边码 15 及以下）过程中将有关分时居住权的合同在让与型合同部分纳入到了《德国民法典》（第 481 条至第 487 条）中，因为这也应当属于权利买卖的特别形态（参见

---

* 未特别注明法律名称的，在本书中均指《德国民法典》的条文。——译者注
** 本书以下简称《债法总论》。——译者注
〔1〕 参见 Oetker/Maultzsch Vertragl. Schuldverhältnisse § 1 Rn. 19。

第 17 节边码 2 及以下)。

4　　第二个合同类型群体涉及的是客体使用权的暂时让与(所谓的**使用权让与合同**,Überlassungsverträge)。属于此类的有租赁合同(第 535 条至第 580a 条)、用益租赁合同(第 581 条至第 597 条)、消费借贷合同(第 598 条至第 606 条)。此前,《德国民法典》第 607 条至第 610 条规定的借贷合同传统上也属于使用权让与型合同。自债法改革后仅剩实践中意义不大的实物借贷合同。反之,金钱借贷合同则与消费者借贷合同、分期供给合同一起被规定在第 488 条至第 515 条中。由于金钱借贷合同的归类在内容上似乎也超出了使用权让与合同,故应该根据其新的体系位置按照让与型合同处理。

5　　第三个合同类型群体是所有针对某种行为实施的合同(所谓的**行为合同**,Tätigkeitsverträge)。具有代表性的是雇佣合同(第 611 条至第 630 条)[包括医疗合同(第 630a 条至第 630h 条)]、承揽合同(第 631 条至第 650 条、第 650o 条)[包括建筑工程合同(第 650a 条至第 650h 条)和消费者建筑合同(第 650i 条至第 n 条)]。承揽合同在建筑师合同与设计师合同(第 650p 条至第 650t 条)、房地产开发合同(第 650u 条、第 650v 条)以及(包价)旅游合同(第 651a 条及以下)中可以找到一些特别形态。此外,应当提及的还有居间合同(第 652 条至第 656 条)、悬赏广告(第 657 条至第 661a 条)、委任(有偿)事务处理合同(第 662 条至第 676h 条)以及保管合同(第 688 条至第 700 条)。由于事项上的关联,立法者紧接着在保管合同中规定了将物携带进入旅店(第 701 条至第 704 条)的情形。这在教义学上是一个异类,因为它属于法定债之关系(参见第 47 节边码 1)。

6　　第四个合同类型群体包括民事合伙(第 705 条至第 740 条)及按份共同关系(第 741 条至第 758 条)等因多数人之**集合**形成的债之关系。[2]然而,在这里**民事合伙**属于合同债之关系,**按份共同关系**(Gemeinschaft)则可以归属于法定债之关系。[3] 由于民事合伙已经在公司法教科书中详

---

〔2〕参见 Medicus/Lorenz SchuldR BT § 47 Rn. 1。
〔3〕关于共同关系作为法定债务关系的资格参见 Staudinger/v. Proff, 2015, §741 Rn. 275。关于共同关系的教义学归类另参见 BGHZ 62, 243 (246):共同关系作为"法定债务关系的来源"。

细论述,且按份共同关系也主要在债法之外(也即在物权法、亲属法和继承法中)具有意义[4],故在此将不再对这两种债之关系作深入论述。

第五个合同类型群体涉及的则是**有关风险的合同**。属于此类的有终身定期金(Leibrente,第 759 条至第 761 条)、赌博、博彩(Spiel、Wette,第 762 条)、乐透及抽奖合同(Lotterie-und Ausspielvertrag,第 763 条)以及实践中特别重要的保险合同(在《德国民法典》之外,规定在《德国保险合同法》中)。[5]

第六个合同类型群体包括以**担保和确认债权**为目的的合同。属于此类的有保证(第 765 条至第 778 条)[6]、和解(第 779 条)、债务允诺和债务承认(第 780 条至第 782 条)。

第七个合同类型群体,也即指示证券(Anweisung,第 783 条至第 792 条)及无记名证券(Inhaberschuldverschreibung,第 793 条至第 808 条)应当归入**有价证券法**中,因此它们被规定在有价证券法的相关教科书中。[7]

2. 法定债之关系

紧接着《德国民法典》第二编规定了两种最为重要的法定债之关系,也即**不当得利**(第 812 条至第 822 条)和**侵权行为**(第 823 条至第 853 条)。除此之外则主要是**无因管理**(第 677 条至第 687 条),由于与委任和有偿事务处理合同的紧密联系,无因管理被规定在这些合同类型之后。

二、非典型合同与混合合同

由于当事人在**私法自治**的框架下可以自由地确定债之关系的内容(参见拙著《债法总论》第 2 节边码 2),当事人也可以这样构建合同,即合

---

[4] 关于第 741 条及以下的适用范围参见 Staudinger/v. Proff, 2015, §741 Rn. 21ff.。

[5] 关于保险合同与赌博(Spiel)和博彩(Wette)的历史渊源参见 Looschelders VersR 1996, 529ff.。保险合同法虽然属于债法,但它属于应当在专门教科书(比如 Looschelders/Paffenholz, Versicherungsvertragsrecht 2. Aufl., 2019; Wandt, Versicherungsrecht, 6. Aufl. 2016)中处理的独立的素材(Harke SchuldR Rn. 168ff.)。

[6] 参见 Emmerich SchuldR BT §14 Rn. 1;对有关风险的合同提供的担保的归类参见 Medicus/Lorenz SchuldR BT §1 Rn. 12。

[7] 参见 etwa Brox/Henssler HandelsR §37 Rn. 602ff.。

同包含来自法律规定的多个合同类型中的因素(混合合同)或者完全不符合某一类型(非典型合同)。[8]

12 　　**混合合同**可以区分为两种类型:类型结合(Typenkombination)和类型融合(Typenverschmelzung)。

　　类型结合总的来说是多个合同类型的典型给付的相互结合。例如,与宾馆签订的**住宿合同**(参见第47节边码1)中的给付义务由租赁合同(宾馆房间)、雇佣合同(服务)、买卖合同和承揽合同(比如膳食)等元素组成。[9] 主流意见认为应根据区分说和结合说来处理这些合同,根据这两种学说,每一具体给付应当按照各相关合同类型的规则来判断。[10]

　　如果类型结合存在对**其他典型对待给付**的约定,亦是如此。[11]

　　示例:出租人V针对物业管理员(Hausmeister)提供的服务并不向其支付金钱报酬,而是让与一个房间的使用权来替代。[12]

13 　　在有些情况中,多个合同类型的典型给付相互结合,甚至完全**融合**了。典型的例子是混合赠与(参见第18节边码27及以下),在混合赠与中受领人获得的给予(Zuwendung)部分是无偿的,部分是有偿的(与买卖一样)。由于区分说和结合说在这些情况下(至少在不可分给付上)很难实施,主流意见倾向于统一说或吸收说。根据这一学说,重要的仅是"占支配地位的"合同类型的规定,其余合同类型的元素将被"吸收"。[13] 最终,普遍性的指导原则也无法确定下来,解决方案总是需要借助各相关规定的价值判断。

　　一些混合合同在**合同实务**中已经实现了一定程度的类型化。这一点尤其适用于作为现代合同类型的保理(参见第12节边码8及以下)和融

---

　　　　[8] 关于这一区分 Larenz/Canaris SchuldR II 2 § 63; Medicus/Lorenz SchuldR BT § 57 Rn. 1ff.; Oetker/Maultzsch Vertragl. Schuldverhältnisse § 16 Rn. 1ff.。
　　　　[9] 参见 Palandt/Sprau Einf. vor § 701 Rn. 3。
　　　　[10] 参见 Medicus/Lorenz SchuldR BT § 57 Rn. 5。
　　　　[11] Oetker/Maultzsch Vertragl. Schuldverhältnisse § 16 Rn. 15f。
　　　　[12] Medicus/Lorenz SchuldR BT § 57 Rn. 14。
　　　　[13] Larenz/Canaris SchuldR II 2 § 63 I 3a; Oetker/Maultzsch Vertragl. Schuldverhältnisse § 16 Rn. 21。

资租赁(参见第 24 节边码 1 及以下)。

非典型合同的特征在于,其既不能归入法律上规定的合同类型,也不 14
能理解为多个典型合同的结合或混合。这些合同的内容首先应当根据当
事人的约定来判断。除此之外也应当将《德国民法典》总则和债法总则的
规定考虑进来。

示例:担保合同(Garantievertrag)是债权担保的工具。与此不同,对物的属性(Beschaffenheit)或持久性(Haltbarkeit)的担保自债法改革以来至少被提及了(第 443 条、第 479 条)。不过,这种担保的内容构建很大程度上还是应当一如既往地根据当事人的约定来判断(参见第 7 节边码 2 及以下)。[14]

参考文献:*Stoffels*, Gesetzlich nicht geregelte Schuldverträge, 2001.

---

[14] 关于担保(Garantie)详见 Larenz/Canaris SchuldR II 2 § 64。

第一编

让与型合同与借贷合同

传统的**让与型合同**有买卖合同、互易合同与赠与合同,这些合同的共同点在于,它们都以永久让与某个客体为目的,实践中最为重要的让与型合同是买卖合同。分时居住权合同作为一种现代的合同类型,也被添加进让与型合同行列,尽管它还不能完全地作为让与合同(参见第17节边码1及以下)。

第一章　买卖合同

第1节　基　础

一、债法改革与《消费品买卖指令》

买卖合同的相关规定在《德国民法典》第433条至第479条中。这些规定在2001年**债法改革**(参见拙著《债法总论》第2节边码15以下)时被完全重新拟定了。这一新规定旨在吸收1999年5月25日公布的关于消费品买卖与消费品担保若干方面的第1999/44/EG号指令(《**消费品买卖指令**》)的内容。[1] 当时仅有一个核心领域在该指令中被强制性规定了,即指令仅涉及那些消费者与经营者之间订立的买卖合同,并不涉及双方都是经营者或消费者的买卖合同。此外,对于消费品买卖合同也仅要求,对狭义上的瑕疵担保规定(瑕疵概念、解除与减价)以及应在某种意义上与此相关的消灭时效规定予以规范。相反,买受人对出卖人的(实践中非常重要的)损害赔偿请求权则不包含在指令中。最后,《消费品买卖指令》只是规定了**最低程度的统一**,对消费者给予更强有力的优待是被允许的。

2

立法者对《消费品买卖指令》逐点修改(即提出小的改革方案)并不会被阻止。然而,立法者决定进行广泛的改革(即提出大的改革方案)。广泛改革的目标在于**创造一个以《消费品买卖指令》的基本原则为导向并**

3

---

[1] 1999年5月25日欧洲议会及理事会关于消费品买卖与消费品担保若干方面问题的第1999/44/EG号指令,ABl. 1999 L 171, 12。

将买卖合同与承揽合同进行同化的统一的新买卖法。买卖法瑕疵担保制度也被并入了普通履行障碍法。这种方案避免了根据旧法一直重复出现的两个规范领域之间的评价矛盾(参见拙著《债法总论》第 2 节边码 15)。不过,这种方案的结果是,人们在判断买卖法上的问题时多数时候也必须将普通履行障碍法考虑进来。

法律比较:《消费品买卖指令》在一些欧盟成员国或者欧洲经济体成员国的转化不尽相同。[2] 在多数国家中,成员国买卖法并没有实施广泛的改革。确切地说他们决定,或多或少紧密地以指令为导向对消费品买卖进行特别规范(比如在英国、意大利、西班牙和芬兰)。在奥地利,人们虽然也选择了相对较为广泛的模式,但并未对普通履行障碍法进行广泛的改革。因此,总体上应当肯定的是,《消费品买卖指令》并未导致欧洲买卖法的统一。

4 大的改革方案的结果是,大量德国买卖法的规定都以欧盟指令为基础。在《消费品买卖指令》的直接适用领域要求**作出符合欧盟指令的解释**。不过,由于对消费者与经营者之间的买卖合同和私人之间或经营者之间的买卖合同作不同解释违反立法者进行统一规范的目的,故即便在消费品买卖之外,有疑问时也应以指令为导向。[3] 然而,如果人们能够从成员国法律的规定中清楚地得出,立法者对所涉规范作出了与欧洲法院不同的理解,并且其希望看到这一理解在指令之外能够得到维持,则应当作出不同判断。[4]

二、其他发展

5 通过 2013 年 9 月 20 日公布的法律[5]而对《**消费者权利指令**》

---

[2] Ausf. dazu Mansel AcP 204 (2004), 396ff.
[3] 对此详见 Leible in Gebauer/Wiedmann, Zivilrecht unter europäischem Einfluss, 2. Aufl. 2010, Kap. 10 Rn. 36。
[4] 一个实践例子参见第 4 节边码 6 及以下(继续履行的范围)。
[5] BGBl. 2013 I 3642.

（RL2011/83/EU）[6]实施**的转化**也给买卖法带来了一些重要修改，它们已于2014年6月13日生效。这些修改并不限于有关消费品买卖的规定（第474条及以下），而是也涉及普通买卖法（比如第443条）。[7] 在解释新规定时需要注意的是，《消费者权利指令》规定了**完全的统一**。因此，在《消费者权利指令》的适用领域[与《消费品买卖指令》不同（参见第1节边码1）]扩张对消费者的保护，原则上也是不允许的。[8]

2017年4月28日公布并于2018年1月1日生效的《**建筑合同法改革与买卖法瑕疵责任修改法**》[9]根据欧洲法院的判例[10]对**安装与拆除情形**中有关继续履行内容与界限的规定进行了调整（参见边码90及以下）。[11] 同时，**出卖人对供应商追偿权**的规定（原第478条、第479条）也被广泛地转移到了普通买卖法（第445a条、第445b条）中，因此不再限于消费品买卖（参见第9节边码2及以下）。最后，"出于让法律适用者能够清晰明了的缘故"，关于**消费品买卖**的规定（第474条及以下）并未重新进行大量内容修订。[12] 在这一点上关于经营者的追偿权也还能找到一些少量的特别规定（第478条）。 6

2019年5月20日，欧洲立法者发布了关于货物买卖某些方面的欧盟2019/771指令（《货物买卖指令》）。[13] 成员国应当在2021年7月1日前完成对指令的转化，并于2022年1月1日起适用为转化指令而发布的规定（《货物买卖指令》第24条第1款）。与之相应，《消费品买卖指令》将于2022年1月1日起废止（《货物买卖指令》第23条）。《货物买卖指令》 6a

---

[6] 2011年10月25日欧洲议会及理事会有关消费者权利的RL 2011/83/EU号指令，ABl. 2011 L 304, 64。

[7] 概览见Wendehorst NJW 2014, 577ff.。

[8] 参见Staudinger/Beckmann, 2014, Vorbem. zu §§ 433ff. Rn. 98；Schmidt-Kessel/Sorgenfrei GPR 2013, 242 (243ff.)。

[9] BGBl. 2017 I 969；对此参见Faust ZfPW 2017, 250ff.；Grunewald/Tassius/Langenbach BB 2017, 1673f.；Ulber JuS 2016, 584ff.。

[10] EuGH NJW 2011, 2269-Gebr. Weber und Ingrid Pütz = JA 2011, 629 (Looschelders)。

[11] 参见Begr. RegE, BT-Drs. 18/8486, 2。

[12] Begr. RegE, BT-Drs. 18/8486, 43。

[13] 参见Zöchling-Jud GPR 2019, 115ff.。

的转化将在德国买卖法领域内产生重大改变。联邦司法和消费者保护部已于 2020 年 12 月 10 日公开了关于规范含有数字内容之物的买卖和买卖合同其他方面的法律草案。[14] 草案在第 475b 条中加入了在含有数字内容之物的买卖中出卖人责任的特别规定(比如配备操作系统的电脑、智能手表[15])。这尤其包括出卖人为保持物与合同的一致性而提供的更新义务。如果当事人之间已经就数字内容的提供期间进行了约定,则根据第 475c 条的规定适用其他特别规定。此外,对第 434 条及以下也存在大量可以追溯到《货物买卖指令》的细节变化。不过,这些细节的变化并未伴随根本性的变化。[16]

三、体系性

7 买卖法的一般问题被规定在第 433 条至第 452 条中。这些规定仅直接涉及**物**的买卖。不过,对于**权利**及**其他客体**的买卖,第 453 条第 1 款参引了有关物的买卖的规定(参见第 12 节边码 2 及以下)。物的概念应当根据第 90 条的规定确定。也就是说,被包括的仅为**有形客体**。水和天然气也属于此。[17] 反之,暖气与电力则属于第 453 条意义上的其他客体。[18] 对于**数字内容**,亦是如此,只是其没有体现到成为买卖合同客体的某个数据载体(CD、DVD、USB 盘等)上(参见第 12 节边码 20)。[19] 动产与不动产原则上应当被同等对待,不过,对于土地和登记的船舶(第 452 条)可以找到特别规则(参见第 435 条第 2 句、第 436 条、第 438 条第 1 款第 1b 项和第 2 款、第 448 条第 2 款)。通过第 90a 条第 3 句,对于**动物**的买卖可以准用第 433 条及以下的规定。根据第 311c 条的规定,买卖物的**从物**在有疑问时也被合同一并包括。

---

〔14〕 可访问联邦司法和消费者保护部的网站主页:https://www. bmjv. de/SharedDocs/Gesetzgebungsverfahren/Dokumente/RefE_Warenkaufricht linie. pdf。
〔15〕 参见《货物买卖指令》立法理由 14。
〔16〕 这也适用于《货物买卖指令》Bach NJW 2019, 1705。
〔17〕 Erman/Grunewald § 433 Rn. 11; 其他观点见 Jauernig/Berger § 453 Rn. 11。
〔18〕 HK-BGB/Saenger § 453 Rn. 3.
〔19〕 参见 BeckOGK/Wilhelmi, 15. 10. 2020, BGB § 453 Rn. 173。

在第454条至第473条中可以找到一些关于**买卖的特别类型**,即试用买卖(第454条至第455条)、买回(第456条至第462条)以及优先承买权(第463条至第473条)。在这些特别类型之后立法者放置了一些有关**消费品买卖的特别规定**(第474条至第479条)。互易作为买卖的一种特别形式(对待给付非以金钱形式存在的有偿让与合同)在第480条通过简单地参引第433条及以下而得到了规定。

四、买卖合同的订立

买卖合同的订立应当根据一般原则(第145条及以下)确定。原则上**不存在形式强制**。不过,根据**第311b条第1款**的规定,关于土地的买卖合同必须作成公证证书(参见拙著《债法总论》第7节边码3及以下)。

参考文献:*Bach*, Neue Richtlinien zum Verbrauchsgüterkauf und zu Verbraucherverträgen über digitale Inhalte, NJW 2019, 1705; *Canaris*, Die Neuregelung des Leistungsstörungs- und des Kaufrechts- Grundstrukturen und Problemschwerpunkte, in E. Lorenz, Karlsruher Forum 2002: Schuldrechtsmodernisierung, 2003, 5; *Coester-Waltjen*, Der Kaufvertrag, JURA 2002, 534; *Faust*, Miniatur: Nacherfüllung und Einbau-Happy End für Verbraucher und Bauhandwerker, ZfPW 2017, 250; *Glöckner*, Die Umsetzung der Verbrauchsgüterkaufrichtlinie in Deutschland und ihre Konkretisierung durch die Rechtsprechung, JZ 2007, 652; *Grunewald*, Kaufrecht, 2006; *Grunewald/Tassius/Langenbach*, Die gesetzliche Neuregelung zu Ein-und Ausbaukosten im Kaufrecht, BB 2017, 1673; *Leible*, Kaufvertrag (§§433-480 BGB), in Gebauer/Wiedmann, Zivilrecht unter europäischem Einfluss, 2.Aufl. 2010, Kap.10, S.403-503; *Mansel*, Kaufrechtsreform in Europa und Dogmatik des deutschen Leistungsstörungsrechts, AcP 204 (2004), 396; *Reinicke/Tiedtke*, Kaufrecht, 8. Aufl. 2009; Schmidt-Kessel/Sorgenfrei, Neue Anforderungen an die Umsetzung verbraucherschützender Richtlinien, GPR 2013, 242; *Tiedtke*, Zur Rechtsprechung auf dem Gebiet des Kaufrechts, JZ 2008, 395 und 452; *Ulber*, Aktuelles Gesetzgebungsvorhaben: Änderung der kaufrechtlichen Mängelhaftung, JuS 2016, 584; Wendehorst, Das neue Gesetz zur Umsetzung der Verbraucherrechterichtlinie, NJW 2014, 577; Zöchling - Jud, Das neue Europäische Gewährleistungsrecht für den Warenhandel, GPR 2019, 115.

第 2 节 出卖人与买受人的义务

一、出卖人的义务

1　　物的出卖人的主给付义务被规定在第 433 条第 1 款中。其第 1 句规定,出卖人应当向买受人**交付物**,并**使买受人取得物之所有权**。

　　在特定物买卖时,出卖人的主给付义务是否包括使买卖物无物的瑕疵的义务,**在债法改革之前**争议很大。主流意见否定这一观点,其理由是,出卖人仅可能(且必须)如物现在事实上那般给付买卖物。因此,买卖法上物的瑕疵担保责任(原第 459 条及以下)在特定物买卖上属于一种特别的担保义务,不能理解为对给付义务违反的惩罚。[20] 相反,权利瑕疵担保则适用普通的履行障碍法(原第 440 条第 1 款)。

2　　与原来的通说相反,第 433 条第 1 款第 2 句(与《消费品买卖指令》相一致)表明,出卖人负有使买受人取得**无物的瑕疵及权利瑕疵**之物的义务。这一新的导向使得给付有瑕疵的物可以作为**出卖人违反义务的事由**认定(参见拙著《债法总论》第 22 节边码 10 及以下)。因此,对物的瑕疵的担保责任叩以并入到普通履行障碍法之中,权利瑕疵与物的瑕疵这一基础区分的必要性也因此丧失。最后,根据《消费品买卖指令》的规定,买受人可以被赋予**继续履行**(修理或更换)的请求权,旧法则只在种类之债中承认该请求权(原第 480 条)。

　　复习:买卖合同是一种负担行为。为使买受人取得所有权而履行从第 433 条第 1 款中产生的义务,虽然同样要求一个法律行为,但这里的法

---

[20] 参见 Larenz SchuldR II 1 § 41 IIe。

律行为是一个物权行为(处分行为),根据区分原则与抽象原则,该行为应与作为基础的买卖合同的行为区分开来(参见拙著《债法总论》第1节边码28)。[21] 因此,动产的让与应当根据第929条及以下的规定判断,土地的让与应当根据第873条和第925条的规定判断。与此不同的是,买卖物的交付(以使他人根据第854条的规定取得直接占有的形式)则是一个事实行为。在动产上交付可以是让与的组成部分(第929条)。不过,这一点并不是强制的(参见第930条、第931条)。在不动产上交付对于所有权的移转是不重要的。第433条第1款特别提及交付义务就表明了这一点。[22]

此外,出卖人还负担大量的**附随义务**,它们需要借助补充的合同解释(第133条、第157条)以及诚实信用原则(第242条)来具体化。根据第241条的体系,应当区分第1款(按照规定进行说明、按照规定进行包装等)规定的与给付有关的附随义务(**从给付义务**)与第2款规定的与给付无关的附随义务(**保护义务**)(参见拙著《债法总论》第1节边码12、21)。这一区分首先对出卖人违反义务时买受人的权利应当根据哪些规定来判断具有实际意义(参见边码31)。

3

二、买受人的义务

根据第433条第2款的规定,买受人负有**支付价款**的义务。根据第929条及以下的规定,这一义务的履行应当通过让与金钱或无纸化支付来实现(参见拙著《债法总论》第13节边码34)。

4

此外,第433条第2款规定,买受人应当受领购买的物。根据一般原则,受领给付只是一种单纯的不真正义务(参见拙著《债法总论》第1节边码26)。与之相反,**买卖物的受领**则被设计为一种**真正的法律义务**。因此,在未受领时买受人不仅陷于受领迟延,还陷于债务人迟延(参见拙著《债法总论》第36节边码2)。

5

---

[21] 参见 Petersen JURA 2004, 98ff. 。
[22] 参见 dazu Staudinger/Beckmann, 2014, §433 Rn. 103ff. 。

买受人**支付价款**的义务是一种主给付义务,这一义务与出卖人交付和让与买卖物的义务处于**对价关系**。也就是说,在这一点上第 320 条至第 322 条的规定是可以适用的。[23] 与之不同的是,**买卖物的受领**原则上是单纯的**从给付义务**。不过,当事人可以约定,受领应当是对价关系中的主给付义务。如果出卖人对受领具有更高的利益,则在补充合同解释(第 133 条、第 157 条)的过程中应以此为出发点。[24]

6　　买受人的其他义务被规定在第 446 条第 2 句、第 448 条中。根据第 446 条第 2 句的规定,买受人应当自买卖物交付时起承担物之**负担**的义务(第 103 条),比如买卖物为土地时的土地税。

深化:买受人承担物之负担的义务并不适用于开发费用及其他投资费用。合同订立时已经开始实施的措施,与此相关联的费用依第 436 条第 1 款的规定应由土地的出卖人承担,虽然这并不取决于金钱债务何时产生。这一特别规则系基于以下考虑,买受人应当被保护免遭与问题所涉费用存在关联但经常很难计算的负担的损害。[25]

7　　第 448 条第 1 款使买受人负担受领以及将物寄送至履行地点之外地方的**费用**。此外,根据第 448 条第 2 款的规定,土地的买受人还负担将买卖合同做成公证书、所有权让与、登记到土地登记簿以及做出登记所必要的费用。即便在消费者买卖方面,所有这些规范也都是**任意性的**(参见第 475 条第 1 款)。[26]

买受人除此之外的义务则可能从各买卖合同中产生。可以考虑到的不仅有**其他从给付义务**(第 241 条第 1 款),还有**保护义务**(第 241 条第 2 款)。具体化的实施在此需要借助补充的合同解释(第 133 条、第 157 条)以及诚实信用原则(第 242 条)。

示例:在原有的受领之外,买受人还负担在发送标的物时向出卖人提

---

〔23〕 参见 Medicus/Lorenz SchuldR BT § 4 Rn. 19。
〔24〕 Staudinger/Beckmann, 2014, § 433 Rn. 223f.
〔25〕 Staudinger/Matusche-Beckmann, 2014, § 436 Rn. 3.
〔26〕 Palandt/Weidenkaff § 448 Rn. 2.

供协助的义务,例如在申领必要的许可方面提供协助。[27] 如果买受人因为瑕疵已经向出卖人提供了发送的货物,则在出卖人取走之前,买受人应当妥善保管这些货物(第241条第2款)。[28]

三、出卖人的责任以及买受人就义务违反承担的责任

1. 出卖人的义务违反

如果出卖人违反了基于第433条第1款第1句负担的交付标的物及让与所有权的义务,则买受人的权利应当根据普通履行障碍法的规则判断。也就是说,在**给付不能**的情况下,出卖人的给付义务将消灭(第275条第1款)。不过,买受人原则上也不用支付价款(第326条第1款第1句)。如果出卖人应对给付不能或不知悉自始的给付障碍负责,则买受人还应基于第280条第1款、第3款,第283条或第311a条第2款的规定享有损害赔偿请求权或费用补偿请求权(第284条)。在**给付迟延时**,买受人可以根据第280条第1款、第2款,第286条的规定请求迟延损害的赔偿。此外,买受人还享有在一定期间之后解除合同的权利(第323条),以及请求替代给付的损害赔偿(第280条第1款、第3款,第281条),具体内容可以参见普通履行障碍法(参见拙著《债法总论》第20节边码1及以下)的介绍。关于风险负担方面的特殊性参见第10节边码1及以下。

如果出卖人违反**第433条第1款第2句**的规定未能使买受人取得**无物的瑕疵**与**权利瑕疵**的物,则买受人的权利基于**第437条的规定**,同样应当根据普通履行障碍法来确定。然而,也存在一些重要的特别规则,对此下文(参见第4节边码1及以下)将会进行详细介绍。

只要涉及的是出卖人违反其他义务,普通履行障碍法的规定就又可以直接适用了。也就是说,在**与给付有关的附随义务**上,买受人的权利应当根据第280条第1款、第3款,第281条或第323条来确定。在**保护义务**上则适用第280条及以下(可结合第280条第3款、第282条)和第324

---

[27] Staudinger/Beckmann, 2014, § 433 Rn. 243.
[28] Erman/Grunewald § 433 Rn. 60.

条的规定。

2. 买受人的义务违反

在买受人这边,最重要的义务违反存在于**不支付价款**上。由于第275条第1款不能适用于金钱之债(参见拙著《债法总论》第21节边码10),在这种情况下出卖人的权利应当根据给付迟延的规则来确定。也就是说,出卖人基于第280条第1款、第2款,第286条的规定享有迟延损害赔偿请求权。此外,出卖人还可以根据第280条第1款、第3款,第281条的规定请求替代给付的损害赔偿,以及根据第323条解除合同。如果买受人违反**受领买卖物**的义务,亦是如此(参见第2节边码5)。[29] 由于买受人在不受领买卖物的同时会陷于受领迟延,意外灭失及意外恶化的风险也将移转给他(参见第10节边码4)。此外,出卖人之利益,可以适用第300条第1款规定的责任减轻规则(参见拙著《债法总论》第36节边码15)。

若买受人违反与**给付有关的附随义务**(第241条第1款)或**保护义务**(第241条第2款),则出卖人的权利应当根据第280条及以下,以及第323条、第324条的规定来确定。[30]

参考文献:Müller/Hempel, Nebenpflichten des Verkäufers unter besonderer Berücksichtigung der Verjährung, AcP 205 (2005), 246; Petersen, Das Abstraktionsprinzip, JURA 2004, 98.

第3节 买卖物的瑕疵

一、引言:买卖法瑕疵担保责任概览

在检验瑕疵担保责任规则时最好以第437条为出发点。根据该规定,几乎所有瑕疵担保权利的核心要件都是当事人之间有效的**买卖合同**

---

[29] 参见 Reinicke/Tiedtke KaufR Rn. 187。
[30] 参见 Oetker/Maultzsch Vertragl. Schuldverhältnisse § 2 Rn. 484。

以及在重要的时间点存在**瑕疵**。因此,这一规定与使买受人取得无物的瑕疵与权利瑕疵的物的义务相关联(第433条第1款第2句)。买卖物何时**无物的瑕疵**与**权利瑕疵**,在第434条、第435条(结合第436条)中得到了具体规定(参见第3节边码2及以下)。

根据第437条的规定,**其他要件**取决于买受人行使何种请求权或者权利(参见第4节边码1及以下)。可以考虑的有继续履行(第1项)、解除或者减价(第2项)以及损害赔偿或者费用补偿。解除、损害赔偿以及费用补偿应当参引普通履行障碍法的规定,在这些问题上买卖法仅包含一些修正条款(参见第440条)。继续履行与减价被独立地规定在第439条与第441条中。对于减价,第441条通过提及解除(以代替解除)而与普通履行障碍法建立了联系。就继续履行而言,此种关联来自,解除和第280条第1款、第3款,第281条及第323条规定的替代给付的损害赔偿,原则上要求为继续履行设定一个期限。不过,继续履行请求权自身则可以直接行使。在排除涉及所有瑕疵担保并且无须过多论证消耗即可肯定时,尤其如此。

与行使何种请求权无关,最终还必须检验是否应当适用**责任排除事由**(参见第5节边码1及以下)或请求权是否已经根据第438条的规定**罹于消灭时效**(参见第6节边码1及以下)。

对于考试来说,从上文可以得出一个**统一的检验结构**,该检验结构将在本章末尾(参见第15节边码5)介绍。但在解答案例时不应当刻板地使用这一解题结构。比如在考试中可能要求,在一般要件(买卖合同、物的瑕疵或权利瑕疵)之后对可能的责任免除事由进行论述,而无须在此前对各种瑕疵担保权进行论述。这一点尤其适用于涉及所有瑕疵担保权的排除并且无须耗费太多论证即可肯定的情况。也就是说,如果出卖人的责任在个案中明显将被排除,详尽地检验各种瑕疵权利就显得无意义。[31]

二、物的瑕疵的概念

在债法改革之前,物的瑕疵概念是有争议的。争议围绕的问题是,在

2

---

[31] 详见 Fritzsche Fälle zum SchuldR I, Fall 25 Rn. 7。

认定物的瑕疵时究竟应首先以**客观标准**(也即买卖物的正常属性)还是以**当事人就买卖物的属性所作的(主观)约定**为导向。主流意见以**主观的缺陷概念**为基础。根据这种观点,对买受人而言,事实上的属性(实然属性)对合同负担的属性(应然属性)的任何不利偏离即为缺陷。[32] 只有当合同负担的属性没有主观地确定时,客观标准才具有决定性作用。这种模式符合意思自治的思想。根据意思自治的思想,当事人必须能够自主确定负担的属性。

3　　第434条第1款在**属性偏离**方面遵循了主观的缺陷概念。也就是说,重要的首先是当事人的约定(第1款第1句)。只要当事人尚未作出约定,物的性能(Eignung)才取决于合同预订的用途(第1款第2句第1项)。应以物是否适于通常的用途以及是否具有同种类物上通常具有且买受人根据物的种类能够期待的属性作为辅助标准(第1款第2句第2项)。[33]

4　　在这些属性偏离之外,第434条还规定了两种形式的物的瑕疵:**安装缺陷**(第2款)、**安装说明缺陷以及给付错误和给付不足量**(第3款)。

三、属性偏离

1. 买卖物的属性

5　　在不利的属性偏离(第434条第1款)方面首先需要阐明的是应当如何理解**属性**的概念。

(1) 一般标准

6　　《德国民法典》并没有对属性的概念进行定义。立法者尤其有意识地回避了如下问题:究竟是只包括那些在物理上直接附着于买卖物上的特征,还是也应当将处于买卖物之外的特征考虑在内。在由自己来确定负担属性的方面,当事人必须是自由的。第434条及以下和《消费品买卖指令》的保护目的支持广义解释。因此,主流意见合理地认为,属性的概念

---

[32] 参见 Larenz SchuldR II 1 § 41 Ia。
[33] So BeckOK BGB/Faust, 56. Ed. 1.11.2020, § 434 Rn. 2.

并不限于在**物理**上直接**附着**于买卖物之上的特征,而是也包括那些处于买卖物之外的特征,尤其是其**与环境的关系**。[34] 然而,第 434 条及以下的适用以所涉状况**与买卖物**展现出了某种**关联**为前提。[35] 这种关联也可以通过当事人的约定产生。[36] 否则的话,买受人仍然要依赖一般规定。可以考虑的尤其是因违反先合同释明义务而基于第 280 条第 1 款、第 311 条第 2 款、第 241 条第 2 款规定的缔约过失责任享有的请求权。对于买受人来说其优势在于,只有当出卖人应对义务的违反负责时,请求权才成立。

示例:属于买卖物属性的如土地的面积大小、租金数额[37]以及因为土地的地理位置邻近污水处理设施或者机场跑道等而引起的嗅觉负担或噪音负担。[38] 此外,还包括二手机动车的使用年限以及没有发生事故的状态[39],生产者担保的存在[40],买卖物的出产地(比如产自托斯卡纳的葡萄酒、产自意大利的进口汽车)[41],以及艺术品的著作权状况。[42]

(2)在合同预定地点的可使用性

在这一背景下可以提出的问题是,买卖物(比如电锯、洗衣用的甩干机)不能在**合同预定地点**被安装的情况是否属于物的瑕疵。联邦最高法院根据旧法认为,买受人在此并不享有瑕疵担保请求权,可以考虑的仅有基于缔约过失责任的请求权。[43] 相反,近期发表的一些文献中可以发现

---

[34] BGH NJW 2013, 1671 (1672); Brox/Walker SchuldR BT § 4 Rn. 10a; Emmerich SchuldR BT § 4 Rn. 11; Erman/Grunewald § 434 Rn. 4; Jauernig/Berger § 434 Rn. 7.

[35] 参见 Staudinger/Matusche-Beckmann, 2014, § 434 Rn. 54; Reinicke/Tiedtke KaufR Rn. 305ff.; einschränkend Erman/Grunewald § 434 Rn. 3; Grigoleit Leistungss törungen 55 (66ff.);与物理上物产关联的必要性;怀疑的见 BeckOK BGB/Faust, 56. Ed. 1. 11. 2020, § 434 Rn. 23; BGH NJW 2016, 2874 Rn. 13 则对此保持开放。

[36] 参见 Reinicke/Tiedtke KaufR Rn. 310。

[37] Zu Mietverträgen BGH NJW 2011, 1217; 批判见 Grigoleit Leistungsstörungen 55 (71)。

[38] 参见 BGH NJW-RR 1988, 10-Klärwerk; OLG Köln NJW-RR 1995, 531-Einflugschneise。

[39] Erman/Grunewald § 434 Rn. 9, 36; Emmerich SchuldR BT § 4 Rn. 12.

[40] BGH NJW 2016, 2874 mAnm Müller; 关于旧买卖法的其他观点见 BGHZ 132, 320。

[41] 参见 BGH NJW 2005, 1045-Erstzulassung in Italien。

[42] 参见 BGHZ 63, 369 (371); Staudinger/Matusche-Beckmann, 2014, § 434 Rn. 58。

[43] 参见 BGH NJW 1962, 1196-Motorsäge; BGH NJW 1985, 2472f.-Wäschetrockner。

很多肯定第 434 条第 1 款意义上物的瑕疵的意见。[44]

示例（BGH NJW 1962, 1196）：K 想从 V 那里为其锯木厂购置一台新的电锯，新机器应当被安装在原机器所在的相同位置。在合同谈判时 V 测量了安装地点，并向买受人表示已经足够。在发货后，买受人发现其所安装在约定位置的电锯因多出 805 毫米可能会伸入某轨道设施的运行轨道。V 因为过失忽视了这一点。K 向 V 请求返还价款。有无根据？

根据传统观点该案件中并不存在物的瑕疵，因为电锯不能使用并非电锯的属性，而是安装地点的属性引起的。[45] 因此，可以考虑的是因违反基于第 280 条第 1 款、第 311 条第 2 款、第 241 条第 2 款负担的必要咨询义务而产生的损害赔偿请求权。反对观点则以电锯不能使用完全由其物理上的属性引起为依据。此外，第 434 条第 1 款第 2 句第 1 项明确表示，买卖物应当适于合同预定的用途。[46] 因此，第 434 条第 1 款可以适用。

8 　　在评价这一争议时应当认为，**买卖物的可使用性**原则上完全属于买受人的风险领域。然而，如果当事人在这个问题上已经作出了以任意方式与买卖物的属性取得关联的特别约定，情况则有所不同。在这种情况下，若买卖物不具有物的可使用性，根据第 434 条、第 437 条的规定出卖人承担责任似乎是合适的。因此，在上述电锯案中应当肯定存在对买受人不利的属性偏离。如果关于买卖物可使用性的约定与属性之间并未表现出关联性，则买受人可以考虑的仅是基于第 280 条第 1 款、第 311 条第 2 款、第 241 条第 2 款的规定享有的损害赔偿请求权。独立于约定的是，就买卖物的可使用性可能承担了**担保**，因为根据第 443 条的新文本，担保也可以与涉及买卖物无瑕疵之外的要求相关联（参见第 7 节边码 1）。

（3）对不利属性偏离的怀疑

9 　　单纯的对不利属性偏离的**怀疑**能否成立第 434 条第 1 款意义上的物

---

[44] BeckOK BGB/Faust, 56. Ed. 1. 11. 2020, § 434 Rn. 22; Medicus/Lorenz SchuldR BT § 6 Rn. 4; 其他观点见 Palandt/Weidenkaff § 434 Rn. 86; Grigoleit Leistungsstörungen 55(74)。

[45] 参见 Canaris, Karlsruher Forum 2002, 2003, 64。

[46] 参见 BeckOK BGB/Faust, 56. Ed. 1. 11. 2020, § 434 Rn. 22。

的瑕疵,同样是有争议的。如果所涉的买卖物被预定用于转卖,并且基于(对属性偏离的)怀疑已经不能够再销售了,则会出现问题。

示例(BGHZ 52, 51; NJW 1972, 1462):K 两合公司从大型肉类经销商 V 那里购买了一批从阿根廷进口的兔肉。此后不久,《图片报》上报道,过去几星期有大约 50000 只感染了沙门氏病毒的兔子从阿根廷进口过来。由于已发货的兔肉因此不能再被销售,K 两合公司解除合同。这批兔肉后来被市场监管部门没收并销毁。这些兔肉是否真的感染了病毒在诉讼程序中无法再查明。

根据在文献中较为流行的一种观点,此种情况中并不是第 434 条第 1 款意义上的属性偏离,因为单纯对感染病毒的怀疑**与买卖物的物理属性并无关联**。[47] 然而,这种观点应当被反驳,因为属性的概念不应被限缩到物理属性上。[48] 撇开这一点不论,怀疑也非常可能涉及买卖物的物理属性。因此,联邦最高法院正确地认为,对不利属性偏离的怀疑可以成立第 434 条意义上的瑕疵。[49] 然而,"怀疑案例"的根本问题在于,并非任何如此模糊的怀疑都足以使出卖人负担第 434 条、第 437 条规定的严格赔偿义务。只有当怀疑基于具体的事实状况,且无法由买受人以可期待的措施消除时,才能肯定物的瑕疵的存在。[50] 在兔肉案中这些要件已经具备。因为这一怀疑已经因兔肉的出产地是阿根廷而得到了证实。为消除怀疑,可能需要对发送的所有兔肉进行检查,而这可能导致花费超出货物本身价值的费用。 10

(4)不利属性特征的持续性

根据旧法作出的判例,只有当出现问题的状况**持续地**附着于买卖物上时,才存在物的瑕疵。部分学者希望在第 434 条第 1 款的基础上坚持这 11

---

[47] So Erman/Grunewald § 434 Rn. 4; 其他观点见 Jauernig/Berger § 434 Rn. 14; Emmerich SchuldR BT § 4 Rn. 12。

[48] 参见 Oechsler Vertragl. Schuldverhältnisse Rn. 98; Reinicke/Tiedtke KaufR Rn. 308。

[49] So BGHZ 203, 98 = NJW 2015, 544 (对被二恶英污染的怀疑); 关于旧法见 BGHZ 52, 51; BGH NJW 1972, 1462. 关于这一问题详见 Schmolke AcP 215 (2015), 351ff.。

[50] BGHZ 203, 98 Rn. 43; 52, 51 (54); 另参见 OLG Karlsruhe NJW-RR 2009, 134。

一点。[51] 不过,对属性概念的这一限制并不能从第 434 条第 1 款中推导出来。如果买受人对一些并不具有持续性的状况(比如土地能够立即开展建筑施工)的存在具有特别利益,则买受人必须能够与出卖人作出相应的属性约定。[52]

2. 属性的约定

12 根据第 434 条第 1 款第 1 句的规定,应然属性的确定首先取决于当事人的**约定**。这种约定可以**明示**或者**默示**地作出。[53] 默示的属性约定是否存在于个案中需要通过解释来澄清。因此,在二手车买卖中联邦最高法院可以从"TÜV neu""HU neu"的表述中得出默示的约定,机动车在交付时应当处于适于进行主要检查(《道路交通许可条例》第 29 条)的满足交通安全的状态。[54]

"**约定**"的概念根据一般原则以彼此关联且相互一致的意思表示为前提(第 145 条及以下)。[55] 因此,出卖人就买卖物属性所作的**单方表述**本身是不够的。需要注意的是,买受人的意思表示总的来说应当包括对出卖人表述至少有默示的回应。买受人应当可以认为,出卖人就买卖物属性的表述不仅包括不具有约束力的事实性描述,而且也包括具有**法律拘束的意思表示**。因此,可以肯定的是属性约定的存在。[56] 然而,联邦最高法院最近多次强调,不同于旧法的属性约定,不再是"有疑问时"被肯定,而是在**确定无疑的情况**中才被考虑(参见第 4 节边码 140)。[57]

在**买卖土地**时,属性约定根据第 311b 条第 1 款第 1 句的规定需要作

---

[51] Oetker/Maultzsch Vertragl. Schuldverhältnisse § 2 Rn. 53.

[52] 参见 BeckOK BGB/Faust, 56. Ed. 1. 11. 2020, § 434 Rn. 25; Staudinger/Matusche-Beckmann, 2014, § 434 Rn. 55。

[53] 参见 BGH NJW 2009, 2807; 2013, 1074 (1075); Staudinger/Matusche-Beckmann, 2014, § 434 Rn. 64。

[54] 参见 BGHZ 103, 275 (280ff.); BGH NJW 2015, 1669 (1670)。

[55] Speziell zu § 434 I 1 BGH NJW 2018, 150 Rn. 20 = JA 2018, 146 (Looschelders) = JuS 2018, 577 (Gutzeit)。

[56] Brox/Walker SchuldR BT § 4 Rn. 9.

[57] BGH NJW 2008, 1517 (1518); 2013, 2107 Rn. 22; 2016, 2874 Rn. 16; 2017, 2817 Rn. 13; BB 2017, 2767 Rn. 18; NJW 2018, 150 Rn. 16.

成公证书。如果当事人未就出卖人在合同订立前对土地或建筑物属性的描述一同作成公证书,则根据联邦最高法院的判例,原则上应当认为,当事人**没有作出属性约定**。[58] 因为在肯定属性约定时没有作成公证书,根据第125条第1句的规定将导致合同无效,这可能无法与双方当事人的利益相协调。第311b条第1款第2句规定的补救机会不能仅因这个原因解释出不同结论,因为任何一方当事人在合同订立时都不能确保以后就真的可以补救。此外,为担保买受人的请求权而登记的物权合意的预告登记(第883条)可能无法产生。[59] 然而,这些考虑并不妨碍在具体化应然属性时应将出卖人根据第434条第1款第3句就土地或建筑物所为的**公开表述**考虑在内。[60]

如果出卖人向买受人出示了**试用品**或**样品**,则根据《消费品买卖指令》第2条第2款a字母项的规定,买卖物一般来说应当表现出试用品或样品具有的属性。第434条第1款中并没有特别提及这种情况,因为在这些情况中原则上应当肯定属性约定的存在。[61]

属性约定并不成立第276条意义上能够导致无过错损害赔偿责任的担保(参见拙著《债法总论》第23节边码24及以下)。这种担保的前提是,出卖人对不利的属性偏离承担无条件(无过错)的担保义务(参见第23节边码24及以下)。同样,属性约定在判例中也具有越来越重要的意义。[62] 因此,在属性约定被偏离时,解除权与替代整个给付的损害赔偿请求权通常并不会因为义务违反不严重(第281条第1款第3句、第323条第5款第2句)而无法成立(参见第4节边码38)。如果当事人约定了一揽子的责任免除事由,则因约定属性不存在而生的瑕疵权利原则上不被包括在内(参见第5节边码6)。最后,属性约定的偏离也不取决于买卖

---

[58] BGH NJW 2016, 1815 = JuS 2016, 841 (Gutzeit).
[59] BGH NJW 2016, 1815 Rn. 18.
[60] BGH DNotI-Report 2016, 145 = BeckRS 2016, 16412.
[61] 参见 Begr. RegE, BT-Drs. 14/6040, 212; Oechsler Vertragl. Schuldverhältnisse Rn. 108。
[62] 对此详见 Looschelders, FS Krüger, 2017, 263ff. 。

物适于合同预定用途或通常用途的能力是否受到了妨害。[63]

14 在实际的法律中，属性约定也可能会导致出卖人的**担保义务受到限制**。如果当事人将特定瑕疵的存在(比如拆装了零件的事故车)纳入了约定，即便买卖物不适于通常用途，并且没有表现出通常且买受人一般情况下能够期待的属性(第434条第1款第2句第1项)，也不存在不利的属性偏离。[64] 然而，在消费品买卖上，这些**消极的属性约定**也不能被用于规避瑕疵担保责任法的强制性特征而对买受人造成不利(参见第14节边码16)。

3. 适于合同预定用途

15 在不存在属性约定时，首先应当以买卖物是否适于合同内容预定的用途为标准(第434条第1款第2句第1项)。立法者借此将这一情况考虑在内，即当事人多数时候将其注意力更多地放在买卖物能否用于特定目的，而非放在买卖物的细节特征上。[65] 合同预定用途的确定并不要求**以法律行为作出约定**。当事人已经**一致地**以明示或默示的方式将出现问题的买卖物的用途**作为基础**，即足以认定合同预定了用途。[66] 买受人单方的期待，原则上是不重要的。然而，如果出卖人并不反对买受人的想象，则买受人单方的期待根据交易习惯也是足够的。[67] 并非只有在买卖物完全丧失这种用法的适合性时，适于特定用途的能力才会被否认；在适用性只是减弱时也是足够的。[68]

如果当事人约定的**属性**与**合同预定的用途**无法协调，也会发生问题。根据第434条第1款规定的体系位置，在这种情况下属性的约定应当具有优先地位。不过，合同的解释可能会得出使用目的应当具有优先地位的

---

[63] 参见 BGH NJW 2018, 150 Rn. 15ff.。
[64] 参见 Brox/Walker SchuldR BT § 4 Rn. 11; Adolphsen, FS Schapp, 2010, 1ff.。
[65] 参见 Begr. RegE, BT-Drs. 14/6040, 213。
[66] 参见 BGH NJW-RR 2012, 1078 Rn. 16; NJW 2017, 2817 Rn. 16; Palandt/Weidenkaff § 434 Rn. 20ff.; 支持合同约定必要性的有 BeckOK BGB/Faust, 56. Ed. 1. 11. 2020, § 434 Rn. 51f.。
[67] Erman/Grunewald § 434 Rn. 18.
[68] BGH NJW 2017, 2817 Rn. 18 = JA 2017, 865-Ebersamen.

结论。在当事人已经将约定的属性特征理解为买卖物根据使用目的必须满足要求的单纯具体化时,使用目的应当优先。[69]

示例:K从事建筑物霉变损害的清除工作。他想在V那里购买一台烘干设备,该设备应当适于500平方米的空间。在合同谈判时V也向K提供了如下咨询意见:要实现这一目的,设备必须提供特定的烘干功率(能力)。随后K向V订购了一台具有相应功率的烘干设备。然而,在使用这台设备时K发现,约定的功率只够用来烘干最多200平方米的空间。[70]

是否存在不利的属性偏离取决于,与属性约定相符的物不能以合同预定方式使用属于何人的风险领域。这一点应当通过解释当事人的约定(第133条、第157条)来查明。原则上买受人应当承担使用风险。如果出卖人在知悉使用目的的情况下向买受人推荐了特定的属性,则也可以从中看出使用风险的默示承担。[71] 也就是说,存在不利的属性偏离。

4. 适于通常用途并具有通常属性

只要当事人既没有就特定属性,也没有就特定使用目的取得一致意见,则根据第434条第1款第2句第2项的规定,取决于物是否适于通常用途,并表现出同种类物上通常具有且买受人根据属性的种类能够期待的属性。与文献中较为流行的一种观点不同,《德国民法典》在此**并没有遵循客观的缺陷概念**;确切地说,在不存在相反案件事实的情况下,应当**符合假设的当事人意思**,即物应当适于通常用途且表现出通常的属性。[72] 对于实际的法律适用来说,这意味着当事人的意思在这一领域也应当优先得到遵守。因此,合同预定用途与通常用途的区分是流动的。

什么应被视为**通常用途**,什么应被视为**通常属性**,应根据交易观念来判断。在此应当以普通买受人的**期待**为标准。[73] 进行比较的标准是**同**

---

[69] 参见 BeckOK BGB/Faust, 56. Ed. 1. 11. 2020, § 434 Rn. 49; Erman/Grunewald § 434 Rn. 19。

[70] 类似的例子参见 Reinicke/Tiedtke KaufR Rn. 324。

[71] 参见 Erman/Grunewald § 434 Rn. 19; Jauernig/Berger § 434 Rn. 12。

[72] Medicus/Lorenz SchuldR BT § 6 Rn. 18.

[73] 参见 Palandt/Weidenkaff § 434 Rn. 30。

种类物的用途以及属性。[74] 在通常的属性方面，新物与二手物的区分在进行比较时具有重要意义。[75] 二手物的"正常磨损"原则上并不属于物的瑕疵。[76]

17　　**期待**的概念应当在**规范意义上**确定。也就是说，重要的并不是买受人事实上的期待。确切地说取决于，买受人能够期待哪些属性。[77] 因此，联邦最高法院就**动物买卖**指出，如果"市场"对轻微的偏离以价格下降的方式作出了反应，对"生理学规范"的轻微偏离也不算是瑕疵。由于生物并不总是能够符合"生理学上的理想状态"，在无特别约定的情况下买受人不能期待能够获得具有"理想"特征的动物。[78]

　　示例：在一份针对柴油机尾气丑闻的指示性裁定中联邦最高法院论述道，配置了不被允许的——与正常机动车行驶相比将减少测试台上的氮排放的——关闭装置的机动车并不适于第434条第1款第2句第2项意义上的通常使用。大审判庭的依据是，在这些情况中机动车并不符合《机动车登记条例》的规定。因此，在按照规定再审之前，保有人会面临主管机关限制或者禁止机动车行驶的危险。阻碍买受人通常使用属性的阻力，并非到主管机关禁止或者限制行驶时才存在，而是在具有这些措施的可能性时即已经存在。[79] 也就是说，在相关情况中也并不取决于，驾驶性能或者机动车的消耗是否因不被允许的关闭装置而受到妨害。

5. 尤其是：出卖人或生产者的广告

18　　根据第434条第1款第3句的规定，买受人根据出卖人、生产者或其辅助人以具名方式在广告中的**公开陈述**能够期待的特征也属于通常属性。从体系性上考察，这一规定包含对第1款第2句第2项的补充规定。因为有关物的具体特征的广告表述与其他公开表述可能会对买受人的合

---

[74]　Begr. RegE, BT-Drs. 14/6040, 214; Reinicke/Tiedtke KaufR Rn. 327ff.
[75]　参见 BT-Drs. 14/6040, 214; HK-BGB/Saenger § 434 Rn. 13。
[76]　BGH NJW 2006, 434 (435).
[77]　BeckOK BGB/Faust, 56. Ed. 1. 11. 2020, § 434 Rn. 76; Reinicke/Tiedtke KaufR Rn. 329.
[78]　BGH NJW 2007, 1351 (1352f.); 批判见 Graf v. Westphalen ZGS 2007, 168。
[79]　BGH NJW 2019, 1133 Rn. 4ff. = JuS 2019, 489 (Arnold).

理期待产生重要影响。[80] 然而,出卖人的公开表述本身就可以肯定默示的属性约定。[81] 因此,第 1 款第 3 句主要对生产者的广告表述具有实际意义。出卖人必须忍受这些表述的归责,因为其自身也从生产者的广告中获得了好处。[82]

生产者的概念在第 434 条第 1 款第 3 句中通过参引《产品责任法》第 4 条第 1 款、第 2 款得到了定义。因此,半成品的生产者,所谓的准生产者以及进口商也包括其中。

辅助人包括所有由出卖人或生产者委托,就物的特征发表公开表述的辅助人员。[83] 所涉人员不必是出卖人、生产者的代理人(第 164 条)或履行辅助人(第 278 条)。[84] 被包括的还有为出卖人或生产者工作的独立广告机构。[85]

深化:"其辅助人"的表述是否与出卖人或生产者相关,根据语法解释规则仍然是不清楚的。德文版《消费品买卖指令》的文义指出,于此仅涉及生产者的辅助人(参见第 2 条第 2 款 d 字母项:"出卖人、生产者或其代理人。")。然而,并无明显理由,让出卖人为生产者的辅助人所为的表述承担比自己辅助人的表述更大程度的责任。因此,担保义务既适用于出卖人的辅助人自身,也适用于生产者的辅助人。[86]

作为公开叙述的例子,《德国民法典》在广告之外还列举了**标识**。与广告不同,这里涉及的并非对货物的赞美,而是对货物的描述(比如商品目录)。[87] 不过,使用说明不被包括在内。[88]

公开的叙述必须与物的**具体特征**相关。缺乏可验证内容的一般性

---

[80] 参见 Emmerich SchuldR BT § 4 Rn. 23f. 。
[81] 参见 Begr. RegE, BT-Drs. 14/6040, 214。
[82] HK-BGB/Saenger § 434 Rn. 15.
[83] Jauernig/Berger § 434 Rn. 16;另参见 OLG München ZGS 2005, 237。
[84] Staudinger/Matusche-Beckmann, 2014, § 434 Rn. 106.
[85] Palandt/Weidenkaff § 434 Rn. 36.
[86] 另参见 BeckOK BGB/Faust, 56. Ed. 1. 11. 2020, § 434 Rn. 81; Medicus/Lorenz SchuldR BT § 6 Rn. 19。
[87] Staudinger/Matusche-Beckmann, 2014, § 434 Rn. 104.
[88] Palandt/Weidenkaff § 434 Rn. 35.

(尤其是渲染性)的广告赞美("没有什么是不可能的""不能更白了"等)并不能使顾客就买卖物的属性产生合理期待。[89]

示例:汽车生产商 H 这样公开广告,他们的新款"Rapso"每100公里只需消耗2升生物柴油。K 随后在 H 的特约经销商 V 那里购买了一辆新款"Rapso"。不过,"Rapso"事实上每100公里需要消耗4升生物柴油。

考虑到广告的叙述(第434条第1款第3句),该机动车表现出了第434条第1款第2句第2项意义上的不利的属性偏离。[90] 也就是说,K 对 V 享有瑕疵担保请求权。

21　　出卖人可以根据第434条第1款第3句第2半句的规定免除责任,即自己对于生产者或辅助人就产品所作的表述既**不知悉**,也**不应当知悉**。也就是说,根据第122条第2款的定义,出卖人不知悉公开表述是否因过失引起。出卖人在多大程度上应当掌握生产者或辅助人相关公开表述的信息,不能一般性地确定。在这个问题上对特约经销商应当适用特别严格的要求。[91] 此外,在专业交易中也必须适用比其他营业性出卖人更为严格的标准。总的来说,私人没有争取知悉的义务。[92]

22　　根据第434条第1款第3句第2半句的规定,如果在合同订立的时候表述已经被**以旗鼓相当的方式纠正**或**未能影响购买决定**,则出卖人对公开表述的担保义务被排除。在实践中,这一免除责任的可能性并没有获得很大意义。

深化:令人费解的是,属性偏离的不同形式之间处于何种关系? 这种区分因以下原因而变得困难,即第434条第1款第2句第1项及第2项列举的特征在补充解释的框架下(第133条、第157条),是否存在第434条第1款第1句意义上的默示的属性约定问题,也需要加以考虑。[93] 在实

---

[89] BT-Drs. 14/6040, 214; Oetker/Maultzsch Vertragl. Schuldverhältnisse § 2 Rn. 73.
[90] 在更多燃料消耗上肯定瑕疵的有 BGHZ 132, 55 = NJW 1996, 1337; BGH NJW 2007, 2111;关于瑕疵的严重性参见第4节边码38。
[91] 参见 BeckOK BGB/Faust, 56. Ed. 1.11.2020, § 434 Rn. 81。
[92] Reinicke/Tiedtke KaufR Rn. 335.
[93] Canaris, Karlsruher Forum 2002, 2003, 57ff.; Grigoleit/Herresthal JZ 2003, 233ff.

际的法律适用中,只有对此存在具体案件事实时,才能肯定默示的属性约定。[94] 最近联邦最高法院也提示,应当在这一问题上保持谨慎。根据这种观点,(默示的)属性约定因为意义太过宽泛只能在"明白无误的情况下"予以肯定。[95]

6. 重要的时间点

不利的属性偏离应当**在风险移转时**(第 446 条、第 447 条)存在。也就是说,原则上重要的是物交付的时间点(第 446 条第 1 句)。因此,如果瑕疵在买卖合同订立时即已存在,但在交付之前已经消除了,则买受人不享有瑕疵担保请求权。

在买受物被受领之前,对瑕疵不存在的**证明责任**由出卖人承担。随着买卖物的受领,证明责任根据第 363 条的规定移转给买受人。[96] 这一点不仅适用于瑕疵的存在,也适用于瑕疵在风险移转时是否已经存在的问题。不过,依第 476 条的规定,在**消费品买卖**中,如果瑕疵在 6 个月内出现,则推定瑕疵在风险移转时即已存在(参见第 14 节边码 22 及以下)。

四、与买卖物安装有关的缺陷

1. 安装缺陷

根据第 434 条第 2 款的规定,与买卖物安装有关的缺陷也可能会导致物的瑕疵。在这个问题上第 1 句规定即使出卖人或其履行辅助人(第 278 条)没有妥当地实施安装工作(所谓的**安装缺陷**)在相当大程度上也是没有问题的。这里可以区分两种案例类型。值得考虑的是,安装缺陷导致了买卖物的瑕疵本身[97],发生第 1 款意义上的不利的属性偏离。不过,如果在风险移转时属性偏离尚不存在,则第 2 款第 2 句具有独立

---

[94] 另参见 BeckOK BGB/Faust, 56. Ed. 1.11.2021, §434 Rn. 41。
[95] BGH NJW 2008, 1517 Rn. 13.
[96] BGH NJW 2006, 434 (435); BeckOK BGB/Faust, 56. Ed. 1.11.2020, §434 Rn. 122.
[97] 参见 Begr. RegE, BT-Drs. 14/6040, 215。

意义。[98]

示例:K 在厨具工作坊购买了嵌入式厨房。V 承担了安装工作。V 的安装工人没有妥当地安装电气灶台,因此导致的短路使灶台严重损坏。灶台本身在风险移转的时候(第 446 条第 1 句)虽然没有物的瑕疵。不过出卖人从第 434 条第 2 款第 1 句的规定中产生了担保义务。

26　　然而,即便买卖物的**属性**本身**没有**因安装缺陷而**受到妨害**,有缺陷的安装也会成为物的瑕疵。立法理由书列举了如下情况:嵌入式厨房的出卖人将一些格子安装歪了并未损害合同预定的可使用性。[99]

27　　第 434 条第 2 款第 1 句适用的前提是,涉及的是**负有安装义务的买卖合同**。因此,这一规定的适用范围限于**安装并不构成**合同所负给付重心的情况。反之,如果安装处于中心地位,则属于第 631 条意义上的承揽合同。[100]

　　安装是否**妥当**应当根据与买卖物是否符合合同本身相同的标准来判断。[101] 也就是说,这里重要的首先是当事人的约定(第 434 条第 1 款第 1 句)以及合同预定的用途(第 434 条第 1 款第 2 句第 1 项)。

2.有缺陷的安装说明

28　　在某个被确定用于安装的物上,如果安装说明有瑕疵,根据第 434 条第 2 款第 2 句的规定也存在物的瑕疵。这一规定考虑的情况是,越来越多的买卖物(尤其是家具)按照规定将由买受人自己组装完成。因此,这一规定也被称为**宜家条款**。[102]

(1)安装说明的瑕疵

29　　说明安装**有瑕疵**的时间应当根据第 434 条第 1 款的标准来确定。也就是说,说明应当表现出约定的属性或者适于合同预定的目的,辅助性地

---

[98] 参见 BeckOK BGB/Faust, 56. Ed. 1. 11. 2020, § 434 Rn. 95; Reinicke/Tiedtke KaufR Rn. 338。

[99] Begr. RegE, BT-Drs. 14/6040, 215.

[100] 关于区分参见 BGH NJW-RR 2004, 850; MDR 2018, 1109; Erman/Schwenker/Rodemann § 650 Rn. 13ff.; Medicus/Lorenz SchuldR BT § 6 Rn. 23。

[101] Oetker/Maultzsch Vertragl. Schuldverhältnisse § 2 Rn. 84.

[102] 参见 Medicus/Lorenz SchuldR BT Rn. 93. 对此详见 Brand ZGS 2003, 96ff.。

应以通常用途及通常属性为标准。[103] 根据以上标准,安装说明总的来说必须使买受人处于无须较大困难即可将买卖物组装起来的境地。[104] 因此,如果安装说明是以外语(比如日语)撰写、不完整、具有误导性、内容错误或系针对其他款式,则无论如何都是有瑕疵的。[105]

与安装说明的瑕疵相关联的关键问题是,**可理解性**应当以何种**程度**为前提。主流意见以普通顾客的合理期待为标准。[106] 部分学者反对这种观点,因为对于相当一部分顾客来说,不能正确安装是不可忍受的。[107] 然而,这种抗辩系基于大部分顾客(甚至超过一半的顾客)仅具有平均水平以下理解能力的假设。因此,观点之争可以这样缓和,即人们在定义普通顾客时并不以统计的中间值为出发点,而以从技术方面的门外汉身上也能期待的一定基本技能为前提。在进行这种考察时将只存在少量处于平均水平之下的顾客。然而,在安装相应的物时这些顾客将依赖从专业人士那里寻求帮助。[108]

在**安装说明**完全**缺失**时也可准用第434条第2款第2句。[109] 因为在进行价值考察时说明是存在还是完全无法使用并无区别。

深化:根据文献中较为流行的一种观点,第434条第2款第2句可以准用于使用说明。[110] 不过,反对这种观点的理由有,第434条第2款第2句第2句后半句规定的排除要件并不适合于(参见第3节边码34)使用说明。[111] 此外,在使用说明存在瑕疵时大多已经具备第434条第1款的要件,因为物无法以合同预定方式或通常方式使用。[112] 因此,缺乏对类推

30

31

---

[103] 参见 Staudinger/Matusche-Beckmann, 2014, §434 Rn. 125。
[104] BeckOK BGB/Faust, 56. Ed. 1. 11. 2020, §434 Rn. 100.
[105] 参见 Erman/Grunewald §434 Rn. 56; Brand ZGS 2003, 96 (97)。
[106] 参见 Reinicke/Tiedtke KaufR Rn. 343; Brand ZGS 2003, 96 (97)。
[107] So BeckOK BGB/Faust, 56. Ed. 1. 11. 2020, §434 Rn. 100.
[108] 参见 Reinicke/Tiedtke KaufR Rn. 345。
[109] Erman/Grunewald §434 Rn. 58; Reinicke/Tiedtke KaufR Rn. 351; 其他观点见 Staudinger/Matusche-Beckmann, 2014, §434 Rn. 131;Brand ZGS 2003, 96 (97)。
[110] So NK-BGB/Büdenbender §434 Rn. 62; Erman/Grunewald §434 Rn. 59。
[111] Staudinger/Matusche-Beckmann, 2014, §434 Rn. 130.
[112] 参见 OLG München MDR 2006, 1338; Medicus/Lorenz SchuldR BT §6 Rn. 28; Brand ZGS 2003, 96 (97)。

适用必要的规范漏洞。

(2)法律效果

32　　如果安装有缺陷,则买受人的继续履行请求权原则上限于交付**没有缺陷的安装说明**。只有当买卖物在安装时**被损坏**或者**不再能毫无问题地拆解**时,买受人才享有交付无安装说明缺陷的**新物**的请求权。[113] 与此相反,买受人由出卖人对物进行重新安装的请求权多数会被拒绝。[114] 然而,根据已经在第 439 条第 3 款中得以法典化的欧洲法院和联邦最高法院的地板砖案判例,继续履行请求权可能会明显超出原来的履行请求权(参见第 4 节边码 6 及以下)。这背后的考虑是,根据《消费品买卖指令》第 3 条的规定,继续履行在消费品买卖中的实施对买受人必须为无偿且不能造成显著不便。然而,拆除和重新安装买卖物可能会产生显著不便。只要有缺陷的安装说明与砌入(比如嵌入式灶台)没有关联,第 439 条第 3 款就不能直接适用。不过,由于利益状态相似,类推适用是合理的。[115] 也就是说,买受人就拆除安装以及重新安装物所必要的费用对出卖人享有请求权。

33　　如果安装说明的瑕疵导致买受人**其他法益遭受损害**,则可以考虑基于第 437 条第 3 项、第 280 条第 1 款的规定提出损害赔偿请求权。除此之外,也可以考虑侵权法上的请求权(尤其是基于第 823 条第 1 款)。

示例:K 在 V 的家具店为其新出生的儿子(S)购置了一个襁褓抽屉板,该抽屉板应由买受人安装。由于 V 制作的安装说明存在缺陷,K 在组装襁褓抽屉板时没有妥当加固。其后果是,S 在翻身时连同托架一起从桌子上跌落并受伤。K 向 V 请求赔偿治疗费用。有无道理?

K 可能基于第 437 条第 3 项、第 280 条第 1 项的规定享有损害赔偿请求权。要件首先是一个有效的买卖合同。K 与 V 已经订立了买卖合同。

---

[113] Staudinger/Matusche-Beckmann, 2014, § 434 Rn. 140; Emmerich SchuldR BT § 4 Rn. 28.

[114] Reinicke/Tiedtke KaufR Rn. 353; Palandt/Weidenkaff § 434 Rn. 51; 其他观点见 Staudinger/Matusche-Beckmann, 2014, § 434 Rn. 141ff.; Oetker/Maultzsch Vertragl. Schuldverhältnisse § 2 Rn. 206; Gruber VuR 2002, 120 (123); 其他观点见 MüKoBGB/Westermann § 434 Rn. 42。

[115] 另参见 Faust ZfPW 2017, 250 (255)。

似乎有问题的是,S 不是合同当事人。不过,他已经被纳入了 K 与 V 之间买卖合同的保护范围(参见拙著《债法总论》第 9 节边码 2 及以下)。此外,还必须存在物的瑕疵。这种物的瑕疵以有缺陷的安装说明的形式存在(参见第 434 条第 2 款第 2 句)。对于因瑕疵发生的损害赔偿请求权,第 437 条参引了第 280 条及以下以及第 311a 条。由于 S 请求与给付并存的损害赔偿,应当检验的是第 280 条第 1 款。债务关系(买卖合同)及义务违反(违反使买受人取得无物的瑕疵的物的义务)的要件已经得到了肯定。V 的过错根据第 280 条第 1 款第 2 句的规定被推定。S 的损害在于治疗费用。因此,第 280 条第 1 款的要件具备。除此之外,S 基于第 823 条第 1 款的规定享有的损害赔偿请求权(侵害身体与健康)也是可以考虑的。不过,在这个时候 S 将不能享受过错推定的好处。

根据第 434 条第 2 款第 2 句第 2 句后半句的规定,尽管安装说明有瑕疵,但如果因为买受人自己的专门知识或借助专业人士的操作,买卖物还是被**无缺陷地安装好了**,则不存在物的瑕疵。对这种责任排除事由重要的考虑是,安装说明的缺陷在这种情况中并没有发生作用。然而,如果买受人因为安装说明的缺陷而支出了更高的费用(比如为聘请专业人士而支出的费用),这种考虑即不适合。同时,主流意见认为,买受人就这些费用请求赔偿的可能请求权被第 434 条第 2 款第 2 句第 2 半句的规定排除了。[116]

34

无缺陷地安装买卖物的**证明责任**应由出卖人承担。如果是多次安装(比如搬家后的家具),在**第一次**已经**无缺陷地**被安装,那么责任排除事由则可根据主流意见适用。[117]

五、错误给付与给付不足量

1. 概述

在旧**买卖法**中可能存在对给付错误的物(aliud)与给付不足量

35

---

[116] Medicus/Petersen BürgerlR Rn. 287; Brand ZGS 2003, 96 (100f.).
[117] 参见 BeckOK BGB/Faust, 56. Ed. 1.11.2020, §434 Rn. 105; Brand ZGS 2003, 96 (99)。

(minus)的缺陷(peius)进行区分的必要。这种区分在过去(以及现在)的种类物买卖上通常是有疑问的。不过,这种区分将决定原第437条规定的6个月消灭时效的瑕疵担保规则或原第159条规定的30年消灭时效的不给付规则是否可以适用。

示例(Glykol 葡萄酒案,BGH NJW 1989, 218):K 在 V 那里为私人婚礼预订了 200 瓶奥地利布尔根兰州产 St. Georgener 精选葡萄酒,V 应当在 1985 年 3 月 20 日发货。这些葡萄酒里含有二甘醇,并因此才能获得精选的特征。但在发生二甘醇丑闻后,1995 年 12 月 21 日,K 因葡萄酒含有二甘醇拒绝支付价款。

给付错误的物与物的瑕疵的区分取决于,究竟属于有缺陷的精选(因此是物的瑕疵),还是葡萄酒因为二甘醇就已经不属于"精选"的种类了(因此是错误给付)。因物的瑕疵而生的瑕疵担保请求权根据原第477条的规定已经超过诉讼时效。然而,联邦最高法院认为属于错误给付,并因此肯定了买受人的解除权。

36　这些界定问题通过**第434条第3款**第1项得到了明显的缓和。根据该规定,如果出卖人给付了其他物,则等同于物的瑕疵。因此,在实际的法律适用中通常会思考究竟存在第434条第1款意义上的质量偏离,还是第434条第3款第1项意义上的给付错误的物的问题。

37　根据旧法,在**给付不足量**时买受人同样不享有瑕疵担保请求权。确切地说,由于以前**给付不足量**被视为部分没有给付,买受人可以就剩余部分行使原履行请求权。虽然这很少会导致严重的区分问题,但是,对于买受人的权利来说,出卖人给付有瑕疵的物还是数量不足的物其实并无区别。因此,第434条第3款第2项在此采取了同等对待的做法。

示例:《立法理由书》作为给付不足的示例提及的情况是,出卖人仅向买受人给付了购买的100瓶葡萄酒中的90瓶。这种情况与以下情况的处理应当并无差异,即买受人虽然收到了100瓶,但其中有10瓶因为瓶塞不密闭而不能饮用,因此是有瑕疵的。[118] 反之,如果是屋顶维修师傅

---

[118] Begr. RegE, BT-Drs. 14/6040, 187.

(D)预订了100件5米长的屋梁,则不属于这种情况。因为这些屋梁仅有4.95米长,D不能以规定的方式使用这些发送的屋梁,则已经存在第434条第1款意义上的不利的属性偏离。[119] 因此,并无必要回归第434条第3款第1项。

第434条第3款规定的后果是,基于出卖人错误给付或给付不足量而发生的**债之关系的内容被依法修正了**。[120] 因此,买受人不再能行使第433条第1款规定的原履行请求权。确切地说,买受人需要依赖第437条的规定行使权利。然而,由于继续履行请求权(第439条)与原履行请求权并无本质区别,或二者甚至相同(参见关于特定物买卖的论述,第3节边码39),这一点对买受人似乎也是可以接受的。[121]

38

第434条第3款的规定虽然解决了旧买卖法存在的一些问题,但也产生了**一些新问题**。这些重要问题将在后文中详细考察。

2. 特定物买卖时的错误给付

物的瑕疵与给付错误的区分根据旧法只在种类物买卖上有争议。在**特定物买卖**上以前承认,给付错误的物(所谓的**同一性偏离**)应当视为未给付的一种。因此,在文献中有部分观点赞同对第434条第3款进行目的性限缩。根据这种观点,第434条第3款在特定物买卖上可能是不适用的。[122] 然而,反对这种方案的理由有,立法者在新买卖法中不希望再赋予特定之债与种类物之债区分的中心意义[123],虽然继续履行请求权在同一性偏离的情况与原履行请求权一样都是针对所购之物的给付。[124] 不过,消灭时效应当根据第438条的规定判断。

39

示例:K在艺术品经销商V那里购买了一幅达利名为"软钟"的画。

---

[119] BeckOK BGB/Faust, 56. Ed. 1.11.2020, §434 Rn. 115; Windel JURA 2003, 793 (795)。
[120] 有说服力的观点见 Oetker/Maultzsch Vertragl. Schuldverhältnisse § 2 Rn. 171。
[121] 参见 Begr. RegE, BT-Drs. 14/6040, 216。
[122] So HK-BGB/Saenger § 434 Rn. 20; Oechsler Vertragl. Schuldverhältnisse Rn. 135; Thier AcP 203(2003), 399(403f.);其他观点见 Erman/Grunewald § 434 Rn. 62; Palandt/Weidenkaff § 434 Rn. 52a.
[123] 参见 BeckOK BGB/Faust, 56. Ed. 1.11.2020, §434 Rn. 110; Medicus/Lorenz SchuldR BT § 6 Rn. 30。
[124] 参见 Begr. RegE, BT-Drs. 14/6040, 216; Lorenz/Riehm Neues SchuldR Rn. 494。

不过,V 因为看错而发送了达利名为"燃烧的长颈鹿"的画。

根据第 434 条第 3 款的规定给付错误与物的瑕疵等同。因此,K 根据第 437 条第 1 项结合第 439 条的规定享有对名为"软钟"的画的给付请求权。这一请求权根据第 438 条第 1 款第 3 项的规定在两年后罹于消灭时效。

3. 种类物买卖时的显著偏离

40 在**种类之债**上出现**严重的偏离**也是常见的(比如给付一辆自行车,而非小汽车)。对于这种情况也有部分学者赞同对第 434 条第 3 款进行目的性限缩。[125] 反对这种观点的理由有,在债法改革之前,对错误给付与物的瑕疵同等对待的此种限制在商法中已经为大家所知晓(《德国商法典》原第 378 条)。立法者并未将这一规定移植到第 434 条第 3 款上,而是删除了商法中的规定。重要的考虑是,在物的瑕疵上事实上的属性也可能与应然的属性发生严重偏离。[126]

41 然而,将错误给付与物的瑕疵同等对待的前提是,出卖人提供标的物(买受人知悉)系**作为**买卖合同所生**义务的履行**。[127] 然而,买受人必须受领错误的给付(Aliud)。如果买受人拒绝了错误的给付,将不会发生风险移转。因此,买受人的权利并非根据第 437 条的规定判断。确切地说,买受人还可以根据第 433 条第 1 款第 1 句的规定行使原履行请求权。[128] 在不履行该义务时可以适用普通履行障碍法。由于拒绝权在物有瑕疵的时候也存在,这里也会产生同等对待的效果。反之,如果买受人错误地将错误给付作为履行接受了,则买受人也仅享有第 437 条规定的权利。[129] 尤其需要考虑的是第 437 条第 1 项、第 439 条第 1 款第 2 项规定的换货(Er-

---

[125] 参见 Medicus/Petersen BürgerlR Rn. 288; Ehmann/Sutschet, Schuldrecht, §7 X 2;相反观点见 Palandt/Weidenkaff § 434 Rn. 52b; Reinicke/Tiedtke KaufR Rn. 358ff. 。

[126] Begr. RegE, BT-Drs. 14/6040, 216.

[127] 参见 Begr. RegE, BT-Drs. 14/6040, 216; BeckOK BGB/Faust, 56. Ed. 1. 11. 2020, § 434 Rn. 112; Medicus/Lorenz SchuldR BT § 6 Rn. 31; Reinicke/Tiedtke KaufR 362ff.

[128] Staudinger/Matusche-Beckmann, 2014, § 434 Rn. 145; Oetker/Maultzsch Vertragl. Schuldverhältnisse § 2 Rn. 166.

[129] 参见 KG NJW-RR 2012, 506 (507); Staudinger/Matusche-Beckmann, 2014, § 134 Rn. 145; Oetker/Maultzsch Vertragl. Schuldverhältnisse § 2 Rn. 161。

satzlieferung)请求权。[130] 因此出卖人可以根据第 439 条第 5 款的规定请求返还错误的给付。

4. 给付价值更高的物

第 434 条第 3 款也包括给付价值更高的物。因此,在这种情况中买受人也享有第 437 条规定的权利。另一个问题是,在买受人没有行使这些权利时,出卖人是否也可以请求支付更高的价款。在当事人不存在默示的合同变更时,这一点应当予以否认。那么,买受人是否得以约定价款保留价值更高的物。文献中部分观点赋予出卖人基于第 812 条第 1 款第 1 句第 1 选项而享有返还请求权。在此买卖合同不能被视为取得标的物的法律原因,因为第 434 条第 3 款并不旨在使买受人取得不当的利益。[131] 持相反观点的学者指出,在出卖人作出相应清偿确定(Tilgungsbestimmung)的情况下,给付价值更高的物应当被视为履行。因此,买卖合同属于第 812 条第 1 款第 1 句第 1 选项意义上的法律原因。不过,如果出卖人基于错误而根据第 119 条的规定有效地撤销了清偿确定,则买受人应当根据第 812 条第 1 款第 1 句第 1 选项的规定返还价值更高的物。[132] 然而,如果出卖人通过撤销剥夺了买受人的瑕疵担保权利,则此种撤销根据诚实信用原则(第 242 条)将被排除。后一种方案在教义学上是可行的,出于法律稳定性的原因似乎也是值得优先考虑的。

示例:便利店店主 K 在 V 那里为其便利店订购了一台型号为 P2000,能耗等级为 B 的电冰箱(价格为 300 欧元)。V 发送的却是能耗等级为 A 的款式。

在这种情况下,V 对能耗等级为 A 的电冰箱享有支付更高价款的请求权。对作为履行而提供的电冰箱的单纯受领,原则上不能作为对合同变更的可能要约的承诺,在商事买卖中亦是如此。[133] 不过,如果 V 因第

42

---

[130] Oetker/Maultzsch Vertragl. Schuldverhältnisse § 2 Rn. 214.
[131] Lorenz/Riehm Neues SchuldR Rn. 493; S. Lorenz JuS 2003, 36 (39);支持类推适用第 439 条第 5 款的有 Brox/Walker SchuldR BT § 4 Rn. 26; Wiese AcP 206 (2006), 902ff.。
[132] BeckOK BGB/Faust, 56. Ed. 1. 11. 2020, § 437 Rn. 215; MüKoBGB/Westermann § 434 Rn. 46.
[133] 参见 Canaris HandelsR § 29 Rn. 73f.。

119 条规定的错误有效地撤销了就价值更高的电冰箱所作的清偿确定,根据这里所持的观点,V 基于第 812 条第 1 款第 1 句第 1 选项的规定对已提供的电冰箱享有返还请求权。但是 V 必须根据第 433 条第 1 款第 1 句的规定提供预订型号的冰箱。

5. 第 241a 条的适用性

43   在消费品买卖上可以提出的问题是,有关**给付未经预订之物**的第 241a 条是否适用于第 434 条第 3 款意义上的错误给付。主流意见认为,第 241a 条只在**有意地错误给付**的情况中才适用;在**因错误而为的错误给付**中则应当适用第 434 条第 3 款。[134]《消费者权利指令》与这种理解并不冲突。[135] 应当注意的还有,《消费者权利指令》与《**关于不当交易行为的指令**》(RL 2005/29/EG[136])相关联(参见拙著《债法总论》第 5 节边码 20)。不过,基于无意发生的错误给付并非不正当的商业手段。因此,基于无意发生的错误给付适用的不是第 241a 条,而应当是第 434 条第 3 款。

6. 公开的给付不足与隐藏的给付不足

44   第 434 条第 3 款第 2 项仅适用于**隐藏的给付不足**。出卖人在此表达的是,他希望以给付来履行其全部债务。应当与此区别开来的是公开的给付不足,根据出卖人的清偿确定这已经属于单纯的部分给付。[137] 除非出卖人例外地有权进行部分给付,买受人可以根据第 266 条的规定拒绝

---

[134] So Palandt/Grüneberg § 241a Rn. 5; Jauernig/Mansel § 241a Rn. 3;支持第 434 条第 3 款的普遍优先地位的有 BeckOK BGB /Sutschet, 56. Ed. 1. 11. 2020, § 241a Rn. 13; Staudinger/Matusche-Beckmann, 2014, § 434 Rn. 150; Erman/Saenger § 241a Rn. 37; S. Lorenz JuS 2003, 36 (40).

[135] 参见 Begr. RegE, BT-Drs. 17/12537, 45。

[136] 2005 年 5 月 11 日,欧洲议会及理事会对于企业在欧洲内部市场中与消费者的不正当交易行为进行讨论并修改了欧洲理事会第 84/450/EWG 号指令、欧洲议会的第 97/7/EG, 98/27/EG 号指令和欧洲议会和理事会第 2002/65/EG 号指令以及欧洲议会和理事会第 (EG) Nr. 2006/2004 号条例的第 RL 2005/29/EG 号指令(《有关不正当交易行为的指令》),ABl. 2005 L 149, 22。

[137] BeckOK BGB/Faust, 56. Ed. 1. 11. 2020, § 434 Rn. 116; MüKoBGB/Westermann § 434 Rn. 48; Jauernig/Berger § 434 Rn. 24; Brox/Walker SchuldR BT § 4 Rn. 26; Medicus/Lorenz SchuldR BT § 6 Rn. 33; aA NK-BGB/Büdenbender § 434 Rn. 77.

公开的给付不足。如果买受人已经接受了公开的给付不足,其对于未履行部分给付的继续履行请求权仍然存在。买受人的权利应当根据普通履行障碍法判断。因此,只有当买受人对于部分给付并无利益时,其才可以根据第281条第1款第2句、第323条第5款第1句的规定解除整个合同或者请求代替全部给付的损害赔偿。反之,对于公开的给付不足有争议的是,整个合同的解除或者代替全部给付的损害赔偿请求权是否取决于对部分给付不具有利益(第281条第1款第2句、第323条第5款第1句)或者存在重大的义务违反(第281条第1款第3句、第323条第5款第2句)(参见第4节边码42以及第4节边码63)。

六、给付过量

不被第434条第3款包含的则是给付过量。[138] 在此首先要检验的是,给付过量能否被评价为出卖人就**合同变更**作出的默示要约,该要约(又默示地)被承诺了。然而,根据《德国商法典》第377条(参见第5节边码10)并不适用,通常情况下这一点即便在双方商事买卖中也应予以否认。最多在出卖人已经公开表明了给付过量时存有例外。否则,出卖人就超量的给付并不享有价款支付请求权。然而,在此范围内出卖人基于第812条第1款第1句第1选项的规定享有返还请求权。在消费品买卖上还要注意第241a条的规定。

如果给付的物对合同预订的用途来说**太多了**,也可能会出现类似的区分问题。然而,根据第434条的价值判断,这里不应认为是给付不足,而应认为是第1款第2句第1项意义上的物的瑕疵。因此,类推适用第434条第3款的规定并无必要。

提示:《货物买卖指令》的法律草案(第1节边码6a)规定了第434条的新版本。根据《德国民法典》第434条第1款的规定,如果物符合以下条款所规定的主观和客观要件以及安装要求,而买卖物不具有物的瑕疵。在出发点上,主观要求和客观要求同等重要。虽然当事人进一步可以作

45

---

[138] Brox/Walker SchuldR BT § 4 Rn. 89; Medicus/Lorenz SchuldR BT § 6 Rn. 34.

出属性约定,但在消费品买卖中,与客观要求相偏离的属性约定出于保护消费者的目的受到明显的限制(参见《德国民法典》第476条第1款)。

七、权利瑕疵的概念

46 根据第435条的规定,如果第三人可以就标的物主张买受人在买卖合同中并未享受的权利,则存在权利瑕疵。最为重要的例子是买卖物上存在第三人的定限**物权**负担(比如质权、抵押权)。[139] 第三人的**债权**也仅当其能对买受人发生效力(比如第566条规定的承租人的权利)时,才能被考虑。[140] 用公共资金资助的住房的社会约束同样属于权利瑕疵,因为所有权人的法律权利因此受到了限制。[141] 此外,包括第三人的知识产权及人格权,如对自己姓名和肖像的权利。

示例(BGHZ 110, 196):体育用品生产商K打算向市场提供体恤衫、衬衫及其他服装产品,这些服装产品上将印制Boris Becker的图片,并配有文字附注"超级明星Boris Becker"。K因此向经营熨烫题材设计的V求助,并就给付相应的题材设计与其作出约定。K让人将V提供的题材设计印制在了体恤衫和运动衫上。在Boris Becker就K使用其肖像和姓名提起诉讼时,服装的销售陷入停滞,因为他事先并未同意K对其肖像和姓名的使用。K向V请求损害赔偿。是否有理?

基于第435条、第437条第3项、第311a条第2款的规定,K对V享有损害赔偿请求权。权利瑕疵产生于,由于姓名权、肖像权及一般人格权受侵害,第三人就给付的题材设计可以主张不作为请求权。由于给付没有瑕疵的题材设计对V来说在买卖合同订立时就已经不再可能,K的损害赔偿请求权应当根据第311a条第2款的规定判断。根据第311a条第2款第2句的规定,应当认为V对于不知悉权利瑕疵应当负责。关于K可能的与有过错,参见第5节边码5。

---

[139] Oetker/Maultzsch Vertragl. Schuldverhältnisse § 2 Rn. 90ff.
[140] Palandt/Weidenkaff § 435 Rn. 10.
[141] BGH ZIP 2018, 2173 = BeckRS 2018, 26602 Rn. 4.

违反**使**(买受人)**取得所有权的义务**是否成立权利瑕疵是有争议的。 47
反对成立权利瑕疵的观点认为,第 433 条第 1 款明确区分使(买受人)取
得所有权的义务(第 1 句)与无(权利)瑕疵的给付义务(第 2 句)。[142] 因
此,违反使买受人取得所有权的义务是不履行的一种,第 434 条及以下对
该情况并不适用。[143] 然而,在进行这种情况考察时,第 438 条第 1 款第 1
项 a 字母项(参见第 6 节边码 3)的消灭时效特别规定似乎也无法适用于
违反使买受人取得所有权的义务,尽管这些特别规定刚好是针对这一情
况。[144] 不过,这种矛盾可以通过类推适用第 438 条第 1 款第 1 项 a 字
母项来解决。[145]

根据第 435 条第 2 句的规定,将**并不存在的权利**登记到土地登记簿中 48
的情况等同于权利瑕疵。其合理性在于,这些被登记的权利基于善意取
得(第 892 条)可能被强化为真实的权利。[146] **公法上的限制**在多大程度
上可以视为权利瑕疵,立法者并未作出决定。[147] 不过,第 436 条第 2 款表
明,买卖土地时的公法税负或公法负担并非权利瑕疵。相反,公法上的干
涉权力(Eingriffsbefugnisse)与妨碍买卖物使用的约束不成立权利瑕疵。
对于作为盗窃物在风险或所有权移转时根据申根信息系统登记进入缉捕
名单的机动车,联邦最高法院肯定构成权利瑕疵[148],这背后的考虑是,买
受人根据该名单在任何时候都应当预料到机动车会被没收。反之,如果
机动车在风险或所有权移转后才根据申根信息系统被登记为盗窃物,即
便登记系基于在危险或所有权移转之前就已经发生的事实经过,则也无

---

[142] Erman/Grunewald § 435 Rn. 3.
[143] BGHZ 174, 61 (68) = NJW 2007, 3777 (3779); OLG Karlsruhe ZGS 2004, 477 (480); BeckOK BGB/Faust, 56. Ed. 1. 11. 2020, § 435 Rn. 15; Palandt/Weidenkaff § 435 Rn. 8; aA Jauernig/Berger § 435 Rn. 5.
[144] 有说服力的观点见 Meier JR 2003, 353 (355)。
[145] 参见 BeckOK BGB/Faust, 56. Ed. 1. 11. 2020, § 438 Rn. 15; MüKoBGB/Westermann § 438 Rn. 13; Palandt/Weidenkaff § 438 Rn. 6; BGHZ 174, 61 (68f.) = NJW 2007, 3777 则保持开放。
[146] 参见 Medicus/Lorenz SchuldR BT § 6 Rn. 52。
[147] 参见 Begr. RegE, BT-Drs. 14/6040, 217。
[148] BGH NJW 2017, 1666 Rn. 18ff.; ZIP 2017, 1116; 关于两个判决见 Schwab JuS 2017, 683ff.; 批判见 Jerger/Bühler NJW 2017, 1639(1640f.)。

法证成肯定权利瑕疵的正当性。[149]

49　　判断是否存在权利瑕疵问题**重要的时间点**是**所有权的移转**。[150] 由于物的瑕疵责任以风险移转的时间点为准(参见第 3 节边码 23)，这种区分在个案中也具有一定的实际意义。

示例(BGHZ 113, 106)：运输企业 K 在 V 那里为其全部车辆预订了 60000 升柴油。V 让货运企业 F 向 K 运送这些柴油。几天后，海关行政部门的检查人员查明，发动机燃料中显示有 7% 的燃油含量。因此，这些发动机燃料虽然还可以继续用于柴油发动机的驱动，但它们已经不再能够在市场上流通，故被海关行政部门没收。V 拒绝提供新的发动机燃料，理由是他提供的柴油在向 F 交付时是没有问题的。K 因此解除合同，并就尚未使用的发动机柴油(50000 升)请求返还已经支付的价款。在诉讼中查明，柴油是 F 在运输时因油罐没有完全清空才与重油混在一起。

问题是，这里是否存在物的瑕疵和权利瑕疵。认为不存在物的瑕疵观点的理由是，发动机燃料适于驱动柴油发动机。不过，值得注意的是，发动机燃料因为不清洁油罐而不具有约定的属性(第 434 条第 1 款第 1 句)并因此而被没收，这一属性偏差对于 K 来说是不利的。[151] 然而，在物的瑕疵责任重要的时间点为风险移转之时，[在向 F 交付时(第 447 条)]发动机燃料尚没有被污染，瑕疵担保责任因此被排除了。联邦最高法院不认为这属于物的瑕疵，因为发动机燃料适于驱动柴油发动机，因此被没收成为一种权利瑕疵。[152] 在权利瑕疵责任重要的时间点为所有权移转之时，而此时权利瑕疵也已经存在。然而，联邦最高法院违反体系地适用了第 447 条，因为油品被污染是应由买受人承担的运输风险。[153] 根

---

[149] BGH NJW 2020, 1669. 在时间上，联邦最高法院以风险移转为标准。然而，由于涉及的是权利瑕疵，所有权取得的时间点才是关键的。

[150] 参见 BGHZ 113, 106 (113); MüKoBGB/Westermann §435 Rn. 6; BeckOGK/Gutzeit, 15. 11. 2019, BGB § 435 Rn. 26; Erman/Grunewald § 435 Rn. 16.

[151] 参见 BeckOK BGB/Faust, 56. Ed. 1.11.2020, §435 Rn. 10 含有所有与物的属性相关联的瑕疵应当完全根据有关物的瑕疵的法律进行处理的论点。

[152] 支持肯定权利瑕疵的还有 Staudinger/Matusche-Beckmann, 2014, §435 Rn. 34.

[153] 关于对联邦最高法院解决方案的批判见 BeckOK BGB/Faust, 56. Ed. 1. 11. 2020, §447 Rn. 21。

据这一模式,即便肯定权利瑕疵,K 的偿还请求权也会被排除,因此在结果上并不取决于(类型的)区分。

参考文献: Adolphsen, Die negative Beschaffenheitsvereinbarung im Kaufrecht, FS Schapp, 2010, 1; *Berger*, Der Beschaffenheitsbegriff des § 434 Abs. 1 BGB, JZ 2004, 276; *Brand*, Probleme mit der » IKEA - Klausel «, ZGS 2003, 96; *Giesen*, Falschlieferung und Mengenfehler nach neuem Schuldrecht, 2009; *Grigoleit*, System der Leistungsstörungen, in Artz/Gsell/S. Lorenz (Hrsg.), Zehn Jahre Schuldrechtsmodernisierung, 2014, 55; *Grigoleit/Herresthal*, Grundlagen der Sachmängelhaftung im Kaufrecht, JZ 2003, 118; *Grigoleit/Herresthal*, Die Beschaffenheitsvereinbarung und ihre Typisierungen in § 434 I BGB, JZ 2003, 233; *Grigoleit/Riehm*, Grenzen der Gleichstellung von Zuwenig - Leistung und Sachman-gel, ZGS 2002, 233; *Haedicke*, Die Mängelbeseitigungspflicht des Verkäufers bei fehlerhafter Montageanleitung, ZGS 2006, 55; *Harke*, Das neue Sachmängelrecht in rechtshistorischer Sicht, AcP 205 (2005), 67; *Herrler*, Gefahr unbemerkter Beschaffenheitsvereinbarungen im Immobilienkaufvertrag, NJW 2016, 1767; *Kasper*, Die Sachmangelhaftung des Verkäufers für Werbeaussagen, ZGS 2007, 172; *Kreutz*, Die kaufrechtliche Gewährleistung und ihre Grenzen - Überlegungen zu § 434 III Alt. 1 BGB bei Lieferung eines höherwertigen aliud durch den Verkäufer, JA 2017, 655; *Looschelders*, Die neuere Rechtsprechung zur kaufrechtlichen Gewährleistung, JA 2007, 673; *Looschelders*, Beschaffenheitsvereinbarung und Haftungsausschluss im System der kaufrechtlichen Gewährleistung, FS Krüger, 2017, 263; *S. Lorenz*, Aliud, peius und indebitum im neuen Kaufr-echt, JuS 2003, 36; *Meier*, Nutzungs- herausgabe und Verjährung beim Verkauf gestohlener Sachen: Nichterfüllung oder Rechtsmangel?, JR 2003, 353; *Pahlow*, Der Rechtsmangel beim Sachkauf, JuS 2006, 289; *Scheuren- Brandes*, Fehlendes Ei- gentum des Verkäufers - Rechtsmangel oder Unmöglichkeit?, ZGS 2005, 295; *Schmolke*, Verdacht als Mangel, AcP 215 (2015), 351; *Stöber*, Die Echtheit der Kaufsache als Gegenstand einer Beschaffenheitsvereinbarung, JA 2017, 561; *Sutschet*, Probleme des kaufrechtlichen Gewährleistungsrechts, JA 2007, 161; *Thier*, Aliud - und Minus- Lieferung im neuen Kaufrecht des Bürgerlichen Gesetzbuches, AcP 203 (2003), 399; *Tröger*, Grundfälle zum Sachmangel nach neuem Kaufrecht, JuS 2005, 503; *Wiese*, Der Rückgewähranspruch des Verkäufers bei aliud- und sonstig mangelhaften Lieferungen. Ein Lösungsansatz jenseits des Bereicherungsrechts, AcP 206 (2006), 902.

第 4 节 买受人的权利

一、概览

1 如果买卖物在重要的时间点表现出了物的瑕疵或权利瑕疵,则买受人的权利应当根据第 437 条的规定判断。根据该规定,买受人首先享有以修理或换货形式存在的继续履行请求权(第 437 条第 1 项结合第 439 条)。解除、减价以及代替给付的损害赔偿原则上仅在由买受人设定的继续履行期限经过而无效果后才可以考虑。**继续履行的优先性**虽然没有在法律中被明确规定,但这可以从对买受人其他权利(解除、减价以及代替给付的损害赔偿)重要的、有关瑕疵给付(第 281 条、第 323 条)的债法总则规定中可以得出,第 437 条第 2 项与第 3 项参引了这些规定。[154] 因此,出卖人享有"**第二次提供**(Andienung)**的权利**"。[155]

2 如果我们考虑到,第 275 条也适用于提供无瑕疵给付的义务,则**买卖法上的瑕疵担保责任体系**就变得更透明了。如果这些义务没有得到履行,则依其本质属于给付不能的一种(所谓的**质的给付不能**;参见拙著《债法总论》第 22 节边码 17)。因此,应当适用有关给付不能(第 283 条、第 311a 条、第 326 条第 5 款)的一般规则。在此首先并不取决于,给付不能是涉及原先负担的给付的提供,还是直到继续履行时才发生。重要的是,**瑕疵不能**通过继续履行而**消除**。因为在这种情况下为继续履行设定

---

[154] 关于体系参见 BGHZ 162, 219 (221ff.) = NJW 2005, 1348; Palandt/Weidenkaff § 437 Rn. 4。

[155] 参见 Medicus/Lorenz SchuldR BT § 7 Rn. 5; Schroeter AcP 207 (2007), 28ff.。

期限自始即被排除了。对于**可以消除的瑕疵**适用关于瑕疵给付的规则（第 281 条、第 323 条），对此原则上需要设定期限。因此，在寻找法律基础时应当区分可以消除的瑕疵与无法消除的瑕疵。

继续履行的优先性对买受人其他法益及利益所遭受的损害（所谓的**瑕疵后果损害**）并不具有意义。因此，赔偿请求权应当根据第 437 条第 3 项、第 280 条第 1 款的规定判断，而不取决于对可以消除的瑕疵与无法消除的瑕疵的区分。然而，主流意见在自始无法消除的瑕疵上认为，基于第 311a 条第 2 款享有的替代给付的损害赔偿请求权也包括后果损害（参见第 4 节边码 37）。

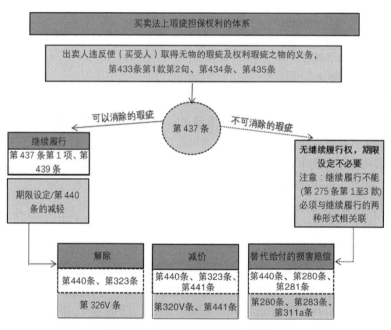

图 1-1　买卖法中瑕疵担保权利的体系

示例：K 在汽车销售商那里以 6000 欧元的价格购买了一辆二手小汽车。在机动车交付之后发现：a) 刹车有缺陷；b) 该车为事故车。K 对 V 享有哪些权利？

有缺陷的刹车是一种可以消除的瑕疵。因此,K可以(并且必须)首先请求继续履行(第437条第1项结合第439条)。就二手物品而言,换货请求权根据主流意见原则上因给付不能(第275条第1款)已经被排除(参见第4节边码16)。不过,修理刹车(修理)是可能的。根据第437条第2项及第3项结合323条、第441条、第280条第1款的规定,解除、减价以及替代给付的损害赔偿原则上以K就继续履行为V确定的合理期限经过而无效果为前提。反之,在b)情况中,瑕疵(作为事故车的属性)不能通过修理而消除。因此,继续履行完全不可能。因此,K的权利应当根据第326条第5款、第441条以及根据第311a条第2款的规定判断。

二、继续履行请求权

1.请求权的内容

(1)概述

3　　买受人对继续履行的请求权被规定在第439条中。根据主流意见它是对提供无瑕疵给付的原请求权的**修正**(第433条第1款第2句)[156],原请求权在继续履行请求权中以变通的形式继续存在。[157] 对实际的法律适用来说这意味着,第320条在价款支付与继续履行之间的关系上也是适用的。也就是说,只要买受人尚未支付价款,直至继续履行被实施之前,买受人都享有合同不履行的抗辩权(对此参见边码78及以下)。

与原履行请求权一样,继续履行请求权也**不以过错**为要件。不过,继续履行请求权受到第438条规定的短期消灭时效(参见第6节边码2以下)以及第439条第4款、第442条、第444条、第445条、《德国商法典》第377条规定的特别排除规则(参见第4节边码16、第5节边码2及以下、边码6及以下与边码10)的调整。[158] 虽然买受人的法律地位因此被部分恶

---

[156] BeckOK BGB/Faust, 56. Ed. 1.11.2020, §439 Rn.7; Reinicke/Tiedtke KaufR Rn.408.

[157] 参见 BT-Drs. 14/6040, 221; BGHZ 189, 196-NJW 2011, 2278 Rn.49; BGH NJW 2013, 220 (222); NJW 2020, 2104 Rn.51; P. Huber NJW 2002, 1004 (1005)。

[158] 参见 BeckOK BGB/Faust, 56. Ed. 1.11.2020, §439 Rn.7。

化了,但这可以这样解释,即买受人已经将提供的物作为给付接受了。[159]

(2) **修理**(Nachbesserung)**与换货**(Ersatzlieferung)

依第 439 条第 1 款的规定,买受人可以**依其选择**请求消除瑕疵(**修理**)或者另外交付没有瑕疵的物(**换货**)。根据主流意见,在继续履行实施之前,买受人并不受已经作出的选择的约束。[160] 不过,买受人在个案中根据诚实信用原则(第 242 条)可能被禁止,不提出修理请求而请求换货。[161] 如果出卖人未能在合理期限内完成修理[162]或者未能按照专业要求实施修理,上述限制无论如何都不适用,因此在换货请求权主张的时间点瑕疵仍然存在。[163]

在**修理**时出卖人原则上负有自己或通过第三人排除瑕疵的义务。[164] 如果瑕疵可以用不同方式排除,则出卖人享有对具体修理方式的决定权。也就是说,买受人根据第 439 条第 1 款享有的选择权不能移植到具体修理方式的确定上。[165]

如果买受人选择了**换货**,则出卖人负有交付其他没有瑕疵且同种类,同等价值之物的义务。[166] 也就是说,在**种类之债**(参见拙著《债法总论》第 13 节边码 3 及以下)时必须从约定的种类中给付其他的物。[167] 如果瑕疵涉及整个模型版本,则相同种类和同等价值并不因瑕疵在新发货的买卖物上不再存在而被排除。[168] 反之,对于**特定物之债**有观点认

4

---

[159] Oetker/Maultzsch Vertragl. Schuldverhältnisse § 2 Rn. 153.
[160] 参见 BGH ZIP 2018, 2272 = BeckRS 2018, 27613 Rn. 43ff.; Palandt/Weidenkaff § 439 Rn. 8; Medicus/Lorenz SchuldR BT § 7 Rn. 7; 其他观点见 Erman/Grunewald § 439 Rn. 15。
[161] BGH ZIP 2018, 2272 = BeckRS 2018, 27613 Rn. 47; OLG Hamm NJW-RR 2017, 47 Rn. 40.
[162] OLG Celle NJW 2013, 2203 (2204); Oetker/Maultzsch Vertragl. Schuldverhältnisse § 2 Rn. 219.
[163] BGH ZIP 2018, 2272 = BeckRS 2018, 27613 Rn. 48.
[164] 参见 Jauernig/Berger § 439 Rn. 8。
[165] Reinicke/Tiedtke KaufR Rn. 418; 其他观点见 Oechsler Vertragl. Schuldverhältnisse Rn. 168。
[166] BGH ZIP 2018, 2272 = BeckRS 2018, 27613 Rn. 41.
[167] Jauernig/Berger § 439 Rn. 9.
[168] BGH ZIP 2018, 2272 = BeckRS 2018, 27613 Rn. 41.

为,以换货方式进行继续履行必须自始排除,因为负担的是具体的物。[169]然而,应当拒绝这种观点,因为立法者不再希望赋予特定物之债与种类之债的区分以重要意义。立法资料证明,立法者虽然认为在特定物之债中换货"多数时候"是被排除的[170],但这并不排除在例外情况下特定物之债中也可能存在换货请求权。重要的是,买卖物**根据当事人的约定**是否能够由相同种类及同等价值的其他物来代替。[171] 实践中涉及的主要是由经销商刚刚许可登记的几乎全新的机动车(所谓的"白天许可登记"),以便能够给予顾客价格优惠。这类案例的教义学归类尚未被澄清。根据卡纳里斯的观点,"附可替代之原给付义务的合同"是独立的法律制度。不过,有关特定化的规则(第 243 条第 2 款)也可以准用于这类合同。[172]

示例(OLG Braunschweig NJW 2003,1053):K 于 2002 年 4 月在汽车经销商 V 那里以 11390 欧元的价格购买了一辆于 2002 年 3 月 31 日被首次许可登记的 Seat Ibiza 型小轿车。V 在网络上提供该车,描述的配置有"ABS,4 个安全气囊"。然而,该车并未装备 ABS,并且只有两个安全气囊。K 向 V 请求交付有约定配置的机动车。

不伦瑞克(Braunschweig)高等法院肯定了 K 基于第 437 条第 1 项、第 439 条的换货请求权。支持该决定的理由是,"出卖人应当通过给付某个(而非特定)没有瑕疵的物来满足买受人的履行利益"。因此,从市场上购置一辆配有 ABS 和四个安全气囊的机动车就够了。

如果在款式更换以后已经不再能够从相同车型系列的新车中给付,也会提出相应的问题。这个问题尤其在柴油机尾气丑闻相关案件(第 3 节边码 17)中已经变得重要。联邦最高法院对此作出判决,与款式更换相联系的变更根据当事人的意愿及合同目的原则上通常并不根据第 275

---

[169] So P. Huber NJW 2002, 1004 (1006).
[170] 参见 BT-Drs. 14/6040, 232。
[171] BGHZ 168, 64 = NJW 2006, 2839 (2840ff.); BGHZ 170, 86 (91) = NJW 2007, 1346; BGH NJW 2019, 1133 Rn. 30ff.; Palandt/Weidenkaff § 439 Rn. 15; Medicus/Lorenz SchuldR BT § 7 Rn. 13; Canaris JZ 2003, 831 (833).
[172] 详见 Canaris, FS Westermann, 2008, 137ff.。

条第1款导致第439条第1款第2项意义上的换货成为不能。毋宁说请求权针对的新款车型的相同种类的汽车的给付。不过,如果这仅要用显失比例的费用方属可能,出卖人可能会根据第439条第4款拒绝新款车型的汽车的给付。[173]

(3)费用补偿与预付

继续履行可能与显著的**费用**联系在一起。第439条第2款规定,这些费用应当由出卖人承担。只要买受人产生了继续履行费用(比如在买卖物被运输至继续履行的履行地时),出卖人就必须补偿这些费用。为此第439条第2款赋予买受人一个不以过错为要件的独立**请求权基础**。[174] 此外,在消费品买卖上,第475条第6款赋予消费者对经营者请求**预付**费用的权利。第439条第2款中列举的可赔偿费用并非封闭性的(尤其)。第439条第2款的请求权不仅包括消除瑕疵的费用,也包括买受人为查明瑕疵现象支出的**专家鉴定费用**。[175] 与此相似,买受人对前往继续履行地的**交通运输费用**的预付请求权也应当不以瑕疵已经确定为要件。[176] 如果事后发现并不存在瑕疵,则出卖人可以根据第812条第1款第1句第1项的规定向买受人请求返还预付款,并可就因查明妨碍原因而获得的利益(第818条第2款)请求价值补偿。[177]

第439条第2款的请求权也包括买受人为实现继续履行请求权而花费的诉前律师费。[178] 虽然律师的参与既不为了确定,也不是为了消除瑕

---

[173] BGH NJW 2019, 1133 Rn. 36ff. = JuS 2019, 489 (Arnold).

[174] BGHZ 189, 196 (210)= NJW 2011, 2278 Rn. 37; BGHZ 201, 83 = NJW 2014, 2351 Rn. 15; BGHZ 220, 134 = NJW 2019, 292 Rn. 87; PWW/Wagner §439 Rn. 33;其他观点见Hellwege AcP 206(2006), 136ff.。

[175] BGH NJW 2014, 2351 = JA 2014, 707 (Looschelders); BeckOK BGB/Faust, 56. Ed. 1. 11. 2020, §439 Rn. 79;对此的批判见 S. Lorenz NJW 2014, 2319ff.。

[176] BGH NJW 2017, 2351 Rn. 31.

[177] Lorenz/Medicus SchuldR BT Rn. 145; Derkum, Die Folgen der Geltendmachung nicht bestehender vertraglicher Rechte, 2015, 397, 399; Wendehorst NJW 2017, 2762.

[178] BGHZ 220, 134 = NJW 2019, 292 Rn. 87ff. = JA 2019, 149 (Looschelders); Erman/Grunewald § 437 Rn. 8;其他观点见BeckOK BGB/Faust, 56. Ed. 1. 11. 2020, § 439 Rn. 83; BeckOGK/Höpfner, 1. 10. 2020, BGB § 439 Rn. 50. 4.; krit. auch Markworth ZIP 2019, 941 (945ff.)。

疵。但它对继续履行请求权的实现而言是必要的。然而,在这种情形中必须谨慎地检验,从一个经济上理性的人事前的角度来看,律师的参与是否真正属于必要的费用。

深化:只要出卖人应当对最初的瑕疵履行或义务违反负责,在损害赔偿的视角下,买受人也享有请求出卖人赔偿其诉前律师费的权利。可以考虑的首先是基于第280条第1款、第286条对迟延损害的赔偿。[179] 然而,只要律师的参与服务为实现继续履行请求权,这一请求权就经常会因出卖人在律师参与时并未迟延履行第437条第1项、第439条第1款的继续履行义务而失败。[180] 如果出卖人应对最初的瑕疵履行负责,那么诉前律师费也构成根据第437条第1项、第280条第1款应予赔偿的瑕疵后果损害。由于涉及的是瑕疵履行,第437条第3项、第280条第1款、第2款以及第286条无法产生阻断效果。在出卖人仅需对继续履行义务的违反负责时,是否可以基于第437条第1项、第280条第1款来支持律师费的赔偿是值得怀疑的。[181] 如果律师在出卖人违反继续履行义务之前就参与进来了,则义务违反与律师费之间并无因果关系。[182]

(4)有瑕疵的物已被安装时的继续履行

6 在建筑材料(例如地板砖、木地板)买卖中,买卖物的瑕疵经常在买受人或其委托的第三人按照规定安装到建筑物中后才被发现。在这种情况中如果买受人请求换货,则可以提出的问题是,在给付没有瑕疵的替代物之外,出卖人是否也负有拆除有瑕疵的物以及安装替代物的义务,或者至少应当承担必要的费用。联邦最高法院在**木地板案判决**中遵照当时的通说认为,出卖人在换货的框架下并不承担再次**安装**替代物的义务。如果原先给付的有瑕疵的买卖物的安装不属于出卖人的义务,则买受人在继续履行的框架下也不能请求再次安装给付的新物。安装费用仅在第437

---

[179] 参见BeckOGK/Höpfner, 1. 10. 2020, BGB § 439 Rn. 50. 4; BeckOK BGB/Faust, 56. Ed. 1.11.2020, § 439 Rn.83; Markworth ZIP 2019, 941 (944f.)。
[180] 参见BGHZ 220, 134 = NJW 2019, 292 Rn. 85; Looschelders JA 2019, 149 (151)。
[181] BGHZ 220, 134 = NJW 2019, 292 Rn. 86对此搁置而未作决定。
[182] 有说服力的见Markworth ZIP 2019, 941 (944f.)。

条第3项、第280条第1款(也即在出卖人应当负责时)规定的前提下才应负担。[183] 有疑问的是这种观点与《消费品买卖指令》的协调问题。因此,绍恩多夫(Schorndorf)地方法院随后不久即根据《欧盟工作方式协议》(AEUV)第267条的规定将这一问题提交欧洲法院进行预裁决。[184]

出卖人在换货的框架下是否必须处理瑕疵物的**拆除**与**清运**,在判例和文献中同样争议很大。在所谓的**地板砖案**中联邦最高法院也将这一问题提交欧洲法院进行预裁决。[185]

示例(BGH NJW 2009,1660):K在建筑材料经销商V那里以1400欧元的价格购买了45平米意大利某制造商生产的地板砖。地板砖的表面在铺设好以后开始变得暗淡。由于通过修理来除去瑕疵是不可能的,K请求V给付没有瑕疵的地板砖,并除去有瑕疵的地板砖。

K对V请求给付没有瑕疵的地板砖的请求权可以从第437条第1项、第439条第1款第2项中产生。问题是该请求权是否也包括除去有瑕疵的地板砖以及安装没有瑕疵的地板砖。如果这一问题能够被肯定,则在第二步可以提出的问题是继续履行是否显失比例(参见第4节边码117及以下)。

欧洲法院以2011年6月16日的判决对联邦最高法院以及绍恩多夫地方法院提交的预裁决申请予以说明,出卖人根据《消费品买卖指令》在换货的框架下承担要么自己**移除**不符合合同要求的物并**安装**作为替代而给付的物,要么承担为此必要的**费用**的义务。[186] 这一点的适用并不取决于出卖人在买卖合同中对原先给付的物是否负有安装义务。为进行说明,欧洲法院指出《消费品买卖指令》第3条第3款第3项规定的继续履行不应"给消费者造成显著不便"。由于指令旨在为消费者提供高水平的保护,这一要求不应进行狭隘的解释。因此,如果消费者必须自己拆除有

7

---

[183] BGHZ 177, 224 = JA 2008, 892 (Looschelders).
[184] AG Schorndorf ZGS 2009, 525 = BeckRS 2009, 88603.
[185] BGH NJW 2009, 1660 = JA 2009, 384 (Looschelders).
[186] EuGH NJW 2011, 2269-Gebr. Weber und Ingrid Putz = JA 2011, 629 (Looschelders).

瑕疵的物并安装重新提供的物,这将会给他带来极大的不便。[187]

8 对于德国法来说,欧洲法院判决的后果首先在于,在《消费品买卖指令》的适用范围内,换货请求权必须通过对第 439 条第 1 款第 2 项**作符合《指令》的解释**扩张到拆除有瑕疵的物和安装替代物上。[188] 在《消费品买卖指令》的适用范围之外,欧盟法并不要求作符合《指令》的解释。因此,对于**经营者之间的买卖合同**或**消费者之间的买卖合同**,联邦最高法院仍然坚持,换货请求既不包括有瑕疵的物的拆除,也不包括替代物的安装。[189] 因此,统一的解决方案也许只能由立法者来创造。

9 **新规定**通过 2017 年 4 月 28 日公布,于 2018 年 1 月 1 日发生效力的《建筑工程合同改革及买卖法瑕疵责任修订法》实现。[190] 如果买受人将有瑕疵的物依其种类与使用目的已经安装进了他物之中或他物之上,则出卖人依第 439 条第 3 款第 1 句的规定,负有在继续履行的框架下向买受人赔偿清除瑕疵物以及安装修理后或重新交付的无瑕疵物的必要**费用**的义务。该请求权不仅存在于换货的情况,也存在于为修理而拆除有瑕疵的物并需要重新安装的情况。在消费品买卖上,买受人根据第 475 条第 6 款的规定可以请求**预付**费用。如果买受人在安装有瑕疵的物时知悉物的瑕疵,则根据第 439 条第 3 款第 2 句结合第 442 条第 1 款第 1 句的规定,费用补偿请求权即被排除。在重大过失的情形,只有当出卖人恶意隐瞒物的瑕疵或就物的属性承担了担保时,该请求权才能行使(第 439 条第 3 款第 2 句结合第 442 条第 1 款第 2 句)。在重大过失时涉及的尤其是买受人将买卖物安装进了他物之中或他物之上,尽管其知道存在瑕疵的具体线索。[191]

---

[187] Krit. dazu Oechsler Vertragl. Schuldverhältnisse Rn. 177; S. Lorenz NJW 2011,2241 (2242).

[188] BGHZ 192, 148 = NJW 2012, 1073 = JA 2012, 386 (Looschelders); Faust JuS 2011, 744 (747).

[189] 参见 BGH NJW 2013, 220 (221ff.) = JA 2013, 149 (Looschelders); BGHZ 200, 337 = NJW 2014,2183 (2184); S. Lorenz NJW 2011, 2241 (2244); NJW 2013,207ff.。

[190] BGBl. 2017 I 969.

[191] 对此详见 Dauner-Lieb NZBau 2015, 684 (686); Looschelders JA 2018, 81 (83)。

在**评价**新规定时应当强调的是,出卖人就清除有瑕疵的物及安装无瑕疵的物的补偿义务,根据第 439 条第 3 款的规定不仅适用于消费品买卖,而且适用于**所有买卖合同**。[192] 立法者希望借此改善那些购买并安装了瑕疵原材料的承揽人的法律地位。根据第 634 条第 1 项结合第 635 条的规定,**承揽人**对定作人负有拆除有瑕疵的物以及安装无瑕疵的物的义务。由于联邦最高法院的判例只适用于消费品买卖,到目前为止,承揽人只能在损害赔偿的视角下向出卖人请求补偿必要费用。不过,认定出卖人瑕疵必不可少的可归责性(Vertretenmüssen)要件多数时候并不存在。[193] (承揽人)根据原第 478 条第 2 款对出卖人享有的费用补偿请求权同样被排除了,因为在承揽人与作为最终用户的消费者之间存在承揽合同。[194] 与此关联的承揽人"**责任事件**(Haftungsfalle)"因费用补偿请求权被扩张到所有买卖合同上而被消除了。[195] 与此同时,立法者也将对继续履行必要费用的**追偿权**(原第 478 条第 2 款)扩张到了所有买卖合同上(第 445a 条、第 445b 条),以便在建筑材料的出卖人向承揽人销售建筑材料(参见第 9 节边码 1 及以下)时,其也可以以此为依据向供应商主张权利。与此相反,根据第 475 条第 4 款的规定,**绝对显失比例**抗辩的排除仍然限于消费品买卖合同(参见第 4 节边码 21 及以下)。

示例(BGHZ 200, 37 = NJW 2014, 2183):木匠 S 为生产窗户框而在建筑材料经销商 B 那里购买了镀过层的异形边条。S 将窗户框安装进了 A 夫妇的住宅中。由于涂层有瑕疵,S 必须将窗户外面的边条更换。由于 S 不是消费者,根据联邦最高法院的判例,更换外部边条并不被其基于第 439 条第 1 款第 2 项享有的继续履行请求权包括。S 基于原第 478 条第 2 款而对 B 享有的请求权也无法成立,A 夫妇与 S 并非订立买卖合同,而是承揽合同。因此,S 原来完全依赖基于第 437 条第 3 项、第 280 条第 1 款

---

[192] Palandt/Weidenkaff § 439 Rn. 12; Fikentscher/Heinemann SchuldR Rn. 861.

[193] 关于问题的提出见 Begr. RegE, BT‐Drs. 18/8486, 39; Oechsler Vertragl. Schuldverhältnisse Rn. 178。

[194] 参见 BGHZ 200, 337 = NJW 2014, 2183; Looschelders JA 2018, 81 (82)。

[195] Begr. RegE, BT-Drs. 18/8486, 39; Faust ZfPW 2017, 250 (252)。

而对 B 享有的不以过错为要件的损害赔偿请求权。而根据新法,S 基于第 439 条第 3 款的规定对 B 享有更换窗户所必要费用的补偿请求权。S 可以根据第 445a 条第 1 款的规定向其供应商请求补偿其在与 A 的关系中根据第 439 条第 3 款的规定应当承担的费用。

11 将焦点放在承揽人的法律地位上导致出卖人的义务限于**费用的补偿**。也就是说,出卖人无权自己实施拆除与安装工作。[196] 如果承揽人已经将购买的材料安装进了第三人那里,则这种限制是合适的。在通常情况中定作人对由合同当事人,也即承揽人实施继续履行具有正当利益。[197] 然而,如果消费者直接购买并自己或者借助第三人的帮助实施了安装工作,则存在不同的利益状态。在这种情况下,出卖人是(建筑)材料被安装人的合同当事人。[198] 不过,区分的解决方案可能导致新的界定问题和法律的不安定性。

12 在对象方面第 439 条第 2 款的适用范围不以典型的"**安装案例**(第 439 条第 3 款第 1 句第 1 选项)"为限,例如安装镶嵌木地板的小木条或地板砖。确切地说,根据第 439 条第 3 款第 1 句第 2 选项,如果买受人已经将有瑕疵的物"**安装到**了其他物之上",亦是如此。立法者在此想到了如屋檐排水管、路灯等建筑材料,它们不是被安装到了建筑工程里面,而是安装到了其上。[199] 作为其他例子被列举的还有有瑕疵的颜色和喷漆,为继续履行的目的它们需要被刮下并重新涂上。[200] 第 439 条第 3 款的规定在多大程度上可以扩张到**其他案例类型**上,立法者有意搁置不论。在此立法者指出,安装及拆除可以在不同的变化形式中实施。这些概念的填

---

[196] 参见 Medicus/Petersen Bürgerl. Recht Rn. 291a;Grunewald/Tassius/Langenbach BB 2017, 1673f.; 其他尚见 noch der Regierungsentwurf BT-Drs. 18/8486, 39 und BGHZ 192, 148 = NJW 2012, 1073(1076)。

[197] 参见 Stellungnahme des Bundesrates, BT-Drs. 18/8486, 81 (82); Beschlussempfehlung des Ausschusses für Recht und Verbraucherschutz, BT-Drs. 18/11437, 40; Oechsler Vertragl. Schuldverhältnisse Rn. 179。

[198] 进一步的问题见 Faust ZfPW 2017, 250 (253)。

[199] 法律与消费者保护委员会的决策建议,BT-Drs. 18/11437, 40; Oechsler Vertragl. Schuldverhältnisse Rn. 179; Looschelders JA 2018, 81(82)。

[200] BT-Drs. 18/11437, 40; vgl. dazu Faust ZfPW 2017, 250 (254f.)。

补及具体化可以留待判例来实现,在这个问题上判例也要顾及作出符合指令解释的必要性。[201]

如果费用补偿请求权可以**格式化地被排除**,则安装情形中买受人法律地位的改善将会落空。因此,第 309 条第 8 项第 b 字母项规定,使用人根据第 439 条第 2 款第 3 项或第 635 条第 2 款的规定承担或补偿为继续履行之目的所必要费用的义务不得以一般交易条款的形式予以排除或限制。然而,这一规定的直接意义很小。因为根据第 476 条第 1 款的规定,在**消费品买卖**中买受人基于第 439 条第 2 款、第 3 款享有的权利本来也不能被有效地限制。如果买受人是经营者,则第 309 条第 8 项第 b 字母项 cc 分项根据第 310 条第 1 款第 1 句的规定根本不能适用。然而,立法者从中得出,在与企业经营者的合同中违反第 309 条规定的条款禁令可以**引证**第 307 条意义上的不合理歧视合同当事人(参见拙著《债法总论》第 16 节边码 24)。不过,企业间商业交往中的特别利益与需要可以在个案中合理说明不同的判断(第 310 条第 1 款第 2 句)。[202]

13

(5)买卖物的返还及换货时的用益返还

如果买受人请求换货,则根据第 439 条第 5 款的规定,其负有**返还瑕疵物**的义务。具体情况应当根据第 346 条至第 348 条的规定(法律后果参引)判断。因此,根据第 346 条第 1 款、第 2 款的规定,买受人自身也必须返还已经取得的**用益**或者进行价值补偿,尤其是使用利益(第 100 条)。[203]

14

示例(BGH NJW 2006, 3200; 2009, 427; EuGH NJW 2008, 1433):K 于 2002 年 8 月在 Quelle 股份公司那里为私人使用的目的订购了一个"炉灶套装"。2004 年初,K 发现该台设备并不符合合同要求。由于修理已经变得不可能,Quelle 股份公司用一台新的设备更换了有问题的设备,但请求 K 支付 6907 欧元作为对从原先给付的设备的使用中获得利益的补偿。

---

[201] Gegenäußerung der Bundesregierung, BT-Drs. 18/8486, 94 (95).

[202] Begr. RegE, BT-Drs. 18/8486, 36f.; Faust ZfPW 2017, 250 (256); Looschelders JA 2018, 81 (84).

[203] 参见 BT-Drs. 14/6040, 232f.; MüKoBGB/Westermann § 439 Rn. 24; Brox/Walker SchuldR BT § 4 Rn. 42; 限制性的见 Gsell NJW 2003, 1969 (1971).

15 使用原先给付的物的价值补偿义务系以立法者有意的决定为基础。重要的考虑是,买受人因换货获得了一个新物。因此,买受人此前使用有瑕疵的物而不必支付金钱是难以理解的。[204] 然而,这种论据并不具有说服力。由于买受人已经支付了价款,他获得对标的物的使用肯定不是无偿的。在 Quelle 股份公司案中,欧洲法院在联邦最高法院提出预裁决后就进行**消费品买卖确认**[205],消费者支付使用补偿金的义务与《消费品买卖指令》是不相容的。[206] 相应地,第 475 条第 3 款第 1 句明确规定,第 439 条第 5 款应当按照用益无须返还或以价值进行补偿的标准适用于消费品买卖。相反,在《消费品买卖指令》的适用范围之外,在换货情况中第 439 条第 5 款规定的买受人对使用利益的价值补偿义务仍然不变。[207]

2. 继续履行请求权的排除

(1) 履行不能(第 275 条第 1—3 款)

16 如果继续履行的两种形式(修理及换货)对于出卖人来说均为**不能**,根据第 275 条第 1 款的规定,买受人基于第 439 条第 1 款享有的请求权即依法被排除。如果给付不能仅涉及继续履行的一种形式,则买受人的请求权限于另一种形式。[208] 也就是说,只要不存在其他排除事由,如果买受人希望行使其他瑕疵担保权利,原则上要设定一个继续履行期限。

第 439 条第 4 款第 1 句表明,出卖人也可以主张第 275 条第 2 款及第 3 款规定的拒绝履行的权利。然而,这一点并不具有较大的实际意义。需要注意的是,第 439 条第 4 款第 1 句缓和了第 275 条第 2 款规定的严格要件(参见拙著《债法总论》第 21 节边码 20 及以下)[209],与那里不同的

---

[204] BT-Drs. 14/6040, 232f.
[205] BGH NJW 2006, 3200 = JA 2006, 893 (Looschelders).
[206] EuGH NJW 2008, 1433 = JA 2008, 646 (Looschelders).
[207] Staudinger/Matusche-Beckmann, 2014, §439 Rn. 141; 其他观点见 NK-BGB/Büdenbender §439 Rn. 49。
[208] 参见 Brox/Walker SchuldR BT §4 Rn. 44;»soweit« in §275 I;支持准用原第 439 条第 3 款第 3 句前半句的有 Jauernig/Berger §439 Rn. 22。
[209] 参见 BT-Drs. 14/6040, 232; Medicus, FS K. Schmidt, 2009, 1153 (1156)。

是,在第439条第4款第1句中"显失"比例是不必要的。因此,如果不存在第439条第4款第1句规定的要件,人们更加不能去肯定第275条第2款规定的拒绝履行的权利。如果出卖人根据第439条第4款第1句的规定已经有权拒绝继续履行,则也可以不去考虑第275条第2款规定的严格要件是否也存在。[210] 由于第275条第3款规定的**人身上的不可期待性**仅与人身性的给付义务相关(参见拙著《债法总论》第21节边码26及以下),在买卖法中因此仅有很狭小的适用范围。不过,在出卖人的给付义务(包括继续履行义务)上通常不是这种情况。[211]

(2)费用显失比例(第439条第4款)

因此,多数时候重要的是,出卖人能否拒绝买受人根据第439条第4款选择的继续履行方式,因为该方式可能与**显失比例的费用**联系在一起。由于涉及的是两种继续履行方式以及与此相关联的费用,因而称之为相对的显失比例(relativer Unverhältnismäßigkeit)。[212] 与第275条第2款和第3款一样,它也是一种抗辩权。也就是说,出卖人享有以超出规定要求的费用实施出现问题的继续履行方式的自由。[213] 确定是否显失比例需要在个案中进行利益衡量,固定的百分比则无法确定。[214] 作为衡量的标准,第439条第4款第2句(尤其)列举了物在无瑕疵状态中具有的价值、瑕疵的意义以及继续履行的其他方式可否在不给买受人造成显著不利的情况下行使的问题。由于比较与继续履行的两种方式以及与此相联系的费用相关,人们在这里也称之为相对的显失比例。因此,如果瑕疵不能通过修理完全、持久和专业地消除,买受人不必去求助费用更为优惠的修理。[215] 在时间方面原则上取决于继续履行请求的到达。如果买受人已

17

---

[210] 另参见 Brox/Walker SchuldR BT § 4 Rn. 47。
[211] 参见 Brox/Walker SchuldR BT § 4 Rn. 48; Schlechtriem SchuldR BT Rn. 75。
[212] BGH ZIP 2018, 2272 = BeckRS 2018, 27613 Rn. 58.
[213] BeckOK BGB/Faust, 56. Ed. 1. 11. 2020, § 439 Rn. 53.
[214] BGH ZIP 2018, 2272 = BeckRS 2018, 27613 Rn. 59; BeckOK BGB/Faust, 56. Ed. 1. 11. 2020, § 439 Rn. 57ff. ; Emmerich SchuldR BT § 5 Rn. 15a。
[215] BGH ZIP 2018, 2272 = BeckRS 2018, 27613 Rn. 76.

经为出卖人实施继续履行设定了期限,则期限届满的时间点才是决定性的。[216] 这一点可能变得尤其重要,如果所选择的继续履行方式的费用在继续履行请求权到达或者期限届满后与最后一次口头辩论的时间点之间显著增加了。

示例:K 在 V 那里购买了一台有缺陷的洗衣机。不过,瑕疵可以通过简单地更换密封圈来消除。由于这种修理对买受人来说并不会与显著不利联系在一起,故买受人不能请求提供新的机器。[217]

18   如果出卖人因为显失比例而可以拒绝买受人选择的继续履行方式,则买受人的请求权将被限制在其他形式上(第 439 条第 4 款第 3 句前半句)。不过,出卖人根据第 439 条第 4 款第 3 句后半句的规定也可能有权因显失比例而拒绝继续履行该种形式。在此,显失比例不是来自与其他继续履行方式的费用的比较,而是来自继续履行费用与买受人利益之间的比较(所谓**绝对的显失比例**)。如果给付拒绝权涉及继续履行的两种形式,则买受人不经设定期限即可行使其他瑕疵担保权利(解除、减价、替代给付的损害赔偿)(第 440 条第 1 句第 1 种情形)。

19   因绝对显失比例而发生的给付拒绝权与《**消费品买卖指令**》是否协调一开始是有争议的。因此,在地板砖案中(参见第 4 节边码 6 以下),联邦最高法院也将这一问题提交欧洲法院进行**预裁决**。[218]

示例:在地板砖案中,新地板砖的费用(1400 欧元)与拆除瑕疵地板砖的费用总计 3500 欧元,因此显著超出无瑕疵地板砖价值的 150%,更显著超过先前给付的地板砖因瑕疵造成的减损价值(Minderwert)的 200%。[219] 如果认为换货请求权也包括拆除瑕疵物的费用,则存在绝对

---

[216] BGH ZIP 2018, 2272 = BeckRS2018, 27613 Rn. 67ff.;aA MüKoBGB/Westermann §439 Rn. 32(风险移转);BeckOK BGB/Faust, 56. Ed. 1.11.2020, §439 Rn. 56(最后一次口头辩论)。

[217] 参见 BT-Drs. 14/6040, 232。

[218] BGH NJW 2009, 1660 = JA 2009, 384(Looschelders);对此参见 S. Lorenz NJW 2009, 1633ff.。

[219] Zu diesen Grenzwerten Bitter/Meidt ZIP 2001, 2114(2121)。联邦最高法院强调,它只是不能对代替个案情况进行评估的案件事实。

的显失比例。如果人们与欧洲法院的判决和第 439 条第 3 款(第 4 节边码 7 及以下)一致认为,继续履行请求权也包括对拆除和安装费用的赔偿,即存在绝对的显失比例的情形。

欧洲法院在 2011 年 6 月 16 日的判决(参见第 4 节边码 7)[220]中得出结论,《消费品买卖指令》第 3 条第 3 款第 3 分款仅在**相对**显失比例的情况下排除继续履行请求权。因此,因绝对显失比例而排除唯一可能或者剩余的继续履行方式(原第 439 条第 3 款第 3 句后半句)是**违反指令**的。然而,根据欧洲法院的观点,《消费品买卖指令》并不禁止将消费者的索赔限制在以下范围内,消费者有权要求赔偿安装费和搬运费,赔偿金额应与合同条件下所购物品的价值和不合格的严重程度成比例。从该判决中无法得出这一限制的规范基础。这实际上是既无法从文义,亦无法从《消费品买卖指令》的体系中严格推导出来的一种妥协。

由于原第 439 条第 3 款第 3 句后半句清晰的文义,欧洲法院的规定无法在作符合指令**解释**的过程中转化为德国法。不过,作符合指令的**法律续造**根据联邦最高法院的观点是可能的。[221] 联邦最高法院应当拒绝原第 439 条第 3 款第 3 句后半句规定的出卖人因绝对显失比例而拒绝换货形式的继续履行的权利,应当通过目的限缩的方式限于要求买受人因拆除瑕疵物及安装替代物的**费用补偿在合理金额内**的权利。在《指令》的适用范围外这种法律续造则不可能。因此,在绝对显失比例情况中,买受人在这一领域的继续履行请求权仍然被完全排除。[222]

示例:在地板砖案中,联邦最高法院将买受人的补偿请求权确定为 600 欧元。考虑到合同违反的意义(视觉上的瑕疵不会影响到功能的发挥)以及无瑕疵之物的价值,这一数额是合适的。

在根据欧洲法院的判例调整履行障碍法时立法者坚持,绝对显失比

---

[220]　EuGH NJW 2011, 2269 (2274).
[221]　BGHZ 192, 148 (163ff.) = NJW 2012, 1073 (1076ff.). Zur methodischen Einordnung Looschelders JA 2012, 386 (387); krit. Medicus/Lorenz SchuldR BT §7 Rn. 31; S. Lorenz NJW 2011, 2241 (2244).
[222]　参见 BGHZ 179, 27 (38)。

例的抗辩仅在**消费品买卖**中被排除(第 475 条第 4 款第 1 句)。[223] 企业经营者在此可以用欧洲法院的方案将显失比例时的费用补偿限制在**合理金额**内(第 475 条第 4 款第 2 句)。在确定这一数额时,尤其要考虑物在无瑕疵状态时具有的价值及瑕疵的意义(第 475 条第 4 款第 3 句)。因此,第 475 条第 4 款第 3 句接受了第 439 条第 4 款第 2 句规定的标准,只要这些标准不是针对相对的显失比例即可。如果出卖人依第 475 条第 4 款第 2 句的规定对继续履行进行了限制(第 475 条第 5 款),对解除、减价及替代给付的损害赔偿而言,期间设定依第 440 条第 1 句的规定也是不必要的。

22　　此外,在《消费品买卖指令》适用范围之外,联邦最高法院以一贯的方式拒绝,在因绝对显失比例而正当地拒绝继续履行时就退还瑕疵消除费用向买受人提供**替代给付的损害赔偿**请求权。[224] 新规定对此问题并未作出任何改变。如果继续履行请求权因第 439 条第 4 款后半句规定的显失比例而被排除,则买受人根据第 251 条第 2 款第 1 句享有的替代给付的损害赔偿请求权将被限制在买卖物**因瑕疵而减少价值**的赔偿上。[225] 瑕疵排除的费用是否构成第 251 条第 2 款第 1 句意义上的显失比例,将在考虑第 439 条第 4 款第 2 句所列举标准的情况下进行判断,因此在这一问题上保证了统一的考察方式。[226] 承揽合同中类似的法律状态参见第 34 节边码 31。

　　提示:在消费品买卖时绝对显失比例抗辩的排除在法律、政策上并不能使人信服。因此,值得欢迎的是,《货物买卖指令》第 13 条的 3 款(第 1 节边码 6a)允许出卖人因为费用显失比例而拒绝继续履行的两种方式。转化《货物买卖指令》的法律草案因此规定,自 2022 年 1 月 1 日起无替换地删除第 475 条第 4 款的特别规定。

---

[223]　参见 Palandt/Weidenkaff § 439 Rn. 16a。
[224]　BGHZ 200, 350 37 = NJW 2015, 468 = JA 2015, 230 (Looschelders)。
[225]　BGHZ 200, 350 Rn. 36.
[226]　参见 Oechsler Vertragl. Schuldverhältnisse Rn. 191。

(3)其他排除事由

根据第 323 条第 6 款第 1 项、第 326 条第 2 款第 1 句第 1 选项的法律思想,如果**买受人**对买卖物的瑕疵应当单独负责或者负主要**责任**,则继续履行请求权也将被排除。[227] 可以考虑的情况是,买受人在交付之前因过失损坏了买卖物。如果不应由出卖人负责的权利瑕疵在买受人**受领迟延期间**发生,根据第 323 条第 6 款第 2 项、第 326 条第 2 款第 1 句第 2 选项的规定,继续履行请求权同样被排除。反之,在物的瑕疵上,继续履行请求权因**意外恶化的风险**在受领迟延时移转给买受人而被排除(第 446 条第 3 句)。因此,在第 434 条规定的重要的时间点,亦即风险移转时(第 3 节边码 23)就已经完全不存在物的瑕疵了。[228]

23

3. 继续履行的履行地

继续履行的履行地在买卖法中没有被单独规定。文献中主要以**买卖物**在买受人住所现在**的存储地**为标准。[229] 反对观点则认为,继续履行请求权应在与原履行请求权相同的地点实现。[230] 依第 269 条的规定,在有疑问时为**出卖人**的**住所**或**营业场所**。联邦最高法院对这两种观点明确表示了拒绝。根据联邦最高法院的观点,重要的首先是当事人的约定。作为辅助应以个案的情况尤其是**债务关系之性质**为标准。只有从相关情况中不能得出没有争议的答案时,才应回归出卖人的住所或经营场所所在地。[231]

24

示例(BGHZ 189, 196):在法国居住的 K 从位于德国的 V 那里购买了一辆用于露营的牵引房车。该合同适用德国法。后来的时间里 K 一直指

---

[227] 参见 Emmerich SchuldR BT § 5 Rn. 13。
[228] Vgl. BeckOK BGB/Faust, 56. Ed. 1. 11. 2020, § 439 Rn. 68。
[229] So MüKoBGB/Westermann § 439 Rn. 7; Staudinger/Matusche - Beckmann, 2014, § 439 Rn. 21ff.; BeckOK BGB/Faust, 56. Ed. 1. 11. 2020, § 439 Rn. 31f.; Jaensch NJW 2012, 1025 (1030)。
[230] So OLG München NJW 2007, 3214 (3215); MüKoBGB/Krüger § 269 Rn. 37; Gsell JZ 2011, 988ff.; S. Lorenz NJW 2009, 1633 (1635)。
[231] BGHZ 189, 196 = NJW 2011, 2278 = JA 2011, 783 (Looschelders) = JuS 2011, 748 (Faust); BGH NJW 2013, 1074 (1076) = JA 2013, 785 (Looschelders); bestätigt in BGH NJW 2017, 2758 Rn. 22。

责存在各种瑕疵,并要求 V 将牵引房车取走,以消除这些瑕疵。相反,V 则认为,为消除瑕疵 K 必须将牵引房车送到自己的修理厂中。

联邦最高法院的结论是,继续履行的履行地基于个案的情况应位于 V 的住所,因为瑕疵的消除(与机动车的修理一样)要求将牵引房车送入 V 的修理厂。这一点对 K 来说是可以期待的,因为根据第 439 条第 2 款的规定 V 必须承担与运输相关的费用。

联邦最高法院的方案符合第 269 条的一般原则(参见拙著《债法总论》第 12 节边码 16)。虽然以个案情况为标准可能会导致一定的**法律不安定性**[232];然而,这种不安定性可以通过形成案例类型来抵消。然而,有问题的是,同第 269 条的连接是否与《消费品买卖指令》相容。欧洲法院就诺德斯泰特初级法院提交的提案[233]对此作出如下决定,即《消费品买卖指令》本身并未规定继续履行的履行地,而是留待国内法决定。不过,在对履行地本土化时,国内法院应当注意的是,根据《消费品买卖指令》第 3 条第 2—4 款的规定继续履行应当无偿、在合理期限内且不能给消费者带来显著不便。这些要求是否得到了保障取决于个案的具体情况。[234] 在这种情况下,将买卖物运输到出卖人住所地或营业场所何时会给消费者带来显著不便的问题,会产生严重的困难。欧洲法院在此区分两种类型消费品:即运输时必须遵守复杂要求的特别沉重、体积庞大或易碎的消费品,以及不需要特殊处理或特殊运输方式的坚固型消费品。在第一种类型的消费品中显著不便的肯定容易理解。对于德国法来说,从欧洲法院的判决中可以得出如下结论,继续履行的履行地还要在《德国民法典》第 269 条的基础上才能确定。[235] 不过,由于《德国民法典》第 269 条以"相关情况"为依据,因此《消费品买卖指令》第 3 条第 2—4 款的要求可能(应当)也要遵守。在个案中这可能有必要作出与到目前为止的实践

---

[232] 批判见 BeckOK BGB/Faust, 56. Ed. 1. 11. 2020, § 439 Rn. 32; Faust JuS 2011, 748 (750f.); Gsell JZ 2011, 988 (991); Jaensch NJW 2012, 1025 (1030)。

[233] EuGH Gerichtsmitteilung v. 29. 1. 2018-C-52/18, BeckEuRS 2018, 561293-Fülla.

[234] EuGH NJW 2019, 2007 – Fülla.

[235] 另参见 Omlor JuS 2019, 1016 (1018)。

不同的判断。可折叠式露营拖车当然不是一个既不需要特殊处理,也不需要特殊运输方式的坚固消费品。这支持了如下假设,即消费者在这些情况中只负担义务,在他自己的居住地将买卖物提供给出卖人以实施继续履行。[236]

提示:在瑕疵可以消除时,履行地的正确确定通常会决定,买受人是根据第 437 条第 2 项、第 323 条解除合同,还是根据第 437 条第 3 项,第 280 条、第 281 条请求替代给付的损害赔偿。也就是说,在这两种情况中必须检验,买受人是否已经为出卖人继续履行设定了合理期限。如果买受人请求在"错误"的地点实施继续履行,则期限设定是无效的。[237] 因此,买受人既不能解除合同,也不能请求替代给付的损害赔偿。不过,在消费品买卖中,继续履行请求的有效性并不会因买受人仅在预付运输费用时才愿意将买卖物送往继续履行地而发生问题。因为根据第 475 条第 6 款的规定,在消费品买卖中买受人对出卖人享有预付费用请求权。[238]

4. 由买受人自己实施消除瑕疵的行为

在承揽合同中定作人依第 634 条第 2 项结合第 637 条的规定有权自己实施消除瑕疵的行为,并向承揽人请求补偿必要的费用。对于买受人,《德国民法典》则没有规定类似的自己消除瑕疵的权利。由于这一点是基于立法者有意的决定,第 637 条的准用也必须被排除。[239] 然而,文献中有观点认为,买受人在自己实施消除瑕疵的行为时至少可以向出卖人请求**补偿节省的费用**。作为请求权基础,有学者建议直接或类推适用第 326 条第 2 款第 2 句的规定。[240] 那些学者指出,由于(买受人)自己实施消除瑕疵的行为,继续履行已经成为不能。这一点是应由买受人完全负责的情况造成的。

---

[236] 参见 Augenhofer NJW 2019, 1988 (1989)。

[237] 参见 BGH NJW 2013, 1074 (1076); Looschelders JA 2013, 785。

[238] Ebenso schon vor Inkrafttreten des §475 VI BGH NJW 2017, 2758 Rn. 28ff. = JR 2018, 560 mAnm Looschelders。

[239] 参见 BGHZ 162, 219 (225) = NJW 2005, 1348; HK-BGB/Saenger §437 Rn. 16; 其他观点见 Jauernig/Berger §439 Rn. 16。

[240] Harke SchuldR BT Rn. 61; S. Lorenz NJW 2003, 1417 (1419)。

26　　　判例和通说正确地没有采纳这一模式。[241] 买受人仅能在替代给付的损害赔偿的视角下主张消除瑕疵的费用。然而，根据第 280 条第 1 款、第 3 款，第 281 条的规定，其以为继续履行设定的期间经过而无效果为前提。通过设定期间保护出卖人进行**第二次履行的权利**不能因类推适用第 326 条第 2 款第 2 句而受到损害。由于第 437 条及以下终局性地规定了买受人的权利，买受人基于正当无因管理或不正当无因管理（第 677 条，第 683 条，第 670 条或者第 677 条，第 684 条第 1 句，第 812 条，第 818 条第 2 款、第 3 款）而享有的赔偿请求权也必须被排除。[242]

　　示例（BGHZ 162, 219 = NJW 2005, 1348）：K 在汽车销售商 V 那里购买了一辆 EU 新车。几个月后该车出现了发动机损害。K 让生产商的一个签约销售商更换了发动机，并向 V 请求补偿这一费用。是否有理？

　　首先应当检验的是，基于第 437 条第 3 项结合第 280 条第 1 款、第 3 款，第 281 条享有的替代给付的损害赔偿请求权。请求权无论如何会因买受人没有就继续履行给 V 设定期限而不能成立。基于类推适用第 326 条第 2 款第 2 句享有的费用补偿请求权也应予以拒绝，否则设定期限的要求以及买受人的第二次履行权利可能会被损害。基于第 677 条、第 684 条第 1 句、第 812 条、第 818 条第 2 款享有的补偿请求权也会因为买卖法上瑕疵担保责任的终局特性而不能成立。

　　买受人的行为是否属于不被允许的自己消除瑕疵的行为，必须谨慎地检验。因此，由买受人**购买无瑕疵的替换部件**尚不足以排除其瑕疵担保权利。由于买受人还可以将替换部件用于其他目的，由出卖人继续履行尚属可能。[243]

---

　　[241]　BGHZ 162, 219 = NJW 2005, 1348; BGH NJW 2005, 3211 (3212); 2006, 988 (989); 2007, 1534 (1535); MüKoBGB/Westermann § 439 Rn. 13; Looschelders JA 2007, 673 (674); dagegen Harke SchuldR BT Rn. 61; Herresthal/Riehm NJW 2005, 1457ff.; S. Lorenz NJW 2005, 1321ff.

　　[242]　Staudinger/Matusche-Beckmann, 2014, § 437 Rn. 57; 支持适用第 677 条、第 684 条第 1 句的有 Oechsler NJW 2004, 1825 (1826); 支持不当得利请求权的有 Katzenstein ZGS 2005, 184ff. 。

　　[243]　BVerfG ZGS 2006, 470 = JA 2007, 456 (Looschelders).

第 439 条第 3 款现在规定了原则上不被允许的自己实施消除瑕疵行为的**例外**。在清除瑕疵的、安装或添加经过修理或更换无瑕疵的买卖物方面,出卖人并不享有"第二次履行的"权利。出卖人一般来说必须补偿为此而产生的必要费用(第 4 节边码 11)。

5. 在不正当的继续履行请求时买受人的赔偿义务

买受人因为错误地认为存在瑕疵而**不正当地**主张了**继续履行请求权**,则可以考虑的是出卖人基于第 280 条第 1 款、第 241 条第 2 款享有的,赔偿因此所生费用的请求权(尤其是买卖物的运输费用和检验费用)。根据联邦最高法院的判例,不正当的继续履行请求属于第 241 条第 2 款意义上的保护义务违反。[244] 因此,在可归责性层面上重要的是,买受人是否知悉或因过失而不知悉瑕疵不存在。因此,买受人在向出卖人行使权利前在可能的框架下必须谨慎地检验,其不满的现象是否系由瑕疵或者可能非属于其责任领域的情况造成的。[245]

示例(BGH NJW 2008, 1147):V 向电子产品安装工人 K 出售了一台灯光信号呼叫设备,用该设备可以从病床上向护理人员发送呼叫信号。K 将该设备安装进了某个养老院。基于养老院提出的故障通知,K 的工作人员检查了该设备,但是该工作人员并不能排除故障。K 推定,故障是该设备的瑕疵导致的,并且要求 V 消除瑕疵。随后,V 的技术人员(T)检查了该设备,确认故障的原因在于他已经消除的 K 的安装缺陷。V 请求 K 赔偿因 T 的交通费用、检查设备以及消除故障而产生 770 欧元。

联邦最高法院肯定了 V 基于第 280 条第 1 款、第 241 条第 2 款而对 K 享有的损害赔偿请求权。在此,法院以故障原因对 K 或其工作人员(第 278 条)施以必要注意时可以识别为标准。然而,文献中有人正确地指出,出卖人 V 不应当根据第 280 条第 1 款、第 241 条第 2 款的规定赔偿 T

---

[244] BGHZ 179, 238 (246) = NJW 2009, 1262;BGH NJW 2008, 1147 (1148) mAnm S. Lorenz LMK 2008, 258620. 关于这些情况中义务违反与可归责性的区分见 Derkum, Die Folgen der Geltendmachung nicht bestehender vertraglicher Rechte, 2015, 69ff. 。

[245] 参见 BGH NJW 2008, 1147 (1148);Medicus/Lorenz SchuldR BT § 7 Rn. 41。

消除故障的费用。[246] 由于T在消除故障时已经知悉V交付的设备并无瑕疵，与此有关的费用不应归责于K。

28　　不考虑买受人的过错，在这些情况中可以提出的问题是，买受人是否必须根据**无因管理**的规定(第670条、第683条第1句、第677条)向出卖人赔偿因不正当的继续履行请求而产生的费用。只要出卖人或其工作人员人认为存在瑕疵，至少也属于履行自己的债务。因此，只有当人们在这些"同为他人利益"的事务中可以推定具有为他人管理事务的意思时，基于第677条、第683条第1句、第670条享有的请求权才是可以考虑的(参见第43节边码10及以下)。[247] 然而，在灯光信号呼叫设备案中，仅在交通费用和检查费用方面存在这一问题。与之相反，在进行维修时T已经知悉他并不是在履行V(自己)的事务。不过，这里必须根据第683条第1句的规定检查，由V或者T消除障碍是否符合K的利益及意愿(参见第43节边码20及以下)。可能的情况是，K也许更愿意由自己或者委托第三人消除障碍。

三、解除

29　　对于解除，第437条第2项参引了第440条、第323条、第326条第5款的规定。第323条在能够消除的瑕疵上是重要的，在此设定期限的必要性根据第440条的规定也可能会丧失。在不能消除的瑕疵上，设定期限根据第326条第5款的规定自始就是不必要的。

1. 瑕疵能够消除时解除权的要件

30　　依第323条的规定，解除的要件首先是债务人在双务合同中没有提出或者没有按照合同的要求提出已经到期的给付(参见拙著《债法总论》第33节边码1)。在第437条的情形中，这一要件肯定是存在的，因此不必单独进行检验。因为买卖合同是**双务合同**，提供有缺陷的物属于**不符合合同要求的给付**(第323条第1款第2项)。

---

[246] Faust JuS 2008, 746 (748); Kaiser NJW 2008, 1709 (1711).
[247] 对此详见S. Lorenz, FS Medicus, 2009, 265ff.。

(1) 设定期限的必要性

买受人是否已经为出卖人继续履行设定了合理期限而无效果,或者这种期限设定并无必要,需要非常小心地进行检验。期限是否合理应当根据一般规则判断。也就是说,期限应当使出卖人能够完成继续履行(参见拙著《债法总论》第 27 节边码 16)。如果设定的期限过短而不合理,则设定的期限并非无效。确切地说,一个合理的期限已经开始起算了。[248] 根据联邦最高法院的判例,期限设定并不需要告知具体的时间段。确切地说,如果债权人通过立即、毫不迟延或者紧急的给付请求清楚地表明,仅有限定的时间段可供债务人支配,即为已足。[249]

在消费品买卖(第 474 条及以下)上存在的问题是,如果出卖人没有在合理期限内提供救济,按《消费品买卖指令》第 3 条第 5 项对解除和减价就已经足够。也就是说,设定期限是不必要的。在此背景下文献中有人主张,应按指令对第 323 条第 1 款作如下解释,即期限设定在消费品买卖的情况中一般是不必要的。[250] 然而,期限设定要求的部分排除可能与立法者的理念相违背,因此也无法通过作符合指令的解释或法律续造加以实现。[251] 因此,即便不对第 323 条第 1 款进行校正也可以保障与《消费品买卖指令》的一致性。尽管买受人已经提出继续履行要求,如果出卖人没有在合理期限内采取补救措施,则消费品买卖中期限设定根据第 323 条第 2 款第 3 项或第 440 条第 1 句第 2 种情形也是不必要的。[252] 此外,在期限设定时没有规定具体时间,这在很大程度上缓和了问题。

若出卖人未在指定期限内消除被指责的瑕疵,期限设定应当被视为是无结果的。也就是说,出卖人必须在期限内产生给付效果;仅仅在规定

---

[248] 参见 BT-Drs. 10/6040, 138;Jauernig/Berger § 437 Rn. 11。
[249] BGH NJW 2009, 3153 (zu § 281);NJW 2015, 2564 Rn. 11 mAnm Gutzeit。
[250] So MüKoBGB/Ernst § 323 Rn. 51。
[251] BGH BeckRS2020,25907 Rn. 47。
[252] 以第 323 条第 2 款第 3 项为依据的见 BeckOK BGB/Faust, 56. Ed. 1. 11. 2020, § 437 Rn. 20;Soergel/Gsell § 323 Rn. 85;Medicus/Lorenz SchuldR BT § 7 Rn. 45;关于第 440 条第 1 句第 2 种情形参见第 4 节边码 34。

期限内实施给付行为是不够的。[253]

(2)期限设定的不必要性

32　　如果没有设定期限,则必须检验,**期限设定**根据第 323 条第 2 款的一般规则或者第 440 条第 1 句的特别规定是否**并不必要**。期限设定不必要的各种情况相互之间处于替换关系。[254] 也就是说,期限设定根据某一例外要件不必要即为已足。

①**期限设定根据第 323 条第 2 款的规定不必要**

首先,如果出卖人认真且最终地拒绝了继续履行,根据第 323 条第 2 款第 1 项的规定,期限设定是不必要的。在认定**认真且最终地拒绝**继续履行方面应当提出严格要求。因此,出卖人简单的拒绝继续履行或对瑕疵发生争执,是不够的。[255] 此外,从与第 440 条第 1 句第 1 种情形、第 439 条第 4 款的关联中可以得出,这里仅仅包括不正当的拒绝继续履行,例如不正当的拒绝买受人选择的继续履行方式。[256]

设定期限不必要的其他情况还有第 323 条第 2 款第 2 项规定的**相对定期行为**(参见拙著《债法总论》第 33 节边码 4),以及第 323 条第 2 款第 3 项规定的在衡量双方利益的情况下必须立即解除合同的特殊情况。属于这类情况的有,出卖人在合同订立时**恶意**隐瞒了瑕疵。因为恶意欺诈通常会破坏继续履行所必要的信赖基础。[257] 不过,如果买受人仍然为继续履行设定期限,则在出卖人于该期限内消除瑕疵时,其解除权消灭。也就是说,买受人事后不能主张,期限设定因为恶意而不必要。[258]

②**期限设定根据第 440 条的规定不必要**

33　　在第 323 条第 2 款之外,第 440 条规定了期限设定不必要的其他情

---

[253] BGH BeckRS2020,25907 Rn. 24ff.;BeckOGK/Looschelders,1. 11. 2020,BGB § 323 Rn. 167.

[254] 参见 Staudinger/Matusche-Beckmann,2014,§ 440 Rn. 1。

[255] 参见 BGH NJW 2006,1195 (1197);MüKoBGB/Ernst § 323 Rn. 102。

[256] Oetker/Maultzsch Vertragl. Schuldverhältnisse § 2 Rn. 271.

[257] BGH NJW 2007,835 (837);2007,1534 (1535);zur Minderung BGH NJW 2008,1371 (1373) = JA 2008,301 (Looschelders)-Diokletian.

[258] BGH NJW 2010,1805 mAnm Looschelders LMK 2010,305065.

形。属于此种情况的,首先是出卖人根据第439条第4款正当地**拒绝了继续履行的两种形式**。如果继续履行的一种形式根据第275条第1款的规定被排除,且继续履行的另外一种形式依第439条第4款的规定被拒绝了,亦是如此。[259] 然而,依第475条第4款第1句的规定,出卖人在消费品买卖中不能根据第439条第4款的规定拒绝剩余的继续履行方式,而是就第439条第2款或第3款第2句规定的费用显失比例依第475条第4款第2句的规定将费用赔偿限制在合理数额上(参见第4节边码21)。然而,由于继续履行对买受人来说并非完全无偿,其不能根据第475条第5款结合第440条的规定不经设定期限即解除合同。

此外,根据第440条第1句第2种情形的规定,如果买受人享有的继续履行方式已经**失败**,则期限设定也是没有必要的。在第二次尝试后仍无效果时,修理即被视为失败。然而,在个案中可能会从物或瑕疵的种类,或者其他情况中得出不同结论(第440条第2句)。[260] 对于换货,原则上亦是如此,除非第一次无效果的尝试即能够得出再次换货也同样会没有效果的结论(比如所有可以考虑用来换货的物都出现了相同瑕疵)。[261]

提示:联邦最高法院在近期的一份判决中指出,只有当买受人没有为继续履行设定期限时,才取决于修理的两次失败。在设定期限的情形中,解除的有效性已经从期限的无效果经过中产生了。也就是说,从第440条第1句第2种情形、第2句中也不能得出,买受人在期限的无效果经过后还必须给予出卖人继续履行的第二次机会。[262]

根据立法理由书,如果尽管买受人提出请求,出卖人却没有在**合理期限**内实施继续履行,则继续履行也是失败的。[263] 立法者希望这样解决这

34

---

[259] MüKoBGB/Westermann § 440 Rn. 6.
[260] 参见 BGH NJW 2007, 504。
[261] BeckOK BGB/Faust, 56. Ed. 1. 11. 2020, § 440 Rn. 37; Reinicke/Tiedtke KaufR Rn. 485.
[262] BGH BeckRS2020, 25907 Rn. 40.
[263] BT-Drs. 14/6040, 222; Brox/Walker SchuldR BT § 4 Rn. 54; 批判见 BeckOK BGB/Faust, 56. Ed. 1. 11. 2020, § 440 Rn. 37; Oetker/Maultzsch Vertragl. Schuldverhältnisse § 2 Rn. 273。

个问题,让《消费品买卖指令》提出修理请求就够了,也就是说**不要求设定期限**。(第4节边码31)

35 　　最后,如果买受人享有的继续履行方式对其来说是**不可期待**的,根据第440条第1句第3种情形的规定,设定期限也是不必要的。这一规定比第323条第2款第3项走得更远,因为并没有与出卖人利益进行衡量的要求。[264] 被包括的是继续履行对买受人来说可能会产生显著不便的情况,在此也应当考虑的是物的种类及买受人需要物的目的。[265] 如果买卖物是宠物(例如犬只),则人们在判断出卖人"修理"的可期待性时尤其要谨慎。[266] 此外,第440条第1句第3种情形包括当事人之间的信赖关系因瑕疵的种类或其他原因被显著妨害的所有情况。[267] 由于给付有瑕疵的物无论如何都会妨害买受人对出卖人可信度或能力的信赖,信赖关系障碍的理由必须特别严重方可。[268]

　　提示:在解答案例时我们建议,通常在第323条第2款第3项之前检验第440条第1句第3种情形,因为多数时候这样可以避免与出卖人的利益进行困难的衡量。也就是说,与第440条第1句第3种情形相比,只有当继续履行对买受人来说并非本身即不可期待时,第323条第2款第3项才能发挥广泛的作用。不过,买受人对立即解除的利益可能会胜过出卖人对"第二次履行"的利益。[269]

2. 瑕疵不可消除时解除权的要件

36 　　如果瑕疵既不能通过换货,也不能通过修理予以消除,则继续履行请求权根据第275条的规定即被排除。因此,解除权应当根据**第437条第2**

---

[264] 参见 Staudinger/Matusche-Beckmann, 2014, § 440 Rn. 24; BeckOGK/Höpfner, 1. 10. 2020, § 440 Rn. 35; 对定区分的批判见 Schwab JuS 2019, 810 (812)。

[265] 参见 BT-Drs. 14/6040, 233f.; BeckOK BGB/Faust, 56. Ed. 1. 11. 2020, § 440 Rn. 39ff. 。

[266] 参见 BGH NJW 2005, 3211; Palandt/Weidenkaff § 440 Rn. 8。

[267] 参见 BGH NJW 2015, 1669 (1670); Staudinger/Matusche-Beckmann, 2014, § 440 Rn. 25ff. 。

[268] 参见 Oechsler Vertragl. Schuldverhältnisse Rn. 253。

[269] 参见 BeckOK BGB/Faust, 56. Ed. 1. 11. 2020, § 440 Rn. 27; Cziupka NJW 2015, 1671。

项结合第 326 条第 5 款的规定进行判断。如果出卖人根据第 275 条第 2 款或第 3 款的规定拒绝了继续履行的两种形式,亦是如此。由于第 326 条第 5 款既包括自始不能,也包括嗣后不能(参见拙著《债法总论》第 35 节边码 1),因而并不取决于瑕疵不能消除的状况或基于第 275 条第 2 款、第 3 款享有的履行拒绝权是在合同订立时即已存在,还是在合同订立后风险移转前的时间里才发生。

关于解除的具体情况第 326 条第 5 款参引了第 323 条的规定。这一点主要对下文还将论述的排除事由具有意义(参见第 4 节边码 38 及以下)。不过,与第 323 条不同,为继续履行**设定期限**依第 326 条第 5 款的规定自始就是**不必要**的。   37

3. 解除权的排除

如果存在第 323 条或者第 326 条第 5 款规定的解除权要件,则还必须检验,解除权是否会根据第 323 条第 5 款或者第 6 款(可能结合第 326 条第 5 款)的规定被排除。   38

(1) 义务违反不重要

具有实际意义的主要是第 323 条第 5 款第 2 句规定的因**义务违反不重要**而排除解除权的情形(对此一般性的介绍参见拙著《债法总论》第 27 节边码 30)。由于义务违反基于有瑕疵的给付(第 433 条第 1 款第 2 句),必须澄清瑕疵在何种条件下是不重要的。根据联邦最高法院的判例,这一问题应当在**个案中广泛利益衡量**的基础上判断。[270] 为具体化其模式,联邦最高法院将这一问题与就原第 459 条第 1 款第 2 句作出的判例联系起来,根据那些判例排除要件仅仅适用于所谓的**微不足道的情形**(例如不久后会自动消失的瑕疵或者以较少费用就可以消除的瑕疵)。[271] 针对这种观点有学者在文献中指出,根据旧法,在瑕疵不重要的情形根本就不存在物的瑕疵,因此所有瑕疵担保权利都将被排除。根据新法,买受人

---

[270] BGH NJW 2008, 1517; 2009, 508; 2013, 1431 (1433); 2014, 3229 mAnm Peters.
[271] BGH NJW 2007, 2111 mAnm Reinking; BGH NJW 2014, 3229 mAnm Peters = JA 2014, 785; ebenso NK-BGB/Dauner-Lieb/Dubovitzkaya § 323 Rn. 38; Brox/Walker SchuldR BT § 4 Rn. 62f.

在瑕疵不重要时虽然不能解除合同,但其继续履行请求权仍然维持不变。此外,在瑕疵不重要的情形买受人也可以请求减价以及"小"的损害赔偿(参见第 4 节边码 49 及以下)。因此,在第 323 条第 5 款第 2 句上对瑕疵不重要作比原第 459 条第 1 款第 2 句更为广义的理解是合理的。[272] 然而,联邦最高法院拒绝了这些考虑。[273]

39　　赞同联邦最高法院狭义理解的理由在于,在可以消除的瑕疵上,原则上只有当买受人就继续履行为出卖人设定了合理期限而无结果时,合同的回复才是可以考虑的。由于出卖人维持合同的利益已经借此得到了妥当保护,与旧法相比,重要性的尺度不必被提高。因此,只有当买受人的给付利益"在本质上没有受到妨害时",解除权才应当根据第 323 条第 5 款第 2 句规定被排除。[274] 联邦最高法院在具体案件中得出如下结论,即如果消除瑕疵的**费用**超过**价款**金额的 5%,则义务违反通常不再被视为不重要。[275] 然而,由于广泛利益衡量的必要性,这一界限不应当严格执行。如果出卖人承担了**属性**担保,则解除权原则上并不因义务违反不重要而丧失。[276] 于此,瑕疵的重要性通常可以被违反属性约定引征。[277]

在不能消除的瑕疵上,与消除费用的关联即被排除了。代之以功能受妨害程度的标准。[278] 因此,**不能消除的瑕疵**也并非普遍不重要。[279] 在机动车买卖上不仅驾驶体验的降低,还有那些影响交通安全的瑕疵,通常都能成立义务违反的重要性。[280] 在不存在功能妨害(比如事故车)时,则可以以商业价值贬损的数额为标准。在贬损的商业价值少于 1%

---

[272]　参见 MüKoBGB/Ernst § 323 Rn. 247ff. , 252;Soergel/Gsell § 323 Rn. 213f. 。
[273]　BGH NJW 2014, 3229 = JA 2014, 785 (Looschelders).
[274]　BGH NJW 2014, 3229 Rn. 37 = JA 2014, 785 (Looschelders);Soergel/Gsell § 323 Rn. 213;S. Lorenz NJW 2006, 1925 im Anschluss an BT-Drs. 14/6040, 187;其他观点见 MüKoBGB/Ernst § 323 Rn. 252。
[275]　BGH NJW 2014, 3229 Rn. 38.
[276]　BeckOK BGB/H. Schmidt, 56. Ed. 1. 11. 2020, § 323 Rn. 47;zu § 281 I 3 Erman/Ulber § 281 Rn. 30.
[277]　BGH NJW 2013, 1365 Rn. 16;BGHZ 201, 290 = NJW 2014, 3229 Rn. 14.
[278]　BGH NJW 2011, 2872 Rn. 21;MüKoBGB/Ernst § 323 Rn. 251.
[279]　BGH NJW 2008, 1517 Rn. 22.
[280]　参见 BGHZ 201, 290 = NJW 2014, 3229 Rn. 30;BGH NJW 2017, 153 Rn. 28。

时,根据联邦最高法院的观点,瑕疵不重要应当可以"毫无疑问地"予以肯定。[281]

示例:在新车上,燃料消耗的偏差少于10%时是不重要的。[282] 反之,即便在行驶里程超过100000公里的二手机动车上,湿气渗入机动车内部空间也属于严重瑕疵。[283]

根据联邦最高法院的观点,如果出卖人**恶意隐瞒瑕疵**,即便在客观上较为轻微的瑕疵上也应肯定重要性。[284] 联邦最高法院这样论证道,根据第323条第5款第2句的规定,解除权的排除取决于义务违反不重要,而不仅仅是瑕疵。然而,这种观点应当予以拒绝,因为基于对第437条第2项的参引,第323条第5款第2句在买卖法上是可以适用的。不过,有关买卖法上瑕疵担保责任的规定仅与无瑕疵给付义务的违反相关联。[285]

40

判断瑕疵重要性的关键**时间点**是解除表示的时间点。[286] 如果瑕疵在这个时间点应当视为重要的,则其重要性并不因事后(比如在诉讼程序中基于专家鉴定报告)发现,可以以符合比例的较低费用消除瑕疵而被排除。[287] 不过,如果瑕疵后来经买受人同意而被消除,则根据诚实信用原则(第242条),买受人可能不能坚持因解除而获得的法律地位。[288]

41

(2)给付不足时解除权的排除

根据第434条第3款的规定,出卖人提供的**数量过少也构成物的瑕疵**(参见第3节边码44)。这一相同地位在第323条第5款的框架下是否也应当遵守,是有争议的(参见拙著《债法总论》第27节边码32及第33节边码9)。主流意见持肯定态度,因此这里也应适用**第323条第5款第2句**。因此,在隐藏的数量不足上,只有当数量的偏差并不重要时,整个合

42

---

[281] BGH NJW 2008, 1517 Rn. 22.
[282] BGH NJW 2007, 2111; ebenso schon BGHZ 132, 55 = NJW 1996, 1337.
[283] BGH NJW 2009, 508.
[284] BGHZ 167, 19 = NJW 2006, 1960; aA S. Lorenz NJW 2006, 1925ff.
[285] 参见 Medicus/Petersen BürgerlR Rn. 300; Looschelders JR 2007, 309ff.。
[286] BGH NJW 2011, 3708 Rn. 9 = JA 2012, 146 (Looschelders); NJW 2013, 1365 Rn. 18; NJW 2017, 153 Rn. 29; 以解除表示的到达为标准的有 Höpfner NJW 2011, 3693 (3696)。
[287] BGH NJW 2011, 3708 Rn. 9; NJW 2009, 508 Rn. 23 mAnm Bruns.
[288] BGH NJW 2009, 508 (509); 2017, 153 Rn. 31.

同的解除才应当被排除。[289] 反对观点根据第 323 条第 5 款第 1 句来判断解除权的排除。根据该句的规定,在隐藏的数量不足上,只有当买受人对部分履行没有利益时,才能解除整个合同。[290]

支持后一种观点的理由是,**第 434 条第 3 款的首要目的**在于将瑕疵担保责任的特别规则扩张到给付不足上。根据这种观点,将相同地位移植到第 323 条第 5 款的排除要件上无论如何都不是强制性的。其他方面也不存在将相同地位移植到第 323 条第 5 款上的强有力目的论据。确切地说,允许买受人解除整个合同可能刚好是不合适的,尽管在进行客观考察时买受人对获得的部分给付完全具有利益。

(3)买受人对解除事由的责任

43 根据第 323 条第 6 款第 1 项(可能结合第 326 条第 5 款)的规定,如果买受人对解除事由应当负全部或主要责任(参见拙著《债法总论》第 33 节边码 10 及以下),解除权也将被排除。如果买受人自己**因过错**造成了**瑕疵的发生**(比如因在风险移转前不小心地对待买卖物),这一排除事由无论如何都可以被考虑。[291] 然而,这种情况并不会具有较大实践意义。

44 新近文献中的主要观点认为,对买受人就导致**继续履行请求权排除**并因此被给予立即解除合同权利**的事由**负完全或主要责任的情况,第 323 条第 6 款第 1 项规定的排除事由也是可以适用的。[292] 处于讨论中心的情况是,买受人因过错损害了具有本身可以消除之瑕疵的特别物,因而使

---

[289] 参见 BeckOK BGB/Faust, 56. Ed. 1. 11. 2020, § 434 Rn. 116f. ; Palandt/Weidenkaff § 434 Rn. 55f. ; Erman/Grunewald § 434 Rn. 63 ; Soergel/Gsell § 323 Rn. 203 ; Brox/Walker SchuldR BT § 4 Rn. 65 und 96。

[290] Jauernig/Berger § 434 Rn. 24 ; MüKoBGB/Westermann § 434 Rn. 48 ; PWW/Wagner § 434 Rn. 86 ; HK‐BGB/Saenger § 434 Rn. 21 ; BeckOGK/Looschelders, 1. 11. 2020, BGB § 323 Rn. 271ff. ; Lorenz/Riehm Neues SchuldR Rn. 219 ; Canaris, FS K. Schmidt, 2009, 177 (191ff.) ; Windel JURA 2003, 793 (796)。

[291] 参见 Brox/Walker SchuldR BT § 4 Rn. 66。

[292] So etwa BeckOK BGB/Faust, 56. Ed. 1. 11. 2020, § 437 Rn. 40ff. ; MüKoBGB/Westermann § 437 Rn. 16 ; Kohler AcP 203 (2003), 539 (546ff.) ; S. Lorenz NJW 2002, 2497 (2499)。

出卖人(以修理的形式)继续履行成为不能。

示例:K从V那里买了一辆二手小汽车。在交付后几天,K由于轻微过失造成交通事故,该机动车在交通事故中全损。在查明事故损害时发现,机动车具有各种各样通过修理本来可以消除的瑕疵。K能否解除合同?

K可能根据第437条第2项、第326条的规定享有解除权。K与V之间的合同已经成立。买卖物出现了第434条第1款规定的物的瑕疵。由于继续履行的两种形式依第275条第1款的规定都被排除了(替代给付从一开始就是不可能的,修理因为事故的原因也已经成为不能),解除权应当根据第326条第5款的规定判断。因此,为继续履行设定期限是不必要的。然而,K对导致修理成为不能的原因负有责任。因此,解除权根据第326条第5款结合第323条第6款第1项的规定被排除了。

第323条第6款第1项是否可以适用于上述情况,从法律文义中无法得出。反对适用该规定的理由是,因过错损害给付客体根据**债法改革立法者的观念**不应导致解除权被排除;作为替代,在原给付不能返还时,解除权人应当承担第346条第2款规定的价值赔偿义务(参见拙著《债法总论》第40节边码9)。

可以消除的瑕疵和不可消除的瑕疵的区别对待也是存在疑问的。在**不可消除的瑕疵**上,因过错导致买卖物毁损仅会导致第346条第2款规定的价值补偿义务,且这一义务会受到第346条第3款的限制。反之,在**可以消除的瑕疵**上,买受人甚至完全不能解除合同。为避免价值评价矛盾,有部分学者支持,第346条第3款第1句第3项的优待(参见拙著《债法总论》第40节边码23及以下)在第323条第6款第1项的框架下也应当**类推**适用。[293] 然而,这只是减轻了与解除权基本价值判断的冲突,而没有将其消除。更值得赞同的观点是,如果买受人仅对无法继续履行负有责任,则欠缺买受人负**全部**或**主要**责任这一要件。[294] 因为此种情况中

45

---

[293] So Kohler AcP 203 (2003), 539 (554).
[294] So Palandt/Grüneberg § 323 Rn. 29; MüKoBGB/Ernst § 323 Rn. 113; Dauner-Lieb/Arnold, FS Hadding, 2004, 25ff.

对瑕疵的责任仍然在于出卖人。

示例：如果人们原则上拒绝将第323条第6款第1项适用于买受人对继续履行不能负有责任的情况，则在二手机动车案中（参见第4节边码44）K可以毫无例外地解除合同。根据通说，可以考虑的有第326条第5款、第323条第6款第1项规定的解除权排除。由于K在类推适用第346条第3款第1句第3项时仅需对自己的通常注意（因此原则上仅对故意和重大过失）负责，在本示例中解除权根据这一观点也是存在的。

(4) 买受人受领迟延中发生瑕疵

46　　第323条第6款第2项规定的排除事由（买受人**受领迟延**中出现瑕疵）在**物的瑕疵**上不必予以考虑，因为受领迟延中意外恶化的风险根据第446条第3句的规定毫无疑问会移转给买受人。然而，第323条第6款第2项在**权利瑕疵**上是适用的。[295]

4. 解除的表示

47　　即便第323条或者第326条第5款的要件具备，解除权也并不会自动生效。确切地说，根据一般规则（第349条）买受人必须向出卖人**表示解除**（参见拙著《债法总论》第40节边码3）。

5. 解除的法律后果

48　　解除后的回复应当适用第346条及以下的规定。也就是说，当事人必须返还已经受领的给付，并返还收取的收益或提供价值补偿。与换货不同的是，买受人**就使用利益提供价值补偿**的义务与《消费品买卖指令》是可以兼容的。[296] 对两种情况作不同判断内容上的合理性在于，买受人在解除的情况中也将收回已支付的价款，并收取利息。

如果**买卖物**在此期间**灭失**，恢复将会遇到问题。根据旧法，如果买受人因过错造成买卖物的灭失，解除权在这些情况中将被排除（原第351条）。根据新法，买卖物的灭失原则上不再排除解除权（可能的例外参见第4节边码35及以下）。只要买卖物不能返还，则买受人即需要承担第

---

[295] 参见 Oetker/Maultzsch Vertragl. Schuldverhältnisse § 2 Rn. 280。
[296] BGH NJW 2010, 148 (149)。

346条第3款规定的**价值补偿义务**(参见《债法总论》第40节边码11及以下)。价值补偿请求权可能根据第346条第3款的规定被排除。在这里,解除权人根据第346条第3款第1句第3项享有的**优待**具有特别意义。如果买卖物在买受人那里灭失或者发生恶化,在买受人已经尽到自己通常的注意义务(第277条)时,价值补偿义务根据该规定将被排除(参见拙著《债法总论》第40节边码23及以下;关于案例解答参见拙著《债法总论》附件1边码10)。

四、减价

根据第437条第2项、第441条的规定,买受人可以用减少价款来代替解除合同。"代替"的文义已经表明,**解除权的要件**必须存在。也就是说,这里也需要区分可以消除的瑕疵与不能消除的瑕疵。在可以消除的瑕疵上适用第323条。因此,买受人原则上有首先为出卖人继续履行设定一个期限的义务。从第323条第2款或第440条或者第475条第5款、第440条的规定中可以产生例外(参见第4节边码32及以下)。在不能消除的瑕疵上,设定期限根据第326条的规定是不必要的。根据第441条第1款第2句的规定,第323条第5款第2句规定的排除事由不能适用于减价。也就是说,买受人在**并不严重的瑕疵**上也可以行使减价的权利。 49

在减价时,价款依第441条应当按"物在无瑕疵状态出售时的价值与物的真实价值之间原本存在的"**比例**减少(参见441条第3款)。因此,买受人仍然可以获得从有利买卖的缔结中产生的利益。反过来出卖人也可以保有从有利的交易中产生的利益。 50

第441条的表述可以用下面的**数学公式**来表达:减少后的价款(GKP)/约定的价款=有瑕疵时的价值/无瑕疵时的价值。如果人们根据减少后的价款解开方程式,则会得到下面的公式:

减少后的价款(GKP) = 有瑕疵时的价值×约定的价款/无瑕疵时的价值

示例:K在小汽车经销商V那里以8000欧元的价格购买了一辆使用了4年的柴油版旧高尔夫。在无瑕疵状态时,该机动车可能具有10000欧元的价值。不过,由于出现了不同的瑕疵,该车事实上的价值仅为6000欧元。由于替代履行和修理都已经成为不能,K希望行使减价权。

减价的要件应当根据第437条第2项、第441条、第326条第5款的规定判断。根据这些规定,K可以不经设定期限即行使减价权。减少后的价款为4800欧元(6000欧×8000欧/10000欧)。

51　　如果买受人已经支付了将要减少的价款,则他可以根据第441条第4款的规定请求出卖人偿还多支付的金额。

五、损害赔偿请求权

1. 概述

52　　《德国民法典》在第437条第3项中通过参引第280条及以下、第311a条的一般规定的方式简明地规定了损害赔偿请求权。因此,买受人的损害赔偿请求权原则上以**义务违反**和**可归责性**为前提(参见拙著《债法总则》第22节边码1及以下、第23节边码1及以下)。首先,义务违反的检验在这个方面并不会产生问题。如果物的瑕疵或权利瑕疵得到肯定,则可以确定出卖人违反了**基于第433条第1款第2句负担的义务**(参见第2节边码2)。如果出卖人负担**继续履行义务**,则这一义务的违反可作为替代选择(参见第4节边码57)。由于可归责性根据第280条第1款第2句的规定与各义务的违反相关,因此,**可归责性存在两种可能的联结点**。在解答案例时,在这种情况中必须分别明确系以哪一种义务的违反为依据。

根据《德国民法典》的观念,在**自始给付不能**的情况(第311a条第2款)中并不存在义务违反。在此代替义务违反的是因自始不能而未提出给付(参见拙著《债法总论》第28节边码8及以下)。在买卖法的瑕疵担保责任上,这一类型对因自始不能消除的瑕疵产生的损害赔偿请求权是重要的。可归责性的联结点在于,合同订立时并不知悉不可消除的瑕疵。

53　　出卖人是否应当对义务违反或不知悉自始不可消除的瑕疵负责,需要根据第276条、第278条来判断。根据第276条第1款第1句的规定,出卖人原则上应当对故意和过失负责。在个别情况中可能会产生更为严格的责任,也即在出卖人就买卖物的属性承担了**担保**时(参见第4节边码70及以下)。可归责性的证明**责任在出卖人身上**(第280条第1款第2句、第311a条第2款第2句)。也就是说出卖人应当证明,自己不应当对义务违反或者不知悉负责。

如果涉及的是对迟延损害的赔偿或者替代给付的损害赔偿,则必须存在第280条第2款或者第280条第3款规定的**附加要件**(催告、设定期限等)(在此期限设定根据第440条第1句的规定也可能是不必要的)。因此,因物的瑕疵或权利瑕疵而生的损害赔偿请求权可以无缝地并入普通履行障碍法规定的损害赔偿请求权体系中(参见拙著《债法总论》第24节边码1及以下)。

54

2. 替代给付的损害赔偿

在检验因买卖物瑕疵所生的损害赔偿请求权时,第一步应当根据针对的是**替代给付的损害赔偿**还是**与给付并存的损害赔偿**来进行区分。区分应当根据一般原则进行。首先应当取决于,损害赔偿请求权究竟是代替原给付请求权或继续履行请求权,还是可以与这些请求权一同行使(参见拙著《债法总论》第24节边码17及以下、第25节边码9及以下)。损害能否通过可能的继续履行来消除提供了一个定位点。[297] 如果出卖人请求**替代给付**的损害赔偿,则还必须在**可以消除的瑕疵**与**不可消除的瑕疵**之间进行区分。

55

(1)可以消除的瑕疵

在可以消除的瑕疵上,第437条第3项就替代给付的损害赔偿参引了第280条第1款、第3款,第281条的规定。**义务的违反**首先在于,出卖人**没有使**买受人取得**无物的瑕疵及权利瑕疵**的买卖物,因此**没有像负担的那样**履行到期的给付(参见拙著《债法总论》第27节边码8)。出卖人的**过错**可能在于造成了瑕疵或者在发货前尽管知悉或应当知悉而没有消除

56

---

[297] 参见 BeckOK BGB/Faust, 56. Ed. 1. 11. 2020, §437 Rn. 68; Palandt/Grüneberg §280 Rn. 18。

瑕疵。[298] 只要涉及应当知悉瑕疵,可以提出的问题是,出卖人负担哪些**检验义务**。原则上应当认为,交往中必要的注意义务并不使出卖人负担对买卖物进行检验的义务。[299] 然而,例外是可能存在的。重要的是买受人在个案中对**出卖人的**注意义务**可得**具有何种**期待**。在此应当考虑产品的种类以及出卖人的专业资质。因此,在产品具有特别重大的价值或者容易产生缺陷时,一个具有专门知识的专业经销商应当比一个出售廉价大众商品的打折商店承担广泛得多的检验义务。[300]

根据主流意见,在可以消除的瑕疵上也可能与**继续履行义务的违反**(第 439 条第 1 款)相关联。[301] 在这里义务违反在于,出卖人在买受人设定的期限内没有或者没有按照规定实施继续履行或者不当地拒绝了继续履行。在检验**过错**时应当注意的是,出卖人已经给付了一个有瑕疵的物。因此,在这时对注意义务的要求应当特别严格。[302] 不正当的拒绝继续履行通常应当被视为有过错。

57 因此,就**义务违反**成立而言,原则上存在**两种不同的出发点**:在风险移转时给付有瑕疵的物以及在期限经过后没有或者没有按照规定实施继续履行。[303] 就第 280 条第 1 款、第 3 款,第 281 条规定的损害赔偿请求权而言,出卖人对以上任意一种义务违反应当负责(参见拙著《债法总论》第 27 节边码 22)即为已足。

示例:K 在 V 的建材市场以 250 欧元的"优惠价格"购买了一台电动

---

[298] 关于过错责难的内容参见 BGH NJW 2012, 2793; BeckOK BGB/Faust, 56. Ed. 1. 11. 2020, § 437 Rn. 90f.; 完全以知悉或者应当知悉为标准的有 Begr. BT-Drs. 14/6040, 210。

[299] BGHZ 181, 317 = NJW 2009, 2674 (2676) = JA 2009, 819 (Looschelders)。

[300] Palandt/Grüneberg § 280 Rn. 19; MüKoBGB/Westermann § 437 Rn. 30。

[301] BGH NJW 2008, 2837 (2838ff.); BGHZ 195, 135 = NJW 2013, 220 Rn. 12; BGH NJW 2015, 2244 Rn. 12; BeckOK BGB/Faust, 56. Ed. 1. 11. 2020, § 437 Rn. 117ff.; MüKoBGB/Westermann §437Rn. 29ff.; Looschelders, FS Canaris I, 2007, 737 (746ff.)。

[302] 参见 Canaris, FS Wiegand, 2005, 179 (233f.)。

[303] BGH NJW 2008, 2837 (2838ff.); BGHZ 195, 135 Rn. 11ff.; BGH NJW 2015, 2244 Rn. 12; MüKoBGB/Westermann § 437 Rn. 29ff.; Palandt/Weidenkaff § 437 Rn. 37; BeckOK BGB/Faust, 56. Ed. 1. 11. 2020, § 437 Rn. 86; Emmerich SchuldR BT § 5 Rn. 21; Reinicke/Tiedtke KaufR Rn. 537ff.; Faust, FS Canaris I, 2007, 219 (232ff.); Looschelders, FS Canaris I, 2007, 737 (746ff.)。

(草坪)割草机。在 K 使用该机器割草 15 分钟后,该机器遭受了发动机损害,损害系由电线的焊接缺陷导致。K 将割草机带到 V 的建材市场并请求更换一台新机器。V 拒绝并指出,缺陷是由 K 的操作失误导致的。K 随后在 D 的建材市场以正常价格 300 欧元购买了一台类似的草坪割草机,并请求 V 在自己返还缺陷机器的同时补偿这一费用。

K 可能基于第 437 条第 3 项结合第 280 条第 1 款、第 3 款,第 281 条对 V 享有支付 300 欧元的请求权。K 与 V 订立了一个关于草坪收割机的买卖合同。因为电线焊接缺陷,该机器在风险移转时就出现了第 434 条第 1 款第 2 句意义上的瑕疵。也就是说 V 违反了第 433 条第 1 款第 2 句规定的给付无瑕疵物的义务。然而,由于缺陷本身在对该设备进行的随机功能测试中没有被发现,V 不应当对原不完全给付中存在的义务违反负责。V 的其他义务违反在于不正当的拒绝继续履行。V 有机会对该设备的具体瑕疵进行检验。因此,不正当的拒绝继续履行至少是过失引起的。因此,V 应当对继续履行义务的违反负责。期限设定根据第 281 条第 2 款第 1 项的规定是不必要的。因此,请求权成立。

根据文献中有学者所持的反对观点,在第 281 条第 1 款的情形中**完全取决于继续履行义务的违反**。[304] 然而,只要第 281 条第 2 款、第 440 条规定的期限设定是不必要的,即应当以给付无瑕疵物的原始义务的违反为标准。这似乎并不连贯。期限设定的必要性并不能改变,出卖人已经违反了第 433 条第 1 款第 2 句规定的原始义务。虽然这一义务在期限经过的时间点不再**到期**。[305] 不过,就第 281 条第 1 款第 1 句规定的到期要求而言,义务在违反的时候已到期就足够了。[306] 撇开这一点,原始的不完全给付在期限设定没有效果时与发生的损害也**具有因果关系**。[307]

根据第 281 条第 1 款的规定,替代给付的损害赔偿原则上仅在**为继续**

---

[304] So Oetker/Maultzsch Vertragl. Schuldverhältnisse § 2 Rn. 303; Lorenz/Medicus SchuldR BT Rn. 175; Lorenz/Riehm Neues SchuldR Rn. 535; S. Lorenz NJW 2002, 2497 (2503).

[305] Hierauf abstellend Medicus/Lorenz SchuldR BT § 7 Rn. 58.

[306] Faust, FS Canaris I, 2007, 219 (242); Looschelders, FS Canaris I, 2007, 737 (748).

[307] MüKoBGB/Ernst § 281 Rn. 50; Looschelders, FS Canaris I, 2007, 737 (748).

履行设定的合理**期限**经过而无效果后方可请求。期限的设定必须便于出卖人事实上实施继续履行(参见拙著《债法总论》第 27 节边码 16)。如果期限太短,则合理期限的要求将会落空。[308] 期限的设定不要求告知具体的时间段,"即刻"消除瑕疵的要求即为已足。[309] 在第 281 条第 2 款规定的一般条件下,期限设定是**不必要**的。此外,在替代给付的损害赔偿上也适用第 440 条的特别规则(参见第 4 节边码 33 及以下)。也就是说,如果出卖人**正当地拒绝**了第 439 条第 4 款规定的两种继续履行方式,或者继续履行**失败**或对买受人**不可期待**,期限设定也是不必要的。如果出卖人依第 475 条第 4 款第 2 句的规定将第 439 条第 2 款或第 3 款第 1 句规定的费用补偿限于合理金额,则期限设定对从第 437 条第 3 项、第 280 条、第 281 条中产生的替代给付的损害赔偿请求权也是不必要的(第 475 条结合第 440 条)。

提示:第 475 条的规定并不会导致买受人在替代给付的损害赔偿的视角下可以不经期限设定而请求全部费用的赔偿。替代给付的损害赔偿旨在代替本身负担的实际履行。[310] 由于基于第 439 条第 2 款和第 3 款第 1 句享有的请求权系针对金钱给付,基于第 437 条第 3 项、第 280 条第 1 款、第 3 款,第 281 条享有的替代给付的损害赔偿请求权在这里自始即不被考虑。[311] 无论如何,对第 475 条第 4 款第 2 句规定的继续履行请求权的合理限制不能因替代给付的损害赔偿请求权而落空。因此,在第 439 条第 2 款或第 3 款第 1 句规定的费用补偿请求权上,第 475 条第 5 款并无意义。不过,这里也可以考虑因瑕疵导致的价值减损的补偿请求权(参见第 4 节边码 22)。[312]

(2)不可消除的瑕疵

在不可消除的瑕疵所导致的替代给付的损害赔偿请求权上,根据第

---

[308] Palandt/Grüneberg § 281 Rn. 10.
[309] BGH NJW 2009, 3153; NJW 2015, 2564 mAnm Gutzeit.
[310] 参见 BeckOGK/Riehm, 15. 10. 2020, BGB § 280 Rn. 244。
[311] 参见 Jaentsch NJW 2013, 1121 (1125f.); Looschelders JA 2015, 230 (232)。
[312] Looschelders JA 2015, 230 (232).

280条及以下、第311a条第2款的体系,应当区分自始不能与嗣后不能。这里重要的是,无瑕疵的给付是**在合同订立时**即已经不能提出,还是无瑕疵的给付或继续履行直到合同订立后才成为不能。[313] **嗣后无法消除的瑕疵**适用第280条第1款、第3款,第283条的规定。与第281条最重要的区别是,这里无期限设定的要求。根据一般规则(参见第3节边码23)瑕疵必须总是**在风险移转时**就存在;反之,瑕疵不能消除也可以后来才发生。

深化:因此,在嗣后无法消除的瑕疵上可以区分两种案例类型[314]:

①在合同订立和交付之间产生了不可消除的瑕疵。

示例:在买卖合同订立后,已被出售的画作由于V的不当储存遭受了无法修复的潮湿损害。

②继续履行在交付后成为不能

示例:已被出售的种类物出现了某种瑕疵,该瑕疵不能通过修理予以消除。在有瑕疵的物交付后,此前本可考虑的交付新物因为禁止而成为不能。

就出卖人因嗣后产生的不可消除的瑕疵所承担的责任而言,**可归责性的联结点**也会产生困难。主流意见完全以出卖人是否应当对继续履行的不能负责为标准(第437条第3项结合第280条第1款、第3款,第283条)。[315] 支持的理由可以这样叙述,即可归责性在第280条、第283条的直接适用范围内应当与给付障碍的产生相关联。然而,立法者仅仅希望通过参引第283条表明,在不可消除的瑕疵上买受人不必设定继续履行期限。反之,可归责性的联结点则不应当被推迟。因此,值得赞同的观点似乎是,可归责性也可以替代性地与原来的瑕疵给付相关联。也就是说,如果出卖人应当对瑕疵给付负责,则其不能以继续履行在其无过错时已经成为不能而免除责任。[316] 在方法论上这一方案可以这样解释,即第280条第1款、第3

---

[313] 关于区分见 BGH NJW 2005, 2852 (2854); S. Lorenz NJW 2002, 2497 (2501)。

[314] 关于这一区分见 BeckOK BGB/Faust, 56. Ed. 1. 11. 2020, § 437 Rn. 128ff.。

[315] So Staudinger/Schwarze, 2019, § 280 Rn. D 15ff.; Oetker/Maultzsch Vertragl. Schuldverhältnisse § 2 Rn. 303; Medicus/Lorenz SchuldR BT § 7 Rn. 82.

[316] 另参见 BeckOK BGB/Faust, 56. Ed. 1. 11. 2020, § 437 Rn. 134; Tetenberg JA 2009, 1 (5);对此详见 Looschelders, FS Canaris I, 2007, 737 (750ff.)。

款,第283条刚好不能直接适用,而是基于第437条第3项的参引而得到适用。这种法定的参引适用一般原则,关联的规定仅能准用于通过参引而规范的案件事实。[317]

示例:葡萄种植者W从其种植的葡萄中出售了50瓶葡萄酒给K。W知道,葡萄酒因不当的储存而变质了。K本来对葡萄酒不太满意,不过,他愿意让W从存货中给付其他葡萄酒。在葡萄酒送出后不久,W的全部存货在一场其并无过错的火灾中全部被毁。如果人们以存货之债为出发点,则K的继续履行请求权依第275条第1款的规定被排除了(参见拙著《债法总论》第13节边码11)。根据主流意见,基于第437条第3项结合第280条第1款、第3款,第283条享有的损害赔偿请求权可能因W不应对继续履行负责而失败。[318] 反之,根据这里所持的观点,W对原来的瑕疵给付应当负责即为已足。因此,K可以向W请求替代给付的损害赔偿。

62   在**自**始不可消除的瑕疵上,损害赔偿请求权应当根据第437条第3项结合第311a条第2款的规定确定。重要的还是一般规则(参见拙著《债法总论》第28节边码1及以下)。根据第311a条第2款第2句结合第276条的规定,可归责性原则上取决于,出卖人在合同订立时是否知悉或本应知悉**瑕疵**。此外,主流意见还要求,出卖人在合同订立时也知悉或应当知悉瑕疵**不可消除**。[319] 然而,这一视角并不具有实际意义。如果出卖人知悉或应当知悉瑕疵,则其也会知悉或应当知悉瑕疵不可消除,因为出卖人在合同订立前不仅应当提供有关物没有瑕疵的信息,还应当提供可能的瑕疵不可消除的信息。[320] 对瑕疵或瑕疵不可消除的知悉又取决于,出卖人就提供的物负担何种检验注意义务要求(参见第4节边码56)。此外,只要出卖人已经承担了**担保**,可归责性也应被肯定。

---

[317] 另参见 Looschelders, FS Canaris I, 2007, 737 (752); 关于"参引类推"法律性质的一般介绍, Larenz/Canaris, Methodenlehre der Rechtswissenschaft, 3. Aufl. 1995, 82。

[318] 关于类似的例子参见 Reischl JuS 2003, 453 (457)。

[319] So etwa BeckOK BGB/Faust, 56. Ed. 1. 11. 2020, § 437 Rn. 126; Oetker/Maultzsch Vertragl. Schuldverhältnisse § 2 Rn. 303 Fn. 721; S. Lorenz NJW 2002, 2497 (2501)。

[320] 参见 BeckOK BGB/Faust, 56. Ed. 1. 11. 2020, § 437 Rn. 126; Schur ZGS 2002, 243 (247)。

(3)替代给付的损害赔偿的范围

如果买受人享有替代给付的损害赔偿请求权,则买受人原则上可以在小的损害赔偿与大的损害赔偿之间进行选择。[321] 在**小的损害赔偿**上,买受人保留有瑕疵的物,赔偿的仅是与按照规定履行合同时本应发生的状态之间的差额(比如物的减损价值、修理费用)。根据第五和第八民事审判庭的判例,买受人也可以根据预期将会产生,但尚未支出的(拟制的)瑕疵清除费用来计算损害。[322] 相反,第七民事审判庭近期针对承揽合同法作出判决,"小的"替代给付的损害赔偿不能根据拟制的瑕疵清除费用计算(第34节边码31a)。[323] 这一问题在承揽合同法和买卖法中是否应当做不同判断是有争议的。随后,第五民事审判庭根据《德国法院组织法》第132条第3款向第七民事审判庭询问其是否坚持该意见[324],并且第七民事审判庭随后重申了这一观点之后[324a],可以预料到的是,这一问题将根据《德国法院组织法》第132条第2款交由民事大审判庭决断。

63

在**大的损害赔偿**上,买受人需返还有瑕疵的物,并请求赔偿所有因合同没有实施而产生的损害(比如替代买受的费用、丧失的利润)。《德国民法典》在此说的是替代全部给付的损害赔偿(第281条第1款第3句)。替代全部给付的损害赔偿在**瑕疵不重要**时将被排除(第281条第1款第3句、第283条第2句、第311a条第2款第3句)。在具体情况中适用与第323条第5款第2句规定的解除权排除相同的规则(参见第4节边码38及以下)。因此,在瑕疵不重要时买受人的权利限于继续履行、减价以及小的损害赔偿。根据此处所持的观点(第4节边码42),在隐藏的给付减值情况中只有当买受人对部分给付没有利益,买受人才能请求替代全部给付的损害赔偿。

64

---

[321] 参见 Medicus/Lorenz SchuldR BT § 7 Rn. 83。
[322] BGHZ 193, 326 = NJW 2012, 2793 Rn. 31 = JA 2012, 944(Looschelders);BGHZ 200, 350 = NJW 2015, 468 Rn. 33 = JA 2015, 230(Looschelders);BGH NJW 2015, 244 Rn. 12.
[323] BGHZ 2018, 1 = NJW 2018, 1463 Rn. 31ff. = JA 2018, 627(Looschelders)。
[324] BGH ZfBR 2020, 552 = LMK 2020, 430873(Looschelders)。
[324a] BGH NJW 2021, 53;对此详见 Riehm NJW 2021, 27ff. 。

替代给付的损害赔偿与解除或减价之间的关系如下：如果买受人有效地降低了买卖价格，则他已经决定了继续维持合同效力。因此，基于减价的形成效力，他不再能够基于同一瑕疵主张解除合同或行使针对恢复合同关系的重大损害赔偿请求权。[325] 反之，买受人也不能通过保留有瑕疵的物并请求小的损害赔偿而再次撤回解除的约束效果。从第 325 条中也并不会得出不同的结果。该规定仅仅旨在确保，尽管存在有效的解除，买受人仍可以请求对其他财产损害的赔偿。[326] 因此，买受人无论如何要在消灭合同与维持合同的项之间作出决定。[327]

3. 与给付并存的损害赔偿

(1)简单的损害赔偿(尤其是在瑕疵后果损害上)

65 在与给付并存的损害赔偿上，根据第 437 条第 3 项结合第 280 条第 1 款就**瑕疵后果损害**承担的简单的损害赔偿处于中心地位。这里涉及的情况是，买受人的其他法益或利益**因买卖物的瑕疵**而遭受了损害。

示例：①饲料供应商 V 向有机农场主 K 供应了含有二恶英的鸡饲料，之后 K 的鸡必须被紧急宰杀。

②购买的二手汽车的刹车因在风险移转时即已存在的缺陷而失灵，买受人 K 在一起事故中受到严重伤害。

在瑕疵后果损害上，第 280 条第 1 款意义上的义务违反也可以存在于违反**基于第 433 条第 1 款第 2 句而产生的义务**。[328] 这些义务的违反构成了第 276 条、第 278 条意义上可归责性的联结点。后果损害的赔偿请求权与给付并存，因为买受人仍然可以继续履行(比如给付新的饲料、修理刹车片)。

66 除违反第 433 条第 1 款第 2 句规定的义务外，在瑕疵后果损害上通常也存在**第 241 条第 2 款意义上保护义务**的违反。在这里尤其应当以出卖

---

[325] BGH NJW 2018, 2863 Rn. 26ff. = JA 2018, 784 (Looschelders); aA Stöber NJW 2017, 2785 (2788).

[326] BGH NJW 2018, 2863 Rn. 52ff.

[327] BGH NJW 2018, 2863 Rn. 53.

[328] 参见 BGH NJW 2014, 213 (214); MüKoBGB/Ernst § 280 Rn. 56; Medicus/Lorenz SchuldR BT § 7 Rn. 86; Brox/Walker SchuldR BT § 4 Rn. 110.

人未就与损害有因果关系的瑕疵向买受人作出说明(饲料有毒、刹车片的缺陷等)为标准。[329] 基于**第437条第3项、第280条第1款、第241条第2款**享有的损害赔偿请求权尤其可以被考虑。两个请求权之间的关系是有争议的。多数文献支持请求权竞合的观点。[330] 也就是说,两种请求权可以择一行使。根据反对观点,违反基于第433条第1款第2句的与给付有关的义务具有优先地位。[331] 支持后一种观点的理由有,第438条规定的短期消灭时效否则将会落空。然而,由于基于第437条第3项、第280条第1款、第241条第2款享有的请求权与买卖物的瑕疵相关联,持通说的多数学者也承认,这一请求权应当受第438条规定的短期消灭时效的调整。[332] 因此,观点争议通常情况下并不具有实际意义。[333] 反之,直接回归**第280条第1款、第241条第2款**(也即不通过第437条第3项)将可能进入常规消灭时效的适用领域。不过,在瑕疵后果损害上,这一方案会因为第434条及以下的优先性而失败(参见第8节边码8)。

如果没有瑕疵的给付**在合同订立时即已经不能**,则基于第437条第3项、第311a条第2款产生的损害赔偿义务根据主流意见也包括对后果损害的赔偿。[334] 这背后的问题是,在自始不能时第275条第1款从一开始就排除了基于第433条第1款第2句享有的对无瑕疵给付的请求权。[335] 因此,这一义务的违反似乎已经不再是基于第280条第1款而享有的损害赔偿请求权的合适联结点了。然而,从方法论的视角来看,鉴于瑕疵后果损害,尽管已经自始给付不能,似乎并不妨碍人们像义务违反那样来处理

---

[329] 参见BeckOK BGB/Faust, 56. Ed. 1.11.2020, § 437 Rn. 62。

[330] So zB Staudinger/Schwarze, 2019, § 280 Rn. C 42; grundsätzlich auch Medicus/Lorenz SchuldR BT § 5 Rn. 7, 182; MüKoBGB/Ernst § 280 Rn. 57.

[331] So etwa Jauernig/Stadler § 280 Rn. 15; Medicus/Petersen BürgerlR Rn. 211; Oetker/Maultzsch Vertragl. Schuldverhältnisse § 2 Rn. 359; Grigoleit, FS Canaris I, 2007, 275 (298ff.).

[332] So zB Staudinger/Schwarze, 2019, § 280 Rn. C 42; Medicus/Lorenz SchuldR BT § 5 Rn. 7, § 7 Rn. 86, § 9 Rn. 3; MüKoBGB/Ernst § 280 Rn. 76.

[333] 类似的见MüKoBGB/Ernst § 280 Rn. 57; Medicus/Lorenz SchuldR BT § 5 Rn. 7。

[334] 参见BGH NZBau 2014, 492 (494) (zu §§ 634 Nr. 4, 311a II); MüKoBGB/Ernst § 311a Rn. 65; Soergel/Gsell § 311a Rn. 54; 其他观点见Jauernig/Stadler § 311a Rn. 13; NK-BGB/Dauner-Lieb § 311a Rn. 24。

[335] 参见BeckOK BGB/Faust, 56. Ed. 1.11.2020, § 437 Rn. 122。

有瑕疵的给付。[336] 因为提供无瑕疵给付的义务的排除不应使出卖人免于承担对瑕疵后果损害的赔偿义务。此外，无论如何都可以以违反基于第 241 条第 2 款的保护义务为标准。[337]

(2) 迟延损害的赔偿

68　　买卖物的瑕疵也可能会导致**迟延损害**，这一损害在第 280 条第 1、2 款，第 286 条的条件下应当予以赔偿。前提是，出卖人对**继续履行已经陷于迟延**。[338] 第 286 条的规定在第 437 条第 3 项中虽然没有被提及。然而，参引也包含第 280 条第 2 款，该款与第 286 条建立了联系。[339]

示例：旅店老板 G 在 V 那里订购了一台啤酒饮料机。这台机器出现了缺陷。G 请求另行交付其他能够正常运行的机器，并就此为 V 设定了一个合理期限。换货因为 V 应当负责的原因发生了迟延。G 向 V 请求赔偿因迟延而丧失的利润。有无道理？

G 基于第 437 条第 3 项，第 280 条第 1、2 款和第 286 条的规定对 V 享有损害赔偿请求权。啤酒饮料机出现了瑕疵。V 的换货陷入了迟延。催告存在于作为清楚且确定的给付请求的期限设定中。[340]

(3) 使用丧失损害的归类

69　　对继续履行之前的**使用丧失损害**的赔偿应当根据哪些规定判断，是有争议的(参见拙著《债法总论》第 25 节边码 15 以下)。文献中一种较为流行的观点赞同这里也适用第 437 条第 3 项，第 280 条第 1、3 款和第 286 条的规定。[341] 他们指出原因：出卖人在到期时尚没有提出无瑕疵的给

---

[336] 参见 Looschelders, in Artz/Gsell/Lorenz (Hrsg.), Zehn Jahre Schuldrechtsmodernisierung, 2014, 213 (234)；支持与基于第 433 条第 1 款第 2 句产生的义务的客观不履行相关联的还有 Nk-BGB/Dauner-Lieb § 311a Rn. 24。

[337] 参见 S. Lorenz NJW 2002, 2497 (2501f.)；Schwab JuS 2002, 1 (8)。

[338] OLG Saarbrücken NJW - RR 2012, 285；BeckOK BGB/Faust, 56. Ed. 1. 11. 2020, § 437 Rn. 153；Jauernig/Berger § 437 Rn. 16；Medicus/Lorenz SchuldR BT § 7 Rn. 92.

[339] 参见 BT-Drs. 14/6040, 225。

[340] 参见 Brox/Walker SchuldR BT § 4 Rn. 105。

[341] NK-BGB/Dauner–Lieb § 280 Rn. 58ff.；Jauernig/Berger § 437 Rn. 17；Oetker/Maultzsch Vertragl. Schuldverhältnisse § 2 Rn. 295ff.；Grigoleit/Riehm JuS 2004, 745ff.

付。出卖人在此不得比一开始完全没有提出给付的情况更糟糕。[342] 然而,联邦最高法院采纳了主流意见,根据主流意见这些损害应当完全根据第 437 条第 3 项、第 280 条第 1 款的规定判断,**催告因此自始就是不必要**的。[343] 合议庭承认,反对观点与法律文义是兼容的。然而,在第 280 条第 1 款上支持使用丧失损害归类的理由有,买受人在给付瑕疵物的情况中比没有给付的情况中更值得保护,因为只有当物已经投入使用时,瑕疵才能被发现。此外,在第 280 条第 1 款上的归类符合立法者的设想。[344]

示例:在啤酒饮料机案中,V 按时实施了继续履行。不过,那个时候 G 已经丧失了数额为 6000 欧元的利润。根据主流意见,G 可以以第 437 条第 3 项、第 280 条第 1 款作为其损害赔偿请求权的依据。在反对观点的基础上则可能要检验,第 286 条第 2 款第 4 项规定的催告是否必要,因为 G 对啤酒饮料机能够立即投入使用具有特别利益。[345]

4. 无过错责任以及对辅助人的担保义务

(1) 担保的承担

在出卖人的瑕疵责任上,德国损害赔偿法也是以**过错原则**为出发点 (参见第 280 条第 1 款第 2 句、第 311a 条第 2 款第 2 句结合第 276 条第 1 款第 1 句)。不过,如果出卖人对买卖物无瑕疵已经承担了**担保**,则出卖人应当对义务违反或不知悉存在瑕疵负责,而不依赖于过错。这种属性担保与第 434 条第 1 款第 1 句意义上的单纯的属性约定应严加区分。在担保的情况中出卖人必须已经明示或默示地使买受人看出,出卖人对出现问题的特征的存在以及缺少这些特征的后果承担了确定(无过错)的担保义务(参见拙著《债法总论》第 23 节边码 26 及以下)。

在界定时,人们可以与缺乏所**担保的特征**时(第 463 条)出卖人的无

---

[342] Jauernig/Berger § 437 Rn. 17.
[343] BGH NJW 2009, 2674 = JA 2009, 819 (Looschelders). 关于主流意见参见 Palandt/Grüneberg § 280 Rn. 18;Erman/Grunewald Vor § 437 Rn. 10;Medicus/Petersen BürgerlR Rn. 299;Medicus JuS 2003, 521 (528)。
[344] Begr. RegE, BT-Drs. 14/6040, 225.
[345] 参见 Grigoleit/Riehm JuS 2004, 745 (747ff.)。

过错责任相关判例建立联系。[346] 这一问题根据旧法具有更为重大的意义,否则出卖人只需在恶意的情况中就瑕疵损害承担责任。大多数有关情况现在通过过失责任就已经可以解决了。

示例(BGH NJW 1993, 2103; 1995, 1673):K 在艺术品经销商 V 那里以 5000 欧元的价格购买了一个编号为"Burra 33"的油画。基于 K 的要求,V 交给 K 一个书面声明:该画的著作权人为 Edward Burra,它是"出于艺术家之手的真品"。其后 K 获悉,该油画不是出自 Burra 之手。由于一幅真的"Burra"画作本来具有 150000 欧元的价值,K 向 V 请求数额为 145000 欧元的损害赔偿。

71 在界定属性担保和单纯的属性约定时,判例根据交易的种类进行区分。在**艺术品交易**中对担保的判断尤其应提出特别严格的要求。[347] 这是因为油画的著作权经常会存在疑问。

示例:在第二份有关 Burra 油画的判例中联邦最高法院否定了 V 的担保。[348] 因此,根据当时的法律请求权应当予以否定。反之,以现行法为基础也许可以使 V 负有过失,因为正常的艺术品经销商应当认识到,一副真的"Burra"要具有比 5000 欧元高得多的价值。基于这一差距 V 本该负有继续调查的义务。油画不是真品是一种自始不能消除的瑕疵。也就是说,第 437 条第 3 项、第 311a 条规定的要件可能具备。然而,还必须检验,K 的损害赔偿请求权是否根据第 442 条第 1 款的规定被排除了。如果 K 在订立合同时已经知悉或者由于重大过失而未能知悉瑕疵,即是如此。在后一种情况中还可能取决于,V 既没有恶意行为,也没有就画作为真品承担担保(参见第 5 节边码 2)。鉴于低廉的购买价格,并不存在 V 是恶意的线索。也就是说,如果他们认为 K 具有重大过失,则请求权因为 V 未提供担保而本应予以否定。

72 在**二手车交易**中,联邦最高法院较早时候就担保的认定设定了较低

---

[346] 参见 BGHZ 170, 86 = NJW 2007, 1346; Brox/Walker SchuldR BT § 4 Rn. 89.

[347] 参见 OLG Köln NJW 2012, 2665 (2667); LG Freiburg NJW-RR 2012, 426; Staudinger/MatuscheBeckmann, 2014, § 444 Rn. 55.

[348] 参见 BGH NJW 1995, 1673; ausf. dazu Hattenhauer JuS 1998, 684ff. 。

的要求。因为经销商的专业知识,多数时候也存在过失。不过,只要担保所及,即便买受人不是消费者,责任排除根据第444条的规定也是无效的(参见第5节边码6及以下)。

示例:二手车经销商G在订立合同时使用了预先印制的表格。在表格中可以发现这样的表述:"机动车可以行驶:是—否"。出卖人的选项是"是"。联邦最高法院在这一表述中肯定了担保,即机动车应当处于允许在道路交通中无危险地使用的状况。因此,机动车不得有危及交通安全的瑕疵,因为这些瑕疵在进行主要检查(Hauptuntersuchung)时可能会被列入危及交通安全的等级。[349] 然而,联邦最高法院在一份新近判决中确认,出卖人并不因"可行驶"的陈述而为机动车在风险移转后仍然可以行驶较长时间或较长距离承担担保。[350]

旧法中让二手车经销商承担严格责任的考虑是,否则出卖人可能会毫无保护。由于买受人根据新法,尤其是在存在**消费品买卖**时,可以享受到更好的保护,联邦最高法院已经表示,这种观点可能不应继续坚持了。[351] 在**出卖人为私人**的情形中,"可以行驶"的陈述通常不应被解释为属性担保。[352] 不过,可以考虑是优先于瑕疵担保责任概括排除的属性约定(参见第5节边码6)。

深化:判例曾以旧买卖法为基础认为,关于二手机动车特征的陈述"在有疑问时"应当理解为属性约定。[353] 反之,联邦最高法院近期多次强调,基于新买卖法而作出的属性约定只能在"没有争议的情况中"予以肯定。[354] 出卖人仅用以重复前占有人陈述的单纯意思通知则既不能被视为担保,也不能被视为属性约定。这种意思通知可能存在于"根据前占有

---

[349] BGHZ 122, 256 (261).
[350] BGHZ 170, 67 (76):并非第443条意义上的保质期担保。
[351] BGHZ 170, 86 (94) = NJW 2007, 1346 (1348); zust. Looschelders JA 2007, 673 (677).
[352] OLG Hamm NJW-RR 2009, 1718 (1720).
[353] So BGHZ 128, 307 = NJW 1995, 955; BGH NJW 1996, 1205.
[354] BGH NJW 2008, 1517 (1518); 2013, 2107 Rn. 22; 2016, 2874 Rn. 16; 2017, 2817 Rn. 13.

人的告知不存在事故损害"的陈述中。[355]

(2)购置风险的承担

73　　此外,在种类物上尤其应当注意的是因**承担购置风险**而生的无过错责任(参见拙著《债法总论》第 23 节边码 29 及以下)。文献中有观点认为,由出卖人承担的购置风险通常也包括不存在物的瑕疵与权利瑕疵,因为第 243 条第 1 款规定的种类物的出卖人只能以无缺陷的物来履行。[356] 然而,应当拒绝这种观点,因为出卖人在特定物之债中也负有使得买受人取得没有瑕疵的物的义务(第 433 条第 1 款第 2 句)。在这个方面特定物之债与种类物之债的区别并不是原则性的。因此,在通常情况中要对种类之债的出卖人课以无过错的担保义务,而在特定物之债中原则上坚持过错原则,就让人无法理解了。因此,在不存在特别约定或情况时,特定物出卖人的购置义务也应当限于出卖人采购买卖物这一事实。[357]

(3)为履行辅助人承担的责任

74　　根据第 278 条的规定,出卖人也应当承担其履行辅助人的过错。问题是,这里的归责是否也包括买卖物的**生产者及供应商**。在回答这一问题时应当认为,独立的经营者可以是第 278 条意义上的履行辅助人。不过,履行辅助人必须在债务人的义务范围内从事活动。根据主流观点,生产者与供应商并不在出卖人的义务范围内从事活动,而是履行自身的义务。因此,生产者与供应商不能被视为出卖人的履行辅助人(参见拙著《债法总论》第 23 节边码 35)。[358] 反对观点肯定第 278 条的可适用性的理由是,自债法改革后出卖人根据第 433 条第 1 款第 2 句负有使买受人取得没有物的瑕疵和权利瑕疵的物的义务。在此生产者或供应商应当被视

---

[355] BGH NJW 2008, 1517 (1518).

[356] Schlechtriem SchuldR BT Rn. 85; einschränkend Canaris, FS Wiegand, 2005, 179 (230ff.).

[357] 另参见 Brox/Walker SchuldR BT § 4 Rn. 87; S. Lorenz NJW 2002, 2497 (2502).

[358] 参见 BGHZ 48, 118 (120); 177, 224 (235); 181, 317; MüKoBGB/Westermann § 437 Rn. 30; Staudinger/Caspers, 2019, § 278 Rn. 37; iErg auch BGHZ 200, 337 = NJW 2014, 2183 (2185).

为履行辅助人。[359] 然而,联邦最高法院正确地拒绝了这种观点,因为立法者在债法改革的框架下引入第433条第1款第2句时根本没有将把出卖人根据第278条承担的担保义务扩张到生产者与供应商身上作为目标[360];确切地说,立法理由书[361]明确地以到目前为止有关第278条的判例的继续沿用为出发点。也就是说,根据第433条第1款第2句的产生历史,要对第278条进行狭义解释。[362]

六、费用补偿请求权(第437条第3项、第284条)

依第437条第3项结合第284条的规定,在存在瑕疵时买受人也可以根据第284条的规定请求赔偿徒劳支出的费用。其他要件则要根据一般规则来确定(参见拙著《债法总论》第30节边码5及以下)。由于徒劳支出费用的赔偿只能请求(用来)"**代替替代给付的损害赔偿**",因而必须满足第280条第1款、第3款,第281条、第283条以及第311a条第2款规定的要件。因此,如果出卖人不应当对义务违反或者不知悉瑕疵负责,即不能请求费用的补偿。此外,在可消除的瑕疵上期限设定原则上是必须的。

此外,买受人必须因**信赖**获得给付而支出了费用,且可得合理支出,给付的目的却没有实现。如果在物没有瑕疵或按照规定实施继续履行时目的也无法达成,请求权根据第284条后半句的规定将被排除。

根据立法者的设想,徒劳支出费用的赔偿请求权主要是在设定有精神目的和消费目的的合同上具有重要性。[363] 然而,主流意见正确地认为,第284条也可以适用于设定有**营业经济**目的的合同(参见拙著《债法总论》第30节边码4)。[364] 因此,这一规定在买卖法上也具有很广阔的适

---

[359] So MüKoBGB/Grundmann § 278 Rn. 31; Weller NJW 2012, 2312 (2315); Witt NJW 2014, 2156(2157).

[360] BGHZ 200, 337 = NJW 2014, 2183 (2185); zust. S. Lorenz LMK 2014, 359378.

[361] BT-Drs. 14/6040, 209f.

[362] 另参见 S. Lorenz NJW 2013, 207 (209); S. Lorenz LMK 2014, 359378 (zumindest teleologische Reduktion)。

[363] 参见 BT-Drs. 14/6040, 142ff. mit Hinweis auf BGHZ 99, 182。

[364] 参见 BGHZ 163, 381 = NJW 2005, 2848 (2850); BGH NJW 2015, 1669 (1671); Palandt/Grüneberg § 284 Rn. 3。

用领域。

示例(BGHZ 163,381):K为其建筑公司从V那里购买了一辆小汽车,并以5000欧元为这辆车装配了一些配件(汽车轮毂等)。大约一年后,买受人因为小汽车的瑕疵解除了买卖合同,并请求V返还价款及赔偿为配件支出的费用。

K基于第437条第2项、第323条、第346条第1款的规定享有返还价款的请求权。除此之外,联邦最高法院基于第437条第3项、第284条的规定(可能还要结合第280条第1、3款、第281条)肯定了为配件所花费用的赔偿请求权。由于汽车配件是根据机动车特别购买的,故属于徒劳支出的费用。然而,必须抵扣K因使用配件一年而获得的使用利益。

77　　费用赔偿请求权也包括**合同相关费用**(公证费用、运输费用等)。与旧法(原第467条第2句)不同,买受人在这里不再享有无过错的赔偿请求权。

七、买受人的留置权和瑕疵抗辩权

78　　如果买卖物品有瑕疵,则买受人在瑕疵被去除之前可以根据第273条第1款的规定拒绝受领,而不会陷于受领迟延。此外,他根据第320条第1款还有权拒绝支付买卖价款。[365] 第273条第1款和第320条第1款之间的区别在于,出卖人根据第433条第1款第2句"提供货物的义务"与买受人支付买卖价款的义务处于对待给付关系中,而买卖物的受领原则上仅构成买卖人单纯的从给付义务(第2节边码5)。第320条第1款规定的给付拒绝权在微小的瑕疵上也与全部买卖价款相关联。这体现在,第433条第1款第2句——不同于第281条第1款第3句和第323条第5款第2句——并不区分出卖人重大和非重大的义务违反。[366] 仅当根据个案中的整体情况认定完全拒绝支付价款违反诚实信用原则时(第242条),才可以考虑存在例外。

79　　由于继续履行请求权属于对买受人原履行请求权的修正(第4节边

---

[365] BGH NJW 2017, 1100 Rn 15ff. = JA 2017, 306 (Looschelders).
[366] BGH NJW 2017, 1100 Rn. 33.

码3),因而其与出卖人的价款支付请求权仍然处于对待给付关系中。因此,在买卖物有瑕疵时,如果买受人尚未支付价款,则买受人在风险转移后仍然有权根据第320条的规定拒绝支付货款,直至继续履行成功完成。[367] 根据联邦最高法院的判例,即便买受人既未主张瑕疵,也未具体说明何种权利从可能的瑕疵中产生,买受人根据第320条享有的给付拒绝权也足以排除价款支付请求权的可执行性。如果出卖人因买受人未支付买卖价款而在根据第323条设定的期间经过后解除合同,买受人嗣后提出的瑕疵抗辩权可能会导致解除因买卖价款请求权缺乏可执行性而无效。[368] 对于这种观点可以提出的论据是,仅仅是第320条规定的抗辩权存在,而非是主张,就可以排除处于对待给付关系中的请求权的可执行性(参见拙著《债法总论》第15节边码15及以下)。[369] 不过,在另一方面应该注意的是,第320条以一个到期的对待请求权为前提。无论如何,继续履行请求权直到买受人向出卖人主张瑕疵或要求继续履行时才到期。[370] 在此之前,第320条与价款支付请求权的可执行性并不冲突。因此,如果买受人在之后才主张瑕疵,出卖人的解除根据第323条的规定依然是有效的。这一解决方案似乎也符合各方利益。如果买受人在获得买卖物之后既不主张瑕疵,也不支付价款,则出卖人必须可以信赖,他在合理期间经过之后可以有效地解除合同。[371]

即使继续履行请求权根据第275条第1—3款被排除,联邦最高法院也赋予买受人第320条规定的给付拒绝权(第4节边码16)。[372] 这背后

---

[367] BGH NJW 2020, 2104 Rn. 52ff.；MüKoBGB/Westermann § 437 Rn. 22；BeckOK BGB/Faust, 56. Ed. 1. 11. 2020, § 437 Rn. 172f.；Oetker/Maultzsch Vertragl. Schuldverhältnisse § 2 Rn. 188；auf die allgemeine Mängeleinrede abstellend Erman/Grunewald Vor § 437 Rn. 7；Grunewald FS Westermann, 2008, 245ff.

[368] BGH NJW 2020, 2104 Rn. 52ff.

[369] BGH NJW 2020, 2104 Rn. 38ff.；关于第323条见 BeckOGK/Looschelders, 1. 11. 2020, BGB § 323 Rn. 97。

[370] BeckOK BGB/Faust, 56. Ed. 1.11.2020, § 439 Rn. 29；BeckOGK/Höpfner, 1. 10. 2020, BGB § 439 Rn. 10；Looschelders NJW 2020, 2074（2076f.）；其他观点见 NK‐BGB/Schwab § 271 Rn. 4。

[371] 参见 Joost FS Canaris, 2007, 513（527）。

[372] BGH NJW 2020, 2104 Rn. 79；其他观点见 Medicus/Lorenz SchuldR BT § 7 Rn. 94。

的努力是,给予买受人在剩余瑕疵权利之间作出选择以合理的考虑时间。由于第 320 条的抗辩权以买受人到期的对待请求权为前提,而减价与解除并非请求权,而是形成权,因而给付拒绝权在第 320 条中的归类是值得怀疑的。因此,从教义学的角度来看,最好以一个并未明文规定的一般瑕疵抗辩权为依据。[373]

参考文献:*Augenhofer,* Der Nacherfüllungsort beim Verbrauchsgüterkauf, NJW 2019, 1988; *Bitter/Meidt,* Nacherfüllungsrecht und Nacherfüllungspflicht des Verkäufers im neuen Schuldrecht, ZIP 2001, 2114; *Canaris,* Die Nacherfüllung durch Lieferung einer mangelfreien Sache beim Stückkauf, JZ 2003, 831; *Canaris,* Die Einstandspflicht des Gattungsschuldners und die Übernahme eines Beschaffungsrisikos nach § 276 BGB, FS Wiegand, 2005, 179; *Canaris,* Der Vertrag mit ersetzbarer Primärleistung als eigenständige Rechtsfigur und die Zentralprobleme seiner Ausgestaltung, FS Westermann, 2008, 137; *Dauner- Lieb,* Die geplante Änderung der kaufrechtlichen Gewährleistung. Der Referentenentwurf des Bundesjustizministeriums, NZBau 2015, 684; *Dauner- Lieb/Arnold,* Kein Rücktrittsrecht des Käufers bei von ihm verschuldeter Unmöglichkeit der Nacherfüllung?, FS Hadding, 2004, 25; *Derkum,* Die Folgen der Geltendmachung nicht bestehender vertraglicher Rechte, 2015; *Grunewald,* Die allgemeine Mängeleinrede des Käufers, ein Auslaufmodell oder oder eine Rechtsfigur mit Zukunft?, FS Westermann, 2008, 245; *Gsell,* Beschaffungsnotwendigkeit und Ersatzlieferung beim Stück- und beim Vorratskauf, JuS 2007, 97; *Gsell,* Nacherfüllungsort beim Kauf und Transportlast des Käufers, JZ 2011, 988; *Hellwege,* Die Rechtsfolge des § 439 Abs. 2 BGB- Anspruch oder Kostenzuordnung?, AcP 206 (2006), 136; *Herresthal/Riehm,* Die eigenmächtige Selbstvornahme im allgemeinen und besonderen Leistungsstörungsrecht, NJW 2005, 1457; *Höpfner,* Der Rücktrittsausssschluss wegen»unerheblicher«Pflichtverletzung, NJW 2011, 3693; *Jaensch,* Der Umfang der kaufrechtlichen Nacherfüllung, NJW 2012, 1025; *Jaensch,*

---

[373] 参见 Soergel/Gsell § 320 Rn. 59ff. ; LooscheldersNJW2020, 2074 (2077); Grunewald FSWestermann, 2008, 245 (251ff.)。

Schadensersatz wegen berechtigter Leistungsverweigerung, NJW 2013, 1121; *Joost*, Die Mängeleinrede im Kaufrecht, FS Canaris, 2007, 513; *Kaiser*, Pflichtwidriges Mangelbeseitigungsverlangen, NJW 2008, 1709; *Katzenstein*, Grund und Grenzen des Bereicherungsausgleichs bei eigenmächtiger Selbstvornahme der Nacherfüllung, ZGS 2005, 184; *Kohler*, Rücktrittsausschluss im Gewährleistungsrecht bei nachträglicher Nacherfüllungsunmöglichkeit, AcP 203 (2003), 539; *Korth*, Minderung beim Kauf, 2010; *Looschelders*, Unerheblichkeit des Mangels und Arglist des Verkäufers, JR 2007, 309; *Looschelders*, Der Bezugspunkt des Vertretenmüssens bei Schadensersatzansprüchen wegen Mangelhaftigkeit der Kaufsache, FS Canaris, Bd. I, 2007, 737; *Looschelders*, Neuregelungen im Kaufrecht durch das Gesetz zur Reform des Bauvertragsrechts und zur Änderung der kaufrechtlichen Mängelhaftung, JA 2018, 81; *Looschelders*, Leistungsverweigerungsrecht des Käufers bei Mängeln der Kaufsache, NJW 2020, 2074; *S. Lorenz*, Rücktritt, Minderung und Schadensersatz wegen Sachmängeln im neuen Kaufrecht: Was hat der Verkäufer zu vertreten?, NJW 2002, 2497; *S. Lorenz*, Selbstvornahme der Mängelbeseiti- gung im Kaufrecht, NJW 2003, 1419; *S. Lorenz*, Voreilige Selbstvornahme der Nacherfüllung im Kaufrecht: Der BGH hat gesprochen und nichts ist geklärt, NJW 2005, 1321; *S. Lorenz*, Arglist und Sachmangel- Zum Begriff der Pflichtverletzung in § 323 V 2 BGB, NJW 2006, 1925; *S. Lorenz*, Diagnoserisiko und Aufwendungsersatz bei nicht geschuldeter Nacherfüllung, FS Medicus, 2009, 265; *S. Lorenz*, Ein- und Ausbauverpflichtung des Verkäufers bei der kaufrechtlichen Nacherfüllung, NJW 2011, 2241; *S. Lorenz*, Aus- und Wiedereinbaukosten bei der kaufrechtlichen Nacherfüllung zwischen Unternehmern, NJW 2013, 207; *S. Lorenz*, Sachverständigenkosten und Nacherfüllung, NJW 2014, 2319; *S. Lorenz/Arnold*, Grundwissen- Zivilrecht: Der Nacherfüllungsanspruch, JuS 2014, 7; *S. Lorenz*, Grundwissen- Zivilrecht: Neuregelungen im Gewährleistungsrecht zum 1.1.2018, JuS 2018, 10; *Markworth*, Verschuldensunabhängige Ersatzfähigkeit vorgerichtlicher Rechtsanwaltskosten über § 439 Abs. 2 BGB, ZIP 2019, 941; *Nietsch/Osmanovic*, Die kaufrechtliche Sachmängelhaftung nach dem Gesetz zur Änderung des Bauvertragsrechts, NJW 2018, 1; *Peters*, Die Erfüllungsgehilfen des Verkäufers neu hergestellter Sachen, ZGS 2010, 24; *Pils*, Der Ort der Nacherfüllung,

JuS 2008, 767; *H. Roth*, Zur Reichweite des Beschaffungsrisikos bei der Gattungsschuld, FS Medicus, 2009, 371; *Schroeter*, Das Recht zur zweiten Andienung im System des Schuldrechts, AcP 207（2007）, 28; *Schur*, Der Anspruch des Käufers auf Schadensersatz wegen eines Sachmangels, ZGS 2002, 243; Stodolkowitz,Die Reichweite der Leistungspflicht des Verkäufers im Rahmen der Nacherfüllung,JA 2010,492; *Tetenberg*, Der Bezugspunkt des Vertretenmüssens beim Schadensersatz statt der Leistung, JA 2009, 1; *Tröger*, Inhalt und Grenzen der Nacherfüllung, AcP 212（2012）, 296; *Ulber*, Aktuelles Gesetzgebungsvorhaben: Änderung der kaufrechtlichen Mängelhaftung, JuS 2016, 584; *G. Wagner*, Mange-lund Mangelfolgeschäden im neuen Schuldrecht?, JZ 2002, 475; *Weller*, Die Verantwortlichkeit des Händlers für Herstellerfehler, NJW 2012, 2312; *Witt*, Ausbau- und Einbaukosten in der Sachmängelhaftung bei einem Kaufvertrag zwischen Unternehmern- Verschuldenszurechnung beim Kauf- und Werklieferungsvertrag, NJW 2014, 2156. Vgl. auch die Nachweise zu § 1 und § 3.

第 5 节　瑕疵担保权利的排除与限制

1　　第 442 条、第 444 条、第 445 条包括一些将会限制或排除出卖人瑕疵责任的构成要件。此外, 在**商事买卖**中还应当注意因违反检验与通知义务而排除瑕疵责任的情况（《德国商法典》第 377 条）。

一、知悉或因重大过失而不知悉瑕疵（第 442 条）

2　　根据第 442 条第 1 款第 1 句的规定, 如果买受人在合同订立时已经知悉瑕疵, 瑕疵权利即被排除。如果买受人在这种情况中仍然主张瑕疵, 则属于自相矛盾的行为。[374]　如果买卖物出现买受人在合同订立时并不知悉的其他瑕疵, 则其瑕疵权利于此仍然存在。[375]

　　第 442 条第 1 款第 2 句规定的情况是, 买受人在合同订立时由于**重大**

---

[374]　关于第 442 条的原理参见 Staudinger/Matusche-Beckmann, 2014, § 442 Rn. 1。
[375]　NK-BGB/Büdenbender § 442 Rn. 9。

过失而不知悉瑕疵。只有当出卖人恶意隐瞒瑕疵或者已经就物的属性承担了担保,瑕疵权利才会继续存在。对于**恶意**的认定而言,间接故意即为已足。也就是说,出卖人的行为并非必须具有欺诈的意图,出卖人已经知悉瑕疵或者认为瑕疵的存在系属可能但却隐瞒了即为已足。[376] 因此,所谓的"颠倒黑白的陈述"也能够成立恶意的责难。[377]

根据主流意见,**隐瞒**只有在出卖人有特别释明义务时才是重要的。[378] 不过,在严重瑕疵上释明义务通常都存在,因为该义务对买受人的决定通常具有决定性意义。不过,就在检查时可以发现,并因而是买受人毫无疑问可以识别的瑕疵而言,不存在释明义务。[379] 3

对物的属性的担保属于第 276 条意义上的担保(参见拙著《债法总论》第 23 节边码 24 及以下)。尤其是,出卖人担保特定属性存在或者瑕疵不存在,因此已经承担了确定的担保义务(参见第 4 节边码 70 及以下)。[380]

关于买受人知悉或者因重大过失而不知应于**何时**存在,以便可以解释瑕疵权利的排除,会产生特别难题。主流意见原则上以合同根据第 145 条及以下成立为标准。[381] 不过,联邦最高法院新近表示,在时间上"延伸的"合同缔结取决于买受人作出的意思表示。[382] 在出卖人出售土地所有权的要约由公证员作成公证书时,作出公证书的时间点甚至就已经是重要的了,因为在此之后买受人对公证员什么时候为其发出要约大多并无影响力。[383] 4

---

[376] BGHZ 117, 363 (368); Emmerich SchuldR BT § 5 Rn. 37.
[377] 参见 BGH ZGS 2006, 348 (349); Reinicke/Tiedtke KaufR Rn. 606; Harke SchuldR BT Rn. 55。
[378] Palandt/Weidenkaff § 442 Rn. 18; 其他观点见 Erman/Grunewald § 438 Rn. 26。
[379] BGH NJW-RR 2012, 1078 (1079) = JA 2012, 628 (629) (Looschelders); NJW 2012, 2793.
[380] BGHZ 170, 86 (92) = NJW 2007, 1346 (1348); HK-BGB/Saenger § 442 Rn. 7; 支持对第 442 条规定的担保作广义理解的有 BeckOK BGB/Faust, 56. Ed. 1.11.2020, § 442 Rn. 29。
[381] Palandt/Weidenkaff § 442 Rn. 8 und 12.
[382] BGH NJW 2012, 2793 (2794f.); ebenso BeckOK BGB/Faust, 56. Ed. 1.11.2020, § 442 Rn. 7.
[383] BGH NJW 2012, 2793 (2794f.).

5   如果买受人在因形式瑕疵而无效的不动产**买卖合同**订立后与形式瑕疵因物权合意和土地登记簿登记(第311b条第1款第2句)而被**补救**这段时间里获悉了瑕疵,对知悉重要的时间点的确定也具有意义。[384] 于此,合同在形式上直到被记入登记簿才有效订立。不过,根据第442条第1款第1句的意义和目的,在此之后的获悉也不得损害买受人的利益。[385]

  第442条第1款第2句终局性地规定了因过失而不知悉瑕疵的情况。因此,买受人不必在**与有过错**(第254条)的角度下因一般过失而遭到反驳。

  示例:在Boris Becker案(第3节边码46)中,V不能主张,K因过失误认为存在权利瑕疵而构成有过错(第254条)。不过,与旧法不同的是[386],重大过失依第442条第1款第2句的规定可能会损害K的利益。

  如果已经登记到**不动产登记簿**中的**权利**构成瑕疵,第442条第1款规定的排除事由即不适用。根据第442条第2款的规定,即便在买受人知悉时,出卖人也必须排除这种已登记的权利。背景事实是,在买卖合同作成公证书时(第311b条第1款),买受人总是能够知悉已经登记的权利。[387] 这一规定并不包含独立的排除请求权,而是与基于第437条第1项、第439条享有的继续履行请求权相关联。[388]

二、约定的责任排除(第444条)

6   根据**意思自治**原则,约定排除瑕疵担保权利原则上是可能的,仅就消费品买卖存在例外。出于保护消费者的利益,消费品买卖中多数规定根据第476条都是(单方)强制性的(参见第14节边码14)。第444条并未积极地规定约定责任限制的可容许性,而是仅仅规定了其界限:也即**恶意隐瞒**瑕疵以及**属性担保**的承担。责任限制约定的无效符合恶意当事人丧

---

[384] 根据第311b条第1款第2句治愈形式瑕疵参见 SchuldR AT § 7 Rn. 15f. 。
[385] BGH NJW 2011, 2953 (2954); 1989, 2050; BeckOK BGB/Faust, 56. Ed. 1. 11. 2020, § 442 Rn. 10.
[386] Dazu BGHZ 110, 196 (201ff.).
[387] 参见 Palandt/Weidenkaff § 442 Rn. 20。
[388] NK-BGB/Büdenbender § 442 Rn. 33.

失某些法律利益的一般思想[389],而属性担保中责任限制的无效建立在自相矛盾行为无效的禁令之上。[390] 在这里恶意与担保的承担应当根据与第442条相同的标准判断。根据联邦最高法院的判例,如果恶意隐瞒的瑕疵与买受人的意思决定并**无因果关系**,则出卖人也不能根据第444条的规定主张约定的责任排除。[391] 因为第444条没有说(与第123条不同[392])买受人必须因恶意欺诈而"决定发出意思表示"。然而,只有当出卖人在进行谈判时认为,买受人知悉瑕疵时可能不会或仅会以其他条件订立合同,并放任其发生时,才存在恶意。

在存在单纯的**属性约定**时,第444条第2项与责任限制约定的有效性并不冲突。不过,如果当事人约定了概括的责任排除,则在通常情况中可以解释为,约定属性的缺失不为概括的责任排除所包括。[393] 如果当事人在瑕疵担保排除之外额外明确约定,买卖物不得有权利瑕疵,则责任排除仅与物的瑕疵的存在相关联。[394]

根据原第444条的规定,如果出卖人恶意隐瞒瑕疵或者承担了属性担保,则约定的责任排除无效。这曾经导致了属性担保的承担是否与所有责任限制相冲突的激烈争议。主流意见从以下角度对这一规定作了限制解释,即当事人可就不被担保包含的瑕疵约定责任排除。[395] 立法者通过第444条新文本("只要"而非"当……时")确认了这一解释。[396] 也就是说,出卖人也可以承担"**有限的担保**"。

7

---

[389] Allg. dazu Looschelders GS Hübner, 2012, 147ff.
[390] BeckOGK/Stöber,1.8.2018,BGB§444Rn.9.
[391] BGH NJW 2011, 3640 mAnm S. Lorenz LMK 2011, 323580 = JA 2012, 64 (Looschelders); BGH ZIP 2018, 2173 = BeckRS 2018, 26602 Rn. 7;另参见 Looschelders FS Krüger, 2017, 263 (271)。
[392] 关于第123条中的因果关系的要求参见 Brox/Walker BGB AT § 19 Rn. 4f.。
[393] BGHZ 170, 86 = NJW 2007, 1346 mAnm S. Lorenz LMK 2007, 215088; OLG Hamm NJW-RR 2009, 1718 (1720); Harke SchuldR BT Rn. 55; Looschelders FS Krüger, 2017, 263 (272)。
[394] BGH ZIP 2017, 1116 Rn. 24.
[395] 参见 Looschelders, in: Dauner-Lieb/Konzen/K. Schmidt, Das neue Schuldrecht in der Praxis, 2003, 395 (407)。
[396] 参见 Staudinger/Matusche-Beckmann, 2014, § 444 Rn. 56; NK-BGB/Büdenbender § 444 Rn. 22。

示例:地板砖铺设业者 F 为其店铺在二手车经销商 V 那里购买了一辆送货车。V 向 F 担保,机动车的发动机已经被彻底翻修过,并处于"1-A 的状态"。除此之外,V 排除了瑕疵担保责任。在交付后不久发现,送货车的冷凝器不够紧密。F 向 V 请求修理冷凝器。有无道理呢?

F 可能基于第 437 条第 1 项、第 439 条的规定享有修理的请求权。送货车出现了第 434 条第 1 款意义上的物的瑕疵。因此,F 享有修理的请求权。然而,请求权可能已经在买卖合同中被有效地排除了。由于不属于消费品买卖,瑕疵权利的排除原则上是有效的。V 也不会因第 444 条而不得主张瑕疵担保责任的排除,因为担保涉及的仅是发动机,而非冷凝器。

8   如果买受人的瑕疵权利在**一般交易条款**中被排除或限制了,则在第 444 条之外还应当注意第 305 条及以下的规定(参见拙著《债法总论》第 16 节边码 1 及以下)。在这个问题上,买卖法上的瑕疵担保责任主要与**第 309 条第 8b 项的条款禁令有关**。[397] 然而,这一规定的实际意义并不大,因为该规定根据第 310 条第 1 款并不适用于企业经营者之间的业务往来,且在消费品买卖中瑕疵担保法的多数规定本来也不能作出不利于消费者的不同约定。剩下的一方面是损害赔偿请求权(参见第 475 条第 3 款)。[398] 就企业经营者之间的商业交易而言,第 309 条第 8b 项的价值判断可以在第 307 条规定的内容控制中予以考虑。[399]

三、质物拍卖时瑕疵担保责任的限制(第 445 条)

9   如果某物基于质权而在**公开拍卖**(第 383 条第 3 款)中出售,则出卖人的瑕疵责任依照第 445 条的规定原则上被排除。重要的考虑是,就物的瑕疵和权利瑕疵承担担保义务对质物出卖人来说是不可期待的,因为其出卖的是他人之物。[400] 不过,如果出卖人**恶意隐瞒**瑕疵或者承担了**属性担保**,则买受人的利益处于优先地位。这时瑕疵担保责任应当根据

---

[397] 对此详见 Reinicke/Tiedtke KaufR Rn. 615ff.。
[398] Brox/Walker SchuldR BT § 4 Rn. 35.
[399] Jauernig/Stadler § 309 Rn. 11.
[400] NK-BGB/Büdenbender § 445 Rn. 1.

一般规则进行判断。

在**消费品买卖**中,依照第 475 条第 3 款第 2 句第 1 选项的规定,第 445 条并不适用。根据第 475 条第 2 款第 2 句的规定,第 475 条第 3 款第 2 句第 1 选项并不适用于消费者可亲自参加的公开拍卖中出售的二手物品。也就是说,在这个问题上第 445 条规定的责任限制依然存在。[401] 不过,若在公平拍卖中出售新物,则经营者应当不受限制地根据第 434 条及以下、第 475 条及以下的标准对消费者承担责任(参加第 14 节边码 10)。

四、商法上的检验义务与通知义务(《德国商法典》第 377 条)

如果买卖对双方来说均为**商事行为**(《德国商法典》第 377 条),则买受人根据第 377 条的规定应当毫不迟延地对瑕疵进行检验,并毫不迟延地通知出卖人。[402] 这并非真正的法律义务,而是单纯的不真正义务(参见拙著《债法总论》第 1 节边码 26),违反该不真正义务将导致瑕疵担保权利的丧失。其目的在于促进商法上合同清算的迅捷展开。具体情况如下:

10

根据《德国商法典》第 377 条的规定,买受人必须在收到货物后毫不迟延地对货物进行**检验**。要求的检验范围应当根据个案的具体情况确定。也就是说,应当分别准确地检验,哪些措施"根据正常的业务程序是恰当的"。在此取决于发现瑕疵所必要的花费与买卖物价值之间的比例关系,也许还可以考虑基于瑕疵可能面临的损害数额。[403] 在按照规定进行检验时已经知悉或可以知悉的(**公开**)**瑕疵**应当毫不迟延地通知出卖人。如果买受人没有通知,则视为货物已被确认(第 2 款)。瑕疵担保权利也将因此被排除。就在按照规定进行检验时也不能发现的瑕疵(所谓的**隐蔽瑕疵**)而言,买受人应当在发现瑕疵后毫不迟延地通知,否则确认

---

[401] BeckOGK/Stöber, 1.8.2018, BGB § 445 Rn. 6; BeckOK BGB/Faust, 56. Ed. 1.11.2020, § 445 Rn. 3.

[402] 对此参见 Medicus/Lorenz SchuldR BT § 8 Rn. 6; Stoppel ZGS 2006, 49 (53f.).

[403] 参见 Harke SchuldR BT Rn. 58。

的拟制将重新适用(第3款)。如果出卖人**恶意隐瞒**了瑕疵(第5节边码2),则其不得主张检验义务与通知义务的违反(第5款)。也就是说,在这种情况中买受人的瑕疵担保权利将继续存在。

参考文献: *Faust,* Garantie und Haftungsbeschränkung in § 444 BGB, ZGS 2002, 271; *Gsell,* »Einfache« Beschaffenheitsvereinbarung und Haftungsausschluss beim Kauf einer gebrauchten Sache, FS Eggert, 2008, 1; *Harke,* § 444 BGB und die Beschaffenheitsgarantie: Verwechslung von Tatbestand und Rechtsfolge, JR 2003, 400; *Looschelders,* Beschaffenheitsvereinbarung, Zusicherung, Garantie, Gewährleistungsausschluss, in: Dauner‐Lieb/Konzen/K. Schmidt (Hrsg.), Das neue Schuldrecht in der Praxis, 2003, 395; *Looschelders,*Beschaffenheitsvereinbarung und Haftungsausschluss im System der kaufrechtlichen Gewährleistung,FS Krüger, 2017, 263; *Mankowski,* Das Zusammenspiel der Nacherfüllung mit den kaufmännischen Untersuchungs- und Rügeobliegenhei-ten, NJW 2006, 865; *Petersen,* Die kaufmännische Rügeobliegenheit, JURA 2012, 796; Stoppel, Untersuchungspflichten auf Verkäuferseite im Zusammenspiel mit Unter‐suchungsobliegenheiten auf Käuferseite, ZGS 2006, 49. Vgl. auch die Nachweise zu §§ 1‐4.

第6节 消灭时效

一、概览

1　　根据旧法,买受人的瑕疵担保请求权通常在6个月后罹于消灭时效,在不动产时则自买卖物交售或者交付后一年(原第477条)。然而,如果出卖人恶意隐瞒了瑕疵,则消灭时效期间应根据原第195条的一般规定判断,因此为30年。总的来说,原来的消灭时效期间太过短暂。因此,立法者将其(不完全是为了顾及《消费品买卖指令》的规定)进行了较为显著的延长。不过,**第438条**规定的买卖法上的消灭时效也还是比第195条、第199条规定的常规消灭时效要短一些。一方面,在动产时为两年而非三年;另一方面,与第199条不同,买卖法上消灭时效的起算也不取决于对成立请求权的事实(在此也即瑕疵)的知悉。

二、消灭时效期间

根据第438条第1款第3项的基本规则,买受人的瑕疵担保请求权一般来说经过2年而罹于消灭时效。在购买建筑物时,依照第438条第1款第2项a字母项的规定消灭时效期间为5年。因此,第438条第1款第3项规定的2年期间涉及的是动产。然而,在这个问题上就根据通常使用方式用于建筑物上的物存在例外。为确保与因建筑物瑕疵而生的瑕疵担保请求权的消灭时效同步,立法者于此同样规定了5年的消灭时效(第438条第1款第2项b字母项)。否则建筑手工业者可能会面临自身因建筑物的瑕疵被行使权利,却不能向瑕疵建筑材料的出卖人行使追偿权的风险。

深化:由于有关建筑材料的消灭时效根据第438条第2款的规定自向手工业者交货后(而不是像第634a条第2款那样随着开发商受领建筑物后)才开始,两种消灭时效期间之间并不完全同步。遗留的追偿漏洞处于手工业者的风险领域。这一点似乎是合适的,因为材料的出卖人无法影响安装材料的时间点。[404]

如果瑕疵存在于第三人的物权中,基于这种物权可能被请求返还买卖物,则消灭时效为30年。立法者借此考虑的情况是,第三人对买受人的返还请求权根据第197条第1款第1项的规定在30年后罹于消灭时效。法律委员会将这一特别规则扩张到不动产登记簿中登记的物权所负担的权利瑕疵上。他们在说明理由时是这样叙述的,即这种瑕疵在质量上与没有使买受人取得所有权类似。此外,买受人通常在登记时才会获悉物权合意后实施的负担,因为买受人并无机会再次检验登记簿的内容。不过,登记通常要比不动产交付晚得多。

---

[404] 参见 BT-Drs. 14/6040, 227。

三、消灭时效的起算

4 在不动产上消灭时效自交付时**起算**,在动产上则自发货后起算(第438条第2款)。买受人是否已经知悉瑕疵,并不重要。

深化:对于继续履行的情况,部分学者认为,一般而言消灭时效随着已经修好的物或者替代物的"发货"而重新起算。[405] 不过,由于这种"连锁瑕疵担保责任(Kettengewährleistung)"会导致出卖人负担过重,联邦最高法院恰当地拒绝了这种模式。[406] 因此,消灭时效的起算应当完全以第一次发货为标准。[407] 然而,如果出卖人并非仅出于通融而向买受人提供了新物,则出卖人以此也承认了其瑕疵担保义务。依照第212条第1款第1项的规定,这将导致消灭时效的重新起算。[408] 反之,在修理的情形中,消灭时效可能的重新起算一般来说限于所涉的瑕疵或瑕疵修理的后果。[409]

5 在出卖人为**恶意**时,根据第438条第3款的规定适用常规的消灭时效期间。根据第195条的规定,这一消灭时效期间也是三年。不过,对买受人的好处在于,消灭时效依照199条第1款第2项的规定直到买受人知悉或本应当知悉请求权产生事实的年份终结之时才起算。如果常规的消灭时效比第438条第1款第2句规定的期限要短,则适用后者,因为出卖人不得从恶意中得到好处。

第438条第3款并不以出卖人的恶意与买受人订立合同**具有客观上的因果关系**为前提。[410] 由于不以因果关系为标准,所以与第444条一样,如果出卖人主观上认为买受人在知悉瑕疵时本来不会订立合同,并放

---

[405] 参见 BeckOK BGB/Faust, 56. Ed. 1.11.2020, §438 Rn. 64。
[406] BGH NJW 2006, 47 (48).
[407] 另参见 Auktor/Mönch NJW 2005, 1686ff.; Bolthausen/Rinker ZGS 2006, 12ff.。
[408] 参见 MüKoBGB/Westermann §438 Rn. 41; Auktor/Mönch NJW 2005, 1686 (1687ff.)。
[409] BGH NJW 2006, 47 (48).
[410] 另参见 Palandt/Weidenkaff §438 Rn. 12; Erman/Grunewald §438 Rn. 26; 其他观点见 MüKoBGB/Westermann §438 Rn. 35。

任其发生,即为已足。

四、解除权与减价权的排除

依照第194条的规定,只有请求权受消灭时效的调整。由于解除权和减价权并非请求权,而是形成权,故它们不能罹于消灭时效。第438条第4款、第5款通过参引**第218条**解决了这一问题。根据第438条第4款、第5款的规定,如果**继续履行请求权**已经**罹于消灭时效**,则解除权和减价权是无效的。如果继续履行请求权依照**第275条第1—3款**或**第439条第4款**的规定被排除了,则其也不能罹于消灭时效。在这种情况中依照第218条第1款第2句的规定,取决于请求权(如果原本存在的话)是否本已罹于消灭时效。就存在的或假设的继续履行请求权是否罹于消灭时效的检验来说,重要的时间点是解除或者减价的表示。反之,买受人在何时行使由此产生的返还请求权,则无关紧要。在此种情况下买受人的请求权也不受第438条规定的消灭时效,而是第195条、第199条规定的常规消灭时效的调整。[411]

6

如果买受人尚未支付价款或者只支付了部分价款,则只有当解除或减价根据第218条无效时,买受人才能依照第438条第4款第2句、第5款的规定**拒绝(全部)付款**。也就是说,继续履行请求权(假设)的消灭时效仅与已支付价款的返还请求相冲突。

7

在这里存在基于第438条第4款第2句、第5款的给付拒绝权,因为买受人基于有效的解除或有效的减价本来有此权利。因此,在存在解除权要件时,买受人有权完全拒绝付款。然而,如果买受人尽管欠缺有效的解除权仍得保有买卖物,上述结果可能是不公平的。因此,第438条第4款第3句就此种情况赋予**出卖人自身解除权**。[412]

---

[411] BGHZ 170, 31 (44ff.); Medicus/Petersen BürgerlR Rn. 305.
[412] 对此参见 NK‐BGB/Büdenbender § 438 Rn. 48; Medicus/Lorenz SchuldR BT § 10 Rn. 22。

表 1-1　买卖合同中瑕疵担保权利的消灭时效（第 438 条）

买卖合同中瑕疵担保权利的消灭时效 （第 438 条）		
基本规则： 2 年 （第 1 款第 3 项）	建筑物或建筑 材料的买卖： 5 年 （第 1 款第 2 项）	物权性返还权及其他在土地 登记簿中登记的权利： 30 年 （第 1 款第 1 项）
消灭时效的开始： 物的发货或土地的交付（第 438 条第 2 款）		
（买受人）恶意时： 第 195 条、第 199 条规定的常规消灭时效（第 438 条第 3 款）		
在解除及减价时： 第 218 条的准用（第 438 条第 4 款及第 5 款）		

五、第 438 条在瑕疵后果损害上的适用

8　　第 438 条规定的短期消灭时效也适用于那些基于瑕疵而在买受人其他法益、权利或利益上所产生损害（所谓的**瑕疵后果损害**）的赔偿请求权。这可能导致买受人的赔偿请求权在损害完全产生之前即已经罹于消灭时效。因此，在债法改革的讨论中有部分意见主张，短期消灭时效应当限于瑕疵后果损害。[413] 然而，立法者并没有采纳这种观点。由于这一价值判断具有约束力，第 438 条的适用范围也不能在法律续造过程中被限制在瑕疵后果损害上。[414] 这并不会导致不公平的结果，因为基于第 823 条第 1 款享有的侵权损害赔偿请求权在瑕疵后果上也受第 195 条、第 199 条的常规消灭时效的调整。[415] 也就是说，在这里第 438 条的短期消灭时效并不适用。

---

[413]　参见 Canaris ZRP 2001, 329 (335); Leenen JZ 2001, 552 (554ff.)。
[414]　MüKoBGB/Westermann § 438 Rn. 9f.; Medicus/Lorenz SchuldR BT § 9 Rn. 2; 关于在侵害第 823 条第 1 款的法益时的不同观点见，Wagner JZ 2002, 475 (479)。
[415]　Medicus/Lorenz SchuldR BT § 9 Rn. 4.

六、合同约定

基于合同自由,当事人原则上可以在第 202 条规定的界限内缩短或延长买受人瑕疵权利的消灭时效。在**一般交易条款**中,消灭时效减轻的可容许性受到第 309 条第 8 项 b 字母项各次级字母项条款禁止规定的限制。只要涉及的是损害赔偿,还应当注意第 309 条第 7 项 a 和 b 字母项条款的禁止规定。[416] 在**消费品买卖**上,消灭时效的缩短仅在第 475 条第 2 款的框架下有效(参见第 14 节边码 21)。

9

参考文献:*Arnold*, Verjährung und Nacherfüllung, FS Eggert, 2008, 41; *Auktor/Mönch*, Nacherfüllungnur noch auf Kulanz?, NJW 2005, 1686; *Bolthausen/Rinker*, »Kettengewährleistung« als Folge des Schuldrechtsmodernisierungsgesetzes?, ZGS 2006, 12; *Gramer/Thalhofer*, Hemmung oder Neubeginn der Verjährung bei Nachlieferung durch den Verkäufer, ZGS 2006, 250; *Peters*, Verjährungsfristen bei Minderung und mangelbedingtem Rücktritt, NJW 2008, 119; *Petersen*, Die Verjährung der Ansprüche, JURA 2011, 657; *Rühl*, Die Verjährung kaufrechtlicher Gewährleistungsansprüche, AcP 207 (2007), 614; *Wagner*, Mangel - und Mangelfolgeschäden im neuen Schuldrecht, JZ 2002, 475. Vgl. auch die Nachweise zu § 1.

第 7 节 担 保

买受人可以在私法自治的框架下通过担保约定来**扩张**自身权利。在 2014 年 6 月 12 日之前有效的文本中,原第 443 条第 1 款规定了两种担保:**属性担保**(Beschaffenheitsgarantie)与**保质期担保**(Haltbarkeitsgarantie)。这两种担保类型与不存在瑕疵相关联。第 443 条第 1 款的新文本基于《消费者权利指令》的规定变得范围更广,因为根据该规定,**不存在瑕疵之外**

1

---

[416] BGHZ 170, 31 (39).

的其他要求也可以成为担保的客体。因此,担保也可以与并不在买卖物的属性中成立的情况相关联。立法理由书列举了在将来就已售土地发布建筑计划作为示例。[417] 也可以考虑的是,出卖人就不存在特定使用障碍承担了担保,这些使用障碍非因物的属性导致,因而不成立物的瑕疵(参见第 3 节边码 7 以下)。根据第 443 条第 1 款的文义,担保既可以由**出卖人**承担,也可以由**生产者**或**其他第**三人承担。担保在实践中具有重大意义。[418]

一、第 443 条规定的担保的约定与内容

2   第 443 条第 1 款意义上的担保的特征在于,出卖人、生产者或其他第三人在法定的瑕疵责任之外承担了特定义务。在任何情况中担保的承担都要求有**合同约定**。与第 443 条第 1 款有歧义的文义不同,担保提供者单方的表示是不够的[419],多数时候应以买受人至少默示的同意为出发点。在这个场合提及**相关的广告**仅仅表明,在解释担保提供者的表示时应当对广告予以考虑[420],因为只要广告"在合同订立之前或订立之时是可以获取的",它就可能影响买受人的眼界。

合同约定的必要性也存在于担保不是由出卖人,而是由第三人也即**生产者**承担的情况。[421] 合同原则上这样订立,即出卖人作为生产者的代理人或使者向买受人转达(多数以担保书体现)担保表示,买受人根据第 151 条第 1 句的规定对生产者订立担保合同的要约予以承诺。[422]

3   **担保的内容**在原第 443 条第 1 款中表述得非常开放。反之,现在的文本则规定了担保提供者向买受人承担义务的**目录**,具体涉及价款的返还、

---

[417] Begr. RegE, BT‐Drs. 17/12637, 68; BeckOK BGB/Faust, 56. Ed. 1. 11. 2020, § 443 Rn. 11; Bierekoven/Crone MMR 2013, 687 (688).

[418] PWW/Schmidt § 443 Rn. 2.

[419] 参见 BeckOK BGB/Faust, 56. Ed. 1. 11. 2020, § 443 Rn. 18; Palandt/Weidenkaff § 443 Rn. 4; Jauernig/Berger § 443 Rn. 12。

[420] 另参见 BeckOK BGB/Faust, 56. Ed. 1. 11. 2020, § 443 Rn. 18。

[421] NK‐BGB/Büdenbender § 443 Rn. 8; 其他观点见 PWW/Schmidt § 443 Rn. 13。

[422] BGHZ 104, 82 (85); Palandt/Weidenkaff § 443 Rn. 7; Brox/Walker SchuldR BT § 4 Rn. 117.

货物的更换或修理,以及与货物有关服务的提供,并在表述上参考了第437条第1项及第2项。[423] 不过,就担保的认定而言,重要的是担保中承担的义务是否超出了法定的瑕疵责任。[424] 如果**生产者**或**其他第三人**承担担保,则从中产生的义务总是会超出法定的瑕疵责任,因为瑕疵责任只由出卖人负担。因此,区分的问题只会在出卖人的担保上产生。与此同时,超出瑕疵责任的义务也是可预见的。

示例:出卖人表示愿意以其他型号的机器来代替买受人所购买的机器,如果机器不适于预订用途。[425] 机动车销售商向买受人承诺,在必要的修理时间内向买受人提供替代用车(所谓的机动用车担保)。[426]

"尤其"的用语表明,第443条第1款的类型并**不是封闭的**。[427] 其他可能的义务是,比如损害赔偿或费用报销。第443条第1款并没有明确提及这些请求权,因为在《消费品买卖指令》中并没有相关规定。[428] 因此,第443条第1款也包括出卖人承担了导致无过错损害赔偿责任的**属性担保**(参见第4节边码70及以下)。

担保具有何种**具体内容**最终应当完全根据当事人各自的约定来确定。在解释(第133条、第157条)约定时,根据第443条第1款的文义又要将"**有关广告**"考虑进来。[429] 也就是说,第443条第1款规范内容的作用在这里最终并不大。[430] 担保的**法律拘束效果**总是清楚的。[431]

在**消费者合同**中,依照第479条的规定担保应当满足特定形式上和内容上的要求。依照第479条第1款第2句第1项的规定尤其应当明确,**买受人的法定权利不会因担保而受到限制**(参见第14节边码31)。

只要当事人没有作出特别约定,买受人基于担保享有的请求权的**消

---

[423] 参见 PWW/Wagner § 443 Rn. 1。
[424] BeckOK BGB/Faust, 56. Ed. 1.11.2020, § 443 Rn. 11; PWW/Wagner § 443 Rn. 14.
[425] 参见 BT-Drs. 14/6857, 61。
[426] 参见 Staudinger/Matusche-Beckmann, 2014, § 443 Rn. 18。
[427] BeckOK BGB/Faust, 56. Ed. 1.11.2020, § 439 Rn. 11; PWW/Wagner § 443 Rn. 1.
[428] BeckOK BGB/Faust, 56. Ed. 1.11.2020, § 443 Rn. 11; PWW/Wagner § 443 Rn. 1.
[429] 详见 BeckOK BGB/Faust, 56. Ed. 1.11.2020, § 443 Rn. 22。
[430] 参见 Erman/Grunewald § 443 Rn. 11; MüKoBGB/Westermann § 443 Rn. 1。
[431] Jauernig/Berger § 443 Rn. 1.

灭时效就不是根据第 438 条,而是根据第 195、199 条确定。[432] 也就是说,三年的消灭时效期间自买受人发现瑕疵的年份终了之时起算。

二、属性担保与保质期担保

5 　　只要担保与买卖物没有瑕疵相关,就应当区分属性担保与保质期担保。属性担保与买卖物**在风险移转时**(第 446 条、第 447 条)应当表现出的特定属性相关。[433] 也就是说,重要的是与法定瑕疵责任相同的时间点(参见第 3 节边码 23)。与此相反,在保质期担保上,根据第 443 条第 2 款的规定,存在保质期担保有效期内出现的瑕疵成立担保中权利的推定。因此,买受人只需说明并证明,保质期担保所包括的瑕疵在担保期限内出现即可。反之,瑕疵在风险移转时是否已经出现则并不重要。[434] 不过,出卖人可以通过证明,瑕疵系不在担保范围内的情况(比如由于对物的不适当处理)所导致的来**推翻推定**。

　　只有当瑕疵在担保期限内出现时,保质期担保才会适用。这一**担保期限**应与**消灭时效期限**相区别。依照第 199 条第 1 款第 2 项的规定,请求权的消灭时效自买受人发现瑕疵的年份终了之时起算。反之,瑕疵是否必须在担保期限内主张,则依据对担保的解释。[435]

三、与第 276 条、第 442 条、第 444 条规定的担保概念之间的关系

6 　　由于第 443 条以**广义的瑕疵概念**为基础,这一规定也包括第 276 条、第 442 条、第 444 条、第 445 条意义上的担保。因此,在个案中必须通过解释确定,各个担保约定具有何种内容,以及担保根据约定是否符合第 276

---

[432] Jauernig/Berger § 443 Rn. 15;Medicus/Lorenz SchuldR BT § 16 Rn. 5.
[433] Staudinger/Matusche-Beckmann, 2014, § 443 Rn. 14;BeckOK BGB/Faust, 56. Ed. 1. 11. 2020, § 443 Rn. 14.
[434] Staudinger/Matusche-Beckmann, 2014, § 443 Rn. 14;Larenz/Canaris SchuldR II 2 § 64 II 3.
[435] 对此参见 BGHZ 75, 75 (79)。

条、第 442 条、第 444 条、第 445 条规定的**附加要件**。[436] 与第 443 条不同,第 442 条、第 444 条、第 445 条规定的担保根据这些规定的明确文义仅与买卖物的**属性**相关联。从第 442 条、第 444 条、第 445 条的意旨与目的中还可以得出,出卖人必须已经就属性承担了**确定**(无过错)**的担保义务**(参见第 5 节边码 3、6、9)。这种担保义务是第 443 条意义上的(属性)担保允许,但并非必要的内容。同样,第 276 条意义上的担保也以承担**确定的担保义务**为标志。第 276 条意义上的担保的可能联结点是买卖物的属性(参见第 4 节边码 70 及以下)。不过,担保提供者也可以就(标的物)无瑕疵之外的其他要求承担第 276 条意义上的无过错担保义务。这种担保也被第 443 条的宽泛表述包括。

四、与法定瑕疵权利的关系

第 443 条第 1 款"法定瑕疵责任之外额外"的用语表明,买受人的法定请求权或权利并不因担保而被排除或限制。如果担保包括法定瑕疵权利的限制,则相应条款无效。[437] 担保的有效性不受影响。

在**生产者提供担保**时,买受人既可以向出卖人行使法定的瑕疵权利,也可以向生产者行使基于担保而享有的权利。也就是说,买受人不必受出卖人指示先向生产者行使权利。[438] 如果买受人对出卖人和生产者的请求权内容一致,则他们应依照第 421 条及以下的规定作为**连带债务人**承担责任。[439]

7

参考文献:*Braunschmidt/Vesper*, Die Garantiebegriffe des Kaufrechts- Auslegung von Garantieerklärungen und Abgrenzung zur Beschaffenheitsvereinbarung, JuS 2011, 393; *Dauner-Lieb/Thiessen*, Garantiebeschränkungen in Unternehmenskaufverträgen nach

---

[436] 参见 BeckOK BGB/Faust, 56. Ed. 1. 11. 2020, § 443 Rn. 9; Staudinger/Matusche-Beckmann, 2014, § 443 Rn. 5。
[437] Erman/Grunewald § 443 Rn. 15.
[438] Oetker/Maultzsch Vertragl. Schuldverhältnisse § 2 Rn. 422.
[439] Staudinger/Matusche-Beckmann, 2014, § 443 Rn. 53.

der Schuldrechtsreform, ZIP 2002, 108; *Hammen*, Zum Verhältnis der Garantie zu den Mängelrechten, NJW 2003, 2588; *Hanke*, Die Garantie in der kaufrechtlichen Mängelhaftung, 2008; *Looschelders*, Beschaffenheitsvereinbarung, Zusicherung, Garantie, Gewährleistungsausschluss, in: Dauner-Lieb/Konzen/K. Schmidt (Hrsg.), Das neue Schuldrecht in der Praxis, 2003, 395; *Stöber*, Beschaffenheitsgarantien des Verkäufers, 2006. Vgl. auch die Nachweise zu § 1 und § 3.

第8节 与买受人其他请求权与权利的竞合

1 对于买卖物出现物的瑕疵或权利瑕疵的情况,第434条及以下就买受人权利的规定创建了一个旨在维持当事人之间利益妥当平衡的非常**不同的体系**。因此,可以提出的问题是,在此之外多大程度上可以回归其他法律制度。

一、基于错误的撤销

2 因**表述错误**或**内容错误**而根据第119条第1款主张撤销在买卖合同上是被普遍允许的。[440] 由于错误并不涉及物的属性,所以这里并不存在真正的竞合问题。

较难判断的是因**性质错误**而主张撤销(第119条第2款)的可容许性问题。这里必须区分买受人实施的撤销和出卖人实施的撤销。

1. 买受人因性质错误而享有的撤销权

3 第434条及以下是否以及在多大程度上排除基于**性质错误**而生的撤销权是有争议的。支持排除**买受人撤销权**的理由是,瑕疵担保请求权行使的限制要件(尤其是根据第438条、第442条)不应因回归第119条第2款而受限。此外,在(标的物存在)瑕疵时,出卖人原则上享有"第二次给付的权利"(参见第4节边码1),该权利将因允许第119条第2款规定的撤销而显著贬值。因此,如果交往中重要性质的缺失属于瑕疵,买受人根

---

[440] 参见 Palandt/Weidenkaff § 437 Rn. 53。

据第 119 条第 2 款享有的撤销权**在风险移转后**的时间里无论如何会被第 434 条及以下排除。[441]

对于**风险移转前**的时间,主流意见则允许因性质错误而发生的撤销,因为关于买卖法瑕疵担保责任的规定原则上自风险移转后才适用。[442] 根据反对观点,即便买受人在风险移转前可以根据第 119 条第 2 款的规定撤销合同,出卖人"第二次给付"的权利也会受到妨害。[443] 然而,这一反对理由仅对那些出卖人愿意消除且可消除的瑕疵是正当的。第 119 条第 2 款规定的撤销权在此已经因为错误根本不涉及交往中重要的性质而不能成立。[444] 反之,在其他情形(也即尤其在不可消除的瑕疵)中则应当认为,买受人在风险移转前可以因性质错误而撤销买卖合同。第 438 条规定的短期消灭时效并不会因此而落空,因为这一短期消灭时效本来也要到风险移转后才开始。与第 442 条的评价矛盾可以通过在第 119 条第 2 款的框架下准用该规定来避免。

4

2. 出卖人因性质错误而生的撤销权

由于**出卖人**并不能享有瑕疵担保权利,在第 119 条第 2 款规定的撤销权与第 434 条及以下之间并**不存在真正的竞合问题**。如果出卖人根据第 119 条第 2 款撤销合同,以便摆脱就物的瑕疵所承担的责任,则其行为属于滥用权利。因此,如果买受人在合同有效时可以行使瑕疵权利,出卖人的撤销权根据诚实信用原则(第 242 条)即不能行使。[445]

5

如果出卖人的错误涉及并**不属于**瑕疵的属性,则权利滥用的抗辩理由原则上是不合理的。如果买受人从存在的瑕疵中**不能**(比如因为瑕疵担保权利已经根据第 442 条的规定被排除或根据第 438 条的规定罹于消

---

[441] 另参见 HK‑BGB/Saenger § 437 Rn. 27;Staudinger/Matusche‑Beckmann, 2014, § 437 Rn. 24ff.;其他观点见 BeckOK BGB/Faust,56. Ed. 1.11.2020, § 437 Rn. 190;Emmerich SchuldR BT § 5 Rn. 51。

[442] So Brox/Walker SchuldR BT § 4 Rn. 134;Erman/Grunewald Vor § 437 Rn. 25;MüKoBGB/Westermann § 437 Rn. 54;Palandt/Weidenkaff § 437 Rn. 53.

[443] Jauernig/Berger § 437 Rn. 32;Staudinger/Matusche‑Beckmann, 2014, § 437 Rn. 31;Medicus/Lorenz SchuldR BT § 12 Rn. 4;另参见 Begr. BT‑Drs. 14/6040, 210。

[444] 参见 Erman/Grunewald Vor § 437 Rn. 26。

[445] 参见 BGH NJW 1988, 2597 (2598);Erman/Grunewald Vor § 437 Rn. 28。

灭时效)或不愿得出**瑕疵担保权利**,亦是如此。[446] 这在出卖人基于对价值构成因素的错误而低价出售某物时尤其具有实际意义。由于在这些情况中买受人大多同样对价值构成因素产生错误,因此必须要进一步澄清,双方属性错误中基于第119条第2款的撤销与基于第313条第2款的交易基础障碍的关系应当如何协调。

二、因恶意欺诈而生的撤销权

6   买受人就买卖物的属性被**恶意欺诈**而生的撤销权(第123条)与瑕疵担保权利之间也存在竞合的问题。在恶意欺诈的情形中,买受人尤其需要受到保护。第438条第3款、第442条第1款第2句、第442条的价值判断也显示了这一点。因此,主流意见正确地认为,第123条规定的撤销权不会因买卖法的瑕疵担保责任而**被排除**。[447] 因此,买受人在究竟根据第123条撤销合同还是行使第437条的权利之间享有选择权。撤销虽然会导致出卖人失去"第二次给付"的权利,但在恶意的情形为继续履行设定期限通常总是不必要的(参见第8节边码7)。

三、交易基础障碍

7

在当事人共同的想象错误的情形中,可能产生与交易基础障碍(第313条)的区分问题。在此应按照如下方法进行区分:如果共同的想象错误与成立一项瑕疵(如土地的可建设性)的情况相关联,则第313条被第433条及以下排除。[448] 如果双方的想象错误涉及其不发生或缺失并不成立瑕疵(如土地将来的可建设性)的情况,则考虑援用第313条。[449]

如果双方想象错误涉及买卖物在交易中的重要特性,这些特性的缺

---

[446] BGH NJW 1988, 2597 (2528); MüKoBGB/Westermann § 437 Rn. 56.

[447] 参见 BGHZ 168, 64 = NJW 2006, 2839; Erman/Grunewald Vor § 437 Rn. 30。

[448] BGHZ 60, 319 = NJW 1973, 1234; BGH ZIP 2018, 2112 Rn. 15ff.; MüKoBGB/Finkenauer § 313 Rn. 167; MüKoBGB/Westermann § 437 Rn. 57; BeckOK BGB/Faust, 56. Ed. 1.11.2020, § 437 Rn. 193.

[449] BGH NJW 2019, 145 = JA 2019, 582 (Looschelders); MüKoBGB/Finkenauer § 313 Rn. 168.

失却不构成瑕疵,则会产生特别问题。在这些情况中虽然第 434 条及以下不具有优先性。然而,问题是第 313 条第 2 款与第 119 条第 2 款的撤销权之间的关系(参见拙著《债法总论》第 37 节边码 8)。主流意见认为第 313 条第 2 款具有优先性。[450] 根据相反观点,第 119 条第 2 款在双方想象错误的情况下是第 313 条第 2 款的特别法。[451] 折中的观点则希望并列适用两种制度。[452] 因错误而处于不利地位的一方应当能够自行决定,他们——在忍受第 122 条第 1 款的损害赔偿责任的情况下,究竟是依据第 119 条第 2 款的规定撤销合同,还是根据第 313 条第 1 款、第 2 款请求变更合同。支持这种解决方案的理由是,两种制度的适用领域仅部分重合,且在重合领域也因第 119 条第 2 款与第 313 条第 2 款的不同保护目的而使得严格的优先规则变得不合适。

示例:(根据 BGH NJW 1988 2597):V 以 3000 欧元的价格将油画《年轻人的肖像》卖给了 K。二者都认为它是 Frank Duveneck 的原作。后来证明这幅画出自著名画家 Wilhelm Leibl 之手,因此价值 12500 欧元。V 以错误为由撤销合同,并在退还 3000 欧元价款的同时要求 K 返还画作。是否有理呢?

联邦最高法院基于第 812 条第 1 款第 1 句第 1 选项肯定了 V 的画作返还请求权。[453] 联邦最高法院的依据是,买卖合同由于 V 根据第 119 条第 2 款、第 142 条第 1 款主张撤销已经无效。画作的作者身份是第 119 条第 2 款意义上的交易上的重要性质。V 主张撤销也并非权利滥用,因为 K 不愿意主张瑕疵担保权利。[454] 由于第 313 条第 2 款直到 2002 年的债法改革之时才被纳入到《德国民法典》中,联邦最高法院应该还没有研究

---

[450] BGH NJW 2013, 1530 Rn. 18; Palandt/Ellenberger § 119 Rn. 30; MüKoBGB/Armbrüster § 119 Rn. 122.

[451] PWW/Stürner § 313 Rn. 43; Medicus/Petersen BürgerlR Rn. 162.

[452] MüKoBGB/Finkenauer § 313 Rn. 149; BeckOGK/Martens, 1. 10. 2020, BGB § 313 Rn. 148.

[453] 在这种情况中,也可以考虑撤销物权行为,其后果是在考试中也要检验基于第 985 条的返还请求权。

[454] BGH NJW 1988, 2597 (2598).

过这一规定可能的优先地位。根据现行法,可能要优先检验这一问题。根据本书所持的观点,第119条第2款和第313条第2款应当同等地并列适用。也就是说,回归第119条第2款也没有因第313条第2款而被阻碍。

四、缔约过失责任

8 只要出卖人在先合同领域的义务违反与第434条及以下意义上的瑕疵相关联,买受人基于**缔约过失责任**(第280条第1款、第311条第2款、第241条第2款)享有的请求权原则上就无存在空间,否则与此相区别的买卖法瑕疵担保规则(尤其是第438条、第442条)将可能被架空。[455] 也就是说,买受人不能因为出卖人在合同磋商过程中违反了与买卖物属性相关的释明义务或提示义务而从缔约过失责任的角度行使权利。反之,对与买卖物属性无关的其他(独立的)咨询义务的违反则可能成立基于缔约过失责任的损害赔偿请求权。

示例(根据BGH NJW 1989, 2051改编):K从V那里购买了一台化学清洁设备。合同订立之前K和V进行了商谈,在商谈中V承担了为K运行清洁设备介绍合适场地的义务。随后设备被安装在由V介绍的场地里,K从市政管理部门(Ordnungsbehörde)收到一封信,信中提示,在所涉地区不得运行化学清洁设备。K请求V赔偿与厂房搬迁相关的费用。有无道理呢?

K可能基于第280条第1款、第311条第2款、第241条第2款的规定对V享有损害赔偿请求权。V违反了合同订立之前领域中向K介绍适于运行该设备的场地的义务。根据第280条第1款第2句的规定,过错是被推定的。由于V的义务违反并不与清洁设备的属性相关联,请求权不因第434条及以下的规定被排除。这一点是与电锯案(参见第3节边码

---

[455] BGHZ 180, 205 (212ff.); BGH NJW 2013, 1671 (1673); Brox/Walker SchuldR AT § 25 Rn. 18; Medicus/Lorenz SchuldR BT § 12 Rn. 6; Palandt/Weidenkaff § 437 Rn. 51a; Köster JURA 2005, 145(147); 其他观点见BeckOK BGB/Faust, 56. Ed. 1. 11. 2020, § 437 Rn. 199; Häublein NJW 2003, 388ff.; Reischl JuS 2003, 1076 (1079).

7)的重要区别,在电锯案中买卖物不能使用的原因在于其属性。

在**出卖人系故意或恶意**时,即便欺诈与**买卖物的属性**相关联,根据主流意见,买受人基于第 280 条第 1 款、第 311 条第 2 款、第 241 条第 2 款享有的损害赔偿请求权也不会被排除。[456] 虽然在文献中这种观点被反驳,第 434 条及以下特别考虑到了恶意的情况,因此在这些情况中也充分保护了买受人。[457] 支持主流意见的理由是,买卖法的特别规定在出卖人恶意时反正不能适用(参见第 438 条第 3 款、第 442 条第 1 款第 2 句、第 444 条)。由于恶意将使期限设定的要求被取消,出卖人进行"第二次给付"的权利也不会发生。[458] 也就是说,与第 123 条规定的撤销一样,出卖人在此同样不太值得保护(参见第 8 节边码 6)。

9

五、侵权

在买卖法中,合同损害赔偿请求权与侵权损害赔偿请求权原则上可以并存地主张(请求权竞合)。这也适用于对买受人因瑕疵而在其他法益上出现的损害的赔偿(所谓的**瑕疵后果损害**)。在此,第 438 条规定的短期消灭时效不会渗透到侵权请求权上(参见第 6 节边码 8)。

10

示例(根据 BGH NJW 1978, 2241):K 为自用目的在汽车经销商 V 那里以 7000 欧元的价格购买了一辆二手跑车。两年后 K 遭遇了事故,因为一个后轮胎爆炸了。几个星期后专家鉴定人确认,事故的原因是后轮轮胎的安装不符合规定:这种跑车只允许安装型号 A 的轮胎;然而,事故当天该车安装的是型号 B 的轮胎。[459] K 从 V 那里连同这些轮胎一起购买了该车。K 向 V 请求赔偿医疗费用。V 主张消灭时效。

因为这些医疗费用,K 可能基于第 437 条第 3 项、第 280 条第 1 款的规定对 V 享有损害赔偿请求权。基于安装了不符合规定的轮胎,跑车出

---

[456] 参见 BGHZ 180, 205 (214);BGH NJW 2010, 858 (859);Medicus/Lorenz SchuldR BT § 12 Rn. 7;Kulke ZGS 2006, 412 (415);Fischinger/Lettmaier NJW 2009, 2496ff. 。
[457] So Fikentscher/Heinemann SchuldR Rn. 900f.;Schulze/Ebers JuS 2004, 462 (463).
[458] 参见 BGHZ 180, 205 (214);Staudinger/Ewert JA 2010, 241 (243)。
[459] 类似案例参见 BGH NJW 2004, 1032–überlarte Reifen。

现了第 434 条第 1 款第 2 句第 2 项意义上的物的瑕疵。就身体损害的赔偿而言，第 437 条第 3 项参引了第 280 条第 1 款的规定。如果人们肯定第 280 条第 1 款规定的要件，则请求权根据第 438 条第 1 款第 3 项的规定无论如何都已经罹于消灭时效。然而，K 也可以将第 823 条第 1 款（对身体及健康的侵害）作为其请求权的依据。在这时消灭时效应当根据第 195、199 条的规定确定。根据这些规定请求权尚可执行。

11　　因瑕疵而在买卖物上发生的损害的判断尤其会产生问题。有争议的情况是，瑕疵在风险负担移转后蔓延到整个买卖物上，并导致买卖物损坏或毁坏（所谓的**继续侵蚀性瑕疵**）。

　　示例：在跑车案中，机动车在事故中严重损坏。K 能否基于第 823 条第 1 款的规定向 V 请求赔偿修理费用呢？

　　在这些情况中可以考虑的是**所有权侵害**。针对这种观点人们虽然可能会这样反驳，即买受人从来没有获得过无瑕疵的所有权。然而，在另一方面需要注意的是，事故损害已经远远超过跑车因风险移转时安装瑕疵轮胎产生的"价值减损（Unwert）"。根据联邦最高法院的判例，在这些情况中可以考虑基于第 823 条第 1 款享有的侵权损害赔偿请求权。[460]

　　不过，第 823 条第 1 款仅保护买受人对于法益和利益不受侵害地存在所享有的利益（所谓的完整性利益）。就买卖物符合合同的可使用性（所谓的等值性利益）而言，第 434 条及以下作出了终局性规定。因此，侵权请求权仅包括那些与原来瑕疵不具有"**材料同质性**（stoffgleich）"的损害。关于二者的界定可以回归减价原则。只要买卖物的价值已经因瑕疵而在风险移转时根据第 441 条第 3 款的标准降低了，第 823 条第 1 款规定的请求权即被排除。

　　示例：在跑车案中，K 根据第 823 条第 1 款的规定只能请求赔偿事故损害。购买符合规定的轮胎的费用则只能根据合同法（第 437 条第 3 项，第 280 条第 1、3 款，第 281 条）获得赔偿。

---

[460] Grundlegend BGHZ 67, 359 – Schwimmerschalter; BGHZ 86, 256 – Gaszug; 另参见 BGH NJW 1978, 2241（Sportwagen）; NJW 1983, 812 – Hebebühne.

若瑕疵**不可避免**地蔓延到整个买卖物上,则原来减损的价值与后来的损害具有"材料同质性"。因此,如果瑕疵的消除在损害发生前因技术原因成为不能或在经济上不合理,基于第823条第1款享有的损害赔偿请求权也不能被考虑。

示例(根据BGH NJW 1983, 812):K在V那里购买了一个"双杆机动车升降台",准备安装在其机动车修理厂。由于滑轨的设计缺陷(Konstruktionsfehler)或制造缺陷(Fabrikationsfehler),升降台在运行过程中倒塌。其后果是,一辆由顾客交给K修理的机动车从升降台上坠落下来并被严重损坏。

联邦最高法院否定了对升降台的侵权损害赔偿请求权,其考虑是,在损害事件中遭受的仅是买卖物在风险移转时就已经存在的价值减损(Minderwert)。

若损害与原先的瑕疵并不具有"材料同质性",则问题是,买受人的**合同损害赔偿请求权**在这时是应当根据第437条第3项结合第280条第1、3款,第281条,还是根据第437条第3项结合第280条第1款的规定判断。这取决于,第439条第1款规定的继续履行请求权是否包括对继续侵蚀性损害的修理。在第一种情况中,损害赔偿旨在取代继续履行,因此应当适用第280条第1、3款,第281条的规定(参见拙著《债法总论》第25节边码12)。主流意见认为,修理也包括对瑕疵导致的损害的消除。在此并不取决于"材料同质性"。[461] 支持这一观点的理由是,修理的目的在于使买卖物处于符合合同约定的状况。[462] 出卖人针对这些损害的价值赔偿请求权在换货时根据第439条第5款结合第346条第3款第1句第2选项第1种情况和第3选项本来会被排除,也表明,继续侵蚀性瑕疵导致的损害处于出卖人的风险领域内。不过,对继续侵蚀性瑕疵所致损害的

12

---

[461] Palandt/Weidenkaff § 437 Rn. 6; MüKoBGB/Westermann § 439 Rn. 12; BeckOK BGB/Faust, 56. Ed. 1. 11. 2020, § 439 Rn. 34; BeckOGK/Höpfner, 1. 10. 2020, BGB § 439 Rn. 85; Oetker/Maultzsch Vertragl. Schuldverhältnisse § 2 Rn. 206; Grigoleit/Bender ZfPW 2019, 1 (12);其他观点见Schollmeyer NJOZ 2009, 2729ff.。

[462] MüKoBGB/Westermann § 439 Rn. 12.

风险分配并不取决于买受人请求换货还是修理。[463] 根据欧洲法院的判例(参见第4节边码7),在**消费品买卖**上应当对继续履行作广义的理解。因此,包括继续侵蚀性损害在这一领域也与符合指令的解释原则相一致。[464] 由于这里的损害赔偿旨在代替继续履行,所以第280条第1、3款,第281条的适用要求附有期限设定要求。[465]

示例:跑车案中涉及的是消费品买卖。因此,就机动车上的事故损害,在基于第823条第1款享有的侵权请求权之外,尚可以考虑基于第437条第3项结合第280条第1、3款,第281条的合同法上的损害赔偿请求权。由于没有期限设定,值得提出的问题是,期限设定根据第281条第2款是否并不必要。撇开这一点,合同请求权依第438条第1款第3项的规定至少可能已经罹于消灭时效了。

13   在继续侵蚀性案件中,判例允许回归第823条第1款的背景是,**原第477条**规定的6个月的消灭时效因过短而显得不合理。在第438条第1款第3项的消灭时效被延长到2年后,回归侵权责任被部分学者认为是**不必要的**。[466] 然而,这一论点并不具有强制性,因为第438条规定的买卖法上的消灭时效还是比常规消灭时效明显要短一些。[467] 常规消灭时效依第195条的规定为3年,且依第199条第1款的规定并非自买卖物发送即起算,而是自请求权产生且买受人知悉或如无重大过失本应知悉其情事的年份终了之时才起算。在《消费品买卖指令》的适用范围内将继续

---

[463] BeckOK BGB/Faust, 56. Ed. 1. 11. 2020, § 439 Rn. 34. 1; BeckOGK/Höpfner, 1. 10. 2020, BGB § 439 Rn. 85; MüKoBGB/Westermann § 439 Rn. 12; Oetker/Maultzsch Vertragl. Schuldverhältnisse § 2 Rn. 206.

[464] Staudinger/Matusche-Beckmann, 2014, §539 Rn. 38ff.; BeckOGK/Höpfner, 1. 10. 2020, BGB § 439 Rn. 85; Tettinger JZ 2006, 641 (644ff.); Heßeler/Kleinhenz JuS 2007, 706 (709f.); Stodolkowitz JA 2010, 492 (494); 其他观点见 Schollmeyer NJOZ 2009,2729 (2733)。

[465] 参见 NK – BGB/Dauner – Lieb §280 Rn. 71; Oetker/Maultzsch Vertragl. Schuldverhältnisse § 2 Rn. 313。

[466] So Erman/Grunewald Vor §437 Rn. 31; Jauernig/Berger §437 Rn. 36; Medicus/Lorenz SchuldR BT § 13 Rn. 17; Grigoleit/Bender ZfPW 2019, 1 (13).

[467] Looschelders JR 2003, 309 (311); Staudinger ZGS2002, 145ff.

履行请求权延伸到继续侵蚀性损害之上,表明这只是**等值利益**的赔偿问题。[468] 然而,在这里属于欧盟法设立的继续履行请求权扩张,这种扩张旨在保护消费者,不得借此使基于第 823 条第 1 款享有的侵权请求权受到限制。文献中有学者建议将第 281 条第 1 款规定的期限设定要求扩张到竞合的侵权请求权上,但这种观点也不能采纳。[469] 根据其目的,期限设定的要求应当限于合同请求权,因此不能将之移转至侵权法上的所有权保护。

参考文献: *Fischinger/Lettmaier*, Sachmangel bei Asbestverseuchung - Anwendbarkeit der c. i. c. neben den § § 434ff. BGB, NJW 2009, 2496; *Grigoleit*, Weiterfresserschäden und Mangelfolgeschäden nach der Schuldrechtsreform: Der mangelhafte Traktor, ZGS 2002, 78; *Grigoleit/Bender*, Der Diskurs über die Kategorien des Schadensersatzes im Leistungsstörungsrecht - Teleologische Dogmatisierung auf dem Prüfstand, ZfPW 2019, 1; *Gsell*, Deliktsrechtlicher Eigentumsschutz bei » weiterfressendem « Mangel, NJW 2004, 1913; *Häublein*, Der Beschaffenheitsbegriff und seine Bedeutung für das Verhältnis der Haftung aus culpa in contrahendo zum Kaufrecht, NJW 2003, 388; *Heßeler/Kleinhenz*, Der kaufrechtliche Anspruch auf Schadensersatz für Weiterfresserschäden, JuS 2007, 706; *P. Huber*, Die Konkurrenz von Irrtumsanfechtung und Sachmängelhaft-ung im neuen Schuldrecht, FS Hadding, 2004, 105; *Köster*, Konkurrenzprobleme im neuen Kaufmängelrecht, JURA 2005, 145; *Kulke*, Rücktrittsrecht bei geringfügigem Mangel wegen Arglist des Verkäufers?, ZGS 2006, 412; *Looschelders*, Neuere Entwicklungen des Produkthaftungsrechts, JR 2003, 309; *Schollmeyer*, Zur Reichweite der kaufrechtlichen Nacherfüllung bei Weiterfresserschäden, NJOZ 2009, 2729; *Schur*, Eigenschaftsirrtum und Neuregelung des Kaufrechts, AcP 204 (2004), 883; *Staudinger*, Das Schicksal der Judikatur zu »weiterfressenden Mängeln« nach

---

[468] 完全将继续侵蚀性损害归类到合同法的 MüKoBGB/Wagner § 823 Rn. 286; Tettinger JZ 2006, 641 (649)。
[469] Dafür MüKoBGB/Westermann § 437 Rn. 64; Grigoleit ZGS 2002, 78 (79)。

der Schuldrechtsreform, ZGS 2002, 145; *Staudinger/Ewert*, Täuschung durch den Verkäufer, JA 2010, 241; *Tettinger*, Wer frißt wen? Weiterfresser vs. Nacherfüllung, JZ 2006, 641. Vgl. auch die Nachweise zu § 1 und § 4.

第9节 出卖人对供应商的追偿权

一、概述

1 在出卖人以一个新生产的物来履行买受人的瑕疵担保权利后，出卖人可以向获得物的供应商进行追偿，这符合现代经济生活中风险妥当分配的基本原则。也就是说，瑕疵通常来说并非来自最终出卖人的领域，而常常是在制造过程中或因不当存储而在中间商那里产生的缺陷导致的。[470] 撇开这一点，最终出卖人在与供应商或生产者的关系中典型属于**弱势的合同当事人**。在2002年的债法改革过程中，这一问题首先被限于原第477条、第478条中规定的消费品买卖。立法者以这两条转化了《消费品买卖指令》的规定。这背后的考虑是，消费品买卖中买受人权利的扩张不应当单方地成为最终出卖人的负担。[471]

只有当供应链中的最终合同属于**消费品买卖**时，原第477条、第478条才能适用。在最终买受人就拆除费用和安装费用的补偿请求权通过第439条第3款扩张到经营者身上后（参见第4节边码10），这种限制可能会导致最终出卖人受到不合理歧视。因此，立法者通过第445a条、第445b条将出卖人对供应商追偿权的一般规则扩张到了**所有买卖合同**；对于消费品买卖中经营者的追偿权，第478条仅包含一些补充的特别规定。[472]

第445a条、第445b条的规定仅在出售**新生产**的物时才能适用。[473]

---

[470] 参见 Begr. RegE, BT-Drs. 18/8486, 41。
[471] 参见 Oechsler Vertragl. Schuldverhältnisse Rn. 502/503。
[472] 参见 Medicus/Petersen Bürgerl. Recht Rn. 291b。
[473] 参见 Fikentscher/Heinemann SchuldR Rn. 948; Oechsler Vertragl. Schuldverhältnisse Rn. 502/503。

在二手物上原则上不存在能够合理解释对追偿权进行特别处理的封闭销售网络。[474] 因此,在销售二手物时出卖人对可能的供应商的瑕疵权利应当完全根据一般规则判断。

二、最终出卖人对供应商的权利

1. 费用补偿请求权

第445a条第1款首先规定,在销售新生产的物时最终出卖人可以请求供应商补偿自己在与买受人的关系中根据第439条第2、3款以及第475条第4—6款应当承担的费用。其前提是,买受人主张的瑕疵在**风险**负担由供应商**移转**给最终出卖人时即已经存在。[475] 在瑕疵于风险移转时是否已经存在的问题上,与供应商相比,消费品买卖中给付链条的最终出卖人可以从第477条规定的**证明责任倒置**中获益(第478条第1款)。举证责任倒置借此被传递进了给付链条中。

第445a条第1款是一个**独立的请求权基础**。[476] 对于最终出卖人来说,这一请求权的优势在于,他不用依赖对供应商享有的以过错为要件的损害赔偿请求权。

2. 在第437条规定的瑕疵权利上期限设定并不必要

如果物在风险移转给最终出卖人时有瑕疵,则出卖人可以向供应商行使**第437条规定的一般瑕疵权利**。第445a条第2款对这些权利的修正在于,如果最终出卖人因为瑕疵必须**取回**物或者遭受**减价**,根据一般规则所必须的**期限设定**即不再必要。在此重要的考虑是,在这些情况中换货或修理通常并不符合最终买受人的利益。[477] "必须取回"的表述具有广泛的适用领域。在解除与买受人替代给付的损害赔偿请求权之外,尚包括最终出卖人在换货的过程中取回瑕疵物的情况。[478] 在换货的情况中

---

[474] BT-Drs. 14/6040, 248; HK-BGB/Saenger §445a Rn. 5; Jacobs JZ 2004, 225 (227).
[475] 参见Palandt/Weidenkaff §445a Rn. 10; Fikentscher/Heinemann SchuldR Rn. 950。
[476] 参见Begr. RegE, BT-Drs. 18/8486, 41; Medicus/Petersen Bürgerl. Recht Rn. 315。
[477] 参见HK-BGB/Saenger §445a Rn. 13; Medicus/Lorenz SchuldR BT §10 Rn. 2。
[478] MüKoBGB/Lorenz § 445a Rn. 47; Oechsler Vertragl. Schuldverhältnisse Rn. 506。

人们不能说,出卖人"必须"取回买卖物;重要的是,根据第439条第5款的规定会发生(合同)清算。[479] 如果出卖人根据第437条的规定向供应商行使权利,则这又取决于,**瑕疵在风险**从供应商**移转**给出卖人时是否已经存在。就第437条规定的权利而言,这一点来自第434条第1款第1句的规定("在风险移转时")。不过,依第478条第1款的规定,出卖人在消费品买卖时也可以享有第477条规定的证明责任倒置的好处。

提示:与第445a条第1款不同的是,第445条a条第2款并不是独立的请求权基础,而仅包括对期限设定要求的特别规定。因此,在法律适用时应当以最终出卖人对供应商享有第437条规定的权利为出发点。

三、供应链条中的特殊性

4   第445a条、第445b条并**未赋予**最终出卖人向生产者**直索的权利**。最终出卖人只能向其供应商(比如中间商)主张权利,该中间商然后再向其供应商(比如大经销商)采取措施(第445a条第3款)。因此,因买卖物瑕疵产生的经济上的不利**在供应链条中**一直可以延伸到生产商身上。[480]

第445a条第4款表明,《**德国商法典**》**第377条**规定的排除要件(参见第5节边码10)在最终出卖人与其供应商之间以及在供应链条的其他追偿关系中也是可以适用的。也就是说,如果请求提出者违反了对其供应商基于《德国商法典》第377条的检验义务或通知义务,其追偿权即被排除。

四、追偿请求权的消灭时效

5   在消灭时效问题上,应当在不同追偿请求权之间进行区分。对于第445a条第1款规定的**费用补偿请求权**,第438条的规定并不适用。因此,第445b条第1款包括一个独立的消灭时效规定。这一消灭时效期间为两年。与第437条规定的出卖人的请求权一样,消灭时效的起算取决

---

[479] MüKoBGB/Lorenz § 445a Rn. 47.
[480] 参见Palandt/Weidenkaff §445a Rn. 2; Oechsler Vertragl. Schuldverhältnisse Rn. 525。

于向(最终)出卖人(而不是向消费者)发货。[481] 只要出卖人享有的**请求权**应当根据**第 437 条**结合第 445a 条第 2 款的规定判断,即适用第 438 条的一般规定。因此,消灭时效的独立规则在这里是不必要的。

由于追偿请求权的消灭时效自物由供应商发送给出卖人时起算,存在追偿请求权的消灭时效期间在买受人主张权利前即已届满的风险。为在这种"消灭时效状况"中保护出卖人,第 445b 条第 2 款规定了**消灭时效不完成**(Ablaufhemmung)。[482] 在新生产的物上,第 437 条、第 445a 条第 1 款规定的出卖人对其供应商的请求权的消灭时效最早在经营者履行消费者的请求权的时点经过两个月后才起算。这一期限最迟在向经营者发送五年后终结。如果经营者经过较长的存储时间才转售其物,这一上限可能具有实际意义。

消灭时效问题不仅可以在最终出卖人与其经销商之间的关系中提出,也可以**在供应链条中**的其他追偿请求权上提出。因此,第 445b 条第 3 款规定,第 1 款和第 2 款的规定可以准用。

深化:如果买卖物根据其通常使用方式已经被用于建筑工程上,则第 445b 条第 1 款规定的消灭时效期间与第 438 条第 1 款第 2 项 b 字母项规定的 5 年期限并没有统一起来。然而,对这一差异进行目的性矫正并不被考虑,因为最终出卖人已经通过第 445b 条第 2 款规定的消灭时效不完成得到了充分保护。[483]

参考文献:*Bartelt*, Der Rückgriff des Letztverkäufers, 2006; *Jacobs*, Der Rückgriff des Unternehmers nach § 478 BGB, JZ 2004, 225; *Keiser*, Letztverkäufer- und Werkunternehmerregress wegen Kosten für den Aus - und Neueinbau mangelhafter Sachen im Wege der Nacherfüllung, JuS 2014, 961; *Nietsch*, System und Gestaltung des Rückgriffs in der Lieferkette, AcP 210 (2010), 722; *Raue*, Der mangelhafte »Ladenhüter« beim Verbrauchsgüterkauf- Zur Funktionsweise der Ablauf-

---

[481] Palandt/Weidenkaff § 445b Rn. 4; Oechsler Vertragl. Schuldverhältnisse Rn. 517.
[482] Fikentscher/Heinemann SchuldR Rn. 951.
[483] MüKoBGB/Lorenz § 445b Rn. 5; Staudinger/Matusche-Beckmann, 2014, § 479 Rn. 3.

hemmung in § 479 II BGB, JURA 2007, 427. Vgl. auch die Nachweise zu § 1.

第 10 节　买卖法上的风险负担

1　　在买卖合同的清算中可能会出现谁应当承担买卖物在所有权移转前**意外灭失之风险**的问题。在这个问题上应当以一般规则为出发点：一方面出卖人的给付义务根据第 275 条的规定消灭，另一方面买受人的对待给付义务根据第 326 条第 1 款第 1 句的规定也会消灭。因此，买受人承担**给付风险**，出卖人承担**价金风险**（参见拙著《债法总论》第 13 节边码 6 以下）。

对于**价金风险**，人们在**债法总则**中已经可以找到例外规则。如果债权人（买受人）对给付不能应当负完全或主要责任，或者给付不能在受领迟延期间发生且债务人（出卖人）不应对给付不能负责（参见拙著《债法总论》第 35 节边码 16 及以下），则对待给付义务根据第 326 条第 2 款的规定继续存在。如果债权人根据第 285 条的规定可以请求返还替代标的物或者让与赔偿请求权（参见拙著《债法总论》第 35 节边码 23 以下），依第 326 条第 3 款的规定也应当提供对待给付。这些要件在买卖法中也应当适用。此外，就**买卖法**而言，在第 446 条、第 447 条中还可以找到有关价金风险的其他规定，这些规定突破了第 326 条第 1 款第 1 句的一般规则。

一、买卖物的交付（第 446 条第 1 句）

2　　在这个方面第 446 条第 1 句具有重要意义。根据第 1 句的规定，价金风险**随着买卖物的交付**移转给买受人。虽然买受人通过单纯的交付尚未获得所有权，但由于买卖物已经进入买受人的权力领域，让价金风险仍然留在出卖人身上可能是不公平的。[484] 这一点在附所有权保留的买卖中具有特别意义（第 449 条），因为在此交付通常远在所有权移转之前发生（参见第 11 节边码 1 及以下）。

示例：K 在家具经销商 V 那里以 2500 欧元的价格购买了一只木质陈

---

[484] 参见 Medicus/Lorenz SchuldR BT § 4 Rn. 8。

列柜。双方约定,K 应当分五期每期 500 欧元支付陈列柜的价款。V 将陈列柜交付给了 K,但在价款完全支付前保留所有权。K 支付完前两个月的款项后,陈列柜在其住房里因一起 K 并无过错的住房火灾而损毁。

基于买卖合同,V 不仅负有交付的义务,而且负有移转陈列柜所有权的义务(第433条第1款第1句)。V 的这一义务在住房发生火灾时尚未履行。然而,因为火灾,V 移转陈列柜所有权的义务根据第275条第1款的规定已经消灭。因此,依照第326条第1款第1句的规定,K 支付价款的义务本身可能也消灭了。不过,随着陈列柜的交付,价金风险依照第446条第1句的规定已经移转给了 K。也就是说,V 基于第433条第2款的规定仍然对 K 享有支付其他各期款项的请求权。

第446条第1句仅规定了标的物意外灭失或意外恶化的风险。在这里"意外"的意思是,这一事件不应由任何一方当事人负责。"灭失"的表述不仅包括买卖物的毁损,还包括出卖人的给付义务根据第275条第1—3款的规定被排除(比如买卖物被盗)的所有情形。[485]   3

随着标的物的交付,买受人也已经像所有权人那样被对待。因此从交付时起买受人享有**收益**(第100条)。不过,另一方面买受人也必须承担(比如土地税)相关**负担**(第446条第2句)。此外,就第434条规定的瑕疵担保责任而言,交付是重要的联结点(参见第3节边码23)。

二、受领迟延(第446条第3句)

第446条第3句将买受人的受领迟延(第293条及以下)与交付等同。这一规定的目的首先在于,在受领迟延时将对用益与负担的移转(第446条第2句)以及物的瑕疵的存在(第434条)重要的时间点提前。[486] 反之,第446条第3句对于**价金风险**并无独立意义,因为第326条第2款第1句第2选项在这个问题上包含特别规则(参见拙著《债法总论》第35节边码19)。[487] 受领迟延对给付风险的影响被规定在第300条第2款   4

---

[485] 参见 Brox/Walker SchuldR BT § 3 Rn. 17;HK-BGB/Saenger § 446 Rn. 5。
[486] Staudinger/Beckmann, 2014, § 446 Rn. 31。
[487] HK-BGB/Saenger § 446 Rn. 2;其他观点见 Brox/Walker SchuldR BT § 3 Rn. 16。

中。反之,第446条第3句在这里并不适用。[488]

三、寄送买卖(第447条)

1. 适用范围

5   在寄送买卖上,第447条第1款将风险移转提前到向运送人**发送买卖物**之时,因为与运输相关联的风险对于出卖人来说是不可期待的。不过,只有当买受人并非消费者时,这些利益评价原则上才是恰当的。因此,第475条第2款在转化《消费者权利指令》时规定,仅在例外情形下才可以在**消费品买卖**上适用第447条第1款(参见第14节边码9)。

    示例(BGH NJW 2003, 3341):K为私人使用的目的在V的寄送买卖商店里以1000欧元的价格订购了一台便携式摄录机。V按照规定将一台便携式摄录机填好地址后交给快递服务商(P)。然而,快递因无法查明的原因没有送到K那里。请问法律状况如何?

    基于买卖合同,K基于第433条第1款第1句对V享有给付便携式摄录机的请求权。不过,这一请求权根据第275条第1款的规定消灭了。便携式摄录机的给付虽然是种类之债,但随着买卖物交付给快递服务商,(种类之债)特定化已经发生(第243条第2款,参见拙著《债法总论》第13节边码12及以下)。因此,根据第326条第1款第1句的规定,V基于第433条第2款享有的价款请求权也消灭了。然而,风险依第447条第1款的规定随着携式摄录机交付给P可能已经移转给K。第447条第1款是否适用于邮购买卖(参见第13节边码12)的争议可以放置一旁。然而,由于K是消费者(第13条),V是经营者(第14条),依照第475条第2款的规定,只有当K已经向承运人委托了运输的实施,而V没有事先向其(K)提及承运人时,第447条第1款的规定才适用。而这些要件在此并不存在。因此,V不能根据第433条第2款的规定向K请求支付便携式摄录机的价款。

---

[488] Staudinger/Beckmann, 2014, §446 Rn. 31; 其他观点见 Palandt/Weidenkaff §446 Rn. 1, 17。

从与第 446 条的联系中可以得出,第 447 条第 1 款中同样涉及的是买卖 6
物**意外灭失**或**意外恶化**的风险问题。[489] 此外,主流意见将第 447 条第 1 款
的适用范围限制在**典型的运输风险**之上。[490] 由于借此可以将运输过程中
发生的所有意外事件均包括在内,这一限制并不具有很大的实际意义。[491]

2. 要件

 根据第 447 条第 1 款的规定,只有当出卖人需将物寄送到**履行地点之** 7
外的其他地点时,才存在寄送买卖。因此,赴偿之债(Bringschuld)不会落
入第 447 条的适用范围,因为这里的履行地点是债权人的住所地(因此是
寄送的目的地)。也就是说,被包括的仅有**送付之债**(Schickschuld)。[492]
赴偿之债或送付之债是否存在,首先应该通过当事人的约定来决定。在
有疑问时,依照第 269 条第 3 款的规定应当认为,所涉及的是送付之债
(参见拙著《债法总论》第 12 节边码 16 及以下)。

 在送付之债中,如果出卖人和买受人在同一城市或城镇[所谓的**本地**
交易(Platzgeschäft)]有住所或经营场所,则第 447 条第 1 款也是适用的。
因为城市界限或者城镇界限对运输风险的归属而言并不重要。[493]

 寄送应当经买受人的"**请求**"而实施。在寄送符合买受人明示或默示 8
的意思时,这一要求就已经得到履行。也就是说,被排除的仅是出卖人自
行实施的寄送。[494] 与之相反,根据主流意见,邮购贸易中的买卖也被包
括在内,尽管出卖人从一开始就提供寄送服务。[495] 重要的是,寄送在此
也是经买受人同意而实施的。

 第 447 条第 1 款原则上以物从履行地(也即出卖人的住所)寄出为前 9
提。如果**寄送系从其他地点发出**,则只有当买受人对此至少表示了默示

---

[489] MüKoBGB/Westermann § 447 Rn. 19;Larenz SchuldR II 1 § 42 IIc.
[490] BGHZ 113, 106 (113f.);Erman/Grunewald § 447 Rn. 12.
[491] IdS auch NK-BGB/Büdenbender § 447 Rn. 14.
[492] BGH NJW 2003, 3341 (3342);Brox/Walker SchuldR BT § 3 Rn. 21.
[493] 另参见 Medicus/Lorenz SchuldR BT § 4 Rn. 11;其他观点见 Jauernig/Berger § 447 Rn. 6。
[494] LG Köln NJW-RR 1998, 1457 (1458);Staudinger/Beckmann, 2014, § 447 Rn. 17.
[495] 参见 BGH NJW 2003, 3341 (3342);Medicus/Lorenz SchuldR BT § 4 Rn. 12.

的同意时,这一规定才适用。[496]

示例(BGHZ 113, 106):门兴格拉德巴赫某货运经营者 K 在杜塞尔多夫一个大经销商 V 那里订购了 6 万升柴油燃料。由于 V 自己没有燃料存储设备,他让运输公司直接从科隆的炼油厂领取这些燃料,并向 K 发送。

联邦最高法院肯定了寄送买卖。履行地点虽然在杜塞尔多夫,但 K 已经默示地接受发货直接从科隆的炼油厂实施。

10   只要出卖人已经将物**交给**物流公司、承运人或其他运送人,风险移转根据第 447 条的规定即已发生。于此,在种类之债上依照第 243 条第 2 款的规定同时发生特定化(参见拙著《债法总论》第 13 节边码 14)。

3. 通过自己的员工运输

11   根据主流意见,如果出卖人**通过自己的人员**来实施给付,第 447 条第 1 款也可以适用。然而,如果这些人员因过错导致物灭失或恶化,则存在例外。出卖人在此必须根据第 278 条的规定为其履行辅助人的过错承担责任,适用第 447 条第 1 款所必要的"**意外**"灭失要件并不存在。[497] 文献中部分学者反对这种观点的理由是,第 278 条以债务人履行债务的行为为前提。由于出卖人在寄送买卖中并不负担运输,第 278 条并不适用。[498] 然而,这一抗辩理由不是强制性的。即便出卖人不负担实施运输的义务,其也必须谨慎地处理买卖客体。就这一点来说,出卖人的员工在任何情况下都应当被视为其履行辅助人。因此,如果物在运输过程中因员工的过错灭失,则买受人基于第 280 条第 1 款结合第 241 条第 2 款、第 278 条的规定享有损害赔偿请求权。[499]

12   在由自己的人员运输的情况中,买卖物仍然处于**出卖人的权力领域**,与买卖物意外灭失时适用第 447 条第 1 款同样并不冲突。[500] 因为第 447 条第 1 款的原理完全取决于意外灭失的风险因寄送而被提高。[501]

---

[496] 参见 BGHZ 113, 106 (110); Wertenbruch JuS 2003, 625 (627)。
[497] So Brox/Walker SchuldR BT § 3 Rn. 29; Larenz SchuldR II § 42 IIc.
[498] So Medicus/Petersen BürgerlR Rn. 275.
[499] 另参见 Brox/Walker SchuldR BT § 3 Rn. 29; Medicus/Lorenz SchuldR BT § 4 Rn. 17。
[500] So aber Medicus/Petersen BürgerlR Rn. 275.
[501] NK-BGB/Büdenbender § 447 Rn. 8.

4. 通过第三人和第三人损害清算而实施的运输

如果运送人系**第**三人,则根据一般观点,出卖人不必根据第 278 条的规定承受第三人在实施运输中出现的过错。[502] 因此,如果买卖物因运送人的过错而灭失或恶化,第 447 条的规定也可以适用。 13

在**运输企业有过错**时,出卖人自身基于第 280 条第 1 款及第 823 条第 1 款(所有权侵害)的规定也享有损害赔偿请求权。然而,这两种请求权都会因为出卖人没有遭受损害而不能成立,因为损害因第 447 条被移转给了买受人。不过,买受人对运送人既不享有合同请求权(没有合同),也不享有侵权请求权(不存在所有权侵害)。主流意见以**第三人损害清算**制度来解决这一问题。出卖人得就买受人的损害向运送人主张权利。买受人则基于第 285 条的规定享有交出赔偿的请求权(参见拙著《债法总论》第 46 节边码 9 以下)。[503] 14

就**运输企业和运送人的责任而言,自 1998 年运输法改革起,法律对这一问题进行了规定。依《德国商法典》第 421 条第 1 款第 2 句、第 425 条 1 款、第 458 条第 1 款第 2 句的规定,寄送的收货人(也即买受人)有权以自己名义向运送人或运输企业主张出卖人的合同请求权。也就是说,在此不必再去考虑第三人损害清算制度。[504] 15

参考文献: *Böffel*, Die Kohärenz von Schickschulden und Versendungskauf, JA 2017, 818; *Homann*, Die Drittschadensliquidation beim Versendungskauf und das neue Transportrecht, JA 1999, 978; *S. Lorenz*, Leistungsgefahr, Gegenleistungsgefahr und Erfüllungsort beim Verbrauchsgüterkauf- BGH NJW 2003, 3341, JuS 2004, 105; *Oetker*, Versendungskauf, Frachtrecht und Drittschadensliquidation,

---

[502] 参见 BGHZ 50, 32(35); 113, 106(115); BeckOK BGB/Faust, 56. Ed. 1. 11. 2020, § 447 Rn. 25。

[503] 参见 BeckOK BGB/Flume, 56. Ed. 1. 11. 2020, § 249 Rn. 378; MüKoBGB/Emmerich § 285 Rn. 12。

[504] 对此参见 Staudinger/Beckmann, 2014, §447 Rn. 53ff.; Palandt/Grüneberg Vor § 249 Rn. 110; Homann JA 1999, 978(983); Oetker JuS 2001, 833ff.; Stamm AcP 203(2003), 366(396);关于将商法上请求权和第三人损害清算并置的见 MüKoBGB/Westermann §447 Rn. 26。

JuS 2001, 833; *Stamm*, Rechtsfortbildung der Drittschadensliquidation im Wege eines originären und rein deliktsrechtlichen Drittschadensersatzanspruchs, AcP 203 (2003), 366; *Stieper*, Gefahrtragung und Haftung des Verkäufers bei Versendung fehlerhaft verpackter Sachen, AcP 208 (2008), 818; *Wertenbruch*, Gefahrtragung beim Versendungskauf nach neuem Schuldrecht, JuS 2003, 625.

第 11 节　附所有权保留的出售

一、问题的提出

1　　在很多情况中买受人并不能立即支付全部价款。不过,买受人多数时候对尽可能迅速地使用买卖物具有强烈的利益。在这种情况中出卖人虽然可以坚持其必须根据**第 320 条**的规定在支付价款的同时交付买卖物并移转所有权(参见拙著《债法总论》第 15 节边码 14 及以下)。不过,为促进销售出卖人愿意买受人延期支付的情况也并不少见。

2　　如果出卖人在价款完全支付前将物的所有权移转给买受人,则存在买受人的其他债权人在(个别)**强制执行**的过程中或在**破产程序**的框架下对买卖物采取行动的风险。此外,买受人作为权利人可以有效地将物**转售**于他人。在所有这些情况中,出卖人在买受人不支付价款时可能丧失请求返还买卖物或者自行变价的机会。

3　　可以通过约定**所有权保留**来尽可能降低,甚至避免上文所述的风险。根据约定,买卖物将交付给买受人,但所有权让与的实施将附价款完全支付的停止条件(第 158 条第 1 款)。因此,只要买受人尚未完全支付价款,出卖人仍然为买卖物的所有权人。如果有买受人的其他债权人对买卖物申请强制执行,则出卖人可以根据《德国民事诉讼法》第 771 条的规定提起**第三人异议之诉**(Drittwiderspruchsklage)。在买受人破产时,若破产管理人拒绝履行买卖合同,则出卖人依《德国破产法》第 47 条的规定享有**别除权**(《德国破产法》第 103 条第 1 款)。[505] 如买受人未经出卖人同意而将买卖物出售给第三人,则该第三人仅在善意时可以取得所有权(第 932 条及以下)。因此,附所有权保留的买卖一方面保护**出卖人的担保利益**;另一方面能够在买受人支付全部价款前使其获得对物的**占有**。[506] 所有权保留仅可以在**动产**上考虑(参见第 449 条第 1 款);在不动产上价款请求权可以通过抵押(第 1113 条及以下)或土地债务(第 1191 条及以下)来担保。[507]

二、简单的所有权保留

所有权保留的基本形式被相对不完整地规定在第 449 条第 1、2 款中。如果人们根据德国法的基本原则在债法层面与物权法层面进行区分,则这一制度的**结构**将会变得清楚。

4

1. 债法层面

在债法层面所有权保留以**确定的买卖合同**为基础。买卖合同的内容可以从第 449 条第 1 款中得出,与第 320 条、第 322 条相反,买受人可以请求交付买卖物以及附条件地移转所有权,而无须同时负担支付全部价款的义务。[508]

5

所有权保留可以明示或**默示地**约定。若机动车出卖人在交付机动车时保留机动车登记证书(Fahrzeugbrief),则在通常情况中应当认为,出卖人希望在支付全部价款的停止条件下向买受人移转所有权。[509] 所有权保留的约定原则上在一般交易条款中也是可能的。[510] 在一般交易条款中多数时候也会规定详细情况。如果出卖人只是保留了所有权,则从第 449 条第 1 款中可以得出,在有疑问时,所有权保留在价款全部支付前均

---

[505] 参见 NK-BGB/Büdenbender § 449 Rn. 27。
[506] 关于所有权保留的目的见 MüKoBGB/Westermann § 449 Rn. 3。
[507] 参见 Brox/Walker SchuldR BT § 7 Rn. 22。
[508] 参见 NK-BGB/Büdenbender § 449 Rn. 7。
[509] BGH NJW 2006, 3488; dazu Fritsche/Würdinger NJW 2007, 1037ff.
[510] 参见 Brox/Walker SchuldR BT § 7 Rn. 25; Schlechtriem SchuldR BT Rn. 158。

应适用。[511]

6 就**出卖人**因买受人没有支付价款**的解除权**,第449条第1款并不包含独立的规则。也就是说,在这个问题上应当适用一般规则。因此,解除权通常应当根据第323条来判断。也就是说,期限设定原则上是必要的。在保护义务的违反上(比如没有妥当地处理买卖物),回归第324条也是可以考虑的。[512] 第449条第2款表明,出卖人也仅能在合同解除后行使基于第985条规定的返还请求权。到那时为止,买受人享有占有的权利(第986条)。[513]

在**分期付款买卖**中,出卖人的解除权因第508条第1句的规定而变得困难。在消费者支付迟延时,经营者(出卖人)仅能在第498条第1款规定的更为严格的条件下解除合同(关于详情参见第21节边码31)。

如果被担保的**价款请求权已经罹于消灭时效**,所有权保留也可以保护出卖人。根据第218条第1款的规定,在消灭时效已经届满的情况中解除权虽然原则上也会被排除(参见第6节边码6及以下),但这并不适用于所有权保留(第216条第2款第2句、第218条第1款第3句)。[514]

2. 物权层面

7 在物权层面,从第449条第1款中可以得出,所有权让与在有疑问时**附有**支付全部价款的**停止条件**(第158条第1款)。因此,买受人虽然获得了物的直接占有(第854条),但在条件成就前出卖人仍然是所有权人与间接占有人(第868条)。在全部价款支付时买受人才直接获得所有权。

8 在这种制度设计中,买受人具有被担保的法律地位,出卖人不能单方面剥夺买受人的这种法律地位(所谓的**期待权**)。[515] 一方面,出卖人未经解除合同不能行使基于第985条享有的返还请求权,因为买受人基于买

---

[511] 参见 BeckOK BGB/Faust, 56. Ed. 1. 11. 2020, § 449 Rn. 12。
[512] Palandt/Weidenkaff § 449 Rn. 26.
[513] Staudinger/Beckmann, 2014, § 449 Rn. 60; Medicus/Lorenz SchuldR BT § 13 Rn. 8; Schulze/Kienle NJW 2002, 2842 (2843).
[514] 参见 Palandt/Ellenberger § 216 Rn. 4; Schlechtriem SchuldR BT Rn. 156。
[515] 关于期待权的保护参见 Medicus/Petersen BürgerlR Rn. 462ff. 。

卖合同享有占有的权利(参见第 11 节边码 6)。[516] 另一方面,由于出卖人还是所有权人,他还可以将物有效地转让给第三人(在此所有权移转因买受人的直接占有并非根据第 929 条,而只能根据第 931 条的规定进行)。[517] 然而,随着条件的发生,也即价款的完全支付,这种"中间处分"依照第 161 条第 1 款第 1 句的规定是无效的。到那时止,买受人可以被第 986 条第 2 款保护而免于第三人的返还请求权。[518]

因此,附条件的买受人可能会受到基于第 161 条第 3 款结合第 932 条及以下规定的第三人**善意取得**的威胁。若买受人尚是买卖物的直接占有人,第 932 条规定的善意取得则会被排除。在根据第 930 条让与时,可以考虑第 933 条的善意取得。在受让人基于让与而获得对物的占有时,期待权依第 936 条第 1 款第 3 句并不消灭。[519] 由于买受人考虑到第 986 条第 2 款不必将物返还给受让人,这一要件通常不会发生。不过,在根据第 931 条让与所有权的情况下,存在第 934 条第 1 款规定的要件。然而,主流意见准用第 936 条第 3 款的规定:附条件的买受人作为直接占有人享有期待权,因此(期待权)对善意取得人也不会消灭。[520]

示例:手工业者 K 为其作坊在 V 那里以附所有权保留的方式购买了一辆送货车。在 K 支付完最后一期价款前不久,V 又将该送货车出售给 D,并向其让与对 K 的返还请求权。基于所有权让与,D 依第 931 条的规定获得了送货车的所有权。不过,如果 K 支付了最后一期款项,则 V 与 D 之间的所有权让与将依第 161 条第 1 款第 1 句的规定无效。因此,K 可以从 V 那里获得送货车的所有权。

9

---

[516] BGHZ 54, 214 (215f.). 期待权除此之外是否给予买受人得为占有的物权,是有争议的;参见 Palandt/Herrler § 929 Rn. 41。

[517] Die Übereignung nach § 930 scheitert hier nicht am unmittelbaren Besitz des Vorbehaltskäufers. Für § 930 genügt nämlich, dass der Veräußerer mittelbarer Eigenbesitzer ist (MüKoBGB/Oechsler § 930 Rn. 8).

[518] 参见 Harke SchuldR BT Rn. 39。

[519] Mu. KoBGB/Oechsler § 936Rn. 17.

[520] 参见 Staudinger/Beckmann, 2014, § 449 Rn. 77; Palandt/Herrler § 934 Rn. 3; MüKoBGB/Oechsler § 934 Rn. 9; Wellenhofer SachenR § 14 Rn. 13ff.; aA Staudinger/Wiegand, 2017, § 936 Rn. 17。

10 如果出卖人根据第 323 条或第 324 条的规定有效地解除了买卖合同,则附所有权保留条件的买受人的期待权也将**消灭**。出卖人这时可以根据第 346 条及第 985 条的规定请求返还买卖物。

深化:期待权的法律性质是有争议的。根据通说它属于物权。[521] 与此不同的是,判例将期待权视为与所有权"本质上相同的不足量物(Minus)",它虽然不是可以对任何人发生效力的在他人之物上存在的(定限)物权,但根据其意义与效力与定限物权接近。[522] 无论如何,需要承认的是,期待权可以根据与动产所有权相同的规则(也即根据第 929 条及以下)移转。[523]

三、扩张的所有权保留(Erweiterter Eigentumsvorbehalt)

11 根据第 449 条第 1 款的解释规则,所有权保留仅保障对具体买卖物的价款支付请求权。然而,在实践中所有权保留有时也被用来担保范围广泛的债权,比较流行的比如**往来帐户保留**(Kontokorrentvorbehalt)。在此,只有当买受人履行了与出卖人的商业往来中产生的所有债权时,买卖物的所有权才移转给买受人。在商事交易中这种设计也可以通过一般交易条款有效地约定。[524];反之,在与非商人的关系中则存在违反第 307 条第 2 款第 2 项的情况。[525] 此外,在个案中太过广泛的往来帐户所有权保留可能会因为过度担保而违反善良风俗。[526]

12 以前所有权移转部分地依赖于,附所有权保留条件的买受人也履行了第三人,尤其是与出卖人具有关联的企业的债权。[527] 不过,现在第 449 条第 3 款表明,这种**康采恩式保留**是无效的。然而,无效仅涉及第三人债

---

[521] 参见 MüKoBGB/Westermann § 449 Rn. 42;Palandt/Herrler § 929 Rn. 37。
[522] 参见 BGHZ 28, 16 (21);30, 374 (377);34, 122 (124)。
[523] 对此参见 Medicus/Petersen BürgerlR Rn. 473ff. 。
[524] BGHZ 94, 105 (112);125, 83 (87);Palandt/Weidenkaff § 449 Rn. 19;批判见 Reinicke/Tiedtke KaufR Rn. 1344ff. ;MüKoBGB/Westermann § 449 Rn. 76。
[525] Jauernig/Berger § 929 Rn. 31;BGHZ 145, 203 (224)对此保持开放。
[526] 参见 Brox/Walker SchuldR BT § 7 Rn. 32。
[527] 对此参见 Larenz SchuldR II 1 § 43 II e (4)。

权的扩张,所有权保留则仍然是有效的("只要")。[528]

四、延长的所有权保留(Verlängerter Eigentumsvorbehalt)

在商事交易中买受人通常依赖于,附所有权保留条件提供的货物能够向其顾客**转售**,以便可以用利润来支付价款。由于出卖人希望获得价款,其通常也同意(买卖物的)转售。然而,出卖人会因此失去担保,因为顾客根据第 929 条、第 185 条的规定将获得买卖物的所有权。 13

为解决这一问题,实践中形成了**延长的所有权保留**。在延长的所有权保留中,附保留所有权条件的出卖人授权买受人将所有权保留条件下购买的货物以自己名义转售。同时,延长的所有权保留将附保留所有权条件的买受人基于货物转售产生的未来价款债权根据第 398 条的规定让与给附保留所有权条件的出卖人作为担保。这种**事先的债权让与**是有效的,因为被包括的债权可以充分确定(参见拙著《债法总论》第 52 节边码 19)。附保留所有权条件的买受人将不会被通知让与的情况(所谓的**静止的让与**)。确切地说,附保留所有权条件的出卖人向附保留所有权条件的买受人作出**收款授权**(Einziehungsermächtigung),以便附保留所有权条件的买受人可以以自己名义行使债权。 14

为附保留所有权条件出卖人利益的延长的所有权保留可能与为金钱贷款人利益的**概括让与**(Globalzession)相冲突(参见拙著《债法总论》第 52 节边码 20)。在这种情况中应当进行区分。如果延长的所有权保留系在概括让与前约定,其根据**优先原则**具有优先地位;也就是说,只要债权被延长的所有权保留包括,概括让与就会落空。 15

由于与金钱贷款人的概括让与并非总要重新约定,概括让与对延长的所有权保留通常具有时间上的优先性。[529] 然而根据主流意见,在此种情况中概括让与依照第 138 条第 1 款的规定在一定范围内是**违反善良风俗**的,比如它也包括那些金钱贷款人应当预见到附延长的所有权保留的

---

[528] 对此对见 BGH NJW 2008, 1803 (1804);限制见 Harke SchuldR BT Rn. 38。
[529] 参见 Leible/Sosnitza JuS 2001, 449 (452)。

债权。因为买受人会面临着究竟是放弃未来的货物贷款,还是拒绝出卖人的概括让与并因此违反合同的选择。[530] 也就是说,延长的所有权保留最终又实现了。

五、加工条款

16 在其他情况中买受人将获得货物,以便接着进行加工和出售新生产的商品。这里附保留所有权条件的出卖人也存在失去担保的风险,因为买受人将根据第950条的规定因加工而成为货物的所有权人。因此,在实践中经常会约定,买受人系为出卖人而加工货物(所谓的**加工条款**)。此时出卖人作为"生产者"根据第950条的规定在新物上获得附保留条件的所有权。[531] 在出售新物时,附保留所有权条件的出卖人可以再次通过延长的所有权保留得到担保。[532]

参考文献:Fritsche/Würdinger, Konkludenter Eigentumsvorbehalt beim Autokauf, NJW 2007, 1037; Haas/Beiner, Das Anwartschaftsrecht im Vorfeld des Eigentumserwerbs, JA 1997, 115; Habersack/Schürnbrand, Der Eigentumsvorbehalt nach der Schuldrechtsreform, JuS 2002, 833; Leible/Sosnitza, Grundfälle zum Recht des Eigentumsvorbehalts, JuS 2001, 341 (449 und 556); S. Lorenz, Grundwissen - Zivilrecht: Der Eigentumsvorbehalt, JuS 2011, 199; Schreiber, Anwartschaftsrechte, JURA 2001, 623; Schulze/Kienle, Kauf unter Eigentumsvorbehalt - eine Kehrtwende des Gesetzgebers?, NJW 2002, 2842. Vgl. auch die Nachweise zu § 1.

第12节 权利或其他客体的买卖

1 第433条及以下仅直接适用于物的买卖。不过,对权利(比如债权、

---

[530] BGHZ 55, 34 (35ff.); BGH NJW 1999, 940; NK - BGB/Looschelders § 138 Rn. 264ff.

[531] 参见BGHZ 46, 117 (118ff.); Reinicke/Tiedtke KaufR Rn. 1356ff.。

[532] 对见 Larenz SchuldR II 1 § 43 II e (1)。

知识产权)及其他客体(比如电力、企业、或医疗诊所)的买卖,第453条第1款参引了有关物的买卖的规定。由于第433条及以下只是被**准用**,必须分别检验买卖客体的特殊性是否要求作出不同判断。因此,有关所有权保留的规则(第449条)并不适用于关于权利或电力的买卖。同样,第434条意义上的物的瑕疵在权利买卖中多数时候也是不被考虑的(参见第12节边码6)。

一、权利买卖

第453条第1款首先规定了**债权**和**其他权利**的买卖(参见第413条),例如,抵押权、地上权、期待权、工业产权或股权。依照第453条第1款结合第433条第1款第1句的规定,在这些情况中出卖人负有使买受人取得被出售权利的义务。在债权上,这一义务将通过第398条及以下规定的让与来履行(参见《债法总论》第52节边码1及以下)。依照第413条的规定,只要没有特别规则适用(比如《德国有限责任公司法》第15条及以下、《德国著作权法》第29条、第31条),就其他权利的移转准用第398条及以下的规定。根据第453条的规定,设立或移转权利的费用由出卖人负担。 2

如果被出售的权利在买卖合同订立时并不存在或者尚不能移转,则存在自始不能的情况。于此,买受人基于第311a条第2款的规定享有损害赔偿请求权。在债法改革前,原第437条就权利的存在(**真实性** Verität)为权利的出卖人规定了担保责任。与此相反,第311a条第2款第2句在非因过错而不知悉给付不能时规定了出卖人的责任免除机会(参见拙著《债法总论》第28节边码11及以下)。[533] 不过,在权利买卖上应当分别准确地检验,出卖人是否未就权利的存在或可移转性承担担保。[534] 3

依照第453条第1款结合第433条第1款第2句的规定,出卖人应当使买受人取得无权利瑕疵(第435条)的权利。例如,在权利被查封或 4

---

[533] BeckOK BGB/Faust, 56. Ed. 1. 11. 2020, §453 Rn. 17; Erman/Grunewald §453 Rn. 8;支持在权利买卖上保留担保责任的 Zimmer/Eckhold JURA 2002, 145(146)。

[534] Jauernig/Berger §453 Rn. 5; Reinicke/Tiedtke KaufR Rn. 1236.

扣押时,即存在**权利瑕疵**。[535] 如果被出售的债权面临抗辩(比如抵销)或抗辩权(例如,消灭时效),亦是如此。[536] 反之,就债务人的**偿付能力**(Bonität)而言,债权的出卖人仅在存在相应约定时才承担责任。[537] 如果存在权利瑕疵,则买受人的权利应当根据第437条的规定判断。

5 权利真实性(Verität)的欠缺并不属于权利瑕疵。[538] 对此适用与物的买卖中出卖人欠缺所有权相同的考虑(参见第三节边码47)。因此,于被出售的权利不存在或者出卖人并非该权利的权利人之情形,应当直接适用普通履行障碍法(尤其是第311a条第2款)。

6 如果被出售的权利**有权占有某物**,则出卖人不仅应当使买受人取得权利,还应当**交付物**(第453条第3款)。在这时瑕疵担保将扩张到物上。于此,不仅权利不能出现权利瑕疵,物同样也必须无物的瑕疵和权利瑕疵。

示例:地上权的出卖人不仅应当使买受人取得没有权利瑕疵的权利,还应当向买受人交付负担地上权而无物的瑕疵和权利瑕疵的土地。[539]

7 在地上权(Erbbaurecht,《地上权法》第1条)之外,用益权(Nießbrauch,第1036条第1款)、居住权(Wohnungsrecht,第1093条第1款)和(Dauerwohnrecht《住宅所有权法》第31条)也使(权利买受人)取得占有物的权利。反之,就**质权**(第1205条、第1251条)而言,在大多数情况下应当否定第453条第3款的适用,因为质权本身并非买卖合同的客体,而是根据第1250条第1款的规定从所担保的债权中产生的。[540] 因此,被出售的权利(也即债权)本身并不能成立对物的占有权。

---

[535] 参见 Erman/Grunewald § 453 Rn. 10。
[536] Brink WM 2003, 1355 (1357).
[537] MüKoBGB/Westermann § 453 Rn. 11; Medicus/Lorenz SchuldR BT § 19 Rn. 5.
[538] BeckOK BGB/Faust, 56. Ed. 1. 11. 2020, § 453 Rn. 12; Staudinger/Beckmann, 2014, § 453 Rn. 7.
[539] 参见 Begr. RegE, BT-Drs. 14/6040, 242; BGH NJW 1986, 1605。
[540] So etwa BeckOK BGB/Faust, 56. Ed. 1. 11. 2020, § 453 Rn. 5; Staudinger/Beckmann, 2014, § 453 Rn. 18; 其他观点见 HK – BGB/Saenger § 453 Rn. 6; NK – BGB/Büdenbender § 453 Rn. 9。

二、尤其是：保理（Factoring）

几十年来，一些起源于美国法系的合同类型在德国也得到实施。在融资租赁（Leasing，参见第 24 节边码 1）之外，属于此类的主要是保理。它属于一种与有偿的事务处理合同、借款合同以及**权利买卖**具有关联的混合合同。[541] 合同当事人一方是**经营者**，另一方则是所谓的**保理商**（Factor）。保理商原则上属于金融机构。 8

1. 保理合同的内容

根据**保理合同的内容**，经营者负有向金融机构让与其对顾客享有的所有债权的义务。保理合同不仅包括现在的债权，也包括未来的债权。[542] 金融机构则必须接受债权，并向企业账户记入债权的价值。然而，债权的价值并不会被完全考虑，因为金融机构有权为自己保留一定金额作为酬金。酬金系为向经营者立即提供债权的价值并在顾客那里独立地收取到期债权而支出。借此可以省去金融机构对经营者进行记账（Buchhaltung）。关于其他详情则要区分真正的保理和不真正的保理。 9

（1）真正的保理

在真正的保理中总是存在债权无法实现的风险。真正的保理合同将这一风险分配给了金融机构。[543] 因此，经营者仅对债权的真实性（Verität）负责，因而在债权不存在时经营者必须根据第 311a 条第 2 款的规定向金融机构承担损害赔偿责任（参见第 12 节边码 5）。反之，对偿付能力的责任（Bonitätshaftung）则不被考虑。因此，金融机构需要承担债权无法实现的风险（真正的保理的保证付款功能）。[544] 10

真正的保理的法律性质是有争议的。根据主流意见，它属于一种由 11

---

[541] MüKoBGB/Roth/Kieninger § 398 Rn. 158.
[542] Brox/Walker SchuldR BT § 7 Rn. 60.
[543] Oetker/Maultzsch Vertragl. Schuldverhältnisse § 16 Rn. 31.
[544] NK-BGB/Kreße/B. Eckard Anh. zu §§ 398–413 Rn. 12; Medicus/Lorenz SchuldR BT § 58 Rn. 16f.; Oetker/Maultzsch Vertragl. Schuldverhältnisse § 16 Rn. 32; E. Wolf WM 1979, 1374.

金融机构实施的**债权买卖**(第 453 条第 1 款)。[545] 根据反对观点,真正的保理以向经营者提供**贷款**(第 488 条)为内容。[546] 然而,这种观点之争并不具有实践意义。因为即便将保理归类为贷款,经营者通常也不必偿还获得的款项,因为金融机构将让与的债权作为替代履行予以接受了。在这种观察视角下,经营者的瑕疵担保义务来自第 365 条。不过,在任何情况中瑕疵担保义务都以债权的**真实性**为限。[547]

(2)不真正的保理

12　　债权无法实现的风险在不真正的保理中由经营者承担。也就是说,经营者对债权的**偿付能力**承担责任。因此,如果金融机构没有成功在顾客那里收取到债权,其仍然可以向经营者主张权利。

13　　由于金融机构事先向经营者提供了债权的价值,不真正的保理应当被认定为**借贷合同**。[548] 债权的让与旨在保障基于第 488 条第 1 款第 2 句产生的偿还请求权。除此之外,金融机构不得优先从被让与的债权中获得清偿。由于让与属于为清偿的给付(第 364 条第 2 款),只有当金融机构事实上能够实现债权时,借款偿还请求权才会消灭(参见拙著《债法总论》第 17 节边码 24)。[549]

2. 债权让与给保理商

14　　与作为负担行为的保理合同相区别的是作为处分行为的债权让与。让与的有效性应当根据第 398 条及以下规定的一般规则判断(参见拙著《债法总论》第 52 节边码 3 及以下)。根据这些规定,让与应当通过经营者与金融机构之间的**合同**来实施(第 398 条第 1 句)。由于债权的善意取得是不可能的,经营者必须事实上是债权的权利人。此外,债权还必须是可移转的。如果债权的让与已经通过合同被排除了,则这一要件并不具备(参见第 399 条第 2 款)。然而,在商人之间的交易中应当注意《德国商

---

[545] BGHZ 69, 254 (257f.); NK-BGB/Looschelders § 138 Rn. 270; Brox/Walker SchuldR BT § 7 Rn. 61; Oetker/Maultzsch Vertragl. Schuldverhältnisse § 16 Rn. 31.
[546] Larenz/Canaris SchuldR II 2 § 65 II 2b; Medicus/Lorenz SchuldR BT § 58 Rn. 18.
[547] 另参见 Larenz/Canaris SchuldR II 2 § 65 II 2b。
[548] BGHZ 58, 364 (367f.); 69, 254 (257); 82, 50 (61); Serick BB 1979, 845 (848).
[549] Palandt/Grüneberg § 364 Rn. 5f.; Medicus/Lorenz SchuldR BT § 58 Rn. 18.

法典》第 354a 条,根据该规定,约定的让与禁止原则上与让与的有效性并不冲突(参见拙著《债法总论》第 17 节边码 24)。

3. 在延长的所有权保留中与让与的关系

在保理的框架下,让与可能会与**延长的所有权保留**(参见第 11 节边码 14)框架下的**事前让与相冲突**。[550] 如果基于保理合同的债权让与包括经营者为担保已发送货物的付款义务而让与给供应商的债权,即会发生这样的冲突状况。根据一般规则,先后实施的多个让与之间的关系应当根据**优先性原则**判断(参见拙著《债法总论》第 52 节边码 31)。因此,在出发点上就要区分,向金融机构所为的保理让与是在向供应商为事前让与之前还是之后实施的。

15

(1) 保理让与在时间上优先

如果保理让与在向供应商为事前让与之前就已经实施,则适用**优先性原则**。因此,保理让与是有效的。相应的,其后向供应商所为的债权让与将会落空。只有当保理让与根据第 138 条第 1 款的规定**违反善良风俗**时,才可能会得出不同结论。然而,并不存在这种情况。[551] 在概括让与也包括基于延长的所有权保留通常会让与给供应商的债权时,概括让与原则上是有效的。然而,这背后的考虑是,经营者可能会被概括让与诱导而**违反**与供应商的**合同**(第 11 节边码 15)。在真正的保理中供应商不会受到不公平对待。因为供应商可以从来自经营者那里,且由金融机构记入其账户的数额中获得清偿。[552] 因此,合同破灭理论(Vertragsbruchtheorie)在此并不适用。[553]

16

反之,对**不真正的保理**应当适用的原则是,供应商应当被保护免遭向其他贷款人为概括让与的损害。这些概括让与服务于具有竞合关系的担保目的,并将实现的风险最终留给经营者。因此,在这种情况中向金融机

17

---

[550] 关于问题提出见 Reinicke/Tiedtke KaufR Rn. 1389ff.; K. Schmidt DB 1977, 65ff.。
[551] 参见 BGHZ 69, 254 (256ff.); Palandt/Grüneberg § 398 Rn. 39; Reinicke/Tiedtke KaufR Rn. 1391ff.; Wellenhofer SachenR § 14 Rn. 58ff.; E. Wolf WM 1979, 1374 (1377)。
[552] 参见 BGHZ 69, 254 (258); Brox/Walker SchuldR BT § 7 Rn. 64。
[553] Reinicke/Tiedtke KaufR Rn. 1393; Vieweg/Werner SachenR § 11 Rn. 26。

构让与债权根据第 138 条第 1 款的规定是**无效**的。[554]

(2)事前让与的时间优先

18　如果向保理商所为的让与直到向供应商所为的事前让与之后才实施,则供应商根据优先原则仍然是债权的权利人。然而,经营者通常会被供应商授权在顾客那里收取债权。[555] **收款授权**在有疑问时也包括基于**真正的保理合同**而将债权让与给金融机构的权利。[556] 其背后的考虑同样是,真正的保理不会对供应商造成不公平对待。由于**不真正的保理**从主流意见的视角看会导致对供应商的不公平对待,因而这种设计并不被收款授权所涵盖。因此,向金融机构所为的让与根据优先原则是无效的。

三、其他客体的买卖

19　买卖合同其他可能的客体包括非**有形的客体**如暖气和电力、客体的**整体**如企业和医疗诊所或律师事务所,以及其他**所有有财产价值的项目**(比如技术秘密或域名)。[557]

20　有偿下载数字内容的合同同样属于有关其他客体的买卖合同(参见第 1 节边码 7)。[558] 在**软件**上则要进行区分。出售标准化的软件通常会被归入买卖法。[559] 如果软件系与数据载体一起被出售,则属于物的买卖。第 433 条及以下的规定于此可以直接适用。无数据载体的软件的出售(比如从网上下载)则适用第 453 条第 1 款第 2 项。[560] 反之,有关个性化软件开发的合同则主要被归入承揽合同(第 631 条及以下)

---

[554] BGHZ 82, 50 (61); Wellenhofer SachenR § 14 Rn. 63; 其他观点见 Reinicke/Tiedtke KaufR Rn. 1399ff.; Brox/Walker SchuldR BT § 7 Rn. 66。

[555] Medicus/Lorenz SchuldR BT § 13 Rn. 13.

[556] BGHZ 72, 15 (20); Larenz/Canaris SchuldR II 2 § § 68 III 3a.

[557] 参见 NK-BGB/Büdenbender § 453 Rn. 21.

[558] BeckOGK/Wilhelmi, 15. 10. 2020, BGB § 453 Rn. 173.

[559] BGHZ 110, 130 (137); Brox/Walker SchuldR BT § 1 Rn. 7.

[560] 参见 Staudinger/Beckmann, 2014, § 453 Rn. 53。

中。[561] 如果软件被有形化到数据载体上,在上述关于第 650 条中买卖法是否仍可以广泛适用,被予以不同判断。反对适用第 650 条的论据是,总体来说在开发个别化软件时,并非主要涉及交付将要制造或者生产的动产。[562]

四、关于含有数字内容合同的指令

2019 年 5 月 20 日,欧洲立法者颁布了欧洲议会和理事会关于数字内容和数字服务提供的合同法若干方面的欧盟 2019/770 指令(也即《数字内容指令》)。根据《数字内容指令》第 3 条第 1 款第 1 分款,该指令涵盖所有经营者向消费者提供或同意提供数字内容或数字服务,且消费者支付或同意支付(对价)的合同。因此,指令的适用范围要广于第 453 条第 1 款第 2 项。指令立法理由 12 明确指出,指令没有限定合同的法律性质。相反,指令交由国内法决定,这种合同究竟是买卖合同、服务合同或租赁合同,抑或是一种单独类型的合同。从德国法的角度来看,根据设计的不同,买卖合同、使用租赁合同、用益租赁合同或承揽合同均可考虑。[563] 法律性质的这种矛盾性在转化指令时将会被予以考虑。[564] 目前已经有了一份政府草案,根据该草案指令将在债法总则中新设的标题 2a(数字产品合同,第 327 条至第 327u 条)中得到转化。[565] 补充性规定则存在于各合同类型中。

20a

《数字内容指令》的一个重要特点在于,消费者的对待给付不必是支付金钱。根据《指令》第 1 条第 2 款第 2 分款,指令也适用于消费者向经营者提供

20b

---

[561] BGH NJW 1987, 1259; BGHZ 184, 345 = NJW 2010, 1449 Rn. 15ff.; OLG München NJW-RR 2010, 789 (790); Palandt/Weidenkaff § 433 Rn. 9; Brox/Walker SchuldR BT § 1 Rn. 7.

[562] 参见 MüKoBGB/Busche § 631 Rn. 142; Fritzemeyer NJW 2011,2918(2919f.); aA Medicus/Lorenz SchuldR BT § 19 Rn. 3; Hassemer ZGS 2002,95(102); in BGHZ 184,345 = NJW 2010,1449 Rn. 21 offengelassen。

[563] 参见 Bach NJW 2019, 1705 (1706)。

[564] 关于问题的提出见 Schmidt-Kessel/Weigel GPR 2019, 99; Metzger JZ 2019, 577ff.。

[565] 2021 年 1 月 31 日转化关于提供数字内容和数字服务的某些合同法方面的指令的法律草案,参见联邦司法与消费者保护部的主页:https://www.bmjv.de/SharedDocs/Gesetzgebungsverfahren/Dokumente/RegE_BereitstellungdigitalerInhalte.pdf。

或同意提供个人相关数据的合同。虽然提供个人相关的数据未被明确称之为对待给付。但这并不能改变,它事实上取代了消费者的价款支付。[566] 这可能导致与数据保护之间的紧张关系。[567]《数字内容指令》第 3 条第 8 款明确规定,在存在矛盾时《通用数据保护条例》(条例 2016/679 /EU)和《电子通信数据保护指令》(指令 2002/58 /EC)的规定在与《数字内容指令》冲突应当优先适用。

20c 关于数字内容和数字服务的合同一致性(《数字内容指令》第 6 条至条 10 条)以及瑕疵履行时经营者的责任(《数字内容指令》第 11 条至第 22 条)的规定构成了指令的核心。《数字内容指令》在这些规定上很大程度以《货物买卖指令》(第 1 节边码 6a)为导向。但是,在细节上也存在一些差异,这些差异考虑了合同类型的特殊性。[568]

20d 成员国必须在 2021 年 7 月 1 日前对《数字内容指令》和《货物买卖指令》(第 1 节边码 6a)进行转化,然后从 2022 年 1 月 1 日起适用相应的规定(《数字内容指令》第 24 条)。在此之前,迄今为止关于数字内容和数字服务提供合同的原则(第 12 节边码 20)仍然具有决定性。

五、尤其是:企业买卖

21 **企业买卖**具有特别重大的实践意义。在此应当区分两种形式:归属于企业的财产客体的买卖[所谓的资产买卖(asset deal)]和股权的买卖(share deal)。

1. 财产客体的买卖

22 在资产买卖上问题在于,企业是由完全不同的客体(动产与不动产、债权与其他权利、商业秘密、客户来源及供应商渠道等)组成的整体。尽管需要承认企业本身可以作为**统一的**买卖合同客体,但因为物权法上的(标的物)特定原则,**物权的移转**应当就每一客体根据各自重要的规定来

---

[566] 另参见 Metzger JZ 2019, 577 (579)。
[567] Zur Problemstellung Bach NJW 2019, 1705 (1706); Spindler/Sein MMR 2019, 415; Staudenmayer NJW 2019, 2497 (2498).
[568] 参见 Bach NJW 2019, 1705。

(对于债权,第398条及以下;对于土地,第873条、第925条;对于动产,第929条以下条文)实施。[569]

在企业买卖中就**企业瑕疵**承担的瑕疵担保会产生特别问题。其中的中心问题是,出卖人就企业销售额或利润为不准确陈述所承担的责任。在债法改革前,判例在这些情况中否认瑕疵担保请求权,因为企业下降的销售额或利润并不能成立物的瑕疵。作为替代,买受人被赋予基于缔约过失责任的损害赔偿请求权。[570] 然而,在立法者有意识地将买卖法的适用范围扩张到企业买卖之后,在所负担企业属性发生不利偏离时,根据第434条及以下判断买受人的权利似乎是合适的。在实际状况低于合同约定的销售额或利润时,亦是如此。基于缔约过失的请求权则被排除。[571]

在实际法律适用中应当注意的是,**归属于企业的各客体的瑕疵**并不必然成立作为整体的企业的瑕疵。[572] 因此,各具体客体的瑕疵对整个企业来说可能并不具有意义,尤其是有瑕疵的客体的存在属于这类企业的通常属性时。在那些具体客体的瑕疵多数时候并不会对整个企业的运行能力产生影响的大企业上,尤其应当考虑这一点。在这种情况中具体客体的瑕疵并不会引起企业买卖本身的瑕疵担保权利。就归属于企业的瑕疵客体而言,同样并不存在瑕疵担保权利,因为构成合同客体的是整个企业,而非各个具体的客体。[573]

在实践中这些问题通常可以这样避免,即在企业买卖中对瑕疵担保的范围进行**详细约定**。[574] 出卖人就一些特征承担瑕疵担保,对其他一些特征则排除瑕疵担保。立法者通过第444条的新文本("只要")表明,这

---

[569] 参见 Brox/Walker SchuldR BT § 1 Rn. 8; Medicus/Lorenz SchuldR BT § 19 Rn. 7。
[570] 参见 Dauner‐Lieb/Konzen/K. Schmidt/Wertenbruch, Das neue Schuldrecht in der Praxis, 2003, 493 (501ff.)。
[571] Staudinger/Beckmann, 2014, § 453 Rn. 133ff.;其他观点见 U. Huber AcP 202 (2002), 179ff.。
[572] 参见 Staudinger/Beckmann, 2014, § 453 Rn. 148(所谓的整体重要性理论)。
[573] 参见 Medicus/Lorenz SchuldR BT § 20 Rn. 11。
[574] 参见 Medicus/Lorenz SchuldR BT § 20 Rn. 12。

一实践做法仍然是被允许的(参见第5节边码7)。

2. 股权买卖

25 如果企业系以公司[比如,民事合伙、无限公司(OHG)、两合公司(KG)、有限责任公司、股份公司]的形式经营,则股权(或股份)的买卖也是可以考虑的。在这种类型中,企业买卖以权利买卖的形式实施(第453条第1款第1种情形)。[575] 其履行也不像资产买卖那样通过各个财产客体的移转来实施,而是通过股权移转的形式来实施(比如,根据《德国有限责任公司法》第15条结合《德国民法典》第398条及以下、第413条)。出卖人根据一般规则为**权利瑕疵**承担责任。只有当企业的瑕疵应当视为股权的直接瑕疵时,与资产买卖类似的就**物的瑕疵**承担责任才会被考虑。[576] 其前提是,买受人已经获得股权的全部或者至少是绝大部分。[577] 在任何情况下获得90%的股权肯定是足够的。[578] 根据较为流行的观点,在有限责任公司中获得能够修改章程的75%股权即为已足够。[579] 不过,如果买受人已经持有了有限责任公司50%的股权,则继续获得其余50%股权对于物之瑕疵担保责任的适用而言是不够的,因为合同恰好不是以企业整体的买卖为对象。[580]

参考文献: Bette, Das Factoringgeschäft in Deutschland, 1999; Brink, Forfaiting und Factoring im Licht der Schuldrechtsreform, WM 2003, 1355; Eidenmüller, Rechtskauf und Unternehmenskauf, ZGS 2002, 290; Gomille, Das Schuldrecht des Unternehmenskaufs, JA 2012, 487; U. Huber, Die Praxis des Unternehmenskaufs

---

[575] BGH ZIP 2018, 2112 Rn. 30; Medicus/Lorenz SchuldR BT § 18 Rn. 1, § 19 Rn. 9.

[576] 参见 Weitnauer NJW 2002, 2511 (2515)。

[577] 参见 BGH ZIP 2018, 2112 Rn. 20ff.; NK-BGB/Büdenbender Anh. zu §§ 433–480; Unternehmenskauf–BGB Rn. 31ff.; Oetker/Maultzsch Vertragl. Schuldverhältnisse § 2 Rn. 20; Palzer JURA 2011, 917 (918f.); 支持将企业给付的机会扩张到占多数股权的取得上见 PWW/Schmidt § 453 Rn. 28。

[578] 参见 BGHZ 65, 246 (252)。

[579] So etwa Weitnauer NJW 2002, 2511 (2515); 批判见 BeckOK BGB/Faust, 56. Ed. 1.11.2020, § 453 Rn. 32.

[580] 参见 BGH ZIP 2018, 2112 Rn. 24ff.。

im System des Kaufrechts, AcP 202 (2002), 179; *Kindl*, Unternehmenskauf und Schuld- rechtsmodernisierung, WM 2003, 409; Ksrch, Der Unternehmenskauf, Jus 2018, 521; *S. Lorenz*, Der Unternehmenskauf nach der Schuldrechtsreform, FS Heldrich, 2005, 305; *Pahlow*, Grundfragen der Gewährleistung beim Rechtskauf, JA 2006, 385; *Palzer*, Grundfragen des Unternehmenskaufs im Lichte der jüngeren Rechtsprechung, JURA 2011, 917; *K. Schmidt*, Factoring - Globalzession und verlängerter Eigentumsvorbehalt, DB 1977, 65; *Schröcker*, Unternehmenskauf und Anteilskauf nach der Schuldrechtsreform, ZGR 2005, 63; *Wertenbruch*, Gewährleistung beim Unternehmenskauf, in: Dauner - Lieb/Konzen/K. Schmidt, Das neue Schuldrecht in der Praxis, 2003, 493. Zur Digitale- Inhatte- Richtlimz: *Bach*, Neue Richtlinien zum Verbrauchsgüterkauf und zu Verbraucherverträgen über digitale Inhalte, NJW 2019, 1705; *Metzger*, Verträge über digitale Inhalte und digitale Dienstleistungen: Neuer BGB - Vertragstypus oder punktuelle Reform?, JZ 2019, 577; *Schmidt- Kessel/Weigel*, Richtlinie Digitale Inhalte verabschiedet, GPR 2019, 99; *Spindler/Sein*, Die endgültige Richtlinie über Verträge über digitale Inhalte und Dienstleistungen, MMR 2019, 415; *Staudenmayer*, Auf dem Weg zum digitalen Privatrecht- Verträge über digitale Inhalte, NJW 2019, 2497.

第13节 特种买卖

第二分节中规定了一些买卖的特别类型:试用买卖(Kauf auf Probe)、买回(Wiederkauf)和优先承买(Vorkauf)。

1

一、试用买卖(第454条、第455条)

在订立买卖合同时购买人通常在自己最终受拘束前首先对买卖标的物进行详细的检验或者试用具有利益。如果出卖人打算这么做,则当事人可以约定试用买卖。对于这种情况,第454条第1款第2句包含一个解释规则,即买卖合同的订立在有疑问时**系附同意的停止条件**(第158条第1款)。即便标的物事先已经交付给了买受人,也直到获得买受人同意之时风险才移转给买受人。[581] 也就是说,在同意之前第 446 条第 1 句的规定并不适用。不过,在买卖物因过错被损坏或毁损时,可以考虑出卖人基于缔约过失责任(第 280 条第 1 款、第 241 条第 2 款、第 311 条第 2 款)或侵权责任(第 823 条第 1 款)的损害赔偿请求权。[582]

深化:当事人也可以附买受人不同意买卖标的物的解除条件而(第 158 条第 2 款)订立买卖合同。在这种情况中买卖合同首先是有效的。这对买受人不利的是,第 446 条第 1 句规定的风险随着买卖物的交付就已经移转了。[583] 此外,同时也可以将买卖物完好无损地交还给出卖人约定为解除条件。[584]

2　　根据第 454 条第 1 款第 1 句的规定,同意应当听任买受人的自主意愿。也就是说,并不存在客观标准(比如买卖物的属性)。为给买受人作出决定创造必要的基础,出卖人应当允许买受人对标的物进行检验(第 454 条第 2 款)。根据第 455 条的规定,同意应当在当事人约定或出卖人确定的合理期限内表示。如果买卖物出于试用或检查的目的已经交付给买受人,则其**沉默将被视为同意**(第 455 条第 2 句)。

3　　试用买卖主要是在邮寄贸易中使用。由于邮寄贸易属于第 312c 条意义上的**远程销售合同**,第 455 条与撤回权的关系需要根据第 312g(参见拙著《债法总论》第 42 节边码 23 及以下)条予以澄清。联邦最高法院对此令人信服地陈述道,第 455 条规定的同意期限与撤回权服务于不同的目的。因此,撤回权行使的期限不应早于买卖合同因同意而对消费者产生拘束力的时间点而开始。[585]

示例(根据 BGH NJW-RR 2004, 1058):V 经营艺术品邮寄销售业务。10 月 29 日 K 打电话在 V 处以 1200 欧元的价格订购了一个艺术版画,在此约定的是试用买卖。货物于 11 月 5 日发送,包裹中含有给 K 的一封

---

[581] 参见 BGH NJW-RR 2004, 1058 (1059); Medicus/Lorenz SchuldR BT § 15 Rn. 3。
[582] 参见 Erman/Grunewald § 454 Rn. 7。
[583] 参见 Jauernig/Berger § 455 Rn. 9。
[584] 参见 BeckOK BGB/Faust, 56. Ed. 1.11.2020, § 454 Rn. 6。
[585] BGH NJW 2004, 1058 (1059) zu § 312d aF = § 312g nF。

信,V在信中给予K自货物到达时起两个星期的同意期限。此外,V也对K在收到画作后14天的期限内不经说明理由而撤回买卖合同的权利进行了说明。11月20日K撤回了其意思表示,并将画作寄回给V。V向K请求支付价款。有无道理呢?

V可能基于第433条第2款的规定享有支付1200欧元的请求权。前提是存在有效的买卖合同。买卖合同依照第454条第1款第2句、第158条第1款的规定一开始是效力待定(schwebend unwirksam)的。然而,依照第455条第2句的规定,合同已经随着同意期限于2002年11月19日届满而生效。但是,K可能已经根据第312g条、第355条第1款第2句的规定有效地撤回了其意思表示。撤回权期限原则上随着合同的订立开始起算,但在远程销售合同中在收到货物前(参见第355条第2款第2句、第356条第2句第1a项)不起算。K已经于11月5日收到了画作,第14天的撤回权期限在该日后可能已经届满了。然而,根据撤回权的意旨与目的,试用买卖中撤回权的起算也以合同生效为前提。因此,K已经在期限内撤回了其意思表示。撇开这一点,撤回权在14天的撤回权期限届满后也可能没有消灭;由于对撤回权的说明在此时是不正确的,根据第356条第3款第2句的规定应当适用12个月又14天的最长期限。

与试用买卖不同的是法律上没有规定的附**更换权**(Umtauschrecht)的买卖,此种买卖系以确定的合同为基础,且在该合同中出卖人授予买受人在特定期限内挑选其他种类的物来替换购买的物,并同时抵销所支付价款的权利。[586] 在此原则上只有当买受人以完好无损的状态向出卖人返还原来的买卖物时,买受人才能行使更换权。[587]

4

对于出卖人在合同订立之前或之时为了向买受人说明买卖物属性的情况而已经出示的试用品或样品(所谓的**试用后买卖**),不再存在特别规则。与此不同,原第494条还规定,试用品或样品的属性应当视为已被担保。根据现行法,在这些情况中应当以属性约定为出发点。因此,只有当

5

---

[586] Brox/Walker SchuldR BT § 7 Rn. 44; HK-BGB/Saenger §§ 454, 455 Rn. 7.
[587] 参见 Larenz SchuldR II 1 § 44 I.

买卖物具有试用品或模型的属性时，买卖物才不具有瑕疵。反之，出卖人是否已经对此种属性的存在承担了担保，是一个应当根据第 276 条第 1 款第 1 句规定的一般标准判断的解释问题（参见拙著《债法总论》第 23 节边码 24 及以下）。[588]

二、买回（第 456 条及以下）

6   出卖人可以使自己被赋予在特定期限内买回买卖物的权利，在此售价在有疑问时也应当适用于买回（第 456 条第 2 款；不过也请参见第 460 条）。主流意见将这种就买回所作的约定作为另外一种**附停止条件的买卖合同**（第 158 条第 1 款），该买卖合同因出卖人相应的表示而生效。[589]买回表示是一种需受领的单方意思表示，该意思表示（与买回的约定不同）无须具备第 311b 条第 1 款规定的形式（第 456 条第 1 款第 2 句）。[590]根据主流意见这属于**形成权**。[591]

7   买回权在实践中并不具有重大意义。最经常看到的设计是，为了能够实现**买卖物的目的约束**而约定买回权。[592]

示例（BGH NJW 2001, 284）：某城镇 G 以公证的合同将一块不能建造建筑的土地以 45 万欧元的价格卖给某经营者 U。U 负有最迟在合同订立后第 18 个月由塑料加工厂将该块土地用于营业使用的义务。如 U 违反这一义务，则 G 可行使以市场价值买回的权利。

8   买受人负有谨慎地对待买卖标的物的义务，因为他必须预料到出卖人可能会行使买回权。如果买受人在买回权行使之前，因过错导致标的物恶化、灭失或基于其他原因无法返还或者客体发生重大改变，则其应当根据第 457 条第 2 款第 1 句的规定负担**损害赔偿责任**。如果客体非因买受人的过错恶化或发生非重大改变，则不仅损害赔偿请求权被排除，**减价**

---

[588] 参见 Begr. RegE, BT-Drs. 14/6040, 207; Medicus/Lorenz SchuldR BT § 15 Rn. 1。
[589] BGHZ 29, 107 (110ff.); BGH NJW 2000, 1332; Palandt/Weidenkaff § 456 Rn. 4; 批判见 Larenz SchuldR II 1 § 44 II。
[590] BGH NJW 2000, 1332; Medicus/Lorenz SchuldR BT § 15 Rn. 7.
[591] 参见 Medicus/Lorenz SchuldR BT § 15 Rn. 10; Harke SchuldR BT Rn. 28。
[592] Erman/Grunewald § 456 Rn. 1.

也会被排除(第457条第2款第2句)。[593] 在非因买受人过错发生灭失的情形,也可以考虑赔偿金的返还请求权(代偿请求权,第285条)。[594] 如果买受人在此期间对买卖标的物进行了处分,则出卖人的权利应当根据第458条来判断。

第457条及以下终局性地规定了买受人(买回合同的出卖人)的责任。也就是说,出卖人(买回合同的买受人)不能行使超出第434条及以下规定的请求权(比如减价)。

应当与买回权区别开来的是买受人将买卖客体卖还给**出卖人**的权利(所谓的**再次出售的权利**)。[595] 由于卖回是基于买受人的动议实施的,于此将瑕疵责任限制在过错导致的恶化和重大改变上并不合适。[596] 因此,出卖人的权利应当根据一般规则判断(第434条及以下)。

9

三、优先承买(第463条及以下)

1. 概述

第463条及以下包含了关于**优先承买权**的详细规定。优先承买权,是指在优先承买义务人向第三人出售客体时,(优先承买权人)通过买卖来获得该客体的权利。权利人与义务人之间的买卖合同随着优先承买权的行使而订立,并以优先承买义务人与第三人之间约定的内容作为条件(第464条第2款)。[597]

10

优先承买权可以通过合同或法律设立。**约定**优先承买权的目的大多在于,使权利人获得购买机会或者保护权利人不因客体被不受欢迎的第三人取得而遭受损害。[598] 这种设计经常出现在使用租赁合同和用益租赁合同中:在所有权人将租赁物或用益租赁物出售给第三人的情形,使用承租人或用益承租人被授予优先承买权。

11

---

[593] Brox/Walker SchuldR BT § 7 Rn. 48; Staudinger/Schermaier, 2014, § 457 Rn. 7f.
[594] 参见 Erman/Grunewald § 457 Rn. 4。
[595] 对此详见 Stoppel JZ 2007, 218ff. 。
[596] BGHZ 140, 218 (222); Erman/Grunewald § 456 Rn. 6; Harke SchuldR BT Rn. 28.
[597] 关于优先承买权的概念参见 Larenz SchuldR II 1 § 44 III。
[598] 参见 Erman/Grunewald § 463 Rn. 1。

12　　如果优先承买权涉及土地,则根据第311b条第1款的规定,这一约定应当作出公证书。[599] 反之,优先承买权的行使则不需要特定**形式**(第464条第1款第2句)。[600] 也就是说,于此适用与买回权相同的原则(参见边码247)。

法定的产生事由比如,第577条规定的承租人的优先承买权(参见边码580a)或者第2034条第1款规定的共同继承人的优先承买权。此外,实践中特别重要的是《德国建筑法》第24条及以下规定的城镇的优先承买权。[601]

在土地上,优先承买权依照第1094条及以下的规定也可以具有**物权效力**的方式被设立。依照第1098条第1款第1句的规定,此时权利人与义务人之间的关系同样应当根据有关债权性优先承买权的规定判断(第463条至第473条)。[602] 为设立物权性优先权,根据第873条所必要的合意无须作出公证书。

深化:约定优先承买权的教义学归类是有争议的。传统观点以附双重条件的买卖合同为出发点:停止条件是优先承买事件的发生(义务人与第三人订立买卖合同),以及权利人根据第464条第1款的规定行使优先承买权。[603] 反对观点则认为,优先承买权是一个以优先承买事件发生为条件的形成权。[604] 不过,与买回权(参见边码247)相同,两种观点也可以结合起来。根据这种观点约定优先承买权以附双重条件的买卖合同为基础;反之,第464条第1款规定的表示则是一种形成权。[605] 由于这些问题对实际法律适用意义不大,于此不对它们作进一步的论述。

---

[599] Palandt/Weidenkaff § 463 Rn. 2; Wais NJW 2017, 1569ff.; 批评意见参见 Medicus/Lorenz SchuldR BT § 15 Rn. 14。

[600] BGH NJW 2000, 2665; HK-BGB/Saenger § 464 Rn. 2; 不同观点参见 Staudinger/Schermaier, 2014, § 464 Rn. 6。

[601] 对此参见 Larenz SchuldR II 1 § 44 III; Medicus/Lorenz SchuldR BT § 15 Rn. 18。

[602] BGH NJW 2016, 2035 mAnm Wais; Wais NJW 2017, 1569 (1570ff.)。

[603] 参见 RGZ 72, 385 (386); Brox/Walker SchuldR BT § 7 Rn. 49。

[604] 参见 Larenz SchuldR II 1 § 44 III; Medicus/Lorenz SchuldR BT § 15 Rn. 13。

[605] 参见 Staudinger/Schermaier, 2014, Vorbem. zu §§ 463ff. Rn. 33ff.。

2. 要件与法律效果

根据第463条的规定,优先承买权的行使以义务人与第三人已经就客体订立有效的买卖合同为前提(所谓的**优先承买事件**)。买卖合同嗣后被废止并不会使优先承买权丧失。[606] 其他合同(比如,互易合同、赠与合同)则不能引起优先承买事件。然而,如果义务人和第三人为规避优先承买权,而选择形式上虽然不属于买卖合同,但结果上却与买卖合同等同(所谓的"类似买卖的合同")的设计,则必须根据诚实信用原则突破这一原则。[607]

13

根据第464条第1款的规定,优先承买权应当通过单方需受领且无须特定形式的**意思表示**来行使。根据《德国建筑法》第28条第2款第1句的规定,城镇的优先承买权适用特别规则;这种优先承买权需要通过行政行为来行使。[608] 优先承买权的后果并不在于使权利人进入到义务人与第三人的合同中。确切地说,依照第464条第2款的规定,在权利人与义务人之间存在第二个**法律上独立的买卖合同**[609],其合同内容应当根据义务人与第三人之间已经作出的约定来确定。同时,义务人与第三人之间的买卖合同不会受到影响,只要义务人向优先承买权利人让与了买卖物的所有权,第三人即可以向义务人请求替代给付的损害赔偿(第280条第1款、第3款,第283条)。因此,义务人应当与第三人以权利人行使优先承买权作为解除条件(第158条第2款)订立买卖合同,或就这一情况被第三人授予合同解除权。[610]

14

参考文献:Burbulla, Die Auslösung des Vorkaufsfalls durch kaufähnliche Verträge, JURA 2002, 687; *Grunewald,* Umgehungen schuldrechtlicher Vorkaufs-

---

[606] 参见BGH NJW 2010, 3774 (3775); Harke SchuldR BT Rn. 30。
[607] 参见BGHZ 115, 335 (339ff.); BGH NJW 2003, 3769。
[608] 参见Staudinger/Schermaier, 2014, § 464 Rn. 11。
[609] BGHZ 199, 136 (143); BGH NJW 2000, 1033 (1034); NJW 2015, 1516 (1517) = JA 2015, 705(Looschelders); Erman/Grunewald § 464 Rn. 5.
[610] 参见BeckOK BGB/Faust, 56. Ed. 1. 11. 2020, § 464 Rn. 9; Schlechtriem SchuldR BT Rn. 171。

rechte, FS Gernhuber, 1993, 137; *Mayer-Maly*, Beobachtungen und Gedanken zum Wiederkauf, FS Wieacker, 1978, 424; *Schermaier*, Die Umgehung des Vorkaufsrechts durch » kaufähnliche « Verträge, AcP 196 (1996), 256; *Schreiber*, Vorkaufsrechte, JURA 2001, 196; *Schurig*, Das Vorkaufsrecht im Privatrecht, 1975; *Stoppel*, Das System des Wiederverkaufsrechts unter besonderer Berücksichtigung der Mängelhaftung durch den Wiederverkäufer, JZ 2007, 218; *Wais*, Form und Vorkaufsrecht, NJW 2017, 1569. Vgl. auch die Nachweise zu § 1.

第14节 消费品买卖

1   由于德国立法者根据《消费品买卖指令》对整个买卖法进行了调整（参见第 1 节边码 2 及以下），因此其可以放弃对消费品买卖进行广泛的规定。第 433 条及以下的规定在此原则上也是适用的。第 474 条及以下仅包含一些**补充性的特别规则**，它们考虑了对消费者的特别保护需要。《建筑合同法和关于买卖法瑕疵责任的修正案》的立法者将这些有关消费品买卖的规定在一定变化的基础上予以保留（参见第 1 节边码 6 及以下）。内容上主要涉及对普通买卖法修正的相应调整（比如，新第 478 条）。除此之外，在条和款的顺序上也可以发现一些编辑上的位置调换。

一、适用范围（第 474 条）

1. 消费者

2   根据第 474 条第 1 款第 1 句的法律定义，如果消费者从经营者那里购买动产，则存在消费品买卖。根据第 13 条的规定，非主要出于营业或自由职业活动**目**的而缔结法律行为的任何**自然人**即为消费者。联邦最高法院从排除事由的消极表述（既不……，也不）中得出结论认为，对自然人身份有疑问时应当肯定其消费者身份。[611] 相反，如果有法人作为合伙

---

[611] BGH NJW 2009, 3780 (3781).

人,《德国民法典》中的外部合伙无论如何都不能被视为消费者。[612]

如果买卖物既可以被用作私人目的,也可以与买受人的营业或自由职业活动一同使用[所谓的**双重使用**(dual use)],买受人是否也可以被视作消费者一直以来是有争议的。与《消费者权利指令(RL 2011/83/EU)》的立法理由 17 相一致,已于 2014 年 6 月 13 日生效的第 13 条新文本表明,只要营业目的或自由职业目的**没有占据**主导地位(参见拙著《债法总论》第 41 节边码 8),在这些混合使用的情况中,买受人应当被视为消费者。[613]

3

有问题的是买受人向出卖人假称营业使用目的的情况。这里可以提出的问题是,消费者的概念究竟应当根据**买受人内心(主观)的意思方向**,还是应当根据**出卖人(经营者)视角下的客观行为**来判断。主流意见认为,买受人的消费者身份应当从出卖人(经营者)的视角客观地判断。[614] 也就是说,取决于在根据出卖人可以辨识的情事进行客观考察时,买受人追求的是何种目的。因此,买受人内心的意思方向将不被考虑。支持这种解释的论据是与同样以合同当事人的视角为标准的其他欧洲消费者保护规定的关联(如《布鲁塞尔 Ia 公约》第 17 条》)。[615] 撇开这一点,与出卖人**受领人视角**的联系也可以通过交易保护的利益来合理说明。[616] 不过,由于第 474 条及以下系以《消费品买卖指令》为基础,其适用范围最终要通过**提交欧洲法院预裁决**来澄清。[617] 然而,在实际法律适用中,如果人们通过第 242 条进行客观理解可以得到相同结论,则可以将这些观点之争放在一边。[618]

4

示例(BGH NJW 2005,1045=JR 2005,284 附本人的评释):K 在汽车

---

[612] BGH NJW 2017, 2752 = JuS 2018, 287 (Schwab) = JA 2018, 307 (Weber).

[613] 参见 Palandt/Ellenberger § 13 Rn. 4; Erman/aenger § 13 Rn. 17; PWW/Prütting § 13 Rn. 9。

[614] So OLG Karlsruhe NJW-RR 2012, 289; Soergel/Pfeiffer § 13 Rn. 28; Palandt/Ellenberger § 13 Rn. 4; 其他观点见 MüKoBGB/Lorenz § 474 Rn. 30。

[615] 参见 EuGH NJW 2005, 653 Rn. 49-Gruber。

[616] Soergel/Pfeiffer § 13 Rn. 28; Müller NJW 2003, 1975 (1978)。

[617] 参见 Müller NJW 2003, 1975 (1978)。

[618] BGH NJW 2005, 1045;另参见 OLG Karlsruhe NJW-RR 2012, 289 (290)。

经销商那里以6500欧元的价格购买了一辆菲亚特Barchetta型号的车。合同包括以下"特别约定":"不承担瑕疵担保,销售商交易行为。生产年份为1995. EZ(首次登记)3.00德国"。K想将该车用于私人目的,但他还是签署了合同,因为他知道V只愿意将该车卖给他可以排除瑕疵担保责任的经销商。几个星期后不久,K解除合同并请求返还6500欧元。他主张,机动车出现了一些技术瑕疵,并且在德国许可登记前就已经在意大利被许可登记过。根据第475条第1款第1句的规定,他不必忍受瑕疵担保的排除。

根据联邦最高法院的观点,瑕疵担保责任的排除是有效的。联邦最高法院在此搁置了第474条1款第1句、第13条下的交易目的究竟应当根据买受人的主观想象还是从出卖人视角根据其客观的目的方向来确定的问题。由于K在订立合同时已经向V假称了营业上的使用目的,如果其事后又主张消费者身份,则无论如何都违反了不得为相互矛盾行为的禁令(第242条)。

2. 经营者

5 出卖人一方必须是与消费者相对应的**经营者**。第14条第1款将经营者定义为,在缔结法律行为时系从事营业活动或独立职业活动的自然人、法人或有权利能力的人合公司(比如,无限公司、两合公司)。所涉买卖合同是否属于经营者的通常业务,则并不重要。[619] 根据《德国商法典》第344条第1款的规定,在商人的法律行为上甚至存在出卖人的行为系在其营业活动的框架之下的推定。[620] 然而,这一推定并不能移转到所有独立活动上。这里取决于交易与出卖人的独立职业活动是否展现出了充分的紧密联系。[621] 因此,自由职业者(律师、医生等)即便是在出售职业活动所使用的小汽车,也应当视为经营者。[622] 反之,在混合使用时,如果小汽

---

[619] BGH NJW 2011, 3435 Rn. 20 = JA 2011, 944 (Looschelders):与行业无关的次要业务。

[620] BGH NJW 2011, 3435 Rn. 19.

[621] BGH NJW 2018, 150 Rn. 37f.

[622] BeckOK BGB/Faust, 56. Ed. 1. 11. 2020, § 474 Rn. 18;其他观点见Brüggemeier WM 2002, 1376 (1385).

车的职业用途占据主导地位,则自由职业者仅作为经营者。[623]

此外,就营业活动的认定而言,在第 14 条上并不取决于出卖人**获取利润的意图**,因为这一特征在消费者保护的角度下并不重要。[624] 也就是说,这里营业活动的概念超出了商法上传统的营业概念(《德国商法典》第 1 条),不过,就商法上的营业概念人们也越来越满足于"市场上的有偿活动"。[625] 这种情况在比如出售马匹及其他动物时具有实际意义。即便出卖人仅系作为爱好而饲养动物,且仅仅希望通过有偿出售动物减少自己的损失,出卖人也被视为经营者。[626]

3. 事项上的适用范围

根据第 474 条第 1 款第 1 句的规定,买卖合同的客体应当是**动产**。在有关不动产、权利或其他客体的买卖合同上,消费者并不为第 475 条及以下的规定所保护。然而,在动产出售之外,转化《消费者保护指令》时新增加的第 474 条第 1 款第 2 句现在将第 475 条及以下的适用范围也扩张到了以经营者提供**服务**为客体的合同上。[627] 依其本质主要涉及经营者承担了买卖物安装的情况。[628]

买卖合同涉及新物还是二手物原则上并不重要。然而,依照第 474 条第 2 款第 2 句的规定,第 475 条及以下并不适用于在消费者个人可以参加的**公开拍卖会**上销售的**二手物**。部分文献在具体化时以第 383 条第 3 款的法律定义为标准。[629] 这符合联邦最高法院就原第 474 条第 1 款第 2 句所作的判例。根据该判例对公开拍卖来说,仅仅公开实施一般意义上的可以获取是不够的,而是必须由为拍卖而任命的**法院执行官**、有权拍卖

---

[623] 参见 LG Frankfurt a. M. NJW 2004, 1208; Palandt/Ellenberger § 13 Rn. 4:在机动车的私人使用占据主导地位时并不具有经营者的身份。

[624] BGHZ 167, 40 (45) = JA 2006, 814 (Looschelders)-Sommerekzem.

[625] 参见 Brox/Henssler HandelsR § 2 Rn. 28。

[626] BGHZ 167, 40 Rn. 15ff.

[627] 参见 Begr. RegE, BT-Drs. 17/12637, 69。

[628] 参见 Palandt/Weidenkaff § 474 Rn. 3; PWW/Wagner § 474 Rn. 9。

[629] So Jauernig/Berger §§ 474, 475 Rn. 6; Brox/Walker SchuldR BT § 7 Rn. 3.

的其他官员或公开任命的拍卖人实施。[630]

然而,应当注意的是,例外要件的文义在转化《消费者权利指令》时在一个关键点上进行了修改。原文本还包括"公开拍卖"这一概念,而现行文本说的是"公众可以参加的拍卖会"。根据立法理由书,从文本的修改中不应得出内容上的偏差。[631] 然而,反对这种说法的论据有,以《消费者权利指令》为基础的"公众可以参加的拍卖会"概念在第312g条第2款第10项中被定义了(参见拙著《债法总论》第42节边码26)。[632] 根据该定义,这是一种**营销形式**,其特征是经营者在一个以**竞争要求**为基础的**透明程序**中向消费者提供货物或服务,在这个程序中已经获得**拍定**(Zuschlag)的投标人(Bieter)有义务取得货物或服务。其要件是,消费者**亲自到场参加**拍卖程序或者至少已经获得亲自参加的**机会**。法院执行官的协作是不必要的。也就是说,两个概念并非完全重合。根据清楚的法律文义,在第474条第2款第2句中重要的是第312g条第2款第10项的定义。[633] 这一例外要件可以在艺术品或动物拍卖中获得一定实践意义。[634]

在**网络拍卖**(比如 ebay)中并不存在消费者**亲自到场参加**的机会,且这种合同也**不是通过拍定**而订立(参见拙著《债法总论》第42节边码26)。[635] 因此,第474条第2款第2句的要件并不存在。

根据判例,在**动物**上也可以区分新物和二手物。年幼的动物肯定不会被视为"二手的",如果该动物在被出售之前还没有以任何方式(比如为

---

[630] BGH NJW 2006, 613;另参见 BGH NJW-RR 2010, 1210,根据该判例被公开任命的主持拍卖活动的拍卖师不必也是拍卖活动的组织者。

[631] Begr. RegE, BT-Drs. 17/12639, 69.

[632] BeckOK BGB/Faust, 56. Ed. 1.11.2020, § 474 Rn. 34.

[633] 另参见 MüKoBGB/Lorenz § 474 Rn. 14, 16;BeckOGK/Augenhofer, 1.10.2020, § 474 Rn. 93;BeckOK BGB/Faust, 56. Ed. 1.11.2020, § 474 Rn. 34;Palandt/Weidenkaff § 474 Rn. 2;Erman/Grunewald § 474 Rn. 7。

[634] 参见 BGHZ 223, 235 = NJW 2020, 759;Jauernig/Berger 474, 475 Rn. 6。

[635] 参见 Erman/Grunewald § 474 Rn. 7;Jauernig/Berger §§ 474, 475 Rn. 6。

骑行的目的)被使用过。[636] 相反,联邦最高法院将一只在出卖时将近两岁半、尚未使用过的种马视为第474条第2款第2句意义上的"二手物"。大审判庭论证道,该马匹很早就已经独立发展了。[637] 文献中则有部分观点认为,动物总是应当被视为"二手的"。[638] 然而,这种观点与当时的立法者的意思无法协调。[639]

提示:第474条第2款第2句的例外规定尤其对买受人瑕疵担保权利(第476条第1款不可适用)的限制和消灭时效的缩短(第476条第2款不可适用)具有实际意义。不过,如果瑕疵担保权利的限制或消灭时效的缩短系通过一般交易条款实现,则需要根据第307条第7项和第8项b字母项的条款禁止规则进行检验。[640] 不过,如果在公开拍卖中出售的动物应当被视为第474条第2款第2句意义上的"二手物",则也并不属于第309条第8项b字母项意义上的"新生产的物"。[641]

深化:根据文义和体系位置,第474条第2款第2句规定的例外要件与所有"后续规定"相关联,包括第475条第1款、第2款。立法者在此忽视了,这些规定不是以《消费品买卖条例》,而是以并没有规定类似例外的《消费品权利条例》为基础。然而,这一问题可以通过对例外要件作符合指令的目的限缩来解决,因此第475条第1、2款也可以适用于"公众可以参加的拍卖会"中进行的二手物买卖。[642]

二、一般规定的不适用或修正(第475条)

普通债法(第241条及以下)以及普通买卖法(第433条及以下)对 7

---

[636] 参见 BGHZ 170, 31 = NJW 2007, 674 Rn. 26ff.; Wertenbruch NJW 2012, 2065 (2069)。

[637] BGHZ 223, 235 = NJW 2020, 759 Rn. 23ff.; dazu Looschelders JA 2020, 226; Schwab JuS 2020, 561.

[638] So Erman/Grunewald § 474 Rn. 9.

[639] 参见 BT-Drs. 14/6040, 245; ebenso MüKoBGB/Lorenz § 474 Rn. 20。

[640] 参见 BGHZ 170, 31 = NJW 2007, 674 Rn. 18ff.; BGH BeckRS 2019, 26151 Rn. 52ff.。

[641] BGHZ 223, 235 = NJW 2020, 759 Rn. 55.

[642] 参见 BeckOK BGB/Faust, 56. Ed. 1.11.2020, § 474 Rn. 29。

消费品买卖原则上的可适用性被第 475 条就不同领域予以了限制或修正。

1. 第 433 条规定的给付时点(第 475 条第 1 款)

8　　根据普通债法的规则(第 271 条第 1 款),只要从合同约定或相关情事中不能得出不同结论,买卖合同的当事人就应当**立即**履行其基于第 433 条所负担的义务(参见拙著《债法总论》第 12 节边码 22)。与此不同,《消费者权利指令》(《消费者权利指令》第 18 条)规定,在未另有规定时经营者应当**毫不迟延地**向消费者给付物,但最迟应当在合同订立后 30 天内。根据第 121 条第 1 款的法律定义,毫不迟延的意思是"未因过错导致迟延"。因此,与严格的"立即"相比,经营者获得了一定时间上的自由空间。由于《消费者权利指令》以完全同化为目的,严格的第 271 条第 1 款必须暂退一步。《指令》改善消费者保护的目标借此可以得到具体化。[643] 尽管如此,出于平等对待的原因,不能对消费者提出过高要求。第 475 条第 1 款第 1 句(原第 474 条第 3 款第 1 句)因此规定,基于第 433 条负担的义务在消费品买卖中并非必须由双方当事人立即,而是"仅需毫不迟延地"履行。[644] 经营者在此必须依照第 475 条第 1 款第 2 句的规定最迟于合同订立后 30 天内交付买卖物。第 475 条第 1 款第 2 句规定了一个**最长期限**,该期限是出于法律安定的理由而被引入的。[645] 这时仍然是经营者应当"尽可能早地"提供物。[646] 第 474 条第 3 款仅适用于基于第 433 条产生的**原履行请求权**。在继续履行请求权(第 437 条第 1 项、第 439 条)上,给付时间应当根据第 271 条确定。[647]

深化:第 475 条第 1 款第 1 句与给付"应当毫不延迟"的关联,在第 323 条第 1 款规定的因不履行义务而产生的解除权上可能会导致评价矛盾。根据一般原则,解除权并不取决于债务人对义务违反是否应当负责

---

[643] 批判见 Kohler NJW 2014, 2817 (2819)。
[644] 参见 Begr. RegE, BT-Drs. 17/12537, 69f; Palandt/Weidenkaff § 475 Rn. 2. Kohler NJW 2014, 2817 正确地指出,债权人仅能请求立即给付的法律表述是失败的。
[645] PWW/Wagner § 475 Rn. 2
[646] 参见 Erwägungsgrund 52 S. 2 Verbraucherrechte-RL。
[647] Erman/Grunewald § 475 Rn. 1; Palandt/Weidenkaff § 475 Rn. 2.

(参见拙著《债法总论》第32节边码8)。不过,如果人们在第323条第1款中的"不履行给付义务"上以债务人是否已经"毫不迟延地"给付为标准,则就解除权也必须对过错进行检验。[648] 有问题的还有,第121条第1款对过错没有规定证明责任倒置。这里应当思考的是,将第280条第1款第2句、第286条第4款的价值判断考虑进来。[649]

2. 寄送买卖的特殊性

第二个特别规则涉及的是**寄送买卖**。在消费品买卖上这符合立法者视角下的交往观点,即在寄送的情况中出卖人应当承担寄送物意外灭失或意外恶化的风险。[650] 因此,根据原第474条第2款第2句的规定,第447条原来并不普遍适用。然而,就承运人例外地应当归责于**买受人**(而非出卖人)**领域**的情况,第447条的排除并不具有说服力。[651] 因此,与《消费者权利指令》的规定相一致,如果买受人已经向运送人**委托**了运输的实施并且出卖人事先**未**向**买受人提**及运送人,第475条第2款使风险在消费品买卖中也根据第447条第1款移转。相反,出卖人就寄送方式(第447条第1款)特别指示的偏离向买受人承担责任的前提是,买受人根据第447条第1款的规定承担风险,尽管运输是由出卖人组织的。由于这一情况在消费品买卖中不再存在,第447条第2款普遍是不适用的(第475条第3款第2句第2选项)。

3. 公开拍卖中的责任限制

另一个例外是第445条规定的**公开拍卖**中的责任限制(参见第5节边码9)。《消费品买卖指令》并不承认这种责任限制。因此,第475条第3款第2句第1选项规定,第445条在消费品买卖领域不可适用。由于第475条及以下对第474条第2款第2句规定的公众可以参加的拍卖中的二手物销售并不适用(第14节边码6),第445条规定的排除仅在**新物**的

---

[648] 参见 Medicus/Lorenz SchuldR AT Rn. 487; Kohler NJW 2014, 2817 (2820)。

[649] 参见 BeckOK BGB/Faust, 56. Ed. 1. 11. 2020, § 474 Rn. 9; Kohler NJW 2014, 2817 (2820)。

[650] 参见 Begr. RegE, BT-Drs. 14/6040, 244。

[651] 参见 Begr. RegE, BT-Drs. 17/12637, 70 提及了《消费者权利指令》立法理由55。

拍卖中具有意义。也就是说,在此出卖人并非仅在恶意或承担担保时才承担责任。如果二手物在公众可以参加的拍卖会上被出售,根据第475条第2款第2句的规定,第475条第3款第2句第1选项并不适用,因而仍然适用第445条规定的责任限制。不过,第445条的适用以涉及第383条第3款意义上的公开拍卖为前提(参见第5节边码9)。

深化:在适用第475条第3款第2句第1选项时应当注意的是,"公开拍卖"(第445条、第383条第3款)与"公众可以(亲自)参加的拍卖"(第474条第2款第2句、第312g条第2款第10项)的概念并不一致。"公开拍卖"要狭隘一些,因为必须有法院执行官或公开任命的拍卖人的协作,在拍卖的公众参与方面两个概念则是一致的。[652]

4. 其他特别规定

11　对消费品买卖的其他特别规则在其他有关地方已经述及,这里仅会再次简短提示。

根据第475条第3款第1句的规定,在消费者**无须返还收益**或通过价值进行赔偿的限度内,第439条第5款在消费品买卖上应予适用。这一规定考虑了欧洲法院在Quelle-Herd案[653]中的判决,根据该判决上述义务与《消费品买卖指令》是无法协调的(参见第4节边码14以下)。

12　与联邦最高法院所为的符合指令的法律续造一致,新第475条第4款转化了欧洲法院关于消费品买卖中**绝对显失比例**的抗辩(参见第4节边码21)。如果继续履行的某种方式根据第275条第1款的规定被排除了,或者出卖人根据第275条第2、3款或第439条第4款第1句的规定拒绝继续履行,依照第475条第4款第1句的规定,则消费品买卖上继续履行的其他方式也还**不能**因第439条第4款第1句规定的费用显失比例而被**拒绝**。不过,如果继续履行的其他方式的费用数额显失比例,则经营者可以根据第475条第4款第2句的规定将费用的补偿限制在**合理数额**内。然而,消费者在这种情况中可以解除合同、减价以及请

---

[652] 关于第383条第3款参见 BGH NJW 1990, 899(900);Staudinger/Olzen, 2016, § 383 Rn. 12.

[653] EuGH NJW 2008, 1433 = JA 2008, 646 (Looschelders).

求替代给付的损害赔偿,而**不必设定期限**(第 475 条第 5 款结合第 440 条第 1 句)。

2018 年 1 月 1 日新增的第 475 条第 4 款规定,消费者可以向经营者请求**预付**其在依照第 439 条第 2 款、第 3 款继续履行框架下产生且应由经营者承担的费用。立法者希望借此阻止消费者因这些费用的预付而承受负担。[654] 2018 年 1 月 1 日增订的第 475 条第 6 款规定,消费者可以向经营者请求预付其在第 439 条第 2 款、第 3 款规定的继续履行的框架下产生并且应由经营者承担的费用。立法者希望借此阻止,消费者遭受垫付上述费用的负担。消费者针对预付费用的请求权在第 475 条第 4 款被添加进来之前就已经被广泛肯定了。[655] 这背后的考量是,预付费用是欧盟法要求的,因为继续履行的实施根据《消费品买卖指令》第 3 条第 2—4 款的规定应当"无偿"且"不应给消费者带来显著不便"。然而,欧盟法院现在确定,只有当消费者必须预先支付费用这一事实在个案中属于一种可能会阻止其主张自己权利的负担时,经营者才必须根据《消费品买卖指令》的规定预付费用。不过,由于《消费品买卖指令》仅仅规定了最低限度的保护(第 1 节边码 2),所以在第 475 条第 4 款中规定经营者一般性的预付费用义务也是欧盟法所允许的。

13

三、在瑕疵责任方面的特殊性(第 476 条、第 477 条)

1. 责任限制的不许性

与《消费品买卖指令》(《消费品买卖指令》第 7 条第 1 款)的规定相一致,第 476 条第 1 款第 1 句规定,经营者不能主张在瑕疵通知前所作的偏离第 433 条至第 435 条、第 439 条至第 443 条或有关消费品买卖的规定而不利于消费者的条款约定。因此,出于保护消费者利益的目的,瑕疵担保规定绝大部分是(单方)**强制性的**。偏离的约定是无效的。依照第 476 条第 3 款的规定,对**损害赔偿请求权**的排除或限制存在例外,因为损害赔

14

---

[654] 参见 Begr. RegE, BT-Drs. 18/8486, 45。
[655] BGHZ 189, 196 = NJW 2011, 2278 Rn. 37; BGHZ 192, 148 = NJW 2012, 1073 Rn. 49f.; BGH NJW 2017, 2758 Rn. 31ff. mAnmWendehorst = JR 2018, 560 mAnm Looschelders.

偿请求权完全没有为《消费品买卖指令》所包含。因此，就损害赔偿请求权的排除，仍然适用第444条以及第307条及以下规定的一般交易条款控制界限（"不影响"）。第309条第7项的条款禁止规定在此具有特别意义。在因过错侵害生命、身体或者健康时，格式化的责任排除根据该项规定普遍是无效的；在经营者或其履行辅助人重大过错导致的其他所有损害上，亦是如此。

如果消费者可以享受法定的瑕疵权利，那么根据第134条、第139条的规定，责任限制的不可接受性不会导致**整个合同无效**。因此，立法者在第476条第1款第1句规定，经营者仅仅是不能"主张"相应约定。[656]

不得为不同约定的禁止规定仅适用于**瑕疵通知前**的时间。此后的约定原则上是允许的，即便它们限制了消费者的瑕疵权利。

2. 规避行为（Umgehungsgeschäfte）

15 　　不得为不同约定的禁止规定根据第476条第1款第2句也适用于**其他导致第476条第1款第1句中列举的规定被规避适用的合同设计**。根据判例，如果法律行为的设计客观上具有阻止某种特定法律后果产生的目的，即存在规避法律的情况，规避法律的意图则并不必要。[657] 何时存在不被允许的规避行为在个案中是不确定的。在消费品买卖上重点关注下列案例类型。[658]

（1）消极的属性约定

16 　　在规避法律的视角下容易发生问题的首先是**消极的属性约定**，因为较低质量标准的约定可能产生与责任限制相同的影响。[659] 虽然当事人原则上享有自己确定负担的标准，并可能降低到比通常标准更低的自

---

　　[656] 参见 Staudinger/Matusche-Beckmann, 2014, §475 Rn. 5; Medicus/Lorenz SchuldR BT §11 Rn. 16。

　　[657] BGHZ 110, 230 (233f.); BGH ZGS 2006, 107 (109); allg. zur Gesetzesumgehung NK-BGB/Looschelders §134 Rn. 83ff.; Teichmann JZ 2003, 761ff。

　　[658] 此外，实践中非常重要的还有融资租赁；对此参见第24节边码6。

　　[659] 关于其界定参见 Adolphsen, FS Schapp, 2010, 1 (9ff.)，作者认为责任排除的本质在于将未被发现的瑕疵的风险移转到买受人身上。

由。[660] 然而,如果约定的属性显著低于消费者根据其他约定(比如价格)[661] 或客观情事能够期待的标准,则法律规避的禁止规定即应适用。不过,在这些情况中总的来说通过**合同解释**就已经可以得出,当事人已经将"通常的"属性作为基础。回归第 476 条第 1 款第 2 句的规定因而并不必要。[662]

示例(根据 OLG Oldenburg ZGS 2004,75):水手 M 于 2005 年 8 月 30 日在二手小汽车经销商 G 那里以市场价 4900 欧元的价格购买了一辆 2000 年生产的二手欧宝(Opel)Corsa。在合同表格中可以发现这样的陈述:"无事故、行驶里程 6 万公里、TÜV 07/2006、业余改装爱好者汽车、无(品质)担保"。在几星期后出现技术瑕疵的时候,M 请求修理。G 主张,M 购买的是一辆改装汽车。不过,在诉讼程序中 G 承认,他只是选择了"业余改装爱好者汽车"的表述,因为他不想承担瑕疵担保责任。M 可能基于第 437 条第 1 项、第 439 条的规定享有修理的请求权。问题是,机动车是否出现了瑕疵。这一点取决于,Corsa 型小汽车根据当事人的约定应当具有哪些属性。在一个业余改装爱好者汽车上,重大的技术瑕疵总的来说也不能成立物的瑕疵。然而,M 希望买的是一辆能够行驶的机动车。M 的这一期待通过价格以及就无事故、行驶里程和 TÜV 等所作的陈述得到了强化。与此相反,"业余改装爱好者汽车"的表述完全以 G 不想承担瑕疵担保责任为基础。也就是说,G 负担的是"通常的"属性。因此,技术瑕疵也属于第 434 条第 1 款第 2 句第 2 项意义上的物的瑕疵。这一瑕疵责任排除事由根据第 476 条第 1 款第 1 句的规定无效。因此,M 享有修理请求权。

(2)代办商交易(Agenturgeschäfte)及影子交易(Strohmanngeschäfte)

即便经营者以某个消费者的名义将买卖物出售给其他消费者,也可以考虑法律规避行为的认定。

17

示例(BGH NJW 2005,1039):二手汽车经销商 G 接受了 E 的小汽车的行纪业务(Kommission),并以 E 的名义将该小汽车出售给了消费者 K。

---

[660] 参见 Brox/Walker SchuldR BT § 7 Rn. 7;Müller NJW 2003, 1975 (1976)。
[661] 关于价格的重要性见 Adolphsen FS Schapp, 2010, 1 (10)。
[662] 参见 Medicus/Lorenz SchuldR BT § 11 Rn. 19;Müller NJW 2003, 1975 (1976)。

在合同文本中写道:"小汽车是在排除物的瑕疵担保责任的条件下出售的"。瑕疵担保责任的排除是否有效?

在评价这一问题时应当注意,这些代办商业务在债法改革前的二手车交易中就已经很普遍了。因此,人们不能将这些代办商业务一揽子地作为规避法律的行为。只有当二手车经销商**在经济观察方式上**应当被视为出卖人时,判例和通说才认为是规避法律的行为。在此应当以经销商或者私人机动车所有权人承担出售的**经济风险**为标准。根据这种观点,当经销商在出售新机动车的过程中就所有权人的旧机动车担保了特定的市场价格,并且从一开始就已经将这一金额从新机动车的价格中扣除时,存在规避法律的行为。[663]

18 如果代办商业务属于规避法律的行为,则必须澄清,在存在瑕疵时消费者可以向何人主张权利:是二手机动车经销商还是所有权人。主流意见将**经销商视为唯一的请求权相对人**。[664] 其理由是,经销商在经济上是买受人的合同当事人。[665]

主流意见受到了质疑,因为买受人不应当在无相应意思的情况下被强制成为其他合同的当事人。[666] 因此,更值得赞同的观点似乎是,消费者的瑕疵担保权利**首先针对的是所有权人**。根据第476条第1款第2句的规定,所有权人必须为经销商的经营者身份承担责任。[667] 所有权人承

---

[663] BGHZ 170, 67 (72ff.); BGH NJW 2005, 1039 (1040); OLG Celle NJW-RR 2008, 1635 (1636); BeckOK BGB/Faust, 56. Ed. 1. 11. 2020, § 476 Rn. 13; MüKoBGB/Lorenz § 475 Rn. 37; Palandt/Weidenkaff § 474 Rn. 5; enger Oetker/Maultzsch Vertragl. Schuldverhältnisse § 2 Rn. 583ff.

[664] BGHZ 170, 67 (73) = JA 2007, 381 (Looschelders); OLG Celle NJW-RR 2008, 1635 (1636); Palandt/Weidenkaff § 476 Rn. 8; PWW/Wagner § 474 Rn. 4; BeckOK BGB/Faust, 56. Ed. 1. 11. 2020, § 476 Rn. 14; Jauernig/Berger § 476 Rn. 6; Hofmann JuS 2005, 8 (11); Erhardt, Vermeidung und Umgehung im Verbrauchsgüterkaufrecht, 2009, 147ff.

[665] So Czaplinski ZGS 2007, 92 (96f.).

[666] Medicus/Lorenz SchuldR BT § 11 Rn. 23; Oetker/Maultzsch Vertragl. Schuldverhältnisse § 2 Rn. 583.

[667] MüKoBGB/Lorenz § 476 Rn. 45; S. Lorenz, FS Westermann, 2008, 415 (424); Looschelders JR 2008, 45 (47); Lettl JA 2009, 241 (243); 其他观点见 BeckOK BGB/Faust, 56. Ed. 1. 11. 2020, § 476 Rn. 14; Soergel/Wertenbruch § 475 Rn. 118; Oetker/Maultzsch Vertragl. Schuldver-hältnisse § 2 Rn. 584。

担与此关联的负担可以这样来合理说明,即所有权人出售机动车的经济风险被降低了。也就是说,根据此观点,经销商在规避法律的行为中也不会成为消费者的合同当事人。不过,如果经销商使消费者依赖私人所有权人行使权利,其行为即违反诚实信用原则(第 242 条)。因此,在结果上消费者既可以向所有权人,也可以向经销商行使权利。[668] 如果所有权人被行使权利,则其对经销商享有补偿请求权。[669] 这一请求权多数时候可以从所有权人与经销商之间合同的补充解释(第 133 条、第 157 条)中产生。其他可能的请求权基础还有第 426 条第 1、2 款及第 670 条。

所谓的影子交易行为也适用与代办商交易相同的原则。影子交易行为的特征在于,经营者将消费者假托为间接代理人,以规避第 475 条及以下的适用。[670]   19

示例:经销商 G 想在排除瑕疵担保责任的情况下将其二手小汽车出售。因此,G 请求其并非经营者的姐夫 S 以自己的名义将该车出售。

(3)买受人经营者身份的约定

在实践中影子交易行为也可能会以**买受人**在合同表格中**确认自己就是经营者**的形式缔结。如果出卖人在这种情况中知悉,买受人事实上系消费者,则仍然存在消费品买卖。[671] 如果经营者对买受人的消费者身份放任采取容忍态度,亦是如此。反之,如果消费者向出卖人隐瞒了其营业上的使用目的,则第 475 条及以下并不适用(第 14 节边码 4)。   20

3. 消灭时效

根据一般规则(第 202 条第 1 款),当事人原则上可以约定比法律规定更短的消灭时效期间。不过,在消费品买卖上**第 476 条第 2 款**排除了将**新物**买卖中买受人瑕疵权利的消灭时效缩短到两年以下的可能性。也就是说,由于动产买卖中消灭时效期间根据第 438 条第 1 款第 3 项的规定   21

---

[668]   So iErg auch BeckOK BGB/Faust, 56. Ed. 1.11.2020, § 476 Rn.14(不过,第 474 条及以下仅在与销售商的交易中适用);反对销售商聚合责任的有 MüKoBGB/Lorenz § 476 Rn. 47。

[669]   MüKoBGB/Lorenz § 476 Rn. 47; S. Lorenz, FS Westermann, 2008, 415 (424).

[670]   关于影子交易损害 MüKoBGB/Lorenz § 476 Rn. 41ff.; Looschelders JR 2008, 45ff. 。

[671]   Palandt/Weidenkaff § 474 Rn. 4; Müller NJW 2003, 1975 (1979).

一般来说是两年,消灭时效的缩减仅在例外情形(比如,第438条第2项b字母项)中才是可以被考虑的。反之,第476条第2款后半句在二手物上允许进一步缩短消灭时效,不过,此消灭时效期间最短必须为一年。立法机关希望借此利用《消费品买卖指令》第7条第1款第2分款规定的可能性,将二手物品的责任期间缩短为一年。欧洲法院最近明确指出,必须要区分时效期间(主张请求权的期间)和责任期间(缺陷应当发生的期间)。虽然消灭时效期间根据《消费品买卖指令》第5条第1款第2句的规定强制为两年,二手物品的责任期间根据第7条第1款第2分款的规定却可能被缩短。[672] 虽然欧洲法院的判决涉及的是比利时法律。不过,它可以被转移到德国法上。因此,对第476条第2款后半句作与其文义一致的理解是违反指令的。[673] 根据联邦最高法院的观点,因为该规定的明确文义和立法者清晰的意愿,作出与指令一致的解释是不可能的[674],在新规定出来之前,这一规定应继续适用。

提示:根据《货物买卖指令》第10条第6款的规定,成员国可以规定,出卖人和消费者可以针对二手物品约定较短的责任期间或时效期间,只要这些经过缩短的期间不少于一年。因此,缩短的容许性不再限于责任期间。因此,转化《货物买卖指令》的法律草案(第1节边码6a)在《德国民法典》第476条第2款中允许就时效期间的缩短作出进一步约定,只要约定的时效期间在二手物品买卖中不短于1年即可。

《消费品买卖指令》并不包含对损害赔偿请求权的规定。因此,依照第476条第3款的规定,允许进一步缩短消灭时效。

4. 证明责任倒置

22 如果消费者在买受物交付后发现瑕疵,则他可能经常很难证明买卖物在风险移转的时间点即已经是有瑕疵的。尤其是出卖人提出的,瑕疵系因买受人不恰当地对待物而引起的抗辩在经过较长时间使用后经常无

---

[672] EuGH JZ 2018, 298 = BeckRS 2017, 116664 – Ferenschild;对此详见 Leenen JZ 2018, 284ff.

[673] So jetzt auch BGHZ 223, 235 = NJW 2020, 759 Rn. 22.

[674] BGH BeckRS 2020, 35578; aA Leenen JZ 2018, 284 (288ff.).

法推翻。在这种情况中第 477 条以**证明责任倒置**向消费者提供帮助。如果瑕疵在风险移转后 6 个月内出现,则推定买卖物**在风险移转之时**就已经有瑕疵。仅对于推定与买卖物的种类或瑕疵的种类无法协调的情况存在例外。

证明责任倒置涉及的仅是瑕疵已经被证明的**时间点**。买卖物是否真的出现瑕疵必须由买受人加以证明。这两个方面的区分在案例解答中会产生重大问题。联邦最高法院首先认为,证明责任倒置应当限于具体出现的**瑕疵**。也就是说,出卖人可以以这一瑕疵在风险移转时尚没有被证明来推翻推定。[675]

示例(BGHZ 159, 215):K 为私人使用目的于 1 月 15 日在汽车经销商 V 那里购买了一辆使用了 6 年的欧宝(Opel)Vectra。该汽车于 1 月 18 日交付。这个时候该车显示的行驶里程数为 118000。V 在这之前不久刚更换了齿形皮带。7 月 12 日,该机动车在行驶里程数为 128950 的时候遭受了发动机损害,损害是因齿形皮带松动引起的。齿形皮带松动是由材料缺陷还是不恰当的驾驶方式导致已经无法查清。联邦最高法院拒绝了证明责任倒置,因为齿形皮带的缺陷没有确认,并且在 6 个月内出现的发动机损害在风险移转时尚没有被无争议地证明。

联邦最高法院的解决方案在文献中受到了合理的批评。问题在于,证明责任倒置在联邦最高法院作为基础的理解中经常是不起作用的。这一点在齿形皮带案中非常清楚。如果买受人能够证明材料有缺陷,则不再需要证明责任倒置,由于材料瑕疵根据其定义总是自始就存在的。因此,根据第 477 条的旨意与目的,推定也必须与嗣后才清楚地发生的瑕疵在风险移转时就已经**具有**的情事相关联。[676]

---

[675] So BGHZ 159, 215 (218); BGH NJW 2005, 3490 (3492); BGHZ 167, 40 (48) = JA 2006, 814 (Looschelders); BGH NJW 2014, 1086 (1087) = JA 2014, 625 (Looschelders). 反之,在气缸盖密封垫的缺陷上,联邦最高法院[NJW 2007, 2621 = JA 2007, 898 (Looschelders)]肯定了证明责任倒置,因为缺陷已经被确认。不清楚的仅是,缺陷是在风险移转的时候就已经存在还是直到后来才因为驾驶缺陷而产生。

[676] BeckOK BGB/Faust, 56. Ed. 1. 11. 2020, §477 Rn. 9; Looschelders/Benzenberg VersR 2005, 233f.;S. Lorenz NJW 2004, 3020ff.; S. Lorenz NJW 2014, 2319 (2322).

24　　　文献中的观点为欧洲法院于2015年6月4日在法贝尔(Faber)案中作出的判决所确认。[677] 该判决系基于荷兰法院的提请而作出,并且与作为第477条基础的《消费品买卖指令》第5条第3款相关联。根据欧洲法院的观点,如果消费者能够证明被出售的货物**不符合合同规定**,并且合同违反在货物给付后**6个月内**就**被揭示**了,也就是说,合同违反的存在已经被证实,则合同违反在给付时即已存在的推定即应当适用。消费者既不用证明合同违反的原因,也不用证明合同违反的原因应当归责于出卖人的情况。出卖人只能通过证明合同违反的原因或根源存在于货物给付后才发生的情况,才能排除这一规定的适用。[678]

示例(EuGH NJW 2015, 2237):买受人在汽车行购买了一辆二手汽车。大约4个月后,该汽车在一次驾驶过程中失火,车辆被完全烧毁。由买受人委托以便查明火灾原因的技术检验无法实施,因为机动车在此期间已经被拆卸了。欧洲法院在其判决中表明,消费者不必证明(出卖人)合同违反的理由(即即火灾的原因)。出卖人则可以通过证明火灾是因为机动车给付后才出现的情况导致的来排除证明责任倒置。

25　　　欧洲法院的判决促使联邦最高法院[679]改变了其迄今的判例,并通过**符合指令的解释**扩张了《德国民法典》第477条的适用范围。根据这些判例,只要买受人能够证明,出卖人应对其原因承担责任的瑕疵状态(所谓的"**瑕疵现象**")在风险移转后6个月内就已经显现出来,且这种状态可能成立出卖人对所负担属性不利偏离的责任,这一规定的推定作用就应当适用。也就是说,买受人将来不再需要说明和证明,瑕疵状态属于出卖人的责任领域。确切地说,应当推定在风险移转后6个月内出现的瑕疵状态**至少**在风险移转时就已经存在**苗头**。

---

[677] EuGH NJW 2015, 2237 mAnm S. Lorenz LMK 2015, 370162 = JA 2015, 942 (Looschelders); eing. dazu Looschelders, FS 200 Jahre Carl Heymanns Verlag, 2015, 93ff.

[678] EuGH NJW 2015, 2237 (Ls. 4).

[679] BGH NJW 2017, 1093 = JuS 2017, 357 (Gutzeit);与此相关联的见 BGH NJW 2020, 2879 Rn. 54ff. = JA 2020, 703 (Looschelders)。

依照第 477 条第 2 半句的规定,如果推定与买卖物的种类或瑕疵的种类无法协调,证明责任倒置即不适用。因**买卖物的种类**而排除证明责任倒置在二手物上尤其可以被考虑,因为典型的损耗在此应予以考虑。[680] 不过,这种损耗刚好并不属于瑕疵(参见第 3 节边码 16)。不过这并不是指第 477 条在二手物上普遍不适用。即便在这里有时也应当肯定地排除损耗作为原因。

26

示例:在齿形皮带案(参见第 14 节边码 23)中,齿形皮带是在汽车出售前不久刚更换的。在新齿形皮带上可以期待超过 1 万公里的耐用性。

在**动物销售**上,推定并不因为买卖物的种类而被排除适用。[681] 不过,在动物生病的情况下,可以考虑根据**瑕疵的种类**排除。如果潜伏期长达三个星期,则疾病肯定没有在首次症状出现三个月前就已经"感染上"。[682] 不过,这个问题总是取决于疾病的具体类型。[683] "骑行性能问题"本身同样并不因为某匹骑乘马的桀骜不驯而属于瑕疵现象。[684] 即便在**买卖物的外部损害**上(比如,挡泥板上的疙瘩),证明责任倒置也并不因瑕疵的种类而被一般性地排除。[685] 仅对那些专业上不够精通的买受人也必须注意到的损害存有例外。同样,不当使用可作为原因与第 477 条的适用也并不冲突。

27

《货物买卖指令》第 11 条第 1 款为保护消费者,将举证扩张到那些自货物给付起一年内已经显而易见的合同违约上。因此,为转化《货物买卖指令》而制定的法律草案(参见第 1 节边码 6a)规定了第 477 条的相应修改,将于 2022 年 1 月 1 日生效。

---

[680] Begr. RegE, BT-Drs. 14/6040, 245.
[681] 关于第 476 条在动物买卖上的可适用性见 BGHZ 167, 40 - Sommerekzem = JA 2006, 814 (Looschelders); BGH NJW 2007, 2619-Zuchtkater = JA 2007, 898 (Looschelders); BGH NJW 2014, 1086 - Dressurpferd = JA 2014, 625 (Looschelders); Wertenbruch NJW 2012, 2065 (2069)。
[682] 参见 LG Essen NJW 2004, 527; Palandt/Weidenkaff § 477 Rn. 11。
[683] 参见 BGHZ 167, 40 (51) = NJW 2006, 2250 (2252)。
[684] BGH NJW 2020, 2879 Rn. 55 = JA 2020,703(Looschelders)。
[685] BGH NJW 2005, 3490 (3492); 2006, 1195 (1196); 其他观点见 MüKoBGB/Lorenz § 477 Rn. 19。

四、对经营者追偿的特别规定

1. 概述

28　　在重新规定嵌入式安装情形瑕疵责任的过程中,立法者将出卖人对供应商追偿权的多数规定从有关消费品买卖的分节(Untertitel)(原第478条、第479条)转移到了普通买卖法(第445a条、第445b条)中(参见第9节边码1及以下)。新第478条仅规定了一些补充性的特别规定,这些特别规定将消费品买卖中的证明责任倒置(第477条)移转到了出卖人的追偿(第478条第1款)上,并确保追偿权不受不同约定的影响(第478条第2款)。第478条适用的前提是,供应链条中**最终的合同是一个消费品买卖合同**(第474条)。在这些情况中出卖人需要特别保护的原因在于,消费者可以向其主张第477条,且针对消费者限制瑕疵责任根据第476条第1款的规定是不被允许的。瑕疵责任的这种强化在供应链条中的追偿上也应当继续保持。

2. 证明责任倒置

29　　出卖人基于第445a条享有的费用补偿请求权和根据第437条结合第445a条第2款对供应商享有的权利,以"买受人主张的瑕疵在风险从供应商移转给出卖人时即已经存在"(参见第9节边码2),而非后来在出卖人处产生(比如,存贮导致的损害)为前提。这可能给出卖人带来严重的证明困难。此外,在消费品买卖上,消费者可以向经营者主张第477条规定的证明责任倒置。经营者因此面临责任陷阱。第478条第1款通过以下方式提供救济,即第477条规定的**证明责任倒置**(参见第14节边码22及以下)被移转到了第445a条第1款和第437条结合第445a条第2款规定的经营者对供应商的追偿权上。[686] 由于在买卖物的获得和经营者转售买卖物之间可能存在较长时间,6个月的期限自风险移转给消费者时才起算。根据新第478条第1款、第3款的规定,只要债务人系经营者,证明责任倒置规则也适用于**供应链条**中。

---

[686]　参见 Medicus/Petersen BürgerlR Rn. 315。

3.责任排除容许性的限制

如果可以为(经济上典型地处于强势地位的)供应商的利益**作出不同约定**,经营者的保护将是不全面的。因此,第478条第2款限制了合同自由,即当事人事先就经营者对供应商的权利进行限制的单方面约定是无效的。这也适用于对第445b条规定的消灭时效的缩短。例外的情况是,经营者就瑕疵担保责任的限制被赋予了**同等价值的补偿**。立法者在此尤其考虑了一揽子的结算体系,在这些体系中经营者的正当利益以其他方式(比如,通过一揽子的价款减少、折扣提供)被考虑。[687] 然而,损害赔偿请求权的限制仅适用于第307条的一般界限(第478条第2款第2句)。通过其他合同设计来规避这种保护,根据第478条第2款第3句的规定,是不被允许的。

30

五、关于担保的特别规定

作为对第443条(参见第7节边码1及以下)的补充,第479条就担保提出了一些**内容和形式上的要求**,如在消费品买卖的情况中担保表示的拟定应当简洁且易于理解。此外,经营者在担保表示中应当对消费者不因担保而受到限制的法定权利予以提示。

31

第479条并未就违反这些要求的情况规定制裁措施。第3款仅仅表明,**担保表示的有效性**并不因那些根据第479条的保护目的显得理所当然的(要求)而受到影响。尽管如此,经营者也必须要预料到可能的后果。消费者保护团体于是有机会根据《不作为之诉法》第2条第1款、第2款第1项的规定向经营者主张不作为请求权。从竞争法的角度可以考虑的是违反《不正当竞争法》第3条、第5条的规定。[688] 对消费者自身来说,也可以考虑基于缔约过失责任(第280条1款、第311条第2款、第241条第2款)的损害赔偿请求权。

---

[687] 参见 Begr. RegE, BT-Drs. 14/6040, 249; NK-BGB/Büdenbender § 478 Rn. 61。
[688] 参见 HK-BGB/Saenger § 479 Rn. 5。

参考文献: *Arnold*, Zur Reichweite des § 475 BGB, ZGS 2004, 64; *Bartelt*, Der Rückgriff des Letztverkäufers, 2006; *Bitterich*, Der Rückgriff des Letztverkäufers- Auslegungsprobleme der §§ 478, 479 BGB einschließlich internationaler Aspekte, JR 2004, 485; *Czaplinski*, Strohmanngeschäfte im Gebrauchtwagenhandel als Umgehung nach § 475 Abs. 1 Satz 2 BGB, ZGS 2007, 92; *Eichelberger*, Von neuen und gebrauchten Tieren- Zur Anwendbarkeit des § 475 Abs.2 BGB auf den Tierkauf, ZGS 2007, 98; *Erhardt*, Vermeidung und Umgehung im Verbrauchsgüterkaufrecht, 2009; *Gsell*, Die Beweislast für den Sachmangel beim Verbrauchsgüterkauf, JuS 2005, 967; *Gsell*, Sachmangelbegriff und Reichweite der Beweislastumkehr beim Verbrauchsgüterkauf, JZ 2008, 29; *Hofmann*, Agenturvertrag im Gebrauchtwagenhandel, JuS 2005, 8; *Höpfner*, Die Reichweite der Beweislastumkehr im Verbrauchsgüterkauf, ZGS 2007, 410; *Jacobs*, Der Rückgriff des Unternehmers nach § 478 BGB, JZ 2004, 225; *Katzenmeier*, Agenturgeschäfte im Gebrauchtwagenhandel, NJW 2004, 2632; *Keiser*, Letztverkäufer- und Werkunternehmerregress wegen Kosten für den Aus- und Neueinbau mangelhafter Sachen im Wege der Nacherfüllung, JuS 2014, 961; *Kieselstein/Rückebeil*, Aktuelle Rechtsprechung zu einzelnen Problemen des Verbrauchsgüterkaufs, JA 2006, 423; *Klöhn*, Beweislastumkehr beim Verbrauchsgüterkauf (§ 476 BGB), NJW 2007, 2811; *Kohler*, Fälligkeit beim Verbrauchsgüterkauf, NJW 2014, 2817; *Leenen*, Die Richtlinienwidrigkeit der Verkürzung der Verjährungsfrist beim Verbrauchsgüterkauf über gebrauchte Sachen,JZ 2018, 284; *Lepsius*, Obliegenheiten versus unternehmerische Dispositionsfreiheit als taugliche Prinzipien bei der gegenwärtigen und künftigen Interpretation der §§ 478, 479 BGB, AcP 207 (2007), 340; *Lettl*, Vertragliche Beschränkungen der Mängelgewährleistung des Verkäufers beim Verbrauchsgüterkauf (§ 475 BGB), JA 2009, 241; *Looschelders*, Die Rechtsfolgen der Gesetzesumgehung durch Agentur- und Strohmanngeschäfte beim Verbrauchsgüterkauf, JR 2008, 45; *Looschelders*, Richtlinienkon- forme Auslegung des § 476 BGB nach dem Urteil des EuGH in der Rechtssache Faber, FS 200 Jahre Carl Heymanns Verlag, 2015, 93; *S. Lorenz*, Sachmangel und Beweislastumkehr beim Verbrauchsgüterkauf- Zur Reichweite der Vermutungsregel in § 476 BGB, NJW 2004, 3020; *S. Lorenz*, Die Rechtsfolgen eines Verstoßes gegen das Umgehungsverbot im Verbrauchsgüterkaufrecht bei Agentur- und Strohmanngeschäften, FS Westermann, 2008, 415; *S. Lorenz*, Sachverständigenkosten und Nacherfüllung, NJW 2014, 2319; *Nietsch*, System und Gestaltung des Rückgriffs in der Lieferkette, AcP 210 (2010), 722; *Raue*, Der mangelhafte»Ladenhüter«beim Verbrauchsgüterkauf- Zur Funktionsweise der Ablaufhemmung in § 479 II BGB, JURA 2007, 427; *Rühl*, Zur Vermutung der Mangelhaftigkeit beim Verbrauchsgüterkauf- Die Rechtsprechung des BGH in rechtsvergleichender Perspektive, RabelsZ 73 (2009), 912; *Schroeter*, Probleme des Anwendungsbereichs des Verbrauchsgüterkaufrechts (§§ 474ff. BGB), JuS 2006, 682; *Tröger*, Voraussetzungen des Verkäuferregresses im BGB, AcP 204 (2004), 115; *Wertenbruch*, Die Besonderheiten des Tierkaufs bei der Sachmängelgewährleistung, NJW 2012, 2065; *Westermann*, Zu den Gewährleistungsansprüchen des Pferdekäufers, ZGS 2005, 342; *Witt*, Beweislastumkehr beim Verbrauchsgüterkauf nach § 476 BGB: Versuch einer Bestandsaufnahme, ZGS 2007, 386; *Zimmermann*, Der Verbrauchsgüterhandelskauf, JuS 2018, 842. Vgl. auch die Nachweise zu § 1 und § 9.

第 15 节 国际买卖合同

一、国际私法

在具有涉外因素的情况下,应当根据**国际私法**(《德国民法典施行法》第 3 条及以下)的规定查明买卖合同适用何种法律。在 2009 年 12 月 17 日之前,国际合同法被规定在《德国民法典施行法》第 27 条及以下。就该日期之后订立的合同,债务合同的准据法应当根据 2008 年 6 月 17 日公布的《关于合同债务关系适用法律的(欧洲)第 593/2008 号条例》确定(所谓的《罗马条例 I》;参见《德国民法典施行法》第 3 节第 1 项 b 字母项)。

1

依照《罗马条例 I》第 3 条第 1 款的规定,当事人原则上可以自由选择准据法,而无须与被选择的准据法之间存在客观上的关联。**准据法选择**

2

自由的界限尤其在消费者合同(《罗马条例I》第6条)、保险合同和劳动合同(《罗马条例I》第7条、第8条)上存在。如果不存在可供选择的准据法,则**有关动产的买卖合同**适用出卖人通常居住地所在国的法律(《罗马条例I》第6条第1款);**不动产**(尤其是土地)买卖合同则适用物所在地的法律(《罗马条例I》第4条第1款c字母项);根据《德国民法典施行法》第43节第1款的规定,物权性法律行为同样受(不动产)所在地法律的调整。通过**拍卖**实施的动产买卖合同受到拍卖地点法律(《罗马条例I》第4条第1款g字母项)的调整。

二、《联合国买卖法》和《欧洲共同买卖法》

3   此外,在国际货物买卖中应当注意的是于1991年1月1日在联邦德国生效的1980年**《联合国买卖法》**(CISG)(参见拙著《债法总论》第2节边码11)。《联合国买卖法》包括有关非用于个人使用的动产(货物)的买卖合同和承揽供给合同。也就是说,《联合国买卖法》并**不适用于消费者合同**(《联合国买卖法》第2条a字母项)。根据《联合国买卖法》第1条第1款的规定,如果双方当事人的居住地在不同的签约国或者国际私法规则涉及某个签约国的法律,则应当适用《联合国买卖法》。不过,根据《联合国买卖法》第6条的规定,当事人可以通过合同排除《联合国买卖法》的适用,这在实践中经常发生。

4   《联合国买卖法》包括一些有关买卖合同订立、风险移转以及合同违反后果等的**实体法规则**。只要《联合国买卖法》并不含有独立的规则,就应当回归根据国际私法具有决定性的国内法。[689]

三、《欧洲共同买卖法》与新发展

5   欧洲委员会于2011年10月11日提交了制定《欧洲议会及理事会关于**欧洲共同买卖法的条例**》(GEK)的建议。[690] 根据该条例建议稿,就货

---

[689] 参见 Staudinger/Magnus, 2018, Einl. zum CISG Rn. 42。
[690] KOM(2011) 635 endg.;关于形成史参见 Heiderhoff Europ. PrivatR Rn. 620ff.。

物买卖或者数字内容制作及关联服务提供的**跨境合同**,当事人有权约定适用欧洲共同买卖法(《欧洲共同买卖法条例建议稿》第3条)。它属于为促进欧洲合同法统一而进行的相关前期工作(《欧洲合同法原则(PECL)》,《共同参考框架(DCFR)》)为基础而发展出来的一种自治性的实体法规则(参见拙著《债法总论》第2节边码13)。《欧洲共同买卖法条例建议稿》最重要的目标是使当事人不必熟悉各个成员国的法律而促进跨境交易的缔结。然而,这一项目因为成员国的疑虑而没有在政治上实现,因此没有再继续实施。取而代之,欧洲立法者于2019年5月20日制定了《货物买卖指令》(第1节边码6a)与《数字内容指令》(第12节边码20a及以下),二者就其调整的领域规定了完全的同化。在两个指令中瑕疵担保责任被确定为特别的重点。

参考文献：Gsell, Europäischer Richtlinien - Entwurf für vollharmonisierte Mängelrechte beim Verbraucherkauf- Da capo bis zum Happy- End?, ZEuP 2018, 501; *Heiderhoff*, Europäisches Privatrecht, 5. Aufl. 2020; *v. Hoffmann/Thorn*, Internationales Privatrecht, 9. Aufl. 2007; *Junker*, Internationales Privatrecht, 2. Aufl. 2017; *S. Lorenz*, Das Kaufrecht und die damit verbundenen Dienstverträge im Common European Sales Law, AcP 212 (2012), 702; *Reithmann/Martiny*, Internationales Vertragsrecht, 8. Aufl. 2015; *Schlechtriem/Schroeter*, Internationales UN- Kaufrecht, 6. Aufl. 2016; *Schlechtriem/Schwenzer*, Kommentar zum Einheitlichen UN- Kaufrecht (CISG), 6. Aufl. 2013; *Staudenmayer*, Verträge über digitalen Inhalt. Der Richtlinienvorschlag der Europäischen Kommission, NJW 2016, 2719.

表1-2 买卖法瑕疵担保责任(检验图表)

买卖法瑕疵担保责任(检验图表)
Ⅰ.第437条的要件 买卖合同 瑕疵(第434条、第435条) 重要的时间点 (1)物的瑕疵:在风险移转时　第446条、第447条(也参见第475条第2款和第477条) (2)权利瑕疵:在所有权移转之时

(续表)

买卖法瑕疵担保责任(检验图表)	
Ⅱ.各个瑕疵担保权利的要件	
1.继续履行第437条第1项、第439条 →在第437条规定的要件具备时,请求权存在 →第275条第1款规定的可能的排除、或第275条第2、3款、第439条第4款规定的可能的抗辩权(也请参见第475条第4款)	
2.解除/减价 第437条第2项、第440条、第323条、第326条第5款 (可能结合第441条) (1)买卖合同(=双务合同) (2)违反第433条第1款第2句(=没有按照合同给付或者质量上的给付不能) (3)可能的其他要件 (尤其是期限设定,第323条第1款)	3.损害赔偿 第437条第3项结合第280条及以下、第440条 (1)买卖合同(=债之关系) (2)违反第433条第1款第2句(=义务违反) (3)可能的其他要件(尤其是期限设定,第281条第1款,或催告,第286条第1款) (4)可归责性(第276条及以下) (5)损害 ——在自始给付不能时: 第437条第3项结合第311a条第2款
Ⅲ.排除要件	
1.第442条　买受人的知悉 2.第444条　约定的责任排除(也请参见第476条第1及第3款) 3.第445条　在公开拍卖中的责任限制(也请参见第475条第3款第2句) 4.《德国商法典》第377条　违反通知的不真正义务(也请参见第445a条第4款)	
Ⅳ.消灭时效　第438条可能结合第218条 (也请参见第445b条、第476条第2、3款、第478条第3款)	

第二章　其他让与合同

第16节　互　易

紧接着买卖合同,《德国民法典》在第480条中规定了互易合同。这是一种**双务合同**,在该合同中每一方当事人都负有给付某物、权利或其他客体来换取另一种客体的义务。与买卖合同的不同在于,**无当事人负担金钱给付**的义务。[691]

1

依照第480条的规定,互易可以准用**有关买卖的规定**。这种参引在文献中被正确地批评过于笼统。[692] 不过,被承认的是,应由提出给付的作为出卖人,享有给付的作为买受人。[693] 因此,如果由一方当事人提出的给付出现了**物的瑕疵或权利瑕疵**,他方当事人的权利应当根据第434条及以下的规定来判断。也就是说,他方当事人原则上享有继续履行请求权(第437条第1项、第439条)。在通常情况中,只有当瑕疵物的买受人先前已经**为继续履行**给出卖人**设定**了合理**期限**,才能行使其他瑕疵权利(解除、减价、代替给付的损害赔偿)。[694]

2

示例(BGH NJW 2006, 988):A将其雄马与B的牝马互易。大约两个月以后,A在牝马身上发现了周期性眼炎。她请兽医给马匹进行治疗并实施了两次手术,于是她向B请求赔偿治疗及手术费用。联邦最高法院

---

[691] 参见 Medicus/Lorenz SchuldR BT § 20 Rn. 1。
[692] 参见 MüKoBGB/Westermann § 480 Rn. 6。
[693] 参见 Palandt/Weidenkaff § 480 Rn. 8; Brox/Walker SchuldR BT § 8 Rn. 1。
[694] BGH NJW 2006, 988。

否定了 A 基于第 480 条、第 437 条第 3 项、440 条、第 280 条、第 281 条享有这些费用的赔偿请求权,因为 A 并没有要求 B 请兽医为马匹治疗来消除瑕疵。由于这些治疗并不属于紧急措施,期限设定也没有因不可期待而根据第 440 条或第 281 条第 2 款变得不必要。

3   在**减价**上会出现特别复杂的情况。因为就瑕疵客体提出的对待给付本身不能根据第 441 条第 3 款的规定被"降低"。主流意见以赋予无瑕疵给付的提出者金钱补偿请求权的方式来提供救济。[695] 部分学者反对这一请求权的理由是,这种请求权缺乏法律基础。[696] 然而,这种抗辩忽视了第 480 条规定了第 433 条及以下的准用(互易的特殊性)。[697] 不过,这种补偿请求权是一个合适的工具,以便能够以符合互易特殊性的方式实现第 441 条第 3 款、第 4 款的价值判断。

示例:A 以其出自画家 Max Müller 的油画《蓝色地平线》(Blaue Horizonte,价值 4000 欧元)在互易交易所(Tauschbörse)中与 B 的出自画家 Franz Schulze 的油画《绿色三角》(Grüne Triangeln,价值 5000 欧元)互易。后来发现,油画《绿色三角》并非出自 Franz Schulze,而是出自另外一位艺术家,因此仅值 3000 欧元。A 能否主张减价?

A 可能根据第 480 条、第 437 条第 2 项、第 441 条、第 326 条第 5 款的规定有权实施减价。当事人就油画的互易订立了合同。油画《绿色三角》并非出自 Franz Schulze,属于第 434 条第 1 款第 1 句意义上的物的瑕疵。与解除权一样,在减价上原则上也必须先为继续履行设定期限(参见第 441 条第 1 款、第 323 条第 1 款)。不过,由于通过换货或修理消除瑕疵已经成为不能(第 275 条第 1 款),设定期限的必要性依第 326 条第 5 款的规定即不存在。减价的实施似乎是有问题的。根据第 441 条第 3 款(参见边码 118)的公式,A 仅需要向 B 移转价值 2400 欧元的物。由于《蓝色地平线》价值 4000 欧元,其基于第 480 条结合第 441 条第 4 款享有数额为

---

[695]   Vgl. MüKoBGB/Westermann § 480 Rn. 6; Medicus/Lorenz SchuldR BT § 20 Rn. 4.
[696]   So Oetker/Maultzsch Vertragl. Schuldverhältnisse § 2 Rn. 653.
[697]   关于方法论的归类见 Larenz/Canaris Methodenlehre 82。

1600 欧元的补偿请求权。[698]

只要给付障碍**不涉及物的瑕疵**,对互易应当适用普通债法的规定,也即适用第 280 条及以下、第 311a 条第 2 款、第 320 条及以下。在计算**代替给付的损害赔偿**时,会产生一些特殊性。发生障碍之给付的债权人在此可以选择,根据差额说或者替代说来计算损害(参见拙著《债法总论》第 29 节边码 2 及以下)。

示例:在艺术品互易案中,油画《绿色三角》在互易合同订立时并未出现瑕疵。不过,互易实施之前该画在 B 因过失造成的房屋火灾中被烧毁。

在这种情况中,A 基于第 280 条第 1、3 款、第 283 条的规定享有损害赔偿请求权。由于油画《绿色三角》的给付是在合同订立之后因应由 B 负责的事件而成为不能,根据差额说,A 可以保留油画《蓝色地平线》,并向 B 请求支付 1000 欧元。如果 A 决定适用替代说,则 A 在移转《蓝色地平线》所有权的同时,对 B 享有支付 5000 欧元的请求权。

参考文献:*Fehrenbacher, Der Tausch, ZVglRWiss* 101 (2002), 89.

第 17 节 分时居住权合同

一、概述

分时居住权合同[所谓的分时度假合同(Timesharing-Verträge)]在实践中隐藏着巨大的滥用风险,这一点尤其体现在有关**国外度假屋**的分时度假合同上。对买受人(消费者)来说,这些合同经常以异常长的存续时间和过重的负担为特征。

示例(根据 BGH NJW 1997, 1697):V 在大加那利岛上经营一个度假设施的居住权。在一次大加那利岛度假期间,M 与 F 夫妇与 V 的广告商

---

[698] 关于在这些情况中减价的计算参见 Palandt/Weidenkaff § 480 Rn. 8; Staudinger/Schermaier, 2014, § 480 Rn. 18。

在街上攀谈起来,并被邀请到度假设施中参加咨询活动。该对夫妇就每年的第31周取得该度假设施中第255号公寓的居住权签署了一份格式化的声明,自1994年7月31日开始,到2073年终结。在声明中M与F负有一次性向V支付钱款28255马克和每年的住宿、管理费用"目前为每星期345马克"。M与F支付了3000马克的首付款。不过,度假回来后他们夫妇决定不在接下来80年里的相同时间在同一设施里度假,于是拒绝支付剩余款项。有无道理呢?

2 为与此种滥用作斗争,欧洲立法者于1994年10月26日公布了《**分时度假指令**》(RL 94/47/EG)。德国立法者一开始在1996年12月20日的《分时居住权法》(TzWRG)[699]中转化了这一指令,并在2002年债法改革的过程中将这些规定并入到《德国民法典》(第481条至第487条)中。紧接着买卖与互易之后规定的体系位置是以分时度假合同通常可以作为**权利买卖**(第453条)的考虑为基础的。[700]

通过RL 94/47/EG号指令提供的消费者保护具有漏洞,这些漏洞会诱发规避法律的行为。因此,欧盟立法者于2009年1月14日公布了**新的《分时度假指令》**(RL 2008/122/EG),新《指令》扩张了对消费者的保护,尤其是对**类似的度假产品**(第17节边码5)。[701] 德国立法者转化了这一《指令》,并于2011年2月23日起生效。

二、概念与法律性质

3 根据第481条第1款的**法律定义**,分时居住权合同是这样一种合同,即在消费者支付全部价款时经营者使消费者在长于一年的期限里取得或承诺使其取得,为住宿的目的而在特定或有待特定的时间段里**多次使用**住宅建筑的权利。根据第481条第2款第2句的规定,在分时居住权合同中消费者被赋予在组成居住建筑的不同客体(比如,在不同国家)中作出选择的权利。根据第481条第3款的规定,居住建筑之部分(比

---

[699] BGBl. 1996 I 2154.
[700] Begr. RegE, BT-Drs. 14/6040, 250f.; Brox/Walker SchuldR BT § 7 Rn. 67.
[701] 参见 Bülow/Artz, Verbraucherprivatrecht, 6. Aufl. 2018, Rn. 564。

如,度假住宅、单个房间)以及移动的住宿设施(比如,移动住宅、住家用船、游轮上的客舱)与居住建筑等同。[702] 因此,第481条及以下适用于**消费者**(第13条)与**经营者**(第14条)之间以住宿为目的而多次使用客体的所有合同。与第481条原来的文本相比,3年的最短期限被缩短到**一年以上**。此外,现行法也不再要求必须以休养或居住为目的而使用客体。

分时度假合同在实践中会以不同的形式构建。第481条第2款第1句表明,消费者享有的使用权可以是物权性的,也可以是其他性质(尤其是债权性)的,并且也可以通过社团法或公司法的设计来授予。与此相关联的可以区分为三种基本形式:在**债权性的分时度假合同**中,消费者将取得一个债权性的使用权,这一使用权多数时候表现出租赁法或用益租赁法的特征;在**物权性的设计**上,消费者将在不动产[比如第1008条及以下规定的共同所有权;《住宅所有权法》(WEG)第31条及以下规定的长期居住权(Dauerwohnrecht)]上获得一个物权性的使用权;**社团法或公司法设计**的特征在于,使用权以在社团中的成员权或在公司中的股权为媒介。[703]

4

分时度假合同与居住权合同的基本形式		
债权性的分时度假合同 比如租赁(第535条及以下条文)	物权性的分时度假合同 比如取得共同所有权(第1008条及以下)	成员权性的分时度假合同 比如加入某个社团

图1-2 分时度假合同与居住权合同的基本形式

在转化RL 2008/122/EG号指令时,新增的第481a条将第481条及以下的适用范围扩张到了**长期度假产品**上。它们属于期限超过一年的合

5

---

[702] 参见 Begr. RegE, BT-Drs. 17/2764, 16。
[703] 参见 MüKoBGB/Franzen § 481 Rn. 2f.;Bülow/Artz, Verbraucherprivatrecht, 6. Aufl. 2018, Rn. 566ff.;关于奥地利的社团模式下的分时度假 BGH NJW-RR 2010, 712。

同,在支付全部价款的前提下经营者使消费者在住宿方面取得或承诺使其取得折扣价或其他优惠的权利。一个例子是旅游打折俱乐部(Reise-Rabatt-Club)的成员身份。[704] 此外,与分时居住权或长期度假产品有关的**居间合同及互易合同**(Tauschsystemverträge)也通过第481b条首次被包括在内。

6   在第481条及以下的保护规定之外还有哪些规定可以适用,应当根据各个合同的设计来判断。总的来说,它属于多种合同类型的**结合**。[705] 只要买卖法的元素处于中心地位,就应当将第433条及以下(直接或通过第453条)考虑进来。反之,在租赁法的设计上第一重要的是第535条及以下。

三、消费者保护

7   保护消费者的具体规定可以在第482条至第487条中找到。在此涉及的首先是**先合同的信息义务**(参见第482条结合《德国民法典施行法》第242条第1款)。根据第482条原来的文本,经营者应当将包括重要信息的**说明书**(Prospekt)交付给消费者。现在的文本避免使用"说明书"的用语,因为相关信息现在应当以**表格活页**(Formblatt)的形式提供给消费者,这种表格活页应当符合 RL 2008/122/EG 号指令的附件中包含的范本(《德国民法典施行法》第242条第1款第2句)。当经营者违反这种信息义务时,消费者基于第280条第1款、第311条第2款、第241条第2款的规定享有损害赔偿请求权。[706] 此外,根据第356a条第2款第1句的规定,**撤回权期限**的起算也被推迟了。

8   第483条第1款规定,合同、先合同相关信息以及有关撤回权的说明应当以消费者住所地权威的**官方语言**拟定。如果合同使用了其他语言,则合同根据第483条第3款的规定是无效的。不过,语言要求旨在保护消费者的利益,在个案中根据诚实信用原则(第242条)的要求,经营者

---

[704] Begr. RegE, BT-Drs. 17/2764, 16.
[705] 另参见 Staudinger/Martinek, 2004, § 481 Rn. 2。
[706] Brox/Walker SchuldR BT § 7 Rn. 69.

可能不得主张合同无效。[707] 如果先合同相关信息或对撤回权的说明没有以规定语言交付给消费者,则撤回权的起算同样会根据第356a条第2款第1句的规定被推迟。

根据第484条第1款的规定,只要在其他规则中没有规定更为严格的形式,分时居住权合同以及第481a条、第481b条中规定的合同就需要以**书面形式**订立。更为严格的形式,尤其可以考虑的是第311b条第1款在有关取得建筑物共同所有权的合同上规定的公证书。[708] 根据第125条第1句的规定,形式缺陷将导致合同无效。

对于消费者而言,第485条规定的**撤回权**是核心的保护机制。根据第482a条的规定,经营者负有在合同订立之前以文本形式就撤回权,包括撤回权期限,以及第486条规定的预付款禁止(参见第17节边码10)向消费者提供**说明**的义务。撤回权的行使适用第355条第1款规定的一般规则(参见拙著《债法总论》第41节边码22及以下)。然而,根据第356a条第1款的规定,**撤回**应当以文本形式(Textform)表示。根据第355条第2款第1句的规定,**撤回权期限**为14天。撤回权期限根据第355a条第2款的规定原则上随着合同或预约的订立即已经起算。不过,在没有提供信息或提供了有缺陷的信息,以及没有对撤回权进行说明或者对撤回权的说明有缺陷时,撤回权的起算将被推迟至直到消费者获得符合规定的信息(第356a条第3款第1句)或者符合规定的撤回权说明(第356a条第4款第1句)之时。在与先合同义务相关联的缺陷上,撤回权最迟在3个月又14天后消灭(第356a条第3款第2句);在与撤回权的说明相关联的缺陷上,撤回权最迟于合同或预约订立后经过1年又14天消灭(第356a条第4款第2句)。为了法律的安定性,立法者希望借此限制在持续地违反信息义务或说明义务时通常可能出现的待定状态。[709]

9

自2014年6月13日起,类似的**最长时间界限**也可以于在经营场所外订立的合同及远程销售合同的撤回权(第356条第3款第2句)上找到。

---

[707] 另参见 HK-BGB/Staudinger § 483 Rn. 3。
[708] Staudinger/Martinek, 2004, § 484 Rn. 6; Palandt/Weidenkaff § 484 Rn. 2.
[709] Begr. RegE, BT-Drs. 17/2764, 20.

不动产消费者借贷合同上的撤回权自 2016 年 3 月 21 日起同样限于最多一年又 14 天(第 356 条第 2 款第 3 句)。反之,在**消费者借贷合同**上继续存在"永久的"撤回权(参见第 21 节边码 8)。撤回权时间界限差异的原因在于各个指令并无统一的规定。因此,只有欧盟立法者可以提供救济措施。

示例:在大加那利岛案中(参见第 17 节边码 1),M 与 F 根据德国法依照第 485 条的规定享有撤回权。除此之外,第 312b 条结合第 312g 条规定的撤回权则不被考虑,虽然合同在经营者的经营场所外订立。不过,从第 312 条第 2 款第 6 项的规定中可以得出,第 312b 条及以下对有关分时居住权的合同以及类似合同并不适用(参见拙著《债法总论》第 41 节边码 11)。

10 消费者的保护因禁止经营者在撤回权期限届满前向**消费者请求支付预付款**或收取预付款而更加完备(第 486 条)。第 487 条表明,第 481 条及以下**不能被排除适用**损害消费者的利益。

深化:在实践中,分时度假合同主要在具有涉外因素的案件中会产生问题。这里存在当事人基于经营者的提议而约定适用仅为消费者提供较低程度保护的法律制度的风险。比如大加那利岛案(参见第 17 节边码 1)中 V 的一般交易条款即包含合同受马恩岛(Isle of Man)法律调整的条款。这种滥用并不总是能够通过《罗马条例 I》第 6 条(第 15 节边码 2)规定的冲突法上的普通消费者保护来避免。因此,《德国民法典施行法》第 46B 条第 4 款中包含源自新《分时度假指令》的补充特别规定。即使有关分时居住权或其他指令包含的合同(参见第 17 节边码 5)不受欧盟法或欧洲经济区国家法律的调整,只要合同所涉的某一不动产位于欧盟或欧洲经济区国家主权范围内,则在转化指令时为消费者提供的保护不得被剥夺。如果合同与不动产并不直接相关(比如在长期度假产品上),则取决于经营者是否在欧盟或欧洲经济区国家内从事营业活动或职业活动,或者以欧盟或欧洲经济区国家为对象且合同属于这一活动范围。不过,即便合同受到比德国法在转化指令时为消费者提供的保护更为有利的第三国法律调整,在存在以上要件时国内法院也应当适用第 481 条及以下。

参考文献：*Bülow/Artz*, Verbraucherprivatrecht, 6. Aufl. 2018; *Drasdo*, Time-Sharing als Urlaubsidee- Ein Relikt der Vergangenheit, NJW- Spezial 2005, 289; *Martinek*, Das neue Teilzeit- Wohnrechtegesetz- mißratener Verbraucherschutz bei Time- sharing- Verträgen, NJW 1997, 1393; *Reinkenhof*, Einführung in die Rechtsprobleme des time- sharing und das neue Teilzeit- Wohnrechtegesetz, JURA 1998, 561; *Staudinger*, Teilzeit- Wohnrechteverträge (§§ 481 bis 487, 355ff. BGB), in: Gebauer/Wiedmann, Zivilrecht unter europäischem Einfluss, 2. Aufl. 2010, Kap. 11 (S. 505- 549).

第18节 赠 与

一、概述

第516条及以下规定的赠与合同与**财产价值的无偿增益**（Zuwendung）有关。与买卖一样，通常涉及的是物、权利或其他客体的确定移转。就这一点来说，赠与是买卖的无偿对应物。[710] 然而，赠与也可以以其他形式实施，比如，债权的免除。[711] 根据第516条、第518条的规定，应当区分两种形式的赠与：不要求特定形式的实物赠与（Handschenkung）和需要特定形式的赠与允诺（Schenkungsversprechen）。[712]

1. 实物赠与

（1）内容

在实践中赠与总的来说都是立即实施的。相应地，《德国民法典》第一步（第516条）先规定了实物赠与。在此涉及的是"某人从自己财产中使他人获利的增益"。**增益**的概念应当从广义上理解。重要的是受赠人（"获利"）的财产增加，以及在赠与人身上必须发生财产减少（"从其财产

---

[710] 参见 Schlechtriem SchuldR BT Rn. 183。
[711] 参见 Larenz SchuldR II 1 § 47 I; Schlechtriem SchuldR BT Rn. 187。
[712] 关于历史基础见 Harke SchuldR BT Rn. 399ff. 。

中")。[713] 单纯放弃取得财产则不被包括在内(参见第517条)。因此,与无偿让与物的使用权一样,无偿实施劳务给付也不受赠与法的调整。[714]这两种情况在第598条及以下(使用借贷,Leihe)以及第662条及以下(委任)中被单独规定了。

3　　此外,当事人必须就增益的实施应当是**无偿**的达成一致意见。重要的是当事人的(主观)意思,仅仅客观上没有提出对待给付是不够的。[715]

4　　第516条第2款表明,**增益**也可以在就无偿**达成一致意见之前**("未经他方表示意思")实施。被包括的主要是欠缺合意的情况,因为增益并不是直接向受赠人实施。可以考虑的比如通过向第三人支付而清偿了受赠人的债务(参见拙著《债法总论》第12节边码7及以下)。[716]

　　示例:当V获悉他的儿子(S)负担租金债务时,他未与S商议即直接向出租人G支付了拖欠的款项。

5　　如果增益的实施未经取得受赠人的意思,则只有当**受赠人**对赠与人以增益实施发出(默示)的要约予以**承诺**时,赠与合同才成立。承诺同样也可以通过默示的方式表示(比如,通过寄送感谢信)。[717] 出于法律稳定性的考虑,第516条第2款第1句赋予赠与人为受赠人承诺设定合理期限的机会(第516条第2款第1句)。如果受赠人在这一期限内没有拒绝赠与,则赠与视为已被承诺(第516条第2款第2句)。合同因此例外地因沉默而订立。其合理性在于受赠人基于增益的无偿性而不值得保护。

(2)教义学归类

6　　在教义学归类上应当注意的是,实物赠与根据第516条的规定包括**两个元素**:(物权性的)增益和对无偿性的(债权)合意。[718] 因此,当时的立法者系把实物赠与构建成直到增益实施时才成立的实践合同(Realver-

---

[713]　参见 Brox/Walker SchuldR BT § 9 Rn. 6f.。
[714]　Larenz SchuldR II 1 § 47 I; Medicus/Lorenz SchuldR BT § 21 Rn. 4;特别考虑到对配偶另一方经营所为的劳动给付见 BGHZ 127, 48 (51)。
[715]　参见 MüKoBGB/Koch § 516 Rn. 24; Larenz SchuldR II 1 § 47 I。
[716]　参见 MüKoBGB/Koch § 516 Rn. 47。
[717]　参见 Medicus/Lorenz SchuldR BT § 21 Rn. 9。
[718]　参见 NK-BGB/Dendorfer-Ditges/Wilhelm § 516 Rn. 9f.。

trag)。[719] 主流意见从这种观念中得出在实物赠与上债权性元素不能设立赠与人给付义务,而是仅为保有增益创造法律上原因的结论(第812条第1款)。[720] 根据反对观点,在实物赠与中赠与人也负担实施增益行为的义务,但这一义务系在赠与合同订立时直接履行。[721] 由于给付义务因此会立即消灭(第362条),从中并不会产生差别。重要的是,根据两种观点实物赠与都以根据区分原则和抽象原则应与物权行为严加区分的**债权合同**为前提。

2. 赠与允诺

如果增益直到赠与人与受赠人之间达成合意后才应实施,则赠与人的意思表示(所谓的**赠与允诺**)需要作成公证书。在这种情况中赠与无争议地属于一种单务合同。[722] 形式强制旨在保障赠与人免受冲动行事的损害。[723] 依照第518条第1款第2句的规定,这种形式强制也适用于第780条、第781条规定的以赠与方式作出的债务允诺或债务承认。

如果赠与人履行了允诺的给付,则赠与人并不需要特定的警示,因为与赠与相关联的财产减少在实施增益行为时就已经清楚地展现在眼前了。依照第518条第2款的规定,**形式缺陷**将因此被**治愈**。如果赠与和**赠与人当前的全部财产**有关,则救济(规则)并不被扩张到第311b条第3款规定的赠与合同因可能的形式瑕疵而无效上(参见拙著《债法总论》第7节边码17),因为否则继承法的形式规定会因相关人员在去世不久前将其全部财产赠与(他人)而被架空。[724]

深化:根据第518条第1款的规定,形式强制仅与赠与人的意思表示相关联。不过,如果根据其他规定整个合同需要作成公证书,则应当遵守这一更为严格的形式。[725] 这一点对土地的赠与尤其具有意义(参见第

---

[719] 参见 Schlechtriem SchuldR BT Rn. 185。
[720] RGZ 111, 151 (152f.); Oetker/Maultzsch Vertragl. Schuldverhältnisse § 4 Rn. 22.
[721] So HK-BGB/Saenger § 516 Rn. 6; Schlechtriem SchuldR BT Rn. 185.
[722] 参见 Palandt/Weidenkaff § 518 Rn. 2; Larenz SchuldR II 1 § 47 I。
[723] 参见 BGHZ 82, 354 (359)。
[724] 关于这一问题见 BGH MDR 2016, 1317。
[725] Palandt/Weidenkaff § 518 Rn. 7。

311b 条第 1 款)。

3. 赠与作为法律行为

9　　除第 516 条第 2 款第 2 句(参见第 18 节边码 5)的特别规则外,无论在实物赠与上,还是在赠与允诺上,赠与合同的订立及效力都应适用有关法律行为的一般规则(第 104 条及以下)。就此而言,在**未成年人参与**时会产生特别问题。由于未成年人在受赠人的角色中因赠与合同仅会获得法律上的利益,法定代理人的同意依第 107 条的规定原则上并不必要。[726] 然而,如果赠与人保留了解除赠与合同的权利,则情况会有所不同。因为在这种情况中未成年人在行使解除权时,需要负担第 346 条第 2—4 款规定的价值补偿义务或损害赔偿义务(参见拙著《债法总论》第 40 节边码 12 及以下)。[727]

二、赠与人的保护

10　　由于赠与人提供的是**无偿**的给付,其与其他债务人相比显得**特别值得保护**。《德国民法典》以不同方式对此予以考虑。

1. 责任缓和

根据第 521 条及以下的规定,责任缓和对赠与人具有重大意义。在**无偿**的合同上这属于一种常见现象(对于借贷参见第 599 条;对于无偿保管参见第 690 条)。[728] 反之,尽管是无偿的,在委任合同上并不存在法定的责任缓和(参见拙著第 39 节边码 10)。

(1) 一般的责任优待(第 521 条)

11　　第 521 条规定,赠与人仅在故意或重大过失时应当负责。从体系上看,这并不属于独立的请求权基础,而属于第 276 条第 1 款意义上的**法定责任缓和**(参见拙著《债法总论》第 23 节边码 17)。因此,这一规定应当在各相关请求权基础的框架下(第 280 条及以下、第 311a 条第 2 款),在检验"可归责性(Vertretenmüssen)"特征时予以考虑。该规定适用于所有类

---

[726] Ausf. dazu Brox/Walker BGB AT § 12 Rn. 18.
[727] BGH NJW 2005, 415 (416); 2005, 1430 (1431); Köhler BGB AT § 10 Rn. 13c.
[728] 参见 Medicus/Lorenz SchuldR BT § 1 Rn. 5。

型的履行障碍,例外是第 523 条、第 524 条中就物的瑕疵和权利瑕疵所应承担责任的特别规定。被包括的尤其是对**自始给付不能**承担的责任。然而,如果个案中赠与人已经承担了无过错的担保义务,则第 521 条并不适用。不过,此种担保的承担根据第 518 条第 1 款的规定应当以特定形式作出。[729]

示例:A 以作成公证书的形式向其大侄儿 G 赠与了一块土地,该土地处于其父亲 V 的遗产中。在这时 A 认为自己是唯一的继承人。其后发现,第三人 D 被遗嘱确定为了继承人。因此,没有发生所有权移转。G 向 A 请求损害赔偿。有无道理呢? G 可能基于第 311a 条第 2 款的规定对 A 享有代替给付的损害赔偿请求权。当事人就该块土地订立了一个形式上有效的赠与合同(第 518 条第 1 款、第 311b 条第 1 款)。由于 A 在订立合同时即已经不拥有土地所有权,G 对该块土地的让与请求权因自始(主观)不能根据第 275 条第 1 款的规定被排除了。不过,A 可能依照第 311a 条第 2 款第 2 句的规定而被免除责任,因为他并不知悉履行障碍且也不应当对不知悉负责。"可归责性"需要根据第 521 条判断。也就是说,A 必须因为重大过失而认为他是 V 的继承人。在债法改革之前,联邦最高法院在一个类似的案件中认为,在自始主观不能时赠与人承担担保责任。[730] 不过,由于第 311a 条第 2 款第 2 句明确以可归责性为标准,这在现行法上无法维持。[731]

赠与人针对**受赠人其他法益上的损害**是否也仅就故意和重大过失承担责任,是有争议的。文献中有部分观点认为,第 521 条的价值判断仅适用于赠与人给付义务的违反(给付不能、给付迟延),而不适用于第 241 条第 2 款意义上**保护义务**的违反。[732] 然而,不应接受这种观点,因为考虑到其他法益上损害的数额难以计算,赠与人显得尤其值得保护。[733] 因

12

---

[729] Palandt/Weidenkaff § 524 Rn. 3.
[730] BGHZ 144, 118 (120ff.) = NJW 2000, 2101;正确的批判见 Huber ZIP 2000, 1372。
[731] 另参见 MüKoBGB/Koch § 521 Rn. 3; Schlechtriem SchuldR BT Rn. 190。
[732] So etwa Larenz SchuldR II 1 § 47 IIb; Staudinger/Wimmer-Leonrardt, 2005, § 521 Rn. 11.
[733] 参见 Brox/Walker SchuldR BT § 9 Rn. 16; Walker JuS 2015, 865 (866)。

此,主流意见正确地认为,第521条在此原则上应予适用。同样的规则对具有竞合关系的**侵权请求权**也应当适用,否则责任缓和的意义可能会被严重贬值。[734]

示例(BGHZ 93, 23):S的工厂生产土豆条。在生产过程中剩余的土豆渣将被加热并加入发酵酶。在这个过程中大部分土豆淀粉将被转化为糖,且主体部分会被液化。S将液态的马铃薯浆无偿提供给周围的农民。农场主B将马铃薯浆用作公牛饲料。在其饲养的公牛吃了马铃薯浆后,部分公牛患了严重的疾病。B向S请求损害赔偿。他主张,S没有向其提示马铃薯浆中添加了发酵酶。未经处理的马铃薯浆大批量地作为公牛饲料也是适合的;反之,添加了发酵酶的马铃薯浆则仅适合作为猪饲料。

联邦最高法院拒绝B基于第524条享有请求权的理由是,马铃薯浆本身是没有瑕疵的。然而,由于S因过失未能向B提示马铃薯浆中的添加剂,基于第280条第1款(说明义务的违反)及第813条第1款享有的损害赔偿请求权是可以被考虑的。然而,S并不具有重大过失,因此依第521条的规定可能承担的责任在这里已经被排除了。

13　　然而,第521条仅适用于**与合同客体具有关联**的保护义务的违反。因此,如果受赠人领取赠与物时在赠与人已经损坏的楼梯上发生事故,赠与人不得主张第521条的规定。[735]

在赠与人的**给付迟延**(第286条)上,应当注意的是第522条。由于赠与人系无偿提供赠与物,与第288条的一般规则不同,他因**不必支付迟延利息**而得到了优待。

(2)对权利瑕疵和物的瑕疵的责任

14　　在权利瑕疵和物的瑕疵上,赠与人因第523条、第524条得到了广泛的优待。它们属于特别规定,不仅优先于第280条及以下和第311a条第

---

[734] BGHZ 93, 23 (27ff.); Medicus/Petersen BürgerlR Rn. 2010; MüKoBGB/Koch §521 Rn. 6; Staudinger/Chiusi, 2013, §521 Rn. 8ff.;其他观点见Jauernig/Mansel §521。

[735] So BGHZ 93, 23 (27); Medicus/Lorenz SchuldR BT §21 Rn. 16; MüKoBGB/Koch §521 Rn. 5;其他观点见Oetker/Maultzsch Vertragl. Schuldverhältnisse §4 Rn. 34。

2 款,也优先于第 521 条。因此,应当先对这两条进行检验。[736] **权利瑕疵**与**物的瑕疵**概念应当根据与买卖法相同的规则判断(第 434 条、第 435 条)。[737] 与那里一样(参见第 3 节边码 47),没有使受赠人取得所有权并不属于权利瑕疵,而属于(自始)给付不能的一种情形。也就是说,如果赠与人在订立合同时已经知悉或者由于重大过失而没有知悉可能无法使受赠人取得所有权,则受赠人基于第 311a 条第 2 款(结合第 521 条)的规定享有损害赔偿请求权(见土地案,参见第 18 节边码 11)。

根据第 523 条第 1 款、第 524 条第 1 款的规定,原则上只有在赠与人**恶意隐瞒**瑕疵时,他才对权利瑕疵和物的瑕疵承担责任。由于属于说明义务的违反,损害赔偿请求权,与缔约过失责任一样(参见拙著《债法总论》第 8 节边码 12),针对的是信赖利益:也就是说,受赠人应当被置于如同赠与人已经向其说明了瑕疵时的状态。[738] 15

主流意见将第 524 条第 1 款也适用在瑕疵导致受赠人的法益遭受**后果损害**的情况中。[739] 然而,有部分学者认为,第 524 条不应影响受赠人的侵权请求权。[740] 反对观点则希望第 524 条第 1 款在瑕疵后果损害上完全不被考虑。这可能导致赠与人对**轻微过失**必须根据第 280 条第 1 款、第 823 条第 1 款结合第 276 条的规定承担责任。[741] 第 524 条第 1 款的利益评价与在受赠人其他法益的侵害上将责任限于**恶意**并不相称,上述观点在这一点上是正确的。也就是说,合同责任应当根据第 280 条第 1 款、第 241 条第 2 款的规定判断。不过,在适用这一规定时应当注意避免与就保护义务违反承担责任的其他情况产生评价冲突。因此,更值得赞同的似乎是将赠与人依照第 521 条对瑕疵后果损害承担的责任限制在**故意**和**重** 16

---

[736] MüKoBGB/Koch § 521 Rn. 7.
[737] 参见 BeckOK BGB/Gehrlein, 56. Ed. 1. 11. 2020, § 523 Rn. 1, § 524 Rn. 1。
[738] Oetker/Maultzsch Vertragl. Schuldverhältnisse § 4 Rn. 36; Staudinger/Chiusi, 2013, § 523 Rn. 5.
[739] BGHZ 93, 23 (28); Palandt/Weidenkaff § 524 Rn. 4; Erman/Hähnchen § 524 Rn. 5.
[740] So BeckOK BGB/Gehrlein, 56. Ed. 1. 11. 2020, § 524 Rn. 2; HK‑BGB/Saenger § 524 Rn. 1;支持第 521 条适用于侵权请求权的有 Medicus/Lorenz SchuldR BT § 21 Rn. 16。
[741] 参见 MüKoBGB/Koch § 521 Rn. 7; Larenz SchuldR II 1 § 47 II b。

大过失上。[742] 此时其不仅适用于受赠人的合同请求权,也适用于受赠人的侵权请求权。

示例:如果上文叙述的案件(参见第 18 节边码 12)中马铃薯浆系被有毒物质污染,则可能存在物的瑕疵。根据主流意见,B 的损害赔偿请求权可能要根据第 534 条第 1 款判断。也就是说,S 仅需对恶意负责。根据反对观点,在 S 仅具有轻微过失时 B 即已经基于第 280 条第 1 款、第 276 条的规定享有损害赔偿请求权。然而,与原始案例的不同对待并不能使人信服。因此,在这里似乎也应当按照第 280 条第 1 款、第 521 条判断 S 的责任。由于 S 的义务违反在瑕疵后果损害上也必须与赠与客体相关联,第 521 条规定的赠与人的优待也必须适用于基于第 823 条第 1 款享有的侵权请求权。

17 如果赠与人已经允诺了某个尚待取得的客体的给付,则他应当根据第 523 条第 2 款的规定**就权利瑕疵承担**(轻微的)**加重的责任**。根据该规定(与第 521 条一样),赠与人在取得赠与物时知悉或由于重大过失而没有知悉瑕疵即为已足够。在这种情况中受赠人的损害赔偿请求权以履行利益为对象。[743]

在对**物的瑕疵**的责任上,只有当赠与人使受赠人取得所有权的债务(Beschaffungsschuld)与**种类物**(参见拙著《债法总论》第 13 节边码 3 及以下)相关联时(第 524 条第 2 款),类似的责任加重才适用。在知悉或因重大过失而不知悉物的瑕疵时,受赠人可以请求另外交付无瑕疵的物。如果赠与人恶意隐瞒瑕疵,则受赠人此外还享有履行利益的损害赔偿请求权。

2. 紧急需要抗辩权

18 赠与人的特别保护需要也在以下的表达中得到了体现,即在赠与人财产关系显著恶化时(所谓的"变穷"),第 519 条赋予其**紧急需要抗辩权**。这属于交易基础丧失的一种特别形态(参见拙著《债法总论》第 37 节边码

---

[742] 另参见 MüKoBGB/Koch § 521 Rn. 7; Staudinger/Wimmer-Leonhardt, 2005, § 521 Rn. 11;其他观点见 Staudinger/Chiusi, 2013, § 521 Rn. 11。

[743] BeckOK BGB/Gehrlein, 56. Ed. 1.11.2020, § 523 Rn. 3.

1及以下)。其背后考虑是,赠与人不应因其慷慨而陷入妨碍其自身的适当生计或不能履行其法定扶养义务的危机中。[744]

即便赠与人**自己因过错**造成其财产关系恶化,其也可以提出紧急需要抗辩权。[745] 在此不能类推适用第529条。不过,在赠与人为恶意时,根据诚实信用原则(第242条)其可能不得主张财产关系的恶化。[746]

3. 在陷入贫困时的返还请求

如果紧急需要在赠与**实施后**才出现,则赠与人可以根据第528条的规定请求返还赠与物。然而,与第519条不同的是,返还请求权的前提是"贫困"已经发生。也就是说,单纯的危险是不够的。[747] 请求权构成要件的其他加重在于,赠与人不得因**故意**或**重大过失**引起需要(第529条第1款第1项)。此外,如果自赠与实施到这种需要出现时已经经过10年,则请求权也被排除(第529条第1款第2项)。

依照第529条第2款的规定,受赠人最后可以主张,**与自身身份相符的生计**以及法定扶养义务的履行在返还赠与物时可能会被**危**及。即便受赠人因过错引起自身的此种需要(在第242条的条件下),亦是如此。[748]

返还请求权的内容和范围应当根据有关**不当得利**的规定判断(第818条及以下)。这属于法律后果的参引。[749] 也就是说,应当检验的是第812条及以下的构成要件。如果赠与不能原物返还,则受赠人必须根据第818条第2款的规定提供价值补偿。然而,只要他对赠与人的需要并非恶意,他也可以依照第818条第3款的规定主张得利的丧失(第819条第1款、第819条第4款;对此的一般性介绍参见第56节边码1及以下)。[750]

---

[744] 关于第519条的原理参见 Medicus/Lorenz SchuldR BT § 21 Rn. 20。
[745] MüKoBGB/Koch § 519 Rn. 2;Palandt/Weidenkaff § 519 Rn. 4.
[746] 参见 BGH NJW 2001, 1207 (1208) (zu § 529 II)。
[747] Medicus/Lorenz SchuldR BT § 21 Rn. 21ff.;关于第519条参见 BGH NJW 2001, 1207 (1209)。
[748] Dazu BGH NJW 2001, 1207 (1208).
[749] BGH NJW 2001, 1207 (1208);MüKoBGB/Koch § 528 Rn. 5;Staudinger/Chiusi, 2013, § 528 Rn. 36.
[750] 参见 BGH NJW 2003, 1384 (1387);2003, 2449 (2450f.)。

深化：基于第528条第1款享有的返还请求权仅在赠与人于赠与实施后不能负担其适当生计的范围内存在。因此，在赠与某个可分客体（如某块土地）时，受赠人原则上仅负担重新发生的与赠与人各具体需要相应部分的付款义务。由于返还义务的限制旨在保护受赠人，受赠人可以通过将整个赠与物返还给赠与人来摆脱付款义务。[751]

4. 赠与的撤回

22 在严重忘恩负义（Undank）时，赠与人可以依照第530条、第531条的规定通过向受赠人作出意思表示来撤回赠与。但必须(受赠人)客观上对赠与人或其近亲属犯了**严重错误**(Verfehlung)，这种严重错误在主观上承载了受赠人会在相当大程度上使赠与人失去可期待的因体贴带来的感激。[752] 有必要的是对个案情况进行整体评价。返还在此也应当根据不当得利法进行（第531条第2款）。然而，与第528条不同的是，这里属于**法律原因参引**(Rechtsgrundverweisung)。撤回的后果是，增益的法律原因事后丧失了。也就是说，请求权基础是第812条第1款第2句第1选项（参见第54节边码25）。[753]

依照第532条第1句的规定，如果赠与人已经**宽恕**受赠人，或者自赠与人获知相关情事后已经经过一年，**撤回权即被排除**。在受赠人死亡之后，亦是如此（第532条第2句）。由于严重忘恩负义的责难与赠与人和受赠人之间的个人关系相关联，受赠人的不当行为不应给继承人造成不利。[754] 撤回权的**放弃**是可能的，但放弃的表示仅能在知悉严重忘恩负义之后才能作出（第533条）。在**道德赠与**和**礼节性赠与**上（比如，生日礼物、结婚礼物或圣诞节礼物），第534条排除了撤回权。

---

[751] BGH NJW 2010, 2655 (2656); MüKoBGB/Koch § 528 Rn. 6.
[752] 详见BGHZ 145, 35 (38); 151, 116 (124); BGH NJW-RR 2013, 618 (619); NJW 2014, 3021 (3022); BeckRS 2019, 30820 Rn. 30。
[753] BGHZ 132, 105 (108); 140, 275 (284); Staudinger/Chiusi, 2013, § 531 Rn. 1; MüKoBGB/Koch § 531 Rn. 4; Wandt Gesetzl. Schuldverhältnisse § 10 Rn. 50；其他观点见Jauernig/Mansel §§ 530–533 Rn. 8。
[754] MüKoBGB/Koch § 532 Rn. 5.

因严重忘恩负义而撤回赠与的规定**在配偶之间**也是可以适用的。[755] 尽管离婚法废止了过错原则,在此仍然可以以婚姻相关义务的违反为标准。[756] 然而,在配偶之间,第 530 条及以下的适用范围因(客观上)无偿的增益经常不能作为第 516 条及以下意义上的赠与而受到限制,因为增益根据当事人的意思并非无偿实施,而是旨在实现、构建、维持或保证婚姻共同体。[757] 这种**未被列举**的(以婚姻为条件的)**增益**属于一种独立的、未被法律规定的合同类型。[758] 由于婚姻的存在应当视为增益的**交易基础**,在婚姻破裂时根据第 313 条对合同进行调整也是可以考虑的,这种调整多数时候是以增益的完全或部分恢复为对象。[759]

根据以前的判例,这一原则对**非婚姻生活共同体**并不适用。不过,近期联邦最高法院放弃了这一限制。[760] 重要的考虑是,为构建非婚姻生活共同体之目的而实施的增益同样欠缺无偿性的合意。由于较高的离婚率,联邦最高法院的观点并不是令人信服的说理,(为何)当事人对其结合将持续终生的信赖仅在婚姻关系中才是值得保护的。因此,基于交易基础丧失的补偿请求权在此也是可以考虑的。不过,因信赖生活共同体继续存在而实施增益的交易基础会因此而丧失,生活共同体随着增益(实施)人的死亡而自然终结。[761]

岳父母(或公公、婆婆)因其子女的婚姻而向(未来的)女婿(或媳妇)实施的增益依新近判例不再被作为未具名的增益,而是作为**赠与**。[762] 其理由是,在通常情况中岳父母(或公公、婆婆)的增益并非基于将来还会

---

[755] 参见 BGHZ 87, 145 (147);BGH NJW 1999, 1623。
[756] 参见 MüKoBGB/Koch § 530 Rn. 10。
[757] 参见 BGHZ 116, 167 (169ff.);Brox/Walker SchuldR BT § 9 Rn. 12。
[758] 详见 Brox/Walker SchuldR BT § 9 Rn. 12;Poelzig JZ 2012, 425ff. 。
[759] BGHZ 116, 167 (169ff.);BGH NJW 1997, 2747;1999, 1962 (1965)。
[760] BGHZ 177, 193 (201ff.) = NJW 2008, 3277;BGH NJW 2010, 998 (999f.);2013, 2187 = JuS 2014, 76(Wellenhofer);BGH NJW 2014, 2638;PWW/Stürner § 516 Rn. 24.
[761] BGH NJW 2010, 998 (1000)。
[762] BGHZ 184, 190 = NJW 2010, 2202 (2884);BGH NJW 2015, 1014 Rn. 14ff.;其他观点尚见 BGH NJWRR 2006, 664. 关于反过来的情况,即对同居女友的父母所为的无偿给付的补偿请求权,参见 BGH NJW 2015, 1523;v. Proff NJW 2015, 1482ff. 。

参与被增益客体的期待。因此,最终的财产减少在岳父母(或公公、婆婆)身上已经发生。[763] 不过,联邦最高法院将有关**交易基础丧失**(第 313 条)的原则也适用在了赠与合同上。也就是说,第 527 条及以下不应当作为终局性的特别规定来理解。此外,在婚姻破裂时也可以考虑因**目的丧失**而基于第 812 条第 1 款第 2 句第 2 选项享有的不当得利请求权(参见第 54 节边码 30)。[764]

三、附负担的赠与

24　　当事人可以将赠与和附属约定(Nebenabrede)结合起来,即受赠人应当实施一定的负担。在这种附负担的赠与中,负担的实施并不是赠与人给付的对待给付。确切地说,赠与在完全范围上是一个**无偿**合同,因此,第 516 条及以下可以不受限制地适用。此外还有第 525 条至第 527 条的特别规定。

25　　根据第 525 条第 1 款的规定,赠与人只有在实施赠与后才能请求(受赠人)履行负担。如果受赠人不履行负担,则赠与人依第 527 条第 1 款的规定享有**返还赠与物**的请求权,只要赠与物本应用来实施负担即可。就这一请求权的要件,第 527 条第 1 款参引了有关双务合同解除权的规定。因此,在给付迟延的情况中第 323 条是重要的。如果实施负担的请求权因给付不能(第 275 条)而被排除,则解除权应当根据第 326 条第 5 款的规定判断。[765] 至于请求权的范围,第 527 条第 1 款参引了不当得利法(第 818 条及以下)。也就是说,只要受赠人没有承担加重责任(第 818 条第 4 款、第 819 条第 1 款),受赠人就可以依第 818 条第 3 款的规定主张得利的丧失。

26　　法律未对**负担**(Auflage)作出定义。从无偿性特征中可以得出,受赠人的给付根据当事人的意思也不得是对赠与物的部分补偿。也就是说,受赠人不应用自己的其他财产履行负担,而是要用受赠物履行(参见

---

[763] Brox/Walker SchuldR BT § 9 Rn. 12.
[764] BGH NJW 2010, 2202 (2204ff.); zust. Schmitz NJW 2010, 2207 (2208).
[765] Staudinger/Chiusi, 2013, § 527 Rn. 2.

第 527 条第 1 款末尾）。因此，负担虽然可以减少赠与物的价值，但不能使赠与物的价值完全耗尽。[766] 如果受赠人因为赠与物的瑕疵而必须动用其自身财产，则其在差额被补偿前可依照第 526 条的规定拒绝实施负担。

示例（BGHZ 107, 156）：农民 B 以作成公证书的合同"在继承顺位提前的过程中"将一座庭院所在的土地移转给其儿子 S。S 则负有赋予 B 为期终身的无偿居住权，照料 B，并向其按月支付定期金的义务。S 负担义务在此并不会使无偿性发生问题。由于给付应当从增益的客体中取用，因而属于附负担的赠与。因此，B 可以根据第 525 条的规定请求实施负担。

四、混合赠与

混合赠与与附负担赠与的区别在于，"受赠人"的给付属于应当从受赠人其他财产中提出的部分对待给付。[767] 这一点将导致与纯粹的交换型合同（Austauschverträgen）的区分问题。究竟存在**混合赠与**还是**以友情价实施的买卖**，不应根据客观的价值关系，而应根据当事人的意思判断。也就是说，当事人必须就给付之部分为无偿达成合意。[768]

27

示例：V 以 30 万欧元的价格将价值 50 万欧元的住宅所有权卖给其儿子 S。双方达成合意，土地所有权未被价款补偿的价值不应无偿地使 S 获得增益。

混合赠与的归类是有争议的。根据**区分说**，交易应当拆分成两个独立的部分，在此应对每个部分独立进行判断。[769] **统一说**则分别根据有偿特征还是无偿特征占据优势地位而将交易统一作为赠与或买卖合同。[770]

28

---

[766] Larenz SchuldR II 1 § 47 III；Oetker/Maultzsch Vertragl. Schuldverhältnisse § 4 Rn. 53.
[767] Staudinger/Chiusi, 2013, § 525 Rn. 42.
[768] 参见 BGHZ 82, 274 (281)；BGH NJW-RR 1996, 754 (755)。
[769] 参见 RGZ 54, 107 (110)；148, 236 (239ff.)；iErg auch Harke SchuldR BT Rn. 404，根据该作者观点，在混合赠与中"总是存在预先对对待给付的请求权的部分免除"。
[770] 参见 BGHZ 112, 40 (53)。

主流意见以各法律规范的**目的**为标准。[771] 根据主流意见,原则上应当区分可分的增益和不可分的增益。

29 在可分的增益上**第 518 条**仅适用于无偿部分。如果合同根据该规定因形式瑕疵而无效,则整个交易的命运应当根据第 139 条的规定判断。[772] 在不可分的给付上即便有偿特征占据主导地位,形式强制也适用于整个合同。因为当事人不被允许通过与不要求特定形式的交易相结合来规避需要特定形式的交易的形式强制要求。[773] 因严重忘恩负义而依照**第 530 条**及以下撤回的权利在混合赠与上总是可能的。不过,只有当无偿特征占据主导地位时,给付的客体才能在退还对待给付的同时被请求返还。否则,给付提出者就无偿部分需要依赖价值补偿。[774] **第 521 条**及以下规定的责任减轻的可适用性在可分增益上应根据区分说判断,在不可分增益上则根据统一说判断。[775]

参考文献: *Eichenhofer,* Rückforderung bei Verarmung von Schenker und Beschenktem, LMK 2003, 161; *Grundmann,* Zur Dogmatik der unentgeltlichen Rechtsgeschäfte, AcP 198 (1998), 457; *Henke/Keßler,* Die Rückforderung von Zuwendungen nach endgültiger Trennung, JuS 2011, 686; *Herrmann,* Vollzug von Schenkungen nach § 518 II BGB, MDR 1980, 883; *Huber,* Keine Haftung des Schenkers für Rechtsmängel, ZIP 2000, 1372; *Kollhosser,* Ehebezogene Zuwendungen und Schenkungen unter Ehegatten, NJW 1994, 2313; *Kollhosser,* Zum Bereicherungsanspruch des bedürftigen Schenkers, ZEV 2003, 206; S.Lorenz,Grundwissen-Zivilrecht:Unentgeltliche Rechtsgeschäfte,JuS 2017, 6; *Poelzig,* Die Dogmatik der unbenannten unentgeltlichen Zuwendungen im Zivilrecht, JZ 2012, 425; *v. Proff,* Tod des nichtehelichen Partners und Vermögensausg-leich, NJW 2010, 980; *v. Proff,* Der Ausgleich unentgeltlicher Leistungen an die Eltern der Lebensgefährtin, NJW

[771] So Brox/Walker SchuldR BT § 9 Rn. 28; Schlechtriem SchuldR BT Rn. 192.
[772] Brox/Walker SchuldR BT § 9 Rn. 29.
[773] 参见 Staudinger/Wimmer-Leonhardt, 2005, § 516 Rn. 211f. 。
[774] BGHZ 107, 156 (158); Medicus/Petersen BürgerlR Rn. 381.
[775] Staudinger/Chiusi, 2013, § 516 Rn. 82; ähnlich MüKoBGB/Koch § 516 Rn. 44.

2015, 1482; *Schlinker*, Sachmängelhaftung bei gemischter Schenkung, AcP 206 (2006), 28; *Schreiber*, Grundlagen des Schenkungsrechts, JURA 2013, 361; *Stürner*, Die Haftungsprivilegierung bei der Schenkung und anderen unentgeltlichen Verträgen,JURA 2017,921; *Walker*, Haftungsprivilegierungen, JuS 2015, 865.

第三章　金钱借贷与消费者借贷

第19节　概　述

1　　2002 年的债法改革对借贷法进行了全面调整。过去金钱借贷与实物借贷被统一规定在原第 607 条及以下中，自债法改革后这两种合同类型被放置在不同地方处理（第 488 条及以下和第 607 条及以下）。对于**消费者借贷合同**而言，《第二次消费者借贷指令》（（RL 2008/48/EG））[776] 导致其发生了重大变化。2013 年 9 月 20 日公布的法律[777] 对《消费者权利指令》的转化又产生了其他一些重要影响，它们已于 2014 年 6 月 13 日生效。近年来，为转化《居住不动产借贷指令》（RL 2014/17/EU）于 2016 年 3 月 11 日公布的法律[778] 也发生了一些重要变化，该法于 2016 年 3 月 21 日生效。

一、借贷法的结构

2　　**金钱借贷**与**融资协助合同**（Finanzierungsverträge）被规定在第 488 条至第 515 条中。在第一分节（第 488 条至第 505d 条）中可以找到有关借贷合同的规定。在第 488 条至第 490 条中包括一般规定，而在第 491 条至第 505d 条中则可以找到关于消费者借贷合同的特别规定。第二分节（第

---

[776]　2008 年 4 月 23 日欧洲议会和欧洲理事会关于消费者借贷合同以及废止欧洲理事会第 RL 87/102/EWG 号指令的第 RL 2008/48/EG 号指令，ABl. 2008 L 133, 66。
[777]　BGBl. 2013 I 3642.
[778]　BGBl. 2016 I 396.

506条至第508条)则处理经营者与消费者之间的有偿金融协助。第三分节涉及的是分期供给合同(Ratenlieferungsverträge,第510条)。在转化《居住不动产借贷指令》时引入的第四分节(第511条)涉及不动产消费者借贷合同中的咨询给付(Beratungsleistungen)。第五分节表明,出于保护消费者利益的目的,第491条至第511条是强制性规定(第512条),并规定了第491条至第512条适用于所谓的创业者(Existenzgründer)(第513条)。最后,在转化《居住不动产借贷指令》时引入的第六分节(第514条以下)旨在保护无偿借贷合同及与经营者订立的无偿金融协助合同中的消费者。

表1-3　金钱借贷与消费者借贷

金钱借贷与消费者借贷			
一、借贷合同 1. 一般规定 (第488条至第490条) 2. 对消费者借贷合同的特别规定 (第491条至第505d条) ● 一般消费者借贷合同 ● 不动产消费者借贷合同	二、有偿的金融协助 (第506条至第508条) ● 有偿的延期付款 ● 其他有偿金融协助(比如融资租赁,第506条第2款) ● 分期付款交易 (第506条第3款、第507条以下条文)	三、其他金融协助合同 ● 分期供给合同 (第510条) ● 不动产消费者借贷合同的咨询给付(第511条) ● 无偿借贷合同与无偿金融协助(第514条以下条文)	四、一般规则 ● 不得约定排除适用(第512条) ● 对创业者的适用(第513条)

以灰色突出显示的区域仅涉及经营者与消费者之间的合同,并且核心部分都以欧盟指令为基础。不过,对于第504a条、第505条以及第513条及以下则不存在指令规定。

第607条至第609条规定了有关可替代物的借贷合同(**物的消费借贷合同**)。详情参见第27节边码1及以下。　　　3

二、历史发展

1896年《德国民法典》的立法者将金钱借贷和物的消费借贷统一规　　　4

定在第607条及以下中。相关规定在债法改革前很长时间就已经被认为不符合时代要求。其主要原因在于，立法者认为借贷的无偿性应作为通常情况。

在《德国民法典》之外早就已经为借款人发展出了特别的保护法。开端是**分期付款买卖**（Abzahlungskauf）。立法者在《德国民法典》生效之前就已经认识到，如果买受人与出卖人约定价款的支付分期进行，对于买受人来说会与重大的风险相关联。由于私人买受人在交易上经常是没有经验的，他们可能会对与此相关联的经济负担作出错误评价，因此可能在某个时候就不再能履行支付义务。这一问题被1894年5月16日公布的《**分期付款法**》首次触及。为保护买受人免遭未经深思熟虑的分期付款约定的损害，法律为出卖人规定了说明义务。此外，买受人还被赋予有期限限制的撤回权。[779]

5　《分期付款法》于1990年12月17日公布并被1991年1月1日生效的《**消费者借贷法**》（VerbrKrG）所取代，该法将1986年12月22日公布的《**1987年消费者借贷指令**》（RL 87/102/EWG）[780]转化为国内法。与《分期付款法》不同的是，《消费者借贷法》不仅包括分期付款买卖，而且包括其他所有有偿借贷合同。

2001年11月26日公布的《**债法现代化法**》将《消费者借贷法》连同有关金钱借贷的一般规定一起放到了第三节（第488条及以下）中。但借贷居间合同（《消费者借贷法》第15条至第17条）例外，由于与居间法的关联，它又重新回到了第655a条至第655e条中。

2008年4月23日公布的《**消费者借贷指令**》[781]使得借贷法被进行大规模的修改，尤其是在有关消费者借贷合同和有偿金融协助方面（参见第

---

[779]　参见 Medicus/Lorenz SchuldR BT § 14 Rn. 4；Larenz SchuldR II 1 § 43a I。
[780]　1986年12月22日欧洲理事会关于统一成员国有关消费者借贷法律规定和行政规定的第 RL 87/102/EWG 号指令见 ABl. 1986 L 42, 48。
[781]　2008年4月23日欧洲议会和欧洲理事会关于消费者借贷合同以及废止欧洲理事会第 RL 87/102/EWG 号指令的第 RL 2008/48/EG 号指令，ABl. 2008 L 133, 66；参见 Siems EuZW 2008, 454ff.。

19 节边码 1)。指令以欧盟范围内消费者借贷法的**完全统一**为目的。[782] 因此,在指令适用范围内不允许提高消费者保护水平。[783]

自 2014 年 6 月 13 日起,2011 年 11 月 25 日公布的《**消费者权利指令**》(RL 2011/83/EU)的实施带来更多变化。在转化过程中,消费者合同中撤回权的行使方式和法律效果被完全重新规定了(参见拙著《债法总论》第 41 节边码 22 及以下)。这也对第 495 条第 1 款规定的消费者借贷合同的撤回产生了影响。因此,消费者借贷合同和分期供给合同中**撤回权**的详细情况现在被规定在第 356b 条、第 356c 条中。金融服务合同**撤回权行使的法律后果**在第 357a 条中(参见第 21 节边码 9)得到了概括。

欧盟立法者以《**居住不动产借贷指令**》(RL 2014/17/EU)规定了一个因其特殊性而尚未在《消费者借贷指令》中处理的领域。已于 2016 年 3 月 21 日生效的指令的转化又一次引起了消费者借贷法的重大变化。[784] 这不仅涉及在原第 503 条中规定的不动产借贷合同。确切地说,有关不同约定(现在的第 512 条)和创业者的规定(现在的第 513 条)被向后推移了。此外,被引入的还有关于经营者与消费者之间无偿借贷合同和无偿金融协助(第 514 条、第 515 条)的第六分节,尽管这些规定不是以《居住不动产借贷指令》为基础。[785] 关于第 514 条第 2 款第 1 句和第 515 条的撤回权的特别规定可以在第 356d 条中找到。

三、体系归类

立法者将金钱借贷与物的消费借贷区分开来的合理性在于,实践中金钱借贷(与物的消费借贷不同)**不再涉及物的让与**(通过有形的交付),而是涉及以**转账**或者**借贷框架内授予**的方式使(借款人)取得或者使

6

---

[782] 参见 Palandt/Weidenkaff Vorb. v. § 491 Rn. 6; Derleder NJW 2009, 3195 (3198)。
[783] 参见 Gebauer/Wiedmann/Welter, Zivilrecht unter europäischem Einfluss, 2. Aufl. 2010, Kap. 12 Rn. 19。
[784] 概况参见 Rosenkranz NJW 2016, 1473ff.。
[785] 参见 BeckOK BGB/Möller, 56. Ed. 1. 11. 2020, § 491 Rn. 4; Rosenkranz NJW 2016, 1473 (1475ff.)。

(贷款人)负担一定金额。[786] 这一考虑似乎是妥当的。事实上,与其他借贷交易一样,金钱借贷属于应和让与型合同(包括物的消费借贷合同)清楚地区分开来的合同。此外,与买卖合同发生紧密经济联系的情况也并不少见,这种联系在分期付款交易和分期供给合同中可以特别清楚地显现出来。

参考文献:*Artz*, Schuldrechtsmodernisierung 2001/2002 - Integration der Nebengesetze in das BGB, JuS 2002, 528; *Bülow*, Neues Verbraucherkreditrecht in Etappen, NJW 2010, 1713; *Bülow/Artz*, Verbraucherprivatrecht, 6. Aufl. 2018; *Coester- Waltjen*, Der Darlehensvertrag, JURA 2002, 675; *Derleder*, Die vollharmonisierende Europäisierung des Rechts der Zahlungsdienste und des Verbraucherkredits, NJW 2009, 3195; *Mülbert*, Die Auswirkungen der Schuldrechtsmodernisierung im Recht des》bürgerlichen《Darlehensvertrags, WM 2002, 465; *Rosenkranz*, Das Umsetzungsgesetz zur Wohnimmobilien- kreditrichtlinie und die verbundenen Verträge, NJW 2016, 1473; *Schultheiß*, Grundfälle zum Darlehensrecht, JuS 2017, 628; *Siems*, Die neue Verbraucherkreditrichtlinie und ihre Folgen, EuZW 2008, 454; *Welter*, Verbraucherkredit (§§491 - 512 BGB), in: Gebauer/Wiedmann, Zivilrecht unter europäischem Einfluss, 2. Aufl. 2010, Kap. 12 (S. 551-648).

第20节 金钱借贷

1　　金钱借贷的实践意义不应被忽视。由银行和储蓄所(Sparkassen)实施的**营业性放贷**处于中心地位。在此之外,无偿的借贷也具有一定实践意义。典型的例子是朋友或熟人之间的借贷。[787] 不过,由于较低的利率水平,在过去一段时间经营者和消费者之间(所谓的零利息金融服务)也

---

[786] Begr. RegE, BT-Drs. 14/6040, 251.
[787] 参见 Brox/Walker SchuldR BT § 17 Rn. 2。

越来越多地订立无偿的借贷合同。[788] 由于因此产生的消费者保护需要,立法者现在将这些情况在第 514 条中予以特别规定(参见边码 388)。

一、(金钱)借贷合同的概念

借贷合同被规定在第 488 条第 1 款中。根据该定义,借贷合同的标志是贷款人负有向借款人提供约定金额的**钱款**(贷款)的义务。立法者希望以不特定冠词"某个"的用语表明,贷款人并不负担让与特定纸币或硬币的义务,而是负担使(借款人)取得相应价值的钱款的义务。"提供"的表述旨在表明,不仅现金的交付,所有无纸化的交易形式都被包括在内。[789]

借款人负有支付约定利息及到期返还贷款的义务。特别提及**利息支付义务**表明,第 488 条第 1 款[与旧法不同(参见第 19 节边码 4)]不再以贷款原则上无偿为出发点。[790] 不过,有偿[与偿还义务不同(参见第 20 节边码 14)]并不属于借贷概念的核心。**偿还义务**并不在于返还相同的纸币或硬币,而是与同等数额的钱款相关联。[791]

2

如果当事人约定了利息支付义务,则属于**双务合同**。因此,第 320 条及以下的规定可以适用,在此贷款的提供与利息支付之间存在对价上的关联(参见拙著《债法总论》第 15 节边码 14 及以下)。[792]

二、区分

借贷合同与租赁合同(第 535 条及以下)、用益租赁合同(第 581 条及以下)以及使用借贷合同(第 598 条及以下)等**让与使用权型合同**的区别首先在于,在多数情况中借贷合同并不涉及物的让与(通过纸币或硬币的有形交付)。只要也发生了金钱的有形交付,即与第 929 条规定的所有权让与具有关联。因此,所涉纸币或硬币将长久地保留在借款人那

3

---

[788] 参见 Rosenkranz NJW 2016, 1473 (1475)。
[789] Begr. RegE, BT-Drs. 14/6040, 253.
[790] 参见 NK-BGB/Krämer § 488 Rn. 12。
[791] Begr. RegE, BT-Drs. 14/6040, 253.
[792] MüKoBGB/Berger Vor § 488 Rn. 10; Medicus/Lorenz SchuldR BT § 28 Rn. 8.

里[793],借款人仅需要根据其价值偿还贷款即可。[794] 反之,让与型合同的特征在于,承租人、用益承租人并不能取得所交付物的所有权,且以具体形态返还的必须刚好是交付的物。在这个方面,物的消费借贷合同在让与型合同内部具有特别地位(参见第27节边码1及以下)。不过,这里偿还义务总是与相同种类、质量和数量的物(第607条第1款第2句)相关联,而并非与特定的价值数额相关联。

4 借贷合同与**赠与合同**(第516条及以下)的区别在于,受赠人原则上并不承担偿还义务。[795] 最后,借贷合同与**保管合同**(第688条及以下)存在一定相似性,因为保管人系从寄存人那里接收保管物。然而,保管物的所有权并不会让与给保管人。此外,应当返还的刚好又是接收的客体。有关非常规保管的特别性(第700条)参见第46节边码24及以下。

三、借贷合同的订立

1. 借贷合同作为诺成合同

5 借贷合同(第488条第1款)应当根据一般规则(第145条及以下)通过相互合致的意思表示订立。在债法改革之前对其法律(原第607条)基础存在争议,即借贷合同究竟通过当事人之间的法律行为性合意即已成立,还是直到收到贷款(所谓的要物合同说)时才成立。这一问题在现行法的基础上已经过时。根据现行法,借贷合同属于**诺成合同**。[796]

合意系针对贷款人向借款人**提供**约定**金额**(第488条第1款第1句),以及在贷款到期时应由借款人偿还贷款(第488条第1款第2句)。此外还可以约定借款人支付特定贷款利息(第488条第1款第2句、第3款第3句)。不过,这种约定对借贷合同的概念而言并不是强制的。[797]

合意也可以以默示方式作出,例如通过金融机构向其顾客提供**透支**

---

[793] Brox/Walker SchuldR BT § 17 Rn. 3.
[794] 参见 Brox/Walker SchuldR BT § 17 Rn. 10; Medicus/Lorenz SchuldR BT § 28 Rn. 9。
[795] Brox/Walker SchuldR BT § 17 Rn. 5; Medicus/Lorenz SchuldR BT § 21 Rn. 4.
[796] 参见 Begr. RegE, BT-Drs. 14/6040, 252; Erman/Saenger Vorbem. zu § 488 Rn. 1a; Medicus/Lorenz SchuldR BT § 28 Rn. 10; Schlechtriem SchuldR BT Rn. 202。
[797] Begr. RegE, BT-Drs. 14/6040, 253; NK-BGB/Krämer § 488 Rn. 12.

贷款(参见第21节边码10)。[798]

2. 约定借贷

在"传统"(金钱)借贷之外,实践中还可以找到所谓的**约定借贷**(Vereinbarungsdarlehen)。基于其他原因(比如,基于买卖合同和承揽合同)而负担金钱者,可以与债权人约定将来以借贷的形式负担钱款。也就是说,贷款人在此不再必须承担提供贷款的义务。

深化: 在旧法中这种(合同)设计的可容许性被明确规定了(原第607条第2款)。然而,这种规定的必要性系以过时的想法为基础,即借贷合同的成立取决于作为贷款的金钱的受领,在约定借贷上这一状况并不存在。[799] 约定借贷在合同自由(第311条第1款)的框架下是被允许的,根据现行法这并不存在疑问。[800]

3. 合同的形式

第488条规定的借贷合同原则上**不受形式强制的约束**。[801] 不过,消费者借贷合同依照第492条的规定需要作成**书面形式**(参见第21节边码6)。

4. 第138条规定的借款人保护

(1)要件

借贷合同的有效性可能与第138条相冲突。[802] 在诉讼程序中第138条第2款多数时候并不十分有力,因为暴利行为的主观要件很难被证明。[803] 然而,借贷合同根据第138条第1款可能是违背善良风俗的。在有偿借贷合同中,当给付和对待给付**客观**上处于**显失比例的关系**时(所谓的准暴利行为),就属于这种情况。[804] 在这时首先应当将约定利息与市

---

[798] 关于约定借贷参见 Medicus/Lorenz SchuldR BT § 28 Rn. 11。
[799] 参见 Mot. II, 314; Staudinger/Hopt/Mülbert, 1989, § 607 Rn. 408。
[800] 另参见 MüKoBGB/Berger § 488 Rn. 18; Staudinger/Freitag, 2015, § 488 Rn. 73。
[801] BeckOK BGB/Rohe, 56. Ed. 1. 11. 2020, § 488 Rn. 6.
[802] Hierzu ausf. MüKoBGB/Berger § 488 Rn. 106ff.
[803] Bodenbenner JuS 2001, 1172; Brox/Walker SchuldR BT § 17 Rn. 13.
[804] BGH NJW 1986, 2564 (2565); BGHZ 110, 336 (338); NK – BGB/Looschelders § 138 Rn. 223.

场上通行的利息进行比较。不过,抛开这一点,借贷合同也可能因缔约目的违反善良风俗而无效。

与市场上通行的利息进行比较。就营业性贷款人提供的贷款而言,在约定的利息超过市场通行利息的100%时,违反善良风俗通常会被肯定。[805] 在绝对利息差距达到12%时,亦是如此。[806] 然而,超过这一利息界限并不必然导致违反善良风俗。从个案情况中也可能得出合同并不违反善良风俗。[807] 反之,即便没有超过这一利息界限,但合同其他设计给借款人造成了不可预期的负担时,合同也可能是违反善良风俗的。[808] 在约定的利息超过市场通行利息至少90%时,尤其应当考虑前述情况。[809] 不过,除了上述情况外,借款合同也可能无效,因为其违反善良风俗的目的而缔结。[810]

根据判例贷款人在主观方面必须有可被苛责的想法。[811] 不过,贷款人有意利用了借款人经济上的弱势地位应当就够了。根据主流意见,即便贷款人能够轻松地得出借款人仅仅是基于其经济上的弱势地位,就对其不利的条件视而不见,也存在主观上的要素。[812] 与第138条第2款的暴利要件不同的是,只要合同系在营业性贷款人与消费者之间订立,在类似暴利行为上主观要件即被推定。[813]

示例:N 与其主开户行(B) 就1万欧元的贷款金额订立了一个借贷合同,以便资助一个用于私人目的的汽车购买合同。贷款被立即支付了,利

---

[805] BGH NJW 1986, 2564 (2565); BGHZ 104, 102 (105)= NJW 1988,1659.
[806] BGHZ 104, 102 (106f.); Brox/Walker SchuldR BT § 17 Rn. 14.
[807] Bodenbenner JuS 2001, 1172 (1173); Schlechtriem SchuldR BT Rn. 209f.
[808] BGH NJW 1987, 944 (945); NK-BGB/Looschelders § 138 Rn. 228.
[809] BGHZ 104, 102 (105)= NJW 1988, 1659; 110, 336 (338); Palandt/Ellenberger § 138 Rn. 28f.
[810] 参见 BGHZ 80, 153 (160); 128, 255 (267); Brox/Walker SchuldR BT § 17 Rn. 18。
[811] BGHZ 125, 125, 218 (227); 146, 298 (303 ff.); 160, 8 (14); krit. NK-BGB/Looschelders § 138 Rn. 95.
[812] Vgl. BGHZ 80, 153 (160); 128, 255 (267); Brox/Walker SchuldR BT § 17 Rn. 18.
[813] BGHZ 104, 102 (107) = NJW 1988, 1659; 128, 255 (267); Palandt/Ellenberger § 138 Rn. 30; MüKo-BGB/Armbrüster § 138 Rn. 120; NK-BGB/Looschelders § 138 Rn. 229.

息应当在每月第一天交纳。N 与 B 就 19.8% 的利率达成了一致,尽管市场上通行的利率只有 7.5%。因此,相对值上约定利率超过市场上通行利率达 100%,绝对值也超过 12%。也就是说,给付与对待给付客观上存在显失比例的关系。此外,B 肯定也利用了 N 经济上的弱势地位。由于 N 属于消费者,在诉讼中适用证明责任倒置规则。也就是说,B 必须证明,N 是因为其经济上的弱势地位而答应了贷款条件,或者他至少没有轻率地接受贷款条件。如果 B 不能成功证明,则合同根据第 138 条第 1 款的规定是违反善良风俗的。

(2)法律后果

在违反善良风俗的情况下借贷合同完全无效。它也适用**禁止效力维持的限缩**(Verbot der geltungserhaltenden Reduktion)规则。[814] 这一严格法律后果的合理性在于,借款人的保护要求不得部分维持合同效力。 10

合同的**清算**应当根据第 812 条第 1 款第 1 句第 1 选项的规定实施。根据该规定,贷款人享有贷款的返还请求权。第 817 条第 2 句规定的不当得利返还障碍与此并不冲突,因为贷款并不旨在永久地进入到借款人的财产中,而只是为有限的时间段提供(参见第 54 节边码 43)。[815] 不过,从第 817 条第 2 句的保护目的中可以得出,贷款必须在约定的分期还款周期里返还。[816] 11

借款人是否应当就在此期间贷款的使用支付**利息**,是有争议的。根据判例,同时兼顾第 817 条第 2 款的规定,贷款人并不享有利息请求权。[817] 然而,这会导致贷款人遭受不被第 138 条第 1 款的保护目的所包含的处罚。因此,通说正确地认为,贷款人可以请求适当(市场上通行)的利息。[818] 由于效力维持限缩的禁止规定,这一请求权不能从合同中得 12

---

[814] 参见 NK-BGB/Looschelders § 138 Rn. 230; Palandt/Ellenberger § 138 Rn. 19。
[815] BGHZ 99, 333 (338f.); Larenz/Canaris SchuldR II 2 § 68 III 3c。
[816] BGHZ 99, 333 (338f.); BGH NJW 1989, 3217; 1993, 2108; Oetker/Maultzsch Vertragl. Schuldverhältnisse § 3 Rn. 11。
[817] BGH NJW 1983, 1420 (1422f.); 1989, 3217 (3218); 1993, 2108。
[818] NK-BGB/Looschelders § 138 Rn. 232; Brox/Walker SchuldR BT § 17 Rn. 19; Medicus/Petersen BürgerlR Rn. 700;其他观点见 MüKoBGB/Berger § 488 Rn. 123。

出,而是从第818条第2款规定的价值补偿义务中得出。[819] 如果借款人已经支付了根据该规定并不负担的利息,则借款人可以根据第812条第1款第1句第1选项及第817条第1句的规定请求返还。

示例:在主开户银行案中(参见第20节边码9),B基于第812条第1款第1句第1选项在约定的分期还款期中对N享有贷款偿还请求权。此外,根据这里所持的观点,B可以根据第818条第2款的规定就提供贷款的时间向N请求支付7.5%的市场通行利息。

四、基于借贷合同产生的义务

1. 贷款人的义务

13 在金钱借贷中,贷款人根据第488条第1款第1句的规定负有向借款人提供**约定金额**的义务。这一点通常是通过现金支付或者存入借款人的银行账户来实现的。不过,(贷款的)支付也可以向作为信托受托人(Treuhänder)的公证人实施。公证人这时应当负责,在特定要件具备时(比如,用于贷款担保的土地质权设立)使借款人能够得到贷款金额。[820] 如果贷款系用于资助买卖合同,则在实践中经常可以发现贷款金额直接转账给出卖人的设计。[821]

除上述义务外,为保护借款人的利益,贷款人还负担**保护义务**(第241条第2款),尤其是与其财产相关的保护义务。虽然贷款人一般性的咨询义务、警示义务或说明义务并没有被承认,但如果贷款人相比于借款人就借贷交易的重要情况或风险具有具体知识上的优势,并且能够认识到这一点,则存在例外情况。[822]

---

[819] 以第818条第2款为标准的还有Staudinger/Lorenz, 2007, §817 Rn. 12; NK-BGB/Looschelders §138 Rn. 232; Flume BGB AT §18, 10;反之,支持对利息约定作效力维持限缩的有Jauernig/Mansel §139 Rn. 9。

[820] MüKoBGB/Berger §488 Rn. 35.

[821] 参见Brox/Walker SchuldR BT §17 Rn. 22。

[822] BGH NJW 1999, 2032; Medicus/Lorenz SchuldR BT §28 Rn. 15.

2. 借款人的义务

在借款人这边,借贷以到期(第 488 条第 1 款第 2 句)的**偿还义务**为特征。[823] 虽然贷款的偿还义务与贷款人向借款人提供贷款的义务并不处于对价关系中(参见第 20 节边码 2)。[824] 根据主流意见,这种义务并不属于单纯的附随义务,而是借款人的主义务。[825]

14

此外,在有偿借贷中,借款人还负有**支付约定利息**的义务。只要当事人未另有约定,利息即应当在每年终了之时,最迟应当在贷款金额偿还之时支付(第 488 条第 2 款)。

此外,若贷款人对受领具有可认识到的经济利益,借款人还负有**受领贷款**的义务。在有偿借贷中这一点原则上应予承认。[826] 仅在存在特别约定时,借款人才负有设定担保的义务。[827]

3. 义务违反的法律后果

如果贷款人没有及时提供贷款,则借款人(以存在其他要件为条件)基于第 280 条第 1、2 款,第 286 条的规定享有**损害赔偿请求权**。此外,借款人还可以根据第 288 条第 1 款的规定请求支付迟延利息。在有偿的借贷合同中,在贷款支付前借款人还可以行使第 323 条规定的解除权。

15

如果借款人没有及时履行其**偿还义务**,贷款人可以根据第 280 条第 1、2 款,第 286 条的规定请求迟延损害赔偿,以及根据第 288 条第 1 款的规定请求迟延利息。在借款人没有及时支付利息时,基于第 280 条第 1、2 款,第 286 条享有的损害赔偿请求权也是可以被考虑的。然而,由于复利禁止规定(Zinseszinsverbot)(第 289 条)的存在这里并不负担迟延利息。因迟延而终止借贷合同参见第 21 节边码 23。

在**违反保护义务**时可以考虑的是基于第 280 条第 1 款、第 241 条第 2

---

[823] MüKoBGB/Berger § 488 Rn. 42; Staudinger/Freitag, 2015, § 488 Rn. 61.
[824] Brox/Walker SchuldR BT § 17 Rn. 24.
[825] Palandt/Weidenkaff § 488 Rn. 8; Jauernig/Berger § 488 Rn. 25.
[826] Zur Abnahmepflicht vgl. Oetker/Maultzsch Vertragl. Schuldverhältnisse § 3 Rn. 31f.; Medicus/Lorenz SchuldR BT Rn. 585; Harke SchuldR BT Rn. 379.
[827] BGH NJW 2000, 957 (958); MüKoBGB/Berger § 488 Rn. 56; Medicus/Lorenz SchuldR BT Rn. 585.

款(结合第 311 条第 2 款的先合同领域)的损害赔偿请求权。[828] 此外,可以考虑第 314 条规定的终止。

五、贷款的到期

16 根据第 488 条第 1 款第 2 句的规定,借款人的偿还义务取决于贷款的**到期**。到期的时间点主要根据当事人的约定判断。只要当事人对此没有作出约定,即采纳第 488 条第 3 款第 1 句的以贷款人或者借款人终止贷款为标准。在此不仅正常终止可以被考虑,特别终止也可以被考虑。

1. 正常的终止

17 不仅贷款人,借款人也可以**根据第 488 条第 3 款**的规定以 3 个月的期限**正常地终止借贷合同**。[829] 在此期限经过后即应当偿还贷款。只要不负担利息,借款人根据第 488 条第 3 款第 3 句的规定也有权不经终止而立即返还贷款,因为贷款人并不会因此遭受经济上的不利。[830]

示例:G 以 3%的利率向 N 提供了数额 2000 欧元的贷款,并没有约定偿还期限。G 与 N 可以根据第 488 条第 3 款的规定在任何时候正常地终止合同。然而,N 必须在终止后 3 个月内偿还贷款。针对这段时间他还应当向 G 支付利息。

18 此外,即便约定了到期的时间点,借款人仍享有**第 489 条规定的正常终止权**。立法者在固定利率(第 489 条第 1 款)的有偿借贷合同和非固定、也即随着市场调整利率(第 489 条第 2 款)的有偿借贷合同之间作了区分。在这时固定利率被称为"有约束力的应然利率",并在第 489 条第 5 款中被详细定义了。

依照第 489 条第 2 款的规定,**非固定利率**的有偿借贷合同可以在任何时间借助 3 个月的期限终止。

19 在**固定的利息约定**时(有约束力的应然利率),如果利息约束在确定的偿还时间之前终结,且没有就利率作出新的约定,合同可以根据第 489

---

[828] 参见 BeckOK BGB/Rohe, 56. Ed. 1. 11. 2020, § 488 Rn. 87。
[829] Brox/Walker SchuldR BT § 17 Rn. 26; MüKoBGB/Berger § 488 Rn. 235.
[830] Medicus/Lorenz SchuldR BT § 28 Rn. 23; Schlechtriem SchuldR BT Rn. 221.

条第1款第1项的规定终止。终止最早可以在利息约束届满时作出,这时终止期限为一个月。在任何情况中终止都可以在完全收到贷款金额10年后以6个月的期限实施(第489条第1款第2项)。

深化:第489条规定的终止权旨在保护借款人免受过长合同拘束的损害。终止权尤其旨在使借款人在利率下降时调整债务(Umschuldung)成为可能。[831] 不过,在固定的利率约束下,贷款人对长期贷款的可计算性也必须予以考虑。第489条第1款的不同规则表明了这一点。[832]

如果借款人在终止生效后两个星期内**没有偿还**负担的款项,则视为其没有实施终止(第489条第3款)。借款人的终止权根据第489条第4款的规定原则上是强制性的。

2. 特别的终止权

根据第490条的规定,双方当事人享有特别终止权。如果贷款的偿还因借款人的财产关系或由借款人设定的担保的价值发生或将发生严重恶化而受到威胁,则**贷款人**享有第490条第1款规定的无须一定期限的特别终止权。[833] 对贷款人利益的危险,例如,为担保目的而移转的物被毁坏或者借款人被提起了强制执行措施。[834] 在贷款支付之前,这一终止权不受限制地存在("在有疑问时总是"),因为不能期待贷款人去承担"近在眼前"的损失风险。[835] 在贷款支付后,从"原则上"的表述中可以得出利益衡量的必要性。[836] 根据这一观念,如果个案中贷款人的负担是可以期待的,则终止是不被允许的。如果贷款的返还请求在数额上可能会使借款人破产,而以分期偿还对借款人来说也是可能的,即是这种情况。[837]

根据第490条第2款的规定,就被**土地质权或者船舶质权**担保的附有

---

[831] 参见 HK-BGB/Wiese § 489 Rn. 1。
[832] 参见 MüKoBGB/Berger § 489 Rn. 2。
[833] 参见 BeckOK BGB/Rohe, 56. Ed. 1. 11. 2020, § 490 Rn. 6ff.;批判见 Freitag WM 2001, 2370 (2375)。
[834] Oetker/Maultzsch Vertragl. Schuldverhältnisse § 3 Rn. 43.
[835] MüKoBGB/Berger § 490 Rn. 15.
[836] MüKoBGB/Berger § 490 Rn. 18.
[837] BT-Drs. 14/6040, 254; Jauernig/Berger § 490 Rn. 7.

约束力应然利率(固定的利息约定)的借贷合同,**借款人**可以在遵守第488条第3款第2句的情况下终止合同,只要借款人的正当利益要求如此,且自完全受领贷款起已经经过6个月。例如,第490条第2款第2句列举了借入客体以其他方式变价的需要。这一需要系以个人原因(比如,借款人生病或者失业)或者经济上的考虑为基础,但并不重要。[838] 贷款人的利益因借款人必须根据第490条第2款第3句的规定向贷款人支付**提前到期的赔偿**而得到了考虑。

23   不依赖于第490条第1、2款的要件,双方当事人可以根据**第313条**、**第314条**的规定终止合同(第490条第3款)。如果借款人已经**迟延**支付利息或者分期还款额,第314条规定的终止权尤其可以被考虑。[839] 不过,一次的支付迟延本身并不属于重大事由。[840] 确切地说,根据第498条第1句第1项以及第543条第2款第3项字母a项的规定,借款人原则上必须至少前后相继的两次陷于重要部分迟延。[841] 在消费者借贷上,第498条规定的终止权限制(参见第21节边码23)可以直接适用。

参考文献:*Bodenbenner*, Rechtsfolgen sittenwidriger Ratenkreditverträge, JuS 2001, 1172; *Budzikiewicz*, Die Verjährung im neuen Darlehensrecht, WM 2003, 264; *Bunte*, Rückabwicklung sittenwidriger Ratenkreditverträge, NJW 1983, 2674; *Coester-Waltjen*, Der Darlehensvertrag, JURA 2002, 675; *Hey*, Neues zu Sicherungsgrundschuld und Darlehen im BGB-Gefahren für Darlehensnehmer bei Kreditverkäufen?, JURA 2008, 721; *Krüger*, Kreditzusage ohne Kreditgewährung?, WM 2002, 156; *Schnauder*, Sorgfalts- und Aufklärungspflichten im Kreditgeschäft, JZ 2007, 1009. Vgl. auch die Nachweise zu § 19.

---

[838] 参见 BT-Drs. 14/6040, 255; BGHZ 136, 161 (167)。
[839] 参见 Emmerich SchuldR BT § 8 Rn. 22, 25; Medicus/Lorenz SchuldR BT § 28 Rn. 25。
[840] 参见 Palandt/Weidenkaff § 490 Rn. 11:"重复发生的迟延"。
[841] 参见 BGHZ 95, 362 (373); MüKoBGB/Berger § 490 Rn. 49。

第21节 消费者借贷

一、消费者借贷合同

第491条至第515条含有关于**消费者**(第13条)与**经营者**(第14条)之间借贷合同的规定。处于中心位置的是实践中特别重要的消费者借贷合同(第491条至第505d条)。 1

1. 适用领域

(1)一般特征

第492条及以下的适用范围在第491条中得到了确定。自《居住不动产指令》(参见第19节边码1)转化以来,第491条不再含有消费者借贷合同的一般定义,而是在第1款第2句中区分两种形式:普通—消费者借贷合同和不动产—消费者借贷合同。然而,从第2款和第3款的法律定义中可以得出,它们各自都属于作为贷款人的**经营者**和作为借款人的**消费者**之间订立的**有偿借贷合同**。也就是说,这些要件可以视为消费者借贷合同两种形式的共同特征。 2

消费者与经营者的概念原则上应当根据一般规则(第13条、第14条)确定。然而,在消费者借贷合同法上主流意见认为,多数人组成的非商业性团体(**民事合伙**)也应当**视为消费者**。因为各个合伙人在此与消费者一样也是值得保护的。[842] 尽管如此,联邦最高法院的相关指导性判例仍然依据《消费者借贷法》第1条。[843] 对于某一合伙人为法人的情形,2017年3月30日后续判决否认了消费者身份。至于其余案例类型(所有

---

[842] BGHZ 149, 80 = NJW 2002, 368; BGH NJW 2017, 2752; Palandt/Weidenkaff § 491 Rn. 5; BeckOK BGB/Möller, 56. Ed. 1. 11. 2020, § 491 Rn. 41; Bülow/Artz, Verbraucher-kreditrecht, 10. Aufl. 2019, § 491 Rn. 32; 批评观点见 Staudinger/Kessal-Wulf, 2012, § 491 Rn. 27。

[843] BGHZ 149, 80 (83)= NJW 2002, 368.

合伙人都是消费者),根据现行法律状况尚不确定。[844] 在解释时应当注意的是,第13条仅仅谈到了"自然人",在第14条中明确谈到的"有权利能力的人合公司"在这里刚好没有提及。[845] 此外,欧洲法院也认为,消费者概念仅包括**自然人**。[846] 由于民事合伙的合伙人类推适用《德国商法典》第128条的规定,应当对合伙债务承担责任,他们在非商业目的活动中可能是值得保护的。然而,这种保护不应当通过扩张消费者概念,而应当通过限制《德国商法典》第128条规定的合伙人责任来实现。[847]

根据第14条的规定,**经营者**概念包括自然人、法人以及有权利能力的人合公司。经营者的活动并非必须针对贷款的发放(比如,银行、储蓄所)。需要的仅仅是,经营者订立借贷合同的行为系从事营业活动或独立的职业活动。就此而言,经营者一次或者偶尔发放贷款的行为也包括在内。[848]

第491条以**借贷合同**的概念与第488条的特征取得了联系。在此**有偿**仍然是消费者借贷合同概念的必要特征。[849] 经营者与消费者之间的无偿借贷合同自2016年3月21日起适用第514条的规定。

(2) 普通−消费者借贷合同

3　　普通消费者借贷合同概念在第491条第2款中得到了定义。该定义详细阐明了其一般特征。然而,第2款第2句也提及了一些即便具备第491条第2款第1句规定的要件,也不能作为普通消费者借贷合同的合同。属于此类的主要是金额少于200欧元的**小额借贷**(Bagatelldarlehen)(第491条第2款第2句第1项)、费用较低的3个月短期贷款(第491条第2款第2句第2项),以及**雇主提供的优惠利率贷款**(第491条第2款第2句第4项)。在**国家资助**的框架下以低于市场通行利率订立的借贷合同,亦是如此(第491条第2款第2句第5项)。最后,不动产−消费者借

---

[844]　BGH NJW 2017, 2752:否认消费者身份。
[845]　也可见 BGH NJW 2017, 2752 Rn. 26。
[846]　EuGH NJW 2002, 205 (zur Klausel-RL)。
[847]　详见 MüKoBGB/Micklitz § 13 Rn. 20。
[848]　BGHZ 179, 126; PWW/Pöschke § 491 Rn. 15.
[849]　参见 BeckOGK/Knops, 1. 9. 2020, BGB § 491 Rn. 82。

贷合同(第491条第2款第2句第6项)亦非普通消费者借贷合同。也就是说,两种形式彼此被清楚地区分开来。

(3)不动产-消费者借贷合同

根据第491条第3款的规定,不动产-消费者借贷合同同样需要表现出所有共同特征。借贷合同还必须受到**土地质权**或者**实物负担**(Reallast)的担保,或者旨在服务于土地或建筑物**所有权的取得或者维持**,或**类似土地的权利**(比如地上权)的取得或维持。也就是说,与旧法相比,有关不动产-消费者借贷合同的规定的适用范围不再限于受到土地质权担保的贷款。[850] 有关特殊性也不再能够在单一规定中找到(原第503条),而是在各相关部分一同规定。

4

(4)第三人的参与

有关消费者借贷合同的规定也适用于消费者就借贷合同所为的**债务加入**(Schuldbeitritt)[851],以及根据第414条及以下作出的**免责的债务承担**。[852] 反之,第491条及以下对保证则不适用(参见第90节边码10、35)。

5

2.特定形式的需要

(1)要件

与普通借贷法的一个重要不同是第492条第1款第1句规定的**形式要求**。只要没有规定更为严格的形式,消费者借贷合同就应当以书面形式订立。不过,根据第126条第3款的规定,书面形式也可以被**电子形式**代替(第126a条)。

6

形式强制旨在阻止消费者**未经深思熟虑就订立合同**。因此,第492条第2款结合《德国民法典施行法》第247条第6—13款详细规定了合同应当包括哪些内容。最后,贷款人负有向借款人提供合同表示副本的义务(第492条第3款)。

---

[850] 参见 BeckOGK/Knops, 1.9.2020, BGB § 491 Rn. 145。
[851] BGHZ 133, 71; 134, 94; 179, 126 (134); Palandt/Weidenkaff § 491 Rn. 10。
[852] Brox/Walker SchuldR BT § 17 Rn. 38; Medicus/Lorenz SchuldR BT § 28 Rn. 34; 批评观点见 Erman/Nietsch § 491 Rn. 49, 51。

与第 167 条第 2 款以及联邦最高法院先前的判例不同[853],形式规定也适用于借款人为订立消费者借贷合同而作出的**授权**(第 492 条第 4 款第 1 句)。[854]

(2)法律后果

7 违反形式要求的法律后果被规定在第 494 条。它属于第 125 条第 1 句和第 139 条的特别规定。依照第 494 条第 1 款的规定,如果书面形式完全没有被遵守或者欠缺《德国民法典施行法》第 247 条第 6—13 款规定的内容,借贷合同**无效**。

如果消费者接受了贷款,则第 494 条第 2 款规定的无效后果并不发生。也就是说,**形式瑕疵被补救了**。不过,为保护消费者免遭过重负担的损害,**合同内容**将根据 494 第 2—4 款的规定进行**调整**。尤其是在缺乏应然利率(Sollzinssatz)、实际年利率(effektiven Jahreszin)或总金额等内容之情形下(第 2 款),作为消费者借贷合同基础的应然利率将减少为法定利率。没有告知的费用也不必由借款人负担(第 4 款)。如果合同中缺少对合同期限或者终止权的陈述,则借款人可以在任何时间终止合同。只要贷款金额没有超过 7.5 万欧元,就不能请求合同中没有陈述的担保(第 6 款)。贷款人应当向借款人提供已经考虑了合同内容修改的合同副本(第 7 款)。在这种情况中第 495 条规定的撤回权期限直到收到副本时才开始起算(第 356b 条第 3 款)。

3. 撤回权与考虑时间

8 与分时度假合同(参见第 17 节边码 9)一样,对消费者而言,核心的保护手段是**撤回权**(第 495 条第 1 款结合第 355 条)。借款人借此可以获得对合同的法律后果和经济后果仔细思考的机会。根据第 491a 条结合《德国民法典施行法》第 247 条第 2 款第 13 项的规定,消费者**在合同订立时就**

---

[853] BGH NJW 2001, 1931 (1932) mwN.
[854] Medicus/Lorenz SchuldR BT § 28 Rn. 37; Artz JuS 2002, 528 (533); Bülow NJW 2002, 1145 (1147).

应当已经获得关于撤回权的**说明**。[855] 考虑到《消费者借贷指令》的规定,撤回权的一般履行方式(第355条)在一些地方被修正了。详细情况现在位于第356b条中。根据第355条第2款第1句的规定撤回权必须在14天的**期限**内向贷款人表示。撤回权期限原则上随着合同的订立**开始起算**(第355条第2款第2句)。不过,根据对消费者借贷合同来说重要的特别规则,在贷款人向借款人提供为其准备的合同书以及借款人的书面要约或相应副本之前,撤回权将不起算(第356b条第1款)。

深化:在普通消费者借贷合同中,如果向借款人提供的文本并未包括《德国民法典》第492条第2款结合《德国民法典施行法》第247条第6—13款规定的**必要陈述**(Pflichtangaben),则撤回权期限自这些陈述根据第492条第4款的规定补正时开始起算(第356b条第2款第1句)。在不动产-消费者借贷合同中,如果向借款人提供的文书中并未包含《德国民法典》第492条第2款结合《德国民法典施行法》第247条第6款第2款就撤回权规定的必要陈述内容,亦是如此。在这些情况中,撤回权的期限是自收到这些陈述起一个月(第356b条第2款第3句)。也就是说,对撤回权期限的起算来说,交付含有必要陈述的合同文本与在经营场所外订立的合同和远程销售合同中**对撤回权的说明具有相同的功能**(第356条第3款第1句)。[856] 不过,与那里不同的是,普通消费者借贷合同中的撤回权并非最迟在2个月及14天后消灭,而是原则上可以无期限地行使(所谓的"永久"撤回权)。[857] 反之,不动产—消费者借贷合同则适用于在商业场所外订立的合同和远程销售合同相同的**最长时间界限**(第356b条第2款第4句)。

消费者借贷合同**撤回的法律效果**应当根据第355条第3款的一般规定(参见拙著《债法总论》第41节边码33),以及第357a条有关金融服务合同的特别规则(参见拙著《债法总论》第42节边码48及以下)确定。第

---

[855] 参见 Begr. RegE, BT-Drs. 16/11643, 129; Palandt/Weidenkaff § 495 Rn. 2; Dassbach JA 2016, 325(328)。

[856] 参见 Bülow/Artz, Verbraucherkreditrecht, 10. Aufl. 2019, § 495 Rn. 76。

[857] Bülow/Artz, Verbraucherkreditrecht, 10. Aufl. 2019, § 495 Rn. 78。

355 条第 3 款第 1 句规定,在撤回的情况下受领的给付应当**毫不迟延地**返还。这一规定得到了第 357a 条第 1 款的补充,即回复**最迟应当在 30 天内**进行。它属于第 355 条第 3 款第 2 句意义上的**最长期限**。对经营者来说撤回权期限自撤回表示到达时起算;对消费者来说,撤回权期限则自撤回表示发出时起算。就贷款支付后至偿还前的时间段,借款人应当根据第 357a 条第 3 款的规定**按约定利率**支付利息。借款人只有在受到土地质权担保的贷款上才能进行使用价值更低的证明。

10　　第 495 条规定了**撤回权被排除**的若干情形。第 1 项涉及的情况是,借款合同系在**债务重组**(Umschuldung)的框架下订立。具体来说涉及的是,当事人通过偿还约定对贷款人因借款人迟延支付而有权终止的(第 498 条)原有借贷合同进行补偿或替代。撤回权的排除在此旨在使约定能够更为迅速地实现。[858] 不过,如果通过新合同可以避免法庭程序,且总金额低于原合同的剩余债务,则存在例外。在应当作出公证书的借贷合同上,如果公证员确认借款人基于第 491a 条和第 492 条享有的权利已经得到保障(第 2 项),则不存在撤回权。法定的公证书义务必不可少。然而,由于借贷法并不含有规定对借贷合同应当作出公证书的规则,这一例外的意义很低。[859] 在**授予透支机会**的情况下,如果合同期限最长不超过 3 个月,或者借款人能够不经设定期限而终止合同,并因此可以在任何时候偿还贷款的,撤回权同样被排除(第 504 条第 2 款)。在第 505 条规定的**容忍透支**上,亦是如此(第 3 项)。

11　　在**不动产-消费者借贷合同**中,在撤回权根据第 495 条第 2 款的规定被排除的情况下,借款人受到第 495 条第 3 款的保护。根据该款规定,借款人在合同订立前被赋予自要约交付之日起至少七天的**考虑时间**,在此期间贷款人仍然受其要约的约束。这种考虑时间尤其在第 495 条第 2 款第 1 项规定的债务重组上具有实际意义。[860]

---

[858] 参见 MüKoBGB/Schürnbrand/Weber § 495 Rn. 117。

[859] 参见 BeckOK BGB/Möller, 56. Ed. 1. 8. 2020, § 495 Rn. 31; Bülow/Artz, Verbraucherprivatrecht, 6. Aufl. 2018, Rn. 333。

[860] 参见 BeckOK BGB/Möller, 56. Ed. 1. 8. 2020, § 495 Rn. 33。

4. 贷款人的信息提供义务

为转化《消费者借贷指令》(参见第 19 节边码 1),《德国民法典》显著**扩张了**贷款人的**信息提供义务**。[861] 在消费者借贷合同、有偿金融协助以及借款居间合同上,人们可以在《德国民法典施行法》第 247 条第 1—17 款中找到有关信息提供义务的广泛规定。第 491a 条第 1 款表明,贷款人应向借款人告知规定的详细情况。[862] 在普通-消费者借贷合同和不动产-消费者借贷合同上,可以在《德国民法典施行法》第 247 条附件 7 和 8 中找到撤回信息的**官方模板**。

12

此外,根据第 491a 条第 3 款的规定,贷款人负有**在借贷合同订立前**向借款人作出适当解释的义务,以便借款人能够判断合同能否满足其追求的目的,以及是否适合其财产关系。贷款人在**合同关系存续期间**的**信息提供义务**则规定在第 493 条中。

5. 不动产-消费者借贷合同中的咨询给付

对于**不动产-消费者借贷合同**,在转化《居住不动产借贷指令》时引入的第 511 条为贷款人规定了其他信息提供义务与咨询义务。涉及的情况主要是,贷款人就与不动产-消费者借贷合同有关联的单个或多个交易行为向借款人提供个性化的推荐。在贷款人提供这些**咨询给付**前,贷款人应当根据第 511 条第 1 款结合《德国民法典施行法》第 247 条第 18 款规定向借款人提供特定信息。属于此类的有关于咨询给付的费用的陈述,以及贷款人的推荐究竟系以自己的产品为基础,还是也以其他提供者的大量产品为基础。根据第 511 条第 2 款的规定,贷款人必须获取借款人的需要、个人状况或经济状况,以及偏好和目的等信息,并在此基础上对足够数量借贷合同的适合性进行检验。基于这一检验,贷款人应当向借款人提供某个或多个适合的产品,或者向借款人提示,其不能推荐产品(第 511 条第 3 款第 1 句)。

13

---

[861] 批评观点见 Derleder NJW 2009, 3195 (3199):"先合同信息义务的聚宝盆"。
[862] 详见 Bülow/Artz, Verbraucherprivatrecht, 6. Aufl. 2018, Rn. 306; Dassbach JA 2016, 325(328)。

6. 相互结合或相互关联合同中消费者的保护

14 在实践中,消费者借贷合同经常旨在服务于买卖合同的融资。只要两个合同形成了经济统一体(第358条第3款第1句规定的**相互结合合同**),则第495条第1款规定的借贷合同的**撤回**将会渗透到受资助的交易(也即买卖合同)上(第358条第2款)。反之,如果消费者已经撤回了(比如,根据第312g条)被资助的交易(第358条第1款),则他也不再受借贷合同的约束。在这种情况中第495条第1款规定的撤回权不再被有关受资助交易的撤回权排除(与原第358条第2款第2句还不一样)。如果消费者借贷缔结的时间晚于受资助交易,第495条第1款的规定将获得实践意义,因为这样的话第495条第1款规定的撤回权期限将比受资助交易的撤回权期限更长。[863] 如果消费者从受资助的交易中享有**抗辩**(比如,第437条规定的瑕疵权利),则他也可以依照第359条的规定向贷款人主张此种抗辩(参见拙著《债法总论》第41节边码49及以下)。

15 **撤回权的渗透**因第360条的规定而延伸到**相互关联的合同**上(参见拙著《债法总论》第41节边码46及以下)。这一规定旨在避免就特定合同存在的撤回权丧失价值,因为就另外一个与此关联的合同并不存在撤回权。[864] 因此,第360条第1款第1句规定,在撤回时消费者也不受被撤回合同的关联合同的约束。只有当并**不存在相互结合的合同**时,第360条的规定才适用。也就是说,第358条具有优先地位。根据第360条第2款第1句的定义,如果某个合同与被撤回的合同展现出某种关联,并且应当由被撤回合同的经营者或者基于第三人与被撤回合同的经营者之间的约定由第三人提出给付时,即存在**相互关联的合同**。根据第360条第2款第2句的规定,如果贷款完全服务于资助被撤回的合同,并且经营者基于被撤回合同负担的给付刚好在消费者借贷合同中被准确地说明了,则借贷合同也是相互关联的合同。也就是说,受资助合同的撤回在此至少通过第360条第1款第1句的规定渗透到了借贷合同上。相反,如果消费者

---

[863] 参见 Brox/Walker SchuldR AT § 19 Rn. 48。

[864] 参见 Palandt/Grüneberg § 360 Rn. 1。

撤回了借贷合同,则与此相互关联的合同是否存在应当根据第 360 条第 2 款第 1 句的一般标准判断。[865] 可以考虑的尤其是有关额外给付及**剩余债务保险**(Restschuldversicherung)的合同,不过,在这些情况中经常已经存在第 358 条第 3 款规定的相互结合的合同。[866]

为转化《居住不动产借贷指令》,《德国民法典》将有关相互结合和相互关联合同的规则扩张到了经营者与消费者之间的**无偿借贷合同**上,在这些无偿借贷合同上第 514 条第 2 款赋予了消费者撤回权。在术语方面需要注意的是,经营者与消费者之间的无偿借贷合同并不是消费者借贷合同,因为这些合同以贷款的**无偿性**为特征(参见第 21 节边码 2)。因此,第 358 条、360 条只是说到"借贷合同"。

16

7. 其他保护规定

(1)放弃抗辩的无效

在**贷款人的请求权被让**与时,消费者对新债权人享有的所有**抗辩**可以继续保留。根据一般规则,债务人在债权让与时受到第 404 条及以下的保护(参见拙著《债法总论》第 52 节边码 36 及以下)。然而,这一规定是任意性的。因此,第 496 条第 1 款通过对第 404 条规定的抗辩以及第 406 条规定的抵销机会的放弃无效强化了对借贷人的保护。

17

示例:N 与其主开户银行(B)订立了数额为 2 万欧元的借贷合同。N 每个月应当缴纳的还款额为 500 欧元。B 将其分期还款债权让与给了第三人(D)。如果 N 对 B(比如,对存款的取款权)也享有请求权,则其可以依照第 406 条的规定以这一请求权与 D 的分期偿还债权进行抵销,即便 N 已经放弃了对 B 的这一权利。然而,N 是否抵销应留待其自己决定。第 496 条第 1 款保护的仅是消费者的决定自由。

值得注意的是,**第 407 条及以下**在第 496 条第 1 款中并没有被提及。然而,由于第 407 条及以下高度的正义内涵(Gerechtigkeitsgehalt),在其规范对

18

---

[865] PWW/Stürner § 360 Rn. 4, 6.
[866] Palandt/Grüneberg § 360 Rn. 3;关于剩余债务保险见 BGHZ 184, 1; Heinig VersR 2010, 863ff.。

象上第 496 条第 1 款也应当类推适用。[867]

(2)汇票与支票的禁止

19　　消费者还应被保护,免遭约定与借贷合同关联的其他(抽象)债务的损害,因这些抽象债务消费者可能面临**书证诉讼与票据诉讼**(Urkunden- und Wechselprozess)**的风险**(《德国民事诉讼法》第 592 条及以下)。[868] 因此,消费者根据第 496 条第 2 款的规定不能承担为贷款人的请求权约定票据债务的义务。贷款人也不能接收支票。对于仍然出具的汇票或支票,消费者可以在任何时候请求返还。如果借款人因汇票或支票的交付产生了损害,则其对贷款人享有不以过错为要件的赔偿请求权。[869]

(3)借款人的迟延

20　　对于借款人的支付迟延,第 497 条第 1 款第 1 句参引了第 288 条第 1 款的规定。因此,依第 288 条第 1 款第 2 句的规定,**迟延利息**高出基础利率 5%(参见拙著《债法总论》第 13 节边码 39)。在**不动产-消费者借贷合同**上,第 497 条第 4 款第 1 句将迟延利息降低到高出基础利率 2.5%。

深化:乍一看参引第 497 条第 1 款第 1 句似乎是多余的,因为第 288 条第 1 款在债务人迟延上本来就可以适用。因此,该规定真正的意义在于使贷款人免于复利。其原因在于,拖欠的利息(rückständige Zinsen)也可能属于"他(消费者)基于借贷合同负担的支付义务"。[870] 因此,第 497 条第 1 款第 1 句规定的是第 289 条第 1 句的例外。不过,另一方面,消费者也通过以下方式得到了保护,即迟延发生后产生的利息依第 497 条第 1 款的规定受往来账户禁令(Kontokorrentverbot)的调整,以及贷款人就这些利息可能享有的范围广泛的损害赔偿请求权(第 289 条第 2 句结合第 280

---

[867] NK-BGB/Müller § 496 Rn. 4;MüKoBGB/Schürnbrand § 496 Rn. 8.

[868] Oetker/Maultzsch Vertragl. Schuldverhältnisse § 3 Rn. 69;Brox/Walker SchuldR BT § 17 Rn. 55.

[869] 参见 NK-BGB/Müller § 496 Rn. 11;Palandt/Weidenkaff § 496 Rn. 4。

[870] 参见 BT-Drs. 14/6040, 256;MüKoBGB/Schürnbrand/Weber § 497 Rn. 7;BeckOK BGB/Möller, 56. Ed. 1. 8. 2020, § 497 Rn. 5。

条第1、2款、第286条)被限制在法定利率(第246条)上。[871]

迟延损害包价化旨在使法院从法律争议中的简化计算中解脱出来。此外,当事人应当能够更好地预见迟延的经济后果。[872] 不过,与普通迟延法不同(参见拙著《债法总论》第26节边码21)的是,不仅贷款人可以证明**更高的损害**,借款人也可以证明**更低的损害**(第497条第1款第2句)。此外,第497条第1款在这一点上具有隔离效果,因为贷款人不能请求赔偿**履行利益**[比如,以到履行期前赔偿(Vorfälligkeitsentschädigung)的形式]。[873]

(4)部分给付时的清偿确定

如果借款人提供了**部分给付**,而该部分给付并不足以清偿全部到期债务,则这部分给付根据第367条第2款的一般规则将首先用于抵扣费用,然后抵扣利息,最后用于抵扣主给付(参见拙著《债法总论》第17节边码14以下)。在有偿消费者借贷合同上其后果是,贷款金额不能减少或不能在全部范围内减少。[874] 因此,主债务将不会减少。[875] 基于这一理由,第497条第3款第1句规定,部分给付在权利救济(Rechtsverfolgung)费用之后,应当首先抵扣负担的金额,直到最后才抵扣利息。对于消费者而言这也具有好处,因为因迟延发生产生的利息的损害赔偿请求权受到第497条第2款第2句的限制。[876] 此外,第497条第3款第2句规定,与第266条(参见拙著《债法总论》第12节边码3)不同,部分给付不得拒绝。**消灭时效**自迟延发生时按照第497条第3款第3句的规定中止。

根据第497条第4款第2句的规定,这些规则对**不动产–消费者借贷合同**并不适用,仅就第497条第3款第3句规定的消灭时效不完成存在例外。

(5)分期支付贷款的整体到期状态(Gesamtfälligstellung)

如果借款人迟延清偿贷款或者**迟延**支付利息(第286条),则贷款人根

21

22

23

---

[871] 参见 MüKoBGB/Schürnbrand/Weber § 497 Rn. 7。
[872] BT-Drs. 14/6040, 256.
[873] BGH NJW 2016, 1379; BeckOK BGB/Möller, 56. Ed. 1. 8. 2020, § 497 Rn. 6.
[874] Reinicke/Tiedtke KaufR Rn. 1522.
[875] Oetker/Maultzsch Vertragl. Schuldverhältnisse § 3 Rn. 73.
[876] 关于这一联系见 MüKoBGB/Schürnbrand/Weber § 497 Rn. 25。

据第 314 条的规定可能享有**特别终止权**(参见第 20 节边码 23)。由于这种终止会给借款人造成严重负担,在消费者借贷上其要件被第 498 条第 1 款第 1 句加重了。根据该规定只有当借款人**至少对前后相继的两次分期还款额**(全部或部分)陷于迟延,且**全部未偿还款项**根据各贷款期限的不同至少占到贷款数额 5%或 10%时,终止才是被允许的(第 1 项)。此外,贷款人必须已经以借款人不支付时将请求全部剩余债务的表示为借款人偿还剩余款项设定了两周的**期限**而无效果(第 2 项)。在任何情况中期限设定都是必要的。不能准用第 323 条第 2 款。[877] 在**不动产-消费者借贷合同**上存在特殊性,借款人迟延支付的部分至少应占贷款数额的 2.5%(第 498 条第 2 款),通常应与半年的欠款(Zahlungsrückstand)相当。[878]

第 498 条第 1 款适用的前提是,借款人应当以**分期支付**的方式清偿贷款。从第 1 款第 1 项的要求中可以得出,至少应约定分三期付款。[879]

在贷款根据第 498 条的规定被终止时,**全部剩余债务将到期**。然而,与提前偿还贷款时一样(参见第 21 节边码 24),剩余债务将要减去贷款的利息和其他取决于贷款期限的费用,这些费用在累进计算时将分摊到终止生效后的时间(第 501 条)。

(6)贷款人和借款人的终止权

24　　在普通消费者借贷合同上,第 499 条第 1 款限制了**贷款人的终止权**。如果约定了特定的合同期限,则贷款人不能通过合同被授予终止权。此外,即便终止期限不超过两个月,有关贷款人终止权的约定也是无效的。不过,在存在相应约定时,贷款人基于合理理由(比如,在此期间借款人的财产状况恶化)有权**拒绝**未约定固定期限贷款的**支出**(第 499 条第 2 款)。

在无特定借款期限的普通-消费者借贷合同上,**借款人依照第 500 条第 1 款第 1 句的规定有权不经第 488 条第 3 款第 2 句的一般期限而终止

---

[877]　OLG Celle ZGS 2007, 119 (120); Staudinger/Kessal-Wulf, 2012, § 498 Rn. 20.
[878]　参见 BT-Drs. 16/9821, 21; MüKoBGB/Schürnbrand/Weber § 498 Rn. 5; BeckOK BGB/Möller, 56. Ed. 1. 8. 2020, § 498 Rn. 11。
[879]　So auch Jauernig/Berger § 498 Rn. 2; MüKoBGB/Schürnbrand/Weber § 498 Rn. 4; Brox/Walker SchuldR BT § 17 Rn. 60;其他观点见 BeckOK BGB/Möller, 56. Ed. 1. 8. 2020, § 498 Rn. 3:约定两期还款即为已满足。

借贷合同。终止期限超过一个月的约定,根据第 500 条第 1 款第 2 句的规定是无效的。此外,第 500 条第 2 款还赋予借款人任何时候**提前履行**基于消费者借贷合同产生的全部或部分债务的权利。在这种情况下全部费用将根据第 501 条的规定减少。不过,贷款人可以根据第 502 条的规定请求合理的**提前到期赔偿**。

第 499 条和第 500 条第 1 款对**不动产-消费者借贷合同**并不适用。反之,第 500 条第 2 款规定的提前履行借贷合同的权利原则上也适用于不动产-消费者借贷合同。不过,如果当事人约定了有约束力的应然借款利率(Sollzinssatz),则借款人在应然借款利率拘束的期限内,仅在存在**正当利益**时才能提前履行其债务。比如,在借款人基于其经济关系或身份关系的改变(比如失业或离婚)而被迫将为担保贷款而设定负担的不动产用作他处时,即应当考虑提前清偿的权利。[880]

(7)基于新冠病毒危机的请求权临时延期

为了减轻新冠病毒危机的经济后果,立法者暂时性地扩张了对消费者的保护。《德国民法典施行法》第 240 节第 3 条第 1 款针对消费者借贷合同明确规定,在 2020 年 4 月 1 日至 2020 年 6 月 30 日之间到期的贷款人对于偿还本金、利息和分期给付的请求权,随着到期的发生而被延期三个月。延期的后果是,相应期间内请求权的到期被依法推迟了。因此,消费者在延期这段时间内不会陷入迟延。[881] 依照《德国民法典施行法》第 240 节第 3 条第 4 款的规定,基于消费者还款迟延、财产状况严重恶化或为贷款所提供的担保的价值减少而产生的终止权在延期期间经过前都被排除了。然而,由于消费者在延迟期间无论如何都没有陷入迟延,该规定的第一种情况仅具有宣示作用。根据《德国民法典施行法》第 240 节第 3 条第 4 款的规定,贷款人应当就彼此同意调整的可能性和可能的支持措施向消费者提供对话。如果在 2020 年 6 月 30 日之后仍未能达成相互同意的调整,合同期限将依照《德国民法典施行法》第 240 节第 3 条第 5

24a

---

[880] BeckOK BGB/Möller, 56. Ed. 1.8.2020, § 500 Rn. 10.
[881] Begr. RegE, BT-Drs. 19/18110, 38.

款的规定再延长三个月,此时合同给付的各到期时点均被推迟这一期限。立法者想借此防止,消费者在过渡期间内不得不提供双重给付。[882]

8. 消费者信用状况的检验义务

25   第505a条至第505d条规定了贷款人在消费者借贷合同订立之前检验消费者信用状况的义务。这些规定适用于所有消费者借贷合同,也包括不动产—消费者借贷合同。如果贷款人违反了此义务,则借贷合同中约定的应然借款利率将根据第505d条第1款第1句和第2句的规定降低到市场上通行的利率。此外,借款人可以根据第505d条第1款第3句不经设定期限而在任何时候终止合同,并且不必支付提前到期的赔偿(第502条)。最后,在借款人不能按照合同规定履行其义务时,如果借款人的义务违反是因为贷款人在按照规定检验信用状况时可能本不会订立借贷合同,则贷款人不能就此请求损害赔偿(第505d条第2款)。根据第505d条第3款的规定,如果信用状况检验的瑕疵是因借款人故意或重大过失没有向贷款人正确地提供或者保留了评价其信用状况所必要的信息所导致,则第505d条第1款和第2款规定的法律后果也不会发生。

二、有偿的金融协助

1. 概述

26   根据第506条第1款的规定,对普通消费者借款合同适用的关于相互联结和相互关联合同的规定(第358条及以下),以及多数对消费者借贷而言重要的保护规定,也适用于那些经营者向消费者提供有偿延期支付(Zahlungsaufschub)和其他有偿金融协助的合同。如果**有偿的延期支付**或**其他有偿金融协助**与土地、建筑物所有权或类似土地的权利的取得或维持有关,或经营者的请求权受到土地债务或实物负担的担保,则可以准用不动产—消费者担保合同的规定。这样参引的考虑是,有偿的金融协助

---

[882] 参见BeckOGK/Knops, 1.9.2020, BGB § 491 Rn. 67。

与贷款具有相似性。[883] 因此,根据第 506 条第 1 款的规定,消费者享有第 495 条第 1 款规定的**撤回权**。撤回权的履行方式和法律后果被规定在第 355 条及以下中。作为出发点,第 355 条的基本规范再次适用。由于有偿的金融协助应当被视为**金融服务**,还应当补充考虑第 357a 条。[884]

就有偿金融协助合同**撤回的法律后果**,第 357a 条第 2 款第 2—5 句中含有特别规定。第 357a 条第 2 款第 2 句通过参引第 357 条第 5—8 款的方式规定了**受资助经营者给付的回复**(参见拙著《债法总论》第 42 节边码 50)。根据第 357a 条第 2 款第 2 句的清楚文义,这一参引仅直接适用于被**第 506 条第 4 款的例外**包含的关于有偿金融协助的合同。重要的例子是为现金支付价格(Barzahlungspreis)少于 200 欧元的合同提供的金融协助(第 506 条第 4 款结合第 491 条第 2 款第 1 项)。在这些合同上消费者不享有第 495 条第 1 款结合第 506 条第 1 款规定的撤回权,但撤回权也可以从其他规定,也即从第 312g 条中产生。然而,依照第 357a 条第 3 款第 4 句的规定,第 357a 条第 2 款可以准用于所有其他有偿金融协助的合同,因为对受资助给付的回复并不依据现金支付价格是否低于 200 欧元。[885]

由于不同的参引,撤回权的规则非常不清晰。因此,在那些不在第 506 条第 4 款适用范围的合同中,消费者就受资助货物的价值损失支付**价值补偿**的义务来自于第 357a 条第 3 款第 4 句结合第 357a 条第 2 款第 2 句、第 357 条第 7 款的规定。依照第 357a 条第 3 款第 4 句的规定,根据第 357 条第 7 款第 2 项**就撤回权**向消费者进行的必要**说明**在这里将被《德国民法典施行法》第 247 节第 12 条第 1 款和第 6 条第 2 款规定的**必要陈述**所取代。[886]

没有与第 506 条第 1 款取得关联的是第 492 条第 4 款就**授权的形式需要**所作的规定。参引也不包括有关**透支贷款**的规定(第 504 条至第 505

---

[883] Brox/Walker SchuldR BT § 18 Rn. 1; Reinicke/Tiedtke KaufR Rn. 1500.
[884] 参见 Leier in Brönneke/Tonner, Das neue Schuldrecht, 2014, Kap. 5 Rn. 20; Brox/Walker SchuldR BT § 18 Rn. 8.
[885] 参见 Palandt/Grüneberg § 357a Rn. 5。
[886] 详见 Bülow/Artz, Verbraucherkreditrecht, 10. Aufl. 2019, § 495 Rn. 226ff. 。

条),这些规定本来也是无关的。[887]

2. 关于有偿使用客体的合同

27 根据第506条第2款第1句的规定,如果消费者负有购买客体的义务(第1项),经营者可以向消费者请求购买客体(第2项),或者消费者在合同终结时必须为客体的特定价值承担责任(第3项),则在经营者与消费者之间存在的关于**有偿使用客体**的合同应当作为有偿的金融协助。最为重要的例子是**融资租赁合同**(参见第24节边码2)。[888]

28 根据第506条第2款第2句的规定,对于附有消费者的**剩余价值担保**(Restwertgarantie)的合同(第506条第2款第1句第3项),消费者的提前履行权(第500条第2款)以及经营者对到期前赔偿的请求权(第502条)并不适用。这些限制的可容许性来自,所涉合同并不被指令所包含。不过,立法者将它们(消费者的提前履行权以及经营者对到期前赔偿的请求权)纳入了有偿金融协助的规则中,因为经营者通过消费者的剩余价值担保可以获得合同客体的**完全摊提**(Vollamortisation)。[889]

深化:第506条第2款第1句第3项是否也包括实践中流行的按里程结算(Kilometerabrechnung)的机动车融资租赁,是有争议的。反对适用该规定的理由是,消费者在这种合同设计中不必对机动车的特定价值(在固定金额意义上)承担责任。[890] 不过,通过合同中约定的消费者就更高里程数或过度损害承担的补偿义务也得以间接确保,融资租赁合同出租人(经营者)的费用可以得到完全摊提。因此,主流意见正确地认为,第506条第2款第1句第3项可以类推适用于里程结算合同。[891]

---

[887] 参见 Begr. RegE, BT-Drs. 16/11643, 145。

[888] BeckOK BGB/Möller, 56. Ed. 1.8.2020, § 506 Rn. 16; Skusa NJW 2011, 2993ff.; Bayerle JA 2013, 659ff.

[889] 参见 Begr. RegE, BT-Drs. 16/11643, 146。

[890] LG Bielefeld DAR 2012, 543; Skusa NJW 2011, 2993; Omlor NJW 2010, 2694 (2697)。

[891] So OLG Düsseldorf NJW-RR 2013, 1069; Palandt/Weidenkaff § 506 Rn. 5; Staudinger/Stoffels, 2018, Leasing Rn. 37b; Bayerle JA 2013, 659 (661f.); Bülow WM 2014, 1413 (1414)。

3. 分期付款交易

分期支付交易是有关**以分期付款为条件**给付特定物或提供特定其他给付的合同(第506条第3款)。分期付款交易因经营者并不立即获得对待给付而具有贷款的特征,经营者于此要承担消费者破产的风险。最重要的适用案例是**受资助的分期付款买卖**。与消费者借贷合同相比,分期付款交易表现出了一些**特殊性**。这些特殊性通过第507条、第508条的特别规则得到了考虑。

(1)形式瑕疵的法律后果(第507条)

第494条第1—3款以及第4款第2句有关形式瑕疵法律后果的规定并不适用于分期付款交易(第507条第1款)。第507条第2款在特定缺陷上虽然规定了合同**无效**,但就已经向消费者交付了物或提供了给付的情形规定了**治愈机会**。即便在补救的情况下,如果没有对全部金额或实际年利率作出说明,现金支付价格也仅以法定利率计息。如果经营者仅在分期付款的情况下提供物或服务,则先合同信息义务以及合同中的特定说明根据第507条第3款的规定并非必要。背后的考虑是,这里并不存在将要分摊到利息和费用上的现金支付价格。[892]

(2)支付迟延时经营者的解除权(第508条)

在**消费者支付迟延**时,经营者依照第506条第1款的规定享有第498条规定的**终止权**。由于分期付款交易并不是真正的继续性债之关系,除终止权外还可以考虑的是第323条规定的**解除权**。[893] 经营者可以在两种权利之间自由选择。[894] 不过,为在解除情形中保护消费者的利益,第508条第1句规定,经营者仅在第498条规定的条件下才能因给付迟延而解除合同。[895]

深化:从教义学的角度应当注意的是,第508条第1句并不能成立独立的解除权,而是限制经营者根据其他规定享有的解除权。只要当事人

---

[892] 参见 Palandt/Weidenkaff § 507 Rn. 2。
[893] 参见 BeckOK BGB/Möller, 56. Ed. 1. 8. 2020, § 508 Rn. 2。
[894] 参见 NK-BGB/Müller § 508 Rn. 2; Staudinger/Kessal-Wulf, 2012, § 508 Rn. 27。
[895] Emmerich SchuldR BT § 6 Rn. 26.

未就消费者的付款迟延赋予经营者约定解除权,第 323 条即是重要的。[896] 然而,第 323 条规定的解除权未与迟延相关联(参见拙著《债法总论》第 33 节边码 1)。尤其应当注意的是,第 286 条规定的催告可能比第 323 条第 2 款规定的期限设定在更大范围上不必要。不过,只要满足了第 498 条规定的质的要求,第 323 条的要件原则上也就具备了。

32　　如果经营者决定解除合同,则分期付款交易将转化为第 346 条及以下规定的**恢复债之关系**(Rückgewährschuldverhältnis)。[897] 经营者尤其可以请求返还买卖物。如果经营者自己又重新取回了给付的物,则应当视为解除权的行使,即便解除权没有被明确表示出来(第 508 条第 5 句)。[898] 如果有关给付物的合同与消费者借贷合同**关联**起来,并且贷款人又重新取得了物(比如,基于让与担保),亦是如此(第 508 条第 6 句)。[899]

三、分期供给合同

33　　**分期供给合同**是经营者与消费者之间订立的,或者以分期付款为条件分期给付多个相互从属的出卖物,或者经常性地提供同种类物的合同(第 510 条第 1 款第 1 句第 1 项和第 2 项)。反复购买或订购物的义务也属于一种分期供给合同(第 510 条第 1 款第 1 句第 3 项)。由于对待给付在给付后会立即到期,这些合同并不具有贷款的特征[900],因此也不被《消费者借贷指令》所包括。然而,分期供给合同隐藏着消费者匆忙地受到期限较长合同约束的风险,而未能全面掌握经济上的风险。[901] 因此,消费者显得特别需要保护。

示例:分期供给合同的例子包括,多卷本百科辞典的购买(第 510 条

---

[896] 参见 BeckOK BGB/Möller, 56. Ed. 1. 8. 2020, § 508 Rn. 4; Palandt/Weidenkaff § 508 Rn. 2。

[897] 参见 PWW/Nobbe § 508 Rn. 19; Emmerich SchuldR BT § 6 Rn. 26。

[898] 参见 Staudinger/Kessal-Wulf, 2012, § 508 Rn. 32ff.; Gursky SchuldR BT 56。

[899] 参见 Jauernig/Berger § 508 Rn. 5。

[900] 参见 BGH NJW 2003, 1932 (1933); PWW/Pöschke § 510 Rn. 2。

[901] BGH NJW 2003, 1932 (1933); Brox/Walker SchuldR BT § 18 Rn. 15。

第1款第1句第1项)或者报纸和杂志的订阅(第510条第1款第1句第2项)。反之,付费电视订阅合同则不能作为分期供给合同,因为这里不属于经常性地供应某物。[902]

在分期供给合同上最为重要的保护手段也是第355条规定的**撤回权**。然而,第510条第2款仅就那些既非以远程销售方式,亦非在经营场所外订立的分期供给合同规定了独立的撤回权规则。除此以外,撤回权还可以从第312g条中得出(参见拙著《债法总论》第42节边码23及以下)。[903] 对这两个领域而言,撤回权履行方式和法律后果的构建在相当大的范围内是平行的。第355条第2款规定的14天的撤回权期限直到消费者已经被符合要求地告知了撤回权时才起算(第356条第3款第1句或者第356c条第1款)。撤回权最迟在合同订立或依照第356条第2款对撤回权期限常规起算重要的时间点后经过2个月又14天终结(第356条第3款第2句或者第356c条第2款)。也就是说,与消费者借贷合同(第356条第3款第3句)不同,这里并**不存在"永久"撤回权**(参见拙著《债法总论》第41节边码30)。

分期供给合同**撤回的法律后果**直接适用或基于第357c条的参引而适用以远程销售方式或在交易场所外订立合同时撤回的法律后果。

依照第510条第1款第1句、第2句的规定,只要消费者在合同订立时没有被给予调取包括一般交易条款在内的合同规定,并以可复制的形式存储的机会,分期供给合同就需要**书面形式**。合同的内容应以文本形式向消费者提供(第510条第1款第3句)。

最后,有关**相互结合**和**相互关联合同的规定**(第358条及以下)也是可以适用的。也就是说,分期供给合同可以像任何买卖合同一样与借贷合同相结合或关联。[904] 然而,第491条第2款、第3款规定的消费者保护限制(参见第21节边码2)在分期供给合同上也应予注意(第510条第3

34

---

[902] BGH NJW 2003, 1932;Palandt/Weidenkaff § 510 Rn. 3;Staudinger/Kessal - Wulf, 2012, § 510 Rn. 18;赞同类推适用见 NK-BGB/Müller § 510 Rn. 9。
[903] 参见 Palandt/Weidenkaff § 510 Rn. 17。
[904] BeckOK BGB/Möller, 56. Ed. 1.8.2020, § 510 Rn. 15;Palandt/Weidenkaff § 510 Rn. 7.

款第1句)。

四、无偿的借贷合同和金融协助

35 在转化《居住不动产借贷指令》的过程中,德国立法者将有关无偿借贷合同和无偿金融协助的规定(第514条、第515条)也纳入到了《德国民法典》中。这些规则以消费者在所谓的"零利率金融"情况中也值得保护的思想为基础(参见第20节边码1)。因此,第514条第1款以参引第497条第1—3款、第498条、第505a条至第505c条以及第505d条第2—4款的形式确保,在无偿借贷合同中消费者也可以被保护免遭可能的**过重负债**的损害。[905] 第514条第2款赋予消费者第355条规定的**撤回权**,除非第312g条第1款规定的撤回权已经存在。就无偿借贷合同按照第495条第2款第1项旨在服务**债务重组**的情况,法律规定了其他例外。

贷款人应当依照第514条第2款第3句的规定在借款人发出意思表示之前向其**说明**其享有撤回权的情况。与第355条第2款第2句不同,**撤回权期限**在告知实施前根据第356d条的规定将不起算。不过,撤回权无论如何最迟在合同订立或就撤回权未告知后经过2个月又14天而消灭,但须告知系在合同订立后实施。也就是说,借款人在这些情况下并**不享有"永久"撤回权**。[906]

36 根据第515条的规定,在**无偿金融协助**上可准用第514条及第358条至第360条的规定。通过参引第514条也表明,消费者的撤回权(第514条第2款),以及第514条第1款中列举的其他保护规定对消费者是可以适用的。与第514条不同,在第515条中明确参引第358条至第360条的规定是必要的,因为借贷合同的概念在第358条及以下(参见第21节边码14及以下)中并不包括金融协助。也就是说,就此而言与第506条第1款并无不同,该款就有偿金融协助同样明确地参引了第358条至第360条的规定。

---

[905] BT-Drs. 18/7584, 143; BeckOK BGB/Möller, 56. Ed. 1.8.2020, § 514 Rn. 2.
[906] 参见BeckOGK/Mörsdorf, 1.9.2020, BGB § 356d Rn. 6。

五、创业者

根据第513条的规定,有关消费者借贷、其他金融协助以及分期供给合同的规定也保护所谓的创业者。在此涉及的是自然人为**开始营业活动或职业活动**请求他人提供贷款、迟延付款或其他金融协助,或者为这一目的而订立分期供给合同。如果净贷款金额或者现金支付价格超过75万欧元,消费者保护规定即不适用。保护规定的适用范围扩大到创业者身上并非基于欧盟法的规定。然而,从欧盟法的视角来看对此也不存在疑问。

根据文义和体系解释,第513条与第514条、第515条意义上的**无偿借贷合同**及**无偿金融协助**并无关联。不过,第513条根据其旨意和目的可以准用,因为创业者并不比消费者更不值得保护。[907] 类推适用所必要的规范漏洞可以从第514条、第515条直到立法程序后期才被加入到法律草案中得出,而不用考虑对第512条、第513条的影响。[908]

六、不同约定

根据第512条的规定,第491条至第511条、第514条第1款、第515条的规定属于不能作出不利于消费者的不同约定的半**强行法**。立法者以这种方式实现了有效的消费者保护。由于第513条与第512条相关联,这一强制特征也能使创业者获益。

参考文献:*Bayerle*, Verbraucherschutz beim (Kfz -) Leasing, JA 2013, 659; *Brönneke/Tonner*, Das neue Schuldrecht, 2014; *Bülow*, Neues Verbraucherkreditrecht in Etappen, NJW 2010, 1713; *Bülow*, Finanzierungsleasing als sonstige Finanzierungshilfe nach § 506 Absatz 1 BGB, WM 2014, 1413; *Bülow/Artz*, Verbraucherkreditrecht, 10.

---

[907] 参见 BeckOGK/Harnos, 1. 9. 2020, BGB § 514 Rn. 18;其他观点见 MüKoBGB/Schürnbrand/Weber § 514 Rn. 8; Erman/Nietsch § 514 Rn. 5; PWW/Pöschke § 514 Rn. 2; Bülow/Artz ZIP 2016, 1204 (1208)。

[908] 对此详见 BeckOGK/Harnos, 1. 9. 2020, BGB § 514 Rn. 18.1ff. 。

Aufl. 2019; *Bülow/Artz*, Unentgeltliche Kreditverträge- ein neues Paradigma im deutschen Verbraucherprivatrecht, ZIP 2016, 1204; *Dassbach*, Vorvertragliche Informationspflichten, JA 2016, 325; *Gsell/Schellhase*, Vollharmonisiertes Verbraucherkreditrecht- Ein Vorbild für die weitere europäische Angleichung des Verbrauchervertragsrechts?, JZ 2009, 20; *Heinig*, Anwend- barkeit der Vorschriften über verbundene Verträge auf Verbraucherdarlehens- und Restschuldversicherungsverträg, VersR 2010, 863; *Herresthal*, Die Verpflichtung zur Bewertung der Kreditwürdigkeit und zur angemessenen Erläuterung nach der neuen Verbraucherkreditrichtlinie, WM 2009, 1174; *Hofmann*, Die Pflicht zur Bewertung der Kreditwürdigkeit, NJW 2010, 1782; *Omlor*, Finanzierungsleasing unter der neuen Verbraucherkreditrichtlinie, NJW 2010, 2694; *Reinicke/Tiedtke*, Kaufrecht, 8. Aufl. 2009; *Roth*, Heilung und Wirksamwerden von mit formnichtiger Vollmacht geschlossenen Verbraucherdarlehensver-trägen, WM 2003, 2356; *Schürnbrand*, Verbraucherschutz bei unentgeltlichen Finanzierungen, WM 2016, 1105; *Skusa*, Anwendbarkeit der Verbraucherschutzvorschriften auf Leasing- und Mietkaufverträge, NJW 2011, 2993. Vgl. auch die Nachweise zu § 19 und § 20.

第二编

转让使用的合同

转让使用的合同(Überlassungsverträge),其特征是:合同一方当事人负有义务,暂时向相对人转让对某物或其他标的之使用。

第一章 使用租赁合同与商业租赁

第22节 一般使用租赁法

一、概述

1. 使用租赁合同的概念与意义

使用租赁合同(Mietvertrag)的特征是：以支付约定的租金换取**暂时转让对某物的使用**(第535条)。因此，此处涉及第320条及以下规定意义上的双务合同。不同于买卖合同和承揽合同，此处涉及的不只是单次交换给付，契约义务毋宁是长期的。因此，使用租赁关系是继续性债务关系。[1]

使用租赁合同在经济上具有重大意义，尤其是在**住房**租赁中必须兼顾社会层面。承租人的生存依赖于住房，所以在租赁合同当事人间存在类似于雇员与雇主关系中的结构性不平等(参见拙著《债法总论》第3节边码7)。因此，关于住房租赁的特别条文(第549条及以下)以保护承租人的立法模式为基础。

2. 2001年至2002年间的债法及租赁法改革

2002年的**债法改革**并未对租赁法领域造成根本变动。第536条及以下的特别瑕疵担保法未受波及，因此，其无须协调一般给付障碍法的立法构造。[2]

---

[1] 详见 Weller JZ 2012, 881ff.。
[2] 参见 Looschelders, DMT-Bilanz 2011, 141ff.；Hau JuS 2003, 130ff.。

但是，2001年6月19日的《租赁法改革法》（Mietrechtsreformgesetz）已然完成对租赁法的全新规制。改革的目标是使租赁法的构造清晰并推动其现代化。此外，还要将过去陆续颁布的单行法纳入《德国民法典》中，正如第557条及以下规定了《租金额度规制法》（Gesetz zur Regelung der Miethöhe）。改革还特别重视关于住房租金的特别规则，并且加大了对房屋承租人的保护。但是，对承租人而言，规则的清晰度与可理解性没有得到根本改善。

3. 新近发展

4 近来，立法者在租赁法领域采取了更多行动。其中，2013年3月11日颁布的《租赁法变更法》[3]（MietRÄndG 2013）尤其值得一提。该法的核心目标是促进节能现代化，因此第555条之后新增了第1a分目（第555a条至第555f条）。这些法条规定，承租人原则上必须容忍维持措施与现代化措施。现代化措施非常注重建筑修缮，由此可持续节约与租赁物相关的终端能量。制定法称之为**能源的现代化**（参见第555b条第1项）。关于现代化情形下租金上涨的可容许性见第22节边码59c。

改革的另一个重要目标是就**租金上涨**为承租人提供保护。为达成该目标，若涉及以合理的条件向居民提供充足的出租房，州政府有权通过法规决定哪些地区面临租金上涨风险。据此，相对于第558条第3款第1句规定的一般**截断界限**，这些地区的**租金上涨**依据第558条第3款第2句、第3句的规定会受到更多的限制（参见第22节边码59c）。

最后，2013年的《租赁法变更法》变更了《德国民事诉讼法》（例如第283a条、第885条第2至5款、第885a条、第940a条第3款）。这一变更旨在**简化对迁出令的执行**。据此，若承租人有计划地逃避支付租金的义务（所谓的"租赁游牧族"），则应使出租人能够对承租人采取有效措施。[4]

5 在既存租赁关系中限制**涨租**不足以保障以适当价格向承租人提供住

---

[3] BGBl. 2013 I 434.
[4] 参见 Begr. RegE, BT-Drs. 17/10485, 1f.。

房。所以,当**再次出租**的住房属于市场上**紧俏的房屋**时,依 2015 年 4 月 21 日颁布,6 月 1 日生效的《关于在紧俏住房市场上抑制租金上涨与在房屋居间中强化定作人原则的法律》[5](Gesetz zur Dämpfung des Mietanstiegs auf angespannten Wohnungsmärkten und zur Stärkung des Bestellerprinzips bei der Wohnungsvermittlung),将可允许的租金限制在本地市价增溢的10%以内(所谓的"**租金刹车**")。为此,第 556c 条之后新增了第二分目(第 556d 条至第 556g 条)(参见第 22 节边码 59a)。

此外,2015 年 4 月 21 日颁布的法律旨在防止出租人将**自己选择居间人**产生的费用转嫁给承租人。因此,依据《房屋中介法》(WoVermittG)第 2 条第 1a 款的规定,仅当居间人依据**与找房人的合同**且**仅为找房人利益**从事活动时,方成立对找房人的支付请求权(参见第 37 节边码 15)。[6]

2018 年 12 月 18 日的《租赁法调整法》[7]加剧了租金刹车。[8] 此外,在现代化的情形下,进一步限制了涨租的可允许性(参见第 22 节边码 59c)。

4. 租赁法的体系

租赁法的规则**构造**效仿民法典中通常预先设立总则的方式。相应地,最开始是适用于**所有租赁关系**的一般条款(第 535 条至第 548 条),尤其是关于当事人的权利义务、租赁物瑕疵时的瑕疵担保以及终止。第二目包括针对**住房租赁**的特别条款(第 549 条至第 577a 条)。此目中同样首先规制了一般问题(第 549 条至第 555 条),例如形式与押金。紧接着是关于租金(第 556 条至第 561 条)、出租人质权(第 562 条至第 562d 条)、合同当事人变更(第 563 条至第 567b 条)以及租赁关系(特别是通过终止)结束(第 568 条至第 576b 条)的条款。于此,立法者顺应了租赁关系的典型进程。[9] 此外,当出租房上成立住宅区分所有权时,则有保护

6

---

[5] BGBl. 2015 I 610.
[6] BT-Drs. 18/3121, 17.
[7] BaBl. 2018 Ⅰ 2648. 该法于 2019 年 1 月 1 日生效。
[8] 详见 *Selk* NJW 2019,329ff.。
[9] 参见 Jauernig/*Teichmann* Vor § 535 Rn. 2。

承租人的特别条款(第 577 条、第 577a 条)。第三目的特别条款涉及关于**其他**特定**物**的租赁关系,例如土地、非住宅房屋或已登记的船舶(第 578 条至第 580a 条)。

5. 区别

7   **用益租赁合同**(Pachtvertrag)(第 581 条及以下)与使用租赁合同有两点区分:一方面,由于用益出租人不仅保障用益承租人对合同标的的使用,还须保障其享有孳息(第 99 条),故用益出租人的义务宽于使用出租人;另一方面,用益租赁的标的非仅限于物(第 90 条),依第 581 条第 1 款,权利与其他标的也可进行用益租赁(第 25 节边码 3)。

8   **使用借贷合同**(Leihvertrag)(第 598 条及以下)的特征是无偿地转让物之使用(第 26 节边码 1)。故使用借贷合同属于受制定法调整的情谊合同。[10]

9   不同于**物之消费借贷**(Sachdarlehen)(第 607 条及以下),使用租赁合同的出租人(如同在用益租赁与使用借贷的情形中)只向合同相对人转让对合同标的物的占有。因此,所有权关系维持不变。在物之消费借贷的情形中,出借人应当使借用人取得对相关可替代物的所有权。[11] 因此,借用人所负义务并非归还所转让的物,而是偿还同等种类、品质与数量的物(第 27 节边码 5)。

10   使用租赁与**保管合同**(Verwahrungsvertrag)(第 688 条及以下)的区别在于所负担的行为。使用出租人须向承租人提供对出租物(动产或不动产)的使用,而保管人负有对物(动产)的保管义务。

二、使用租赁合同的缔结与生效

11   使用租赁合同的缔结与生效依据针对法律行为的**一般条文**(第 104 条及以下)。据此,使用租赁合同尤其会因违反禁止性法律(第 134 条)或悖俗(第 138 条)而无效。若使用预先拟定的合同模板,则还须注意针对

---

[10] BeckOK BGB/*Wagner*, 56. Ed. 1. 11. 2020, § 598 Rn. 16; Staudinger/*Illmer*, 2018, Vor § 598 Rn. 8ff.

[11] 参见 MüKoBGB/*Bergner* § 607 Rn. 21ff. 。

一般交易条款(第 305 条及以下)的条文。[12]

深化:于不合理地约定高额租金之情形,应当作如下区分:若涉及住房出租,则适用第 134 条结合《经济刑法》第 5 条第 1 款。依《经济刑法》第 5 条第 1 款,若出租人要求、令允诺或接受不合理的高额租金,则存在违规性(Ordnungswidrigkeit)。于此,超出当地惯常同类租金的 20% 即属不合理。[13] 但必须是出租人利用同类房屋的稀缺供应量而令他人允诺了过高租金(《经济刑法》第 5 条第 2 款)。[14] 无效不涉及整个合同,而只涉及不合理的租金约定。[15] 在营业性租赁关系中,无效依据第 138 条第 1 款。据此,若给付与对待给付显著失衡,租赁合同则视作悖俗。依主流意见,若约定租金高于当地惯常同类租金的两倍,即为显著失衡。[16]

若承租人为消费者,出租人为经营者,则租赁合同为第 310 条第 3 款意义上的**消费者合同**,合同标的为**有偿给付**。因此,依据第 312 条第 1 款,原则上可适用第 312 条至第 312h 条。但针对**住房租赁合同**,第 312 条第 4 款做了严格的限制。因此,虽然原则上可以援引第 312b 条与第 312c 条所规定的关于在营业场所外缔结的合同以及远程合同的定义(第 312 条第 3 款第 1 项),以及第 312g 条所规定的关于撤回权的条文(第 312 条第 3 款第 7 项),[17] 但仅当承租人未曾事先看房时,这些条文方可适用于住房租赁关系的成立。[18] 由于鲜少人不经看房就缔结住房租赁合同,承租人的**撤回权**于此并无重大的实际意义。

11a

原则上,使用租赁合同非**要式合同**,订立即**有效**。关于住房租赁关系的特殊之处,参见第 23 节边码 2。

在缔结租合同时,出租人应注意《**一般平等对待法**》(AGG)的规定

12

---

[12] 参见 Heinrichs NZM 2003, 6ff.; allg. zur AGB-Kontrolle SchuldR AT Rn. 317ff.。
[13] 参见 BGH NJW 1984, 722 (723)。
[14] 参见 BGH NJW 2004, 1740; NZM 2005, 534; dazu Langenberg FS Blank, 2006, 291ff.。
[15] 参见 NK-BGB/Looschelders § 134 Rn. 195。
[16] BGHZ 128, 255 (261); NK-BGB/Looschelders § 138 Rn. 292f.。
[17] 参见 Brox/Walker SchuldR BT § 10 Rn. 15。
[18] 参见 Rolfs/Möller NJW 2017, 3275f.。

(概述参见拙著《债法总论》第3节边码11)。然而,民法上的一般歧视禁令原则上只针对**无关个人的体貌声誉**,在众多情形中以相似条件成立的债之关系(所谓的大众交易),抑或个人体貌声誉至少只具有次要意义的情形(《一般平等对待法》第19条第1款第1项)。依《一般平等对待法》第19条第5款第3句,若出租人总计出租不超过50间住房,则通常未满足构成要件。背后的思想是:出租人个人品质的重要性随出租房数量增多而降低。但是,出于**种族**或**人种来源**的歧视无论如何都是无效的(《一般平等对待法》第19条第2款)。[19] 虽然依《一般平等对待法》第19条第3款,在出租住房时,就创建与维持稳定的社会居民结构、平衡的定居结构以及均衡的经济、社会、文化关系而言,其中的利益可为区别对待提供正当化事由。但鉴于《反歧视指令》(RL 2000/43/EG)的规定,该正当化事由不得适用于出于种族或人种来源的歧视。[20] 若合同当事人或其家属使用同一块土地上的住房,则可能存在特别的亲近或信赖关系,《一般平等对待法》的条文因而皆不得适用(《一般平等对待法》第19条第5款第1句及第2句)。[21]

三、出租人的义务

1. 提供使用(第535条第1款第1句)

13 依第535条第1款第1句的规定,在租赁期间内,出租人有义务向承租人提供对租赁物的使用。应在第90条的意义上理解**物**的概念。亦即,必须存在有体的标的。于此涉及的可能是动产(如汽车),也可能是不动产(土地及房屋租赁)。出租人不一定要拥有物的所有权。如转租所示,他人之物亦可出租。

出租人通常通过向承租人转让对租赁物的**直接占有**(第854条)来履

---

[19] 参见 *Brox/Walker* SchuldR BT § 10 Rn. 10; *Rolfs* NJW 2007, 1489 (1490)。

[20] 相同观点见 MüKoBGB/*Thüsing* AGG § 19 Rn. 85; 限制参见 Staudinger/*Rolfs*, 2018, Anh. zum Mietrecht: AGG § 19 Rn. 39: 仅允许《一般平等对待法》第5条意义上的积极措施。

[21] 详见 *Looschelders* JZ 2012, 105 (110)。

行其提供使用的义务。但在个案中,若物可供承租人使用,亦已足够,例如于出租巴士或广告墙之情形。

2. 转让使用与维持租赁物(第535条第1款第2句)

第535条第1款第2句作出补充说明,即出租人应向承租人**转让**处于适用状态的物,并在租赁期间内**维持**物的此种状态(转让使用的义务与维持使用的义务)。持续的维持使用义务尤其能说明租赁的继续性债务性质。 14

基于租赁合同,出租人有义务让承租人**保留**物,并**容忍**承租人的**依约使用**。容忍义务的具体射程取决于合同当事人的约定,该约定或应通过第157条的补充性解释进行具体化。至少必须容忍安装电气设备[22]与铺设房屋电缆[23],有时甚至是安装抛物面天线。

深化:针对房屋承租人能否在建筑物外墙上安装抛物面天线,联邦宪法法院过去已多次作出解释。[24] 此处主要涉及想收听母语电台节目的外国租客。于此情形,合同当事人受宪法保护的权利发生冲突:一边是出租人的所有权(《德国基本法》第14条),另一边是承租人无障碍地从通用来源获取信息的权利(《德国基本法》第5条第1款第1句第2半句)。联邦宪法法院确认了部门法法院的判决,据此,在德国长期生活的外国租客可通过收费的电缆端口收到家乡的若干节目,这已经足够。[25] 欧洲共同法或《欧洲人权法公约》亦未赋予承租人更多请求权。[26] 但库尔德族的土耳其租客在库尔德语节目上的利益,是安装相关天线的正当化事由。[27] 若承租人无权却安装了抛物面天线,则出租人享有第541条规定的排除妨碍请求权(参见第22节边码64)。

转让使用的义务首先是一种容忍义务与不作为义务,在个案中亦可 15

---

[22] OLG Frankfurt a. M. WuM 1997, 609 (610).
[23] LG Frankfurt a. M. WuM 1990, 271 (277f.); Staudinger/*Emmerich*, 2018, §535 Rn. 46.
[24] BVerfGE 90, 27 = NJW 1994, 1147; dazu *Maaß/Hitpaß* NZM 2003, 181ff.
[25] BVerfG NZM 2005, 252 (253).
[26] BGH NJW 2006, 1062 (1064).
[27] BGH NJW 2010, 436.

要求出租人的**积极作为**。因此出租人非但被禁止以自身行为妨碍承租人的依约使用,他还必须阻却第三人的妨碍。实践中,这针对保护其免于来自其他租客或访客的噪声干扰起到了非常重要的作用。[28]

3. 租赁物修缮与外观维护

16 当事人间更容易就出租人对**租赁物的修缮**义务(第535条第1款第2句)发生纠纷。据此,在租赁关系存续期间,出租人应采取一切必要的措施以维持承租人对租赁物的依约使用。因依约使用发生损耗而进行的必要修理,亦属于此。但修缮义务可通过约定排除。实践中通常如此操作:承租人依一般交易条款有义务进行所谓的**外观维护**(给墙壁、天花板、窗户及门刷漆或贴纸)。依联邦最高法院的观点,这些条款原则上不违反第307条。法院的理由是:在计算租金时考虑到了承租人进行外观维护的义务。[29] 由此看来,承租人进行外观维护抵销了部分缴费义务。

依联邦最高法院多年前的一则判决,即便在合同开始时向承租人转让的是**未修缮或待修缮**的住房,按一般交易条款转嫁进行外观维护的义务也是有效的。[30] 但此观点已被联邦最高法院抛弃。联邦最高法院当下的观点是:只要出租人未给予承租人合理的补偿,相关条款给承租人造成了不合理的不利,则其依第307条第1款第1句与第2款第1项无效。[31] 在承租人针对前一位承租人负有翻修义务时亦是如此。[32]

深化:向承租人转嫁外观维护义务还受到其他诸多限制。附**固定期限**的修缮条款(例如"每三年为厨房及浴室贴专业的墙纸")尤其不被允许,只要这些条款的构造未顾及实际的修缮需求。联邦最高法院在住房租赁领域内发展出此种限制。[33] 但这一限制也可转而适用于营业房屋

---

[28] 参见 BGH NZM 2009, 855; Palandt/*Weidenkaff* § 535 Rn. 28。
[29] BGHZ 92, 363 (368); 101, 253 (261ff.); Medicus/Lorenz SchuldR BT § 23 Rn. 20.
[30] BGHZ 101, 253 (264ff.).
[31] BGHZ 204, 302 = NJW 2015, 1594 mAnm *Lehmann-Richter* = JuS 2015, 840 (*Emmerich*).
[32] BGH NJW 2018, 3302 mAnm Pielsticker=JA 2018, 945 (*Looschelders*).
[33] BGH NJW 2004, 2586 = JuS 2004, 1008 (*Emmerich*); NJW 2006, 2915 (2916); *Heinrichs* NZM 2005, 201ff.; *Beyer* NJW 2008, 2065ff.

的租赁。[34] 所谓的迁出修缮条款亦违反第307条,只要该条款无视修缮需求,而规定承租人迁出房屋时必须进行外观维护。[35] 若将规定承租人必须以"中性、明亮、不透明的色料"进行外观维护的格式合同条款同时适用于租赁关系期内承租人必须进行的外观维护,则将对承租人造成不合理的不利。[36] 但除此之外,这类条款契合出租人的正当利益:当再次出租时,构色应当为尽可能多的潜在租客所接受。[37]

基于对效力保留的限缩禁止,违反第307条之情形原则上条款整体无效。[38] 依第306条第2款,由制定法规则填补漏洞,故出租人应当依第535条第1款第2句负责外观维护。[39] 通过**补充性解释**(第133条、第157条)也得不出相反结论。[40] 若承租人已按照无效条款进行了外观维护,则其依第280条第1款对出租人享有**损害赔偿请求权**,或依第812条第1款第1句第1选项与第818条第2款对出租人享有**价值偿还请求权**。[41] 但依联邦最高法院的判决,不成立**无因管理**上的费用偿还请求权(见第43节边码14)。

4. 竞业保护

出租人负有提供及维持依约使用的义务,故在出租商业或营业性房屋时,即便没有特别的合同约定,出租人也不能在同幢建物或邻近开办竞争公司,或向竞争公司出租房屋(所谓**合同固有的竞业保护**)。[42] 除此之外,当事人可以通过**合同约定**任意安排竞业保护。若出租人违反合同固有的竞业保护或合同中的竞业保护条款,承租人可依第535条第1款第2

---

[34] BGH NJW 2008, 3772-Änderungsschneiderei = JA 2009, 228 (*Looschelders*).
[35] BGH NJW 2003, 3192;关于规定"固定"补偿比例的补偿条款之无效,见 BGH NJW 2006, 3778。
[36] BGH NJW 2008, 2499 (2500);亦见 BGH NJW 2009, 62;NZM 2009, 903。
[37] 参见 *Herrlein* NJW 2009, 1250 (1251)。
[38] 参见 BGH NJW 2010, 674 (675)。
[39] BGH NJW 2006, 3778 (3781);2008, 2499 (2500).
[40] BGH NJW 2006, 2915 (2917).
[41] BGH NJW 2009, 2590. 关于不当得利法上请求权的时效,参见第22节边码49。
[42] BGH NJW 1979, 1404 (1405);2013, 44 Rn. 37;Staudinger/*Emmerich*, 2018, §535 Rn. 23.

句要求排除竞业状态。鉴于承租人的其他权利,应当注意,违反竞业禁止须显著影响到租赁物的依约使用。租赁物因此存在**瑕疵**(第22节边码24),故而承租人的权利依赖于第536条及以下。

5. 其他义务

18 提供水电与保障暖气运作属于房屋出租人的**从给付义务**。[43] 此外,出租人应对租赁物的**负担**(垃圾清运费、土地税、火险等)负责(第535条第1款第3句)。虽然依第556条,甚至是在住房租赁中也可以将这些费用转嫁给承租人(第22节边码59)。但仅当承租人明知这些负担时,通过一般交易条款进行转嫁方符合第307条。[44]

19 最后,租赁关系导致出租人负有众多**保护义务**(第241条第2款)。[45] 因此,若存在健康或财产危险,譬如盗窃危险,出租人必须警告承租人。[46] 此外,在合同磋商时,出租人对租赁物的品质、状况及其他与缔约相关的情况负有**说明义务**。[47] 若出租人违反这些义务,承租人依第280条第1款、第311条第2款及第241条第2款享有损害赔偿请求权。但若说明义务涉及租赁物的瑕疵,则优先适用第536条及以下(第22节边码55)。

20 第539条第2款规定了出租人的特别**容忍义务**。承租人依此有权取走安装于租赁物上的设备,这是第258条意义上的取走权。因此,承租人取走设备后,仍须自费修复租赁物(就此参见拙著《债法总论》第14节边码6)。在个案中,若设备依第946条及以下附合于租赁物,则其所有权已依法转移给出租人,此时第539条第2款也表现出物权法上的特征。于此情形,承租人就设备同时享有先占权。[48]

示例:依第946条与第94条,承租人在浴室所安装洗脸盆的所有权转移给出租人(作为建筑的所有权人)。但依539条第2款,出租人必须容

---

[43] Palandt/*Weidenkaff* § 535 Rn. 63.
[44] 参见 BGH NJW 2006, 3057 (3058);Staudinger/*Emmerich*, 2018, § 535 Rn. 66。
[45] BeckOK BGB/*Zehelein*, 56. Ed. 1. 11. 2020, § 535 Rn. 485.
[46] OLG Hamburg NJW-RR 1988, 1481.
[47] BeckOK BGB/*Zehelein*, 56. Ed. 1. 11. 2020, § 535 Rn. 487ff.
[48] BGHZ 81, 146 (150);Staudinger/*Emmerich*, 2018, § 539 Rn. 27.

忍承租人将之取走(参见第 951 条第 2 款第 1 句)。

四、出租人对物之瑕疵与权利瑕疵的责任

若出租人违反其合同义务,则承租人的请求权原则上依据一般给付障碍法的条文(第 280 条及以下、第 320 条及以下)确定。但于租赁物具有物之瑕疵或权利瑕疵之情形,存在特殊之处。立法者并未将承租人的瑕疵担保权利纳入**一般的义务违反构造**中。所以,对于存在物之瑕疵或权利瑕疵之情形,仅应依据第 536 条及以下的特别规则判断承租人的请求权与权利。 21

1. 责任的一般构成要件

存在**物之瑕疵**、**权利瑕疵**(第 536 条第 1 款、第 3 款)或欠缺**所保证的性质**(第 536 条第 2 款)是承租人瑕疵担保权的首要构成要件。不同于买卖法(参见拙著《债法总论》第 23 节边码 25),租赁法上所保证的性质另行构成一个独立的瑕疵范畴。[49] 22

(1) 物之瑕疵

在租赁法中,制定法对物之瑕疵的概念并无详尽描述。但依通说,此处同样适用**主观的瑕疵概念**。[50] 据此,若租赁物事实上的品质(所谓的**实有品质**)偏离合同上所负担的**应有品质**,即存在瑕疵(第 3 节边码 2)。[51] 应有品质首先取决于当事人的约定;作为辅助:应当按照客观标准加以确定。[52] 23

瑕疵消除或显著降低了物依约使用的**适宜性**是物之瑕疵责任的构成要件(第 536 条第 1 款第 1 句、第 3 句)。若能在较短时间内以较少的费用排除瑕疵或瑕疵只是一项非根本性的妨碍(例如磨损的门槛),则瑕疵是

---

[49] 相关内容参见 *Hau* JuS 2003, 130 (133)。
[50] *Brox/Walker* SchuldR BT § 11 Rn. 11; MüKoBGB/*Häublein* § 536 Rn. 3.
[51] BeckOK BGB/*Wiederhold*, 56. Ed. 1. 11. 2020, § 536 Rn. 34; Staudinger/*Emmerich*, 2018, § 536 Rn. 5.
[52] 参见 BGH NZM 2009, 855 (856); HK-BGB/*Scheuch* § 536 Rn. 9。

不显著的。[53]

24   如同买卖法,瑕疵不一定是物固有的。瑕疵毋宁亦可源自**物与环境的关系**。然而,对合用性的直接影响却是必要的,只间接影响租赁物合用性的情状不成立瑕疵。[54] 界限取决于已约定的依约使用。故于租赁商业或营业房屋之情形,承租人可经营合同约定的商业或营业,出租人不得通过不正当竞争对其进行妨碍,这属于依约使用(第 22 节边码 17)。若出租人违反**合同固有的竞业保护**或违反合同中的**竞业保护条款**,则存在对依约使用的直接妨碍。此处涉及的瑕疵可导致依第 536 条第 1 款减租。[55] 对于公法上的限制情形应注意,承租人的人身不成立使用妨碍(例如,因不可靠性吊销餐厅的特许经营)。亦即,仅当与租赁物的具体品质相关时,方存在瑕疵。

示例:因厨房间的状况或不完善的防火设备而吊销餐厅许可[56];出于建筑法的原因禁止使用,例如,因为将营业区的建筑用作住房。[57] 相反,在餐厅推行州法规定的禁烟令则并非被使用出租或用益出租的餐厅的瑕疵。[58]

25   在个案中可能有疑问的是,出租人是否应当承担对租赁物使用造成**外来干扰**的风险,例如在出租的店铺前,行人交通受到地铁建设的妨碍。于此,并不能通过瑕疵概念得出解决方案。而应当通过准确分析合同约定以及约定中表达的风险分配来决定何人应承担风险。[59] 相邻的建筑噪声或街道噪声所造成的妨碍通常成立瑕疵。[60] 在租金减少或损害赔偿的范围内,所有权人可能依第 906 条第 2 款第 2 句对妨碍人享有补偿请求权。但是,承租人针对出租人的瑕疵担保权与出租人自身能否向噪声

---

[53] LG Berlin GE 2007, 655; BeckOK BGB/*Wiederhold*, 56. Ed. 1. 11. 2020, § 536 Rn. 45; Schmidt-Futterer/*Eisenschmid* § 536 Rn. 47, 62.
[54] BGH NJW 2009, 664 (666); 2011, 3151.
[55] BGH NJW 2013, 44.
[56] Schmidt-Futterer/*Eisenschmid* § 536 Rn. 79.
[57] OLG Köln MDR 1998, 709 (710); *Blank/Börstinghaus* § 536 Rn. 27.
[58] BGH NJW 2011, 3151 mAnm *Eisenschmid* LMK 2011, 324591.
[59] Schmidt-Futterer/*Eisenschmid* § 536 Rn. 19, 210.
[60] OLG Dresden NZM 1999, 317 (318); Staudinger/*Emmerich*, 2018, § 536 Rn. 29ff.

制造者主张权利无关。[61]

(2)权利瑕疵

物之瑕疵与权利瑕疵的**区别**在租赁法上一直以来并没有像在买卖法上那样显著,自租赁法改革后,就愈加失去了意义。对权利瑕疵适用与物之瑕疵相同的瑕疵担保权,在此亦应特别注意第536条第1款第3句的不显著性条款(第22节边码23)。

26

若承租人因第三人的权利全部或部分丧失依约使用,则存在**权利瑕疵**(第536条第3款)。第三人行使租赁物上的债权或物权,以至于承租人不能(再)依约使用租赁物,即为此种情形。最重要的例子是重复出租(出租人就同一租赁物缔结两份租赁合同)与转租(主出租人在主租赁关系结束后依第546条第2款向次承租人要求返还租赁物)。但是,公法上的限制不构成第三人的权利,却可能成立第536条第1款意义上的物之瑕疵(第22节边码24)。[62]

27

(3)所保证性质的瑕疵

若出租人保证了一定性质的存在,则即便性质瑕疵只是**非显著性地**降低了租赁物的合用性,承租人亦可主张瑕疵担保权。第536条第2款明确未援引第536条第1款第3句。其内含对承租人的优待,促使立法者在租赁法中保留所保证性质这一范畴。

28

性质保证应**区别**于对租赁物的单纯描述。关键在于出租人是否想要对性质的存在无条件负责。在解释时应注意,性质保证是第276条第1款第1句意义上的**保证**(见拙著《债法总论》第23节边码24及以下)。出租人的过错对承租人的瑕疵担保权而言是必要的(尤其是对依第536a条第1款第2项的损害赔偿请求权而言),而保证成立的是无过错责任。[63]

29

(4)决定性时刻

物之瑕疵必须在向承租人转让租赁物时存在或嗣后产生。[64] 对适

30

---

[61] BayObLG NJW 1987, 1950 (1952); *Blank/Börstinghaus* § 536 Rn. 26.
[62] BGHZ 114, 277 (280); Staudinger/*Emmerich*, 2018, § 536 Rn. 42.
[63] *Oetker/Maultzsch* Vertragl. Schuldverhältnisse § 5 Rn. 57f.
[64] BGHZ 136, 102 (107ff.); Schmidt-Futterer/*Eisenschmid* § 536 Rn. 570.

用第 536 条及以下的瑕疵担保权或是适用债法总则的条文这一问题而言,决定性时刻十分重要(第 22 节边码 50 及以下)。

31 相反,依文献中的通说,**权利瑕疵**不应依赖于转让的时刻。自第 536 条第 3 款之文义("丧失")毋宁可推断出,自合同缔结时起已可适用第 536 条及以下。[65] 对此应予赞同。因权利瑕疵自始便未向承租人提供对租赁物的使用,抑或嗣后剥夺其使用,并无区别。

2. 承租人的请求权与权利

(1)瑕疵排除请求权

32 依第 535 条第 1 款第 2 句,承租人首先享有**排除瑕疵**的主履行请求权,这与第 536 条以及第 536a 条规定的瑕疵担保权无关。[66] 若出租人未履行该义务,承租人甚至可以依第 320 条超越减价数额留置租金(第 22 节边码 52)。[67]

(2)依第 536 条减少租金

33 若租赁物具有瑕疵,则承租人可全部或部分免除支付租金的义务。不同于买卖法,在租赁法上**依法**发生减价,故不涉及形成权。出租人的过错并非必要。

若瑕疵导致租赁物完全丧失合用性,则依第 536 条第 1 款第 1 句完全**免除**承租人支付租金的义务。其他情形下应适当**降低**租金(第 536 条第 1 款第 2 句)。适当性取决于个案情况。因此,对于暖气失灵之情形,冬天的减价应高于夏天;电梯故障对一楼住宅的妨碍要小于高层住宅。减价的计算基础是总租金(包括杂费),而非净租金或冷房租。[68]

对于减价之情形,针对多缴租金的**还款**请求权源于第 812 条第 1 款第 1 句第 1 选项。[69] 很棘手的是出租人有时可主张第 818 条第 3 款的得利丧失。然而,由于缺少类似第 441 条第 4 款对解除效果的援引,因而只能

---

[65] BGH NJW 1991, 3277 (3278); *Brox/Walker* SchuldR BT § 11 Rn. 12.
[66] Staudinger/*Emmerich*, 2018, § 536 Rn. 59.
[67] 参见 BGHZ 206, 1 = NJW 2015, 3087 Rn. 49ff. = JuS 2016, 169 (*Emmerich*)。
[68] 参见 BGH NJW 2005, 1713。
[69] *Oetker/Maultzsch* Vertragl. Schuldverhältnisse § 5 Rn. 61; *Medicus/Lorenz* SchuldR BT § 23 Rn. 55.

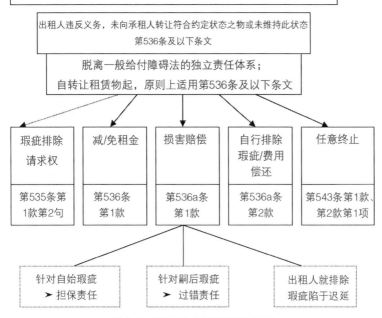

图 2-1 租赁法上的瑕疵担保权体系

通过立法者的修改提供救济。

依 2013 年《租赁法变更法》新增的第 536 条第 1a 款,只要是因第 555b 条第 1 项的**能源现代化**措施而降低了依约使用的适宜性,则在 3 个月的期间内对此不予考虑(第 22 节边码 4)。在此范围内排除**减租**。[70] 立法者希望借此推动住宅的能源现代化。若完全丧失依约使用的适宜性(例如住宅不具有可居住性),则不排除。[71]

(3)损害赔偿(第 536a 条第 1 款)

承租人的损害赔偿请求权应区分三种案型(参见第 536a 条第 1 款)。若合同缔结时已存在瑕疵,则出租人承担无过错的担保责任。该严格责

34

35

---

[70] 详见 *Hinz* NZM 2012, 777 (779)。
[71] BT-Drs. 17/10485, 17; Palandt/*Weidenkaff* § 536 Rn. 23a.

任与第311a条第2款的一般规则不同,后者在自始不能时成立过错责任(第22节边码53)。但是,就自始瑕疵有必要为承租人提供特别保护,这为严格责任提供了正当化事由。关键在于损害原因可追溯至合同缔结之前。对此情形,租赁物的粗劣品质嗣后才导致对租赁使用的具体妨碍或承租人的损害,并不影响认定**自始瑕疵**。[72]

示例:因阳台的承重铁梁已锈蚀,承租人 M 随阳台一起翻落至街道。诉讼中查明,瑕疵于租赁合同缔结时便已存在。虽然意外事件发生在合同缔结后,但由于损害原因在合同缔结时已存在,涉及的是自始瑕疵,故出租人(V)依第536a条第1款第1项承担无过错的损害赔偿责任。

若瑕疵**在合同缔结后**产生,或出租人在排除瑕疵时陷于**迟延**,亦成立损害赔偿请求权。但在这些情形中,仅当出租人对瑕疵或未排除瑕疵有过错时,方须给付损害赔偿。嗣后瑕疵依据第536a条第1款第2项,迟延责任依据第536a条第1款第3项与第286条第4款的结合。

36   除**瑕疵损害**外,源于第536a条第1款的损害赔偿请求权亦包括**瑕疵结果损害**(尤其是瑕疵造成的身体损害或物之损害)。[73] 故并无必要区分替代给付的损害赔偿与一般损害赔偿。尽管在瑕疵结果损害中,针对自始瑕疵的担保责任显得过于严格,但这是立法者有意的选择,对承租人提供保护的必要性为其提供正当化事由。故不考虑限缩解释。[74]

若承租人基于瑕疵依第543条终止租赁合同,就其是否可依第284条主张**徒劳费用的偿还**(例如搬家费、装修费、中介费)以代替损害赔偿,第536a条第1款未作明确规定。由于第536a条第1款的"损害赔偿"概念包括替代给付的损害赔偿,援引第284条是可能的。[75] 若满足第536a条第1款的构成要件,则在满足第284条的构成要件(参见拙著《债法总论》第30节边码5及以下)时,承租人可要求偿还徒劳费用。自第284条"代

---

[72] 参见 BGH NJW 2010, 3152。

[73] BGH NJW-RR 1991, 970f. (zu § 538 aF); Palandt/*Weidenkaff* § 536a Rn. 14.

[74] MüKoBGB/*Häublein* § 536a Rn. 14f.; 于极尽注意仍不能辨别瑕疵之情形,不同观点见 *Larenz* SchuldR II 1 § 48 III b3.

[75] 参见 LG Berlin NJW-RR 2014, 14 (15); Staudinger/*Emmerich*, 2018, § 536a Rn. 23ff.; *Emmerich*, FS Blank, 2006, 145ff.。

替"的表述可知，承租人不得因同一财产不利获取**双倍补偿**。但针对不同款项可同时主张损害赔偿与费用偿还。[76]

常有第三人与租赁物发生牵扯（例如住宅承租人的家属或访客、租车人的共乘人、商业房屋承租人的雇员）。若这些人因租赁物瑕疵遭受损害，其可依**附保护第三人作用的合同**（参见拙著《债法总论》第9节边码2及以下）的原则，依第536a条第1款对出租人享有合同上的损害赔偿请求权。[77] 这主要在**自始瑕疵**中具有实践意义，因为侵权法缺少与第536a条第1款第1项相应的保证责任。

示例：在阳台案中，若M的儿子S在意外事件中受伤，则其依第536a条第1款第1项对V亦享有损害赔偿请求权。

（4）瑕疵排除与费用偿还

依第536a条第2款，承租人在两种情况下可自行排除瑕疵并于事后向出租人要求**偿还必要费用**：出租人就瑕疵排除陷于迟延；即刻排除瑕疵对维持或恢复租赁物状态是必需的。

示例：出租住宅的暖气在冬日气温下失灵。尽管承租人M发出相应的通知，出租人V却未采取排除瑕疵的措施。于是M花费450欧元请安装工修理暖气，然后向V要求偿还费用。M是否享有请求权？

假设M依第536a条第2款第1项对V享有费用偿还请求权。构成要件是V就排除瑕疵已陷于迟延。问题是：简单的瑕疵通知不满足催告的要求，故欠缺成立迟延的催告（第286条第1款）。[78] 然而，在冬日气温下及时修理暖气对M的健康利益而言是急需的，故依第286条第2款第4项无须催告。除此之外，修理暖气也是维持租赁物的必要措施。故M亦可依第536a条第2款第2项要求V偿还450欧元。

第536a条第2款并未规定，承租人针对瑕疵排除的必要费用是否可要求预付。第637条第3款在承揽合同法中针对自己采取的瑕疵排除措施规定了预付请求权（第34节边码19），基于相似的利益状况，这一规定

---

[76] LG Berlin NJW-RR 2014, 14 (15).
[77] BGH NJW 2010, 3152 (3153) = JA 2011, 146 (*Looschelders*).
[78] OLG Düsseldorf ZMR 1993, 115; Staudinger/*Emmerich*, 2018, § 536a Rn. 15.

在第536a条第2款可类推适用。[79]

39　　若出租人无须依第536a条第2款偿还存疑的费用，承租人只能依第539条第1款按照无因管理的条文(第677条及以下)请求费用偿还。主流意见长期认为，当承租人不享有源于第536a条第2款的请求权时，总能适用第539条第1款。[80]但联邦最高法院在一则新判决中表明，针对**排除瑕疵的费用**，第536a条第2款是封闭条文，不能援引第539条第1款对其进行规避。因此，尤其是在承租人**擅自排除瑕疵**(无出租人迟延)的情形中，不能适用第539条第1款。[81]

　　主流意见认为，第539条第1款是对第677条及以下的**法律原因援引**。[82]故首先必须检验是否存在**适法**的无因管理，承租人据此享有源于第683条第1句、第677条及第670条的费用偿还请求权。其构成要件是：采取维持、恢复措施或进行改善(例如外观维护)符合出租人事实上的或可得而知的意思(第683条第1句)，或经出租人嗣后同意(第684条第2句)，或致力于履行公法上的义务(第679条)。若不满足这些构成要件，则只能依**不适法**的无因管理的规则(第684条、第812条及以下)考虑费用偿还请求权(第44节边码1及以下)。但承租人在任何情形中都必须以**他人管理事务的意思**行事(第43节边码7及以下、第43节边码14)。故若出租人仅为自己的利益行事，则排除费用偿还请求权。[83]

(5)租赁合同的随时终止(第543条第1款、第2款第1项)

40　　对于租赁物瑕疵之情形，未规定承租人的解除权。然而，作为替代，可考虑依第543条第1款出于重大原因的**特别随时终止**，这符合租赁合同继续性债务关系的本质。第543条第2款第1项于此情形具有意义，依该条，若未及时向承租人提供或再次剥夺其对租赁物全部或部分的依约使用，承租人可终止租赁关系。权利瑕疵与物之瑕疵的情形是该条

---

[79] BGH NJW 2010, 2050 Rn. 15; Staudinger/*Emmerich*, 2018, §536a Rn. 33.
[80] MüKoBGB/*Bieber* § 539 Rn. 2; Herresthal/Riehm NJW 2005, 1457 (1461).
[81] BGH NJW 2008, 1216 (1217) = JA 2008, 541 (*Looschelders*).
[82] 参见 MüKoBGB/*Bieber* § 539 Rn. 8; Jauernig/*Teichmann* § 539 Rn. 2。
[83] 参见 Staudinger/*Emmerich*, 2018, §539 Rn. 6。

文的重要适用领域,但该条文可适用于给付障碍的所有情形。[84]

于权利瑕疵与物之瑕疵之情形,重大原因在于违反从租赁关系中产 41
生的义务,因此,承租人应当事先为出租人设置排除瑕疵的**合理期间**或向
其进行催告。仅当期间经过或催告无效时,方允许终止(第 543 条第 3 款
第 1 句)。若期间设定或催告预期无效,或有特别原因因为即时终止提供正
当化事由,则依第 543 条第 3 款第 2 句第 1 项与第 2 项免除期间设定与催
告。关于在**危害健康**情形下随时终止住房租赁合同,见第 23 节边码 37。

(6)请求权与权利的关系

承租人的诸项瑕疵担保权利**彼此共存**。故若有瑕疵情形,在满足第 42
536 条的构成要件时应予减租。与此同时,承租人可依第 536a 条要求损
害赔偿("无碍于第 536 条"),并依第 543 条终止租赁关系。

3.责任的排除

(1)法定排除

依第 536b 条,若承租人在缔约时**知道**瑕疵,或因重大过失而不知瑕 43
疵且出租人无恶意,则排除出租人的责任(关于买卖法参见第 442 条)。
若承租人无保留地受领租赁物,亦同。若承租人嗣后知道瑕疵,或即便承
租人在明知瑕疵的情况下仍然无异议地在一段较长时间内继续支付全额
租金,也不能适用第 536b 条。仅当满足第 242 条**权利失效**的严格构成要
件时,方考虑将瑕疵担保权排除在外。[85]

就**减价**应当注意:权利失效或许会和承租人可能的偿还请求权发生 44
冲突,但减价的权利失效在将来是被排除的。其理由在于:减价并非受权
利失效调整的承租人**主观权利**,而是依法发生。此外,应当维持给付与对
待给付间的等价性。[86] 一般来说,承租人依第 812 条第 1 款第 1 句第 1
选项享有的**偿还请求权**亦不应考虑权利失效(第 242 条)。若承租人在成

---

[84] Staudinger/*Emmerich*,2018,§ 543 Rn. 18.
[85] 参见 BGHZ 155,380(388ff.)= NJW 2003,2601(2602f.);Staudinger/*Looschelders/Olzen*,2019,§ 242 Rn. 784;*Kandelhard* NZM 2005,43(44);批判见 *Timme* NJW 2003,3099ff.
[86] 详见 *Lehmann-Richter* DMT-Bilanz 2011,134ff.;*Weller* JZ 2012,881(890)。

功告知瑕疵后仍无保留地继续全额支付租金,则返还请求权多半已被第814条(第54节边码21及以下)排除。[87]

45 第536c条第2款规定了另一项重要的排除原因。依该条,若因承租人**怠于告知瑕疵**而导致出租人不能及时提供救济,则瑕疵担保权应予排除(第22节边码57)。若出租人已知道瑕疵,则承租人不负有告知义务。[88]

(2)意定排除

46 原则上允许通过约定排除瑕疵担保权,但出于对承租人的保护,意定排除受到众多限制。尤其当出租人**故意隐瞒**瑕疵时,其不能主张排除责任(第536d条)。**住房租赁合同**受到的限制更多:若加重住房承租人义务的约定违反第536条的减租条款,或违反第569条第1款至第3款与第543条的终止规则,则其依第536条第4款与第569条第5款无效。

47 租赁合同通常为格式合同,其适用**一般交易条款**的条文(第305条及以下)。在特别的条款禁令(Klauselverboten)中,第309条第7项与第8a项尤为重要。因此,譬如在故意或重大过失时,不得通过一般交易条款排除出租人的责任(第309条第7b项)。此外应当注意第307条的一般条款(关于外观维护见第22节边码16)。依裁判观点,在一般交易条款中可约定排除出租人对自始瑕疵(第536a条第1款第1项)的担保责任,但不能约定排除对嗣后瑕疵(第536a条第1款第2项)的过错责任。[89] 因此,在住房租赁合同中亦不能排除轻过失责任。[90] 对于侵犯生命、身体或健康之情形,此种排除依第309条第7a项或已无效。

4.消灭时效

48 依一般规则(第195条、第199条第1款),承租人的**损害赔偿请求权**自知道或因重大过失而不知起(自获知当年年末起算)3年,时效经过。在侵犯生命、身体、健康或自由之情形中,消灭时效最长为自损害事件发

---

[87] 参见 Palandt/*Weidenkaff* § 536b Rn. 8。
[88] 参见 BGHZ 68, 281 (284f.); BGH NJW 2016, 3304 (3305)。
[89] BGH NJW 2002, 3232; NJW-RR 1991, 74; MüKoBGB/*Häublein* § 536a Rn. 23.
[90] BGH NZM 2002, 116 (117); *Heinrichs* NZM 2003, 6 (10).

生起 30 年(第 199 条第 2 款)。其他请求权的消灭时效最长为自成立时起 10 年,或自损害事件发生起 30 年(第 199 条第 3 款)。

虽然租赁法在第 548 条亦规定了 **6 个月的特别(短)消灭时效期间**。但该期间不适用于承租人对出租人的损害赔偿请求权,而只适用于出租人对承租人基于改变或损坏租赁物而享有的损害赔偿请求权(第 548 条第 1 款;参见第 22 节边码 72 及以下)。仅当涉及费用偿还或许可取走设备时,该条方适用于承租人的请求权(第 548 条第 2 款)。对于承租人实施本未负担的外观维护(参见第 22 节边码 16)之情形,承租人在不当得利法上享有的价值偿还请求权因为涉及费用偿还,所以也受到第 548 条第 2 款调整。[91] 倘若适用第 548 条,则出租人赔偿请求权的消灭时效自其取回物的时刻起算[92],承租人请求权的消灭时效自租赁关系结束时起算。

49

五、竞合

若租赁物存在瑕疵,便产生以下问题:第 536 条及以下的瑕疵担保权与一般给付障碍法是何**关系**。这对瑕疵担保法上的责任排除具有实践意义。

50

出发点是区分租赁物**转让的前后**时间。由于第 536 条及以下系于租赁物的转让,此前可适用一般规则。[93] 就减价而言,这可以由明确依据转让的第 536 条第 1 款推知。通过第 536a 条第 1 款的援引或基于第 543 条第 3 款,这一时刻对损害赔偿请求权及终止权亦有意义。但系于转让时点只是一条简单的准则,在若干情形中,为避免评价矛盾而应当予以突破。

1. 基于性质错误或恶意欺诈的撤销

若承租人的错误涉及交易中重要的性质,而该性质同时成立物之瑕疵(例如关于住房大小或位置的错误),则产生基于**性质错误**的撤销(第

51

---

[91] BGH NJW 2011, 1866; NJW 2012, 3031; Palandt/*Weidenkaff* § 548 Rn. 6.
[92] 就此参见 BGH NJW 2005, 739 (741)。
[93] BGHZ 136, 102 (107ff.); *Blank/Börstinghaus* § 536a Rn. 3; *Oetker/Maultzsch* Vertragl. Schuldverhältnisse § 5 Rn. 55f.

119条第2款)与第536条及以下的竞合问题。对于此类情形,承租人在租赁物**转让前**可依第119条第2款撤销租赁合同,这已受到裁判与文献的广泛认可。[94] 但在租赁物**转让后**是否亦存在撤销可能性,却存在争议。主流意见就此仍然肯定承租人依第119条第2款享有撤销权,因为没有理由对第119条及以下进行限制。[95] 笔者反对此观点,理由在于:第536b条与第536c条规定的责任排除,不得通过援引第119条第2款的规则而予以规避。[96] 故在租赁物转让后,第536条及以下作为特别法,其适用优先于第119条第2款。

但是,即便在租赁房屋转让后,仍允许基于**恶意欺诈**(第123条)而撤销租赁合同。于此,撤销亦不因第543条规定的特别终止权而被排除。这两种制度的保护方向不同。第123条规定的撤销保护法律行为的决定自由,而承租人的瑕疵担保权与特别终止系于实际的给付障碍。[97] 在租赁合同中**限制撤销**的**自始效力**(第142条第1款),就如同在已执行的劳动合同(第28节边码17)或在合伙法上的法律行为中[98],**缺乏正当化事由**。就此,联邦最高法院针对商业房屋租赁已作出明确判决。[99] 住房租赁亦无须另作评价。[100]

2. 合同未履行的抗辩权

52　　为敦促出租人排除瑕疵(第22节边码32),依法发生的减价不妨碍承租人同时主张**合同未履行的抗辩权**(第320条)。故在出租人排除瑕疵前,承租人可超越减租金额拒绝支付全部或部分租金。但若出租人不知

---

[94]　仅参见 Erman/*Lützenkirchen* Vor § 536 Rn. 21;相反观点认为,在转让前便已排除依第119条第2款的撤销,见 MüKoBGB/*Häublein* Vor § 536 Rn. 30。

[95]　Palandt/*Weidenkaff* § 536 Rn. 12; Staudinger/*Emmerich*, 2018, Vorbem. Zu § 535 Rn. 70; *Emmerich* NZM 1998, 692 (695).

[96]　MüKoBGB/*Häublein* Vor § 536 Rn. 28f.; *Oetker/Maultzsch* Vertragl. Schuldverhältnisse § 5 Rn. 82.

[97]　BGH NJW 2009, 1266 (1268) = JA 2009, 303 (*Stadler*).

[98]　就此参见 MüKoBGB/*Busche* § 142 Rn. 19。

[99]　BGH NJW 2009, 1266 (1268f.).

[100]　参见 Staudinger/*Roth*, 2015, § 142 Rn. 36; MüKoBGB/*Busche* § 142 Rn. 20; Erman/*Arnold* § 142 Rn. 7;其他观点见 *Weller* JZ 2012, 881 (888)。

瑕疵,按照第536c条第2款的法律概念,承租人只能针对**告知瑕疵**后到期的租金主张第320条的留置权。[101]

深化:M租赁V的住宅。租金须按月支付。在租赁物转让后发现暖气失灵。M可否依第320条留置租金?

对于出租人违反维修义务之情形,承租人依据第320条第1款第1句原则上享有给付拒绝权。然而,若住房及其他房屋租赁合同的租金依第556b条第1款或结合第579条第2款在约定时间段起始时(最迟在第3个工作日)到期的(第22节边码60),情况则有所不同。即承租人有先给付义务。依第320条第1款第1句的文义,于先给付义务之情形排除给付拒绝权。主流意见仍支持适用第320条,这是正确的。[102] 在租赁法改革时新增的第556b条第1款只有规范通常的到期约定的目的;该条绝不应排除承租人的给付拒绝权,遑论第556条第2款本身即以留置权的存在为构成要件。故在上述案例中,M可留置租金。

3. 给付不能

源于第536a条的租赁法上的损害赔偿请求权与**自始不能**间的关系,长期以来是有争议的。对此,债法改革与租赁法改革皆未能厘清,毋宁只是转移了该争议问题。竞合问题的效果出现在为自始不能排除的瑕疵负责之情形。出租人依第536a条第1款负无过错责任,第311a条第2款的责任却基于对给付障碍的明知或应知。

示例(依BGH NJW 1999, 635):V将房屋租赁给M开诊所。在转让房屋前已确定,由于公法上的规定,该房屋不得用作诊所。M基于所失利益向V要求损害赔偿。M是否享有请求权?

按照旧法上的裁判,在租赁物转让前不适用第536a条第1款的担保责任(第22节边码35),故而V的责任取决于一般给付障碍法。[103] 依第

53

---

[101] BGH NJW-RR 2011, 447 = JA 2011, 706 (*Looschelders*);批判见 *Frieling* ZfPW 2018, 467 (483)。

[102] MüKoBGB/*Häublein* Vor § 536 Rn. 15; Schmidt-Futterer/*Eisenschmid* § 536 Rn. 409, 412; *Frieling* ZfPW 2018, 467 (481)。

[103] BGHZ 136, 102 (107ff.);对此参见 *Emmerich* NZM 2002, 362 (364))。

311a条第2款,取决于V是否知道或应当知道给付障碍。但为何在租赁物转让前对自始物之瑕疵所负之责任相比转让后较轻却尚不清楚。这一评价上的矛盾可由此解决:将第536a条第1款第1项的评价转移至第311a条第2款的责任,并于此依第276条第1款第1句成立**担保责任**。[104] 若在租赁物转让前便已依第536a条第1款认定出租人对自始瑕疵的责任[105],亦可达到相同结果,这在方法论上也更为可取。[106]

54 若**在合同缔结之后**出现不可消除的瑕疵,则依一般规则,仅在租赁物转让后方适用第536条及以下。[107] 在转让前,出租人依280条第1款、第3款及第283条负责。由于不满足担保责任的构成要件(缔约时存在瑕疵),故此处不会与第536a条第1款第1项产生评价矛盾。

4. 合同磋商时的过错

55 相对于**缔约过失**责任(第280条第1款、第311条第2款及第241条第2款),租赁法上的瑕疵担保规则属于特别条文。[108] 故只要义务违反与瑕疵相关且已向承租人转让租赁物,即可排除合同磋商时基于过错的请求权。

示例:若出租人在合同磋商时就租赁物的品质作了错误陈述,在租赁物转让后,承租人只能依据第536条及以下主张权利。

5. 交易基础丧失

56 若交易基础丧失与瑕疵相关,则在租赁物转让后,**交易基础丧失**之规则(第313条)原则上也应当让位于第536条及以下。[109] 第313条虽可

---

[104] 关于在个案中承认可由行为推断出的保证,见 Emmerich, FS Blank, 2006, 145 (148)。

[105] So Jauernig/Teichmann § 536 Rn. 2; MüKoBGB/Ernst § 280 Rn. 88.

[106] 详见 Looschelders DMT-Bilanz 2011, 141 (148ff.)。

[107] BGHZ 136, 102 (106f.); BeckOK BGB/Wiederhold, 56. Ed. 1. 11. 2020, § 536a Rn. 3;其他观点见 Jauernig/Teichmann § 536 Rn. 2, 4; MüKoBGB/Häublein Vor § 536 Rn. 13.

[108] BGH NJW 2000, 1714 (1718); Oechsler NZM 2004, 881 (882);关于明显并存的两项请求权,见 MüKoBGB/Häublein Vor § 536 Rn. 26f.。

[109] BGH NJW-RR 1992, 267; NJW 2000, 1714 (1716); NZM 2010, 361 Rn. 24; Palandt/Weidenkaff § 536 Rn. 13.

适用于租赁法上的其他情形,但若问题情况属于一方当事人的单独风险领域,则不存在交易基础丧失(参见《债法总论》第 37 节边码 15)。

示例(BGH NJW 2000, 1714):M 在规划中的购物中心租了一间店铺。M 在购物中心开业后发现,店铺不能容纳期待中的客流量。M 因此未取得期待中的营业额。M 能否提前终止租赁关系?

若将购物中心的较小客容量视作瑕疵,则可依第 543 条第 1 款与第 2 款第 1 项考虑特别的任意终止。但联邦最高法院根据以下理由对此作出否定:购物中心的小容量顶多是间接妨碍了店铺是否适宜依约使用,并由此打开了基于交易基础丧失而终止(第 313 条第 3 款第 2 句)的路径。但在具体案例中,若在租赁房屋内经商的营利性属于承租人的单独风险领域,则不能基于交易基础丧失而终止。仅当出租人通过发展超出购物中心通常管理和协调的整体概念,或以其他方式为商铺的盈利能力承担自己的经营风险时,才存在例外。[110]

因**新型冠状病毒危机**目前提出了如下问题:官方下令关闭商店或官方限制公共交往对独立经营者造成了高额销售损失,这对营业空间的(使用/用益)承租人的租金支付义务有何影响?相关措施并不构成足以依据第 536 条减少租金的租赁物**瑕疵**,这一基本观点获得广泛赞同。[111] 亦即,相关措施恰恰与租赁物的品质无关。故就此而言,此处亦考虑诉诸第 313 条。官方基于新型冠状病毒危机而对经营交易的限制,构成对作为合同基础之情势的重大改变,而此情势**非属任何一方当事人之风险领域**。[112]《德国民法典施行法》第 240 条第 2 款第 1 项排除出租人基于(译者补:2020 年 4 月 1 日至)2020 年 6 月 30 日之前的欠租而主张的终止权,但这并非旨在创造保护承租人免受新型冠状病毒疫情影响的封闭性规定,因此不排除适用第 313 条(参见拙著《债法总论》第 37 节边码

56a

---

[110] BGH NJW 2000, 1714 (1717); BeckOGR/Bieder, 1.7.2020, BGB § 536 Rn. 2. 1.
[111] BeckOGK/*Bieder*, 1.7.2020, BGB § 536 Rn. 29. 2; *Häublein/Müller* NZM 2020, 481 (492); *Zehelein* NZM 2020, 390 (401);其他观点见 *Sentek/Ludley* NZM 2020, 406ff. 。
[112] 详见 *Ekkenga/Schirrmacher* NZM 2020, 410 (411ff.)。

12)。[113] 当且仅当出于该原因**不能期待**承租人维持既有合同时,根据第313条第1款**变更租金**(延期或减少)方显合理。在例外情形中,亦可依据第313条第3款第2句赋予承租人**终止权**。[114]

6. 侵权法上的请求权

57 租赁合同上的损害赔偿请求权与侵权法上的损害赔偿请求权存在**请求权竞合**。但依第536c条第2款排除请求权(第22节边码45)不适用于承租人的侵权赔偿请求权。[115]

示例:出租人V让其酗酒的房管H修理M所租住宅中松动的阳台护栏。由于H修理不当,护栏在短时间内再次松动,但M因过失未告知V。某天M由于该瑕疵从阳台摔落并受重伤。

由于H的过错依第278条应归责于V,故满足第536a条第1款第2项的构成要件。但该请求权依第536c条第2款被排除。然而,V还依第831条负责。第536c条第2款不适用于侵权法上的损害赔偿请求权。但M未予告知,应依第254条作为有过失进行抵销。[116]

六、承租人的义务与责任

1. 支付租金

(1)一般规定

58 承租人的**主给付义务**为支付租金(第535条第2款)。承租人出于个人原因(例如生病、旅行)不能使用租赁物,该义务并不因此产生疑问。但出租人须折抵节约的费用与另作他用所获得的利益(第537条第1款第2句)。此处不适用给付不能规则或交易基础丧失的原则。但若出租人已经知道承租人所追求的使用目的,并已将该目的当作自己的目的,则存在

---

[113] MüKoBGB/*Häublein* EGBGB Art. 240 § 2 Rn. 6;*Häublein/Müller* NZM 2020, 481 (490);*Ekkenga/Schirrmacher* NZM 2020, 410 (414f.);*Sittner* NJW 2020, 1169 (1172)。

[114] 参见 BeckOGK/*Bieder*, 1. 7. 2020, BGB § 536 Rn. 29. 2;*Häublein/Müller* NZM 2020, 481 (492);*Zehelein* NZM 2020, 390 (401);*Sittner* NJW 2020, 1169 (1173);关于更严格地限制承租人的终止权,见 *Ekkenga/Schirrmacher* NZM 2020, 410 (414)。

[115] MüKoBGB/*Häublein* §536c Rn. 13f.;*Palandt/Weidenkaff* § 536c Rn. 10。

[116] 类似案例参见 *Medicus* BürgerlR, 18. Aufl. 1999, Rn. 350。

例外。通说认为,若该目的的实现受到阻碍,承租人支付租金的义务依第326条第1款消灭。[117] 反对适用第326条第1款的观点却认为,在**目的障碍**(包括所谓的"目的受阻")的情形中,由于目的未成为合同内容,依一般原则(参见拙作《债法总论》第21节边码7,第37节边码25)不成立给付不能。故援引第313条更为恰当。[118]

示例:在一则源于英国裁判的经典教学案例中,M为观看加冕游行承租了靠窗的位子。一方观点认为,若游行取消,则依第326条第1款免除M支付租金的义务。相反观点认为,M可依第313条第3款第2句终止合同。[119] 一则最新示例是在玫瑰星期日嘉年华游行道路上承租靠窗的位子。若嘉年华游行(例如由于飓风)被取消,承租人可依此处所持的观点援引第326条第1款或第313条第3款第2句。官方基于新型冠状病毒危机对经营者从事营业经营的限制并未反对将店铺暂时转让给承租人。因此,并不存在法律上的给付不能(第275条第1款),由此导致依据第326条第1款第1句前半句可免除对待给付义务。[120] 于此情形,亦仅能援引第313条(参见第22节边码56)。

当事人可在合同自由的范围内安排缴纳租金的义务。例如,其可约定承租人不缴纳金钱,而给付物或提供服务(例如当房屋管理员)。[121] 租金可一次性缴清,亦可分期支付。双方原则上亦可在第134条及第138条(第22节边码11)的界限内自由协商**租金的额度**。第556条及以下针对**住房租赁关系存有特殊规则**,不同于第535条第1款第3句,第556条允许将**运营成本**转嫁给承租人(第22节边码18)。

(2)租金刹车和租金上限

在**住房市场紧俏的地区**,对有关租金数额的约定适用特殊规定。因

---

[117] 参见 MüKoBGB/*Ernst* § 275 Rn. 168; *Flume* BGB AT, 4. Aufl. 1992, § 26, 3。

[118] 亦见 Staudinger/*Caspers*, 2019, § 275 Rn. 36; *Medicus*/*Lorenz* SchuldR AT Rn. 565; *Pawlowski* BGB AT Rn. 562, 566f。

[119] 一种观点见 *Flume* BGB AT, 4. Aufl. 1992, § 26, 3;另一种观点见 *Medicus*/*Lorenz* SchuldR AT Rn. 565; *Pawlowski* BGB AT Rn. 562, 566f. 。

[120] *Häublein* NZM 2020, 481 (486).

[121] 参见 BeckOK BGB/*Zehelein*, 56. Ed. 1. 11. 2020, § 535 Rn. 509。

2015年4月21日的《在紧俏住房市场上抑制租金上涨的法律》(第22节边码5)而新增的第556d条第1款规定,在这些区域,约定的房屋租金**在起租时**最多只能超过当地租金市价的10%(所谓的"**租金刹车**")。[122] 根据第556d条第2款,州政府有权通过法规确定哪些地区的住房市场紧俏(第556d条第2款)。修订后的第556d条第2款第4句规定,此类法规最迟于2025年12月31日应当失效。

违反第556d条的**法律后果**由第556g条调整。第556g条第1款规定,关于租金数额的约定,(仅)超出允许金额的部分无效。承租人可依**不当得利法**要求返还多付的租金(第556g条第1款第3句)。于此,依据第556g条第1款第4句,不得适用第814条与第817条第2句而排除返还请求权。但是,依据第556g条第2款,该请求权的构成要件是,承租人已对违反第556d条及以下的规定提出异议,且要求退还的租金在异议到达后已到期。[123] "租金刹车"构成对出租人所有权(《德国基本法》第14条第1款)和合同自由(《德国基本法》第2条第1款)的严重侵犯。然而,联邦宪法法院已确认这些规定符合宪法。[124]

59b "租金刹车"不应与所谓的**租金上限**相混淆,后者是**柏林**州在2020年2月11日颁布、2020年2月23日生效的《柏林住房租金限制法》(MietWoG Bln)[125]中引入的。除若干特殊规定,《柏林住房租金限制法》第3条禁止住房租金超过2019年6月18日已有效约定的租金。该法应于2025年2月22日后失效。在此之前,租金依法不得上涨。该法的有效性从宪法的角度来看是极其可疑的。由于联邦政府根据《德国基本法》第74条第1款第1项已用尽其竞合的民事立法权限,州立法者对此问题已**无立法权限**。[126] 除此之外,该规定还包含了对出租人基本权利的严重侵犯

---

[122] 详见 Staudinger/*Emmerich*,2018,Vorbem. zu §§ 556d-556g Rn. 1ff.;*Aufderhaar/Jaeger* ZfIR 2014,541ff.;*Wolfstädter/Rump* JA 2020,843ff.。

[123] 批判见 Staudinger/*Emmerich*,2018,§ 556g Rn. 7。

[124] BVerfG NJW 2019,3054。

[125] Berliner GVBl. 2020,50。

[126] So *Häublein* ZfPW 2020,1(15ff.);*Heusch* NZM 2020,357(365);*Schede/Schuldt* NVwZ 2019,1572(1574ff.);另参见 *Brox/Walker* SchuldR BT § 11 Rn. 24c。

(特别是《德国基本法》第 14 条第 1 款),应当否定其合比例性。[127] 柏林州宪法法院和联邦宪法法院的裁判待决*。

(3)租金上涨

第 557 条及以下规定了房租上涨的前提。首先存在对**分级租金和指数租金**的要求(第 557a 条、第 557b 条)。[128] 除此之外,出租人在三种情形下可提高租金。第一种情形:若过去 15 个月未涨租,出租人可依第 558 条第 1 款请求承租人同意将租金涨至**当地同类租金**。但于此情形,3 年内租金涨幅不得超过 20%(第 558 条第 3 款第 1 句)。依第 558 条第 3 款第 2 句,在各州政府确定的"以合理条件为市民供应充足租赁房屋受到特别危害"的特定地区,为了保护承租人,此种所谓的**上限**可以减少到 15%(第 22 节边码 4)。第二种情形:出租人可依第 559 条第 1 款,将第 555b 条所规定的多数情况下的**住房现代化费用**分摊入年租金。但于此情形,2019 年的《租赁法变更法》(第 22 节边码 5)将允许的涨租限制在为住房支出费用的 8% 以内。[129] 在这两种情况下,在涨租的意思表示到达后的第二个月经过之前,承租人享有一项特别终止权,且不能通过合同约定排除(第 561 条)。第三种允许涨租的情形是向承租人**分摊所增加的运营成本**,此时没有特别终止权(第 560 条)。

59c

(4)租金届满

若无特别约定,于住房及其他房屋之情形,租金的**到期**依据第 556b 条第 1 款与第 579 条第 2 款(每个时间段的起始,最迟到第三个工作日[130]);于土地以及动产之情形,依第 579 条第 1 款(租赁期或某一时间段结束)。若承租人迟延(第 286 条)支付租金,出租人无须遵守期间,可依第 543 条第 1 款及第 2 款第 1 句第 3 项特别**终止租赁关系**,只要余款按照条文描述的标准是**显著**的即可。据此,承租人须已在两个连续的到期

60

---

[127] 详见 *Heusch* NZM 2020, 357 (365)。
* 联邦宪法法院已认定其违宪无效。——译者注
[128] 关于分级租金约定有效性的界限见 BGH NZM 2012, 416。
[129] 参见 *Selk* NJW 2019, 329 (332)。
[130] 关于工作日的概念,见 BGH NJW 2010, 2879;周六非工作日。

日迟延支付租金或租金的显著部分(字母 a);或者,若迟延已超过两个到期日且余款已达两个月的租金,也足够了(字母 b)。由于按日历确定支付租金的时间,故依第 286 条第 2 款第 1 项,无须催告便发生迟延。**期间设定或催告不是必要的**(第 543 条第 3 款第 2 句第 3 项)。但在个案中,依诚实信用原则可能仍为必要。[131] 除了终止,承租人亦可依第 280 条第 1 款、第 2 款及第 286 条要求迟延损害赔偿。[132]

2. 保护与注意义务

61　　承租人对租赁物负保护与注意义务。**第 536c 条第 1 款**表明了该义务。据此,承租人应当及时将租赁物的瑕疵告知出租人。若承租人对告知不作为,则对出租人负损害赔偿义务(第 536c 条第 2 款)。此外,承租人须**谨慎对待**租赁物,尤其使其避免可能的损害。

于违反保护与注意义务之情形,出租人依第 280 条第 1 款、第 241 条第 2 款对承租人享有**与给付并行的损害赔偿**请求权。[133] 亦无必要设定期间。即便承租人**已返还**的租赁物**处于受损状态**,亦是如此。反对观点认为,在这种情况下,由于瑕疵履行第 546 条第 1 款规定的返还义务,出租人依第 280 条第 1 款、第 3 款以及第 281 条享有替代给付的损害赔偿请求权。[134] 反对观点无法令人信服。就此而言,联邦最高法院已正确地指出,不能依据请求权的主张是否晚于租赁物的返还,来区分替代给付的损害赔偿和与给付并行的损害赔偿。判断的关键在于,承租人违反的是给付义务(则适用第 280 条第 1 款、第 3 款、第 281 条)还是无关给付的附随义务(则适用第 280 条第 1 款、第 241 条第 2 款)。[135] 承租人谨慎对待租赁物的义务应保护出租人的固有利益,因此属于第 241 条第 2 款意义上的保护义务。在返还受损租赁物的情形中,第 546 条第 1 款规定的返还义务

---

[131] 可能的案例参见 MüKoBGB/*Bieber* § 543 Rn. 69。
[132] Staudinger/*Emmerich*, 2018, § 543 Rn. 45.
[133] BGH NJW 2018, 1746 Rn. 9ff.
[134] 参见 OLG Köln MDR 2016, 207 = BeckRS 2016, 03916; *Kraemer* FS Blank, 2006, 281 (289)。
[135] BGH NJW 2018, 1746 Rn. 19ff. = JuS 2018, 999 (*Omlor*)。

不能作为义务违反的根据,因为该条并未规定应以何种状态归还租赁物。[136] 就此而言,承租人未依约实施所负担的外观维护而返还租赁物,是有本质区别的。实施外观维护构成承租人对待给付的一部分(第22节边码16),于此情形,损害赔偿请求权源于第280条第1款、第3款以及第281条(第22节边码67)。

3. 依约使用租赁物

承租人须**依约使用**租赁物。依约使用的内容与界限首先取决于当事人的约定(第22节边码14)。于此,重要的是租赁合同。此外,亦可依据楼房管理条例,只要其已被有效地纳入合同中即可。

62

第540条第1款将依约使用的界限进行具体化:未获得出租人的同意,承租人不得将租赁物的使用**转让给第三人**。但基于《德国基本法》第6条第1款对婚姻家庭的宪法保护,即便没有出租人的许可,也允许在住宅中接纳**家属**。[137] 故承租人的家属不属于第540条第1款意义上的"第三人"。其中包括配偶、登记的生活伴侣(但不是未婚的共同生活伴侣)[138]、子女、孙子女,有时亦包括父母。[139]

住房租赁关系还适用第553条的特别规则。据此,承租人可请求出租人同意向第三人转让使用。但构成要件是承租人在租赁合同缔结后就此产生了**正当利益**(例如于生活伴侣入住之情形),且只应当转让部分住房。转让使用对出租人来说必须是可期待的(第553条第1款第2句),且可与涨租挂钩(第553条第2款)。

63

4. 违约使用的法律后果

于违约使用之情形,出租人经事先警告可诉请**不作为**(第541条)。请求权也包括**排除**由承租人引起的违约状态。若出租人享有租赁物的所有权,则其还可能按照一般原则援引第1004条。联邦最高法院将第541

64

---

[136] BGH NJW 2018, 1746 Rn. 24.
[137] BGHZ 157, 1 (5); BeckOK BGB/*Wiederhold*, 56. Ed. 1. 11. 2020, § 540 Rn. 4; Brox/*Walker* SchuldR BT § 11 Rn. 29.
[138] BGHZ 157, 1 (5ff.) mAnm *Blank* LMK 2004, 1; Palandt/*Weidenkaff* § 540 Rn. 5.
[139] 参见 BeckOK BGB/*Wiederhold*, 56. Ed. 1. 11. 2020, § 540 Rn. 4; MüKoBGB/*Bieber* § 540 Rn. 5。

条视作特别法,否则可能会规避警告要求。[140]

示例(BGH NJW 2007, 2180):无行为能力的承租人 M 未经出租人 V 的必要同意,即在租赁住房阳台的栏杆上安装了抛物面天线(第 22 节边码 14)。经警告未果,V 诉请 M 拆除天线。

由于对 M 的警告无效(类推第 131 条第 1 款),不成立源于第 541 条的排除请求权。源于第 1004 条的请求权因第 541 条的特别性而被排除。于此类情形,在实践中可令出租人对承租人的照管人(第 1896 条)作出警告。

65 违约使用亦可为第 543 条第 2 款第 2 项**任意终止**提供正当化事由。无权地向第三人转让使用并不必然导致对出租人权利的显著侵犯。侵犯的显著性毋宁是一项独立特征,应当基于利益衡量对其另作检验。[141] 此外,原则上期间设定或催告无效后方允许终止(第 543 条第 3 款)。

66 若租赁物因违约使用而受损,则出租人享有**源于第 280 条第 1 款、第 241 条第 2 款的赔偿请求权**。(参见第 22 节边码 61)但依第 538 条,承租人不对租赁物因依约使用而产生的折旧负责。若无特别约定,在室内吸烟亦属于依约使用。故承租人无须对因此造成的污渍负责。[142] 但若承租人在其住宅的阳台上抽烟妨碍了其他承租人的占有,其他承租人基于法律所禁止的非法干扰(第 858 条第 1 款),依第 862 条第 1 款第 2 句享有不作为请求权。但若吸烟的影响不妨碍或只是无关紧要地妨碍了一位理性承租人对租赁物的使用,则情况会有不同。[143]

若承租人已将租赁物转让给第三人,第三人的过错依第 540 条第 2 款应当归责于承租人。鉴于对租赁物的保护义务,第三人依制定法成为承租人的履行辅助人(第 278 条)。[144] 即使出租人允许转让,承租人对**第**

---

[140] BGH NJW 2007, 2180.
[141] Schmidt-Futterer/*Blank* § 543 Rn. 70;其他观点见 MüKoBGB/*Bieber* § 543 Rn. 41.
[142] BGH NJW 2006 2915 (2917).
[143] BGH NJW 2015, 2023.
[144] BGH NJW 2014, 2717 Rn. 28;OLG Düsseldorf ZMR 2017, 559 = BeckRS 2016, 119550 Rn. 19; Staudinger/*Emmerich*, 2018, § 540 Rn. 37; MüKoBGB/*Bieber* § 540 Rn. 25.

三人亦负保证责任(第540条第2款第2半句)。于未许可转让使用之情形,依主流意见,承租人甚至须对第三人无过错地引起的损害负责。[145] 于此,向第三人转让使用已构成义务违反。[146] 此外,主流意见认为,鉴于承租人的保护义务,对第278条意义上的**履行辅助人**的概念应作宽泛解释。由承租人引发的、所有接触到租赁物的人都包括在内。[147] 他们不仅包括承租人的家属,还包括经承租人同意而逗留在房屋内的手工业者、供应商以及访客。[148]

5. 进行外观维护

基于合同,住宅承租人一般有进行外观维护的义务(第22节边码16)。若承租人**迁出**时未履行该义务,将产生问题。 67

示例:承租人 M 有义务在迁出时进行外观维护。当 M 在多年租赁期间经过后搬出住宅时,住宅有明显的使用痕迹。出租人 V 自行实施外观维护,并向 M 要求损害赔偿。V 是否享有请求权?

由于外观维护的实施属于 **M 对待给付**的一部分,此处涉及替代给付的损害赔偿。[149] 这和承租人在返还受损租赁物的情形中所负担的损害赔偿义务具有显著区别,后者违反了第241条第2款意义上的保护义务,因此源于第280条第1款(第22节边码61)。依第280条与第281条,原则上有必要设定期间。但联邦最高法院将承租人的迁出视为最终的履行拒绝。[150] 故出租人依第281条第2款第1项免于设定期间。

若出租人欲**在合同终结后改建**房屋,则在迁出时进行外观维护将是无意义的。但依通说,仍不能免除承租人的给付义务。毋宁须对租赁合 68

---

[145] Palandt/*Weidenkaff* § 540 Rn. 15; BeckOK BGB/*Wiederhold*, 56. Ed. 1. 11. 2020, § 540 Rn. 23.

[146] Staudinger/*Emmerich*, 2018, § 540 Rn. 38; PWW/*Riecke* § 540 Rn. 17.

[147] BGH NJW 2010, 2341 Rn. 19; Staudinger/*Emmerich*, 2018, § 538 Rn. 7; MükoBGB/*Grundmann*. § 278 Rn. 32.

[148] 参见 BGHZ 66, 349 (354)= NJW 1976, 1315 (1316); BGH NJW 2017, 134 Rn. 17。

[149] BGHZ 200, 133 = NJW 2014, 1521 Rn. 24ff.; BGHZ 214, 316 = NJW 2015, 1871 Rn. 15; BGH NJW 2018, 1746 Rn. 17 = JuS 2018, 999(*Omlor*)。

[150] BGHZ 200, 133 = NJW 2014, 1521 Rn. 27; BGH NJW 1991, 2416 (2417); 限制见 KG ZS 2007, 116 (117)。

同进行如下补充性解释:于此情形,承租人须向出租人支付金钱补偿。[151]理由在于:实施外观维护具有有偿性。不应免除承租人相对于出租人给付的对待给付义务。但应予以反驳:承租人由此在结果上负担了协同资助出租人改建的义务。[152]

6. 归还租赁物

(1)归还义务

69 租赁关系结束后,**承租人**有义务向出租人归还租赁物(第 546 条第 1 款)。由于归还请求权以合同为基础,其存在与出租人物权法上的地位无关。若出租人为所有权人,其另有源于第 985 条的原物返还请求权。

承租人应使出租人获得对租赁物的**直接占有**(第 854 条第 1 款)。就此而言,承租人简单地放弃占有通常是不够的(例如承租人在离开租赁住宅时留下钥匙,或将租车停在某停车场)。归还义务延伸至一同租出的从物(类推第 311c 条)以及所有钥匙。[153]

70 不仅是承租人,所有承租人向其转让租赁物使用的**第三人**,无论是否获得出租人的许可,在(主)租赁关系结束后均对出租人负有归还义务(第 546 条第 2 款)。此处主要涉及次承租人,也涉及诸如借用人等其他占有人。若出租人既不能基于所有权,亦不能基于受让自承租人的权利而对第三人采取措施,缺少此项请求权将导致出租人失去保护。[154]

深化:若承租人与第三人间存在住房转租关系,则只要承租人是经营性的转租人,第三人即受第 565 条保护。据此,在主租赁合同关系结束时,出租人加入承租人对第三人的权利义务中。该条特别规定是必要的,原因在于:即便第三人相较住房承租人更值得保护,但在有利于经营性转租人而排除适用第 573 条及以下的关于住房租赁的特别保护条文(第 23 节边码 1 及以下)后,第三人未受偏惠。[155] 联邦宪法法院认为,与

---

[151] BGHZ 92, 363 (369ff.) = NJW 1985, 480; BGH NJW 2005, 425 (426); MüKoBGB/Häublein § 535 Rn. 168.

[152] 拒绝观点亦见 Staudinger/*Emmerich*, 2018, §535 Rn. 117。

[153] MüKoBGB/*Bieber* § 546 Rn. 6.

[154] Staudinger/*Rolfs*, 2018, §546 Rn. 86; *Medicus/Lorenz* SchuldR BT §23 Rn. 42.

[155] *Blank/Börstinghaus* §565 Rn. 1; MüKoBGB/*Häublein* § 565 Rn. 1.

经营性承租人签订转租合同的住房承租人的地位恶化,违反了《德国基本法》第3条第1款的平等对待原则。[156]

(2)违反归还义务

若**承租人**在租赁关系结束后未归还租赁物,则出租人享有用益赔偿请求权(第546a条第1款)。无论承租人对迟延是否有过错,出租人皆可要求扣留期间内的约定租金或(当其更高时[157])当地通常租金。

同时,出租人可依**一般条文**向承租人要求损害赔偿(第546a条第2款)。据此,出租人尤其可以主张其所失利益(第280条第1款、第2款、第286条与第252条)。这也适用于出租人因迟延转让租赁物须向新承租人负责而产生的损害。[158] 不同于依第546a条的用益赔偿之情形,出租人必须陈述与证明损害。在住房租赁中,出租人的损害赔偿请求权还受到第571条的限制。如果承租人返还租赁物(如因灭失或丢失)已不再可能,则出租人基于第280条第1款、第3款和第283条享有替代给付的损害赔偿请求权。关于返还受损物时的损害赔偿见第22节边码61。

由于欠缺债务关系,**新承租人**对旧承租人原则上并无源于第280条及以下的损害赔偿请求权。尤其是,新承租人通常并**未被纳**入出租人与旧承租人租赁合同的**保护范围**之内。仅当出租人因利益家庭成员的自身需求而终止住房租赁合同时(第573条第2款第2项),存在例外。[159] 其正当化事由在于:于此情形,依据第573条第2款第2项的保护目的,家属等同于出租人。由于欠缺意外的损害转移,出租人不得依**第三人损害清算**之原则向旧承租人主张新承租人的损害。[160]

7. 消灭时效

针对出租人因租赁物**变化或损坏**产生的请求权,第548条第1款作了特别的时效规定。据此,时效期间为自归还租赁物起6个月。由于第548

71

72

---

[156] BVerfG NJW 1991, 2272 (2273).
[157] BGH NJW 1999, 2808; Erman/*Lützenkirchen* § 546a Rn. 12.
[158] Palandt/*Weidenkaff* § 546a Rn. 17.
[159] 参见 Schmidt-Futterer/*Streyl* § 546a Rn. 76; *Blank/Börstinghaus* § 546a Rn. 49。
[160] 参见 Schmidt-Futterer/*Streyl* § 546a Rn. 76; *Blank/Börstinghaus* § 546a Rn. 49。

条旨在尽快厘清法律状态,应对该条作宽泛解释[161],故其不仅适用于与租赁物本身相关的赔偿请求权,亦适用于损害发生在出租人其他非租赁物或第三人之物上的情形。[162] 但在这些情形中,光是损害归因于承租人的义务违反并不足够,损害还必须与租赁客体有充分相关性。[163] 第548条的短期时效依据以下考量:于租赁物变化或损坏之情形,出租人通常可以及时确定可能的损害。故当涉及较远的结果损害时,适用第548条第1款是不当的。

示例(BGHZ 124, 186):因旧承租人 M 的过失,油在出租人 V 的土地上渗开,并通过排水系统对远处 D 的鱼塘造成了损害。V 赔偿了 D 的损害,自己向 M 主张损害赔偿。M 主张第548条第1款的短期时效已然经过。联邦最高法院以如下理由排除适用第548条第1款:V 不能通过检查立即确定相关损害。

73 　　租赁物**全损**时,由于不再能归还租赁物且不存在对快速厘清法律状态的强烈需求,故不适用第548条第1款。因此,针对出租人源于第280条第1款、第3款以及第283条的请求权,适用一般的消灭时效规则(第22节边码48)。[164] 但仅当完全排除归还可能时,排除适用第548条第1款方为正当;相反,租赁物的严重损坏尚不足以排除该条文的适用。[165]

74 　　出租人因租赁物变化或损坏而生之请求权,若非基于租赁合同,而是基于**侵权行为**(特别是第823条第1款),亦可适用第548条第1款。[166] 由于租赁物的变化或损坏通常会侵犯所有权,若源于第823条第1款的请求权依据一般规则已过时效,第548条在实践中将失去意义。

第548条第1款的短期消灭时效亦有利于被纳入**租赁合同保护范围**

---

[161] *Blank/Börstinghaus* § 548 Rn. 4; Staudinger/*Emmerich*, 2018, § 548 Rn. 5a.
[162] BGH NJW 2000, 3203 (3205); Palandt/*Weidenkaff* § 548 Rn. 9.
[163] 参见 BGHZ 124, 186 (191); BGH NJW 2000, 3203ff.; *Jendrek* NZM 1998, 593 (595)。
[164] BGH NJW 1993, 2797; BeckOK BGB/*Wiederhold*, 56. Ed. 1. 11. 2020, § 548 Rn. 2, 8.
[165] BGH VersR 2006, 1076; Staudinger/*Emmerich*, 2018, § 548 Rn. 18.
[166] BGHZ 71, 175 (179f.); 135, 152 (156); MüKoBGB/*Bieber* § 548 Rn. 3.

的第三人(第22节边码37)。

示例(BGH VersR 2006,1076 = JA 2006,736 [*Looschelders*]):承租人M 10岁及13岁的孩子在玩火时造成了火灾。由于出租人V与孩子间不存在合同,故其对孩子无合同上的损害赔偿请求权。但可考虑V源于侵权行为的请求权(第823条第1款或者第830条第1款第2句)。然而,M的孩子在租赁合同的保护范围内,故其可援引第548条第1款的短期消灭时效。

七、租赁关系的结束

依第542条,租赁关系或因**到期**或**终止**而结束。该条适用于所有租赁关系。于住房租赁关系之情形,还适用第568条及以下(第23节边码29)。此外,当事人随时可以通过废止合同来结束租赁关系。 75

终止为通过有相对人的单方意思表示行使的形成权。[167] 原则上,终止不需要特定的形式与理由。[168] 但于住房租赁关系之情形,存在例外(第23节边码30)。 76

于通过终止结束租赁关系之情形,区分**正常终止**与**特别终止**。通常,合同双方当事人皆有终止权。[169]

1. 不定期租赁中的正常终止

依第542条第1款,当事人任意一方**无须终止理由**,即可依制定法条文终止不定期的租赁关系。但在住房租赁关系中应注意重要的限制(第23节边码32)。 77

于正常终止之情形,总是应当遵守**终止期间**,以使另一方当事人可以适应租赁关系的解除。第573c条规定住房租赁关系的期间(第23节边码35、36),第580a条规定土地、房屋、登记船舶与动产租赁关系的期间。

2. 特别终止

合同当事人在定期与不定期租赁合同中皆有特别终止权,但都必须 78

---

[167] MüKoBGB/*Bieber* § 542 Rn. 8.
[168] Brox/*Walker* SchuldR BT § 13 Rn. 8.
[169] Schmidt-Futterer/*Blank* § 542 Rn. 11.

存在终止的**特别原因**。若不满足特别终止的构成要件,则考虑依第140条**转化**为正常终止。然而,裁判于此十分保守。[170]

(1)附期间的特别终止

79 若租赁关系签订了确定的时间,或当事人约定的(较长)终止期间偏离制定法条文,则在**遵守制定法上终止期间**的前提下可能产生特别终止的需要。对附期间的特别终止的具体情形,规制十分零散。但由于附期间的特别终止会导致租赁关系提前结束,每一情形都必须存在终止的**特别原因**。

示例:超过30年的租赁合同(第544条);拒绝同意转租时(第540条第1款第2句)、出租人采取现代化措施时(第555e条)或涨租时(第561条),承租人的终止权;承租人死亡(第563条第4款、第563a条第2款、第564条、第580条);另见第1056条第2款、第2135条;《德国破产法》第109条第1句、第111条;《德国强制拍卖法》第57a条;《德国房屋所有权法》第37条第3款第2句;《德国地上权法》第30条第2款。

(2)不附期间的特别终止

80 第543条第1款赋予任意当事人**基于重大原因**随时终止租赁关系的机会。若考量个案所有情况以及**衡量双方的利益**,将租赁关系延续至终止期间经过或租赁关系另行结束对终止方而言是**不可期待**,则依第543条第1款第2句存在对特别随时终止必要的重大原因。

81 第543条第2款第1至3项规定了存在重大原因的**个例**,就住房租赁关系而言是第569条第1款、第2款(第23节边码37)。依第543条第2款第1项,尤其在未及时向承租人提供或再次剥夺其对租赁物的全部或部分的依约使用时,存在重大原因,因此也包括上文已讨论过的租赁物瑕疵之情形(第22节边码40、41)。相反,根据第543条第2款第2项,如果承租人因疏忽其照管义务而严重危害租赁物或未经授权将租赁物交给第三人,因而显著地侵犯了出租人的权利,则出租人出于重大原因享有终止权(第22节边码65)。如果承租人在连续两个到期日**拖欠租金**或拖欠租

---

[170] 参见 BGH NJW 1993, 2528。

金的一大部分,则作相同处理(第543条第2款第1句第3项a字母项)。如果承租人拖欠租金超过两个到期日,且数额达到两个月的租金,则亦存在出租人的终止权(第543条第2款第1句第3项b字母项)。根据第543条第2款第2句,如果出租人事先得到清偿,即排除第543条第2款第1句第3项两种情形中的终止权。其前提是,在终止的通知到达前,已通过完全清偿**全部**的拖欠租金而消除延迟。[171] 此外,根据第543条第2款第3句,如果承租人能够抵销租金债权,并已在终止通知后立即主张抵销,则终止不发生效力。在住房租赁的情形中,尤其要注意第569条第3款中的具体化和限制。故依第569条第3款第2项,即便在终止通知到达后,仍可以治愈延迟(第23节边码38)。

由于第543条第2款的列举不是闭合性的("特别是"),在其他情形中可援引第543条第1款第2句的**一般条款**。[172] 相较于此,第314条的一般条文(参见拙作《债法总论》第39节边码7及以下)置后。

若重大原因在于**违反**源自租赁关系的**义务**,则依第543条第3款第1句,终止原则上以期间设定或催告无效为构成要件。但依第543条第3款第2句第1项或第2项(第22节边码41),或依第543条第3款第2句第3项(第22节边码60),或可免除期间设定或催告。

3. 因到期而结束

若租赁关系签订了**确定的时间**,则只要当事人未延期(第542条第2款第2项),依第542条第2款,租赁关系在到期后结束。延期可通过明示或默示达成。若承租人在租赁期届满后继续使用租赁物,则只要当事人一方未在两周内向另一方表示其反对意思,即可认定为默示的延期(第545条)。在约定的租赁期内,正常终止是不可能的(第23节边码29)。[173] 但第542条第2款第1项表明,在制定法允许的情形中(第22节边码78及以下),不排除特别终止。

---

[171] BGH NJW 2018, 939 Rn. 23ff. ; *Brox/Walker* SchuldR BT § 11 Rn. 33.
[172] 体系见 MüKoBGB/*Bieber* § 543 Rn. 1。
[173] BGH NJW 2007, 439; *Brox/Walker* SchuldR BT § 13 Rn. 2.

参考文献: *Artz*, Das Selbstbeseitigungsrecht des Mieters im Lichte des modernisierten Schuldrechts, FS Blank, 2006, 5; *Artz/Börstinghaus*, 10 Jahre Mietrechtsreformgesetz - eine Bilanz, 2011; *Aufderhaar/Jaeger*, Die Mietpreisbremse - Eine kritische Analyse des Referentenentwurfs des Bundesministerium der Justiz und für Verbraucherschutz, ZfIR 2014, 541; *Beyer*, Schönheitsreparaturklauseln im Spiegel der BGH- Rechtsprechung, ZGS 2009, 353; *Blank*, Das Gebot der Rücksichtnahme nach § 241 Abs. 2 BGB im Mietrecht, ZGS 2004, 104; *Blank/Börstinghaus*, Miete, 6. Aufl. 2020; *Derleder*, Mängelrechte des Wohnraummieters nach Miet - und Schuldrechtsreform, NZM 2002, 676; *Ekkenga/Schirrmacher*, Auswirkmgen der Covid- 19- Katastrophe auf die Zahlungspflichten gewerblicher Mieter und Pächter NZM 2020, 410; *Emmerich*, Neues Mietrecht und Schuldrechtsmodernisierung, NZM 2002, 362; *Emmerich*, Aufwendungsersatz im Mietrecht, FS Blank, 2006, 145; *Emmerich/Sonnenschein*, Miete, 11. Aufl. 2014; *Fleindl*, Das geplante Mietrechtsreformgesetz- Ein Überblick über die wesentlichen Änderungen, NZM 2012, 57; *Hau*, Schuldrechtsmodernisierung 2001/2002 - Reformiertes Mietrecht und modernisiertes Schuldrecht, JuS 2003, 130; *Hänblein*, »Mietbremse«und»Mietpreisdeckel«- ein kitischer Überblick aus aktuellem Anlass ZfPW 2020, 1; *Hänblein/Müller*, Wer trägt das Pandemierisiko in der Geschäftsraummiete? NZM 2020, 481; *Heinrichs*, Gesamtunwirksamkeit oder Teilaufrechterhaltung von Formularklauseln in Mietverträgen unter besonderer Berücksichtigung der aktuellen Rechtsprechung zu Schönheitsreparatur- und Kautionsklauseln, NZM 2005, 201; *Heusch*, Mietpreisbegrenzumgen und Eigentumsgarantie, NZM 2020, 357; *Hinz*, Mietrechtsänderung im Rechtsausschuss, NZM 2012, 777; *Kandelhard*, Verwirkung im laufenden Mietverhältnis, NZM 2005, 43; *Kraemer*, Die Haftung des Mieters für Schäden der Mietsache nach der Schuldrechtsreform, FS Blank, 2006, 281; *Langenberg*, Zur neuen Rechtsprechung des BGH zu § 5 WiStG, FS Blank, 2006, 291; *Lehmann - Richter*, Der Mängelbeseitigungsanspruch des Mieters und Gegenrechte des Vermieters, NJW 2008, 1196; *Lehmann- Richter*, Verwirkung der zukünftigen Minderung bei vorbehaltloser Mietzahlungein methodischer Irrweg, in: *Artz/Börstinghaus*, 10 Jahre Mietrechtsreformgesetz- eine Bilanz, 2011, 134; *Lehmann- Richter/Keinert*,

Erstattung eines Drittschadens bei Verletzung der Rückgabepflicht aus § 546 BGB, ZMR 2011, 523; *Löhnig/Gietl,* Grundfälle zum Mietrecht, JuS 2011, 202; *Looschelders,* Mietrechtliche Gewährleistung und allgemeines Leistungsstörungsrecht nach der Schuldrechtsreform, in: Artz/Börstinghaus, 10 Jahre Mietrechtsreformgesetz- eine Bilanz, 2011, 141; *Looschelders,* Diskriminierung und Schutz vor Diskriminierung im Privatrecht, JZ 2012, 105; *Lorenz/Eichhorn,* Grundwissen - Zivilrecht: Die Gewährleistung im Mietrecht, JuS 2014, 783; *Maaß/Hitpaß,* Entwicklung der Parabolantennen - Rechtsprechung seit 2000, NZM 2003, 181; *Oechsler,* Schadensersatzansprüche im Mietverhältnis nach § § 280, 281, 311a II BGB, NZM 2004, 881; *Petersen,* Gebrauchsüberlassung an Dritte im Mietrecht, JURA 2015, 459; *Rolfs,* Allgemeine Gleichbehandlung im Mietrecht, NJW 2007, 1489; *Rolfs/ Möller,* Widerrnfsrechte im Wohnraummietrecht, NJW 2017, 3275; *Schall,* Corvna- Krise; Unmöglichkeit und Wegfall der Geschäftsgrundlage bei gewerblichen Miet- und Pachtverhältnissen, JZ 2020, 388; *Schaub,* Mietrechtsreform und Schuldrechtsmodernisierung- am Beispiel des Schadensersatz nach § 536a BGB, in *Artz/ Börstinghaus,* 10 Jahre Mietrechtsreformgesetz- eine Bilanz, 2011, 168; *Schede/ Schuldt,* Verfassmgswidrigkeit landesrechtlicher Mietendeckel, NVwZ 2019, 1572; *Schmidt- Futterer,* Mietrecht, 14. Aufl. 2019; *Schrader,* Schönheitsreparaturklauseln in Rechtsprechung und Examensklausuren, JURA 2010, 241; *Selk,* Das Mietrechtsanpassungsgeselz, NJW 2019, 329; *Sentek/Ludley,* Covid - 19: Die hoheitlich verfügte Ladenschließzng als Mietmangel, NZM 2020, 406; *Sittner,* Mietrechtspraxis unter Covid - 19, NJW 2020, 1169; *Sorge,* System und Struktur der Überlassungsverträge im BGB, JA 2017, 801, 887; *Timme,* Anfängliche Mängel der Mietsache- immer noch ungelöst?, NZM 2003, 703; *Weller,* Der Mietvertrag als enfant terrible der Privatrechtsdogmatik, JZ 2012, 881; *Graf v. Westphalen,* Mietrecht und Schuldrechtsreform, NZM 2002, 368; *Wolfstädter/Rump,* »Mietpreisbremse«, JA 2020, 843; *zehelein,* infektionsschutzbedingte Schließungsanordnugen in der Covid- 10- Pandemie, NZM 2020, 390.

第 23 节　住房租赁的特殊性

1　　使用租赁法的一般条文(第 535 条及以下)原则上也适用于住房租赁关系(参见第 549 条第 1 款)。此外,第 550 条及以下包括了主要旨在**保护住房承租人**的特别条文。若他处[例如在涉及使用租赁时(第 22 节边码 59 及以下)]尚未讨论过这些条文,下文对此应予阐述。

提示:第 550 条及以下的保护目的并非无限制地适用于所有住房租赁关系。第 549 条第 2 款、第 3 款针对特定的租赁关系排除适用个别条文。具体包括为临时使用而出租住房(第 549 条第 2 款第 1 项)、在出租人自己居住的住宅内将带家具的房间出租(第 2 款第 2 项)、公法上的法人或私人福利机构将住房转租给有迫切居住需求的人(第 2 款第 3 项)、学生宿舍或青年宿舍的住房出租(第 549 条第 3 款)。职工出租房亦有特别之处(第 576 条至第 576b 条)。[174]

一、租赁合同的形式

2　　第 549 条至第 555 条首先规定了住房租赁的一般条文。于此,**第 550 条的书面形式要求**具有特别意义。若合同约定了超过一年的较长期限,只要未遵守书面形式(第 126 条),则依该条视作不定期合同。该条保护潜在的土地**取得人**。因为取得人依第 566 条加入到租赁关系中,其应当能够获知长期租赁合同的内容。[175] 此外,书面形式的要求亦旨在保障**原始合同当事人**间长期约定的可证明性,保护其免于未经思考地达成长期约束的合意。[176] 未遵守书面形式并不(如依第 125 条)导致整个合同无效,而仅导致租赁期的约定无效。其结果是,任意当事人可依第 573 条及以下正常终止合同。[177] 但在转让住房后的一年内不允许终止(第 550

---

[174]　整体参见 *Brox/Walker* SchuldR BT § 13 Rn. 24ff. , 30f. 。
[175]　参见 BGHZ 136, 357 (370f.); HK-BGB/*Scheuch* § 550 Rn. 1。
[176]　BGH NJW 2008, 2178 = JA 2008, 732 (*Looschelders*)。
[177]　参见 *Larenz* SchuldR II 1 § 48 I。

条第 2 句)。

依第 578 条,第 550 条的书面形式要求亦适用于**土地**及住房以外**其他房屋**的租赁关系。

在实践中经常有所谓的"书面形式补救条款",通过这一条款,当事人负有嗣后清除某些形式瑕疵的义务,以排除正常终止的可能。根据联邦最高法院新近的判例,这种条款因违反第 550 条的强制性规定而无效。[178] 但在个案中,若嗣后变更合同的约定虽未遵循书面形式,但对一方当事人而言是纯获利益的,则依诚实信用原则(第 242 条),该当事人不得通过援引第 550 条而借机摆脱已令他厌烦的合同。[179]

二、关于租赁担保的约定

在缔结住房租赁合同时,为了向出租人提供担保,通常约定承租人应当给付**押金**。于此情形,为保护承租人免受过重负担,第 551 条第 1 款规定,担保数额最高不得超过月租的 3 倍(不包括杂费)。依第 551 条第 4 款,不同的约定无效。但提供担保的约定据此并非全部无效,只是超出第 551 条第 1 款许可范围的部分无效。[180]

3

示例(BGH NJW 2004, 3045):承租人 M 向 V 租赁了一套住宅。约定的月租是 490 欧元。M 依租赁合同有义务缴纳 1470 欧元的押金并附加其父亲的保证。之后 M 要求返还押金。M 是否享有请求权?

可考虑源于第 812 条第 1 款第 1 句第 1 选项的偿还请求权。M 必须无法律原因地给付了押金。但此处的押金约定是法律原因。由于约定的押金充分利用了第 551 条第 1 款允许的最高额,附加保证的额外义务虽然依第 551 条第 4 款无效,但押金约定的有效性却并不因此受影响。

在租赁关系结束后,承租人可要求**偿还押金**。但裁判赋予出租人一段合理期间(通常是 3 至 6 个月)来决定是否有必要动用押金。偿还请

4

---

[178] 参见 BGH NJW 2017, 3772 Rn. 30ff.; NZM 2018, 515 Rn. 25; 对此见 *Häublein* JZ 2018, 755ff.。
[179] BGH NJW 2017, 3772 Rn. 41ff.
[180] BGH NJW 2004, 3045.

求权在这段期间经过后方到期。[181] 由于在**土地**及**其他房屋**租赁合同中保护承租人的必要性较低,对其不适用第551条(参见第578条第1款)。但若当事人未约定具体问题,于补充解释押金约定时,可依据第551条的评价。[182]

提示:于未支付押金之情形,为强化出租人的权利,2013年《租赁变更法》(第22节边码4)新增的第569条第2a条规定:若承租人就两倍月租的押金陷入给付迟延,也允许依第543条第1款基于重大原因随时终止。依第569条第2a条第3句,此处不必依第543条第2款设定期间或催告。这符合第543条第3款第2句第3项的规则,依此规则,于承租人迟延支付租金之情形,亦可免除设定期间与催告(第22节边码60)。[183]

三、出租人的留置权

1. 概说

5 依第562条,住房出租人就其源于租赁关系的债权,对承租人携带之物(eingebrachte Sachen)有留置权。这是**法定留置权**,依第1257条,应当准用关于合同质权的条文(第1204条及以下)。第562条及以下准用于关于土地及其他房屋的租赁合同(第578条第1款、第2款)。

出租人的留置权基于以下考量:为确保出租人对承租人的权利,出租人以特别的方式依赖于制定法上的保护机制。但在实践中,出租人留置权的意义现在远小于押金。[184] 出租人留置权在商铺租赁中具有更大实践意义,于此情形,依第578条第1款之规定可准用第562条及以下。[185]

出租人有权对负担了出租人留置权的物进行**变价**。这可以通过出卖(第1228条第1款)实现,且通常是以公开拍卖的方式发生(参见第1235条及以下)。

---

[181] 参见 BGHZ 101, 244 (250f.); Staudinger/*Emmerich*, 2018, § 551 Rn. 29。
[182] 参见 BGHZ 127, 138 (144f.)(押金计息有争议)。
[183] 参见 Begr. RegE, BT-Drs. 17/10485, 38。
[184] 参见 MüKoBGB/*Artz* § 562 Rn. 4; Larenz SchuldR II 1 § 48 V。
[185] 参见 BeckOGK/*Reuschle*, 1. 10. 2020, BGB § 562 Rn. 5。

2. 构成要件

(1) 出租人留置权的对象

留置权只产生于承租人携带入住宅之**物**。第90条确定了物的概念。该条不包括债权,即便相应的权利文书(例如存折)保存在住宅之内。[186]

若承租人不只是暂时将物移入租赁房中,则可认定其**携带了该物**。[187] 这不仅包括家具与家电,还包括停放于随同出租的地下室或车库内的自行车与汽车。[188]

携带(Einbringung)不是意思表示,而是**事实行为**。故不依赖于携带时的行为能力。[189] 承租人亦不能依第119条第1款主张其在携带时对相关法律后果产生错误。

(2) 承租人的所有权与善意取得

承租人应当对物享有**所有权**。若承租人在携带物之后方取得所有权,出租人对物的留置权产生于所有权取得之时。但若承租人携带之物是通过所有权保留购买的,则出租人取得对**期待权**的留置权,在买卖价款全部付清后,该留置权续存于所购买之物上。[190]

若承租人并非携带之物的所有权人,则产生如下疑问:即出租人可否**善意取得**留置权。

示例:承租人M向朋友借了一张非常珍贵的黑胶唱片集。依第562条第1款第1句,由于M没有所有权,出租人对该唱片集不成立留置权。但出租人可否依第1257条与第1207条善意取得留置权,仍有疑问。

依第1207条可善意取得通过法律行为设立的质权。但第1257条的指示性规范只针对(已经)依制定法"**产生**"的质权。由于在善意取得时方涉及质权的产生,第1257条不指向第1207条。于诸如出租人留置权这类**无占有质权**之情形,这一解释[不同于承揽人留置权之情形(第33节边

6

7

8

9

---

[186] Staudinger/*Emmerich*, 2018, § 562 Rn. 8.
[187] RGZ 132, 116 (118); Palandt/*Weidenkaff* § 562 Rn. 6; *Spieker* ZMR 2002, 327.
[188] 参见 Staudinger/*Emmerich*, 2018, § 562 Rn. 13。
[189] Palandt/*Weidenkaff* § 562 Rn. 6; 其他观点见 Staudinger/*Emmerich*, 2018, § 562 Rn. 10。
[190] 参见 Jauernig/*Teichmann* § 562 Rn. 3。

码33)]无可争议。[191] 因为依一般原则,仅当取得人获得对物的直接占有时,方考虑善意取得。

深化:经常讨论的是出租人留置权与让与担保(第930条)的关系。[192] 若承租人在将物携带进房间之前为提供担保已将物让与第三人,则考虑到承租人没有所有权,不能在物上成立出租人留置权,第三人因此获得无负担的所有权。但若在携带后发生让与,则第三人的所有权上负担出租人留置权。于对所有在(尤其是仓库的)特定租赁空间内存储之物进行预先的让与担保之情形,很难判断法律状态。于此,作为交付的替代形式,物权上的合意与占有媒介关系的约定将提前发生,但所有权转让在携带物进屋后方生效。联邦最高法院以有利于出租人留置权的方式解决了冲突。[193] 据此,此案中的担保财产被出租人以留置权方式抵押。

10　　出租人留置权只能在**可抵押的物**上产生(第562条第1款第2句)。基于社会原因,不包括《德国民事诉讼法》第811条及以下意义上的不可扣押物。故出租人留置权不延伸至诸如承租人的电视或洗衣机。[194] 第562条不考虑依据《德国民事诉讼法》第811a条进行的交换扣押,于此情形,债务人将取得价值小于扣押物的代偿物。[195]

(3)担保的债权

11　　留置权担保出租人**自租赁关系**而生的所有**债权**,其中包括支付租金与杂费的请求权,还包括损害赔偿请求权(例如基于损坏或迟延归还租赁物)。债权的到期原则上不是构成要件。但不能就将来的赔偿债权行使留置权。将来的租金债权亦同,只要其超越本年度与下一个租赁年度(参见第562条第2款)。

3. 留置权的消灭

12　　依据第1257条的指示,适用于**法律行为上质权消灭的条文**同样也适

---

[191] 参见 Brox/Walker SchuldR BT § 11 Rn. 48; Larenz SchuldR II 1 § 48 V。
[192] 参见 Fischer JuS 1993, 542ff.; Nicolai JZ 1996, 219ff. 。
[193] BGHZ 117, 200 = NJW 1992, 1156; 批评见 Fischer JuS 1993, 542 (545)。
[194] 参见 BeckOK BGB/Wiederhold, 56. Ed. 1. 11. 2020, § 562 Rn. 34f.。
[195] BeckOGK/Reuschle, 1. 10. 2020, § 562 Rn. 28。

用于出租人留置权的消灭。因此,当租赁关系产生的债权不再存在(第1252条)或当出租人废止留置权(第1255条)时,出租人留置权消灭。此外,于第三人无负担地善意取得之情形,出租人留置权也灭失(第936条)。

除一般规则外,依第562a条,出租人留置权随**物移出**(Entfernung der Sache)土地而消灭,除非移出时出租人不知或表示反对。由于不应当不合理地妨碍承租人的私人关系或营业关系,故若移出符合承租人的通常生活关系或剩余之物显然足够向出租人提供担保,则出租人的反对无关紧要(第562a条第2句)。

13

示例:更换旧物、将损坏的物拿去修理、用车、旅行时带上行李与照相设备,这些都符合通常生活关系。

在土地及其他房屋的租赁关系中,不考虑承租人的通常生活关系,而依赖于承租人**通常的业务活动**。理由在于:依第578条,第562a条在这些情形中只是准用。[196] 因此,举例来说,餐厅的出租人不能反对承租人常规业务性地售货。

14

4. 出租人的自助权与返还请求权

只要出租人有权反对移出携带物,第562b条第1款便赋予其一项**自助权**(Selbsthilferecht),该权利超越依第229条及以下规定的一般自助权。据此,出租人即便未求助于法院,亦可阻止物之移出。承租人若有反抗,出租人在某些情况下可动用暴力,但仅在合比例性的范围内。[197] 自刑法视角观之,应注意,于无权移出携带物之情形,依《德国刑法典》第289条,承租人**取回抵押品**可能构成犯罪。

15

物移出之后,出租人在满足第562b条第2款的构成要件时对物之占有人享有**物权上的返还请求权**。此外,出租人可主张源于第985条、第1004条结合第1004条及第1227条、第823条第1款的一般权利。

16

承租人一方可通过**提供担保**制止留置权的行使(第562c条)。提供

---

[196] BeckOK BGB/*Wiederhold*, 56. Ed. 1. 11. 2020, § 562a Rn. 15.
[197] 参见 Staudinger/*Emmerich*, 2018, § 562b Rn. 9; Jauernig/*Teichmann* § 562b Rn. 2。

担保的数额以所担保债权的价值为准。[198]

5. 与第三人扣押质权的竞合

17　若依《德国民事诉讼法》之条文（第 808 条），为承租人的其他债权人扣押了负担出租人留置权之物会产生特别问题。因为扣押质权在后产生，原则上出租人留置权优先。但该优先受到第 562d 条利于第三人的限制。只要涉及**拖欠租金**，出租人相对于第三人仅能就扣押前一年积累的欠款主张留置权。

四、承租人死亡时对其家属的保护

18　于住房承租人死亡之情形，依第 563 条第 1 款与第 2 款，与其管理共同家计的配偶、生活伴侣（《德国生活伴侣法》第 1 条）或其他家属加入租赁关系。第 563 条第 2 款第 4 句将**加入权**（Eintrittsrecht）延伸至管理与承租人长期建立的共同家庭的其他人（所谓的非婚同居）。加入权的产生与受益人的意志无关，其在一个月内享有反对权（第 563 条第 3 款第 1 句）。只要加入者本人身上存在重大原因，出租人即享有附期间的特别终止权（第 563 条第 4 款）。这种重大原因也可能存在于加入者客观上可以确定的经济给付能力。但在此类情形中应当注意，出租人在支付迟延时无论如何都可以依据第 543 条第 2 款第 1 句第 3 项随时终止。因此，仅当不能期待出租人等候第 543 条第 2 款第 1 句第 3 项的构成要件实现时，才允许依据 563 条第 4 款终止。[199]

若死者与受优待者本是**共同承租人**（例如配偶双方为同租人），则租赁关系按照第 563a 条**由生存的承租人**续存。

19　若承租人死后并无受优待者依第 563 条加入租赁关系，租赁关系亦未依第 563a 条续存，则依一般继承法原则（第 1922 条、第 1967 条），**续存与继承人**发生（第 564 条）。但于此情形，双方均有权在一个月内遵守法定期间特别地终止租赁关系。

---

[198]　*Larenz* SchuldR II 1 § 48 V；Palandt/*Weidenkaff* § 562c Rn. 1f.
[199]　BGH NJW 2018, 2397 = JuS 2018, 1001（*Arnold*）.

依旧法，即便是相对于继承人，出租人也只在对结束租赁关系有**正当利益**时，方可终止(第573条)。[200] 学说批判了此种对出租人终止可能性的限制，因为于此并无必要保护未受优待的继承人。[201] 故对于依第564条相对于继承人进行终止之情形，立法者排除适用第573条与第573a条(第573d条及第575a条)。

第563条及以下规定不适用于**土地**及**其他房屋**的租赁关系(参见第578条第1款、第2款)。于承租人死亡之情形，继承人与出租人皆可在一个月内遵守法定期间特别地终止租赁关系(第580条)。

五、租赁物出卖时对承租人的保护

1. 概说

若所有权人将租赁物卖给第三人，则必须保护承租人免受新所有权人基于第985条的返还请求权影响。这在动产的情形中由第986条第2款保障。

深化：若物为第三人所占有，则不能依第929条通过合意与交付转让物之所有权。毋宁是依第931条完成所有权转让，由所有权人向取得人转让其对第三人的返还请求权。于存在租赁关系之情形，承租人即是第三人。在依第931条转让租赁物所有权时，出租人向取得人转让其基于第546条第1款对承租人的返还请求权。针对取得人源于第985条的返还请求权，承租人可依第986条第2款主张其基于租赁合同的占有权。

第986条第2款于**住房**、**土地及房屋**(参见第578条)租赁之情形无助益，因为此处非依第931条，而是依第873条与第925条转让所有权。制定法通过令取得人依第566条第1款替代出租人加入租赁合同("买卖不破租赁")而解决这一问题。此处为法定的合同承担(概见拙著《债法总论》第53节边码19)。

2. 构成要件

第566条第1款的法定合同承担首先以有效的租赁合同为构成要件。

---

[200] BGHZ 135, 86；另参见 BVerfG NJW 1997, 2746。
[201] 参见 *Wetekamp* NZM 1999, 485 (488)。

此外,住房**在卖出之前**应已**转交**给承租人。为此,获得对租赁物的直接占有通常是必要的(参见第22节边码13)。[202] 立法者希望通过这一时间标准,使取得人有可能根据占有关系在所有权转移之前得知租赁关系的存在;此外,在转交后尤需保护承租人。

若住房在所有权更替之时**仍未转交**给承租人,则取得人原则上不受出卖人缔结之租赁合同的约束。但若取得人相对于出租人有义务履行租赁合同所生之权利义务(第567a条),则准用第566条第1款。这对取得人有益,其无须再与承租人签订新的住房租赁合同。[203]

24 第566条仅直接适用于通过**法律行为**移转租赁物所有权的情形。除买卖之外,其他让与合同(赠与、交换)也可作为原因行为。于一些情形,亦通过援引的方式适用第566条。

示例:依《德国强制拍卖法》第57条,第566条及以下规定准用于通过强制拍卖的取得,但购买者可依法定期间终止租赁关系(《德国强制拍卖法》第57a条)。这不影响依第573条及以下规定对承租人的终止保护(出租人正当利益的必要性,承租人的反对权)。[204] 依第567条,即便出租住房在转让给承租人后负担了物权,而该物权的行使将剥夺承租人的依约使用(例如第1030条及以下的用益权,或第1093条的居住权),亦可准用第566条。物权上的权利人由此加入租赁关系。最后,于取得人转卖或对租赁物加以负担之情形(第567b条),或于营业性转租之情形(第565条),亦可准用第566条。

3. 效果

(1)取得人加入租赁合同

25 取得人因买卖而承担出租人基于租赁关系的**所有权利与义务**(第566条第1款)。自承租人向出租人提供担保而生的权利义务,尤其是租赁押金,亦属其中(参见第566a条)。

示例:取得人有义务向承租人提供对租赁物的使用(第535条第1

---

[202] 参见 Staudinger/*Emmerich*, 2018, §566 Rn. 34。
[203] Erman/*Lützenkirchen* §567a Rn. 2。
[204] 参见 *Böttcher*, ZVG, 6. Aufl. 2016, ZVG §57b Rn. 13ff.。

款);依第 536 条及以下,其须对物之瑕疵或权利瑕疵负责。承租人应向取得人缴纳租金(第 535 条第 2 款)。在租赁合同结束时,即使旧出租人并未向取得人转交押金,取得人亦须向承租人返还给付的租赁押金,但出租人承担从属责任(参见第 566a 条)。

(2)旧出租人的连带责任

第 566 条第 2 款规定了旧出租人的**地位**。据此,如同放弃了先诉抗辩权的保证人(参见第 771 条),旧出租人对取得人所负担的合同上损害赔偿义务负责。但第 566 条第 2 款不适用于承租人基于侵权法的请求权。[205]

26

旧出租人可以通过将买卖告知承租人而**免责**。告知过后,若承租人放弃在下一个可能的时间点终止合同,则于下一个可能的终止本应结束租赁关系之时,旧出租人的责任结束。

(3)预先处分时对取得人的保护

若出租人在所有权转移之前依第 398 条及以下规定将其将来的租金债权让予第三人,则该**预先处分**(Vorausverfügung)依一般规则不受限制地对取得人发生效力。但此处取得人受到第 566b 条的保护。依该条,仅当涉及所有权转移当月应给付的租金时,预先处分方有效。若在每月 15 日之后转移所有权,有效性亦延伸至下个日历月。故取得人的损失风险最多被限制在两个月的租金之内。此外,仅在取得人于所有权转移时明知该处分之情形,预先处分方对其发生效力(第 566b 条第 2 款)。

27

(4)对承租人的保护

针对承租人与出租人关于租金的法律行为(例如提前支付、延期、免除),第 566c 条是相对于第 407 条(就此参见拙著《债法总论》第 52 节边码 52 及以下)的特别规则,其保护承租人免受出租人与取得人的**双重请求**。

28

示例:住房承租人 M 在一月初已向出租人 V 提前支付接下来 6 个月的租金。一个月后,V 将房屋卖给 E,M 在四月初方知此事。E 自何时可

---

[205] 参见 Staudinger/*Emmerich*, 2018, § 566 Rn. 60。

向 M 要求支付租金?

依第 566 条第 1 款,E 是租金债权的新债权人。依一般原则,其自三月起可向 M 提出请求。然而,由第 566c 可知,对 V 的提前支付原则上对 E 亦有效。但因 M 在四月初已知所有权移转,提前支付自五月起对 E 不再有效。

第 566d 条与第 566e 条也是有利于承租人保护的条文,其效仿债权转让的条文(参见第 406 条、第 409 条)。对于此,一方面,承租人凭借对旧出租人享有的债权相对于取得人有**抵销权**(第 566d 条);另一方面,于旧出租人向承租人**告知所有权移转**,而该移转未实现或无效之情形,承租人可受到保护(第 566e 条)。

六、终止的保护

29 就住房租赁关系的终止而言,除一般规则(第 22 节边码 75 及以下)外,适用第 568 条及以下规定。这些条文主要旨在**保护承租人**免受出租人的终止影响。为实现该目的,出租人的**正常终止权**受限。该限制显著侵犯了出租人的所有权(《德国基本法》第 14 条),但所有权的社会联结为其提供了正当化事由。除此之外,依联邦宪法法院之判决,**承租人的占有权亦受到《德国基本法》第 14 条第 1 款的保护**。[206]

深化:为避免通过约定定期租赁合同来削弱对承租人的保护,于住房租赁关系之情形,适用第 575 条的特别规则。据此,仅当存在特别原因时,方允许限定期间。若无定期原因,则依第 575 条第 1 款第 2 句成立不定期的租赁关系。在有效的定期租赁关系中,排除正常终止。此亦适用于承租人的终止。[207]

1. 终止的形式与内容

30 第 568 条第 1 款是关于终止(第 542 条第 1 款)形式的特别规则。据此,租赁关系的终止需要**书面形式**(第 126 条)。即便该条文是社会租赁

---

[206] BVerfGE 89, 1 (5ff.).
[207] BGH NJW 2007, 2177 (2179);批判见 MüKoBGB/*Häublein* § 575 Rn. 4ff.。

法的一部分,其也对承租人与出租人皆适用。其主要目的是使双方免于仓促终止。此外,应为终止的相对人提供法确定性。[208]

第568条第1款适用于所有类型的终止;但在其他结束合同的情形(例如废止合同)中,制定法明文排除其适用。[209] 自第568条第1款的保护目的可知,当事人不得排除或减轻形式要求。[210] 通过一般交易条款进行加重违背第309条第13项。未遵守形式要求的,依第125条终止无效。

依第568条第2款,出租人还应及时提醒承租人依第574条至第574b条的反对(Widerspruch)可能性,以及反对的形式与期间。但第568条第2款并非终止的有效性要求("应当")。但若出租人未予提醒,则其应承担迁出程序中的不利后果(第574b条第2款第2句)。

31

2. 住房的正常终止

(1)正当利益的必要性

第573条是保护承租人的核心条文。据此,仅当出租人能证明对结束租赁关系有正当利益时,其方可正常终止住房租赁合同。制定法由此考虑了住房作为承租人生活重心的社会意义。

32

第573条第2款不完全地列举了出租人正当利益的事例。故当承租人有过错地、**并非不显著地违反**其合同**义务**时,依第573条第2款第1项存在正当利益。承租人**迟延**支付租金的情形尤属于此。[211] 依联邦最高法院之判决[212],于此情形,即使欠款未达到第543条第2款第3项为特别终止规定的必要数额(第22节边码60),亦可正常终止。但若租金欠款未超过月租且迟延期间少于一个月,则应否定义务违反的显著性。

此外,当出租人自己、其家庭成员[213]或其家庭中的成员需要出租的

---

[208] 参见 BeckOK BGB/*Wöstmann*, 56. Ed. 1. 11. 2020, § 568 Rn. 2; *Medicus/Lorenz* SchuldR BT § 25 Rn. 12。

[209] Staudinger/*Rolfs*, 2018, § 568 Rn. 11.

[210] *Blank/Börstinghaus* § 568 Rn. 3.

[211] Staudinger/*Rolfs*, 2018, § 573 Rn. 46ff.

[212] BGH NJW 2013, 159.

[213] 为侄子侄女的个人需要,见 BGH NJW 2010, 1290 = JA 2010, 548 (*Looschelders*)。

房间时,也存在正当利益(第573条第2款第2项)。[214] 在检验**个人需要**时,原则上应尊重出租人自己利用住宅的愿望。为此,出租人为个人需要提出理性且可理解的原因便已足够。[215] 承租人的利益则在第574条的范围内(第23节边码40)予以考虑。若出租人不严肃地实现自用的愿望,则终止无效。出租人以其他方式滥用权利时亦同,典型如虽然终止的房屋根本不能满足其需求,但仍提出个人需要。[216] 个人需求必须是已经充分具体化的。出租人之后可能会使用的不确定利益并不足够。"备用终止"则是无效的。[217]

深化:若出租人自始没有自己利用住宅的意图,或存在其他滥用权利的情形,则针对不当终止导致的损害,承租人依第280条第1款享有赔偿请求权。[218] 或亦可请求重新赋予对住宅的占有权与租赁权。[219] 若个人需要在发出终止之后、终止期间届至之前消失,则出租人就此必须告知承租人,并向其提出延续租赁关系的请求。于终止期间届至之前在同一幢房屋或同一片居住区内有另一套应予出租的类似住宅可供出租人使用的,亦作相同处理。[220] 但是,依联邦最高法院的新判决,出租人违反提出延续的义务并不导致因个人需要而发出的正当终止嗣后成为权利滥用,并因而无效。[221] 承租人基于第280条第1款与第241条第2款毋宁只享有金钱上的损害赔偿请求权。

33 最后,若延续租赁关系会妨碍出租人在经济上对土地进行合理的利用,并因此遭受显著的不利益,则依第573条第2款第3项亦存在正当利益。裁判认为,**经济上利用的合理性**以理性的、可理解的考量为基础,即

---

[214] 于合伙企业出租情形的个人需要,见BGH NJW 2009, 2738; 2017, 547 Rn. 14ff.; Grunewald NJW 2009, 3486。
[215] BVerfGE 79, 292 = NJW 1989, 970; BVerfGE 103, 91; BGH NJW 2003, 2604; Medicus/Lorenz SchuldR BT §25 Rn. 21.
[216] BVerfGE 79, 292 (303ff.) = NJW 1989, 970.
[217] BGH NJW 2015, 3368 Rn. 22.
[218] 参见BHG NJW 2005, 2395; OLG Karlsruhe NJW 1982, 54。
[219] 参见BGH NJW 2010, 1068 (1069)。
[220] BHG NJW 2003, 2604; NZM 2008, 642.
[221] BGH NJW 2017, 547; 不同观点见BGH NJW-RR 2012, 341。

已足够。[222] 延续租赁关系是否会给出租人造成**显著的不利益**，必须在权衡承租人的生存利益(Bestandsinteresse)后作出判断。若于出租人处产生的不利远大于承租人失去住宅所受的不利，则存在显著性。[223]

依第 573 条第 3 款，出租人须在终止函中**陈述**成立正当利益的**原因**。其他原因，仅当其嗣后产生时，方予考虑。

(2)终止期间

第 573c 条规定了住房租赁关系正常终止的特别期间。第 573c 条第 1 款第 1 句的**一般终止期间**既适用于承租人，也适用于出租人。据此，为了在下个月月末结束合同关系，最迟须在某一日历月的第三个工作日发出终止。故对双方当事人而言，一般终止期间将近三个月。

依第 573c 条第 1 款第 2 句，按照住房转让后经过的时间，**出租人**进行终止的期间依次**延长** 3 个月，最多延长到 9 个月。延长终止期间的目的是保护长期居住的承租人，并使其有机会在熟悉的环境中寻找新家。由于在长期租赁中并无必要相应地提高对出租人的保护，立法者在租赁法改革中作出了正确的决定，针对承租人进行终止，原则上保留一般的终止期间。[224]

3. 特别终止

(1)随时地特别终止

针对住房租赁关系，第 569 条对第 543 条关于随时特别终止的一般条文(第 22 节边码 80)作了补充。该条特别规定了更多存在第 543 条第 1 款意义上**重大原因**的事实构成。依第 569 条第 1 款，若因为租赁住宅的品质，利用住宅会对承租人造成**显著的健康危害**，亦存在此种原因。此外，通过第 578 条第 2 款第 2 句*，第 569 条第 1 款的适用范围延伸至"以供人逗留为目的"的其他房间(例如办公室、餐厅、饭馆)。[225] 自制定法的

34

35

36

37

---

[222] BGH NJW 2009, 1200 (1201) = JA 2009, 644 (*Looschelders*).
[223] BGH NJW 2009, 1200 (1201).
[224] 不同终止期间的正当化，见 *Looschelders/Roth* JZ 1995, 1034ff.。
* 此处法条应为第 578 条第 2 款第 3 句。——译者注
[225] 参见 Palandt/*Weidenkaff* § 569 Rn. 3。

体系可知,依第 543 条第 3 款第 1 句的一般规则(第 22 节边码 41),此处原则上亦需**设定期间**或**催告**。[226] 于显著危害健康之情形,虽然两者依第 543 条第 3 款第 2 句经常可以免除,但这终究是个案问题。

示例(BGH NJW 2007, 439):M 向 V 租赁一套住宅,依第 575 条,租赁合同的有效期为两年。一年后 M 在柜子后面的地毯上发现霉菌,遂作出终止表示。

在定期的租赁关系中排除正常终止(第 23 节边码 29)。故只能考虑依第 569 条第 1 款基于健康危害的特别终止。依第 543 条第 3 款第 1 句,特别终止的构成要件是:为提供救济而设定的合理期间无效经过,但此处并未设定此种期间。只要 V 准备且有能力立即消除这一危害健康的状态,且不会对 M 造成不可期待的负担,便不能依第 543 条第 3 款第 2 句免除期间设定。故终止无效。

于持续**妨碍住宅安宁**之情形,双方依第 569 条第 2 款皆有随时终止权。针对所有其他房屋(例如商业用房),可准用这一规则(第 578 条第 2 款第 1 句)。

38 第 569 条第 3 款旨在具体化以及补充第 543 条第 2 款第 1 句第 3 项。据此,立法者主要意在限制出租人基于**承租人迟延支付**而享有的**终止可能性**。[227] 故依第 569 条第 3 款第 2 项,若在迁出请求权的诉讼系属发生后的第二个月届满之前,出租人收到到期的租金(或依第 546a 条第 1 款的到期赔偿金),或由某一公共机构(例如住房金机构)负担清偿义务,则终止亦无效。第 543 条第 2 款第 2 句与第 3 句规定的"治愈可能性"(参见第 22 节边码 81)因此被显著拓宽。

因**新型冠状病毒危机**而颁布的《德国民法典施行法》第 240 条第 2 款第 1 项规定,只要承租人在 2020 年 4 月 1 日至 6 月 30 日之间未支付到期租金是受到新型冠状病毒疫情影响,土地及房屋的出租人就不能仅以未付租金为由终止租赁关系。立法理由清楚表明,此类租金拖欠既不构成

---

[226] BGH NJW 2007, 2177 (2178); Schmidt-Futterer/*Blank* § 569 Rn. 13.
[227] 详见 MüKoBGB/*Häublein* § 569 Rn. 39ff. 。

不附期限地终止相关租赁关系的原因(第543条),也不构成足以正常终止住房租赁关系的正当利益(第573条)。[228] 这一条文是利于承租人的单方强制规定,且可准用于**用益租赁关系**(《德国民法典施行法》第240条第2款第2项与第3项)。《德国民法典施行法》第240条第2款第1项与第3项仅排除因迟延支付而导致的终止。故不影响支付(使用租赁/用益租赁)租金的义务。但就此而言,可援用第313条(参见第22节边码56a)。依《德国民法典施行法》第240条第2款第4项,仅在2022年6月30日前适用(依第1项)对终止权的排除＊。据此,在计算第543条第2款第1句第3项项下的拖欠租金额时,亦可包括2020年4月1日至2020年6月30日期间的未付租金。[229]

依第569条第4款,必须在终止函上**陈述**在住房租赁中导致终止的重大原因。若无此陈述,则终止无效。

38a

(2)附法定期间的特别终止

第573d条与第575a条规定了附法定期间特别终止的特别规则。第573d条适用于**不定期**的住房租赁合同。依第573d条第1款,仅当存在第573条意义上的终止原因或满足第573a条减轻的构成要件时,出租人方可行使附法定期间的特别终止权。依第564条对承租人的继承人进行终止时,方有例外(第23节边码19)。第573d条第2款规定了3个月的终止期间,这符合第573c条第1款第1句的一般期间。这对以下情形具有实践意义:即由于租赁关系的存续期间,出租人应当注意第573c条第1款第2句的较长终止期间。

39

第575a条适用于**定期**住房租赁合同,其根本上符合第573d条的规定。

4.承租人的反对权(Widerspruchsrecht)

于出租人**有效终止**之情形,若结束租赁关系意味着苛待承租人、其家

40

---

[228] Begr. RegE, BT-Drs. 19/18110, 36.

＊ 若2022年6月30日后承租人仍未清偿租金,出租人可享有终止权。承租人自2020年6月30日起至2022年6月30日止,有两年时间清偿拖欠租金。——译者注

[229] Begr. RegE, BT-Drs. 19/18110, 37; BeckOK BGB/*Wiederhold*, 56. Ed. 1. 11. 2020, EGBGB Art. 240 § 2 Rn.14.

庭成员或其家计中的其他成员,而认可出租人的正当利益亦不足以为此种苛待提供正当化事由,则承租人仍可依第574条第1款反对终止并要求延续租赁关系。除第573条外,这是社会租赁法的第二个核心条文。其主要适用范围是出租人对租赁合同的**正常终止**。但第574条第1款第2句的规定可作反对解释:其亦包括**附法定期间的特别终止**。[230]

41 反对的决定要求全面的**利益衡量**。于此很少依据一般原则。第574条第2款表明,若不能以可期待的条件获得合适的替代性住房,则亦存在**苛待**。为了出租人的利益,只能考虑依据第573条第3款在终止函上陈述的原因。但是,嗣后产生的原因存在例外(第574条第3款)。

42 若满足第574条的构成要件,承租人可请求在一段**合理期间**内延续租赁关系(第574a条第1款第1句)。如果当事人未达成合意,将通过裁判确定具体期间(第574a条第2款第1句)。法院于此主要依据以下问题:所主张的苛待原因(例如承租人的疾病)预期将在何时消失。若就此存在不确定性,法院亦可指令**不定期的延续**(第574a条第2款第2句)。若出租人的迁出之诉依第574条至第574b条被驳回,则无须申请,法院可依《德国民事诉讼法》第308a条判决租赁关系的延续期间。

5. 于成立住宅区分所有权时,对承租人的保护

43 若在向承租人转让租赁住宅后,其上成立或应当成立住宅区分所有权,于住宅卖予第三人之情形,承租人依第577条受到**先买权**(Vorkaufsrecht)的保护。借此应尽量将变动的住宅卖予承租人。[231] 仅当出租人依第577条第1款第3句与第469条第1款第1句将合同内容不迟延地告知承租人时,承租人方可行使其先买权。于此,亦应向承租人说明其先买权(第577条第2款)。若出租人违反该义务,则当承租人由此不再能行使其先买权时,承租人依第280条第1款对出租人享有损害赔偿请求权。[232]

---

[230] MüKoBGB/*Häublein* § 574 Rn. 8; Jauernig/*Teichmann* § 574 Rn. 1.
[231] 就第577条的保护目的,参见 Begr. RegE, BT-Drs. 12/3254, 40; Medicus/*Lorenz* SchuldR BT § Rn. 18。
[232] 详见 BGH NJW 2015, 1516 = JA 2015, 705 (*Looschelders*)。

若承租人不行使先买权，则存在取得人通过**终止**将其赶出住宅的风险。于此，重要的是依第573条第2款第2项与第3项的终止原因。故第577a条第1款规定，自卖出起，3年届满后，取得人方可援引这些终止原因。依第577a条第2款，若以合理条件为民众提供充足的租赁住宅在相关区域受到特别危害，则州政府可通过法规将期间延长至10年。[233]

深化：从诉讼角度看，住房承租人还受到以下保护：只有基于法律的禁止规定（第858条，例如非法占屋）或于身体或生命存在具体危险之情形（例如因承租人的暴力行为），方可依《德国民事诉讼法》第940a条通过假处分指令迁出。2013年的《租赁法变更法》(第22节边码4)拓宽了例外情形。其主要针对以下情形：对承租人发布了迁出令，但第三人在出租人不知情的情况下占有了租赁物。于此情形，出租人有可能依新《德国民事诉讼法》第940a条第2款通过假处分获得对第三人的迁出令。[234] 立法者欲借此防止承租人通过纳入第三人拖延迁出。依新《德国民事诉讼法》第940a条第3款，若因支付迟延而提起迁出之诉，且承租人不服从主诉讼程序中的担保指令（《德国民事诉讼法》第283a条），亦可考虑通过假处分指令其迁出。[235]

参考文献：*Blank* Der Wegfall des Eigenbedarfs nach Ablauf der Kündigungsfrist, NJW 2006, 739; *Fischer*, Vorrang des Vermieterpfandrechts vor dem Sicherungseigentum? - BGHZ 117, 200, JuS 1993, 542; *Derleder*, Der »mitgekaufte« Mieter, NJW 2008, 962; *Grunewald*, Vermietung durch Personengesellschaften und Eigenbedarf- Eine Möglichkeit zur Einschränkung des Wohnraumkündigungsschutzes der Mieter von Wohnräumen?, NJW 2009, 3486; *Häublein*, Nach dem höchstrichterlich besiegelten Ende mietvertraglicher Schriftformheilungsklauseln: Ist §550 BGB nochzu halten?, JZ 2018, 755; *Herresthal*, Abwälzung von Schönheitsreparaturen durch AGB bei der Wohnraummiete, JURA 2008, 248; *Herrlein*, Die Rechtspre-

---

[233] 参见 *Brox/Walker* SchuldR BT § 13 Rn. 14。
[234] 参见 Begr. RegE, BT-Drs. 17/10485, 52; *Fleindl* NZM 2012, 57 (65)。
[235] 详见 *Hinz* NZM 2012, 777 (793f.)。

chung zur Wohnraummiete im zweiten Halbjahr 2008, NJW 2009, 1250; *Herrlein*, Eigenbedarfskündigung der Gesellschaft bürgerlichen Rechts, in: Artz/Börstinghaus, 10 Jahre Mietrechtsreformgesetz- eine Bilanz, 2011, 752; *Looschelders/Roth*, Grundrechte und Vertragsrecht: Die verfassungskonforme Reduktion des § 565 Abs. 2 S. 2 BGB, JZ 1995, 1034; *Schrader*, Schönheitsreparaturklauseln in Rechtsprechung und Examensklausuren, JURA 2010, 241; *Schürnbrand*, Eigenbedarfskündigung von Personengesellschaften, in: *Artz/Börstinghaus*, 10 Jahre Mietrechtsreformgesetz- eine Bilanz, 2011, 792; *Spieker*, Das Vermieterpfandrecht nach § 562 BGB: Von der Wirklichkeit überrannt, ZMR 2002, 327; *Theesfeld*, Das Mietverhältnis im Todesfall, MDR 2011, 765; *Timme*, Vermieters Reaktionspflichten nach Wegfall des Eigenbedarfs, NZM 2006, 249. Vgl. auch die Nachweise zu § 21.

第24节 商业租赁

一、商业租赁的种类

1 商业租赁（Leasing）是一类在制定法上未类型化的、具有**与使用租赁相似特征**的合同。实践中主要有两类：经营租赁（Operatingleasing）与融资租赁（Finanzierungsleasing）。

经营租赁旨在短期转让对商品的使用，于此，出租人争取通过向不同承租人多次转让对租赁标的（Leasinggegenstand）的使用来摊销全部购置费用。就利益状态而言，这一构造在很大程度上契合"正常的"使用租赁合同。故第535条及以下条款均可适用。[236]

2 在**融资租赁**中，出租人通过一次性转让对租赁标的之使用以**摊销**费用（第21节边码28）。但就承租人而言，虽然其并不总是志在取得租赁标的的所有权。但在许多情形中，为确保完全的摊销，将赋予承租人对标的的取

---

[236] 参见 BGH NJW 1998, 1637（1638）；Staudinger/*Stoffels*, 2018, Leasing Rn. 16ff.；Brox/*Walker* SchuldR BT § 15 Rn. 3。

得权,或对其施加相应义务(参见第506条第2款第1句第1项与第2项)。因此,融资租赁显然类似于融资分期付款买卖。于此,虽然裁判主要适用使用租赁法,在个案中却也顾及特殊的利益状态。[237]

经营租赁几乎只出现在商业领域中,而融资租赁亦存在于**消费者合同**之情形,尤其是于取得小汽车所有权之情形。在满足第506条第1款与第2款的构成要件时,与消费者信贷相关的保护条文可适用于融资租赁(第21节边码27、28)。尤其是,消费者依第506条第1款与第495条第1款享有撤回权。

二、作为三人关系的商业租赁合同

商业租赁合同的典型构造是三人关系。[238] 商业租赁的承租人与出租人签订商业租赁合同,出租人按照承租人的要求向第三人(供货商)购买商业租赁标的,然后在承租人支付商业租赁款的同时向其转让对租赁标的之使用。有时形态也会发生变化:承租人自己先与供货商缔结关于租赁标的的买卖合同,且承租人同时向出租人申请缔结商业租赁合同,约定由出租人替代其加入与供货商的买卖合同(所谓的**加入模式**)。[239] 加入(Eintritt)是法律行为上的合同承担。若出租人对缔结商业租赁合同的要约作出承诺,并代替承租人加入与供货商的买卖合同,由此亦可产生商业租赁中典型的三人关系。相反,主要在小汽车交易中常见的**生产者商业租赁**则并不以三人关系为基础,于此,生产者(自身或子公司)作为出租人与供货商的面貌出现。[240]

---

[237] BGHZ 68, 118 (123); 112, 65 (71ff.); BGH NJW 2009, 575 (577); *Brox/Walker* SchuldR BT § 15 Rn. 5; *Reinicke/Tiedtke* KaufR Rn. 1684; 针对租赁法上分类的批判,见 *Larenz/Canaris* SchuldR II § 66 II 1; *Fikentscher/Heinemann* SchuldR Rn. 1071; *Harke* SchuldR BT Rn. 396.

[238] *Oetker/Maultzsch* Vertragl. Schuldverhältnisse § 16 Rn. 50ff.

[239] PWW/*Frensch* Anh. zu §§ 488-515 Rn. 45.

[240] 关于生产者商业租赁,参见 *Brox/Walker* SchuldR BT § 15 Rn. 7; *Medicus/Lorenz* SchuldR BT § 58 Rn. 9。

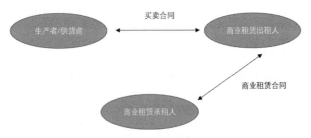

图 2-2 作为三人关系的商业租赁合同

1. 转让的构造

5 在三人关系中,商业租赁合同一般是这样构造的:**排除**出租人对承租人依第 536 条及以下条款的**使用租赁法上的瑕疵担保权利**,作为替代,出租人向承租人**转让**其依第 434 条及以下条款规定的对物之供货商的**买卖法上的瑕疵担保**。因为此处不涉及关于供应新制造物的合同或关于承揽给付的合同,所以不适用第 309 条第 8b 项第 aa 分项的条款禁令。[241] 此外,转让的构造可实现利益均衡的风险分配,故原则上也不会违反第 307 条。[242]

6 若承租人是消费者,转让的构造可能被视作第 476 条第 1 款第 2 句意义上的**规避行为**(第 14 节边码 17、18)。由于关于**消费者货物买卖**的保护性条文(第 474 条及以下)不适用于身为经营者的出租人,承租人基于转让不享有消费者的瑕疵担保权。[243] 然而,联邦最高法院不认为这违反了规避禁令。[244] 作为替代,承租人应受到如下保护:只要所转让的买卖法上的瑕疵担保权在出租人与供货商间已被有效地排除,通过一般交易条款排除使用租赁法上的瑕疵担保依第 307 条第 1 款第 1 句即是无效的。

若承租人未获得买卖法上的**消费者**瑕疵担保请求权(例如因为不得适

---

[241] MüKoBGB/*Wurmnest* § 309 Nr. 8 Rn. 28;在完全排除针对商业租赁出租人的请求权的情形中,关于违反第 309 条第 7a 项与第 7b 项的可能性,见 *Harriehausen* NJW 2013, 3393ff. 。
[242] 参见 BGHZ 97, 135 (140); 106, 304 (309ff.); *Brox/Walker* SchuldR BT § 15 Rn. 13; *Medicus/Lorenz* SchuldR BT § 58 Rn. 12; Staudinger/*Stoffels*, 2018, Leasing Rn. 119ff. 。
[243] 问题阐述见 *Reinking* ZGS 2002, 229 (231)。
[244] BGH NJW 2006, 1066;批判见 Staudinger/*Stoffels*, 2018, Leasing Rn. 225b; *Stoffels* LMK 2006, 170499。

用第477条的证明责任倒置),是否依旧适用第307条第1款第1句是法院尚未作定论的问题。于此,应否定承租人遭受不当歧视,因为相较"通常的"使用承租人,其地位并未弱化。

2. 抗辩接续(Einwendungsdurchgriff)与交易基础丧失

若租赁标的**物之瑕疵**或**权利瑕疵**,则在转让的构造中,承租人可依第434条及以下向供货商(出卖人)主张权利。有疑问的是,承租人可能享有的瑕疵权利是否亦能对抗出租人的商业租赁付款请求权。此处应作如下区分。

7

在**消费者-融资租赁**中,第506条第1款及第2款援引第358条及以下。因此,部分文献认为:依第359条,出租人应允许承租人依据**关联合同**(verbundene Verträge)(参见拙著《债法总论》第41节边码37及以下)中关于抗辩接续之条文对自己主张买卖法上的瑕疵权利。[245] 与此相反,联邦最高法院在最近的一则判决中认为第358条及以下不适用于此类情形。[246] 融资租赁不满足第358条第3款规定的**关联合同**的构成要件,因为消费者并不打算和不同对象形成许多合同关系,他只是商业租赁合同的当事人。这同样适用于按照所谓的加入模式(第24节边码4)缔结合同之情形。但联邦最高法院的观点不具有说服力。虽然承租人在形式上只与出租人有合同关系,但转让的构造仍会导致关联合同中典型的分离风险。[247] 此处赞同适用的解决方案不违反第358条及以下的文义,因为依第506条第1款,毕竟只是准用条文,并且否定适用将使援引在实际上落空。[248]

若在消费者-融资租赁中认同联邦最高法院的观点,或出于其他原因不满足第506条第1款及第2款、第358条第3款与第359条之构成要件(无论是因为承租人**并非消费者**,还是因为买卖合同与商业租赁合同在具

8

---

[245] So Staudinger/*Stoffels*, 2018, Leasing Rn. 265; Staudinger/*Herresthal*, 2016, § 358 Rn. 241ff.; *Medicus/Petersen* BürgerlR Rn. 323; *Oetker/Maultzsch* Vertragl. Schuldverhältnisse § 16 Rn. 71.

[246] BGH NJW 2014, 1519(1520)mAnm *Harriehausen*; ebenso *Bayerle* JA 2013, 659 (664f.); *Omlor* JuS 2011, 305 (309).

[247] 另参见 Staudinger/*Stoffels*, 2018, Leasing Rn. 265; *Harriehausen* NJW 2014, 1521。

[248] *Oetker/Maultzsch* Vertragl. Schuldverhältnisse § 16 Rn. 72.

体案件中不构成经济上的整体),则必须借助联邦最高法院在债法改革之前发展的、并在之后继续维持的构造。[249] 据此,承租人基于瑕疵应先向供货商提出主张。承租人尤其可以向供货商要求**补正与更换**(第 439 条)。由于租赁法上的瑕疵担保权被排除,原则上不能以租赁物(Leasingsache)的瑕疵对抗承租人相对于出租人的给付义务。[250] 在与供货商**解除**买卖合同(第 434 条第 2 项结合第 323 条、第 440 条或第 326 条第 5 款)后,承租人方可停止向出租人支付商业租赁款。若供货商不接受解除,针对商业租赁款的**给付拒绝权**(第 320 条)还需承租人**以诉讼方式**向供货商提出解除。[251]

此外,承租人解除买卖合同,将导致其与出租人间的**商业租赁合同丧失交易基础**,效力溯及至合同缔结时。[252] 因商业租赁合同为继续性债务关系,承租人或可依第 313 条第 3 款第 2 句只对将来作出**终止**。[253] 但相比交易基础的溯及性丧失,这似乎并不合理。故应当对第 313 条第 3 款第 2 句关于继续性债务关系的特别规则作目的性限缩,从而使承租人能够依据第 313 条第 3 款第 1 句的基本规则**解除**商业租赁合同。[254] 商业租赁合同的返还清算则按照第 346 条及以下完成。承租人依第 346 条第 1 款对已给付的商业租赁款享有偿还请求权。与此相对,就通过使用租赁物而获得的用益,承租人应当依第 346 条第 2 款第 1 句第 1 项向出租人偿还价额。[255]

参考文献:Bayerle, Verbraucherschutz beim (Kfz-)Leasing, JA 2013, 659; Harriehausen, Der Gewährleistungsausschluss im Finanzierungsleasingvertrag,

---

[249] BGH NJW 2010, 2798 (2800); 2014, 1519 (1520);对此参见 Bayerle JA 2013, 659 (665)。

[250] MüKoBGB/Koch Finanzierungsleasing Rn. 112; Tavakoli NJW 2010, 2768 (2769)。

[251] BGH NJW 2010, 2798 (2800); 2014, 1583 (1585); 2016, 397 (398ff.);批判见 Bayerle JA 2013, 659 (666)。

[252] 参见 BGHZ 81, 298 (307ff.); 97, 135 (141ff.); Medicus/Lorenz SchuldR BT § 58 Rn. 14。

[253] 问题阐述见 NK-BGB/Reinking Anh. II zu §§ 535-580a:Leasing Rn. 209;依第 314 条的终止参见 Jauernig/Teichmann Vor § 535 Rn. 10。

[254] 另参见 PWW/Frensch Anh. zu §§ 488-515 Rn. 145; Medicus/Lorenz SchuldR BT § 58 Rn. 14; MüKoBGB/Koch Finanzierungsleasing Rn. 116。

[255] 详见 MüKoBGB/Koch Finanzierungsleasing Rn. 118。

NJW 2013, 3393; *Löhnig/Gietl,* Grundfälle zum Finanzierungsleasing, JuS 2009, 491; *Omlor,* Finanzierungsleasing unter der neuen Verbraucherkreditrichtlinie, NJW 2010, 2694; *Omlor,* Leasingrecht im Dreieck von Gewährleistungs-, Verbraucherschutz- und Aufsichtsrecht, JuS 2011, 305; *Reinicke/Tiedtke,* Kaufrecht, 8. Aufl. 2009; *Reinking,* Auswirkungen der geänderten Sachmängelhaftung auf den Leasingvertrag, ZGS 2002, 229; *Skusa,* Anwendbarkeit der Verbraucherschutzvorschriften auf Leasing- und Mietkaufverträge, NJW 2011, 2993; *Tavakoli,* Das Leistungsverweigerungsrecht des Leasingnehmers- Der mangelhafte Land Rover, NJW 2010, 2768; *Wolf,* Die Rechtsnatur des Finanzierungsleasing, JuS 2002, 335.

第二章 其他转让使用的合同

第 25 节 用益租赁（Pacht）

1 在用益租赁法中,应区分**一般的用益租赁合同**(Pachtvertrag)(第 581 条至第 584b 条)与**特殊的农地用益租赁合同**(Landpachtvertrag)(第 585 条至 597 条)。

只要第 582 条至第 584b 条未作相反规定,除农地用益租赁合同外,关于**使用租赁合同**的条文依第 581 条第 2 款准用于用益租赁合同。援引使用租赁合同法,包括第 535 条至第 548 条关于使用租赁关系的一般条文,以及第 578 条至第 580a 条的条文。原则上不适用关于住房使用租赁的条文,除非其被第 578 条与第 579 条所援引。[256]

一、用益租赁关系的概念与区分

2 如同使用租赁合同,用益租赁合同亦成立**继续性债务关系**,其调整对象是有偿地暂时转让使用。这两个合同最主要的区别在于:用益出租人不仅应向承租人提供对租赁标的的使用,还应保障其**享有孳息**。依第 99 条第 1 款,物之孳息为其出产物及其他依物之用法取得的收获物。例如农产品(譬如谷物、鸡蛋)与矿业中依物之用法取得的收获物(譬如煤、矿石)。

3 如第 99 条第 2 款所示,孳息亦可源自权利,亦即以依权利之用法产生

---

[256] MüKoBGB/*Harke* § 581 Rn. 31.

的收益。作为示例,第99条第2款提到了取得土地成分的权利。其他例子有狩猎权、捕鱼权、著作权以及专利权。故第581条并未(如第535条)将用益租赁之标的限于**物**;**权利**与其他**无形标**的毋宁亦可进行用益租赁。于此,企业用益租赁在实践中具有显著的意义。[257]

深化:于为营业(例如用作餐厅)或为用于自由职业(例如用作诊所)而转让房屋之情形,会产生如何与使用租赁区分的问题。[258] 仅房屋应用于营业或自由职业这一情况还不足以使房屋转让成为用益租赁。仅当为特定营业或特定执业而将合同标的装修设计得可以立即利用时,方存在用益租赁。故餐馆用益租赁的特征是,用益出租人(通常是啤酒厂)已按照餐馆风格完成出租房的装修。[259]

二、用益出租人的义务

第581条第1款第1句规定了用益出租人的主义务。据此,用益出租人有义务在租赁期间向承租人提供对**租赁标的的使用**,同时保障其**享有孳息**(就此已述,见第25节边码2),只要孳息按通常经济规则应视作收益即可。

于物之情形,**提供使用**(Gebrauchsgewährung)要求向承租人进行交付(Übergabe)。由第581条第2款结合第535条第1款第2句可知,出租人应当转让处于适于依约使用状态之标的,并在租赁期内维持标的此种状态。若出租人违反该义务,则承租人依第536条及以下享有**瑕疵担保权**(第581条第2款)。[260] 但收取孳息的风险属于承租人。[261] 故承租人不能以产生的收益少于预期为由减少租金。在用益租赁法上基于交易基础丧失(第313条)而变更合同,亦仅为特例。

若涉及的是**附属物**(参见第98条),第582条限缩了出租人的义务。

---

[257] 参见 NK-BGB/*Klein-Blenkers* Anh. zu §§ 581-597: Unternehmenspacht。
[258] 问题阐述见 *Larenz* SchuldR II 1 § 49 I。
[259] 关于餐馆用益租赁,见 NK-BGB/*Klein-Blenkers* Vor §§ 581-584b Rn. 13ff.。
[260] 就此参见 MüKoBGB/*Harke* § 581 Rn. 59ff.。
[261] 参见 MüKoBGB/*Harke* § 581 Rn. 10。

承租人自接收附属物时起负责维持,但附属物因不可归责于承租人的情况而"损耗"时,出租人须替换附属物(第582条第2款第1句),例如因意外事件损毁或经过依约使用而变得彻底不能使用。[262]

5   出租人的**附随义务**并无特别之处。尤其要注意的是,出租人依第241条第2款对承租人负有一般的保护义务。于违反该义务之情形,承租人依第280条第1款享有损害赔偿请求权。

三、用益承租人的义务

6   依第581条第1款第2句,用益承租人有向出租人**支付**约定**租金**的义务。并不存在**利用用益租赁标的**的法定义务,从用益租赁合同的性质中亦无法推导出该义务。但当事人可自行在合同中确定承租人的相应义务。尤其是在当事人约定租金与销售额或盈利挂钩时,这具有意义。[263]针对农地用益租赁,第586条第1款第3句规定,承租人有义务对租赁物进行正常的耕种。[264]

如同使用承租人,用益承租人也必须遵守**依约使用**的边界,不得将用益租赁物转让给无权的第三人(第581条第2款结合第540条)。收取过度的、超越通常经济规则的孳息是违反义务的,这会使用益出租人依第581条第2款及第543条享有终止权。

7   **用益出租人**基于其产生自用益租赁关系的债权,对承租人携带之物享有**法定留置权**(第581条第2款结合第578条第1款与第562条及以下)。就承租人而言,其基于对出租人享有的、与一并出租的附属物相关的债权[例如源于第582条第2款第1句(就此参见第25节边码4)],可**就**处于其占有之下的**附属物**主张**留置权**(第583条)。关于农地用益租赁的特殊之处,见第25节边码9。

---

[262] NK-BGB/*Klein-Blenkers* § 582 Rn. 7.

[263] 参见 MüKoBGB/*Harke* § 581 Rn. 11; *Harke* SchuldR BT Rn. 361。

[264] 关于这一特别规则的法理,见 MüKoBGB/*Harke* § 585 Rn. 1:在有收益的农业生产中确保公共利益。

四、用益租赁合同的结束

依第581条第2款,关于**使用租赁的条文**亦准用于用益租赁关系的结束。用益租赁合同的终止适用**形式自由原则**。依第594条、第595条,仅在农地用益租赁中存在例外。若违反此处规定的书面形式要求,终止依第125条无效。[265]

就关于土地及权利的用益租赁合同而言,**第584条**是关于终止期间的特别条文,其优先于第580a条。第594a条(第25节边码9)规定了农地用益租赁的终止期间。

针对特定情形,**第584a条**完全排除使用租赁法上附期间的特别终止。故当用益出租人拒绝同意承租人进行**用益转租**时,依第584a条第1款结合第540条第1款第2句,承租人不享有特别终止权。此外,于**用益承租人死亡**之情形,出租人并无依第580条的特别终止权。但用益承租人的继承人依第581条第2款与第580条仍保有终止权。

五、农地用益租赁的特殊之处

第581条第1款与第582条至第583a条的一般用益租赁法条文亦适用于关于**农业用地**的用益租赁合同(第585条第2款)。此外,第585条及以下是考虑到农地用益租赁特殊之处的独立规则。故依第586条第1款第3句,承租人有义务对租赁物进行**正常经营**。经营义务不仅服务于出租人的利益,亦服务于维持有效农业生产的普遍利益。[266] 与此同时,在用益租赁关系结束时,承租人应当以如下状态归还租赁物:持续至归还时,其状态适合正常经营。[267] 于不定期用益租赁之情形,**终止期间**依第594a条是(将近)两年。其依据如下:在农业用地上收取孳息要进行耗费巨大的准备工作(播种等),且只能在每年的特定时间内完成。若具有决定作用的关系嗣后发生根本性的改变,任意一方均可依第593条请

---

[265] NK-BGB/*Klein-Blenkers* § 594f Rn. 2.
[266] 参见 HK-BGB/*Scheuch* § 586 Rn. 4 结合 BGH NJW 1989, 1222 (1223)。
[267] 详见 *Harke* SchuldR BT Rn. 364.

求变更合同。主流意见认为,这是交易基础丧失(第 313 条)的特别规则,其同样不仅服务于当事人的利益,亦服务于维持有效的农业生产。[268]

由于不适用第 581 条第 2 款,并无对**使用租赁法**的一般性援引。但须注意,使用租赁法的若干重要条文在第 585 条及以下几乎是原文重现。[269] 因此,第 586 条第 1 款第 1 句规定的用益出租人的转让与维持义务平行于第 535 条第 1 款第 2 句。但农地用益承租人依第 586 条第 1 款第 2 句的**修缮义务**是另一特别之处。针对承租人**瑕疵担保权**,第 586 条第 2 款援引第 536 条第 1 款至第 3 款与第 536a 条至第 536d 条。此处也仍然适用与使用租赁法相同的规则。不同于一般的用益租赁法(第 25 节边码 7),在农地用益租赁中,出租人的**留置权**不援引第 562 条及以下。但第 592 条是特别规则,其赋予农地用益出租人效力更广泛的留置权。[270]

参考文献:*Joachim*, Aktuelle Rechtsfragen gewerblicher Nutzungsüberlassung, ZIP 1991, 966; *Michalski*, Abgrenzung von Gewerberaummiete und Pacht, GS Sonnenschein, 2003, 383; *Pikalo*, Das neue Landpachtrecht, NJW 1986, 1472.

第 26 节 使用借贷

一、概述

1   **使用借贷**是关于无偿转让物之使用的不完全双务合同(第 598 条)。[271] 借用人虽然也负有义务(例如依第 604 条的归还义务),但该义务与贷与人的转让义务并无对待关系,故不适用第 320 条至第 322 条。

使用借贷的**无偿性**是其与使用租赁进行区分的决定性标准。但在

---

[268] 参见 HK-BGB/*Scheuch* § 593 Rn. 1ff.; Palandt/*Weidenkaff* § 593 Rn. 1f.; 反对将其归为第 313 条的特别规则,见 *Harke* SchuldR BT Rn. 365。
[269] 关于此规则技术的正当性,见 *Larenz* SchuldR II 1 § 49 II。
[270] 详见 MüKoBGB/*Harke* § 592 Rn. 1ff.。
[271] 参见 MüKoBGB/*Häublein* § 598 Rn. 2; Staudinger/*Illmer*, 2018, § 598 Rn. 15。

一般语言习惯中,有偿地转让对动产的使用也被称作借贷(例如服装租赁、图书馆借阅、汽车租赁)。

使用借贷合同的**合同标的**通常为动产或不动产。然而,无偿地转让对权利(例如著作权)的使用的法律地位是有争议的。用益租赁法明确包括转让对权利的使用("用益租赁标的"),但第598条及以下规定只与无偿地转让物之使用直接相关。主流意见借助类推适用第598条及以下规定来填补这一漏洞。其正当性在于,只是因为实践中没有需求,才未规制合法借贷。[272]

二、当事人的义务与责任

1. 贷与人的义务

在使用借贷关系存续期间,贷与人依第598条有义务**许可借用人对物的使用**。不同于使用租赁法上的提供使用,该许可不包括为了使借用人可以无障碍地使用借贷物或为了维持借贷物符合约定的状态而采取积极措施的义务。[273] 立法者于此考虑到了使用借贷的无偿性。通常,贷与人通过使借用人获得对物的直接占有即完成许可使用。但这不是使用借贷合同的结构性要素。更重要的依据是,合同目的是否要求交付借贷物。[274]

不同于第535条第1款,第598条未明确规定令相对方**获得物之使用**的义务。对此可作如下解释:立法者在起草第598条时以"现场借贷"(Handleihe)这一常见情形为出发点,在现场借贷中,缔约时物被直接转让给借用人。[275] 当然,当事人可约定:贷与人之后应当使借用人获得对物的使用(所谓的"借贷允诺")。[276] 对依第516条的现场赠与和依第518条的赠与允诺间的关系所进行的考量适用于此(第18节边码2及以下)。

2

---

[272] 参见 Staudinger/*Illmer*, 2018, § 598 Rn. 10。
[273] MüKoBGB/*Häublein* § 598 Rn. 24.
[274] BGH NJW-RR 2004, 1566; Jauernig/*Mansel* § 598 Rn. 8.
[275] 参见 MüKoBGB/*Häublein* § 598 Rn. 1; *Larenz* SchuldR II 1 § 50。
[276] 参见 Staudinger/*Illmer*, 2018, Vorbem. zu §§ 598ff. Rn. 6。

然而,不同于赠与允诺,借贷允诺**无形式要求**。由于借贷并不导致物之所有权的丧失,故公证文书的警示作用并非必要。因此,在长期借贷合同中亦排除对第 518 条第 1 款的类推适用。[277]

3 　　如同赠与之情形,借贷的无偿性亦导致**责任优待**,其正当性在于贷与人的利他性。依第 599 条,贷与人的**一般给付障碍**责任限于故意与重大过失。对优待的范围,适用与第 521 条相同的考量(第 18 节边码 11),因此也包括违反与合同标的相关的保护义务。[278] 依此,第 599 条的责任标准亦准用于**侵权责任法**。[279] 这也适用于依第 833 条第 1 句成立的动物饲养人的危险责任。[280] 依主流意见,纳入借贷合同**保护范围**的**第三人**,其在侵权法上的请求权也享有责任优待。[281] 若借用人依据第 823 条及以下向贷与人的**履行辅助人**主张损害赔偿请求权,则该辅助人也享有责任优待。就此而言,借用人不应处于比贷与人自行实施行为时更优越的法律地位。[282]

　　然而,依主流意见,若无偿地转让使用不成立借贷合同,而只存在单纯的**好意施惠关系**,则不准用第 599 条。[283] 然而,这一观点将导致评价矛盾,因为依此观点,相较借贷合同,无法律拘束意思地无偿转让使用将成立更严格的责任。[284] 若于存在法律拘束意思之情形将好意施惠关系

---

[277] BGH NJW 1982, 820 (821); *Loschelder* NJW 2010, 705 (707)。

[278] Staudinger/*Illmer*, 2018, § 599 Rn. 2; HK‑BGB/*Scheuch* § 599 Rn. 2; *Medicus/Lorenz* SchuldR BT § 27 Rn. 6f;不同观点见 Jauernig/*Mansel* § 599 Rn. 2; *Larenz* SchuldR II 1 § 50。

[279] 参见 OLG Celle VersR 1995, 547; Staudinger/*Illmer*, 2018, § 599 Rn. 3; HK‑BGB/*Scheuch* § 599 Rn. 2; *Medicus/Lorenz* SchuldR BT § 27 Rn. 7;不同观点见 MüKoBGB/*Häublein* § 599 Rn. 7; MüKoBGB/*Wagner* Vor § 823 Rn. 89; *Larenz* SchuldR II 1 § 50。

[280] 参见 OLG Köln NJW-RR 1998, 157; Staudinger/*Illmer*, 2018, § 599 Rn. 3。

[281] 参见 OLG Köln NJW‑RR 1998, 157; OLG Celle VersR 1995, 57; MüKoBGB/*Häublein* § 599 Rn. 4。

[282] BeckOGK/*Lohsse*, 1. 9. 2020, BGB § 599 Rn. 33; Staudinger/*Illmer*, 2018, § 599 Rn. 3。

[283] BGH NJW 1992, 2474 (2475); OLG Karlsruhe VersR 2014, 1015 (1016); *Medicus/Lorenz* SchuldR BT § 27 Rn. 8。

[284] Staudinger/*Illmer*, 2018, Vorbem. zu §§ 598ff. Rn. 13ff。

定性为借贷,则第599条类推适用于施惠人的侵权责任。[285]

如同第523条与第524条,原则上排除贷与人对**物之瑕疵及权利瑕疵**负责。仅在贷与人的行为是恶意的情形下,存在例外。于此情形,借用人依第600条对贷与人享有信赖损害的赔偿请求权。[286] 但针对**瑕疵结果损害**,第600条也和第523条与第524条(第18节边码16)一样不得适用。[287] 故贷与人依据第280条第1款与第241条第2款(可能结合第311条第2款)对瑕疵结果损害负责,于此应注意第599条的责任优待。[288]

依第601条第1款,借用人负担借贷物的通常维持费用(例如动物的饲料费)。贷与人须依无因管理的条文偿还为物支出的超额**费用**(第601条第2款第1句)。

2. 借用人的义务

依第604条,在使用借贷关系结束后,借用人有义务以符合约定之状态**归还**借贷物。违反该义务会导致贷与人依第280条及以下享有损害赔偿请求权。

示例:E向V借用了一辆自行车(价值:200欧元),其将未上锁的车停在食堂前。自行车在此处被陌生人盗窃。V向E要求损害赔偿。V是否享有请求权?

V对E基于第280条第1款、第3款及第283条可能享有替代给付的损害赔偿请求权。V与E之间存在有效的债务关系(使用借贷合同)。E违反其源于第604条的归还义务。因盗窃,其已不能履行该义务(第275条第1款)。过错依据第276条。第599条的优待不适用于借用人。E将未上锁自行车停在食堂前,其行为存在过失。V的损害为200欧元。因此,满足了请求权的构成要件。

---

[285] Staudinger/*Illmer*, 2018, Vorbem. zu §§ 598ff. Rn. 16; BeckOGK/*Lohsse*, 1. 9. 2020, BGB § 598 Rn. 24ff.; HK-BGB/*Schulze* Vorbem. zu §§ 241–853 Rn. 28.

[286] MüKoBGB/*Häublein* § 600 Rn. 3.

[287] HK-BGB/*Schulze* § 600 Rn. 2; MüKoBGB/*Häublein* § 600 Rn. 3.

[288] BeckOGK/*Lohsse*, 1. 9. 2020, BGB § 600 Rn. 6; Staudinger/*Illmer*, 2018, § 600 Rn. 3.

借用人有义务承担借贷物的通常维持费用(第601条),并在使用借贷关系结束后以符合约定之状态归还借贷物(第604条),由此派生出借用人的一般义务:采取必要且可期待的**维持措施**。[289] 正常的磨损现象则由贷与人承担风险(理由见第602条)。[290]

依第603条,借用人只能对物进行**依约使用**,且未经贷与人同意不得转让给第三人。[291] 此外,依一般规则(第241条第2款),借用人有义务**谨慎对待物**。若借用人有过错地毁损物,贷与人依第280条第1款享有与给付并行的损害赔偿请求权。如同在使用租赁法(第22节边码61)上一样,即便借用人归还损毁之物,亦可适用第280条第1款与第241条第2款(非第280条第1款、第3款与第281条)。

3. 消灭时效

5　　贷与人基于借贷物改变或损坏享有的赔偿请求权,以及借用人的费用偿还请求权的消灭时效均为6个月(第606条)。依第606条第2句,此处适用与使用租赁相同的原则(第548条)。为避免短期消灭时效落空,第606条亦适用于产生竞合的侵权法上的请求权。[292]

深化:依第606条第2句结合第548条第1款第2句,消灭时效自贷与人重新获得借贷物之时起算。于盗窃之情形,不满足这一构成要件。故在自行车案(第26节边码4)中不适用第606条。若物被损毁得不能再进行实体归还,也不适用第606条(第22节边码73,关于第548条)。但就此而言,经济上的全损是不够的。[293]

三、使用借贷关系的结束

6　　依第604条第1款,使用借贷关系原则上随**约定的借贷期间**届至而结束。若缔结的是不定期的使用借贷关系,则依第604条第2款。主要依据

---

[289] Staudinger/*Illmer*, 2018, § 601 Rn. 1.
[290] MüKoBGB/*Häublein* § 601 Rn. 3; Staudinger/*Illmer*, 2018, § 601 Rn. 2.
[291] 关于未经许可向第三人转让使用的责任,见 BGH NJW 2010, 3087; *Medicus/Petersen* BürgerlR Rn. 368; *Petersen* JURA 2015, 154ff. 。
[292] BGHZ 119, 35 (41); HK-BGB/*Scheuch* § 606 Rn. 3.
[293] OLG Hamm NJW-RR 1993, 215; Palandt/*Weidenkaff* § 606 Rn. 3.

以下时间点:借用人进行了(第1句)或本可进行(第2句)由**使用借贷目的推知**的使用。

示例:于汽车之情形,依合同目的,取决于行程结束或获得替代汽车;于机器之情形,则考虑将完成工作作为依据。

若从借贷合同之目的也不能推知使用借贷的期间,则贷与人依第604条第3款可**随时请求归还借贷物**。

除依第604条第1款至第3款结束使用借贷合同外,贷与人依第605条有**特别终止权**。依其目的与意义,终止可能性限于以下情形:贷与人想要请求归还借贷物,虽然合同约定的借贷期间仍未届至(第604条第1款),抑或借贷所追求的目的仍未实现(第604条第2款第1句)。于其他情形,由于贷与人依第604条第2款第2句或第3款可径自请求归还借贷物,终止并无必要。[294]

第605条第1项至第3项列举了具体的**终止事由**。据此,于贷与人未预见自身需求之情形,于借用人违约使用物之情形,于借用人死亡之情形,均允许终止。该列举并不完全。[295] 故于其他情形中可援引基于重大原因终止(第314条)的一般规则。[296]

制定法没有为**借用人**规定相应的终止可能性。但主流意见认为,无须终止,借用人原则上可随时归还借贷物。[297]

参考文献:*Grundmann*, Zur Dogmatik der unentgeltlichen Rechtsgeschäfte, AcP 198 (1998), 457; *Hoffmann*, Der Einfluss des Gefälligkeitsmoments auf das Haftungsmaß, AcP 167 (1967), 394; *Kuhlenbeck*, Der Leihvertrag, JW 1904, 226; *Loschelder*, Die Dauerleihgabe, NJW 2010, 705; *Petersen*, Gebrauchsüberlassung an Dritte bei der Leihe, JURA 2015, 154.

---

[294] Palandt/*Weidenkaff* § 605 Rn. 2; Staudinger/*Illmer*, 2018, § 605 Rn. 1.
[295] Staudinger/*Illmer*, 2018, § 605 Rn. 1; 另参见 BGHZ 82, 354 (359)。
[296] BeckOK BGB/*Wagner*, 56. Ed. 1. 11. 2020, § 605 Rn. 1.
[297] NK-BGB/*Brors* § 605 Rn. 1; Palandt/*Weidenkaff* § 604 Rn. 4.

第27节 物之消费借贷

一、基础

1 第607条至第609条规定调整物之消费借贷(Sachdarlehen)。在**债法改革**之前,原第607条及以下规定亦适用于金钱消费借贷(Gelddarlehen),但其现在规制于第488条及以下(第20节边码1及以下)。现行法第607条及以下规定对其不再适用(第607条第2款)。

缔结物之消费借贷合同的情形较少,故第607条及以下规定**在实践中的意义不大**。[298] 在商业领域内或许存在关于有价证券(所谓的"有价证券借贷")或可重复使用的包装(瓶子、箱子、运货架、集装箱等)的消费借贷合同。[299] 但依最新判决,由于不打算向终端顾客转让所有权,针对个性化的(基于长久的标志,可识别特定生产商的所有权)可重复使用的瓶子排除认定物之消费借贷。[300] 除此之外,物之消费借贷仍只在私人领域内发挥作用:若邻里间转让用于消耗的食物,并为此请求等价的补偿,则存在物之消费借贷,尽管日常用语经常将此类情形称作"使用借贷(Leihe)"。[301]

示例:因父母的突然到访,学生S想要在周日烤一个蛋糕,但其在储藏处没有找到鸡蛋。于是他向房东V请求"使用借贷"6个鸡蛋。S向V承诺,周一去超市买6个新鸡蛋进行"归还"。

二、物之消费借贷的概念

2 物之消费借贷的调整对象是**转让可替代物**。可替代物是在法律交往

---

[298] Brox/Walker SchuldR BT § 17 Rn. 63; MüKoBGB/*Berger* § 607 Rn. 2.

[299] Begr. RegE, BT‐Drs. 14/6040, 259; MüKoBGB/*Berger* § 607 Rn. 6ff., 10ff.; Staudinger/*Freitag*, 2015, § 607 Rn. 2, 23ff.

[300] BGHZ 177, 159 = NJW 2007, 2913; dazu *C. Wolf* JA 2007, 737 (738); *Weber* NJW 2008, 948ff.; 关于抵押品的归属, 亦见 Staudinger/*Freitag*, 2015, § 607 Rn. 23ff.

[301] 参见 MüKoBGB/*Berger* § 607 Rn. 18; *Coester-Waltjen* JURA 2002, 675 (676)。

中依大小、数量或重量确定的动产(第 91 条)。土地不能成为物之消费借贷的标的。仅限可替代物的依据是:物之消费借贷的借用人(不同于其他转让使用之合同)无须归还受领的物本身,而仅须**偿还**同种类、质量与数量的物,这在不可替代物的情形中是不可能的。

物之消费借贷合同可成立借用人的**报酬义务**,但也可以缔结无偿的合同。[302] 自债法改革后,制定法通常以有偿性为出发点,这在经济领域中也切合实际。

三、消费借贷合同的成立

立法者在重拟第 607 条第 1 款第 1 句时已表明,物之消费借贷合同亦是**诺成合同**(第 20 节边码 5)。[303] 亦即,合同按照一般原则(第 145 条及以下)通过贷与人与借用人的合意成立。合意应当包括贷与人向借用人转让某一可替代物的内容。借用人则有义务在一定期间经过后偿还相同种类、品质与数量的物(第 607 条第 1 款)。但有偿性不是物之消费借贷的必要特征。

3

原则上,物之消费借贷合同的有效性**无形式**要求。[304] 但就关于有价证券的物之消费借贷,《德国存管法》(DepotG)第 15 条第 2 款与第 3 款要求特别的书面形式。

四、源于消费借贷合同的义务

1. 贷与人的义务

依第 607 条第 1 款第 1 句,贷与人有义务向借用人转让某一约定的可替代物。依物权法原则**转移物之所有权**(Übereignung der Sache)而完成转让(Überlassung)。[305] 这是与其他转让使用合同的根本区别,于后者,所

4

---

[302] HK-BGB/*Scheuch* § 609 Rn. 2;*Medicus/Lorenz* SchuldR BT § 28 Rn. 27.
[303] BeckOK BGB/*Rohe*, 56. Ed. 1. 11. 2020, § 607 Rn. 1;*Schlechtriem* SchuldR BT Rn. 199.
[304] MüKoBGB/*Berger* § 607 Rn. 20.
[305] *Brox/Walker* SchuldR BT § 17 Rn. 65;MüKoBGB/*Berger* § 607 Rn. 22ff.

有权仍属于转让人。

2. 借用人的义务

5 依第607条第1款第2句,借用人有义务在一定期间经过后**偿还**相同种类、品质与数量的物。若此外还约定了支付**报酬**,则借用人须在约定的时刻(每月、每年)支付报酬(第607条第1款第2句)。[306] 若未约定支付时间,则依第609条,借用人最迟应在偿还转让物时支付报酬。

3. 义务违反的法效果

6 若未按时向借用人转让物,或借用人在到期后未偿还类似的物,则适用**给付迟延**的规则。可考虑源于第280条第1款、第2款与第286条的损害赔偿请求权。若借用人未于约定的时间点支付报酬,亦同。

在有偿的物之消费借贷中,若贷与人未按时向借用人转让物,借用人可依第323条**解除**合同。由于物之消费借贷为继续性债务关系,在转让借贷物之后,原则上不再适用第323条(关于在金钱消费借贷中,类似的法律状态,参见第20节边码15)。若借用人迟延支付报酬,则贷与人只能依第314条终止合同。[307] 若所偿还的物有瑕疵,则贷与人的权利准用第434条及以下。[308]

五、消费借贷的到期

7 借用人应于何时偿还借贷物,首先依据当事人的约定确定。若无此种约定,则偿还请求权的到期系于贷与人或借用人的**终止**(第608条第1款)。若无相反约定,则无须遵守终止期间,可随时作出终止(第608条第2款)。[309] 此外,至少还可依**第314条**的特别终止。[310]

参考文献: *Acker*, Die Wertpapierleihe, 2. Aufl. 1995; *Kollhosser/Bork*, Re-

---

[306] *Gursky* SchuldR BT 106; *Brox/Walker* SchuldR BT § 17 Rn. 66.
[307] MüKoBGB/*Berger* § 607 Rn. 35.
[308] Palandt/*Weidenkaff* § 607 Rn. 9; Staudinger/*Freitag*, 2015, § 607 Rn. 39; MüKoBGB/*Berger* § 607 Rn. 35.
[309] 参见 BT-Drs. 14/6040, 259; Jauernig/*Mansel* § § 607-609 Rn. 6。
[310] 参见 *Oetker/Maultzsch* Vertragl. Schuldverhältnisse § 3 Rn. 41。

chtsfragen bei der Verwendung von Mehrwegverpackungen, BB 1987, 909; *Martinek,* Das Flaschenpfand als Rechtsproblem, JuS 1987, 514; *Weber,* Die Rechtsnatur des Flaschenpfandes, NJW 2008, 948. Vgl. außerdem die Nachweise zu § 19.

第三编

涉及行为的债之关系

第611条至第704条调整不同种类的债之关系,这些债之关系不指向**物之给付**(Sachleistung)的提供,而是指向某一**行为**(Tätigkeit)的实施。这些债之关系大多以合同为基础,但也存在单方法律行为(第657条及以下)与法定债之关系(第677条及以下、第701条及以下)。

第一章　雇佣合同与类似合同

第28节　概　述

行为合同（Tätigkeitsverträge）最重要的模型是雇佣合同（Dienstvertrag）（第611条及以下）与承揽合同（Werkvertrag）（第631条及以下）。这两类合同都旨在通过实施某一**行为换取报酬**。[1] 它们在这一点不同于以无偿行为为调整对象的委托（Auftrag）（第662条及以下）。　　2

一、雇佣合同与承揽合同

区分雇佣合同与承揽合同在实践中具有重大意义。尤其应当注意的是，承揽合同法包含**特别的瑕疵担保条文**（第633条及以下），雇佣合同法则仅适用**一般的给付障碍法**。　　3

由第631条第2款可推知区分的关键标准。承揽人在实施行为之外还应当促成某一**成果**，而受雇人仅负有**实施行为**的义务。[2] 因此，承揽人仅在成功完成工作后方可获得报酬，而受雇人在努力失败后亦有酬劳。

在涉及物的生产或改变的合同中（例如建筑物施工、修鞋），当事人通常负有成果义务。于此，区分雇佣合同与承揽合同不需要详加思考。但许多合同不可以这么简单地理解。毕竟雇佣人通常也希望受雇人的努力　　4

---

[1] 参见 Staudinger/*Latzel*, 2020, Vorbem. zu §§ 611ff. Rn. 3 und 28。

[2] 参见 BGHZ 151, 330 (332f.); BGH NJW 2013, 3022 (3023) = JA 2014, 67 (*Looschelders*)。

并非完全徒劳。[3] 故应通过**合同解释**的方式来进行区分,亦即,在参考交易习惯的基础上查明双方当事人的意思(第 133 条及第 157 条)。[4]

5 　　**合同对报酬风险的分配**是重要的区分标准。[5] 依此,若债务人仅当出现特定成果之时方应获得报酬,则认定为承揽合同。相反,若在未产生成果时,债权人仍应就实施行为本身向债务人支付报酬,则应认为是雇佣合同。

　　若成果的出现不受债务人的影响或并非仅取决于债务人的能力,则亦应认定为雇佣合同。[6] 亦即,不得认为债务人有为促成成果负责的意思。因此,**医生的治疗**与律师的**诉讼**通常是基于雇佣合同而为。新的第 630b 条现已针对治疗合同作明确阐述,但并未因此消除其与承揽合同的区分问题(参见第 31 节边码 3)。

6 　　在若干领域中,存在雇佣合同与承揽合同的**混合形式**。主流意见原则上以区分说(导论边码 12)为出发点。因此,债务人对某一行为的责任依据承揽合同法,对另一行为的责任依据雇佣合同法。[7] 但在**建筑师及工程师合同**(Architekten-und Ingenieurvertrag)中,由于酬金请求权的统一性禁止分割合同,故至今为止都依据行为的着重点判断。[8] 针对这一合同类型,新的第 650p 条及以下规定在援引一般承揽合同法与关于建筑合同(Bauvertrag)的若干规定(第 650q 条第 1 款)的同时,也借助若干特别规则以顾及其特殊性。[9]

二、自由的雇佣合同(Freier Dienstvertrag)与劳动合同(Arbeitsvertrag)

1. 共性与区别

7 　　在第 611 条及以下的适用范围内,应区分雇佣合同的两种基本形式:

---

〔3〕 参见 *Brox/Walker* SchuldR BT § 19 Rn. 9。
〔4〕 参见 BGH NJW 2002, 3323; MüKoBGB/*Busche* § 631 Rn. 18。
〔5〕 OLG Düsseldorf NJW-RR 1998, 345; Staudinger/*Richardi/Fischinger*, 2016, Vorbem. zu §§ 611ff. Rn. 40; MüKoBGB/*Busche* § 631 Rn. 19; HK-BGB/*Schreiber* § 611 Rn. 3.
〔6〕 参见 *Oetker/Maultzsch* Vertragl. Schuldverhältnisse § 7 Rn. 11。
〔7〕 *Emmerich* SchuldR BT § 9 Rn. 5.
〔8〕 BGHZ 59, 163 (166); *Larenz* SchuldR II § 53 I.
〔9〕 参见 Begr. RegE, BT-Drs. 18/8486, 25; *Fuchs* NZBau 2015, 675 (676)。

独立(自由)的雇佣合同与**劳动合同**。[10] 这一区分的必要性通过形式上观察即可得出,因为一些条文只适用于劳动关系(参见第612a条、第613a条、第615条第3句、第619a条、第622条与第623条),而另一些规范恰不可适用于劳动关系(第621条、第627条)。

自由的雇佣合同与劳动合同在内容上的区分更为重要。按照**意思自治**的模型,当事人双方在合同法上势均力敌,其通过磋商过程约定双方都能接受的解决方案(参见《债法总论》第三节边码2及以下)。该概念亦可适用于自由的雇佣合同。但在劳动合同中须注意,雇员的生存仰赖有偿行为。此外,由于对经济上占有优势的雇主有人身依附性,劳动者显得格外需要保护。

《德国民法典》的最初版本对此失衡状态未予太多关注。在此期间,没有实现编纂独立的《劳动法典》的计划。[11] 作为替代,立法者**在《德国民法典》中**加入若干补充性**条文**(参见第611a条、第612a条、第613a条、第615条第3句、第619a条,还有第310条第4款),这些条文考虑到了劳动合同的特殊性。就此不论,在《德国民法典》之外还存在许多保护劳动者的**特别法**。[12] 此外,自2003年1月1日起,依《德国营业法》(GewO)第6条第2款,其第105条至第110条的**一般劳动法规则**可适用于所有劳动者。[13]

8

另外,劳动法在很大程度上受到**集体合同**(kollektive Verträge)的影响。应当区分劳资合同(Tarifverträge)与经营协议(Betriebsvereinbarungen),前者是由劳资合同当事人依据《德国基本法》第9条第3款和《德国劳资合同法》签订的,后者依《德国经营组织法》在雇主与职工代表委员会之间订立。

---

〔10〕 关于将劳动合同体系性地归为服务合同的子类,参见 Soergel/*Raab* Vor § 611 Rn. 2;*Medicus/Lorenz* SchuldR BT § 31 Rn. 8;*Larenz* SchuldR II 1 § 52 I。
〔11〕 参见 Staudinger/*Richardi/Fischinger*, 2016, Vorbem. zu §§ 611ff. Rn. 149ff. 。
〔12〕 例如《终止保护法》《兼职与期间法》《继续支付报酬法》《母婴保护法》《青少年劳动保护法》。
〔13〕 参见 Jauernig/*Mansel* Vor § 611 Rn. 2。

2. 劳动合同的概念

9　　自 2017 年 4 月 1 日起,第 611a 条规定了劳动合同的概念。[14] 劳动合同的特征如下:劳动者在为他人服务时,负有以人身依附的方式给付劳动的义务,且该劳动受指示拘束且由他人决定,而雇主须支付约定的报酬。第 611a 条第 1 款第 2 句至第 4 句对**受指示拘束**(Weisungsgebundenheit)与**依附性**(Abhängigkeit)的核心标准作了具体化。据此,指示权可能涉及劳动的内容、执行、时间与地点。受指示拘束是指,某人不能从根本上自由地安排工作,也不能决定劳动时间。[15] 人身依附性的程度还与各项劳动的性质有关。人身依附性的一项重要标志是加入雇主的劳动组织。但也必须承认,在个案中可能缺少此种加入。[16] 例如,可基于劳动合同或自由的雇佣合同进行远程办公。[17] 应当通过**整体考量所有情形**来最终确定是否存在劳动合同(第 611a 条第 1 款第 5 句)。合同称谓不是决定性的,关键在于合同的实际履行(第 611a 条第 1 款第 6 句)。

提示:通过《雇员就业法更新法》(AÜG)及其他法律,《德国民法典》增加了第 611a 条。该法旨在抵制劳动者就业安排中的权利滥用。[18] 考虑到这一点,劳动合同的定义应当有助于在区分独立与不独立的工作过程中提高法律的安定性与透明度。但由于立法者仅限于将由联邦劳动法院裁判发展而来的标准编纂成文,故相对于之前的法律状态并无实质改变。[19] 鉴于第 611a 条的体系位置,针对所有区分问题,皆可援引该定义。

独立的雇佣关系的典型例子是与**自由职业者**(律师、税务师、医生等)缔结的合同。这同样适用于商事代表(《德国商法典》第 84 条第 1 款)或"自由的雇员"。然而,合同所选的称谓不是决定性的,关键是对所

---

[14] 详见 *Riesenhuber* JuS 2018, 103ff. 。
[15] 亦见《德国商法典》第 84 条第 1 款第 2 句对商事代表独立性的相应定义。
[16] 详见 Staudinger/*Latzel*, 2020, § 611 Rn. 141.
[17] 关于远程办公,见 Staudinger/*Richardi/Fischinger*, 2020, § 611 Rn. 114f. 。
[18] 参见 Begr. RegE, BT-Drs. 18/9232, 1; Palandt/*Weidenkaff* § 611a Rn. 1.
[19] 参见 Begr. RegE, BT-Drs. 18/9232, 4, 18, 31; Palandt/*Weidenkaff* § 611a Rn. 2.

负担工作的实际执行(第611a条第1款第6句)。[20]

提示:下文着眼于雇佣合同的一般规则。于此,虽然仍会关注劳动法的各项特殊之处,但由于劳动法长久以来已经发展为独立的法律领域,具体细节应当参考劳动法的特别教材。

三、雇佣合同的成立与生效

1. 合同自由的原则

虽然劳动者需要特别保护,但合同自由原则仍适用于**包括劳动合同在内的所有雇佣合同**。《德国营业法》第105条明确强调了这一点。但劳动法包含了为保护劳动者而限制合同自由的特别规则。 10

(1)劳动合同中对缔约自由的限制

缔约自由原则具有特别重大的意义,无论是雇主还是雇员一方,都受到**职业自由**这一基本权利(《德国基本法》第12条)的保护。[21] 因此,过去对缔约自由只有少数法定限制。如《青少年劳动保护法》第5条的**童工禁令**。《德国社会法典》第9编第154条规定了利于**重度残疾人**的**缔约命令**。重度残疾人虽然并未借此获得聘用请求权;但若低于预定比例,雇主须缴纳补偿费(《德国社会法典》第9编第160条)。[22] 11

2006年8月14日的《**一般平等对待法**》(AGG)[23](参见拙著《债法总论》第3节边码11,第6节边码12)也限制了缔约自由,该法以若干欧共体指令为依据。依《一般平等对待法》第1条结合第7条第1款,雇主不得因种族、人种来源、性别、宗教、世界观、残障、年龄或性别认同而歧视雇员。免于这类歧视的保护也有利于求职者(《一般平等对待法》第6条第1款第2句)。[24] 具有实践意义的主要是出于**年龄**[25]与**性别**[26]的不平等对待。 12

---

[20] 参见 MüKoBGB/*Spinner* §611a Rn. 88。
[21] 参见 MüKoBGB/*Spinner* § 611a Rn. 509ff.。
[22] MüKoBGB/*Spinner* § 611a Rn. 428, 516.
[23] BGBl. 2006 I 1897.
[24] 参见 BAG NZA 2009, 1016 (1018); *Adomeit/Mohr* NZA 2007, 179ff.。
[25] 参见 BAG NZA 2009, 945。
[26] BAG NZA 2009, 1016 = JA 2010, 903 (*Krause*)。

依《一般平等对待法》第 8 条第 1 款,若待执行工作的性质或执行工作的条件涉及根本的和决定性的职业要求,那么与"被歧视"特征挂钩可能是正当的。

示例(BAG NZA 2009, 1016):若女子寄宿学校的校长只想在校内值夜岗上聘用一位女士,并因此不考虑男性申请者,则其未违反涉及性别歧视的禁令。于此情形,不平等对待依《一般平等对待法》第 8 条第 1 款得以正当化。

违反歧视禁令**不会使相关人员获得要求成立劳动关系的请求权**(《一般平等对待法》第 15 条第 6 款)。[27] 但若雇主对义务违反有过错,则其须向申请人赔偿由此产生的**物质损害**(例如申请费)(《一般平等对待法》第 15 条第 1 款)。

此外,依《一般平等对待法》第 15 条第 2 款,被歧视者可要求金钱形式的适当补偿。其指向**非物质损害**的赔偿,相对于第 253 条第 1 款(参见《债法总论》第 48 节边码 2),是特别条文。于未聘用之情形,若即便没有歧视也不会聘用申请人,则对于申请人的补偿不得超过 3 个月工资(《一般平等对待法》第 15 条第 2 款第 2 句)。[28] 若义务违反不可归责于雇主时,是否亦可使其免于《一般平等对待法》第 15 条第 2 款的责任,则无法从制定法文义中明确推知。与《一般平等对待法》第 15 条第 1 款的体系性联系或许可以表明,可归责性在这两款中都是相关的。然而,与此相反,依据基础的欧共体指令,应当授予一项无过错的补偿请求权。此处还是应当采纳合乎指令的解释。[29]

(2)形式自由

13 缔结雇佣合同通常无形式要求。[30] 但在**劳动法**上可能再次存在例外。劳资合同经常会有书面形式要求。此外,由 1995 年《证据法》第 2 条

---

[27] MüKoBGB/*Thüsing* AGG § 15 Rn. 1;*Annuß* BB 2006, 1629 (1634).

[28] 参见 *Seel* JA 2007, 206 (208)。

[29] 参见 BT-Drs. 16/1780, 38;BGH NZA 2009, 945 (951);Palandt/*Weidenkaff* AGG § 15 Rn. 6。

[30] *Larenz* SchuldR II 1 § 52 I.

可知,于劳动合同之情形,最迟应在合同开始后的一个月内书面记录合同的主要条款。[31] 但在这两种情形中,书面形式并没有决定性意义;故形式瑕疵也不依第 125 条导致合同无效。[32]

2. 适用法律行为的一般规则

此外,服务合同的成立与生效适用《德国民法典》关于法律行为的一般规则(第 104 条及以下)。据此,双方当事人原则上都必须具备完全**行为能力**。[33] 于未成年之情形,须注意第 112 条与第 113 条的特别规则。[34] 但依《德国民法典》第 134 条结合《青少年劳动保护法》第 5 条,与 13 岁以下儿童签订的劳动合同无论如何都是无效的。[35]

14

若合同缔结时存在意思瑕疵,则可依第 119 条或第 123 条**撤销**雇佣合同。但于雇主基于恶意欺诈(第 123 条第 1 款)主张撤销劳动合同之情形,应注意,雇员对歧视性问题享有**"谎言权"**(Recht zur Lüge)。因此,对这类问题的不真实回答不构成违法欺诈。[36]

15

示例:女员工在应聘面试中欺瞒了怀孕事实。由于原则上不允许询问怀孕与否,故不存在基于欺诈的可撤销事由。[37] 即便依《母婴保护法》存在孕期工作禁令,仍不可撤销。[38] 联邦劳动法院迄今为止的相关判决均将旧法第 611a 条作为依据。依现行法,则可适用《一般平等对待法》第 1 条、第 3 条第 1 款第 2 句与第 7 条第 1 款。

此外,问题的许可性依据雇主对答复是否有值得保护的正当利益。因此,仅当**前科**对预期工作至关重要时,方允许雇主对此进行询问。[39]

---

[31] *Emmerich* SchuldR BT §9 Rn. 8;关于《证据法》,详见 Staudinger/*Richardi*/*Fischinger*, 2020, § 611a Rn. 400ff.;*Grünberger* NJW 1995, 2809ff.。

[32] *Brox*/*Walker* SchuldR BT § 19 Rn. 21;*Schlechtriem* SchuldR BT Rn. 349.

[33] 参见 Soergel/*Raab* § 611 Rn. 8ff.。

[34] 对此参见 *Brox*/*Walker* BGB AT § 12 Rn. 42f.。

[35] 参见 NK-BGB/*Looschelders* § 134 Rn. 108。

[36] 参见 *Oetker* RdA 2004, 8(14);*Schatzschneider* NJW 1993, 1115;《一般平等对待法》的特别视角,参见 *Wisskirchen*/*Bissels* NZA 2007, 169ff.。

[37] EuGH NJW 1994, 2077;2002, 123;BAG NZA 2003, 848;Palandt/*Weidenkaff* § 611 Rn. 6ff.

[38] BAG NZA 2003, 848; anders noch BAG NJW 1993, 1154.

[39] BAG NJW 1993, 3653.

3. 有瑕疵的劳动关系与雇佣关系

16   若撤销有效或存在其他无效原因,则合同依一般规则**自始无效**(第142条第1款)。但这些规则可能不会无限制地适用到雇佣合同中。

(1)劳动合同

17   对自始无效的限制特别是在劳动合同中获得了支持。于此发展出了以下原则:只要**劳动行为尚未着手**,则无效合同依一般规则自始不发生效力,被撤销的合同依第142条第1款自始(ex tunc)无效。若已经通过采取行为**开始执行**劳动关系,则溯及性地消灭合同将会剥夺雇员对已给付劳务的报酬请求权。为避免这种状况,无效只对将来发生效力(ex nunc)。因此,对过去成立所谓的**瑕疵劳动关系**(fehlerhaftes Arbeitsverhältnis)。[40] 但于未成年人或其他无(完全)行为能力人的情形,维持劳动关系不能使其遭受源于第280条及以下规定的合同上的损害赔偿请求权。[41]

关于瑕疵劳动关系的规则原则上亦适用于**违法或悖俗的合同**(第134条、第138条)。但若雇佣合同旨在执行违法的(特别是有罪的)或悖俗的**行为**,则应当作出例外。[42] 因为此时似乎不应保护受雇人维持过去的报酬请求权的利益。返还依据第812条及以下规定,于此,应注意第817条第2句对不当得利返还请求权的排除。

深化:从事性行为的合同有特殊之处。过去,主流意见依第138条第1款认为其违背善良风俗,因此不能成立卖淫者的报酬请求权。[43] 但2002年1月1日生效的《卖淫法》第1条第1句规定,于从事性行为换取事先约定报酬之情形,卖淫者享有报酬支付请求权。对以下情形规定了相同的法效果:在工作关系的范围内,为换取事先约定的报酬,相关人员为提供此类行为已进行一定时间的准备(《卖淫法》第1条第2句)。另一方面,考虑到卖淫者的尊严(《德国基本法》第1条),排除顾客对卖淫者

---

[40] *Erman/Edenfeld* § 611 Rn. 267; *Palandt/Weidenkaff* § 611 Rn. 22f.
[41] *Brox/Walker* SchuldR BT § 19 Rn. 25.
[42] 参见 *Schlechtriem* SchuldR BT Rn. 352; *NK-BGB/Looschelders* § 138 Rn. 133。
[43] 参见 BGHZ 67 119 (112); *Soergel/Hefermehl* § 138 Rn. 208。

从事性行为的请求权。[44]

(2) 自由的雇佣合同

瑕疵劳动关系的原则是否可以转而适用于自由的雇佣合同是有争议的。如果**劳动者的特别保护需求**是打破自始无效的决定性原因,则不能转适用于自由的雇佣合同[45];但对类似劳动者之人(arbeitnehmerähnliche Personen)可能存在例外,其对雇佣人在社会与经济上的依附性与劳动者相似。[46] 限制无效性的另一原因在于对已提供的劳务进行**不当得利返还的困难性**,因为劳务价值不可撤回地转移到了雇佣人的财产中,并且未对具体的财产增值进行必要测量。[47] 这一原因也适用于自由的雇佣合同。[48] 故裁判的出发点是正确的:关于瑕疵劳动关系的规则原则上也适用于自由的雇佣合同。[49]

参考文献:*Adomeit*, Der Dienstvertrag des BGB und die Entwicklung zum Arbeitsrecht, NJW 1996, 1710; *Adomeit/Mohr*, Benachteiligung von Bewerbern (Beschäftigten) nach dem AGG als Anspruchsgrundlage für Entschädigung und Schadensersatz, NZA 2007, 179; *Annuß*, Das Allgemeine Gleichbehandlungsgesetz im Arbeitsrecht, BB 2006, 1629; *Boemke*, Schuldvertrag und Arbeitsverhältnis, 1999; *Brox/Rüthers/Henssler*, Arbeitsrecht, 20. Aufl. 2020; Erfurter Kommentar zum Arbeitsrecht, 21. Aufl. 2021; *Dütz/Thüsing*, Arbeitsrecht, 25. Aufl. 2020; *Grünberger*, Nachweisgesetz und Änderung des Kündigungsschutzgesetzes, NJW 1995, 2809; *Henssler*, Arbeitsrecht und Schuldrechtsreform, RdA 2002, 129; *Hromadka/Maschmann*, Arbeitsrecht, Bd. 1, 7. Aufl. 2018; *Junker*, Grundkurs Arbeitsrecht, 19. Aufl. 2020; *Kamanabrou*, Die arbeitsrechtlichen Vorschriften des Allgemeinen

---

[44] NK-BGB/*Looschelders* Anh. zu §138 Rn. 1ff.; MüKoBGB/*Armbrüster* ProstG §1 Rn. 7.

[45] So *Oetker/Maultzsch* Vertragl. Schuldverhältnisse §7 Rn. 32.

[46] BGHZ 53, 152 (159). 关于类似劳动者之人,见 Palandt/*Weidenkaff* Einf. v. §611 Rn. 9。

[47] 参见 Staudinger/*Richardi/Fischinger*, 2016, §611 Rn. 700。

[48] So auch BeckOK BGB/*Baumgärtner* 56. Ed. 1. 11. 2020, §611 Rn. 34.

[49] 参见 BGH NJW 2000, 2983:"事实上的雇佣合同"。

Gleichbehandlungsgesetzes, RdA 2006, 321; *Preis/Bender*, Recht und Zwang zur Lüge- Zwischen List, Tücke und Wohlwollen im Arbeitsleben, NZA 2005, 1321; *Preis/Temming*, Arbeitsrecht, 6. Aufl. 2019; *Reinecke*, Rechtsprechung des BAG zum Arbeitnehmerstatuts- Eine kritische Bestandsaufnahme, NZA- RR 2016, 393; *Riesenhuber*, Auslegung und Dogmalik von §611a BGB, JuS 2018, 103; *Seel*, Praxisfälle zum Allgemeinen Gleichbehandlungsgesetz, JA 2007, 206; *Tillmanns*, Strukturfragen des Dienstvertrages, 2007; *Walker*, Der Entschädigungsanspruch nach § 15 II AGG, NZA 2009, 5; *Wallermann*, Arbeitsrecht, 19. Aufl. 2018; *Wendehorst*, Das Vertragsrecht der Dienstleistungen im deutschen und künftigen europäischen Recht, AcP 206 (2006), 205; *Wisskirchen/Bissels*, Das Fragerecht des Arbeitgebers bei Einstellung unter Berücksichtigung des AGG, NZA 2007, 169; *Zöllner/Loritz/Hergenröder*, Arbeitsrecht, 7. Aufl. 2015.

第29节 当事人的权利与义务

1   第611条第1款规定了当事人的主给付义务。据此,受雇人有义务提供所承诺的劳务,雇佣人有义务支付约定的报酬。这两项义务互为**对待关系**(Synallagma),故原则上可适用第320条及以下规定(第29节边码30)。此外,双方当事人负有附随义务,违反附随义务主要会导致源于第280条及以下规定的损害赔偿请求权。

一、受雇人的义务

1. 提供所承诺的劳务

2   依第611条第1款,受雇人的主给付义务是提供所承诺的劳务。鉴于劳务的本质,制定法无法对其进行准确描述。第611条第2款仅表明,合同的对象可以是"**任意类型的劳务**"。

深化:通过运用"任意类型的劳务",立法者想要说明第611条及以下条款亦适用于"高等劳务"(Dienste höherer Art)(参见第627条第1款),例如医生、律师与教师的工作。这一说明是必要的,因为这类工作依罗马法传统是基于委托(mandatum)完成的。[50]但只要雇佣合同是独立地维护他人之财产利益,通过第675条第1款的援引,现在也可以补充性地适用关于委托的若干重要条文。(第40节边码1及以下)。

提供劳务义务的内容首先依据**合同上的约定**确定。若约定不明确,通常可依据诚实信用原则,兼顾交易习惯通过解释(第133条、第157条),对其进行具体化。于此,应考虑各个方面的习惯。[51]

示例(BAG AP Nr. 2 zu §21 MTL II):依联邦劳动法院之观点,司机的劳动义务不仅包括车辆驾驶,还包括对车辆进行维修保养以及简单修理。

但所负担的劳务形态并不总在一开始就具体确定,在劳动合同中尤其如此。此时通过雇主的**指导与指示权**(Direktions-oder Weisungsrecht)完成具体化。依《营业法》第106条,雇主有权依合理裁量详细确定劳务的内容、地点与时间。但雇主于此应遵守由劳动关系内容(例如既有的经营协议与劳资合同)或制定法所预设的界限。另外,劳动者的基本权(例如依《德国基本法》第4条第1款的信仰与良心自由、第5条第1款的表达自由与第9条第3款的结社自由)也可以限制雇主指导权。[52]

3

相反,在**自由雇佣合同**的情形中,对执行劳务的细节进行具体化是**受雇人的事务**。[53]

示例:一位病人因病寻医。如何进行检查与治疗由医生自己基于其专业知识决定,但医生应当就此与病人进行商谈。

2. 给付义务的人身性

依第613条第1句,**在存疑时**,受雇人应当**亲自**提供劳务。这只是一条解释规则,可作不同约定。此外,由雇佣关系的内容可能产生例外。但在**劳动关系**中,给付义务的人身性十分重要,以至于雇员通常不能让不

4

---

[50] 参见 Staudinger/*Latzel*, 2020, Vorbem. Zu §§ 611ff. Rn. 3。
[51] 参见 Staudinger/*Looschelders/Olzen*, 2019, § 242 Rn. 793。
[52] 特别是关于信仰与良心自由,见 *Ulber* JuS 2012, 1069ff.。
[53] *Schlechtriem* SchuldR BT Rn. 355。

属于公司的第三人来为其"代理"。[54]

示例（LAG Schleswig-Holstein NZA 1987, 669）：A 在 F 公司的外勤服务部工作，其主要任务是开着公司提供给他的单位车去拜访客户。当 A 的驾照被长期吊销时，其请求妻子 E 用单位的车将其载到客户处。依照劳动法院的观点，这不符合劳动关系的高度人身性。据此，哪怕只是工作的一部分，雇员也不能将其授权给其他人。

5　　在**自由的雇佣合同**（例如律师、医生）中，原则上也不允许完全转移所负担的工作。但在许多领域中允许任用助手。[55] 因为依交易观念，通常不能期待受雇人亲自执行全部工作。

示例：委托人 M 委托经验丰富的刑事辩护人 S 在某刑事程序中为其进行辩护。由于 S 是基于自己的特殊经验获得该委托，其不能违背 M 的意愿而将辩护转交给律所中工作的新人。但针对特定工作（例如输入辩护书），其可任用秘书为辅助人，或让实习生与同事帮忙准备。

6　　此外，由提供劳务义务的高度人身性可知，在存疑时，**不可转移**劳务请求权，因此也不能转让请求权（第 613 条第 2 句）。但依事理，这从第 399 条第 1 项中已可推知，因为无法在不改变内容的情况下向其他人提供劳务（参见《债法总论》第 52 节边码 26）。[56] 其结果是，未经劳动者同意，雇主不得将劳动者"出借"给第三人。[57]

3. 营业转移时的特殊性

7　　若**雇主将营业**（例如基于买卖）**转移给新的所有人**，则第 613 条第 2 句的基本规则在劳动法上会引发问题。依该条，既有的劳动关系只能基于所有参与者之间的约定而转移给新的所有人。[58] 故新的所有人有权拒绝延续劳动关系并借此规避终止保护（Kündigungsschutz）。但在劳动法

---

[54] 参见 ErfK/*Preis* § 613 Rn. 2；MüKoBGB/*Müller-Glöge* § 613 Rn. 6。

[55] *Brox/Walker* SchuldR BT § 20 Rn. 3；*Larenz* SchuldR II 1 § 52 II.

[56] *Medicus/Lorenz* SchuldR BT § 31 Rn. 10；Staudinger/*Richardi/Fischinger*, 2020, § 613 Rn. 31.

[57] 参见 Jauernig/*Mansel* § 611 Rn. 3。

[58] 参见 MüKoBGB/*Müller-Glöge* § 613a Rn. 8；*Larenz* SchuldR II 1 § 52 IIa。

上,对特定营业的归属比对雇主个人的归属更重要。[59] 有鉴于此,第613a条第1款规定,取得人加入既有劳动关系所生的权利义务之中。[60] 如同第566条(第23节边码21)之情形,此处也是法定合同转移的事例(参见拙著《债法总论》第53节边码19)。雇员可依第613a条第6款反对劳动关系的转移,由此保障其意思自治。

在适用第613a条时须注意,新企业**接收员工**并非营业转移的必要构成要件。相反,裁判上的区分标准是:被评价为营业核心的是人类劳动力,还是物质经营资料(办公室、办公设备、劳动工具等)。于后一情形,**接收经营资料**本身便可导致第613a条的适用。[61] 但仅向另一家企业转移特定任务或功能(未接收员工或经营资料)仍然是不够的。

示例(EuGH NJW 2004, 45):K医院让独立的经营者U在医院自有厨房内为病人烹饪菜肴。一段时间后,K终止与U的合同,并将膳食委托另一经营者D。D仍然为此使用K的厨房,但未接收一直在厨房内工作的U的员工。

依欧盟法院之观点,物质经营资料(具体:医院厨房)是为病人提供膳食的关键。因此,这并不只是功能转移,而是营业转移。故依第613a条第1款,U与在医院厨房内任职员工间的劳动关系转移给D。

4. 受雇人的附随义务

雇佣关系是继续性债务关系,使双方当事人承担相互照顾和利益保护的义务。[62] 由于受雇人通常近距离地接触雇佣人的利益,其在此应当特别注意。故依信赖关系的强度,其负担严格的**说明与保密义务**。[63]

示例:医生与律师的保密义务具有特别重大的意义,就此甚至存在相应的刑法条文(《德国刑法典》第203条第1款第1项与第3项)。另一方面,医生应向病人说明治疗风险(第31节边码8),律师同样应当说明诉讼

---

[59] *Medicus/Lorenz* SchuldR BT §31 Rn.10.
[60] 详见 *Schmidt/Wittig* JURA 2007, 568ff.。
[61] 参见 EuGH NJW 1997, 2039; 2004, 45; 2006, 889; BAG NZA 2007, 793; 2007, 927. Zusf. *Willemsen* NJW 2007, 2065ff.。
[62] Erman/*Edenfeld* §611 Rn.482ff.
[63] BeckOK BGB/*Baumgärtner*, 56. Ed. 1. 11. 2020, §611 Rn.36.

风险。[64]

9　　**竞业禁止**具有重大的实践意义。在劳动关系中通常明确约定这类禁止(参见《营业法》第110条);此外也有可能从债务关系的内容中产生竞业禁止(第241条第2款)。[65] 在自由的雇佣关系中,只有当存在特别紧密的合同关系时才能认定存在竞业禁止。[66] 因此,即便无明确约定,商事代表在合同存续期间也有竞业禁止义务。[67]

在劳动法上有时会谈及雇员对雇主的**忠诚义务**(Treuepflicht)。[68] 但自当今的法教义学观之,这似乎是一种误解,此处涉及的仍然是源于第241条第2款的一般性**保护与注意义务**。[69]

二、受雇人的责任

10　　在雇佣合同法上,不存在类似于买卖及承揽合同法中的特别瑕疵担保条文。因此,在构成义务违反时,受雇人按照第280条及以下的**一般规则**负责(《债法总论》第24节边码1及以下),但存在若干重要的特别规则。

1. 排除不利于雇员的举证责任倒置

11　　首先应当注意,过错的**举证责任倒置**(第280条第1款第2句)依第619a条不产生不利于**雇员**的效力。亦即,雇主应当陈述并证明雇员对义务违反有过错(就此参见《债法总论》第24节边码10)。

示例(BAG NJW 1999, 1049):A在B的赌场被聘用为收银员。依据B制定的劳动条款,每一位收银员自己为柜台余额负责。当A管理的柜台亏空260欧元时,B要求损害赔偿。其是否享有请求权?

请求权基础是第280条第1款。债务关系存在。有疑问的是,A是否

---

[64] 关于律师的义务,参见 *Emmerich* SchuldR BT § 9 Rn. 15ff. 。
[65] Staudinger/*Looschelders*/*Olzen*, 2019, § 242 Rn. 804.
[66] *Oetker*/*Maultzsch* Vertragl. Schuldverhältnisse § 7 Rn. 52.
[67] 参见 Koller/Kindler/Roth/Morck/*Roth*, Handelsgesetzbuch, 8. Aufl. 2015, HGB § 86 Rn. 6。
[68] *Emmerich* SchuldR BT § 9 Rn. 12; *Schlechtriem* SchuldR BT Rn. 358.
[69] Staudinger/*Looschelders*/*Olzen*, 2019, § 242 Rn. 797.

违反了义务。联邦劳动法院的依据如下:A 依劳动合同负有避免柜台余额亏空的义务,A 违反了这一义务。在认同义务违反后,需讨论过错的问题。若依一般原则(第 280 条第 1 款第 2 句),A 将承担举证责任。但此处适用第 619a 条的特别规则。故 B 应当陈述并证明,A 对柜台余额亏空有过错。这也符合联邦劳动法院依旧法(旧法第 282 条)所作的判决。

2. 职务行为中的责任减轻

在确定雇员的注意程度时,应注意由裁判发展而来、关于在**职务引发的行为**中限制雇员责任的原则(《债法总论》第 23 节边码 20、21)。[70] 已经在劳动合同中委托的行为或者雇员以雇主利益为出发点而为企业实施的行为,皆由职务所引发。[71] 若雇员在实施行为时因故意或重大过失而违反其义务,因此其行为不符合雇主的利益,但这一事实并不影响行为的职务属性。[72]

12

(1)雇佣双方的风险分配

联邦劳动法院的相关判决基于以下考量:即使非常谨慎的雇员也不总能尽到避免损害的必要注意,因此在职务行为中让雇员对雇主承担完全责任并不合理。由于雇员的工作主要是为雇主创造利益,因此,似乎应当对损害风险进行分配。据此,于**轻微过失**之情形,免除雇员的一切责任。于**正常**(轻或中度)**过失**之情形,将在个案中基于公平与可期待性的考量在雇主与雇员之间分配损害。除过错程度外,还应考虑工作带来的风险(所谓工作的危险倾向)、损害的数额、雇员加入企业的时间、雇员的人身关系(年龄、家庭关系等)以及劳动报酬的数额。[73]

13

示例: F 被聘为货运商 S 的卡车司机。某日其因轻过失造成交通事故,卡车也因此严重损坏。S 要求 F 赔偿高达 25000 欧元的修理费。

依关于雇员在职务行为中责任的原则,应当排除完全责任,而是在 F 与 S 间分配损害。由于卡车司机的工作特别有危险性,故甚至可以考虑

---

[70] 详见 Staudinger/*Richardi/Fischinger*, 2020, § 611a Rn. 1346ff. 。
[71] BAGE 78, 56 = NJW 1995, 210; BAG NJW 2011, 1096 Rn. 14.
[72] BAG NJW 2011, 1096 Rn. 14.
[73] BAG NJW 2011, 1096 Rn. 17f. ; HK-BGB/*Schreiber* § 619a Rn. 6.

完全排除 F 的责任。因为 S 本就可通过缔结车辆保险合同为自己提供保障。

14　　于故意之情形,一般无须减轻责任。通常,于重大过失之情形亦同。然而,如果雇员在客观上特别严重地违反了注意义务,仍不足以认定重大过失;义务违反也应当是主观上无法原谅的(《债法总论》第 23 节边码 18)。另外,在重大过失的情形中,并非一律排除责任减轻。依裁判,即便是在最严重的过失情形中,也应当允许通过个案中的利益衡量为责任减轻提供正当化事由。[74] 然而,因为最终会同等处理重大过失与最严重的过失,所以这一区分似乎并无帮助。[75]

示例:若司机在十字路口闯红灯,原则上成立重大过失。但依据个案中的情形(未发生事故的老员工、损害数额与收入不成比例等),于此分配损害也可能是正当的。在清洁人员试图关闭 MRT 设备发出的警报声,却由于重大过失按下错误按钮并导致设备遭受约 50000 欧元损失的情形中,联邦劳动法院也做出了相同的判决。[76]

(2)教义学上的归类

15　　在债法改革前,有利于雇员的责任限制以第 254 条的**有过失**规则为依据。[77] 立法者认为这是"削足适履"[78]。其认为,最简单的做法是将第 276 条作为责任减轻的依据,并依该条从**债务关系的其他内容**中推导出责任减轻。[79]

正确的观点是:应当结合这两种方案。在检索第 280 条第 1 款的**请求权构成要件**时,产生如下疑问:雇员究竟是否依第 276 条对义务违反负责。于职务行为之情形,倘若雇员仅有最轻微的过失,则应对此加以否定。

16　　若存在其他形式的过失,则应肯定对义务违反的可归责性。但在第

---

[74] 参见 BAGE 101, 107 = VersR 2003, 736 (737); BAG NJW 2011, 1096 Rn. 25。
[75] 批评另参见 *Schwarze* JA 2011, 785 (787)。
[76] BAa NJW 2011, 1096.
[77] 参见 BAGE 78, 56=NJW 1995, 210。
[78] BT-Drs. 14/6857, 48 zu Nr. 21.
[79] 问题阐述,见 *Walker* JuS 2002, 736ff.。

280条第1款的**法律效果层面**,仍应检验:是否应当依职务行为中责任的规则来分配**损害**。于此情形,第254条是正确的出发点。[80] 因为按比例分配损害恰好符合该条文的调整机制。

(3)责任减轻的适用范围

责任减轻不仅适用于雇主合同上的损害赔偿请求权,亦适用于雇主**侵权法上的损害赔偿请求权**。[81] 若雇员伤害了**企业之外的第三人**,则雇员不能对第三人的损害赔偿请求权主张责任优待。但只要雇员在对内关系中不承担责任,则通过类推第670条,雇员对雇主享有免除请求权(Freistellungsanspruch)。[82]

17

责任减轻不能转用于**自由的雇佣合同**,因为独立的受雇人受保护的必要性较低。[83] 注意程度依合理的交易观念确定。这将导致在一些责任重大的职业中(例如医生、律师),针对受雇人的注意要求十分严苛。[84]

18

3. 给付不能与迟延

若受雇人完全没有提供所负担的给付,则会产生以下问题:是否可以适用关于给付迟延(第280条、第281条)与(嗣后)给付不能(第280条、第283条)的条文。这个问题的答案决定了,雇佣人是否应为受雇人设定**给付的补正期间**,抑或可以立即请求替代给付的损害赔偿。就此而言,雇佣合同有其特殊性:许多劳务是**无法补正的**。[85]

19

许多时候,所负担的劳务只能在某一特定时刻提供(所谓的**绝对定期债务**)。[86] 若未能在这一时刻提供给付,则依第275条第1款成立给付不能(参见《债法总论》第21节边码17)。与此同时,雇佣人依第326条第1款第1句免除自己的支付报酬义务。若受雇人对给付障碍有过错,则雇

20

---

[80] 相同观点见 Staudinger/*Caspers*, 2019, § 276 Rn. 135。

[81] *Brox/Walker*, SchuldR BT § 20 Rn. 11; Staudinger/*Richardi/Fischinger*, 2020, § 611a Rn. 1349.

[82] BGHZ 108, 305 (308); MüKoBGB/*Henssler* § 619a Rn. 25.

[83] BGH NJW 1970, 34 (35); *Brox/Walker* SchuldR BT § 20 Rn. 12.

[84] 参见 *Emmerich* SchuldR BT § 9 Rn. 11。

[85] 参见 *Oetker/Maultzsch* Vertragl. Schuldverhältnisse § 7 Rn. 54。

[86] 参见 BAG NZA 2012, 377 Rn. 37; Staudinger/*Schwarze*, 2019, § 281 Rn. C 17; *Alexander* JA 2015, 321ff.。

佣人可依第 280 条及第 283 条要求替代给付的损害赔偿。[87]

示例：M 与 F 为婚礼庆典聘请艺人 A。A 由于交通事故不能出席庆典。新婚夫妇为此须向另一位艺人 D 多支付 200 欧元的酬金。

由于 A 不能补正约定的给付，其给付义务依第 275 条第 1 款消灭。M 与 F 因此也不需要向 A 支付报酬（第 326 条第 1 款第 1 句）。但若 A 对交通事故有过错，则其须依第 280 条与第 283 条向新婚夫妇赔偿 200 欧元的超额费用。

21 　　于**劳务具有可补正性**之情形，受雇人的给付义务原则上仍然存在（第 29 节边码 37）。受雇人有可能依第 280 条与第 286 条对迟延损害负责。原则上，只有在期间徒劳经过后，雇佣人才能要求替代给付的损害赔偿（第 280 条、第 281 条）。

4. 瑕疵给付与保护义务违反

(1) 一般损害赔偿请求权

22 　　于有过错的瑕疵给付之情形，受雇人仍然依第 280 条及以下规定负赔偿义务。实践中主要涉及受雇人在瑕疵履行其给付义务的同时违反了对服务权利人的**法益**或**其他财产**的保护义务之情形，故请求权基础是第 280 条第 1 款。出发点是各项义务之违反。在检验过错时，可能需要考虑劳动法的特殊性（第 29 节边码 12 及以下）。

示例：①A 医生对病人 P 治疗不当，导致 P 的健康状况恶化。
②S 运输公司聘用的司机 K 过失地损坏了 S 的卡车。
③律师 R 在诉讼中错过了期间，导致委托人 M 的起诉被驳回。M 因此遭受高达 10000 欧元的损害。

(2) 依第 280 条及第 281 条的替代给付的损害赔偿

23 　　于瑕疵履行之情形，是否另有源于第 280 条与第 281 条的**替代给付的损害赔偿请求权**，似乎存疑，因为第 281 条的规则是为买卖与承揽合同法定制的。[88] 而在雇佣合同中应当注意，制定法并未针对瑕疵给付的情形

---

[87] 关于实践中的一则案例，见 BAG NZA 2012, 377 Rn. 38ff.。
[88] 参见 NK-BGB/*Dauner-Lieb* § 281 Rn. 14。

规定**补正请求权**。在雇佣合同中也很难构造此种请求权,因为受雇人仅负担行为本身,而不负担成果。[89] 故设定补正期间通常也是无意义的。

但在雇佣合同中也可能存在旨在**促成某一成果**的**个别义务**,于此可考虑补正请求权。[90] 若**期间设定**后仍未进行补正,则考虑替代给付的损害赔偿请求权。[91] 于其他情形,为了能够请求替代给付的损害赔偿,**催告**(第281条第3款)或许是必要的。

示例:①在制定U的纳税报表时,税务师S遗忘罗列若干作为经营支出的款项。若设定期间后S仍未消除瑕疵,则U可聘请另一位税务师,并依第280条与第281条向S请求赔偿与此相关的超额费用。

②S储蓄银行的董事V委托艺人A在各分所为5场夏日庆典调动气氛。当A第一次出场时,其表演无精打采,且总是长时间中断。经催告,第二场庆典仍无改善,于是V为接下来的活动聘请了另一位艺人D,并依第280条与第281条向A请求赔偿超额费用。

第280条与第281条不适用于**劳动合同**中的瑕疵履行。[92] 此处应认为雇员仅负担行为本身。出于同样的理由,于瑕疵履行之情形,亦无劳动报酬的**减价**。[93]

(3)自由的雇佣合同中的减价

在自由的雇佣合同中,于履行瑕疵之情形,关于雇佣人是否享有**减价权**存有争议。[94] 反对此种权利的观点认为:不同于买卖法与承揽合同法,减价制度完全不适用于雇佣合同法。[95] 其解释道:受雇人仅负担行

---

[89] 参见 OLG Koblenz NJOZ 2013, 1774 (1775)。

[90] BeckOK BGB/*Baumgärtner*, 56. Ed. 1. 11. 2020, §611 Rn. 53; *Schlechtriem* SchuldR BT Rn. 374.

[91] 原则上可适用第280条与第281条,参见 Palandt/*Grüneberg* §281 Rn. 44。

[92] So auch Palandt/*Grüneberg* §281 Rn. 44.

[93] BAG NZA 2007, 1015 (Ls.) = BB 2007, 1903; BackOk BGB/*Baumgärtner*, 56. Ed. 1. 11. 2020, §611a Rn. 70; 限制见 Erman/*Edenfeld* §611 Rn. 408。

[94] 支持的观点:Erman/*Edenfeld* §611 Rn. 408; 其他观点 Jauernig/*Mansel* §611 Rn. 16; Palandt/*Weidenkaff* §611 Rn. 16; Staudinger/*Richardi/Fischinger*, 2016, §611 Rn. 1285. 详见 *Canaris*, FS K. Schmidt, 2009, 177ff. 。

[95] 参见 BGH NJW 2004, 2817; WM 2010, 673 (关于律师合同存在争议)。

为本身,而非成果,并且很难准确测量减少的劳务价值。[96]

不同于通说的观点认为[97],于瑕疵给付补正不能之情形,报酬请求权的减价依据并非第 326 条第 1 款第 1 句第 2 半句结合第 441 条第 3 款。因为立法者希望借助第 326 条第 1 款第 2 句的限制性条款,对此类情形排除适用关于**部分不能**的规则。[98] 因此,仅当确实存在部分不能时,方考虑依第 326 条第 1 款第 1 句第 2 半句结合第 441 条第 3 款减少报酬请求权。[99]

示例(根据 BGH NJW 1990, 2549):有限责任公司 A 多次遗失仓库内的货物。现怀疑 A 公司雇员的犯罪行为导致货物丢失。A 公司的保险人 V 就此委托侦探事务所 D 查明情况。D 为获得总价 10000 欧元的酬金,让雇员 M 作为仓库员工潜入 A 公司。事实上,M 被聘用为 14 天的仓库员工。但仓库主管并未将 M 安置在主仓库,而是将其发配到仅有一人管理的外部仓库。

于此,D 仅对外部仓库,而未对主仓库履行其源于雇佣合同的义务。在劳动关系结束后,由于 M 已不能在 A 公司对主仓库进行观察,V 可依第 326 条第 1 款第 1 句第 1 半句*结合第 441 条第 3 款减少约定报酬。如果只观察外部仓库对 V 没有价值,则其可依第 326 条第 5 款结合第 323 条第 5 款第 1 句解除整个合同(《债法总论》第 35 节边码 28)。

三、雇佣人的义务

1. 报酬义务

依第 611 条第 1 款,雇佣人的**主给付义务**是向受雇人提供约定的报酬。在劳动关系中,雇主的报酬义务源自第 611a 条第 2 款,于此报酬应依

---

[96] Larenz SchuldR II 1 § 52 IIa.
[97] *Oetker/Maultzsch* Vertragl. Schuldverhältnisse § 7 Rn. 68;*Schlechtriem* SchuldR BT Rn. 377.
[98] 参见 Begr. RegE, BT‑Drs. 14/6040, 189;*Wendehorst* AcP 206(2006),205(277ff.)。
[99] *Medicus/Lorenz* SchuldR BT § 31 Rn. 15.
* 应为第 2 半句。——译者注

《营业法》第107条第1款以欧元计算并支付。但若符合雇员的利益或劳动关系的本质,当事人也可约定以实物工资支付部分报酬(《营业法》第107条第2款)。这种约定过去主要见于农业领域或矿业中。现在则对于将商务车转让给私人使用具有更大意义。[100]

依第612条第1款,"依情事,若仅当有报酬时方能期待劳务",则视作**默示约定**了报酬。于此类情形,一般来说已经存在可推断的报酬约定。而即便此种约定依法律行为的原则不能成立,也(并且恰恰)适用第612条第1款。[101] 一方面,立法者希望借此避免合同因欠缺关于重要部分的合意而依第154条及第155条无效。[102] 另一方面,则关系到与**好意施惠关系的区分**,于后者,依情事恰不能期待报酬。[103]

示例:在亲友间的小型互助工作中,若无相应约定,不可期待报酬。但若未约定报酬而让医生进行治疗,则应认为只在有报酬时方可期待治疗(参见第630b条结合第612条第1款)。

依通说,若某人基于**落空的报酬期待**为他人工作,亦可适用第612条第1款。代表性的案例是:某人耗费巨资照料他人并维持其生计,因为作为对待给付,他应当被指定为继承人。若嗣后表明指定继承人是无效的,则当事人应依第612条第1款对继承人享有支付适当报酬的请求权。[104]

深化:主流意见认为,第612条第1款成立一项制定法上不可推翻的推定。[105] 其他观点认为这是法定解释规则或拟制。[106] 已经达成共识的是,即便依情事本可期待报酬,当事人仍可约定为无偿行为。就此而言,第612条第1款完全是"可推翻的"。[107] 由于不得适用关于意思表示

28

---

[100] 详见 Staudinger/Richardi/Fischinger, 2020, §611a Rn. 1410ff.。
[101] 参见 Staudinger/Richardi/Fischinger, 2020, §612 Rn. 15; Soergel/Raab §612 Rn. 12。
[102] ErfK/Preis §612 Rn. 1; Brox/Walker SchuldR BT §19 Rn. 18f.。
[103] 参见 Palandt/Weidenkaff §612 Rn. 1。
[104] 参见 ErfK/Preis §612 Rn. 21ff.; MüKoBGB/Müller-Glöge §612 Rn. 13ff.。
[105] Palandt/Weidenkaff §612 Rn. 5; Brox/Walker SchuldR BT §19 Rn. 19.
[106] 争议状况参见 Staudinger/Richardi/Fischinger, 2020, §612 Rn. 5ff.。
[107] Staudinger/Richardi/Fischinger, 2020, §612 Rn. 5.

的条文,雇佣人不能基于对报酬义务的错误而依第 119 条第 1 款撤销合同。[108]

2. 报酬的数额与到期

29　**报酬数额**依当事人的约定确定。在劳动合同中适用男女同酬的原则。[109] 这一原则由(可直接适用的)《欧盟劳动方式协议》(AEUV)第 157 条规定,之前还规定在《德国民法典》原第 612 条第 3 款中。自 2006 年 8 月 18 日起,应依据《一般平等对待法》(第 28 节边码 12)。

若视作默示约定了报酬,或者当事人没有另行约定报酬数额,则由第 612 条第 2 款继续提供帮助。据此,雇佣人所负担的是**符合价目表的报酬**,在无价目表时为**通常报酬**。若也不能得知通常报酬,则受雇人可依第 315 条与第 316 条(参见《债法总论》第 11 节边码 11 及以下)基于**合理裁量**确定其报酬数额。[110]

提示:只有国家确定的报酬标准可作为符合价目表的报酬,例如关于医生(《医生费用条例》(GoÄ))或律师(《律师报酬法》(RVG),过去是《关于律师费用的联邦条例》(BRAGO))的报酬标准。通常报酬是指:鉴于受雇人的人身关系,在所涉地就同一或类似营业/职业为同一或类似劳务支付的一般报酬。[111] 对劳动者而言,有时可依劳资合同确定薪金。[112]

30　第 614 条调整报酬的**到期**。依该条第 1 句,雇佣人原则上仅在服务提供之后方应支付报酬。若给付是按时间段计算的(例如于按月聘用之情形),则应在每段期间经过后支付报酬(第 614 条第 2 句)。因此,受雇人负有先给付义务。第 614 条不仅适用于自由的雇佣合同,也适用于劳动合同。但于劳动合同中到期时间通常由劳资合同或经营协议规定。[113]

受雇人的先给付义务导致其不能基于当前工作的对待报酬主张**第 320 条的拒绝给付权**。第 320 条同样不适用于拖欠的报酬请求权,因为此

---

[108] 参见 NK-BGB/*Klappstein* § 612 Rn. 2; *Medicus/Lorenz* SchuldR BT § 31 Rn. 23。
[109] 参见 Staudinger/*Richardi/Fischinger*, 2020, § 611 Rn. 1428ff.。
[110] BGH NJW-RR 1990, 349 (350); HK-BGB/*Schreiber* § 612 Rn. 3.
[111] BGH NJW-RR 1990, 349 (350); Palandt/*Weidenkaff* § 612 Rn. 8.
[112] 批判见 Staudinger/*Richardi/Fischinger*, 2020, § 612 Rn. 58。
[113] Staudinger/*Richardi/Fischinger*, 2019, § 614 Rn. 4.

处缺乏对待关系。但受雇人于此情形依第 273 条享有留置权。[114]

3. 雇佣人的其他义务

如同受雇人,雇佣人也有许多**附随义务**。故雇佣人也有义务对合同相对人的权利、权益以及利益进行特别照顾(第 241 条第 2 款)。就此而言,在劳动法上被称为雇主的照管义务(Fürsorgepflicht)。[115]

第 618 条规定了雇佣人的特殊保护义务。据此,为了尽可能地降低与执行工作相关的风险,雇佣人负有广泛的**交往安全义务**(Verkehrssicherungspflichten)。于此,安全地组织劳动场所与生产工具具有重要意义。可以通过援引劳动保护法的规定进行具体化。[116] 若未履行保护义务,受雇人依第 273 条第 1 款对劳务享有**留置权**。[117] 若雇佣人未准备履行第 618 条的要求,则其依第 298 条与第 274 条陷入受领迟延。因此,受雇人可依第 615 条第 1 句要求约定的报酬,无须补充给付(nachleisten)。[118] 若受雇人因保护义务的违反而死亡或健康受损,则雇佣人依第 280 条第 1 款与第 241 条第 2 款**负有损害赔偿义务**。就请求权的范围而言,第 618 条第 3 款指向第 842 条至第 846 条(第 71 节边码 1 及以下)。故对于受雇人死亡之情形,其家属依第 844 条第 2 款对雇佣人有扶养费请求权。

深化:在劳动事故中,原则上排除受害人的雇主及其他同事对人身伤害的责任[《社会法典》(第 7 编)第 104 条、第 105 条]。仅当加害人故意或受害人在工作路上发生意外[《社会法典》(第 7 编)第 8 条第 2 款第 1 至 4 项]时,存在例外。劳动者在劳动意外中受到由雇主缴纳的法定意外险的保护是这一责任限制的基础。其亦适用于劳动者基于第 823 条及以下享有的侵权法上的损害赔偿请求权。

在与营业相关的决定中(例如提供类似圣诞津贴的自愿给付),雇主

---

[114] 参见 ErfK/*Preis* § 614 Rn. 17; Soergel/*Raab* § 611 Rn. 87f. 。
[115] 参见 MüKoBGB/*Spinner* § 611a Rn. 895ff. 。
[116] 参见 Erman/*Riesenhuber* § 618 Rn. 4。
[117] Oetker/*Maultzsch* Vertragl. Schuldverhältnisse § 7 Rn. 101.
[118] 相同观点见 BAG NJW 1964, 883; NK-BGB/*Klappstein* § 618 Rn. 21。

原则上有义务平等对待劳动者。[119] 这一**劳动法上的平等对待命令**实现了宪法上平等原则的价值(《德国基本法》第 3 条第 1 款)。《一般平等对待法》第 7 条已禁止雇主基于《一般平等对待法》第 1 条所列举的特征(年龄、性别、性取向等)进行歧视(第 28 节边码 1)。因此,由于怀孕而不延长定期劳动合同是对性别的非法歧视。此外,雇主有义务保护劳动者免受其上司或其他雇员的敌视、刁难以及其他骚扰(例如**凌霸**)。[120] 如果骚扰与《一般平等对待法》第 1 条的特征相关(例如于**性骚扰**之情形),雇主的保护义务源于《一般平等对待法》第 7 条结合第 3 条第 3 款。于其他情形,雇主的照管义务以第 242 条为依据。[121] 若雇主违反《一般平等对待法》第 7 条规定的歧视禁令,则劳动者依《一般平等对待法》第 15 条第 1 款及第 2 款享有损害赔偿请求权。于其他歧视或骚扰之情形,损害赔偿请求权的依据是第 280 条第 1 款与第 241 条第 2 款,可能结合第 253 条第 2 款。在个案中,也可能基于侵害健康或一般人格权产生第 823 条第 1 款的侵权责任。[122]

34   有疑问的是,除报酬外,雇佣人是否负有让合同相对人**在事实上就职**的义务。在劳动法上,考虑到劳动者的尊严与一般人格权(《德国基本法》第 1 条、第 2 条第 1 款),在很大程度上对此是予以承认的。[123] 但在自由的雇佣合同中,于未就职之情形,通过维持第 615 条第 1 句的报酬请求权通常已经充分保障受雇人的利益。[124]

四、给付障碍中的报酬请求权

35   如上所述,提供劳务的义务通常是绝对定期债务(第 29 节边码 20)。若因第 275 条的给付不能而免除受雇人的给付义务,其依第 326 条第 1 款

---

[119] BAG NZA 1992, 739; 1997, 1294; 2002, 917; NJW 2007, 3801. 平等对待原则详见 Staudinger/*Richardi/Fischinger*, 2020, § 611a Rn. 1013ff. 。
[120] 参见 *Jansen/Hartmann* NJW 2012, 1540 (1542)。
[121] BAG NZA 2008, 223 (225ff.)-Mobbing.
[122] 详见 *Jansen/Hartmann* NJW 2012, 1540ff.; 另见 BAG NZA 2007, 1154 (1163)。
[123] Palandt/*Weidenkaff* § 611 Rn. 119.
[124] NK-BGB/*Klappstein* § 611 Rn. 77.

第1句亦丧失报酬请求权。据此，原则上适用以下简要公式："**无劳动无报酬。**"[125]但该公式存在一些重要例外。

1. 雇佣人对给付障碍负责

依一般原则，于给付不能之情形，若雇佣人依第326条第2款第1句第1选项为免除给付的原因（即给付不能）**单独或主要地负责**，则仍存在报酬请求权（参见《债法总论》第35节边码8及以下）。 36

示例：在艺人案中（第29节边码20），新郎M在从教堂到宴会厅的路上出于过失开车撞伤A，A因此不能按时出场。

此处，A的给付义务依第275条第1款消灭。但由于M单独对给付障碍负责，A仍可依第326条第2款第1句第1选项要求M支付约定的报酬。

2. 雇佣人的受领迟延

依第326条第2款第1句第2选项，若给付不能在债权人受领迟延时（第293条及以下）发生且无人对其有过错，债务人也仍然就对待给付保有请求权（参见《债法总论》第35节边码16及以下）。但这一规则的构成要件是：给付不能恰好于受领迟延时发生。故其不包括在雇佣合同中经常出现的以下情形：一项**不可补正的给付**因受领迟延而成为不能。[126] 37

于**可补正给付**之情形，也存在问题。于此，受雇人依一般原则本应负有补充给付的义务。但若单纯因为雇佣人没有提供协助而未提供给付，补充给付就显得不合理。因为只要受雇人未受合同约束，其应当可以自行安排工作时间。[127]

因此，第615条第1句为雇佣人的受领迟延规定了特殊规则，其作为特别法优先于第326条第2款第1句第2选项适用。[128] 若雇佣人依第293条及以下的一般规则陷于受领迟延，则依第615条第1句，其须向受雇人提供约定的**报酬**，但受雇人**没有**义务补充给付所约定的劳务。然 38

---

[125] 参见 BT-Drs. 14/6857, 48; *Söllner* AcP 167 (1967), 132ff. 。
[126] 参见 *Oetker/Maultzsch* Vertragl. Schuldverhältnisse § 7 Rn. 96。
[127] 参见 *Erman/Riesenhuber* § 615 Rn. 1; *Larenz* SchuldR II 1 § 52 IIa。
[128] 关于第615条第1句的优先，参见 *Erman/Riesenhuber* § 615 Rn. 1。

第三编 涉及行为的债之关系 353

而,依第615条第2句,应当抵销受雇人因免除劳务而节约的、通过在他处提供服务获得的或恶意未获得的费用。

示例:钢琴教师K与其19岁的学生S约定,S每周三15:00去K处上钢琴课。某周三,S因为更想去看电影而没有去上课。

依第293条与第296条第1句,S因缺席而陷于受领迟延。故K可依第611条第1款结合第615条第1句请求S对取消的钢琴课进行付款。S对K没有补课请求权,因为K的给付义务已依第615条第1句消灭。但若K在争议时间段向另一位钢琴学生授课,则应依第615条第2句抵销由此获得的报酬。

39 若在提出给付时或(对于依第296条不必提出给付之情形)在为债权人采取协助行为确定的时间点,受雇人**没有能力提供给付**,则依第297条不发生受领迟延。相应地,也不能适用第615条第1款(参见《债法总论》第36节边码4)。但若因债权人没有协助而导致给付不能,第615条第1句依其目的与意义仍得适用。[129] 因此,若雇人因受领迟延而未及时提供不可补正的劳务,其仍享有约定的报酬。

示例:在艺人案中(第29节边码20),新郎M因与其连襟发生争吵而没有心情听喜悦的音乐,故拒绝A进入礼堂。于是举办了没有音乐的婚礼。

此处涉及绝对定期债务,故提出所负担的给付已经不能。尽管如此,依第611条第1款结合第615条第1句,A仍享有报酬请求权。但此处援引第326条第2款第1句第1项(第29节边码36)亦能得到相同结果。[130] 仅当雇佣人对给付障碍无过错时才会产生差别,因为此时未满足第326条第2款第1句第1选项的构成要件。

3. 雇主的经营风险

40 对于劳动合同之情形,《债法现代化法》新增的第615条第3句对"无劳动无报酬"原则规定了另一项重要例外。据此,当雇主承担停工风险

---

[129] 参见 Staudinger/*Richardi*/*Fischinger*, 2019, §615 Rn. 29ff.; Erman/*Riesenhuber* §615 Rn. 26。

[130] 参见 Oetker/*Maultzsch* Vertragl. Schuldverhältnisse §7 Rn. 96。

("经营风险")时,雇员仍保有报酬请求权,而不负补充给付的义务。立法者借此为由裁判与学说发展出的经营风险理论(Betriebsrisikolehre)提供了法律基础。[131] 但从制定法中无法得知雇主何时承担经营风险,就此应援引相关判决。据此,所有与经营活动的组织与进程相关的障碍之风险由雇主承担。故当雇员因停电、劳动场所失火或原材料短缺而不能执行工作时,其仍保有报酬请求权。[132] 相反,因其他企业发生罢工而导致的停工(例如于缺少零件供货之情形)则属于劳动者的风险领域。[133] 若劳动者因天气障碍(例如道路结冰)而不能去工作,结果亦同。[134]

第615条第3句明确使用了"雇主"的表达,因此,经营风险理论不适用于**自由的雇佣合同**。[135] 但在个案中,或可由合同推知,雇佣人应当就给付障碍承担风险。于此情形,受雇人依第326条第2款第1句第1选项仍保有报酬请求权,就此而言,可归责性源于承担一项担保(Übernahme einer Garantie)(第276条第1款第1句)。

41

示例(BGH NJW 2002, 595):音乐会组织者V为M乐队的巡回演出聘用了独立灯光师T。由于乐队的三位歌手不睦,巡回演出未能成行。

联邦最高法院从合同内容中推导出,相较于T,V承担了组织风险。由于V与艺术家的经纪人经常联系,所以只有他能预料这一风险。因此,T依第326条第2款第1句第1选项结合第276条仍保有报酬请求权。

4. 个人的劳务障碍

不同于第326条第1款第1句,依第616条第1句,无过错的受雇人在相对不显著的期间内因个人原因而无法提供劳务,其不因此**丧失**报酬请求权。这一规则是基于照管义务与社会上的考量。[136] 然而,第616条第1句不仅适用于**劳动关系**,也适用于**自由的雇佣合同**。于此,具有意义

42

---

[131] 关于经营风险理论的发展,参见 MüKoBGB/*Henssler* § 615 Rn. 100ff. 。
[132] 参见 Palandt/*Weidenkaff* § 615 Rn. 21a; Erman/*Riesenhuber* § 615 Rn. 73。
[133] 关于罢工风险,详见 BeckOK BGB/*Baumgärtner*, 56. Ed. 1. 11. 2020, § 615 Rn. 50ff. 。
[134] *Schlechtriem*, SchuldR BT Rn. 373.
[135] Erman/*Riesenhuber* § 615 Rn. 74.
[136] *Medicus/Lorenz* SchuldR BT § 31 Rn. 29f. ; *Brox/Walker* SchuldR BT § 20 Rn. 17.

的是以下考量:如果无过错的雇佣人是在"相对不显著的期间"内遭受给付障碍,那么,否定报酬将是不合比例的。[137]

然而,个人受到妨碍的医生或律师可保有其报酬请求权,乍看之下显得有些古怪。但可借助"相对不显著的期间"这一标准找到恰当的解决方案。其结果是:在一次性的或由单项给付合成的劳务中,任何并不十分轻微的障碍可能都是显著的。[138]

示例:若医生因为自身原因不能按约定出诊,则其不能向患者请求报酬。同样地,因自身原因受到妨碍的音乐教师对取消的音乐课也不享有报酬支付请求权。但若只是在音乐课开始时稍微迟到,则可能存在例外。[139]

43　　第616条第1句的另一项构成要件是:妨碍原因必须存在于受雇人自身或其个人领域中。

示例:特别的家庭事件(近亲属的出生、婚礼、死亡),受雇人或近亲属(比如自己的孩子)生病;但针对劳动者,优先适用劳动法上的特别规则(尤其是《继续支付报酬法》)。

于**客观妨碍原因**(交通堵塞、路面结冰、雪灾)之情形,因欠缺与个人相关的要素而不能适用第616条。

此外,受雇人本人对妨碍**不应具有过错**。裁判对这一要求的解释十分保守。因此,仅当严重违反理性人为自己利益而作出的可期待的行为时,方产生不利后果。[140]

参考文献:*Alexander*, Leistungsstörungen im Dienstvertrag, JA 2015, 321; *Bruns*, Das Synallagma des Dienstvertrages, AcP 178 (1978), 34; *Canaris*, Die Problematik der Minderung beim Dienstvertrag, FS K. Schmidt, 2009, 177; *Feuerborn*, Der Verzug des Gläubigers- Allgemeine Grundzüge und Besonderheiten im

---

[137]　参见 Staudinger/*Oetker*, 2019, §616 Rn. 17。
[138]　参见 *Medicus/Lorenz* SchuldR BT §31 Rn. 30;批判见 *Larenz* SchuldR II 1 §52 IIb。
[139]　参见 Erman/*Riesenhuber* §616 Rn. 54; Staudinger/*Oetker*, 2019, §616 Rn. 40。
[140]　BeckOK BGB/*Baumgärtner*, 56. Ed. 1. 11. 2020, §616 Rn. 10; Palandt/*Weidenkaff* §616 Rn. 9。

Arbeitsverhältnis, JR 2003, 177; *Jansen/Hartmann*, Straining und Mobbing im Lichte des Persönlichkeitsschutzes, NJW 2012, 1540; *Schmidt/Wittig*, Der Betriebsübergang gem. §613a I 1 BGB, JURA 2007, 568; *Seel*, Wie funktioniert §613a BGB? - Betriebsübergang und seine Rechtsfolgen, JA 2008, 874; *Söllner*, »Ohne Arbeit kein Lohn«, AcP 167 (1967), 132; *Ulber*, Die Schranken des Direktionsrechts bei Glaubens- und Gewissenskonflikten des Arbeitnehmers, JuS 2012, 1069; *Walker*, Die eingeschränkte Haftung des Arbeitnehmers unter Berücksichtigung der Schuldrechtsmodernisierung, JuS 2002, 736; *Willemsen*, Aktuelles zum Betriebsübergang - § 613a BGB im Spannungsfeld von deutschem und europäischem Recht, NJW 2007, 2065. Vgl. auch die Nachweise zu § 28.

第30节 结束的原因

一、受雇人死亡

第613条第1句规定了受雇人亲自提供劳务的义务,由此可知,**受雇人死亡后该义务消灭**。相反,雇佣人死亡并不会直接导致雇佣关系结束。于此情形,由雇佣人的继承人取代其地位(参见第1922条、1967条)。然而,雇佣人死亡后,针对其本人的劳务义务(例如提供护理服务)成为不能(第275条第1款)。[141] 这是目的落空的一种形态(参见《债法总论》第21节边码4)。

1

二、到期

依第620条第1款,附期限的雇佣关系因**到期**(亦即约定期间的经过)而结束。于达成所追求的目的之情形,亦同(参见第620条第2款),例如在生病期间雇佣护工。针对劳动合同,第620条第3款指向《关于临时工作与定期劳动合同的法》的特别规定。

2

依第625条,若雇佣权利人在约定的期间经过后明知雇佣关系继续

---

[141] *Medicus/Lorenz* SchuldR BT §31 Rn. 45.

存在而未及时反对,则视作**延长**为不定期的雇佣关系。由于该法律效果是依法产生的,故不能撤销。[142]

三、终止

3   在**不定期的雇佣关系**中,双方皆可依第621条、第622条正常终止,或依第626条、第627条特别(随时)终止。在劳动合同中,终止需要书面形式(第623条)。若未遵守该形式,则终止依第125条无效。

1. 正常终止

4   第621条为自由的雇佣合同规定了法定终止期间,第622条规定了劳动合同的法定终止期限。在**劳动关系**中,终止期间为截至日历月中旬或月底前的四周(第622条第1款)。依第622条第2款,随着劳动关系存续期间的增长,雇主的终止期间最多延长7个月,直至一个日历月结束。在约定的**试用期**(最长6个月)内适用特殊规则。于此,可依两周的期间终止劳动关系(第622条第3款)。

深化:旧法第622条第2款第2句曾规定,在计算工龄时不考虑25周岁之前的就业时间。依欧盟法院的判决,这种对年轻劳动者的相应歧视违反了欧盟法上的年龄歧视禁令。[143] 故该条已于2019年1月1日废止。

可以通过劳资合同(第622条第4款)以及单份合同(第622条第5款)约定**不同的终止期间**。但是,单份合同中关于缩短终止期间的约定仅有限地被许可。此外,为劳动者设定的期间不得长于为雇主设定的期间(第622条第6款)。

5   为保护劳动者,特别法限制雇主的终止权。《**终止保护法**》具有特别重大的意义。依《终止保护法》第1条,若终止在社会上是不正当的,则终止无效。此外,在若干其他制定法上存在关于对特殊群体进行终止保护的规定(例如《母婴保护法》第9条)。在《终止保护法》的适用范围外,第138条第1款及第242条保护雇员免受不合理的终止。于此,基本权利具

---

[142] 参见 *Larenz* SchuldR II 1 § 52 IIIa。
[143] EuGH NZA 2010, 85; dazu *Mörsdorf* NJW 2010, 1046ff.; *Preis/Temming* NZA 2010, 185ff.

有特别意义。然而,《一般平等对待法》不适用于终止(《一般平等对待法》第2条第4款)。该例外的正当性在于:终止条文已经提供了充分保护。[144] 有疑问的是,排除《一般平等对待法》是否违反欧盟法的规定?[145] 联邦劳动法院已通过在对社会违反性(Sizialwidrigkeit)进行具体化时援用《一般平等对待法》的歧视禁令顾及此种疑虑。[146]

示例:依据《德国基本法》第4条第1款,不得将雇员的教派作为终止原因。为表达信仰自由而穿着特定服装(例如伊斯兰头巾),亦同。但依涉及《终止保护法》第1条第2款的判决,当服装穿着被证实可导致经营障碍或雇主的经济损失时,存在例外。[147] 依《一般平等对待法》第8条第1款,仅当涉及"根本性以及决定性的职业要求"(第28节边码12)时,或可禁止出于宗教动机戴头巾。[148] 故《一般平等对待法》对禁令的正当化要求更严格。[149] 在《终止保护法》第1条第2款的框架内检验终止的违反社会性时,亦须考虑这一较为严格的标准。[150]

2. 特别终止

基于**重大原因**可依第626条特别终止,于受雇人有特别的**信赖地位**之情形,可依第627条特别终止。由于涉及在继续性债务关系中基于重大原因终止的特别规则,第627条与第628条优先于第314条的一般条文适用(参见《债法总论》第29节边码3及以下)。[151]

(1)依第626条基于重大原因的终止

伴随"重大原因"这一要件,第626条在无期限终止中使用了一个不确定的法律概念,这一概念需在个案中通过利益衡量进行具体化。指导原则是:基于重大原因的终止必须合乎比例,故只能作为最终考量(ultima

---

[144] 参见 Seel JA 2007, 206 (209)。
[145] MüKoBGB/*Thüsing* AGG § 2 Rn. 17ff.
[146] BAGE 128, 238 = NZA 2009, 361 Rn. 28ff. = JA 2009, 463 (*Schwarze*); BAG NZA 2012, 445 Rn. 18.
[147] BAG NJW 2003, 1685; BVerfG NJW 2003, 2815.
[148] 参见 BVerfG NJW 2015, 1359 Rn. 154。
[149] 参见 MüKoBGB/*Thüsing* AGG § 2 Rn. 18ff. 。
[150] BAGE 128, 238 = NZA 2009, 361 Rn. 28ff. ; MüKoBGB/*Thüsing* AGG § 2 Rn. 17.
[151] 参见 MüKoBGB/*Henssler* § 626 Rn. 52 und § 627 Rn. 5。

ratio)。[152] 因此，一般来说，事先催告是必要的。[153] 终止相对人并不一定要有过错，但过错对利益衡量具有决定性的意义。[154]

示例：劳动者的犯罪行为，尤其是给雇主带来不利的财产侵权；有时，针对犯罪行为的怀疑或已足够。[155] 劳动者违反竞业禁止（第 29 节边码 9）；滥用工作场所的网络，例如打开有色情内容的网页[156]；经常迟到；在工作场所多次饮酒、侮辱或性骚扰同事；通过发表排外言论妨碍经营秩序。[157]

8   应当自得知赋予终止权的事实起**两周内**进行终止（第 626 条第 2 款第 1 句、第 2 句）。背后的考量是：于长时间对终止犹豫不决之情形，延续劳动关系或许并非不可期待。这是由制定法规定的权利失效情形（参见《民法总论》第 4 节边码 28）。基于相对方的请求，必须依第 626 条第 2 款第 3 句**书面作出终止**。但违反该义务并不导致终止无效。[158]

(2) 依第 627 条终止高级劳务

9   若不涉及劳动关系且受雇人须提供基于特别信赖而受托的**高级劳务**，则**无须特别原因**，双方当事人随时可以依据第 627 条第 1 款特别地终止雇佣合同，传统例子是律师、医生、税务师与私教。但第 627 条第 1 款也包括婚姻及伴侣介绍合同。[159] 虽然这类合同依第 656 条不成立债（第 37 节边码 21），但客户可在终止之后要求返还提前支付的报酬。

深化：依第 627 条第 2 款第 1 句，受雇人在终止时应当顾及：雇佣人可以从他处获得劳务；必要时，应赋予雇佣人获取替代劳动力的期间。[160]

---

[152] Erman/*Riesenhuber* § 626 Rn. 51; *Oetker/Maultzsch* Vertragl. Schuldverhältnisse §7 Rn. 115.

[153] 参见 *Brox/Walker* SchuldR BT § 21 Rn. 9。

[154] BAG BB 1999, 1819（1820）; Staudinger/*Preis*, 2019, § 626 Rn. 64。

[155] 关于因怀疑而终止，参见 Palandt/*Weidenkaff* § 626 Rn. 49 mwN。

[156] 参见 Staudinger/*Preis*, 2019, § 626 Rn. 173; ArbG Hannover NJW 2001, 3500。

[157] 参见 Erman/*Riesenhuber* § 626 Rn. 83; Staudinger/*Preis*, 2019, § 626 Rn. 129, 162, 184。

[158] Palandt/*Weidenkaff* § 626 Rn. 32.

[159] 参见 BGHZ 106, 341（346）; BGH NJW 1999, 276; 2005, 2543。

[160] 参见 Staudinger/*Preis*, 2019, § 627 Rn. 28。

仅当有重大原因为不适时的终止提供正当化事由时,情况才有所不同。若受雇人违反其保护义务,终止虽然并非无效,但其有义务向雇佣人赔偿因此而生的损害(第627条第2款第2句)。[161]

(3)特别终止时当事人的请求权

若在开始提供劳务给付后依第626条与第627条进行特别终止,则受雇人可依第628条第1款第1句请求与至今为止的给付相符的**部分报酬**,只要不适用第2句规定的例外即可。受雇人须依第628条第1款第3句归还提前支付的报酬。

依第628条第2款,若相对人有过错的违约行为引发了终止,终止方就**不履行的损害**享有**赔偿**请求权。但赔偿请求权最晚截止于**相对人本有可能终止雇佣关系之时**,因为于合法性替代行为之情形,也会产生超出此部分的损害。[162]

示例:雇主G依第626条有效地终止了与雇员A之间的劳动合同,并雇佣了替代劳动力。依第628条第2款,A必须赔偿G为新劳动力多支出的费用。但在A应当遵守的正常终止期间经过后,该请求权消灭。

3. 继续性雇佣关系中的特殊性

在继续性雇佣关系中,受雇人在终止后对雇佣人享有赋予其**寻找职位的适当空闲时间的请求权**(第629条)。此外,其可请求签发书面的**证明**(第630条、《营业法》第109条)。因其请求,雇佣人还应在证明中对其劳务及品行作出评价(第630条第2句、《营业法》第109条第1款第2句)。这被称为资质鉴定证书。

深化:证书必须是完整且真实的,但签发人于此有一定裁量空间。[163] 若签发人故意签发不真实的证书,则新雇佣人依第826条享有损害赔偿请求权(第65节边码11)。联邦最高法院还考虑了以准合同为基础的损害赔偿请求权(第280条第1款、第311条第3款第1句)。[164] 这对新雇

---

[161] 参见 BGH NJW 1987, 2808; Larenz SchuldR II 1 § 52 IIIe。
[162] BGHZ 44, 271 (277); BAG NJW 2002, 1593; Staudinger/*Preis*, 2019, § 628 Rn. 46ff.
[163] NK-BGB/*Klappstein* § 630 Rn. 19; Palandt/*Weidenkaff* Anh. zu § 630 Rn. 6.
[164] BGHZ 74, 281 (290ff.); 对此参见 Staudinger/*Preis*, 2019, § 630 Rn. 82。

佣人有利：签发人不得通过主张其已谨慎选择并监督负责签发证明的员工而依第 831 条第 1 款第 2 句免责。若旧雇佣人迟延签发证明，则其依第 280 条第 1 款、第 2 款与第 286 条对受雇人负损害赔偿义务。若证明具有不利于受雇人的瑕疵，则受雇人享有源于第 280 条第 1 款与第 241 条第 2 款的损害赔偿请求权。

四、废止合同

12　　此外，当事人随时可以通过缔结**废止合同**（Aufhebungsvertrag）结束雇佣关系。在劳动关系中，依第 623 条废止合同需以**书面形式**。在继续性雇佣关系中，受雇人享有源于第 629 条与第 630 条的权利。

　　劳动者在劳动场所或其住所内与雇主缔结的废止合同，是否属于第 312b 条意义上的"营业场所之外的合同"，能否依据第 312g 条第 1 款**撤回**，至今仍然十分具有争议。依据通说，第 312 条及以下规定原则上虽然可以适用于劳动法上的废止合同，但是，由于劳动场所属于雇主的经营场所，所以不能依据第 312b 条、第 312g 条第 1 款撤回。[165] 但针对在劳动者的住所内签订废止合同的情形，这一理由不能排除撤回权。依据联邦劳动法院一则最新判决中的观点，第 312 条第 1 款的规定并不会使第 312b 条与第 312g 条的适用范围延伸至劳动法上的废止合同。背后的考量是，消费者权益指令不得改变有关劳动合同的国内法。这也是德国立法者的出发点。[166] 按照这一解决方案，即便是在劳动者的住所内缔结了废止合同，也排除劳动者的撤回权。但联邦劳动法院在具体案件中认为，由于雇主在患病的劳动者的住所内提出废止合同的要约是对劳动者的突袭，雇主已经违反了公平协商的命令（第 241 条第 2 款）。依联邦劳动法院的观点，有过错地违反公平协商命令会依法导致废止合同无效。因此，劳动者并非只能通过第 249 条第 1 款获得重新缔结劳动合同的请

---

[165]　详见上一版第 30 节边码 12。
[166]　BAG NZA 2019, 688 Rn. 26ff.

求权。[167]

参考文献：*Adomeit/Mohr*, Rechtsgrundlagen und Reichweite des Schutzes vor diskriminierenden Kündigungen, NJW 2009, 2255; *Bauer*, Neue Spielregeln für Aufhebungs- und Abwicklungsverträge durch das geänderte BGB?, NZA 2002, 169; *Brors*, Das Widerrufsrecht des Arbeitnehmers, DB 2002, 2046; *Franz*, Aufhebungs- und Änderungsverträge als Verträge über eine entgeltliche Leistung iSd § 312 BGB, JuS 2007, 14; *Mörsdorf*, Diskriminierung jüngerer Arbeitnehmer - Unanwendbarkeit von § 622 II 2 BGB wegen Verstoßes gegen das Unionsrecht, NJW 2010, 1046; *Preis/Temming*, Der EuGH, das BVerfG und der Gesetzgeber - Lehren aus Mangold II, NZA 2010, 185. Vgl. auch die Nachweise zu § 28.

第31节 治疗合同

《德国民法典》过去一直未对治疗合同(Behandlungsvertrag)作特别规制。但2013年2月20日颁布、2013年2月26日生效的**《患者权利法》**(**Patientenrechtegesetz**)[168]已将关于治疗合同的特别规定添加到《德国民法典》第630a条至第630h条中。第630a条及以下规定的适用范围不仅有与医生之间的合同[所谓的**医生合同**(**Arztvertrag**)]，也包括**其他治疗工作参与者对患者进行医疗的合同**，例如助产士、按摩师、物理治疗师与自然治疗师。[169]相反，关于动物治疗的合同仍然只受第611条及以下规定调整。其理由是：第630a条及以下规定仅适用于对人类的保护。

第630a条及以下规定在根本上将裁判与学说塑造的关于治疗合同的原则予以成文化。完善法秩序与增加透明度是立法者的首要目的，但

1

---

[167] BAG NZA 2019, 688 Rn. 30ff.；支持观点见 *Bachmann/Ponßen* NJW 2019, 1969 (1970)；对认定合同当然无效的批判，见 *Schwarze* JA 2019, 789 (791)。

[168] BGBl. 2013 I 277；对此也可参见 BT-Drs. 17/10488（Regierungsentwurf）；BT-Drs. 17/11710（Beschlussempfehlung und Bericht des Gesundheitsausschusses）。

[169] 参见 Begr. RegE, BT-Drs. 17/10488, 26; Palandt/*Weidenkaff* Vorb. § 630a Rn. 3; *Brox/Walker* SchuldR BT § 22 Rn. 1; *Olzen/Metzmacher* JR 2012, 271 (272)。

并未考虑在现有法律状态基础上进一步扩大患者的权利。[170]

2   第 630a 条第 1 款描述了当事人在治疗合同中的**典型合同义务**。据此,承诺对患者进行医疗的人(所谓的治疗者)有义务提供允诺的治疗。相应地,若无第三人(尤其是法定医疗保险)负担支付义务,患者须支付约定的报酬。

一、治疗合同的定性与成立

3   早在《患者权利法》生效前,裁判与学说就已认定治疗合同通常属于**自由的雇佣合同**(第 611 条)。[171] 其依据是:医生并不负担治疗成果,而只负担合乎专业的医疗行为。第 630b 条现已肯定此种归类,据此,关于自由雇佣合同的条文原则上应适用于治疗关系。[172] 但若治疗者的主义务是促成一项特定成果,则例外地存在承揽合同。[173]

承揽合同的例子:进行射线与实验室检查;制作假牙。[174] 但安装假牙仍受雇佣合同规则的调整。因此,假牙的治疗是混合合同(第 28 节边码 6),部分应依雇佣合同法,部分却应依承揽合同法进行判断。至于整容手术(例如矫正鼻子、"抽脂")应视作雇佣合同还是承揽合同,是有争议的。《患者权利法》的官方理由[175]与通说[176]一致,认为其原则上属于雇佣合同,并因此适用第 630a 条及以下。

4   治疗合同是在治疗者(例如医生)与患者之间缔结的。这不仅适用于**私人患者**,也适用于**医保患者**。即便是在医保医生与医保患者间,成立的

---

[170] 关于立法者设定的目标,参见 Begr. RegE,BT-Drs. 17/10488,11f.;*Spickhoff* VersR 2013,267 (268);批判见 *Katzenmeier* NJW 2013,817 (822f.)。

[171] BGHZ 76,259 (261);97,273 (276);MüKoBGB/*Wagner* § 630a Rn. 3ff.

[172] 参见 Palandt/*Weidenkaff* § 630b Rn. 1;*Spickhoff* VersR 2013,267 (268f.)。

[173] Soergel/*Spickhoff* § 823 Anh. I Rn. 8;*Larenz* SchuldR II 1 § 52 I.

[174] 参见 BGHZ 63,306 (309ff.);*Brox/Walker* SchuldR BT § 22 Rn. 3。

[175] BT-Drs. 17/10488,25.

[176] OLG Köln VersR 1988,1049;Spickhoff/*Spickhoff* § 630a Rn. 8;*Kern/Rehborn* in Laufs/Kern Rehborn,Handbuch des Arztrechts,5. Aufl. 2019,§ 42 Rn. 33;*Olzen/Kaya* JURA 2013,661 (662);Katzenmeier NJW 2013,817 (818 Fn. 15);其他观点见 MüKoBGB/*Busche* § 631 Rn. 124。

也是私法上的治疗合同。[177] 但由于医生被允许参加医保结算,其便负有义务治疗医保患者。此外,医保医生的报酬请求权不针对患者,而是指向医保医生的协会,此处涉及的是公法上的请求权。依据《社会法院法》第51条第1款第2项与第2款第1句,这种请求权应当在社会法院进行主张。[178]

这些特别规则不影响**医生的责任**。《社会法典》第5编第76条第4款明确规定,参与提供医保治疗的医生有义务对被保险人"依民事合同法的条文进行照顾"。关于照顾标准,参见第31节边码6。

治疗合同的成立依据一般原则(第104条及以下)。于治疗未成年人之情形,大多是父母以自己的名义缔结**利益第三人合同**(第328条)。[179] 同时,如果子女本人尚无同意采取医疗措施的能力,父母依第1629条第1款第2句有权为未成年子女作出第630d条所必要的同意(第31节边码12及以下)。

5

于**治疗昏迷者**之情形,其与医生并未成立合同。医生的报酬请求权是基于**无因管理**规则(第42节边码1条及以下)。

二、治疗者的义务

1. 治疗义务

依第630a条第1款,治疗者(例如医生)所负担的主义务是**治疗**患者。第630a条第2款表明,原则上应当按照彼时既有的**通用专业标准**实施治疗。这是对第276条第2款中交往所必要之注意的具体化。通用专业标准取决于:治疗者属于哪一类职业群体。若为医生,则依据当时的医学状况。[180] 但于此仍应进一步区分中心医院的专家、专科医生与一般执

6

---

[177] BT-Drs. 17/10488, 27; BGHZ 76, 259 (261); 100, 363 (367f.); 142 (126ff.); *Medicus/Lorenz* SchuldR BT §32 Rn.37; *Spickhoff* VersR 2013, 267 (270).

[178] BT-Drs. 17/10488, 28; BGHZ 89, 250 (260); BSG NJW-RR 1998, 273 (274).

[179] 参见 *Brox/Walker* SchuldR BT §22 Rn.5; *Medicus/Lorenz* SchuldR BT §32 Rn.6。

[180] 参见 BT-Drs. 17/10488, 28; *Medicus/Lorenz* SchuldR BT §32 Rn.8; *Taupitz* AcP 211 (2011), 353ff.。

业医生。[181]

若双方当事人有**特别约定**,则不适用通用专业标准(第630a条第2款第2半句)。立法者为此给出的理由是当事人的处断可能性(Dispositionsmöglichkeit)。[182] 此外,医疗应欢迎新方法[所谓的"新兴疗法"(Neulandverfahren)]。[183] 第309条第7项字母a项规定了禁止可能的滥用,依此,不能通过一般交易条款排除或限制为有过错地侵害生命、身体或健康所生之损害负责。[184] 在个案中,还可考虑援引第134条、第138条或第242条。[185]

2. 信息告知义务

依第630c条第2款,治疗者在每个治疗阶段都负有义务,以可理解的方式向患者**告知**所有对治疗而言重要的情况(特别是诊断、预期的健康发展与诊治)。据此,为使患者采取配合诊治的行为或为避免患者自伤,尤其应当告知患者其就此必须全部知晓的情况。[186]

治疗者有义务向患者指出明显的**治疗错误**,该义务突破了至今为止的判决。原则上,患者的询问是构成要件。仅当信息对避免健康危险而言为必要之时,方存在例外。为维护"无人—有义务—自我控诉的原则"(nemo-tenetur-Grundsatz),第630c条第2款第3句规定,未经治疗者同意,不得出于证明目的而在针对治疗者的刑事或罚款程序中使用信息。[187]

第630c条第3款旨在保护患者免受**经济上的负担**。若治疗者知道或可推测患者的医疗保险不能确保承担全部的诊费,则在治疗开始前,治疗者应以文本形式告知患者预期的费用。

---

[181] *Wagner* VersR 2012, 789 (791).
[182] BT-Drs. 17/10488, 29.
[183] 参见 PWW/*Schneider* § 630a Rn. 9; *Olzen/Kaya* JURA 2013, 661 (664)。
[184] 参见 BT-Drs. 17/10488, 93; *Olzen/Uzunovic* JR 2012, 447ff.。
[185] PWW/*Schneider* § 630a Rn. 9.
[186] 参见 BT-Drs. 17/10488, 31; *Wagner* VersR 2012, 789 (792); *Olzen/Kaya* JURA 2013, 661 (664)。
[187] 详见 *Wagner* VersR 2012, 789 (795ff.); *Olzen/Metzmacher* JR 2012, 271 (273)。

3. 说明义务

第 630e 条规定,治疗者须向患者说明准备采取的医疗措施及其附带风险。说明的目的在于使患者有可能对实施医疗措施(尤其是手术)作出自担责任(eigenverantwortlich)的**同意**。若未进行说明或说明有误,则对手术的同意无效。[188] 于此,手术是对身体的违法侵害(第 31 节边码 15 和第 60 节边码 3)。

第 630e 条第 2 款更详细地规定了对说明的要求。应当由治疗者或就实施医疗措施受过必要教育的人作出口头说明。当然,患者以文本形式获得的材料可作为补充。说明对患者而言必须是**可理解**的,且足够**及时**,以使患者能经过"深思熟虑"而作出同意的决定。依第 630e 条第 3 款可例外地**免予**说明,这尤其适用于不可延迟的措施或患者明确放弃之情形。[189]

若患者**无同意能力**(第 31 节边码 13 与边码 14),则说明义务指向有同意权之人(例如父母、照管人)。但依《德国基本法》第 2 条第 1 款结合第 1 条第 1 款,鉴于宪法所保护的自主决定权,第 630e 条第 5 款规定,只要患者基于其成长状况与理解力能够听取说明,原则上亦须以其能理解的方式向其说明主要情况。仅当此种说明不利于患者健康时,存在例外。

4. 治疗的存档以及患者的查阅权

此外,治疗者依第 630f 条有义务为存档之目的,在治疗后即刻撰写病历,记录所有对当时的或将来的治疗而言重要的措施与成效。**存档义务**的主要目的是保障有序治疗。[190] 但对患者而言,病历可能也是向医生证明治疗错误的重要手段。[191] 若未按规定记录,则患者对此几乎无法提供证明。由于该举证困难源于医生的疏忽,故其在医生责任诉讼中不利于

8

9

---

[188] *Medicus/Lorenz* SchuldR BT § 32 Rn. 9ff.;MüKoBGB/*Wagner* § 630d Rn. 3;Soergel/*Spickhoff* § 823 Anh. I Rn. 95ff.

[189] 参见 *Katzenmeier* NJW 2013, 817 (820);*Olzen/Kaya* JURA 2013, 661 (667)。

[190] 参见 BT-Drs. 17/10488, 38f.;BGH NJW 1988, 762 (763);*Reuter/Hahn* VuR 2012, 247 (254);MüKoBGB/*Wagner* § 630f Rn. 3。

[191] 关于确保证明的功能,参见 BT-Drs. 17/10488, 39;*Reuter/Hahn* VuR 2012, 247 (254)。

医生。[192] 若治疗者未在病例中记录一项医疗上必要的重大措施,则推定其并未采取该措施(第 630h 条第 3 款)。

与治疗者的存档义务相对应,第 630g 条规定了患者**查阅**病历的权利。该条保护了患者的**信息自主决定权**,联邦宪法法院已强调该权利。[193] 仅当存在显著的(尤其是疗法上的)反对原因时,治疗者方可拒绝患者查阅。但考虑到查阅权的宪法基础,只能非常保守地适用这一例外。[194]

5. 医生与其他治疗工作参与者的沉默义务

10　　此外,医生、牙医与其他治疗职业的参与者就治疗的所有方面都有**沉默义务**。此处涉及的是第 241 条第 2 款意义上的合同保护义务,其源自治疗者与患者间的特别信赖关系以及患者使用其个人信息的自主决定权(Selbstbestimmungsrecht)(《德国基本法》第 1 条与第 2 条第 1 款)。该义务在刑法上受到《德国刑法典》第 203 条第 1 款第 1 项的保障。[195]

三、治疗者的责任

1. 请求权基础

11　　《患者权利法》未制定关于治疗者损害赔偿义务的独立规则。因此,若治疗者违反其**合同义务**,则患者行使损害赔偿请求权的依据是第 280 条第 1 款的一般条文。[196] 依第 253 条第 2 款,患者亦享有适当的抚慰金(参见《债法总论》第 48 节边码 3 及以下)。依第 823 条第 1 款、第 823 条第 2 款结合《德国刑法典》第 222 条及以下或第 839 条,还可以考虑**侵权法上的请求权**。在侵权责任中应注意,即便医生进行的是合乎专业的治疗手术,主流意见也认为其**满足身体侵害的构成要件**(第 60 节边码 3),因此需要**正当化事由**。于此,同意是最重要的正当化事由。

---

[192]　BGHZ 72, 132 (137ff.); 132, 47ff.; Staudinger/*Hager*, 2009, § 823 Rn. I 72.

[193]　参见 BT-Drs. 17/10488, 40; BVerfG NJW 2006, 1116; *Katzenmeier* NJW 2013, 817 (820).

[194]　参见 PWW/*Schneider* § 630g Rn. 2; *Olzen/Metzmacher* JR 2012, 271 (275).

[195]　MüKoBGB/*Wagner* § 630a Rn. 86.

[196]　参见 Begr. RegE, BT-Drs. 17/10488, 14; *Wagner* VersR 2012, 789 (790f.).

2. 同意(Einwilligung)

第 630d 条第 1 款规定了**同意**的必要性。据此,治疗者在采取医疗措施前,尤其是侵害身体或健康的措施,应当征求患者的同意。无有效的同意而采取医疗措施,治疗者成立第 280 条第 1 款第 1 句意义上的**义务违反**,此外,存在**违法的身体侵害**。[197]

(1)同意能力

有效的同意以当事人的**同意能力**为构成要件。同意不是法律行为,因而不能直接适用第 104 条及以下条款。[198] 然而,仅当**未成年人**依其德智发展有能力洞见其决定效果时,其同意方为有效。[199] 于重大手术之情形,即便是大龄青年,原则上亦应否定其同意的效力。针对无同意能力的情形,第 630d 条第 1 款第 2 句规定了应向**有权之人**征求同意。于重大手术之情形,需要父母双方的同意(第 1629 条第 1 款第 2 句)。[200] 若一台显著危及未来生活的手术仅具有相对疗效,则当未成年人拥有充分的判断能力时,其可对法定代理人的同意行使**否决权**。[201] 于**绝育**之情形,父母与子女都不能表示同意(第 1631c 条)。第 1631d 条调整对无医学疗效的**包皮切除**的同意。若危及儿童的健康,则此种同意无效。

成年人原则上有同意能力;但在个案中(例如基于年龄、患病或残疾),也可能排除其同意能力。若当事人有**照管人**,则照管人原则上也负责对医疗行为表示同意。于医学检查、治疗或手术特别危险之情形,照管人依第 1904 条第 1 款作出的同意仍须**照管法院的批准**。反之,依第 1904 条第 2 款,如果医疗措施在医学上被证实是有疗效的,不实施或中断措施将导致被照管人死亡或对其造成严重的健康损害,则照管人不同意采取

---

[197] 参见 *Reuter/Hahn* VuR 2012, 247 (251); *Olzen/Kaya* JURA 2013, 661 (665)。
[198] MüKoBGB/*Wagner* § 630d Rn. 9; *Medicus/Lorenz* SchuldR BT § 72 Rn. 23.
[199] BGHZ 29, 33 (37); Soergel/*Spickhoff* § 823 Anh. I Rn. 106; *Deutsch* HaftungsR Rn. 282.
[200] 参见 BGHZ 105, 45 (47ff.)。
[201] BGH NJW 2007, 217;此类情形中未成年人的单独决定权,参见 Erman/*Rehborn/Gescher* § 630d Rn. 7; Spickhoff/*Spickhoff* § 630d Rn. 8。

措施或撤回同意也应当经照管法院批准。[202]

　　于存在**患者处分**(Petientenverfügung)之情形,有特别规则。第1901a条第1款规定,有同意能力的成年人可作出书面确认,在失去同意能力的情形下,同意或拒绝在作出确认之时仍未直接面临的特定检查、治愈性治疗或医学手术。于同意之情形,如果该确认书适用于当前的生命与治疗状况,则患者处分直接为相关措施提供正当化事由;相反,拒绝的后果是:采取措施可能是违法的。[203] 故第630d条第1款第2句第2半句表明,在这些情形中,无须向照管人征求同意。实践中,患者处分极少包含对特定治疗或手术的同意;此外,经常缺少必要的说明,以至于仍须由照管人依第1901a条第2款作出关于同意的决定。[204]

　　(2) 正规说明的必要性

15　　为保障患者的自主决定权,应确保患者系在了解所有相关情况后作出同意。故依第630d条第2款,若未按照第630e条(第31节边码8)的标准向患者**说明**医疗措施及其风险,则其对医疗措施的同意无效。

　　(3) 可推知的意思

16　　于不能拖延医疗措施之情形,会产生不能及时取得同意的问题。若本身有同意能力的患者失去意识,或不能联系上有权替无同意能力的患者作出同意之人(父母、照管人等),尤应考虑这一问题。第630d条第1款第4句针对这些情形规定,若措施符合患者**可推知的意思**(又称"可推知的同意",参见第59节边码16),可以不经同意而采取措施。于此情形,鉴于患者的自主决定权,不能优先按照客观标准确定其可推知的意思。治疗者首先应当考虑每位患者个性化的利益、愿望、需求以及价值观。[205] 但在欠缺相反线索时,可认为当事人会像一位处于特定情形中的

---

[202]　详见 *Boemke* NJW 2013, 1412 (1413)。
[203]　参见 Palandt/*Götz* § 1901a Rn. 22; Staudinger/*Hager*, 2009, § 823 Rn. I 117。
[204]　参见 Erman/*Rehborn/Gescher* § 630d Rn. 15。
[205]　BGH NJW 1995, 204 (205); VersR 2000, 603; PWW/*Schneider* § 630d Rn. 6; Olzen/*Kaya* JURA 2013, 661 (666); *Spickhoff* VersR 2013, 267 (275); 亦参见第1901a条第2款第3句的标准。

理性患者一般作出决定。[206]

3. 责任标准

依所有请求权基础,过错都是治疗者责任的构成要件。于**治疗错误**之情形,第630a条第2款规定的通用专业标准(第31节边码6)构成责任标准。[207] 故应适用客观化的过错标准。因此,治疗者原则上不能通过主张不具有治疗患者的必要能力或知识而免责(《债法总论》第23节边码9及以下)。[208] 仅当医生在治疗时无法知道自己欠缺资格的情形下,存在例外。

示例:某医院的主任医生将一台重大手术的实施转交给无经验的助理医生,这构成治疗错误。若患者在手术中受伤,则医院经营者依第280条第1款结合第31条、第823条第1款结合第31条对此负责。[209] 与此同时,主任医生自己负有源于第823条第1款的责任。但就助理医生自身而言,仅当其依知识与经验水平应对承担手术有所怀疑时,方应依第823条第1款对损害负责。[210]

4. 证明责任

依一般原则(第280条第1款第1句),患者承担证明治疗存在错误的责任。在实践中,证明治疗错误通常十分困难。即便确定了错误,其与患者损伤之间的因果关系也总是存有疑问。裁判于此类情形常通过**证明责任减轻**的方式来帮助患者。该裁判规则现已在第630h条中被成文化。

依第630h条第1款,若为治疗者**完全可控**的**一般治疗风险**得以实现,并由此侵害了患者的生命、身体或健康,则推定存在治疗错误。实践中的例子:遵守细菌标准、保障医疗器材的功能、正常协调治疗过程以及将患者专业地放置在手术台上。[211]

---

[206] 参见 Palandt/*Weidenkaff* § 630d Rn. 4。
[207] 参见 *Wagner* VersR 2012, 789 (791)。
[208] 参见 *Deutsch* NJW 2012, 2009 (2012)。
[209] 关于第31条对主任医生的适用,参见第31节边码23。
[210] 参见 BGHZ 88, 248 (258); BeckOK BGB/*Förster*, 56. Ed. 1.11.2020, § 823 Rn. 901f.。
[211] 参见 BT-Drs. 17/10488, 41f.; BGHZ 89, 263 (269ff.); BGH NJW 1995, 1618。

依第 630h 条第 2 款第 1 句,治疗者就存在第 630d 条之患者**同意**以及履行了第 630e 条之**说明义务**承担证明责任。若说明未满足第 630e 条的要求,则治疗者可依据第 630h 条第 2 款第 2 句主张:即便按规定作出说明,患者也会同意医疗措施(所谓的**假定同意**)。[212] 但裁判对此提出了严格要求,否则会导致患者的说明权落空。若治疗者主张假定同意的抗辩,则患者只须令人信服地作出如下陈述:于按规定说明之情形,其本会陷入"真正的决定矛盾"。[213] 然后治疗者就对患者确实本会同意承担全部证明责任。在实践中,这种证明几乎不能完成。[214]

于**未**对医疗措施**存档**之情形,依第 630h 条第 3 款,推定治疗者未采取相应措施(第 31 节边码 9)。

20　依第 630h 条第 4 款,若治疗者对其所采取的治疗**欠缺资格**,则推定资格瑕疵与侵害生命、身体或健康是有因果关系的。若一位无资格的职业新人在手术中伤害了患者,则医院经营者须证明伤害并非源于手术医生的经验缺乏。[215]

21　于**重大治疗错误**之情形,如果错误原则上易于以事实上发生的方式对生命、身体或健康造成侵害,则推定其与法益侵害间存在因果关系(第 630h 条第 5 款)。制定法未定义重大治疗错误的概念。依立法理由,这是一种医学上的错误行为,"参照适用于治疗者的培训以及知识标准,治疗者因其本不应犯下的错误而违反了确定的、经证实的医学知识与经验,故客观看来,其行为显得不可理解"。根本性的诊断错误与过失摘除正常器官就是例子。[216]

深化:第 280 条第 1 款第 2 句规定的过错推定对治疗者的合同责任有何意义,极富争议。[217]《患者权利法》的官方理由认为,举证责任倒置也

---

[212] 详见 *Conrad/Korany* JuS 2013, 979ff.。
[213] 参见 BGH NJW 2007, 2771 (2772f.); 2010, 3230 (3232)。
[214] 参见 *Olzen/Metzmacher* JR 2012, 271 (276f.);*Wagner* VersR 2012, 789 (793)。
[215] BGHZ 88, 248 (256)。
[216] Begr. RegE, BT-Drs. 17/10488, 46 im Anschluss an BGH MedR 2004, 561; BGHZ 159, 48 (54); 144, 296; aus neuerer Zeit BGH NJW 2012, 227。
[217] Dazu Soergel/*Spickhoff* § 823 Anh. I Rn. 41ff.; *Katzenmeier* VersR 2002, 1066ff.

适用于治疗合同。故于瑕疵治疗之情形,推定治疗者对治疗错误有过错。[218] 但该举证责任倒置的实践意义很小。由于治疗合同并不旨在促成某一特定成果,故应以与行为相关的违法性概念为出发点(参见《债法总论》第 24 节边码 13、14)。因此,患者应向治疗者证明第 280 条第 1 款第 1 句意义上的客观的义务违反(例如以治疗错误的形式)。举证责任倒置因而只能对违反内部注意(特别是义务违反的可识别性)的问题起到作用。[219]

四、患者的义务与不真正义务

依第 630a 条第 1 款,**私人患者**的主义务是支付报酬。通常不会特别约定报酬数额,故医生可依第 612 条第 2 款请求符合相关费用条例规定的价目表的报酬。[220]

相反,**医保患者**本人并不是报酬请求权的债务人,债务人是医保医生协会(第 31 节边码 4)。依第 630a 条第 1 款的文义,此处涉及的是"第三人负有支付义务"的情形。

第 630c 条第 1 款确立了以下原则:治疗者与患者应当**共同致力于**实施治疗。由此可能产生患者的协助义务或不真正义务。[221] 为确保疗效,患者应遵从治疗者的指示。若患者未遵从指示,则治疗者可针对可能的损害赔偿请求权主张**与有过失**(第 254 条)。[222] 但鉴于医生在知识上的优越性,不得对患者的注意提出过高要求。故若患者的"错误"源于没有向他充分说明风险,则应否定与有过失。[223]

22

---

[218] Begr. RegE, BT-Drs. 17/10488, 42; *Katzenmeier* NJW 2013, 817 (821);其他观点见 *Olzen/Kaya* JURA 2013, 661 (668)。

[219] 亦见 *Deutsch* NJW 2012, 2009 (2012)。

[220] Begr. RegE, BT-Drs. 17/10488, 30; *Brox/Walker* SchuldR BT § 22 Rn. 36; *Medicus/Lorenz* SchuldR BT § 31 Rn. 25.

[221] 参见 *Olzen/Metzmacher* JR 2012, 271 (273)。

[222] BGHZ 96, 98 (100); *Soergel/Spickhoff* § 823 Anh. I Rn. 203ff.; *Spickhoff* VersR 2013, 267 (270)。

[223] 参见 BGH VersR 1997, 449 (450); NJW 2009, 2820 (2822); OLG Düsseldorf VersR 2002, 611 (612)。

五、住院治疗的特别规则

23　　第 630a 条及以下条款未明确说明**住院治疗**情形中存在的特别规则。但立法草案的理由书[224]结合主流意见区分了住院合同的三种基本形式。于此要指出,第 630a 条第 1 款为所有形式提供了制定法基础。

1. 完全的住院接收合同

24　　于多数情形,患者只与医院经营者签订合同(所谓**完全的住院接收合同**)。[225] 院方对患者负担所有对住院治疗而言必要的给付,既包括医疗给付,也包括非医疗给付(尤其是住宿、提供膳食与护理性照顾)。于此类情形,**医生是院方的履行辅助人**。故若医生违反了义务,患者依第 280 条第 1 款结合第 278 条对医院经营者享有合同上的损害赔偿请求权。此外,还可考虑依第 831 条对医院经营者的侵权法上的请求权。若治疗的医生是一名**主任医生**,归责在合同与侵权领域都依据第 31 条(可能结合第 89 条)。故在侵权法上,医院经营者依第 823 条第 1 款结合第 31 条负责,没有免责可能性(第 67 节边码 3)。

于完全的住院接收合同之情形,针对**医生本人只可能存在侵权法上的请求权**。于此重要的是第 823 条第 1 款;针对公职医生,应注意第 839 条(第 69 节边码 1 及以下)。

2. 包括医生附加合同的完全住院接收合同

25　　除完全的住院接收合同,有时会与特定医生(通常是主任医生)缔结**附加的治疗合同**。医生对患者享有独立的报酬请求权。除医院经营者,医生也依合同法上的基本原则(第 280 条第 1 款)为治疗错误负责。[226]

3. 分离的住院合同

26　　有时,患者与医院经营者以及治疗医生**分别签订合同**(所谓"分离的

---

[224]　BT-Drs. 17/10488,27.
[225]　Soergel/*Spickhoff* § 823 Anh. I Rn. 21; *Brox/Walker* SchuldR BT § 22 Rn. 9ff.
[226]　BGHZ 95,63 (67ff.); *Brox/Walker* SchuldR BT § 22 Rn. 27ff.

住院合同")。[227] 特别是在院外特约医生的情形中存在这种形式。医院经营者于此仅负担非医疗给付,医生负有提供医疗给付的义务。医院经营者与医生的合同责任限制在各自的义务范围内。由于院外特约医生不应被视作医院经营者的履行辅助人或事务辅助人,医院经营者对院外特约医生的过错,既无须依第 278 条,亦无须依第 831 条负责。

参考文献: *Boemke*, Unterlassen lebenserhaltender Maßnahmen bei einwilligungsunfähigen Patienten, NJW 2013, 1412; *Burgert*, Die Entwicklung der ärztlichen Aufklärungspflicht im Lichte höchstrichterlicher Rechstrechung, JA 2016, 246; *Conrad/Korany*, Die » hypothetische Einwilligung « im Zivil - und Strafrecht vor dem Hintergrund des neuen § 630h II 2 BGB, JuS 2013, 979; *Deutsch*, Fahrlässigkeitstheorie und Behandlungsfehler, NJW 1993, 1506; *Deutsch*, Deutsche Sonderwege zur Arzthaftung, NJW 2012, 2009; *Deutsch/Spickhoff*, Medizinrecht, 7. Aufl. 2014; *Giesen*, Arzthaftungsrecht, 5. Aufl. 2007; *Hart*, Grundlagen des Arzthaftungsrechts: Pflichtengefüge, JURA 2000, 64; *Katzenmeier*, Schuldrechtsmodernisierung und Schadensersatzrechtsänderung - Umbruch in der Arzthaftung, VersR 2002, 1066; *Katzenmeier*, Der Behandlungsvertrag- Neuer Vertragstypus im BGB, NJW 2013, 817; *Koch*, Der Behandlungsvertrag in der Fallbearbeitung, JURA 2014, 985; *Laufs/Katzenmeier/Lipp*, Arztrecht, 7. Aufl. 2015; *Laufs/Kern/Rehborn*, Handbuch des Arztrechts, 5. Aufl. 2019; *Makowsky*, Grundzüge des Behandlungsvertragsrechts, JuS 2019, 332; *Makowsky*, Zivilrechtlicher Behandlangsstandard und (sozialrechtliches) Wirtschaftlichkeitsgebot, VersR 2019, 983; *Olzen/Kaya*, Der Behandlungsvertag, §§ 630a- h BGB, JURA 2013, 661; *Olzen/Metzmacher*, Erste Überlegungen zum Referentenentwurf für ein Patientenrechtegesetz, JR 2012, 271; *Olzen/Uzunovic*, Der Behandlungsvertrag im BGB- Ein Vergleich des Referenten - und des Regierungsentwurfs für ein Gesetz zur Stärkung der Patientenrechte, JR 2012, 447; *Remmert*, Das Arzthaftungsrecht

---

[227] 参见 Soergel/*Raab* Vor § 611 Rn. 106; *Medicus/Lorenz* SchuldR BT § 32 Rn. 33。

anhand der verschiedenen Behandlungsfehlertypen, JURA 2011, 563; *Reuter/Hahn*, Der Referentenentwurf zum Patientenrechtegesetz - Darstellung der wichtigsten Änderungsvorschläge für das BGB, VuR 2012, 247; *Schärtl*, Die Beweislastverteilung im Arzthaftungsprozess, NJW 2014, 3601; *Schneider*, Der Behandlungsvertrag, JuS 2013, 104; *Spickhoff*, Das System der Arzthaftung im reformierten Schuldrecht, NJW 2002, 2530; *Spickhoff*, Medizinrecht, 3. Aufl. 2018; *Spickhoff*, Patientenrechte und Gesetzgebung- Rechtspolitische Anmerkungen zum geplanten Patientenrechtegesetz, ZRP 2012, 65; *Spickhoff*, Patientenrechte und Patientenpflichten- Die medizinische Behandlung als kodifizierter Vertragstypus, VersR 2013, 267; *Spickhoff*, Behandlungsfehler und Offenbarungspflicht: Gründe und Grenzen, JZ 2015, 15; *Spindler/Rieckers*, Die Auswirkungen der Schuld- und Schadensrechtsreform auf das Arztrecht, JuS 2004, 272; *Tamm*, Der Haftungsgrund für ärztliches Fehlverhalten im Lichte der Schuldrechtsmodernisierung und der neuen Rechtsprechung, JURA 2008, 881; *Taupitz*, Medizinische Informationstechnologie, leitliniengerechte Medizin und Haftung des Arztes, AcP 211 (2011), 353; *Wagner*, Kodifikation des Arzthaftungsrechts? - Zum Entwurf eines Patientenrechtegesetzes, VersR 2012, 789.

第二章　承揽合同与类似合同

第 32 节　适用范围与体系

一、概述

在雇佣合同之外,承揽合同是行为合同的第二种主要类型。其特征是:**承揽人**有义务完成所允诺的工作。不同于雇佣合同,此处负担的并非行为本身,而是一项特定**成果**(第 631 条第 2 款)(第 28 节边码 2 及以下)。相对地,**定作人**应当支付约定的报酬(第 631 条第 1 款)。这是第 320 条及以下意义上的**双务合同**。在术语层面,应注意(工作的)承揽人并不必然是第 14 条意义上的经营者*。第 14 条的经营者概念应当结合第 13 条的消费者概念以及整个消费者保护法来理解。[228]

1

依第 631 条第 2 款,承揽合同的**调整对象**既可能是制作或改造一件物,也可能是任何其他成果。第 631 条及以下规定因此具有相当广泛的适用空间。[229]

例子:建造一幢建筑物、修理一辆小汽车、撰写一份法律意见书、进行运输、理发师的给付,等等。

---

* 承揽人与经营者的德语表达都是 Unternehmer。——译者注

[228] *Oetker/Maultzsch* Vertragl. Schuldverhältnisse § 8 Rn. 5.
[229] 参见 *Medicus/Lorenz* SchuldR BT § 33 Rn. 2。

二、与买卖法的关系

2 承揽合同涉及完成一项工作,而买卖合同针对的是物的所有权转移。[230] 若合同指向交付一件仍须由债务人生产的物,就产生了交集。这一问题在传统上由第 651 条规制。伴随着建筑合同法的改革,自其于 2018 年 1 月 1 日生效起,该规则的内容不变,但转移到第 650 条。[231] 债法改革前,旧法第 651 条为争议合同设置了单独的合同类型,即**承揽供给合同**(Werklieferungsvertrag)。《债法现代化法》于 2002 年 1 月 1 日生效后,关于**供给**待制作或待生产之**动产**(例如定作西装、家具)的合同不加限制地适用关于**买卖**的条文(旧法第 651 条第 1 句=第 650 条第 1 句)。[232] 这符合《消费者货物买卖指令》的规定,并且在事实上存在正当性,因为承揽人必须如同出卖人一般向合同相对人**转移**已制作物的**所有权**。此外,买受物是否已经制作完成或仍待制作,在评价上不产生差别。若涉及不可替代物,则**补充**适用承揽合同法上的若干条文(第 650 条第 3 句)。援引承揽合同法是顾及以下情况:通常需要定作人的协助,方能制作不可替代物(参见第 642 条、第 643 条);此外,于不可替代物之情形,依第 645 条进行风险分配(第 33 节边码 30)可达到利益均衡。

可替代物的概念规定于第 91 节。于此涉及的是在交易中依数量、大小或重量确定之物。不可替代物是具有个性化特征或符合定作人期待的物。[233] 定做的西装、个性化定制的家具与艺术作品是不可替代物的例子。

3 在个案中,很难**区分**单纯的买卖合同与第 650 条第 1 句意义上的合同。依该条文的文义,区分依据是:承揽人的供给义务是针对已完成的物,还是待制作或生产的物。承揽人本人对物负有**制作义务**并非必要条件。[234] 但当事人可以约定此种制作义务。[235] 若承揽人于此情形委托第

---

[230] 参见 NK-BGB/*Raab* Vor §§ 631ff. Rn. 15;*Schlechtriem* SchuldR BT Rn. 18。
[231] 参见 Palandt/*Retzlaff* § 650 Rn. 1;MüKoBGB/*Busche* § 650 Rn. 1。
[232] 参见 BGH NJW 2009, 2877 (2878);2014, 2183 (2185)。
[233] MüKoBGB/*Stresemann* § 91 Rn. 1;Palandt/*Ellenberger* § 91 Rn. 1.
[234] Staudinger/*Peters*, 2019, § 651 Rn. 9;MüKoBGB/*Busche* § 650 Rn. 5.
[235] MüKoBGB/*Busche* § 650 Rn. 7;Erman/*Schwenker/Rodemann* § 650 Rn. 10.

三人进行制作,则不同于联邦最高法院的观点[236],应认为该第三人是**履行辅助人**(第278条)。[237] 若承揽人是中间商,且客户不知道承揽人没有库存而仍须进行生产,则成立单纯的买卖合同。[238]

若定作人**供应**制作物品的**材料**,亦可适用买卖法(理由为第650条第2句)。[239] 只要承揽人依第950条通过加工材料取得新物所有权[240],与转移所有权的义务相结合便显得有意义。[241] 相反,若承揽人仅系改造(例如修理)定作人供应之物,并未生产新物,则不适用第650条。此处适用承揽合同法。[242]

示例:B向裁缝U定制一套西装。若西装布料由B供应,依第650条亦适用买卖法。因为U将布料制作成一件新物。相反,若B请U修改他的西装,则存在第631条及以下意义上的承揽合同。

与**附安装义务的买卖**(第434条第2款第1句)也存在区分问题。对于此,决定性的因素是:履行义务的重点在于物的供给还是进行安装(第3节边码27)。[243] 因此,建造预制装配式房屋的合同是承揽合同。[244]

三、建筑合同法的改革

1. 概览

由于承揽合同法的适用范围非常广泛(第32节边码1及以下),《德国民法典》的相关法条(第631条及以下)只能尽量维持一般化,却因此与**建筑合同**多项**特殊性**格格不入。此外,尽管执行建筑计划会给消费者带

---

[236] BGHZ 200, 337 = NJW 2014, 2183 (2185); 批判见 *Looschelders* JA 2015, 68 (70)。
[237] BeckOK BGB/*Voit*, 56. Ed. 1. 5. 2020, § 650 Rn. 14; MüKoBGB/*Busche* § 650 Rn. 5; Staudinger/*Peters*, 2019, § 650 Rn. 10; Erman/*Schwenker/Rodemann* § 650 Rn. 11; *Medicus/Petersen* BürgerlR Rn. 805; 不同观点见 BGHZ 200, 337 = NJW 2014, 2183 (2185)。
[238] BGHZ 200, 337=NJW 2014, 2183 (2184).
[239] *Brox/Walker* SchuldR BT § 23 Rn. 10; *Medicus/Lorenz* SchuldR BT § 33 Rn. 8.
[240] 参见 MüKoBGB/*Füller* § 950 Rn. 21f.。
[241] *Oetker/Maultzsch* Vertragl. Schuldverhältnisse § 8 Rn. 13f.
[242] 参见 Jauernig/*Mansel* § 650 Rn. 1; *Schlechtriem* SchuldR BT Rn. 18。
[243] BGH NJW 1998, 3197 (3198); BeckOK BGB/*Voit*, 56. Ed. 1. 5. 2020, § 631 Rn. 3; *Oetker/Maultzsch* Vertragl. Schuldverhältnisse § 8 Rn. 20.
[244] BGHZ 87, 112; BGH NJW 2006, 904 (905)。

来显著风险,过去在建筑合同法中却没有**保护消费者**的特别规则。[245] 为解决该问题,2017 年 4 月 28 日颁布了《关于改革建筑合同法与变更买卖法上瑕疵担保的法》[246],并于 2018 年 1 月 1 日生效。该法完全重构了涉及承揽合同与类似合同的第 9 节。其第 1 目首先规定了可适用于所有承揽合同的**一般条文**(第 631 条至第 650 条);关于**建筑合同**的特别条文则规定于第 650a 条至第 650h 条;紧接着是关于**消费者建筑合同**的规定(第 650i 条至第 650n 条);第 650o 条则规定,不能以不利于消费者的方式偏离某些重要条文。由新规则的体系可知,关于承揽合同的一般条文也适用于建筑合同与消费者建筑合同。第 650a 条及以下条款与第 650i 条及以下条款只是**补充性**条文。第 650a 条第 1 款第 2 句与第 650i 条第 3 款对此作出明确说明。

7 　　接下来的项目调整**建筑师与工程师合同**(第 650p 条至第 650t 条)以及**建筑开发商合同**(第 650u 条、第 650v 条),涉及的合同类型并非原本意义上的承揽合同,但具有承揽合同的根本要素。由于其在体系上属于独立的合同类型,故第 631 条及以下条款不能直接适用。[247] 但在**建筑师与工程师合同**中,第 650q 条第 1 款指向关于承揽合同的一般条文以及建筑合同法的若干重要条文(第 650b 条、第 650e 条至第 650h 条)。依第 650u 条第 1 款第 3 句与第 2 款,关于承揽合同与建筑合同的多数条文同样可适用于**建筑开发商合同**(第 32 节边码 11)。

2. 建筑合同与消费者建筑合同

8 　　每种合同类型都定义在各起始条文中。故依第 650a 条第 1 款第 1 句,**建筑合同**是关于建造、恢复、拆除或改造建筑物、其外部设备或其余部分的合同。若承揽对于建筑物的结构、存续或合目的的使用具有重大意义,则关于修缮建筑物的合同在性质上属于建筑合同(第 650a 条第 2 款)。

9 　　依第 650i 条第 1 款,消费者通过**消费者建筑合同**,使经营者负担**建造**

---

[245] 参见 Begr. RegE, BT-Drs. 18/8486, 1。
[246] BGBl. 2017 I 969;关于改革详见 *Omlor* JuS 2016, 967。
[247] 关于建筑师与工程师合同,参见 *Fuchs* NZBau 2015, 675 (676)。

新楼或对原建筑**进行重大改造**的义务。依旧法第312条第2款第3项,为遵从《消费者权益指令》,这些合同曾被大规模排除在第312a条及以下的适用范围之外,由此产生了消费者保护的漏洞,立法者现已借此填补该漏洞。[248] 第650i条及以下并未涵盖所有建筑合同。[249] 但其余情形可援引第312a条及以下条款(参见新法第312条第2款第3项)。第650i条第1款中**消费者**与**经营者**的概念以一般规则为准(第13条、第14条)。依第650o条,**偏离**第650i条至第650l条**不能对消费者造成不利**。

3. 建筑师或工程师合同

建筑师或工程师合同的特征是,承揽人负有提供如下给付的义务:依当时对建筑物或外部设备的规划与执行状况,该给付对达到当事人**约定的规划与监测目标**而言是必要的(第650p条第1款)。如果尚未约定规划与监测的主要目标,承揽人应先制订规划的基础,说明这些目标,并将之随同成本估算呈交定作人,以期获其同意(第650p条第2款)。当定作人同意时,合同扩展至规划与监测的相关给付。[250] 第650p条未提及定作人的对待给付义务,其源于第650q条第1款结合第631条第1款。[251] 作为补充,应注意《建筑师与工程师报酬条例》(HOAI)。[252] 然而欧洲法院在最近的一项判决中认为,德国在《建筑师与工程师报酬条例》中针对建筑师与工程师报酬维持有约束力的最高或最低数额违反了《服务业指令》第15条所规定的义务。[253] 因此2021年新版的《建筑师与工程师报酬条例》在第20条第1款第1句明确指出,条例中的价目表仅具有指导价值。[253a]

4. 建筑开发商合同

第650u条第1款第1句定义了**建筑开发商合同**:合同以建造或改造

10

11

---

[248] 参见 MüKoBGB/*Wendehorst* § 312 Rn. 37。
[249] 批判见 *Illmer* ZRP 2017, 122 (123)。
[250] MüKoBGB/*Busche* § 650p Rn. 12.
[251] 参见 Palandt/*Retzlaff* § 650p Rn. 23。
[252] 参见 NK-BGB/*Langen* Anh. zu §§ 631-651: Planungsverträge Rn. 12ff。
[253] EuGH EuZW 2019, 660 mAnm. A. *Schäfer*-kommission/Bundesrepublik Deutschland.
[253a] 详见 *Fuchs*. NZBau 2021, 3ff. 。

楼房或类似建筑物为标的,同时对承揽人施加向定作人转让土地所有权或地上权的义务。建筑开发商合同因此糅合了承揽合同与买卖合同的要素。这一结构也反映在法律规定中。建造与改造可以适用关于**承揽合同与买卖合同的条文**(第650u条第1款第2句),但排除对若干重要条文的适用(第648条、第648a条、第650b条至第650e条、第650k条第1款、第650l条、第650m条、第650u条第2款)。转让土地所有权的请求权、转让或设定地上权的请求权适用关于**买卖**的条文。由于建筑开发商合同的这两个方面在法律上形成一个整体,故整个合同须依第311b条第1款作成**公证文书**。[254]《房产经纪人与建筑开发商条例》(MaBV)规定了对顾客的保护条文。[255]

12　　在阐述**承揽合同法**时,只要是学生会感兴趣的,都会在相关问题中探讨各种合同类型的特殊之处。但第4目规定的(包价)**旅游合同**(第651a条及以下)与承揽合同法相去甚远,只能之后另作论述(第36节边码1及以下)。

四、其他特别规定与一般交易条款

13　　在其他一些领域内,早有**特别的制定法规则**。《德国商法典》涵盖了关于行纪营业(《德国商法典》第383条及以下)、货运合同(《德国商法典》第407条及以下)与运输代理合同(《德国商法典》第453条及以下)的规则。

14　　对标准化的特定承揽给付而言,**一般交易条款**具有核心意义。故在**建筑合同**中,《关于建筑给付招标与合同的条例》(VOB)至关重要。VOB的B编(VOB/B)规定了关于实施建造的一般合同条款,在实践中是众多建筑合同的基础。但VOB/B不依法生效,而是需要当事人依第305条及以下规定将其有效地**纳入**合同中。根据当事人的不同约定,建筑合同或受制于《德国民法典》的承揽合同法与建筑合同法,或受制于 VOB/B 的

---

[254] Palandt/*Retzlaff* § 650u Rn. 9; *Oechsler* Vertragl. Schuldverhältnisse Rn. 1134.
[255] 参见 NK-BGB/*Langen* Anh. zu §§ 631-651: Vertragstypen im Baurecht Rn. 15.

规则。

VOB/B 也受到第 307 条至第 309 条的**内容控制**。但主流意见过去认为,若不改变 VOB/B 的内容,而是将其**作为整体**纳入合同中,则排除对**单个条款**的内容控制。[256] 背后的考量是:VOB/B 展现的是一套整体上协调的规则。与此相反,联邦最高法院已经表明:若适用于**消费者**,VOB/B 的单个条款必须全面接受第 307 条及以下的内容控制。[257] 由 2008 年 10 月 23 日《债务担保法》新增的第 310 条第 1 款第 3 句现已明确规定:VOB/B 的优待仅适用于**经营者**、公法上的法人以及公法上的特别财产。

参考文献:*Gerlach/Manzke*, Kaufrecht und Werkvertragsrecht - ein systematischer Vergleich, JuS 2009, 327 und 426; *Greiner*, Grenzfragen des Erfolgsbezugs im Werkvertrag, AcP 211 (2011), 221; *Kapellmann/Langen*, Einführung in die VOB/B, 28. Aufl. 2019; *Kapellmann/Messerschmidt*, Teile A und B, 7. Aufl. 2020; *Leistner*, Die »richtige« Auslegung des § 651 BGB im Grenzbereich von Kaufrecht und Werkvertragsrecht, JA 2007, 81; *Mankowski*, Werkvertragsrecht - Die Neuerungen durch § 651 und der Abschied vom Werklieferungsvertrag, MDR 2003, 854; *Mezger*, Der neue § 651 BGB, AcP 204 (2004), 231; *Nietsch*, Werklieferungen im Spannungsverhältnis zwischen Vertragstypisierung und Parteiautonomie, AcP 211 (2011), 737; *Schuhmann*, Werkvertrag oder Kaufvertrag? - § 651 BGB im Lichte der Verbrauchsgüterkaufrichtlinie, ZGS 2005, 250; zur **Reform des Bauvertragsrechts** *Basty*, Baurechtsreform 2017 und Bauträgervertrag, MittBayNot 2017, 445; *Fuchs*, Regelung des Architekten- und Ingenieurrechts, NZBau 2015, 675; *Illmer*, Warum nur Bauverträge?, ZRP 2017, 122; *Motzke*, Der Reformgesetzgeber am Webstuhl des Architekten- und Ingenieurrechts, NZBau 2017, 251; *Omlor*, Aktuelle Gesetzgebungsverfahren: Neukodifizierung des Bauvertragsrechts, JuS 2016, 967; *Reiter*, Das neue Bauvertragsrecht- Teil 1: Augemeines werkvertragsrecht und

---

[256] BGHZ 86, 135 (141); 101, 357; 157, 346; *Oetker/Maultzsch* Vertragl. Schuldverhältnisse § 8 Rn. 22.

[257] BGH NZBau 2008, 640 mAnm *Gebauer* LMK 2008, 268863.

Bauvertrag, JA 2018, 161; Teil II: Verbraucherbauvertrag, Architekten- und Ingenieurvertrag, Bauträgervertrag, JA 2018, 241.

第33节 合同的缔结与内容

一、缔约与生效

1 关于合同成立的**一般规则**(第145条及以下)适用于**承揽合同的缔结**。即使缺少报酬约定,合同也不因欠缺对要素的合意而无效,而是适用第632条第1款(第33节边码10、11)。一般来说,无须遵守关于**形式的条文**。但若承揽合同间接地要求取得或出让土地,则可适用第311b条第1款。[258] 于**建筑开发商合同**之情形,公证文书依第311b条第1款同样是必要的(第32节边码11)。于**消费者建筑合同**之情形,第650i条规定了文本形式。

 1. 无-账单-约定时,合同无效

2 若当事人为避税或不缴纳社会保险费而达成所谓的"**无-账单-约定**",则违反《反非法劳动法》(SchwarzArbG)第1条第2款第2项。若承揽人的行为是故意的且定作人明知承揽人违法却故意利用其获取自身利益,依联邦最高法院近期的一则判决,这一违法行为依第134条导致合同整体无效。[259] 诚然,联邦最高法院在适用旧《反非法劳动法》(效力至2004年7月31日)的两则判决中认为:**依诚实信用**原则(第242条),承揽人通常不得为阻却定作人之瑕疵担保请求权而援引合同无效。[260] 但鉴于新《反非法劳动法》更严格的评价,联邦最高法院已放弃该判决并明确表示:出于公共利益而依第134条认定的无效只能在极小范围内援引诚

---

[258] 参见 MüKoBGB/*Busche* § 631 Rn. 54。
[259] BGH NJW 2013, 3167 (3168) = JA 2014, 65 (*Stadler*); BGHZ 201, 1 = NJW 2014, 1805; zust. *S. Lorenz* NJW 2013, 3132ff.
[260] BGH NJW-RR 2008, 1050, 1051; 批评观点见 MüKoBGB/*Armbrüster* § 134 Rn. 130; *Jooß* JR 2009, 397ff. 。

实信用原则进行推翻。[261] 相反,承揽人因合同无效对定作人不享有源于第 631 条第 1 款的报酬支付请求权,承揽人对定作人也没有法定请求权。由于违反《反非法劳动法》,承揽人不得将费用视为必要,故不成立基于无因管理的费用偿还请求权(第 677 条、第 683 条第 1 句、第 670 条)。[262] 依第 817 条第 2 句,排除承揽人源于第 812 条第 1 款第 1 句第 1 选项与第 818 条第 2 款的价额偿还请求权(第 54 节边码 42)。但若定作人已向承揽人支付报酬,第 817 条第 2 句则禁止定作人依第 812 条第 1 款第 1 句第 1 选项向承揽人主张支付返还请求权。[263] 若当事人事后变更最初有效缔结的承揽合同,导致其现在违反《反非法劳动法》第 1 条第 2 款第 2 项的禁令,则不仅是变更的约定,而是整个合同都依第 134 条无效。[264]

深化:联邦最高法院放弃旧观点的理由如下。若违反《反非法劳动法》第 1 条第 2 款第 2 项的禁令,合同依第 134 条整体无效。但在旧《反非法劳动法》的基础上,"无-账单-约定"首先只导致条款本身无效;基于第 139 条才发生合同无效。学说以充分的理由对此种区分的说服力提出质疑。[265] 禁止性法律的严格化可导致违反后果的扩张当然是正确的。裁判的一致性应当置后。关键在于,依《反非法劳动法》第 1 条第 2 款第 2 项的目的与意义,于此类情形,定作人将来不能主张瑕疵担保请求权。

2. 消费者建筑合同的特殊性

在消费者建筑合同中,依《德国民法典》第 650j 条结合《德国民法典施行法》第 249 条,在作出合同的意思表示前,经营者应及时向消费者提供文本形式的**建筑说明书**,消费者首先受到此种保护。建筑说明书必须表明所提供工作的主要品质(《德国民法典施行法》第 249 条第 2 款第 1

3

---

[261] BGH NJW 2013, 3167 (3169);2015, 2406;对此参见 Staudinger/*Looschelders/Olzen*, 2019, § 242 Rn. 869。

[262] BGHZ 201, 1 = NJW 2014, 1805.

[263] BGH NJW 2015, 2406 mAnm *Stamm*.

[264] BGH NJW 2017, 1808 Rn. 17ff. mAnm *Stamm*;不同观点见 *S. Lorenz* NJW 2013, 3132 (3134);*Schippers*, Die rechtlichen Auswirkungen nachträglicher Schwarzgeldabreden auf den ursprünglichen Werkvertrag, 2018, 121, 183ff.。

[265] 参见 *S. Lorenz* NJW 2013, 3132 (3135);*Deiß* GWR 2013, 399。

句第1项),至少包括《德国民法典施行法》第249条第2款第1句第2项规定的信息。这是特别的**先合同信息义务**,是为建筑合同的特殊性量身定制的,在建筑合同中可弥补消费者的结构性劣势。只要当事人未明确作出相反约定,建筑说明书中的陈述即依第650k条第1款成为合同内容。

4 依第650l条,消费者还享有第355条的**撤回权**。但若合同已做成公证文书,则有所不同。经营者应当依《德国民法典施行法》第249条第3款向消费者释明撤回权。仅当经营者向消费者**释明**后,14天的撤回期间(第355条第2款)方始起算(第356e条第1句)。若未按规定进行释明,则最迟于合同缔约后12个月又14天,撤回权消灭(第356e条第2句)。撤回的后果是,应当依第355条第3款不迟延地**归还**已受领的给付。若给付依其性质无法归还,则消费者依第357d条对经营者负有**价额偿还**的义务。依第650o条,为保护消费者,**不得约定排除**第650j条至第650l条(第32节边码9)。

依第650u条第2款,第650l条不可适用于**建筑开发商合同**。背后的考量是:建筑开发商合同依第311b条第1款应**做成公证文书**(第32节边码11)。消费者因此受到公证员释明义务的充分保护。[266] 此外,于公证文书之情形,第650l条第1句的撤回权本就被排除。

二、合同变更与定作人的命令权

5 建筑合同经常预设较长的履行期间,因而定作人在施工期内可能产生变更需求。第650b条第1款第1句就此区分两种案型:变更约定的工作成果(第1项)与为取得约定的工作成果而进行必要的变更(第2项)。依第1项变更约定的工作成果时不受特定目标的拘束,而依第2项进行变更的目标是确保取得约定的工作成果。[267] 若出现此种变更需求,当事人应先就变更以及因变更导致的报酬增减达成**一致**。

依第650b条第1款第2句,承揽人有义务提出关于增减报酬的**要约**。

---

[266] Begr. RegE, BT-Drs. 18/8486, 72.
[267] Begr. RegE, BT-Drs. 18/8486, 53.

然而,于依第650b条第1款第1句第1项进行变更之情形,承揽人可主张执行变更对其而言**不可期待**。于此,其亦可依第650b条第1款第3句主张企业内部流程。[268] 若当事人在变更请求到达承揽人之后的30天内未取得一致意见,则定作人可依第650b条第2款以文本形式(第126b条)单方**命令变更**。[269] 原则上承揽人应遵从该命令,但于第650b条第1款第1句第1项之情形,其可主张不可期待性。依第650c条,应当以事实上的必要费用以及为一般交易成本、风险与利益而支出的合理附加费为依据计算因定作人之命令导致费用增减而产生的**报酬请求权的数额**。[270]

深化:鉴于合同的合意原则与合同拘束原则,定作人依据第650b条第2款的命令权又面临棘手的问题。部分学说将其认定为"第315条第1款的给付确定权的升级形式"。[271] 对第315条的援引说明一方当事人的单方给付确定权对《德国民法典》而言不是完全陌生的(参见《债法总论》第11节边码11)。但第315条的确定权是基于合同约定,这就存在根本区别。[272] 相反,第650b条第2款的命令权是制定法赋予定作人的。

三、承揽人的义务

1. 主给付义务

承揽人的主给付义务是**完成**约定的工作(第631条第1款)。不同于雇佣合同(第613条,第29节边码4及以下),承揽人无须亲自工作。相反,在履行义务时,承揽人亦可雇佣第**三**人。承揽人召来其他独立的(**次**)**承揽人**参与单项给付在大型建筑工程中很常见。基于此情形,承揽人依第278条为第三人负责。但若工作以承揽人(例如艺术家或鉴定专家)的特殊能力为特征,则通常看来至少默示约定了一项**高度个性化**的给

---

[268] 参见 Oechsler Vertragl. Schuldverhältnisse Rn. 1132; Langen NZBau 2015, 658 (662)。

[269] 关于文本形式要求的功能(提高证明能力并使定作人免于不假思索地发出命令)参见 MüKoBGB/*Busche* § 650b Rn. 16。

[270] 详见 Langen NZBau 2015, 658 (664ff.)。

[271] Oechsler Vertragl. Schuldverhältnisse Rn. 1132。

[272] 参见 Jauernig/*Stadler* § 315 Rn. 6。

付义务。[273]

第 633 条第 1 款对完成工作的义务作如下具体化:承揽人应当向定作人提供**无物之瑕疵**与**权利瑕疵**的工作(第 34 节边码 2 及以下)。据此,若工作有瑕疵,则承揽人未履行其完工义务。[274] 故只要瑕疵不是非根本性的,定作人即可依第 640 条第 1 款拒绝验收工作(第 33 节边码 19)。

2. 附随义务

7　　由于承揽人通常可能对定作人的法益或利益有较强影响,故当事人间存在**特别信赖关系**。[275] 故依诚实信用原则(第 242 条),承揽人负有众多从给付义务与保护义务(参见第 241 条第 2 款)。故其应照管定作人交予其加工或修理之物[276],并警告定作人免于由定制物或对定制物的使用所产生的危险。[277]

3. 违反义务的后果

8　　若完全没有或迟延地完成工作,定作人的权利依据是**一般条文**(第 280 条及以下、第 320 条及以下)。若在验收时(第 640 条)或完工时(第 646 条)存在瑕疵,则定作人基于第 634 条享有**瑕疵担保权**(第 34 节边码 9 及以下)。但在验收之前,原则上仍适用一般给付障碍法。[278]

因此,验收前的法效果如下:只要承揽人未完成无瑕疵的工作,定作人即保有源于第 631 条第 1 款的**履行请求权**。在依约履行之前,由于还未到期(第 641 条第 1 款第 1 句),定作人无须支付报酬。定作人的**解除权**依据是第 323 条。在个案中,还可准用第 314 条出于重大原因予以终止。此外(参见第 314 条第 4 款、第 325 条),还可考虑源于第 280 条第 1 款的与给付并行的**损害赔偿**请求权,以及源于第 280 条第 1 款、第 3 款与第

---

[273] *Brox/Walker* SchuldR BT § 24 Rn. 1; *Medicus/Lorenz* SchuldR BT § 35 Rn. 1.

[274] BeckOK BGB/*Voit*, 56. Ed. 1. 5. 2020, § 633 Rn. 2; Staudinger/*Peters*, 2019, § 633 Rn. 1.

[275] 参见 Erman/*Böttcher* § 242 Rn. 89。

[276] BGH NJW-RR 1997, 342; Staudinger/*Olzen*, 2019, § 241 Rn. 502.

[277] 参见 BeckOK BGB/*Voit*, 56. Ed. 1. 5. 2020, § 631 Rn. 75f.。

[278] BGH NJW 2017, 1604 = JA 2017, 708 (*Looschelders*); BGH NJW 2017, 1607; ZfBR 2017, 340; *Oetker/Maultzsch* Vertragl. Schuldverhältnisse § 8 Rn. 49.

281条的替代给付的**损害赔偿**请求权(例如为其他承揽人多支出的费用)。定作人可能产生的**迟延损害**应当依据第280条第1款、第2款与第286条进行赔偿。[279]

于**给付不能**之情形,应依第275条第1款排除定作人的履行请求权。若承揽人依第275条第2款或第3款拒绝给付,情形相同。但在这些情形中,应当依据第280条第1款、第3款与第283条,或第311a条第2款第1句检索损害赔偿请求权。[280]

深化:第275条第1款的给付不能在承揽合同法上不具有重要的实践意义。因为按照当今的技术可能性,很难想象有出于事实上原因而不能完成的工作。制作永动机的例子更多是理论上的,但除此之外,仍可想象在验收工作前丧失给付基础的案例(例如待修葺教堂的坍塌)。此外,法律上的不能在实践中至关重要,例如因公法条文而不能以合同约定的方式改建或修建一幢建筑物(参见《债法总论》第21节边码8)。若承揽人负有亲自给付的义务,亦可考虑适用第275条第3款(第33节边码27)。

然而,根据新的裁判,定作人在例外情形下亦可**不经验收**而直接主张第634条第2项至第4项的瑕疵权利。构成要件是:定作人无法再请求履行或请求补正履行,且合同关系已转变为**清算关系**。当定作人依第280条与第281条主张**替代给付的损害赔偿**(参见第281条第4款)或主张**减少**报酬时,即发生此种转变。[281] 于此情形,定作人不能再主张源于第631条第1款的原履行请求权或源于第634条第1项与第635条的补正履行请求权。但若定作人依第634条第2项、第637条第1项与第3项为消除瑕疵请求必要的**预付费**,通常仍存在履行请求权与补正履行请求权。于请求预付费之情形,仅当定作人明确表示或以可推断

9

---

[279] 详见 BGH NJW 2017, 1604 Rn. 40。
[280] 参见 *Brox/Walker* SchuldR BT § 24 Rn. 14。就如何处理一时的给付障碍,参见 *Wertenbruch* ZGS 2003, 53ff。
[281] BGH NJW 2017, 1604 Rn. 44; 2017, 1607 Rn. 45; ZfBR 2017, 340 Rn. 45; zusf. *Looschelders* JA 2017, 708ff.; *Schwenker* NJW 2017, 1579ff.

的行为表明在任何情况下都不愿再与承揽人进行协作时,方产生清算关系。[282]

四、定作人的义务

1. 支付报酬义务

(1) 概述

10　　定作人的主给付义务是支付约定的报酬(第 631 条第 1 款)。于未约定报酬之情形,若仅在有报酬时方可期待完成工作,则依第 632 条第 1 款视作**默示约定了报酬**。在个案中,适用与第 612 条第 1 款相同的考量(第 29 节边码 27、28)。故定作人同样不能依第 119 条第 1 款基于对报酬义务的错误而撤销合同。

第 632 条第 2 款调整未就**报酬数额**达成合意的情形。于此,视作约定了符合价目表的报酬,例如在建筑师或工程师合同中依据《建筑师与工程师报酬条例》(HOAI)(第 32 节边码 10),若无价目表,则视作约定了通常报酬。

(2) 费用预估

11　　依第 632 条第 3 款,**有疑义时**,无须对费用预估(Kostenvoranschlag)支付报酬,但当事人可另作约定。针对**承揽人的准备工作**(例如草案、图纸),也同样只在例外情形中给予报酬。例外情形的构成要件是:准备工作成为独立的承揽合同的标的,抑或准备工作十分充分,依诚实信用原则或第 632 条第 1 款不能期待其为无偿。[283] 但承揽人为促成合同缔结而支出的费用原则上仍由其自担风险,并不得就此要求相应报酬。[284]

(3) 报酬到期

12　　不同于第 271 条第 1 款的一般条文,第 641 条第 1 款第 1 句为承揽人的报酬请求权规定了**独立的到期规则**,据此,在**验收工作时**(第 33 节边码

---

[282] BGH NJW 2017, 1604 Rn. 46ff.；*Looschelders* JA 2017, 708 (710).
[283] BGH NJW-RR 2005, 19 (20)；Erman/*Schwenker/Rodemann* § 632 Rn. 2.
[284] Staudinger/*Peters*, 2019, § 632 Rn. 113.

18及以下)应支付报酬,而非立即支付。故承揽人应先完成工作,然后方可请求报酬。但工作成果之取得适用第320条:仅在收到报酬时承揽人才应将工作成果交予定作人。[285]

第641条第1款第1句的到期规则造成以下结果:承揽人必须作出许诺**先给付**(Vorleistungen),然后方可请求报酬。这可能造成其资金困难。故制定法规定了若干减弱先给付义务效果的条文。当事人可约定分期验收工作与支付报酬;于此情形,依第641条第1款第2句,若对某一**部分**完成**验收**,相应**部分**的单笔**报酬**便已到期。于定作人不当地拒绝验收之情形,第640条第2款的**验收拟制**为承揽人提供了保护(第33节边码20)。 13

若定作人有瑕疵排除请求权,即便报酬已到期,其仍可**拒绝**支付报酬的**合理部分**(第641条第3款)。旧法第641条第3款将合理部分精确到至少是排除瑕疵费用的3倍。但立法者现已降低数额:通常,合理部分仍然只是为了排除瑕疵而支出的必要费用的两倍(参见第641条第3款第2半句)。 14

(4)分期付款

前述规则没有改变先给付义务会给中小型企业造成巨大的流动资金困难的事实。故就承揽人已依约提供的给付,立法者在第632a条第1款第1句中赋予其请求**分期付款**的权利。依第632a条第1款的新表述,请求权的数额不再依据给付为定作人带来的价值增额,而是根据承揽人所提供给付的价值。新条文考虑到以下问题:相较承揽人自己的给付价值,定作人的价值增额极难计算。[286] 若已提出的给付**不符合约定**,定作人可依第632a条第1款第2句拒绝支付合理的分期款项。依一般规则,截至验收之时,承揽人对依约给付承担证明责任(第632a条第1款第3句)。 15

报酬支付义务不仅针对已提出的给付,还包括为已经提供的、特意制

---

[285] MüKoBGB/*Busche* § 641 Rn. 2; *Oetker/Maultzsch* Vertragl. Schuldverhältnisse § 8 Rn. 185.

[286] Begr. RegE, BT-Drs. 18/8486, 46f.; *Basty* MittBayNot 2017, 445.

作的或者已经准备的**材料**与**建筑构件**而支出的费用。但是,为了保护定作人,第 632a 条第 1 款第 6 句将报酬支付请求权系于承揽人向定作人转移材料或建筑构件的**所有权**(第 929 条及以下),或提供担保(第 232 条)。若定作人依第 946 条及以下依法取得材料或建筑构件的所有权,则涉及一项**已经提出**的给付;由此,承揽人的请求权已基于第 632a 条第 1 款第 1 句而成立。[287]

16 在消费者建筑合同之情形(第 32 节边码 9),第 650m 条第 1 款将分期付款总额限制在约定报酬总额的 90% 以内。此外,依第 650m 条第 2 款(旧法第 632a 条第 3 款),在第一次支付分期款时,经营者应为按时完成且无重大瑕疵的工作向消费者提供**担保**,数额为约定报酬总额的 5%。应提供担保的种类参见第 232 条及以下与第 650m 条第 3 款(旧法第 632a 条第 4 款)。针对高额的分期付款约定与经营者提供的小额担保,消费者受到第 309 条第 15 项的保护。若经营者请求分期付款,则不能让消费者同时为约定的报酬负担依第 650e 条设定担保抵押(第 33 节边码 36)的义务;该担保超过下期付款额或约定报酬的 20%(第 650m 条第 4 款)。背后的考量是:通过分期付款,经营者的风险明显受到抑制。[288] 在**建筑开发商合同**中,第 650v 条(旧法第 632a 条第 2 款)保护客户免受过高的分期付款义务。

(5)违反报酬义务的后果

17 若未履行源于第 631 条第 1 款的报酬请求权或源于第 632a 条第 1 款的分期付款请求权,承揽人可基于第 280 条第 1 款、第 2 款结合第 286 条享有**迟延损害**赔偿请求权以及迟延利息支付请求权(第 288 条)。此外,承揽人或可依第 323 条解除合同并/或基于第 280 条第 1 款、第 3 款与第 281 条要求替代给付的损害赔偿。

2. 验收义务(第 640 条)

18 依第 640 条第 1 款第 1 句,只要工作的性质不排除验收,定作人就应

---

[287] Palandt/*Retzlaff* § 632a Rn. 8ff.
[288] Begr. RegE, BT-Drs. 18/8486, 65.

当验收依约完成的工作。正如在买卖合同(第2节边码5)中,这是一项真正的法律义务。鉴于验收在承揽合同法上的重要意义,这甚至是一项**主给付义务**。[289]

(1)验收的概念

依第640条第1款第1句,验收工作一般具有两个要素:对工作的**实体接收**,以及**认可**工作(至少主要地)是依约给付。[290] 若工作实体接收不能(例如在建筑物上的工作),明确地或通过行为可推断地认可工作系依约给付(例如通过无保留地享用工作成果)已然足够。[291] 若依交易习惯,甚至不能期待此种对工作的认可或赞同(例如于剧院演出、音乐会、演讲、运输服务之情形)[292],则依第646条以工作的完成替代验收。

19

第640条第1款第2句加强了对承揽人的保护:定作人不能因**非显著**的瑕疵拒绝验收。立法者欲以此防止定作人通过主张微小瑕疵而拒绝验收,从而逃避自己的报酬支付义务。于此情形,第641条第3款的给付拒绝权足以保护定作人(第33节边码14)。

(2)验收拟制

依第640条第2款(旧法第640条第1款第3句),若承揽人在工作**完成后**为定作人设定了验收的**合理期间**,而定作人在此期间内并未报告至少一项瑕疵来拒绝验收,则亦视作已验收工作。立法者希望通过**验收拟制**的新条文防止滥用拒绝验收的权利。依现行法,定作人简单地拒绝验收是不够的;相反,其还须至少报告一项**具体瑕疵**。但若事后表明不存在所主张的瑕疵,则排除验收拟制。[293] 不同于第640条第1款第2句,此处亦不区分显著与非显著瑕疵。由于瑕疵的显著性通常要到诉讼程序中才能确定,立法者认为,如果进行区分,验收拟制的发生可能存在过大的不

20

---

[289] 参见 *Brox/Walker* SchuldR BT § 25 Rn. 10; *Medicus/Lorenz* SchuldR BT § 35 Rn. 19。
[290] BGHZ 48, 257 (262); BGH NJW 1993, 1972 (1974); *Schlechtriem* SchuldR BT Rn. 462.
[291] Palandt/*Retzlaff* § 640 Rn. 5;另参见 BGHZ 125, 111。
[292] 参见 NK-BGB/*Raab* § 640 Rn. 19ff.; Palandt/*Retzlaff* § 640 Rn. 6。
[293] 参见 BeckOGK/*Kögl*, 1. 10. 2020, BGB § 640 Rn. 147; *Breitling* NZBau 2017, 393。

确定性。[294] 但从权利滥用的角度看,报告显然不存在的瑕疵或是报告明显的非显著瑕疵,或无伤大雅。[295]

若定作人是**消费者**,则承揽人在请求验收的同时,应以文本形式向定作人**指明**不作出验收表示或不报告瑕疵而拒绝验收的后果,否则不发生验收拟制(第640条第2款第2句)。依第650o条第1句,就此不可作不利于消费者的相反约定。

深化:若定作人报告瑕疵后拒绝验收,则依第640条第2款不发生验收拟制。若定作人已然享用了该工作成果(例如迁入建筑物),则在事后的诉讼中将产生争议。既定的损害是否源于承揽人的责任范围,从而存在承揽给付的瑕疵,抑或基于定作人的使用而产生。就建筑合同而言,于此情形,第650g条第1款特别地赋予承揽人向定作人请求协助共同确认工作状态的请求权。若定作人逃避约定的或由承揽人在合理期间内设定的状态确认日,承揽人亦可单方面确认状态(第650g条第2款)。若定作人已获得工作成果,则依第650g条第3款作出有利于承揽人的推定。推定在确认状态时未报告的明显瑕疵产生于状态确认之后,且定作人应对该瑕疵负责。[296]

(3)验收的意义

依第641条第1款第1句,报酬支付在验收时到期;不仅如此,验收还与其他法律问题相关。依第644条第1款第1句,**报酬风险**在验收时自承揽人处转移给定作人。就第634条的瑕疵担保权而言,验收是确定瑕疵的**关键时刻**。在验收的同时,承揽合同的短期**消灭时效期间**也相应地起算(第634a条第2款)。此外,若定作人明知瑕疵仍然无保留地验收工作,则可能会**丧失**第634条第1项至第3项的**瑕疵权利**(第640条第3款)。最后,自定作人验收时起,报酬应按4%(第246条)的法定利率计息(第641条第4款)。

---

[294] Begr. RegE, BT-Drs. 18/8486, 48.

[295] Begr. RegE, BT-Drs. 18/8486, 48; Beck OGk/*kögl*, 1. 10. 2020, BGB §640 Rn. 147.

[296] 参见 Begr. RegE, BT-Drs. 18/8486, 60; *Breitling* NZBau 2017, 393 (395ff.).

(4)违反验收义务的后果

于不当拒绝验收之情形,定作人陷入**受领迟延**(第293条及以下)。[297] 由于验收不是单纯的不真正义务,而是真正的法律义务,所以定作人可能同时陷入**债务人迟延**(参见《债法总论》第36节边码2)。[298] 承揽人针对因**迟延**验收而生的损害有赔偿请求权(第280条第1款、第2款、第286条)。最后,如果满足其他必要的构成要件(特别是设定期间),承揽人可依第323条解除合同且/或依第280条第1款、第2款与第281条请求替代给付的损害赔偿。[299] 然而,由于设定期间会引起第640条第2款的**验收拟制**,一般来说,承揽人无须依靠这些请求权与权利。

22

3. 协助的不真正义务

依第642条,如有必要,定作人应当协助承揽人完成工作。此处原则上**不涉及法律义务**(Rechtspflicht),而只涉及**不真正义务**(Obliegenheit)(参见《债法总论》第1节边码26)。[300] 但当事人可约定:定作人应负协助义务。[301] 基于此情形,若定作人未予协助,则承揽人依第280条及以下享有损害赔偿请求权。

23

示例:依第642条,定制西装的定作人应当亲临试穿。于肖像画之情形,亲临也是必要的。委托刷墙之人,应当选择颜色与壁纸,并使承揽人进入其住宅。在建筑合同中,定作人应为承揽人提供适于接受承揽人给付的土地。特别是,已由其他承揽人完成必要准备工作的情形。[302]

通过拒绝必要的协助,定作人依第295条第1句陷入受领迟延。承揽

24

---

[297] BeckOK BGB/*Voit*, 56. Ed. 1.5.2020, §640 Rn. 29; Staudinger/*Peters*, 2019, §640 Rn. 34.

[298] BeckOK BGB/*Voit*, 56. Ed. 1.5.2020, §640 Rn. 30; Staudinger/*Peters*, 2019, §640 Rn. 33.

[299] Jauernig/*Mansel* §640 Rn. 5.

[300] BGHZ 11, 80 (83); 50, 175 (178); Staudinger/*Peters*, 2019, §642 Rn. 17.

[301] 参见 *Larenz* SchuldR II 1 §53 IIIc; *Medicus/Lorenz* SchuldR BT §35 Rn. 27。

[302] BGHZ 143, 32 (41).

人就此可请求赔偿因受领迟延而生之**额外费用**(第304条)。此外,依第642条第1款,承揽人享有无关过错的合理补偿请求权。[303] 另外,承揽人可依第643条终止承揽合同,并依第645条第1款第2句请求与已提供劳务相应的**部分报酬**以及赔偿报酬未包含的**垫付款**。最后,受领迟延时,**价金风险**仍转移至定作人处(第326条第2款第1句、第644条第1款第2句)。即使完成工作成为给付不能,承揽人对约定的报酬也享有请求权。[304] 但于此应抵销承揽人因给付义务的免除、将劳动力用于他处而获得的或恶意未获得的利益。

4. 定作人类推第618条的照管义务

25 若承揽人在定作人处执行工作或由定作人向承揽人提供完成工作必需的整套装备,则类推第618条,定作人负有与雇佣人相同的**保护与照管义务**(第29节边码32)。[305] 若定作人违反该义务,则依第618条第3款结合第842条至第846条,承揽人与其雇员享有赔偿请求权。但(不同于雇佣合同法上基于第619条)**可以通过合同约定排除**定作人的保护义务。[306]

五、风险移转

26 在承揽合同中也存在应由何人承担成果意外灭失风险的问题。于此,第275条与第326条的一般规则仍然是考虑的出发点。

1. 给付风险

在承揽合同法上仍依第275条判断给付风险。故第275条第1款的**给付不能**可排除定作人对完成约定工作的请求权。但由于承揽人负结果义务,故其承担**完工的风险**。其结果是:在验收工作之前,承揽人通常仍负有重做的义务(第33节边码8)。

---

[303] 参见 BGH NJW 2017, 2025 Rn. 18 m Anm *Duve*。

[304] Staudinger/*Peters*, 2019, § 644 Rn. 26.

[305] BGHZ 5, 62; 26, 365(371); OLG Düsseldorf NJW-RR 1995, 403; *Schlechtriem* SchuldR BT Rn. 420.

[306] BGHZ 56, 269(272ff.).

示例:M 市欲在一座中世纪教堂的边上建造一个现代化的社区活动中心,建筑商 U 就此获得营造委托。与此同时,与修复者 R 签订了关于修缮教堂天顶画的合同。在两项工作已取得较大进展时,活动中心的主体建筑以及教堂因地震而倒塌。

U 可以重新建造已倒塌的活动中心,因而不存在给付不能。相反,由于给付的基础已灭失,不能继续修复天顶画。

还可考虑:承揽人基于第 275 条第 2 款的**事实上给付不能**(praktische Unmöglichkeit)而享有给付拒绝权。但考虑到承揽人的给付义务与成果相关,此处亦应设置较高标准。只要承揽人负有亲自给付的义务,第 275 条第 3 款的给付拒绝权即是相关的。此种**个人给付不能**(persönliche Unmöglichkeit)的典型例子是:歌手因孩子患有危及生命的重病而不愿出场(参见《债法总论》第 21 节边码 27)。 27

2. 对待给付风险

就**对待给付风险**而言,首先适用第 326 条的原则。若依 275 条第 1 款至第 3 款排除承揽人的给付义务,则其依第 326 条第 1 款第 1 句丧失报酬支付请求权。但若定作人单独或主要地对给付障碍负责,则由其承担价金风险(第 326 条第 2 款第 1 句第 1 选项)。 28

第 644 条至第 646 条的特别条文对一般规则作出补充。于此,具有**关键意义**的仍是**验收**。在验收前,承揽人原则上负有重做的义务,而不能对灭失的工作成果请求报酬。亦即,在验收前,其同时承担给付风险与报酬风险。[307] 随着对工作成果的验收,意外灭失的风险转移至定作人处(第 644 条第 1 款第 1 句)。据此,定作人在成果意外灭失时亦须支付报酬。于**拟制**验收(第 640 条第 2 款)或通过**完成**工作替代验收(第 646 条)之情形,亦是如此。

若定作人在验收前即陷入**受领迟延**(第 293 条及以下),则价金风险依第 644 条第 1 款第 2 句转移至定作人处。这也符合第 326 条第 2 款第 1 句第 2 选项的一般规则(参见《债法总论》第 35 节边码 16)。此外,若定作 29

---

[307] 参见 NK-BGB/*Raab* § 644 Rn. 7; *Schlechtriem* SchuldR BT Rn. 458。

人未履行源于第 642 条第 1 款的关于协助的不真正义务,亦可适用第 644 条第 1 款第 2 句(第 33 节边码 24)。[308]

深化:第 644 条未规定与第 326 条第 2 款第 2 句相应的规则,依据后者,应当针对承揽人的报酬请求权抵销免予给付后的相关利益。但若定作人仍负全额支付报酬的义务,而承揽人却因成果灭失节约了费用或获得其他利益,则不公平。故对此情形可类推适用第 326 条第 2 款第 2 句。[309]

于**寄送成果**之情形,针对风险移转,第 644 条第 2 款援引第 447 条。据此,对待给付风险在送交承运人时转移至定作人处(第 10 节边码 5 及以下)。

30　第 645 条第 1 款是承揽合同独有的特别规则。若成果的灭失、损坏或工作不可执行源于**定作人所提供材料的瑕疵**或**定作人的指示**,承揽人可请求与所提供劳务相应的部分报酬以及偿还垫付款。在过去的文献中,部分观点认为,第 645 条第 1 款的法律思想适用于所有植根于定作人领域内的风险(所谓的**领域理论**)。[310] 反对此观点的是该条文的文义及如下考量:不得通过一般性的领域理论混淆第 644 条与第 645 条的不同规则。[311] 故只能有限地类推适用第 645 条第 1 款。未完成的工作在灭失时实现了定作人创造的风险,而定作人自愿为创造风险负责,这一点尤其重要。[312]

示例(BGHZ 40, 71):农民 B 委托建筑公司 U 为其建造一个谷仓。B 在谷仓完工前将草料放入其中,B 虽无过错,但草料着火了,这谷仓化为灰烬。U 向 B 要求为已提供的劳动支付报酬。

---

[308] MüKoBGB/*Busche* § 644 Rn. 8; *Oetker/Maultzsch* Vertragl. Schuldverhältnisse § 8 Rn. 215; Staudinger/*Peters*, 2019, § 644 Rn. 26;不同观点见 BeckOK BGB/*Voit*, 56. Ed. 1. 5. 2020, § 644 Rn. 15。

[309] NK-BGB/*Raab* § 644 Rn. 15;亦参见 MüKoBGB/*Busche* § 644 Rn. 9。

[310] So etwa *Ennecerus/Lehmann*, Recht der Schuldverhältnisse, 15. Aufl. 1958, § 153 II 1a.

[311] 参见 Staudinger/*Peters*, 2019, § 645 Rn. 31。

[312] *Brox/Walker* SchuldR BT § 24 Rn. 12; Palandt/*Retzlaff* § 645 Rn. 8.

由于谷仓的灭失既非B为建造谷仓所提供材料的瑕疵所致,亦非源于B的指示,故依文义不得适用第645条第1款。然而,B通过自甘风险的行为(freiverantwortliche Handlung)(储藏草料)使承揽的风险提高。谷仓的火灾实现了这一风险。故联邦最高法院类推适用第645条第1款是正确的。故在示例案件中,类推第645条第1款,U针对已经提供的劳务对B享有报酬请求权。

六、承揽人的担保

由于承揽人通常负有先给付义务(第33节边码12及以下),其对报酬请求权的担保享有正当利益。为保护该利益,制定法在第647条、第647a条、第650e条与第650f条中规定了有利于承揽人的**特别担保权**。于此,应根据承揽人的给付涉及的是动产还是不动产作出区分。

1. 承揽人的留置权与船舶抵押权(第647条、第647a条)

依第647条,若承揽人因完成工作而占有定作人之**动产**,则承揽人对自己制作或修缮的这一动产享有留置权。这是一项法定质权,以法律行为设定的质权的规则(第1204条及以下)可对其适用(第1257条)。若定作人不向承揽人履行因承揽合同所生之债,则承揽人可依第1228条及以下通过变现质物**获得清偿**。[313]

依主流意见,仅当定作人为物之**所有权人**时("定作人之物"),方产生承揽人的留置权。[314] 若定作人仅是将从第三人处租赁或借用的汽车交予承揽人修理,则并不满足第647条的构成要件。针对这类情形,产生以下问题:承揽人可否依第1207条与第932条及以下善意取得留置权。反对**善意取得**可能性的观点认为:依第1257条的文义,仅就"依法已产生"的质权援引第1204条及以下,但承揽人的留置权通过善意取得方可产生。结论是:唯应依据第647条判断产生的构成要件而不能通过第

31

32

33

---

[313] Larenz SchuldR II 1 § 53 III e; *Lukes* JA 2016, 727 (730).
[314] 参见 *Medicus/Petersen* BürgerlR Rn. 589/590; *Schlechtriem* SchuldR BT Rn. 464; *Lukes* JA 2016, 727 (728).

1257条适用第1207条。[315]

34　　船厂主人基于建造或修理船舶产生的债权并无承揽人留置权(第647a条第3句)。作为替代,第647a条第1句(旧法第648条第2款第1句)赋予其对定作人正在建造中船舶或完整船舶设定**船舶抵押权**的请求权(《关于已登记船舶或正在建造中船舶上权利的法》(SchiffRG)第8条)。该条只针对在德国法院船舶登记簿上**已登记**的船舶(《关于已登记船舶或正在建造中船舶上权利的法》第1条)。[316] 其基于以下思想:船舶登记簿具有与土地登记簿类似的功能,故已登记船舶应**类比土地**处理。[317] 所以,供应待建造船舶的合同也不依第650条受买卖法调整,而受承揽合同法调整。[318]

2. 建筑承揽人(Bauunternehmer)的担保抵押权(第650e条)

35　　于**建筑合同**(第650a条)之情形,承揽人依第650e条(旧法第648条第1款)享有在定作人的建设用地上设定**担保抵押权**(第1184条第1款)的请求权。其构成要件是,定作人是土地所有权人。由于承揽人对设定担保抵押权仅有**债法上的请求权**,故而该抵押权并非依法产生,而仍须**通过法律行为**设定。[319] 故承揽人的地位次于第647条之情形。撇开这个不谈,在完工前,承揽人只能针对与已提供劳务相应的部分报酬与报酬未覆盖的垫付款请求设定担保抵押(第650e条第2句)。[320] 最后,业主通常在开工前便已在土地上为资助建设的信用机构之利益而设定土地抵押权,第650e条在实践中的意义因此降低。[321]

---

[315] BGHZ 34, 122 (125); 119, 75 (89); *Brox/Walker* SchuldR BT § 25 Rn. 8; *Palandt/Wicke* § 1257 Rn. 2; *Lukes* JA 2016, 727 (729).关于租赁法上的类似问题,见第23节边码8、9。

[316] BeckOK BGB/*Voit*, 56. Ed. 1. 5. 2020, § 647a Rn. 3; *Staudinger/Peters*, 2019, § 647a Rn. 1.

[317] BeckOK BGB/*Voit*, 56. Ed. 1. 5. 2020, § 647a Rn. 2;关于船舶买卖(第452条)见 *Jauernig/Mansel* § 452 Rn. 1。

[318] BeckOK BGB/*Voit*, 45. Ed. 1. 5. 2020, § 650 Rn. 2.

[319] 参见 *Brox/Walker* SchuldR BT § 27 Rn. 10; *Jauernig/Mansel* § 648 Rn. 1。

[320] 参见 *Oetker/Maultzsch* Vertragl. Schuldverhältnisse § 8 Rn. 2296。

[321] NK-BGB/*Raab* § 648 Rn. 2; *Staudinger/Peters*, 2019, § 650e Rn. 5.

3. 承建商(Bauhandwerker)的担保(第 650f 条)

为消弭上述弱点,于建筑合同(第 650a 条)之情形,立法者在第 650f 条第 1 款(旧法第 648a 条第 1 款)赋予承揽人向定作人请求**以其他方式**为报酬请求权**提供担保**的权利。就提供担保的形式,适用第 232 条及以下。另外还可通过**保证**或其他支付允诺(例如**银行保证**)的形式提供担保(第 650f 条第 2 款)。只要承揽人依第 650f 条第 1 款或第 2 款获得了担保,即依第 650f 条第 4 款排除设定担保抵押的请求权。

36

依第 650f 条第 1 款,承揽人可针对要求提供担保的**请求权提起诉讼**。[322] 若定作人不履行该请求权,承揽人在所**设定期间**徒劳经过后可拒绝给付或终止合同(第 650f 条第 5 款第 1 句)。于**终止**之情形,承揽人可要求约定的报酬,但应当抵销其因终止而节约的费用、将劳动力用于他处所获得的或恶意未获得的利益(第 650f 条第 5 款第 2 句)。此外,还可考虑依第 280 条第 1 款及以下的损害赔偿请求权。[323]

若定作人是其财产不得进入破产程序的公法上法人或特别财产,则承揽人不会遭受破产风险,因此也不能要求定作人提供担保(第 650f 条第 6 款第 1 项)。[324] 依第 650f 条第 6 款第 2 项,若定作人为**消费者**,且涉及消费者建筑合同(第 650i 条)或建筑开发商合同(第 650u 条),亦排除承揽人基于第 650f 条的请求权。此种所谓的"**消费者优待**"基于以下考量:在建设工程完成之前或建设期间,提供资助的银行通常已充分检验了消费者的经济状况。相反,定作人在施工结束后出现的经济困难一般不会危及承揽人的请求权,而只是危及资助银行对定作人的请求权。[325] 故承揽人承担的破产风险并不高。

37

第 650f 条第 7 款表明,**相反约定无效**。

---

[322] 参见 Palandt/*Retzlaff* § 650f Rn. 1; *v. Gehlen* NZBau 2008, 612 (617)。
[323] 参见 MükoBGB/Busche § 650f Rn. 37。
[324] 参见 BeckOK BGB/*Voit*, 56. Ed. 1. 5. 2020, § 650f Rn. 6。
[325] Begr. RegE, BT-Drs. 18/8486, 59.

参考文献: *Alexander*, Gesetzliche Pfandrechte an beweglichen Sachen, JuS 2014, 1; *Breitling*, Abnahme und Zustandsfeststellung nach neuem Recht, NZBau 2017, 393; *Henkel*, Werkvertrag- Der abschließende Charakter der Abnahmefiktion in § 640 Abs. 1 S. 3 BGB, MDR 2003, 913; *Kohler*, Verfassungswidrigkeit des § 640 Abs. 2 BGB?, JZ 2003, 1081; *S. Lorenz*, »Brauchen Sie eine Rechnung? «: Ein Irrweg und sein gutes Ende, NJW 2013, 3132; *Lukes*, Die Sicherungsrechte des Werkunternehmers nach §§ 647, 648, 648a BGB, JA 2016, 727; *Peters*, Die Abnahme beim Kauf- und im Werkvertragsrecht, ZGS 2011, 204; *Schippers*, Die rechtlichen Auswirkmgen nachträglicher Schwarzgeldabreden auf den ursprünglichen Werkvertrag, 2018; *Schwenker*, Keine Mängelrechte vor Abnahme, NJW 2017, 1579; *Stamm*, Kehrtwende des BGH bei der Bekämpfung der Schwarzarbeit, NJW 2014, 2145; *Wertenbruch*, Die Anwendung des § 275 BGB auf Betriebsstörungen beim Werkvertrag, ZGS 2003, 53. Vgl. auch die Nachweise zu § 32.

第 34 节 物之瑕疵与权利瑕疵的担保

1　若在风险转移时存在承揽瑕疵,定作人的权利依据是第 634 条至第 638 条的特别**瑕疵担保条文**。针对解除与损害赔偿,这些条文援引一般给付障碍法(第 280 条及以下、第 311a 条、第 323 条及以下),但略有修正。这一体系基本上**符合买卖法的模式**,但细节上略有不同。

一、第 633 条的瑕疵概念

2　第 633 条第 1 款与第 433 条第 1 款第 2 句的规定一致,承揽人有义务使定作人获得**无物之瑕疵或权利瑕疵**的工作成果。与买卖法(第 434 条、第 435 条)相同,第 633 条第 2 款与第 3 款确定了物之瑕疵与权利瑕疵的概念。依**主观的瑕疵概念**,当事人间的约定是首要的,客观标准只能辅助适用。[326]

---

[326] 参见 Erman/*Schwenker*/*Rodemann* § 633 Rn. 9; HK-BGB/*Scheuch* § 633 Rn. 2。

1. 品质偏差

依第 633 条第 2 款第 1 句,若工作成果不具有**约定的品质**(vereinbarte Beschaffenheit),则存在物之瑕疵。于此,仍应首先关注当事人间关于品质的约定。依裁判,约定的品质这一概念包括"所有依当事人约定,应促成合同所负担的结果发生的工作性质"[327]。

于未约定品质之情形,依第 633 条第 2 款第 2 句第 1 项,若工作成果不适于合同**所预设的使用**,即存在瑕疵。若未预设特别使用,则依据工作成果是否适于**惯常的使用**并具有**通常的**、定作人可期待的**品质**来进行判断(第 633 条第 2 款第 2 句第 2 项)。

虽然制定法上有顺位,但在检索瑕疵时,不得孤立地依据单项标准。由于涉及对主观标准进行具体化,起决定作用的仍应是当事人的意愿。因此,若工作成果不具有约定的**功能上的适宜性**,承揽人原则上不能通过主张以约定的方式或按照受认可的技术规则执行了工作而免责。[328]

不同于买卖法(第 434 条第 1 款第 3 句),承揽合同法未明确规定**对广告语的责任**。由于承揽人本身是产品的生产者,故通常并无必要对此类广告语进行归责。所以,承揽人的广告语显然属于第 633 条第 2 款第 1 句意义上的品质约定。[329] 当承揽人使用了其他承揽人生产的材料,并向定作人展示其他承揽人的广告单时,情况亦同。

示例:B 将汽车的排气设备交给 P 的折扣工厂修理。P 向 B 展示了替代零件的广告单,零件生产者在广告单上宣传了零件的高品质与耐久性。P 由此把零件生产者的陈述变为自己的陈述,对此须依第 633 条第 2 款第 1 句负责。

此外,在建筑合同与建筑开发商合同中应注意,依第 650k 条第 2 款(可能结合第 650u 条第 1 款),若建造描述不完整或不清晰,应参考所有

---

[327] BGH NZBau 2014, 492 (493)-Glasfassade.

[328] BGH NJW 2008, 511 (512) = JA 2008, 385 - Blockheizkraftwerk; BGH NZBau 2014, 492 (493).

[329] 参见 *Schlechtriem* SchuldR BT Rn. 406; *Brox/Walker* SchuldR BT § 24 Rn. 19; 关于类推第 434 条第 1 款第 3 句,见 *Oetker/Maultzsch* Vertragl. Schuldverhältnisse § 8 Rn. 34。

与合同相关之情状解释合同。建筑工程的**广告语**与**广告单**可能也属于这类情形,这对建筑开发商合同可能正好有意义。[330]

2. 错误给付与过少给付

5 与买卖法类似,在承揽合同法上,完成**他种工作**(aliud)或**数量过少**的工作对象之瑕疵而言并无差别(第 633 条第 2 款第 3 句)。而在实践中,这两种情形对承揽合同的影响较小。在制作与交付动产的合同中,最有可能发生错误给付(*Falschleistung*),但第 650 条就此援引买卖法(第 32 节边码 2)。[331] 此外,若承揽人为完成工作使用了与约定不同的材料,则可考虑他种给付。[332] 但此处通常已按照第 633 条第 2 款第 1 句成立瑕疵。

示例:B 委托鞋匠 U 给一双鞋纳上鞋底。B 和 U 约定,U 应当使用皮革底,但 U 因过失使用了橡胶鞋底。B 直到下次想再穿这双鞋的时候才发觉这件事。

不论瑕疵是依第 633 条第 2 款第 1 句,还是第 633 条第 2 款第 3 句产生的,B 都有源于第 634 条的权利。于此,只能通过重新完成工作来进行补正(第 634 条第 1 项结合第 635 条)。

6 于过少给付(*Minderleistung*)之情形,仅当将较少数量作为完整的履行提供给定作人时,方适用第 633 条第 2 款第 3 句。[333] 否则就只是**部分履行**(Teilleistung)(第 266 条),可直接适用一般给付障碍法。

示例:建筑承包商 U 应当为建筑开发商 B 建五幢联排别墅。截至约定时刻,U 完成了四幢。

故就第五幢房子存在部分未给付的情形。B* 的权利直接源于第 280 条第 1 款、第 3 款、第 281 条第 1 款第 2 句或第 323 条第 5 款第 1 句;此外,还有源于第 280 条第 1 款、第 2 款、第 286 条的迟延损害赔偿请求权。

---

[330] *Basty* MittBayNot 2017, 445 (448).
[331] *Brox/Walker* SchuldR BT § 24 Rn. 20; MüKoBGB/*Busche* § 633 Rn. 31.
[332] *Palandt/Retzlaff* § 633 Rn. 8.
[333] 参见 Staudinger/*Peters*, 2019, § 633 Rn. 197。
* 原文误写作 U。——译者注

3. 权利瑕疵

借鉴第 435 条第 1 句(第 12 节边码 4 及以下),第 633 条第 3 款调整权利瑕疵。应当这样完成工作:第三人不能就完成的工作向定作人主张权利,或只能主张定作人在合同中接受的权利。例如著作权、专利权及其他商业保护权等属于第三人权利。

7

示例(BGH NJW-RR 2003, 1285):B 委托广告公司 U 为节目杂志"Z"制作广告短片。U 为此完成了两个用作曲家及表演者 K 的音乐配乐的广告影片。在若干电台播放广告短片后,K 向 B 主张,使用其音乐侵犯了他的著作权。为补偿被侵犯的著作权,B 向 K 支付了高达 4 万欧元的许可费。B 可基于权利瑕疵责任(第 633 条第 3 款、第 634 条第 4 项、第 280 条第 1 款)要求 U 赔偿这笔费用。[334]

4. 决定性时刻

和买卖法一样,适用瑕疵担保法的决定性转折是**风险移转**。于此,承揽合同法原则上将**验收**或完工视为决定性时刻(第 644 条、第 646 条)。[335] 在此之前,定作人通常仍保有原履行请求权;一般给付障碍法可直接适用于义务违反。但在例外情形中,定作人**未作验收**亦有权依第 634 条第 2 项至第 4 项主张瑕疵权利(第 33 节边码 9)。

8

二、定作人依第 634 条的权利

若工作成果在验收时具有瑕疵,定作人的权利依据是第 634 条。该条文的构造方式与第 437 条相同(第 4 节边码 1 及以下)。因此,只要援引了一般给付障碍法,此处亦应区分**可消除**与**不可消除的瑕疵**,并对后者适用关于给付不能的条文。从买卖法中基本上已知悉单项权利(补正、解除、减价、损害赔偿或费用偿还)。不同于买卖法(第 4 节边码 25、26)的是:在承揽合同法中,定作人享有自行除去瑕疵的权利(第 634 条第 2 项、第 637 条)。

9

---

[334] 在旧法上,结果已然如此,见 BGH NJW-RR 2003, 1285。
[335] BGH NJW 2016, 2183; Staudinger/*Peters*, 2019, § 634 Rn. 11.

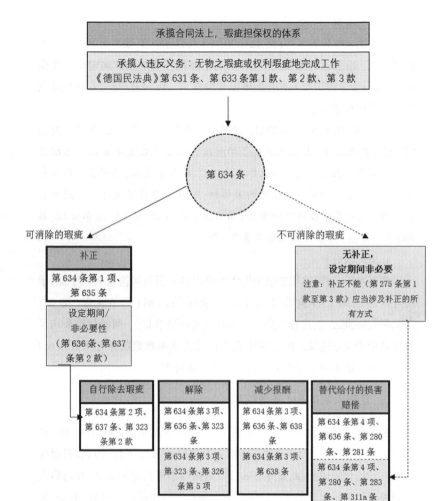

图 3-1 承揽合同法上,瑕疵担保权的体系

1. 补正(Nacherfüllung)

定作人主要的权利救济方式是补正(第 634 条第 1 项、第 635 条)。原则上,仅当为补正设定的合理期间届满后,方可主张其他权利。如同在买卖法中,承揽人因此享有**第二次进行给付的权利**(Recht zur zweiten Andienung)。

依第 635 条第 1 款,补正可通过**消除瑕疵**(修理)或**重新完成**工作的方式实现。不同于买卖法(参见第 439 条第 1 款),此处承揽人享有选择权。其正当性在于:相较出卖人,承揽人更熟悉制作过程,并且,鉴于承揽人的专业知识更精深,其更容易决定何种方式能最好且最节约地消除瑕疵。[336] 与第 439 条第 2 款类似,承揽人依第 635 条第 2 款承担补正**费用**。对于重新完成工作之情形,承揽人可依第 635 条第 4 款结合第 346 条至第 348 条要求**返还**有瑕疵的工作成果。

依第 275 条第 1 款至第 3 款可排除补正请求权。[337] 于瑕疵不可消除之情形,存在第 275 条第 1 款意义上的真正的**给付不能**。虽然在承揽合同法中,这类瑕疵因通常至少能重新工作而很少见[338],但在个案中仍可考虑补正不能。这尤其适用于有瑕疵的承揽给付完全破坏了给付基础的情形。

示例:由于对飞机发动机的修理不专业,飞机坠落。若飞机在碰撞中被完全摧毁,则正常地修理发动机这一补正方式成为给付不能。另一案例见第 34 节边码 30。

此外,若补正需要**不合比例**的费用,承揽人可依第 635 条第 3 款**拒绝**补正。不同于第 439 条第 4 款(第 4 节边码 16 及以下),此处不区分相对的与绝对的不合比例性。其根据是:由于承揽人总会选择花费较少的选项,故在承揽合同中不发生相对不合比例的问题。

第 635 条第 3 款的给付拒绝权超越了**第 275 条第 2 款**。[339] 因此,在实际的法律运用中(以及在考试中)优先适用第 635 条第 3 款是有道理的。[340] 在确定第 635 条第 3 款意义上的不合比例性时,主要的根据是:承揽人消除瑕疵的费用与定作人对无瑕疵给付的客观利益之间的关系。[341] 但最终起决定作用的仍是个案中的利益衡量。仅当承揽人负有

11

12

---

[336] BT-Drs. 14/6040, 265; *Medicus/Lorenz* SchuldR BT § 37 Rn. 12.
[337] 针对这一情况,见 BGH NJW 2014, 3365 = JA 2014, 942 (*Looschelders*)。
[338] *Medicus/Lorenz* SchuldR BT § 35 Rn. 5.
[339] 参见 BT-Drs. 14/6040, 265。
[340] 亦见 MüKoBGB/*Busche* § 635 Rn. 39。
[341] MüKoBGB/*Busche* § 635 Rn. 31ff.; Palandt/*Retzlaff* § 635 Rn. 11; BeckOK BGB/*Voit*, 56. Ed. 1.5.2020, § 635 Rn. 15; Staudinger/*Peters*, 2019, § 635 Rn. 12.

亲自给付义务时,依**第275条第3款**的个人的不可期待性才可能是重要的(第33节边码6)。

2. 自行除去瑕疵(Selbstvornahme)与费用偿还(Aufwendungsersatz)

13　依第634条第2项与第637条第1款,在为补正设定的期间徒劳经过后,定作人也可**自行消除**(或通过第三人消除)瑕疵,并要求承揽人偿还为此支出的**必要费用**。在买卖法上则不存在类似的自行消除瑕疵权(第4节边码25、26)。

(1)未排除补正请求权

14　自行消除瑕疵权的第一个构成要件是定作人享有补正请求权。亦即,补正请求权不能已被第275条第1款排除。这在以下情形中具有实践意义:对承揽人而言补正(**主观**)**给付不能**,但定作人能够消除瑕疵。此时亦排除自行消除瑕疵权。[342] 若承揽人依第275条第2款、第3款或第635条第3款,基于不可期待性或不合比例性而**拒绝补正**,则产生相同问题。于此情形,由于不得规避承揽人的给付拒绝权,第637条第1款第2半句排除自行消除瑕疵权。

示例:由于只有花费不合比例的费用才可能补正,承揽人U依第635条第3款拒绝补正。假使定作人B于此有自行消除瑕疵权,则U仍须承担不合比例的费用。

(2)期间设定的必要性与非必要性

15　最后,若定作人为承揽人设定了**合理的补正期间**,期间的徒劳经过也是必要条件。背后的思想仍是:承揽人自己应先享有通过补正消除瑕疵的机会。

16　针对**期间设定的非必要性**,第637条第2款第1句指向第323条第2款的构成要件(参见《债法总论》第33节边码3、4)。故仍是包括不当地拒绝履行、相对定期行为以及出于特殊情况的非必要性。

类似买卖法(参见第440条第1句)与承揽合同法中的其他次瑕疵担保权(参见第636条),第637条第2款第2句将期间设定的可免除性扩展

---

[342]　NK-BGB/*Raab* § 637 Rn. 6; MüKoBGB/*Busche* § 637 Rn. 5.

至补正已**失败**或对定作人而言**不可期待**的情形。

就**补正失败**而言,首先取决于承揽人应当进行多少次尝试。制定法对此未制定一般规则。其依据是:应考虑每项工作的特性。但在标准化工作中可依据第 440 条第 2 句(第 4 节边码 34)。[343]

17

就**不可期待性**而言,仅须依赖定作人的视角;不同于第 323 条第 2 款第 3 项,无须考量承揽人的利益。[344] 因为是由定作人自行补正,与此相关的障碍不得影响不可期待性;关键在于,恰是因为承揽人而不可期待补正。[345]

18

示例:若定作人对由承揽人正常消除瑕疵的信赖产生持续动摇,则显然存在不可期待性。[346] 若定作人本人需要尽快使用无瑕疵的工作成果,或其需要将无瑕疵的工作成果转交给顾客,也可能出于时间原因而不可期待由承揽人进行补正。[347]

(3)定作人的费用偿还请求权

若定作人已自行正当地消除了瑕疵,则其可依第 637 条第 1 款要求偿还必要费用。**费用**的概念依据一般规则确定(参见《债法总论》第 14 节边码 2),涵盖所有自愿的财产支出,其中也包括定作人自己的劳动给付。[348] 应如此确定**必要性**:一位理性的、出于经济考虑的定作人,为消除瑕疵将支出何种费用[349],而不考虑事后表明费用是有意义的还是无用的。[350] 该请求权尤其包含定作人为消除瑕疵而应向其他承揽人支付的报酬。[351] 依第 637 条第 3 款,为了消除瑕疵,针对可预期的必要费用,定作人可请求**预付费**。

19

---

[343] MüKoBGB/*Busche* § 636 Rn. 21.
[344] Palandt/*Retzlaff* § 636 Rn. 16.
[345] NK-BGB/*Raab* § 637 Rn. 9; *Brox/Walker* SchuldR BT § 24 Rn. 36.
[346] BGHZ 46, 242.
[347] BGH NJW-RR 1993, 560; Palandt/*Retzlaff* § 636 Rn. 16.
[348] BGHZ 59, 328 (330f.); MüKoBGB/*Busche* § 637 Rn. 10. 委托的无偿性解释了第 670 条特殊的法状态(参见第 39 节边码 12 及以下)。
[349] BGH NJW-RR 1991, 789; *Brox/Walker* SchuldR BT § 24 Rn. 37.
[350] Palandt/*Retzlaff* § 637 Rn. 6.
[351] NK-BGB/*Raab* § 637 Rn. 19.

3. 解除

20 依第634条第3项第1项,于瑕疵之情形,定作人也可以解除合同。解除的其他构成要件依据第323条、第326条第5款确定。故于**瑕疵可消除之情形**,定作人应先为承揽人设定合理的补正期间。依第323条第2款,期间设定也可能是非必要的。此外,若承揽人正当地(第635条第3款)拒绝补正、补正失败或补正对定作人而言不可期待,依第636条亦无必要设定期间。这符合第440条(第4节边码34及以下)与第637条第2款(第34节边码16及以下)的规则。于**瑕疵不可消除之情形**,适用第326条第5款,故一般没必要设定期间。

示例(AG München NJW 2012, 2452):B委托纹身工作室的经营者T在其手腕的内侧纹上所谓的"科普特十字",为此支付50欧元。纹身一周后,B向T抗议十字的构造不合比例,要求退还50欧元。T主张可以修改,这很简单。

基于第634条第3项、第323条第1款与第346条第1款,B对50欧元可能享有返还请求权。双方当事人就纹身缔结了有效的承揽合同。[352] 由于纹身的比例不协调,工作不具有第633条第1款第1句意义上的约定品质。依第323条第1款,于瑕疵可消除之情形,解除原则上以所设定补正期间徒劳经过为构成要件。但由于补正对B而言不可期待,此处依第636条第3项可能没必要设定期间。补正必然会侵犯B身体上的固有利益,这支持不可期待性。此外,B之前自甘风险,决定纹身。于纹身之情形,通常也存在进行特定"修正"的必要性。因为可以简单地完成修改,法院肯定了可期待性。故解除无效,从而不成立返还请求权。

21 于**非显著瑕疵**(第323条第5款第2句)、**定作人单独或主要地负责以及定作人受领迟延**之情形,解除权被排除(第323条第6款)。

通过解除,定作人与承揽人间产生**返还债务关系**(Rückgewährschuldverhältnis)。返还的清算依据是第346条及以下的一般条文(参见《债法

---

[352] 在具体案件中存在另外一个问题,B在缔结合同时只有17岁。但因为B以自己的劳动所得支付了报酬,慕尼黑地区法院依第110条肯定了合同的有效性(参见 *Mäsch* JuS 2012, 748)。

总论》第 40 节边码 10 及以下)。

4. 减少报酬

作为解除的替代,定作人可选择减少承揽人的报酬(第 634 条第 3 项第 2 项、第 638 条第 1 款第 1 句)。民法典只在买卖法中(第 437 条第 2 项、第 441 条)规定了类似的减价权(第 4 节边码 49 及以下)。原则上,满足**解除的构成要件**(第 323 条、第 326 条第 5 款)是行使减价权的构成要件(第 638 条第 1 款第 1 句:"作为解除的替代")。而由于不得适用第 323 条第 5 款第 2 句,瑕疵的不显著性与减少报酬并不冲突。 22

减少报酬是**形成权**,可通过向承揽人作出表示的方式行使(第 638 条第 1 款第 1 句)。若定作人或承揽人为多数,则有必要一并主张(第 638 条第 2 款)。 23

于减少报酬之情形,在**瑕疵导致工作成果价值减少的数额**内,依第 638 条第 3 款第 1 句减少报酬。计算方式和买卖法一样(第 4 节边码 50)。若定作人已全额支付报酬,则其可依第 638 条第 4 款第 1 句向承揽人要求返还多付的数额。返还同样依据第 346 条第 1 款与第 347 条第 1 款的一般返还条文(第 638 条第 4 款第 2 句)。 24

5. 定作人的损害赔偿请求权

此外,依第 634 条第 4 项,定作人依第 280 条、第 281 条、第 283 条与第 311a 条享有损害赔偿请求权。依一般原则,于此应区分各类**损害范畴**。 25

(1)简单的损害赔偿

若定作人的其他权利、法益或利益(包括财产)因承揽瑕疵而遭受损害,可考虑源于第 634 条第 4 项与第 280 条第 1 款的"与给付并行的损害赔偿请求权"。[353] 这类损害也被称为**瑕疵结果损害**(参见《债法总论》第 25 节边码 9 及以下)。由于只涉及赔偿固有利益,定作人的补正请求权不受影响。亦即,可在补正之外请求损害赔偿。因此,额外的构成要件(例如设定期间)并非必要。 26

示例:安装工 U 在珠宝商 J 的商店内依约安装报警装置。出于 U 的

---

[353] BGH NJW 2019, 1867 Rn. 18 = JuS 2019, 810 (*Schwab*).

过失,报警装置的安装不恰当。不久后,窃贼 D 侵入 J 的商店并偷走价值 66000 欧元的首饰。只因报警装置失灵,D 方能成功侵入。U 是否应就被盗的首饰向 J 承担损害赔偿?

J 基于第 634 条第 4 款与第 280 条第 1 款可能对 U 享有 66000 欧元的支付请求权。U 与 J 已缔结关于安装报警装置的承揽合同(第 631 条)。[354] 由于没有恰当地安装报警装置,承揽具有第 633 条第 2 款第 2 句第 1 项意义上的瑕疵。因为这一瑕疵,J 的财产遭受损害。在补正之外,J 还可主张这类瑕疵结果损害,第 634 条第 4 项就此指向第 280 条第 1 款。[355] 相反观点却认为,对于所有权的保护被包含在报警装置买受人或定作人的给付利益之中。[356] 此种观点不予认同,无关过错的补正请求权并不(同时)指向对盗窃物的赔偿。因此,损害赔偿未取代补正的地位。已经确认债务关系(承揽合同)与义务违反(瑕疵)。由于瑕疵源于 U 的过失,其对义务违反亦有过错(第 280 条第 1 款第 2 句、第 276 条第 2 款)。J 的损害在于失去价值 66000 欧元的首饰。额外的构成要件并非必要。故请求权成立。

(2)瑕疵导致的迟延损害赔偿

27 依第 634 条第 4 项、第 280 条第 1 款、第 2 款以及第 286 条第 1 款,若无瑕疵的给付陷于迟延,承揽人应对定作人因此而生的损害予以赔偿。与买卖法相同,此处首先涉及的是承揽人陷入**补正迟延**的情形。然而,主流意见认为第 280 条第 1 款、第 2 款与第 286 条不包括**丧失用益的损害**,其应当作为"简单的"损害依第 280 条第 1 款予以赔偿(一般规则参见《债法总论》第 26 节边码 1 及以下,关于买卖法参见第 4 节边码 69 及以下)。[357]

(3)替代给付的损害赔偿

28 如若涉及**履行利益**(例如工作成果价值减少,进行更换的费用,通常

---

[354] 此处反对认可附安装义务的买卖合同,理由是:正常地安装装置,是很重要的(第 32 节边码 2 及以下)。

[355] 另参见 NK-BGB/*Dauner-Lieb* § 280 Rn. 62。

[356] So *Oetker/Maultzsch* Vertragl. Schuldverhältnisse § 2 Rn. 312; *Schroeter* AcP 220 (2020), 234 (289).

[357] 参见 Palandt/*Retzlaff* § 634 Rn. 16; *Medicus/Lorenz* SchuldR BT § 37 Rn. 30。

还有所失利益),仅在满足第 280 条第 1 款、第 3 款、第 281 条或第 283 条,抑或第 311a 条第 2 款(各自结合第 634 条第 4 项)的构成要件时,定作人才可主张**替代给付的损害赔偿**。替代给付的损害赔偿与**简单的损害赔偿的区分**依据在于:前者取代了所负担的承揽给付或补正的地位。所以替代给付的损害赔偿请求权的适用范围也依据补正的射程。因此,在实际适用法律时,首先应当通过解释(第 133 条、第 157 条)阐明所负担的承揽给付的内容(关于损害赔偿的区分概述,参见《债法总论》第 24 节边码 17)。[358] 若据此得出的结果是指向替代给付的损害赔偿请求权,则应进一步区分**可消除的**与**不可消除的**瑕疵。

①于**瑕疵可消除**之情形,原则上,仅当定作人为承揽人设定的合理的补正**期间**徒劳经过后(第 281 条第 1 款第 1 句),定作人方可要求替代给付的损害赔偿。由于赔偿请求权替代了补正,若不设定期间,承揽人将会失去第二次给付的权利。依第 281 条第 2 款(参见《债法总论》第 27 节边码 18 及以下),因承揽人严肃且终局地拒绝补正或出于其他原因,期间设定可能是**非必要的**。此外,此处还可适用第 636 条所规定的例外事实构成(第 34 节边码 20)。[359]

②若基于**给付不能**(第 275 条第 1 款)或类似的给付障碍(第 275 条第 2 款、第 3 款)排除补正,则于**嗣后给付障碍**之情形,定作人的赔偿请求权依据是第 634 条第 4 项结合第 280 条第 1 款、第 3 款与第 283 条。于**自始给付障碍**之情形,相关的是第 634 条第 4 项与第 311a 条第 2 款。对这两种情形皆无须设定期间。鉴于当代的技术条件,实践中很少有能无瑕疵完成的工作(第 34 节边码 11)。尤其是由事实上原因导致的自始给付不能。但若**在技术上无法实现**约定的工作成果性能,可考虑依第 634 条第 4 项与第 311a 条第 2 款的请求权。[360]

示例:银行 B 委托软件专家 S 为超级计算机开发一款程序,以便能够更快速地处理所有账户流程。S 向 B 保证,软件将在后者的超级计算机上

29

30

---

[358] 详见 BGH NJW 2019, 1867 Rn. 18ff. = JuS 2019, 810 (*Schwab*)。
[359] 参见 BGH NJW 2019, 1867 Rn. 37。
[360] BGH NJW 2014, 3365 = JA 2014, 942 (*Looschelders*).

无障碍地运行。验收后发现,S的软件经常导致B的超级计算机崩溃。鉴定专家确认,超级计算机的容量对于运行功能如此强大的软件而言过小了。S由于计算错误,对此有误判。

B依第634条第4项与第311a条第2款可能对S享有损害赔偿请求权。在双方当事人间已成立关于开发软件的承揽合同,因不适用于合同预设之目的,软件具有瑕疵(第633条第2款第2句第1项)。但开发一项具有约定性质的软件属于自始给付不能(第311a条第1款)。S并不知道给付不能,但S的不知道是基于计算错误,故S对不知道有过错(第311a条第2款第2句)。因此,B可依第634条第4项与第311a条第2款第1句要求替代给付的损害赔偿。

31　　③除此之外,替代给付的损害赔偿请求权依据第281条的一般构成要件,可能结合第283条第2句或第311a条第2款第3句(《债法总论》第27节边码27及以下)。据此,仅当瑕疵显著时,定作人方可要求**替代全部给付的损害赔偿**(所谓的"大损害赔偿")(第281条第1款第3句)。于此情形,承揽人可依第281条第5款结合第346条及以下要求返还有瑕疵的工作成果。于瑕疵非显著之情形,只能考虑所谓的"**小损害赔偿**"。此时定作人保留有瑕疵的工作成果,同时只主张因瑕疵而生的损害(例如修理费、价值减少)。[361] 契合第251条第2款第1句,若承揽人基于**不合比例性**已经依第635条第3款正当地拒绝了补正,则不能借助替代给付的损害赔偿主张补正费用;该损害赔偿请求权仅以赔偿由瑕疵导致的工作价值减少为目标。[362]

31a　　若定作人保留工作成果并不去除瑕疵,则会产生如下问题:在替代给付之损害赔偿(即"**小损害赔偿**")的范围内,定作人能否主张赔偿**拟制的瑕疵去除费用**。联邦最高法院长期以来以定作人的处分自由为由对这一问题持肯定态度。但最近一段时间,它却以如下方式限制了请求权,即定作人不得要求赔偿在可预见的瑕疵去除费用中分摊的增值税,因为这

---

[361] 详见BGH NJW-RR 2005, 1039; NJW 2013, 370 = JA 2013, 628 (*Looschelders*)。
[362] BGH NJW 2013, 370 (372). 关于买卖法上的类似问题,参见第4节边码22。

可能涉及过度赔偿。[363] 在最近的一项判决中,联邦最高法院第七民事审判庭作出了与之前判例不同的判决,为了避免过度赔偿,定作人不得按照拟制的瑕疵去除费用计算其损害。[364] 取而代之,根据第 634 条第 3 项、第 638 条可通过如下方式计算损害:以约定的报酬为基础估算因瑕疵未去除导致的工作减值。迄今为止,第五和第八民事审判庭在**买卖法**方面参考第七民事审判庭在承揽合同法上的判决,仍以拟制的瑕疵去除费用的可赔偿性为起点(第 4 节边码 63)。第七审判庭就此只是指明,买卖法上的问题应独立评估。在学理上则多数赞同**统一判断**买卖合同法与承揽合同法上的问题。大多数作者则赞同,在买卖法中也排除对拟制的瑕疵去除费用的赔偿。[365] 第五民事审判庭同样认为,拟制的瑕疵去除费用的可赔偿性应做统一判断。但第五民事审判庭观点的不同之处在于,其认为在这两个领域内都应当坚持拟制的瑕疵去除费用的可赔偿性。[366] 因此,第五民事审判庭已经依据《法院组织法》第 132 条第 3 款征询第八民事审判庭是否维持其法律意见。既然第七民事审判庭在最新的裁判中强化了他的观点[366a],则可期待第五民事审判庭依《法院组织法》第 132 条第 2 款将此问题提交给大民事审判庭。因此,裁判的进一步发展有待观察。

6. 偿还无益费用

定作人可依第 634 条第 4 项结合第 284 条,要求偿还因信赖获得无瑕疵工作成果而支出的**无益费用**(vergebliche Aufwendungen),以代替替代给付的损害赔偿(参见《债法总论》第 30 节边码 1 及以下)。其主要包括合同费用[367]*以及为了工作成果而获取从物的费用。

32

---

[363] BGHZ 186, 330 = NJW 2010, 3085 = JA 2011, 65 (*Looschelders*).

[364] BGHZ 218, 1 = NJW 2018, 1463 = JZ 2018, 671 mAnm U. *Picker* = JA 2018, 627 (*Looschelders*).

[365] *Brox/Walker* SchuldR BT § 4 Rn. 93; *Heinemeyer* NJW 2018, 2441 (2444); *Lotz* JuS 2019, 749(751ff.); *U. Picker* JZ 2018, 676.

[366] BGH ZfBR 2020, 552 = LMK2020, 430873 (Looschelders); ebenso Mohr 2019, 917 (923 f.).

[366a] BGH NJW 2021, 53.

[367] NK-BGB/*Raab* § 636 Rn. 59; MüKoBGB/*Busche* § 634 Rn. 74.

* 合同费用指缔约费用、收款费用、审查合同的费用等等。——译者注

三、瑕疵权利的排除

33　　**合同或制定法**可能会排除瑕疵担保权。就此而言,通过单个合同排除瑕疵权利是没有问题的。然而,如同买卖法上第 444 条之情形(第 5 节边码 6 及以下),只要承揽人恶意隐瞒了瑕疵或对品质作出了保证,承揽人就不能援引此种约定(第 639 条)。另外,一般交易条款中的责任限制受到第 307 条及以下的调控。于此,第 309 条第 8b 项的条款禁令具有特别重大的意义。

34　　若定作人**明知瑕疵仍验收**工作,则其仅在于验收时作出保留的情形下才享有第 634 条第 1 项至第 3 项的权利(第 640 条第 3 款)。但必须是定作人明知才有影响,即便是因重大过失而不知,也不影响定作人的瑕疵担保权利。

　　由于第 640 条第 3 款未提及第 634 条第 4 项规定的定作人的**损害赔偿请求权**,因此,即便在验收工作时明知有瑕疵,该请求权也仍然**存在**。[368] 但若依第 640 条第 3 款已排除补正请求权,则产生以下问题:在定作人依第 634 条第 4 项、第 280 条第 1 款、第 3 款与第 281 条可要求替代给付的损害赔偿之前,是否仍应为承揽人设定合理的**补正期间**。认为有必要设定期间的理由是:第 640 条第 3 款并不旨在扩大定作人的权利。特别是,不能因为定作人的懈怠而让承揽人失去第二次给付的权利。[369]

四、消灭时效

1. 概览

35　　第 634a 条规定了消灭时效。这一条文显然类似第 438 条(第 6 节边码 1 及以下)。但应注意,**承揽合同中特殊的消灭时效期间**只适用于在物或建筑物上执行的工作,以及与此相关的关于计划与监督的给付(第 634a 条第 1 款第 1 项与第 2 项)。相反,若瑕疵存在于其他(特别是无形的)工作之上,则适用第 195 条与第 199 条的**普通消灭时效**(第 634a 条第 1 款第 3 项)。

---

[368] 参见 BT-Drs. 14/6040, 267。
[369] Staudinger/*Peters*, 2019, § 640 Rn. 50.

针对定作人所有源于第 634 条第 1 项、第 2 项及第 4 项的瑕疵担保权,承揽合同的特殊消灭时效期间是决定性的。其亦适用于因**瑕疵结果损害**导致的赔偿请求权。[370] 然而,债法改革之前所区分的近瑕疵结果损害(短期消灭时效)与远瑕疵结果损害(普通消灭时效),现已废弃。[371]

36

深化:部分学说观点认为,在现行法的基础上,瑕疵结果损害的范畴也已过时。[372] 反对此观点的理由是:仅当工作瑕疵给定作人的其他法益造成损害时,基于损害的请求权方依第 634a 条第 1 款第 1 项与第 2 项,适用承揽合同的消灭时效。若损害不是源于工作瑕疵,则可直接适用第 280 条及以下。消灭时效则依据第 195 条与第 199 条。

由于第 634 条第 2 项与第 637 条的**自行去除瑕疵权**并非第 194 条意义上的请求权,其本身不会因时效经过而消灭。消灭时效于此仅针对费用偿还请求权。关于解除与减少报酬(第 634 条第 3 项)的特别规则,参见第 34 节边码 41。

37

表 3-1　承揽合同法中瑕疵担保权的消灭时效(第 634a 条)

承揽合同法中瑕疵担保权的消灭时效(第 634a 条)		
有形工作的瑕疵,包括相关的计划与监督工作		其他工作的瑕疵
制作、维修与变更物(建筑物除外): 2 年(第 1 款第 1 项)	建筑物: 5 年(第 1 款第 2 项)	普通的消灭时效期间: (第 1 款第 3 项)
消灭时效的起算:验收(第 2 款)		
恶意的情形:普通的消灭时效期间(第 3 款)		
解除与减少报酬的情形: 准用第 218 条(第 4 款与第 5 款)		

2. 在物与建筑物上的工作

若工作是物的制作、维修或变更(建筑物例外),或是与此相关的计划

38

---

[370]　BGH NJW 2011, 594 (595); Palandt/*Retzlaff* § 634a Rn. 2; *Medicus/Lorenz* SchuldR BT § 37 Rn. 46.

[371]　参见 *Brox/Walker* SchuldR BT § 24 Rn. 58; *Tettinger* ZGS 2006, 96ff. ;这一点现在基于补正履行请求权的范围已非常清楚,见 BGH NJW 2019, 1867 Rn. 26ff. 。

[372]　参见 *Tettinger* ZGS 2006, 96 (101)。

与监督给付,则依第634a条第1款第1项,定作人的瑕疵请求权经过2年而完成消灭时效。这契合买卖法上依第438条第1款第3项的消灭时效。若供给待制作的动产,则依第650条适用**买卖法**上的消灭时效期间。

于**建筑物**以及相关的计划与监督给付(例如通过建筑师)之情形,通常很迟才能发现瑕疵。故依第634a条第1款第2项,此处瑕疵请求权的消灭时效长达**5年**。相应地,在买卖法上,依第438条第1款第2项字母b项,承建商对材料供应商的瑕疵请求权同样经过5年方完成消灭时效(第6节边码2)。

依第634a条第2款,第634a条第1款第1项与第2项的承揽合同的特殊消灭时效期间在**验收**工作时起算。

39　若承揽人**恶意隐瞒**瑕疵,则依第634a条第3款第1句适用普通的消灭时效期间。故自请求权成立且定作人已知或应知成立请求权之情况的当年年末起,期间为3年,最长为10年或30年(第199条)。若承揽人的履行辅助人(例如承包人或次承揽人)明知瑕疵,依第278条应将其**明知归责**于承揽人,因而亦可肯定恶意之存在。[373] 由于承揽人的恶意不得缩短第634a条第1款第2项规定的5年期间,第634a条第3款第2句(如同第438条第3款第2句)规定:在上述期间届满前,消灭时效未经过。

示例:B委托屋顶工人D为其房屋屋顶重新铺瓦。D为省钱故意使用了不合格的材料,致使房屋屋顶架遭受潮湿的损害。

由于D的行为是故意的,B源于第634条第4项与第280条第1款的损害赔偿请求权适用普通的消灭时效(第634a条第3款)。相比依第634a条第1款第2项的消灭时效,普通消灭时效原则上对B更有利,因为其在B得知瑕疵与损害的当年年末方始起算。但若B在验收后不久便得知成立请求权的事实,情况则有所不同。于此情形,B可援引第634a条第1款第2项。

3. 其他(特别是无形)工作的瑕疵

40　依第634a条第1款第3项,其他工作适用3年的**普通消灭时效**(第195条、第199条)。此处重要的是无形工作(例如鉴定、企业咨询、运输服

---

[373] 参见 BGH NJW 2007, 366 = JA 2007, 142 (*Looschelders*)。

务)上瑕疵导致的请求权,但排除为建筑物或其他物上工作而给付的计划与监督。此外还包括为人体提供的承揽给付(例如纹身)。[374]

深化:区分物上承揽给付与其他承揽给付的正当性在于,于建筑物与其他物上承揽之情形,由于工作已实体化,确定瑕疵通常并无多大困难。故短期的客观消灭时效是合理的。这同样适用于与物相关的计划与监督措施,因为瑕疵体现在实体工作中,故容易确定。此外,对参与完成同一项工作的承揽人(例如建筑承揽人与建筑师)的瑕疵担保请求权,应避免适用不同的消灭时效。此外,完成其他工作的合同与雇佣合同十分相近,于后者,基于瑕疵给付的请求权受制于普通消灭时效。[375] 故就此而言,在承揽合同法中适用普通消灭时效也是合理的。

4. 排除解除权与减少报酬的权利

解除与减少报酬不是请求权,而是形成权,故其本身不会因时效经过而消灭。与买卖法解决该问题的方法类似(第438条第4款、第5款),第634a条第4款、第5款援引第218条。据此,若补正履行请求权依第634a条已完成或(于给付不能之情形)本应已完成消灭时效,而承揽人主张这一情况,则解除与减少报酬无效。

41

虽然解除无效,但若定作人基于解除本应有权拒绝支付,则其仍然可以**拒绝**(第634a条第4款第2句)。与此相对,承揽人可依第634a条第4款第3句**解除**合同,并要求返还工作成果。于减少报酬之情形,定作人享有相应的给付拒绝权(第634a条第5款结合第4款第2句)。但由于此处只能拒绝部分给付,承揽人不享有依第634a条第4款第3句的解除权。

5. 合同的约定

原则上允许通过合同约定消灭时效。依第202条第2款,可以通过单个合同约定将第634a条第1款的消灭时效期间**延长**至消灭时效起算后的30年。当适用一般交易条款时,针对因承揽瑕疵而生的请求权,第309条第8b项第ff小项限制**缩短**第634a条第1款规定的消灭时效。

42

---

[374] 参见Palandt/*Retzlaff* § 634a Rn. 10; Erman/*Schwenker/Rodemann* § 634a Rn. 11。
[375] 理由参见BT-Drs. 14/6040, 264。

五、建筑师与建筑承揽人的连带债务人责任

43　　在建筑工程中,建筑承揽人经常和定作人委托监管建设的建筑师或工程师一起为建筑物或其外部设备上的**同一瑕疵**负责,因为建筑师或工程师对瑕疵有**监督错误**,应承担不利后果。定作人既可向建筑承揽人,亦可向建筑师或工程师主张第 634 条的瑕疵权利,二者依第 421 条作为**连带债务人负责**(参见《债法总论》第 54 节边码 21 及以下)。[376] 定作人因此可自行决定向建筑承揽人、建筑师或工程师要求给付。在实践中,业主通常先向建筑师或工程师主张权利,因为按照职业条例,后者有义务缔结职业责任强制保险。之后,建筑师、工程师或其保险人可依第 426 条第 1 款、第 2 款向建筑承揽人要求**补偿**(《债法总论》第 54 节边码 28 及以下)。但若建筑承揽人在此期间内**破产**,就**不能实现**该补偿请求权。自经济角度观之,这将对建筑师与工程师造成**不合理负担**。[377]

为提高建筑师与工程师的法律地位,在主张监督错误时,若定作人仍未向同样对瑕疵负责的建筑承揽人设定合理的补正期间,并且期间无效经过,则第 650t 条赋予建筑师与工程师对定作人的**给付拒绝权**。一方面,可借此避免草率地向建筑师与工程师主张权利。另一方面,维持了补正的优先性,确保了建筑承揽人"第二次提供给付的"权利。[378] 建筑承揽人之后或可依第 426 条第 1 款、第 2 款向建筑师或工程师追偿。

参考文献: *Faber/Werner*, Hemmung der Verjährung durch werkvertragliche Nacherfüllung, NJW 2008, 1910; *Heinemeyer*, Ende der fiktiven Mängelbeseitigungskosten auch im Kaufrecht?, NJW 2018, 2441; *Lotz*, Die Ersatzfähigkeit »fiktiver Mängelbeseitigungskosten« im Rahmen des kleinen Schadensersatzes statt der Leistung im Werk- und Kaufrecht, JuS 2019, 749; *Lucenti*, Der »funktionale« Sachmangelbegriff des § 633 II BGB und die Aussichten auf eine Haftungsentschärfung

---

[376]　BGHZ 43, 227 (230ff.); 51, 275 (277ff.); Staudinger/*Looschelders*, 2017, § 427 Rn. 30ff.
[377]　关于问题阐述,参见 Begr. RegE, BT-Drs. 8486, 70f.; *Fuchs* NZBau 2015, 675 (682).
[378]　参见 Begr. RegE, BT-Drs. 18/8486, 71; *Fuchs* NZBau 2015, 675 (683).

der Beschaffenheitsvereinbarung, NJW 2008, 962; *Maultzsch*, Zum zeitlichen Anwendungsbereich der kauf- und werkvertraglichen Mängelrechte am Beispiel der §§ 439 Abs. 3, 635 Abs. 3 BGB, ZGS 2003, 411; *Mehring*, Der Anspruch auf großen Schadensersatz im Werkvertragsrecht, ZGS 2009, 310; *Mohr*, Fikliver Schadensersatz bei mangelhafter Leistung in Werkvertrags- und im Kaufrecht, JZ 2019, 917; *Reinking*, Leistungsort der Nacherfüllung im Kauf- und Werkvertragsrecht, NJW 2008, 3608; *Schiemann*, Vorteilsanrechnung beim werkvertraglichen Schadensersatz, NJW 2007, 3037; *Schlinker*, Die Sachmängelrechte im Kauf- und Werkvertragsrecht im Falle mangelhafter Drittleistung, AcP 207 (2007), 399; *Tettinger*, Nahe Mangelfolgeschäden nach der Schuldrechtsreform?, ZGS 2006, 96. Vgl. auch die Nachweise zu § 32 und § 33.

第 35 节　承揽合同的结束

承揽合同的结束原则上依据**一般规则**。尤其可以通过履行(第 362 条)或基于给付不能(第 275 条)消灭当事人间的对待给付义务。另外,当事人可随时缔结废止合同(参见拙著《债法总论》第 39 节边码 1)。除此之外,制定法还赋予双方当事人提前结束承揽合同的**特别终止权**。 1

一、定作人终止

依第 648 条第 1 句(旧法第 649 条第 1 句),定作人在工作完成前可**随时终止承揽合同**,对此无须特别原因。于此情形,合同被废止,效力面向将来。然而,依第 648 条第 2 句,定作人仍就**全部报酬**对承揽人负债。但如同第 326 条第 2 款第 2 句、第 615 条第 2 句、第 642 条第 2 款以及第 650f 条第 5 款第 2 句(旧法第 648a 条第 5 款第 2 句)之情形,应当抵销承揽人节约的费用与其他利益。承揽人对报酬请求权承担举证责任。但因《债务担保法》(Forderungssicherungsgesetz)新增的第 648 条第 3 句通过以下推定帮助承揽人:若对尚未提供的部分承揽给付约定了报酬(不含营业 2

税),承揽人可得到其中的5%。[379]

深化:定作人依第648条第1句的终止权基于以下考量。完成工作通常需要较长时间,若定作人在此期间内丧失对工作的利益,维系合同对其并无意义。一般而言,毕竟承揽人对完成工作没有利益。依第648条第2句维持报酬请求权使承揽人的利益受到完整保护。[380] 如果承揽人在个案中对执行合同有正当利益,则其应当通过与定作人的约定来排除源于第648条第1句的终止权。[381] 在个案中,亦可通过补充性的合同解释(第133条、第157条)来认可此种对终止权的排除。[382] 依第650u条第2款,第648条不得适用于建筑开发商合同。

3   于合同以**费用预估**为基础之情形,如果发现不大幅超出预算便不能完成工作,则定作人可依第649条第1款终止合同。但仅当承揽人未对费用预估的正确性承担**保证**时,方存在终止权。于承担此种保证之情形,承揽人本就应以约定的价格履行合同,终止无用武之地。

4   若定作人依第649条第1款终止合同,承揽人仅享有源于第645条第1款的请求权。据此,承揽人只能对**至今为止所提供的劳动**请求报酬。对定作人而言,终止的效果明显优于第648条。

二、承揽人终止

5   与定作人不同,承揽人不享有"自由的"终止权。但第643条赋予承揽人承揽合同特殊的终止可能性。若定作人违反其源于第642条关于**协助的不真正义务**,则承揽人可为定作人设定补做该行为的合理期间。承揽人应将其与以下意思表示结合:若定作人未按期补正行为,承揽人将终止合同(第643条第1句)。若定作人在期间经过后仍未采取协助行为,则视作已废止合同(第643条第2句)。依第645条第1款第2句,承揽人对定作人享有依第645条第1款第1句的部分报酬请求权(参见第33节边码24)。

---

[379] 参见 Palandt/*Retzlaff* § 648 Rn. 7。
[380] 参见 NK-BGB/*Raab* § 649 Rn. 2;*Larenz* SchuldR II 1 § 53 IIIb。
[381] 参见 MüKoBGB/*Busche* § 648 Rn. 5。
[382] 参见 Bitter/*Rauhut* JZ 2007,964ff.。

于定作人拒绝向**承建商提供担保**之情形,关于承揽人的终止权参见第 33 节边码 36。

三、出于重大原因的终止

由于承揽合同(尤其是建筑合同)通常规划的是长期合作,双方当事人都可能出于重大原因而产生终止需求。由于承揽合同通常并非继续性债务关系,故不能直接适用第 314 条。在建筑合同法改革之前,部分观点支持类推适用第 314 条。[383] 但这会造成法秩序的不稳定。故新增的第 648a 条以第 314 条为模版,为双方当事人规定了基于重大原因的终止权。[384] 类似于第 314 条第 1 款第 2 句,在考量个案的所有情状以及双方当事人的利益之后,若将合同关系延续至工作完成对终止方而言是**不可期待**,则依第 648a 条第 1 款第 2 句存在**重大原因**。由于在一份承揽合同中通常会约定若干项承揽给付,故第 648a 条第 2 款允许**部分终止**,只要终止涉及的是所负担工作的可分部分。[385]

针对其他细节,第 648a 条第 3 款指向第 314 条第 2 款与第 3 款(参见拙著《债法总论》第 39 节边码 11 及以下)。于义务违反之情形,**设定期间**与**催告**是必要的,只要其没有被例外地免除。由于终止的效力是从现在开始废止合同,依第 648a 条第 5 款,承揽人只能对终止之前已提供的给付请求报酬。[386] 与此同时,可考虑损害赔偿请求权(第 648a 条第 6 款)。依第 650u 条第 2 款,第 648a 条不得适用于建筑开发商合同;此处只能依据一般规则(第 323 条、第 324 条、第 326 条第 5 款,可能结合第 650u 条、第 437 条第 2 项或第 634 条第 3 项)进行解除。[387]

6

四、终止的形式

终止原则上无形式要求。于**建筑合同**之情形,出于法秩序的原因,终

7

---

[383] 参见第 13 版边码 710。
[384] 参见 Begr. RegE, BT-Drs. 18/8486, 50。
[385] Begr. RegE, BT-Drs. 18/8486, 51。
[386] 参见 BGH NJW 1993, 1972 (1973);NZBau 2001, 621 (622)。
[387] Begr. RegE, BT-Drs. 18/8485, 72。

止需要书面形式(第 650h 条)。这也适用于**消费者建筑合同**以及**建筑师与工程师合同**(第 650q 条第 1 款)。于建筑开发商合同之情形,第 650u 条第 2 款排除第 648 条与第 648a 条的终止。故就此而言,也不需要有关形式的规定。

参考文献:*Bitter/Rauhut*, Vertragsdurchführungspflicht des Werkbestellers?, JZ 2007, 964; *Förster*, Die Kündigung von »Internet- System- Verträgen« gem. § 649 BGB, ZGS 2011, 253; *Rudkowski*, Die vorzeitige Beendigung des Werkvertrages, JURA 2011, 567. Vgl. auch die Nachweise zu § 32.

表 3-2 承揽合同中的瑕疵担保(检索表)

承揽合同中的瑕疵担保(检索表)		
一、第 634 条的事实构成		
1. 承揽合同 2. 瑕疵(第 633 条) 3. 在决定性的时刻:验收/完成工作(第 640 条、第 646 条)		
二、单项瑕疵担保权的构成要件		
1. 补正第 634 条第 1 项、第 635 条 →满足第 634 条的构成要件,成立请求权 →可能依第 275 条第 1 款排除补正或依第 275 条第 2 款、第 3 款与第 635 条第 3 款享有抗辩权		
2. 自行消除瑕疵权/费用偿还 第 634 条第 2 项、第 637 条 (1)承揽合同 (2)违反第 633 条第 1 款 (3)补正期间徒劳经过(第 637 条第 1 款),或依第 637 条第 2 款结合第 323 条第 2 款,免于设定期间	3. 解除/减少报酬 第 634 条第 3 项、第 323 条、第 326 条第 5 款、第 636 条(可能结合**第 638 条**) (1)承揽合同 (=双务合同) (2)违反第 633 条第 1 款 (=未依约履行或性质上给付不能) (3)可能的其他构成要件(特别是设定期间,第 323 条第 1 款)	4. 损害赔偿 第 634 条第 4 项、第 280 条及以下、第 636 条 (1)承揽合同 (=债务关系) (2)违反第 633 条第 1 款 (=义务违反) (3)可能的其他构成要件(特别是设定期间,第 281 条第 1 款或催告,第 286 条第 1 款) (4)可归责性 (第 276 条及以下) (5)损害 (于自始不能之情形:第 634 条第 4 项、第 311a 条第 2 款)

(续表)

承揽合同中的瑕疵担保(检索表)
三、排除的事实构成
1. 第 639 条 合同中的责任排除
2. 第 640 条第 3 款 明知有瑕疵,仍无保留地验收(不涉及第 634 条第 4 项)
四、消灭时效 第 634a 条,可能结合第 218 条

第 36 节 包价旅游合同

与承揽合同有密切亲缘关系的是规定在**第 651a 及以下条文中的(包价)旅游合同**。这些规定通过 1979 年 5 月 4 日的**《旅游合同法》**[388]被纳入《德国民法典》中。此前适用的则是承揽合同法的规定,不过,承揽合同法并没有充分顾及旅游合同的特殊性。

1

第 651a 及以下条文首先旨在**保护旅游者**,也即消费者。[389]这一点也可以从第 651y 条(旧法第 651m 条)的规定中得出,根据该规定原则上不得作出不利于旅游者的不同约定。不过,在另一方面也存在考虑了旅游组织者利益的规定(比如第 651j 条=旧法 651g 条第 2 款,第 651p 条=旧法第 651h 条)。也就是说,最终涉及的是在旅游者与旅游组织者之间实现合理的利益平衡。[390]

在转化 1990 年的《**包价旅游指令**》[391]时,有关旅游合同的规定被 1994 年 6 月 24 日公布的法律[392]所修正。2001 年 7 月 23 日[393]的第二次旅游法规定修正案则改善了破产时的保障(第 651r 条,第 651s 条=旧法第 651k 条),并引入了寄宿式游学(Gastschulaufenthalte,第 651u 条=旧法

2

---

[388] BGBl. 1979 I 509.
[389] BeckOK BGB/*Geib*, 56. Ed. 1. 11. 2020, §651a Rn. 2. 1; HK – BGB/*Staudinger* § 651a Rn. 1.
[390] 参见 *Brox/Walker* SchuldR BT § 28 Rn. 14。
[391] RL 90/314/EWG, ABl. 1990 L 1, 58 (59).
[392] BGBl. 1994 I 1322.
[393] BGBl. 2001 I 1658; dazu *Führich* NJW 2001, 3083ff.

第6511条）的特别规则。

新《包价旅游指令》[394]使旅游合同法的全面修订成为必要。指令规定了**全面的同化**。因此，成员国的立法者不能实施有利于旅游者的不同规定。新的《包价旅游指令》通过2017年7月17日的《第三次旅游法规定修正案》[395]被转化为德国法。此外，就到2018年6月30日为止适用的旅游合同法相关内容可以参考本书2017年第12版。

一、包价旅游合同的概念与界定

3　　在术语方面应注意的是，《民法典》不再使用旅游合同，而说的是**包价旅游合同**。不过，这并未在内容上产生很大区别，因为旅游合同根据旧法第651a条第1款的定义即已是针对旅游给付的整体，因此是包价旅游。[396]此外，虽然第4分节的官方标题现在是**旅游居间以及关联旅游给付的居间**，但这些规定的核心仍然是（包价）旅游合同。

包价旅游合同是一种双务合同，它使经营者（旅游组织者）负担为旅游者提供包价旅游活动的义务，而旅游者负担支付约定旅游费用的义务。由于旅游合同与承揽合同相近，到目前为止，为填补规范漏洞都是回归到第631条及以下。[397]不过，在包价旅游合同完全同化之后就不应再坚持这一点了。

4　　对于包价旅游合同来说显著特征是，旅游组织者应当提供由至少两种不同种类的旅游给付构成的**总体**（第651a条第2款第1句）。第651a条第2款第2句表明，一些在网络预订中越来越重要的现代表现形式同样被包括在内，尤其在**网络预订**时越来越重要。因此，即便合同的旅游给付系根据**旅游者的意愿**或**根据其选择**组合而成，根据第651a条第2款第

---

[394]　2015年11月25日的欧洲议会和理事会有关包价旅游及关联旅游给付、关于变更欧洲议会及理事会第（EG）Nr. 2006/2004号条例、欧洲议会和理事会第2011/83/EU号指令以及废止欧洲理事会第90/314/EWG号指令的第RL（EU）2015/2302号指令。ABl. 2015 L 326, 1; dazu *Führich* NJW 2016, 1204ff.; *Tonner* EuZW 2016, 95ff.。

[395]　BGBl. 2017 I 2394.

[396]　参见 Staudinger/*Staudinger*, 2016, Vorbem. zu §§ 651ff. Rn. 2.

[397]　BGHZ 100, 157（163）；Erman/*Blankenburg* Vor § 651a Rn. 1.

1项的规定仍然存在包价旅游合同(所谓的动态包价旅游)。[398] 这符合欧洲法院[399]和联邦最高法院到目前为止的判例。[400] 此外,即便旅游组织者在合同中约定旅游者直到旅游**合同订立后**才可从其所提供产品中选择旅游给付,包价旅游合同也会被肯定(第651a条第2款第1项)。新的《包价旅游合同指令》理由书第11点将其称为旅游赠品盒子(Reise-Geschenkbox)。

第651a条第3款第1句将**旅游给付**定义为运送人员(第1项)、提供住宿(第2项)、出租机动车和摩托车(第3项)以及任何其他旅游服务(第4项)。旅游服务的例子包括郊游、导游、演奏会及体育赛事门票、滑雪通行证和健康理疗服务。[401] 然而,根据第651a条第4款的规定,如果仅由第651a条第3款第1句第1—3项意义上的一种旅游给付与第4项意义上的旅游服务组合而成,且旅游服务未占到组合产品总价值的显著份额(低于25%),或者直到另外一项旅游服务提供以后才选择和约定,则不存在包价旅游合同。[402]

第651a条第5项列举了一些**例外**。不被包括的尤其是基于组织**商业旅游**的框架合同而与企业经营者为其企业目的订立的有关旅游活动的合同(第3项)。不过,借助这一限制商业旅游也可以落入第651a条及以下的适用范围。[403] 也就是说,这些规定并不限于消费者旅游活动。另一个例外涉及不具有赚取利润为目的的**临时组织者**,其针对的是受到限定的人员范围(第1项)。可以想到的是慈善组织、运动社团或者学校为其成员组织的旅游活动。[404] 最后,只要旅游费用不超过500欧元(第2项),短于24小时的不过夜**一日游**即不被包括在内,因为旅游者在此需要

---

[398] 参见 Tonner EuZW 2016, 95; Förster JA 2018, 561 (563)。
[399] EuGH EuZW 2002, 402 mAnm Tonner (»Club-Tour«)。
[400] BGH NJW 2015, 1444 (zum »dynamic packaging«)。
[401] Erwägungsgrund 18 Pauschalreise-RL。
[402] Förster JA 2018, 561 (563)。
[403] 参见 Begr. RegE, BT-Drs. 18/10822, 65; MüKoBGB/Tonner Vor §§ 651a Rn. 57b; Oechsler Vertragl. Schuldverhältnisse Rn. 1189。
[404] Erwägungsgrund 19 Pauschalreise-RL。

提供的保护较少。[405]

5   在新规定出台之前，第651a条及以下根据其文义就已不再能适用于**单个旅游给付**的合同。不过，只要利益状态在考虑所有重要的视角之后符合包价旅游合同的利益状态，判例即肯定**类推适用**。[406] 根据判例必要的是，各个给付对假期产生了重要影响且对假期的效果具有重大意义。[407] 此外，旅游者还必须可得以为，旅游组织者系以自负其责的方式提出旅游给付，而不仅仅是促成与特定供应商之间的合同。[408] 如果旅游组织者在假期广告中让与了假期房间或假期房屋的使用权，则这一要件通常会被肯定。[409] 与之不同的是，租赁某个远洋游艇则要被作为租赁合同，因为它只是为承租人提供了一种以自我负责方式实施一个由自己组织旅行的机会。[410]

  在新规定生效之后是否还应当坚持这一判例似乎是有疑问的。一方面，《包价旅游指令理由书》第21条第2句明确表示，成员国可以就有关单个旅游给付的独立合同（比如出租度假房）作出相应规定。[411] 另一方面，立法者有意识地放弃了将旅游合同法对单个旅游给付的类推适用性判例转化为法律。[412] 因此，基于新法的法律状况，原则上并不存在类推所必要的违反计划的规范漏洞。[413] 不过，考虑到合同的目的，在无益花费的假期时间的赔偿请求权中，单个的类推仍然是可以考虑的。因为无益花费的假期时间涉及的是非物质损害，这一赔偿请求权根据第253条

---

[405] 参见 Erwägungsgrund 19 Pauschalreise-RL。
[406] BGHZ 119, 152 (161ff.); 130, 128 (131ff.); MüKoBGB/*Tonner* § 651a Rn. 10ff.; 其他观点见 Staudinger/*Staudinger*, 2016, § 651a Rn. 28ff.; Erman/*Blankenburg* § 651a Rn. 15。
[407] Vgl. *Oetker/Maultzsch* Vertragl. Schuldverhältnisse § 9 Rn. 7.
[408] Vgl. MüKoBGB/*Tonner* § 651a Rn. 11.
[409] BGHZ 119, 152 (161ff.).
[410] BGHZ 130, 128 (130ff.); 不同观点 Jauernig/*Teichmann* § 651a Rn. 5。
[411] Vgl. MüKoBGB/*Tonner* Vor § 651a Rn. 47; *Oechsler* Vertragl. Schuldverhältnisse Rn. 1198; *Führich* NJW 2016, 1204 (1205).
[412] Vgl. Begr. RegE, BT-Drs. 18/10822, 66.
[413] BeckOGK/*Alexander*, 1. 11. 2020, BGB § 651a Rn. 432; *Führich* NJW 2017, 2945 (2946); *Stamer* DAR 2018, 351 (352); *Tonner* MDR 2018, 305 (307); *Sonnentag* VersR 2018, 967 (977).

第 1 款本应被排除,尽管合同以假期享受的提供为对象(参见拙著《债法总论》第 49 节边码 18)。立法者是否已经考虑到这一损害赔偿法上的后果并放任了这种法律后果,并不明显。

根据欧洲法院的判例[414]以及与此相关联的新《包价旅游指令》的规定,**寄宿式游学**(Gastschulaufenthalte)并非包价旅游。不过根据德国法,旅游合同的大多数规定可以准用于超过 3 个月的国际寄宿式游学;对于短期的寄宿式游学,第 651a 条及以下的规定仅在有约定时可以适用(第 651u 条第 1 款)。

6

二、包价旅游合同的当事人

1. 旅游组织者与旅游给付的居间

旅游组织者是指,对旅游者负担提供包价旅游服务义务的人(第 651a 条第 1 款)。从立法理由书"为其提供"的表述中可以得出,旅游组织者应当自己为旅游给付**承担责任**,但旅游组织者可以亲自或者通过第三人来提出旅游给付。[415] 在第 651a 条的新文本之前,旅游组织者对旅游活动的整体效果(Gesamterfolg)承担自己责任就已经成为其与单纯的旅游给付**居间**的核心区分标准。[416] 与居间的区分现在已经被详细规定在第 651b 条中。

7

对于与此相关联的网上预订程序,第 651c 条包含一个旅游组织者的独立定义,该定义考虑了网上预订在技术上的特殊性。这一规定包括所谓的"点击预订",在这种预订程序中经营者与旅游者借助网上预订程序订立了关于旅游给付的合同或者以此向旅游者提供此种合同的居间,并且经营者通过使(旅游者)能够动用其他企业经营者的网上订购程序并向其他经营者转达旅游者的姓名、支付数据以及电子邮箱地址(第 651c 条第 1 款第 1 项、第 2 项),为同一旅游活动的目的至少向旅游者提供了

---

[414] Vgl. EuGH RRa 1999, 132.

[415] Begr. RegE, BT-Drs. 18/10822, 65.

[416] Staudinger/*Staudinger*, 2016, § 651a Rn. 45; *Brox/Walker* SchuldR BT § 28 Rn. 17; *Oechsler* Vertragl. Schuldverhältnisse Rn. 1196.

一个关于其他旅游给付的合同。此外第二个合同最迟还必须在关于第一项旅游给付的合同被确认订立后 24 小时内订立(第 651c 条第 1 款第 3 项)。经营者基于其第一个合同订立后实施的活动被视为旅游组织者,尽管其是为两个合同提供居间服务。[417]

8 在早期,旅游组织者经常倾向以条款来排除其对旅游活动成果的责任,它们只是为各个给付承担者的给付提供居间服务。不过,联邦最高法院表示这些**居间条款**是无效的。[418] 立法者一开始将这一判例应用到第 651a 条第 2 款上。根据这一规定,如果根据其他事情产生了表意人是以自己承担责任的方式提出旅游给付的外观,为旅游者与给付承担者之间的合同提供居间服务的表示将不被考虑。这一思想现在被明确规定在新第 651b 条第 1 款第 2 句中。根据该规定,如果为同一旅游活动的目的至少应当向旅游者提出两种不同种类的旅游给付,并且经营者以一个**总价格**提供旅游活动或者列入账单中,或在"**包价旅游**"的概念之下或在类似标志下发布广告,或以这一方式允诺使取得旅游给付的(第 651b 条第 1 款第 2 项、第 3 项),经营者尤其应当被视为旅游组织者。在这些前提下,**旅行社**(Reisebüro)也可以被视为旅游组织者。[419]

9 然而,预订包价旅游活动的**旅行社**一般来说不应被视为旅游组织者。也就是说,旅行社通常仅是为旅游组织者和旅游者之间的旅游合同提供**居间服务**的商事代理人(《德国商法典》第 84 条)。[420] 在旅行社与旅游者之间因此存在一个事务处理合同(第 675 条第 1 款)[421],该合同能够使旅行社在旅游组织者的选择上为旅游者负担独立的咨询义务。一旦旅游者选定了特定的旅游组织者,旅行社便作为该旅游组织者的履行辅助人,旅

---

[417] Vgl. Begr. RegE, BT-Drs. 18/10822, 69f; *Förster* JA 2018, 561 (564).

[418] BGHZ 60, 14 (16); 61, 275; 63, 98 (99); Staudinger/*Staudinger*, 2016, § 651a Rn. 106.

[419] Vgl. BeckOGK/*Meier*, 1. 11. 2020, BGB § 651b Rn. 22; *Förster* JA 2018, 561 (564).

[420] BGH NJW 2006, 2321 (2322); 2011, 599; *Brox/Walker* SchuldR BT § 28 Rn. 17.

[421] MüKoBGB/*Tonner* § 651b Rn. 56;赞同第 662 条规定的委托的有 *Oechsler* Vertragl. Schuldverhältnisse Rn. 1192; von BGH NJW 2006, 2321 (2322) offengelassen。

行社自己的合同责任原则上即被排除。[422] 不过,对于包价旅游合同的居间人,第651v条规定了居间人根据《德国民法典施行法》第250条第1—3款的规定向旅游者**提供信息**的**独立义务**。旅游居间人与此同时也在履行第651d条第1款第1句规定的旅游组织者的信息提供义务(参见第36节边码18)。因此,旅游组织者应当根据第651n条第1款、第278条或第280条第1款、第278条的规定对旅游居间人违反义务的情况承担损害赔偿责任。第651n条第1款与第280条第1款之间的区分,应当根据信息提供义务的违反是否导致第651i条第2款意义上的旅行瑕疵。[423] 如果旅游者因不充分的签证信息而被拒绝入境,即可考虑这一点。[424] 在违反信息提供义务时,旅游居间人根据第280条第1款的规定应承担的自己责任也是可以考虑的。在为**关联旅游给付**提供居间时,居间人根据第651w条第2款的规定仅仅负担《德国民法典施行法》第251条规定的范围要小得多的信息提供义务。如果关联旅游给付的居间人受领了旅游者为旅游给付支付的费用,此外还存在对可能的退款请求权的担保义务(第651w条第3款)。此外,在旅游组织者和给付提供者之外,包价旅游活动的居间人以及关联旅游给付的居间人应当根据第651x条的规定为**预订错误**承担损害赔偿责任。

关联旅游给付的概念被定义在第651w条第1款中。特殊之处在于,关联的旅游给付与同一次旅游活动相关,但并不是包价旅游活动。也就是说,各项旅游给付并没有被组成一个整体。不过,因为对旅游居间人经营场所唯一的造访,或者为相同旅游活动与其他企业经营者订立的合同的目的与该旅游居间人的唯一接触,旅游者至少被提供了由其分别选择和支付的两个不同种类的旅游给付的居间服务。如果旅游居间人在合同被确认后24小时以内,向自己已经提供了一次旅游合同居间服务的旅

10

---

[422] BGH NJW 2006, 2321 (2322); 2006, 3137 (3138).

[423] BeckOGK/*Klingberg*, 1.11.2020, BGB § 651n Rn. 10. Zum Vorrang des § 651n I gegenüber § 280 I in diesen Fällen vgl. auch Begr. RegE, BT-Drs. 18/10822, 83; zu § 651f I aF OLG Düsseldorf NJWRR 2005, 644 (645); *Führich* NJW 2002, 1082 (1084).

[424] Vgl. BGH NJW 1985, 1165.

游者,以有目的的方式至少为一个与其他企业经营者订立的他种旅游给付的合同提供居间服务,亦是如此。与包价旅游活动居间在结构上的相似性要求对居间人同样规定保护旅游者的义务。

11　**各单项给付的承担者**并不是旅游者的合同当事人(比如宾馆、航空公司)。[425] 依第651b条第1款第2句的法律定义,在此涉及将要实施全部或单项旅游给付的人(如酒店经营者、航空公司)。[426] 他们系基于与旅游组织者的合同而实施旅游给付,因此,应将其视为旅游组织者的履行辅助人(第278条)。[427] 然而,第278条的意义因第651n条第1款独立地规定了旅游组织者的责任免除机会而降低。与此相反,如果给付承担者缺乏必要的从属性以及指示约束(参见第36节边码41),则一般来说并非旅游组织者的事务辅助人(Verrichtungsgehilfen),第831条原则上不适用。[428]

12　在判例集和文献中很流行的观点是,合同组织者与给付承担者之间的合同应当作为**利益第三人(旅游者)合同**。[429] 旅游者自己因此获得了对给付承担者的履行请求权。

示例(BGHZ 93, 271):R家庭在旅游组织者V那里预订了一个去加勒比海岸的包价旅游活动。V与航空公司F订立了一个运输旅游者的包机合同(Chartervertrag)。当R家庭结束度假准备返程的时候,F拒绝提供返程航班,因为V还没有履行基于包机合同的付款义务,且V在此期间破产了。

联邦最高法院将V与F之间的包机合同作为利益第三人合同对待,并肯定了R家庭对F的返程运输请求权。与第334条不同,根据本案

---

[425] 在《包价旅游法》的新规定之前,通常使用的是"给付提供者"(Leistungsträgern)一词。关于术语参见BeckOGK/*Alexander*, 1. 11. 2020, BGB §651a Rn. 205。
[426] Brox/*Walker* SchuldR BT § 28 Rn. 18; *Medicus*/*Lorenz* SchuldR BT §40 Rn. 10.
[427] Vgl. etwa OLG Frankfurt a. M. NJW-RR 2009, 1354 (1355).
[428] Vgl. BGHZ 45, 311 (313); 103, 298 (303); OLG Düsseldorf NJW 2003, 59 (62).
[429] So BGHZ 93, 271 (274f.); LG Frankfurt a. M. NJW 1983, 52 (53); MüKoBGB/*Tonner* § 651a Rn. 46ff.; *Oetker*/*Maultzsch* Vertragl. Schuldverhältnisse § 9 Rn. 28;其他观点见Erman/*Blankenburg* §651a Rn. 9。

的利益状况 F 在此不能主张自己对 V 享有履行拒绝权。

然而,主流意见并不能令人信服。在以前肯定第三人自己的请求权是有必要的,以便在**旅游组织者破产**的时候保护旅游者。然而,在第 651k 条(旧法第 651r 条、第 651s 条)规定的破产保障被引入后,这一必要性已经丧失。[430] 此外,承认为利益第三人合同并不符合利益状态。旅游组织者和给付承担者希望各自履行自己的合同义务,并不希望在此之外使旅游者受益。[431]

13

旅游组织者与给付承担者之间的合同发挥了使旅游者获益的**保护作用**的看法也是有疑问的。[432] 旅游者对旅游组织者享有**同等价值的合同请求权**,因而欠缺附保护第三人作用合同所必要的保护必要性(参见拙著《债法总论》第 9 节边码 14)。

2. 旅游者

根据第 651a 条及以下的术语,旅游组织者的合同当事人被称为旅游者。重要的是,该当事人系**以自己的名义**为自己和/或其他旅游参与者**预订旅游活动**。该当事人自己是否参加旅游活动并不必要。[433] 此外,旅游者也并不必然是第 13 条意义上的消费者。[434]

14

在为**多个旅游参与者**预订旅游活动时值得讨论的问题是,预订者究竟是旅游组织者唯一的合同相对人,还是仅系在订立合同时根据第 164 条及以下代理他人。在**团队旅游**时原则上应当肯定代理的方案,因此旅游组织者与每位旅游者都订立了一个独立的旅游合同。[435] 这样对于预订者的优势是,他不必为所有同游者的合同义务承担责任。

15

如果同游者是预订者的配偶、子女或者其他家庭成员,则需要作另外

16

---

[430] *Medicus/Lorenz* SchuldR BT § 40 Rn. 12; *Seyderhelm* § 651a Rn. 98.
[431] So HK-BGB/*Staudinger* § 651a Rn. 9; Staudinger/*Staudinger*, 2016, § 651a Rn. 59.
[432] So aber LG Frankfurt a. M. NJW-RR 1986, 852 (854); Erman/*Blankenburg* § 651a Rn. 9; dagegen BGHZ 70, 327 (330); Staudinger /*Staudinger*, 2016, § 651a Rn. 60.
[433] Vgl. Begr. RegE, BT-Drs. 18/10822, 65; BGH NJW 2002, 2238 (2239).
[434] MüKoBGB/*Tonner* § 651a Rn. 9.
[435] OLG Frankfurt a. M. NJW-RR 2004, 1285; MüKoBGB/*Tonner* § 651a Rn. 78; *Oechsler* Vertragl. Schuldverhältnisse Rn. 1189; *Lettmaier/Fischinger* JuS 2010, 99 (104).

一种判断。[436] 在这种**家庭旅游活动**中,预订者原则上是旅游组织者唯一的合同当事人,同游家庭成员的权利应当根据**利益第三人合同**的规定来判断(第 328 条及以下)。[437] 统一旅游合同观点的合理性在于,在旅游者之间存在利益共同体及经济共同体,这种共同体关系由于姓名的同一性或者其他事情[438]对于旅游组织者来说是显而易见的。

三、包价旅游合同的订立

17 　　包价旅游合同的订立适用**第 145 条及以下的一般规定**。在这个方面重要的是,旅游组织者的**目录**或者**旅游产品手册**仅仅是一种**要约邀请**。[439] 这意味着,要约通常情况下存在于旅游者预订旅游活动的行为中。旅游组织者通过预订程序或者最迟通过旅游确认函直接予以承诺。在这里并不存在形式要求。

18 　　与包价旅游合同的订立相关联的是,旅游者和旅游居间人根据第 651d 条以及第 651v 条的规定负担广泛的**信息义务**。自 2018 年 7 月 1 日起,这些信息义务不再被规定在《民法典信息义务条例》中,而是规定在《德国民法典施行法》第 250 条中。旅游者在发出其合同意思表示之前应当被告知旅游给付的重要特性(约定的地点、旅游线路、交通工具等)、旅游价格、支付模式以及一般的护照及签证要求(《德国民法典施行法》第 250 条第 3 款)。此外,旅游组织者或者旅游居间人应当在合同订立时或合同订立后毫不迟延地交付旅游确认书,该确认书应当包括一般旅游合同条款(《德国民法典施行法》第 250 条第 6 款)。

19 　　根据新第 312 条第 7 款第 1 句的规定,即便旅游者**并非消费者**,第 312a 条第 3—6 款、第 312i 条、第 312j 条第 2—5 款、第 312k 条也适用于包价旅

---

[436] BGH MDR 1978, 1016; Staudinger/*Staudinger*, 2016, § 651a Rn. 86.
[437] Vgl. BGH NJW 2010, 2950 (2951); HK—BGB/*Staudinger* § 651a Rn. 7; Soergel/*H. W. Eckert* § 651a Rn. 35; *Oechsler* Vertragl. Schuldverhältnisse Rn. 1189;关于第 1357 条的适用见 Erman/*Blankenburg* § 651a Rn. 6。
[438] Vgl. Staudinger/*Staudinger*, 2016, § 651a Rn. 86; *Kauffmann* MDR 2002, 1036 (1037).
[439] BeckOK BGB/*Geib*, 56. Ed. 1. 1. 2020, § 651a Rn. 29; Erman/*Blankenburg* § 651a Rn. 11.

合同。立法者借此解决了多数有关联的规定(第312j条例外)本身都只适用于消费者(参见拙著《债法总论》第41节边码10及以下),而《包价旅游指令》也适用于商务旅行的因难。[440] 如果旅游者是**消费者**,则经营场所之外订立包价旅游合同之情形,其根据第312条第7款第2句的规定享有第312g条第1款规定的**撤回权**,只要作为合同订立基础的口头商议并非基于消费者先前的约定而实施。这一撤回权尤其在订立咖啡旅行(Kaffefahrten)的包价旅游合同上具有实践意义。[441] 相反,在远程销售合同(第312c条)中,旅游者的撤回权根据第312g条第2款第9项的规定仍然被排除。

四、合同当事人的主给付义务与附随义务

1. 旅游组织者的义务

旅游组织者负担**提供无瑕疵的旅游给付**(关于瑕疵责任参见第36节边码31及以下)的主给付义务。此外,旅游组织者根据《德国民法典施行法》第250条(此前为《民法典信息义务条例》)的规定负担的大多数信息提供义务也被算作是旅游组织者的主给付义务。[442]

最重要的附随义务是对旅游者法益与利益的**保护义务与照顾义务**(第241条第2款)。[443] 旅游组织者根据第651q条第1款的规定向旅游者提供**救援**的义务也旨在保护旅游者的固有利益,在旅游者因为不可避免的异常情形(比如自然灾害)或者其他原因而陷于困境中时。[444][445] 如

20

---

[440] Begr. RegE, BT-Drs. 18/10822, 64.

[441] Vgl. BeckOK BGB/*Martens*, 56. Ed. 1.11.2020, §312g Rn.42; MüKoBGB/*Wendehorst* § 312g Rn.45.

[442] Vgl. MüKoBGB/*Tonner* § 651a Rn.63; *Oetker/Maultzsch* Vertragl. Schuldverhältnisse §9 Rn.46.

[443] *Oetker/Maultzsch* Vertragl. Schuldverhältnisse §9 Rn.48; *Medicus/Lorenz* SchuldR BT §41 Rn.22.

[444] Zur dogmatischen Einordnung BeckOGK/*Sorge*, 15.10.2020, BGB § 651q Rn.12 ff., 29, der die Beistandspflicht gleichzeitig als einforderbare Nebenleistungspflicht qualifiziert, die bei einer solchen Einordnung nahe liegende Notwendigkeit einer Fristsetzung aber im Hinblick auf den Zweck der Beistandspflicht ablehnt.

[445] BeckOGK/*Sorge*, 15.10.2020, BGB § 651q Rn.31.

果旅游者自己因过错造成了需要援助的情形,则旅游组织者可以根据第651q条第2款的规定请求**补偿救援费用**。

2. 旅游者的义务

21 旅游者的主给付义务是根据第651a条第1款第2句的规定**支付旅游价款**。与第641条第1款第1句、第646条关于承揽合同的规定一样,价款本身要到旅游活动结束时才到期。[446] 然而,旅游者根据旅游组织者的一般交易条款经常必须事先支付价款。[447] 这些事先付款的条款根据判例原则上既不会根据第309条第2项a字母项,也不会根据第307条的规定无效。[448] 不过,旅游者在事先付款时受到第651r条、第651s条(旧法第651k条)的保护,以使旅游者免遭在旅游组织者破产时失去旅游价款的损失。只有当存在这样的保障并且旅游组织者已经清楚且以易于理解、醒目的形式向旅游者告知了客户资金保证人(Kundengeldabsicherer)的名称以及联系方式时(第650t条),旅游组织者才能请求或接受旅游者的付款。

此外,在旅游活动过程中旅游者可能负担合同附随义务。实践中具有意义的主要是第241条第2款规定的**保护义务**。[449] 旅游者则需要注意,不要丢失宾馆的钥匙以及不要损坏宾馆房间里的物品。

五、旅游活动开始前旅游合同的变更与解除

22 根据一般规则合同的变更仅能通过当事人约定实施(参见拙著《债法总论》第11节边码2)。不过,旅游组织者也可能在合同中保留了**单方变更特定内容**(比如价款或者单项旅游给付)的权利。[450] 对于这种情况第651f条、第651g条(旧法第651a条第4、5款)出于保护旅游者的考虑规定了一些限制,这些限制超出了第315条及以下以及(在使用一般交易条款

---

[446] *Oetker/Maultzsch* Vertragl. Schuldverhältnisse § 9 Rn. 96; *Palandt/Sprau* § 651t Rn. 2.

[447] Vgl. *Medicus/Lorenz* SchuldR BT § 41 Rn. 23; MüKoBGB/*Tonner* § 651a Rn. 68ff.

[448] Vgl. BGH NJW 1987, 1931 (1932); ausf. Staudinger/*Staudinger*, 2016, § 651a Rn. 139ff.

[449] Vgl. *Niehuus*, Reiserecht, § 9 Rn. 42; Staudinger/*Staudinger*, 2016, § 651a Rn. 154.

[450] Erman/*Blankerburg* § 651f Rn. 2; *Oetker/Maultzsch* Vertragl. Schuldverhältnisse § 9 Rn. 20.

时)第 307 条、第 308 条第 4 项以及第 309 条第 1 项规定的一般限制。第 308 条第 4 项以及第 309 条第 1 项中的条款禁令被这些特别规定所排斥(第 651f 条第 3 款)。[451]

详情:如果合同中根据第 651f 条第 1 款保留的价款提高超出旅游价款的 8%,则根据第 651g 条第 1 款第 1 句的规定,旅游组织者不能独自实施此种价款提高。不过,他可以向旅游者提供相应的价款提高方案并请求旅游者在合理期限内接受提高价款的要约或者解除合同(第 651g 条第 1 款第 2 句)。其他合同条款原则上只有当其在合同中被规定且变更并不显著时(第 651f 条第 2 款),旅游组织者才能单独改变。如果合同订立后出现的情况导致旅游组织者仅能在对旅游给付的根本特性作重大改变或者偏离旅游者的特别指示时才能为旅游者提供包价旅游给付,则旅游组织者又能根据第 651g 条第 1 款第 2 句的规定实施单方变更(第 651g 条第 1 款第 3 句)。

根据第 651h 条第 1 款的规定,旅游者可以在**旅游活动开始前**不经说明理由**解除**合同。这背后的思想是:旅游者不应当被强制踏上旅游活动。[452] 旅游组织者也因解除合同而丧失旅游价款请求权。不过,旅游组织者可以请求**合理的补偿**。在实践中,一般交易条款通常都会确定赔偿总额,这种一般交易条款根据第 651h 条第 2 款的规定是允许的。

23

如果在规定地点或者直接相邻的地方出现了**不可避免的异常情况**,以至于对包价旅游活动的实施或者将人员运输到规定地点造成显著妨碍,则旅游组织者的补偿请求权根据第 651h 条第 3 款第 1 句的规定即被排除。如果相关事情不受当事人的控制,且即便采取了所有可期待的预防措施也无法避免结果的发生,即存在不可避免的异常事情(第 651h 条第 3 款第 2 句)。在这些情况中,解除权的优待在功能上代替了旧法第 651j 条第 1 款规定的因**不可抗力**发生的终止权。由于新的《包价旅游指令》称之为不可避免的异常情况,为便于欧盟范围内的统一理解,德国立

24

---

[451] Vgl. Begr. RegE, BT-Drs. 18/10822, 73.
[452] So *Brox/Walker* SchuldR BT § 28 Rn. 31.

法者放弃了不可抗力的概念。[453] 不可避免的异常事情的例子有战争行为及其他严重的安全妨害,如恐怖活动[454];对人类健康的严重风险,如旅游目的地爆发严重疾病;自然灾害(洪水、地震)或者危险的天气状况。[455] 被包括的还有因火山灰造成的航空交通障碍。[456]

由新冠病毒大流行可能导致的健康妨害也可以被视为不可避免的异常情事,因而可以为旅游组织者不负赔偿责任的解除提供正当理由。至少在外交部对旅行地发出旅行警告时,情况是这样。[457] 因为这样的旅行警告根据主流学说可以引证不可避免的、异常情况之存在。[458] 反之,在时间上有期限的旅行警告必须基于事前观察来判断,旅游者在合同解除时认为,旅行在旅行警告过期后的时间是否仍然会受到严重影响。[459] 对在旅游地感染的单纯主观恐惧不能为第651h条第3款的适用提供正当性。[460] 不过,如果大流行已导致受影响地区的卫生系统过载,且旅游者因此在合同解除的时间点必须预料到,其在患病时将无法得到合理的照理,或许可做另一种判断。[461]

因此,在新冠病毒大流行导致联邦外交部发出旅行警告的情形,旅游组织者也享有解除权。

如果旅游组织者因为不可避免的异常事情而不能履行合同,其可以根据第651h条第4款第2项的规定在旅游活动开始前解除合同。于新型冠状病毒危机导致联邦外交部发出旅行警告之情形,旅游组织者也有权

---

[453]　Vgl. Begr. RegE, BT-Drs. 18/10822, 76.
[454]　Einschränkend bei einzelnen terroristischen Anschlägen bislang LG Amberg NJW-RR 2004, 1140; LG Düsseldorf RRa 2008, 117 = BeckRS 2008, 13534.
[455]　Erwägungsgrund 31 Pauschalreise-RL; Begr. RegE, BT-Drs. 18/10822, 76; *Förster* JA 2018, 561(564).
[456]　Vgl. *Staudinger/Schürmann* NJW 2011, 2769 (2771).
[457]　BeckOGK/*Harke*, 1.11.2020, BGB § 651h Rn. 48.1.
[458]　*Tonner* MDR 2020, 519 (520).
[459]　*Schmidt/Staudinger/Achilles-Pujol*, Covid-19, Rechtsfragen zur Corona Krise, 2. Aufl. 2020, § 7 Rn. 24; *Staudinger/Ruks* DAR 2020, 314 (315).
[460]　*Schmidt/Staudinger/Achilles-Pujol*, Covid-19, Rechtsfragen zur Corona Krise, 2. Aufl. 2020, § 7 Rn. 24.
[461]　BeckOGK/*Harke*, 1.11.2020, BGB § 651h Rn. 48.1.

解除合同[462],在这个问题上旅游组织者多大程度上可以主张罢工,是有争议的。在飞行员罢工或者机场工作人员罢工时应当可以肯定第651h条第4款第2项,因为所涉领域不受旅游组织者的控制。相反,在给付承担者的领域发生罢工时(酒店、航空公司等),则可以考虑作出不同判断。[463]

六、合同转让

根据第651e条的规定,在旅游活动开始前存在第三人代替旅游者取得从旅游合同中产生的权利与义务的可能性。这一**法定替换权**无须特别理由即可行使。旅游组织者的同意原则上是不必要的。不过,只要第三人不满足旅游活动的要求,旅游组织者即享有拒绝权(第651e条第2款)。如果因替换旅游者产生了额外费用,则这些费用应根据第651e条第3款的规定予以补偿。对于旅游价款及另外的费用,旅游者和替换者应当作为连带债务人承担责任。

深化:第651e条的教义学归类是有争议的。部分学者认为是利益第三人(替换进来的人)合同。[464] 相反,主流意见认为是合同承受。如果旅游者根据第651e条第1款作出表示,则替代旅游者基于表示直接取得从合同中产生的所有权利和义务。[465] 对于(原)旅游者来说只剩下第651e条第3款第1句规定的连带责任。[466]

七、旅游有瑕疵时旅游组织者的责任

关于旅游组织者在旅游活动有瑕疵时所应承担责任的规定(第651i条及以下=原第651c条及以下)是保护旅游者的核心工具。在这个问题

25

26

---

[462] Tonner MDR 2020, 519 (520).
[463] 关于与"不可抗力"标准的区分见 Palandt/*Sprau* §651h Rn. 13;批评观点见 Staudinger/*Schürmann* NJW 2011, 2769 (2771)。
[464] So MüKoBGB/*Tonner* § 651e Rn. 8.
[465] BeckOGK/*Harke*, 1. 11. 2020, BGB § 651e Rn. 5; Staudinger/*Staudinger*, 2016, § 651b Rn. 18.
[466] Dazu BeckOK BGB/*Geib*, 56. Ed. 1. 11. 2020, §651e Rn. 10. ; *Oechsler* Vertragl. Schuldverhältnisse Rn. 1191.

上它属于自合同订立时起优先于普通履行障碍法的**特别规定**(参见第36节边码50及以下)。与在承揽合同中不同的是,《债法现代化法》在旅游合同法中并没有根据新履行障碍法进行广泛调整。因此,2018年6月30日以前的第651c条及以下在本质上符合传统理念。相反,第651i条及以下则是作为与第434条及以下和第633条及以下平行的制度来构建的。[467] 不过,与此不同的是,普通履行障碍法仅非常有选择地提及第651i条第7项第2选项。

1. 旅游活动瑕疵的存在

27　　旅游活动瑕疵的概念在2018年6月30日之前被规定在原第651c条第1款中。根据该规定,旅游活动应当具有所担保的特性,并且不存在会丧失或减少能够用于通常或合同预定用途的价值或能力的缺陷。这一表述表明,旅游活动瑕疵的概念在债法改革的过程中**没有根据**第434条、第633条规定的**新瑕疵概念进行调整**。也就是说,就像在租赁法中那样,这里仍然存在**缺陷**和**缺少所担保属性**的传统区分。

28　　与之不同的是,新的第651i条第1款规定,旅游组织者应当使旅游者取得不存在旅游瑕疵的包价旅游活动。旅游瑕疵的概念在第651i条第2款中被定义,与第434条第1款和第633条第2款并行。[468] 根据该定义,如果包价旅游活动具有**约定的品质**(第1句),则包价旅游活动即无旅游瑕疵。在缺少品质约定时应当以满足**合同预定用途**的能力为标准(第2句第1项);在其他情况下取决于包价旅游活动是否满足**通常的用途**,以及是否具有同种类包价旅游活动的**通常**品质和旅游者根据包价旅游活动的种类可以期待的属性(第2句第2项)。根据第651i条第2款第3句的规定,如果旅游组织者**没有**使旅游者取得旅游给付或者**不合理地迟延**了,也存在旅游瑕疵。

29　　所负担旅游给付的内容和范围首先来自**当事人的约定**。在这个问题上,旅游组织者的网站中以及产品目录或者产品说明书中包含的先合同

---

[467] Vgl. *Oechsler* Vertragl. Schuldverhältnisse Rn. 1203; *Förster* JA 2018, 561 (565).

[468] *Oechsler* Vertragl. Schuldverhältnisse Rn. 1205; *Sonnentag* VersR 2018, 967 (974).

信息(《德国民法典施行法》第250条第3款)在实践中具有重要意义。[469]对于那里规定的最重要的说明,第651d条第3款明确表示,在不存在相反约定时这些说明将成为合同内容。重要的是,旅游者基于旅游组织者的说明可得享有哪些合理期待。

示例:由于第651i条第2款像旧法第651c条那样遵循主观的瑕疵概念,故而对于瑕疵存在的判断可以援引法律修正前的判例。以下这些例子尤其具有启发性:如果宾馆被明确地标示为"安静"的,则至少在晚上不得超过一定的噪声标准。不过,根据判例在南边的一些国家考虑到当地的生活习惯,到深夜之前需要忍受噪声。[470] 相反,旅游者从"中心地段"的表述中能预料到会存在较大噪声的结论显得是有疑问的。[471] 有时旅游组织者会用漂亮的表达来掩饰可能的妨害。因此,"您住的离飞机场不远"的表述可能提示,应当预料到飞机的噪声或者声响的影响。[472] 基于宾馆临近空军基地,柏林高等法院(Kammergericht)在结果上将强烈的飞机噪声视为瑕疵。[473] 考虑到《德国基本法》第1条、第3条第3款第2句以及第19条第1款第1项的价值判断,仅是有精神障碍者一同参加旅游活动本身并不属于瑕疵。[474] 不过如果出现具体的严重妨碍,则可以考虑作出不同判断。[475] 如果小孩子的噪声没有超出"正常小孩子行为"的限度,则小孩子的噪声无论如何也不成立瑕疵。[476]

旅游活动的缺陷不能以属于旅游者**一般生活风险**的妨害为基础。因为这些妨害并不属于旅游组织者的义务范围,因此也不属于其风险领域。

30

---

[469] Vgl. Staudinger/*Staudinger*, 2016, §651c Rn. 51f; *Förster* JA 2018, 561 (565).
[470] Vgl. *Tonner*, Reisevertrag, Anhang zu §651c-Mängelliste Rn. 103ff. mwN.
[471] 批评观点见 *Führich*, Reiserecht, Rn. 228: "unzulässige Geheimsprache"。
[472] Vgl. auch LG Dortmund NJW-RR 1986, 1174: großzügig konzipiertes Haus für fehlende Heizung; LG Frankfurt a. M. NJW-RR 1992, 51: Stadthotel für Eisenbahnlärm.
[473] So KG NJW-RR 1993, 557 (558).
[474] AG Kleve NJW 2000, 84; *Tonner*, Reisevertrag, Anhang zu §651c-Mängelliste Rn. 118.
[475] Vgl. LG Frankfurt a. M. NJW 1980, 1169; Staudinger/*Staudinger*, 2016, §651c Rn. 126.
[476] LG Kleve NJW-RR 1997, 1208.

单纯的**不舒适**亦是如此。准确地界定瑕疵通常是很困难的,并且经常要求在个案中进行广泛的利益衡量。

示例:飞机降落时间和起飞时间延误不超过四个小时原则上应当视为单纯的不舒适。[477] 即便是爆发的蜂群侵扰了度假营地,旅游者被蜜蜂多次蜇伤,也仅是一般生活风险的实现。[478] 旅游者在无法预见的恐怖袭击中受伤,亦是如此。[479] 如果旅游者在宾馆场地被雄性山羊攻击[480],或者被猴子咬伤[481],根据度假国家的不同也不属于旅游瑕疵。房间里的蟑螂在特定地区是否应当忍受,也取决于各个宾馆的档次。[482] 如果旅游者在旅游活动目录载明的"刺激的夜场秀"中被应活动组织者请求而由观众扔向舞台的带有尖尖鞋跟的鞋子砸伤,就不仅仅是一般生活风险。[483] 更确切地说,活动组织者违反了义务,对此旅游组织者应当承担责任。[484]

2. 旅游者因旅游瑕疵而享有的权利

31　旅游者因旅游活动瑕疵而享有的权利被规定在第 651i 条第 3 款第 1—7 项中。这一规定实现了与第 437 条和第 634 条相同的功能[485],不过,除一个例外(第 651i 条第 3 款第 7 项结合第 284 条)外,旅游者的权利并没有被规定在债法总则中,而是被规定在第 651k—651n 中。一般履行障碍法因此被排除在外(参见第 36 节边码 50)。

(1) 补正

如果存在第 651i 条第 2 款意义上的旅游瑕疵,则旅游者首先可以通过请求**消除瑕疵**而获得**补正**(第 651i 条第 3 款第 1 项结合第 651k 条第 1 款)。这是一个被修正的履行请求权,该请求权与买卖合同和承揽合同中的继续履行请求权(第 439 条第 1 款第 1 项、第 635 条第 1 款第 1

---

[477] LG Frankfurt a. M. NJW-RR 1997, 820 (821); Soergel/*H. W. Eckert* § 651c Rn. 21.
[478] LG Frankfurt a. M. NJW-RR 2000, 786.
[479] OLG Celle NJW 2005, 3647 (3649) (betr. Terroranschlag auf Djerba).
[480] LG Frankfurt a. M. NJW-RR 2001, 52 (Portugal).
[481] AG München NJW-RR 1996, 1399 (Kenia).
[482] 其他例子见 in MüKoBGB/*Tonner* § 651i Rn. 22ff. 。
[483] BGH NJW 2007, 2549 Rn. 21.
[484] 参见 Oechsler Vertragl. Schuldverhältnisse Rn. 1221。
[485] Treffend BeckOGK/*Sorge*, 15.10.2020, BGB § 651i Rn. 9: »Schaltzentrale«.

项)相符。[486] 只有当补正已经**不可能**或者考虑到旅游瑕疵的程度和所涉及旅游给付的价值,补正的费用**显失比例**时,旅游组织者才能根据第 651k 条第 1 款第 2 句的规定拒绝补正的请求。

旅游者可以为旅游组织者设定一个合适的**补正期限**。如果旅游组织者在这一期间内未提供补正,则旅游者可以根据第 651i 条第 2 项结合第 651k 条第 2 款第 1 句的规定自己实施补正。这与第 637 条规定的承揽合同中的自行排除瑕疵(Selbtvornahme)相一致(参见第 34 节边码 13 及以下),旅游者享有赔偿必要**费用**(比如同等价值的替代住宿费用)的请求权。[487] 与第 323 条第 2 款第 1 项和第 3 项以及第 637 条第 2 款第 1 句的规定一样,如果旅游组织者拒绝补正或者如果必须立即进行补正(比如为保护免于遭受健康危险),则期限设定是**不必要的**(第 651k 条第 2 款第 2 句)。所以在旅游组织者预定的巴士迟延时,旅游者可以搭乘出租车以便及时赶上飞机。[488]

32

何种条件下补正可以由其他旅游给付(**替代的旅游给付**)来实现,在立法改革前并没有得到规定。[489] 根据第 651i 条第 3 款第 3 项结合第 651k 条第 3 款的规定,(只有)当旅游组织者根据第 651k 条第 1 款第 2 句的规定可以拒绝消除瑕疵时,旅游者才享有合理替代给付的请求权。因此,消除瑕疵是一个优先的权利救济手段。[490] 这是与买卖法和承揽法中继续履行的本质区别(第 437 条第 1 项、第 439 条第 1 款以及第 634 条第 1 项、第 635 条第 1 款),在买卖法和承揽法中瑕疵的去除与根据买受人或承揽人的选择进行的替代交付或工作成果的重做处于并列的地位。[491] 如果替代给付的结果是,包价旅游活动与原先负担的给付相比**不具有至少同等价值**的品质,则旅游组织者应当为旅游者提供合理的旅游价款减

33

---

[486] Vgl. BeckOGK/*Sorge*, 15.10.2020, BGB § 651k Rn. 10; *Emmerich* SchuldR BT § 11 Rn. 17; *Medicus/Lorenz* SchuldR BT § 41 Rn. 5.

[487] OLG Köln NJW-RR 1993, 252; KG NJW-RR 1993, 1209.

[488] Erwägungsgrund 34 Pauschalreise-RL; Begr. RegE, BT-Drs. 18/10822, 80.

[489] Vgl. *Tonner* EuZW 2016, 95 (98).

[490] Vgl. Begr. RegE, BT-Drs. 18/10822, 80; *Förster* JA 2018, 561 (566f.).

[491] Vgl. BeckOGK/*Sorge*, 15.10.2020, BGB § 651k Rn. 5.

免。如果替代给付与合同中约定的给付**不具有同等价值**或者旅游组织者提供的旅游价款减少并**不合理**,则旅游者可以拒绝替代给付。在这种情况中适用终止的法律后果(第651l条第2款、第3款),但并不需要旅游者表示终止。如果旅游组织者无法提供替代给付,亦是如此。

示例(根据BGH NJW 2005, 1047; LG Frankfurt a. M. RRa 2013, 13):R和其妻子F在旅游组织者V那里预订了一个在马尔代夫N岛过夜的双飞旅行。在到达后发现,N岛上的所有宾馆都已经客满。因此,V为这对夫妇提供了另外一座岛上的宾馆。以替代方式提供的岛屿上没有屋礁,因而不太适合潜水和浮潜,R和F可以根据第651k条第3款第3句的规定拒绝V的建议,并根据第651k条第3款第4句的规定行使第651l条第2、3款规定的权利。此外,还可以考虑基于第651i条第3款第7项结合第651n条产生的损害赔偿请求权。

34 如果合同约定的将旅游者运回义务因为**不可避免的异常情况**(参见第36节边码24)成为不可能,则适用特别规则。在这种情况下旅游者可以根据第651i条第3款第4项结合第651K条第4款、第5款的规定向旅游组织者请求承担必要的住宿费用。根据第651k条第4款的规定,这一请求权原则上限于**最多3晚**。然而,从欧盟的条例,也即《航空旅客权利条例》(VO(EG) Nr. 261/2004)中可能得出例外结论(第651k条第5款第1项)。最多3晚的限制也不适用于特别需要保护的人员(残疾人、孕妇、无人陪伴的未成年人以及需要医疗照料的人员),只要旅游组织者至少在旅游活动开始前48小时内知悉了旅游者的特别需要(第651k条第5款第2项)。

(2)旅游价款的减少

35 根据第651m条第1款的规定,旅游瑕疵期间的旅游价款应当予以减少。与在租赁法中一样(参见第22节边码32),减价系**依法**发生。减价并不取决于,旅游者已经为旅游经营设定了补正期限。不过,如果旅游者因**过错而未能毫不迟延地**进行通知(第651o条第2款第1项,关于租赁法参见第536c条第2款),减价即被排除。通知旨在给予旅游组织者提供补正的机会,借此尽可能降低减价范围。因此,只要旅游组织者**因为**(旅游者)过错地怠于通知而无法补正,上述排除事由即可适用。如果旅游组织者的**补正已经成为不能**,或者其一开始就不愿意提供补正,必要的因果关系即不存在。然而,因果关系不会仅仅因为旅游组织者**知悉**瑕疵而发生问题。然而,旅游组织者尽管知悉瑕疵而未提供补正本身尚不能得出其根本不能或者不愿提供补正的结论。[492]

旅游组织者根据第651d条第1款结合《德国民法典施行法》第250节第6条第2款第5项的规定负有义务,在旅游活动确认书中向旅游者**提示**其不真正义务。在未按规定进行提示时即推定,旅游者**未因过错**而疏于通知。[493]

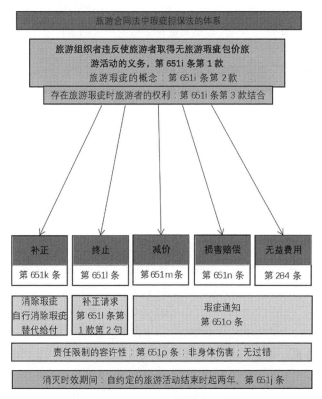

图 3-2 旅游合同法中瑕疵担保法的体系

---

[492] Zu § 651d II aF BGH NJW 2016, 3304 (3305) mAnm *Hopperdietzel* = JuS 2017, 360 (*Mäsch*).
[493] BGH NJW-RR 2017, 756 Rn.16ff. (zu § 6 II Nr. 7 BGB-InfoV aF).

36　　包价旅游合同中**计算**减价的原则与买卖合同与承揽合同中的原则一致(第 441 条第 3 款、第 638 条第 3 款)。根据第 651m 条第 1 款第 2 句的规定,旅游价款应当降低到合同订立时包价旅游活动无瑕疵的价值与真实价值之间的比例上。只要有必要,在这里减价应当通过估算来查明(第 651m 条第 1 款第 3 句)。在减价数额方面人们可以继续以"**法兰克福旅游价款减价表格**"为导向,该表格包括典型旅游瑕疵的标准基数。[494] 最新的指导方针则可以在 **ADAC 旅游价款减价表格**中找到。[495]

37　　根据第 651m 条第 1 款第 1 句的文义,旅游价款的减少仅针对"存在旅游瑕疵的期间"。不过,如果瑕疵基于特别严重的事件发生,则超出瑕疵存在期限的旅游价款减少甚至**完全排除支付义务**都是合理的。此种例子如旅游者因为旅游瑕疵而死亡或严重受伤,旅游者被给付承担者强奸或者在返航时几近坠机。[496] 在这些事件中应当认为,旅游活动的休假目的完全丧失,以至旅游活动的真实价值为"零"。如果旅游者已经支付了全部旅游价款,则其可以根据第 651i 条第 3 款第 6 项、第 651m 条第 2 款结合第 346 条第 1 款和第 347 条第 1 款的规定**请求返还部分金额**。

(3)终止

38　　根据第 651i 条第 3 款第 4 项结合第 651l 条的规定,旅游者在存在严重旅游瑕疵时享有终止权。具体来说,旅游活动必须因为瑕疵而受到了**严重妨害**。应当以旅游活动的种类与目的以及瑕疵的持续时间及范围为标准。[497] 对于终止来说,原则上必须是旅游组织者在旅游者确定的合理**期限**经过后仍未提供补正(第 651l 条第 1 款第 2 句第 1 半句)。如果旅游者拒绝补正或需要立即补正(第 651l 条第 1 款第 2 句第 2 半句结合第 651k 条第 2 款第 2 句),则期限的设定也是不必要的。

39　　终止的法律效果被规定在第 651l 条第 2 款中。[498] 在旅游者向旅游

---

[494]　Abgedruckt bei Staudinger/*Staudinger*, 2016, Anh. zu § 651d.
[495]　Abgedruckt bei *Schattenkirchner* NJW 2005, 2506ff.
[496]　关于这一例子参见 BGH NJW 2008, 2775 (2776); NJW 2017, 958 Rn. 17。
[497]　Erman/*Blankenburg* § § 651l Rn. 4 651k Rn. 16; *Oetker/Maultzsch* Vertragl. Schuldverhältnisse § 9 Rn. 69; *Förster* JA 2018, 561 (567).
[498]　Vgl. Begr. RegE, BT-Drs. 18/10822 mit Verweis auf die neue Pauschalreise-RL.

组织者或者当地的旅游领队表示了终止后,就**已经提供**的旅游给付以及根据第 651l 条第 3 款**尚需提供的旅游给付**(尤其是将旅游者送回),旅游组织者保有约定旅游价款的请求权(第 651l 条第 2 款第 1 句第 1 半句)。然而,这一点的先决条件是旅游者的减价以及损害赔偿请求权或徒劳费用请求权。就不再需要提供的旅游给付而言,旅游组织者丧失请求约定旅游价款的权利(第 651l 条第 2 款第 2 句第 1 半句)。只要旅游者已经支付了旅游价款,即其基于第 651l 条第 2 款第 2 句第 2 半句的规定享有**偿还请求权**。

旅游组织者根据第 651l 条第 3 款的规定负有采取因合同废止而变得必要的措施的义务,尤其包括毫不迟延地**送回**旅游者(如果旅游组织者负担这一义务)。与此相关的额外费用根据第 651l 条第 3 款第 2 句的规定由旅游组织者负担。因为终止事由来自其(支配的)领域。[499]

40

(4)损害赔偿请求权

根据第 651i 条第 3 款第 7 项第 1 选项结合第 651n 条第 1 款的规定,除减价或终止外,在存在旅游瑕疵时旅游者尚可以请求不受影响的**损害赔偿**。它是一个优先于第 280 条及以下、第 311a 条第 2 款的独立的请求权基础(参见第 36 节边码 50 及以下)。立法者遵循旧法第 651n 条第 1 款先前的规定将第 651n 条第 1 款设计为附带证明责任倒置的基于过错的损害赔偿请求权。[500] 不过,为与《包价旅游指令》保持一致,责任免除的可能性仅限于三种被封闭列举的情形。根据第 651n 条第 1 款第 1 项的规定,如果旅游瑕疵是**由旅游者的过错**导致的(第 651n 条第 1 款第 1 项),请求权即被排除。在旅游者有过错时,损害赔偿请求权应当根据第 254 条的规定扣减。[501] 旅游组织者也可以旅游瑕疵是**由第三人的过错**导致(第 651n 条第 1 款第 2 项)为由免除责任,但该第三人须既非给付承担者,也没有以其他方式参与旅游给付的提供。由于旅游组织者根据上述

41

---

[499]　*Brox/Walker* SchuldR BT § 28 Rn. 41.
[500]　Begr. RegE, BT‑Drs. 18/10822, 83; BeckOGK/*Klingberg*, 1. 11. 2020, BGB § 651n Rn. 21.
[501]　Vgl. Begr. RegE, BT‑Drs. 18/10822, 84.

规定不能因给付提出者具有过错而免除责任,因为他们不应当被视为第651n条第1款第2项意义上的第三人,因而回归第278条是不必要的。此外,以第三人的过错来免除责任的前提是,瑕疵对于旅游组织者来说是不可预见或者不可避免。最后,即便旅游瑕疵因不可避免、异常的情况(参见第36节边码24)引起,根据第651n条第1款第3项旅游组织者也不承担损害赔偿责任。鉴于这些非常狭窄的免责可能性,基于第651n条第1款的责任最终转变成了一种无过错责任。[502]

提示:基于第651n条第1款产生的损害赔偿请求权的立法构建导致,在考试中无须对第276条、第278条意义上的旅游组织者的过错进行检验。只需讨论的是,第651n条第1款第1-3项规定的责任免除要件是否存在。

42　　旅游者基于第651o条第1款负担的毫不迟延地对旅游瑕疵进行通知的义务,对其损害赔偿请求权也具有意义。现在新第651o条第2款第2项表明,旅游组织者由于旅游者过失地疏于瑕疵通知而不能补正的,旅游者不能主张第651n条规定的损害赔偿请求权。

43　　第651n条第1款规定的请求权包括所有**瑕疵损害及瑕疵结果损害**。[503]这一点意味着,不仅**履行利益**,旅游者的**固有利益**也受到保护。与第536a条第1款(参见第22节边码36)一样,法律使用了"损害赔偿"的广泛表述(以前是"因不履行而生的损害赔偿")[504],区分替代给付的损害赔偿与简单的损害赔偿(就像买卖合同法或承揽合同法中那样,是不必要的。因此,由瑕疵引起的身体伤害也可以根据第651n条第1款的规定获得赔偿。在此之外,侵权损害赔偿请求权(第823条第1款、第2款结合《德国刑法典》第229条)也是可以考虑的。为保护旅游者的利益,旅游组织者负担广泛的交往安全义务(参见第59节边码8),这些义务不仅限

---

[502] 参见 Brox/Walker SchuldR BT § 28 Rn. 45。

[503] Begr. RegE, BT-Drs. 18/10822, 83; zu § 651f I aF BGH NJW 1986, 148 (149); 1987, 1931 (1937); NK-BGB/*Niehuus* § 651f Rn. 12ff.; *Larenz* SchuldR II § 53 Vb.

[504] Zum Wegfall des Zusatzes »wegen Nichterfüllung« vgl. Begr. RegE, BT-Drs. 18/10822, 83 mit dem Hinweis, dass dieser Zusatz nicht mehr in die Systematik des BGB passt.

于对给付承担者的谨慎选择,也包括对他们的经常性监督。[505] 在合同请求权根据第651j条超过诉讼时效时(参见第36节边码46及以下),这一点尤其具有实际意义。

示例(BGHZ 103,298):R在旅游组织者V那里预订了一个为期三周前往Gran Canaria的包价旅游活动。在返程的那天R从自己房间的阳台上跌落,房间位于V的签约酒店的第二层,该酒店由H经营。事故是由木质扶手从阳台栏杆上脱落引起的。按照规定对扶手进行检查是可以发现这一危险的。R向V请求赔偿其物质损害以及支付精神抚慰金。有无道理?

R可能基于第651i条第3款第7项第1选项结合第651n条第1款的规定对V享有损害赔偿请求权。R与V之间的包价旅游合同(第651a条)已经成立。R因为旅游瑕疵(第651i条第2款)受到了伤害。表明R有过错(第651n条第1款第1项)的案件事实并不存在。事故是由于给付承担者H在检查阳台扶手方面的过失所引起。因此,V不能依据第651n条第1款第2项的规定免除责任。事故也不是不可避免的异常事情所引起,因此V也不能主张第651n条第1款第3项的规定。由于R的身体权和健康权受到了侵害,他也可以请求精神抚慰金(第253条第2款)。此外,还应当检验侵权法上的请求权。作为独立的宾馆经营者,H并不是V的事务辅助人。因此,第831条规定的要件并不具备。不过,V自己可能已经违反了所负担的交往安全义务(Verkehrssicherungspflicht),因此,V应当根据第823条第1款的规定承担责任。根据联邦最高法院的观点,旅游组织者的交往义务并不限于对给付承担者的谨慎选任义务;确切地说,旅游组织者应当经常对其给付承担者的给付进行监督。由于V已经违反了义务,R也享有第823条第1款规定的损害赔偿请求权。

(5)对无效用耗费的假期时间的赔偿

如果旅游活动被毁坏或严重妨害,旅游者最后可以根据第765i条第

44

---

[505] 关于旅游组织者的交往安全义务见BGHZ 103, 298 = NJW 1988, 1380; BGH NJW 2006, 3268 = JA 2006, 895 (*Hager*); BGH NJW 2007, 2549; *Tonner* NJW 2007, 2738ff.。

3款第7项第1选项结合第651n条第2款的规定,就**无效用耗费的假期时间**请求合适的金钱赔偿。[506] 根据今天的主流意见这属于一种**非物质损害**(参见拙著《债法总论》第49节边码17及以下)。这也符合新的《包价旅游指令》[507]和欧洲法院的判例。[508] 因此,第651n条第2款是第253条第1款的例外规定。[509]

深化:损害赔偿应当根据何种原则计算一直以来争议很大。判例经常回归到包价式的日均数额法[510],而多数学术文献则要求顾及个案所有事情。[511] 联邦最高法院在马尔代夫案判决中表明,赔偿的数额并不取决于旅游者的劳动收入。[512] 由于是对非物质损害的赔偿,不应区分从事一定职业的旅游者与不从事一定职业的旅游者(比如学生、退休者)。日均数额体系的基础因此被抽空了。[513] 反对考虑所有个案情况的理由是赔偿统一计算的利益。因此,核心标准仍然是旅游价款和妨害程度。[514]

(6)徒劳支出费用的赔偿

根据立法改革之前的法律,旧法第651f条第1款规定的损害赔偿请求权也包括对旅游者徒劳支出费用(比如疫苗接种费用、旅游手册的价款、徒然到达机场的费用)的赔偿。[515] 这种做法正确地受到如下质疑,这些自愿作出的财产牺牲根据新债法的体系**并非损害**,因为所涉费用在按照约定实施合同时也会产生,并且不会被任何经济上的利益所抵销(参见

---

[506] *Brox/Walker* SchuldR BT §28 Rn.49; *Förster* JA 2018, 561(568). 关于这一请求权的欧洲法基础 EuGH NJW 2002, 1255(1256)。

[507] Erwägungsgrund 34 Pauschalreise-RL.

[508] EuGH NJW 2002, 1255 Rn.19ff.-Leitner.

[509] BGH NJW 1983, 35(36); Erman/*Blankenburg* §651n Rn.24; *Medicus/Lorenz* SchuldR BT §41 Rn.18.

[510] Vgl. dazu (abl.) MüKoBGB/*Tonner* §651f Rn.71ff. mwN.

[511] Vgl. Soergel/*H. W. Eckert* §651f Rn.17.

[512] BGH NJW 2005, 1047(1050);不同的旧判例(BGHZ 63, 98; 77, 116)系基于它属于物质损害的过时看法。

[513] LG Frankfurt a. M. RRa 2006, 264(266); 2008, 121(123); MüKoBGB/*Tonner* §651n Rn.73; Staudinger/*Staudinger*, 2016, §651f Rn.85.

[514] MüKoBGB/*Tonner* §651f Rn.71.

[515] Vgl. AG Köln NJW-RR 2013, 1464(1466); Staudinger/*Staudinger*, 2016, §651f Rn.39.

拙著《债法总论》第 30 节边码 1 及以下）。[516] 立法者在第 651a 条及以下的新规定中考虑了上述批评。根据第 651i 条第 3 款第 7 项第 2 选项结合第 284 条，旅游者现在可以明确地请求对无益费用的赔偿（参见拙著《债法总论》第 30 节边码 5 及以下）。因此从第 284 条"以取代替代给付的损害赔偿"的表述中可以得出，第 651i 条第 3 款第 7 项第 1 选项结合第 651n 条第 1 款规定的损害赔偿的要件必须具备[517]，因为该请求权也包括替代给付的损害赔偿（参见第 36 节边码 43）。就这一点来说，适用与第 536a 条第 1 款框架下第 284 条的适用性问题相同的考虑（参见第 22 节边码 36）。[518]

3. 除斥期间与消灭时效

根据旧法第 651g 条第 1 款的规定，旅游者应当在合同约定的旅游活动终结后一个月内向旅游组织者行使其瑕疵担保请求权。这里涉及的是**实体法上的除斥期间**，该期间应当依法（von Amts wegen）遵守。[519] 这一除斥期间在第 651a 条及以下的新规定中**被取消**了，因为这一期间无法与《包价旅游指令》相协调。[520] 旅游组织者的利益已经通过第 651o 条规定的旅游者的瑕疵通知义务得到了充分保护。

46

根据第 651j 条的规定，旅游者的请求权在**两年后罹于消灭时效**，在此，消灭时效自旅游活动根据合同规定本应终结之日起算。这一短期消灭时效旨在保障请求权的快速进行。[521]

47

第 651j 条规定的短期消灭时效**不应贯穿到侵权请求权**上。确切地说，侵权责任请求权的消灭时效应当根据第 195 条、第 199 条的一般规定判断（参见第 71 节边码 19）。为保障第 651g 条第 2 款第 1 句的有效性，无须将其移转到侵权责任领域，因为第 651i 条及以下的请求权并不必然或典型地与第 823 条及以下规定的请求权一同产生。

---

[516] Staudinger/*Staudinger*, 2016, § 651f Rn. 39.
[517] Begr. RegE, BT-Drs. 18/10822, 84.
[518] Zu dieser Parallele Begr. RegE, BT-Drs. 18/10822, 84.
[519] AG Kleve RRa 1996, 105；Soergel/*H. W. Eckert* § 651g Rn. 1.
[520] Begr. RegE, BT-Drs. 18/10822, 79；MüKoBGB/*Tonner* Vor § 651a Rn. 62.
[521] So Staudinger/*Staudinger*, 2016, § 651g Rn. 43.

4. 责任限制与抵销规则

48 根据第 651p 条第 1 款的规定,旅游组织者原则上可以通过合同将其对非身体上损害的责任(第 651p 条第 1 款第 1 项)限于**旅游价款的 3 倍**。前提是,旅游者的损害系非因过错导致(第 651p 条第 1 款第 2 项)。因此,责任限制仅在旅游组织者根据第 651n 条第 1 款的规定承担无过错责任的情况下是允许的。[522] 由于旅游组织者在无过错的情况下已经能够根据第 651n 条后半句第 1—3 项完全免除责任,第 651p 条第 1 款的适用范围很小。剩下的仅仅是旅游组织者的可能出失因第 651n 条后半句第 1—3 项所提到原因之外的其他原因应当被否认的情形。[523] 在身体损害上,责任限制与以前一样被普遍地排除了。

第 651p 条第 1 款仅适用于合同上的损害赔偿请求权,**侵权损害赔偿请求权**则**不被包括在内**。[524] 旅游者因为自行补正(第 651k 条第 2 款)而产生的费用补偿请求权(第 651m 条)以及与减价关联的请求权或者因瑕疵终止旅游合同的请求权(第 651l 条第 2 款、第 3 款),亦是如此。[525] 如果旅游者对给付承担者享有的损害赔偿请求权因**国际协议**而存在特别限制,则旅游组织者也可以对此加以主张(第 651p 条第 2 款)。立法者希望借此防止旅游组织者的责任比给付提供者的责任更广泛。[526]

49 如果旅游者对旅游组织者享有损害赔偿请求权或者由于减价享有对多支出金额的返还请求权,则根据第 651p 条第 3 款第 1 句的规定,允许其**抵销**基于**同一事件**而根据国际协议或者第 1—5 项列举的欧洲条例的标准作为赔偿或报销获得的金额。可以考虑的尤其是因飞机延误而根据《航空旅客权利条例》获得的赔偿给付的抵销。[527] 反过来,旅游者就其已经获得的损害赔偿给付或者基于国际公约或者欧洲条例产生的退款请求

---

[522] Begr. RegE, BT-Drs. 18/10822, 85.
[523] BeckOGK/*Klingberg*, 1. 11. 2020, BGB § 651p Rn. 15.
[524] NK-BGB/*Niehuus* § 651h Rn. 3;*Medicus/Lorenz* SchuldR BT § 41 Rn. 23.
[525] BGHZ 100, 157 (180);Staudinger/*Staudinger*, 2016, § 651h Rn. 16.
[526] Begr. RegE BT-Drs. 18/10822, 86 参引《统一国际航空运输某些规则的蒙特利尔公约》第 39、40 条规定的责任限制。
[527] Vgl. BGH NJW 2015, 553 = JuS 2015, 831 (*Riehm*);*Tonner* EuZW 2016, 95 (99).

权也必须允许抵销(第651p条第3款第2句)。这一抵销规则以《包价旅游指令》为基础,其目的在于阻止旅游者因同一事件获得**双倍赔偿**。[528]

5. 与普通履行障碍法的关系

根据**特别法优先原则**,第651i条及以下在其适用范围内排斥普通履行障碍法(第75条及以下、第323条及以下)。[529] 如果个别旅游给付或者整个旅游给付被取消,则会产生区分问题。旅游合同因时间确定是绝对定期行为(参见拙著《债法总论》第21节边码17)[530],因而是**(部分)给付不能**的一种类型。因此,有疑问的是第651i条及以下是否也优先于给付不能的规定而适用。

50

如果仅仅是**单项旅游给付**(比如郊游)被取消,毫无疑问地存在第651i条第2款意义上的旅游瑕疵。[531] 关于给付不能的规定因此被排除。如果旅游活动因为有缺陷的旅游给付而必须被**提前中断**,亦是如此。此外,如果旅游活动非因旅游者自身的情况(比如去程航班或者住宿客满了)而完全**不能开始**,主流意见认为也适用第651i条及以下的规定。[532] 因此,旅游法上的规定**自合同订立时**就已经取得了优先地位。反对观点则认为,第651i条及以下**自旅游活动事实上开始时**才能被适用。[533]

51

反对与旅游活动开始相关联的论点有,第651i条及以下的**价值判断**在旅游活动被完全取消时也是适合的。因此,在第一个旅游给付(如去程航班)没有被提供时即必须赋予旅游者第651k条第2款规定的自行补正权利。如果旅游组织者不能依第651n条第1款第1—3项就对旅游活动被取消具有重要影响的事由,则旅游者也因无效用耗费的假期时间而享

52

---

[528] Begr. RegE, BT-Drs. 18/10822, 86 spricht von einem strikten »Kumulationsverbot«.
[529] Vgl. *Brox/Walker* SchuldR BT § 28 Rn. 35; *Förster* JA 2018, 561 (565).
[530] Vgl. *Oetker/Maultzsch* Vertragl. Schuldverhältnisse § 9 Rn. 54.
[531] BGHZ 97, 255 (260); *Larenz* SchuldR II 1 § 53 Vb.
[532] Vgl. BGHZ 97, 255 (259f.); 100, 157 (180f.); BGH NJW 2000, 1188; 2005, 1047 (1048); MüKoBGB/*Tonner* § 651i Rn. 34; Staudinger/*Staudinger*, 2016, Vorbem. zu §§ 651c-g Rn. 17ff.
[533] So *Oetker/Maultzsch* Vertragl. Schuldverhältnisse § 9 Rn. 53.

有赔偿请求权(第651n条第2款)。不过,这一请求权在普通履行障碍法中并没有规定。

八、(旅游组织者)破产时的保障

53　　如果旅游组织者支付不能或其财产被启动了破产程序,则存在旅游者尚未获得(全部)旅游给付而损失了已经支付的旅游价款的风险,此外,还必须支出费用换取被取消的各个旅游给付,尤其是返程航班。这一危险应当通过第651r条及第651s条来抵御。根据第651r条第1款的规定,只要旅游给付将在旅游组织者支付不能或者破产的情况下被取消,或者旅游者就已经提出的旅游给付被金钱债权尚未被旅游组织者履行的给付承担者请求付款,旅游组织者应当确保,旅游者将被**退还旅游价款**。如果合同也包括旅游者的运送,则旅游组织者还需确保约定的**返程运输**以及至返程运输时点前的住宿。在第651s条的条件下,保障义务仅能通过订立**保险合同**或者金融机构的**支付允诺**来履行(第651r条第2款第1项、第2项)。

54　　根据第651r条第4款的规定,旅游组织者负有使旅游者取得对客户资金保证人(Kundengeldabsicherer)的**直接请求权**的义务。因此,旅游组织者与保险人或者金融机构之间的合同可以作为**基于旅游者利益的合同**。[534] 为证明这一请求权,旅游组织者在合同订立时应当交给旅游者一个**担保证明**,该证明由客户资金担保人或经其推动而依《德国民法典施行法》第252条的规定出具。如果旅游组织者于合同订立时在其他欧盟成员国或者其他欧洲经济体签约国有分支机构,在其根据这些国家为转化《包价旅游指令》而颁布的相应规定提供了担保时,其负担的破产风险保障义务即算得到履行。只要旅游组织者没有履行第651r条或者第651s条规定的义务,并且未向旅游者提供客户资金保证人的姓名及联系信息,在包价旅游活动结束之前,旅游组织者根据第651t条的规定**不得**向旅

---

[534] MüKoBGB/*Tonner* § 651r Rn. 26; *Oetker/Maultzsch* Vertragl. Schuldverhältnisse § 9 Rn. 49; *Führich* Reiserecht Rn. 463; aA *Tempel* RRa 1998, 19 (30) (Garantievertrag).

游者请求或接受在旅游价款中预付返程费用。

参考文献: *Bergmann*, Das neue Pauschalreiserecht, Ad Legendum 2019, 167; *Eckert*, Die Anforderungen der Rechtsprechung an die Verkehrssicherungspflicht der Reiseveranstalter und ihre Auswirkungen auf die Haftung, RRa 2007, 113; *Förster*, Das neue Pauschalreiserecht in Studium und Examen, JA 2018, 561; *Führich*, Zweite Novelle des Reisevertragsrechts zur Verbesserung der Insolvenzsicherung und der Gastschulaufenthalte, NJW 2001, 3083; *Führich*, Reiserecht, 7. Aufl. 2015; *Führich*, Die neue Pauschalreiserichtlinie, NJW 2016, 1204; *Führich*, Umsetzung der neuen EU-Pauschalreise-Richtlinie in das BGB unter besonderer Berücksichtigung des Anwendungsbereichs-Kritische Anmerkungen, RRa 2016, 10; *Führich*, Das neue Pauschalreiserecht, NJW 2017, 2945; *Lettmaier/Fischinger*, Grundfälle zum Reisevertragsrecht, JuS 2010, 14 und 99; *S. Lorenz*, Grundwissen-Zivilrecht: Der Reisevertrag (§§ 651a ff. BGB), JuS 2014, 589; *Nie-huus*, Reiserecht in der anwaltlichen Praxis, 3. Aufl. 2008; *Otto*, Das neue BGB-Reiserecht, ZJS 2018, 230; *Paulus*, Das neue Pauschalreisevertragsrecht, JuS 2018, 647; *Rodegra*, Pauschalreisen-Allgemeines Lebensrisiko und hinzunehmende Unannehmlichkeiten, MDR 2002, 919; *Rodegra*, Reisevertragliche Schadensersatzansprüche wegen Nichterfüllung und nutzlos aufgewendeter Urlaubszeit, MDR 2004, 550; *Schattenkirchner*, ADAC-Tabelle zur Reisepreisminderung, NJW 2005, 2506; *Schmid*, Krieg in der Nähe des Urlaubslandes-ein Fall der »höheren Gewalt«?, MDR 2003, 974; *Schmidt*, Covid-19, Rechtsfragen zur Corona Krise, 2. Aufl. 2020; *Seyderhelm*, Kommentar zum Reiserecht (1997); *Sonnentag*, Das neue Reisevertragsrecht, VersR 2018, 967; *Stamer*, Die wichtigsten Änderungen im neuen Pauschalreiserecht, DAR 2018, 351; *Staudinger/Röben*, Das Pauschalreiserecht-Ein Überblick über die wichtigsten Examensprobleme, JA 2015, 241; *Staudinger/Ruks*, Rechtsfragen zu Pauschal- und Flugreisen in Zeiten der Corona-Krise, DAR 2020, 314; *Tempel*, Zur Kündigung von Reiseverträgen wegen terroristischer Anschläge, NJW 1998, 1827; *Tonner*, Der Reisevertrag-Kommentar zu §§ 651a-651m BGB, 5.Aufl. 2007; *Tonner*, Vertragliche und deliktische Verkehrssicherungspflichten im Reisevertrag, in *Gebauer/Wiedemann,* Zivilrecht unter europäischem Einfluss, 2. Aufl. 2010, Kap. 14 (S.663-703); *Tonner,* Die neue Pauschalreiserichtlinie, EuZW 2016, 95; Das neue Pauschalreiserecht, MDR 2018, 305; Tonner, *Tonner,* Corona-Pandemie und das Reiserecht- Die kostenlose Kündigung und ihre Rechtsfolgen bei Pauschal- und Individualreisen, MDR 2020, 519; *Weishaupt,* Referendarexamensklausur - Bürgerliches Recht: Probleme des Reisevertragsrechts, JuS 2005, 241.

第三章 居间合同与悬赏广告

第 37 节 居间合同

一、基础

居间合同也属于从事一定活动的合同。这一合同类型的特征在于,委托人允诺就介绍订立合同的机会(所谓的**介绍居间人**)或者合同的媒介(所谓的**媒介居间人**)向居间人支付报酬(或者佣金)(第 652 条第 1 款)。居间合同在不动产、住房、保险和贷款的媒介方面具有重要意义。尽管如此,《德国民法典》在第 652 条及以下对这一素材却仅仅作了初步规定。

在《德国商法典》中可以找到一些关于商事居间人的补充规定(《德国商法典》第 93 条及以下)。然而,这些补充规定仅仅适用于有关货物、有价证券以及其他商事交易客体(《德国商法典》第 93 条第 1 款)的合同的营业性居间。对于有关不动产(土地、住宅以及商业用房等)业务的居间,《德国商法典》第 93 条第 2 款的规定则并不适用。因此,**不动产居间人完全受《德国民法典》相关规定的调整**。[535]

立法者是将居间合同作为**单务合同**来进行设计的。[536] 因为居间人并不负担为委托人从事活动或者产生某个结果(比如以媒介服务的形

---

[535] 参见 *Larenz* SchuldR II 1 § 54。
[536] MüKoBGB/*Roth* § 652 Rn. 3; *Brox/Walker* SchuldR BT § 29 Rn. 65a; *Althammer* JA 2006, 594.

式)的义务。[537] 此外,委托人必须支付约定的佣金。然而,只有"当合同由于居间人的介绍或者由于媒介订立时,**居间人的佣金请求权才成立**"(第 652 条 1 款第 1 句)。也就是说,居间人的活动必须对委托人与第三人之间订立有效的主合同**具有因果关系**。因此,居间人应当承担尽管自己付出了努力,而主合同仍然没有订立的风险。

3 在**缺乏报酬约定**时适用第 653 条第 1 款的规定。根据该款规定,如果委托给居间人的给付依其情事仅在支付报酬的情况下是可期待的,则视为已经默示地约定了居间报酬。关于报酬的数额适用第 653 条第 2 款的规定。与雇佣合同与承揽合同(第 612 条、第 632 条)一样,旨在借此阻止合同因就某一重要问题未能达成一致而无效。[538]

4 关于**合同的订立**适用一般规定。因此,居间合同也可以通过默示方式订立。不过,判例在这一问题上比较谨慎。向在业务交往中广告报价的居间人求助尚不能认为关于所提供客体的合同向居间人表达出支付佣金的意愿。购买意向者在居间人那里就其库存询问报价的,亦是如此。也就是说,购买意向者在这种情况中可以认为,居间人仅仅是在为出卖人工作。[539] 如果消费者(第 13 条)在经营场所外(第 312b 条)或者在完全远程通讯工具(第 312c 条)的情况下订立居间合同,则其享有第 312g 条规定的撤回权。[540] 这尤其在通过网络门户网站居间住宅时具有实践意义。[541]

遵守特定的**形式**原则上是不必要的。不过,只要委托人的决定自由基于合同的特别构造而不合理地受到了妨害,则可以考虑在关于媒介土地交易的居间合同中类推适用第 311b 条第 1 款的规定(参见拙著《债法总论》第 7 节边码 8)。

---

[537] 参见 BGH NJW-RR 2003, 699 (700); PWW/Fehrenbacher § 652 Rn. 7。
[538] 参见 Oetker/Maultzsch Vertragl. Schuldverhältnisse § 10 Rn. 6。
[539] 参见 BGHZ 95, 393 (395); BGH NJW 2005, 3779 (3780); Fischer NJW 2007, 3107ff.。
[540] BGH NJW 2017, 2337 Rn. 35 ff.; NJW 2019, 3231 Rn. 24 ff.
[541] 参见 Ketterling NZM 2019, 885。

二、委托人的义务

委托人的主合同义务在于,在居间人的工作对其与第三人订立合同具有因果关系时,向居间人**支付**约定的**佣金**。因此,居间人的佣金请求权以委托人与第三人订立**有效的主合同**为前提。在主合同无效(比如根据第125条、第134条、第138条)时并不产生佣金请求权。基于溯及既往的效力(第142条第1款)这一点也适用于主合同根据第119条及以下的规定被成功撤销的情况。[542] 如果主合同的订立被附了停止条件,则佣金请求权在条件成就时才产生(第652条第1款第2句)。 5

委托人是否订立主合同原则上取决于其**自由决定**。[543] 订立主合同的义务也不能从诚实信用原则(第242条)中推导出来。不过,委托人以严重违反诚实信用原则的方式阻碍合同成立的,居间人基于第280条第1款的规定享有损害赔偿请求权。[544]

委托人与**第三人**间的主合同必须已经成立了。如果居间人自己是合同当事人,则其对委托人的佣金请求权即被排除。如果居间人与主合同的另一方当事人处于从属关系或者与其在经济上紧密交织在一起,亦是如此。[545] 6

提示:居间人也可以为主合同的双方当事人工作("双重居间人")。不过,根据第654条的规定,如果居间人违反合同的内容而为另外一方工作,其将丧失佣金请求权(不被允许的双重工作)。因此,立法者希望借此避免利益冲突,并保障居间人的客观性。[546]

最后,居间人提供的介绍与媒介对合同的订立至少具有**共同因果关系**。[547] 如果委托人此前就已经从其他途径(比如因为其他居间人的介 7

---

[542] PWW/*Fehrenbacher* § 652 Rn. 48; Staudinger/*Arnold*, 2016, §§ 652, 653 Rn. 97.
[543] 参见 BGH NJW-RR 2003, 699 (700); *Medicus/Lorenz* SchuldR BT § 44 Rn. 18。
[544] 参见 Staudinger/*Looschelders/Olzen*, 2019, § 242 Rn. 873; *Pauly* JR 1998, 353 (355)。
[545] MüKoBGB/*Roth* § 652 Rn. 124ff. 关于住房居间参见第37节边码15。
[546] Oetker/*Maultzsch* Vertragl. Schuldverhältnisse § 10 Rn. 30.
[547] BGH NJW 1983, 1849; 1984, 232; NJW-RR 1991, 371; *Oetker/Maultzsch* Vertragl. Schuldverhältnisse § 10 Rn. 26; *Schlechtriem* SchuldR BT Rn. 538.

绍)知悉了合同对象,则居间人的给付对于合同的订立即不具有因果关系,除非居间人提供了对合同订立具有重要影响(也即具有共同因果关系)的额外信息。委托人就**事先知悉**负有举证责任。[548]

居间人不能通过在一般交易条款中允诺支付**不取决于结果的居间报酬**而改善其地位。这些条款违反了居间合同的立法指导方针,因此根据第307条第2款第1项的规定是无效的。[549] 然而,根据合同自由原则,无论第652条的规定如何,都不妨碍当事人向居间人提出佣金要求。[550] 在这种"**独立的佣金请求权**"方面尤其可能涉及其他服务的报酬。如果居间人根本不必提出对待给付,则属于一种赠与允诺,这种允诺根据第518条第1款的规定需要作成公证书。[551]

8   根据第652条第2款的规定,居间人仅能基于相应的约定请求因从事居间活动而支出的费用。主合同没有成立的情况亦是如此。此外,费用赔偿的数额不得在一般交易条款中依赖当事人对价款的想象或者客体的价值以包价的方式确定。这些条款同样违反居间合同的指导方针,因而根据第307条第2款第1项的规定是无效的。[552]

三、居间人的义务

9   根据居间合同的法律设计,居间人并不承担从事活动的义务(参见第37节边码2)。不过,根据诚实信用原则,居间人应当在可期待的框架下**维护委托人的利益**。[553] 从该原则中可以产生大量附随义务(尤其是释明义务、咨询义务),在违反这些附随义务时,委托人可以根据第280条第1款、第241条第2款的规定请求损害赔偿。[554] 此外,在严重违反义务时还

---

[548] 参见 BGH NJW 1971, 1133 (1135);MüKoBGB/*Roth* § 652 Rn. 206。
[549] BGHZ 99, 374 (382);Staudinger/*Arnold*, 2016, §§ 652, 653 Rn. 265.
[550] BGHZ 112, 240 (242).
[551] BGH NJW-RR 2007, 55.
[552] 参见 BGHZ 99, 374 (384);MüKoBGB/*Roth* § 652 Rn. 269。
[553] 参见 BGH NJW 2000, 3642;Jauernig/*Mansel* § 654 Rn. 4。
[554] MüKoBGB/*Roth* § 652 Rn. 276ff.

可以考虑佣金请求权类推适用第 654 条的规定而失效。[555]

示例：如果居间人在其并不掌握提供信息所必要基础的情形下向委托人提供了自己关于客体的信息，则居间人违反了其保护义务。相反，如果居间人只是转达他人的信息，而未将这些信息归于自己，则其原则上并不负担特别的调查义务，而是可以信赖第三人（比如出卖人）的表述。[556]

委托人在合同期限内放弃聘用其他居间人的情况适用特别规则。这种**单独的委托**提高了居间人获得佣金请求权的希望。不过作为补偿，他负有从事居间活动的义务。[557] 单独委托也不属于双务合同。[558] 因为委托人的佣金支付义务也是与主合同的成立相关，因此与居间人从事居间活动的义务并不处于双务关系中。

10

四、居间合同的特别形式

1. 贷款居间

（1）概述

居间合同的一种特别形式是贷款居间合同，该合同被规定在第 655a 条至第 655e 条中。出于体系原因，这些规定在**债法改革**时并没有与消费者借贷（第 491 条及以下）一起，而是紧接着居间合同的一般规定（第 652 条至第 655 条）被并入《德国民法典》中。2009 年 7 月 29 日的《消费者贷款指令转化法》以及《住房不动产贷款指令转化法》（参见第 19 节边码 1）在有关贷款居间的规定方面也发生了一些变化。

11

贷款居间合同在第 655a 条第 1 款中得到了定义。根据该款规定，标志性的首先是**合同客体**：也即有偿居间（第 1 项）、订立消费者贷款合同机会的有偿介绍或者关于有偿融资协助的合同（第 2 项）。此外，也包括居间人以其他方式在订立此种合同方面提供帮助的情况（第 3 项）。**在身份方面**应当注意的是，居间人必须是经营者（第 14 条），而委托人必须是消

---

[555] BGH NJW-RR 2005, 1423 (1424); PWW/*Fehrenbacher* § 654 Rn. 10ff.
[556] BGH NJW-RR 2007, 711 (712) = JA 2007, 546 (*Looschelders*).
[557] Staudinger/*Arnold*, 2016, Vorbem. zu §§ 652ff. Rn. 11; *Larenz* SchuldR II 1 § 54.
[558] Palandt/*Sprau* § 652 Rn. 73; 不同观点见 MüKoBGB/*Roth* § 652 Rn. 246。

费者(第 13 条)。居间的报酬并非必须由消费者支付,也可以由第三人给付。

12 　　如果第 655a 条第 1 款规定的要件具备,则适用第 655a 条第 2 款至第 655e 条等**保护消费者**的规定。依第 655e 条第 1 款第 1 句的规定,不利于消费者的不同约定无效。此外,第 655e 条第 1 款第 2 句规定了脱法行为的禁令。第 655e 条第 2 款将消费者保护扩张到了第 512 条意义上的创办人(Existenzgründer)(参见第 21 节边码 37)。

　　在第 655b 条及以下之外,贷款居间合同也适用关于居间合同的**一般规定**(第 652 条及以下)。此外,在贷款合同的营业性居间上,《德国商法典》第 93 条及以下的规定也是适用的,因为贷款合同可以作为商事交易的其他客体(《德国商法典》第 93 条第 1 款)。[559]

(2)各种保护规定

13 　　《德国民法典》第 655a 条第 2 款结合《德国民法典施行法》第 247 节第 13 条第 2 款、第 13b 条第 1 款规定的贷款居间人的**信息提供义务**,以及第 655b 条第 1 款规定的**书面形式要求**首先旨在保护消费者。在没有遵守这些要求时,居间合同依第 655b 条第 2 款的规定无效。因此,居间人并不享有对约定报酬的请求权。根据该规定的保护目的,基于第 812 条第 1 款第 1 项、第 818 条第 2 款或者《德国商法典》第 354 条享有的佣金请求权也将被排除。[560] 然而,贷款合同的效力并不受影响。[561] 如果居间人在为不动产-消费者贷款合同或相应的有偿融资协助提供居间服务的同时,提供了第 511 条第 1 款规定的**咨询给付**,则依第 655a 条第 3 款第 1 句的规定可以准用第 511 条。也就是说,咨询应当满足同样的要求,就像由贷款提供者自己承担相应的咨询给付时那样(参见第 21 节边码 13)。

　　第 655c 条提高了居间人对消费者产生报酬请求权的要求。根据该条的规定,不仅必须订立**有效的主合同**(借款合同)以及居间给付存在因果关系;此外贷款还必须直接向消费者支付。最后,在贷款合同上消费者

---

[559] 参见 MüKoBGB/*Weber* § 655a Rn. 12。
[560] BGHZ 163, 332 (335)。
[561] Palandt/*Sprau* § 655b Rn. 5.

不再享有第 355 条规定的**撤回权**(可能要结合第 495 条第 1 款)。因此,居间人的报酬请求权原则上直到撤回权经过后才产生。如果消费者直到报酬支付以后才撤回贷款合同,则消费者可以根据第 812 条第 1 款第 1 句第 1 选项的规定向居间人请求**偿还**。[562]

在居间人知情的情况下,如果消费者贷款合同旨在提前偿还另外一项贷款(所谓的**债务重组贷款**),则报酬请求权的产生还以新贷款的实际年利率与原贷款相比没有提高为前提(第 655c 条第 2 句)。消费者将因此被保护免于经济上无意义的债务重组贷款的损害。[563]

14

依第 655d 条第 1 句的规定,在报酬(比如打包的事务处理费用)之外约定**补充费用**是无效的。然而,可以根据第 655d 条第 2 句的规定约定必要垫款的报销。不过,根据第 655d 条第 3 句的规定,约定数额不得超过根据《民法典施行法》第 247 节第 13 条第 2 款第 4 项向消费者告知的补充费用的数额或者相应的最高额。

2. 住房居间

居间人经常参与居住空间租赁合同的居间。在这时租房者的保护由《**房屋居间法**》(WoVermittG)提供。《房屋居间法》第 2 条第 1 款第 2 句规定,关于房屋租赁合同居间的合同需要文本形式(第 126b 条)(参见第 37 节边码 4)。立法者借此首先希望增强法律的安定性。[564]《房屋居间法》第 2 条第 2 款第 2 项的规定与此具有特别的利害关系。根据该规定,如果住房居间人自己即为所有权人、管理人或者租赁居住空间的出租人,则住房居间人不享有报酬请求权。相反,如果居间人的配偶享有类似地位,则并不会损害报酬请求权。[565]

15

立法者以 2015 年 4 月 21 日[566]公布的法律重新规定了居间人在**居住空间租赁合同居间**中的付款义务(参见第 22 节边码 5)。根据该法,如果

---

[562] 参见 MüKoBGB/*Weber* § 655c Rn. 12。
[563] HK-BGB/*Wiese* § 655c Rn. 6.
[564] Vgl. *Fischer* NJW 2015, 1560 (1561).
[565] 参见 BVerfG NJW 1987, 2733 mit Hinweis auf Art. 6 I GG。
[566] BGBl. 2015 I 610.

居间人与**租房者**以文本形式订立合同且**完全为租客的利益**工作,居间人仍然对租房者享有报酬请求权(《房屋居间法》第 2 条第 1 款、第 1a 款)。这一要求旨在阻止租房者为**出租人聘用**的居间人承担费用。因此,适用所谓的定作人原则(Bestellerprinzip)。[567] 如果住房居间人并不仅仅为租房者的利益从事活动,而是为出租人的利益,由于住房居间人对租房者的请求权已经被排除,居间人可能的为双方工作实际上受到严重限制。[568] 依据《房屋居间法》第 2 条第 5 款的规定,不同约定无效。

3. 住房与单户住宅买卖合同的居间

16 通过 2020 年 6 月 12 日的法律增订[569],并于 2020 年 12 月 23 日生效的第 566a 条至第 656d 条包含对住房与单户住宅买卖合同居间的居间合同的特别规则。[570] 该法律出台的背景是,由于高昂的购置成本,为中低收入群体创造住房所有权变得更加困难。此外,居间人报酬的分配和数额在各个联邦州的规定也不相同。因此,立法者想通过联邦层面的统一规范来创造透明度和法律安定性。[571] 另外旨在阻止,潜在的买受人由于事实上的强制状态而负担全部或大部分居间费用,尽管居间人也为或主要为出卖人的利益从事工作。[572]

17 第 656a 条及以下适用于关于住房与单户住宅买卖合同的居间。住房的概念在这里包含任何服务于居住目的的空间组合。在实践中尤其涉及《住宅所有权法》第 1 条第 2 款意义上的住房所有权的买卖。立法者将单户住宅理解为主要为单个家庭的成员的居住目的服务的任何建筑物。[573]

18 第 656a 条为关于住房与单户住宅的买卖合同居间的所有居间合同

---

[567] 参见 BT - Drs. 18/3121, 36; BGH NJW 2019, 3231 Rn. 21; *Fischer* NJW 2015, 1560ff.。

[568] 参见 *Ketterling* NZM 2019, 885; *Fischer* NJW 2015, 1560 (1562)。

[569] BGBl. 2020 I, 1245.

[570] Vgl. *Drasdo* NJW-Spezial 2020, 545.

[571] Begr. RegE, BT-Drs. 19/15827, 1.

[572] Begr. RegE, BT-Drs. 19/15827, 1f.

[573] Zu den Definitionen vgl. Begr. RegE, BT-Drs. 19/15827, 18.

规定了文本形式(第126b条)。立法者借此希望避免关于居间合同内容的迄今为止的频繁争议,从而维护法律的安定性。[574] 如果文本形式没有得到遵守,则居间合同依第125条第1句的规定无效。

第656c条和第656d条构成了新规则的核心。依第656b条之规定,只有当买受人是消费者(第13条)时,上述规定才适用。与政府草案不同,居间人并非必须是经营者(第14条)[575],即便这样通常是妥当的。至于买受人是经营者还是消费者,同样是不重要的。[576]

第656c条规范的情况是,买受合同双方当事人向居间人承诺一份居间报酬。由于居间人在此种情形中系为双方当事人的利益从事工作,立法者认为均等划分居间报酬是适当的(第656c条第1款第1句)。如果居间人与一方当事人约定,居间人无偿为其从事工作,依第656c条第1款第2句的规定他也不得向另一方当事人要求居间报酬。如果居间合同作出了与上述规定不同的规定,则居间合同依第656c条第1款规定无效。免除依第656c条第1款第3、4句强制性地也有利于居间人的另一方合同当事人。如果仅有买卖合同的一方当事人签订了居间合同,则依第656d条第1款,只有当居间人的合同当事人至少在同等金额内仍然负有义务时,由另一方当事人支付或偿付居间报酬的约定方才有效。因此,另一方合同当事人同样负有支付或偿付一半居间费用的义务。[577]

4. 婚姻居间

第656条规定了婚姻居间形式的居间合同。在允许为婚姻居间支付酬金时,依第656条第1款第1句的规定这属于一种不完全债务或者**自然债务**(参见拙著《债法总论》第1节边码27)。其后果是,婚姻居间人一方面对委托人不享有可以执行的报酬支付请求权,另一方面就已经支付的佣金也不能依第812条第1款第1句第1选项的规定以债务未能有效成立为由请求返还(第656条第1款第2句)。然而,委托人可以基于其他

19

20

21

---

[574] Begr. RegE, BT-Drs. 19/15827, 1; *Drasdo* NJW-Spezial 2020, 545.
[575] Vgl. *Drasdo* NJW-Spezial 2020, 545.
[576] Begr. RegE, BT-Drs. 19/15827, 19.
[577] Begr. RegE, BT-Drs. 19/15827, 20.

理由请求返还其给付,比如基于第627条、第628条的终止(参见第30节边码9)。[578] 反之,只有个案中属于门前交易、远程销售行为或者贷款行为时,顾客才享有撤回权(第312b条、第312c条、第312g条或者第495条、第506条第1款,分别结合第355条)。[579]

根据居间合同的一般指导方针,在婚姻居间时佣金请求权的产生也取决于与第三人订立有效的婚姻关系。[580] 然而,实践中很少会发现这种合同设计。比较常见的是**婚姻媒介合同**(Eheanbahnungsvertrag),在这种合同中会约定不取决于结果的报酬。虽然这种合同首先应当根据雇佣合同判断(第611条及以下)。不过,在此之外也可以类推适用第656条的规定。[581] 在今天更具意义的是**伴侣关系居间**,这种居间活动与未来的婚姻并不直接关联。联邦最高法院在这里也类推适用了第656条的规定。[582] 在广泛使用的网上伴侣关系居间中,顾客也依第312c条、第312g条享有撤回权。[583]

第656条的规定**在法律政策上是有争议的**。在当今无论是婚姻居间还是伴侣关系居间都是被社会所承认的活动,将报酬义务设计成单纯的自然债务已经不再合理。[584] 联邦宪法法院承认这种设计的理由是,对婚姻居间报酬的诉讼可能会妨害配偶的私密领域,并可能危及已缔结婚姻关系的存续。[585] 此外,排除可诉性的结果是居间人必须请求提前支付报酬。这一点在法律上虽然是无可指摘的[586],但由于排除了第656条第

---

[578] BGHZ 87, 309 (320); *Medicus/Lorenz* SchuldR BT §45 Rn. 32f.; *MüKoBGB/Roth* §656 Rn. 11.

[579] Staudinger/*Arnold*, 2016, §656 Rn. 2.

[580] 参见 Staudinger/*Arnold*, 2016, §656 Rn. 3。

[581] 参见 BGHZ 87, 309 (313)。

[582] BGHZ 112, 122 (124ff.); BGH NJW-RR 2004, 778; 其他观点见 *Larenz* SchuldR II 1 §54. 关于伴侣居间合同的撤回参见 BGH NJW 2010, 2868 mAnm *Gutzeit*。

[583] 对此详见 *Peters*, Die Partnerschaftsvermittlung im deutschen und schweizerischen Privatrecht unter besonderer Berücksichtigung der Online-Partnervermittlung, 2019, 165ff. 。

[584] So insbesondere *Larenz* SchuldR II 1 §54.

[585] BVerfG NJW 1966, 1211; 另参见 Staudinger/*Arnold*, 2016, §656 Rn. 1。

[586] BGHZ 87, 309 (318); *MüKoBGB/Roth* §656 Rn. 3.

1 款第 2 句规定的请求返还的权利,仍然会妨害客户的利益。[587]

参考文献:*Althammer*, Der Maklervertrag nach § 652 I BGB, JA 2006, 594; *Drasdo*, Neues zum Maklervertrag, NJW- Spezial 2020, 545; *Fischer*, Die Entwicklung des Maklerrechts seit 2003, NJW 2007, 3107; *Fischer*, Das Bestellerprinzip im Wohnungsvermittlungsrecht, NJW 2015, 1560; *Habersack/Schürnbrand*, Der Darlehensvermittlungsvertrag nach neuem Recht, WM 2003, 261; *Hamm/Schwerdtner*, Maklerrecht, 7. Aufl. 2016; *Pauly*, Zur Frage der treuwidrigen Vereitelung des Hauptvertrages beim Maklervertrag, JR 1998, 353; *Peters*, Die Partnerschaftsvermittlung im deutschen und schweizerischen Privatrecht unter besonderer Berücksichtigung der Online- Partnervermittlung, 2019; *Reuter*, Das Maklerrecht als Sonderrecht der Maklertätigkeit, NJW 1990, 1321; *Schäfer*, Zum Entstehen des Provisionsanspruches für eine Maklertätigkeit, WM 1989, 1; *Scheibe*, Der Provisionsanspruch des Maklers beim Vertragsschluss durch einen mit dem Auftraggeber nicht identischen Dritten, BB 1988, 849; *Waibel/Reichstädter*, Maklerrecht im überblick, JURA 2002, 649; *Weishaupt*, Der Maklervertrag im Zivilrecht, JuS 2003, 1166.

第 38 节 悬赏广告

一、基本原则

在悬赏广告中涉及的是对某一行为的实施,尤其是对某种结果的引起而**悬赏报酬**,于此悬赏应当通过公告实施(第 657 条)。悬赏人大多追求的是促使他人为其实施合同中提及的行为,要么是重新得到丢失的物品、走失或者飞走的宠物,要么是检举犯罪嫌疑人或者抓捕罪犯。不过,悬赏广告也可能在科学、艺术或者体育给付方面(比如研究奖项或者

1

---

[587] 参见 Staudinger/*Arnold*, 2016, § 656 Rn. 2。

电影奖项)发生。因此,悬赏广告在广义上应以某种工作的实施为方向。立法者因此将其与完成一定工作的合同一并规定。

悬赏广告随着**公告的发布**而生效。报酬请求权随着被要求行为的实施而产生,并不取决于行为人是否知悉悬赏广告或者基于悬赏广告而实施行为。因此,悬赏广告并非合同,而是**单方法律行为**,该法律行为由无须受领的意思表示构成(参见拙著《债法总论》第5节边码3)。有关意思表示的规定(第104条及以下)可以适用。也就是说,如果悬赏广告明显**不是真的**,悬赏广告根据第118条的规定应为无效。反之,根据第116条第1句的**真意保留**规定是不重要的。不过,如果行为人知悉真意保留的情况,则存在例外。虽然由于表示不是"向他人发出的",第116条第1句不能直接匹配,但因为存在相似的利益状态,类推适用是合理的。

二、构成要件

1. 报酬的公告

2   第657条意义上的公告是指,向**无法个别界定的人员范围**公开作出的表示。在公告时,悬赏也可以针对特定人员范围作出(比如某个职业团体的成员),只要其成员没有个别化即可。[588] 公告可以以任意方式(例如以纸质媒体、电台、电视节目或者海报)实施。[589]

报酬则可以是任何物质的或非物质的利益,例如支付金钱或者交付货物。

2. 行为的实施

3   报酬请求权因实施了被期望的行为而产生。这里多数时候涉及的是**某种结果的产生**。不过,如果悬赏人刚好希望阻止某个特定的作为,被期望的行为也可以存在于不作为中。[590]

报酬请求权因单纯**行为的实施**或者结果的创造而产生。根据主流意见,行为人是否知悉悬赏广告或者行为是否因考虑悬赏广告而实施,则并

---

[588] OLG München NJW 1983, 759; MüKoBGB/*Schäfer* § 657 Rn. 23f.
[589] *Larenz* SchuldR II § 55; *Medicus/Lorenz* SchuldR BT § 45 Rn. 2.
[590] MüKoBGB/*Schäfer* § 657 Rn. 29; Staudinger/*Bergmann*, 2016, § 657 Rn. 62.

不重要(参见拙著《债法总论》第5节边码3)。[591]

三、界定

以从事特定工作为内容的合同(承揽合同、委托合同、事务处理合同等等)通常也以某种结果的发生为导向。不过,与这些合同不同的是,悬赏广告中的义务不是通过合同,而是通过单方意思表示而产生。**赌博**区别于悬赏广告之处在于,参与赌博的人并非希望促成特定行为,而是希望确认某种主张的正确性。[592] 不过,如果悬赏广告的目的在于确认某种主张的正确性,则可能出现重合。对二者的界定具有特别重大的意义,因为与悬赏广告不同,赌博不能成立可执行的债务(第762条第1款)。 4

示例:在所谓的达斯巴赫(Dasbach)悬赏广告中,达斯巴赫地区天主教神父(D)公开允诺为提供以下证据者支付2000古尔登(Gulden),"目的为手段辩护"原则出自耶稣会信徒的著作。特里尔地区法院1904年在一份未公开的判决中认为这是单纯的赌博。[593] 重要的考虑是,D作为耶稣会成员的守护者希望没有人提出证据。也就是说,根据这种理解,D最终是希望确认上述格言不是来自耶稣会成员的主张。然而,悬赏广告以何种动机为基础并不重要。重要的是,D已经为证据的提出许诺了2000古尔登。因此,根据正确的观点存在悬赏广告。[594]

悬赏广告与**附条件**(有报酬)**的赠与许诺**之间也可能出现界定问题。这里重要的标准是,因赠与而获益的受益人范围具有确定性,悬赏广告针对的则是无法个别区分的人员群体。此外,赠与人首先希望的是使受赠人获益,而不是引起特定结果。[595] 5

示例(OLG München NJW 1983, 759):富有的A是冰上运动社团V的支持者。在社员大会上A向V的冰球队承诺,如果球队保级成功则支付

---

[591] MüKoBGB/*Schäfer* § 657 Rn. 34; aA Staudinger/*Bergmann*, 2016, § 657 Rn. 14.
[592] Palandt/*Sprau* § 657 Rn. 1; *Fikentscher/Heinemann* SchuldR Rn. 1347.
[593] Zum Sachverhalt *Gergen* JA 2004, 760; Staudinger/*Bergmann*, 2016, § 657 Rn. 41.
[594] 参见 MüKoBGB/*Seiler*, 6. Aufl. 2012, § 657 Rn. 19; *Gergen* JA 2004, 762。
[595] MüKoBGB/*Schäfer* § 657 Rn. 15; Palandt/*Sprau* § 657 Rn. 1.

10万欧元。

A首先希望引起特定结果,也即保级成功。但另一方面,受益的人员范围也是可以个别区分的。因此,慕尼黑高等法院认为这是一个赠与许诺[596],且该许诺根据第518条第1款、第125条的规定是无效的。

四、撤回

6　　**在公告要求的行为实施之前**,悬赏广告可以任意撤回(第658条第1款第1句)。依第658条第1款第2句的规定撤回应当以与悬赏公告相同的方式或者向各人特别通知的方式实施。根据第658条第2款的规定,悬赏人可以**放弃**悬赏广告的可撤回性,这一点在确定了实施行为的期限的情形下有疑问时应当肯定。

由于悬赏公告中涉及的是意思表示,也可以依第119条及以下的规定予以撤销。如果行为已经实施或者悬赏人已经放弃了撤回,这一点尤其具有意义。[597]

五、多人实施与多人共同参与

7　　如果**多人相互独立地**实施了悬赏公告中要求的行为,则报酬属于**最先完全地**实施了行为的人(第659条第1款)。在多个行为**同时**实施时,可分的报酬(比如金钱)将被进行分配,不可分的报酬则抽签决定(第659条第2款)。如果报酬的分配违背悬赏人已经表达的意思,则抽签决定也是必要的。

8　　如果**多人以每一份额都具有因果关系的方式对结果的发生产生影响**,悬赏人应依第660条第1款第1句的规定根据公平考虑对报酬进行分配。只有明显不公平的分配对参与人无约束力(第660条第1款第2句)。在报酬不可分时又将以抽签形式决定(第660条第3款结合第659条第2款第2句)。

---

[596] Zust. *Medicus/Lorenz* SchuldR BT § 45 Rn. 6.
[597] MüKoBGB/*Schäfer* § 657 Rn. 8f.；Palandt/*Sprau* § 658 Rn. 1f.

六、优等悬赏广告(第661条)

1. 构成要件

第661条意义上的优等悬赏广告是**悬赏广告的特别形式**。特殊性在于,优等悬赏广告的对象处于相互**竞争**关系且都**申请**奖项。也就是说,对于获得报酬或者奖项来说仅仅提出给付是不够的,只有根据优等悬赏公告中所列条件提出**最优给付**的人才能获得奖项。[598] 为特定建筑计划举办的建筑师评选或者运动竞赛可以作为例子。

9

优等悬赏广告原则上适用与悬赏相同的构成要件,不过,除行为的提出外还必须存在**申请行为**。此外,在优等悬赏广告中,**申请期限**是强制性的(第661条第1款后段)。其结果是,优等悬赏广告根据第658条第2款第2半句的规定是不可撤回的。[599]

10

与悬赏广告一样,优等悬赏广告同样必须针对行为的实施或者特定结果的引起。因此,如果公告中涉及的任务可以由任何人毫不费劲地解决,如出于广告目的而实施的"优等悬赏广告"或者"有奖猜谜",则第661条是不适用的。[600] 对于这些**不真正的优等悬赏广告**应当适用赌博的规定(第762条);如果参与人必须提供对待给付,则也可能是第763条意义上的彩票或者抽奖。[601]

2. 奖项的分发

在规定期限内实施的申请是否符合悬赏广告,或者多份申请中哪一份申请应当获得奖项的决定,应当由悬赏公告中确定的人(**奖项评委**)作出。如果没有确定奖项评委,则应由悬赏人自己作出决定(第661条第2款第1句)。在这两种情况中决定对于申请人是有约束力的,因此

11

---

[598] *Larenz* SchuldR II 1 § 55; MüKoBGB/*Schäfer* § 661 Rn. 25ff.
[599] 参见 Jauernig/*Mansel* § 661 Rn. 1。
[600] OLG Düsseldorf NJW 1997, 2122-Gute Fee; MüKoBGB/*Seiler*, 6. Aufl. 2012, § 661 Rn. 5.
[601] 参见 Staudinger/*Engel*, 2015, § 763 Rn. 10f.; *Medicus/Lorenz* SchuldR BT § 45 Rn. 13。

原则上不受司法机关的审查(第661条第2款第2句)。[602]

如果多份申请均在相同程度上符合优等悬赏公告中规定的条件,则在奖项可分时应当进行分配,否则就应当**抽签**决定(第661条第3款结合第659条第2款)。

七、获奖允诺(Gewinnzusagen,第661a条)

1. 保护目的与教义学归类

12 如果经营者(第14条)寄送了获得奖项的通知,则当获奖通知使普通消费者(第13条)产生自己已经获得了奖项的印象时,经营者应当依第661a条的规定提供奖项。本规定的目的在于禁止以许诺获奖误导消费者订购货物或者服务的经营方式。

13 第661a条创造了一个**请求权规范**,在该条中通知的到达可依法产生提供有望获得的奖项的请求权。也就是说,不同于悬赏广告,这里并不存在单方法律行为。不过,根据主流意见,获奖通知属于一种**准法律行为**。[603]

深化:第661a条的合宪性受到了部分学者的质疑。他们尤其指出,第661a条对《德国基本法》第2条第1款第12句规定的经营者基本权利的侵入不符合比例原则,并且违反不得双重处罚及明确性原则(《德国基本法》第103条第2款)。[604] 不过联邦最高法院反对这种观点,因为第661a条涉及的是私人之间的请求权,而不是刑罚或者与刑罚类似的公权力措施。过错原则、确定性原则以及禁止重复处罚原则并不相关。违反比例原则的情况并不存在,因为经营者自己能够管控因发出获奖允诺而被请求给付金钱的风险。[605]

---

[602] BGH NJW 1966, 1213 (1213). 关于可能的例外(尤其在有严重程序缺陷时)BGH NJW 1983, 442; MüKoBGB/*Schäfer* § 661 Rn. 27。

[603] 参见 BGH NJW 2003, 426 (427); 2006, 230 (232); *S. Lorenz* NJW 2000, 3305 (3307); MüKoBGB/*Schäfer* § 661a Rn. 8; Palandt/*Sprau* § 661a Rn. 2; Jauernig/*Mansel* § 661a Rn. 4。

[604] *Schneider* BB 2002, 1653; 2003, 2534f。

[605] BGH NJW 2003, 3620; zust. *Medicus/Lorenz* SchuldR BT § 46 Rn. 15。

2. 获奖通知

第 661a 条规定的请求权以经营者发出的通知适于**普遍而抽象地**在**普通消费者**那里产生已经获得了奖项的印象为前提。具体的受领人**主观**上是否认为已经获奖并不重要。因此,如果消费者知晓经营者的"保留",请求权并不依第 116 条第 2 句的规定被排除。[606] 经营者也不能主张,其寄出获奖允诺的时候以为消费者知晓(该允诺的)**认真性存在瑕疵**。因此,第 118 条的规定并不适用。[607]   14

在解释通知时应将**以醒目方式制作的陈述核心内容**作为标准。因此,不会引起普通受领人注意的**隐藏提示**(比如在反面以小号字体印刷的内容)将不被考虑。   15

假想获得的奖项可以是**任何种类的给付**。在支付金钱之外,可以考虑的还有物或者服务的提供。不过,奖项的种类和数额必须在通知中被清楚地说明,以便给付能够被受领人确定。[608]

3. 通知的寄送

通知必须已经**寄送**给了消费者。因此,第 661a 条只适用于**有形化**(verkörpert)**的通知**(信件、消息通知、传真、电子邮件等),而不适用于打电话。此外,在受领人身上还必须存在最低程度的**个别化**,以便受领人能够以为他本人就是奖项获得者。虽然列出受领人的姓名并非必要,但向完全不确定的人员群体(比如通过邮局散发广告或者报纸增刊)转达通知也是不够的。[609]   16

第 661a 条规定的请求权针对的是经营者,其作为通知**寄送人**的身份向外显示。[610] 旨在通过促销活动提高经营者的销量时,特定条件下能否   17

---

[606] 参见 *Schulze*, Die Naturalobligation, 2008, 567。

[607] OLG Bremen NJW - RR 2004, 347 (348); Staudinger/*Bergmann*, 2016, § 661a Rn. 36.

[608] MüKoBGB/*Schäfer* § 661a Rn. 20; Palandt/*Sprau* § 661a Rn. 2.

[609] BeckOK BGB/*Kotzian - Marggraf/Kneller*, 56. Ed. 1. 11. 2020, § 661a Rn. 3; MüKoBGB/*Schäfer* § 661a Rn. 22f.

[610] BGH NJW 2004, 3555 (3556); 2005, 827. 关于在以他人名义从事行为时发出人的责任 BGH NJW-RR 2006, 701。

向位于后面的经营者行使权利,尚有争议。[611] 如果寄件人是位于外国的皮包企业(Briefkastenfirma),在这方面尤其会产生问题。[612]

深化:在实践中,消费者在实现其获奖请求权时经常会因通知寄送人的住所在国外而变得困难。不过,在欧盟框架下联邦最高法院指出,消费者可在其自己的住所地(也即国内)诉请第661a条规定的请求权。由于第661a条属于《罗马条例I》第9条(原《德国民法典施行法》第34条)意义上的介入规范(Eingriffsnorm),该规定的适用也不依赖于其他重要法律。[613] 然而,这并不会改变在国外实现请求权会面临重大困难的情况。

参考文献: *Baldus*, Gewinnzusagen: Kann sich dem objektiven Empfänger-horizont etwas aufdrängen?, ZGS 2004, 297; *Dörner*, Haftung für Gewinnzusagen, FS Kollhosser, 2004, 75; *Dreiocker*, Zur Dogmengeschichte der Auslobung, Diss. Kiel, 1969; *Gergen*, Wette oder Auslobung- Stammt »Der Zweck heiligt die Mittel« von den Jesuiten?, JA 2004, 760; *Kleinschmidt*, Unilateral contract und einseitiges Versprechen, JURA 2007, 249; *Kuhlenbeck*, Die Auslobung, JW 1908, 645; *S. Lorenz*, Gewinnmitteilungen aus dem Ausland: kollisionsrechtliche und international- zivilprozessuale Aspekte von § 661a BGB, NJW 2000, 3305; *S. Lorenz*, Gewinnmitteilung als geschäftsähnliche Handlung, NJW 2006, 472; *Meller - Hannich*, Bestandsaufnahme und Bewertung der Ansprüche aus Gewinnzusagen, NJW 2006, 2516; *Schäfer*, Lässt sich die Gewinnzusage nach § 661a BGB in das System des Bürgerlichen Rechts einordnen?, JZ 2005, 981; *Schneider*, Erfüllungszwang bei Gewinnzusagen- verfassungsmäßig?, BB 2002, 1653; *Schröder/Thiessen*, Gewinnzusagen beim Wort genommen- zur Verfassungsmäßigkeit von § 661a BGB, NJW 2004, 719; *Wagner/Potsch*, Gewinnzusagen aus dem Inland und Ausland, JURA 2006, 401.

---

[611] 参见 Palandt/*Sprau* § 661a Rn. 2a。
[612] 参见 NK-BGB/*Ring* § 661a Rn. 15。
[613] BGH NJW 2006, 230 (232f.);其他观点 HK-BGB/*Staudinger* Rom I-VO Art. 9 Rn. 9。

第四章 委托、事务处理及支付服务

第39节 委托

从事一定活动的合同也包括就处理一定事务所为的约定。如果该事务应当**无偿**处理,则属于第662条至第674条意义上的**委托**(第1分目)。第675条至第675b条包括有关(**有偿**)事务处理的合同(第2分目)。第675c条至第676c条则规定了**支付交易法**,并且在转化《第二次支付服务指令》(2015/2366/EG号指令)时通过2017年7月17日[614]公布并于2018年1月13日生效的法律得到修正或者补充。公法部分则可以在2017年7月17日新拟定的《**支付服务监管法**》(ZAG 2018)中找到。[615]

无偿的事务处理在实践中仅仅发挥着次要作用。[616] 尽管如此,关于委托的规定仍然具有重要意义,因为这些规定基于参引也适用于有偿的事务处理(第675条第1款)以及无因管理(第681条第2句、第683条第1句)。

一、委托关系的重要特征

1. 概述

根据第662条的规定,委托的特征在于,受托人负有为委托人无偿处理事务的义务。委托关系的成立适用**合同成立的一般规则**(第145条及

---

[614] BGBl. 2017 I 2446.
[615] 参见 MüKoBGB/*Casper* Vor §§ 675c–676c Rn. 10。
[616] *Brox/Walker* SchuldR BT § 29 Rn. 4.

以下)。对委托人要约的沉默(与《德国商法典》第362条第1款第1句不同)并不导致合同成立。即便某人被公开委托或公开自荐了特定事务的处理,亦是如此。因为第663条为此种情况仅仅规定了毫不迟延地通知拒绝委任的义务。没有通知拒绝的情况将因违反第280条第1款规定的先合同义务而成立委托人的损害赔偿请求权[617],然而,并不基于委托关系而产生原履行请求权。[618]

由于委托人并不负有对待给付义务,故委托并非双务合同。因此,第320条及以下的规定并不适用。根据主流意见,委托合同是**不完全的双方负担义务的合同**。这一归类的依据在于,委托人在个案中(不过并非必要)同样可能承担义务,然而,这些义务与受托人的义务并不处于对价关系。属于此类义务的有第669条规定的预付义务(Vorschusspflicht),以及第670条规定的费用补偿义务。[619]

基于委托的无偿性,其与单纯的**情谊关系**之间会存在区分问题。不同之处在于,情谊关系中当事人之间的行为并不具有法律拘束意思(参见拙著《债法总论》第5节边码5及以下)。[620] 因此,情谊关系与委托不同,并没有对应的给付义务。在进行区分时尤其取决于事务的种类及其法律意义和经济意义(参见第39节边码10的一个例子)。

2. 事务的处理

3   处理事务的特征应当在广义上理解[621],不仅包括法律行为,也包括事实行为。[622] 根据这种观点,将他人从飞机场接走或者在他人生病时进行照顾,也是在处理事务。

3. 他人事务

4   委托关系还取决于,受托人承担**为委托人**处理某项事务的义务。即

---

[617] Staudinger/Martinek/Omlor, 2017, §663 Rn. 8, 13.

[618] Brox/Walker SchuldR BT §29 Rn. 10.

[619] 参见 MüKoBGB/Schäfer §662 Rn. 17;Staudinger/Martinek/Omlor, 2017, §662 Rn. 3。

[620] Brox/Walker SchuldR BT §29 Rn. 5;Medicus/Lorenz SchuldR BT §42 Rn. 10;Coester-Waltjen JURA 2001, 567 (568);批评观点见 Giesen JURA 1994, 352 (353ff.)。

[621] Giesen JURA 1994, 352 (353);Medicus/Lorenz SchuldR BT §42 Rn. 2.

[622] MüKoBGB/Schäfer §662 Rn. 46;Larenz SchuldR II 1 §56 I.

便该事务并非完全处于受托人领域,而是也触及委托人的利益范围,亦是这种情况。[623]

二、受托人的义务

1. 事务处理的实施

受托人的主给付义务在于为委托人处理事务(第662条)。在不存在不同约定时,受托人原则上应当**亲自**处理委托事务(第664条第1款第1句)。由于委托人是特地为事务处理选择了受托人,故受托人自己也应当为此负责。[624] 因此,在有疑问时,受托人不得将应该由自己负责处理的事务委托给他人,即所谓的**转委托**(Substitution)。[625] 不过,就像从第664条第1款第3句所得出的那样,受托人可以使用辅助人。不过,在此重要的是,受托人要继续为所委托事务的实施承担责任。在这种情况下,辅助人有过错的不当行为应当根据第278条的规定归责于受托人。

如果受托人在个案中可得将委托事务的实施移转给第三人,则受托人仅需要就**移转委托事务的过错**承担责任(第664条第1款第2句)。因此受托人仅仅就第三人的选任及指导承担责任。[626] 如果受托人已经尽到了交往中必要的注意,则第三人的瑕疵行为不应当归责于受托人。[627]

从第665条第1句中可以得出反面结论,受托人在可期待的框架内(第242条)原则上受制于委托人的**指示**。[628] 例外情况是,受托人根据相关事情(比如在不可预见的障碍出现时)可以认为,委托人在知悉相关事实状况时可能会对指示的偏离予以同意。如果受托人想要偏离委托人的指示,则其必须在实施偏离行为前告知此事,并等待委托人的反应。如果事务处理的推迟会带来危险,则事先通知的必要性丧失(第665条第2句)。在这种情况下,受托人必须根据第666条的规定向委托人报告事务

5

6

---

[623] *Brox/Walker* SchuldR BT § 29 Rn. 2.
[624] *Oetker/Maultzsch* Vertragl. Schuldverhältnisse § 11 Rn. 31.
[625] *Brox/Walker* SchuldR BT § 29 Rn. 13; *Medicus/Lorenz* SchuldR BT § 42 Rn. 18.
[626] HK-BGB/*Wiese/Schulze* § 664 Rn. 4.
[627] 参见 MüKoBGB/*Schäfer* § 664 Rn. 15。
[628] *Brox/Walker* SchuldR BT § 29 Rn. 12; *Larenz* SchuldR II 1 § 56 II.

处理的实施情况,并向其进行可能的计算。[629]

2. 报告及计算义务

7　　为保障**事务处理的实施**符合(委托人的)**利益**,受托人根据第 666 条的规定负担报告及计算义务(参见拙著《债法总论》第 14 节边码 8 及以下)。受托人在事务实施过程中应当独立地向委托人转递所有对委托人有意义的信息。此外,受托人经请求还应当向委托人报告事务处理的状态。立法者希望借此来确保,委托人自身在任何时候都能对事务的实施作出有意义的决定,并且能够对此作出必要指示。[630]

受托人应在委托事务实施后向委托人进行**计算**。对此应当理解为详细地列明所有收入及支出(第 259 条)。

3. 返还义务

8　　依第 667 条的规定,受托人最后还负担向委托人**返还**为实施委托事务而获得的以及从事务处理中获得的利益。返还的客体既可以是物,也可以是债权。如果受托人已经获得了物的所有权,则返还应当根据第 929 条及以下以及第 873 条、第 925 条规定的让与来进行。如果委托人已取得物的所有权,则移转占有即为已足。债权应该根据第 398 条及以下的规定以让与的形式返还。[631]

示例:艺术史学家 A 借给其同事 B 一本价值不菲的书,该书应于 8 月底归还。由于 A 在 8 月中旬要进行一次较长时间的研究旅行,他请求邻居 N 接收这本书。B 根据约定于 8 月 30 日将该书返还给 N。N 必须依第 667 条的规定在 A 返回之后使其取得对书的占有。

9　　只要涉及的是"从事务的处理中"所获利益的返还问题,则必须是与**事务的实施具有内在关联**的利益。[632] 也就是说,受托人的利益不能仅仅

---

[629]　*Oetker/Maultzsch* Vertragl. Schuldverhältnisse § 11 Rn. 37.
[630]　关于第 666 条的目的参见 MüKoBGB/*Schäfer* § 666 Rn. 1。
[631]　Zusf. MüKoBGB/*Schäfer* § 667 Rn. 27; *Oetker/Maultzsch* Vertragl. Schuldverhältnisse § 11 Rn. 46.
[632]　BGH NJW-RR 2004, 1290; Palandt/*Sprau* § 667 Rn. 3.

是在事务处理的机会中获得的。[633] 在不诚实地获得利益(例如贿赂款)时,与事务处理的内在关联通常应予肯定,因为这些利益能够直接影响到事务处理。[634]

如果受托人出于自己的目的使用了应向委托人返还或者应当为委托人花费的金钱,则受托人应当依第 668 条的规定以法定利率(《德国商法典》第 246 条以及第 352 条;参见拙著《债法总论》第 13 节边码 39)对应返还的金额**支付利息**。此外,还可以考虑基于第 280 条第 1 款、第 823 条第 2 款结合《德国刑法典》第 246 条、第 266 条的规定产生的损害赔偿请求权。[635]

4. 义务违反

受托人违反其所负义务的,则其根据第 280 条及以下的规定对委托人负担赔偿因此所生损害的义务。在不适当地实施所委托事务时,可以考虑的是基于第 280 条第 1 款、第 3 款、第 281 条第 1 款第 1 句第 1 选项("未如所负担的那样"提出给付)产生的**替代给付的损害赔偿**请求权。如果委托人的其他法益或利益在实施所委托事务的过程中遭受了损害,则其赔偿请求权应当根据第 280 条第 1 款的规定判断。

10

可归责性根据第 276 条的规定判断,受托人应当对故意或过失承担责任。类推第 521 条、第 599 条、第 690 条规定的一般性责任优待在委托合同中不能获得承认。[636] 因为委托人原则上可以信赖,受托人能够谨慎地处理委托给他的事务。不过,当事人在个案中可以明示或默示地限制其责任。[637]

示例(BGHZ 21, 102):为进行一次重要的运输,货运商 S 将其货车司机 L 无偿提供给其女同事 K 使用。在 K 唯一的司机(其丈夫)在一次交

---

[633] *Brox/Walker* SchuldR BT § 29 Rn. 16f.; Staudinger/*Martinek/Omlor*, 2017, § 667 Rn. 11.

[634] 参见 BGH NJW 2001, 2476 (2477); *Emmerich* SchuldR BT § 12 Rn. 5a。

[635] 参见 Jauernig/*Mansel* § 668 Rn. 1。

[636] So auch Palandt/*Sprau* § 662 Rn. 11; *Brox/Walker* SchuldR BT § 29 Rn. 20; Erman/*Berger* § 662 Rn. 24; diff. *Medicus/Petersen* BürgerlR Rn. 369.

[637] 参见 OLG Hamm NJW-RR 2001, 455 (456)。

通事故中去世以后，L因没有经验而过失损坏了K的大货车。K向S请求赔偿修理费用。有无道理？

K基于第280条第1款的规定对S享有损害赔偿请求权。考虑到事务的经济意义应当认为，K与S之间成立的并非单纯的情谊关系，而是委托合同。S违反了谨慎选任驾驶员的义务，他的行为具有过失。类推第521条、第599条、第690条的责任优待并不适用。考虑到货车的巨大价值，沉默的责任限制也被排除了。因此，S应当对义务违反承担责任。损害在于维修费用。

11 如果受托人的活动旨在避免委托人**面临的急迫危险**，则根据主流意见，受托人仅对故意及重大过失承担责任。对此可以考虑准用第680条的规定。[638]

由于委托合同并非双务合同，在受托人违反义务时委托人并**不享有**第323条及以下规定的**解除权**。不过，委托人可以根据第671条第1款的规定随时**撤回**委托。

三、委托人的义务

1. 费用的补偿

12 委托人依第670条的规定负担补偿受托人为处理事务而支出**费用**的义务。费用是指所有为他人的利益而自愿做出的财产牺牲（参见拙著《债法总论》第14节边码2及以下）。

示例：A想去旅行，并委托B在此期间照顾其狩猎犬。B对此表示同意，并在A外出期间购买了几罐狗粮。

受托人仅能就其在实施所委托事务过程中**必要的**费用请求补偿。如果在事后发现所支出费用是多余的，则费用补偿请求权仍然存在。[639]

示例：如果狩猎犬在两天后已经被一辆小汽车撞到并死亡了，则A仍

---

[638] Jauernig/*Mansel* § 662 Rn. 14.
[639] 参见 *Medicus/Lorenz* SchuldR BT §42 Rn. 37；*Larenz* SchuldR II 1 § 56 III.

然要补偿全部狗粮费用。

损害是指非自愿的财产牺牲,也即刚好不是费用。然而,主流意见将第 670 条的适用范围扩张于损害,在这些损害中体现的是处理委托事务的典型危险,而不仅是受托人的一般生活危险(参见拙著《债法总论》第 14 节边码 2)。[640] 依有力观点,该请求权也包括类推第 253 条第 2 款支付适当的**抚慰金**。[641]

13

示例:如果 B 在照看狩猎犬时被咬伤了,则在这过程中 B 所承担事务的典型危险就实现了。因此,A 根据第 670 条的规定负有补偿治疗费用以及支付适当抚慰金(类推第 253 条第 2 款的规定)的义务。除此之外,A 还要根据第 833 条第 1 句的规定承担责任。

如果 B 与狩猎犬一同散步时在人行道上扭伤了踝关节,则其不能基于第 670 条的规定享有补偿治疗费用的请求权,因为在事故中体现的仅仅是一般生活危险。

原则上不能就事务的处理请求给付**报酬**。[642] 因为支付报酬与委托合同的无偿性相冲突。[643] 与无因管理(参见第 43 节边码 32)不同,这一点也适用于那些可归责于受托人职业任务领域的活动。也就是说,不能类推适用第 1835 条第 3 款的规定。如果所涉活动直到委托事务实施过程中才被证明是必要的,例外才应当被承认。[644] 因为在这种情况中可以认为,就委托事务进行的无偿约定并不包括所涉活动。

14

示例:母亲 M 请求邻居 N 在当天下午照看其 5 岁的女儿 T。T 在当天下午将浴室锁起来了,并将钥匙扔进了厕所。N 必须用特别的工具才能将门打开。如果 N 经营开锁业务(Schlüsseldienst),则其可以根据第 1835

---

[640] 参见 Brox/Walker SchuldR BT § 29 Rn. 32; Emmerich SchuldR BT § 12 Rn. 9f. 。
[641] Palandt/Sprau § 670 Rn. 13; HK-BGB/Wiese/Schulze § 670 Rn. 10; Jauernig/Mansel § 670 Rn. 10;其他观点见 OLG Cellerrts 2014, 612 (625) Staudinger/Martinek/Omlor, 2017, § 670 Rn. 30。
[642] Brox/Walker SchuldR BT § 29 Rn. 27; Erman/Berger § 670 Rn. 10。
[643] 参见 Medicus/Lorenz SchuldR BT § 42 Rn. 32; Giesen JURA 1994, 352 (357)。
[644] HK-BGB/Wiese/Schulze § 670 Rn. 4; Palandt/Sprau § 670 Rn. 3;也参见 Köhler JZ 1985, 359 (360)。

条第 3 款的法律思想为其活动请求费用补偿。

经请求,委托人应当向受托人**预付**必要费用(第 669 条)。

2. 其他义务

15　　最后委托人还负担第 241 条第 2 款意义上一般性的**照顾义务**(Obhutspflicht)**及保护义务**。因此,委托人应当向受托人告知与事务处理相关联的所有危险。

3. 义务违反

16　　如果委托人在支付费用补偿方面陷于**迟延**,则受托人享有基于第 280 条第 1 款、第 2 款、第 286 条的请求权。

在**违反保护义务**(第 241 条第 2 款)时,受托人可以根据第 280 条第 1 款的规定向委托人请求损害赔偿。

四、委托关系的终结

17　　委托关系可能因**撤回**或者**终止**而被终结。此外,委托关系还随着**受托人的死亡**而结束。在术语方面应当注意的是,第 671 条中使用的撤回和终止具有相同内容,二者仅对将来发生效力。使用不同概念的原因在于,1896 年的立法者使用了那时"在学术上及立法中通常使用的表达方式"。[645]

1. 委托人的撤回

依第 671 条第 1 款第 1 项的规定,委托人可随时自由地**撤回**委托。撤回权旨在保护委托人在自己事务领域中的自主决定权,因此原则上是不可放弃的。[646] 仅在受托人自己对于所委托事务的实施具有同等价值的利益时存有例外。[647]

2. 受托人的终止

18　　受托人**终止**同样可以终结委托关系(第 671 条第 1 款第 2 项)。终止必须向委托人表示,该表示可以在任何时候发出。受托人可以有效地

---

[645] 参见 MüKoBGB/*Schäfer* § 671 Rn. 7ff. mit Hinweis auf Mot. II 544。

[646] Staudinger/*Martinek/Omlor*, 2017, § 671 Rn. 8。

[647] 参见 NK–BGB/*Schwab* § 671 Rn. 4。

放弃对终止权的行使(第671条第3款),但终止权须并非基于重大事由而产生。

针对受托人的**不及时终止**,委托人可以通过第671条第2款获得保护。因为受托人仅能在为事务处理另行采取预防措施对委托人来说可能的情形下终止委托,这一限制来自受托人负有处理所委托事务的义务。然而,如果不及时终止是因重大事由而发生,则这一限制并不适用(第671条第2款第1句第2半句)。

如果受托人违反第671条第2款第1句的规定没有及时终止委托合同,终止亦不因此而无效。更确切地说,受托人(仅仅)应向委托人**赔偿**因此所生的**损害**(第671条第2款第2句)。[648]

3. 受托人的死亡

受托人死亡的,则委托合同在有疑义时消灭(第673条第1句)。这里反映了转委托的禁止规定(Substitutionsverbot)(参见第39节边码5)。[649] 不过为保护委托人的利益,第673条第2句规定,继承人应当毫不迟延地通知受托人死亡的情况。如果延迟可能产生危险,则继承人应当继续进行事务处理,直到委托人可以采取其他预防措施为止(所谓的紧急处理义务)。[650] 直到那时委托合同被视为继续存在(第673条第2句第2半句)。

19

相反,**委托人死亡**或者丧失行为能力在有疑义时并不导致委托合同终结(第672条第1句)。然而,如果委托合同在个案中消灭的(例如因为涉及委托人具有高度人格属性的利益或者存在相应约定),则只要迟延可能会产生危险则受托人就必须继续进行事务处理。委托合同视为继续存在,直到继承人或者委托人的法定代理人能够为事务处理另行采取措施为止(第672条第2句)。

4. 委托关系继续存在的拟制

为受托人的利益,**委托合同**依第674条的规定**拟制为继续存在**,直到

20

---

[648] Staudinger/*Martinek/Omlor*, 2017, § 671 Rn. 17.
[649] 参见 Oetker/*Maultzsch* Vertragl. Schuldverhältnisse § 11 Rn. 75。
[650] 参见 HK-BGB/*Wiese/Schulze* § 673 Rn. 3。

受托人知悉或应当知悉委托合同消灭的事由为止。这一规定的意义在于,于受托人非因过错未能知悉委托合同消灭的事情而继续处理所委托事务时,为其保留基于第 670 条而产生的费用偿还请求权。[651]

只有当所委托事务以**撤回**之外的方式消灭时,第 674 条的规定才可以适用。最为重要的例子是以下情况:与第 672 条第 1 句的疑义规则相反,委托人死亡或者行为能力丧失导致了委托合同的消灭。不过可以考虑的是,委托合同因为目的实现或者目的丧失而消灭。[652] 根据第 130 条的规定撤回必须到达委托人,在撤回时为了受托人的利益拟制委托合同继续存在原则上是不必要的。不过,在拟制到达的情况中(第 132 条)可能有所不同。然而,根据主流意见在这里不能类推适用第 674 条;确切地说应当适用有关无因管理的规定(第 677 条及以下)。[653]

参考文献:*Coester- Waltjen*, Der Auftrag, JURA 2001, 567; *Genius*, Risikohaftung des Geschäftsherrn, AcP 173 (1973), 481; *Giesen*, Das Recht der fremdnützigen Geschäftsbesorgung (Teil 1: Geschäftsbesorgung aufgrund eines Vertrages), JURA 1994, 352; *Köhler*, Arbeitsleistungen als »Aufwendungen«?, JZ 1985, 359; *S. Lorenz*, Grundwissen- Zivilrecht: Auftrag und Geschäftsbesorgung, JuS 2012, 6.

第 40 节　事务处理与非现金支付往来

1　　有偿的事务处理被规定在第 675 条至第 676c 条中。第 675 条至第 675b 条规定的是具有一些特别形态的**事务处理合同**(第 675a 条、第 675b 条),第 675c 至第 676c 条规定的则是**支付往来**的法律问题。

一、事务处理合同

由于事务管理人是收取报酬而处理事务的,第 675 条第 1 款规定的事

---

[651] Erman/*Berger* § 674 Rn. 2; Staudinger/*Martinek/Omlor*, 2017, § 674 Rn. 1; MüKoBGB/*Schäfer* § 674 Rn. 1.

[652] Vgl. MüKoBGB/*Schäfer* § 674 Rn. 7f.

[653] Vgl. HK-BGB/*Wiese* § 674 Rn. 2; MüKoBGB/*Schäfer* § 674 Rn. 7.

务处理属于**双务合同**,第 320 条及以下的规定可以毫无限制地适用。

1. 适用领域

那些以事务处理为客体的雇佣合同(Dienstvertrag)和承揽合同属于第 675 条第 1 款的适用领域。如果人们像在第 662 条(参见第 39 节边码 3)那样广泛地理解事务处理的概念,则第 675 条第 1 款将可以适用于每一种雇佣合同和承揽合同。[654] 但这就与第 675 条第 1 款的文义及目的相冲突。基于这一理由,应当对第 675 条第 1 款框架下事务处理的特征作比在第 662 条中更狭义的理解。[655] 根据有关判例,这必须是"**一种在经济方式上独立的活动**","这些活动原本应由事务本人(Geschäftsherr)自己处理,但他让别人(事务管理人)承担"。[656] 属于此类的主要是与事务本人的经济利益具有紧密关联的合同,也即财产管理、税收事务、法律事务及银行业务的处理。[657] 不过,区分细节是有争议的。

根据主流意见,如果事务管理人所承担的任务通过事务处理关系才成立,则**不存在**第 675 条第 1 款意义上的**事务处理**。[658] 这里并不存在事务本人"原本应当自己处理"的活动。

示例(根据 BGHZ 45, 223 改编):B 想重建其已倒塌的房子。为了能够获得建造房子的贷款,B 必须提交一份关于建造费用的鉴定书。B 委托建筑师 A 出具鉴定书。联邦最高法院否认存在第 675 条第 1 款意义上的事务处理,因为 B 在委托 A 出具鉴定书之前并没有完成那样的鉴定书或者请人来修缮房子的义务。不过,这一限制在进行价值考察时并不能令人信服。重要的是,这里涉及的是在经济方式上可归属于(为他人利益的)B 的业务领域的活动,该活动应由 A 独立地为 B 实施。[659]

2

---

[654] *Medicus/Lorenz* SchuldR BT § 43 Rn. 2.

[655] *Emmerich* SchuldR BT § 12 Rn. 12; *Schlechtriem* SchuldR BT Rn. 519.

[656] BGHZ 45, 223 (228f.); 批评观点见 *Oetker/Maultzsch* Vertragl. Schuldverhältnisse § 11 Rn. 80。

[657] *Palandt/Sprau* § 675 Rn. 9ff.; *Giesen* JURA 1994, 352 (356).

[658] BGHZ 45, 223 (229); 另参见 *Brox/Walker* SchuldR BT § 29 Rn. 43。

[659] So auch Staudinger/*Martinek/Omlor*, 2017, § 675 Rn. A 20, 22.

2. 法律后果

3 第 675 条第 1 款规定,在雇佣合同及承揽合同的规定之外,**委托法**（Auftragsrecht）**的规定**也可以适用。因此,只要事务管理人的报酬尚不足以一同涵盖已经支出的费用,则其可以根据第 670 条的规定请求费用补偿。[660] 反过来,事务管理人也基于第 667 条的规定享有返还请求权。

事务处理合同的重要特征在于受指示约束（第 665 条）,以及事务管理人的报告义务和计算义务（第 666 条）。这符合**为实现他人利益而受指示约束**的指导原则,也恰是这一指导原则将事务处理合同与单纯的雇佣合同或者承揽合同清楚地区分开来。[661]

没有取得关联的是第 664 条。[662] 然而,雇佣合同中的**禁止转委托**（Substitutionsverbot）系从第 613 条中推导出来。[663] 虽然在承揽合同中成果的完成可以移交给他人；然而,在当事人之间存在特别信赖关系时,一般来说,从合同内容中即可得出,事务管理人应当亲自完成工作成果。也就是说,这里也不必动用第 664 条。[664] 在获得允许而将事务处理移交给他人时,事务管理人是应对第三人的所有瑕疵负责,还是仅须对自己的选任过错承担责任,同样应当根据合同约定来判断。[665]

3. 信息提供义务

4 为事务的处理而**公开选任**的人或者自己**公开请求**处理事务的人,根据第 675a 条的规定负有为标准业务无偿提供有关事务处理费用及垫款（Auslagen）**信息**的义务。这一规定与第 663 条相关联,后者为上述两种情形规定了合同订立之时的特别义务（参见第 39 节边码 2）。[666] 仅仅信息义务人事实上以及潜在的顾客才享有对信息的请求权；因此,该请求权不

---

[660] Oetker/Maultzsch Vertragl. Schuldverhältnisse § 11 Rn. 83.
[661] 参见 Staudinger/Martinek/Omlor, 2017, § 675 Rn. A 24。
[662] 参见 MüKoBGB/Schäfer § 664 Rn. 5; 不同观点见 Koller ZIP 1985, 1243（1246ff.）。
[663] Brox/Walker SchuldR BT § 29 Rn. 48.
[664] Oetker/Maultzsch Vertragl. Schuldverhältnisse § 11 Rn. 85; für Analogie Brox/Walker SchuldR BT § 29 Rn. 48.
[665] Oetker/Maultzsch Vertragl. Schuldverhältnisse § 11 Rn. 50.
[666] 参见 MüKoBGB/Heermann § 675a Rn. 6。

能由消费者保护团体来行使。[667] 对于**金融机构**及其他**支付服务提供者**而言,第 675d 条结合《德国民法典施行法》第 1 条至第 16 条包含了规定对顾客的广泛信息提供义务的特别规则。

4. 有价证券的移转

第 675b 条规定的是在有价证券交付及抵销系统框架下**有价证券移转委托**(Auftrag)或者有价证券返还请求权的撤回。这些委托是在投资者与已经就保管有价证券同自己根据《有价证券保管与购买法》(Depotgesetz)订立了合同的金融机构之间的关系中进行的。在实践中,有价证券通常不是由金融机构直接保管,而是在集中保管银行(例如欧洲中央银行)保管。有价证券的移转是通过记入受益人(Begünstigten)账户来实现的。投资人向金融机构的委托存在于对这一**转记**(Umbuchung)的处理。[668]

第 675b 条旨在转化欧盟 98/26/EG 号指令(所谓的《支付保障指令》)第 5 条。[669] 该规定表明,移转有价证券的委托从系统规则所确定的时间点开始即不再能通过**单方表示撤回**。也就是说,有关终止权(第 675 条第 1 款、第 648 条)或者撤回指示(第 665 条)的一般规则在这里并不适用。[670] 因此,顾客撤回或者终止的机会受到了极大限制。这一做法的正当性在于,必须为进行保管的金融机构保留足够的时间,以便在(有价证券)记入受益人账户之前能够顾及委托的撤回。[671] 这一点在受益人破产的时候尤其具有实际意义。对于系统框架下的支付委托,第 675p 条第 5 款设有相应规则。

提示:第 675b 条处理的是来自银行法的有限片段,因此本身就是难以理解的。对于其他详细情况必须依赖相应的专门论述,不能期望在必修课的教材中获得深入的知识。

---

[667] BGH MMR 2010, 425 mAnm *Bülow* LMK 2010, 302506.
[668] 参见 PWW/*Fehrenbacher* § 675b Rn. 2ff.; Palandt/*Sprau* § 675b Rn. 2。
[669] 关于《支付保障指令》参见 Gebauer/Wiedmann/*Schinkels*, Zivilrecht unter europäischem Einfluss, 2. Aufl. 2010, Kap. 16 Rn. 5。
[670] 参见 Palandt/*Sprau* § 675b Rn. 4; *Medicus/Lorenz* SchuldR BT § 43 Rn. 5。
[671] 参见 PWW/*Fehrenbacher* § 675b Rn. 4。

二、支付服务

1. 概述

6　　第 3 分章服务于《支付服务指令》的转化。该分章的规定在很多地方被 2017 年 7 月 17 日公布的《第二次支付服务法》(参见第 38 节边码 18)修正和补充。该分章中包括大量有关**支付服务**不同形式的规定。在适用这些规定时应当注意的是,《金融业法》(KWG)以及《支付服务监管法》(ZAG 2018)中的概念规定在第 675c 条及以下的框架中也是可以适用的(第 675c 条第 3 款)。支付服务的概念被定义在 2018 年《支付服务监管法》第 1 条第 2 款第 2 分款中。在实施存入及支取之外(第 1 项),支付服务主要包括划扣(Lastschrift)、转账(Überweisung)以及金融卡支付(Kartenzahlung)(第 3 项)。重要的是利用所谓的支付服务提供者(Zahlungsdienstleister,参见第 675f 条第 1 款)。也就是说,直接用现金向受领人支付并不被包括在内(2018 年《支付服务监管法》第 2 条第 1 款第 1 项)。

值得注意的是,第 675c 条及以下避免使用金融机构的概念,而是始终使用更为广泛的支付服务提供者概念。[672] 根据 2018 年《支付服务监管法》第 1 条第 1 款第 1 分款第 1 项的规定,支付服务提供者的概念包括以营业为目的或者达到需要以商人方式营业的规模而提供支付服务的所有企业。在支付机构之外,属于支付服务提供者的尤其是所谓的电子货币机构(2018 年《支付服务监管法》第 1 条第 1 款第 1 分款第 2 项)以及欧洲中央银行、德国联邦银行、欧盟范围内及欧洲经济区内其他国家的中央银行(2018 年《支付服务监管法》第 1 条第 1 款第 1 分款第 4 项)。

有关支付服务规定的体系归类可以从所涉合同应当被视为**事务处理合同**中得到解释。[673] 第 675c 条第 1 款[与第 675 条第 1 款(参见第 40 节边码 3)一样]规定,一些有关委托的重要规定,也即第 663 条、第 665 条至第 670

---

[672] 关于个别概念参见 den Überblick bei Palandt/*Sprau* § 675c Rn. 10f.。
[673] 参见 BGH NJW-RR 2009, 979 (980);*Harke* SchuldR BT Rn. 423。

条以及第672条至第674条(但不包括第671条第2款)可以准用。不过,只有当从第675c条及以下中不能得出不同规定时,上述规则才适用。

《第二次支付服务法》与其前身一样规定的是**完全的同化**。通过国内法实现独立自主的方案因此被排除了。[674]

第675e条第1款表明,第675c条及以下的当事人原则上不能作出不利于支付服务使用人的不同约定。也就是说,为了顾客的利益,尤其是消费者(第675e条第4款),大多数规定是**单方强制性的**。第675i条为小额(支付)工具及电子货币规定了例外。

提示:第675c条及以下调整的是处于银行合同法核心领域的支付服务法。[675] 下文的论述仅能提供一个简短的概览,关于细节内容还必须依赖有关银行法的专门论述。无法期待能在必修课教材的框架下获得特别的知识。

2. 支付服务合同

支付服务合同被规定在第675f条中。该规定区分单次支付合同(Einzelzahlungsvertrag)与支付服务框架合同(Zahlungsdienstrahmenvertrag)两种形式。**单次支付合同**以实施单次支付过程为对象,而在**框架合同**中,支付服务提供者应当为顾客("支付服务使用人")实施单次及其后相互衔接的支付过程,以及管理以其姓名命名的支付账户。对于框架合同来说最为重要的例子是**结算合同**(Girovertag)。[676] 框架合同构成了单次支付过程的基础(第675条第3款第2句),也即实施的转账及其他支付委托(第675条第3款第2句)。因此,与旧法不同(旧法第676a条至676c条),转账不属于独立的合同;确切地说,是顾客根据第675c条第1款、第665条实施的**单方指示**。[677]

7

---

[674] 参见 *Grundmann* WM 2009, 1109 (1110); *Derleder* NJW 2009, 3195。

[675] Zum Begriff des Bankvertrags *Petersen* JURA 2004, 627 (629f.).

[676] Zum Girovertrag BGH NJW-RR 2009, 979 (980); *Medicus/Lorenz* SchuldR BT Rn. 893; diff. *Harke* SchuldR BT Rn. 423.

[677] Palandt/Sprau § 675f Rn. 19; *Medicus/Lorenz* SchuldR BT § 43 Rn. 8; *Harke* SchuldR BT Rn. 424. 就这一点来说支付委托的概念是有歧视的,因为它刚好不涉及第662条意义上的委托(MüKoBGB/*Casper*, 6. Aufl. 2012, § 675f Rn. 39 对此也有清晰阐述)。

深化:第675c条第3款新文本表明,只要账户是在网络上可供使用的,银行顾客即可使用支付触发服务以及账户信息服务。支付触发服务系由互联网贸易商使用,以便在订立合同时就拥有将支付委托转交给银行的确定性。实践中一个重要的例子是通过"立即转账"来支付。账户信息服务旨在使银行顾客获得对其账户的整体概况。[678] 两种支付服务要求银行顾客对第三人开启其账户。不过,根据多数银行的一般交易条款,向第三人转递开启账户所必要的数据(用户名、密码、交易密码)则是被禁止的。[679] 这些条款自第675f条第3款新文本生效后是无效的。[680] 不过,互联网贸易商不得继续将借助"立即转账"的支付作为唯一免费的支付机会(第312a条第4款第1项)来提供(第270a条新文本)。[681]

支付服务合同是第320条意义上的**双务合同**。顾客的对待给付义务在于支付约定的**报酬**(第675f条第5款)。由于支付服务提供者应当根据第675q条第1款的规定将支付金额未经扣减转交受领人的支付服务提供者,因而支付服务提供者不得通过从转交金额中扣减所负数额来实现其对顾客的费用请求权。[682]

只要当事人没有约定终止期限,顾客就可以根据第675h条第1款的规定不经遵守特定期限而随时**终止**框架合同。即便合同是为特定时间段而订立的亦是如此。终止期限超过一个月的约定根据第675h条第1款第3句的规定而无效。

3. 支付服务的提供与利用

与支付服务的提供与利用相关联的法律问题被规定在第675j条至第676c条中。第675j条第1款表明,只有当顾客已经同意支付过程时(所谓的**鉴证**Autorisierung),支付过程对顾客("付款人")才是有效的。根据支付服务法的观念,鉴证具有核心意义。因为它决定着,支付过程是否成立

---

[678] 参见 MüKoBGB/*Casper* § 675f Rn. 40。
[679] 参见 BGH ZIP 2017, 1945 Rn. 23。
[680] 参见 Begr. RegE, BT-Drs. 18/11495, 154。
[681] BGH ZIP 2017, 1945 Rn. 38。
[682] *Derleder* NJW 2009, 3195 (3196)。

第675u 条规定的支付服务提供者对顾客的补偿请求权(参见第40节边码 10)。[683] 在顾客与受领人的关系中第362 条第 1 款规定的支付的履行效力同样取决于支付过程的鉴证,否则支付便不能被算作是顾客的给付。[684] 鉴证可以作为同意或者在存在相应约定时作为追认而被作出。当事人也可以约定,鉴证可以借助特定的**支付工具**,如具有 PIN 码的借记卡或者信用卡(第651j 条第 1 款第 4 句)。

深化:"支付鉴证工具"的概念在转化《第二次支付服务指令》时被支付工具的概念所取代。支付工具的定义现在可以在 2018 年《支付服务监管法》中找到。包括其中的是"每种身份化的工具或程序,这些工具或者程序是在支付服务使用人与支付服务提供者之间为授予支付委托而约定的,并且由支付服务使用人启动,以便授予支付委托"。重要的是,支付过程基于个人的安全标识("身份化")能够清楚地归类到所涉使用人身上。[685] 这首先在具有密码的支付卡(借记卡、信用卡)上是适合的。不过,"身份化"也可以通过在扣款收据(Belastungsbeleg)上签名或无形(unkörperlich)机制(例如网上银行的 TAN 码、密码的输入)来实现。[686] 相反,仅告知账户号码或信用卡号码是不够的,因为这些号码是使用人在每次支付时都必须要公开的,因此并不是个人的安全标识。[687] 关于与鉴证相关联的滥用问题参见第40节边码 11 以下。

根据第675j 条第 2 款第 1 句的规定,付款人可以向服务提供者单方面撤回其同意,就好像可以根据第 675p 条的规定**撤回**支付委托一样。第675p 条第 1 款规定,支付委托在到达支付提供者后原则上是不可撤回的。如果就转账的实施约定了特定期限,则根据第 675p 条第 3 款的规定支付委托仅能在约定日期前的工作日终了之时撤回。[688] 尽管如此,在私法自治的框架下,当事人仍然能通过法律行为性的**约定**(也即意思合致)来取

---

[683] 参见 BGH NJW 2015, 3093 Rn. 23:"新支付交易法的转折点和核心"。
[684] 参见 BGH NJW 2015, 3093 Rn. 24。
[685] Palandt/*Sprau* § 675j Rn. 7.
[686] 参见 MüKoBGB/*Jungmann* § 675j Rn. 44。
[687] Palandt/*Sprau* § 675j Rn. 7;MüKoBGB/*Jungmann* § 675j Rn. 45。
[688] 参见 BGH NJW 2010, 3510 (3512)。

消尚未完成的支付委托。[689] 特殊情况仅适用于**继续性委托**的撤回。依第 675j 条第 2 款第 2 句的规定实施多个支付过程的同意可以撤回,后果是此后发生的每一支付过程均为未经鉴证。

9 参与支付过程的服务提供者根据第 675r 条第 1 款的规定,有权完全借助使用人提供的**顾客标识**(Kundenkennung)来实施支付过程。其后果是,在转账时完全取决于使用人提供的受领人的账户号码。受领人的姓名则不具有重要性。因此,如果所提供姓名与账户号码不匹配,比如因为使用人在输入号码时打错了,转账过程也被视为已经按照约定实施了。[690] 因此,在转账错误时支付服务提供者并不因支付委托的实施具有瑕疵而承担第 675y 条规定的责任。由于不存在义务违反,第 280 条第 1 款的损害赔偿请求权也被排除了。付款人只能请求支付服务提供者在其可能的框架下尽力追回被转出的金额(第 675y 条第 5 款)。此外,付款人还可依赖基于第 812 条第 1 款第 1 句第 2 选项对"错误"受领人享有的**不当得利请求权**(参见第 57 节边码 16)。[691]

10 对于**未经鉴证**的支付过程(例如转账错误[692];顾客在作出指示时无行为能力;支付服务提供者与顾客之间就不实施尚未完成的支付过程存在有效约定),支付服务提供者应根据第 675u 条承担责任。[693] 支付服务提供者不能基于第 675c 条第 1 款、第 670 条的规定对顾客享有费用补偿请求权,并且必须毫不迟延地向顾客补偿所支付的金额。不过,支付服务提供者基于第 812 条第 1 款第 1 句第 2 选项对受领人享有偿还请求权(参见第 57 节边码 16)。

根据第 675y 条第 1 款的规定,在**未实施**、**有缺陷或迟延地实施**支付委托(例如因银行的错误而错误转账)时,支付服务提供者仍对顾客负有补

---

[689] BGH NJW 2015, 3093 Rn. 14.
[690] *Grundmann* WM 2009, 1109 (1114);批评观点见 *Derleder* NJW 2009, 3195 (3196f.)。
[691] MüKoBGB/*Jungmann* § 675r Rn. 46;支持第 812 条第 1 款第 1 句第 1 选项规定的给付型不当得利的有 *Scheibengruber/Breidenstein* WM 2009, 1393 (1399)。
[692] Dazu *Scheibengruber/Breidenstein* WM 2009, 1393 (1399).
[693] BGH NJW 2015, 3093 Rn. 18.

偿义务。

顾客根据第 675u 条、第 675y 条对支付服务提供者享有的请求权原则上是**终局性的**(第 675z 条第 1 句)。例外仅仅适用于不被第 675y 条所包括的损害。可以考虑的尤其是因为未实施或者有缺陷地实施支付委托而产生的**后果损害**;这里仍然保留回归第 280 条第 1 款的可能性。[694] 不过,依据第 675z 条第 2 句的规定,支付服务提供者可以将其与此有关的**责任限制**在 12500 欧元以内。然而,在支付服务提供者故意及重大过失时,这一限制并不适用。对于利息损害以及支付服务提供者特别承担的风险则不存在限制的可能性。[695] 支付服务提供者必须承担其中间部门(比如中间银行)的过错。仅仅对于使用人预先确定了中间部门的情况存在例外(第 675z 条第 3 句)。如果使用人的支付服务提供者根据第 675z 条第 3 句第 1 半句的规定为中间部门承担了责任,则存在第 676a 条规定的补偿请求权。

4. 顾客在第三人滥用时的责任

在借记卡或者信用卡以及其他支付工具(参见第 40 节边码 8)被不正当的第三人滥用时,对顾客来说会产生特别的责任问题。第 675 条第 1 款使顾客负担在收到支付工具后立即采取所有可能的预防措施,以保护个人的安全标识(PIN、TAN、密码等)免遭**不法侵入**的义务。顾客知悉丢失、被盗或者滥用以及未经鉴证的使用等相关情况的,应当毫不迟延地**通知**支付服务提供者。

11

第 675v 条规定的是**顾客**在滥用支付工具时应当承担**的责任**。在这种情况下,支付服务提供者根据第 675u 条的规定也不能向顾客请求费用补偿。不过,如果未经鉴证的支付过程是因为使用丢失、被盗或者其他脱离的支付鉴证工具引起,则支付服务提供者可以根据第 675v 条第 1 款第 1 项的规定向顾客请求不超过 **50 欧元**的损害赔偿(2018 年 1 月 12 日之前:150 欧元)。根据第 675v 条第 1 款第 2 项的规定,即便损害是由于支

---

[694] HK-BGB/*Schulte-Nölke* § 675z Rn. 1.

[695] Ausf. zur Haftung des Dienstleisters *Derleder* NJW 2009, 3195 (3198).

付工具的**其他滥用行为**而产生,限于 50 欧元的责任也适用。这里涉及的滥用非与有形客体如支付卡相关联,而是与**无形**的安全标识相关联(比如 TAN);这些标识可能无法被盗取或者遗失。[696]

基于第 675v 条第 1 款产生的请求权**不以过错**为要件。[697] 立法者论证这一点的理由在于,为顾客提供一种激励,以避免损失或者通过尽可能迅速的丢失通知降低滥用的风险。[698] 然而,根据第 675v 条第 2 款的新文本,如果支付人在未经鉴证的支付过程之前无法发觉支付工具被盗、丢失或其他被滥用的情况,或者当支付工具的丧失是因为某个雇员或者支付服务提供者责任领域内的其他部门引起时,责任即被排除。[699] 依第 675c 条第 1 项的规定,顾客此外还可以主张,滥用是因为**异常且无法预见的事件**所引起,对此他不能施加影响,且即便尽到要求的注意义务也可能无法避免事件的后果。[700]

如果支付人的行为具有**欺诈意图**,则他必须根据第 675v 条第 3 款第 1 项的规定对全部损害承担责任。[701] 在支付人因**故意**或者**重大过失**违反依第 675l 条第 1 款规定的某项或多项义务,或者违反就发行或使用支付工具所约定的某个或多个条件而造成损害时,亦是如此(第 675v 条第 3 款第 2 项)。

12　　如果顾客已经根据第 675l 条第 2 句的规定将支付工具遗失或者滥用的情况**通知**了支付服务提供者,则第 675v 条第 1 款及第 2 款规定的顾客责任就不再包括此后使用支付工具所造成的损害(第 675v 条第 5 款第 1 句)。如果支付服务提供者违反第 675m 条第 1 款第 3 项的规定未能确保顾客可以在任何时候实施第 675l 条第 1 款规定的通知,则损害赔偿请求权同样被排除(第 675v 条第 5 款第 2 句)。在顾客具有**欺诈意图**时,上述两种责任排除均不适用(第 675v 条第 5 款第 3 句)。

---

[696]　BT-Drs. 16/11643, 113.
[697]　HK-BGB/*Schulte-Nölke* § 675w Rn. 3; *Grundmann* WM 2009, 1157 (1163).
[698]　BT-Drs. 16/11643, 113; 批评观点见 *Franck/Massari* WM 2009, 1117 (1128).
[699]　参见 Begr. RegE, BT-Drs. 18/11495, 82; MüKoBGB/*Zetzsche* § 675v Rn. 5。
[700]　关于免责可能性的意义 *Harke* SchuldR BT Rn. 426。
[701]　参见 *Medicus/Lorenz* SchuldR BT § 43 Rn. 10; *Brox/Walker* SchuldR BT § 29 Rn. 62。

参考文献：*Canaris*, Bankvertragsrecht, 3. Aufl. 1988; *Derleder*, Die vollharmonisierende Europäisierung des Rechts der Zahlungsdienste und des Verbraucherkredits, NJW 2009, 3195; *Franck/Massari*, Die Zahlungsdiensterichtlinie: Günstigere und schnellere Zahlungen durch besseres Vertragsrecht?, WM 2009, 1117; *Grundmann*, Das neue Recht des Zahlungsverkehrs, WM 2009, 1109 und 1157; *Köndgen*, Das neue Recht des Zahlungsverkehrs, JuS 2011, 481; *Petersen*, Der Bankvertrag, JURA 2004, 627; *Schinkels*, Zahlungsdienste（§§675c bis 676c BGB）; Wertpapierübertragung（§675b BGB）, in: *Gebauer/Wiedmann*, Zivilrecht unter europäischem Einfluss, 2. Aufl. 2010, Kap. 16（S. 749 - 822）; *Reymann*, überweisung und SEPA- Zahlungsdienste- Basiswissen, JuS 2012, 781; *Scheibengruber/Breidenstein*, SEPA- eine Zumutung für Verbraucher?, WM 2009, 1393.

第 41 节　对建议、咨询及推荐承担的责任

对建议及推荐承担的责任被规定在第 675 条第 2 款中。这一规定表明，出具有瑕疵的建议或者不正确的推荐本身并不会导致咨询提供者承担责任。原则上只有当合同（咨询合同）已经订立或者侵权法上的构成要件已经实现时，**损害赔偿义务**才存在。不过，在个案中，责任也可能因为施加了特别信赖而成立。[702]

深化：就体系位置而言，立法者将对建议与推荐所承担的责任安排在第 675 条第 2 款的合理性在于，有偿提供建议或者咨询的合同通常应作为事务处理合同。[703] 这一说明虽然是妥当的却并不符合第 675 条第 2 款的规范内容。该规定主要涉及建议或者推荐被无偿提供的情况。相反，咨询提供者在有偿咨询合同中应当承担损害赔偿义务是理所当然的。[704]

1

---

[702]　参见 zum Ganzen *Strauch* JuS 1992, 897ff. und *Thüsing/Schneider* JA 1996, 807ff. 。
[703]　参见 BT-Drs. 14/1067, 14。
[704]　批评观点见 MüKoBGB/*Heermann* § 675 Rn. 116。

一、基于咨询合同而承担的责任

2　　有关咨询提供的合同可以以**明示**或者**默示**的方式订立。不过,由于依第 675 条第 2 款的规定原则上无须为瑕疵的建议承担责任,因而必须存在能够得出法律拘束意思的特别案件事实。[705] 在此应将咨询合同与单纯的**情谊行为**区分开来。[706] 在个案中,咨询合同的有偿性或者参与者的其他商业利益可以合理解释合同的观点。[707]

如果存在咨询合同,则咨询提供者在提供不正确的咨询时应根据**第 280 条第 1 款**的规定承担损害赔偿责任。

二、侵权责任

3　　如果提供了错误的咨询,则也可以考虑**侵权责任**。请求权尤其可能是基于第 823 条第 2 款结合《德国刑法典》第 263 条第 1 款或者《德国民法典》第 826 条的规定。相反,第 823 条第 1 款规定的请求权至少会因欠缺权利侵害而不能成立,因为在提供错误咨询时通常仅仅财产受到了侵害。

三、信赖责任

4　　最后,如果寻求建议的人对其产生了**特别信赖**,则提供了错误咨询的人可能需要承担责任。[708] 在这些情况下,损害赔偿请求权可以从第 280 条结合第 311 条第 2 款第 3 项或者结合第 311 条第 3 款第 2 句中产生。**专业人士**(比如专家鉴定人)尤其会面临信赖责任的问题,比如在他们就某个买卖物的质量或者投资项目的盈利能力提供咨询时,因为这些人员刚好是因为其特殊专业知识而被征求建议(参见拙著《债法总论》第 9 节边码 11 及以下、边码 19 及以下)。[709] 除此以外,**银行**在特定情形下也必

---

[705]　参见 *Brox/Walker* SchuldR BT § 29 Rn. 6; HK-BGB/*Schulte-Nölke* § 675 Rn. 8。
[706]　*Oetker/Maultzsch* Vertragl. Schuldverhältnisse § 11 Rn. 19.
[707]　NK-BGB/*Schwab* § 675 Rn. 160ff. ; *Brox/Walker* SchuldR BT § 29 Rn. 6.
[708]　*Emmerich* SchuldR BT § 12 Rn. 16; *Lammel* AcP 179 (1979), 337 (362ff.).
[709]　参见 *Oetker/Maultzsch* Vertragl. Schuldverhältnisse § 11 Rn. 19ff. ; *Schlechtriem* SchuldR BT Rn. 495; Staudinger/ *Martinek/Omlor*, 2017, § 675 Rn. C 25。

须以信赖责任的形式对向非顾客作出的瑕疵咨询(比如关于未来商业伙伴的偿付能力)承担责任(参见拙著《债法总论》第 8 节边码 7),因为这类咨询通常都不能以默示订立的合同为基础。[710]

参考文献: *Breinersdorfer,* Zur Dritthaftung der Banken bei Erteilung einer fehlerhaften Kreditauskunft, WM 1991, 977; *Canaris,* Die Haftung des Sachverständigen zwischen Schutzwirkungen für Dritte und Dritthaftung aus culpa in contrahendo, JZ 1998, 603; *Hopt,* Nichtvertragliche Haftung außerhalb von Schadens - und Bereicherungsausgleich, AcP 183 (1983), 608; *Lammel,* Zur Auskunftshaftung, AcP 179 (1979), 337; *Musielak,* Haftung für Rat, Auskunft und Gutachten, 1974; *Strauch,* Rechtsgrundlagen der Haftung für Rat, Auskunft und Gutachten, JuS 1992, 897; *Thüsing/Schneider,* Die Haftung für Rat, Auskunft und Empfehlung, JA 1996, 807.

---

[710] 参见 NK-BGB/*Schwab* § 675 Rn. 74ff. 。

第五章　无因管理

第 42 节　概述

一、概论

1　无因管理制度被规定在第 677 条及以下中。只要任何人在双方之间不存在法律关系的情况下**管理了他人的事务**，这些规定便总是相关的。[711] 无因管理属于**一种法定的债之关系**。不过，由于事实上的紧密关系，这一制度被当时的立法者在紧接着委托合同的部分中加以规定。然而，支付服务规定的插入使得这一关联被阻断了。[712]

在无因管理上可以区分以下案例类型：如果某人以为他人从事行为的意思而管理他人事务，则存在第 677 条至第 686 条意义上的**真正的无因管理**。如果存在管理事务的权限，则适用有关正当无因管理的规定。如果不存在管理权限，则构成**不正当的无因管理**。

深化：在两种情况中真正的无因管理的构成要件均来自第 677 条的规定；在正当的无因管理中，管理事务的承担此外尚需符合本人的利益以及本人的意思或可得推知的意思（第 683 条）。不过，不应过高估计这种区分的意义。因此，在不正当的无因管理中，当事人之间也能成立法定的债之关系。在不正当的无因管理中也能适用第 677 条和第 681 条（参见

---

[711] *Brox/Walker* SchuldR BT § 35 Rn. 1；*Medicus/Petersen* BürgerlR Rn. 405.
[712] 关于无因管理的体系归类参见 HKK/*Jansen* § § 677–687 I Rn. 42.

第44节边码6以下)。[713] 第677条至第686条表面上看来非体系性的原因在于,当时的立法者并不打算在两种案例类型之间作严格区分。这种区分是直到《德国民法典》生效之后才由学说形成的。[714] 根据作为法律基础的以请求权为导向的考察,承担管理事务的权限反之只是基于第683条第1句、第670条的管理人费用补偿请求权的额外要件。[715] 反过来,本人基于第680条的损害赔偿请求权仅在不正当无因管理时才可以考虑。

如果错误地将他人事务作为自己的事务加以管理(所谓**误认的自己事务管理**),则并不适用第687条第1款规定的无因管理。如果某人知道自己并无权限,却仍将他人的事务作为自己的事务处理,则应适用第687条第2款的规定。此种妄称的自己事务管理(angemaßte Eigengeschäftsführung)与误认的自己事务管理一样被称为**不真正的无因管理**。

二、无因管理的功能

无因管理处理的是管理他人事务者(管理人)与其事务被管理者(本人)之间的法律关系。这里在本质上可以看出**相反的利益状态**。[716] 一方面,任何人原则上都应当能够自我负责、无外来干涉地规范自己的事务。另一方面,在特定情形下他人出于帮助而介入也是令人期待的。那些提供帮助的人不应当由自己承担管理事务所生的费用及损失,而是可以就此向本人主张(参见拙著《债法总论》第10节边码4)。

示例:某块土地的所有权人(E)希望自己能够对是否以及向何人出售或出租该块土地作出决定。因此,无相应委托时第三人不应进行销售或者出租。然而,如果E的房子正在燃烧,则他人将火熄灭符合所有权人的意愿。因此,在此种紧急情况中,来自他人的干涉是非常令人期待的。

---

[713] 参见 *Wandt* Gesetzl. Schuldverhältnisse § 5 Rn. 5;其他观点见 *Fikentscher/Heinemann* SchuldR Rn. 1281。

[714] 参见 insbesondere *Larenz* SchuldR II 1 § 57 vor I;对此的批评见 HKK/*Jansen* § § 677-687 I Rn. 82ff.。

[715] 参见 Staudinger/*Bergmann*, 2020, Vorbem. zu § § 677ff. Rn. 90。

[716] *Larenz* SchuldR II 1 § 57 vor I;*Henssler* JuS 1991, 924(925);*Kupfer/Weiß* JA 2018, 894.

4   第 677 条及以下考虑到了这种利益上的差异,并试图为不同情况创造一个公平的补偿。[717]

深化:在为他人管理事务的情形中,在相互冲突的利益之间创造补偿的必要性在非常早的时期即已被承认。罗马法就已经包含赔偿费用、损害以及返还管理事务所获利益的规则(negotiorum gestio)。[718] 在日耳曼普通法中也存在相应规则。[719] 不过,对无因管理的统一理解在这一制度被法典化到第 677 条及以下中时可能也尚未发展出来。[720] 这可以解释,为何这些规则在今天看来似乎并不那么具有体系性。[721]

参考文献:*Giesen,* Das Recht der fremdnützigen Geschäftsbesorgung, JURA 1996, 225, 288, und 344; *Greiner,* Wille und Interesse, Altruismus und Egoismus im Recht der Geschäftsführung ohne Auftrag, AcP 219 (2019), 211; *Henssler,* Grundfälle zu den Anspruchsgrundlagen im Recht der Geschäftsführung ohne Auftrag, JuS 1991, 924; *Hey,* Die Geschäftsführung ohne Auftrag, JuS 2009, 400; *Kupfer/Weiß,* Geschäftsführung ohne Auftrag, JA 2018, 894; *S. Lorenz,* Grundwissen Zivilrecht: Geschäftsführung ohne Auftrag, JuS 2016, 12; *Loyal,* Die »entgeltliche« Geschäftsführung ohne Auftrag, 2011; *Martinek/Theobald,* Grundfälle zum Recht der Geschäftsführung ohne Auftrag, JuS 1997, 612, 805, 992 und JuS 1998, 27; *Oppermann,* Konstruktion und Rechtspraxis der Geschäftsführung ohne Auftrag, AcP 193 (1993), 497; *Reichard,* Negotium alienum und ungerechtfertigte Bereicherung, AcP 193 (1993), 567; *Wittmann,* Begriff und Funktionen der Geschäftsführung ohne Auftrag, 1981; *Wollschläger,* Die Geschäftsführung ohne

---

[717] *Brox/Walker* SchuldR BT § 35 Rn. 2; *Esser/Weyers* SchuldR BT I § 46 I 1d.

[718] *Kaser/Knütel/Lohsse* Römisches PrivatR § 44 Rn. 12ff.; *Schlechtriem* SchuldR BT Rn. 688; *Erman/Dornis* Vor § 677 Rn. 1; *MüKoBGB/Schäfer* § 677 Rn. 4; *Wittmann*, Begriff und Funktionen der Geschäftsführung ohne Auftrag, 1981, 38ff.; *Wollschläger*, Geschäftsführung ohne Auftrag, 41ff.

[719] *Esser/Weyers* SchuldR BT I § 46 I 1a; *Reichard* AcP 193 (1993), 567 (585ff.).

[720] *Erman/Dornis* Vor § 677 Rn. 4.

[721] 对体系性的批评可参见 *Esser/Weyers* SchuldR BT I § 46 I 2; *Larenz* SchuldR II 1 § 57 vor I;相反观点见 MüKoBGB/*Seiler*, 6. Aufl. 2012, Vor § 677 Rn. 12。

Auftrag, 1976.

第43节　正当的无因管理

一、构成要件

真正的无因管理的构成要件可以从第677条中得出。根据该条的规定，必须某人未受委托或者无其他权限而为他人管理事务。在**真正的无因管理**上还要求必须存在第683条意义上的处理事务的正当理由。

1

1. 事务的处理

事务处理的概念已经在委托合同部分（参见第39节边码3）介绍了。这一概念既包括**法律行为**，也包括**事实行为**。[722] 也就是说，事务处理可以是合同的订立、救助溺水者、清偿债务或者拖走机动车。[723] 如果事务的处理系出于"**情谊行为**"，则无因管理即被排除。为避免价值评判的矛盾，区分债务关系与情谊关系的重要原则（参见拙著《债法各论》第5节边码5及以下）也应当移转到第677条及以下上来。[724] 因此，在日常生活中的情谊行为上不仅排除合同性的请求权，此外也不能根据第683条第1句、第670条的规定请求费用补偿。[725] 同样，**高度人身性的行为**也不能成为事务处理的适格对象。[726]

2

示例：某人为他人订立了一份遗嘱，则关于无因管理的规定自始即不能适用。当然此种遗嘱根据第2064条的规定也是无效的。

---

[722] *Esser/Weyers* SchuldR BT I § 46 II 1；*Medicus/Lorenz* SchuldR BT § 60 Rn. 2.

[723] 参见 BeckOK BGB/*Gehrlein*, 56. Ed. 1. 11. 2020, § 677 Rn. 10；*Schwarz/Ernst* NJW 1997, 2550(2551)。

[724] 参见 BGH NJW 2015, 2880（对体系上的归类未作出决定）。根据主导观点这里连第677条意义上的事务都不存在（vgl. Erman/*Dornis* § 677 Rn. 3；Staudinger/*Bergmann*, 2020, Vorbem. zu §§ 677ff. Rn. 111）；根据反对观点，在情谊行为上不存在事务承担的意思（so Palandt/*Sprau* Einf. v. § 677 Rn. 2）。

[725] BGH NJW 2015, 2880 (2881).

[726] *v. Bar*, FS Schlechtriem, 2003, 699 (700f.).

2. 他人的事务

3   对他人事务的要求虽然并未在法律中被明确提出,但可以从无因管理制度的意旨与目的以及"为他人"的表述中推导出来。[727] 如果某个事务归属于**他人权利及利益范畴**,则该事务对管理人来说即是他人的。[728] 事务归属于本人的利益范畴可以是客观上的,也可以是主观上的。[729]

4   **客观上的他人事务**已经可以根据外在标准而归属于本人的利益范畴。[730] 属于此类的有对他人土地事实上的料理或者救助他人的生命,同样属于此类的还有出售或者出租他人之物或者清偿他人债务。

除客观的他人事务外,尚有一些事务可以同等地归属于本人的利益范畴和管理人的利益范畴。[731] 根据主流意见,只要事务并不完全属于管理人的利益范畴,而是至少也致力于对本人的照顾即为已足够。此种"**同属他人的**"**事务**同样应被视为无因管理规定意义上的他人事务。[732]

示例: G 扑灭了邻居 N 正在燃烧的房子上的火。G 借此希望同时避免火灾波及到自家房子。

5   此外还可以考虑的情况是,管理人不仅在本人的利益范畴内做出行为,而且同时为了履行自己在**公法上的义务**。[733] 由于管理人在此同样在处理"同属他人的"事务,无因管理的有关规定可以适用。[734] 关于管理人职权行为的特殊问题参见第 43 节边码 11。

示例: 职业游泳运动员 L 从莱茵河中救助了溺水者 E,这一举动不仅

---

[727] 参见 BeckOK BGB/*Gehrlein*, 56. Ed. 1. 11. 2020, § 677 Rn. 11; *Esser/Weyers* SchuldR BT I § 46 II 2; *Larenz* SchuldR II 1 § 57 Ia; *Schlechtriem* SchuldR BT Rn. 693; 其他观点见 *Gursky* SchuldR BT 159; *B. Schmidt* JuS 2004, 862 (864ff.)。

[728] Palandt/*Sprau* § 677 Rn. 4; *Esser/Weyers* SchuldR BT I § 46 II 2b。

[729] *Medicus/Lorenz* SchuldR BT § 60 Rn. 10ff。

[730] BGH NJW-RR 2004, 81 (82); Palandt/*Sprau* § 677 Rn. 4。

[731] BeckOK BGB/*Gehrlein*, 56. Ed. 1. 11. 2020, § 677 Rn. 15; *Schreiber* JURA 1991, 155 (156)。

[732] BGHZ 40, 28 (30); 143, 9 (15); BGH NJW-RR 2004, 81 (82); *Larenz* SchuldR II 1 § 57 Ia; 批评观点见 *Schubert* AcP 178 (1978), 425 (454)。

[733] *Schlechtriem* SchuldR BT Rn. 694; 关于第 677 条及以下在公法上的适用性参见 *Bamberger* JuS 1998, 706ff.; *Freund* JZ 1975, 513 (514ff.)。

[734] BGHZ 16, 12 (16); BGH NJW 1979, 598; *Schlechtriem* SchuldR BT Rn. 695。

触及 E 的利益范畴，L 也同时履行了其因《德国刑法典》第 323c 条所负担的救助义务，该义务系针对公众而存在且具有公法上的特性。

在一些客观上属于自己的或者中性的事务上，如果管理人外在可识别的意思指向为他人处理事务（**主观上的他人事务**），他人事务特征的存在即可得到肯定。[735]

示例：G 在意大利度假期间发现一张其岳父（S）的藏品中尚缺少的稀罕邮票。在与其妻子商量后，G 决定以 500 欧元的价格为 S 买下该邮票。基于购买的有关情况在外部已经足够清楚的是，G 打算管理本属于 S 的事务。G 是否也向邮票出卖人表明管理他人事务的意思则并不重要。[736]

3. 管理他人事务的意思

从第 687 条中可以得出反面结论，真正的无因管理的存在不能完全以事务客观上属于他人为依据。确切地说，管理人必须在主观上系"为他人"实施行为。[737] 在何种条件下可以认定此种**为他人管理事务的意思**的存在，争议很大。根据主流意见，应当区分客观上的他人事务、"同属他人的"事务以及主观的他人事务等不同情况。

(1) 客观的他人事务与主观的他人事务

在客观的他人事务与主观的他人事务的处理上存在广泛的一致意见。如果管理人知悉事务**客观上属于他人的利益范畴**，则应认为管理人具有为他人管理事务的意思。也就是说，为他人管理事务的意思是**被推定的**。[738] 仅在存在管理人追求了自己利益的案件事实时，这一推定才能被推翻。[739] 然而，管理人无须对本人的具体身份有详细认识（第 686 条）。只要管理人知道他是在为他人从事行为，即为已足够。[740]

反之，在**主观的他人事务**上，为他人管理事务的意思必须已经以外部

6

7

8

9

---

[735] BGHZ 82, 323 (330f.); BGH NJW 2000, 72; NJW-RR 2004, 81 (82f.).
[736] 参见 *Medicus/Lorenz* SchuldR BT § 60 Rn. 4f.。
[737] Vgl. *Emmerich* SchuldR BT § 13 Rn. 4; *Schlechtriem* SchuldR BT Rn. 695。
[738] BGHZ 98, 235 (240); BGH NJW 2007, 63 (64); 2012, 1648 (1650); *Medicus/Lorenz* SchuldR BT § 60 Rn. 7.
[739] *Brox/Walker* SchuldR BT § 36 Rn. 6; 批评观点见 *Gursky* SchuldR BT 159。
[740] *Esser/Weyers* SchuldR BT I § 46 II 2c; *Medicus/Petersen* BürgerlR Rn. 405.

可识别的方式显示出来(第43节边码6)。也就是说,为他人管理事务的意思的举证责任由管理人负担。[741]

(2)"同属他人的"事务

10　比较容易发生问题的是"同属他人的"事务的处理。判例和学术文献主要认为,为他人管理事务的意思在此通常也是从相关情况中得出的。也就是说,与客观的他人事务一样,为他人管理事务的意思是**被推定的**。[742] 反对观点则认为,在"同属他人的"事务上似乎更可能是,管理人的行为完全出于自己的利益。[743] 因此,为他人管理事务的意思也必须**以可识别的方式向外部显示出来**。[744]

作为出发点,主流意见的以下观点值得赞同,即**为他人管理事务的意思在"同属他人的"事务上多数时候已经可以从相关(客观)情况中推导出来**。在为邻居家的房子灭火或者救助落水者(参见第43节边码4以下)等情况中,为他人管理事务的意思并不会因管理人,同时也希望保护自己的房子,或者履行《德国刑法典》第323c条规定的公法上救助义务而发生疑问。然而,也存在一些为他人管理事务意思可能存在疑问的案例类型。

(3)存在问题的案例类型

11　①根据判例,即便管理人的行为系履行**公法上的职务义务**,"同属他人的"事务也是存在的。[745]

示例(BGHZ 40,28):从火车头中飞溅出的火花点燃了E家的屋顶架并引发火灾。被征召而来的消防队扑灭了火花,消防队的行为首先是履行职务上的义务,但他们也履行了联邦铁路公司的义务。因此,根据联邦最高法院的观点存在"同属他人的"事务。

---

[741] BGHZ 138, 281 (286); BGH NJW-RR 2004, 81 (83); Erman/*Dornis* § 677 Rn. 62.

[742] BGH NJW 2000, 72; 422 (423); 2007, 63 (64); 2008, 683 (685); 2009, 2590 (2591).

[743] Emmerich SchuldR BT § 13 Rn. 7f.; *Medicus/Petersen* BürgerlR Rn. 412.

[744] So etwa OLG Koblenz NJW 1992, 2367 (2368); MüKoBGB/*Seiler*, 6. Aufl. 2012, § 677 Rn. 21; 现在的不同观点见 MüKoBGB/*Schäfer* § 677 Rn 50。

[745] BGHZ 30, 162 (167); für Polizeieinsatz von BGH NJW 2004, 513 (514) offengelassen.

通说在这些情况下拒绝无因管理的构成要件。[746] 对此有学者正确地指出,职务承担者并**不具有管理他人事务的意思**,因为职务承担者并不希望受制于"本人的"意思。除此之外,职务承担者从事行为时并非"未受委托或者无其他权限"(参见第 43 节边码 17 及以下),而是基于**公法上的职务义务**。[747] 因此,职务承担者应当以公法上有关费用补偿的规定为依据。这些规定的要件不应因第 677 条及以下的扩张适用而被破坏。[748]

②在为**将来订立合同**而支出费用的情形也是缺乏为他人管理事务的意思。这些费用完全处于希望开启合同之人的风险领域。[749] 其背后的考虑是,潜在的合同当事人订立或不订立合同的个人自主决定权不能因为回归有关无因管理的规则而被破坏。这些考虑对于营业性的寻找继承人具有实际意义。根据联邦最高法院的判例,如果由某个**营业性的继承人搜寻者**找到的继承人拒绝就提供继承财产的信息订立合同,则基于**消极的合同自由**原则,即便在无因管理(第 677 条、第 683 条第 1 句、第 670 条)的角度下该继承人搜寻者也不享有支付适当报酬的请求权。[750] 然而,这一结论并不能令人信服。继承人搜寻者案展现的特别情况是,管理人(继承人搜寻者)在准备阶段完全无法与本人(继承人)作出约定,因为他并不知情。如果继承人搜寻者已经找到了继承人,则其费用已经产生。因此,第 677 条、第 683 条第 1 句以及第 670 条中规定的补偿请求权已经产生,且也没有因为继承人拒绝订立合同而溯及既往丧失。[751] 如果继承人是消费者,则此种请求权可能无法与第 241a 条第 1 款第 2 项相协

12

---

[746] So etwa MüKoBGB/*Schäfer* § 677 Rn. 113;*Medicus/Petersen* BürgerlR Rn. 412f.

[747] *Giesen* JURA 1996, 225 (235);*Kischel* VerwArch 1999, 391 (394ff.).

[748] MüKoBGB/*Schäfer* § 677 Rn. 113;*Kischel* VerwArch 1999, 391 (404ff.);*Schoch* JURA 1994, 241(243);iErg auch BGH NJW 2004, 513 (514).

[749] BGH NJW 2000, 72 (73);*Grunewald* BürgerlR § 27 Rn. 2;*Medicus/Petersen* BürgerlR Rn. 405;*Schulze* JZ 2000, 523 (524);批评观点见 *Falk* JuS 2003, 833 (838f.)。

[750] BGH NJW 2000, 72;NJW-RR 2006, 656;2016, 842 (843)。

[751] 参见 *Dornis* JZ 2013, 592 (593ff.);其他观点见 Staudinger/*Bergmann*, 2020, Vorbem. zu §§ 677ff. Rn. 205,根据这种观点继承人搜寻者可以被作为继承人法定代理人的遗产管理人被委以寻找继承人的事务。

调。[752] 然而,由于继承人搜寻者在准备阶段无法与继承人订立合同,与第 241a 条第 1 款第 2 项的原理并不契合。[753]

示例(BGH NJW 2000, 72):E 以为他人找寻下落不明的继承人为工作。基于自己的动议他查明 B 和 S 是 M 仅有的继承人。B 和 S 拒绝了 E 以支付报酬为条件告知事情必要信息的建议。最后,B 和 S 通过自己的调查成功地继承了遗产。E 向 B 和 S 请求补偿其支出的费用并支付合理报酬(准用第 1835 条第 3 款,参见第 43 节边码 32)。

联邦最高法院拒绝了第 677 条、第 683 条第 1 句、第 670 条中规定的费用补偿请求权。大合议庭以继承人的消极合同自由作为理由。然而,根据本书所持的观点,消极的合同自由在此并没有受到破坏,因为 E 在开始找寻之前无与继承人形成契约上合意的机会。基于同样的考虑,E 的费用补偿请求权也没有根据第 241a 条第 1 款第 2 项的规定被排除。

在情谊关系中也会产生与私法自治原则的类似紧张关系。如果从解释中可以得出,并不存在合同约定,而是单纯的**情谊关系**,则这一结果不应因人们要赋予参与者第 683 条第 1 句与第 670 条规定的费用补偿请求权而被破坏。[754]

13　③根据判例,如果管理人以属于本人利益范畴的行为同时履行**自身对第三人的义务**,则为他人管理事务的意思应根据有关"同属他人事务"的原则被推定。[755]　不过,如果"管理人"与第三人之间的合同对"管理人"的权利与义务进行了广泛且终局性的约定,则情况应有所不同。

示例(BGH NJW-RR 2004, 956):土地所有权人 E 委托 U 有限责任公司作为一座建筑的总承建商。U 有限责任公司用合同将特定工作的实施移转给了 B。在 U 有限责任公司破产时,B 基于无因管理向 E 请求补偿支出的费用。联邦最高法院以 U 有限责任公司与 B 订立的合同已经就报酬

---

[752] So MüKoBGB/*Finkenauer* § 241a Rn. 30; Hau NJW 2001, 2863 (2864).

[753] 拒绝观点见 Palandt/*Grüneberg* § 241a Rn. 4; Dornis JZ 2013, 592 (595f.)。

[754] 参见 BGH NJW 2015, 2880 = JuS 2016, 70 (*Müsch*):在携带未成年的社团成员去体育赛事时私家车的事故损害。

[755] 参见 BGHZ 61, 359 (363); MüKoBGB/*Schäfer* § 677 Rn. 10; krit. Medicus/Petersen BürgerlR Rn. 414; von BGHZ 140, 102 (109) offengelassen。

问题进行了详尽的约定为由驳回了起诉。

在有限判例背后隐含的妥当考虑是,存在合同约定时法定的补偿请求权将根据**私法自治**原则被排除。不过,如果人们认真对待这一点的话,则在对第三人存在合同义务时第677条及以下的适用将被普遍排除。[756] 因为提供给付的人在这些情况中通常并非为"本人"的利益实施行为,而是希望履行自己对第三人的义务。[757]

④与联邦最高法院相反的观点认为[758],即便发生问题的给付系基于与受领人间的**无效合同**而提出,管理他人事务的意思也应当否定。[759] 这并不取决于当事人是否知悉合同无效。因为在这两种情况中给付提供者希望履行其自身无效的义务,而并不希望促进合同当事人的利益。[760] 除此之外,那些对无法律上原因而提出给付的回复,尤其是有关给付型不当得利的规则(第812条第1款第1句第1选项),不应因回归无因管理而落空。[761]

如果承租人基于自己并不知情的**无效的租赁结束修缮条款**而对租赁的房间进行了装修,则根据联邦最高法院的模式也不存在"同为他人利益"的事务。就好像联邦最高法院在近期一则判决中所指出的,在这种情况中承租人并没有(也)管理出租人的事务,而完全是在自己的法律领域中实施行为,因为他希望通过实施修缮行为来履行租赁合同中的支付义务(参见第22节边码16)。因此,实施修缮行为与支付租金一样也不是出租人的事务。[762] 这一判决虽然限制了"同为他人利益的事务"的适用范围,但却与合同无效判例的变更并无关联。[763] 在物之给付的提供与支付

14

---

[756] *Brox/Walker* SchuldR BT § 36 Rn. 13; *Medicus/Lorenz* SchuldR BT § 60 Rn. 14; iErg auch *Weishaupt* NJW 2000, 1002 (1003);其他观点见 BGH NJW 2000, 422 (423)。

[757] *B. Schmidt* JuS 2004, 862 (866).

[758] BGHZ 37, 258 (263f.); 111, 308 (311); BGH NJW 1997, 47 (49).

[759] *Brox/Walker* SchuldR BT § 36 Rn. 21; 另参见 *Einsele* JuS 1998, 401 (403)。

[760] *B. Schmidt* JuS 2004, 862 (866); 另参见 *Medicus/Petersen* BürgerlR Rn. 412。

[761] 参见 *Wandt* Gesetzl. Schuldverhältnisse § 3 Rn. 7; *S. Lorenz* NJW 1996, 883 (887); *Schröder/Bär* JURA 1996, 449 (451)。

[762] BGH NJW 2009, 2590 (2591f.).

[763] 参见 *S. Lorenz* NJW 2009, 2576; weitergehend *Thole* NJW 2010, 1243 (1246)。

义务的(假想)履行之间进行区分在结果上并不令人信服。

15　⑤如果**多个债务人**中的一位清偿了债务,则取决于对债权人的履行效果是否也能使其他债务人受益。如果这一点应予否认,则第677条及以下即不能适用。[764] 如果其他债务人就像在**连带债务**中那样(参见拙著《债法总论》第54节边码24),被免除其对债权人的债务,则属于"同为他人利益的事务"[765]。然而,提供给付的债务人通常只是希望履行自己的义务,不会也去管理他人事务。此外,第426条作为追偿权(Rückgriff)的特别规定排除了无因管理规则的适用。[766]

16　⑥最后非常有争议的是对所谓的**道路交通中自我牺牲**的处理。

示例(根据 BGHZ 38,270 改编):A 驾驶其小汽车行驶在乡间公路上。在马路的另一头迎面而来的是年仅9岁的骑自行车的 F。由于狂风的作用,F 在 A 的车身前突然向左变向。A 向右边打方向盘,驾驶小汽车撞向一棵树上。小汽车在事故中受损,A 也遭受了身体伤害。A 向 F 请求损害赔偿。

由于F依第828条第2款的规定不具有侵权责任能力(可能行为也没有过失),第823条第1款规定的损害赔偿请求权即被排除了。不过,可以考虑第677条、第683条第1句、第670条规定的请求权。

根据主流意见,只有当机动车驾驶人在事故中不应当承担责任时,才能在这些情况中推定**为他人利益而管理事务的意思**。否则应当认为,躲闪动作仅仅是为了自身利益(也即为避免责任)而实施。[767] 根据旧法,如果事故属于不可避免的事件,则《道路交通法》第7条第1款规定的机动车保有人责任就已经被排除了(《道路交通法》原第7条第2款)。在类似

---

[764] MüKoBGB/*Schäfer* § 677 Rn. 70;其他观点见 *Martinek/Theobald* JuS 1997,805(809f.)。

[765] 参见 *Stamm* JURA 2002,730 (734)。

[766] 参见 *Brox/Walker* SchuldR BT § 36 Rn. 15;*Medicus/Petersen* BürgerlR Rn. 415;其他观点见 MüKoBGB/*Schäfer* § 677 Rn. 70;Anspruchskonkurrenz。

[767] BGHZ 38,270 (273);*Larenz* SchuldR II 1 § 57 Ib;*Medicus/Petersen* BürgerlR Rn. 411f.;*Emmerich* SchuldR BT § 13 Rn. 9;*Kupfer/Weiß* JA 2018,894 (897);iE auch MüKoBGB/*Schäfer* § 677 Rn. 58;批评观点见 *Frank* JZ 1982,737。关于基于无因管理而对父母享有的请求权 *Friedrich* VersR 2000,697ff.。

案件中联邦最高法院肯定了要件的存在。[768] 不过,由于管理人根据第670条的规定只能请求适当补偿,共同发生作用(Mitverursachung)的危险可以作为请求权减免事由予以考虑。根据现行法针对《道路交通法》第7条第2款规定的非机动车交通参与者,保有人只能以不可抗力来免除责任(参见第74节边码8及以下)。根据该规定,在多数情况中应当否定基于无因管理产生的请求权。反之,两辆机动车之间的关系中无法避免的事件尚可以保留其意义(《道路交通法》第17条第3款)。因此,在这里仍然可以考虑基于第677条、第683条第1句、第670条产生的请求权。[769]

示例:一个正在玩游戏的小孩直接跑到了一辆行驶中的机动车前,则并不存在不可抗力。因此,紧急避让的机动车驾驶人并不享有基于无因管理的赔偿请求权。在自行车驾驶人的案例(参见第43节边码16)中,只有当风力并非产生一般的天气影响,而是人们无法预料的完全异常的自然事件时,才应肯定不可抗力的存在。相反,如果机动车驾驶人是为了避让在其机动车前突然出现的摩托车驾驶人,只要相撞对机动车驾驶人来说是不可避免的事件,则应当排除《道路交通法》第17条第3款规定的责任。也就是说,在这些情况中因"自我牺牲"而基于无因管理产生费用补偿请求权依然是可能的。[770]

4. 未受委托或具有其他权限

如果管理人系基于**法律行为**而对本人有权,或者负有义务管理事务,则不属于"未受委任"。因此,有关无因管理的规定即属无关。[771] 这里"委任"应在广义上进行理解,也就是说,不仅仅包括第662条意义上的委托,而是包含**任何法律行为**。[772]

如果管理人对本人有权以**其他方式**实施行为,同样不能回归第677

17

---

[768] BGHZ 38, 270 (275f.).
[769] 参见 *Rebler* MDR 2013, 254 (257); *Kupfer/Weiß* JA 2018, 894 (897)。
[770] *Rebler* MDR 2013, 254 (257)。
[771] Palandt/*Sprau* § 677 Rn. 11; *Brox/Walker* SchuldR BT § 36 Rn. 18.
[772] 参见 *Larenz* SchuldR II 1 § 57 vor I。

条及以下。这种权限尤其可以从**法律规定**中产生。[773] 因此,有限责任公司或者股份公司的机关对所在公司,或者父母对其子女有管理事务的权限(《德国有限责任公司法》第 35 条、《德国股份法》第 78 条、《德国民法典》第 1626 条、第 1629 条)。相反,有关正当防卫、紧急避险或者自助行为(第 227 条以下条文、第 858 条、第 904 条)的规定不能成立第 677 条意义上的权限。[774] 因此,在这些情况中管理人可以根据第 683 条或者第 684 条的规定请求补偿费用。

18 　如果管理人与本人之间存在的法律关系**无效**,则并不存在管理事务的权限。不过,根据这里所持的观点,第 677 条及以下的适用也会因欠缺为他人管理事务的意思而不能成立(参见第 43 节边码 14)。在管理人基于与第三人的合同而管理事务(参见第 43 节边码 13)时,亦是如此。

5. 第 683 条规定的管理事务的正当性

19 　**依第 683 条的规定**,管理人承担事务的管理必须具有正当性。如果事务的承担符合本人真实或可得推知的意思(第 683 条第 1 句),或者存在第 679 条规定的要件(第 683 条第 2 句),则存在正当性。此外,通过依第 684 条第 2 句的规定对事务管理予以**追认**,本人也可以引起正当无因管理的法律后果。

(1)本人的利益和意愿

20 　第 683 条第 1 句的前提是,由管理人进行的具体事务管理在承担事务之时符合本人的利益,且符合本人事实上或者可得推知的意思。[775] 在此,本人的**利益**应当从理性第三人的角度出发,并在客观标准的基础上兼顾个案的所有事情予以确定。[776]

示例:救助本人的生命或者保护其所有权免于损害的,符合本人的客观利益。

---

[773] Staudinger/*Bergmann*, 2020, Vorbem. zu §§ 677ff. Rn. 196ff.

[774] MüKoBGB/*Schäfer* § 677 Rn. 67;其他观点见 Staudinger/*Bergmann*, 2020, Vorbem. zu §§ 677ff. Rn. 200。

[775] Esser/*Weyers* SchuldR BT I § 46 II 3a; *Schlechtriem* SchuldR BT Rn. 701.

[776] Brox/*Walker* SchuldR BT § 36 Rn. 24f. ; *Rödder* JuS 1983, 930 (931).

本人的真实意愿涉及的是**事实上表示出来的意思**。[777] 管理人在承担管理事务时对此是否知悉或者应当知悉,并不重要。[778] 不过,在非因过错而未知悉时,管理人应当根据第 678 条的规定承担责任(参见第 44 节边码 3 及以下)。此外,在管理人不理智或者违反其自身利益时,本人的真实意思也是重要的。[779] 根据第 116 条的价值判断,与表示于外的意思相偏离的内在真实意思仍然是不重要的。[780]

示例:农民 B 是一栋建在偏远土地上的旧仓库的所有权人。B 多次对朋友们说,准备将旧仓库推倒,以便建造一座更现代化和更大的仓库。某天仓库起火,正在徒步的路人 W 发现了这一情况并用手机通知了消防部门。虽然 W 承担的事务客观上符合 B 的利益,但却不符合 B 事实上表示出来的意思。然而,只要向消防部门求助符合公共利益,第 679 条即应适用。[781]

一个醉汉被从洪水中救起,如果该醉汉不想活了且此前作出过此种表示(例如在告别信中),则事务的承担也违背其事实上表示出来的意思。在这些情况中第 679 条可否适用,是有疑问的(参见第 43 节边码 23)。

游泳者在海上为开玩笑而呼叫救援,则事务的承受符合其表示出来的真实意思。游泳者的内在意思并不针对救援行为的实施,根据第 116 条将不被考虑。[782]

如果本人的真实意思无法查明,则应当探求其可得推知的意思。可得推知的意思应该借助**客观标准**来查明,因此可得推知的意思多数时候与本人的利益同时发生。[783]

---

[777] OLG Koblenz NJW-RR 1995, 15; Palandt/*Grüneberg* § 683 Rn. 5; *Brox/Walker* SchuldR BT § 36 Rn. 26; *Medicus/Petersen* BürgerlR Rn. 425; *Wandt Gesetzl.* Schuldverhältnisse § 5 Rn. 12.

[778] MüKoBGB/*Schäfer* § 683 Rn. 5; *Grunewald* BürgerlR § 27 Rn. 4.

[779] BGHZ 138, 281 (287).

[780] NK-BGB/*Schwab* § 683 Rn. 4; *Wandt Gesetzl.* Schuldverhältnisse § 5 Rn. 13.

[781] 在这些情况中第 679 条的适用性 MüKoBGB/*Schäfer* § 679 Rn. 7。

[782] Brox/Walker SchuldR BT § 36 Rn. 1 und 26; Wandt Gesetzl. Schuldverhältnisse § 5 Rn. 13.

[783] *Larenz* SchuldR II 1 § 57 Ia; *Medicus/Petersen* BürgerlR Rn. 423.

示例：一辆机动车被非法停在了一块私有土地上，根据联邦最高法院的观点，如果受土地占有人的委托以正当自助行为的方式将该机动车移除，则符合机动车保有人客观上的利益和可得推知的意思。因此，(机动车)保有人根据第 683 条第 1 句、第 670 条的规定负有补偿费用的义务。[784]

22　根据第 683 条第 1 句的文义("以及")，事务的承担必须既要符合本人的**利益**，也要符合本人事实上或可得推知的**意思**。不过，如果事务的承担不符合本人的利益，但可能符合其事实上已经表示出来的意思，则例外是被允许的。[785] 对此重要的是**个人意思**相对于客观利益**的优先性**。因此，即便背后的本人事实上意思在客观上是不理智的，事务的管理也是正当的。

本人不必具有行为能力。但在本人为非完全行为能力人时，出于保护的原因，管理行为的正当性应当取决于其法定代理人事实上或可得推知的意思。[786]

(2) 冲突意思的非重要性

23　在事务管理的承担与本人的意思不符时，只要具备第 679 条规定的要件(第 683 条 2 句)，则仍然存在正当的无因管理。事务的管理必须旨在履行为**公共利益**而存在的义务或者及时履行本人负担的法定扶养义务。

首先必须属于**法律义务**，单纯的道德义务是不够的。[787] 因此，抢救自己负责的自杀者不被第 679 条所包括。[788] 不过，也可以考虑救助人基于第 823 条第 1 款享有损害赔偿请求权。被抢救的人原则上必须承担救助人产生的人身权益侵害(比如因为气温过低而遭受的健康损害)，因为救助人可能感到救助行为的实施受到"挑战"。[789]

---

[784] BGH NJW 2016, 2407；以第 679 条为标准的有 S. Lorenz NJW 2009, 1025 (1027)。
[785] HK-BGB/*Schulze* § 683 Rn. 7；*Brox/Walker* SchuldR BT § 36 Rn. 28；*Medicus/Petersen* BürgerlR Rn. 422；其他观点见 *Larenz* SchuldR II § 57 Ia。
[786] Erman/*Dornis* § 683 Rn. 9；*Schlechtriem* SchuldR BT Rn. 703.
[787] Mugdan II 1199；MüKoBGB/*Schäfer* § 679 Rn. 6.
[788] *Medicus/Lorenz* SchuldR BT § 60 Rn. 25；其他观点见 *Jauernig/Mansel* § 679 Rn. 2。
[789] *Larenz* SchuldR II § 57 Ia；*Medicus/Lorenz* SchuldR BT § 60 Rn. 25. 关于"挑起"标准的一般介绍见 SchuldR AT § 45 Rn. 35ff.。

此外,法律义务的履行必须符合公共利益。由于每一义务的履行不管怎样也都符合公共利益,因而必须存在**更高的公共利益**。[790]

示例:第 679 条意义上的重要义务是交往安全义务以及公法上的义务。[791] 包括如建筑条例中规定的业主建造堆放点的义务。[792] 另外一个例子是各州丧葬法中规定的近亲属(比如配偶)料理死者丧葬事务的义务。如果丧葬企业因没有近亲属愿意料理丧葬事务而未经委任便处理了丧葬事务,则丧葬企业可以根据第 670、677、679、683 条的规定向丧葬义务人请求费用补偿。[793] 与之不同的是,为他人偿付税务债务是否也是第 679 条的一种情况似乎是有疑问的。[794] 不管怎样,第 679 条第 2 项明确规定的基于亲属法和继承法(第 1360 条以下、第 1569 条及以下、第 1601 条及以下、第 1969 条)产生的法定扶养义务被包括在内。

(3)第 684 条第 2 句规定的追认

本人可以**追认**一开始为非正当的无因管理,其后果是无因管理自始被视为正当(第 684 条第 2 句)。追认可以以明示或默示的方式为之。如果本人请求管理人交出从事务管理中获得的利益,则其中包含默示的追认。[795]

24

二、法律后果

1. 本人的请求权

管理人像在考虑真实或可得推知的意思的情况下,本人利益所要求的那样管理本人的事务(第 677 条)。也就是说,与在事务承担时一样,本人的利益及意思在事务履行上同样是重要的。不过,从第 677 条的文义来("考虑"而非"以及")看,这里利益和意思的地位并非是并列的,本人

25

---

[790] Staudinger/*Bergmann*, 2020, § 679 Rn. 21;MüKoBGB/*Schäfer* § 679 Rn. 7.
[791] 参见 MüKoBGB/*Schäfer* § 679 Rn. 10;Emmerich SchuldR BT § 13 Rn. 13。
[792] BGH NJW-RR 2008,683(686).
[793] BGH NJW 2012,1648ff.;详见 Gutzeit/*Vrban* NJW 2012,1630ff. 。
[794] 参见 Staudinger/*Bergmann*,2020,§ 679 Rn. 24。
[795] BeckOK BGB/*Gehrlein*,56. Ed. 1. 11. 2020,§ 684 Rn. 2;MüKoBGB/*Schäfer* § 684 Rn. 14.

的**利益**具有**优先地位**。[796] 这一点可以这样来解释,即管理人在事务管理方面应当具有更大的自由空间。[797]

26   如果管理人违反第677条规定的义务,则本人可以考虑基于第280条第1款的**损害赔偿请求权**。[798] 不过,在判断可归责性时应当注意第680条规定的优待。根据该规定,如果事务管理旨在防御本人面临的急迫危险,则管理人只需对故意和重大过失承担责任。由于在紧急状况中不可能进行谨慎的检验和衡量,故而不应将轻微的疏忽归咎于施救者。[799]

示例:为了将H从一个驶近的有轨电车旁拉走,F基于轻微过失撕破了H的衣服。

在准用第680条时,即便是自己身边的人面临危险,对于本人来说也存在风险。[800]

第680条是否也适用于专业的紧急救援人员(如消防员、警察或救援服务提供者)是存在争议的。主流意见支持在这里进行目的性限缩,因为超过第683条第1句、第670条的费用补偿给予其通常报酬(参见第43节边码32)并同时在责任法上对其予以优待是自相矛盾的。[801] 至少在第839条结合《德国基本法》第34条第1句应承担的公职人员责任方面,"按照专业要求"使个人或公众免于危险是这些公职人员的任务,联邦最高法院接受了这一观点。[802] 由于这些公职人员通常都为紧急行动做好了准备,责任优待的目的并不适用于他们。这些考虑可以被转移到其他专业紧急救援人员身上。[803]

---

[796] 参见 Jauernig/*Mansel* § 677 Rn. 9;其他观点见 MüKoBGB/*Schäfer* § 677 Rn. 127;*Medicus/Petersen* BürgerlR Rn. 426。

[797] MüKoBGB/*Seiler*, 6. Aufl. 2012, § 677 Rn. 52.

[798] Vgl. *Emmerich* SchuldR BT § 13 Rn. 15;*Medicus/Petersen* BürgerlR Rn. 426.

[799] Zur Ratio des § 680 vgl. NJW 2018, 2723 Rn. 55 = JuS 2018, 1003 (*Omlor*).

[800] *Brox/Walker* SchuldR BT § 36 Rn. 52; krit. MüKoBGB/*Schäfer* § 680 Rn. 6.

[801] So MüKoBGB/*Schäfer* § 680 Rn. 9;Staudinger/*Bergmann*, 2020, § 680 Rn. 15;Erman/*Dornis* § 680 Rn. 2;Jauernig/*Mansel* § 680 Rn. 1;Palandt/*Sprau* § 680 Rn. 1;*H. Roth* NJW 2006, 2814 (2816)。

[802] BGH NJW 2018, 2723 Rn. 53ff. = JuS 2018, 1003 (*Omlor*).

[803] So auch *Omlor* JuS 2018, 1003 (1004).

第680条的适用并不依据,管理人是否通过违反义务的行为来防御 27
危险。此种优待也适用于并未成功的救助行为,只要"**目标**"旨在防御危
险即为已足够。[804] 第680条在外观危险情形中的可适用性参见第44节
边码4。

此外,本人可能根据第823条第1款的规定享有**侵权请求权**。然
而,如果法益侵害与事务承担存在必然关联,正当的无因管理在与本人的
关系上即属于**违法阻却事由**的一种。[805]

示例:G打破邻居N的家门,以便将N从着火的房子中救出。这里N
对G并不享有第823条第1款规定的损害赔偿请求权,因为所有权侵害
因正当的无因管理而被正当化。相反,第904条第1句规定的正当事由则
不能被考虑。根据其宗旨与目的,该规定并不包括对物施加影响旨在保
护所有权人更高位阶的利益的情况。[806] 这也表现在,第904条第2句规
定的损害赔偿义务在这种情况中并不适合。如果G将N从其正在燃烧的
出租屋中救出,并在打破房门的时候损害了出租人V的所有权,则可能要
作不同判断。只要V对于火灾没有责任,救助N就不属于V的事务。在
与V的关系中,G的行为就不能基于正当的无因管理而被正当化,不
过,也许可以根据第904条第1句而正当化。

如果侵害行为与事务承担不具有必然关联,则在第823条第1款的框 28
架下也可以在检验**过错**时类推适用第680条。[807] 这种方式可以避免不
同法律素材间的**价值冲突**。

示例:在有轨电车案(参见第43节边码26)中,F的过错也可以在第
823条第1款的框架下通过类推适用第680条而被否认。

第682条将不具有**完全行为能力的**管理人的责任限制在有关侵权行 29
为和不当得利的规定。因此,根据无因管理的规定承担的责任不能成立。

---

[804] BGHZ 43, 188 (192); Jauernig/*Mansel* § 680 Rn. 2.
[805] *Medicus/Petersen* BürgerlR Rn. 422; *Emmerich* SchuldR BT § 13 Rn. 14; für Tatbestandsausschluss MüKoBGB/*Schäfer* § 677 Rn. 103; zum Strafrecht *Schroth* JuS 1992, 476ff.
[806] 参见 Staudinger/*Althammer*, 2020, § 904 Rn. 7。
[807] BGH NJW 1972, 475; NJW 2018, 2723 Rn. 48 = JuS 2018, 1003 (*Omlor*); HK-BGB/*Schulze* § 680 Rn. 2.

第三编 涉及行为的债之关系 515

第 682 条对非完全民事行为能力人的保护是**终局性的**。[808] 因此,第 104 条及以下也不能类推适用于事务管理的承担。[809] 回归这些规定在利益上并不妥当,因为不具有完全行为能力的管理人根据这些规定本来不能请求费用补偿。[810]

30 管理人的其他**附随义务**可以从第 681 条的规定中产生。因此管理人应当通知事务的承担,只要延期不会带来危险,就应当等候本人的决定(第 681 条第 1 句)。最后,管理人负有第 666 条至第 668 条规定的义务(第 681 条第 2 句)。尤其是管理人应当将从事务的管理中获得的财物**交出**(第 667 条)。属于此类的尤其是为本人而获得的物(比如邮票),以及通过出售属于本人之物而取得的收益。[811] 除此之外,本人并不享有基于不当得利的请求权,因为正当的无因管理系一种法律原因。[812]

2. 管理人的请求权

31 在正当的无因管理中,本人应当像受托人那样补偿管理人支出的**费用**(第 683 条第 1 句)。根据第 670 条的规定,为事务管理而支出的费用是可赔偿的,只要管理人认为这些费用是必要的即可(参见第 39 节边码 12)。如果管理人与第三人订立了合同,则他可以根据第 670 条、第 677 条以及第 683 条第 1 句的规定向本人请求**免除**其对第三人的**债务**(参见拙著《债法总论》第 14 节边码 4)。

然而,即便根据一般意义费用仅指自愿的财产牺牲,第 670 条规定的费用概念也包括那些管理事务的典型风险,而非管理人的一般生活风险实现所造成的**损害**(也即非自愿的财产牺牲)。[813] 除此之外,管理人通过准用第 253 条第 2 款的规定也可以请求本人支付适当的精神抚慰金(参见第 39 节边码 13)。

---

[808] *Giesen* JURA 1996, 288 (291); *Schlechtriem* SchuldR BT Rn. 703.
[809] 参见 *Brox/Walker* SchuldR BT § 36 Rn. 40。
[810] *Schlechtriem* SchuldR BT Rn. 703; *Hassold* JR 1989, 358 (361f.).
[811] *Coester-Waltjen* JuS 1990, 608 (609).
[812] BeckOK BGB/*Gehrlein*, 56. Ed. 1. 11. 2020, § 677 Rn. 4; MüKoBGB/*Schäfer* § 677 Rn. 98.
[813] 参见 MüKoBGB/*Schäfer* § 683 Rn. 38; *Otto* JuS 1984, 684 (687).

示例：邻居 N 在扑灭 G 的房子的火灾时遭受烟雾中毒。N 可以向 G 请求赔偿治疗费用（第 677 条、第 683 条第 1 句、第 670 条）并支付精神抚慰金（准用第 253 条第 2 款）。

如果管理人因为不注意而一同造成了自己的损害，则他必须根据第 254 条的规定忍受这一点。[814] 不过，如果事务管理旨在抵御本人面临的急迫危险，则根据第 680 条的法律思想不能将轻微过失归咎于管理人。[815]

根据主流意见，管理人在准用第 1835 条第 2 款时最后可以请求**报酬**，如果管理事务的活动属于其职业任务范围，并且通常仅在收取报酬的情况下才会实施。[816] 作与委托合同（参见第 39 节边码 14）不同判断的合理性在于，无因管理的情况缺乏对无偿性的合意。《德国民法典》的立法者已经看出来了。也就是说，在委托合同上参引费用补偿的规定属于编纂疏忽。[817]

32

示例：医生 A 碰巧成为一起交通事故的证人，并且治疗了一位重伤者。由于治疗属于 A 职业范围内的活动，他可以根据第 670 条、第 677 条以及第 683 条第 1 句的规定请求通常报酬。

如果管理人并无向本人请求赔偿的意图，第 685 条第 1 款规定的费用补偿请求权即被排除。如果父母为其子女或者子女为其父母提供**生活费**，则适用第 685 条第 2 款规定的举证责任倒置。在有疑问时应当认为，管理人并不打算请求赔偿。

参考文献：*Bamberger*, Grundfälle zum Recht der Geschäftsführung ohne Auftrag im Öffentlichen Recht, JuS 1998, 706; *v. Bar*, Geschäftsbesorgungen im Sinne des Rechts der Geschäftsführung ohne Auftrag, FS Schlechtriem, 2003, 699; *Coester-Waltjen*, Das Verhältnis von Ansprüchen aus Geschäftsführung ohne Auftrag zu anderen Ansprüchen, JURA 1990, 608; *Dietrich*, Auftraglose Hilfeleistung in gefährlichen Situ-

---

[814] *Medicus/Petersen* BürgerlR Rn. 429.

[815] BGHZ 43, 188（194）；*Schlechtriem* SchuldR BT Rn. 708；*Gehrlein* VersR 1991, 1330（1331）.

[816] BGHZ 143, 9（16）；BGH NJW-RR 2005, 639（641）；NJW 2012, 1648（1651）；Palandt/*Sprau* § 683 Rn. 8；批评观点见 *Köhler* JZ 1985, 359（362ff.）。

[817] 参见 HKK/*Jansen* §§ 677—687 I Rn. 62。

ationen, JZ 1974, 535; *Dornis*, Das Dilemma der Erbensucher, JZ 2013, 592; *Einsele*, Geschäftsführung ohne Auftrag bei nichtigen Verträgen? - BGH, NJW 1997, 47, JuS 1998, 401; *Falk*, Von Titelhändlern und Erbensuchern - Die GoA - Rechtsprechung am Scheideweg, JuS 2003, 833; *Frank*, Die Selbstaufopferung des Kraftfahrers im Straßenverkehr, JZ 1982, 737; *Franßen/Blatt*, Ersatzansprüche aus Geschäftsführung ohne Auftrag beim Feuerwehreinsatz, NJW 2012, 1031; *Friedrich*, Die Selbstaufopferung im Straßenverkehr für ein Kind und die Inanspruchnahme der Eltern aus Geschäftsführung ohne Auftrag, VersR 2000, 697; *Gehrlein*, Ansprüche eines Nothelfers in Rettungsfällen, VersR 1998, 1330; *Gutzeit/Vrban*, Bestattung ohne Auftrag, NJW 2012, 1630; *Hassold*, Die Verweisungen in § 682 BGB - Rechtsfolgeverweisung oder Rechtsgrundverweisung?, JR 1989, 358; *Hau*, Geschäftsführung ohne Verbraucherauftrag, NJW 2001, 2863; *Köhler*, Arbeitsleistungen als »Aufwendungen«?, JZ 1985, 359; *S. Lorenz*, Gescheiterte Vertragsbeziehungen zwischen Geschäftsführung ohne Auftrag und Bereicherungsrecht: späte Einsicht des BGH?, NJW 1996, 883; *S. Lorenz*, Geschäftsführung ohne Auftrag und Bereicherungsausgleich bei Vornahme nicht geschuldeter Schönheitsreparaturen, NJW 2009, 2576; *Martinek/Theobald*, Grundfälle zum Recht der Geschäftsführung ohne Auftrag, JuS 1997, 612, 805, 992 und JuS 1998, 27; *Otto*, Ausgleichsansprüche des Geschäftsführers bei berechtigter Geschäftsführung ohne Auftrag, JuS 1984, 684; *Pfeifer*, Ureigenste Geschäfte oder typische »Auch - Gestion «? - zur Behandlung unerkannt unwirksamer Verträge, JA 2008, 17; *Rebler*, Straßenverkehr - Ansprüche aus GoA in Fällen der Nothilfe oder Selbstaufopferung, MDR 2013, 254; *Rödder*, Grundzüge der Geschäftsführung ohne Auftrag, JuS 1983, 930; *H. Roth*, Der Arztals Samariter und das Haftungsrecht, NJW 2006, 2814; *B. Schmidt*, Der Anwendungsbereich der berechtigten Geschäftsführung ohne Auftrag, JuS 2004, 862; *Schoch*, Geschäftsführung ohne Auftrag im Öffentlichen Recht, JURA 1994, 241; *Schreiber*, Das »auch - fremde« Geschäft bei der Geschäftsführung ohne Auftrag, JURA 1991, 155; *Schröder/Bär*, Geschäftsführung ohne Auftrag, Eigentümer - Besitzer - Verhältnis und Bereicherungsrecht bei der Abwicklung nichtiger Werkverträge, JURA 1996, 449; *Schroth*, Die berechtigte Geschäftsführung ohne Auftrag als Rechtfertigungsgrund im Strafrecht, JuS 1992, 476; *Schubert,* Der Tatbestand der Geschäftsführung ohne Auftrag, AcP 178 (1978), 425; *Schwarz/Ernst,* Ansprüche des Grundstücksbesitzers gegen » Falschparker «, NJW 1997, 2550; *Stamm,* Die Rückführung der sog. » auch fremden Geschäfte « von der Geschäftsführung ohne Auftrag auf die Gesamtschuld, JURA 2002, 730; *Tachau,* Berechtigte Geschäftsführung ohne Auftrag als unbestellte Leistung? Zur Konkurrenz von § 683 BGB und § 241a BGB, JURA 2006, 889; *Thole,* Die Geschäftsführung ohne Auftrag auf dem Rückzug- Das Ende des » auch- fremden « Geschäfts?, NJW 2010, 1243; *Weishaupt,* Zur Geschäftsführung ohne Auftrag bei vertraglicher Pflichtbindung des Geschäftsführers, NJW 2000, 1002. Vgl. auch die Nachweise zu § 42.

第 44 节　不正当的无因管理

一、不正当无因管理的构成要件

不正当的无因管理同样要具备第 677 条的要件。与正当的无因管理的差别在于欠缺正当事由。也就是说，事务的承担并不违反本人的利益和意思（第 683 条第 1 句），并且也没有被本人所追认（第 684 条第 2 句）。最后，本人相反的意思也不得根据第 679 条的规定被视为不重要(第 683 条第 2 句)。   1

二、管理人的义务

1. 基于第 678 条产生的损害赔偿义务

如果管理人应当知悉事务承担与本人的意思相违背，则其应当根据第 678 条的规定对本人负担赔偿因事务管理所生损害的义务，而不依赖于(事务管理)实施中的过错。它是独立的请求权基础。[818]   2

---

[818] MüKoBGB/*Schäfer* § 678 Rn. 2; Jauernig/*Mansel* § 678 Rn. 1ff.；其他观点见 Staudinger/*Bergmann*, 2020, § 678 Rn. 3, 根据这种观点，第 678 条的内容从第 677 条结合第 280 条第 1 款中就已经可以得出了。然而，应当拒绝这种观点，因为第 678 条在这里作为特别规定具有优先性。

(1) 请求权一般要件

第 678 条规定的损害赔偿义务首先以管理人**不正当地承担了事务管理**为前提。具体来说,事务管理的承担与本人明示或可得推知的意思相违背。对事务管理的不当承担属于**责任事由**。在第 280 条第 1 款范畴中也可以说管理人构成了义务违反。[819]

在**过错**层面,管理人在事务承担方面**至少是因过失**而忽视了正当性的欠缺。[820] 管理人在侵害行为本身上是否具有过错并不重要(第 678 条末段)。管理人仅对事务管理**承担方面的过错**承担责任。[821] 在举证责任方面可以第 280 条第 1 款第 2 句的价值判断为导向。如果事务管理的承担被确认不具正当性,则管理人只有证明其无法知悉违反本人意思的情况才能免除责任。[822] 如果管理人**不具有完全行为能力**,则第 682 条(参见第 43 节边码 29)也排除第 678 条规定的责任。[823]

由于责任事由在于对事务管理的不正当承担,管理人应当根据第 249 条及以下的规定对所有与不正当的事务**有相当因果关系的损害**承担责任。[824] 也就是说,管理人亦须对非因不谨慎地实施事务管理所造成且在其承担事务时无法预见的损害承担责任。不过,根据**损益相抵**的原则,本人必须忍受因事务管理所获利益被抵销的后果。[825]

示例:B 是一只鹦鹉的所有权人。尽管 A 知道,她不被允许饲养这只鸟,她还是偷偷地塞给它一些谷物。此后这只鹦鹉死了,因为投喂的食物被有毒的谷物污染了,但对此 A 并不知晓。虽然 A 投喂谷物并无过错,但

---

[819] So MüKoBGB/*Schäfer* § 678 Rn. 7.

[820] *Brox/Walker* SchuldR BT § 37 Rn. 6. 第 678 条虽然没有明确提及对故意的责任,不过从当然结论中可以得出(参见 *Wandt* Gesetzl. Schuldverhältnisse § 5 Rn. 77)。

[821] Erman/*Dornis* § 678 Rn. 4;MüKoBGB/*Schäfer* § 678 Rn. 1;Palandt/*Sprau* § 678 Rn. 3;批评观点见 Staudinger/*Bergmann*, 2020, § 678 Rn. 4。

[822] MüKoBGB/*Schäfer* § 678 Rn. 16;Staudinger/*Bergmann*, 2020, § 678 Rn. 4, 13;aA Palandt/*Sprau* § 678 Rn. 4;BeckOK BGB /*Gehrlein*, 56. Ed. 1. 11. 2020, § 678 Rn. 4.

[823] *Brox/Walker* SchuldR BT § 37 Rn. 3;*Medicus/Lorenz* SchuldR BT § 60 Rn. 31.

[824] 参见 Palandt/*Sprau* § 678 Rn. 4;MüKoBGB/*Schäfer* § 678 Rn. 12;*Wandt* Gesetzl. Schuldvrhätnisse Rn. 5 Rn. 78。

[825] BeckOK BGB/*Gehrlein*, 56. Ed. 1. 11. 2020, § 678 Rn. 4;MüKoBGB/*Schäfer* § 678 Rn. 13.

不管怎样事务承担本身违背了 B 的意思。由于 A 在这一点上是故意为之,她必须根据第 678 条的规定向 B 进行损害赔偿。如果 A 是未成年人,则她仅仅需要根据第 823 条及以下的规定对鹦鹉的死亡承担责任(第 682 条)。

(2)第 680 条规定的责任优待

如果管理人旨在防御本人所**面临的急迫危险**,即可适用第 680 条。[826] 对此,只有当管理人故意或因重大过失未能注意本人的利益或意思时,其才应根据第 678 条的规定承担责任。

3

示例(BGH NJW 1972, 475):在一个庆祝活动之后,喝得大醉的 A 驾驶其小汽车回家。由于 A 经不住其朋友 F 的劝告,F 就坐到了方向盘后面,并将 A 赶到了副驾驶的位子,尽管 F 自己同样(只是没有那么大醉)喝醉了。F 造成了交通事故,A 在交通事故中遭受致命伤害,小汽车也被完全毁坏。A 的继承人根据第 678 条的规定向 F 请求损害赔偿。

F 承担事务管理并不符合 A 可推知的意思。因为在 A 有清醒意识时肯定不会希望自己被一个喝醉的人开车送回家。F 本来也应当知悉自己不具有管理事务的正当性。不过,F 的行为旨在防御急迫危险。因轻微过失而不知悉是不够的(第 680 条)。由于不能证明 F 存在重大过失,联邦最高法院否定了请求权。

在判例和文献中的主流观点认为,如果管理人基于**错误**而认为存在危险状态,第 680 条也是可以适用的。[827] 有学者指出理由,防御危险仅须"旨在"即可。在结果上这种观点是值得肯定的:由于在急迫危险情况中快速的介入是受期待的,出于救助人的利益考虑对危险状态判断错误的风险应当被减轻。

4

然而,部分文献则认为,第 680 条的规定仅在对危险状态的判断错误

---

[826] BeckOK BGB/*Gehrlein*, 56. Ed. 1. 11. 2020, § 678 Rn. 3; Staudinger/*Bergmann*, 2020, § 678 Rn. 13.

[827] So OLG München WM 1999, 1878; Palandt/*Sprau* § 680 Rn. 2; Soergel/*Beuthien* § 680 Rn. 8; *Larenz* SchuldR II 1 57 Ib;其他观点见 OLG Frankfurt a. M. MDR 1976, 1021; Erman/*Dornis* § 680 Rn. 4; MüKoBGB/*Schäfer* § 680 Rn. 7; Staudinger/*Bergmann*, 2020, § 680 Rn. 13。

不具有过失时才应被考虑。[828] 不过,由于第 678 条本来也不适用于不存在(管理事务的)承担过错之情形,这种方案在表见危险的情况中也不能为管理人提供进一步的帮助。因此,根据第 680 条的价值判断,如果管理人对认为存在危险状态并**无重大过失**,优待即须适用。[829]

示例:N 听到从其邻居 M 与 F 的家中传出的大声争吵。M 突然喊道:"我宰了你。"随后 N 听到 F 大声求救。不久 N 决定撞破锁着的房门,以便救出 F。随后 N 发现,M 与 F 在一个业余艺术团工作,刚才正在排练一个犯罪片段。

由于 N 对认为存在危险状态并无重大过失,第 678 条规定的损害赔偿请求权即被排除。

(3) 与侵权法的关系

5   根据一般观点,在第 678 条之外本人还可以基于**侵权法**(第 823 条及以下)享有损害赔偿请求权。[830]

2. 事务管理的实施符合利益状态

6   从**第 677 条结合第 280 条第 1 款**中产生的损害赔偿请求权在非正当的无因管理中也应当被排除,因为第 678 条在这个问题上是终局性的规定。[831] 然而,似乎有问题的是,第 678 条在欠缺承担过错时并不适用。为避免不正当的管理人不当获益,在这些情况中应当肯定本人因不当实施事务(管理)而基于第 280 条第 1 款、第 677 条的规定享有损害赔偿请求权。[832] 然而,这并不意味着**不正当的无因管理**也应当被承认为**法定债**

---

[828] So etwa *Fikentscher/Heinemann* SchuldR Rn. 1276; *Dietrich* JZ 1974, 534 (539);另参见 auch BAG NJW 1976, 1229 (1230)。

[829] 参见 OLG München WM 1999, 1878; Jauernig/*Mansel* § 680 Rn. 2; Palandt/*Sprau* § 680 Rn. 3; NK-BGB/Schwab § 680 Rn. 6。

[830] *Emmerich* SchuldR BT § 13 Rn. 17.

[831] Jauernig/*Mansel* § 677 Rn. 13; *Larenz* SchuldR II § 57 IIa.

[832] 参见 Palandt/*Sprau* § 677 Rn. 13; MüKoBGB/*Schäfer* § 677 Rn. 124 und § 678 Rn. 4; Erman/*Dornis* § 677 Rn. 1; Soergel/*Beuthien* Vor § 677 Rn. 3; *Wandt* Gesetzl. Schuldverhältnisse § 5 Rn. 5。

之关系。[833]

示例:在鹦鹉案中(参见第44节边码2)不被允许投喂B的鸟对于A来说是无法识别的。然而,A由于过失使用了不当食物以致鹦鹉死亡。

在这种情况中,B对A的损害赔偿请求权因欠缺(事务管理的)承担过错而不能成立。不过,由于A在实施事务管理时有过错,他应当基于第677条结合第280条第1款的规定对B承担损害赔偿义务。

第677条的适用性在文献中被部分学者否定的理由是,不正当的管理人管理事务必须不符合本人的利益及意思,而是应当完全不进行事务管理。[834] 然而,对这种观点应当予以驳斥,因为即便不正当的管理人也**希望**管理**他人事务**。因此,如果欠缺正当性对于管理人是可以识别的,则在实施事务(的管理)时像正当的管理人那样受到本人利益和意思的约束似乎是合理的,否则管理人便会不正当地受到优待。

3. 管理人的附随义务

如果人们认为存在法定债之关系,则**不正当的管理人**也应当负担基于第681条第1句、第2句结合第666条至第668条产生的**附随义务**。[835] 不过,如果本人依第681条第2句、第337条的规定向管理人行使所获财物的返还请求权,则根据诚实信用原则(第242条),他一般来说有义务依第684条第2句的规定追认事务管理。因为通常情形下本人不能既请求事务的利益,又拒绝第683条第1句规定的费用补偿。[836] 不管怎样,不正

---

[833] 参见 MüKoBGB/*Schäfer* § 677 Rn. 10; BeckOK BGB/*Gehrlein*, 56. Ed. 1. 11. 2020, § 677 Rn. 1; Palandt/*Sprau* Vor § 677 Rn. 2; Soergel/*Beuthien* Vor § 677 Rn. 5; *Beuthien*, FS Söllner, 2000, 125ff.; *Brox/Walker* SchuldR BT § 37 Rn. 2; *Wandt* Gesetzl. Schuld-verhältnisse § 5 Rn. 5; 其他观点见 Jauernig/*Mansel* Vor § 677 Rn. 5; HK-BGB/*Schulze* Vor §§ 677–687 Rn. 6; *Fikentscher/Heinemann* SchuldR Rn. 1260.

[834] So etwa *Larenz* SchuldR II 1 § 57 IIa; *Esser/Weyers* SchuldR BT I § 46 III 2a.

[835] 参见 BGH NJW 1984, 1461 (1462); MüKoBGB/*Schäfer* § 681 Rn. 3; *Brox/Walker* SchuldR BT § 37 Rn. 2; 对第681条第2句、第667条的限制见 *Medicus/Lorenz* SchuldR BT § 60 Rn. 32; 反对第681条在不正当无因管理上适用的有 *Fikentscher/Heinemann* SchuldR Rn. 1281; *Gursky* SchuldR BT 170。

[836] Soergel/*Beuthien* § 684 Rn. 5. 关于可能的例外见 *Beuthien*, FS Söllner, 2000, 125 (130)。

当的管理人享有第 684 条规定的费用补偿请求权。[837]

三、本人的义务

8   在不正当的无因管理中,管理人并**不基于第 683 条第 1 句、第 670 条的规定享有费用补偿请求权**。根据主流意见,即便本人因过错造成了存在第 680 条意义上的危险外观,亦是如此。[838]

    示例:登山者 B 在一天的高山徒步活动后晚上没有回到宾馆,其女友 F 随后组织了花费巨大的搜救活动。实际上 B 在下山后与一个老朋友在客栈"堕落"。由于搜救活动违背 B 的利益及可推知的意思,他不必向 F 支付第 683 条第 1 句、第 670 条的规定的费用补偿。

9   不过,依据第 684 条第 1 句的规定,在非正当的无因管理中,本人有义务向管理人返还其因事务管理获得的所有利益。利益的**返还**应当根据不当得利的规定判断。在此是一种法律效果的参引。[839]

    本人的得利尤其可能存在于**费用的节省**。管理人因此享有价值补偿请求权(第 818 条第 2 款)。[840] 然而,本人在这里必须事实上(还)获得了利益(第 818 条第 3 款)。因此,不同于第 683 条第 1 句规定的正当的无因管理(参见第 43 节边码 31)不必补偿未能奏效的费用。同样,本人也无须就受强迫而获得的利益提供价值补偿(参见第 56 节边码 10)。[841]

    示例:在登山者案中,F 对 B 也不享有基于第 684 条第 1 句结合第 818 条第 2 款产生的费用补偿请求权。

参考文献:Beuthien, Die unberechtigte Geschäftsführung ohne Auftrag im bürgerlichrechtlichen An- spruchssystem, FS Söllner, 2000, 125; Loyal, Die Pflicht-

---

[837] 参见 MüKoBGB/Schäfer § 681 Rn. 17。

[838] Medicus/Petersen BürgerlR Rn. 424;其他观点见 Erman/Ehmann, 12. Aufl. 2008, § 680 Rn. 5。

[839] BGH WM 1976, 1056 (1060);Palandt/Sprau § 684 Rn. 1;支持法律原因参引的有 Larenz/Canaris SchuldR II 2 § 69 III 1a。

[840] 参见 Martinek/Theobald JuS 1997, 612 (615f.)。

[841] Medicus/Lorenz SchuldR BT § 60 Rn. 38。

en des unberechtigten Geschäftsführers ohne Auftrag, AcP 212 (2012), 364.

第 45 节　非真正的无因管理

如果管理人将他人事务作为自己事务加以管理,则存在所谓的**自己事务的管理**(Eigengeschäftsführung)。自己事务的管理作为非真正的无因管理既非不当得利意义上的法律原因,亦非阻却违法事由。自己事务的管理只有在**客观的他人事务**上才有可能。[842] 因为在中性的事务上,事务的他人性完全通过为他人管理事务的意思成立(参见第 43 节边码 6、9),这种意思在自己事务的管理上肯定不存在。在"同为他人"的事务上,第 687 条第 1 款和第 2 款的适用同样被排除,因为事务的他人性在这里也要通过被推定的为他人管理事务的意思而成立。[843]

1

一、错误的自己事务管理

根据第 687 条第 1 款的规定,如果某人以为是自己的事务而管理了他人的事务,有关无因管理的规定并**不适用**。

2

示例:A 从 B 那里了得到一辆自行车,并将其转卖给 D。在此 A 以为自己是自行车的所有权人。然而,事实上自行车的所有权仍然属于 B,因为所有权让与行为无效。

在这种情况下**法律后果**应当根据侵权行为、不当得利或者所有权人—占有人关系的规定来处理。相反,有关无因管理的规定并不适用。这并不取决于事务的他人性对于"管理人"来说是否可识别。重要的只是,欠缺对无因管理具有决定性的**为他人管理事务的意思**(参见第 43 节边码 7)。

---

[842]　BGH NJW 2000, 72 (73); Erman/*Dornis* § 687 Rn. 4.
[843]　参见 Erman/*Dornis* § 687 Rn. 2 und 4; speziell zu § 687 II auch MüKoBGB/*Seiler*, 6. Aufl. 2012, § 687 Rn. 18; Staudinger/*Bergmann*, 2020, § 687 Rn. 16; 其他观点见 MüKoBGB/*Schäfer* § 687 Rn. 14。

二、事务越权

3 如果管理人知悉事务是他人的并且欠缺管理权限,却仍将他人事务作为自己的事务进行管理,则本人尤其**值得保护**。因此,第 687 条第 2 款赋予本人根据第 677 条、第 678 条、第 681 条、第 682 条的规定向管理人主张请求的权利。然而,如果本人行使这一权利,则其必须根据第 684 条的规定向管理人提供费用补偿。因此,无因管理领域的重要规定在结果上虽然可以适用;但由于管理人欠缺为他人管理事务的意思,仍然属于**非正当的无因管理**。[844]

1. 管理人的义务

在越权的自己事务管理中,管理人首先基于第 812 条及以下、第 823 条及以下、第 987 条及以下的规定享有一般请求权。此外,根据第 687 条第 2 款第 1 句的规定,管理人可以通过行使**基于第 677 条、第 678 条、第 681 条和第 682 条**产生的请求权将被管理的事务归于自己。在这里首先是第 678 条规定的损害赔偿请求权以及依第 681 条第 2 句、第 667 条产生的返还因事务管理所获利益的请求权具有实际意义。[845] 如果管理人因事务管理取得**利润**,后一种请求权尤其具有吸引力。[846]

示例:D 从 E 的古董商店里盗窃了一个 15 世纪的小玛利亚雕像(价值 4 万欧元),并将其以 5 万欧元的价格卖给了一个艺术品收藏者 K。几天后,D 被警察抓获,K 的居住地却无法查明。E 可以依据第 687 条第 2 款第 1 句、第 681 条第 2 句、第 667 条的规定向 D 请求返还 5 万欧元。根据主流意见,E 基于第 816 条第 1 款第 1 句的规定也享有同样的请求权,只要出售雕像的行为得到了他的追认即可(参见第 55 节边码 22)。相反,基于第 823 条第 1 款享有的损害赔偿请求权(所有权受侵害),以

---

[844] Palandt/*Sprau* § 687 Rn. 2.
[845] 参见 *Larenz* SchuldR II 1 § 57 IIb。
[846] 参见 Erman/*Dornis* § 687 Rn. 10;HKK/*Jansen* § 687 II Rn. 45ff.;*Schlechtriem* SchuldR BT Rn. 716;*Ebert* ZIP 2002, 2296 (2301);批评观点见 *Wenckstern* AcP 200 (2000), 240 (270)。

及第823条第2款结合《德国刑法典》第242条享有的请求权均以雕像的价值(4万欧元)为对象。

2. 本人的义务

本人可行使基于第677条、第678条、第681条和第682条的请求权,如果其无须向管理人返还那些不必自己实施事务管理即获得的利益,则其行为相互矛盾。根据第687条第2款第2句、第684条第1句的规定本人因此负有义务,根据有关不当得利的规定向管理人返还所有**因事务管理而获得的利益**。然而,与有误导性的文义不同,管理人的这一请求权并不包括本人基于第687条第2款第1句、第681条第2句、第667条享有的请求权的实现而获得的利益(也即不包括出售的收益)。否则本人的返还请求权便可能被荒谬地行使。[847] 这里涉及的是本人必须向管理人补偿所**节省费用的价值**(参见第44节边码9),只要本人因此(尚)获有利益。[848]

参考文献:*Ebert*, Das Recht auf den Eingriffserwerb, ZIP 2002, 2296; *Wenckstern*, Die Geschäftsanmaßung als Delikt, AcP 200 (2000), 240. Vgl. auch die Nachweise zu §§ 42-44.

[847] *Medicus/Lorenz* SchuldR BT § 60 Rn. 40;参见 MüKoBGB/*Schäfer* § 687 Rn. 36。
[848] 类似观点见 *Beuthien*, FS Söllner, 2000, 125 (129f.); *Brox/Walker* SchuldR BT § 38 Rn. 6; *Emmerich* SchuldR BT § 13 Rn. 20; *Esser/Weyers* SchuldR BT I § 46 IV 2。

第六章　保管合同与旅店经营者责任

第46节　保管合同

一、概述

1　　第688条至第699条规定的保管合同是事务处理合同的特殊情形（参见第40节边码1及以下）。也就是说，保管人通过为托管人保管动产实施了主要落入托管人利益范围内的事务。

在《德国民法典》之外，人们还可以发现保管关系的一些**特殊形式**。例如仓储业务规定在《商法典》第467条至第475h条（参见第46节边码23）中。证券存管则主要根据1995年1月11日的《证券保管法》（参见第46节边码7和第47节边码26）处理。

在寄存时如果所有权移转给保管人，则存在不真正的保管。更确切地说，它是一个**不规则的保管合同**，该合同应像借款合同那样处理（第700条）。

二、保管合同的内容

2　　保管合同的客体是对**动产的保管**。由于保管针对特定的时间段，因而是一种继续性债之关系。[849]

物必须由托管人交付给保管人。不过，交付并非保管合同成立的要

---

[849] Oetker/Maultzsch Vertragl. Schuldverhältnisse § 12 Rn. 1；Palandt/Sprau § 688 Rn. 1.

件。保管合同应当根据一般规则完全基于当事人之间的合意而成立。[850]

保管合同中可以包括交付金钱的内容。如果保管在个案中只能期待以有偿的方式提供(第689条),**默示的报酬约定**即被拟制。如果负担报酬,则属于双务合同,因而可以适用第320条及以下。[851]

三、界定

应当就无偿保管合同与**情谊关系**进行区分。根据一般规则,二者的区分依据,当事人的行为是否具有法律拘束意思(参见拙著《债法总论》第5节边码5及以下)。[852] 因此,如果服务员在餐馆里取下客人的大衣,以便送到衣帽间,一般来说并不成立保管合同,只是一种单纯的情谊关系。[853] 不过,餐馆老板依第241条第2款的规定负担保管大衣的义务。

无论是在保管客体交付给保管人方面,还是在保管空间让与给托管人方面,保管合同都应与**租赁合同**区别开来。在此适用下面的规则:租赁合同中向承租人交付租赁物的目的在于使承租人使用租赁物成为可能。相反,保管合同中交付保管物旨在促进**托管人**对安全保管物**的利益**。相应地,保管人原则上并不享有使用保管物的权利。[854] 虽然马匹的保管人负担在合理范围内拯救动物的附随义务。[855] 不过,在此"使用"并非是为了保管人的利益,而是为了托管人的利益。

在让与保管空间方面应当注意的是,出租人只需要提供一个合适的空间即可。相反,保管人应当将物置于自己的保护之下。[856] 因此保管人也负担**保护义务**,该义务并非第241条第2款意义上的保护义务,而是真正的给付义务。

---

[850] *Brox/Walker* SchuldR BT § 30 Rn. 9; HK-BGB/*Schulze* § 688 Rn. 1; 其他观点见 *Esser/Weyers* SchuldR BT I § 38 I 1: Realvertrag。

[851] *Oetker/Maultzsch* Vertragl. Schuldverhältnisse § 12 Rn. 12.

[852] Staudinger/*Reuter*, 2015, § 688 Rn. 1; *Brox/Walker* SchuldR BT § 30 Rn. 2.

[853] AG Miesbach VersR 2003, 1400.

[854] *Medicus/Lorenz* SchuldR BT § 46 Rn. 2; *Emmerich* SchuldR BT § 11 Rn. 31.

[855] BeckOK BGB/*Gehrlein*, 56. Ed. 1. 11. 2020, § 688 Rn. 3. 关于马匹训练合作作为保管合同的资格还可参见 OLG Brandenburg NJW-RR 2006, 1558; LG Ulm NJW-RR 2004, 854。

[856] *Brox/Walker* SchuldR BT § 30 Rn. 3.

示例：如果宾馆客人（G）利用保险箱来保管贵重物品,只要宾馆（H）无须为客体的保管采取特别措施,即不存在保管合同。[857] 如果 G 的贵重物品被盗取,则可以考虑的仅有因违反租赁合同附随义务而根据第 280 条第 1 款、241 条第 2 款对 H 享有的损害赔偿请求权。也就是说,G 本身必须证明,H 违反了第 241 条第 2 款意义上的保护义务。不过,在个案中根据风险领域进行证明责任倒置也是可能的。[858]

变形：H 为 G 提供返程之前在其场所里免费放置行李箱的机会,并由门卫看管。通过出具行李牌来确保行李箱的有序返还。在这种情况中 H 负有无偿保管义务。如果行李箱丢失,则 G 因 H 返还义务给付不能而根据第 280 条第 1 款、第 3 款、第 283 条的规定享有损害赔偿请求权（参见第 46 节边码8）。在此 G 只需证明返还义务给付不能,可归责性则根据第 280 条第 1 款第 2 句的规定被推定。

在停车场经营者未承担特别的保管义务时,有偿让与停车位的使用权仅是租赁合同的一种类型。[859] 在小汽车被损害时承租人根据第 280 条第 1 款、第 241 条第 2 款的规定享有损害赔偿请求权,在此可以再次考虑证明责任倒置。

四、保管人的义务

1. 保管义务

6 　　保管人负有将保管的客体置于**其空间范围内加以保护**的义务（第 688 条）。这一点可通过将保管客体带入房间、放入保管箱,又或者是放入袋子或钱包中来实现。[860] 基于其**保管义务**,保管人在存在紧急危险（比如火灾）时可能负有抢救保管物的义务。[861] 一般来说,有偿保管人仅在其已经将保管物置于安全状态后才得以抢救自己同等价值的物。[862]

---

[857] 参见 *Oetker/Maultzsch* Vertragl. Schuldverhältnisse § 12 Rn. 6。
[858] 参见 BGH NJW 2009, 142; Palandt/*Grüneberg* § 280 Rn. 37。
[859] *Medicus/Lorenz* SchuldR BT § 46 Rn. 3; ausf. MüKoBGB/*Henssler* § 688 Rn. 49ff。
[860] Hierzu BeckOK BGB/*Gehrlein*, 56. Ed. 1.11.2020, § 688 Rn. 3。
[861] Staudinger/*Reuter*, 2015, § 688 Rn. 7。
[862] BeckOK BGB/*Gehrlein*, 56. Ed. 1.11.2020, § 688 Rn. 3。

在有疑问时,保管人应**以自负其责的方式**将保管物存放在其空间范围内(第691条第1句)。不过,寄存人可以允许保管人将物交付第三人的空间内进行保管。如果寄存人没有允许这种替代方式,则只要保管人保留了对保管客体的直接决定权,其仍然可以利用履行辅助人。

深化:在根据《有价证券保管法》存放有价证券时,如果有价证券以保管人的名义被托管在另外的保管人(中间保管人)名下(《有价证券保管法》第3条第1句),第691条第1句的疑义规则即不适用。不过,中间保管人的过错将如同其自己的过错一般被归责于保管人(《有价证券保管法》第3条第2句)。

2. 返还义务

寄存人有权依据第692条第1句的规定在任何时候向保管人**请求返还保管客体**。即便合同当事人约定了特定的保管期限,亦是如此。如果保管人为保管获得报酬的数额取决于保管期限,则保管人通常会与寄存人作出不同约定。[863]

根据第697条的规定,返还应当在保管所在地进行。也就是说,只要不存在相反约定,寄存人即负有**领取**保管物的义务。[864]

3. 其他义务

在保管义务与返还义务之外,保管人还负有附随义务。保管人尤其负有在变更保管方式之前**通知**寄存人并等待其决定的义务(第692条第2句)。如果不立即变更保管方式将会使保管物面临危险,则保管人应当在可能的时候立即通知变更情况。除此之外,保管人还应当根据一般规则顾及寄存人的**其他法益**(第241条第2款)。

五、保管人违反义务的法律后果

1. 概述

如果保管人因保管物在保管期间已被损毁或遗失而不能返还保管

---

[863] BeckOK BGB/*Gehrlein*, 56. Ed. 1.11.2020, §695 Rn. 1.
[864] HK-BGB/*Schulze* § 697 Rn. 1; Staudinger/*Reuter*, 2015, §697 Rn. 1.

物,则第 695 条规定的返还义务即因第 275 条第 1 款规定的**给付不能**而被排除。只要保管人不能以其在履行保管义务时已尽交往中必要的注意义务而根据第 280 条第 1 款第 2 句的规定被免除责任,寄存人即基于第 280 条第 1 款、第 3 款,第 283 条的规定享有损害赔偿请求权。

11 如果寄存物在保管人处**被损坏**,则一眼就能够理解,寄存人的损害赔偿请求权应以**保护义务**的违反为依据。因此,请求权基础可能是第 280 条第 1 款结合第 241 条第 2 款。[865] 然而,反对这种模式的理由有,保管人的保管义务并非第 241 条第 2 款意义上的保护义务(参见第 46 节边码 5)。这一点可以从与毁损情形相比的评价矛盾中看出,因为否则的话寄存人本身不仅要证明单纯物的损害,还要证明保护义务的违反。文献中的另一种观点以保管人根据第 695 条的规定负有以完好无损的状态返还寄存物的义务为依据。因此,返还受损寄存物是**第 695 条规定的给付义务瑕疵履行**。[866] 根据这一观点,保管人的损害赔偿请求权根据修理是否可能分别来自第 280 条第 1 款、第 3 款、第 281 条或者第 280 条第 1 款、第 3 款、第 283 条。[867] 然而,与此相关联的义务违反的联结点延伸到物的返还并不能令人信服。除此之外,令保管人像承租人那样负担通过对受损寄存物实施修理继续履行的义务也并不合理(参见第 22 节边码 61)。根据正确的观点,保管人在寄存物损害的情况中违反的是**使寄存物保持完好无损状态的给付义务**。对于瑕疵履行,保管人仅根据第 280 条第 1 款的规定承担责任(参见拙著《债法总论》第 24 节边码 1)。[868] 由于瑕疵履行涉及与结果相关联的给付义务(保持物完好无损的状态),寄存人只需证明受损害即可。因此,保管人必须根据第 280 条第 1 款第 2 句的规定,以

---

[865] 支持适用第 280 条第 1 款、第 241 条第 2 款的有 *Medicus/Lorenz* SchuldR BT § 46 Rn. 10。

[866] 参见 Staudinger/*Reuter*, 2015, Vor §§ 688ff. Rn. 38。

[867] 以第 280 条第 1 款、第 3 款、第 283 条为标准的有 *Oetker/Maultzsch* Vertragl. Schuldverhältnisse § 12 Rn. 24; 支持适用第 280 条第 1 款、第 3 款、第 281 条的有 HK-BGB/*Schulze* § 688 Rn. 3。

[868] 关于第 280 条第 1 款对并无独立瑕疵担保规则的合同中给付义务不完全履行的适用性参见 Palandt/*Grüneberg* § 280 Rn. 16。

其对损坏不具有可归责性而免除责任。

在寄存物**延迟返还**时,如果寄存人因迟延而发生了损害,即应当适用 12
迟延的规定(第280条第1款、第2款、第286条)。违反**其他义务**(比如
对寄存人人身的保护义务)的后果是第280条第1款结合第241条第2款
的损害赔偿请求权。

2. 责任标准

在**责任标准**方面,在有偿与无偿保管合同的框架下会产生一些差异。 13
保管人在有偿保管合同中应当对第276条意义上的故意和过失承担责
任,在无偿保管中则只需对在自己的事务中应当施以的注意承担责任(第
690条)。然而,依第277条的规定即使是无偿保管人也不能免除因重大
过失所应承担的责任(参见拙著《债法总论》第23节边码17及以下)。

在确定保管人自己通常的注意义务时,可以将提供无偿服务的保管 14
人会如何对待自己类似的物作为导向。如果保管人在因过失损坏寄存物
的**同时自己也受到了损害**,则可以从中得出遵守了自己通常的注意
义务。[869]

示例(OLG Zweibruecken NJW-RR 2002, 1456):H 和 V 系流动售货老
板,他们在年度集市上售卖甜食。由于 H 的流动售货车需要修理,V 允许
其将甜食及其他物品放置在自己的流动售货车上。其后由于 V 的过失,V
的流动售货车发生了火灾,流动售货车以及 H 放置在上面的所有物品都
因火灾而损毁。

H 可能根据第280条第1款、第3款,第283条的规定对 V 享有损害
赔偿请求权。由于火灾,V 已经不能向 H 返还放置在车上的物品(第275
条第1款)。不过,如果 V 在保管物品时已经遵守了自己通常的注意义
务,则其可以根据第280条第1款第2句结合第690条、第277条的规定
免除责任。支持这一观点的理由在于,V 自己也因流动售货车的损毁遭
受了损失。

第690条规定的责任减轻涉及保管人**与保管具有内在关联**的所有义 15

---

[869] OLG Zweibrücken NJW-RR 2002, 1456 (1457).

务违反,尤其适用于对寄存物保管义务的违反。如果保管人虽然侵害了寄存人的某种法益,但与保管不具有特别关联,则第 690 条并不适用。[870] 与在第 521 条及第 599 条(参见第 18 节边码 12 与第 26 节边码 3)一样,无偿行为的优待也延伸到发生竞合的**侵权请求权**上。[871]

3. 第三人的使用

16　如果保管人在完成其任务时使用了**第三人**,则必须区分对待。如果保管人使用了履行辅助人,则履行辅助人的过错根据第 278 条的规定应当归责于保管人(第 691 条第 3 句)。如果保管人以正当方式将其任务移转给了第三人,其已经不再对寄存物具有施加影响的可能性,则保管人仅对第三人的谨慎选任承担责任(第 691 条第 2 句)。[872] 如果第三人系以符合寄存人利益的方式按规定选任,则保管人不负有损害赔偿义务。

17　如果保管人的替代是不被允许的,情况则有所不同。在发生损害时保管人甚至需要对**偶然事变**承担责任。[873]

示例:H 将一些首饰品寄存在 V 那里保管。V 不法地将这些首饰寄存到第三人(D)那里。在第三人那里首饰被不明人士盗取,V 与 D 对此均无过错。

H 可以根据第 280 条第 1 款、第 3 款、第 283 条的规定向 V 请求损害赔偿。因将首饰转交第三人 D,V 过错地违反了第 691 条第 1 句规定的义务。保管人因此不能根据第 280 条第 1 款第 2 句的规定免除责任。首饰的丢失系因偶然事件引起则并不重要。

六、寄存人的义务

1. 报酬与费用补偿

18　在存在**报酬**约定时,寄存人应当向保管人支付相应款项。保管根据

---

[870] MüKoBGB/*Henssler* § 690 Rn. 9; Staudinger/*Reuter*, 2015, § 690 Rn. 5.
[871] OLG Zweibrücken NJW-RR 2002, 1456 (1457); Palandt/*Sprau* § 690 Rn. 1; *Medicus*/*Lorenz* SchuldR BT § 46 Rn. 11.
[872] 参见 Oetker/*Maultzsch* Vertragl. Schuldverhältnisse § 12 Rn. 27。
[873] *Brox*/*Walker* SchuldR BT § 30 Rn. 18; MüKoBGB/*Henssler* § 691 Rn. 7.

有关情况仅能期待有偿提供时,亦是如此(第689条)。通常情况下寄存人应当依据第689条第1句的规定在保管结束之时支付报酬。不过,报酬也可能与各个时间段相联系。此时报酬应当在每个时间段终了之时支付(第689条第2句)。

根据第693条的规定,保管人此外还可以请求补偿其为保管寄存物支出的必要**费用**。费用的概念具有与第670条相同的内容(参见第39节边码12)。不过,在有偿保管时仅包括那些不为报酬已经包括的费用。[874] 最后,还应当赔偿与保管具有内在关联的**损害**。[875]

示例:保管人V接受了寄存人H寄存的赛马。在一次雷雨中V的马厩发生火灾。V在最后时刻成功地解救了H的马。V因此遭受了轻微的烟雾中毒。

V基于类推适用第693条的规定对H享有赔偿医疗费用的请求权。

2. 取回义务

根据第696条第1句的规定,寄存人有取回寄存物的义务。不过,如果对**取回**约定了特定时间,则保管人只能基于重大事由请求(寄存人)提前取回寄存物(第696条第2句)。

七、寄存人违反义务的法律后果

如果寄存人没有履行其**报酬支付义务**,则保管人可以根据第323条的规定解除合同或者依第280条第1款、第2款或第280条第1款、第2款、第281条的规定请求损害赔偿。此外,保管人还可以根据第280条第1款、第2款,第286条的规定请求赔偿其因寄存人**迟延取回寄存物**所遭受的损害。

依第694条的规定,寄存人最后还必须赔偿保管人因寄存物的属性所产生的损害。如果寄存人在寄存时并不知晓或不应当知晓**寄存物的属性**或者保管人已经知道的,损害赔偿义务即根据第694条后半句的规定

19

20

21

22

---

[874] Palandt/*Sprau* § 693 Rn. 1.
[875] MüKoBGB/*Henssler* § 693 Rn. 2;Staudinger/*Reuter*,2015,§ 693 Rn. 5.

被排除。第694条在教义学上是一个独立的请求权基础,其作为特别规定优先于第280条第1款(结合第241条第2款)。不过,特殊性仅仅存在于因寄存物的危险性所产生的损害。[876] 除此之外,保管人其他法益上所遭受的损害则应回归第280条第1款、第241条第2款的规定。两种请求权基础的不同之处在于第692条第2半句规定的责任排除事由。因为保管人对物的属性的知悉在第280条中仅在与有过失(第254条)的框架下具有意义,并且并不必然导致责任排除。

八、商法上的仓储行为

23   如果物的**仓储**构成了**企业营业的对象**,则适用《德国商法典》第467条至第475h条的规定(《德国商法典》第467条第3款)。仓储保有人负有为仓储委托人保管仓储物的义务,并且为此获得报酬(《德国商法典》第467条第1款、第2款)。对于仓储物的损害或丧失,仓储保有人根据《德国商法典》第475条的规定承担责任,除非普通商人(《德国商法典》第347条)的注意义务亦不能阻止损害。也就是说,与第280条第1款第2句一样,这里也存在过错推定。

九、不规则保管合同

24   在可分物上,寄存也可以保管人**取得物的所有权**或者应当有权**使用**寄存物,且只需返还相同种类、质量及数量之物的方式实施。由于这些不规则的保管与借贷具有明显的相似性,根据第700条第1句及第2句的规定,这些合同应当准用借贷合同(参见第20节边码1及以下)或者使用借贷合同(参见第27节边码1及以下)的规定。

25   依何种标准区分不同规则的保管合同与借贷合同在文献中的判断并不统一。根据主流观点,两种合同类型可以这样区分,不规则的保管合同旨在服务于寄存人对寄存金钱或者寄存物安全保管的利益。而借贷合同

---

[876]　参见 NK-BGB/*Klingelhöfer* § 694 Rn. 2; Palandt/*Sprau* § 694 Rn. 1。

涉及的则是使受领人获得使用资本或者物的可能性。[877] 相反,联邦最高法院在近期的判决中指出,应当根据合同义务项目进行区分。[878] 根据这种模式决定性的区别在于,寄存人没有寄存的义务,因为对他而言首先取决于对寄存物的安全保管,以及此外对寄存物的随时可用性。不规则保管合同因此是一个单务合同。与此相反,有偿的借贷合同属于双务合同,因为出借人基于第 488 条第 1 款第 1 句负有按约定数额提供金钱的义务(参见第 20 节边码 2)。

对寄存人来说取决于随时可用性,在关于返还时点的规定中得以体现。在借贷合同中借款人应当被保护不必未经事先警告返还其金钱或者物。因此,偿还请求权的到期根据第 488 条第 3 款或者第 608 条第 1 款的规定终止,在终止方面(金钱)借贷存在 3 个月的终止期限。与之不同的是,在不规则保管上寄存人对能够随时请求返还金钱或者物存在正当利益。依第 700 条第 3 句的规定,对此有疑义时适用第 695 条规定的返还债权。[879] 然而,从"有疑问时"的表述中可以看出,第 700 条第 3 句是任意性规范。如果当事人作出限制寄存人任意时间请求返还权利的相反约定,则这也不能成为否认不规则保管的正当理由。这也适用于关于保险费储蓄合同,只要储蓄人依合同并不负有按月支付保险费的义务即可。[880] 25a

根据第 700 条第 3 句的规定,**返还地点**在有疑问时同样应当根据有关保管合同的规定来确定。"寄存人"应当在保管地点领取寄存的金钱或其他物(第 697 条)。 26

示例:不规则金钱保管合同的例子如储蓄账户或存折上的存款。这也适用于保费储蓄合同,只要储蓄人依合同不负按月支付保费的义务即

---

[877] Vgl. *Brox/Walker* SchuldR BT § 30 Rn. 8; *Larenz* SchuldR II 1 § 58; krit. MüKoBGB/*Henssler* § 700 Rn. 3; Staudinger/Reuter, 2015, § 700 Rn. 3.
[878] BGH NJW 2019, 2920 Rn. 26.
[879] 参见 MüKoBGB/Henssler § 700 Rn. 2; Staudinger/Reuter, 2015, § 700 Rn. 3; Larenz SchuldR II 1 § 58。
[880] BGH NJW 2019, 2920 Rn. 31.

可。[881]可代替物的寄存在实践中首先涉及的是有价证券。然而,有关非常用保管合同的规则在此仅于存在明确约定时才适用(第700条第2款),此种约定根据《证券保管法》第15条第2款、第16条的规定原则上需要书面形式。否则应当适用《证券保管法》关于保管的规定,这些规定并无将所有权移转给保管人的内容。[882]

参考文献:*Kuhlenbeck*, Der Verwahrungsvertrag, JW 1909, 649; *Schütz*, Die Rechtsnatur von Bank- und Sparkassenguthaben, JZ 1964, 91.

第47节 旅店主人的责任

一、概述

1   住宿合同(Beherbergungsvertrag)由多种合同类型组成,通常包括租赁合同与雇佣合同的元素(参见第1节边码12),此外通常也包括保管合同的要素。[883]如果旅客遭受了损害,其首先可以根据第280条及以下的规定从住宿合同中产生请求权。此外,第701条及以下为旅店主人规定了**一个无过错的结果责任**。这一责任与旅客携带进入旅店空间的物的丢失、毁坏及损坏有关,并且存在于基于住宿合同产生的请求权之外。[884]第701条及以下规定的责任并不取决于旅店主人与旅客之间存在有效的合同。它是一种**法定债之关系**。[885]

2   第701条及以下基于1960年的《关于旅店主人对其旅客携入之物的责任的**巴黎公约**》被重新拟定了。规定严格责任的原因在于,旅客携带进

---

[881] BGH NJW 2019, 2920 Rn. 27ff.
[882] 参见 NK-BGB/*Klingelhöfer* § 700 Rn. 4; Palandt/*Sprau* § 700 Rn. 4。
[883] Vgl. BeckOK BGB/*Gehrlein*, 56. Ed. 1.11.2020, § 701 Rn. 1; *Schlechtriem* SchuldR BT Rn. 567.
[884] Palandt/*Sprau* Einf. v. § 701 Rn. 3; *Medicus/Lorenz* SchuldR BT § 46 Rn. 18.
[885] BGHZ 63, 65 (71); MüKoBGB/*Henssler* § 701 Rn. 3; *Emmerich* SchuldR BT § 13 Rn. 22.

入旅店的物面临旅店主人及其工作人员的特别影响(例如进入房间),旅客对此无法施加影响。[886] 此外,尚有其他不受旅客控制的潜在危险(尤其是其他旅客)。其后果是,在很多情况中令旅客证明旅店主人或其履行辅助人的义务违反具有过错会面临巨大困难。[887] 另一方面,旅店主人可以通过谨慎选择雇员及旅客来尽可能减少可能的盗窃风险。[888]

法律史:旅店主人对旅客携带进入旅店的物的丢失或损坏承担的无过错责任在1896年《德国民法典》中已有规定。这一构成要件的规定应当在历史背景下考察。罗马法已经意识到旅店主人责任作为住宿店主人担保和马厩店主人担保的必要性。这一责任应当考虑店主人的不诚实行为。[889]

二、构成要件

旅店主人责任的构成要件被规定在第701条中,保护范围限于携带进入**旅店**的物。旅店主人是指以接纳他人住宿,也即为他人提供住宿为营业者。在客栈或者餐馆享用饭菜及饮料是不够的。[890] 3

此外,旅客还必须是**以从事营业的方式被接纳的**(第701条第1款)。因此,可在酒店或者膳宿公寓无偿过夜的旅店主人的私人客人是不受保护的。[891] 不过,无偿服务并不必然排除旅客资格。因此,在宾馆无偿住宿的导游员或者旅游公司的巴士司机完全应当被视为旅客。[892]

旅店主人对旅客携带进入旅店空间的物或者其他处于**旅店照管**(Obhut)下的物之损害承担责任(第701条第2款第1项)。物在旅客接纳之前或之后的一定合理期限内处于旅店照管下即为已足够(第701条第2 4

---

[886] *Brox/Walker* SchuldR BT § 31 Rn. 2;*Hohloch* JuS 1984, 357 (358).
[887] MüKoBGB/*Henssler* § 701 Rn. 1;*Zimmermann*, FS Canaris II, 2007, 1435ff.
[888] 参见 Staudinger/*Werner*, 2020, Vorbem. zu §§ 701ff. Rn. 4。
[889] *Kaser/Knütel/Lohsse* Römisches PrivatR § 46 Rn. 6f.;*Hohloch* JuS 1984, 357 (358).
[890] AG Miesbach VersR 2003, 1400;Staudinger/*Werner*, 2015, Vorbem. Zu §§ 701ff. Rn. 12.
[891] BeckOK BGB/*Gehrlein*, 56. Ed. 1.11.2020, § 701 Rn. 5.
[892] MüKoBGB/*Henssler* § 701 Rn. 16.

款第 2 项)。例如,在接纳旅客之前从飞机场领取的行李或者旅客退房之后代为保管的旅行箱(参见第 46 节边码 5)。[893]

三、责任界限

5　　如果损害是由旅客、其陪同人员或者旅客接纳的其他人造成的,第 701 条第 3 款规定的损害赔偿义务即不适用。这一赔偿要件仅仅适用于损害完全由旅客或其他被提及的人的行为引起的情况。在**与有过错**的情形中,则适用第 254 条的一般规则。[894]

同样,旅店经营者也无须对不可抗力承担责任。旅店经营者也无须为机动车、位于机动车内的物品或者活的动物的损害承担责任(第 701 条第 4 款)。

6　　如果损害的发生**非为旅店经营者**或其辅助人**的过错**所引起,则其责任限于第 702 条第 1 款所定的数额(第 702 条第 2 款第 1 项)。如果旅店经营者接受了物的保管或者违反第 702 条第 3 款规定的义务而拒绝承担物的保管(第 702 条第 2 款第 2 项),责任限制即不适用。旅客在获悉损害发生后,应当毫不迟延地**通知**旅店经营者。否则第 703 条第 1 句规定的请求权将消灭。排除责任的约定根据第 702a 条的规定仅在有限的范围内被允许。

四、旅店主人的质押权

7　　依第 704 条第 1 句的规定,旅店经营者就其从住宿合同中产生的请求权对旅客携带进入旅店的物享有**不以占有为要件的质权**。这是第 1257 条规定的法定质权。根据第 704 条第 2 句的规定,关于出租人质权的规定(第 562 条第 1 款第 2 句、第 562a 条–第 562d 条)可以类推适用于旅店经营者的质权。

---

[893] 参见 HK-BGB/*Wiese* § 701 Rn. 7; *Medicus/Lorenz* SchuldR BT § 46 Rn. 22。
[894] 参见 BGHZ 32, 149 (150)。

参考文献: *Blaschczok*, Zum Verhältnis von Reisevertrags- und Gastwirtshaftung, JZ 1984, 136; *Hellwege*, Der formularmäßige Ausschluss der Haftung der Gastwirte für eingebrachte Sachen im Deutschland des 19. Jahrhunderts, ZNR 2007, 240; *Hohloch*, Grundfälle zur Gastwirtshaftung, JuS 1984, 357; *K. Schmidt*, Die Haftung des Schank - und Speisewirts für Garderobe, JuS 1980, 608; *Schünemann*, Vertragstypen im Sicherheitsgewerbe, NJW 2003, 1689; *Zimmermann*, Die Geschichte der Gastwirtshaftung in Deutschland, FS Luig, 2007, 271; *Zimmermann*, Innkeeper's liability- Die Entwicklung der Gastwirtshaftung in England, FS Canaris II, 2007, 1435.

第四编

关于风险的合同

有关风险的合同的标志在于,交易行为的客体或结果取决于某个不确定的,通常是偶然的事件。[1] 因此,人们也将其称为射幸(aleatorisch)或"冒险"(gewagt)合同。其中具有代表性的是**赌博合同**(Spielvertrag)和**博彩合同**(Wettvertrag)(第762条)。**终身定期金**合同也取决于不特定的事件,因为在有疑问时定期金合同应为债权人终身缴纳(第759条第1款)。[2] 由于这种不确定性,在这些合同中债务人应受到特别保护。就终身定期金合同而言,第761条通过书面要求实现了这种保护。赌博合同与博彩合同则根本不产生拘束力(第762条第1款第1句)。

在某种意义上**保证**也可以算作是有关风险的合同。[3] 不过,对于债权的担保还是处于中心位置。因此,保证将与其他保障或查明债权的合同一起讨论(参见第50节边码1及以下)。

---

[1] 参见 MüKoBGB/*Habersack* § 762 Rn. 4;Palandt/*Sprau* § 762 Rn. 1。
[2] 参见 *Medicus/Lorenz* SchuldR BT §51 Rn. 1;*Gursky* SchuldR BT 165。
[3] 如 *Medicus/Lorenz* SchuldR BT Rn. 12。

第48节 终身定期金合同

当事人通过**终身定期金**合同追求的是为受益人创造一个**终身的生活保障**。[4] 在实践中,终身定期金合同主要与不动产及营业的出卖或让与联系在一起。[5] 不过,终身定期金也可以旨在提供亲属法上的扶养费(第761条第2句)。

一、判例的继受

终身定期金合同的法律性质是有争议的。判例将终身定期金合同理解为,"就某人的生存期间赋予权利人统一的收益权,且该权利的收益由连续重复进行、数额相同并在相同时间段内提供的金钱或可代替物形式的给付组成"。[6] 在这种理解下,只有当对当事人来说涉及的是应当从中提出个别给付的统一收益权,即所谓的"**源权利**"(Stammrecht)成立时,第759条及以下才可以适用。如果合同是以提供个别定期金给付为客体,则不适用第759条及以下。

示例(BGH NJW-RR 1991, 1035):K以经过公证的合同,以授予居住权及每月支付400欧元的"终身定期金"为条件,卖给B一块住宅土地。

联邦最高法院在此否定了第759条及以下的可适用性。重要的考虑是,B支付定期金款项的义务是双务合同的组成部分。根据当事人的意思由B承担的对待给付不仅在于定期金允诺本身,而且尤其在于个别定期金给付的支付义务。因此,约定并非以成立源权利为目标。批评意见参见第48节边码5。

根据判例的观念,源权利因**抽象的设立合同**(Bestellungsvertrag)而成立。应与设立合同严加区分的是**原因关系**(比如买卖合同),通过买卖合

---

[4] 参见 *Medicus/Lorenz* SchuldR BT §51 Rn.1。
[5] *Schlechtriem* SchuldR BT Rn.612。
[6] 参见 RGZ 67, 204 (212); BGH WM 1980, 593 (594); NJW-RR 1991, 1035。

同成立的仅是设立源权利的义务。[7] 然而,第761条的书面形式要求不仅应适用于设立合同,也应适用于原因关系。[8] 由于负担合同中的对待给付已经随着源权利的设立而得到履行,**单个定期给付的迟延**并不能成立基于第323条的受益人解除权。[9] 受益人通常仅享有基于第280条第1款、第2款、第286条的迟延损害赔偿请求权。原因行为(也即比如买卖合同)的回复仅能在目的不达型不当得利(condictio ob rem)的条件下(第812第1款第2句第2选项;参见第54节边码26及以下)请求。[10]

二、终身定期金作为继续性债之关系

5　　判例的观念似乎**太过复杂**且**难以实现**。当事人的意思究竟是设立某个源权利或是单个定期金给付的支付义务,很难完全肯定地确定,因为这些构思巧妙的区别对当事人来说通常是陌生的。因此有人在文献中正确地主张放弃源权利这一人为的"中间连接"[11]。根据这一观点,终身定期金允诺即可成立**继续性债之关系**。[12] 如果终身定期金的支付属于基于双务合同(比如买卖合同)产生的对待给付,则受益人在单个给付发生迟延时可以根据第323条的规定解除合同。[13] 在**交易基础发生障碍**时,首先应当考虑的是根据第313条的规定调整终身定期金义务。[14] 不过,作为计算定期金基础的权利人寿命不能视为交易基础,因为权利人寿命的不可估量性是终身定期金合同的典型组成部分。[15]

参考文献:*Reinhart*, Zum Begriff der Leibrente im bürgerlichen Recht- Ab-

---

[7]　参见 *Gursky* SchuldR BT 165; *Schlechtriem* SchuldR BT Rn. 613。

[8]　参见 HK-BGB/*Saenger* §§ 759-761 Rn. 5。

[9]　Jauernig/*Stadler* § 759-761 Rn. 7.

[10]　参见 BGH NJW-RR 1991, 1035; Palandt/*Sprau* § 759 Rn. 4。

[11]　参见 *Medicus/Lorenz* SchuldR BT § 51 Rn. 2f.; *Reinhart*, FS Wahl, 1973, 261 (271ff.)。

[12]　MüKoBGB/*Raude* § 759 Rn. 4; Staudinger/*Mayer*, 2015, Vor §§ 759ff. Rn. 39.

[13]　MüKoBGB/*Raude* § 759 Rn. 27.

[14]　Erman/*Müller* § 759 Rn. 13; Staudinger/*Mayer*, 2015, § 759 Rn. 7ff.

[15]　MüKoBGB/*Raude* § 759 Rn. 31.

schied von der »Isolierungstheorie«?, FS Wahl, 1973, 261.

第 49 节　赌博合同与博彩合同

一、赌博与博彩(第 762 条)

赌博(Spiel)与博彩(Wette)仅通过主观目的来进行区分。**赌博**涉及的是参与人维持或取得某一奖金(Gewinn),也即包括运气赌博(Glückslichkeitsspiele)和技巧游戏(Geschicklichkeitsspiele)。[16] **博彩**则是为了对抗某种主张而订立。[17]   1

在第 762 条中两种合同被**同等对待**。只有当特定赌博类型根据《德国刑法典》第 284 条及以下被禁止时区分才是必要的。由于这些**合同根据第 134 条的规定无效**,第 762 条的规定并不适用。[18] 无法律上原因而提供给付的返还应当根据第 812 条及以下的规定判断,在此第 817 条第 2 句(参见第 54 节边码 36 及以下)规定的不当得利请求障碍(Kondiktionssperre)具有特别意义。

区分的问题还会在**悬赏广告**上发生。如果为某一运动成绩(比如网球锦标赛)而悬赏了奖金,则并不会被归入赌博的概念下,它只是悬赏广告。关于博彩与悬赏广告的区分参见第 38 节边码 4。

1. 无拘束力

赌博合同和博彩合同是**自然债务**的典型例子(参见拙著《债法总论》第 1 节边码 27)。[19] 第 762 条第 1 款第 1 句对此规定,赌博和博彩不能产生拘束力。因此,合同虽然是有效的,但债权人并**不享有履行请求权**。   2

从赌博和博彩中产生的请求权**不具有可诉性的原因**并不在于,这些合同本身(per se)在道义上是可责难的。第 763 条规定的追认机会显示   3

---

[16] NK-BGB/*Schreiber* § 762 Rn. 12; *Gursky* SchuldR BT 166.
[17] Palandt/*Sprau* § 762 Rn. 3; Staudinger/*Engel*, 2015, § 762 Rn. 4.
[18] MüKoBGB/*Habersack* § 762 Rn. 2.
[19] *Medicus/Lorenz* SchuldR BT § 49 Rn. 1; *Schulze*, Naturalobligation, 522ff.

了这一点。确切地说,《德国民法典》希望通过否定履行请求权来降低(人们对)赌博的热情,并通过将赌博和博彩营业引入国家监管的轨道来保护合同当事人。[20]

为排除规避行为,**第762条第2款**将无拘束力延伸到输掉的参与者为履行赌博或博彩债务而达成的新协议上。可以列举的例子有债务承认(第781条)、接受汇票债务、出具支票以及成立借贷债务。[21]

4　　赌博和博彩不具有拘束力还延伸到了因违反给付义务而产生的损害赔偿请求权[22]以及违约金上(参见拙著《债法总论》第1节边码27)。对于**从属性的担保权**(比如保证、质权等)的设定,亦是如此,因为这些担保权以完全有效的主债务为前提(参见第50节边码5、边码36及以下)。[23]

债权人不能因从赌博和博彩中产生的债权行使**留置权**(第273条、第274条)。同样道理,债权人的**抵销权**(第387条及以下)也是被排除的。[24] 这一点可以这样解释,即两种制度都以对待债权的可执行性为前提(参见拙著《债法总论》第15节边码5和第18节边码6)。与此相应,债务人也可以通过抵销来清偿赌博或博彩债务。[25]

2. 不能请求返还

5　　自然债务的另外一个重要特殊性是,债务人为履行而提出的给付根据第762条第1款第2句的规定,**不能仅因为拘束力根据第762条第1款第1句并不存在即可请求返还**。即便给付系因不知悉没有拘束力,亦是如此。[26] 不过,基于**其他法律原因**请求返还仍然是可能的。因此,如果合同基于某个合同当事人欠缺行为能力、违反法律强制性规定或善良风

---

[20]　NK‑BGB/*Schreiber* § 762 Rn. 2;MüKoBGB/*Habersack* §762 Rn. 1;Staudinger/*Engel*, 2015,Vorbem. §§ 762ff. Rn.4;*Schreiber* JURA 1998, 270;*Schulze*, Naturalobligation, 522.

[21]　NK‑BGB/*Schreiber* § 762 Rn. 30;*Brox/Walker* SchuldR BT § 34 Rn. 8.

[22]　参见 BGHZ 25,124(125ff.);MüKoBGB/*Habersack* § 762 Rn. 18;Staudinger/*Engel*, 2015, § 762 Rn. 8。反之,在违反保护义务时(§ 241 II),基于第280条第1款享有的损害赔偿请求权完全是可以考虑的。

[23]　NK‑BGB/*Schreiber* § 762 Rn. 17;Palandt/*Sprau* § 762 Rn. 5a.

[24]　BGH NJW 1981, 1897;*Brox/Walker* SchuldR BT § 34 Rn. 6.

[25]　MüKoBGB/*Habersack* § 762 Rn. 22;Staudinger/*Engel*, 2015, § 762 Rn. 19.

[26]　MüKoBGB/*Habersack* § 762 Rn. 21;*Schreiber* JURA 1998, 270 (271).

俗而无效,或因错误或恶意欺诈而被撤销时,债务人可以根据第812条第1款第1句的规定请求返还。[27] 不过,这种不当得利请求权经常会根据第817条第2句的规定被排除。

二、乐透合同和抽奖合同(第763条)

在**国家组织或者许可的**乐透合同和抽奖合同上适用例外规则。这些合同根据第763条第1句的规定**具有法律拘束力**。在这些合同背后,传统上存在国家从乐透和抽奖的经营中创造收入的利益。[28] 此外,参与者的赌博欲望也可以通过国家的控制而得到阻挡,并被引入有秩的轨道。[29]

6

深化:是否应当维持国家对博彩的垄断是有争议的。联邦宪法法院近期表明,只有当坚定不移地以同上瘾危险(Suchtgefahren)作斗争的目的为方向时,国家对体育博彩的垄断才能与职业自由的基本权利(《德国基本法》第12条第1款)兼容;国库对国家收入存在的利益本身尚不够充分。[30] 根据欧洲法院的判例,博彩业的国家垄断原则上也可以得到合理解释。不过,这一规则必须适于,以系统且协调一致的方式对赌博活动进行限制,否则它将违反迁徙自由和劳务提供自由(《欧盟工作方式协议》第49条、第56条)。[31] 如果成员国法院认定存在违反迁徙自由和劳务提供自由的情况,则成员国法院即便在过渡期也不得继续适用该规范。[32] 根据这种观念,德国立法者已经被呼吁尽快重新规范相关内容。

乐透和**抽奖**仅通过奖金的获得方式区别开来。乐透的奖金以金钱的形式存在,在抽奖上则为动产或不动产。[33] 被包括的首先是国家的分期抽奖(Klassenlotterie),不过也包括私人举办的乐透,以及足球竞猜

7

---

[27] 参见 BGH VersR 2006, 419; Staudinger/*Engel*, 2015, §762 Rn. 26。
[28] 参见 Mot. II, 648f.; MüKoBGB/*Habersack* §763 Rn. 2。
[29] BGH NJW 1999, 54 (55); 2006, 45 (46); Palandt/*Sprau* §763 Rn. 1.
[30] BVerfG NJW 2006, 1261; 对此参见 *Kment* NVwZ 2006, 617ff.。
[31] EuGH EuZW 2007, 209 Rn. 45 ff. -Placanica ua.
[32] EuGH EuZW 2010, 759 (Ls.)-Winner Wetten; vgl. auch EuGH EuZW 2010, 759f. (Ls.)-Carmen Media Group sowie-EuGH EuZW 2010, 760 (Ls.)-Markus Stoß und andere.
[33] NK-BGB/*Schreiber* §763 Rn. 7; MüKoBGB/*Habersack* §763 Rn. 4。

(Fußball-Toto)、数字竞猜(Zahlenlotto)、赛马(Rennwetten)、赌场(Spielbanken)和赌博机(Spielautomaten)等。[34] 对于其他赌博或博彩活动(比如体育博彩),在存在国家许可的情况下第763条第1句也是可以准用的。[35]

8　　在第763条的适用范围内,当事人的**权利和义务**主要根据合同内容(尤其是赌博方案)确定。参与者原则上对赌博的实施和奖金的分发享有请求权,参与者也必须提供赌注(Einsatz)。[36] 在未被国家许可时第762条是可以适用的,因此,所涉合同在法律上没有拘束力(第763条第2句)。由于未经许可的乐透和抽奖大多应当被视为《德国刑法典》第287条意义上的违法赌博(Glücksspiel),这些合同通常甚至会根据第134条无效。[37] 此时回复应当根据第812条及以下的规定实施,在此又要重新注意第817条第2句的规定。[38]

参考文献: *Duderstadt*, Spiel, Wette und Differenzgeschäft (§§ 762-764 BGB) in der Rechtsprechung des Reichsgerichts und in der zeitgenössischen Literatur, 2006; *Janz*, Rechtsfragen der Vermittlung von Oddset-Wetten in Deutschland, NJW 2003,1694; *Henssler*, Risiko als Vertragsgegenstand, 1994; *Kment*, Ein Monopol gerät unter Druck- Das »Sportwetten-Urteil« des BVerfG, NVwZ 2006, 617; *Otto*, Gewerbliche Lottospielgemeinschaften als Lotterie, JURA 1997, 385; *Pischel*, Verfassungsrechtliche und europarechtliche Vorgaben für ein staatliches Glückspielmonopol-Aktuelle Entwicklungen und Tendenzen, GRuR 2006, 630; *Schreiber*, Unvollkommene Verbindlichkeiten, JURA 1998, 270; *Schulze*, Die Naturalobligation, 2008.

---

[34] NK-BGB/*Schreiber* § 763 Rn. 10ff.; *Medicus/Lorenz* SchuldR BT § 50 Rn. 7.
[35] BGH NJW 1999, 54 (55).
[36] MüKoBGB/*Habersack* § 763 Rn. 14; Staudinger/*Engel*, 2015, § 763 Rn. 14.
[37] Brox/*Walker* SchuldR BT § 34 Rn. 9.
[38] NK-BGB/*Schreiber* § 763 Rn. 25; Staudinger/*Engel*, 2015, § 762 Rn. 45.

第五编

债权的担保与确认

在第765条至第782条中,《德国民法典》处理的是典型以债权的担保或确认为目标的不同类型合同。除保证(第765条至第777条)外,具有**担保功能**的还有债务承诺或债务承认(第780条至第782条),在这两类合同中,债权人的地位因债务人新(抽象的)义务的成立而得到强化。[1] 除此之外,债务承诺和债务承认通常还可服务于债权的**确认**[2],比如在和解(第782条)的框架下。当然,这一点不因债务承诺和债务承认也可用于其他目的而改变,因而第780条及以下的功能最终也存在于对**抽象债务关系**的承认(参见第52节边码3及以下)。因此,从教义学的角度来看这属于更适合于归类到债法总论的现象。[3] 实际上,在和解(第779条)中确认(争议调解)功能处于中心地位。[4] 不过,从教义学上看这里也属于债法总论的一种制度。[5]

---

[1] 参见 *Gursky* SchuldR BT 169。
[2] 参见 *Pawlowski* BGB AT Rn. 871ff.。
[3] 参见 *MüKoBGB/Habersack* § 780 Rn. 7; *Harke* SchuldR BT Rn. 1。
[4] 参见 *Larenz* SchuldR II 1 § 7 IV; *Jauernig/Stadler* § 779 Rn. 1。
[5] 参见 *MüKoBGB/Habersack* § 779 Rn. 2; *Larenz* SchuldR II 1 § 7 IV。

第50节 保证合同

一、保证合同的功能与结构

1.法律及经济上的归类

贷款可以通过贷款人获得对第三人财产或债务人、第三人特定财产（动产或不动产）的强制取得（Zugriff）而得到保障。第一种情况被称为人的担保，第二种情况被称为实物担保。实物担保的例子有所有权保留（第449条）、让与担保（第930条）以及土地质权（Grundpfan-drechte，第1113条及以下）。与此相对，保证是**人的担保**的典型工具。

在保证中，**担保的价值**取决于保证人的支付能力（Solvenz）。在银行保证或者国家保证的情况下支付能力非常高，相反，在单个私人的情况下则不确定。[6] 因此，在商业交往中实物担保更受偏爱。尽管如此，保证也仍具有重大的经济意义。这一点通过为近亲属提供保证的大量判例即可得到证明。此外，通常由股东提供的人的担保在资合公司（尤其是有限责任公司）贷款债务方面也发挥着重要作用。[7]

2.保证的结构

保证以**三人关系**为基础。根据第765条第1款的规定，保证人对第三人的债权人，为该第三人债务的履行承担责任。也就是说，保证是在**债权人与保证人**之间存在的合同。通常，保证是一个单方负担义务的合同，因为债权人多数时候并不对保证人负担义务。

保证旨在**保障**债权人对第三人（所谓的主债务人）的**债权**。多数情况下，主债务人与保证人之间都存在债务关系（例如委托、有偿的事务处理、无因管理）。基于这一债务关系，保证人在支付主债务后一般来说对主债务人享有**追偿请求权**（Rückgriffsanspruch 参见第50节边码48及以下）。

---

[6] Medicus/Lorenz SchuldR BT §50 Rn. 1.

[7] Larenz/Canaris SchuldR II 2 §60 I 2.

此外,为保护保证人的利益,第774条还规定了法定的债权移转。各参与人之间的法律关系可以用下面的图予以说明。

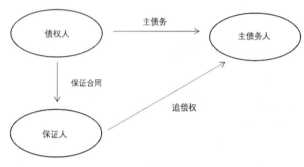

图5-1 保证的结构

3. 保证的特别特征

5 与抵押权(第1113条第1款、第1153条第2款)一样,保证也是一种**从属性**的担保工具。[8] 这一点表明,保证人的义务依赖于主债权的存在及范围。也就是说,当且仅当主债务存在时,保证人就要承担责任(第767条;参见第50节边码38及以下)。此外,从属性的后果还有,从保证中产生的权利在主债权让与时根据第401条第1款的规定一同移转给新的债权人(参见拙著《债法总论》第52节边码32)。除此之外,主债权与保证债权的可执行性方面也存在依赖关系(第768、770条;参见第50节边码43及以下)。

6 保证的另外一个显著特征在于,在与主债务人的关系中,保证人原则上只需对主债务承担**从属性**的责任。[9] 因此,债权人首先应当尝试在主债务人那里(例如通过抵销,参见第770条第2款)获得清偿。在那之前保证人根据第771条的规定可以拒绝向债权人支付(先诉抗辩权 Einrede der Vorausklage),不过,这一原则在实践中经常被突破(参见第50节边码

---

[8] 参见 Staudinger/*Stürner*, 2020, Vorbem. zu §§765-778 Rn. 18ff.; *Oetker/Maultzsch* Vertragl. Schuldverhältnisse § 13 Rn. 67ff.。

[9] 关于从属性参见 Staudinger/*Stürner*, 2020, Vorbem. zu §§765-778 Rn. 17; *Larenz/Canaris* SchuldR II 2 § 60 III 3; *Harke* SchuldR AT Rn. 472ff.。

40及以下)。第772条第2款中也表达了从属性思想,根据该规定,债权人应当优先行使主债务人在动产上的质权或留置权。

深化:在文献中有部分学者主张,在与主债权人的关系中,主债务人和保证人是第421条意义上的连带债务人。[10] 由于责任欠缺同等级性,主流意见拒绝这种归类。[11] 不管怎样,主流意见在结果上是值得赞同的。在此重要的是,第765条及以下包括详尽的特别规则,这些特别规则完全排除了第421条及以下的适用。[12]

二、区分

保证应当与其他人的担保区分开来,尤其是债务加入、担保合同(Garantievertrag)、委托贷款(Kreditauftrag)以及保护人声明(Patronatserklärung)。区分的实际意义主要在于,第766条第1款规定的**书面形式要求**(参见第50节边码20及以下)对其他人的担保并不适用。

1. 债务加入

与免责的债务承担(第414条及以下)不同,法律上并未规定债务加入(也被称为债务共同承担或者累积的债务承担)。构成要件在《债法总论》(参见拙著《债法总论》第53节边码21及以下)中已经介绍过,对此就不再详加论述了。与保证的重要区别在于,债务加入中加入者承担的是自己的债务,而非为他人债务承担责任。在债务加入发生后,加入者与债务人应当根据第421条及以下的规定作为**连带债务人**向债权人承担责任。因此,加入者的责任并非从属性的;确切地说,债权人可以根据其意愿向任意连带债务人请求全部或部分给付(第421条第1句)。由于针对连带债务人的债权根据第425条的规定应当独立地进行判断,从属性原则对债务加入也是不适用的。

---

[10] So *Schlechtriem/Schmidt-Kessel* SchuldR AT Rn. 845m. Fn. 32; *Ehmann*, Die Gesamtschuld, 1972, 333ff.

[11] 如 *Brox/Walker* SchuldR AT § 37 Rn. 10。

[12] 参见 Staudinger/*Looschelders*, 2017, § 421 Rn. 37; 另参见拙著《债法总论》第54节边码23。

9 　　尽管加入者承担的责任比保证人更为严格，但第766条的形式规定却并不适用。[13] 由于第766条的保护目的不应落空，**在有疑义时**判例以**保证**为出发点。[14] 债务加入存在的显著标志是，加入者自身对主债务的清偿具有直接的经济或法律利益。[15]

　　示例（根据BGH NJW 1981, 47改编）：有限责任公司股东承担了有限责任公司的债务，以便阻止可能面临的破产程序。

10 　　保证与债务加入的区分已经因第491条及以下可以准用于**消费者**对借款合同的**债务加入**而丧失意义。[16] 因此，在这种情况中就债务加入也存在书面形式要求（第492条第1款的类推适用）。

2. 担保合同

11 　　法律上没有规定的担保合同也与保证显示出了紧密的亲缘关系。与债务加入一样，担保合同也可以成立担保人（Garanten）自己的债务。这一债务并**不依赖于有效的主债务**是否及在多大数额内存在。[17] 因此，与保证不同，担保人的责任并不具有从属性。因此，即使主债务的效力或数额并不确定，担保合同仍然可以作为一种担保工具加以使用。[18] 然而，与债务加入不同，担保人并**不作为连带债务人**承担责任。只有合同约定的担保状况发生时，担保人才承担责任。[19]

　　担保合同将导致担保人承担非常广泛的责任，但根据主流意见，第766条在这里也不能（类推）适用。[20] 为平衡担保人的利益，在认定担保合同时应提出**较高要求**。通常而言，担保人自身必须对主债权的履行具

---

〔13〕 BGHZ 121, 1(3ff.)；支持类推适用第766条参见 MüKoBGB/*Habersack* Vor §765 Rn. 17；*Grigoleit/Herresthal* JURA 2002, 825 (830f.)。

〔14〕 BGH NJW 1986, 580。

〔15〕 BGH NJW 1981, 47；另参见 *Medicus/Lorenz* SchuldR BT §50 Rn. 14。

〔16〕 参见 BGHZ 133, 71 (74f.)；134, 94 (97)；BGH NJW 2000, 3496 (3497)；Palandt/*Grüneberg* Überbl. v. §414 Rn. 4f.。

〔17〕 *Larenz/Canaris* SchuldR II 2 §64 III 1a。

〔18〕 *Oetker/Maultzsch* Vertragl. Schuldverhältnisse §13 Rn. 17。

〔19〕 *Oetker/Maultzsch* Vertragl. Schuldverhältnisse §13 Rn. 18。关于担保的情况（Garantiefall）参见 *Larenz/Canaris* SchuldR II 2 §64 III 4。

〔20〕 RGZ 61, 157 (160)；MüKoBGB/*Habersack* Vor §765 Rn. 21；其他观点见 *Larenz/Canaris* SchuldR II 2 §64 III 3b。

12

有较强的经济上利益。[21] 在有疑义时应当以保证为出发点。[22]

3. 委托贷款

基于(无须特定形式的)委托贷款合同,受托人对委托人负有**向第三人提供贷款**的义务(第 778 条)。在提供贷款之前,合同当事人之间的关系应当完全根据有关委托或有偿事务处理合同的规定认定(第 662 条及以下、第 675 条第 1 款)。因此,根据一般观点,第 766 条的形式规定于此并不适用。[23] 放弃书面形式要求在内容上的正当性在于,通常情况下委托人自身对(由委托人)向第三人提供贷款具有经济上的利益,就这一点而言似乎并不那么值得保护。[24] 就提供贷款后的时间,第 778 条规定,委托人应当根据第 765 条及以下规定的标准**作为保证人**就第三人的债务向受托人**承担责任**。由于第 670 条的一般规则因此被排除了,受托人除此之外并不享有费用补偿请求权。[25]

13

从体系上考察,委托贷款首先为委托合同(第 662 条及以下)或有偿事务处理合同(第 675 条第 1 款)。不过,其在委托人的责任方面与保证存在一致的地方。委托人的保证人责任虽然系根据第 778 条**依法**发生,但在委托人方面仍然必须存在**负担义务**的相应**意思**。[26] 也就是说,委托人必须以一定方式对外表示,其愿意为贷款提供的风险提供保障。[27] 对此,自身的经济利益是一个重要标志。[28] 与保证最重要的不同在于,债权人(在此也即受托人)就向第三人提供贷款对委托人(在此也即保证人)负担义务。[29] 在实践中,银行通常会与委托人订立单独的保

14

---

[21] Palandt/*Sprau* Einf. v. §765 Rn. 17;*Coester/Waltjen* JURA 2001, 742 (745); krit. *Larenz/Canaris* SchuldR II 2 §64 III 3a 指出,在银行担保中担保人自身对主债务履行通常都不存在利益。

[22] Palandt/*Sprau* Einf. v. §765 Rn. 17;*Grigoleit/Herresthal* JURA 2002, 825 (828).

[23] 参见 Jauernig/*Stadler* §778 Rn. 5;*Larenz/Canaris* SchuldR II 2 §60 VI 2a。

[24] *Oetker/Maultzsch* Vertragl. Schuldverhältnisse §13 Rn. 123.

[25] MüKoBGB/*Habersack* §778 Rn. 9.

[26] BGH WM 1960, 879 (880); Jauernig/*Stadler* §778 Rn. 2.

[27] MüKoBGB/*Habersack* §778 Rn. 5.

[28] PWW/*Brödermann* §778 Rn. 3.

[29] *Emmerich* SchuldR BT §14 Rn. 7.

证合同,因此,第778条的意义不大。[30]

4. 保护人声明(Patronatserklärung)

15 作为保证的替代,经济交易中还存在所谓的保护人声明。[31] 这一点尤其适用于**康采恩关系**的框架内。具有代表性的例子是,母公司(保护人"Patron")向子公司(被保护人"Protegé")的贷款人承诺,为子公司在贷款的偿还方面提供支持。[32] 母公司借此追求的目的是改善子公司的信用状况。与保证相比,保护人声明的优势在于,母公司无须根据《德国商法典》第251条的规定将承担的义务反映在资产负债表中。[33] 此外,母公司也可以自由选择以何种方式履行义务。[34]

16 保护人声明的法律效果取决于,其是一个"温和的"还是一个"严格的"保护人声明。这一点应当通过解释来查明。**温和的保护人声明**没有法律约束力,并且原则上不能成立保护人的损害赔偿义务。[35]

示例:"我们公司完全支持子公司的工作""原则上我们可以对我们的子公司施加影响,以便它们可以履行其承担的义务"。[36]

17 **严格的保护人声明**在法律上具有约束力。[37] 虽然这里保护人在通常情况下(与保证人不同)也不承担直接的支付义务,但其负担为债务人履行义务提供必要资金的义务。[38]

示例(根据 BGHZ 117,127 改编):"我们承担在经济上为我们的子公司提供资金的义务,使其总是能够向您及时履行所负担的债务。"

18 如果保护人没有履行义务,则其应向贷款人**负担损害赔偿义务**。[39]

---

[30] 参见 PWW/*Brödermann* § 778 Rn. 1;MüKoBGB/*Habersack* § 778 Rn. 1。
[31] Eing. dazu *Maier-Reimer/Etzbach* NJW 2011, 1110ff.
[32] 参见 *Larenz/Canaris* SchuldR II 2 § 64 V vor 1。
[33] 参见 OLG Karlsruhe DStR 1993, 486 (487)。
[34] 参见 *Brox/Walker* SchuldR BT § 32 Rn. 7。
[35] 参见 Staudinger/*Stürner*, 2020, Vorbem. zu §§ 765 – 778 Rn. 453;*Larenz/Canaris* SchuldR II 2 § 64 V 2a。
[36] 参见 OLG Karlsruhe DStR 1993, 486 (487)。
[37] BGHZ 117, 127 (130);Staudinger/*Stürner*, 2020, Vorbem. zu §§ 765 – 778 Rn. 455。关于由保护人进行终止的容许性参见 BGH NJW 2010, 3442 (3443)。
[38] 参见 *Koch* Patronatserklärung 77ff.;*v. Rosenberg/Kruse* BB 2003, 641ff. 。
[39] BGH WM 1992, 501 (502);OLG Karlsruhe DStR 1993, 486 (487)。

如果主债务不存在,则保护人的给付义务也将丧失。[40] 也就是说,保护人声明与保证一样属于一种具有**从属性的担保**。

三、保证合同的效力

保证合同的效力应当根据**一般规定**来确定(尤其是第 104 条及以下、第 119 条及以下、第 125 条、第 134 条、第 138 条)。

19

提示:保证人对主债务人的给付能力认识错误并不使其有权根据第 119 条第 2 款的规定撤销保证合同。根据第 313 条终止合同或对合同进行调整同样不被考虑。因为根据保证合同的目的,保证人刚好应对主债务人不具有给付能力的风险承担责任。[41]

保证合同也可能因**形式瑕疵**而无效(第 125 条)。此外,经常被讨论的问题还有,保证是否及在何种构成条件下根据第 **138** 条或第 **305** 条及以下的规定而无效。

1. 保证允诺的形式

根据第 766 条第 1 款的规定,保证合同的效力以书面形式作出保证表示(并不包括债权人的意思表示)为必要。对**书面形式**的具体要求可以从第 126 条中得出。根据该条规定,证书应由签发人亲笔签名(第 126 条第 1 款)。

20

除此之外,表示应向债权人**作出**。这要求保证人向债权人交付保证证书。[42]

21

深化:通过电话传真或者电报作出保证表示并不能满足书面形式的要求,因为这里缺乏亲笔签名,且证书原件也未到达债权人手中。[43] 第 766 条第 2 句以如下方式强化对保证人的保护,即与 126 条第 3 款规定的基本规则不同,保证表示也不能以电子形式(第 126a 条)作出。

---

[40] 参见 OLG München DB 2003, 711;MüKoBGB/*Habersack* Vor § 765 Rn. 53。

[41] 参见 MüKoBGB/*Habersack* § 765 Rn. 39。

[42] *Oetker/Maultzsch* Vertragl. Schuldverhältnisse § 13 Rn. 41.

[43] BGHZ 24, 297 (302) [Telegramm];BGHZ 121, 224 (229ff.) = NJW 1993, 1126 [Telefax]; *Emmerich* SchuldR BT § 14 Rn. 10; *Harke* SchuldR AT Rn. 475; *Riehm* JuS 2000, 241 (245f.).

22 　　书面形式要求的目的在于保护保证人免于轻率。这一保护目的要求,责任的内容及范围应清晰地展现在保证人眼前。因此,这一书面表示必须包括对保证而言**重要的所有情况**(所谓的明确性原则)。[44] 除债权人及主债务人的身份外,属于此类的尚有对被担保主债务的描述以及对保证意思的表示。

23 　　较早的判例认为,如果债权人的身份或待担保的主债务在保证证书中一开始不确定,而是嗣后由债权人或者第三人补充,则并不违反第766条的保护目的。[45] 然而,反对允许**空白保证**的论据有,义务的范围并未清晰地展现在保证人眼前。因此,根据较近的判例,空白保证的形式原则上是无效的,除非完成空白保证的授权符合第766条第1句规定的保证证书的形式。[46]

24 　　如果就保证表示的作出**授予**了**意定代理权**,则可能会出现同样的问题。

示例:B表示愿意为S的某项债务对G承担责任。他口头授权S代其发出保证表示。随后S出具了书面的保证证书,在保证证书里B被标示为保证人,并将保证证书交给G。保证合同是否有效?

　　保证表示以书面形式存在。不过,有问题的是,B是否被S有效地代理(第164条第1款)。这一点取决于向S授予的代理权的有效性。根据第167条第2款的规定,代理权并不需要具备就代理行为规定的形式。不过,如果形式要求的保护功能将会落空,则要对第167条第2款进行目的性限缩。这一要件在第766条第1句上是适合的。[47] 因此,向S授予的代理权根据第125条的规定应为无效。

25 　　如果保证人履行了其义务,则第766条的警示功能将会失效。相应地,形式瑕疵在此种情况下将根据第766条第3句的规定被**治愈**。[48] 然

---

[44] 参见 BGHZ 25, 318 (320f.); *Medicus/Lorenz* SchuldR BT §50 Rn.11。

[45] 参见 BGH NJW 1984, 798; zust. *Larenz/Canaris* SchuldR II 2 §60 II 1b。

[46] BGHZ 132, 119 (122ff.); BGH NJW 2000, 1179 (1180); *Riehm* JuS 2000, 343 (347)。

[47] BGHZ 132, 119 (125); *Palandt/Sprau* §766 Rn.2; *Harke* SchuldR AT Rn.475。

[48] 关于这一点还有第311b条第1款第2句、第518条第2款的平行规定。

而,与主债务履行的关联在法律文本中容易让人错误理解,因为保证人履行的是自己基于保证合同产生的债务,而非履行债务人对债权人的债务。[49]

如果保证对保证人来说属于**商行为**,则保证人并不需要特别的警示,银行保证即为此种情况。因此,形式要求依《德国商法典》第350条的规定即不再存在。

此外,保证人在例外情况中根据**诚实信用原则**(第242条)也可能不得主张形式瑕疵。[50]

26

示例(BGH WM 1986, 939):B是G有限责任公司的总经理和唯一股东。他以G的名义与A股份公司订立了一份合同,并口头表示为G有限责任公司从合同中产生的债务提供保证。

B与A之间的保证合同依第766条、第125条的规定因形式瑕疵而无效。《德国商法典》第350条并不适用,因为有限责任公司的总经理本身并非商人。不过,如果B自身作为股东从G与A之间的合同中间接获得了利益,则根据诚实信用原则(第242条)B不能主张保证合同无效。

2. 违反善良风俗的保证

基于与主债务人**身份上的联系**而承担保证的情况并不少见。如果保证人在交易上欠缺经验,并不拥有显著的经济实力,自身对主债务并不具有重要利益,则这一点似乎是有问题的。在此保证人存在经济上负担过度的危险,因为其感觉自己在道德上对主债务人负有承担保证的义务。如果这一点被债权人以违反善良风俗的方式利用,则保证合同根据第138条第1款的规定应为无效。[51]

27

根据一般规则,保证人应当就违反善良风俗的要件进行说明和证明。不过,联邦宪法法院表示,由于保证人与贷款人之间存在**结构性的不平等**,为身边人员提供的保证应当受特别规则的调整(参见拙著《债法总论》

28

---

[49] *Medicus/Lorenz* SchuldR BT § 50 Rn. 12.
[50] BGHZ 26, 142 (151f.); BGH WM 1986, 939 (940);1991, 536 (537); *Larenz/Canaris* SchuldR II 2 § 60 II 1d.
[51] 参见 *Harke* SchuldR AT Rn. 478。

第 3 节边码 10)。[52]

联邦最高法院将这一规定具体化。根据联邦最高法院的观点,如果在主债务人与保证人之间存在特别的人身亲密关系,并且保证人因承受的债务在经济上明显负担过重,则可推定,债权人以违反善良风俗的方式利用了保证人心理上的急迫状况,不过这种推定可通过反证加以推翻。[53] 父母与子女之间、配偶之间以及准婚姻生活共同体的伴侣之间的关系被视为**特别的人身亲密关系**。[54]

示例(BGHZ 125, 206):F 是多块土地的所有权人,F 的丈夫(M)想在这些土地以 4000000 欧元的预算建造一栋建筑。作为对所需贷款的担保,银行 B 要求他们的儿子 S 提供自愿承担债务的保证。S 在那时还是一名士兵,并无其他财产,且希望以后学习医学专业。在该建筑工程失败后,S 父母的财产丧失殆尽,B 基于保证向 S 行使权利。

这里肯定违反善良风俗的理由是,义务范围与 S 的给付能力之间显失比例,以及 S 交易经验的欠缺。此外,尚应考虑的是,M 与 F 违反第 1618a 条规定的帮助及顾及义务,以法律上不被允许的方式促使 S 承担保证。在这些情况中青少年、欠缺交易经验的成年人多数时候都会不经考虑地作出决定,并且是出于精神上的急迫状态。B 必须对这些情况承担责任。在银行 B 向 S 请求提供保证时,其应当预料到,M 与 F 会以不被允许的方式对 S 施加影响。

29　　如果义务的范围与保证人的给付能力之间存在显失比例的情况,尤其当保证人可扣押的财产或收入甚至连当期利息都不能支付时,即存在**严重的经济负担过重**。[55] 对保证人的给付能力而言重要的是对未来经济关系的预测。违反善良风俗并不因保证人可以根据《德国破产法》第

---

[52] BVerfGE 89, 214 (231) = NJW 1994, 36;另参见 *Riehm* JuS 2000, 241 (242f.)。
[53] Grundlegend BGHZ 146, 37 (42)= NJW 2001, 1881; BGHZ 151, 34 (37) = NJW 2002, 2228.
[54] 参见 BGHZ 125, 206 (213f.) = NJW 1994, 1275; BGH NJW 2002, 744 (745); 2013, 1534 Rn. 9。
[55] BGHZ 146, 37 (42)= NJW 2001, 1881; NK-BGB/*Looschelders* § 138 Rn. 243.

286条及以下的规定开启**剩余债务免除**的机会而被排除。[56]

示例(BGH NJW 1997,1003；1999,58)：如果借助具体情况可以期待，保证人在可预见的时间里能够获得一笔较大的遗产，则保证人并不因承受义务而在经济上负担过重。只要主债务人没有支付，贷款人对于能够取用遗产即具有正当利益。不过，根据联邦最高法院的判例，只有当从保证合同中能够清楚地得出，从保证合同中产生的义务仅在继承出现才应发生时，违反善良风俗才能被排除。如果贷款人希望借助保证合同避免财产从主债务人移转到保证人那里，上述做法也可以适用。

如果保证人**自身**对保证具有**经济上利益**，违反善良风俗的推定即可被推翻。[57] 其后果是，举证责任减轻的规则不再能适用，保证人应当根据一般规则说明和证明第138条第1款规定的要件。

30

示例(BGH WM 2003,1563)：如果保证人将成为贷款资助的物的共有权人，自身的经济利益即为存在。不过，如果保证人通过贷款获得的仅是间接利益(比如保证人提供担保的贷款资助的是在主债务人土地上建造的共同居住房屋)，则是不够的。[58]

3. 格式化约定概括保证(Globalbürgschaft)

在商业往来中，银行的**一般交易条款**通常会规定**概括保证**。根据该一般交易条款，保证人就债权人基于特定交易关系对主债务人享有的现有及将来债权承担责任。这些约定并不违背确定性要求，因为保证人的责任被清楚地确定了。[59] 不过，由于概括保证会给保证人带来巨大风险，违反第307条第1款第1句、第2款第1项结合第767条第1款第3句的法律思想的情况亦不难理解。[60] 这一点原则上也适用于商事交往。

31

---

[56] BGH NJW 2009, 2671 (2674)；参见 *Krüger* NJW 2009, 3408ff.；*Homann/Maas* JuS 2011, 774ff.。

[57] 参见 *Riehm* JuS 2000, 241 (245)。

[58] BGH NJW 2000, 1182 (1184)。

[59] BGHZ 130, 19 (21f.)；*Larenz/Canaris* SchuldR II 2 § 60 II 2a。

[60] BGHZ 130, 19 (33f.)；143, 95 (97)；151, 374 (377, 381ff.)；*Emmerich* SchuldR BT § 14 Rn. 15。

此外,所涉条款经常也应被视为异常条款(第 305c 条第 1 款)。[61]

根据联邦最高法院的判例,在格式化地约定概括保证时,保证合同并非完全无效;不过,保证人的责任限于那些承担保证的**事由**的债权之上。[62] 除此之外的概括保证都只能通过合同个别约定。

4. 消费者撤回权的可适用性

(1)经营场所外订立的合同

32 消费者在经营者的经营场所外(比如在自己家中)承担保证时是否享有撤回权,过去以 1986 年《上门交易撤回法》以及原第 312 条为基础享有撤回权在很长时间里一直存在争议。这一争议首先围绕保证合同是否以**"有偿给付为客体"**的问题展开(原第 312 条第 1 款)。[63] 联邦最高法院对这一问题持肯定观点。[64] 审判庭将消费者承担的保证看作是一种有偿给付。承保保证的报酬应当存在于,经营者为主债务人提供了贷款或放弃了贷款的立即偿还。关于上门交易中消费者撤回权的规定由此可适用于保证。

33 在转化《消费者权利指令》时,有关消费者合同以及特别销售形式(第 312 条及以下)的规定被完全重新拟定了(参见拙著《债法总论》第 41 节边码 5 及以下)。与此同时,传统的上门交易概念被**交易场所外**订立合同的(第 312b 条)概念所取代。第 312b 条与第 312g 条是否适用于保证合同以及其他担保合同,文献中存有不同判断。主流意见同意保持现有的解决方案,也即可以适用第 312b 条、第 312g 条的规定。[65] 根据第 312 条第 1 款的清晰定义,第 312b 条与第 312g 条因此仅适用于那些以经营者的有

---

[61] *Oetker/Maultzsch* Vertragl. Schuldverhältnisse § 13 Rn. 54; *Riehm* JuS 2000, 343 (345).

[62] BGHZ 137, 153 (156); 143, 95 (97ff.); BGH NJW-RR 2002, 343 (344).

[63] 关于《上门交易撤回法》一方面 BGHZ 113, 287 (289) 否定适用性;另一方面 BGH NJW 1993, 1594 (1595) 又肯定适用性。

[64] BGHZ 165, 363 (367f.); BGH NJW 2007, 2110 Rn. 27; NJW 2017, 2823 Rn. 13;另参见 EuGH NJW 1998, 1295 – Dietzinger.

[65] *Erman/Koch* § 312 Rn. 19; *Medicus/Lorenz* SchuldR BT § 50 Rn. 6; *Schürnbrand* WM 2014, 1157 (1060f.); *Hilbig-Lugani* ZJS 2013, 441 (446); *Musielak* JA 2015, 161 (167);另可见前版。

偿给付为标的的消费者合同(第310条第3款)。也就是说,消费者的有偿给付是不够的。这与原第312条第1款的根本性区别在于,后者仅是一般性地提到"有偿给付"[66]。

在保证中经营者的给付至少能在向主债务人提供或留下贷款中看出来。向主债务人提供或留下贷款因此与消费者承担保证之间并不处于对价关系中,因此并不构成经营者的"有偿"给付。第312g条第1款的撤回权仅能在给付被提出的关系中产生。经营者向第三人的给付(也即主债务人)因此不能使消费者的撤回权得以正当化。联邦最高法院因此在近期的一个判决中依第312b条、第312g条正确地否认了保证人的撤回权。[67] 联邦最高法院也拒绝将第312b条、第312g条类推适用于保证。[68] 其后的考量是,立法者仅仅希望以第312条及以下的新规定来处理经营者与消费者之间的交换型合同(Austauschverträge),消费者在这些合同中提出了给付。因此,就这一规定类推适用于保证合同而言缺少违反计划的规范漏洞。

(2)远程销售合同

在《消费者权利指令》转化之前人们承认,即便合同完全使用远程通信工具订立,消费者在承担保证时也不能根据远程销售合同的相关规定(原第312b条、第312d条)享有撤回权。作为论证理由有人指出,原第312b条根据其文义仅适用于由经营者给付货物或提供劳务的合同;在消费者向经营者承担保证的情况下并不存在这样的合同。[69] 从新第312c条的文义中不能得出该规定仅适用于经营者提供货物或劳务合同的结论。[70] 不过,撤回权被排除在这里也已经从如下情况中得出了,即第312

---

[66] BGH ZIP 2020, 2175 = BeckRS 2020, 24470 Rn. 16ff.; *Bülow/Artz*, Verbraucherprivatrecht, 6. Aufl. 2018, Rn. 225; v. Loewenich NJW 2014, 1409 (1411).

[67] BGH ZIP 2020, 2175 = BeckRS 2020, 27470.

[68] BGH ZIP 2020, 2175 = BeckRS 2020, 27470 Rn. 19ff.; aA MüKoBGB/Wendehorst § 312 Rn. 35.

[69] OLGR Dresden 2009, 521 = BeckRS 2009, 10612; *Schürnbrand* WM 2014, 1157 (1158).

[70] 因此,关于第312c条在保证中的可适用性见 HK-BGB/Schulte-Nölke § 312c Rn. 3;尚可见前版;其他观点见 *Schürnbrand* WM 2014, 1157 (1162)。

条及以下不适用于消费者对保证的承担,因为缺少第310条第1款意义上的经营者的有偿给付。[71]

(3)消费者借贷合同

35 保证并非第491条意义上的**消费者借贷合同**,因为保证人并非借款人。因此,保证人并不享有第495条、第355条规定的撤回权。[72] 由于欠缺违反计划的规范漏洞,消费者借贷规定的类推适用也被排除了。[73] 欧盟法也不要求作出不同的观察。因为根据欧洲法院的判例,保证并未被《消费者借贷指令》所包括。[74]

四、主债务的存在及保证的范围

36 从保证的**从属性**中(参见第50节边码5)可以得出,保证在存续及范围上取决于主债务。

如果主债务尚未产生或已经消灭,则保证人对债权人也(尚)不存在有效的义务。因此,就未来债务或附条件债务(第765条第2款)提供的保证,权利也仅能在主债务产生后才产生。然而,不当得利请求权代替了主债权位置的情形则可能存在问题。

示例:S与G银行订立了借款合同。B为G的借款债权提供保证。在支付借款后发现,借款合同根据第138条第1款的规定应为无效。因为S破产,G想基于保证而向B行使权利,有无理由?

G可能基于第765条第1款的规定对B享有请求权。这一请求权并没有因为以下论据被否认,即借款合同违反善良风俗以及主债务因此从未产生。也即当事人在私法自治的框架享有将保证延伸到债权人在不当得利法上的偿还请求权的自由(参见第20节边码11)。这里涉及的是必

---

[71] BGH ZIP 2020, 2175 = BeckRS 2020, 27470 Rn. 24.

[72] 参见 BGHZ 138, 321 (323ff.) (zum VerbrKrG); OLG Frankfurt a. M. ZGS 2007, 240; Palandt/*Sprau* § 765 Rn. 4; *Brox/Walker* SchuldR BT § 32 Rn. 15; *Medicus/Lorenz* SchuldR BT § 50 Rn. 6; *Musielak* JA 2015, 161 (167)。

[73] *Tiedtke* NJW 2001, 1015 (1027); 参见 *Schürnbrand/Janal* Examens-Repetitorium VerbraucherschutzR Rn. 190f. 。

[74] EuGH NJW 2000, 1323.

须通过对各个保证合同进行解释(第133条、第157条)来回答的问题。文献中有部分观点认为,在有疑问时不当得利请求权不应受到保障。[75]与之相反,主流意见则认为,保证人的责任原则上包括债权人根据第812条第1款第1项享有的偿还请求权。[76] 联邦最高法院区分了以下不同情况,保证人是出于情谊关系(作为近亲属或者朋友)而承担保证,还是作为商人借此追求经济利益。在后一种情况中,保证也应当保障不当得利法上的偿还请求权的看法是容易理解的。[77] 即便个案的特殊情况能够合理解释不同判断,这种区分在出发点上似乎也符合各方利益。

由于"各主债务的存续"对保证人的义务是重要的(第767条第1款第1句),主债务**范围**的变化将会对保证产生影响。因此,主债务的减少(比如因为履行)将导致保证债务的缩减。在主债务增加时则应区分不同情况。

如果主债务的增加是**依法**发生(如因主债务人的过错或者迟延而依第280条及以下、第288条的规定),则保证人的义务也因此扩张(第767条第1款第2句)。此外,保证也包括主债务人必须向债权人赔偿的可能的终止费用及程序费用(第767条第2款)。

相反,主债务人在事后不得未经保证人同意而以**法律行为**扩张保证的范围(第767条第1款第3句)。法定的扩张对保证人而言是可以估算的,通过法律行为扩张的机会则可能使保证人面临主债务人擅自作主的行为。

此外,针对可能的主债务法定扩张,保证人也可以通过**最高额保证**获得保护。保证人必须就此与债权人约定,债权人只能在特定数额内向保证人主张权利。

---

[75] So *Medicus/Lorenz* SchuldR BT §50 Rn. 16.
[76] So BGH NJW 2001, 1859 (1860); MüKoBGB/*Habersack* §765 Rn. 66; *Larenz/Canaris* SchuldR II 2 §60 III 1c; *Harke* SchuldR AT Rn. 479; *Musielak* JA 2015, 161 (163).
[77] BGH NJW 1987, 2076 (2077); 另参见 *Coester-Waltjen* JURA 2001, 742 (745).

五、保证事件的发生

38 只有当由当事人约定或作为前提的**担保事件**(所谓的保证事件)发生,债权人才能向保证人行使权利。[78] 基于从属性原则,保证债务的到期原则上已经随着**主债务的到期**而发生,债权人不必再向保证人提出特别的支付请求。[79]

六、保证人的抗辩

1. 来自保证人—债权人关系中的抗辩

39 保证人可能从**自身与债权人的关系**中根据**一般规则**(第104条及以下)享有抗辩。保证合同可能因形式瑕疵(第125条、第766条)或违反公序良俗(第138条第1款)而无效。保证人也可以因为恶意欺诈而撤销保证合同(第123条)。欺诈来自债权人时,这一点无论如何是适用的。如果债务人欺诈了保证人(比如关于其信誉度),则只有当债权人知悉或应当知悉欺诈事情时,撤销才是可能的。因为债务人在此意义上属于第123条第2款意义上的第三人。因对主债务人的信誉度发生错误认识而根据第119条第2款撤销合同将不被考虑(参见第50节边码19)。

40 此外,保证人可以根据第771条的规定提出**先诉抗辩权**(Einrede der Vorausklage)。根据该条的规定,只有当债权人对主债务人已经尝试强制执行而无效果时,保证人才承担责任。[80] 这表明,根据立法者的设想,保证人通常情况下承担从属性的责任(参见第50节边码6)。不过,在实务上先诉抗辩权经常被法律行为所排除。人们称之为**自愿的债务人保证**(第773条第1款第1项)。法定的排除事由被规定在第773条第1款第2-4项中。此外,在保证人为商人且保证对该商人来说属于商行为时,先

---

[78] BGH NJW-RR 2001, 307 (308); Jauernig/*Stadler* § 765 Rn. 1.

[79] 参见 BGHZ 175, 161 (169); Palandt/*Sprau* § 765 Rn. 25; Staudinger/*Stürner*, 2020, § 765 Rn. 126。

[80] 关于"事先—起诉(Vor-Ausklage)"概念的意义参见 *Duckstein/Pfeiffer* JR 2010, 131ff.。

诉抗辩权将被排除(《德国商法典》第349条第1款、第343条)。

2. 从债务人—债权人之间的关系中产生的抗辩

保证人可以向债权人提出与债务人相同的**抗辩**(第768条第1款第1句)。比如保证人可以主张主债权已超过诉讼时效(第214条)、延期付款或者留置权(第273条)。[81] 背景是从属性原则。[82] 对于**抗辩**的行使并不需要援引第768条第1款,因为保证的存续毫无例外地依赖于主债权的存续。[83]

41

示例:如果债务人已经根据第119条及以下的规定撤销了借款合同,则合同根据第142条第1款的规定溯及既往地无效。保证债务已经因为从属性原则而不复存在(第765条第1款、第767条第1款第1句)。相反,主债务人的抗辩权则对主债权的存续,并因此对保证的存续也不会产生影响,因此需要第768条第1款的特别规则。

如果主债务人丧失了抗辩权,则这根据从属性原则也将贯穿到保证人身上。如果基于发生既判力的判决,主债务人已被开启了新的30年诉讼时效期间(第197条第1款第3项),且主债务人在诉讼过程中已经行使了诉讼时效抗辩权而无效果,保证人即不能主张主债权原先的普通诉讼时效已经届满。[84] 相反,主债务人**放弃**抗辩权并不导致保证人丧失抗辩权(第768条2款)。这背后的思想与第767条第1款第3句相同,即保证人必须被保护免遭主债务人不可预测的法律行为的损害。由于从属性原则是保证的重要特征,第768条第1款的规定也不能被一般交易条款所限制(第307条第1款第1句、第2款第1项)。[85]

42

第770条第1款将保证人抗辩的机会扩展到了债务人有权**撤销**作为债务基础的法律行为的情形。只要债务人不撤销法律行为,主债务的存续不受影响,根据从属性原则,保证的存续因此也不受影响。保证人自己

---

[81] 参见 *Musielak* JA 2015, 161 (163)。
[82] BGH NJW 2016, 3158.
[83] *Oetker/Maultzsch* Vertragl. Schuldverhältnisse § 13 Rn. 74.
[84] 参见 BGH NJW 2016, 3158。
[85] 参见 BGHZ 147, 100 (104); MüKoBGB/*Habersack* § 768 Rn. 3。

不能行使债务人的撤销权。不过,如果保证人在表示撤销之前的待定期间里能被主张基于保证产生的权利,可能是不公平的。因此,保证人根据第 770 条第 1 款的规定可以在债务人享有撤销权的整个时间内拒绝向债权人进行清偿。**其他形成权**,如减价、解除权以及撤回权,则可以准用第 770 条第 1 款的规定。[86]

43　　对于债权人可以通过**抵销**对主债务人享有的债权进行清偿的情况,第 770 条第 2 款允许保证人行使拒绝履行的权利。其背后的考虑又是,保证人在待定状态中不必提出给付。此外,尚有从属性思想。只要债权人可以通过抵销来清偿,即不存在向保证人行使权利的理由。[87]　如果例外地仅有债务人享有抵销机会(例如因为债权人抵销的权利根据第 393 条、第 394 条的规定被排除了),则第 770 条第 2 款根据文义和目的并非强制性的。不过,部分学者支持准用第 770 条第 2 款的规定。[88]　作为理由他们援引了从属性原则。然而,反对这种思考的论据有,主债务抵销的机会(与其撤销的机会不同)并非因主债务的法律"瑕疵"引起。也就是说,利益状况并不相似。此外,立法者在第 770 条第 2 款上决定,只有当债权人可以通过抵销而获得清偿时,抵销的抗辩权才应当存在。这一价值判断不得因回归第 770 条第 1 款而落空。[89]

3. 见索即付保证(Bürgschaft auf erstes Anfordern)的特殊问题

44　　如果约定的是**见索即付的保证**,则保证人不能向债权人主张从其与债务人关系中产生的抗辩或抗辩权。在此种情况下保证人应当立即支付。不过,保证人基于第 812 条第 1 款第 1 句第 1 选项的规定享有返还请

---

[86]　BGHZ 165, 363 (368); MüKoBGB/*Habersack* § 770 Rn. 6; *Brox/Walker* SchuldR BT § 32 Rn. 33; *Harke* SchuldR AT Rn. 481; *Löhnig/Gietl* SchuldR BT I Rn. 498;其他观点见Beck-OGK/*Madaus*, 1. 9. 2020, BGB § 770 Rn. 8ff.; *Gursky* SchuldR BT 171; *Nazari-Khanachayi/Höhne* Rechtstheorie 45 (2014), 79 (86ff.)。

[87]　BGHZ 153, 293 (299); PWW/*Brödermann* § 770 Rn. 1.

[88]　Erman/*Zetzsche* § 770 Rn. 6; MüKoBGB/*Habersack* § 770 Rn. 10; *Harke* SchuldR AT Rn. 481.

[89]　Palandt/*Sprau* § 770 Rn. 3; Staudinger/*Stürner*, 2020, § 770 Rn. 9; *Larenz/Canaris* SchuldR II § 60 III 3b; *Primaczenko* JA 2007, 173 (174); *Kiehnle* AcP 208 (2008), 635ff.

求权。[90] 除此之外,尽管保证人的抗辩已经根据没有争议的案件事实被证明是正当的,债权人也可能因为**权利滥用**的禁止规定(第242条)而不得请求立即支付。[91]

由于见索即付保证以保证人的代价严重限制了从属性原则,在一般交易条款中此种保证由于第307条第2款第1项的规定原则上只能由**金融机构**承担。[92] 因此,建筑承包商(Bauunternehmer)在定作人的一般交易条款中并不能有效地为担保合同履行请求权而承担见索即付保证义务。[93] 以格式化的文件完全放弃第768条以及第770条规定的抗辩权(也对可能的返还请求权具有效力),根据第307条第2款第2项的规定一概(也就是说在金融机构中)是不允许的。[94]

与任何其他保证一样,从见索即付保证中产生的债权的到期同样随着主债务的**到期**而发生,而非到债权人提出履行请求时才发生。[95] 也就是说,从属性原则在这方面并没有被突破。这一点对第199条第1款规定的**消灭时效起算**具有实际意义。

七、保证的消灭

只要债权人**放弃抵押权**、质权或者共同保证,根据第776条的规定保证人将被免于义务。这些具有从属性的担保权利将随着债权人获得清偿移转给保证人(第774条、第412条、第401条;参见第50节边码49),若非如此债权人即可以握有通过放弃担保而使保证人的地位恶化的机会。此外,如果保证人仅承担**定期保证**(第777条),则保证人将因时间经过而被免于承担保证义务。

45

---

[90] BGHZ 74, 244 (248); Brox/Walker SchuldR BT § 32 Rn. 50; Harke SchuldR AT Rn. 474.
[91] BGHZ 147, 99 (102); Staudinger/Looschelders/Olzen, 2019, § 242 Rn. 883.
[92] BGHZ 147, 99 (104); Medicus/Lorenz SchuldR BT § 50 Rn. 43; Tiedtke NJW 2003, 1359 (1363).
[93] BGHZ 150, 299; 151, 229; dazu Karst NJW 2004, 2059ff.
[94] BGHZ 147, 99 (104); BGH NJW 2003, 1521; NK-BGB/Beckmann § 768 Rn. 11.
[95] BGH NJW 2009, 378 (380); Emmerich SchuldR BT § 14 Rn. 36.

除此之外,保证人基于保证合同负担的义务也会根据**一般原则**而消灭,比如因履行(第362条)、抵销(第387条及以下)。

表5-1 债权人基于第765条第1款对保证人的请求权(检验示意表)

债权人基于第765条第1款对保证人的请求权(检验示意表)
一、有效的保证合同
1. 与其他合同的区分(在有疑问时) 2. 形式(第766条、第125条,不过也应注意《德国商法典》第350条) 3. 实质上的无效事由(比如第138条) 4. 未被有效地撤回
二、被担保的主债权存在(第767条)
三、保证债务的可执行性
1. 担保事件发生 2. 从保证人与债权人的关系中产生的对待权利 (1)从保证合同中产生的抗辩与抗辩权 (2)先诉抗辩权(第771条) 3. 从债务人与债权人的关系中产生的对待权利 (1)第768条规定的抗辩权 (2)第770条第1款、第2款规定的抗辩权
四、保证未曾消灭(比如根据第776条以下条文)

八、保证人的追偿权

46 如果保证人已经向债权人进行了清偿,则保证人将对从债务人那里获得赔偿具有利益。这里可以考虑的有不同的请求权基础。

1. 从基础关系中产生的请求权

补偿请求权可能来自保证人与债务人之间的**债务关系**。此种债务关系可能是委托(第662条及以下)、有偿事务处理合同(第675条第1款)或者正当的无因管理(第677条及以下)。请求权基础是**第670条**(也可能通过第675条第1款或者第683条)。

深化:如果保证人基于第670条的规定享有费用补偿请求权,则保证人可以在任何时候根据一般规则(第257条)向债务人请求免于保证债务

(比如通过支付主债务)(参见拙著《债法总论》第14节边码4)。然而,这一点可能与保证的目的相冲突。因此,根据第775条的规定,保证人只在特定条件下对债务人享有(保证债务的)免除请求权。依其本质涉及的是保证人的风险嗣后显著提高的情况,比如因为债务人的财产关系已经严重恶化(第775条第1款第1项)。

2. 法定的债权移转(第774条)

此外,在清偿保证债务的情况下,债权人对债务人的债权将通过**法定移转**(cessio legis)的方式移转给保证人(第774条)。法定的债权移转应当适用有关基于法律行为发生的债权移转的规定(第412条)。从该规定中可知,那些为该债权而存在的从属性担保权利(抵押权、船舶抵押权或者质权)依第401条的规定也与债权人的债权一同移转给保证人(参见拙著《债法总论》第52节边码32),这将显著降低保证人的风险。

47

不具有从属性的担保权(如土地债务、让与担保、所有权保留)并非法定地移转给保证人。不过,由于存在类似的经济状况,在类推适用第774条、第412条、第401条的规定时,保证人对债权人享有移转担保权的债权请求权。[96]

然而,与来自原因债务关系中的追偿请求权(Rückgriffsanspruch)相比,法定的债权移转具有以下劣势,即债务人根据第412条、第404条的规定可以向保证人主张其自身对债权人享有的**抗辩和抗辩权**。

48

示例:主债权的消灭时效维持不变,并不会随着法定的债权移转而重新起算。

除此之外,债务人还依第774条第1款第3句的规定享有**从其与保证人的法律关系中产生的抗辩**。

九、保证的特别形式

在实践中还可以发现大量保证的特别形式。只要这些特别形式在本书中尚未被论述(有关最高额保证参见第50节边码37,有关见索即付保

49

---

[96] BGHZ 110, 41 (43); *Larenz/Canaris* SchuldR II 2 § 60 III 4b.

证参见第 50 节边码 44,有关定期保证参见第 50 节边码 45),就将在下文中予以讨论。

1. 共同保证

50　　如果存在**多人**为同一项债务提供保证(第 769 条),则为共同保证。共同保证并非必须通过一个统一的合同成立,而是也可以相互独立地承担。只要被担保的债权人具有同一性即为已足够。[97]

依第 768 条的规定,共同保证人应当根据第 421 条及以下的规定作为**连带责任人**承担责任。因此,债权人可以自由决定向哪位保证人请求全部或部分给付。共同保证人之间的补偿应当根据第 426 条的规定进行(第 774 条第 2 款)。根据该条的规定,只要未另有约定,连带债务人即应负担相同份额(第 426 条第 1 款)。

2. 再保证(Nachbürgschaft)

51　　再保证担保的并非主债务,而是**主保证人**对债权人**的保证义务**。由于担保的债权之间欠缺同一性,有关共同保证的规则不能适用。如果主保证人在保证事件发生时没有提供给付,则债权人可以向再保证人行使权利。由于再保证人仅是从属性地承担责任,故**不存在连带债务**。如果再保证人向债权人进行了清偿,则不仅主债权,债权人对主保证人的债权也将一并移转给再保证人(类推适用第 774 条)。

3. 反担保(Rückbürgschaft)

52　　反担保担保的是**债务人对主保证人的偿还义务**。如果保证人向债务人追偿,则反担保人必须为这一债务承担责任。不过,反担保人也可以根据第 774 条第 1 款的类推适用向债务人追偿。

十、与其他担保权利的竞合

53　　如果主债务尚被其他具有从属性的担保权(比如抵押权、质权)所担保,则担保权移转给保证人(参加第 50 节边码 47)会产生一定困难。因为其他具有从属性的担保权出于保护提供给付的担保人的利益也规定了法

---

[97]　参见 MüKoBGB/*Habersack* § 769 Rn. 2, 4; *Medicus/Lorenz* SchuldR BT § 50 Rn. 38。

定的债权移转(参见第 1143 条对抵押权的规定、第 1225 条对质权的规定),其效果是,保证根据第 412 条、第 401 条的规定一同移转给担保人。因此,在无限制地适用这些规定时可能得出如下结论,所有担保均移转给首先偿付债务的担保人("**担保人的赛跑**"问题)。类似的问题在不具有从属性的担保(比如土地债务)上也可能出现,因为提供给付的担保人在此享有债权性的移转请求权。[98]

对于多个**共同保证人**之间的关系,第 774 条第 2 款通过参引第 426 条解决了竞合问题(参见第 50 节边码 50)。因此,对其他共同保证人的请求权在如下范围内移转给提供给付的保证人,即就好像提供给付的保证人在内部关系中对其他共同保证人享有补偿请求权那样(第 426 条第 2 款第 1 句),在此共同保证人有疑问时应负担同等份额(第 426 条第 1 款)。对于保证人与物权担保人之间的关系则缺少类似规则。因此,竞合问题的此种方案在这里存在很大争议。

54

文献中有部分学者认为,连带债务模式不应当被移转到保证人与物权担保人之间的关系上。相反,支持**对保证人予以优待**。[99] 根据这种观点,物权性担保权应移转给保证人,保证债权则不应移转给物权担保人。作为理由他们提到了第 776 条的价值判断(参见第 50 节边码 45)以及保证人需要特别保护。

55

与之不同的是,主流意见认为,保证人与物权担保人同样应如同**连带债务人**般处理。[100] 因此,担保人形成了一个补偿共同体(第 426 条),其后果是,担保权只能按份额移转。赞同这一方案的理由在于,第 774 条第 2 款的法律思想这里也是适合的。对保证人赋予优待在本质上并不合理。尤其是此种优待也不能从第 776 条中推导出来,因为该条并不含有保证人可以就全部数额范围在他人身上取得补偿的表述。[101]

56

---

[98] 关于保证人和土地债务设立人之间的关系参见 *Bayer/Wandt* JuS 1987, 271ff. 。
[99] 参见 Staudinger/*Stürner*, 2020, § 774 Rn. 68; *Horn* DZWir 1997, 265 (269)。
[100] BGHZ 108, 179 (182ff.); Staudinger/*Looschelders*, 2017, § 426 Rn. 271; *Medicus/Petersen* BürgerlR Rn. 941; *Brox/Walker* SchuldR BT § 32 Rn. 46.
[101] 参见 Erman/*Zetzsche* § 774 Rn. 17ff. ; *Larenz/Canaris* SchuldR II 2 § 60 IV 3a。

示例：S 基于借款而对 G 负担 10 万欧元的债务。这一债务得到 H 在其土地上设立的抵押权的担保。此外，B 也为 S 的债务向 G 提供了保证。在向 S 行使权利而无效果后，G 向 B 行使权利。B 在清偿债务后，希望从 H 处取得补偿。有无道理？

依第 774 条第 1 款、第 412 条、第 401 条的规定，G 的主债权连同抵押权一起移转给了 B。不过问题是，移转应当在多大范围内进行。根据主流意见，在多个担保人之间依第 426 条第 1 款的规定将发生补偿的问题。然而，根据该款的规定，各担保人仅承担按份责任，在有疑问时应当承担相同份额（第 426 条第 1 款）。这意味着，在本案中 B 只能就抵押权所担保债权的一半（数额为 5 万欧元）向 H 行使权利。

参考文献：*Alexander*, Gemeinsame Strukturen von Bürgschaft, Pfandrecht und Hypothek, JuS 2012, 481; *Bayer/Wandt*, Das Verhältnis zwischen Bürgen und Grundschuldbesteller- BGH, NJW 1982, 2308, JuS 1987, 271; *Braun*, Von den Nahbereichspersonen bis zu den Arbeitnehmern als Bürgen: ein Überblick über die Rechtsprechung des BGH zur Sittenwidrigkeit von Bürgschaften, JURA 2004, 474; *Coester - Waltjen*, Die Bürgschaft, JURA 2001, 742; *Duckstein/Pfeiffer*, Die Einrede der Vor - Ausklage, JR 2010, 231; *Forster*,》Ehegattenbürgschaft《, JA 2005, 423; *Giesen*, Grundsätze der Konfliktlösung im Besonderen Schuldrecht: Die Bürgschaft, JURA 1997, 64 und 122; *Grigoleit/Herresthal*, Der Schuldbeitritt, JURA 2002, 825; *Hilbig- Lugani*, Neuerungen im Außergeschäftsraum- und Fernabsatzwiderrufsrecht（Teil 1），ZJS 2013, 441; *Homann/Maas*, Sittenwidrige Nahbereichsbürgschaften und Restschuldbefreiung, JuS 2011, 774; *Karst*, Die Bürgschaft auf erstes Anfordern im Fadenkreuz des BGH, NJW 2004, 2059; *Kiehnle*, Gibt ein Aufrechnungsrecht des Hauptschuldners dem Bürgen eine Einrede gegen den nicht aufrechnungsberechtigten Gläubiger?, AcP 208 (2008), 635; *Koch*, Die Patronatserklärung, 2005; *Krüger*, Sittenwidrige Mithaftung: Der Schlussstein in der Rechtsprechung des BGH, NJW 2009, 3408; *v. Lowenich*, Einbeziehung von Finanzdienstleistungen in das Gesetz zur Umsetzung der Verbraucherrechterichtlinie,

NJW 2014, 1409; *S. Lorenz*, Innenverhältnis und Leistungsbeziehungen bei der Bürgschaft, JuS 1999, 1145; *Maier-Reimer/Etzbach*, Die Patronatserklärung, NJW 2011, 1110; *Medicus*, Entwicklungen im Bürgschaftsrecht, JuS 1999, 833; *Musielak*, Bürgschaft, JA 2015, 161; *Nazari-Khanachayi/Höhne*, Verfassungsrechtliche Vorgaben für die Methodenlehre. Zum »normativen Willen« des Gesetzgebers im Rahmen des Bürgschaftsrechts, Rechtstheorie 45 (2014), 79; *Primaczenko*, Die Einrede der Aufrechenbarkeit in § 770 II BGB und § 129 III HGB, JA 2007, 173; *Reiff*, Der gesetzliche Ausgleich zwischen Bürgen und dinglichen Sicherungsgebern, FS E. Lorenz, 2004, 563; *Reinicke/Tiedtke*, Bürgschaftsrecht, 3. Aufl. 2008; *Riehm*, Aktuelle Fälle zum Bürgschaftsrecht, JuS 2000, 138, 241 und 343; *v. Rosenberg/Kruse*, Patronatserklärungen in der M&A-Praxis und in der Unternehmenskrise, BB 2003, 641; *Schmolke*, Grundfälle zum Bürgschaftsrecht, JuS 2009, 679; 784; *Schreiber*, Die Verteidigungsmittel des Bürgen, JURA 2007, 730; *Schürnbrand*, Anwendbarkeit des Rechts der außerhalb von Geschäftsräumen geschlossenen Verträge und des Fernabsatzrechts auf Kreditsicherheiten, WM 2014, 1157; *Tiedtke*, Aus der Hauptschuld abgeleitete und eigene Einreden des Bürgen, JZ 2006, 940; *Tonner*, Neues zur Sittenwidrigkeit von Ehegattenbürgschaften - BGHZ 151, 34, und BGH, NJW 2002, 2230, JuS 2003, 325; *St. Wagner*, Die Sittenwidrigkeit von Angehörigenbürgschaften nach Einführung der Restschuldbefreiung und Kodifizierung der c. i. c., NJW 2005, 2956; *Wiese*, Der Schutz des Bürgen durch die Einrede der Aufrechenbarkeit - am Beispiel von Aufrechnungsverboten gem. § 394 BGB, JR 2006, 397.

第51节 和解

一、概念与功能

关于法律关系的争议或者不确定性可以通过第779条规定的**和解**以双方让步(Nachgeben)的形式消除。多数情况下涉及的是成立的债权相   1

对而言处于对价关系中的双务合同。不过,和解也可以设计为使一方负担义务。

人们可以在诉讼外达成和解,当然也存在**诉讼和解**(第127a条以及第160条及以下、《德国民事诉讼法》第794条第1款第1句)。根据主流意见,诉讼和解具有双重属性。[102] 一方面,诉讼和解是私法上的合同,应当对其适用实体法上的规定。另一方面,诉讼和解也具有诉讼上的效果,因为诉讼和解将导致诉讼的终结并可作为执行名义(《德国民事诉讼法》第794条第1款第1项)。

二、构成要件

2　　认定和解合同的要件首先是,存在**有关法律关系的争议或者不确定性**(第779条第1款),或者请求权的实现是不确定的(第779条第2款)。在这一问题上并不取决于客观标准,只要从当事人的视角出发主观上存在不清楚的地方即为已足够。[103]

3　　此外,当事人之间**相互作出让步**也是必需的。让步意味着为他方的利益而完全或部分地放弃先前接受的立场。[104] 这一概念应该作广义解释,即便仅是微不足道的让步就为已足够。[105]

示例:到期的推迟;延期支付的提供。

如果只有一方作出了让步,则和解即被排除。在这些情况中可以考虑有因的债务承认,第779条可适用于此。[106]

三、一般的无效事由

4　　作为一种合同,和解合同受到《德国民法典》就法律行为规定的**一般效力要件**的调整。

---

[102] BGHZ 79, 71 (74); MüKoBGB/*Habersack* § 779 Rn.74.
[103] BGH NJW-RR 1992, 363; Palandt/*Sprau* § 779 Rn.4.
[104] BGHZ 39, 60 (65).
[105] Jauernig/*Stadler* § 779 Rn.8; *Emmerich* SchuldR BT § 15 Rn.13.
[106] Staudinger/*Hau*, 2020, § 779 Rn.28 und § 781 Rn.18; MüKoBGB/*Habersack* § 779 Rn.68.

1. 形式

和解合同并**不需要特定的形式**。然而,从和解合同约定的义务中可能得出形式强制的要求。

示例:当事人在和解过程中约定移转一块土地的所有权。在这种情况中只有当和解经过公证员公证时(第311b条第1款),和解才是有效的。在诉讼和解中,公证书被法庭的庭审笔录所取代(第127a条)。

基于和解合同发出**债务允诺**或者**债务承认**时,根据第782条的规定,第780条和第781条就和解合同本身规定的书面形式并不重要(参见第52节边码8)。

2. 处分权能

和解合同的客体必须是一个**法律关系**。这一概念应作广义理解,属于此类的不仅包括债务关系,而且包括物权法、亲属法或者继承法领域的法律关系。[107] 不过,和解合同的客体必须是**可处分的**。[108] 因此,不能就婚姻的存续[109]或者尚在世的第三人遗产(第311b条第4款)订立和解合同。当事人的处分权能在劳动法中通常会受到限制(《假期及生病期间继续支付劳动报酬法》(EFZG)第12条、《集体劳动协议法》(TVG)第4条第3款)。

四、意思表示错误的情形

如果当事人在订立和解合同时存在**双方错误**,则会发生特别问题。法律根据错误涉及案件事实有争议的部分还是无争议的部分而区别对待。如果错误涉及当事人认为**无争议或确定的**部分,则在知悉案件事实争议或者不确定性不会产生时,和解合同将依第779条第1款的规定无效。在此涉及的是法律上规定的交易基础障碍的特别情况(第313条第2款)。[110] 法律问题和事实问题的区分在个案中是困难的。因此,法律状

---

[107] NK-BGB/*Giesler* §779 Rn. 6.
[108] Jauernig/*Stadler* §779 Rn. 5.
[109] BGHZ 15, 190 (193); Palandt/*Sprau* §779 Rn. 6.
[110] 参见 Jauernig/*Stadler* §779 Rn. 16; *Larenz* SchuldR II 1 §7 IV.

况不明的案件情况(Fallgestaltung)也可能会被涵摄到"案件事实"概念之下。[111]

示例:当事人一致认为遗嘱是有效的,并且以此为基础订立了和解合同。事后发现遗嘱因非继承人亲笔签署而无效(第2247条第1款)。当事人是否认为存在亲自书写的签名或者不法地认为此种签名是不必要的,并无区别。

8 相反,如果错误涉及的是案件事实中**有争议或不确定的部分**,则是不重要的。也就是说,终结争议或者不确定性刚好是和解合同的功能。不过,在例外情况下合同当事人根据诚实信用原则(第242条)可能不得主张,尽管另一方合同当事人对有争议或不确定的事项存在错误,仍应坚持已经作出的和解。[112]

示例(根据OLG Hamm VersR 1987, 389;另参见OLG Koln NJW-RR 1988, 924):G在S有过错的事故中受到严重伤害。为处理争议G与S订立了补偿协议(Abfindungsvereinbarung),根据该协议G以S支付一定数额的金钱为条件放弃将来的请求权。在该协议中可能的后果损害处于次要地位。此后不久G出现了导致劳动能力完全丧失的后续疾病。由于现在损害与补偿数额之间显失比例,根据诚实信用原则S不能主张补偿协议的内容。不过,这里也可以考虑,以错误事实上涉及没有争议的事实为理由,也即可能的后果损害的范围,适用第779条第1款的规定。

五、法律后果

9 有争议的法律关系通过和解合同将**被重新规范**。旧的债务关系将继续存在或是随着和解合同的订立而消灭,应通过解释来查明。如果已经为旧的债务关系设定了担保,则一般来说债权人对旧债务关系的继续存在具有正当利益。如果旧的债务关系终结,则具有从属性的担保权也将一同消灭(比如第767条第1款第1句)。撇开这一点不说,通常情况下

---

[111] MüKoBGB/*Habersack* § 779 Rn. 65; *Oetker/Maultzsch* Vertragl. Schuldverhältnisse § 14 Rn. 19; einschränkend RGZ 157, 266 (269); BGHZ 25, 390 (394).

[112] 参见 *Medicus/Lorenz* SchuldR AT Rn. 316。

当事人希望可以继续行使从旧债务关系中产生的抗辩,只要这些抗辩没有被和解合同涉及。因此,一般来说应以旧债务关系继续存在为出发点。[113] 因此,和解合同并不具有"改造"效力。

只要和解合同并**不包含债务替换**(Novation,债务更新)的内容,则债权人的权利仍然来自原先的债务关系。[114] 因此,请求权基础可以是第433条第2款或第823条第1款,而非第779条。不过,当事人也可以在和解过程中通过抽象的债务允许或者承认(第781条、第782条)来强化或者代替作为基础的请求权(第782条)。[115]

示例:K在汽车经销商V那里以5000欧元的价格购买了一辆二手车。当V请求付款时,K表示,由于排气管及刹车上存在瑕疵,他希望价款可以减少2000欧元。V对瑕疵有疑义。最后,双方当事人在和解过程中达成一致意见,因排气管上存在瑕疵,价款将减少1000欧元。刹车上可能的瑕疵则没有被考虑。

基于第433条第2款的规定,V在此享有数额为4000欧元的价款请求权。基于和解合同K不能再对价款请求权主张刹车上的瑕疵。相反,从买卖合同中产生的其他抗辩(比如涉及和解合同订立时未能发现的汽车其他瑕疵)则依然能够行使。此外,和解合同也可能根据第779条的规定无效。[116]

10

参考文献:*Bork*, Der Vergleich, 1988; *Ehmann*, Schuldanerkenntnis und Vergleich, 2005; *Häsemeyer*, Zur materiellrechtlich- prozeßrechtlichen Doppelnatur des außergerichtlichen Vergleichs und des de - klaratorischen Schuldanerkenntnisses, ZZP 108 (1995), 289; *Jahnke*, Die vergleichsweise Regulierung von Schadensfällen, VersR 1995, 1145; *Michel*, Der Prozeßvergleich in der Praxis, JuS 1986, 41.

---

[113] BGH NJW-RR 1987, 1426f. ; *Brox/Walker* SchuldR BT § 33 Rn. 9.
[114] 参见 *Pawlowski* BGB AT Rn. 880。
[115] 参见 NK-BGB/*Hund-von Hagen* §782 Rn. 5。
[116] 关于另外一个例子参见 *Pawlowski* BGB AT Rn. 881。

第52节　债务允诺与债务承认

一、独立的债务允诺与债务承认

1. 概述

1　　第780条、第781条规定了独立(抽象)的债务允诺与债务承认。它们属于**单务合同**,债务人通过这些合同向债权人允诺某种给付(第780条)或者向其承认某种债务(第781条)。债务人是否允诺某种给付或承认某种债务通常是语言表达的问题。[117] 从经济上看它们之间并无不同。由于两种合同反正具有相同的要件和效果,因而并无必要进行区分。[118] 多数情况下第780条与第781条会被一同作为请求权基础。

2　　在实践中,抽象的债务允诺和债务承认在**银行业务及证券法中**尤其具有意义。

示例:支票的承兑依其本质是一种在《支票法》第28条中特别规定的抽象的债务允诺。[119] 由银行在转账时进行的计入账户(Gutschrift)也是银行对转账受领人作出的抽象的债务允诺。[120]《德国商法典》第355条规定的账户余额(Kontokorrentsaldo)确定亦是如此。[121]

2. 抽象性的意义

3　　第780条与第781条的重要特征是**独立性**(抽象性)。债务允诺以及债务承认不依赖于作为基础的债权而存在。这使得债权人在请求权的实现程序方面得到了显著简化。因为债权人不再需要证明原因关系的成立及有效性,而仅需在诉讼中以允诺以及承认为依据。

4　　作为基础的**原因关系**究竟继续**存在**还是被替代是解释的问题。根据

---

[117]　参见 *Pawlowski* BGB AT Rn. 885 mit Fn. 86。

[118]　*Brox/Walker* SchuldR BT § 33 Rn. 13;*Emmerich* SchuldR BT § 15 Rn. 1.

[119]　*Larenz/Canaris* SchuldR II 2 § 61 I 3a.

[120]　BGHZ 103, 143 (146).

[121]　参见 Staudinger/*Hau*, 2020, § 782 Rn. 7。

第364条第2款的解释规则(参见拙著《债法总论》第17节边码26),在有疑义时应当认为,抽象的义务在既存的债务关系之外存在。[122]

深化:债务允诺以及债务承认是抽象的,其有效性通常情况下不会因原因关系的瑕疵而受到影响。然而,就第134条和第138条一个普遍的例外经常被接受。这里基础债务关系的无效也应当包括基于第780条和第781条产生的请求权。[123] 然而,反对这种观点的理由有,第817条第2句规定的不当得利请求权障碍明确不适用于以履行债务为给付的情况(参见第54节边码43)。如果抽象的债务允诺或债务承认在原因行为违反强制性规定或公序良俗时原则上应为无效(因此本来就不必返还不当得利),则第817条第2句规定的保留将失去规范对象。因此,根据正确的观点在个案中应当检验,原因行为违反强制性规定或公序良俗是否例外,就像暴利行为那样(第138条第2款),也包括抽象的合同。[124] 在婚姻居间以及赌博与博彩合同上,拘束力的缺失总是会贯穿到抽象的义务上(第656条第2款、第762条第2款)。

不过,抽象的债务允诺及债务承认并非完全与原因关系脱钩。不如说,其关联是通过**不当得利法**来保障的。[125] 如果原因关系无效,则债务人可以根据不当得利的规则请求取消债务允诺或者债务承认(第812条第2款;参见第54节边码4)。虽然债务人对从抽象合同中产生的履行请求权可以提出不当得利抗辩权(第821条),但在这种情况中证明责任将被倒置:债权人可以完全以抽象的债务合同为依据。债权人无须说明和证明,债务合同是以有效的原因关系为基础。证明允诺或承认无法律上原因是债务人的事情。[126] 根据不当得利法的原则,如果承认债务者知悉自己并不负担给付义务(第814条;参见第54节边码21),返还请求原本也会被排除。

5

---

[122] *Larenz/Canaris* SchuldR II 2 § 61 I 6; *Fischer* JuS 1999, 998 (999).

[123] So MüKoBGB/*Habersack* § 780 Rn. 53f.; Staudinger/*Hau*, 2020, § 780 Rn. 22; *Brox/Walker* SchuldR BT § 33 Rn. 19.

[124] BGH WM 1976, 907 (909); *Oetker/Maultzsch* Vertragl. Schuldverhältnisse § 15 Rn. 29.

[125] 关于这一联系见 *Medicus/Lorenz* SchuldR BT § 52 Rn. 8。

[126] *Brox/Walker* SchuldR BT § 33 Rn. 21; *Larenz/Canaris* SchuldR II 2 § 61 I 5a.

3. 书面形式

6　　根据第 780 条与第 781 条的规定，义务人的表示需要**书面形式**。形式要求首先旨在创造清晰的证明关系，除此之外形式要求也可以保护债务人免遭冲动的损害。[127]

根据《德国商法典》第 350 条的规定，如果抽象的债务允诺或债务承认对允诺者或承认者来说属于商行为，则书面形式是**不必要的**。法律认为，债务人对义务范围有足够认知。此外，根据第 782 条的规定，如果抽象的债务合同是以（债权）让与[比如在《德国商法典》第 355 条规定的交互计算（Kontokorrent）的框架下]或和解（第 779 条）为基础，则抽象的债务合同也无须特定形式（第 782 条）。

有时可能还需要遵守**更为严格的法定形式要求**（第 780 条第 1 句："只有没有规定其他形式"，类似的还有第 781 条第 3 句）。因此，以赠与或有关不动产的交易为基础的债务允诺或债务承认依第 311b 条第 1 款以及第 518 条第 1 款的规定需要作成公证证书。即便原因行为本身已经按照规定作成了公证证书，亦是如此。[128]

二、有因的债务承认

7　　与抽象的债务承认不同的是，法律上没有规定有因（宣示性、确认性）的承认。有因债务承认的目的在于，将有关债务关系整体或特定方面的**争议**或**不确定性**予以排除。[129] 因此，债务承认具有与和解类似的功能（第 779 条），然而，在债务承认上争议不是通过双方让步，而是通过单方让步来调解。[130][131]

---

[127] Brox/Walker SchuldR BT § 33 Rn. 16; Larenz/Canaris SchuldR II 2 § 61 I 1b；其他观点见 BGHZ 121, 1 (4)：免遭冲动损害的保护并非目的。

[128] 有说服力的比如 Staudinger/Hau, 2020, § 780 Rn. 15；其他观点见 MüKoBGB/Habersack § 782 Rn. 5; BeckOK BGB/Gehrlein, 56. Ed. 1. 11. 2020, § 780 Rn. 17，根据这种观点，在这种情况中书面形式即为已足够。

[129] BGHZ 66, 250 (254); 98, 160 (166); Jauernig/Stadler §§ 780, 781 Rn. 15.

[130] Staudinger/Hau, 2020, § 781 Rn. 12.

[131] Staudinger/Hau, 2015, § 781 Rn. 20; MüKoBGB/Habersack § 779 Rn. 66.

与抽象的债务承认不同的是,有因的债务承认并**没有创造独立的请求权**,而仅仅强化了既存的债务关系。也即债务人因承认丧失其在作出承认时知悉或者至少能够预料到的抗辩权及抗辩。[132] 不过,只要涉及的抗辩使得债务关系本身发生问题,则有因的债务承认完全具有**创设性的效力**。[133]

抽象的债务承认与有因的债务承认之间的**区分**经常是困难的,但同时,由于构成要件和法律效果均不相同,区分又是必不可少的。主流意见以表意人的意思为标准,不过,此种意思并非总是能够清楚地查明。债务原因的名称可以考虑作为认定有因债务承认的标志。[134] 鉴于抽象债务承认的深远效力,在有疑问时应当认为承认仅具有原因的意义。[135] 在合同没有法律顾问参加的情况下,尤其如此。[136]

三、无合同特征的承认

如果承认人并不打算受到法律行为的拘束,而仅仅发出一个**事实上的表示**,则不存在意思表示。因此,承认仅是法院在进行证据评价(《德国民事诉讼法》第286条)时应当予以考虑的单纯的意思通知(Wissenserklärung)。[137] 除此之外,事实上的承认根据第212条第1款第2项的规定还会导致消灭时效的重新起算。[138]

四、尤其:事故现场的承认

极有争议的问题是,**在事故现场表示的承认**应被赋予何种意义。

示例(根据 BGH NJW 1984,799 = JuS 1984, 557):在 A 与 S 之间发生

8

9

10

11

---

[132] BGH NJW 1984, 799; 1995, 961; *Larenz/Canaris* SchuldR II § 61 II 1c.
[133] BGHZ 66, 250 (254); Jauernig/*Stadler* §§ 780, 781 Rn. 19.
[134] 参见 BGH NJW 2002, 1791 (1792)。
[135] *Emmerich* SchuldR BT § 15 Rn. 8; *Medicus/Lorenz* SchuldR BT § 53 Rn. 14.
[136] *Larenz/Canaris* SchuldR II 2 § 61 I 3b.
[137] BGH NJW 1984, 799 = JuS 1984, 557; MüKoBGB/*Habersack* § 781 Rn. 7; *Emmerich* SchuldR BT § 15 Rn. 2; *Fischer* JuS 1999, 1214.
[138] Palandt/*Ellenberger* § 212 Rn. 2.

了交通事故。在事故发生地 A 书面表示:"我承认对事故具有全部责任（Alleinschuld）。"事后 A 主张 S 有过错。

在这些情况中，**判例**在认定合同性债务承认时持非常谨慎的态度。根据判例的观点，在交通事故后作出的承认原则上仅是一个"可用于证明目的的有关事故经过的表示"，并无法律行为意义上的拘束效果。[139] 只有在当事人对合同的订立具有特别理由时，法律行为意义上的拘束力才会被肯定。不过，即便在这种情况中应当也只存在有因的债务承认。因此，表意人已承认放弃的仅仅是那些在表示时已经知悉的抗辩。

12 根据部分文献所持的**反对观点**，应以抽象的债务承认为出发点。[140] 理由是，加害人经常通过承认阻碍受害人从警察那里采取证据保全措施。这些措施可能促使受害人并不知悉（例如加害人醉酒驾驶、超速行驶）及现在已经无法再查明的情况凸显。

13 反对上述文献观点的理由有，就在事故现场作出的表示而言，抽象债务承认的广泛后果总的来说并不符合表意人的意愿。除此之外，受害人保护的需要也可以用**证据法上的方法**来满足，比如由于证据妨碍（Beweisvereitelung）或自相矛盾的行为而借助证明责任倒置规则。[141] 因此，相较于抽象的债务承认，判例的解决方案显得更为灵活。

参考文献: *Coester*, Probleme des abstrakten und kausalen Schuldanerkenntnisses, JA 1982, 579; *Dastis*, Examenswissen zum Schuldanerkenntnis, JA 2018, 330; *Ehmann*, Schuldanerkenntnis und Vergleich, 2005; *Fischer*, »Anerkenntnisse« im materiellen Recht und im Prozeßrecht, JuS 1999, 998 und 1214; *Wellenhofer-Klein*, Das Schuldanerkenntnis - Erscheinungsformen und Abgrenzungskriterien, JURA 2002, 505.

---

[139] BGH NJW 1984, 799 = JuS 1984, 557.
[140] So vor allem *Larenz/Canaris* SchuldR II 2 § 61 II 2a.
[141] 参见 MüKoBGB/*Habersack* § 781 Rn. 33。

第六编

不当得利法

第53节 基础

一、不当得利法的发展与功能

不当得利法被规定在第812条至第818条中。不当得利法的功能在于,扭转**不当的**财产变动,因而旨在实现补偿正义(参见拙著《债法总论》第10节边码1、边码5)。从法律史看,德国的不当得利法要追溯到罗马法。这一点在今天尤其还可以从具体构成要件被称为不当得利(Kondiktion)上看出来。

深化:在古典罗马法上,不当得利请求权(condictio)被设计为偿还特定金额或者特定物的统一诉权,而在优士丁尼统治的后古典时期则被分解为不同的单个构成要件。《德国民法典》的起草者以此为导向,这表明了不当得利请求权的丰富性。[1] 在大多数其他欧陆法律制度中,不当得利长久以来也被承认为一项独立的法律制度。近代以来,"不当得利法(law of restitution)"在英国法上也发展成为一个统一的法律事项。[2] 在这种背景下形成一个欧洲不当得利法的基本结构似乎是可能的。[3]

衡平思想(Billigkeitsgedanke)在罗马法上就已经被作为不当得利法的基础。[4] 即便在今天,在判例和文献中还有人认为,不当得利请求权属于衡平法,因此在很大程度上受到诚实信用原则(第242条)的影响。[5] 在这个问题上这一点是恰当的,因为不当得利法的目的(对不当的财产变得的平衡)符合衡平观念。不过,这一论断在实际的法律适用上也无济于

---

[1] 参见 *Kaser/Knütel/Lohsse* Römisches PrivatR §48 Rn. 1ff.; *Harke* SchuldR BT Rn. 478ff. 关于历史基础详见 *Jansen* SZ (Rom. Abt.) 120, 2003, 106ff.。
[2] 关于比较法见 Staudinger/*Lorenz*, 2007, Vor §§ 812ff. Rn. 7ff., 16ff.。
[3] 参见 *Schlechtriem*, Restitution und Bereicherungsausgleich in Europa, 2000; *Zimmermann*, Grundstrukturen eines europäischen Bereicherungsrechts, 2005。
[4] 参见 *Kaser/Knütel/Lohsse* Römisches PrivatR §48 Rn. 3, 23。
[5] 参见 BGHZ 36, 232 (235); 132, 198 (215); BGH NJW 2013, 3167 (3169f.); Palandt/ *Sprau* Einf. v. §812 Rn. 1f.。

事，因为多数的衡平观点在第812条及以下中可以找到特别形式。

提示：不当得利法被视为整个《德国民法典》中最难懂的内容之一。这主要是因为对不当得利法具体问题的讨论总是会与基础的教义学争议相重叠。在这种背景下，最近的文献中有人正确地宣称，扔掉不当得利法这个"教义学上的累赘"，转而回归自然观念。[6] 这对于学生来说意味着，他们应当熟悉不当得利法的基本结构，以及那些对实际的案例解答而言重要的基本价值。反之，那些不同的理论观点在其分支领域的情况则不必熟知。

二、给付型不当得利与非给付型不当得利的区分

3　　很久以来，不当得利法的基本结构是有争议的。[7] 争议可以追溯到罗马法上对不当得利请求权理解的分歧。[8] 与第812条第1款第1句相关联，今天的主流意见以不当得利请求权的客体（"有所取得，etwas"）究竟系"通过他人的给付还是以其他方式"获得来进行区分。根据所谓的**区分说**（Trennungstheorie），存在两大类型的不当得利请求权：给付型不当得利和非给付型不当得利。[9] 相反，早前占据支配地位的**统一说**（Einheitstheorie）则以不当得利的统一构成要件为出发点。[10]

4　　仔细考察我们可以发现，两种模式都具有其合理性。**统一说**可以更有说服力地解释，所有不当得利请求权涉及的都是对不当财产变动的回复（参见第53节边码1）。[11] 相反，在较低抽象层面上则存在着重大差别，它们是被**区分说**恰当地加工出来的。给付型不当得利请求权涉及的是对无效合同或者其他未达目的之给付的回复。因而，给付型不当得利

---

[6] So dezidiert BeckOK BGB/*Wendehorst*, 43. Ed. 1. 11. 2020, §812 Rn. 6f.

[7] 参见 *Medicus/Petersen* BürgerlR Rn. 663ff.；*Reuter/Martinek* 22ff.。

[8] 参见 *Schlechtriem* SchuldR BT Rn. 719；*Holler* JA 2020, 808 (810ff.)。

[9] Grundlegend *Wilburg*, Ungerechtfertigte Bereicherung, 1934；*v. Caemmerer* FS Rabel, 1954, 333ff.；aus neuerer Zeit vgl. *Larenz/Canaris* SchuldR II 2 §67 I 2.

[10] MüKoBGB/*Lieb*, 4. Aufl. 2004, §812 Rn. 1ff.；*Wilhelm*, Rechtsverletzung und Vermögensentscheidung als Grunlagen und Grenzen des Anspruchs aus ungerechtfertigter Bereicherung, 1973, 173ff.

[11] 类似的见 Holler JA 2020, 808 (813)："一个硬币的两面"。

明显表现出与法律行为领域的密切关联。相反,非给付型不当得利的财产变动则多是以不当得利债务人侵害不当得利债权人的权利和法益为基础(所谓的权益侵害型不当得利,Eingriffskondiktion)。也就是说,这里与侵权法存在很大的近似性。[12] 这些差异导致,对于给付型不当得利请求权财产变动**法律原因**的确定应当不同于非给付型不当得利请求权(参见第54节边码15及以下以及第55节边码13及以下)。[13] 因此,下面的论述将以区分说为出发点。

三、法律和参引的体系性

第812条至第822条的规定可以进行如下的体系化:在第812条至第817条的规定中可以找到各个**不当得利请求权的构成要件**(第812条、第813条第1款、第816条、第817条第1句)以及各自所属的**排除规定**(第813条第2款、第814条、第815条、第817条第2句)。紧接着规定的是不当得利请求权的**内容和范围**,也即法律效果方面(第818条至第820条)以及**消灭时效**的特别问题(第821条)。与此相对,**第822条**又包含一个独立的请求权基础,不过,该请求权基础依其本质旨在补充有关请求权内容和范围的规定。[14]

在《德国民法典》中可以发现大量参引不当得利法的规定。[15] 其中大多数涉及的是对第818条至第820条的**法律效果参引**(Rechtsfolgenverweisungen)。其结果是,第812条至第817条规定的要求和排除事由就不用再检验了;不过,债务人原则上可以主张得利已经丧失(第818条第3款)。这方面的例子有第347条第2款第2句(参见拙著《债法总论》第40节边码33)以及第684条第1句(参见第44节边码9)规定的费用赔偿以及第527条第1款、第528条第1款、第531条第2款规定的赠与的回复

5

6

---

[12] BeckOK BGB/*Wendehorst*, 56. Ed. 1. 11. 2020, § 812 Rn. 25.

[13] 参见 *Larenz/Canaris* SchuldR II 2 § 67 I 2a; *Medicus/Lorenz* SchuldR BT § 61 Rn. 4ff.。

[14] 关于第822条的体系归类见 BeckOK BGB/*Wendehorst*, 56. Ed. 1. 11. 2020, § 822 Rn. 1。

[15] 参见 *Schlechtriem* SchuldR BT Rn. 720。

(参见第 18 节边码 21）。与此不同的是,第 531 条第 2 款则属于对第 812 条及以下的**法律原因参引**（Rechtsgrundverweisungen,参见第 18 节边码 22）。第 951 条第 1 款第 1 句的重要规定亦是如此。

参考文献：*v. Caemmerer*, Bereicherung und unerlaubte Handlung, FS Rabel, Bd I, 1954, 333; *Deutsch*, Das Recht der ungerechtfertigten Bereicherung und der unerlaubten Handlungen nach 100 Jahren, VersR 1996, 1309; *Flume*, Studien zur Lehre von der ungerechtfertigten Bereicherung, 2003; *Grigoleit/Auer*, Schuldrecht III, Bereicherungsrecht, 2009; *Holler*, Die Kodifikation des bereicherungsrechtlichen Grundtatbestandes, JA 2020, 808; *Jansen*, Die Korrektur grundloser Vermögensverschiebungen als Restitution?, SZ (Rom. Abt.) 120 (2003), 106; *Koppensteiner/Kramer*, Ungerechtfertigte Bereicherung, 2. Aufl. 1988; *S. Lorenz/Cziupka*, Grundwissen- Zivilrecht: Bereicherungsrecht - Grundtypen der Kondiktionen, JuS 2012, 777; *Musielak*, Einführung in das Bereicherungsrecht, JA 2020, 161; *Reuter/Martinek*, Ungerechtfertigte Bereicherung, 1983; *Schlechtriem*, Restitution und Bereicherungsausgleich in Europa, Bd. 1, 2000, Bd. 2, 2002; *Thöne*, Die Grundprinzipien des Bereicherungsrechts, JuS 2019, 193; *Wieling/Finkenauer*, Bereicherungsrecht, 5. Aufl. 2020; *Wilburg*, Die Lehre von der ungerechtfertigten Bereicherung nach österreichischem und deutschem Recht, 1934; *Wilhelm*, Rechtsverletzung und Vermögensentscheidung als Grundlagen und Grenzen des Anspruchs aus ungerechtfertigter Bereicherung, 1973; *Zimmermann* (Hrsg.), Grundstrukturen eines europäischen Bereicherungsrechts, 2005.

第 54 节 给付型不当得利

1 给付型不当得利的统一目标在于对未达目的的给付的回复。[16]《德国民法典》并**没有**承认统一的**给付型不当得利请求权**,而是规定了四个具

---

[16] 参见 *Brox/Walker* SchuldR BT § 39 Rn. 2; *Emmerich* SchuldR BT § 16 Rn. 6。

体的构成类型要件。这四个构成要件根据未达目的的给付的发生原因来区分。[17] 给付型不当得利的**基本构成要件**是第812条第1款第1句第1选项中规定的**法律原因的缺失**(condictio indebiti)。其他表现形式有法律原因的丧失(第812条第1款第2句第1选项;condictio ob causam finitam)、目的不达(第812条第1款第2句第2选项;condictio ob rem),以及受领人违反法律或者违反善良风俗(第817条第1句;condictio ob turpem vel iniustam causam)。反之,第813条第1款规定的虽有抗辩权仍为履行,则只是第812条第1款第1句第1选项规定的一般给付型不当得利的特殊情况。[18] 在给付型不当得利的各种形式之间进行区分并不仅仅具有理论意义。因为第813条第2款、第814条、第815条、第817条第2句规定的**排除事由**分别仅能适用于特定类型的不当得利请求权。

一、一般给付型不当得利

第812条第1款第1句第1选项规定的是给付型不当得利的基本构成要件,即为给付之时给付欠缺法律上原因。不当得利债权人借此实施了**非债**(Nichtschuld)**清偿**,给付所追求的清偿目的并未发生。具体来说,在此应当检验如下**要件**和**排除事由**。 2

1. 受有利益

首先不当得利债务人必须"受有利益"。不当得利的客体可以存在于**任何利益**中。[19] 总的来说它是一种具有财产价值的利益。然而,这也并非必须。不当得利请求权的客体也可以是物质上没有价值的客体(比如情书)。[20] 3

所获利益通常在于获得**对物的法律上地位**(比如所有权或者占

---

[17] 参见 Jauernig/*Stadler* § 812 Rn. 12ff.; *Reuter*/*Martinek* 75ff.。
[18] 关于给付型不当得利的体系性参见 *Medicus*/*Lorenz* SchuldR BT § 61 Rn. 10ff.。
[19] BeckOK BGB/*Wendehorst*, 56. Ed. 1. 11. 2020, § 812 Rn. 38ff.
[20] Jauernig/*Stadler* § 812 Rn. 8; *Medicus*/*Lorenz* SchuldR BT § 61 Rn. 1126; MüKoBGB/*Schwab* § 812 Rn. 3;其他观点见 Palandt/*Sprau* § 812 Rn. 8, 15;另参见 BGH NJW 1995, 53 (54)。

有)。[21] 在这种情况中不能满足于确认不当得利债务人已经获得"某物(比如小汽车)";而是必须进一步指出具体的法律地位(比如对小汽车的所有权以及占有)。因为根据债务人究竟只须"返还"对物的占有,还是也要"返还"对物的所有权,请求权具有不同内容。

示例:不当得利债务人仅获得了对小汽车的占有,则他只须使不当得利债权人取得对小汽车事实上的处分权力。也就是说,简单交付小汽车就够了。如果返还请求权与小汽车的所有权有关,则不当得利债务人应根据第 929 条及以下的规定向债权人移转小汽车的所有权。

4　　所受"利益"也不必存在于物上(或者对物的权利上)。确切地说,不当得利的合适客体也可以是**债务的免除**。[22] 第 812 条第 2 款表明,**对债务关系存在或者不存在的承认**(以第 780 条、第 781 条规定的抽象的债务允诺或债务承认的形式,或者第 397 条第 2 款规定的消极债务承认)也可以作为不当得利而被请求返还(参见第 52 节边码 5)。

5　　在**使用利益**和**服务**上确定不当得利的客体会产生特别的困难(比如通过飞机进行的运输、法律咨询、授课)。在这个问题上联邦最高法院以不当得利债务人节省了费用为标准,不当得利债务人必须根据第 818 条第 2 款的规定赔偿其价值。[23] 如果不当得利债务人没有节省费用,比如因为他"通常"不会利用这种使用利益或者服务,这一模式会出现问题。根据联邦最高法院的观念,在确定不当得利客体时就已经要考虑债务人是否可以根据第 818 条第 3 款的规定主张得利已经丧失。相反,将所获"利益"视为使用利益或者服务本身,节省的费用直到确定不当得利请求权范围的问题上再进行检验在体系上似乎更为可取。[24]

示例(BGHZ 55, 128):M 在其 18 岁生日不久前在购买了相应机票后乘坐汉莎航空公司(L)的飞机从慕尼黑飞往汉堡。在那里他在检票人

---

[21]　参见 Brox/Walker SchuldR BT § 40 Rn. 3; Jauernig/Stadler § 812 Rn. 8。
[22]　HK-BGB/Wiese § 812 Rn. 3; Palandt/Sprau § 812 Rn. 15; Gursky SchuldR BT 184.
[23]　BGHZ 55, 128 (130f.).
[24]　参见 Brox/Walker SchuldR BT § 40 Rn. 5; Wieling/Finkenauer BereicherungsR § 2 Rn. 12; MüKoBGB/Schwab § 812 Rn. 18ff.; Staudinger/Lorenz, 2007, § 812 Rn. 72。

员没有察觉的情况下成功登上了飞往纽约的联程班机,却没有购买这段航线的联程机票。在纽约他被拒绝入境,因为他没有签证。L 请求 M 为从汉堡到纽约的这段航线支付机票款。M 声称,飞机旅行对他来说太奢侈了,如果必须为此支付费用,他肯定不会这么干。

由于 M 作为未成年人未经其父母事先同意不能就航空旅行订立有效的合同,合同请求权自始就被排除了。不过,可以考虑的是第 812 条第 1 款第 1 句第 1 选项规定的请求权。问题是,M 究竟是否获得了利益。如果我们与联邦最高法院一样以费用节省为标准,则在这里我们就必须要对 M 如需支付费用就不会登机的问题详加讨论。不过,将航空旅行的享受作为不当得利请求权的客体更为可取。因此,"奢侈费用"的抗辩直到检验不当得利请求权的内容和范围(参见第 56 节边码 9)时才是重要的。

2. 因他人的给付而获利

不当得利债务人必须"因他人的给付",也即不当得利债权人的给付而获利。这一点是**与非给付型不当得利的关键差别**,在非给付型不当得利上,利益是通过其他方式获得的。 6

(1)给付的概念

第 812 条第 1 款第 1 句第 1 选项意义上的给付被定义为**有意识且基于一定目的增加他人财产**的行为。[25] 根据这一定义,如果不当得利债权人系**无意识地**增加了他人财产,则给付型不当得利必须被排除。 7

示例:G 在 E 的土地上建造了一栋建筑。在此过程中他错误地认为自己就是土地所有权人。因此,G 依第 951 条第 1 款第 1 句结合第 812 条第 1 款第 1 句、第 818 条第 2 款的规定享有价值赔偿请求权。由于 G 系无意识地增加了 E 的财产,这里只是一个非给付型不当得利。

现代给付概念的核心元素是增加他人的财产的**目的方向**(Zweckrichtung)。根据这种观念,重要的是给付提出者借向受领人实施给予行为旨 8

---

[25] 参见 BGHZ 58, 184 (188); BGH NJW 2004, 1169; *Brox/Walker* SchuldR BT § 40 Rn. 6; *Wieling/Finkenawe* BereicherungsR § 3 Rn. 3; Palandt/*Sprau* § 812 Rn. 3.

在追求何种目的。[26] 这一标准建立了给付与法律上原因的必要联系。[27] 对于第812条第1款第1句第1选项规定的给付型不当得利意味着：不当得利债权人希望履行合同上的义务，如果所涉合同并不存在或者无效，给付的履行即缺乏法律上原因(参见第54节边码17及以下)。

9　　根据主流意见，如果当事人对给付目标方向的想象发生偏差，则并非首先取决于给付提出者的主观意思，而是应从**受领人的角度**进行客观考察。[28] 与受领人视角相关联的正当性在于，目的确定(这里也即清偿的确定)是一个意思表示或者至少也是一个准法律行为，应当准用有关意思表示解释的规则(参见拙著《债法总论》第17节边码12)。[29]

10　　**无纸化支付交易**存在特殊性。根据联邦最高法院近期的判例，这里完全取决于支付人对支付的授权(第675j条)(参见第40节边码8)。[30] 在这个问题上，从新支付服务法的价值判断中可以得出"回归支付受领人的视角"(参见第17节边码12以下)。

(2)给付型不当得利当事人的确定

11　　现代给付概念目标方向的特征不仅旨在将给付和法律原因联系起来，它还旨在使给付型不当得利债权人和债务人的确定成为可能。[31] 根据这种观点，如果参与者并未借助对给付受领人的给予行为追求自身目的，则其不能成为不当得利请求权的债权人。

示例：债务人S指示其开户银行(B)向债权人G转账5000欧元。B在实施转账之后发现，G主张的债权并不存在。B希望通过实施转账向G提出一个给付；相反，在与G的关系上B自己并没有追求给付目的。因此，在与G的关系上应将S作为给付提出者，因而S应作为不当得利请求权的债权人。

---

[26] BGH NJW 2004, 1169; *Gursky* SchuldR BT 184; krit. *Harke* SchuldR BT Rn. 492.
[27] 参见 *Schlechtriem* SchuldR BT Rn. 722, 728。
[28] BGHZ 105, 365 (369); 122, 46 (50f.); BGH NJW 2004, 1169.
[29] BeckOK BGB/*Wendehorst*, 56. Ed. 1. 11. 2020, §812 Rn. 50; *S. Lorenz* JuS 2003, 729 (730f.); *Wieling/Finkenauer* BereicherungsR §3 Rn. 19; 其他观点见 *Gursky* SchuldR BT 186. 关于根据受领人视角的意思表示解释参见 *Brox/Walker* BGB AT §6 Rn. 14f.。
[30] BGH NJW 2015, 3093 Rn. 23.
[31] 参见 *Brox/Walker* SchuldR BT §40 Rn. 7; *Gursky* SchuldR BT 186; *Wieling/Finkenauer* BereicherungsR §3 Rn. 6; *Palandt/Sprau* §812 Rn. 14.

不过,在这种**多人关系**中,给付型不当得利的当事人并不总是能仅借助给付概念就得到妥当确定。因此,在文献中有部分人要求放弃现代给付概念。[32]

然而,在复杂的情况中需要进行广泛考量并**不**意味着给付概念对于实际的案例解答是完全**无用**的。[33] 相反,给付概念在两人关系中完全可以得出妥当的结论,并且在多人关系中也可以作为思考的出发点(参见第57节边码1及以下)。因此,下文仍将坚持给付概念。

12

(3) 给付型不当得利与非给付型不当得利的区分

最后,给付概念旨在服务于给付型不当得利和非给付型不当得利的区分。然而,这里也可能出现**边缘情况**,使得进一步思考成为必要。

13

示例:在飞机旅行案中(参见第54节边码5),联邦最高法院明显以汉莎航空公司(L)向未成年人(M)提出给付为出发点。然而,只有当人们认为L的一般性给付意思(向所有乘客提出给付)即为已足够时,这一点似乎才说得通。相反,如果人们具体以M为标准,则存在无意识(对他人)的财产增加。因此,在飞机旅行案中更确切地说是一个非给付型不当得利(权益侵害型不当得利)。[34]

3. "致他人受损害"(auf Kosten)的要件并不必要

"致他人受损害"的特征旨在确定不当得利债权人。由于现代给付概念已经具有了这种功能(参见第54节边码11),根据主流意见,这一要件**在给付型不当得利上是不必要的**[35](因此不必单独进行检验)。这种理

14

---

[32] 参见 etwa *Canaris*, FS Larenz, 1973, 799 (857ff.);*Larenz/Canaris* SchuldR II 2 § 70 VI 2;MüKoBGB/*Lieb*, 4. Aufl. 2004, § 812 Rn. 26ff.;*Wilhelm*, Rechtsverletzung und Vermögensentscheidung als Grundlagen und Grenzen des Anspruchs aus ungerechtfertigter Bereicherung, 1973, 137ff. 。

[33] 参见 *Medicus/Petersen* BürgerlR Rn. 668, 686;*Emmerich* SchuldR BT § 16 Rn. 16;*Schlechtrie* SchuldR BT Rn. 770;*S. Lorenz* JuS 2003, 839 (845)。

[34] 参见 Staudinger/*Lorenz*, 2007, § 812 Rn. 3;*Reuter/Martinek* 83;有疑问的见 *Medicus/Petersen* BürgerlR Rn. 665。

[35] PWW/*Prütting* § 812 Rn. 15, 31;*Larenz/Canaris* SchuldR II 2 § 67 II 1;*Medicus/Lorenz* SchuldR BT § 61 Rn. 4ff.;其他观点见 *Harke* SchuldR BT Rn. 494;*Kupisch* JZ 1997, 213ff.;*Wilhelm* JuS 1973, 1。

解方式完全可以与第812条第1款第1句的文义相协调,因为完全可以在语言上将"致他人受损害"的表述与第2选项("以其他方式")关联起来。[36] 依有意的财产客体给予行为总是会造成给付提出者损害的假设也可以得到相同结论。[37]

4. 无法律上原因

(1)客观的和主观的法律原因理论

15　　最后,第812条第1款第1句第1选项还以不当得利债务人获得利益无法律上原因为前提。在这个问题上确切地应以何为标准有不同的判断。根据传统的**客观原因理论**,普通给付型不当得利的法律原因在于有效债务关系的存在,受领人得基于该债务关系保有给付。[38] 根据这一理论,价款的支付有无法律上原因取决于是否存在有效的买卖合同。

　　相反,根据新近文献中比较流行的**主观原因理论**,如果给付提出者没有实现给付所追求的目的,给付的实施即无法律上原因。[39]

16　　**主观理论**的优势在于可以在所有给付型不当得利(包括第812条第1款第2句第2选项规定的给付目的不达的情形)中统一地描述法律原因。然而,这种理论非常抽象。此外,在一般给付型不当得利(第812条第1款第1句第1选项)上,主观原因理论迫使人们不得不进行"双层"论证[40]:如果给付提出者追求债务清偿的目的,则目的不达也以作为基础的负担行为无效为前提。因此,客观原因不存在仅具有间接意义。如此**复杂并无必要**,尤其因为人们完全可以得到相同结论。[41] 因此,即便主观理论作为在教义学上具有重要意义的解释模式似乎对所有的给付型不当得利均有帮助,但就实际法律适用而言,在一般给付型不当得利的框架

---

[36] 参见 *Larenz/Canaris* SchuldR II 2 § 67 II 1; *Medicus/Lorenz* SchuldR BT § 61 Rn. 7。

[37] So PWW/*Prütting* § 812 Rn. 15, 31; MüKoBGB/*Lieb*, 4. Aufl. 2004, § 812 Rn. 11.

[38] So BeckOK BGB/*Wendehorst*, 56. Ed. 1. 11. 2020, § 812 Rn. 59; *Larenz/Canaris* SchuldR II 2 § 67 III 1; *Schlechtriem* SchuldR BT Rn. 727; MüKoBGB/*Schwab* § 812 Rn. 415ff.

[39] *Erman/Buck-Heeb* § 812 Rn. 44; *Medicus/Lorenz* SchuldR BT § 61 Rn. 13, § 62 Rn. 1; *Wieling/Finkenauer* BereicherungsR § 3 Rn. 23; *Ehmann* JZ 2003, 702 (709).

[40] So treffend *Schlechtriem* SchuldR BT Rn. 727.

[41] 参见 *Emmerich* SchuldR BT § 16 Rn. 21;类似的如 *Harke* SchuldR BT Rn. 487。

下直接以原因行为缺失或无效为标准也是合适的。[42]

(2)第 812 条第 1 款第 1 句第 1 选项规定的法律原因缺失

第 812 条第 1 款第 1 句第 1 选项规定的给付型不当得利的要件是，**在给付时**对给付来说重要的**法律原因缺失**。因此，不当得利债权人系非债清偿，可以根据第 812 条第 1 款第 1 句第 1 选项的规定请求返还其并不负担的债务(indebiti)。

17

非债清偿通常是因为作为基础的原因合同**自始无效**(比如根据第 104 条及以下的规定)**或者**根据第 119 条及以下、第 142 条的规定**溯及既往地**被撤销了。在这个意义上一般给付型不当得利是对抽象(无因性)原则的必要矫正(参见拙著《债法总论》第 1 节边码 28、第 10 节边码 5)。[43]

示例:16 岁的 M 在自行车经销商 H 那里以 500 欧元的价格购买了一辆赛车。该自行车的所有权被立即移转给了 M，价款应在稍后支付。与 H 的期望相悖，M 的父母拒绝作出同意。因此，H 请求返还自行车。M 与 H 之间的买卖合同(第 433 条)根据第 107 条、第 108 条的规定无效。相反，物权行为也即移转自行车的所有权(第 929 条)，根据第 107 条的规定是有效的，因为该行为使 M 纯粹获得了法律上利益。因此，H 失去的不仅仅是占有，也包括对自行车的所有权，因此，不能根据第 985 条的规定请求返还所有物。不过，由于买卖合同无效，M 无法律原因而获得了自行车的所有权和占有。因此，H 根据第 812 条第 1 款第 1 句第 1 选项的规定享有返还自行车和恢复其所有权的请求权。

自始无给付目的(condictio indebiti)也包括原因关系根据第 134 条、第 138 条的规定因**违反强行法规定或善良风俗**而无效。[44]除此之外也可以适用第 817 条第 1 句的规定(参见第 54 节边码 33 及以下)。

18

最后，即便当事人之间**根本没有订立合同**，第 812 条第 1 款第 1 句第

---

[42] 参见 MüKoBGB/*Schwab* § 812 Rn. 416；*Wandt* Gesetzl. Schuldverhältnisse § 10 Rn. 23。

[43] 参见 *Wandt* Gesetzl. Schuldverhältnisse § 9 Rn. 11。

[44] 参见 BGHZ 8, 348 (370)；Staudinger/*Lorenz*, 2007, § 817 Rn. 6。

1 选项规定的要件也是具备的。因为在这种情况下不当得利债权人也已经进行了非债清偿。[45]

示例：如果我们在飞机旅行案中与联邦最高法院一样以给付型不当得利（参见第 54 节边码 13）为出发点，则 L 系为非债清偿，因为它与 M 根本没有就前往纽约的航空运输订立合同。

（3）尽管存有持续性抗辩权仍为履行

19 根据第 813 条第 1 句的规定，如果不当得利债权人希望以给付来履行**因抗辩权而被持续性排除**行使的请求权，则与非债清偿等同。给付在这里也是就非债实施的，因为给付不必由给付提出者提出。除"无法律原因"的要件外，第 813 条第 1 款第 1 句规定的不当得利请求权也应具有与一般给付型不当得利相同的要件。不过，它同样是独立的请求权基础。[46]

20 第 813 条第 1 款包含的持续性抗辩权包括不当得利抗辩权（第 821 条）、恶意抗辩权（第 853 条）以及第 1973 条、第 1975 条、第 1990 条规定的继承人抗辩权。[47] 应当提及的还有权利滥用行为以及权利失效的抗辩（第 242 条）。[48] 实际中特别重要的**消灭时效**抗辩权则不被包括在内（第 813 条第 1 款第 2 句结合第 214 条第 2 款）。如果给付系在不知消灭时效的情况下实施的，则返还请求权仍然会被排除。给付提出者也不能主张，给付之时法律状况在消灭时效方面是值得怀疑的。因为消灭时效追求的创造法律安定和法律平和的目标刚好在这些存在疑问的情况中被破坏了。[49]

深化：属于持续性抗辩权的还有显失比例的给付困难（Leistungserschwerung）（第 275 条第 2 款）以及亲为给付的不可期待（第 275 条第 3 款）。不过，这里存在的特殊性是，抗辩权的提出具有权利形成的效力，因

---

[45] 参见 Schlechtriem SchuldR BT Rn. 729。
[46] BeckOK BGB/*Wendehorst*, 56. Ed. 1. 11. 2020, § 813 Rn. 2; *Wandt* Gesetzl. Schuldverhältnisse § 10 Rn. 42.
[47] 参见 Jauernig/*Stadler* § 813 Rn. 2。
[48] PWW/*Prütting* § 813 Rn. 3.
[49] BGH NJW-RR 2006, 1277 (1280); *Schlechtriem* SchuldR BT Rn. 730.

为它将导致给付义务的排除。在这里债务人有不顾与此关联的负担而履行请求权的选择权。如果他在决定履行之后却仍然可以行使不当得利返还请求权,可能就不合适了。[50]

根据第813条第2款的规定,返还请求权在提前履行**尚未到期的债务**时也是被排除的。不过,这里抗辩权的持续性已经不存在了。[51]

5. 排除事由

第812条第1款第1句第1选项或者第813条第1款规定的给付型不当得利也可能会根据第814条的规定被排除。如果给付提出者在给付时知悉其并未负担给付义务,即属于这种情况。第814条第1项规定的排除要件应予以限制解释,必须是**积极地知悉**非债的情况或者存在持续性抗辩权。相反,单纯的知悉从中可以得出合同无效或者存在抗辩权的情况是不够的。[52] 因此,即便由于重大过错引起,法律错误也不会对给付提出者造成损害。[53]

21

此外,给付提出者还可以**"附保留条件地"**(unter Vorbehalt)提出给付来避免返还请求被排除。[54] 如果给付并非自愿,而是**在压力或者强制的情况下**(比如出于阻止强制执行或者留置权的目的)实施的,则尽管知悉非债的情况,返还请求仍然是可能的。[55] 因为如果给付提出者事后主张义务缺失,其行为在此并非自相矛盾。[56]

22

此外,根据第814条第2项的规定,如果给付符合**风俗义务**(sittliche Pflicht)或者**道德义务**(Anstandspflicht),则返还请求也被排除。

示例:A向其兄弟B和姐夫S支付生活费。在此他错误地以为存在相应的扶养义务。[57]

---

[50] 参见 MüKoBGB/*Schwab* § 813 Rn. 7。
[51] BeckOK BGB/*Wendehorst*, 56. Ed. 1. 11. 2020, § 813 Rn. 12.
[52] BGHZ 113, 62 (70); BGH NJW 2002, 2871 (2872).
[53] 参见 BeckOK BGB/*Wendehorst*, 56. Ed. 1. 11. 2020, § 814 Rn. 8f.; Palandt/*Sprau* § 814 Rn. 4。
[54] 参见 Staudinger/*Lorenz*, 2007, § 814 Rn. 7。
[55] BGH NJW 1995, 3052 (3054); OLG Koblenz NJW-RR 2002, 784 (785)。
[56] 参见 Staudinger/*Looschelders*/*Olzen*, 2019, § 242 Rn. 891。
[57] 参见 Palandt/*Sprau* § 814 Rn. 9; HK-BGB/*Wiese* § 814 Rn. 5。

23　　第814条规定的排除事由只适用于第812条第1款第1句第1选项和第813条第1款规定的自始欠缺目的的给付。相反,这一规定对**其他种类的给付型不当得利**并不适用(关于第817条第1句参见第54节边码34)。

关于第817条第2句在**违反强行法规定或善良风俗的合同**上的一般给付型不当得利的适用,参见第54节边码39。

二、给付不当得利的其他情况

24　　给付型不当得利的其他情况同样以不当得利债务人因其他给付而获得利益为要件。差异仅仅在于**法律原因欠缺**的种类和相关**排除事由**。

1. 法律原因丧失

25　　法律原因丧失(condictio ob causam finitam,第812条第1款第2句第1选项)与一般给付型不当得利的区别在于,**法律原因**并非在给付之时就**缺失**,而是**嗣后丧失**。当时的立法者尤其希望借此将撤销(Anfechtung)包括进来。[58] 不过,基于撤销的溯及效力(第142条第1款),主流意见在此也正确地适用了第812条第1款第1句第1选项。[59] 因此,就第812条第1款第2句第1选项而言,剩下的主要是解除条件(第158条第2款)或者解除期限(第163条结合第158条第2款)的发生[60],以及因严重忘恩负义而根据第530条撤回了赠与(参见第18节边码22)。

对于法律原因丧失并未规定特别的**排除事由**。尤其是不能适用第814条。[61] 不过,在此也可以类推适用第817条第2句(参见第54节边码39)。

2. 给付追求的目的并未发生

26　　给付型不当得利中最难的特殊形式是第812条第1款第2句第2选

---

[58] 参见 Mot. II, 832；另参见 RGRK-BGB/*Heimann-Trosien* § 812 Rn. 82。

[59] *Larenz/Canaris* SchuldR II 2 § 68 I 1；Staudinger/*Lorenz*, 2007, § 812 Rn. 88；Palandt/*Sprau* § 812 Rn. 26；其他观点见 Jauernig/*Stadler* § 812 Rn. 14。

[60] Jauernig/*Stadler* § 812 Rn. 14；Wieling/Finkenauer BereicherungsR § 3 Rn. 34；*Wandt* Gesetzl. Schuldverhältnisse § 10 Rn. 51；einschränkend *Medicus/Lorenz* SchuldR BT § 62 Rn. 6(多数时候已经属于补充的合同解释了)。

[61] 参见 Jauernig/*Stadler* § 814 Rn. 2；*Wandt* Gesetzl. Schuldverhältnisse § 10 Rn. 52。

项规定的目的不达型(condictio ob rem)。于此,给付回复的原因在于给付追求的目的并未发生。如果给付追求的结果在于履行债务,则于这一结果并未发生时就已经要适用给付型不当得利的其他形式了(尤其是第812条第1款第1句第1选项)。也即给付的目的刚好并非**在于履行债务**。[62] 因此,被包括的主要是受领人应被促使作出某个并不负担的行为之情形。[63]

(1)适用范围

目的不达型不当得利的重要适用领域是,预期将要实施的行为根本**不是法律行为约束的合适客体**的情况。

27

示例:①A 的妻子(F)作为收银员在 B 有限责任公司侵吞了 10 万欧元。为避免 B 公司对 F 提起刑事指控,A 向 B 有限责任公司作出了数额为 10 万欧元的债务承认。尽管如此,B 有限责任公司还是提出了控告。[64]

②嫖客 F 给了某妓女 P 两万五千欧元,以便她能够从老鸨 Z 那里赎身,并与自己一同生活。不过,P 后来决定继续为 Z 工作。[65]

③S 赠与其同居女友(L)物权性居住权(第1093条),以便在经济上为其提供保障,使其不再去卖淫。其后不久,S 与 L 结婚。S 后来发现,L 还是在他不知情的情况下继续去做妓女了。[66]

以给付追求某种目的的行为也可以存在于对**继承人的指定**。不过,判例在这里有时太过宽松。

28

示例(BGHZ 44, 321):N 从其孤身一人的婶婶 T 那里租用了一块土

---

[62] 参见 *Medicus/Petersen* BürgerlR Rn. 691;*Wandt* Gesetzl. Schuldverhältnisse § 10 Rn. 58;批评观点见 *Thomale*, Leistung als Freiheit, 179ff., 根据这里所持的观点, 第812条第1款第2句第2选项并没有适用空间, 因为履行属于唯一可能的给付目的。

[63] *Brox/Walker* SchuldR BT § 40 Rn. 32;*Staudinger/Lorenz*, 2007, § 812 Rn. 108;*Wandt* Gesetzl. Schuldverhältnisse § 10 Rn. 59ff.

[64] BGH NJW-RR 1990, 827.

[65] 参见 OLG Düsseldorf NJW-RR 1998, 1517. 然而,自由买卖在此可能会因 Z 虽然获得金钱却不愿令 P 获得自由而失败。法院肯定了 F 基于第812条第1款第2句第2选项对P 享有的请求权,因为 P 应当承担(交易)失败的风险。

[66] BGH NJW 2013, 618. 联邦最高法院首先检验了由于严重忘恩负义(第530条)而撤回赠与。不过,除此之外基于第812条第1款第2句第2选项的请求权也是可以考虑的。

地。T向其侄儿许诺,会将该块土地遗赠给他,并设立相应遗嘱。基于此种信赖N在这块土地上建了一栋房子。T在去世前不久修改了遗嘱,将第三人(D)确定为继承人。

联邦最高法院肯定N对D享有第812条第1款第2句第2选项规定的价值赔偿请求权。[67] 这一观点被正确地驳斥了,因为建筑物的建造并不是N向T提出的给付(T根据第946条的规定获得了建筑物的所有权);此外,继承人的指定也不是房屋建造所追求的效果。[68] 因此,在婶婶继承案中可以考虑的只有非给付型不当得利(第951条第1款结合第812条第1款第1句第2选项)(参见第55节边码37及以下、边码40)。

(BGH NJW 2013,3364):在新近的一则判决中,针对用益租赁人基于未来取得所有权的正当期待而在用益租赁的土地上建造建筑物的情况,联邦最高法院肯定了目的不达型不当得利之要件。只要房屋的建造与后来的所有权取得是以所有权人和用益租赁人之间事实上的意思表示合致为基础,此种期待即已经是正当的。然而,这里也不存在用益租赁人向所有权人提出的给付。由于用益租赁人希望增益的是自己的财产,因而必须要对非给付型不当得利请求权(第951条第1款结合第812条第1款第1句第2选项)进行检验。[69]

29 促使思想(Veranlassungsgedanke)也适用于**无效合同**的一方当事人在**知悉**(合同)**无效**的情况下仍然提出无效合同中所承担给付的情况。因为给付在这里总的来说具有促使相对人提出对待给付的目的。

示例:K以经过公证的合同从V那里购买了一块住宅土地所有权。约定的价款为75万欧元。不过,出于节省税款的目的,合同中给出的价款是50万欧元。尽管K知道,买卖合同以公证的内容根据第117条第1款及以期望的内容根据第117条第2款、第311 b条第1款第1句、第125条的规定是无效的(参见拙著《债法总论》第7节边码14),他还是向V支付了约定的价款。尽管如此,V拒绝移转住房土地所有权。

---

[67] 关于类似情况见 BGHZ 108,256 (261);BGH NJW 2001,3118。
[68] Medicus/Petersen BürgerlR Rn. 693;Larenz/Canaris SchuldR II 2 § 68 I 3e.
[69] 参见 Omlor LMK 2013,352013。

K依第812条第1款第1句第1选项可能对V享有的价款偿还请求权在这里根据第814条的规定被排除了。不过,K享有第812条第1款第2句第2选项规定的请求权,第814条对该请求权并不适用。[70]

即便存在**有效合同**,如果不当得利债权人希望以给付引起一个超出履行合同的结果,判例仍然适用第812条第1款第2句第2选项的规定。[71] 反之,在新近的文献中多数人认为,这类情况应当主要根据**交易基础障碍**的规则(第313条;参见拙著《债法总论》第37节边码1及以下)来解决。[72]

示例:V以一个特别低的价格将其土地出售给某城镇G,以便该镇政府能在其上建一座儿童乐园。不过,G决定将这块土地出售给某食品折扣店。根据判例,V基于第812条第1款第2句第2选项的规定可能对G享有回复该块土地所有权的请求权。[73] 相反,根据通说,V原则上只能根据第313条第1款的规定请求调整价款。[74]

第812条第1款第2句第2选项另外一个可能的适用领域是配偶之间或者非婚姻生活共同体的当事人之间给予行为的回复。[75] 继父母基于为自己子女婚姻的意思而向继子女所为的赠与,亦是如此。[76] 在所有这些情况中目的不达可能在于,与当事人的期望相悖,**婚姻**或者**非婚姻生活共同体未能持久**。在此之外,还要根据交易基础丧失的原则分别对回复给予的请求权(参见第18节边码23)进行检验。不过,在配偶之间要注意**夫妻财产制**(Güterrecht)**的优先性**。

(2)目的约定的必要性

由于结果必须是"根据法律行为的内容"所追求的目的,因而即便受

30

31

---

[70] 参见 *Larenz/Canaris* SchuldR II 2 § 68 I 3b;*Medicus/Lorenz* SchuldR BT § 62 Rn. 10。

[71] 参见 RGZ 132, 238;BGH NJW 1973, 612 (613);NJW-RR 1991, 1269;*Wandt* Gesetzl. Schuldverhältnisse § 10 Rn. 61ff.("Zweckanstaffelung")。

[72] 参见 *Medicus/Lorenz* SchuldR BT § 62 Rn. 9;*Larenz/Canaris* SchuldR II 2 § 68 I 3c。

[73] 在著名的堡垒建造案中就是这样 RGZ 132, 238:Der K 将一块土地卖给了国家,以便国家可以在那里建造一座军事堡垒。

[74] 关于类似情况参见 *Brox/Walker* SchuldR BT § 40 Rn. 36。

[75] 参见 BGHZ 177, 193 (206f.);BGH NJW 2010, 998 (1000)。

[76] 参见 BGH NJW 2010, 2202 (2206);2884 (2886)。

领人知悉,给付提出者单方设定的目的对第812条第1款第2句第2选项的适用也是不够的。确切地说,必须当事人对追求的结果已经明示或者默示地达成了一致。[77] 然而,意思一致不得导致法律行为约束,否则仍然会为履行债务而提出给付。[78]

(3) 排除事由

32　　依第815条的规定,如果所追求结果的发生**自始**已经**不可能**,且给付提出者**知悉**这一情况或者给付提出者违反诚实信用原则**阻止了结果的发生**,则第812条第1款第2句第2选项规定的请求权即被排除。第1选项与第814条第1项一样,属于自相矛盾行为的特别情况(第242条);第2选项则可以归因于第162条第1款的价值判断。

第815条并不适用于**其他不当得利(类型)**。[79] 在受领违反法律或善良风俗时,在第812条第1款第2句第2选项的框架下可以类推适用第817条第2句的排除要件(参见第54节边码39)。

3. 给付的受领违反法律或者善良风俗

(1)第817条第1句的适用范围和要件

33　　在第812条第1款第1句第1选项规定的一般给付型不当得利之外,基于第817条第1句享有的返还请求权在多大范围内具有独立的适用领域是有争议的。文献中有人正确地指出,作为给付基础的原因行为在受领违反法律或者善良风俗时根据第134条、第138条的规定通常是无效的,由此第812条第1款第1句第1选项所定之要件即已具备。从历史上考察这可能属于**合同例外地并不无效情况的兜底要件**。[80] 如果仅受领人违反法律或者善良风俗,尤其应当考虑上述内容。[81]

示例:长久以来,合同于受领违反强行法规定时仍然有效的最重要例

---

[77] BGHZ 115, 261 (263); 177, 193 (206); BGH NJW 2010, 2202 (2206); NJW-RR 2013, 618 (619); *Wandt* Gesetzl. Schuldverhältnisse § 10 Rn. 63.

[78] 参见 BGHZ 44, 321 (323); 108, 256 (265); *Larenz/Canaris* SchuldR II 2 § 68 I 3a。

[79] 参见 Jauernig/*Stadler* § 815 Rn. 1; *Wandt* Gesetzl. Schuldverhältnisse § 10 Rn. 75。

[80] 参见 RGZ 96, 343 (345)。

[81] 参见 OLG München NJW-RR 2001, 13; Jauernig/*Stadler* § 817 Rn. 4。

子便是收受贿赂罪（Vorteilsannahme，《德国刑法典》第331条第1款）。[82]这是因为，为过去发生的为公务行为提供好处的行为根据《德国刑法典》原第333条第1款的规定并不构成犯罪。不过，从那以后立法者通过《德国刑法典》第333条第1款修订文本填补了这一刑罚漏洞，在收受贿赂的情况中合同根据第134条的规定毫无疑问是无效的。[83]

只要第812条第1款第1句第1选项以及第817条第1句规定的要件具备，两个规定可以平行适用。这里第817条第1句也应当获得独立意义，因为第814条规定的排除要件并不适用于受领人违反法律或者善良风俗（condictio ob turpem vel iniustam causam）的情形。[84]不过，在违反强行法规定或者违反善良风俗时，受领人根据诚实信用原则通常本来也并不能主张第814条的规定。[85]

示例：根据诚实信用原则的要求，暴利者（Wucherer）不能对抗，被收取暴利者（Bewucherte）在知悉非债的情况下支付过高利息而基于第812条第1款第1句第1选项享有的请求权。

在其他情况中，第817条第1句规定的请求权与目的不达型不当得利请求权（condictio ob rem，第812条第1款第2句第2选项）会发生竞合。这里第817条第1句的特殊性在于，请求权在**目的实现**（Zweckverwirklichung）的情况中也会发生。[86]文献中甚至有部分观点认为，第817条第1句的适用范围应仅限于这些情况。[87]

示例：已婚者M与其情人G维持着婚外性关系。G威胁道，如果M不支付1万欧元的封口费，她就向M的妻子（F）告知此事。

依第817条第1句的规定，即便G信守了承诺，M也可以请求其返还

34

---

[82] 参见Mot. II 849；RGZ 96, 343 (346)；RGRK-BGB/*Heimann-Trosien* § 817 Rn. 5。
[83] 参见MüKoBGB/*Schwab* § 817 Rn. 4；*Brox/Walker* SchuldR BT § 41 Rn. 3。
[84] 参见BAG NJW 1983, 783；Jauernig/*Stadler* § 817 Rn. 3。
[85] 参见MüKoBGB/*Lieb*, 4. Aufl. 2004, § 817 Rn. 7；其他观点见 *Wieling/Finkenauer* BereicherungsR § 3 Rn. 50。
[86] 参见 *Medicus/Lorenz* SchuldR BT § 63 Rn. 14；*Wieling/Finkenauer* BereicherungsR § 3 Rn. 50。
[87] So MüKoBGB/*Schwab* § 817 Rn. 5。

已支付的封口费。

35 　　基于第817条第1句的请求权并不以受领者已经**意识**到违反强行法规定或者善良风俗的情况或者**轻率地没有理会**这种意识为要件。由于不当得利请求权并不具有刑罚特性,而是旨在重建实质正当的财产归属,**客观**上违反强行法规定或善良风俗即为已足够。[88]

(2)第817条第2句规定的排除事由

36 　　根据**第817条第2句**的规定,如果给付一方也存在违反强行法规定或善良风俗的情况,因受领违反强行法规定或善良风俗,根据第817条第2句的规定给付型不当得利请求权即**被排除**。

　　示例:建筑商U向某官员B支付了1万欧元,以便该官员在分配市政建筑订单时使自己获得不法的优待。由于收受了金钱,B因受贿(《德国刑法典》第332条)是要受到刑事处罚的。U同时,因为行贿(《德国刑法典》第334条),也是要受到刑事处罚的,U基于第817条第1句而对B享有的返还请求权即因第2句的规定而被排除。

①不当得利请求权被排除的要件和法理(Ratio)

37 　　鉴于不当得利请求权被排除的深远效力,**客观上违反强行法规定或善良风俗**本身还不能合理地说明第817条第2句的适用。因此,与第817条第1句(参见第54节边码35)不同,还必须附加**主观要素**,即给付提出者必须已经意识到违反强行法规定或善良风俗的情况,或者轻率地没有理会此种认识。[89]

　　第817条第2句的意旨和目的是有争议的。早些时间这一规定通常被赋予**刑罚的特性**。[90]不过,由于双方当事人的行为均违反强行法规定或善良风俗,于此存有疑问的是为何只有给付提出者受到刑事处罚。[91]

---

[88] So MüKoBGB/*Schwab* § 817 Rn. 84;*Wieling/Finkenauer* BereicherungsR § 3 Rn. 54;其他观点见 Erman/*Buck-Heeb* § 817 Rn. 8; Jauernig/*Stadler* § 817 Rn. 6。

[89] BGHZ 50, 90(92);75, 299(302); *Larenz/Canaris* SchuldR II 2 § 68 III 3b;MüKoBGB/*Schwab* § 817 Rn. 85;其他观点见 *Emmerich* SchuldR BT § 16 Rn. 39。

[90] 参见 RGZ 105, 270(271);BGHZ 39, 87(91)。

[91] 批评观点见 Staudinger/*Lorenz*, 2007, § 817 Rn. 5; *Brox/Walker* SchuldR BT § 41 Rn. 8。

今天的主流意见以违反强行法规定或善良风俗的给付提出者的**法律保护**是否应**被拒绝**为标准。[92] 此外,被提及的还有**普遍预防**的思想:如果给付提出者的行为违反强行法规定或善良风俗,则他应当预料到,他不能请求返还提出的给付。[93]

②扩张

在第817条第2句提到"同样地"时,则该规定根据其文义仅包括那些给付提出者和受领人的行为均违反强行法规定或善良风俗的情况。然而,根据该规定的意旨和目的,仅当**给付提出者违反强行法规定或善良风俗**时,不当得利请求权的排除才适用。[94]

38

由于在第817条第1句规定的情况中,作为基础的合同根据第134条、第138条的规定通常是无效的,如果它不能适用于**一般给付型不当得利**(第812条第1款第1句第1选项),则第817条第2句规定的不当得利请求权排除将会大大落空。因此,判例和文献广泛承认,第817条第2句适用于所有给付型不当得利请求权。[95] 相反,对第812条第1款第1句第2选项规定的非给付型不当得利的准用则被拒绝了。[96] 不过,个案中这里可以回归到权利滥用行为的禁令上(第242条)。[97]

39

判例也没有将第817条第2句适用于基于所有权(第894条、第985条及以下)、无因管理、侵权(尤其是第826条)产生的请求权。[98] 这背后的考虑是,第817条第2句是一个应当予以严格解释的例外规定。相反,如果不仅原因行为,还有物权行为根据第134条、第138条的规定均无

40

---

[92] 参见 BGHZ 44, 1 (6); BGH NJW 2005, 1490 (1491); *Medicus/Lorenz* SchuldR BT § 63 Rn. 13。

[93] *Larenz/Canaris* SchuldR II 2 § 68 III 3a; BeckOK BGB/*Wendehorst*, 56. Ed. 1. 11. 2020, § 817 Rn. 2.

[94] 参见 RGZ 161, 52 (55); *Medicus/Lorenz* SchuldR BT § 63 Rn. 15。

[95] BGHZ 50, 90 (91); BGH NJW-RR 1993, 1457 (1458); Jauernig/*Stadler* § 817 Rn. 9; *Wandt* Gesetzl. Schuldverhältnisse § 10 Rn. 34ff.; 其他观点见 *Wazlawik* ZGS 2007, 336 (339)。

[96] 参见 BGHZ 152, 307 (315); Staudinger/*Lorenz*, 2007, § 817 Rn. 10。

[97] 参见 Staudinger/*Looschelders/Olzen*, 2019, § 242 Rn. 894。

[98] 参见 BGHZ 39, 87 (91); 44, 1 (6); 63, 365 (369); BGH NJW 1992, 310 (311)。

效,文献中有人要求,将这一排除要件扩张适用到**基于第 985 条的返还请求权**上。[99] 支持这种观点的论据有,给付提出者在这种严重瑕疵时的境况不应比单纯原因行为无效情形中更为有利。与此相反,对第 817 条第 2 句例外特性的说明并不能够令人信服,重要的只是这一规定的法理(ratio)在具体情况中是否合适。

③**限制**

41　另一方面被承认的是,不合适结果通常只能通过对第 817 条第 2 句进行**限制性适用**来避免。

首先必须对**给付**进行准确**定义**。[100] 如果给付在于将物暂时让与他人使用或金钱借贷,则第 817 条第 2 句并不排除返还请求本身,而只是排除提前的返还请求(关于借贷参见第 20 节边码 11)。[101]

42　对第 817 条第 2 句的其他限制在具体情况中可以从违反法律和风俗规范(Sittennorm)的**保护目的**或从**诚实信用原则**(第 242 条)中得出。[102] 根据联邦最高法院较早的判例,承揽合同因双方均违反《黑工法》(SchwarzArbG)而根据第 134 条无效的情形即属于此种情况(参见第 33 节边码 2)。[103] 然而,根据较近的判例,新《黑工法》的目的是禁止赋予经营者基于第 812 条第 1 款第 1 句第 1 选项、第 818 条第 2 句的价值赔偿请求权。第 817 条第 2 句规定的价值赔偿请求权的排除是与非法劳动作斗争的合适手段。[104] 这符合**第 817 条第 2 句的基本思想**,即拒绝向不法给付提出者提供法律保护,且出于**普遍预防**的原因似乎也是合适的(参见第 54 节边码 37)。因此,虽然同样有违法行为的定作人可以享受无偿的给付,但通过**排除**定作人的**瑕疵担保权利**也实现了同等对待。如果定作人

---

[99]　*Brox/Walker* SchuldR BT §41 Rn. 12; *Medicus/Lorenz* SchuldR BT §63ff.; *Larenz/Canaris* SchuldR II 2 §68 III 3e; MüKoBGB/*Schwab* §817 Rn. 18.

[100]　参见 Jauernig/*Stadler* §817 Rn. 13; *Medicus/Lorenz* SchuldR BT §63 Rn. 16。

[101]　参见 *Medicus/Petersen* BürgerlR Rn. 699。

[102]　参见 BGH VersR 2006, 419; Staudinger/*Looschelders/Olzen*, 2019, §242 Rn. 892。

[103]　参见 BGHZ 111, 308 (312f.); 批评观点见 Staudinger/*Lorenz*, 2007, §817 Rn. 10。

[104]　BGHZ 201, 1 = NJW 2014, 1805; 详见 Staudinger/*Looschelders/Olzen*, 2015, §242 Rn. 893。

已经支付了承揽报酬,则第817条第2句也与第817条第2句规定的对经营者的返还请求权相冲突。[105] 也就是说,相应的约定对于双方来说都有巨大的风险。[106]

相反,在**借贷合同**上,判例同样让借款人就让与贷款金额的使用权应承担的价值赔偿义务因第817条第2句而丧失(参见第20节边码12)。因此,借款人可以享受无偿给付[107],而无须负担对应的风险。如果人们遵循联邦最高法院的解决方案,则借款人的优待可以这样来解释,即他自己的行为(与定作人在非法劳动情况中不同)并没有违反强行法规定或善良风俗。

就给付在于**约定债务**的情况,第817条第2句第2半句规定了不当得利障碍(Kondiktionssperre)的法律限制。因此,除抽象的债务允诺(Schuldversprechen,参见第52节边码4)外,还包括支票的签发。[108] 在此不当得利请求权必须继续得到允许,否则第817条第2句会推动不被允许的财产变动的最终实现。

43

参考文献:*Canaris*, Der Bereicherungsausgleich im Dreipersonenverhältnis, FS Larenz, 1973, 799; *Ehmann*, über den Begriff des rechtlichen Grundes im Sinne des § 812 BGB, NJW 1969, 398; *Ehmann*, Zur Causa- Lehre, JZ 2003, 702; *Giesen*, Grundsätze der Konfliktlösung im Besonderen Schuldrecht: Die ungerechtfertigte Bereicherung (Teil 1: Die Leistungskondiktion), JURA 1995, 169; *Kamionka*, Der Leistungsbegriff im Bereicherungsrecht, JuS 1992, 845 und 929; *Kupisch*, Zum Rechtsgrund i. S. des § 812 BGB bei Erfüllung, NJW 1985, 2370; *Kupisch*, Leistungskondiktion bei Zweckverfehlung, JZ 1985, 101 und 163; *Kupisch*, Rechtspositivismus im Bereicherungsrecht, JZ 1997, 213; *Kupisch*, Leistungsbeziehung »auf Kosten« des Bereicherungsgläubigers?, FS Heldrich, 2005, 275; *Lieb*, Nutzungs-

---

[105] BGH NJW 2015, 2406.
[106] So überzeugend BGHZ 201, 1 = NJW 2014, 1805 (1807) im Anschluss an *Tiedtke* DB 1990, 2307 (2309).
[107] *Medicus/Lorenz* SchuldR BT § 28 Rn. 8.
[108] 参见BGH NJW 1994, 187; diff. Staudinger/*Lorenz*, 2007, § 817 Rn. 24f. 。

möglichkeiten als Gegenstand von Bereicherungsansprüchen, NJW 1971, 1289; *S. Lorenz*, Bereicherungsrechtliche Drittbeziehungen, JuS 2003, 729 und 839; *Medicus*, Typen der Rückabwicklung von Leistungen, JuS 1990, 689; *Michalski*, Die analoge Anwendbarkeit des § 817 S. 2 außerhalb des § 817 S. 1 BGB, JURA 1994, 113 und 232; *Peters*, Die Erstattung rechtsgrundloser Zuwendungen, AcP 205 (2005), 159; *Schlinker*, Zur Kondiktion der Leistung bei Unkenntnis der Einrede aus § 275 II BGB, JA 2008, 423; *Schmidt- Recla*, Von Schneebällen und Drehkrankheiten- Vergleichende überlegungen zur Restitutionssperre des § 817 S. 2, JZ 2008, 60; *Tiedtke*, Die gegenseitigen Ansprüche des Schwarzarbeiters und seines Auftraggebers, DB 1990, 2307; *Thier*, Grundprobleme der bereicherungsrechtlichen Rückabwicklung gegenseitiger Verträge, JuS 1999, L 9; *Thomale*, Leistung als Freiheit, 2012; *Wazlawik*, § 817 Satz 2 BGB- Eine systemwidrige Vorschrift?, ZGS 2007, 336; *Weyer*, Leistungskondiktion und Normzweck des Verbotsgesetzes, WM 2002, 627; *Wilhelm*, Das Merkmal »auf Kosten« als notwendiges Kriterium der Leistungskondiktion, JuS 1973, 1. Vgl. auch die Nachweise zu § 53.

第55节 非给付型不当得利

1　　第812条第1款第1句第2选项以此种没有色彩的方式描述非给付型不当得利，即不当得利"以其他方式致他人损失"而发生。非给付型不当得利最重要的模型是**权益侵害型不当得利**。除此之外，**求偿型不当得利以及支出费用型不当得利**也具有一定意义。

2　　在与**给付型不当得利的关系**上，非给付型不当得利原则上具有从属性。[109] 就二者关系而言，这一点已经可以从法律的文义和体系中得出。如果受领人系因他人的给付而获得利益，则他还不能算是以其他方式造成他人损失而获得利益。[110]

---

[109] 参见 BGHZ 40, 272 (278); 56, 228 (240); BGH NJW 2005, 60; *Medicus/Petersen* BürgerlR Rn. 727; 批评观点见 *Larenz/Canaris* SchuldR II 2 § 67 IV 3。

[110] So treffend *Medicus/Petersen* BürgerlR Rn. 727; *S. Lorenz* JuS 2003, 729 (731).

在**多人关系**中这一状况的判断还要困难得多。也就是说,基于逻辑上的原因为此并不能排除,不当得利债务人通过其中某人的给付并以其他方式造成另外他人损害而获得利益。在这种情况中,非给付型不当得利的从属性虽然可以合理说明,给付受领人原则上只应面临给付提出者的请求权。然而,这里存在可以合理说明不同判断的上位考虑。因此,在多人关系中,**给付型不当得利的优先性**只是一个不考虑一些重要的价值判断就无法使用的**经验公式**(Faustformel)而已(参见第57节边码21及以下)。[111]

一、一般的权益侵害型不当得利(第812条第1款第1句第2选项)

1. 适用范围

权益侵害型不当得利的特征在于,不当得利债务人**为自身目的**未得许可地利用了**债权人受到保护的法律地位**,以造成债权人损失的方式增益了自己的财产。[112] 最重要的例子是使用、利用或者消费他人之物或他人的其他财产法益(Vermögensgut)。侵害他人的法律地位的行为大多是不当得利债务人自己实施的;不过,财产变动也可能是第三人的恣意(eigenmächtig)行为所导致的或者是在没有人类共同作用的情况下(比如因为自然事件或者动物行为)发生的。[113] 如果财产变动是由不当得利债权人自己的行为所导致的,则有关的是**支出费用型不当得利**(参见第55节边码37及以下)。[114]

3

示例:农民B的牛群吃光了邻居N的草坪。这里认定权益侵害型不当得利并不取决于,究竟是B或者第三人将这些动物赶到了草地上,还是这些动物在没有人协助的情况下从B那里逃脱、独立地跑到了N的草地上。[115] 相反,如果是N自己将牛群驱赶到了草地上,且并不希望借此增

---

[111] *Emmerich* SchuldR BT § 17 Rn. 18f.;*Medicus/Petersen* BürgerlR Rn. 727.
[112] 参见 BGHZ 107, 117 (120);Jauernig/*Stadler* § 812 Rn. 51。
[113] *Brox/Walker* SchuldR BT § 42 Rn. 3;*Schlechtriem* SchuldR BT Rn. 745.
[114] 参见 *Wieling/Finkenauer* BereicherungsR § 4 Rn. 10;Staudinger/*Lorenz*,2007,§ 812 Rn. 3。
[115] 参见 *Gursky* SchuldR BT 194;*Fikentscher/Heinemann* SchuldR Rn. 1471。

益B的财产(比如因为与自己的牛发生了混淆),则可以考虑的只有支出费用型不当得利。

4 权益侵害型不当得利还包括,债务人因第946条以及下条文规定的**附合**(Verbindung)、**混合**(Vermischung)或者**加工**(Verarbeitung)而获得他人对物的所有权的情况。虽然原所有权人在这里并不能请求恢复先前的状态(第951条第1款第2句)。不过,他可以基于第951条第1款第1句结合第812条第1款第1句第2选项、第818条第2款的规定享有金钱形式的报酬请求权。由于第951条第1款第1句包括对法律原因的参引(Rechtsgrundverweisung),因而必须检验第812条第1款第1句第2选项规定的权益侵害型不当得利请求权的要件(参见第57节边码22及以下)。[116]

示例:农民B将所有权人E的材料用于其房子的建造,因而根据第946条、第947条第2款的规定获得了这些材料的所有权。E根据第951条第1款第1句结合第812条第1款第1句第2选项的规定可以向B请求支付报酬。这属于权益侵害型不当得利的一种情况。相反,如果是E自己错误地将材料用到了B的房屋建造中,则属于支出费用型不当得利。

5 权益侵害型不当得利的其他特别情况还有出卖他人之物以及收取他人之债权。不过,这些情况可以在第816条中找到单独规定(参见第55节边码16及以下)。

2. 违法性说(Rechtswidrigkeitstheorie)与权益归属说(Zuweisungstheorie)

6 在权益侵害型不当得利上,恢复财产变动的内在原因长久以来一直存有争议。[117] 早些时候人们主要以侵害行为的**违法性**为标准。[118] 支持这种模式的论据为,权益侵害型不当得利与侵权法表现出了一定关联性(参见第53节边码4)。

然而,应当注意的是,在一些被承认的第812条第1款第1句第2选项的案例类型中,权益侵害并不是不当得利债务人的违法行为所造成的。

---

[116] BGHZ 17, 236 (238f.);41, 151 (159);*Medicus/Lorenz* SchuldR BT §63 Rn. 34.
[117] 参见 *Medicus/Petersen* BürgerlR Rn. 704ff.;*Reuter/Martinek* 234ff.。
[118] Grundlegend *F. Schulz* AcP 105 (1909), 1ff.

在那些因第三人或并无人类行为共同作用引起的财产变动中,尤其如此。[119] 从中我们也可以看出违法性标准本身不足以说明不当得利补偿的必要性。尤其是缺乏能够说明为何从债务人那里获得的刚好应当是债权人享有的利益的证据。因此,通说与所涉法律地位的**权益归属内容**(Zuweisungsgehalt)关联起来。根据主流意见,重要的是因权益侵害而获得的利益依法(von rechts wegen)不应由不当得利债务人,而应由不当得利债权人享有。[120]

示例(BGHZ 131, 297):在不法转租时,出租人并不能基于第812条第1款第1句第2选项对承租人享有返还因转租所获收益的请求权。这里承租人的行为虽然是违法的,但由于出租人自己并不能将租赁物转租给第三人,从承租人那里获得的财产利益在法律上亦并不应当归属于出租人。[121]

3. 一般权益侵害型不当得利请求权的要件

对权益侵害型不当得利内在原因的理论争议不仅具有理论意义,而且也反映在对第812条第1款第1句第2选项各个构成要件的理解上。

(1)受有利益

与给付型不当得利一样,在权益侵害型不当得利上债务人也必须已经**获得了利益**。详情可以参见那里所作的论述(参见第54节边码3及以下)。

(2)以其他方式造成债权人损失

根据权益归属说,在权益侵害型不当得利(以及其他非给付型不当得利)上,法律地位的权益归属内容将取代给付型不当得利的"因他人之给付"而获得利益的要件。[122] 因此,在实际法律适用时要检验的是,不当得利债务人是否因侵害某个**法律地位**而获得利益,且该法律地位的**经济利**

---

[119] Larenz/Canaris SchuldR II 2 § 69 I 1b; Medicus/Petersen BürgerlR Rn. 708.
[120] BGHZ 82, 299 (306); 99, 385 (387ff.); 107, 117 (120f.); BeckOK BGB/Wendehorst, 56. Ed. 1. 11. 2020, § 812 Rn. 122ff.; MüKoBGB/Schwab § 812 Rn. 287ff.; NK-BGB/v. Sachsen Gessaphe § 812 Rn. 81ff.
[121] So BGHZ 131, 297 (306); 另参见 Medicus/Petersen BürgerlR Rn. 707。
[122] BGHZ 82, 229 (306); 107, 117 (121).

用(Verwertung)根据现行法律制度完全是**为债权人保留的**。[123] 因此重要的是,发生问题的法律地位究竟能否进行经济利用,以及此种利用的获益在法律上是否刚好(且完全)应由债权人享有。[124]

①具有权益归属内容的法律地位

9 关于某个特定的法律地位是否可以进行经济利用,主流意见系根据**普遍的标准**进行评价。因此,它并不取决于相关法律地位的权利人自己是否会以具体方式利用这一法律地位。[125]

无论如何,**所有权和知识产权**(专利权、商标权、著作权等)可进行经济上的利用。**人格权的某些方面**同样如此。[126] 这在出于广告目的不法利用著名人物的姓名或肖像上具有实际意义。[127] 相反,被侵犯者在侵犯者发表秘密拍摄的照片或者虚构的采访时是否也享有权益侵害型不当得利请求权是有争议的。判例在这里仅将因侵害**一般人格权**而基于第 823 条第 1 款享有的损害赔偿请求权考虑进来了(参见第 61 节边码 7 及以下)。由于人格权侵害并不限于未取得对发表的同意,侵权法的适用被认为是合适的。[128]

示例:轻便摩托车生产商 H 为广告目的而发布了演员 Paul Dahlke (D)的照片,该照片被展示在由 H 生产的轻便摩托车上。D 并没有同意发布其照片。联邦最高法院肯定了支付通常报酬的权益侵害型不当得利请求权(第 812 条第 1 款第 1 句第 2 选项),考虑的是 D 本可能根据艺术圈中通行的做法将报酬的支付作为其同意的前提。[129]

---

[123] BGHZ 107, 117 (120)。

[124] *Emmerich* SchuldR BT § 17 Rn. 6。

[125] 参见 BGHZ 169, 340 (344) = NJW 2007, 689 (690)-Oskar Lafontaine; MüKoBGB/*Schwab* § 812 Rn. 289ff., 329 und § 818 Rn. 107。

[126] BeckOK BGB/*Wendehorst*, 56. Ed. 1. 11. 2020, § 812 Rn. 131。

[127] 参见 BGHZ 20, 345 (355); 81, 75 (77); BGH NJW 2013, 793-星期天的应召女郎; *Schlechtriem* SchuldR BT Rn. 750。

[128] *Steffen* NJW 1997, 10 (13f.); 批评观点见 BeckOK BGB/*Wendehorst*, 56. Ed. 1. 11. 2020, § 812 Rn. 125; *Emmerich* SchuldR BT § 17 Rn. 9; *Siemes* AcP 201 (2001), 202 (214ff.)。

[129] BGHZ 20, 345 (355)。

画报家 B 发表了秘密拍摄的摩纳哥公主卡洛琳娜(Caroline)的私人生活照。根据先前的判例,在这些情况中,因被侵害者一般来说并不愿意他人将这些照片公之于众,而是希望不受打扰地生活,基于权益侵害型不当得利的请求权因而不能成立。[130] 然而,联邦最高法院最近表示,因不法利用他人肖像而发生的不当得利请求权并不取决于,被拍摄者是否已经以及在所涉情形中本来是否会以支付费用为条件授权(Lizenzen)传播和公开再现其肖像。[131] 不过,不当得利请求权至少以肖像的"商业利用"为要件。为此,在报道交通事故的框架下发表某个事故受害人的肖像照片是不够的。[132]

性的自主决定权并不具有经济上的权益归属内容。[133]《妓女法》(ProstG,参见第 29 节边码 1)也不能改变这一点。 10

②不当得利请求权的当事人

权益归属内容的标准也使"**造成他人损失**"的要件得以具体化,因此使**不当得利债权人**的确定成为可能:根据这一标准,不当得利请求权应由有疑问的法律地位的经济利用在法律上所归属的主体享有。在所有权上即为所有权人(第 903 条第 1 句),在知识产权上则为各权利人。在此,不以发生财产减少为必要。[134] 11

只要不是取得人自己侵害了受到保护的法律地位,请求权相对人的身份就会发生疑问。在这个方面主流意见以**财产变动**的**直接性**为标准。根据通说,直接从不当得利债权人的财产中获得利益的才是不当得利债务人,仅是间接地通过第三人财产的弯路而获益的则非属不当得利债务人。[135] 这一点对给付链条中的不当得利补偿权(参见第 57 节边码 4)以 12

---

[130] 参见 BGHZ 26, 349 (353)-Herrenreiter; OLG Hamburg NJW-RR 1994, 990 (991)。
[131] BGHZ 169, 340 (344) = NJW 2007, 689 (690)-Oskar Lafontaine; dazu *Balthasar* NJW 2007, 664ff.;另参见 BeckOK BGB/*Wendehorst*, 56. Ed. 1. 11. 2020, § 812 Rn. 125。
[132] 参见 BGH NZV 2012, 374 (375)。
[133] BeckOK BGB/*Wendehorst*, 56. Ed. 1. 11. 2020, § 812 Rn. 126; *Larenz/Canaris* SchuldR II 2 § 69 I 1d.
[134] *Brox/Walker* SchuldR BT § 42 Rn. 6; *Emmerich* SchuldR BT § 17 Rn. 12.
[135] BGHZ 94, 160 (165); 99, 385 (390); BeckOK BGB/*Wendehorst*, 56. Ed. 1. 11. 2020, § 812 Rn. 134ff.; NK-BGB/*v. Sachsen Gessaphe* § 812 Rn. 88.

及给付型不当得利与非给付型不当得利之间的关系具有实际意义(参见第 57 节边码 23)。

深化:文献中有观点认为,直接性标准不仅在给付型不当得利上是不必要的,在权益侵害型不当得利上也是如此。[136] 在这个问题上这种反驳是无法排除的,因为事实上大多数结论借助其他论据(比如给付型不当得利的优先性)也可以说明。[137] 最后,重要的本来也并不是这些抽象的公式,而是其背后的利益评价。不过,这并不改变直接性标准在个案中能够极大地方便论证。

(3)无法律上原因

13 在权益侵害型不当得利上"无法律上原因"的要件同样也可以借助权益归属内容的学说来填补。如果不当得利债务人通过侵害他人的法律地位而获得了利益,则这一利益依法原则上应当属于该他人。因此,侵害(本身)即可表明无法律上原因这一要件。[138] 只有当债务人可以**法定保留事由**(Behaltensgrund)来支撑时,才可以考虑例外。[139]

14 在侵害所有权的情形中,保留事由可以从善意取得的规定(第 892 条以下条文、第 932 条及以下、《德国商法典》第 366 条等)中得出。也即从第 816 条第 1 款第 1 句中可以得出,取得人在此不应面临不当得利请求权(参见第 55 节边码 17)。

示例:A 将从 E 那里借来的自行车以 200 欧元的价格出售给善意的 D。由于 D 可以根据第 932 条的规定取得自行车的所有权,因而 E 并不享有第 985 条规定的所有物返还请求权。不过,想要通过第 932 条为善意取得人提供的保护不得因基于权益侵害型不当得利(第 812 条第 1 款第 1 句第 2 选项)赋予 E 对 D 的返还请求权而落空。从第 816 条第 1 款第 1 句中可以得出,在这个问题上 E 必须向 A 主张权利。

---

[136] So etwa MüKoBGB/*Schwab* § 812 Rn. 50; *Esser/Weyers* SchuldR BT I § 50 I 2.
[137] 参见 *Medicus/Petersen* BürgerlR Rn. 665。
[138] *Wieling/Finkenauer* BereicherungsR § 4 Rn. 17.
[139] 参见 BeckOK BGB/*Wendehorst*, 56. Ed. 1. 11. 2020, § 812 Rn. 138; MüKoBGB/*Schwab* § 812 Rn. 430. 合同上的法律原因在此可能并不存在,因为那时连侵害都不存在了。

对于**第946条及以下规定的所有权取得**,第951条第1款第1句表明,不当得利请求权并未被排除(参见第55节边码4)。与此相反,因**取得时效**发生的所有权取得并不具有实际意义,因为经过10年的时效取得期限(第937条第1款)后,不当得利返还请求权根据第195条、第199条第1款、第4款的规定肯定已经罹于消灭时效了。[140]

二、无权处分(第816条)

两种**权益侵害型不当得利的特别情况**被规定在第816条中:处分他人之物(第1款)与收取他人债权(第2款)。在第一种情况中还要继续区分,处分的实施究竟是有偿(第1句)还是无偿(第2句)。

1. 有偿的无权处分

(1)基本思想与竞合

第816条第1款第1句规定的情况是,无权利人对某个客体实施了对权利人发生效力的有偿处分。通过有效性要求第816条第1款第1句与**善意取得**的规定(尤其是第892条以下条文、第932条及以下)关联起来。这一规定的目的在于,使原所有权人就所有权的丧失取得一个债法性的补偿请求权。该请求权并不针对取得人,而是针对处分行为人。因此,第816条第1款第1句表明,善意取得对取得人来说属于第812条第1款第1句意义上取得利益的保留事由(参见第55节边码14)。

第816条第1款第1句的规定作为特别规范优先于一般权益侵害型不当得利(第812条第1款第1句第2选项)。除此之外,还可以行使从权利人和无权处分人之间存在的**合同**(比如借贷、保管)或者从**侵权行为**(尤其是第823条第1款:所有权侵害)中产生的损害赔偿请求权。从**无因管理**中产生的请求权亦是如此。在此,第687条第2款规定的越权的无因管理(Geschäftsanmaßung 参见第45节边码3)尤其具有意义。

(2)存在有偿的处分行为

第816条第1款第1句规定的请求权以存在**处分行为**为要件。处分

---

[140] MüKoBGB/*Schwab* § 812 Rn. 430; Staudinger/*Lorenz*, 2007, Vor § 812 Rn. 38.

行为的概念应当根据一般原则确定。也就是说，包括所有直接引起既存权利移转、设定负担、变更或者废止的法律行为[141]，比如第929条及以下规定的动产让与。

深化：第816条第1款第1句对于强制执行过程中的处分（比如法院执行人员对不属于债务人的物的扣押和拍卖）并不适用，因为在这个地方涉及的并非法律行为性的处分，而是国家的职权行为。物的所有权人可以用第三人异议之诉（《德国民事诉讼法》第771条）来防御强制执行。如果法院执行人员已经将物拍卖并且向债权人交出了收益，则物先前的所有权人基于一般的权益侵害型不当得利的规定（第812条第1款第1句第2种情形）享有交出收益的请求权。[142]

在文献中有部分学者主张将第816条第1款第1句类推适用到无权**出租**或用益租赁上。[143] 应当拒绝这种观点，因为第816条第1款第1句的保护目的（为因善意取得而失去权利的人创造一个补偿）并不适合无权出租或用益租赁，因为这里善意"取得"不被考虑。除此之外，在第三人无权对某物实施出租或者用益租赁时，所有权人已经通过有关所有人—占有人关系的规定（第987条及以下）得到了充分保护。[144]

从第816条第1款第2句中可以得出处分必须是**有偿**的反面推论。也就是说，取得人必须已经提出或者应当提出对待给付。[145]

(3) 处分人无处分权

20　　处分必须由**无权处分人**实施。处分权应当根据一般物权法的规定来判断。根据这些规定有权实施处分的原则上是所有权人。[146] 如果所有权人根据第185条第1款的规定授予了第三人相关权利，则第三人可以

---

[141] BeckOK BGB/*Wendehorst*, 56. Ed. 1. 11. 2020, § 816 Rn. 5；PWW/*Prütting* § 816 Rn. 4.

[142] BGHZ 32, 240（244f.）；100, 95（99ff.）；MüKoBGB/*Schwab* § 816 Rn. 23；Staudinger/*Lorenz*, 2007, § 816 Rn. 12.

[143] So *Esser/Weyers* SchuldR BT I § 50 II 2a；*Emmerich* SchuldR BT § 17 Rn. 23.

[144] *Larenz/Canaris* SchuldR II 2 § 69 II 1d；MüKoBGB/*Schwab* § 816 Rn. 13；*Chelidonis* JURA 2019, 695(699).

[145] 参见 BeckOK BGB/*Wendehorst*, 56. Ed. 1. 11. 2020, § 816 Rn. 9。

[146] 关于一个例外参见 MüKoBGB/*Schwab* § 816 Rn. 28：对设定了负担的所有权的处分。

如权利人一般对物进行处分。[147] 那样第816条第1款第1句就不适用了。

深化：如果行纪人(Kommissionär《德国商法典》第383条)将并不属于委任人(Kommittenten)所有的某物出售给了第三人，可以提出的问题是，何人应当视为无权处分人，并因此是不当得利请求权的债务人：行纪人还是委托人。这一问题因行纪人作为间接代理人系以自己的名义为他人之计算从事行为而产生。[148] 根据主流意见，这完全取决于行纪人系以自己的名义实施处分行为。[149] 反对意见正确地指出，对第三人的价款债权根据《德国商法典》第392条第2款的规定归属于行纪人。由于在此涉及的是"所获利益"(Erlangte)，因而请求必须针对委托人。[150] 另外，根据主流意见，对行纪人的请求权大多会因行纪人根据第818条第3款的规定主张已将所获收益交给委托人而不能成立。[151]

(4)处分的有效性

处分行为必须对权利人发生效力。也就是说，必须发生了**善意取得** 21
(比如根据第892条、第932条、第2366条)。

如果取得人为恶意或者该物是从所有权人那里盗取的，则排除善意取得。因此，所有权人基于第985条的规定对取得人享有返还请求权。基于第816条第1款第1句的规定对处分行为人的请求权则不被考虑。

因此，在善意取得不能成立时，权利人可能也对向无权处分人行使权 22
利有兴趣。这一点可以这样来实现，即权利人依第185条第2款第1句的规定对处分行为进行**追认**，并向无权处分人行使第816条第1款第1句规定的不当得利请求权。[152] 基于追认的溯及力，严格来讲并不存在无权利

---

[147] Erman/*Buck-Heeb* § 816 Rn. 7；*Reuter/Martinek* 293.
[148] 参见 *Brox/Walker* BGB AT § 24 Rn. 8。
[149] OLG Karlsruhe WM 2003，584 (585)；Palandt/*Sprau* § 816 Rn. 9.
[150] So überzeugend *Larenz/Canaris* SchuldR II 2 § 69 II 1e.
[151] BGHZ 47，128 (131)；Palandt/*Sprau* § 816 Rn. 9.
[152] 参见 BGHZ 56，131 (133ff.)；BeckOK BGB/*Wendehorst*，56. Ed. 1. 11. 2020，§ 816 Rn. 12ff. 。

人的处分行为。尽管如此，第 816 条第 1 款第 1 句根据其旨意和目的仍然是适用的。不过，由于买受人基于追认有效地获得了所有权，权利人将会失去基于第 985 条享有的请求权。

示例：D 从 A 的古董商店里盗取了一块来自 17 世纪的怀表（价值 1 万欧元），并以 2000 欧元的价格卖给了一个日本游客 T。T 因第 935 条第 1 款的规定不能善意取得怀表的所有权，A 可以根据第 985 条的规定向其请求返还该怀表。相反，依第 816 条第 1 款第 1 句的规定可能对 D 享有的请求权则因缺乏有效的处分行为而不能成立。不过，A 可以依第 185 条第 2 款的规定追认处分行为，然后根据第 816 条第 1 款第 1 句的规定向 D 请求返还所获利益。虽然 A 将因此而失去怀表的所有权，但这样的处理方式也还是有意义的，比如在 D 被逮到且 T 已经返回日本而下落不明时。

23　　追认并不总是需要以明示方式作出。如果所有权人向无权处分人请求返还所获利益，则从中可以看出**默示的追认**。[153] 进行追认的机会并不因取得人在此期间已经因附合、混合或者加工而根据第 946 条及以下的规定获得被出售之物的所有权而丧失。[154]

示例（BGHZ 56, 131）：不明人士在 F 公司里盗取了价值 6 万欧元的皮革。一部分皮革已经被善意的皮革批发商 L 取得，并以 2 万欧元的价格转售给了手工业者 H。H 将皮革加工成了手套。F 向 L 请求返还 2 万欧元。有无道理？

应当检验的是第 816 条第 1 款第 1 句规定的请求权。由于皮革是盗取的，L 不能善意地取得皮革所有权（第 935 条第 1 款）。也就是说，L 将皮革出售给 H 系作为无权利人对皮革实施了处分。这一处分根据第 935 条第 1 款的规定是无效的。然而，通过向 L 行使权利，F 可能已经根据第 185 条第 2 款的规定有效地追认了该处分行为。在 H 因加工（第 950 条）获得皮革所有权后，F 在追认的时刻即不再拥有处分权。不过，追认

---

[153] 参见 Jauernig/*Stadler* § 816 Rn. 6。
[154] 参见 BGHZ 56, 131 (133ff.)；Staudinger/*Lorenz*, 2007, § 816 Rn. 10。

机会取决于无权利人实施处分行为时的处分权。由于这一要件已经具备，F基于第816条第1款第1句的规定对L享有请求返还2万欧元的请求权。

(5) 返还因处分行为而获得的利益

如果第816条第1款第1句规定的要件具备，则权利人可以请求返还因处分行为而获得的利益。请求权的准确内容是有争议的。主流意见认为，请求权是以**对待给付**（也即所获利益）为对象。[155] 根据少数说，负担的仅是**价值赔偿**（第818条第2款）。[156] 观点的争议对于收益超出出售物客观价值的情况具有实际意义。反之，在取得的收益少于客观价值时，这一问题因善意的无权利人（如果人们以较高的价值为标准）根据第818条第3款的规定可以主张得利已经丧失而有所缓和。[157]

示例（RGZ 138, 45）：艺术品经销商K从不明人士U那里以市场价值2万欧元的价格购买了一幅画，并将它以2万5千欧元的价格转售给了艺术品爱好者L。其后发现，该幅画是从E的别墅里盗取的。E追认了K的处分行为并向其请求返还所获利益。根据通说，E享有请求返还数额为2万5千欧元收益的请求权。根据反对意见，请求权应以该幅画的价值（2万欧元）为限。如果K只取得了1万5千欧元的价款，则根据通说这就是所得利益。反对意见在此也坚持必须以该幅画的价值为标准。不过，K可以根据第818条第3款的规定主张他在5千欧元的范围内已经不再获有利益。

支持主流意见的**首先**是第816条第1款第1句的文义。然而，文义的论据并不是强制性的。因为通过处分行为（在艺术品经销商案中移转该幅画的所有权），无权利人获得的准确来说并不是价款，而是被免于移转物的所有权的义务。由于这一不当得利请求权的客体不能以原有形式（in Natur）被请求返还，价值补偿请求权（第818条第2款）似乎是前后

---

[155] So BGHZ 29, 157 (159ff.); 75, 203 (206); Palandt/*Sprau* § 816 Rn. 10.
[156] So MüKoBGB/*Schwab* § 816 Rn. 44ff.; *Medicus/Petersen* BürgerlR Rn. 723.
[157] 参见 Staudinger/*Lorenz*, 2007, § 816 Rn. 23。

一致的。[158] 少数观点也并不必然导致不恰当的结果。如果处分人**知悉自己无处分权**,则其本来就应根据第 687 条第 2 款的规定返还所得收益了(参见第 45 节边码 3)。[159]

26   最重要的是,在**善意转售**的情况中,多出的收益究竟应当由无权利人还是由所有权人享有。支持无权利人优先的论据有,多出的收益通常是以其特别经营能力(Geschäftstüchtigkeit)为基础的。[160] 相反观点则提出,将物品出售完全是所有权人的事情,所有权的归属内容也包括通过出售赚取的利润。[161] 因此,最终还是应当赞同主流意见。

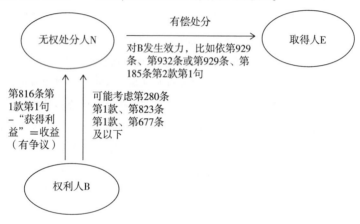

图 6-1　第 816 条第 1 款第 1 句的结构

(6)第 818 条第 3 款规定的返还义务限制

27   无权利人不能根据**第 818 条第 3 款**对第 816 条第 1 款第 1 句规定的请求权主张,他没有在全部利润范围内获得利益,因为他自己已经为该物支付了**价款**。因为在转售之前,这一抗辩本来也不能对抗所有权人基于第 985 条享有的返还请求权。也就是说,无权利人

---

[158] *Medicus/Petersen* BürgerlR Rn. 723;批评观点见 *Larenz/Canaris* SchuldR II 2 § 72 I 2a。
[159] 关于这一论点见 Staudinger/*Lorenz*, 2007, § 816 Rn. 23。
[160] Hierauf abstellend *Medicus/Petersen* BürgerlR Rn. 723.
[161] 参见 Erman/*Buck - Heeb* § 816 Rn. 20; *Wieling/Finkenauer.* BereicherungsR § 4 Rn. 34。

就其根据第433条及以下支付的价款必须与自己的合同当事人协商。[162]

无权利人可以他已经以自己的费用**提高了出售物的价值**来对抗权利人。[163] 然而,主流意见认为,无权利人只有在第994条及以下规定的条件下(也即原则上在恶意时)才能投入这些费用。[164] 赞同进行限制的论据为,支出费用的赔偿不应当取决于无权处分人究竟系基于第985条还是基于第816条第1款第1句行使权利。

示例:在艺术品经销商案(参见第55节边码24)中,E基于第816条第1款第1句的规定对K享有支付2万5千欧元的请求权。K自己向U支付了2万欧元的情况在此应当不予考虑。不过,如果K在转售给L之前已经花费1500欧元用于修复该幅画,则他可以在满足第994条及以下要件的情况下扣除这一金额。[165]

2. 无权利人的无偿处分行为

如果无权利人将物的所有权**无偿**地(比如基于赠与)移转给了善意第三人,则他并没有从处分行为中获益。因此,权利人基于第816条第1款第1句的规定对无权处分人可能享有的请求权即被排除。第816条第1款第2句通过赋予权利人**对取得人**返还所得利益(也即处分之客体)的请求权来代替。[166] 因此,善意取得人在此并非确定地需要返还不当得利(konditionsfest)。其原因在于,无偿取得人似乎并不那么值得保护。[167] 在与无权处分人的关系上还可以考虑基于合同(第280条第1款)、侵权行为(第823条第1款)或者无因管理(第677条及以下)的请求权。

---

[162] BGHZ 14, 7 (9); 55, 176 (179f.); *Medicus/Petersen* BürgerlR Rn. 725.
[163] Staudinger/*Lorenz*, 2007, § 816 Rn. 25; *Medicus/Petersen* BürgerlR Rn. 724.
[164] MüKoBGB/*Schwab* § 816 Rn. 47, 56; *Larenz/Canaris* SchuldR II 2 § 72 I 2b, § 73 I 5d.
[165] 参见 RGZ 138, 45 (50) (zu § 687 II)。
[166] 关于请求权的内容参见 NK-BGB/*v. Sachsen Gessaphe* § 816 Rn. 23。
[167] 参见 BGHZ 37, 363 (369); Erman/*Buck-Heeb* § 816 Rn. 12。

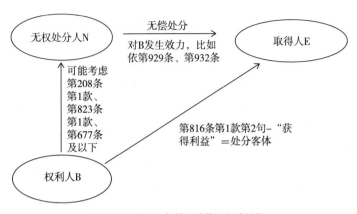

图 6-2 第 816 条第 1 款第 2 句的结构

29　　根据较早文献中的观点[168]，如果第三人有偿但**无法律上原因**（比如基于无效的买卖合同）地取得某物，则第 816 条第 1 款第 2 句的规定是可以类推适用的。支持这种类推的论据似乎为，无法律上原因而取得某物的人同样并不负担对待给付义务。然而，有偿但无法律上原因的取得人应当要比无偿取得人更值得保护。当有偿但无法律上原因的取得人已经提出自己的给付时，尤其是这样。因此，主流意见认为，无法律上原因的给付完全应当在处分人与第三人的关系中进行清算。因此，权利人不能直接向第三人行使权利；确切地说，他应当根据第 816 条第 1 款第 1 句的规定向处分人寻求救济。在此权利人对处分人的请求权以返还基于第 812 条第 1 款第 1 句第 1 选项而对第三人享有的不当得利请求权为对象（所谓的**双重不当得利**）。[169]

深化：无权利人在与第三人之间的不当得利清算中是否获得所有权，是有争议的（无权利人的回复所有权问题）。这一问题的原因在于，权利人在此期间失去了对物的所有权，而由善意第三人取得。因此，第三人可以根据第 929 条的规定将所有权"回复"（zurück）移转给无权利人。因此，无权利人的地位自然要好过未成功转售之前的状况。由于这似乎并

---

[168]　*Grunsky* JZ 1962, 207ff.；关于特殊案情参见 BGHZ 37, 363 (368ff.)。
[169]　参见 MüKoBGB/*Schwab* § 816 Rn. 61；*Brox/Walker* SchuldR BT § 42 Rn. 27。

不公平,主流意见赞同所有权自动回复到原所有权人身上。不过,支持的理由并不相同。更值得赞同的似乎是,在目的限缩的过程中限制有关善意取得的规定(第 932 条及以下的规定),因为无权利人在这个地方是不值得保护的。[170]

3. 向无权利人为给付

《德国民法典》包括一些规定,根据这些规定某项债权消灭,尽管债务人不是向权利人,而是向无权利人提出给付。第 407 条规定的最大意义在于,债务人在**不知悉**(债权)已经让与的情况下向原债权人提出了给付(参见第 52 节边码 53 及以下)。其他例子则可以在第 370 条、第 408 条、第 409 条(参见拙著《债法总论》第 17 节边码 6、第 52 节边码 58、边码 62)以及第 566c 条及以下(参见第 23 节边码 28)、第 851 条、第 893 条、第 2367 条、第 2368 条第 2 句、第 2370 条中找到。[171]

如果给付对债权人来说是有效的,则受领人以造成权利人损失的方式获得了财产利益。由于相关规定完全旨在**保护债务人**,因而受领人应当根据第 816 条第 2 款的规定向权利人返还所受之利益。

示例:N 是对 S 享有数额为 2 万欧元债权的权利人,①他将这个债权让与给了 B 银行,②S 在不知悉让与的情况下将 2 万欧元支付给了 N,③则根据第 407 条的 1 款的规定,B 银行必须承受这一点。不过,B 银行基于第 816 条第 2 款的规定对 N 享有返还 2 万欧元的请求权。

如果债权人并不需要根据上面列举的某个规定承受向无权利人所为的给付,则他可以在事后依第 185 条第 2 款结合第 362 条第 2 款的规定通过**追认**使给付发生效力(参见拙著《债法总论》第 17 节边码 5)。[172] 如果对无权利人的请求权显得更好实现(比如因为债务人在此期间破产了),则这种处理方式是有意义的。

30

31

---

[170] 参见 Staudinger/*Lorenz*,2007,§ 816 Rn. 22;aA MüKoBGB/*Oechsler* § 932 Rn. 25f. 。
[171] 参见 MüKoBGB/*Schwab* § 816 Rn. 84。
[172] 参见 BGHZ 85,267(272f.);*Larenz/Canaris* SchuldR II 2 § 69 II 3d。

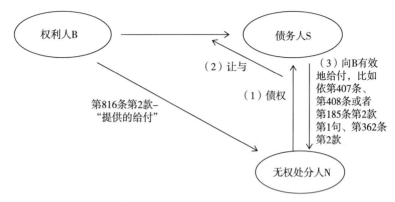

图 6-3　第 816 条第 2 款的结构

三、第 822 条规定的直索型不当得利（Durchgriffskondiktion）

1. 教义学基础

32 　　权益侵害型不当得利的另一种特别情况被规定在第 822 条中：所谓的**直索**型不当得利。这一规定与某个**根据其他规定成立的不当得利请求权**（所谓的原不当得利请求权）相关联。原不当得利请求权必须因受领人已将所获利益无偿转交第三人并因此能够成功地主张得利之丧失（第 818 条第 3 款）而不能成立。由于第三人基于取得的无偿性似乎并不那么值得保护，他应当根据第 822 条的规定将所获利益返还给不当得利债权人。

　　示例：E 通过 L 的给付获得了某个价值连城首饰的所有权和占有。E 将该首饰赠送给女儿 D。事后发现，E 与 L 之间的负担行为无效。

　　L 基于第 812 条第 1 款第 1 句第 1 选项、第 818 条第 2 款的规定可能对 E 享有首饰的价值补偿请求权。由于 E 已经将首饰无偿转交给其女儿，因此这一请求权根据第 818 条第 2 款的规定被排除了。不过，作为替代，L 基于第 822 条的规定对 D 享有返还首饰的请求权。

33 　　从教义学的角度来看，第 822 条规定的请求权表现出了如下**特殊性**，即给付型不当得利请求对权益侵害型不当得利请求权（参见第 55 节边码 2）的优先性并不适用。此外，不当得利债权人与不当得利债务人间财产变动的直接性要求(参见第 55 节边码 12)也被放弃了。[173]

第 822 条允许向第三人直接行使请求权与第 816 条第 1 款第 2 句一样(参见第 55 节边码 28)都是基于**无偿取得人并不那么值得保护**的考虑。不过,除此之外两个规定之间存在一些明显差异。第 816 条第 1 款第 2 句以无权利人的处分行为为要件,而在第 822 条规定的情况中第三人是从权利人那里取得利益的,该第三人仅会面临一个债法上的不当得利请求权。[174]

尽管体系位置上存在一定问题,第 822 条仍是一个**独立的请求权基础**。因此,对不当得利法的法律效果引引不得包括这一规定本身。[175] 不过,主流意见也将第 822 条应用到赠与人依第 528 条第 1 句因贫困(Verarmung)而根据不当得利法请求返还赠与的情况(参见第 18 节边码 21)。[176] 这一点可以这样来解释,即第 822 条的利益评价在这里也是适合的。

2. 请求权的具体构成要件

第 822 条规定的请求权首先要求,以债权人根据原因而对其他人享有不当得利请求权为要件。**原不当得利请求权**可以从任意不当得利法要件中产生。可以考虑也有基于第 816 条第 1 款第 1 句而享有的请求权。

此外,还必须要求受领人已经将不当得利之客体**无偿**地给予了第三人,处于中心位置的是赠与或者遗赠。不过,配偶关系中所谓的未具名的增益(unbenannte Zuwendungen 参见第 18 节边码 23)也被包括在内。[177]

基于无偿的给予行为,受领人返还不当得利的义务被排除了。要件因此是,受领人可以根据第 818 条第 3 款的规定主张**得利的丧失**。在第 818 条第 4 款、第 819 条规定的受领人的加重责任上(比如因为恶意),第 818 条第 3 款并不适用(参见第 56 节边码 23)。因此,债权人还要继续向

34

35

36

---

[173] 参见 *Tommaso/Weinbrenner* JURA 2004, 649f.。
[174] 关于这一差别见 *Medicus/Lorenz* SchuldR BT § 64 Rn. 13.
[175] 关于问题的提出见 *Tommaso/Weinbrenner* JURA 2004, 649 (650)。
[176] 参见 BGHZ 106, 354 (356ff.); *MüKoBGB/Koch* § 528 Rn. 8.
[177] BGH NJW 2000, 134 (136).

(第一个)受领人寻求救济。基于第 822 条对第三人享有的请求权因此被排除了。也就是说,在与原不当得利请求权的关系上,第 822 条是**从属性**的。[178]

深化:如果债权人因为(第一个)受领人已经破产而不能对其实现原不当得利请求权,则第 822 条规定的从属性就会出现问题。在这种情况中,受领人的恶意会对债权人产生不利影响。为避免这种结果,新近的大部分文献都希望将第 822 条规定的从属性限于原不当得利请求权事实上不能实现的情况。[179] 然而,法律的文义("义务……被排除")以及第 822 条的功能则反对使债权人就与第 818 条第 2 款的适用相关联的权利丧失获得一个补偿权。[180]

四、支出费用型不当得利

37　　支付费用型不当得利是第 812 条第 1 款第 1 句第 2 选项在一般的权益侵害型不当得利之外最为重要的适用类型。[181] **费用**是指为保持、改良或者恢复某物而支出的花费(参见拙著《债法总论》第 14 节边码 2)。如果某物并不处于费用支出人的所有权中,则他人(所有权人)因此获得了财产利益,他必须根据第 812 条第 1 款第 1 句第 2 选项的规定返还这一财产利益。

示例:G 在一块土地上建造了一栋房子。他错误地认为自己是土地的所有权人。但后来查明,该块土地属于 E。

E 在这里已经依第 946 条、第 94 条第 1 款的规定获得房子的所有权,因此必须根据第 951 条第 1 款第 1 句结合第 812 条第 1 款第 1 句第 2 选项的规定向 G 支付报酬。由于财产变动是 G 自己行为造成的,故属于支出费用型不当得利请求权(参见第 55 节边码 3 及以下)。

---

[178] BGH NJW 1969, 605; 1999, 1026 (1028); Palandt/*Sprau* § 822 Rn. 1.

[179] 参见 *Medicus/Lorenz* SchuldR BT § 67 Rn. 34; *Tommaso/Weinbrenner* JURA 2004, 649 (656)。

[180] BeckOK BGB/*Wendehorst*, 56. Ed. 1. 11. 2020, § 822 Rn. 9; *Reuter/Martinek* § 8 IV 2.

[181] *Brox/Walker* SchuldR BT § 42 Rn. 12ff.; *Wieling/Finkenauer*, BereicherungsR § 4 Rn. 26ff.

支出费用型不当得利与权益侵害型不当得利一样,均以不当得利并 38
非因不当得利债权人的**给付**引起为前提,否则即应适用给付型不当得利
的优先性原则。

示例:建筑商(Bauunternehmer)U 基于与开发商(Bauherrn)的承揽合
同将自己的建筑材料用到了 B 的房屋建造上。其后发现该承揽合同无
效。U 是有意识地基于一定目的增加了 B 的财产。因此,可以考虑的仅
有给付型不当得利。由于这里 B 的所有权取得也系依法定方式实现(第
946 条结合第 94 条第 2 款),判例适用的是第 951 条第 1 款第 1 句结合第
812 条第 1 款第 1 句第 1 选项。[182] 相反,根据通说,第 812 条第 1 款第 1
句第 1 选项是直接相关的。[183] 不过,恢复原有状态的请求权根据通说则
被排除了(第 951 条第 1 款第 2 句的类推适用)。

在其他情况中应当注意的是,支出费用型不当得利会因一些有关费 39
用赔偿的更特别规定而被排斥。因而,有关**无因管理**(第 683 条第 1 句、
第 670 条或者第 684 条第 1 句、第 818 条及以下)所生费用赔偿的规定优
先于第 812 条第 1 款第 1 句第 2 选项的规定而适用。根据主流意见,在**所
有人-占有人关系**中,第 994 条及以下的规定也排除一般的支出费用型不
当得利。[184] 这一点绝对具有实践意义,因为对不必要费用的赔偿请求权
在第 996 条的规定中明显受到了限制。

深化:在房屋建造案(参见第 55 节边码 37)中,如果人们认为,E 是土
地所有权人,而 G 是无权占有人,则支出费用型不当得利根据主流意见被
第 994 条及以下所排斥。[185] 因此,根据较为妥当的反对意见,第 994 条及
以下的优先性并不适用于第 951 条第 1 款第 1 句规定的情况,否则占有人
与非占有人相比即受到了歧视。[186] 对不当得利请求权的必要限制可以
通过有关强迫得利(aufgedrängte Bereicherung)的规则(参见第 56 节边码

---

[182] 参见 BGHZ 40, 272 (276);BGH NJW 1989, 2745 (2746)。
[183] So Palandt/*Herrler* § 951 Rn. 2; Erman/*Ebbing* § 951 Rn. 3.
[184] 参见 *Emmerich* SchuldR BT §17 Rn. 32; *Wieling/Finkenauer* BereicherungsR §4 Rn. 29。
[185] BGHZ 41, 157 (158ff.); BGH NJW 1996, 52; Palandt/*Herrler* §951 Rn. 2.
[186] *Medicus/Petersen* BürgerlR Rn. 897; *Larenz/Canaris* SchuldR II 2 §74 I 3.

10) 来实现。

40　　如果我们遵循主流意见的观点,则支出费用型不当得利仅具有**很小的适用空间**。婶婶继承案(参见第 54 节边码 28)则是一个例外。第 994 条及以下的规定于此并不适用,因为基于用益租赁合同,N 在建造建筑物的时候是土地的有权占有人。

五、求偿型不当得利(Rückgriffskondiktion)

41　　大部分文献都将求偿型不当得利作为非给付型不当得利的另外一种形式。[187] 于此也存在大量应予**优先适用的特别规定**,如为求偿权利人的利益规定了法定的债权移转(比如第 268 条第 3 款、第 426 条第 2 款、第 774 条、第 1143 条第 1 款、第 1150 条)或者独立的补偿请求权(比如第 426 条第 1 款)。[188] 因此,求偿型不当得利最重要的适用情况可能只剩下并不享有第 268 条意义上偿还权(Ablösungsrecht)的第三人支付他人债务(第 267 条)了。

1. 支付他人之债务

42　　如果被支付的是他人债务,则首先要检验的是第三人的行为是否系基于**委任**而实施。[189] 在这种情况下他可以根据第 670 条的规定请求费用赔偿。如果不存在委任,则有关**无因管理**的规则(在与第 812 条第 1 款第 1 句第 2 选项的关系上同样具有优先性)也许是可以适用的。在正当的无因管理中,第三人的补偿请求权应当根据第 683 条第 1 句、第 670 条的规定确定。在不正当的无因管理中,第 684 条第 1 句参引了不当得利法。不过,如果人们与主流意见一样以法律效果参引为出发点(参见第 44 节边码 9),则刚好并不考虑第 812 条第 1 款第 1 句第 2 选项的要件。因此,在结果上应当坚持:只要第三人是以为他人管理事务的意思实施行为,求偿型不当得利即不再有任何适用空间。

43　　如果第三人错误地认为**自己存在义务**,则对他人债务的支付即非以

---

[187]　参见 Medicus/Lorenz SchuldR BT §66 Rn. 6; Emmerich SchuldR BT §17 Rn. 34ff.
[188]　参见 Brox/Walker SchuldR BT §42 Rn. 8; Medicus/Lorenz SchuldR BT §66 Rn. 7。
[189]　Ausf. dazu Medicus/Petersen BürgerlR Rn. 946f.

为他人管理事务的意思实施。不过,由于在这种情况下第三人并不具有为他人清偿的意思,本来的债务人也并不因这一支付行为而被免于给付义务(参见拙著《债法总论》第12节边码8)。债务人并没有获得利益,因此,第三人的求偿型不当得利请求权不能成立。因此,第三人必须在给付型不当得利(第812条第1款第1句第1选项)的途径中向支付受领人(也即债权人)寻求救济。[190]

2. 清偿确定的变更

如果第三人错误地履行了他人债务,则根据主流意见,他可以在事后变更**清偿的确定**。[191] 债务人对债权人的给付义务在发生这种变更时消灭。由于债务人借此获得了债务免除的利益,根据第812条第1款第1句第2选项的规定,他对第三人负担补偿义务。从教义学上看这属于求偿型不当得利的一种情况。

示例:园艺工人G在小花园主人K那里铺设了"保证不长蘑菇"的草坪卷。此后不久草坪上出现了严重的蘑菇侵害。由于草坪的外观受到严重损害,在K的请求之下G支出100欧元的费用清除了那些蘑菇。后来查明,蘑菇孢子并非位于草坪卷中,而是在K从生产者H那里购买的草坪肥料中。

G本来希望以清除蘑菇来履行自己负担的债务,因此他基于给付型不当得利(第812条第1款第1句第1选项)对K享有赔偿100欧元的请求权。K根据第437条第3项、第280条第1款的规定对H享有赔偿费用的请求权。G事后确定,其给付关联的是H的债务,则K对H的赔偿请求权即行消灭,作为对K的给付型不当得利请求权的替代,G基于第812条第1款第1句第2选项的规定获得一个对H的求偿型不当得利请求权。

变更清偿确定的权利处于**诚实信用**原则的但书限制之下。因此,如果真正债务人的状况因此而恶化,这一权利即不再能行使。

---

[190] 参见 BGHZ 137, 89 (95f.); *Medicus/Lorenz* SchuldR BT § 66 Rn. 9。
[191] 参见 BGH NJW 1986, 2700 (2701); *Larenz/Canaris* SchuldR II 2 § 69 III 2c;其他观点见 MüKoBGB/*Krüger* § 267 Rn. 12; *Medicus/Petersen* BürgerlR Rn. 951。

参考文献: *Balthasar*, Eingriffskondiktion bei unerlaubter Nutzung von Persönlichkeitsmerkmalen- La- fontaine in Werbeannonce, NJW 2007, 664; *Blaschczok*, § 816 II BGB im Mehrpersonenverhältnis, JuS 1985, 88; *Canaris*, Gewinnabschöpfung bei Verletzung des allgemeinen Persönlichkeitsrechts, FS Deutsch, 1999, 85; *Ellger*, Bereicherung durch Eingriff, 2002; *Giesen*, Grundsätze der Konfliktlösung im Besonderen Schuldrecht: Die ungerechtfertigte Bereicherung (Teil 2: Nichtleistungskondiktionen), JURA 1995, 234; *Grunsky*, Bereicherungsansprüche bei rechtsgrundloser Verfügung eines Nichtberechtigten, JZ 1962, 207; *Hager*, Die Leistung an den Nichtberechtigten, FS Martinek, 2020, 289; *Hüffer*, Die Eingriffskondiktion, JuS 1981, 263; *Jülich*, Obligatorische Schwäche dinglicher Rechte am Beispiel von § 816 I 2 BGB, JA 2012, 326; *Knütel*, § 822 BGB und die Schwächen unentgeltlichen Erwerbs, NJW 1989, 2504; *Linardatos*, Die Kondiktionstatbestände des § 816 BGB, JA 2018, 102 und JA 2018, 184; S. *Lorenz*, Grundwissen- Zivilrecht: Die besonderen Eingriffskondiktionen nach § 816 BGB, JuS 2018, 654; W. *Lorenz*, Gläubiger, Schuldner, Dritte und Bereicherungsausgleich, AcP 168 (1968), 286; *Petersen*, Die Leistung an den Nichtberechtigten, JURA 2010, 281; *Schilken*, Zur Bedeutung des § 822 BGB, JR 1989, 363; *F. Schulz*, System der Rechte auf den Eingriffserwerb, AcP 105 (1909), 1; *Siemes*, Gewinnabschöpfung bei Zwangskommerzialisierung der Persönlichkeit durch die Presse, AcP 201 (2001), 202; *Thielmann*, Gegen das Subsidiaritätsdogma im Bereicherungsrecht, AcP 187 (1987), 23; *Tommaso/Weinbrenner*, Bereicherungsrechtliche Mehrpersonenverhältnisse nach § 822 BGB, JURA 2004, 649; *Westermann*, Bereicherungshaftung des Erwerbers gestohlener Sachen: Zur » Subsidiarität « der Eingriffskondiktion- BGHZ 55, 176, JuS 1972, 18. Vgl. auch die Nachweise zu § 53.

第56节 不当得利请求权的内容与范围

1 根据第812条第1款第1句的规定,不当得利请求权首先与不当得利债务人无基于法律原因**获得的利益**相关联。在第816条第1款第1句的特别情况中,债务人必须返还因处分行为获得的利益(参见第55节边码24及以下)。不当得利请求权内容和范围的详细情况被规定在第818条及以下中。

一、返还用益与替代物(第818条第1款)

第818条第1款将不当得利债务人的返还义务扩张到**用益**(Nutzungen)和**替代物**(Surrogate)上。依第100条的规定,用益主要涉及物或者权利的孳息以及使用利益(比如,居住于房屋或者使用机动车)。[192] 返还义务原则上限于事实上收取的用益。[193] 如果违反正常的经济规则而没有收取(应当收取的)用益,则债务人仅在第818条第4款、第819条、第292条第2款、第987条第2款规定的加重责任(参见第56节边码13及以下)中应负担赔偿义务。

2

受领人获得的作为对毁坏、损害或者侵夺所获客体的赔偿的所有利益均属于返还义务的**替代物**。这方面的例子有保险给付或对毁坏、损害、盗取该客体的第三人的损害赔偿请求权。相反,从转售该物中获得的**收益**,与第285条(参见拙著《债法总论》第31节边码6)不同,则不被返还义务所包括。[194] 也就是说,在转售的情况中债务人只需进行价值赔偿(第818条第2款)。这背后的考虑是,赚取的超额利润主要是债务人经营能力的结果。作与第816条第1款第1句(第55节边码26)不同处理的理由在于,转售并不是对他人所有权的侵害,因为不当得利债务人是作为权利人处分的。也就是说,这里的收益并不是他人权利的归属内容。

3

---

[192] 参见 NK-BGB/*Ring* § 100 Rn. 7 中的其他例子。
[193] Vgl. BGHZ 35, 356 (360); 115, 268 (270); BGH NJW 2016, 1388 (1390); MüKoBGB/*Schwab* § 818 Rn. 26ff.; *Larenz/Canaris* SchuldR II 2 § 71 I 2a;以抽象的使用可能性为标准 Erman/*Buck-Heeb* § 818 Rn. 10; diff. *Fervers/Gsell* NJW 2013, 3607ff.。
[194] 参见 BGHZ 75, 203 (206); *Larenz/Canaris* SchuldR II 2 § 72 I 1c; *Wieling/Finkenauer* BereicherungsR § 5 Rn. 5; Staudinger/ *Lorenz*, 2007, § 818 Rn. 17; MüKoBGB/*Schwab* § 818 Rn. 48;其他观点还可见 MüKoBGB/*Lieb*, 4. Aufl. 2004, § 818 Rn. 23。

二、价值赔偿(第818条第2款)

4   有一些客体因其属性可能无法以原有形式返还。属于此类的主要是像使用利益那样的无形客体,如使用某机动车或享受服务(参见第54节边码5)。在其他客体上,返还也可能因其他原因而不能,如获得的物在此期间被毁坏、盗取或转售。对于所有这些情况,第818条第2款规定,不当得利债务人原则上负有**价值赔偿义务**。

5   主流意见根据**客观标准**来确定所获收益的价值,在物上应以客观交易价值或使用价值为标准,在服务上则以债务人应支付的通常报酬或在通常报酬无法确定时享受相应给付应支出的合理报酬为标准。[195]

    示例:在飞机旅行案(参见第54节边码5)中,M应为其从汉堡到纽约的飞机旅行支付通常被请求的票款。

6   对此相反,文献中的少数观点支持进行**主观、个别化**的考察。根据这种观点价值赔偿义务的数额取决于,哪些价值增长刚好是在受领人财产中发生的。[196] 然而,这一模式无法与不当得利法的其他价值判断相协调。如果依主观-个别化方法计算的价值超出客观的市场价值(比如,基于某个更高的收益),则这一"超出的价值"应当留在不当得利债务人那里(参见第56节边码3)。如果主观价值少于客观的市场价值,则属于第818条第3款的问题。也就是说,与主观理论相反,只有当债务人不应承担加重责任时(参见第56节边码23),债务人才会被免于承担责任。

三、得利的丧失(第818条第3款)

7   依第818条第3款的规定,只要受领人不再获有利益,返还所受利益或予以价值赔偿的义务即被排除。这一规定表达了**不当得利法的核心正义思想**:返还义务或者价值赔偿义务不应当导致善意不当得利债务人财产的减少超出实际上获得的利益。[197] 这后面存在的是**信赖保护**的思想。

---

[195] 参见 BGHZ 132, 198 (207); *Medicus/Lorenz* SchuldR BT § 67 Rn. 12。
[196] So etwa Erman/*Buck-Heeb* § 818 Rn. 16ff. ; *Koppensteiner* NJW 1971, 1769ff.
[197] 参见 BGHZ 55, 128 (134); Jauernig/*Stadler* § 818 Rn. 26。

善意的不当得利债务人原则上不必预料到应当再次返还所受之利益。如果其在信赖取得持久性(Beständigkeit)的情况下采取减少财产的处置行为(Dispositionen),则不应导致自己的其他财产承受负担。[198]

只有当所获利益不再以任何形式存在于债务人的财产中时,才应当认为得利已经丧失。也就是说,得利必须**未获赔偿地丧失**了。如果债务人因使用所获利益**节省**了本来应从自己其他财产中支出的其他**费用**,则应否定这一要件的存在。[199]

示例:(1)债务人将所获金额用于支付度假费用。由于债务人本来要用自己的其他财产来度假,因此不能主张得利的丧失。

(2)如果债务人已将无法律上原因所获之物(价值 500 欧元)以 400 欧元的价格卖给了第三人,则得利仅在 100 欧元的范围内丧失。

在不当得利客体被毁坏或被第三人盗取时,尤其存在得利毫无赔偿地丧失。当债务人以所获利益来支出他本来不会支出(所谓的**奢侈支出**,如用于奢侈的度假活动)的费用[200],或本来不会享受的服务时,同样如此。

示例:在飞机旅行案中,M 本来负担不起到纽约的常规机票费用。也就是说,在这一点上他已经没有获得利益。然而这里的问题是,他能否主张得利的丧失(参见第 56 节边码 16)。

在善意的不当得利债务人已经将得利的客体赠与第三人时,他也可以主张第 818 条第 3 款的规定。不过,在这种情况中不当得利债权人根据第 822 条的规定对第三人享有直索型不当得利请求权(参见第 55 节边码 32 及以下)。

可以借助第 818 条第 3 款的规定解决**强迫得利**的问题。也就是说,不当得利债务人可以主张,具体的不当得利客体对其来说没有价值。[201]

---

[198] *Larenz/Canaris* SchuldR II 2 § 73 I 1b; Staudinger/*Lorenz*, 2007, § 818 Rn. 38.
[199] 参见 *Medicus/Lorenz* SchuldR BT § 67 Rn. 15。
[200] 参见 Jauernig/*Stadler* § 812 Rn. 31。
[201] 参见 *Medicus/Lorenz* SchuldR BT § 67 Rn. 18; *Wieling/Finkenauer* BereicherungsR § 5 Rn. 12。

示例：A 在 B 的土地上建了一栋小木屋。在此 A 原以为，他自己就是土地的所有权人。

由于 B 根据第 946 条、第 94 条的规定已经获得了小木屋的所有权，他必须根据第 951 条、第 812 条第 1 款第 1 句第 2 选项的规定向 A 进行价值赔偿（参见第 55 节边码 37 及以下）。不过，如果小木屋对于他来说已经没有价值，因为他想要利用整块土地建造一栋住宅，则 B 可以主张得利已经丧失（第 818 条第 3 款）。

11　得利丧失的发生也可能是因为不当得利债务人信赖利益取得的持久性而支出了**费用**。如果债务人在其应当返还的某物上支出了费用，这一点尤其重要。[202]

示例：债务人让人将基于无法律上原因而获得的房子重新粉刷了一遍或者饲养了基于无法律上原因而获得的犬只。

12　与此相反，不当得利债务人因应当返还的客体而产生的**损害**并不导致得利丧失。虽然这些损害与不当得利过程具有相当因果关系，但第 818 条第 3 款的目的在于保护债务人对利益取得持久性的信赖，因而于此并不合适。[203]

示例：被讨论很多的教科书式案例（Schulfall）是，基于无法律上原因而获得的犬只咬坏了不当得利债务人的地毯。根据通说债务人不能根据第 818 条第 3 款的规定扣减地毯的价值。[204]

在第 816 条第 1 款第 1 句的情况中，已经向第三人支付的价款同样不能根据第 818 条第 3 款的规定从收益中扣减（参见第 55 节边码 27）。

四、受领人承担的加重责任（第 818 条第 4 款、第 819 条、第 820 条）

13　在不当得利债务人已经被起诉要求返还不当得利客体（第 818 条第 4 款）或者在知悉法律原因瑕疵时（第 819 条第 1 款），缓和的不当得利责任

---

[202]　参见 *Larenz/Canaris* SchuldR II 2 § 73 I 2d; *Jauernig/Stadler* § 818 Rn. 33。

[203]　*Larenz/Canaris* SchuldR II 2 § 73 I 2g; *Jauernig/Stadler* § 818 Rn. 33。

[204]　So *Larenz/Canaris* SchuldR II 2 § 73 I 2g; *Emmerich* SchuldR BT § 19 Rn. 16f.；关于问题提出另参见 *Medicus/Lorenz* SchuldR BT § 67 Rn. 19。

显然是不合理的。因此,针对这些情况第818条第4款通过参引一般规定加重了责任。

1. 诉讼系属(Rechtshängigkeit)的发生

第818条第4款将诉讼系属的发生作为加重责任的第一种适用类型。依《德国民事诉讼法》第261条第1款的规定,请求权的诉讼系属因诉讼的提起而成立。如果不当得利债权人已经起诉不当得利债务人,请求返还不当得利的客体,不当得利债务人即不能再信赖利益获得的持久性。因此,他也不应当再享受缓和的不当得利责任。

2. 瑕疵的知悉

(1)概述

第819条第2款将受领人在受领利益时知悉或者事后获悉法律原因瑕疵的情况等同于诉讼系属的发生。知悉必须与法律原因的欠缺本身及与此联系的法律效果相关联。[205] 重大过失并无影响。也就是说,法律错误原则上产生责任免除的作用。然而,在受领人知悉对瑕疵具有重要影响的事实且有意没有理会对原因行为无效的识别时,则适用例外。[206] 在原因行为可撤销时,根据第142条第2款的规定取决于是否知悉可撤销性。

如果受领人以自己承担责任的方式委任代理人来处理交易的清算,则他必须依类推适用第166条第1款的规定承担代理人知悉的效果。[207] 如果受领人无行为能力,则应以其法定代理人的知悉为标准。[208]

(2)限制行为能力的受领人

在限制行为能力人(尤其是未成年人)上应当采用何人的知悉是有争议的。大部分文献类推适用第106条及以下的规定。根据这种观点,在

---

[205] 参见BGHZ 118, 383 (392); 133, 246(250); BGH NJW 1998, 2433 (2434); 2014, 2790 Rn. 27。

[206] 参见BGH NJW 1996, 2652 (2653); 2014, 2790 Rn. 27; Jauernig/*Stadler* § 819 Rn. 4。

[207] 参见BGHZ 83, 293 (297); *Emmerich* SchuldR BT § 19 Rn. 32。

[208] Jauernig/*Stadler* § 819 Rn. 5; *Gursky* SchuldR BT 204。

每种情况中都仅有法定代理人的知悉是重要的。[209] 根据反对意见,可以类推适用第827条及以下。[210] 根据这一意见,重要的是未成年人是否具有必要的识别能力(第828条第3款)。折中的观点则区分给付型不当得利(类推第106条及以下)与权益侵害型不当得利(类推第827条及以下)。[211] 无论如何,当未成年人通过故意侵权行为使自己获得利益时,联邦最高法院希望类推适用第827条及以下。[212]

示例:未成年人的加重不当得利责任在飞机旅行案(参见第54节边码5)中是重要的。联邦最高法院根据原第828条第2款(现第828条第3款)的规定以M的知悉为标准,因为M通过应当受刑事处罚的行为(《德国刑法典》第263条或者第265a条)获取了飞机旅行。[213] 相反,根据通说,则必须准用第106条及以下。[214]

17 在不当得利法中反对类推适用第827条及以下的论据有,这一规定的利益评价针对的是损害补偿。[215] 由于受害人显得特别需要保护,未成年加害人的责任被扩大了。然而,不当得利法涉及的仅仅是不正当财产变动的回复。未成年人的保护不得因回归侵权法上的价值判断而落空。因此,准用第106条及以下的规定更值得赞同。至少这一点适用于像飞机旅行案那样的情况。联邦最高法院也已经确认,航空公司并没有遭受损害。因此,与第106条及以下的价值评价不同,基于第812条第1款第1句、第818条第2款的价值补偿义务的后果是,未成年人必须为享用航空旅行支付价款。

3. 加重责任的其他情形

18 根据第819条第2款的规定,如果受领人通过给付的受领违反了法律

---

[209] 参见 *Larenz/Canaris* SchuldR II 2 §73 II 2a; MüKoBGB/*Lieb*, 4. Aufl. 2004, §818 Rn. 7。
[210] 参见 Soergel/*Mühl* § 819 Rn. 6; *Fikentscher/Heinemann* SchuldR Rn. 1529。
[211] So MüKoBGB/*Schwab* § 819 Rn. 9; *Medicus/Petersen* BürgerlR Rn. 176.
[212] BGHZ 55, 128 (136ff.).
[213] BGHZ 55, 128 (137); zust. *Medicus/Petersen* BürgerlR Rn. 176.
[214] *Larenz/Canaris* SchuldR II 2 §73 II 2a; *Staudinger/Lorenz*, 2007, §819 Rn. 10.
[215] 关于这一方面的意义见 *Wieling/Finkenauer* BereicherungsR §5 Rn. 29。

的禁止性规定或善良风俗,则也可以适用加重责任。原则上这一规定的要件与第817条第1句相同(参见第54节边码35)。就加重责任而言没有争议的是,必须要具有违反强行法规定或善良风俗的意识。[216] 因此,只有在受领人不必知悉返还义务时,该规定才会超出第819条。[217] 不过,这一点并不具有什么实际意义。

第812条第1款第2句规定的给付型不当得利的特别情况可以在第820条中找到其他两个构成要件,在这些构成要件中,受领人不能信赖利益取得的持久性。在那里第820条第1款第1句与目的缺失型不当得利(第812条第1款第2句第2选项)相关联。如果根据法律行为的内容意图获得的效果被双方当事人视为是不确定的,则也会产生加重责任。在原因嗣后消灭的不当得利(condicton ob causam finitam 第812条第1款第2句第1选项)上,根据第820条第1款第2句的规定,只要法律原因的丧失被双方认为是可能的,亦是如此。加重责任则只适用于返还义务本身。根据第820条第2款的规定,支付利息的义务及返还用益的义务依据是否知悉结果的发生或法律原因的丧失。[218]

4.责任加重的后果

(1)根据一般规定承担的责任

对于可能的损害、用益及费用赔偿请求权,第818条第4款参引了一般规定。因此,究竟哪些规定被援引了,是有争议的。由于第818条第4款以诉讼系属(Rechtshängigkeit)为标准,首先必须以诉讼系属时债务人责任的一般规定为标准。因此,第291条、第292条进入了我们的视线中。[219]

对于债务人因恶化、灭失或其他不能返还情形的损害赔偿责任,第292条第1款参引了有关所有人-占有人关系(第987条及以下)的规定。

---

[216] 参见Jauernig/*Stadler* § 819 Rn. 6; MüKoBGB/*Schwab* § 819 Rn. 23。
[217] 参见Staudinger/*Lorenz*, 2007, § 819 Rn. 13。
[218] 参见Staudinger/*Lorenz*, 2007, § 820 Rn. 9。
[219] Vgl. BGHZ 133, 246 (252ff.); 140, 275 (280); MüKoBGB/Wendehorst, 56. Ed. 1.11.2020, § 818 Rn. 84; Medicus/Lorenz SchuldR BT § 67 Rn. 29; Fikentscher/Heinemann SchuldR Rn. 1528.

就应返还之物因自己的过错毁损、灭失或由于自己之外的原因无法返还而生之损害,恶意的或被起诉的受领人因此依第819条第1款、第818条第4款、第292条以及第989条的规定负责。[220] 不当得利债务人在此须依第278条的规定为其履行辅助人负责。[221] 损害赔偿义务依一般规则也包括结果损害及所失利益(第252条)。

22 对于**用益**承担的责任应根据第292条第2款、第987条来确定。根据这些规定,对于未收取的用益尤其应当支付报酬(参见第56节边码2)。受领人只有在第292条第2款、第994条及以下规定的条件下才能请求费用赔偿。因此,不当得利债权人的赔偿义务限于必要费用(第994条第2款)。受领人应当根据第291条的规定为**金钱债务**支付利息。

(2)根据第818条第2款的价值赔偿义务

23 对一般规定的参引目的并没有使不当得利债务人免于依第818条第2款承担无过错价值赔偿义务。第818条第2款的适用尤其在如下情形具有实际意义,即不当得利债务人依第292条、第987条及以下的责任因缺乏过错而不予考虑时。[222] 此外,主流意见认为,承担加重责任的不当得利债务人总的来说不得依第818条第3款主张得利丧失。[223] 虽然第818条第4款的定义对此并不明确。然而,从责任加重的目的可以得出,对第818条第3款的主张原则上应予以排除。这与第818条第3款仅旨在保护善意受领人的思想相符(第56节边码7)。

然而,对第818条第3款的排除似乎只在无形的给付(如劳务)上才不受限制地具有正当性。由于依第818条第2款第1项的价值赔偿义务已经通过恶意请求无形的给付而被触发,嗣后的得利丧失自始没有适用

---

[220] BGH NJW 2014, 2790 Rn. 34; Palandt/*Sprau* § 818 Rn. 52.
[221] MüKoBGB/*Schwab* § 818 Rn. 317.
[222] MüKoBGB/*Schwab* § 818 Rn. 321; Palandt/*Sprau* § 818 Rn. 52.
[223] Vgl. BGHZ 55, 128 (135); BeckOK BGB/*Wendehorst*, 56. Ed. 1.11.2020, § 818 Rn. 98; MüKoBGB/*Schwab* § 818 Rn. 321ff.; *Larenz/Canaris* SchuldR II 2, § 73 Vor 1; *Wieling/Finkenauer* BereicherungsR § 5 Rn. 33; einschr. *Einsele* FS Martinek, 2020, 175ff.; krit. *J. Prütting* AcP 216 (2016), 459ff.

空间。[224]

示例：如果我们在飞机旅行案(参见边码1020)中遵循联邦最高法院的观点，根据第818条第4款、第819条结合第828条第3款的类推适用肯定M应承担加重的责任，则M必须依第812条第1款第1句、第818条第2款的规定向L赔偿其索赔的飞机旅行价值。由于M在请求给付时是恶意的，在此他不能主张得利的丧失(第818条第3款)。

如果最初的得利存在于物的取得，则为了避免与第989条、第990条的价值相矛盾，需要找到一个不同的解决方案。具体而言，恶意的或被起诉的不当得利债务人不应比所有权人—占有人关系中恶意的或被起诉的无权占有人承担的责任更重。因此，如果恶意或诉讼系属发生后，物在债务人并无过错时灭失或丢失的，加重责任的不当得利债务人也可以主张得利的丧失。[225] 在此种情形中基于第819条第1款、第818条第4款、第292条、第989条及第990条的损害赔偿义务也被排除了。相反，物的自愿出售并不会减轻加重债务人的责任，因为于此可以看出基于过错对返还义务的违反。[226] 只有当不当得利债务人对于物之返还陷于迟延时，更为广泛的意外责任才是合理的(第56节边码24)。[227]

(3) 普通履行障碍法的适用性

在多大程度上可以回归**普通履行障碍法**(第275条及以下)尚没有完全解释清楚。无论如何从第292条第1款第2半句中可以得出，从债务关系或者从债务人迟延中可以产生广泛的责任。具体来说可以确立如下几项原则：受领人随着不当得利客体的返还陷于**迟延**的，应当根据第280条第1款、第2款、第286条的规定承担责任。[228] 主流意见也主张适用**第**

24

---

[224] MüKoBGB/*Schwab* § 818 Rn. 322; BeckOK BGB/*Wendehorst*, 56. Ed. 1. 11. 2020, § 818 Rn. 98; aA *Einsele* FS Martinek, 2020, 175 (184f.).

[225] MüKoBGB/*Schwab* § 818 Rn. 323; *Harke* SchuldR BT Rn. 520; *Prütting* AcP 216 (2016), 459(482f.); aA noch Voraufl.

[226] 参见BGH NJW 2014, 2790 Rn. 31; *Fikentscher/Heinemann* SchuldR Rn. 1528。

[227] 详见BeckOK BGB/*Wendehorst*, 56. Ed. 1. 11. 2020, § 818 Rn. 85f.; *Einsele* FS Martinek, 2020, 175 (177)。

[228] 参见BeckOK BGB/*Wendehorst*, 56. Ed. 1. 11. 2020, § 818 Rn. 85f.。

285条。[229] 因此，不同于第818条第1款（参见第56节边码3）承担加重责任的受领人也应当返还因转售不当得利客体而获得的利润。此外，如果恶意或被起诉的不当得利债务人在不当得利债权人设定的合理期限经过后仍未返还，基于第280条第1款、第3款，第281条的损害赔偿请求权同样可以考虑。[230]

24a　　是否应当在金钱之债与**种类之债**中考虑来自第276条第1款第1句的**购置风险**（Beschaffungsrisiko，参见拙著《债法总论》第23节边码29及以下）思想[231]，似乎是有疑问的，因为受领人原则上不能被假定已经承担了此种风险。[232] 在种类之债的相关案例中，特定化毫无疑问已经发生了（第243条第2款），因此基于第818条第1款的原不当得利请求权以具体的物的返还为对象。虽然返还请求权在金钱之债中通常会因混合、存入账户等方式而立即转换为第818条第2款的金钱价值请求权。不过，不当得利债务人依第276条第1款第1句的无过错责任义务并不因此而成立。[233] 如果承担加重责任的不当得利债务人已经将所获金钱用作奢侈花费（第56节边码9），则他不能根据第818条第3款主张得利丧失，因为对得利可持续性的可能的信赖于恶意或诉讼系属之情形并不值得保护。

五、双务合同回复的特殊性

1. 问题的提出与理论状态（Meinungsstand）

（1）严格双重条件理论的缺陷

25　　在扭转双务合同时存在一些特殊性。根据早前占据通说位置的**严格**

---

[229] BGHZ 75, 203 (207); BGH NJW 2014, 2790 Rn. 38 = JuS 2015, 73 (*K. Schmidt*); *Larenz/Canaris* SchuldR II 2 §73 II 3b; *Emmerich* SchuldR BT §19 Rn. 36; *Fikentscher/Heinemann* SchuldR Rn. 1528; *J. Prütting* AcP 216 (2016), 459, 484ff.; 同[11]；其他观点见 MüKoBGB/*Schwab* §818 Rn. 337。

[230] S. *Lorenz* JuS 2018, 937 (939).

[231] 参见 BGHZ 83, 293 (299) (zu §279 aF); *Fikentscher/Heinemann* SchuldR Rn. 1528.

[232] 批评观点也可见 MüKoBGB/*Schwab* §818 Rn. 333。

[233] So auch BeckOK BGB/Wendehorst, 56. Ed. 1.11.2020, §818 Rn. 89; Staudinger/Lorenz, 2007, §818 Rn. 50.

双重不当得利说,各合同当事人享有独立的不当得利请求权,在此两个请求权依第273条、第274条的规定应当同时(Zug um Zug)履行。[234] 如果得利在一方合同当事人那里没有获得赔偿地丧失了,则会发生问题。如果完全分开考察两个请求权,则被涉及的合同当事人在这种情况下可以依第818条第3款的规定主张得利丧失。不过,同时他可能会行使自己的不当得利请求权。[235]

示例:K以6000欧元的价格从V那里购买了一幅油画(价值5000欧元)。所有权让与后不久该幅油画在K那里被不明人士偷走。后来发现K与V之间的买卖合同无效。

根据严格的双重不当得利说,K可以依第812条第1款第1句第1选项的规定向V请求偿还6000欧元。相反,V就该油画的价值补偿请求权(第812条第1款第1句第1选项、第818条第2款)根据第818条第3款的规定被排除了。

这一结果的**不妥当性**在今天已经为大家所承认。在批评的时候经常被指出的是,孤立地考察这两个请求权与主给付义务间的对价联系(参见拙著《债法总论》第15节边码14及以下)并不相符,此种对价联系在双务合同的扭转上也应当予以注意。[236] 更为恰当的考虑是,"受益者"(Entreicherte)在合同回复时原则上不应处于比合同正常实施时更为有利的位置,因为第818条仅仅旨在保护对利益取得持续性(Beständigkeit)的信赖。即便没有回复,不当得利客体的丧失可能也会由受益人(如买受人)承担。[237]

(2)差额说与限制的双重不当得利说

为解决上面的问题,判例发展出了**差额说**(Saldotheorie)。[238] 在回复

26

27

---

[234] 参见 Medicus/Lorenz SchuldR BT §68 Rn. 1f.；Gursky SchuldR BT 202。
[235] BeckOK BGB/Wendehorst, 56. Ed. 1. 11. 2020, §818 Rn. 109 mwN.
[236] 参见 BGHZ 53, 139 (157)；Palandt/Sprau §818 Rn. 46ff.。
[237] 参见 BeckOK BGB/Wendehorst, 56. Ed. 1. 11. 2020, §818 Rn. 103；Medicus/Lorenz SchuldR BT §68 Rn. 9f.。
[238] 参见 RGZ 54, 137 (141)；近期判例参见 BGHZ 145, 52 (54ff.)；146, 298 (306ff.)；173, 145 (157)；BGH NJW 1998, 1951 (1952)；2005, 884 (887)；2009, 2886 (2888)。

双务合同时应首先一次性结算出两边请求权的差额。如果不当得利客体已经丧失,则应当估算出其价值。因此,受益一方当事人的不当得利请求权仅针对结余的差额。在差额为负时另一方当事人并不享有不当得利请求权。在此种情况下受益人可以主张第818条第3款。

示例:在油画案(第56节边码25)中,K偿还价款(6000欧元)的请求权应当减去被盗油画的价值(5000欧元)。因此,K只能向V请求支付1000欧元。如果油画的价值为7000欧元,则K的请求权将完全丧失。K可以以不当得利已经丧失(第818条第3款)来对抗V支付1000欧元差额的请求权。这种做法的合理性在于,V在正常履行合同时也仅能获得6000欧元。

28 如果一方当事人已经**先为给付**,差额说即不能适用。这里仍然要适用第818条第3款。[239]

示例:在油画案(第56节边码25)中,K已经迟期(stunden)向V支付价款。如果油画在K处被盗,则他可以得利已经丧失(第818条第3款)来对抗V请求价值补偿的请求权(第812条第1款第1项、第818条第2款)。基于合同无效,V也不能请求支付价款。这一点人们不能形式化地以在先为给付的情况中给付与对待给付之间不存在对价联系来解释。[240] 然而,在进行实质考察时仍然存在以下抗辩,买受人在这种情况中不能处于比合同正常实施时更为有利的地位。[241] 此外,出卖人先为给付承担的只是买受人破产的风险,而非买卖物偶然灭失的风险。[242] 因此,差额说似乎需要进行补充(参见第56节边码33)。

29 在判例中另外一些案例类型也是被承认的,在这些案例类型中,差额说考虑到一些上位的价值并不能被适用(参见第56节边码28及以下)。因此,文献中较流行的一种观点认为,差额说应当被完全抛弃。[243] 换言

---

[239] 参见 Palandt/*Sprau* § 818 Rn. 46;批评观点见 MüKoBGB/*Schwab* § 818 Rn. 261。
[240] In diesem Sinne etwa Esser/*Weyers* SchuldR BT I § 51 II 3b。
[241] 参见 Larenz/*Canaris* SchuldR II 2 § 73 III 2d。
[242] MüKoBGB/*Schwab* § 818 Rn. 261。
[243] So etwa Larenz/*Canaris* SchuldR II 2 § 73 III;Medicus/*Lorenz* SchuldR BT § 68 Rn. 11;Harke SchuldR BT § 68 Rn. 11。

之,他们支持**回归双重不当得利说**(Zweikondikationstheorie),不过,在这种情况下第818条第3款的适用也应当根据价值标准予以限制。

(3)评析

在实际的法律适用中,差额说(连同其限制)和限制的双重不当得利说通常会得到相同结果。一个例外是**先为给付的情况**(参见第56节边码28)。这一案例类型并不能被差额说妥当地包含,因为它强烈地以给付义务之间的对价联系为标准。因此,就这一点来说要求对第818条第3款进行目的性限缩。[244] 其他情形根据当前的讨论状态可以继续坚持限制的差额说。这种做法的优势在于,人们可以将注意力集中在下列有问题的情形上,即第818条第3款的限制根据**各无效规范的保护目**的例外地并不合理。[245]

2. 差额说的突破

(1)不完全行为能力合同当事人的保护

判例和文献普遍承认,差额说的适用不能给**无(完全)行为能力人**造成负担。这里第104条及以下的保护目的优先于双务合同中妥当分配风险的利益。[246]

示例:13周岁的K在未经父母事先同意的情况下以500欧元的价格从V那里购买了一辆自行车(价值500欧元)。K在回家的路上将自行车停放在一家超市门前,以便购买一瓶可乐,结果车被不明人士偷走。K的父母拒绝追认该交易,并以K的名义请求返还500欧元。

由于有关自行车的买卖合同依第107条、第108条的规定无效,K自身依第812条第1款第1项的规定享有500欧元的偿还请求权。然而,根据差额说K必须抵销自行车的价值,请求权在结果上因此似乎被排除了。不过,基于未成年人保护的缘故,差额说在此并不适用。因此,K可以请求偿还500欧元。

(2)恶意欺诈与违法胁迫

根据判例,如果丧失利益的合同当事人系因恶意欺诈或违法胁迫而

30

31

32

---

[244] 参见 *Brox/Walker* SchuldR BT § 43 Rn. 17。
[245] 关于保护目的作为检验标准 *Medicus/Petersen* BürgerlR Rn. 230。
[246] 参见 BGHZ 126, 105 (107); Jauernig/*Stadler* § 818 Rn. 43。

订立合同,则差额说也是不适用的。这一点可以这样解释,在这些情况中所涉人员显得特别值得保护。[247] 欺诈者则不值得保护。由于他知悉合同的可撤销性,根据第 819 条第 1 款结合第 142 条第 2 款的规定,他毫无疑问应当承担加重责任。因此,被欺诈者的对待请求权毫无疑问应作为扣除项目(Abzugsposition)纳入差额中。[248]

示例(BGHZ 53,144):K 在汽车销售商 V 那里以 8000 欧元的价格购买了一辆二手奔驰车。在合同订立时该机动车已经行驶了 124000 公里;但是,V 将公里表调回到 74000 公里。在所有权移转的当天,机动车在一起 K 并无过错的事故中完全损毁。此后不久 K 知悉了欺诈的情况,并根据第 123 条的规定撤销了买卖合同。

根据第 812 条第 1 款第 1 句第 1 选项的规定,K 享有请求偿还价款的请求权。然而,根据差额说 K 必须承受机动车价值的抵销。联邦最高法院考虑到恶意欺诈的情况拒绝了差额说。

33　　此种解决方案在二手车案中的正确性可以通过如下方式来确认,即与 K 因机动车瑕疵而依第 437 条第 2 项、第 326 条的规定而**解除合同**后本会发生的结果进行比较。在这种情况中 K 本来依第 346 条第 1 款的规定享有偿还价款的请求权。反之,由于机动车非因 K 的过错而灭失,V 基于第 346 条第 2 款第 1 句第 3 项享有的价值补偿请求权会根据第 346 条第 3 款第 1 句第 3 项的规定被排除。[249] 正如联邦最高法院正确地叙述到,被欺诈者基于第 123 条的规定进行撤销时所处的状况不应比解除时更糟糕。[250]

34　　特别有争议的是买卖标的物因**被欺诈的买受人的过错**被损坏或毁损的情况。

示例(BGHZ 57,137):K 在汽车销售商 V 那里以 7300 欧元的价格购买了一辆二手小汽车。在合同磋商过程中 V 保证,机动车"完全没有发生

---

[247]　参见 BGHZ 53,144 (147ff.);Brox/Walker SchuldR BT § 43 Rn. 15。
[248]　BGH NJW 2009, 1266 (1269)。
[249]　参见 Freund/Stölting ZGS 2002, 182 (183)。
[250]　参见 BGHZ 53,144 (148) zu § 350 aF。

过事故"。事实上 V 知道那是一辆事故车。在交车后,该小汽车在一起完全因 K 的过错而发生的事故中被毁。直到此后不久 K 才获悉,那辆车已经发生了两次事故,于是他以恶意欺诈为由撤销了买卖合同。

根据第 812 条第 1 款第 1 句第 1 选项的规定,K 对 V 享有偿还 7300 欧元的请求权。问题是,K 是否应当根据差额说的原则承受扣减机动车价值的后果。联邦最高法院考虑到 V 为恶意(第 142 条第 2 款、第 819 条第 1 款)否定了这一点。不过, K 必须根据诚实信用原则(第 242 条)的要求抵销其在事故中的过错,在此请求权扣减的幅度应通过个案中的衡量来确定。

联邦最高法院的解决方案在旧法的背景下受到了严厉批评。[251] 在现行法的基础上人们又重新可以以第 346 条第 3 款第 1 句第 3 项的价值判断为导向。[252] 依此应作如下**区分**:如果 K 在事故中遵守了(也即行为无重大过失)**自己通常的注意**(第 277 条),则在解除的情形 K 不负担价值补偿义务(参见拙著《债法总论》第 40 节边码 25)。同理,在撤销的情形 K 也不应当被扣减机动车的价值。在**重大过失**的情形中, K 的价值补偿义务在解除情形中本就不因第 346 条第 3 款第 1 句第 3 项的规定而被排除。相应地,K 在撤销的情形中也要被扣减毁损机动车的价值。在上述两种情况中回归第 242 条都是没有必要的。[253]

深化:准用第 346 条第 3 款第 1 句第 3 项的前提是,出卖人因义务违反导致合同无效。因此,在"中性"无效事由(如意思不合)上,买受人在进行不当得利法上的合同清算时不能主张优待。[254]

(3)其他例外

差额说也不得导致,因**暴利行为**(第 138 条第 2 款)或**与暴利行为类似的行为**(第 138 条第 1 款)而被不当对待的当事人不能主张得利的丧失

---

[251] 参见 *Larenz/Canaris* SchuldR II 2 73 III 5b。

[252] 参见 *Brox/Walker* SchuldR BT § 43 Rn. 15;*Freund/Stölting* ZGS 2002, 182 (184f.)。

[253] 参见 *H. Roth*, FS Canaris I, 2007, 1131 (1144);其他观点见 Palandt/*Sprau* § 818 Rn. 49。

[254] *H. Roth*, FS Canaris I, 2007, 1131 (1146f.);其他观点见 *Bockholdt* AcP 206 (2006), 769 (792)。

(第818条第3款)。因此,这里双重不当得利说(Zweikondikationstheorie)也是适用的。[255]

差额说的另一个例外适用于**破产**的情况。其背后的情况是,在破产程序中,无效合同无论如何也不能表现出比有效合同更强的效力。[256]

六、得利抗辩权(第821条)

36 如果债务人被行使了无法律上原因而缔结的债务关系中的权利,则其可以向债权人主张不当得利的抗辩权。这一点在**抽象行为**,如债务承认及债务允诺中具有实际意义(第780条、第781条),因为缺少法律原因在此并不直接导致债务的排除(参见第52节边码5)。[257]

37 第821条直接规范的是得利抗辩权直到债务免除请求权(第812条第2款)的**消灭时效届满后才被提起的情况**。这一规定表明,该抗辩权并不因消灭时效而被排除。不过,如果债务免除**请求权尚未罹于消灭时效**,主流意见从第821条中也推导出了履行拒绝权。[258]

然而,准确来说第821条设立的并非得利抗辩权,而是仅仅旨在解决消灭时效问题。因此,该规定以通过其他方式成立的抗辩权为前提。这一抗辩权来自第242条规定的恶意行为(dolo agit)原则(参见拙著《债法总论》第4节边码21):债权人的履行请求似乎有违诚实信用原则,因为债务人本来可以根据不当得利法立即请求返还给付。[259] 也就是说,第821条仅仅旨在阻止这一抗辩权因责任免除请求权罹于消灭时效而丧失。[260]

参考文献:*Bockholdt*, Die Übertragbarkeit rücktrittsrechtlicher Wertungen auf

---

[255] BGHZ 146, 298 (307ff.); *Medicus/Petersen* BürgerlR Rn. 230; *Brox/Walker* SchuldR BT § 43 Rn. 16; Palandt/*Sprau* § 818 Rn. 49; 批评观点见 *Flume* ZIP 2001, 1621。

[256] 参见 BGH NJW 2005, 884 (887); *Brox/Walker* SchuldR BT § 43 Rn. 17a。

[257] 参见 Staudinger/*Lorenz*, 2007, § 821 Rn. 1ff.; MüKoBGB/*Schwab* § 821 Rn. 6。

[258] 参见 BGH NJW 1991, 2140 (2141); BeckOK BGB/*Wendehorst*, 56. Ed. 1. 11. 2020, § 821 Rn. 3。

[259] 参见 NK-BGB/*Linke* § 821 Rn. 3; MüKoBGB/*Schwab* § 821 Rn. 3f.。

[260] Ausf. dazu *Reuter/Martinek* 744ff.

die bereicherungsrechtliche Rückabwicklung gegenseitiger Verträge, AcP 206 (2006), 769; *Büdenbender,* Die Berücksichtigung der Gegenleistung bei der Rückabwicklung gegenseitiger Verträge, AcP 200 (2000), 627; *Canaris,* Die Gegenleistungskondiktion, FS W. Lorenz, 1991, 19; *Canaris,* Der Vorrang außerbereicherungsrechtlicher, insbesondere dinglicher Wertungen gegenüber der Saldotheorie und dem Subsidiaritätsdogma, JZ 1992, 1114; *Chelidonis,* Die dogmatische Einordnung des § 816 I BGB, JURA 2019, 448; *Chelidonis,* Unbefugte Untervermietung und Eingriffserwerb, JURA 2019, 695; Einsele, Wegfall der Bereicherung bei verschärfter Haftung, FS Martinek, 2020, 175; *Fervers/Gsell,* Bereicherungsrechtliche Verpflichtung zur Herausgabe von Nutzungen, NJW 2013, 3607; *Fest,* Der Einfluss rücktrittsrechtlicher Wertungen auf die bereicherungsrechtliche Rückabwicklung nichtiger Verträge (2006); *Finkenauer,* Vindikation, Saldotheorie und Arglisteinwand, NJW 2004, 1704; *Flume,* Die Saldotheorie und die Rechtsfigur der ungerechtfertigten Bereicherung, AcP 194 (1994), 427; *Flume,* Die Rückabwicklung nichtiger Kaufverträge nach Bereicherungsrecht - Zur Saldotheorie und ihren »Ausnahmen«, JZ 2002, 321; *Freund/Stölting,* »Gebrauchtwagenfälle« im neuen Schuldrecht - Auswirkungen des Rücktrittsfolgenrechts auf das Bereicherungsrecht, ZGS 2002, 182; *Giesen,* Grundsätze der Konfliktlösung im Besonderen Schuldrecht: Die ungerechtfertigte Bereicherung (Teil 3: Der Bereicherungsumfang), JURA 1995, 281; *Grunewald,* Saldotheorie und neues Rücktrittsrecht, FS Hadding, 2004, 33; *Hoffmann,* Die Saldotheorie im Bereicherungsrecht, JURA 1997, 416; *Kohler,* Rücktrittsrechtliche Bereicherungshaftung, JZ 2002, 682; *Kohler,* Die Rechtsfolgen der verschärften Bereicherungshaftung, JuS 2018, 1033 und 1173; *Konzen,* Schuldrechtsreform, Rücktritt und Wegfall der Bereicherung bei gescheiterten Austauschverhältnissen, FS Canaris I, 2007, 605; *Koppensteiner,* Probleme des bereicherungsrechtlichen Wertersatzes, NJW 1971, 588 und 1769; *S. Lorenz,* Grundwissen - Zivilrecht: Die Saldotheorie, JuS 2015, 109; *S. Lorenz,* Grundwissen - Zivilrecht: Inhalt und Umfang des Bereicherungsanspruchs, JuS 2018, 937; *W. Lorenz,* Die bereicherungsrechtliche Rückabwicklung gegenseitiger Verträge, FS Canaris I, 2007, 793; *Medicus,* Die verschärfte Haftung des Bereicherungsschuldners, JuS 1993, 705; *G. Müller,* Die Bösgläubigkeit des Minderjährigen im Fall des § 819 BGB, JuS 1995, L 81; *Musielak*, Zum Inhalt und Umfang des Bereicherungsanspruchs, JA 2017, 401; *J. Prütting*, Die verschärfte Haftung im Bereicherungsfolgenrecht, AcP 216 (2016), 459ff.; *H. Roth*, Rücktrittsrecht und Leistungskondiktion, FS Canaris I, 2007, 1131; *Thier*, Grundprobleme der bereicherungsrechtlichen Abwicklung gegenseitiger Verträge, JuS 1999, L 9; *Thier*, Rücktrittsrecht und Bereicherungshaftung: Zur Reichweite von § 346 III 1 Nr. 3 BGB und seinen Wirkungen für die bereicherungsrechtliche Rückabwicklung gegenseitiger Verträge, FS Heldrich, 2005, 439. Vgl. auch die Nachweise zu § 53.

第57节 多数人关系中的特殊性

一、问题的提出

1 依不当得利法对超过两人参加的法律关系进行清算时会产生特别问题。在此不当得利的补偿应当在哪些人之间实施通常就已经不甚明确了。与此相关联的问题一直以来就被认为是**特别困难**和**难以看透**的。[261] 联邦最高法院反复强调,在这一领域禁止"任何程式化的解决方案",要取决于个案的特别情况。[262] 反之,新近的文献中也有观点认为,应当广泛地消除在此间被诟病的**不安定性**。[263]

提示:在前述背景下学生们面临着熟悉基本状况及重要价值标准的任务。在解答案例时可以在开头部分以一些较为简单的标准来解答。然而,这些标准也不应被公式化地运用。

2 在讨论多数人关系中的不当得利法问题时可以区分两个重点。[264] 在第一个领域中,困难因为**多个给付关系的并存**(Nebeneinander)而产生。

---

[261] 参见 *Larenz/Canaris* SchuldR II 2 § 70 vor I; *S. Lorenz* JuS 2003, 729。
[262] BGHZ 50, 227 (229); BGH NJW 1995, 3315 (3316); 1999, 1393 (1394)。
[263] 如 *Jauernig/Stadler* § 812 Rn. 28; *S. Lorenz* JuS 2003, 839 (844f.)。
[264] 参见 *Medicus/Lorenz* SchuldR BT § 69 Rn. 2; *Wandt* Gesetzl. Schuldverhältnisse § 13 Rn. 1, 9ff.。

这里值得讨论的问题是,回复是否应在各个给付关系中进行或者"直索"(Durchgriff)是否(以及何时)应被允许。在第二个领域中,因**给付**获得(利益)和**以其他方式**获得(利益)产生了竞合。这里必须弄清楚,在多人关系中给付型不当得利相对于非给付型不当得利的优先性(参见第 55 节边码 2)应在多大程度上受到限制。

二、给付关系的复数性

1. 给付链条

复数给付关系的基本案例因多个买卖过程相继发生而产生。在这些给付链条中,回复只能在表现出"缺陷"的给付关系中实现。如果双方(所有)给付的实施均无法律上的原因(所谓的双重瑕疵),则回复将在各给付关系中发生。给付层面的突破(所谓的直接不当得利返还请求权 Direktkondiktion)是被拒绝的。[265] 唯一的例外是第 822 条规定的不当得利直索(参见第 55 节边码 32 及以下)。

示例:打印店主 C 在大批发商 B 那里订购了一台打印机。B 则是在生产商 A 那里购买该打印机。在给付链条中,A 移转打印机所有权于 B,然后 B 再移转所有权于 C。如果 A 与 B 之间的买卖合同无效,则回复仅发生在这一关系中。这同样适用于 B 与 C 之间买卖合同无效的情况。如果两个合同均为无效,则会出现疑问。不过,这里回复也发生在各给付关系中,也即在 A 与 B 之间和 B 与 C 之间分别发生。A 与 C 之间并不直接发生不当得利请求权。

在双重瑕疵情形中,各给付层面的回复在形式上可以通过**给付型不当得利的优先性**(参见第 55 节边码 2)来解释。因为 A 与 C 之间的直接不当得利请求权也许可以视为非给付型不当得利。此外,C 获得财产利益**并未直接**造成 A 的损失(参见第 55 节边码 12)。

这里形式化的考察可以通过**内容上的标准**来支撑。给付关系中的回

3

4

---

[265] 参见 *Medicus/Lorenz* SchuldR BT §69 Rn. 4ff.;*Larenz/Canaris* SchuldR II 2 §70 I 1;*Brox/Walker* SchuldR BT §40 Rn. 12;*S. Lorenz* JuS 2003, 729 (730ff.)。

复旨在保障各当事人仅需要与自己选择的合同当事人协商。[266] 任何一方当事人都不存在以下风险,即自己对合同当事人存在的抗辩(比如,留置权、抵销的机会)会因为可能由第三人行使权利而丧失。反过来,任何一方当事人也不需要预料到将面临第三人的抗辩。最后,任何一方当事人也只需承担其合同当事人的破产风险。[267]

示例:在 A 的直接不当得利请求权中,C 可能会丧失对 B 的抗辩。也就是说他可能无法主张已经向 B 支付了价款,因此仅须在对方偿还价款的同时返还机器。如果赋予 C 此种抗辩机会,则 A 必须以从 B 与 C 的关系中产生的抗辩去争辩。此外,在直接的不当得利请求权中,A 还需要承担非合同当事人 C 的破产风险。

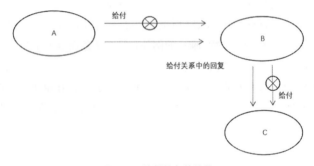

图 6-4　给付链条的结构

5　　在双重瑕疵的情况中,第一位成员(A)对中间成员(B)享有的不当得利请求权具有何种内容是有争议的。判例以 B 已经基于第 812 条第 1 款第 1 句第 1 选项的规定获得对 C 的不当得利请求权为标准;因此,A 可以根据第 812 条第 1 款第 1 句第 1 选项的规定请求让与这一请求权(**所谓的不当得利请求权**)。[268] 不过,反对这种观点的论据有,C 在行使被让与的不当得利请求权时,依第 404 条的规定可向 A 主张其对 B 的抗辩;此外 A

---

[266] 关于基础内容见 Canaris, FS Larenz, 1973, 799ff.；另参见 S. Lorenz JuS 2003, 729 (731)。

[267] 参见 Larenz/Canaris SchuldR II § 70 VI 1b；Medicus/Petersen BürgerlR Rn. 667。

[268] 参见 BGHZ 36, 30 (32)；BGH NJW 1989, 2879 (2881)。

还要承担 C 的破产风险。因此,通说正确地认为,A 因转售标的物享有**价值补偿**请求权(第 818 条第 2 款)。[269]

2. 缩短的给付(Durchlieferung)

在实务中,给付链条经常以第一位成员(A)基于中间成员(B)的请求(或者"指示")直接向最终消费者(C)为给付的方式被缩短。在这些情况中主流意见也认为,C 通常不是直接从 A 处获得**所有权**;确切地说,物权法上设计了一个 B 的过渡取得(所谓的指示取得 Geheißerwerb)。[270] 然而,在个案中,直接取得所有权也是可能的。

6

因此,对不当得利的补偿并不取决于物权法上的归属。重要的是,A 希望通过向 C 提供给付来履行其对 B 的给付义务;B 则希望通过对 A 为"缩短给付"而做的指示来履行其对 C 的给付义务。也就是说,在不当得利法上涉及**两个给付**。由于对给付链条重要的价值判断在此也是妥当的,回复又重新在各给付关系中进行。在缩短给付的情况中,直接不当得利请求权也仅在第 822 条规定的要件(参见第 55 节边码 32 及以下)下是允许的。[271]

7

示例:在打印机案中(第 57 节边码 3),大销售商 B 请求生产商 A 直接向 C 的打印店提供机器。A 履行了这一"指示",则他借此履行了对 B 的给付义务。同时,B 也履行了对 C 的给付义务。因此,如果两个买卖合同均为无效,则 A 也不享有对 C 的直接不当得利请求权。可以说,回复应在各给付关系中进行。

3. 在非现金支付交易中的指示

(1)问题的提出

在非现金交易中,对**指示**进行不当得利法上的判断会产生特别问题。在出发点上首先应当确认,非现金交易中并**不涉及物的移转**(参见拙著

8

---

[269] 参见 *Medicus/Lorenz* SchuldR BT §69 Rn. 18; *Larenz/Canaris* SchuldR II 2 §70 II 2b。

[270] Dazu *Vieweg/Werner* SachenR §4 Rn. 31; *Baur/Stürner* SachenR §51 Rn. 17。

[271] 参见 *Larenz/Canaris* SchuldR II 2 §70 II; *Medicus/Lorenz* SchuldR BT §69 Rn. 13ff.; *S. Lorenz* JuS 2003, 729 (732f.); *Langenbucher*, FS Heldrich, 2005, 285 (286)。

《债法总论》第 13 节边码 34)。随着款项存入其账户,转账受领人既没有获得货币所有权,也未获得占有,而是获得了对银行的**债权**(所谓的汇划头寸 Buchgeld)。[272] 除此之外,非现金交易中指示的情况也属于**复数给付关系中**不当得利补偿的问题领域。这一情况可以通过下面的例子来说明。

示例:A 以 50 万欧元的价格卖给 B 一块土地。B 从其储蓄账户上将价款转入 A 在 C 银行的账户,这其中存在两个给付:C 银行通过转账的实施向 B 提出了给付。法律原因是清算合同(Girovertrag),第 675f 条以下(参见第 40 节边码 7)。同时 B 也向 A 提出了给付。这里的法律原因是买卖合同,第 433 条。

(2)指示情形的结构

9　　与利益第三人合同(参见拙著《债法总论》第 51 节边码 9 及以下)一样,指示情形也区分三个法律关系:指示人(B)与受指示人(C)之间的关系被称为**补偿关系**(如清算合同),指示人与给予受领人(A)之间的关系被称为**对价关系**(如买卖合同)。这就是原则上应当实施回复的两个给付关系。在受指示人与给予受领人之间的关系(所谓的**给与关系**)中则没有给付发生。因此,这里可以考虑非给付型不当得利(所谓的直接不当得利请求权)。[273]

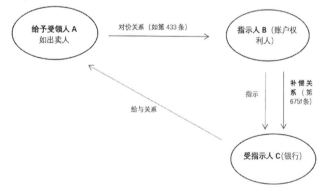

图 6-5　指示情形的结构

---

[272]　参见 Medicus/Petersen Grundwissen BürgerlR § 27 Rn. 16。
[273]　Larenz/Canaris SchuldR II 2 § 70 IV 2e;Medicus/Petersen BürgerlR Rn. 675.

(3) 各法律关系中的瑕疵

若各给付关系中出现瑕疵,回复原则上仅**在各所涉关系中**实施。[274] 其背后的思想是,每个当事人仅需要与自己的合同当事人协商(参见第57节边码4)。

示例:B在汇款案(参见第57节边码8)中主张,其与A之间的买卖合同无效,这一点在检验B与A之间关系中的给付型不当得利时即要予以澄清。相反,在B与C之间的关系中给予关系的一些瑕疵则是无关紧要的。B与C之间补偿关系中可能的瑕疵(如结算合同无效)对A的法律地位是不重要的,因此不能用来解释C对A的直接不当得利请求权。在双重瑕疵的情形中,回复同样是在各给付关系中实施。

(4) 指示的缺失与瑕疵

在实践中,一些并不少见的情况会产生特别问题,即瑕疵并不限于各原因关系,而是涉及账户权利人对**支付过程的开启**。[275] 在非现金交易中,支付过程的开启传统上被视为账户权利人对银行的"指示"。在这里指示的概念不能在技术意义(参见第783条及以下)上理解。确切地说,它是账户权利人对银行提出的向给予受领人支付的请求。[276] 在第675f条第4款第2句的术语中涉及的是支付委托。在非现金交易中最重要的指示例子是**转账汇款**。根据支付服务的现行法,转账汇款属于顾客向银行作出的单方指令(第665条)(参见第40节边码7)。

迄今为止,判例与通说区分两种案例类型:欠缺可归责于账户权利人的指示和其他指示瑕疵的出现。在银行未经任何指示,或基于伪造、仿冒的账户权利人指示而实施转账行为时,尤其应当认定为**欠缺可归责性的指示**。[277]

---

[274] BGHZ 147, 269 (273); 176, 234 Rn. 9; BGH NJW 2015, 3093 Rn. 17; *Medicus/Lorenz* SchuldR BT §69 Rn. 18ff.; *Wandt* Gesetzl. Schuldverhältnisse §13 Rn. 26ff.

[275] *Larenz/Canaris* SchuldR II 2 §70 IV 2; MüKoBGB/*Schwab* §812 Rn. 93ff.; *Wandt* Gesetzl. Schuldverhältnisse §13 Rn. 38ff.. 关于原因关系与指示的区分也请参见 BGHZ 147, 269 (275)。

[276] 参见 *Wandt* Gesetzl. Schuldverhältnisse §13 Rn. 26。

[277] BGHZ 152, 307. 关于银行故意改变转账委托时的直索型不当得利请求权见 BGH WM 2005, 1564 = JA 2006, 82 (*Löhnig*)。

如果账户权利人在授予指示时为无行为能力人[278]或限制行为能力人[279]，或者指示系由无代理权的代理人授予（第177条及以下），亦是如此。[280] 此外，联邦最高法院将银行错误地作出双重指示与自始欠缺指示的情况等同视之。[281] 即便银行实施的支付委托是由曾经的账户代理人授予，且其账户代理权已被银行撤回，账户权利人的可归责性也应被否定。[282] 由于在所有这些案例中账户权利人（B）均未发起支付，其无须为此承担责任。取而代之的是，银行（C）基于**非给付型不当得利**对受领人享有偿还请求权。这一请求权的合理性在于，转账汇款在给予关系中不被视为账户权利人（B）的给付。即便受领人（A）因不知晓欠缺指示而以为是自己合同当事人的给付，也应如此。根据权利外观说的一般规则，只有当他方当事人以可归责的方式引起权利外观时，善意信赖者才能受到保护。[283]

13　　在指示上的**其他瑕疵**上，如果支付过程是由账户权利人以可归责的方式发起，联邦最高法院并未提出疑问。最为重要的例子是**转账汇款的撤回**[284]、**持续性委托**（第40节边码8）和**支票**的事后**挂失止付**。[285] 在这些情况中，银行基于第812条第1款第1句第1选项的规定对账户权利人享有退款请求权（Erstattungsanspruch）。只有当支付受领人知悉或应当知悉指示瑕疵时，对支付受领人的直接不当得利请求权才是被允许的。[286]

---

[278] BGHZ 111, 382；另参见 BGHZ 158, 1，在该案中，指示人的账户代理权是由账户权利人无行为能力的代理人授予的。

[279] 参见 BGH NJW-RR 2010, 858 (859)。

[280] 参见 BGHZ 147, 145。

[281] BGH NJW 2011, 66 (70)。

[282] BGHZ 205, 334 = NJW 2015, 2725。

[283] 参见 BGHZ 147, 145 (151)；152, 307 (312)；158, 1 (6)；BGHZ 176, 234 = NJW 2008, 2331 (2332) = JA 2008, 733 (*Hager*)；*Larenz/Canaris* SchuldR II 2 § 70 IV 2d；*S. Lorenz* JuS 2003, 839 (840)。

[284] BGHZ 89, 376. 由于第675j条、第675p条规定的撤回机会限制，此类情况的意义在未来将显著降低，对此参见 *Grundmann* WM 2009, 1109 (1117)。

[285] BGHZ 87, 393。

[286] 参见 BGHZ 176, 234 = NJW 2008, 2331 (2332)；BGH NJW 2011, 66 (69)；*Medicus/Petersen* Bür-gerlR Rn. 676；*Brox/Walker* SchuldR § 40 Rn. 15e。

其理由则是,账户权利人已经以可归责的方式发起了支付,因此不像善意信赖的支付受领人那般值得保护。所以后者仍然可以获得对账户权利人的抗辩。也就是说,与受领人视角(第 54 节边码 9)的关联在这个问题上得以保留。

现有方案导致了严重的**区分问题**。具有代表性的情况是,银行因看错而实施了**超过金额**的转账。根据较为流行的观点,此种缺陷不应归责于账户权利人,因而银行对受领人享有直接的不当得利请求权。[287] 相反,联邦最高法院的观点则是,账户权利人通过指示"**促成**"了超额转账。在这种情况下,"促成"程度的评级不应比银行因过失而未注意指示的撤回更低。[288] 只有在受领人并非善意信赖时,直接的不当得利请求权才可以被考虑。[289]

此外,前文所述的传统观点近年来也面临以下反对声音,即指示存在其他缺陷时允许向账户权利人行使不当得利法上的补偿请求权与**第 675u 条及第 675z 条的价值判断**无法协调。根据这两条的规定,银行在非授权支付过程中一般来说不能向账户权利人,而只能向受领人主张权利。[290] 联邦最高法院在新近的一则判决中采纳了这一观点。[291] 联邦最高法院在进一步论证时指出,对支付过程的**授权**根据第 675j 条的规定构成了新支付交易法的支点和核心(参见第 40 节边码 8)。如果未经授权,第 675u 条规定的支付过程并不能成立银行的费用补偿请求权。在此也不应当取决于支付受领人的视角。第 675j 条及第 675u 条可能已经实现了重要价值标准**从受领人视角**(参见边码 1024 以下)(向授权)**的回归**。

14

根据联邦最高法院的新观念,前述问题不再取决于"指示缺陷"不同

15

---

[287] 参见 Staudinger/*Lorenz*, 2007, § 812 Rn. 51; *Larenz/Canaris* SchuldR II 2 § 70 IV 2a。
[288] BGHZ 176, 23 = NJW 2008, 2331 (2333); ebenso BGH NJW 2011, 66 (69)。
[289] In diesem Sinne schon BGH NJW 1987, 185 (186) = JZ 1987, 199 mAnm *Canaris*。
[290] So LG Hannover BKR 2011, 348; Palandt/*Sprau* § 812 Rn. 107; Soergel/*Schmidt-Kessel/Hadding* § 812 Rn. 200; *Harke* SchuldR BT Rn. 497; *Bartels* WM 2010, 1828 (1833); *Belling/Belling* JZ 2010, 708 (710f.); *Linardatos* BKR 2013, 395ff.;另参见 *Foerster* AcP 213 (2013), 405 (410ff.)。
[291] 参见 BGHZ 205, 377 = NJW 2015, 3093 Rn. 23 mAnm *Kiehnle* = JZ 2015, 950 mAnm *Jansen*。

原因的区分。在认定银行向账户权利人为给付以及账户权利人向受领人为给付时,即使受领人为善意,账户权利人以可归责的方式"发起"支付也是不够的。重要的仅仅是,支付过程是否由账户权利人根据第 675j 条的规定**授权**。授权是对支付过程的同意,应当与作为其基础的第 675f 条第 4 款第 2 句规定的**支付委托**(如转账)区分开来。[292] 若欠缺有效的授权(Autorisierung),则银行根据第 675u 条第 1 句的规定并不对账户权利人享有合同性退款请求权。相反,账户权利人基于第 675u 条第 2 句的规定对银行享有针对账户注销的退款请求权(参见第 40 节边码 10)。[293] 银行对账户权利人的给付型不当得利不能成立的原因在于,支付过程未经必要的授权不能被视为银行向账户权利人提出的给付。出于同一原因,支付也不能算是账户权利人向受领人进行的给付,因此在账户权利人和受领人之间的原因关系(Valutaverhältnis)中也不发生第 362 条规定的清偿效力。[294]

因此,银行需要依赖基于**非给付型不当得利**(第 812 条第 1 款第 1 句第 2 选项)而对受领人享有的偿还请求权。这对受领人来说具有不利的一面,他的返还义务是基于授权"缺陷"所产生的,而这一缺陷来自账户权利人与银行之间的关系。除此之外,受领人不能以与账户权利人之间的原因关系中的抗辩来对抗银行。不过,在撤回转账时应当注意的是,由于转账的电子化清算,今天已经不再存在会被转交给受领人或者其银行的权利外观载体(Rechtsscheinträger)(以账户权利人签字的转账申请副本的形式[295])。因此,对于受领人来说,传统的方案可能会被排除,因为直接不当得利请求权的信赖构成要件尚不成立。[296]

深化:联邦最高法院的论证似乎并非强制性的。也即应当注意的是,支付服务法规范的仅仅是当事人的合同权利义务,不当得利法则仍然

---

[292] 参见 MüKoBGB/*Jungmann* § 675j Rn. 9, 19。
[293] *Grundmann* WM 2009, 1109 (1116); *Bartels* WM 2010, 1828 (1831)。
[294] BGH NJW 2015, 3093 Rn. 24.
[295] 以此为标准的还有 *Canaris* WM 1984, 354 (356); 另参见 *Larenz/Canaris* SchuldR II 2 § 70 IV 3。
[296] 有说服力的见 *Jansen* JZ 2015, 952 (955f.)。

保持不变。[297] 就此而言,支付服务法无论如何不能,也不应当限制对处于支付服务合同之外的善意受领人的保护。[298] 从欧盟法的角度也不要求作出另外的判断,因为《支付服务指令》同样只规范银行与其顾客间的合同关系,受领人的法律地位仍然保持不变。[299] 重要的是,不当得利法上的归类与履行法(Erfüllungsrecht)统一了。主流意见迄今为止认为,只要受领人是善意的,账户权利人就必须承受由其"发起"的银行支付被作为向受领人所为的给付。也就是说,账户权利人将因支付被免除对受领人的债务。在这一债务不存在时,他将依第812条第1款第1句第1选项的规定获得对受领人的不当得利请求权。根据联邦最高法院的这一新观念,原因关系(Valutaverhältnis)中的履行效力也因支付欠缺授权而不能发生。也就是说,账户权利人通过支付也不再能获得债务免除。

如果错误转账是因为账户权利人看错而输入了**错误的账号**,则银行对账户权利人享有合同性质的费用补偿请求权。因为在这种情况下,支付过程中必要的授权根据第675r条第1款第2句的规定被拟制了(参见第40节边码9)。因此银行对受领人不享有不当得利请求权。与此相反,账户权利人则对受领人享有不当得利法性质的偿还请求权。由于第675r条第1款第2句规定的支付委托的实施符合规定的拟制并不会导致在账户权利人与受领人之间的给予关系中被认为存在给付,因而仅涉及非给付型不当得利请求权(第812条第1款第1句第2选项)。[300]

4. 利益第三人合同

在**真正的利益第三人合同**(第328条及以下)中也会产生不当得利法上的特别问题。如果债务人(允诺人Versprechender)已经向第三人提出

16

17

---

[297] AG Hamburg-Harburg BKR 2013, 393 (395); Staudinger/*Omlor*, 2020, § 675z Rn. 7; *Jansen* JZ 2015, 952ff.; *Kiehnle* JURA 2012, 895 (900); *Kiehnle* NJW 2015, 3095f.

[298] 参见 *Rademacher* NJW 2011, 2165 (2170ff.); *Fornasier* AcP 212 (2012), 410 (431ff.); *Köndgen* JuS 2011, 481 (489)。

[299] AG Hamburg-Harburg BKR 2013, 393 (395); *Fornasier* AcP 212 (2012), 410 (433ff.); 另参见 Staudinger/*Omlor*, 2020, § 675z Rn. 7。

[300] 参见 MüKoBGB/*Jungmann* § 675r Rn. 46; 就给付型不当得利见 *Scheibengruber/Breidenstein* WM 2009, 1393 (1399)。

所负担的给付,则应讨论的是,其在回复时究竟应向第三人,还是合同当事人(允诺受领人)寻求救济。给付的概念在此无法提供帮助,因为债务人向第三人给付一般来说希望既履行对允诺受领人(第 335 条)的义务,又履行对第三人(第 328 条第 1 款)的义务。[301]

18　　根据一般规则,即便在利益第三人合同中,回复也应在各给付关系中发生。也就是说,在**补偿关系**(Deckungsverhältnisse)**存在瑕疵**时,允诺人应当向允诺受领人寻求救济。不过,如果允诺受领人在给予关系中已经将给付标的**无偿地**给予第三人,则允诺人类推第 822 条(参见边码 1090 及以下)的规定对第三人享有直索型不当得利请求权(Durchgriffskondiktion)。[302]

示例:E 在 V 股份公司订立了一份人寿保险合同。受益人(Bezugsberechtigte)是其妻子 F(参见第 330 条)。在 E 死后,V 股份公司向 F 支付了保险金。其后不久发现,保险合同无效。

原则上 V 股份公司在给付型不当得利(第 812 条第 1 款第 1 句第 1 选项)的路径中就其偿还请求权应向 E 的继承人寻求救济。不过,由于 E 将保险金给付请求权无偿地给予了 F,故 V 股份公司类推适用第 822 条的规定可以直接向 F 请求返还不当得利。[303]

5. 让与型案例

19　　最后,如果给付系为事实上**并不存在的债权**而实施,该债权已被表见债权人**让**与**给了第三人**,则不当得利法上的回复也是非常有争议的。若"债务人"向第三人提出了给付,则应当询问的是,他能否向第三人或表见债权人(转让债权人 Zedenten)请求返还给付。

示例(BGHZ 105, 365):Z 在 V 股份公司为其贮存仓库(Lagerhalle)投保了火灾保险。在该仓库烧毁后,Z 将其保险金请求权让与 D。随后,V 股份公司直接向 D 支付了保险金。事后发现,Z 根本不享有保险金请求

---

[301] 关于问题的提出 *Larenz/Canaris* SchuldR II 2 § 70 V 2a。
[302] 参见 *Medicus/Petersen* BürgerlR Rn. 681ff. ; *Jauernig/Stadler* § 812 Rn. 42。
[303] 对这种"保障的情况"见 Staudinger/*Lorenz*, 2007, § 812 Rn. 38; *S. Lorenz* JuS 2003, 839 (841); einschränkend *Wieling/Finkenauer* BereicherungsR § 7 Rn. 18。

权,因为他自己点燃了大火(参见《保险合同法》第 81 条第 1 款)。

判例与通说认为,假想的债务人原则上不能直接向第三人寻求救济,而是必须**在给付型不当得利的途径中向债权让与人采取措施**。这背后的考虑是,不应当对这种情况作出不同处理,就好像"债务人"已经向表见债权人提出给付,而表见债权人又将给付转交给了第三人那样。[304] 此外,还有人指出,基于假想债务人与债权让与人关系中的瑕疵,回复是必要的。[305]

20

三、给付型不当得利与权益侵害型不当得利的竞合

在第二种案例类型中可以提出的问题是,在多数人关系中**给付型不当得利对权益侵害型不当得利的优先原则**在多大程度上应被突破(参见第 55 节边码 2)。重要的价值判断可以从有关善意取得的物权法规则(第 932 条及以下)中得出。这一点可以通过(学界)经常讨论的安装(Einbau)及加工(Verarbeitung)案例展现出来。

21

1. 安装案例

在安装案例中有疑问的是,潜在的债务人是否已经通过给付或其他方式获得了不当得利的客体。

22

示例(BGHZ 56, 228):建筑承包商(Bauunternehmer)U 对发包人(Bauherr)B 承担以 250000 欧元的价格建造一座单户住宅(Einfamilienhaus)的义务。屋顶的瓦片是 U 以所有权保留的形式从生产商 H 那里购买的。U 将这些瓦片安装到了 B 的房子中,尽管他根据 H 的一般交易条款无权这样做。此后不久 U 就破产了。H 向 B 请求赔偿瓦片的价值。有无道理?

基于安装行为,B 依第 946 条的规定成为瓦片的所有权人。同时,H

---

[304] BGHZ 105, 365 (368); BGH NJW 2005, 1369 (1370); Staudinger/*Lorenz*, 2007, § 812 Rn. 41; *S. Lorenz* JuS 2003, 839 (842);就直接的不当得利返还请求权见 *Medicus/Lorenz* SchuldR BT § 69 Rn. 30; *Bayer* JuS 1990, 883ff.; *Flume* AcP 199 (1999), 1 (18ff.)。

[305] *Larenz/Canaris* SchuldR II 2 § 70 V 1a.

也已经失去了所有权。因此,H 根据第 951 条第 1 款第 1 句、第 812 条第 1 款第 2 项、第 818 条第 2 款的规定可能对 B 享有价值补偿请求权。由于 H 明显没有向 B 做出给付行为,故可以考虑的仅为**非给付型不当得利**(通过第三人行为实施的侵害行为)。

23   从 B 的角度来看,瓦片的安装是 U **的给付**。因此,非给付型不当得利请求权可能与给付型不当得利请求权的优先性相冲突。[306] 当然,这一点并不完全明确。因为确切地说,B 刚好并非通过 U 的给付获得瓦片的所有权,而是依法直接从 H 那里获得。[307] 因此,前面的结论并不能形式化地从从属性原则中推导出来。确切地说,实质的论证是必要的。

24   在解决上述问题时可以以**第 932 条及以下的价值判断**为导向。[308] 如果 U 在进行安装前即已将瓦片的所有权让给了**善意的B**,则根据第 932 条的规定 B 已经成为所有权人。这样的话 H 基于第 816 条第 1 款第 1 句的规定对 U 享有不当得利请求权;相反,在 B 身上不当得利请求权则被排除了(参见第 55 节边码 17)。这一价值判断在第 946 条及以下规定的法定所有权取得上也应当予以注意。因此,H 不能根据第 951 条第 1 款第 1 句、第 812 条第 1 款第 1 句第 2 选项、第 818 条第 2 款的规定向 B 请求价值补偿。

    如果 B 原来就是**恶意的**或者 U 是在 H 那里**偷走**了瓦片,则可能要作出不同判断。也就是说,B 通过法律行为取得所有权的可能已经根据第 932 条(可能结合第 935 条第 1 款)的规定被排除了。与此相应,第 946 条及以下规定的法定所有权取得可能也并非得利固定(kondiktionsfest)的。因此,H 可能基于权益侵害型不当得利对 B 享有价值赔偿请求权。[309]

2. 加工案例

25   如果可能的不当得利债务人根据第 950 条的规定通过**加工他人之物**

---

[306] 以此为标准的判例有 BGHZ 56, 228 (240f.)。

[307] 参见 MüKoBGB/*Schwab* § 816 Rn. 16; *Huber* JuS 1970, 342 (346)。

[308] 参见 *Larenz/Canaris* SchuldR II 2 § 70 III 2; *Medicus/Lorenz* SchuldR BT § 69 Rn. 37; Staudinger/*Lorenz*, 2007, § 812 Rn. 63; *S. Lorenz* JuS 2003, 839 (844)。

[309] 参见 Jauernig/*Stadler* § 812 Rn. 86; MüKoBGB/*Schwab* § 816 Rn. 19。

而取得所有权,也可以提出类似问题。就此而言,具有代表性的是小公牛案(Jungbullen-Fall)。

示例(BGHZ 55, 176):D 从农民 L 的院子里偷走两头小公牛,并将它们以 850 欧元的价格卖给了善意的屠户 M。M 将这两头小牛加工成了香肠产品。L 向 M 请求价值补偿。有无道理?

通过对两头小牛进行加工,M 依第 950 条的规定获得了香肠产品的所有权。因此,可以考虑的是 L 基于第 950 条第 1 款第 1 句、第 812 条第 1 款第 1 句第 2 选项、第 818 条第 2 款的规定对 M 享有请求权。不过,由于 M 对两头小牛的占有系通过 D 的给付获得,该请求权可能因为权益侵权型不当得利的从属性而不能成立。然而,联邦最高法院在提示第 953 条的情况下否认了这一点。这表明,从属性原则在加工案例中也无济于事。确切地说,必须类推适用有关善意取得的规定。也就是说,只有当善意取得在法律行为领域根据第 932 条及以下的规定可能已经发生时,第 950 条规定的所有权取得才是得利固定(kondiktionsfest)的。[310]

26

参考文献:*Bartels,* Zur bereicherungsrechtlichen Rückabwicklung von Überweisungen nach Umsetzung der Zahlungsdiensterichtlinie, WM 2010, 1828; *Belling/Belling,* Zahlungsdiensterecht und Bereicherungsausgleich bei nicht autorisierten Zahlungsvorgängen, JZ 2010, 708; *Beuthien,* Leistung und Aufwendungen im Dreiecksverhältnis, JuS1987, 841; *v. Caemmerer,* Bereicherungsansprüche und Drittbeziehungen, JZ 1962, 385; *Canaris,* Der Bereicherungsausgleich im Dreipersonenverhältnis, FS Larenz, 1973, 799; *Canaris,* Der Bereicherungsausgleich im bargeldlosen Zahlungsverkehr, WM 1984, 354 (356); *Dörner,* Kondiktion gegen den Zedenten oder gegen den Zessionar?, NJW 1990, 473; *Flume,* Zum Bereicherungsausgleich bei Zahlungen in Drei - Personen - Verhältnissen, NJW 1991, 2521; *Flume,* Der Bereicherungsausgleich in Mehrpersonenverhältnissen, AcP 199 (1999), 1; *Foerster,* Nicht autorisierte Zahlungsvorgänge und Ausschlussfrist des

---

[310] 参见 *Medicus/Petersen* BürgerlR Rn. 727; *Wieling/Finkenauer* BereicherungsR § 6 Rn. 30。

§ 676 b Abs. 2 BGB- Ausgleich in Anweisungsfällen, AcP 213 (2013), 405; *Fornasier*, Der Bereicherungsausgleich bei Fehlüberweisungen und das europäische Recht der Zahlungsdienste, AcP 212 (2012), 410; *Grundmann*, Das neue Recht des Zahlungsverkehrs (Teil I), WM 2009, 1109; *Harke*, Zur Beweislastverteilung beim Bereicherungsausgleich im Dreiecksverhältnis, JZ 2002, 179; *Hauck*, Bereicherungsausgleich bei Anweisungsfällen nach Umsetzung der Zahlungsdiensterichtlinie, JuS 2014, 1066; *U. Huber*, Bereicherungsansprüche beim Bau auf fremdem Boden, JuS 1972, 342 und 515; *Kiehnle*, Fehlüberweisungen und Bereicherungsausgleich nach der Zahlungsdiensterichtlinie, JURA 2012, 895; *Köndgen*, Das neue Recht des Zahlungsverkehrs, JuS 2011, 481; *Langenbucher*, Zum Bereicherungsausgleich im Überweisungsrecht, FS Heldrich, 2005, 285; *S. Lorenz*, Bereicherungsrechtliche Drittbeziehungen, JuS 2003, 729 und 839; *Müller*, Der Bereicherungsausgleich bei Fehlleistungen des Kreditinstituts im bargeldlosen Überweisungsverkehr, WM 2010, 1293; *Neef*, Die bereicherungsrechtliche Rückabwicklung bei fehlerhafter Anweisung, JA 2006, 458; *Rademacher*, § 675u BGB: Einschränkung des Verkehrsschutzes im Überweisungsrecht?, NJW 2011, 2169; *Scheibengruber/Breidenstein*, SEPA-eine Zumutung für Verbraucher?, WM 2009, 1393; *Schreiber*, Der Bereicherungsausgleich im Mehrpersonenverhältnis, JURA 1986, 539; *Solomon*, Der Bereicherungsausgleich in Anweisungsfällen (2004). Vgl. auch die Nachweise zu § 53.

第七编

非合同损害赔偿责任

第一章 导 论

第58节 概要

非合同损害赔偿责任被规定在(《德国民法典》)第 2 编第 27 章(第 823 条至第 853 条)中的"**侵权行为**"(Unerlaubte Handlungen)标题之下。该标题是妥当的,因为第 823 条及以下的规定事实上几乎完全是与不被允许的(违法的)及有过错的行为联系在一起。仅仅第 833 条第 1 句(第 68 节边码 1 及以下)规定的动物保有人责任构成一个例外。这属于**危险责任**(Gefährdungshaftung),并不取决于行为的违法性和过错。在《德国民法典》之外,尚存在大量其他危险责任要件(边码 1438 及以下)。这些危险责任在实务中具有如此巨大的意义,以至于可以称之为德国侵权法的**二元性**(Zweispurigkeit)。

人们有时将自我牺牲责任(Aufopferung)作为非合同责任的第三种基本类型。[1] 其在《德国民法典》中最重要的例子是第 904 条第 2 句规定的适法紧急避险(rechtfertigender Notstand)时的损害赔偿请求权,以及第 906 条第 2 款第 2 句(第 72 节边码 6)规定的相邻关系法上的补偿请求权。[2] 由于这些请求权大多会在民法总论和物权法中处理,这里就不详细介绍了。[3] 在《德国民法典》之外,《德国联邦环境侵害防治法》(BIm-

1

---

[1] Ausf. dazu *Canaris* VersR 2005, 577ff.
[2] 参见 *Larenz/Canaris* SchuldR II 2 §85;*Medicus/Lorenz* SchuldR BT §84 Rn.7ff.。
[3] 关于第 904 条参见 *Brox/Walker* BGB AT §32 Rn. 18;关于第 906 条参见 *Vieweg/Werner* SachenR §9 Rn. 34ff.。

SchG)第 14 条[4]规定的负有容忍义务的所有权人的请求权,以及《德国联邦狩猎法》(BJagdG)第 29 条(第 68 节边码 11)规定的狩猎权人的责任也都以自我牺牲的思想为基础。

一、责任法的功能

2   有关非合同损害赔偿责任之规定的功能主要在于**填补**受害人所受**损害**。[5] 这与不当得利法存有重要区别,不当得利法主要涉及不当财产利益的除去(第 53 节边码 2)。在损害填补功能之外,责任法的**行为调控功能**(Verhaltenssteuerungsfunktion)也具有重要意义。大致来说,这里涉及的是如何影响规范相对人的行为,以便尽可能地避免损害。[6] 因此,人们也将其称为责任法的预防功能(Präventionsfunktion)(参见拙著《债法总论》第 43 节边码 2)[7]。这是新近判例在判断人格权侵害时特别强调的一种功能(参见拙著《债法总论》第 61 节边码 13)。与此相对,惩罚功能(在对实施的不法行为复仇的意义上)在过错责任领域也被正确地拒绝了。[8]

二、基本判断

3   我们不能仅在使**受害人的法益和利益**(Rechtsgütern und Interessen des Geschädigten)获得尽可能广泛保护的视角下考察非合同损害责任法。因为这一目标与受宪法保护的潜在加害人的**行为自由和发展自由**(Handlungs-und Entfaltungsfreiheit)相冲突(《德国基本法》第 2 条第 1 款)。[9]

1. 过错原则

立法者在第 823 条及以下中以如下方式解决受害人利益保护与加害人行为自由间的冲突,即加害人原则上只对其**有过错的**(schuldhaft)行为承担

---

[4]   参见 Larenz/Canaris SchuldR II 2 § 85 II 3。
[5]   Larenz/Canaris SchuldR II 2 § 75 I 2i.
[6]   参见 Staudinger/*Hager*, 2017, Vorbem. zu §§ 823ff. Rn. 13。
[7]   参见 MüKoBGB/*Wagner* Vor § 823 Rn. 45。
[8]   Staudinger/*Hager*, 2017, Vorbem. zu §§ 823ff. Rn. 11。
[9]   关于这一冲突参见 Larenz/Canaris SchuldR II 2 §75 I 1。

责任(参见拙著《债法总论》第 10 节边码 8)。[10] 也就是说,潜在加害人的行为自由和发展自由可以这样得到保护,即他不必对那些对他(或者各个交往圈子中的成员)而言不可预见且不避免的损害承担责任。[11] 过错的出发点是一个**具有违法性的**行为。也就是说,必要的是对某个禁止所涉行为或者要求(实施)某个其他行为的法律规范的违反。[12] 因此,第823 条及以下规定的是为有过错的不法(行为)承担责任。[13]

法律比较:在大多数欧洲法律制度中,过错原则也是非合同责任的基础。[14] 其背后是受到启蒙运动影响的思想,即只有当作为自我负责的行为主体的个人能够预见并且避免损害时,才应使其承担损害赔偿义务。[15]

与对过错原则的原则性认识相符,《德国民法典》中的几乎所有侵权责任要件均以加害人存在**违法且有过错的行为**为前提,不过,在一些侵权责任构成要件中(参见第 831 条及以下),过错是被推定的(第 69 节边码 1 及以下)。仅仅第 833 条第 1 句规定的动物保有人责任(第 68 节边码 1 及以下)以及第 829 条规定的公平责任(第 59 节边码 25 以下)构成例外。

自《德国民法典》生效之后,很多领域显示,传统的过错原则并不能充分地考虑受害人的利益(参见拙著《债法总论》第 10 节边码 9)。因此,立法者在《德国民法典》之外的很多法律中(如《道路交通法(StVG)》《损害赔偿法(HPflG)》《产品责任法(ProdHaftG)》)引入了一些规定了无过错责任(所谓的**危险责任**Gefährdungshaftung)的构成要件(参见第 73 节边码

4

---

[10]　*Deutsch* HaftungsR Rn. 5;*Larenz/Canaris* SchuldR II 2 § 75 I 2b.

[11]　关于过错原则的自由保障功能参见 Staudinger/*Caspers*, 2019, § 276 Rn. 4; v. *Caemmerer* RabelsZ 42 (1978) 5 (7);*Deutsch*, FS Medicus, 1999, 77。

[12]　关于作为违法性基础的行为义务违反参见 *Fikentscher/Heinemann* SchuldR Rn. 598, 638;*Larenz/Canaris* SchuldR II 2 § 75 II 3b。

[13]　*Larenz/Canaris* SchuldR II 2 § 75 I 2.

[14]　参见 *v. Bar*, Gemeineuropäisches Deliktsrecht Bd. 1: Die Kernbereiche des Deliktrechts, 1996, § 2 Rn. 11 mwN。

[15]　参见 *Zweigert/Kötz* Rechtsvergleichung 650;*Larenz/Canaris* SchuldR II 2 § 75 I 2b。

1 及以下)。[16] 此外,为了受害人的利益,判例为第 823 条第 1 款的一些重要案例类型发展出了**举证责任减轻**规则(第 31 节边码 18 及以下和第 63 节边码 3 及以下)。

2. 财产和行为自由不享有普遍的保护

5 　　立法者的第二个重要决定在于,将第 823 条第 1 款规定的对过错(故意与过失)侵害的侵权法保护原则限制在具有核心地位的**人身法益**(zentrale Lebensgüter:生命、身体、健康、自由)和绝对权(尤其是所有权)之上。相反,财产本身以及一般行为自由则不能享受普遍的侵权法保护。[17] 对它们来说,原则上只在违反相关**保护性法律**(第 823 条第 2 款)以及在**故意以违反善良风俗之方法损害他人**(第 826 条)的情形中,损害赔偿请求权才可以被考虑。这对于潜在的加害人来说意味着,在不存在相应保护性法律时他通常不必顾及他人的纯粹财产利益或者一般行为自由。

3. 请求权人范围的清晰界定

6 　　此外,借助与法益侵害(Rechtsgutverletzung)要件的联结,立法者遵循了清楚地界定潜在请求权人范围的要求。请求权人原则上只能是自己遭受了**法益侵害**的人。相反,基于他人法益被侵害而遭受纯粹财产损失的人并不享有第 823 条第 1 款的赔偿请求权。

　　示例(BGH NJW 2003, 1040):花样滑冰选手 M 和 F 自很多年前组成了一个配合娴熟并且在国际上颇为成功的花样滑冰双人滑组合。在一次交通事故中,S 的过错行为造成 M 受伤。其后果是,F 因为搭档受伤而暂时不能练习双人滑。

　　联邦最高法院否定 F 就因此遭受的损害(取消比赛、失去赞助费和奖金)对 S 的责任保险人享有赔偿请求权,理由是 F 的绝对权并没有因事故而受到侵害。[18] 关于对已经成立并且行使的企业经营权(eingerichteter und ausgeübter Gewerbebetrieb)的侵害参见第 62 节边码 3。

---

[16] 关于危险责任的产生参见 *Jansen*, Die Struktur des Haftungsrechts, 2003, 369ff.。
[17] 参见 *Larenz/Canaris* SchuldR II 2 § 75 I 3b。
[18] 参见 *Schöpflin* JA 2003, 536ff.。

三、《德国民法典》侵权法的体系

很多国外法律制度都包含侵权法的概括条款,根据该条款,任何人均须赔偿因过错给他人造成的损害。1804 年的《法国民法典》在其第 1240 条(原第 1382 条)中是以如下方式表述过错侵权责任的基本构成要件的:"任何对他人造成损害的行为都将为因过错使其发生的人创设赔偿损害债务"(Tout fait quelconque de l'homme, qui cause à autrui un dommage, oblige celui par la faute duquel il est arrivé à le réparer)。类似的概括条款也可以在 1811 年的《奥地利普通民法典》中找到(第 1295 条第 1 款)。[19] 与此相反,德国立法者致力于将检验侵权责任的清晰基本原则交到法官手中。德国立法者尤其排除对纯粹财产损失承担普遍责任,并原则上将请求权人的范围限于直接遭受损害的人。[20] 因此,在《德国民法典》中可以找到第 823 条第 1 款、第 823 条第 2 款和第 826 条三个基本构成要件(所谓的"小概括条款"),它们会得到其他构成要件(第 824 条、第 825 条、第 831 条至第 834 条、第 836 条至第 839a 条)的补充。[21]

从法律政策的角度看,两种体系会产生相互影响的问题。比如,大概括条款会给法官提出在纯粹财产损失上对漫无边际的责任范围予以限制,并适当限制请求权人范围的必要性。[22] 与此相反,德国的判例则必须发展出用以**扩张纯粹财产损失赔偿**(Ersatzfähigkeit reiner Vermögensschäden)的特别制度。这里应当提及的尤其是缔约过失责任(culpa in contrahendo,第 280 条第 1 款、第 311 条第 2 款、第 241 条第 2 款),它使得在先合同领域对纯粹财产损失予以赔偿成为可能(参见拙著《债法总论》边码 142)。[23] 此外,判例还试图通过营业权(Recht am Gewerbebetrieb)来强化对纯粹财产

---

[19] 参见 *v. Bar*, Gemeineuropäisches Deliktsrecht Bd. 1: Die Kernbereiche des Deliktrechts, 1996, § 2 Rn. 13ff.; MüKoBGB/*Wagner* Vor § 823 Rn. 4ff.。

[20] 参见 MüKoBGB/*Wagner* Vor § 823 Rn. 14。

[21] 关于德国侵权法的体系参见 *Larenz/Canaris* SchuldR II 2 § 75 I 3; *Medicus/Lorenz* SchuldR BT § 72 Rn. 10ff.; *Canaris* VersR 2005, 577ff.。

[22] 参见 *Medicus/Lorenz* SchuldR BT § 71 Rn. 4ff.。

[23] Dazu *Canaris* VersR 2005, 577 (583).

损失的侵权法保护(第 62 节边码 1)。

参考文献: *v. Bar*, Gemeineuropäisches Deliktsrecht, Bd. I, 1996, Bd. II, 1999; *Brüggemeier*, Prinzipien des Haftungsrechts - Eine systematische Darstellung auf rechtsvergleichender Grundlage, 1999; *v. Caemmerer*, Das Verschuldensprinzip in rechtsvergleichender Sicht, RabelsZ 42 (1978), 5; *Canaris*, Grundstrukturen des deutschen Deliktsrechts, VersR 2005, 577; *Deutsch*, Allgemeines Haftungsrecht, 2. Aufl. 1996; *Deutsch*, Zurechnungszusammenhang, Rechtswidrigkeit und Verschulden, FS Medicus, 1999, 77; *Deutsch/Ahrens*, Deliktsrecht, 6. Aufl. 2014; *Dreier*, Kompensation und Prävention, 2002; *Fuchs/Pauker/Baumgärtner*, Delikts - und SchadensersatzR, 9. Aufl. 2016; *Huber*, Das neue Schadensersatzrecht, 2003; *Jansen*, Die Struktur des Haftungsrechts, 2003; *Katzenmeier*, Zur neueren dogmengeschichtlichen Entwicklung der Deliktsrechtstatbestände, AcP 203 (2003), 79; *Wagner*, Deliktsrecht, 14. Aufl. 2021; *Looschelders*, Die Mitverantwortlichkeit des Geschädigten im Privatrecht, 1999; *Möller*, Das Präventionsprinzip des Schadensersatzrechts, 2006; *Münzberg*, Verhalten und Erfolg als Grundlagen der Rechtswidrigkeit und Haftung, 1966; *Rohe*, Gründe und Grenzen der deliktischen Haftung, AcP 201 (2001), 117; *Röthel*, Unerlaubte Handlungen, JURA 2013, 95; *Wagner*, Das neue Schadensersatzrecht, 2002; *Wagner*, Prävention und Verhaltenssteuerung durch Privatrecht - Anmaßung oder legitime Aufgabe?, AcP 206 (2006), 352; *Wurmnest*, Grundzüge eines europäischen Haftungsrechts, 2003.

第二章 加害人根据第823条第1款承担的责任

第59节 责任的基本问题

侵权责任的核心构成要件是第823条第1款。立法者在此突出强调了一些**最重要的法益**,它们应当被保护免于任何具有违法且有过错行为的侵害,而不依赖于特别保护性法律的存在。[24] 在第823条第1款上,主流意见认为应以**三阶层的构成要件**为出发点,与在刑法上一样,在此可以区分为构成要件该当性(Tatbestandsmäßigkeit)、违法性(Rechtswidrigkeit)和过错(Verschulden)。[25]

1

提示:下面谈及的大部分问题并不仅限于第823条第1款,而是在所有过错责任构成要件上都有可能出现,尤其适用于对违法阻却事由(Rechtfertigung)和过错(Schuld)的论述。不过,交往义务问题同样不只会在第823条第1款上,而也会在第823条第2款和第826条上讨论。也即最终涉及的是侵权责任的基本问题。不过,基于教学上的原因,不将这些问题孤立起来处理,而是将它们与第823条第1款的"基本构成要件"一起处理似乎更有意义。

---

[24] 参见 *Larenz/Canaris* SchuldR II 2 § 76 I 2。
[25] 参见 *Larenz/Canaris* SchuldR II 2 § 75 II 2; *Medicus/Lorenz* SchuldR BT § 72 Rn. 1f.; *Schlechtriem* SchuldR BT Rn. 823ff.; *MüKoBGB/Wagner* § 823 Rn. 1ff.。

一、构成要件该当性和行为违法性

2   在构成要件该当性层次涉及的问题是,加害人的行为是否以具有相当因果关系且客观上可归责的方式侵害了第 823 条第 1 款列举的**法益**(责任成立因果关系),是否又以具有相当因果关系且客观上可归责的方式(责任范围因果关系)从法益侵害中产生了**损害**(参见拙著《债法总论》第 45 节边码 2 及以下)。如果这些要件都具备,则**违法性**(Rechtswidrigkeit 或 Widerrechtlichkeit)即被引用。因此,接下来必须检验,是否例外地存在违法阻却事由(Rechtfertigunggrund)(第 59 节边码 14 及以下)。[26]

对于所谓的"**框架权**"(Rahmenrechte)(一般人格权、营业权)侵害则存在特殊性。这里违法性必须在利益衡量(Interessenabwägung)的基础上积极地确定(第 61 节边码 5 和第 62 节边码 4)。

二、交往义务的意义

1. 功能与体系归属

3   根据通说,在"框架权"侵害之外,还存在两种违法性也不能仅从法益侵害中就能够推导出来的案例类型:即间接侵害行为和不作为。确切地说,这里必须额外确定加害人是否违反了相应的行为义务(所谓的**交往义务**)。应当与此区别开来的则是仅从损害后果的造成上就可以得出违法性的直接侵害行为。[27] 在做这种考察时,第 823 条第 1 款建立在两种不同的违法性概念之上:在直接侵害行为上适用的是**结果不法**(Erfolgsunrecht)说,在间接侵害行为和不作为上则适用**行为不法**(Verhaltensunrecht)说。

---

[26] *Larenz/Canaris* SchuldR II 2 § 75 II 2c;*Deutsch* HaftungsR Rn. 257.
[27] *Soergel/Spickhoff* § 823 Rn. 4a;NK-BGB/*Katzenmeier* § 823 Rn. 101f.;*Brox/Walker* SchuldR BT § 45 Rn. 47ff.;*Larenz/Canaris* SchuldR II 2 § 75 II 3b;*Medicuss/Lorenz* SchuldR BT § 72 Rn. 3ff.;*Medicus/Petersen* BürgerlR Rn. 642ff.;*Schlechtriem* SchuldR BT Rn. 826;*Raab* JuS 2002,1041(1046).

示例：A 用棍棒打了 B 的头，则存在一个直接侵害行为。根据主流意见，违法性可以通过法益侵害行为得到引用。因此，A 顶多可以主张违法阻却事由。如果生产者 H 将一个具有危险性的物品（如汽车、割草机）投入交往中，则只有当他违反了相应的交往义务时（参见第 63 节边码 6 及以下），他才须对该物使用过程中产生的法益侵害承担责任，也即属于间接侵害行为，而在间接侵害行为上违法性不能单从结果中推导出来。同样，对于不作为承担的责任也以加害人违反作为（比如，房屋所有权人在结冰时撒沙子防滑的义务）的法律义务为前提。

与交往义务违反的结合是以恰当的认识为基础，即行为的违法性在有问题的案例中并不能仅从损害后果中推导出来。然而，进行仔细考察时我们会发现，交往义务违反的必要性并不是间接侵害行为和不作为的特殊性。由于行为和后果在直接侵害行为中也可以彼此分开，与间接侵害行为相比，质的区别并不能由此得到充分说明。与此相应，将两种案例类型严格区分开来是行不通的。[28] 在这两个领域涉及的都是考虑到特定结果可能发生而**否定具有危险性的行为**。[29] 然而，在直接侵害行为上具有危险性的行为与结果之间的关系太过紧密，以至于交往义务的违反（Pflichtwidrigkeit）大多数时候都是理所当然的。[30] 因此，在考试中并不需要对此进行特别论述。

体育活动责任（Sporthaftung）的例子表明，即便在直接侵害行为中行为的违法性也并不总是理所当然的。在竞技体育（如足球）中，运动员之间的身体接触属于体育运动的本质特性。因此，侵害行为与后果（身体伤害）之间的特别紧密关系本身并不能引用违法性。确切地说，加害人还必须违反了行为义务（参见拙著《债法总论》第 50 节边码 29）。[31]

4

---

［28］ Soergel/*Krause* Anh. II zu § 823 Rn. 3；*Looschelders* FS Martinek，2020，405（406）.
［29］ 关于以加害人行为为违法性判断的起点见 Soergel/*Pfeiffer* § 276 Rn. 26；Staudinger/*Caspers*，2019，§ 276 Rn. 13；*Larenz*/*Canaris* SchuldR II 2 § 75 II 3a；*Fikentscher*/*Heinemann* SchuldR Rn. 598；aA Jansen AcP 202（2002），517（545ff.）.
［30］ 参见 *Looschelders* Mitverantwortlichkeit 234；MüKoBGB/*Wagner* § 823 Rn. 22；*Looschelders* FS Martinek，2020，405（407）.
［31］ Ausf. dazu *Looschelders* JR 2000，265（269ff.）.

5　　　因此,从教义学的角度应当坚持,第 823 条第 1 款所规定的责任可以回归到建立在加害人违反交往义务行为之上的统一违法性观念。[32] 但是尚未解决,且对考试结构也非常重要的问题是,交往义务的违反究竟应当在构成要件层次检验还是在违法性层次检验。赞同归类到构成要件层次的考虑是,最终涉及的还是符合构成要件之行为的具体化。此外,这一看法还能够维持构成要件的引用效力。[33] 由于交往安全义务的违反是构成作为或不作为的一个元素[34],在其间接侵权行为或不作为中已经与各个作为或不作为一起进行了检验。[35] 不过也可以将交往安全义务的违反在责任成立因果关系的框架下,在权益侵害行为可归责性上处理。[36]

2. 交往义务的成立

6　　　在《德国民法典》中可以找到一些以交往义务思想为基础的特别规定。尤其应当提及的是第 836 条。[37] 根据该规定,土地占有人应当对建筑物倒塌或者建筑物部件坠落导致的法益侵害承担责任,只要他不能证明,他已经为避免危险的发生善尽交往中必要的注意(参见第 67 节边码 23)。

就土地占有人对倾倒树木所致损害承担的责任,德国法院在 1902 年的一个基础性判决中从第 836 条提出了一个基本原则,即"任何人均应对其物所导致的损害承担责任,因为在他合理地注意他人的利益时本来能够阻止损害的发生"。[38] 在其后的发展中这一原则向着如下方向扩张,即任何制造或维持危险状况的人均应采取必要和可以期待的预防

---

[32] 参见 MüKoBGB/*Wagner* § 823 Rn. 26；*Wagner* DeliktsR Kap. 5 Rn. 17ff. 。

[33] So auch *Larenz/Canaris* SchuldR II 2 § 75 II 3c；*Medicus/Petersen* BürgerlR Rn. 647；MüKoBGB/ *Wagner* § 823 Rn. 444；Hk-BGB/*Staudinger* § 823 Rn. 62；*Raab* JuS 2002, 1041 (1047)；*Looschelders* FS Martinek, 2020, 405 (409f.)；其他观点见 *Deutsch* HaftungsR Rn. 257；*Schlechtriem* SchuldR BT Rn. 854。

[34] *Looschelders* FS Martinek, 2020, 405 (410)。

[35] 一个例子参见 Fälle zum SchuldR II Fall 6 Rn. 5。

[36] Dafür Hk-BGB/*Staudinger* § 823 Rn. 62；*Medicus/Petersen* BürgerlR Rn. 647。

[37] 参见 *Brox/Walker* SchuldR BT § 45 Rn. 33。

[38] RGZ 52, 373 (379)；参见 *Larenz/Canaris* SchuldR II 2 § 76 III 1a。

措施,以便尽可能避免对他人造成损害。[39] 因此,有关交往义务的规定从根本上可以从**危险引起**(Gefahrveranlassung)与**危险控制**(Gefahrbeherrschung)的思想中得到解释。**信赖保护**(Vertrauensschutz)的思想与此一致:潜在的受害人自己不必采取保护性的预防措施,因为他可以信赖对所涉危险源的安全保障。[40]

3. 案例类型

为对交往义务进行体系化,文献发展出了不同模式。[41] 大致可以分为三种主要的案例类型。

(1)对危险源的支配

在第一种案例类型中,交易义务以对空间范围或者具有危险性的物的支配为基础。法律上的联结点有第833条第2句、第836条至第838条。这种类型的交往义务在传统上大多涉及街道和道路上(比如,结冰时撒沙防滑义务、保护行人免遭将要倾倒的树木的损害)交通安全的保障。因此,人们也称其为**交往安全义务**(Verkehrssicherungspflichten)。[42] 其他例子有乡镇(政府)为游乐场[43]的状态承担的责任以及体育活动组织者就运动设施的安全性而对观众和参赛者承担的责任。[44]

公共街道和道路上的交往安全义务今天大多是以公法的形式构建。于是,受害人的请求权不是以第823条第1款,而是以《德国民法典》第839条结合《德国基本法》第34条为依据(参见第69节边码20)。[45] 不过,只要公法上的清扫义务和防滑义务由乡镇(政府)移转给了投资者,则这些义务即转化为从土地所有权中产生的交往安全义务,就又可以适用第823条第1款了。[46]

---

[39] 参见 BGH NJW 2004, 1449 (1450); NJW-RR 2003, 1459。
[40] 参见 *Larenz/Canaris* SchuldR II 2 § 76 III 3; *Raab* JuS 2002, 1041 (1044)。
[41] 参见 *Brox/Walker* SchuldR BT § 45 Rn. 34ff.; *Larenz/Canaris* SchuldR II 2 § 76 III 3; *Medicus/Lorenz* SchuldR BT § 72 Rn. 9ff.; MüKoBGB/*Wagner* § 823 Rn. 450ff.
[42] MüKoBGB/*Wagner* § 823 Rn. 451.
[43] BGHZ 103, 338.
[44] 参见 *Looschelders* JR 2000, 265ff.。
[45] 参见 OLG Brandenburg VersR 2009, 221 (222); Palandt/*Sprau* § 823 Rn. 199, 210。
[46] OLG Dresden VersR 2001, 868. 关于撒沙防滑的义务另参见 BGH NJW 1987, 1671。

(2) 从事具有危险性的活动

8　　第二种案例类型与从事具有危险性的活动或者具有危险性的职业联系在一起。[47] 具有代表性的是旅游组织者对宾馆设施(参见第 36 节边码 43)的安全承担的责任,以及生产者对具有缺陷的产品所致损害承担的责任(参见第 63 节边码 6 及以下)。同样,音乐会的组织者应当使其顾客免遭过大的音乐声响造成的损害。[48] 背景则是正当的交往期望,即所涉活动的实施不会对他人造成损害。

(3) 先前实施的危险行为

9　　在第三种案例类型中,交往义务以先前实施的危险行为为基础。谁**制造了危险源**,谁此后必须采取必要的预防措施,以保护第三人免遭损害。这一点不依赖于所涉人员现在是否还支配该危险源。危险的制造是否违反相关义务,在民法上同样是无关紧要的。[49] 对此判例中也存在海量的例证材料。[50] 所以,危险性建筑设施的建造者有义务维护其安全性,以便小孩不会因此遭受损害。[51] 如果将有毒液体储存于饮料瓶中,则必须有效地防止误用的危险。

示例(BGH NJW 1968, 1182):一对夫妇 S 请人在其房子里进行油漆施工。在此过程中 M 油漆工遭受了严重的内部损伤,由于误以为是自己的啤酒瓶,他从某个装了氢氧化钠的啤酒瓶中喝下了一大口。氢氧化钠是 S 的夫人装进啤酒瓶中的,并将其作为清洁剂保存在抽水马桶后面。在油漆施工过程中,M 的某个同事将该装有氢氧化钠的瓶子放到了房间的地板上。在瓶子上有一个写有"注意,有生命危险! 氢氧化钠"字样的贴条。根据联邦最高法院的观点,这种贴条用来警示油漆工不要错拿是不够的。考虑到氢氧化钠的高度危险性以及保管方式,应当在油漆工作开始之前将装有氢氧化钠的瓶子从浴室中拿走。

---

[47] 参见 BGH NJW-RR 2003, 1459 (1460):经营一个锯木厂。
[48] BGH NJW 2001, 2019.
[49] Larenz/Canaris SchuldR II 2 § 76 III 3c.
[50] 参见 MüKoBGB/*Wagner* § 823 Rn. 462 mwN。
[51] BGH NJW 1997, 582 (583)-消防水池。

这里所叙述的案例类型既非封闭的,亦非没有重叠的。因此,在氢氧化钠案中先前行为的危险性与**对某个危险性物的支配**同时出现了。

4. 交往义务的具体化

在交往安全义务具体化的过程中,人们有时可以回归到法律、条例(《道路交通管理条例》)以及地方规章(如关于撒沙)。[52] 各种交往义务的内容和强度最终必须根据潜在加害人的行为自由与潜在受害人的保护利益之间的**衡量**(Abwägung)来确定。对于(潜在)加害人经济上的可期待性在这里也应予以考虑。[53] 根据新近判例中经常使用的公式,法律上所要求的交往安全包括"一个谨慎、明智、在理智范围内处事小心的人认为对保护他人免受损害而言必要和充分的"所有措施。[54] 只要危险是在从事职业或者营业活动过程中发生的,即应以所涉职业群体中明智、谨慎、小心且认真负责的成员的视角为标准。[55] 在此重要的标准是法益侵害发生的可能性以及受威胁法益的价值(Wertigkeit)。因此,在他人之生命、身体或者健康存在重大危险时应当采取的保护措施要比价值较低的物品上存在较为遥远的危险时广泛得多。[56] 然而,即便是在人身损害的危险方面也应当拒绝"不惜一切代价的交往安全"。[57] 因此,单个的经销商也并不负有在夏季高温的时候将其销售场所中的瓶装柠檬水冷藏起来的义务,以便降低顾客因瓶子爆炸而受伤的可能性。[58]

10

总的来说,交往义务只对那些**有权**(befugtermaßen)与危险来源接触的人适用。[59] 仅在与**小孩**的关系上存在例外。即便他们并无接近危险源之正当权限,考虑到欠缺经验和轻率的特性,他们仍应得到保护。因

11

---

[52] 参见 Deutsch/Ahrens DeliktsR Rn. 330; *Looschelders* FS Martinek, 2020, 405 (412)。
[53] BeckOGK/*Spindler*, 1. 11. 2020, § 823 Rn. 388; *Deutsch/Ahrens* DeliktsR Rn. 333.
[54] BGH NJW-RR 2003, 1459 (1460); NJW 2004, 1449 (1450); NJW 2007, 1683 Rn. 14; VersR 2010, 544Rn. 5; NJW 2013, 48 Rn. 6.
[55] BGH NJW 2004, 1449 (1450); 2007, 1683 Rn. 15; VersR 2010, 544 Rn. 6; LG Karlsruhe BeckRS 2013, 10817 Rn. 53.
[56] 参见 *Looschelders* FS Martinek, 2020, 405 (412)。
[57] 参见 BGH VersR 2010, 544 Rn. 10; Staudinger/*Hager*, 2009, § 823 Rn. E 35。
[58] 参见 BGH NJW 2007, 762; *Rothe* NJW 2007, 740ff.。
[59] *Gursky* SchuldR BT 210.

此,负有交往安全义务的人制造和维持的危险源对小孩的诱惑越大,他交往义务的强度也就越大。[60]

示例:在氢氧化钠案(参见第59节边码9)中,如果是一个入室盗窃的小偷从啤酒瓶中喝了(氢氧化钠),S夫妇的责任即应予以否定。相反,若某人建造或者管理一个消防水池,则他应当采取预防措施,以便没有玩耍的小孩非法地跑到场地上去。[61]

5. 与过失的区分(第276条第2款)

12 交往义务与第276条第2款规定的注意义务是何种关系,是有争议的。文献中有人认为,违反交往义务与未尽交往中必要的注意是相同的。[62] 其后果是,过失的检验在过错层次上将大大失去其独立意义。与此相反,主流意见正确地认为,交往义务应当根据比过失**更为严格的标准**来判断。[63] 区分的必要性来自,交往义务的具体化涉及责任领域的客观界定。这一区分如对是否可以针对某一特定行为进行正当防卫(第227条)具有实际意义。[64] 对此应当设定比在过错层面更为严格的标准。[65] 重要的是,为避免法益侵害发生,哪些措施从专业观察者的角度根据损害事件发生时的科学和技术状态客观上是必须的。[66] 相反,所涉交往群体的普通成员在损害事件(向前效力)发生时是否应当识别和履行客观上被提出的要求,则是过错的问题。[67] 因此,如在土地所有权人因突然的重

---

[60] BGH NJW 1997, 582 (583);参见 *Möllers* VersR 1996, 153ff. 。
[61] BGH NJW 1997, 582 (583).
[62] So *Schlechtriem* SchuldR BT Rn. 863; *Wagner* DeliktsR Kap. 5 Rn. 33f.; MüKoBGB/*Wagner* § 823 Rn. 60, 445ff.
[63] 参见 BGH NJW 1994, 2232 (2233); 1995, 2631 (2632); Soergel/*Pfeiffer* § 276 Rn. 34, 40.; Staudinger/*Hager*, 2017, § 823 Rn. a 6; *Larenz/Canaris* SchuldR II 2 § 75 II 3d。
[64] Soergel/Pfeiffer § 276 Rn. 40.
[65] 参见 Staudinger/Hager, 2017, § 823 Rn. A 6; Soergel/Pfeiffer § 276 Rn. 40。
[66] *Larenz/Canaris* SchuldR II 2 § 75 II 3d; für eine ex post-Beurteilung der Verkehrspflichten in Kenntnis aller Umstände des schädigenden Ereignisses Soergel/*Pfeiffer* § 276 Rn. 40; *Raab* JuS 2002, 1041 (1048).
[67] Vgl. Soergel/*Pfeiffer* § 276 Rn. 81; Staudinger/*Hager*, 2017, § 823 Rn. A 6; *Deutsch* HaftungsR Rn. 385ff.; *Schlechtriem* SchuldR BT Rn. 863; *Looschelders* FS Martinek, 2020, 405 (412).

病而不能履行撒沙的义务时,尽管存在作为义务的违反也应当否认过失。[68] 如果安全保障义务人根据之前的判例可以认为其采取的保护措施已经足够了,亦是如此。[69]

示例(BGH NJW 1995, 2631):13 岁的 K 在一个铁路停车场里爬到了 B 的货运列车顶上,并在那里过于接近顶部滑接线。他因为电击而从货运列车顶部跌下来,并遭受了严重伤害。K 基于第 823 条第 1 款的规定向 B 请求损害赔偿。B 主张,火车上根据联邦铁路规范——11002 的规定张贴了黄色的警示标志"闪电型箭头"(Blitzpfeil)。联邦最高法院在检验交往义务的违反时认定,张贴"闪电型箭头"并不足以就攀爬货运列车时具有生命危险的电击向小孩作出提示,因为警示并不能足够清晰地与顶部滑接线关联起来。但是,B 并无过错,因为他在事故发生时可以信赖,根据过去有关警示的判例,箭头是足够的。[70] 在这些情况中反对观点以如下方式得到了相同结论,即要么连交往安全义务之违反的存在就已经予以否认[71],要么在过错层面上肯定不可避免的违法性认识错误。[72]

对交往安全义务的遵守也被称为外在注意,它应当与在过错中检验的内在注意相区分。[73] 这一术语显示出了两方面的紧密联系。如果(交往)安全义务人履行了对内在注意义务提出的要求,总的来说他也能够采取阻止危险实现("识别危险、祛除危险")的必要保护措施。[74] 因此,如

---

[68] Zu diesem Beispiel *Medicus/Petersen* BürgerlR Rn. 659.
[69] Vgl. BGH NJW 1985, 620 (Skilift - Fall); NJW 1995, 2631; Staudinger/*Hager*, 2009, § 823 Rn. E 2.
[70] 关于其产生也请参见 *Looschelders/Roth* Juristische Methodik 16f.; *Möllers* VersR 1996, 153ff.; *Raab* JuS 2002, 1041 (1047)。
[71] 参见 OLG Hamm VersR 1990, 913 (914)。
[72] 参见 MüKoBGB/*Wagner* § 823 Rn. 56; *Wagner* DeliktsR Kap. 5 Rn. 28。
[73] So *Deutsch* HaftungsR Rn. 385ff.; *Deutsch/Ahrens* DeliktsR Rn. 337; *v. Bar* JuS 1988, 169 (173); BeckOGK/*Spindler*, 1. 11. 2020, § 823 Rn. 450; Staudinger/*Hager*, 2009, § 823 Rn. E 72; Soergel/*Pfeiffer* § 276 Rn. 81; aus der Rspr. vgl. BGH VersR 1986, 765 (766); krit. *Wagner* DeliktsR Kap. 5 Rn. 26.
[74] Vgl. MüKoBGB/*Wagner* § 823 Rn. 35: Einhaltung der inneren Sorgfalt macht Einhaltung der äußeren Sorgfalt erst möglich.

果其并未采取这些预防措施,则存在指向违反交往中必要注意的线索。[75] 不过,在此并未与真正的证明责任倒置结合在一起。

提示:在考试中关于交往安全义务与过失之间关系的教义学争议通常不会得出不同结论。因此,应试者不用对这一争议详加讨论,而是要侧重于实质问题。[76] 因此,在触电案(第59节边码12)中并不取决于人们在检验交往安全义务、过失或不可避免的违法性认识错误的存在时本应能够知悉这一状况,B在停放货运列车时无法认识到相较于之前的判例对交往安全义务更为严格的要求。[77]

三、违法阻却事由

1. 概述

14　在违法性层面应当检验一些广受承认的违法阻却事由。只要这些违法阻却事由(正当防卫、紧急避险、自助行为)已经在《德国民法典》总则编(第227条以下条文)中规定了,则可以参引相关教科书的讲述。[78] 有关自助行为的特别情况可以在第562b条(参见第23节边码14),或者结合第581条第2款或者第704条,以及在第859条、第860条、第910条、第962条中找到[79];关于攻击性紧急避险(Angriffsnotstand)第904条就够了。此外,**正当的无因管理**(Geschäftsführung ohne Auftrag)也可以被视为违法阻却事由。

传统的违法阻却理由——**父母惩戒权**(elterliche Züchtigungsrecht)最迟因第1631条第2款(子女对于非暴力教育的权利)的引入而失去了其意义。因为根据该款的规定,所有体罚包括轻微的"打"屁股也是不允许

---

[75]　Vgl. BGHZ 80, 186 (199) = NJW 1981, 1603 (1605f.); BGH VersR 1986, 765 (766); Staudinger/*Hager*, 2009, § 823 Rn. E 72; *Deutsch* HaftungsR Rn. 391; *Deutsch/Ahrens* DeliktsR Rn. 337.

[76]　So auch *Larenz/Canaris* SchuldR II 2 § 75 II 5.

[77]　Vgl. auch Staudinger/*Hager*, 2017, § 823 Rn. A 1.

[78]　参见 *Brox/Walker* BGB AT § 32 Rn. 12ff.; *Köhler* BGB AT § 19 Rn. 5ff.。

[79]　参见 MüKoBGB/*Grothe* § 231 Rn. 1; *Gursky* SchuldR BT 211。

的。[80] 不过,这一点并不影响为实施被允许的教育措施而使用的身体强制继续被允许。[81]

来自刑法上的正当的紧急避险(《德国刑法典》第 34 条)和逮捕权(《德国刑事诉讼法》第 127 条)应予强调。在侵害人格权和名誉权的案例中,正当利益的维护(《德国刑法典》第 193 条)也具有一定意义(参见第 61 节边码 5)。最后,可以考虑的还有公法上的权力,如根据《德国联邦狩猎法》第 23 条、第 25 条的规定猎杀野生犬只。[82]

2. 同意与可得推之的同意

另外一个违法阻却事由是受害人同意。受害人同意尤其在医生的**治疗行为**(Heilbehandlung)以及其他**医疗措施**上会碰到,这些领域已经由《病患权利法》(Patientenrechtegesetz)(第 630d 条)法典化了(参见第 31 节边码 12 及以下)。根据法律制度统一的原则应当认为,第 630d 条在因医疗行为而导致的伤害上不仅适用于合同责任,也适用于侵权责任以及医疗人员的刑事可罚性(Strafbarkeit)。[83] 除此之外,应当回归关于同意的一般规则。根据一般规则,有效同意的要件首先是,所涉人员对各该法益能够进行**处置**(disponieren)。因此,对于死亡的同意是无关紧要的。[84] 不过,与此相反,病患并不被禁止拒绝对维持其生命的措施作出同意,即便不实施这些措施必将导致其死亡。即便在这种情况下强制治疗也是不被允许的。[85] 就**同意能力**(Einwilligungsfähigkeit)来说,适用与第 630d 条(第 31 节边码 13 及以下)相同的原则。如果一个侵权行为即便存在同意仍然违反善良风俗(参见《德国刑法典》第 228 条),则违法阻却效力即被排除。

15

---

[80] MüKoBGB/*Huber* § 1631 Rn. 19; PWW/*Ziegler* § 1631 Rn. 3.

[81] 参见 Jauernig/*Budzikiewicz* §§ 1631-1633 Rn. 3; *Gursky* SchuldR BT 211;拿走火柴以及接回走失的小孩。

[82] Jauernig/*Teichmann* § 823 Rn. 51.

[83] 参见 *Spickhoff* ZRP 2012, 65 (68)。

[84] *Deutsch* HaftungsR Rn. 282; *Gursky* SchuldR BT 211.

[85] BGHZ 154, 205 (210); 163, 195 (197f.); MüKoBGB/*Wagner*, 6. Aufl. 2013, § 823 Rn. 761.

16 如果所涉及人员的同意(比如,由于失去意识)不能及时取得,则因**可得推之的同意**(mutmaßliche Einwilligung)而阻却违法也是可以考虑的。[86] 这里可以考虑的比如,在实施手术的过程中出现了扩大手术范围的必要性(参见第 31 节边码 16)。

17 所谓的**自甘冒险行为**(Handeln auf eigene Gefahr,参见拙著《债法总论》第 50 节边码 26 以下)并不构成阻却违法的同意。根据新近的判例,有意识地容忍某个风险多数时候应在第 254 条的框架下予以评估。[87] 不过,在个案中,符合构成要件的侵害行为的存在可能就已经要予以否认了(参见第 833 条第 1 句关于动物保有人责任的论述;参见第 68 节边码 5)。

3. 正确的交往行为作为违法阻却事由

18 根据经常被讨论的联邦最高法院第 v. 4.3.1957 号有关第 831 条规定责任的判决,在道路交通和轨道交通中加害人可以主张"正确的交往行为这一违法阻却事由"[88]。其背后正确的考虑是,如果一个行为在任何方面都符合交通规则,则该行为不可能是违法的。然而,并不需要为实现这一思想而构建一个新的违法阻却事由。因为一个符合交往义务的行为无论在第 823 条第 1 款上,还是在第 831 条第 1 款上都不符合构成要件。[89] 这一问题的不同教义学归类会对**证明责任**产生影响。根据"构成要件方案",受害人必须证明存在交往义务的违反。相反,根据联邦最高法院的"违法阻却方案",加害人则必须证明存在正确的交往行为。

示例(BGHZ 24, 21):G 打算在其家庭庆典后搭乘 S 公司的有轨电车回家。他在正打算登上电车前面的站台时被有轨电车撞上并遭受重伤。G 基于第 831 条的规定向 S 请求损害赔偿。他认为事故的原因是有轨电车的司机 F 过早驶离(站台),尽管(司机)知道他(G)正打算上车。与此相反,S 则认为 F 的行为是符合规定的。G 必须将事故归咎于自己,因为

---

[86] 参见 MüKoBGB/*Wagner* § 823 Rn. 1074; Jauernig/*Teichmann* § 823 Rn. 56。

[87] Grundlegend BGHZ 34, 355 (360ff.); anders noch BGHZ 2, 159 (162)。

[88] BGHZ 24, 21 (26ff.); dem folgend OLG Hamm NJW-RR 1998, 1403。

[89] Larenz/*Canaris* SchuldR II 2 § 79 III 2c; Staudinger/*Hager*, 2009, § 823 Rn. H 16。

他在追赶已经驶离的有轨电车,以便可以跳上车。哪些叙述是恰当的,已经无法查清。根据联邦最高法院的观点,S 对 F 存在正确的交往行为承担证明责任。与此相反,根据这里所持的观点,G 必须证明 F 的行为违反了交往规则。

联邦最高法院的观点被大多数人所拒绝。[90] 而这只能从**第 831 条的特殊性**中得到解释了。其后果是,正确的交往行为系违法阻却事由的学说(即便人们遵循这一学说)无论如何都无法移植到第 823 条第 1 款上。

正确的交往行为的归类只有在那些并不以行为人的过错为要件的侵权责任中才具有实际意义。除第 831 条之外,尤其是第 1004 条。[91] 但是,即便按照联邦最高法院的观念,在有轨电车案中第 831 条规定的责任也是有疑问的。也就是说,由于 F 的过错无法证明,S 可以以事故即便在如此谨慎地选任和监督 F 时也无法避免来免除第 831 条规定的责任(参见第 67 节边码 12)。[92] 此外,联邦最高法院在近些时候也不再以这种模式为标准。因此,总的来说,在考试中不必将各种观点争议作为主题。

19

四、过错

1. 过错的形式与出发点

与侵权法上的过错原则相符,第 823 条第 1 款规定的责任只有在加害人的行为具有**故意**(vorsätzlich)或者**过失**(fahrlässig)时才会发生。具体情况可以参见就第 276 条所作的论述(参见拙著《债法总论》第 23 节边码 3 及以下)。应予注意的尤其是,基于交往保护理由的**客观过失标准**(objektivierte Fahrlässigkeitsmaßstab)在侵权法上也是适用的。[93] 也就是说,必要的注意义务的标准不是根据具体加害人的个别能力,而是根据所涉交

20

---

[90] 参见 MüKoBGB/*Wagner* § 823 Rn. 25;*Deutsch* HaftungsR Rn. 238ff. 。

[91] 参见 *Medicus/Lorenz* SchuldR BT § 72 Rn. 20f. 。

[92] 参见 BeckOK *BGB/Förster*, 56. Ed. 1. 11. 2020, § 831 Rn. 40;*Medicus/Lorenz* SchuldR BT § 72 Rn. 20f. ;*Gursky* SchuldR BT 210。

[93] *Larenz/Canaris* SchuldR II 2 § 75 I 2 g;批评观点见 *Koziol* AcP 196 (1996), 593 (602ff.)。

往圈子中普通成员的能力来判断,在此应区分不同的职业群体和年龄段(参见拙著《债法各论》第 23 节边码 9 及以下)。

在与此竞合的合同损害赔偿请求权上存在的**责任减轻**(Haftungsmilderung 如第 521 条、第 599 条、第 690 条),尤其可以"渗透"到侵权法上(参见第 45 节边码 4)。此外,这些责任优待在合伙人(第 708 条)之间、配偶(第 1359 条)之间以及在**父母子女关系**(第 1664 条)中也应予顾及。

21　　过错的出发点仅仅是**责任成立因果关系**(haftungsbegründende Kausalität)。**责任范围因果关系**(haftungsausfüllende Kausalität)连同损害不为过错所包含(参见拙著《债法总论》第 45 节边码 4)。[94] 这也解释了,为何在考试中责任范围因果关系要在过错之后才被检验,尽管责任范围因果关系本身也属于第 823 条第 1 款的构成要件。

2. 过错能力(侵权责任能力)

22　　如果加害人依第 827 条、第 828 条的规定不应为损害承担责任,则第 823 条第 1 款规定的责任即被排除。

(1)第 828 条规定的未成年人责任的排除

第 828 条关于未成人过错能力的规定尤其具有实践意义。根据该规定,原则上 7 周岁以下的小孩不具有过错能力(第 828 条第 1 款)。自 7 周岁起,未成年人依第 828 条第 3 款的规定具有有限的侵权责任能力。根据该款规定,只有当所涉人员在实施侵害行为时不具有认识其责任所必要的**识别能力**(Einsicht)时,其责任才被排除。根据主流意见,在此具有认识有问题行为的危险性以及应当对自己行为的后果承担责任的抽象能力即为已足。未成年人在具体情况中能够依据这一识别能力做出行为(**所谓的行为控制能力**)则并没有被作为前提,这与在刑法中有所不同(《青少年法院法(JGG)》第 3 条第 1 句、《德国刑法典》第 20 条)。[95] 不过,这一点可以在个案中根据第 276 条第 2 款依年龄判断过错时予以考虑(参见拙著《债法总论》第 23 节边码 10、12)。

---

[94] 参见 BGH NJW 2002, 2232 (2234); *Larenz/Canaris* SchuldR II 2 § 75 I 2e。
[95] BGHZ 39, 281 (285); BGH NJW 1984, 1958; 2005, 354 (355); Palandt/*Sprau* § 828 Rn. 6;批评观点见 *Kuhlen* JZ 1990, 273ff.。*Looschelders* VersR 1999, 141ff.。

对于未成年人在**交通事故**中的责任,2002年7月31日生效的《损害赔偿法第二次修正案(2. SchadRÄndG)》将限制侵权责任能力开始的时间提高到10周岁。其背后的认识是,10周岁以下的小孩通常还不具有恰当地评估机动车道路交通中的危险,并相应地做出行为的能力。[96]

根据第828条第2款的文义,责任优待适用于所有小孩非因故意(比如,因向小汽车投掷石块)而造成的机动车、有轨电车或者悬挂电车事故。但是,如果因机动车交通具有的特别危险而超出小孩能力范围的典型状况在事故中并没有实现,则责任优待的旨趣与目的要求进行目的性限缩解释。[97] 虽然联邦最高法院在此强调,小孩的发展缺陷在**流动的交通**(im fließenden Verkehr)中经常会产生影响[98];但是,例外情况中责任优待**在静止的交通中**(im ruhenden Verkehr)也可能是适用的。[99] 因此,对流动的交通和静止的交通之间进行严格区分被正确地拒绝了。

示例:(1)9岁的K与其他小孩在街道上举行滑板赛跑比赛。在比赛过程中他因不小心摔倒了,接着其滑板因失去控制而撞上了街道边按规定停放着的G的小汽车,并且造成小汽车损坏。联邦最高法院肯定了G基于第823条第1款的规定而对K享有的损害赔偿请求权。第828条第2款规定的责任优待并不适用,因为事故的发生并非以机动车道路交通的特别危险性为基础。[100]

(2)8岁的K骑自行车时不小心撞上了因交通状况而停下的小汽车。联邦最高法院确认了超出K能力范围的典型交通状况,并适用了第828条第2款。这种超出能力范围的状况是否具体产生了影响,则并不重要。[101]

(3)9岁的自行车骑手K撞上了一辆违反交通规定而停放在机动车道左侧的小汽车。萨尔布吕肯地方法院肯定了第828条第2款的适用,因为违反交通规定而将汽车停放在街道左侧已经为K设立了一种超出能力

---

[96] 参见BT-Drs. 14/7752, 26;HK-BGB/*Staudinger* § 828 Rn. 2。
[97] 参见BGH NJW 2005, 354 (355);2009, 3231 (3232);Palandt/*Sprau* § 828 Rn. 3。
[98] 参见BGH NJW 2005, 354 (355);2005, 356。
[99] 参见BGH NJW-RR 2009, 95 (96);NJW 2009, 3231 (3232)。
[100] BGH NJW 2005, 354 (355)。
[101] BGH NJW 2007, 2113 = JA 2007, 736 (*Hager*)。

范围的典型交通状况。[102]

根据一般观点，即便在未成年人作为**受害人**参与交通事故时，第828条第2款也是可以适用的。因此，如果一个7周岁到9周岁的小孩因不小心跑到街上而被机动车撞到，则负有赔偿义务的保有人或驾驶人不能主张小孩**有过错**（Mitverschulden）。[103] 在侵权法领域，遭受损害的小孩也不必忍受其父母的过错归责于自己。[104] 因为根据第254条第2款第1句的规定，第278条仅在合同领域对受害人适用（参见拙著《债法总论》第50节边码21及以下）。

（2）第827条规定的责任排除

24　　排除归责能力（Zurechnungsfähigkeit）的其他事由被规定在第827条中。根据该条规定，如果加害人在**无意识**（Bewusstlosigkeit）（如昏厥）[105]的状态中或者**精神活动健康障碍**等排除自由意思决定的状况（如癫痫病发作）中[106]造成了损害，则其责任将被排除。不过，如果加害人因精神饮料（酒精）或者类似物质（如麻醉品、药品）而有过错地使自己处于这一状况，则他应当像他在实施侵权行为时具有过失一样对损害承担责任（第827条第2句）。除此之外，**原因自由行为**（actio libera in causa）的一般原则也是可以适用的。[107]

（3）第829条规定的公平责任

25　　如果加害人的责任依第827条、第828条的规定被排除了，则在例外情况中可以考虑的是第829条规定的基于公平事由而发生的赔偿义务。第829条适用的前提是，第823条第1款（或者其他责任规定）的其他要

---

[102] LG Saarbrücken NJW 2010, 944.

[103] BGH NJW 2005, 354（355）；*Schlechtriem* SchuldR BT Rn. 867；*Looschelders*, FS Jaeger, 2014, 371ff.

[104] BGHZ173, 182（188）；MüKoBGB/*Oetker* §254 Rn. 128；*Looschelders*, FS Jaeger, 2014, 371（378ff.）；其他观点见OLG Jena NJW-RR 2008, 831；Jauernig/*Teichmann* §254 Rn. 11；*Deutsch* HaftungsR Rn. 577.

[105] BGHZ 23, 90, 98；98, 135（137ff.）；然而，在这些情况中人们可能会问，究竟是否存在行为（对此参见Staudinger/*Oechsler*, 2018, §827 Rn. 7）。

[106] 参见 BGH NJW 1995, 452.

[107] 参见 Staudinger/*Oechsler*, 2018, §827 Rn. 46；Deutsch HaftungsR Rn. 474。

件都具备。此外,受害人不得对第三人,如小孩的父母(第832条),享有损害赔偿请求权。

最后,还必须公平观念正好要求维持没有损害的状态。这以加害人与受害人之间存在**经济落差**(wirtschaftliches Gefälle)为前提。在受害人自己很难补偿其所遭受的损失,而加害人拥有大量财产时,尤其存在这种经济落差。因此,人们以前也常常将这一规定称为"百万富翁条款"(Millionärsparagraph)[108]。不过,根据新近的判例,加害人强制责任保险的存在也可以成立公平责任;相反,任意责任保险则只能影响以其他方式成立的第829条的赔偿义务数额。[109]

主流意见将第829条的适用范围扩张到7周岁或者10周岁以上的小孩和青少年身上,他们虽然具有必要的识别能力,却无法以特定年龄标准为基础对他们进行**过失责难**(Fahrlässigkeitsvorwurf)。类推适用的合理性在于,在这些情况中,过失的否认是以发育成熟的相同缺陷为基础,就像第828条第3款中规定的识别能力欠缺[110]那样的话,过失标准在老年人身上基于年龄的特别原因被降低的情况,也应当如此。[111]

在有过错的框架下,第829条是可以(似乎是"对称的")准用的。也就是说,在受害人的过错能力根据第827条、第828条的规定排除时,如果这出于公平原因例外地显得必要,请求权仍然可以根据第254条的规定被扣减。[112]不过,无论如何都不能为了使机动车领域中年龄界限的提高(第828条第2款)落空而考虑第829条的规定。[113]

---

[108] 参见 BGHZ 76, 279 (284); Soergel/*Spickhoff* § 829 Rn. 2; *Gursky* SchuldR BT 221。

[109] BGHZ 127, 186 (191ff.); Palandt/*Sprau* § 829 Rn. 4; weitergehend *Larenz/Canaris* SchuldR II 2 § 84 VII 1b; *E. Lorenz*, FS Medicus, 1999, 353ff.; 批评观点见 Staudinger/*Oechsler*, 2018, § 829 Rn. 45ff.; ausf. dazu *Makowsky*, Der Einfluss von Versicherungsschutz auf die außervertragliche Haftung, 2013, 193ff. 。

[110] BGHZ 39, 281 (286); *Medicus/Lorenz* SchuldR BT § 72 Rn. 39; Soergel/*Spickhoff* § 829 Rn. 11.

[111] 参见 MüKoBGB/*Wagner* § 829 Rn. 8; Soergel/*Spickhoff* § 829 Rn. 11。

[112] BGHZ 37, 102 (105ff.); BGH NJW 1973, 1795 (1796); MüKoBGB/*Wagner* § 829 Rn. 5; Soergel/*Spickhoff* § 829 Rn. 8; Staudinger/*Oechsler*, 2018, § 829 Rn. 66ff.; *Looschelders* Mitverantwortlichkeit 361ff.

[113] MüKoBGB/*Wagner* § 829 Rn. 18; *Looschelders*, FS Jaeger, 2014, 371 (377).

3. 免责事由(Entschuldigungsgründe)

27 在个案中,加害人的过错也可能因为特定的免责事由而被排除。可以考虑的尤其是《德国刑法典》第35条规定的**阻却罪责的紧急避险**(entschuldigender Notstand)。[114] 不过,如果加害人的侵权责任根据该条规定被排除了,则受害人通过类推适用第904条第2句的规定享有损害赔偿请求权。[115] 如果加害人错误地以为存在紧急避险状态(所谓的**假想的正当防卫**,Putativnotwehr),则违法阻却即被排除。然而,在错误不可避免时可能并不存在过错。[116] 最后,《德国刑法典》第33条规定的**防卫过当**(Notwehrexzess)总的来说并不排除加害人的侵权责任。然而,受害人先前的攻击因为与有过错(第254条)能够合理说明请求权之缩减。[117]

参考文献: *v. Bar*, Verkehrspflichten, 1980; *v. Bar*, Entwicklungen und Entwicklungstendenzen im Recht der Verkehrs(sicherungs)pflichten, JuS 1988, 169; *v. Bar*, Die Billigkeitshaftung in den kontinentalen Rechten der EU, FS E. Lorenz, 1994, 73; *Deckert*, Die Verkehrspflichten, JURA 1996, 348; *Deutsch*, Die Fahrlässigkeit als Außerachtlassung der äußeren und inneren Sorgfalt, JZ 1988, 993; *Edenfeld*, Grenzen der Verkehrssicherungspflicht, VersR 2002, 272; *Förster*, Verkehrssicherungspflichten, JA 2017, 721; *U. Huber*, Zivilrechtliche Fahrlässigkeit, FS E. R. Huber, 1973, 253; *Jansen*, Das Problem der Rechtswidrigkeit bei § 823 Abs. 1 BGB, AcP 202 (2002), 517; *Kiehnle*, Die actio libera in causa außerhalb des Strafrechts, insbesondere im Zivilrecht, AcP 218 (2018), 816; *Koziol*, Objektivierung des Fahrlässigkeitsmaßstabs im Schadensrecht, AcP 196 (1996), 593; *Kuhlen*, Strafrechtliche Grenzen der zivilrechtlichen Deliktshaftung Minderjähriger, JZ 1990, 273; *E. Lorenz*, Einfluss der Haftpflichtversicherungen auf die Billigkeitshaftung nach § 829 BGB, FS Medicus, 1999, 353; *Looschel-ders*, Verfassungsrechtliche Grenzen der Haftung Minderjähriger, VersR 1999, 141; *Looschelders*, Die haf-

---

[114] 关于《德国刑法典》第35条在民法上的适用性 Soergel/*Pfeiffer* § 276 Rn. 214。
[115] Larenz/Canaris SchuldR II 2 § 85 IV 1.
[116] *Deutsch* HaftungsR Rn. 269.
[117] 参见 MüKoBGB/*Grundmann* § 276 Rn. 170。

tungsrechtliche Relevanz außergesetzlicher Verhaltensregeln im Sport, JR 2000, 265; *Looschelders*, Mitverschulden von Kindern und ihren Eltern, FS Jaeger, 2014, 371; Looschelders, Das Verhältnis von Rechtswidrigkeit, Pflichtverletzung und Verschulden bei der vertraglichen und deliktischen Haftung, FS Martinek, 2020, 405; *Makowsky*, Der Einfluss von Versicherungsschutz auf die außervertragliche Haftung, 2013; *Mergner/Matz*, Gefahrenquellen und Verkehrssicherungspflichten, NJW 2015, 197; *Mertens*, Verkehrspflichten und Deliktsrecht, VersR 1980, 397; *Möllers*, Verkehrspflichten gegenüber Kindern, VersR 1996, 153; *Ohly*, »Volenti non fit iniuria« Die Einwilligung im Zivilrecht, 2002; *Ohly*, Einwilligung und »Einheit der Rechtsordnung«, FS Jakobs, 2007, 451; *Raab*, Die Bedeutung der Verkehrspflichten und ihre systematische Stellung im Deliktsrecht, JuS 2002, 1041; *Rothe*, Verkehrssicherung um jeden Preis? Keine Haftung für explodierende Limonadenflaschen, NJW 2007, 740; *Schiemann*, Die Entwicklung der Verkehrspflichten im Zwanzigsten Jahrhundert, FS Medicus, 2009, 447; *J. Schröder*, Verkehrssicherungspflicht gegenüber Unbefugten, AcP 179 (1979), 567; *Spickhoff*, Die Grundstruktur der deliktischen Verschuldenshaftung, JuS 2016, 865; *Tonner*, Vertragliche und deliktische Verkehrssicherungspflichten im Reiserecht, NJW 2007, 2738; *Zippelius*, Die Rechtswidrigkeit von Handlung und Erfolg, AcP 157 (1958/59), 390. Vgl. auch die Nachweise zu § 58.

第 60 节 第 823 条第 1 款的各个要素

第 823 条第 1 款规定的责任首先以加害人采用可归责的方式侵害了受害人的法益为前提。 1

一、法益侵害

第 823 条第 1 款的核心要素是**法益侵害**（Rechtsgutverletzung）。根据立法者的理念（参见第 58 节边码 5），造成纯粹（不是通过法益侵害媒介）财产损失并不适于使受害人基于第 823 条第 1 款的规定享有的请求权成立。

1. 生命权

2　　第823条第1款首先列举的法益是生命。依其本质这里指的是致他人死亡的情形。由于人的权利能力随着死亡而终结,所涉人员自身不能因死亡而享有赔偿请求权。因此,可以考虑的只有第844条至第846条所规定的第三人(也即遗属)的请求权(参见第71节边码9及以下)。[118]

2. 身体权与健康权

3　　受第823条第1款保护的其他法益有身体和健康。侵害他人身体权指的是侵害他们的**身体完整性**(körperliche Integrität)。医疗上的**治疗侵害**也属于此。[119] 由于病人的自主决定权具有优先地位,治疗侵害也必须被有效的同意(参见第59节边码15)所涵盖。即便侵害行为在医学上是适当的,并被很娴熟地实施,亦是如此。[120]

4　　健康侵害涉及造成(正常的身体功能发生障碍意义上)的某种疾病。[121] 身体权侵害大多与健康权侵害同时发生,对二者进行准确的区分因此是不必要的。不过,在个案中健康权侵害也可能不发生(如减掉头发)。[122] 反过来,健康权侵害也不必以身体权受侵害为前提。因此,传播具有危险性的病毒(如HIV)将被作为健康权侵害,即便它还没有引发相应疾病(AIDS)。[123]

5　　第823条第1款不只保护已经出生的人。对胎儿的侵害也能够成立第823条第1款的请求权,只要该小孩后来携带相应的健康妨害来到人世。重要的考虑是,胎儿与后来出生的小孩是同一生命体。[124] 不过,即便小孩在实施侵害行为时尚没有孕育,甚至也可以考虑因健康受侵害而

---

[118]　*Larenz/Canaris* SchuldR II 2 § 76 II 1a; *Medicus/Lorenz* SchuldR BT § 73 Rn. 1.

[119]　MüKoBGB/*Wagner* § 823 Rn. 1073; Soergel/*Spickhoff* § 823 Rn. 35; Staudinger/*Hager*, 2009, § 823 Rn. I 1ff.; *Medicus/Lorenz* SchuldR BT § 73 Rn. 6.

[120]　参见 BGHZ 29, 46 (48ff.); 90,103 (105ff.)。

[121]　参见 BGHZ 8, 243(248); 114, 284 (289); *Medicus/Lorenz* SchuldR BT § 73 Rn. 5。

[122]　MüKoBGB/*Wagner* § 823 Rn. 204; Soergel/*Spickhoff* § 823 Rn. 35. 另参见 AG Köln NJW-RR 2001, 1675;因电烫而损伤头发。

[123]　BGHZ 114, 284 (289).

[124]　BGHZ 58, 48 (51);参见 BGHZ 93, 351 (355ff.)。

发生的责任。[125]

示例(BGHZ 8, 243):F在医院里因为输血而感染了梅毒。其后,由她孕育的女儿(T)携带梅毒病毒来到人世。联邦最高法院在T身上肯定了健康侵害的存在。基于第823条第1款所保护法益的特别性质,卵细胞或者胎儿从受孕的那一刻起可能就已经患病的情况则不予考虑。

已经分离出来的身体部分不再受到身体权和健康权的保护。不过,对于只是暂时分离且其后又会重新被植入躯体的身体部分则存在例外(例如,被确定用于自我移植的皮肤或者骨头组成部分或为受精而提取的卵子)。[126]

6

示例(BGHZ 124, 52):31岁的A要做一个手术,他知道该手术可能会导致自己丧失生育能力。为了能够拥有一个孩子,他在B的诊所里让医生从其身上取出精子保存起来。由于诊所的存贮能力有限,两年后B向A询问,是否有兴趣将其精子存贮在其他地方,对此A以挂号信同意了。回答虽然到了B那里,但由于不能查明的原因这一情况没有记入A的档案中。在A稍后结婚,并与其妻子想要实现拥有共同孩子的愿望时,其存贮的精子已经灭失了。联邦最高法院在身体权侵害的视角下肯定了A的抚慰金请求权(第823条第1款、第253条第2款)。虽然精子终局性地从A的身体上分离了,但它仍然服务于延续孕育后代之身体功能的目的。[127]

健康权侵害也可能以精神作用为媒介。实务上具有意义的情况是,受害人因为获悉近亲属死亡的消息而遭受惊吓。然而,根据判例,这种与丧事联系在一起的精神功能障碍(悲伤、痛苦、沮丧)尚不属于满足要件的健康权侵害。确切地说,还必须有病理学上可以感知的健康妨害,须超出遗属在获悉近亲属死亡讯息时的程度(参见拙著《债法总论》第45节

7

---

[125] *Schlechtriem* SchuldR BT Rn. 832;*Medicus/Lorenz* SchuldR BT §73 Rn. 7.
[126] BGHZ 124, 52(54);Palandt/*Sprau* §823 Rn. 5.
[127] 参见Palandt/*Sprau* §823 Rn. 5;支持与一般人格权相关联见Soergel/*Spickhoff* §823 Rn. 34;*Taupitz* NJW 1995, 745ff.。

边码 31)。[128] 为说明理由,联邦最高法院指出,立法者希望将第 823 条第 1 款规定的责任限于明确的要件之上。由于第 823 条第 1 款的文义包括所有的健康侵害,以此种方式实施目的性限缩的正当性是有疑问的。[129] 因为第 823 条第 1 款中使用的清楚明确的表述仅仅旨在确保,财产本身和一般行为自由仅在特别条件下才受到保护(参见第 58 节边码 5)。反之,第 823 条第 1 款中明确述及的法益可以享受不受限制的保护。[130]

存在上面提及的要件时,根据判例,死者的亲属自己也会遭受法益侵害。不过,**可归责**的问题还没有解决。判例在此也提出了严格的要求。根据判例,必须要么死者是受害人的近亲属,要么受害人直接参与到了事故中(参见拙著《债法总论》第 45 节边码 32 及以下)。[131] 因此,在警察或者其他参与事故的第三人因为共同经历事故而遭受严重的精神健康损害时,应当否定可归责性。也就是说,所涉人员在这种情况中并不享有第 823 条第 1 款规定的损害赔偿请求权。[132] 联邦最高法院近些时候在事故受害人配偶身上这样论证,配偶直接经历了其妻子的死亡事故。[133] 不过,这并不表示单纯获悉配偶的死亡信息一概不足以归责。[134] 歹徒必须要为警察由于直接参与其暴行引发的过程而遭受的心理健康侵害负责。在这些情形中的可归责性至少与公务员的职业特别风险也并不相冲突。[135] 然而,基于动物死亡或侵害而产生的健康妨害并不能产生"惊吓

---

[128] BGHZ 56, 163 (166); 132, 341 (344); 172, 263 (265ff.); 193, 34 (36) = NJW 2012, 1730; BGH NJW 2015, 1451 (1452)mAnm *Thora*.

[129] 参见 *Mäsch* JuS 2015,747(749); *Schiemann* LMK 2015,367675;对限制惊吓损害的可赔偿性提出批评的还有 MüKoBGB/*Wagner* § 823 Rn. 218f.; Staudinger/*Schiemann*, 2017, § 249 Rn. 46; *Landolt*, FS Jaeger, 2014, 355ff. 。

[130] *Schiemann* LMK 2015, 367675.

[131] 参见 BGHZ 163,209 (220f.)= NJW 2005, 2614; *Wandt* Gesetzl. Schuldverhältnisse § 16 Rn. 144ff. 。

[132] 参见 BGHZ 172, 263 (266ff.); E. *Lorenz*, FS G. Müller, 2009, 147 (151);批评观点见 MüKoBGB/*Wagner* § 823 Rn. 218f. 。

[133] BGH NJW 2015, 1451 (1452).

[134] Zweifelnd insoweit *Mäsch* JuS 2015, 747 (749); *Thora* NJW 2015, 1452 (1453).

[135] BGH VersR 2018, 829 = JA 2018, 706 (*Hager*).

损害"的赔偿。[136]

3. 自由权

在定义"自由权"的特征时应当注意,《德国民法典》的起草者有意识地决定,不为一般行为自由提供广泛保护(第58节边码5)。因此,第823条第1款涉及的仅仅是对**身体行动自由**的妨害。[137] 可以考虑的如对人的监禁,也可以是促使对他人实施不正当逮捕的形式。[138] 相反,造成交通堵塞则不被包括在内,因为机动车驾驶人的行动自由本身并没有因此受到妨害。[139]

4. 所有权

在人格法益之后,所有权作为受保护的法益在第823条第1款中被明确提及了。所有权的内容被第903条第1句这样规定,即所有权人可以依其意志使用物并排除他人的任何干涉。也就是说,所有权是在物上存在的**最广泛的支配权**,它是一种对任何人均发生效力的(绝对)权利。[140] 所有权在宪法上受到《德国基本法》第14条的保护。

在所有权侵害上应当注意的是,有关所有人-占有人之间关系的规定具有优先地位(第987条及以下)。依第992条的规定,只有当占有人通过暴力行为(verbotene Eigenmacht,第858条)或者犯罪行为(如《德国刑法典》第242条)取得占有时,物之占有人才应对所有权人承担因侵权行为而生的损害赔偿责任。[141]

所有权侵害可能以不同的形式发生,如对所有权本身的干涉(比如,向善意受让人出售,第932条及以下)、对物的实体的干涉(损毁、损坏

---

[136] 参见 BGHZ 192, 34 (37) = NJW 2012, 1730; 批评观点见 MüKoBGB/*Wagner* § 823 Rn. 218f. 。

[137] 参见 Palandt/*Sprau* § 823 Rn. 6; *Schlechtriem* SchuldR BT Rn. 833; *Croon-Gestefeld* JURA 2016, 1007 (1009)。

[138] *Medicus/Lorenz* SchuldR BT §74 Rn. 9f. ; *Larenz/Canaris* SchuldR II 2 §76 II 2b.

[139] *Larenz/Canaris* SchuldR II 2 §76 II 2b; *Fuchs/Pauker/Baumgärtner* Delikts - und SchadensersatzR 20.

[140] 关于所有权的概念见 *Brox/Walker* BGB AT §28 Rn. 17ff. 。

[141] 参见 Jauernig/*Berger* §992 Rn. 2; *Medicus/Petersen* Grundwissen BürgerlR §25 Rn. 1。

等)、剥夺对物的占有和妨害物的使用。[142]

(1) 使用妨害

10　**在使用受到妨害的案例类型中会发生特别困难**。[143] 这里出现的界定问题是因为,并非任何既不与物的实体侵害也不与占有侵夺同时发生的暂时性物的使用妨害都能够满足所有权侵害的要件,否则纯粹财产损失也将能依第823条第1款的规定获得赔偿。[144] 界定必须根据侵害是否与那些被**所有权的归属内容**所包含的项目相关联来进行。[145]

示例(BGHZ 55, 153):船东R对磨坊经营者M负有实施运输的义务。该磨坊位于一条德意志联邦共和国享有所有权的水渠边上,水渠与一个港口相连。由于根基不稳的护岸墙部分坍塌,磨坊和港口之间的水路中断了很长时间。R的一条船因此被困在磨坊和坍塌地点之间,另有三条船不能再驶抵磨坊。R以过失违反维护义务为由向联邦德国请求损害赔偿。

联邦最高法院只是针对被困的船只肯定了所有权侵害。其背后的考虑是,所有权的归属内容仅仅包括船只作为运输工具所具有的可使用性。具体运输的可实施性则不属于所有权的内容。这里涉及的是经济活动自由,它顶多可以在已经设立且运行的营业权的视角下受到保护(参见第62节边码3)。[146]

11　在通往土地或者企业的通道被中断的所有情况中都会出现类似的界定问题。

示例(BGH NJW 1977, 2264):S因过失在一块土地上引发了火灾。由于这场火灾,相邻的G的土地因存在猛烈爆炸的危险而被警察封锁了2

---

[142] 参见 Larenz/Canaris SchuldR II 2 § 76 II 3; Medicus/Lorenz SchuldR BT § 74 Rn. 10ff.; Croon-Gestefeld JURA 2016, 1007 (1009f.)。

[143] BGH NJW 2015, 1174 Rn. 18; Picker NJW 2015, 2304 (2305)。

[144] 参见 MüKoBGB/Wagner § 823 Rn. 236ff.; Medicus/Lorenz SchuldR BT § 74 Rn. 14ff.。

[145] Larenz/Canaris SchuldR II 2 § 76 II 3c. 其他作者以妨害的严重性为标准(比如,Staudinger/Hager, 2017, § 823 Rn. B 97)。

[146] Larenz/Canaris SchuldR II 2 § 76 II 3c; 批评观点见 Medicus/Petersen BürgerlR Rn. 613。

个小时。此后的3个小时,通往土地入口的街道也被警察和消防员的公务用车塞满,以致G自己的车辆不能进出。联邦最高法院仅就封锁街道的时间肯定了所有权侵害。对于入口街道的阻塞则否定了所有权侵害。这一点联邦最高法院是这样说明的,即对入口街道的妨害涉及的并不是G的所有权,而是并不被第823条第1款保护的共同使用街道的权利。[147] 除此之外,虽然使用土地和机动车的机会也被妨害了,但并没有逾越严重性的界限。[148]

如果使用妨碍是因为经营设施在一定时间内被切断了,则根据主流意见同样不存在所有权侵害。 12

示例(BGHZ 29, 65; 41, 123):建筑企业主B在进行地面施工时因过失损坏了一条电缆。其后果是,企业主U在长达6个小时的时间内不能使用其机器。因为生产停顿而产生了25000欧元的损害。同一时间内,G的家禽养殖场里的孵化器也停止了工作。3600个鸡蛋因此都坏掉了,本来可以从这些鸡蛋中孵化出价值1800欧元的小鸡。U和G对B享有哪些请求权?

在生产停顿而生的损害方面,主流意见否定所有权侵害的存在。这一点可以这样说明,即接入电网中并不为所有权的归属内容所包含。[149] 因此,可以考虑的顶多是因侵害已经设立且运行的营业而生的请求权(参见边码第62节码4)。在坏掉的鸡蛋上则存在所有权侵害。也就是说,G享有第823条第1款规定的损害赔偿请求权。

判例采取的类型区分的解决方案是基于**限制赔偿权利人范围**的努力 13 (参见第58节边码6)。河道的可使用性、公共街道或者电力输送的共同使用受到妨害会导致无数的人遭受财产损害。[150] 因此,人们必须设定一些标准,使恰当地限制责任成为可能。在此所有权归属内容是恰当的

---

[147] 参见 *Larenz/Canaris* SchuldR II 2 § 76 II 3c; *Esser/Weyers* SchuldR BT I § 55 I 2a;对此的批评观点另见 *Medicus/Petersen* BürgerlR Rn. 613。

[148] 与此相区分见 BGHZ 137, 89 (96):将机器设备因为封锁在两个完整的工作日不能投入使用作为重大侵害。

[149] *Larenz/Canaris* SchuldR II 2 § 76 II 3c。

[150] 参见 MüKoBGB/*Wagner* § 823 Rn. 278。

出发点。

(2) 继续侵蚀性瑕疵和生产损害

14 即便妨害是因提供有瑕疵的物而引起,所有权侵害的存在也可能是有疑问的。在这些情况中必须要注意,侵权法只保护受害人的固有利益;相反,**等值利益**(Äquivalenzinteresse)的保护则完全是由买卖法负责(参见第8节边码11)。这里可以区分两类问题。

一类问题涉及对因"继续侵蚀性瑕疵"而在物自身产生的损害的赔偿。由于这类问题已经在买卖法的瑕疵担保责任中述及(参见第8节边码11及以下),故在此就不深入介绍了。

15 如果为生产新物而买来的有瑕疵的买卖物与处于买受人所有权之中的其他没有问题的部分结合得如此紧密,以致无论是买受人的部分还是新生产的物都不能使用了,也会产生与买卖法的区分问题。判例在这些情况中认为,就因结合而变得无法使用的自己原来的部分,买受人得在所有权侵害的视角下请求损害赔偿(所谓的**生产损害**,Produktionsschäden)。在此所有权侵害因结合而发生,有关部分在拆除时受损则并非必须。相反,因物之整体不能发挥功能的侵权损害赔偿请求权被拒绝了,因为就此而言,仅仅涉及买受人的等值利益。[151]

示例(OLG Stuttgart NJW-RR 2002, 25):K生产和经营安装了自动转换夏季时间或者冬季时间程序的数字计时器。这一程序的软件由V有限责任公司提供。K为其芯片安装了V有限责任公司提供的程序,然后将芯片安装到电路板中,最后电路板再与其他部件一起被加工成一款安置在外壳里的计时器。软件后来被发现是有缺陷的,因为只有在上一次转完以后至少由手工再操作一次,计时器才会进行自动转换。

斯图加特高等法院就计时器否定了所有权侵害的存在,因为就此而言,K从中没有获得无瑕疵的所有权。相反,在K原先没有问题的芯片和电路板上则存在所有权侵害,因为它们不能再与计时器分离并用作其他

---

[151] BGHZ 117, 183 (冷凝器); 138, 230 (晶体管); dazu MüKoBGB/*Wagner* § 823 Rn. 287ff.; *Medicus/Petersen* BürgerlR Rn. 650i; *Fuchs/Pauker/Baumgärtner* Delikts-und Schadensersatz R 21ff.; *Franzen* JZ 1999, 702 (708ff.); *Looschelders* JR 2003, 309 (311f.)。

用途。

就生产性损害发展出来的原则可以移植到由土地买受人建造的建筑因土地上存在的瑕疵而遭受损害的情况。

示例(BGHZ 146,144):K 从 V 那里购买了一块土地,该土地上堆满了电炉渣。一段时间之后,在 K 于该块土地建造的建筑上发现了裂缝。这些裂缝出现的原因在于,炉渣的体积因水的渗入而扩大。联邦最高法院否定了建筑上存在所有权侵害,因为该建筑从来就没有以无瑕疵的状况存在过。关于所使用建筑材料是否存在所有权侵害的问题,法院则搁置了。根据就生产性损害发展出来的原则,这一点似乎应予肯定。[152]

5. 其他权利

"其他权利"概念具有何种内容,可以从第 823 条第 1 款列举的受保护法益和权利中推导出来。所有这些权利的共同点在于,他们的权利人在法律的框架下都可以依其意志任意处置这些权利,并且能够排除他人的任何干涉。[153] 只要涉及的是客体上存在的权利,则所有权作为绝对权可以提供标准(参见第 903 条第 1 句)。也就是说,其他权利同样应赋予应受所有人尊重的绝对支配权力。根据立法者的一般价值判断(参见第 58 节边码 5),财产本身以及一般行为自由则不被包括在内。那些仅能对特定人发生相对效力的债权,亦是如此。[154]

(1)与所有权类似的权利

定限物权(比如,抵押权、土地债务、用益权、质权、地上权)以及作为"精神创造上存在的支配权"的知识产权(专利权、著作权、商标权等)没有争议地属于其他(与所有权类似)权利。[155] 应当提及的还有其他**取得权**(Aneignungsrechte 第 958 条第 2 款),如狩猎权或者渔业权[156]以及期待

16

17

---

[152] 参见 MüKoBGB/*Wagner* § 823 Rn. 296;批评观点见 *Medicus/Petersen* BürgerlR Rn. 650j。

[153] 参见 *Larenz/Canaris* SchuldR II 2 § 76 I 1c, II 4; *Palandt/Sprau* § 823 Rn. 11。

[154] *Brox/Walker* SchuldR BT § 45 Rn. 9; *Medicus/Petersen* BürgerlR Rn. 610。

[155] *Brox/Walker* BGB AT § 28 Rn. 20。

[156] *Medicus/Lorenz* SchuldR BT § 76 Rn. 5. 关于狩猎权参见 BGH NJW-RR 2004, 100 (101)。

权(参见第 11 节边码 8 及以下)。[157]

根据一般观点,由判例发展出来的已经设立且运行的营业权并不具有与所有权类似的特性。[158] 该权利展现出了如此多的特殊性,以至于应当对它进行单独处理(参见第 62 节边码 1 及以下)。

(2)占有

18 　　占有作为对物事实上的支配(第 854)并不是绝对权,但有权的直接占有(如承租人)[159] 或为占有目的之债权[160] 仍应当被视为第 823 条第 1 款意义上的其他权利。不过,对物没有直接影响的单纯的使用限制是不够的。[161] 占有的保护不能比所有权的保护更为广泛,而单纯的使用限制在所有权那里也不能成立基于第 823 条第 1 款的损害赔偿请求权(参见第 60 节边码 10 及以下)。

　　示例(BGH NJW 2015, 1174):运输公司 S 以一辆牵引重型卡车运输一台挖掘机行驶在高速公路上。在运输过程中,没有完全收缩起来的挖掘机机械臂撞到了一座横跨在高速公路的桥上,造成桥梁严重损坏,以至于存在坍塌的危险。高速公路的事故路段因此被封闭了几天。收音机中建议,(其他司机)远远地避开事故区域。受害人(G)是位于封闭区域几公里外一家高速公路餐馆的用益承租人。因为道路封闭和收音机的建议,G 遭受了严重的营业收入损失。联邦最高法院通过援引有关使用限制情形中所有权侵权法保护范围的相似判例否定了 G 因占有侵害可能产生的损害赔偿请求权,由于道路封闭没有妨碍通往餐馆的直接通道,因而并没有对餐馆产生直接影响。

　　无权占有人原则上不被第 823 条第 1 款所保护,仅对有偿的善意占有人存在例外。根据第 987 条及以下的价值内涵,与第三人相比,该占有人

---

[157]　关于期待权参见 BGHZ 114, 161(164ff.)。
[158]　参见 statt vieler Jauernig/Teichmann § 823 Rn. 95a。
[159]　BGHZ 32, 194 (204); 62, 243 (248); 137, 89 (98); BGH NJW 2015, 1174 Rn. 17; Medicus/Petersen BürgerlR Rn. 607.
[160]　以此为标准 Larenz/Canaris SchuldR II 2 § 76 II 4f. 。
[161]　BGH NJW 2015,1174 Rn. 17ff.

是值得保护的,因为他被允许保留法律系属发生前收取的收益。[162] 相反,他在与所有权人的关系中就占有被侵夺则不能基于第823条第1款的规定享有损害赔偿请求权。

示例(BGHZ 73, 355):B是名为"Formosa"的牝马的无权占有人。所有权人E在B不知情的情况下将牝马牵回来了。B就侵害占有向E请求赔偿其失去的收益(尤其是使用利益)。联邦最高法院否定了这一请求。无权占有人究竟是否可以主张第823条第1款的规定,法院在这里搁置了。由于B那时有义务赋予E使用机会,因此其已经不能就失去的收益请求赔偿了。

第823条第1款也保护有权的间接占有人。但是,根据第860条的法律思想,这一点不能针对直接占有人。其背后的思想是,间接占有人在与直接占有人的关系中已经通过从基础债务关系中产生的请求权得到了充分保护。[163] 相反,在共同占有人(第866条)关系中,第823条第1款是可以适用的。[164]

(3)人格权

一些特别的人格权同样也可以视为第823条第1款意义上的其他权利。应当提及的如姓名权(第12条)以及肖像权(《德国艺术著作权法》第22条及以下)。[165] 此外,判例在法律续造的过程中还将一般人格权承认为其他权利(参见第61节边码1及以下)。

(4)父母的照料

其他权利也可以从家庭法中产生。因此,父母的照料(第1626条及以下)也被承认为第823条第1款规定的保护法益。[166] 第1632条第1款已经表明,父母的照料应当被任何人尊重。根据该规定父母可以向任何不法扣留其小孩的人请求返还小孩。

---

[162] *Medicus/Petersen* BürgerlR Rn. 607;其他观点参见 *Larenz/Canaris* SchuldR II 2 § 76 II 4f.。
[163] 参见 BGHZ 32, 194 (205);*Medicus/Petersen* BürgerlR Rn. 608。
[164] BGHZ 62, 243 (247ff.)。
[165] *Jauernig/Teichmann* § 823 Rn. 13;*Gursky* SchuldR BT 216.
[166] 参见 BGHZ 111, 168 (172);*Medicus/Lorenz* SchuldR BT § 77 Rn. 11。

示例(LG Aachen FamRZ 1986, 713):2003年5月,15岁的T在一次演奏会上认识了流行男歌手S。她(T)很快就对该男歌手产生了异常的爱慕并给他写了大量信件。2004年2月8日,T在其父母不知情的情况下跑到了S位于托斯卡纳(Toskana)的乡间别墅里。旅行费用是由S支付的。在T的父母找到S的居住地点后,他们在意大利警方的协助下带回了T。

由于S故意侵害了T父母的照料权,S必须根据第823条第1款的规定向他们赔偿搜寻和带回T的费用。

(5)婚姻

22　婚姻是否是第823条意义上的其他权利,是有争议的。判例拒绝因为通奸而给予第823条第1款规定的损害赔偿请求权。[167] 对于做出婚姻不忠实行为的配偶来说,这可以用关于离婚的家庭法规定的优先性来说明。在与其他参与通奸的第三者的关系上,联邦最高法院以通奸没有配偶一方的协力是不可能的为依据。因此,它涉及的是不被第823条第1款的保护目的所包含的婚姻关系内事件。[168] 不过,在一些极端的情况中可以考虑第826条规定的请求权(参见第65节边码16)。[169]

文献中的多数观点认为,家庭法的优先性应限于婚姻(继续)存在的利益上。相反,与婚姻"(后续)清算"有关的损害(离婚和撤销父子关系的费用)则可以根据第823条第1款予以赔偿。[170]

示例:M与F于2006年结婚。2008年儿子S出生。一年后M获悉,第三者D是S的亲生父亲。M申请断绝与F的婚姻关系(第1564条及以下)并撤销父子关系(第1600条及以下)。根据判例,M并不对F或者D享有第823条第1款规定的损害赔偿请求权。根据通说,M至少可

---

[167]　参见BGHZ 23, 215 (217ff.); 23, 279ff.; 57,229 (231ff.); BGH NJW 1988, 2032 (2033); 1990, 706ff.; dem folgend BeckOK BGB/*Förster*, 56. Ed. 1. 11. 2020, § 823 Rn. 163。

[168]　BGHZ 57, 229 (232); BGH NJW 1990, 706 (707); 批评观点参见 MüKoBGB/*Roth* § 1353 Rn. 48。

[169]　BGH NJW 1990, 367(369); 其他观点参见 BGHZ 23, 217 (221f.)。

[170]　So *Brox/Walker* SchuldR BT § 45 Rn. 27; 支持对第三人请求权的还有 *Medicus/Petersen* BürgerlR Rn. 619。

以根据第 823 条第 1 款的规定向 D 请求赔偿离婚和撤销父子关系的费用。

对观点争论的决定取决于各自对婚姻的理解。如果认为具有人身性的婚姻义务的履行只能通过配偶的自由决定来保障[171],则通奸的侵权法制裁就显得不合适了。仅第 826 条规定的请求权存在例外,因为禁止以背于善良风俗之方法损害他人是对所有领域中都应当遵守的一般法律原则的表达。[172]

相反,婚姻关系中的空间实体领域则被视为其他权利。[173] 不过,如果丈夫将其情人带到婚姻所用住房内,判例仅肯定了妻子对丈夫及其情人的不作为请求权和排除妨害请求权。损害赔偿在此应当是不能请求的。[174]

二、违反义务的作为或者不作为

法益侵害必须是因加害人违反义务的作为或不作为所引起的。在直接侵害行为中,行为系义务违反总的来说是不言而喻的,因此不必详加说明。然而,对于应当检验交往义务违反是否存在的间接侵害行为和不作为,情况则有所不同(参见第 59 节边码 4)。 23

1. 作为的概念

在哪些条件下人的行为应当视为作为,在学术文献中存在不同的判断。[175] 不过,对于实务上重要的最低要件问题存在一致意见,亦即必须存在一个由意思控制或者可以控制的状态改变。[176] 因此,在绝对暴力(vis absoluta)的影响下或者在无意识状况中做出的运动不应与纯粹反射 24

---

[171] 具有说服力的参见 BGH NJW 1990, 706 (707)。
[172] 参见 *Looschelders* JURA 2000, 169 (172f.)。
[173] 参见 BGHZ 6, 360 (365ff.); 34, 80 (85ff.); MüKoBGB/*Roth* § 1353 Rn. 51。
[174] 参见 Jauernig/*Teichmann* § 823 Rn. 92ff.; 批评观点参见 Staudinger/*Hager*, 2017, § 823 Rn. B 180。
[175] 参见 statt vieler *Deutsch* HaftungsR Rn. 89ff.。
[176] 参见 BGHZ 98, 136 (137); MüKoBGB/*Wagner* § 823 Rn. 66; RGRK-BGB/*Steffen* § 823 Rn. 72。

运动作不同理解。[177] 这一原则既适用于作为,也适用于不作为。[178]

2. 不作为的构成要件该当性

25 只有当加害人负有阻止潜在的法益侵害的义务且能够成功阻止时,不作为才能满足第 823 条第 1 款的要件。[179] 阻止损害后果的义务可能从发动或者控制危险中产生。就这一点来说,应当适用就**交往义务**发展出来的原则(参见第 59 节边码 7 及以下)。除此之外,与被危及的法益之间的紧密联系也可以成立**担保人的地位**(Garantenstellung)。在这个问题上可以以刑法中针对《刑法典》第 13 条所发展出的原则为导向。[180] 可以考虑的尤其是家庭法上的保护义务(比如,在父母与子女之间或者配偶之间)[181]或者基于事实上(不以合同为必要)的承担(比如,幼儿园老师、照看小孩的人)而产生的担保人地位。[182] 此外,密切的生活共同体或者风险共同体(比如,非婚生活共同体或者共同参与考察旅行)也可以用来说明担保人地位的认定。[183] 相反,《德国刑法典》第 323c 条规定的一般性的提供帮助义务则不能成立对他人法益的更高责任。[184] 不过,根据联邦最高法院新近的一则判决,《德国刑法典》第 323c 条是第 823 条第 2 款意义上的保护性法律(参见第 64 节边码 5)。

深化:应当根据哪些标准将交往义务与其他担保人的义务区分开来是不确定的。在广义的理解上可以将所有担保人的义务理解为交往义

---

[177] BeckOGK/*Spindler*, 1.11.2020, BGB § 823 Rn. 73; *Larenz/Canaris* SchuldR II 2 §75 II 1a.

[178] MüKoBGB/*Wagner* § 823 Rn. 66; Hk-BGB/*Staudinger* § 823 Rn. 46.

[179] BeckOK BGB/*Förster*, 56. Ed. 1.11.2020, §823 Rn. 100f.; *Larenz* SchuldR I § 27 IIIc.

[180] BeckOGK/*Spindler*, 1.11.2020, BGB § 823 Rn. 75.

[181] 参见 BGHZ 73, 190 (193f.); BeckOK BGB/*Förster*, 56. Ed. 1.11.2020, § 823 Rn. 103.1。

[182] Staudinger/*Hager*, 2009, §823 Rn. H 11; *Deutsch* HaftungsR Rn. 103.

[183] 参见 Staudinger/*Hager*, 2009, §823 Rn. H 10; *Fikentscher/Heinemann* SchuldR Rn. 1544。

[184] 参见 RGRK-BGB/*Steffen* §823 Rn. 136; BeckOK BGB/*Förster*, 56. Ed. 1.11.2020, § 823 Rn. 103.5。

务。[185] 不过,这会导致交往义务从危险发动或者危险控制的思想中脱离。根据这里所持的观点,应当根据以下标准来区分,即担保人的地位能否从创造或者控制的危险(这时即为交往义务)或者从与被危及法益的紧密联系(这时即为其他担保人之义务)中产生。[186]

3. 积极的作为与不作为的区分

在实际的法律适用中,积极的作为(狭义上的行为)与不作为的区分产生了严重的困难。问题产生的原因在于,在这两种情形中涉及的都是间接侵害行为,因为最后导致权益侵害的原因并非由加害人所设置,而是基于受害人的行为、第三人的行为或外部事件(如自然灾害)。[187] 在刑法上作为与不作为的区分就《德国刑法典》第 13 条而言具有非常重要的意义,而这一区分对第 823 条第 1 款的重要性要小得多,因为交往义务的违反是必须存在的,而不取决于作为和不作为的区分。[188] 不过,出于思想上清晰的原因,在第 823 条第 1 款上还是应当明确个案中系基于加害人的何种行为。

26

文献中有部分观点认为,在第 823 条第 1 款中对作为与不作为的区分也要像刑法中一样根据可责难性的重点来确定。[189] 与之相反,主流意见则以加害人的行为是(作为)否(不作为)已经提高了权益侵害的危险为依据。[190] 由于最后导致权益侵害的原因在间接侵害时并非由积极作为引起,在不作为时亦非基于加害人的行为,因此作为与不作为的严格区分根据这两种方法都不太可能。准确来说,这两种方法也完全没有回答某

27

---

[185] So etwa Erman/*Wilhelmi* § 823 Rn. 74a.
[186] 参见 Staudinger/*Hager*, 2009, § 823 Rn. H 7; BeckOK BGB/*Förster*, 56. Ed. 1. 11. 2020, § 823 Rn. 103。
[187] Larenz/Canaris SchuldR II 2 / 76 III 1c.
[188] Hk-BGB/*Staudinger* § 823 Rn. 62; Staudinger/Hager, 2009, § 823 Rn. H 6.
[189] 参见 *Fritzsche* Fälle zum SchuldR II Fall 6 Rn. 5; 关于刑法见 Schönke/Schröder/*Bosch*, StGB, 30. Aufl. 2019, Vorbem. zu §§ 13ff. Rn. 158a; 批评观点见 MüKoStGB/*Freund*, 4. Aufl. 2020, § 13 Rn.5ff.。
[190] So Staudinger/*Hager*, 2009, § 823 Rn. H 6; Hk-BGB/*Staudinger* § 823 Rn. 46; Jauernig/*Teichmann* § 823 Rn. 29; Deutsch/Ahrens DeliktsR Rn. 40; *Wandt* Gesetzl. Schuldverhältnisse § 16 Rn. 107.

一特定行为究竟是否应当被评定为作为还是不作为的问题。决定性的因素是,加害人的行为因为权益侵害的危险在何种视角下应被予以否定。也就是说,人们可以以如下方式修正主流意见的区分公式,即如果加害人的行为创设了法律所不允许的危险,并已经实现在了权益侵害中,应当以积极作为为依据。由于这并非一开始就确定下来,所以必须首先检验对积极作为的责任。在这里应当区分两种情况。

28　　第一种情况的标志是,加害人的同一危险行为包含积极作为与不作为的因素。属于这种情况的比如,加害人骑不带车灯的自行车或未经必要的消毒就把受污染的材料交给员工加工。[191] 在这些情况中应当确认的是,加害人通过积极作为(骑自行车、交付受污染的材料)提高了结果发生的危险,并且在这里已经违反了交往义务。同时实现的不作为因素并不具有独立意义。

29　　第二种情况涉及积极作为与不作为的连续发生。具有代表性的案例是建筑工人在人行道上设立了一块施工场地(作为),在傍晚离开之前却未按规定采取防护措施和照明(不作为),以致行人在黑暗中忽视了施工场地并掉了下去。这种情况也应当首先与作为联系在一起。建筑工人通过设置施工现场创造了一个更高的权益侵害结果发生的危险。然而,设置施工现场本身不违反交往安全义务。交往安全义务的违反存在于,建筑工人在傍晚离开时未按规定采取防护措施和照明。[192] 在这种情况下人们可以说,可责难性的重点在于不作为。不过,准确地说,积极作为根本已经不具有可责难性了。

三、责任成立的因果关系

30　　加害人必须是以可归责的方式造成了法益侵害(责任成立的因果关系)。首先,作为或者不作为必须是法益侵害发生符合自然法则的条件。根据等值理论,为确定**自然科学意义上的因果关系**,可以诉诸作为基本规

---

[191] 关于这个和其他案例,(从刑法视角上)参见 Schönke/Schröder/*Bosch*, StGB, 30. Aufl. 2019, Vorbem. zu §§ 13ff. Rn. 158ff. mwN

[192] 关于类似的案例可参见 Fritzsche *Fälle zum SchuldR II* Fall 6 Rn. 3ff. 。

则的"无此条件则无此结果"(condicio sine qua non-Formel)公式。根据该公式,任何在保持结果发生的情况下不能除去的行为均具有因果关系。在不作为上,如果发生问题的行为在保持结果发生的情况下不能除去,则应当肯定因果关系的存在(参见拙著《债法总论》第45节边码6及以下)。

判例和文献普遍承认,自然科学意义上的因果关系本身尚不能对损害赔偿义务进行恰当的限制,因此必须通过价值评价的归责标准来补充。[193] 在此判例主要是运用**相当因果关系理论**(Adäquanztheorie),并仅在极不寻常甚至最佳的判断者也无法预见的情况下才适于排除引起被否定结果之原因的可归责性。[194] 然而,在责任成立因果关系层面,相当因果关系理论在第823条第1款的框架下并不具有独立意义,因为结果缺乏可预见性也可以在过错层面予以考虑(参见拙著《债法总论》第45节边码13及以下)。

最重要的归责标准是**规范的保护目的**(Schutzzweck der Norm)(参见拙著《债法总论》第45节边码18及以下)。这意味着,在责任成立因果关系层面必须检验,具体的法益侵害是否刚好实现了加害人违反的行为义务旨在防范的危险。归责问题尤其会在间接因果关系中提出,也即在法益侵害由受害人的心理反应(所谓的惊吓损害)或独立行为(所谓的**挑起案件**Herausforderungsfälle),或者由**第三人的行为**促成发生时(参见拙著《债法总论》第45节边码29以及下)。

示例(BGH NJW 2002, 2232):S与其妻子F已经分居了。在分居之后,F与第三人(D)维持着情人关系。某天晚上,D的兄弟(G)与F单独留在D的房间里,而D去拿饮料了。大约23点的时候,S出现在房间门口,并大声叫骂着要求进入房间。在S进入套间和走廊的门里时,G在混乱中打开了窗户,并跳了出去。他因此遭受了严重的伤害。

联邦最高法院在第823条第1款的框架下肯定了身体伤害的可归责

31

---

[193] 参见statt vieler BGH NJW 2002, 2232 (2233)。
[194] RGZ 133, 126 (127); BGHZ 137, 11 (19); BGH NJW 2002, 2232 (2233)。

性。在此联邦最高法院的依据是,S 暴力地强行闯入为受害人的自我伤害行为创造了一个可以理解的、在自我保护的角度下一开始就值得认同的动机。

四、违法性

32　　如果加害人身上存在可以归责的法益侵害行为,违法性即被引用。因此,在这个地方还必须要检验**违法阻却事由**是否适用(参见第 59 节边码 14 及以下)。

五、过错

33　　在过错层面首先要检验的是**过错能力**(第 827 条、第 828 条)(参见第 59 节边码 22 及以下)。也就是说,如果加害人不具有过错能力,则故意与过失的问题就不重要了。如果过错能力应予否认,则应当提出的问题是,加害人是否需要例外地基于公平理由承担第 829 条规定的责任(参见第 59 节边码 25 及以下)。

如果加害人具有过错能力,则必要探讨故意和过失(第 276 条)了。在此应当注意的是,过错只需与责任成立要件关联,而与责任范围的因果关系和损害无关(参见第 59 节边码 21)。

34　　即便在责任成立因果关系的框架下,加害人也不必在所有细节上都能预见到**因果关系的具体经过**。对于加害人来说仅需认识到,由于其行为,某人可能会以某种方式遭受法益侵害。因此,对受害人身份的误认(error in Persona)是无关紧要的。[195] 不过,完全不同寻常的因果关系发生过程在进行客观归责时就已经被排除了。

示例:根据联邦最高法院的观点,在跳窗案中(第 60 节边码 31)并不取决于 S 是否预见到 G 在场或者他会从窗户跳出去。由于 S 应当预料到,某人(比如,其情敌 D)可能会因其行为(比如,在进门的时候)受到伤害,S 的行为就已经有过错了。

---

[195]　BGH NJW 2002, 2232 (2234).

六、损害与责任范围的因果关系

受害人必须因为法益侵害而遭受了**损害**。损害的内容和范围应当根据第 249 条及以下的一般规则来判断(参见拙著《债法总论》第 44 节边码 1 及以下)。此外,也存在一些侵权法上的特别规定(第 842 条以下条文,参见第 71 节边码 1 及以下)。尤其应当注意的是,受害人在身体、健康、自由或者性的自主决定权被侵害时根据第 253 条第 2 款的规定可以请求**抚慰金**(Schmerzensgeld)(参见拙著《债法总论》第 48 节边码 1 及以下)。

35

复习:损害计算的出发点是差额假说:重要的是在现存的利益状况与假设没有损害事件时本应存在的利益状况之间进行比较(参见拙著《债法总论》第 44 节边码 3)。在计算(损害)时,特定的财产增加根据损益相抵规则(参见拙著《债法总论》第 45 节边码 41 及以下)仍然不被考虑。相反,特定经济损失[对"错误出生"(ungewolltes Kind)的抚养费]基于规范上的原因也许不应被视为损害(参见拙著《债法总论》第 49 节边码 23 及以下)。

在法益侵害与损害之间必须存在(等值理论或者自然法则条件说意义)上的因果关系(责任范围因果关系)。此外,损害还必须是客观上可以归责的。由于过错在第 823 条第 1 款中与责任范围的因果关系并无关联,**相当因果关系理论**(参见拙著《债法总论》第 45 节边码 13 及以下)在这一领域获得了非常重大的意义。因此,第 823 条第 1 款规定的请求权并不包括那些仅因完全不同寻常的因果关系过程而发生的损害。

36

最后,加害人也无须为那些不被**规范保护目的**所包含的损害承担责任(参见拙著《债法总论》第 45 节边码 18 及以下)。

七、责任排除事由

在个案中也可能对第 823 条第 1 款规定的请求权适用约定的或者法定的**责任排除事由**(Haftungsausschluss)。因此,在劳动事故中,《德国社会

37

法典(第7编)》既排除雇主和受害人同事的合同责任,也排除其侵权责任(参见第29节边码32)。如果在雇主或者受害人同事之外还有第三人作为加害人参与了损害事件,则基于法定的责任优待可能会发生连带债务关系障碍的问题(参见拙著《债法总论》第54节边码33及以下)。

八、法律效果

38 如果第823条第1款规定的要件具备,加害人原则上必须赔偿产生的所有损害(完全赔偿原则)。不过,在个案中请求权可能需要根据第254条规定的**受害人有责任**(参见拙著《债法总论》第50节边码1及以下)予以扣减。

示例:在跳窗案(参见第60节边码31)中,虽然G的自我伤害行为并不排除S的责任,但G的损害赔偿请求权应依第254条的规定根据其有责任的程度予以扣减。

参考文献: *Becker*, Schutz von Forderungen durch das Deliktsrecht, AcP 196 (1996), 439; *Bremenkamp/Buyten*, Deliktische Haftung des Zulieferers für Produktionsschäden?, VersR 1998, 1064; *Brockmann/Künnen*, Die sonstigen Rechte iSd § 823 I BGB, JuS 2020, 910; *Coester-Waltjen*, Rechtsgüter und Rechte im Sinne des § 823 I BGB, JURA 1992, 209; *Croon-Gestefeld*, § 823 Abs. 1 BGB: Die geschützten Rechte und Rechtsgüter, JURA 2016, 1007; *Deutsch*, Familienrechte als Haftungsgrund, VersR 1993, 1; *Eckert*, Der Begriff Freiheit im Recht der unerlaubten Handlungen, JuS 1994, 625; *Franzen*, Deliktische Haftung für Produktionsschäden, JZ 1999, 702; *Gsell*, Deliktsrechtlicher Eigentumsschutz bei »weiterfressendem« Mangel, NJW 2004, 1913; *Hammen*, Die Forderung als sonstiges Recht nach § 823 I BGB?, AcP 199 (1999), 591; *Landoldt*, Haftung für Schockschäden von Angehörigen aus rechtsvergleichender Sicht, FS Jaeger, 2014, 355; *Looschelders*, Schadensersatz bei »einseitiger« Durchkreuzung der Familienplanung durch den kinderwilligen (Ehe-) Partner?, JURA 2000, 169; *Looschelders*, Neuere Entwicklungen des Produkthaftungsrechts, JR 2003, 309; *E. Lorenz*, Einige

Bemerkungen zur Struktur des Anspruchs auf Ersatz von Schockschäden, FS G. Müller, 2009, 147; *Medicus*, Besitzschutz durch Ansprüche auf Schadensersatz, AcP 165 (1965), 115; *Mylich*, Die Eigentumsverletzung - Fallgruppen und Ansprüche, JuS 2014, 298 und 398; *Picker*, Die Nutzungsbeeinträchtigung ohne Substanzverletzung als systemrelevantes Deliktsrechtsproblem, NJW 2015, 2304; *Smid*, Fallweise Abwägung zur Bestimmung des Schutzes des »räumlich - gegenständlichen Bereichs« der Ehe?, NJW 1990, 1344; *Stoll*, Deliktsrechtliche Verantwortung für bewusste Selbstgefährdung des Verletzten, FS Deutsch, 2009, 943; *Taupitz*, Der deliktsrechtliche Schutz des menschlichen Körpers und seiner Teile, NJW 1995, 745; *Wagner*, Schuldrechtsreform und Deliktsrecht, in: *Dauner-Lieb/Konzen/K. Schmidt*, Das neue Schuldrecht in der Praxis, 2003, 203. Vgl. auch die Nachweise zu § 58 und § 59.

表 7-1　第 823 条第 1 款规定的损害赔偿请求权(检验图表)

第 823 条第 1 款规定的损害赔偿请求权(检验图表)
Ⅰ.责任成立要件
1.法益侵害 (1)侵害第 823 条第 1 款中明确列举的权利 (2)侵害其他(绝对)权利(如物权) (3)侵害框架权(如一般人格权) 2.请求权相对人的行为(作为或不作为) →在间接侵害或不作为上:违反交往义务 (也可以在客观归责的框架下检验) 3.责任成立的因果关系 (1)自然科学上的因果关系(等值理论) (2)客观归责 -相当因果关系理论(有争议) -规范的保护目的
Ⅱ.违法性(原则上被引征)
1. 违法阻却事由检验 2. 在框架权上:必须积极确定违法性
Ⅲ.过错
1. 过错能力(检验第 827 条、第 828 条,可能还有第 829 条) 2. 故意或过失(第 276 条第 2 款)

Ⅳ.可赔偿的损害(第249条以及下条文)
Ⅴ.责任范围的因果关系 →损害归责于权益侵害
Ⅵ.加害人无抗辩或抗辩权
1. 责任排除事由 (1)约定 (2)法定(如《德国社会法典(第7编)》第104条、第105条) 2. 第254条规定的与有过错 3. 消灭时效(第195条、第199条)

(续表)

第61节 一般人格权

一、历史发展

1 　　在《德国民法典》产生的时候,在人格权民法保护方面采取严格规定的态度在德国占据支配地位。[196] 因此,立法者有意识地放弃将一般人格权或者至少是名誉权置于第823条第1款的保护之下。确切地说,名誉权在民法上仅能通过第823条第2款结合刑法上诽谤罪的构成要件(《德国刑法典》第185条及以下)来保护。[197] 即便在应受到刑事处罚的名誉侵害上,受害人也并不享有非物质损害赔偿请求权。这背后的考虑是,"……以金钱来衡量精神损害,违背占统治地位的人民意志"[198]。

2 　　在《德国基本法》生效后,判例和学术文献致力于践行以下观点,即《德国民法典》起草者希望的人格权保护界限已经无法胜任个人对于其尊严应受到尊重的权利(《德国基本法》第1条第1款)和自由发展其人格的权利(《德国基本法》第2条第1款)。因此,联邦最高法院在1954年5月25日的读者来信案判决中首次将一般人格权承认为第823条第1款意义

---

[196] 参见 Leuze, Die Entwicklung des Persönlichkeitsrechts im 19. Jahrhundert, 1962, 72ff.

[197] Prot. II, 573; 参见 RGRK-BGB/Dunz § 823 Anh. I Rn. 1。

[198] Prot. I, 622; 参见 Looschelders ZVglRWiss 95 (1996) 48 (50f.) mwN。

上的其他权利。[199]

深化:反对将一般人格权作为其他权利的部分学者认为,与所有权相比,一般人格权与生命、身体、健康和自由等法益更为接近,因此最好是以对这些法益的类推适用作为支撑。[200] 不过,只有将其他权利的概念限制在类似所有权的权利上时,这种模式才是令人信服的。[201] 如果人们将特别人格权(姓名权、肖像权)视为其他权利(参见第 60 节边码 20),则一般人格权的相应归类就显得是连贯的。

在后来的判决中,在突破原第 253 条(现行第 253 条第 1 款)的情况下,受害人被赋予了非物质损害赔偿请求权(参见拙著《债法总论》第 48 节边码 12 以下)。[202] 这一请求权开始是以类推适用原第 847 条(现行第 253 条第 2 款)来论证的。[203] 在近期这一请求权则直接以宪法(《德国基本法》第 1 条第 1 款、第 2 条第 1 款)为支撑。[204]

示例:在骑士案判决(BGHZ 26, 349)中,某性功能药品生产商(H)为广告目的以马术选手(T)的肖像制作海报。这里使用的是 T 在一次骑行比赛中拍摄的原始相片。由于 T 从未允许为这些目的使用其相片,因而损害不能以 T 在与 H 存在相应约定时本可获得的金钱来衡量。因此,联邦最高法院肯定了 T 的非物质损害赔偿请求权。类似的考虑在 Catarina Valente 案判决(BGHZ 30, 7)中也是重要的。于此义齿胶粘剂生产商在未获事先同意的情况下提及了一位著名艺术家的名字。在人参案判决(BGHZ 35, 363)中,某国际法和教会法教授(P)能够请求非物质损害赔偿,因为在 P 被一篇科普文章错误地称作"欧洲最著名的人参研究者之

---

[199] BGHZ 13, 334 (338);参见 BGHZ 26, 349 (354)-骑士案. 关于判例发展的详细论述见 *Larenz/Canaris* SchuldR II 2 § 80 I。
[200] So *Brox/Walker* SchuldR BT § 45 Rn. 22.
[201] 反对此种限制的有 MüKoBGB/*Wagner* § 823 Rn. 416。
[202] Grundlegend BGHZ 26, 349-骑士案; BGHZ 30, 7-Catarina Valente 案; BGHZ 35, 363-人参案; BGHZ 39, 124-电台女播音员案。
[203] 参见 BGHZ 26, 349 (355)。
[204] 参见 BGHZ 128, 1 (15); Palandt/*Grüneberg* § 253 Rn. 10. 这种法律续造的合法性。参见 BVerfGE 34, 269 = NJW 1973, 1221-Soraya;批评的观点参见 *Diederichsen* AcP 198 (1998), 171 (193ff.)。

一"之后，某人参产品生产商在其广告海报中就人参的性功能促进效果引用据称是 P 的科学判断。根据联邦最高法院的观点，该广告使 P 被人取笑并损害其学术声誉。

4 考虑到宪法上的基础，2002 年损害赔偿法改革的立法者并没有考虑将第 253 条第 2 款规定的抚慰金请求权延伸到人格权侵害上。[205] 因此，请求权基础仍然是第 823 条第 1 款结合《德国基本法》第 1 条第 1 款、第 2 条第 1 款。

法律比较：瑞士法在传统上为人格权规定了更强有力的保护。因此，联邦最高法院在其判例中对人格权的保护总以瑞士法上的相应规定为导向(《瑞士民法典》第 28 条、《瑞士债务法》第 49 条)。[206] 与此相反，奥地利法到现在为止还没有发展出一般人格权这样内容广泛的概念。[207] 在法国法上，《法国民法典》第 9 条为每个人保障私生活应受到尊重的权利，侵害该权利时也可以考虑损害赔偿请求权。[208] 英国法在传统上仅保护名誉。对于英国法来说，广泛的"隐私权"(right of privacy)仍然是(与美国法[209]不同)陌生的。不过，在《欧洲人权公约》(EMRK)通过 1998 年《英国人权法案》(Human Rights Act)转化为英国国内法后，在判例中也可以发现人格权保护扩大的势头。[210] 在欧洲层面，人格权的保护是由《欧洲人权公约》(EMRK)第 8 条(私生活和家庭生活受到尊重的权利)来保障的(参见第 61 节边码 9)。[211]

二、一般人格权作为框架权

根据主流意见，一般人格权与第 823 条第 1 款列举的其他法益的区

---

[205] 参见 BT-Drs. 14/7752, 14f. (25); *Medicus/Lorenz* SchuldR BT §7 Rn. 8ff. 。
[206] 参见 BGHZ 13, 334 (338); 35, 363 (369); *Zweigert/Kötz* Rechtsvergleichung 17f. 。
[207] *Looschelders* ZVglRWiss 95 (1996) 48 (52ff.).
[208] 参见 BGHZ 131, 332 (344); *Hübner/Constantinesco*, Einführung in das französische Recht, 4. Aufl. 2001, 173.
[209] Dazu *Zweigert/Kötz* Rechtsvergleichung 709ff.
[210] 关于人格权保护在英格兰的发展参见 *Kirchhoff* 58ff. 。
[211] 关于 EGMR NJW 2004, 2647; *Kirchhoff* 25ff. 。

别在于前者缺乏固定而清晰的边界。因此,一般人格权被作为"**框架权**"[212]。其后的正确论断是,违法性还不能因为侵入人格权就已经能被引用。因此,是否存在违法的人格权侵害,必须在个案中基于谨慎的**利益衡量**来确定。在此过程中不仅受害人可以主张,加害人也可以主张基本权利。在一般行为自由(《德国基本法》第 2 条第 1 款)之外,必须考虑的主要是言论自由、新闻自由(《德国基本法》第 5 条第 1 款)和艺术自由(《德国基本法》第 5 条第 3 款第 1 句)。

深化:在仔细考察后可以发现,即便在第 823 条第 1 款列举的其他法益上,违法侵害的存在也经常必须通过加害人和受害人受基本法保护的地位之间的利益衡量来确定(参见第 59 节边码 10)。[213] 因此,一般人格权的特殊性最终限于,违法性在直接侵害时也必须特别说明,而违法性在直接侵害生命、身体、健康、自由和所有权时通常是很明显的。

如果利益衡量肯定了某个特别的表述或者某个特定行为的可容许性,则不存在违法的一般人格权侵害行为。因此,不必再适用《德国刑法典》第 193 条规定的违法阻却事由(**正当利益的实现**)。[214] 因而,这一违法阻却事由主要对第 823 条第 2 款结合《德国刑法典》第 185 条及以下产生的损害赔偿请求权具有意义。不过,这里与那里一样,依其本质,相同的考虑是重要的。

三、重要的案例类型

1. 概览

在判例中可以找到大量一般人格权保护的判决。在此处于中心位置的是下列案例类型,但也不应封闭地理解。

一般人格权首先包括个人对承认与保护其**身份认同**和**个体性**(perso-

---

[212] 参见 *Brox/Walker* SchuldR BT § 45 Rn. 55; *Medicus/Lorenz* SchuldR BT § 77 Rn. 1f.。批评观点见 *Larenz/Canaris* SchuldR II 2 § 80 II。

[213] So zutreffend MüKoBGB/*Wagner* § 823 Rn. 417.

[214] 关于《德国刑法典》第 193 条的教义学归类参见 Staudinger/*Hager*, 2017, § 823 Rn. C 95。

nale Identität und Individualität）的请求权。[215] 在这个问题上实践中主要涉及小孩知悉自己身世的权利。[216] 不过,也存在不知悉的权利（比如,与基因排序有关）。[217]

第二个领域涉及对**私人生活领域**和**私密领域**的保护。可能的侵害行为有不正当地侵入受保护的领域（比如,监视、监听、偷拍照片或者影片）[218],即便没有传播意图也是如此。不正当公开相应的信息或图片（参见第61节边码7及以下）[219]是一种对一般人格权特别严重的侵害。不正当地将某人的姓名或者肖像进行市场化,如用在广告中（参见第61节边码3的例子）,尤其如此。这背后是个人对与自己人格相关情况的**自主决定权**。[220] 此外,应当提及的是**对自己**（讲述的或者书写的）**语言的权利**,该权利与发布窃听或者秘密剪接的通话相对立。[221] 即便强加于己的表述内容并不损害名誉,发布虚构的采访在法律上也是不被允许的。[222] 近代以来,保障信息技术系统的机密性和完整性的权利也是被承认的,该权利尤其保护系统中存储的**数据**免受隐蔽攫取的侵害。[223] 此外,种族**歧视**、性别歧视[224]或者工作场所**的欺凌**（参见第29节边码33）也可因人格权侵害而产生请求权。[225] 最后,一般人格权还保护**名誉免受妨害**[226]以

---

[215] 参见 BVerfGE 78, 38（49）; 84, 9（22）= NJW 1991, 1602; *Looschelders* IPRax 2005, 28（30）。
[216] 参见 BVerfGE 90, 263（270）; *Schwab*, Familienrecht, 28. Aufl. 2020, §60 Rn. 772。
[217] Erman/*Ehmann*, 12. Aufl. 2008, Anh. §12 Rn. 279.
[218] 关于相邻土地上的监控摄像头见 BGH NJW 2010, 1533。
[219] 参见 BGHZ 131, 332; HK-BGB/*Staudinger* §823 Rn. 101。
[220] Palandt/*Sprau* §823 Rn. 86.
[221] 参见 BGHZ 73,120; Palandt/*Sprau* §823 Rn. 125。
[222] 参见 BGHZ 128, 1-摩纳哥公主卡洛琳娜 I 案。
[223] BVerfG NJW 2008, 822（827）。
[224] 参见 *Larenz/Canaris* SchuldR II 2 §80 II 2d. 这一问题现在也得到了《德国平等对待法》（AGG）的规范（→第28节边码12和第29节边码33）。
[225] *Medicus/Lorenz* SchuldR BT §77 Rn. 12.
[226] 参见 BVerfG NJW 1992, 2073（2074）：将截瘫的预备役军官称为"瘫子"。反之,将士兵称为"天生的杀人犯"则应为言论自由（《德国基本法》第5条第1款）所涵盖（参见 BVerfG NJW 1995, 3303）。

及生平事略或者性格形象不被错误叙述。[227]

如果所涉及人员主张,其人格权因**小说**中的叙述受到侵害,则一般人格权与**艺术自由**之间就发生了冲突(《德国基本法》第5条第3款第1句)。小说中的角色与现实生活中的人格表现出相似性本身还不能算是构成人格权侵害。根据联邦宪法法院的判例,这取决于"模型"(Abbild)与"原型"(Urbild)在多大程度上相符。叙述的内容对人格权法特别保护的领域(如私密空间)触及得越多,"虚构的程度"(Fiktionalisierung)就必须越高。[228]

即便在对真实的刑事犯罪进行影视创作的时候,艺术自由的基本权利也是重要的。影片对反映当事人社会真实性的需求越强烈,其对所涉人员作"符合现实的"讲述的利益就越值得保护。[229] 此外,在进行利益衡量时必须顾及,讲述对社会公众具有何种信息价值,以及讲述的事实是否严肃和符合真实情况。

2. 针对媒体为著名人物提供的保护

媒体实施的人格权侵害行为的情形下如何为著名人物提供保护被讨论得特别热烈。这尤其涉及发布隐蔽拍摄到的照片(所谓的"**狗仔队**"照片Paparazzi-Foto)何种条件下会被允许的问题。

示例(BGHZ 131, 332; BVerfGE 101, 361; EGMR NJW 2004, 2647):摩纳哥公主卡洛琳娜(C)指责所谓的狗仔队发布了私自拍摄的本人照片。这些照片展示了C在市场购物、骑马以及与一位男演员一起在啤酒花园的情景。C认为,其隐私权因为照片的制作和传播受到了侵害。

根据传统观念,那些在社会公众中享有突出地位的人物(比如,君主、政治家、艺术家、运动员)作为当代历史的**绝对人物**对不正当的照片拍摄只能享受有限的保护。[230] 根据对《德国艺术著作权法》(参见第60节边

---

[227] 参见BGHZ 50, 133 (143ff.); BVerfGE 30, 173 = NJW 1971, 1645-靡菲斯特案; BGH NJW 2005, 2844 und BVerfG NJW 2008, 39 (41)-埃斯拉案; Erman/*Klass* Anh. §12 Rn. 199; *Medicus/Lorenz* SchuldR BT §77 Rn. 4ff.。
[228] BVerfG NJW 2008, 39 (42)。
[229] BGH VersR 2009, 1085 (1086)-罗腾堡的食人者案。
[230] 参见BGHZ 131, 332 (336); Staudinger/*Hager*, 2017, §823 Rn. C 200。

码 20)第 23 条第 1 款第 1 项的通常理解,这些人物原则上应当忍受拍摄的照片不经其同意即被发表出来。即便照片展示的并非这些人物在发挥公共功能,而是涉及他们的私人生活,也应当如此。只有当所涉人员退隐在其家庭领域或者在与公众分离的地点时,例外的情形才被承认。[231] 这背后的考虑是,公众对于这些人物的图片展示具有更高的利益。那些因一次偶然事件而进入公众视野的当代历史的**相对人物**则应当适用更为严格的标准。对他们而言只有在那些与所涉事件有一定事实或者时间联系的拍摄上,当事人的同意才是不必要的。[232]

8 　　德国法院就著名人物人格权保护所发展出来的标准受到了**欧洲人权法院**(EGMR)的批评。根据欧洲人权法院的意见,发布所拍摄照片的可容许性从根本上取决于,就某一公开讨论的问题所拍摄的照片或撰写的文章旨在促进公共利益还是仅仅旨在满足特定读者的好奇心。在后一种情况中,言论自由和新闻自由(《欧洲人权公约》第 10 条)总的来说应当让位于所涉人员私人领域应受到尊重的权利(《欧洲人权公约》第 8 条)。[233]

　　示例:在摩纳哥卡洛琳娜主公案(参见第 61 节边码 7)中,联邦最高法院经联邦宪法法院的同意认为,发布市场购物以及骑马时的照片是被允许的。相反,啤酒花园涉及的是从公众视野中分离出来的地点,卡洛琳娜为进行私人谈话而隐退到了该地点中。联邦最高法院在此肯定,进入卡洛琳娜受保护的私人领域构成了不被允许的侵害。与此相对,欧洲人权法院则进一步认为,公布市场购物的照片也是不被允许的。

9 　　欧洲人权法院的判决对德国法院并不具有直接的拘束效力,因为《欧洲人权公约》仅具有普通联邦法律的级别。不过,根据联邦宪法法院的判

---

[231] BGHZ 131, 332 (339); BGH NJW 2004, 1795; BVerfG NJW 2000, 1021 (1025); 2000, 1921 (1933); Erman/*Klass* Anh. zu § 12 Rn. 126a.

[232] Vgl. Erman/*Klass* Anh. zu § 12 Rn. 177; *Staake/v. Bressendorf* JuS 2015, 683 (686).

[233] EGMR NJW 2004, 2647ff. - von Hannover/Deutschland; 参见 EGMR NJW 2006, 591-Karhuvaara und Iltalehti/Finnland; EGMR NJW 2012, 1053 = JuS 2012, 1046 (*Dörr*)-von Hannover/Deutschland Nr. 2; dazu *Wandt* Gesetzl. Schuldverhältnisse § 16 Rn. 63; *Staake/v. Bressensdorf* JuS 2015, 683 (686f.).

例,法院在解释国内法时有义务兼顾到《欧洲人权公约》的保障。[234] 联邦最高法院在其新近判例中遵循了欧洲人权法院的要求。[235] 在那里联邦最高法院强调,《德国艺术著作权法》第23条第1款第1项规定的同意必要性仅对"当代史领域的肖像"才是可以放弃的。在检验这一要件时,人们不能满足于绝对当代历史人物和相对当代历史人物的区分。根据《德国艺术著作权法》第23条第1款第1项的意旨与目的,这取决于发布图片对**公众的信息利益**以及民主的意思形成过程具有何种意义。[236] 发布图片的可容许性必须在个案中通过各基本权利地位之间的**利益衡量**来决定。然而,联邦最高法院坚持,基于新闻自由,媒体原则上应当能够根据其自身的信息发布标准来决定,在哪些信息上存在公共利益。就这一点来说,访谈的文章,如有关著名人物,也应得到新闻自由的保护。[237]

原则上应当肯定,政治生活中的人物对公众具有更大的信息利益。这不仅适用于丑闻以及有损风俗的行为方式,也适用于**正常的日常生活**。[238] 这背后的考虑是,政治家(同样还有**其他著名人物**[239])能够在自我人生规划方面提供指引,并能够履行榜样和对照功能。[240] 就这一点来说,发布购物时的照片也可以通过公众的利益来解释。[241] 照片的信息价值应当与附属的文字报道一起进行判断。如果文字报道仅限于为对所涉人员的摄像提供理由,则总的来说公开利益必须让位于人格权保护。[242] 在这方面联邦最高法院正确地指出,若非如此,那些为公众熟知的人物就不能再在公共领域自由活动了。[243] 此外,判例在近期强调,针对新闻报

---

[234] BVerfG NJW 2004, 3407ff.; 2005, 2685 (2688); 2008, 1793 (1795)。
[235] 参见 BGHZ 171, 275; BGH NJW 2007, 1981; zusf. *Teichmann* NJW 2007, 1917ff. 联邦宪法院在卡洛琳娜II判决(BVerfG NJW 2008, 1793)中对这一原则予以确认。
[236] BGH VersR 2007, 1135 (1137); NJW 2011, 746 (747)-摩洛哥的玫瑰球。
[237] BGH NJW 2011, 744 (746)-Party-Prinzessin; dazu *Wankel* NJW 2011, 726ff.
[238] BGH NJW 2008, 3134 (3135)-Heide Simonis。
[239] BGH VersR 2009, 843 (844)-Enkel des Fürsten von Monaco。
[240] 参见 BVerfG NJW 2008, 1793 (1796)。
[241] BGH NJW 2008, 3134-Heide Simonis nach Abwahl; 在单纯的聊天利益上则不同,见 BGH NJW 2008, 3138-Sabine Christiansen I。
[242] 参见 BGH NJW 2009, 3032 (3034)-"Wer wird Millionär?"。
[243] BGH VersR 2009, 841 (842)-Sabine Christiansen II。

道的一般人格权保护在**发布图片**方面要比**文字报道**方面走得更远。[244]这种区分的合理性在于,发布图片总的来说是对一般人格权比较强烈的侵入。特别广泛的保护根据《德国基本法》第 6 条第 1 款、第 2 款的规定存在于**小孩**身上。其背后的考虑是,小孩首先必须发展成为自我负责的人,但这种发展可能会因媒体的利益而受到严重妨碍。这一点刚好也适用于著名人物的小孩。[245]

3. 死者的人格权保护

10 　　人格权的保护并不因所涉人员的死亡而终结。根据有关判例,虽然《德国基本法》第 2 条第 1 款规定的基本权仅能由活着的人享有,但**人性尊严**(《德国基本法》第 1 条第 1 款)的不可侵犯性也适用于死去的人。[246]在保护范围方面则要区分人格权的精神组成部分和具有财产价值的组成部分。根据一般观点,**人格权中具有财产价值的组成部分依**第 1922 条的规定移转给其继承人。因此,在广告中不正当地使用死者的姓名或者图片时,其继承人享有物质损害赔偿请求权。[247] 不过,这时对人格权中具有财产价值的组成部分的保护与肖像权(《德国艺术著作权法》第 22 条第 3 句)一样限于死后 10 年之内。[248]

相反,如果涉及的是**精神性利益**,则人格权根据主流意见不具有可继承性。虽然死者的人格权可以由其亲属来行使,[249]但亲属仅享有防御权,金钱赔偿则不予考虑,因为这既不能就其人格权的侵害为死者谋得赔偿,也不能提供精神慰抚。[250] 应与此加以区别的是因人格权侵害而生的

---

[244] BVerfG NJW 2011, 740 (742); BGH NJW 2011, 744-Party-Prinzessin。

[245] BGH NJW 2013, 2890 Rn. 19-Eisprinzessin Alexandra. 然而,联邦最高法院在具体案件中否认了一般人格权侵害,因为所涉人员参加的是一场花样滑冰比赛。参见 *Staake/v. Bressensdorf* JuS 2015, 683 (687)。

[246] BGHZ 165, 203 (205); BGH NJW 2007, 684 (685); 2009, 751 (752)。

[247] 参见 BGHZ 143, 214-Marlene Dietrich; BGH NJW 2000, 2201-Der Blaue Engel; ausf. dazu *Staudinger/Schmidt* JURA 2001, 241 (245ff.)。

[248] BGH NJW 2007, 684 (685f.); 批评观点参见 *Wanckel* NJW 2007, 686。

[249] BGHZ 50, 133 (136ff.); *Brox/Walker* Erbrecht, 28. Aufl. 2018, §1 Rn. 17. 关于死者人性尊严与艺术自由之间的关系参见 LG Köln NJW-RR 2009, 623 (625ff.); 关于红军派(RAF)的历史。

[250] BGHZ 165, 203 (206ff.); BGH NJW 2007, 684 (685)。

金钱赔偿请求权是否可以**继承**的问题。[251] 如果被继承人自己在去世前就已经通过诉讼主张了该请求权,这一点将是重要的。

示例(BGHZ 201, 45):著名演艺人员 A 向 HB 出版社请求金钱损害赔偿。因为 HB 出版社在多个杂志上就 A 对其死去的女儿的哀伤以及 A 的健康状况进行了报道。诉讼于 2011 年 2 月 11 日进入地方法院。A 于 2011 年 2 月 12 日去世。起诉状于 2011 年 3 月送达 HB 出版社。A 的儿子(S)作为继承人继续进行诉讼。S 能否胜诉?

联邦最高法院确认了前审法院对诉讼的拒绝,因为因人格权侵害而生的金钱赔偿请求权原则上**不能继承**。[252] 如果在被继承人死亡前请求权已经发生**诉讼系属**(《德国民事诉讼法》第 253 条第 1 款),情况是否会有所不同呢?合议庭在上诉案件中没有对此发表意见,因为起诉状在 A 死亡前已经送达了。然而,在新近的一份判决中联邦最高法院作出如下论述,即便请求权在受害人尚在世时已经交给法院或者发生诉讼系属,因人格权侵害而生的金钱赔偿请求权仍然是不能继承的。[253] 不过,如果被继承人在判决发生既判力后死亡,则发生既判力的金钱损害赔偿请求权应当移转给继承人。[254] 因此,在联邦最高法院的判决中,因人格权侵害而生的金钱赔偿请求权的继承性要比抚慰金请求权(第 253 条第 2 款)的可继承性严格得多,抚慰金请求权因原第 847 条第 1 款第 2 句的删除可以不受限制地继承。这种区分从形式上可以这样正当化,即因人格权侵害而生的赔偿请求权并非基于第 253 条第 2 款,而是直接从《德国基本法》(《德国基本法》第 1 条、第 2 条第 1 款)中产生(参见拙著《债法总论》第 48 节边码 12 及以下)。[255] 然而,宪法上要求的一般人格权保护在如此谨

11

---

[251] 支持可继承性的有 MüKoBGB/*Rixecker* Anh. zu § 12 Rn. 51; Soergel/*Beater* Anh. IV zu § 823 Rn. 25;其他观点参见 Erman/*Klass* Anh. zu § 12 Rn. 320。
[252] BGHZ 201,45=NJW 2014, 2871 Rn. 8ff.; ebenso BGH VersR 2017, 301 Rn. 8.
[253] BGHZ 215, 117=NJW 2017, 3004 Rn. 12.
[254] BGHZ 215, 117= NJW 2017, 3004 Rn. 18.
[255] 参见 BGHZ 215, 117=NJW 2017, 3004 Rn. 14; *Mäsch* JuS 2014, 1037(1039);批评观点参见 *Hager* JA 2014, 627(629)。

慎的解决方案中是否被充分提供了,是有疑问的。[256] 虽然被继承人的**抚慰利益**随着其死亡而丧失是正确的,但剩下的还有**预防思想**。由于法律纠纷可能的较长期限必须要足以使请求权在被继承人死亡之前已经发生诉讼系属。被告不能对请求权因受害人的死亡而丧失产生疑问。[257] 在单纯的诉讼**系属**(Anhängigkeit)时,则要类推适用《德国民事诉讼法》第167条的规定将送达的效力**溯及**诉讼受理之时。[258]

四、法律效果

1. 恢复原状与物质损害赔偿

12　　在过错的人格权侵害上,受害人享有第823条第1款规定的**损害赔偿请求权**。根据该规定,受害人起码可以请求通过排除侵害(比如,撤回不真实的事实陈述)来恢复原状(第249条第1款)。[259] 如果侵害涉及人格权中具有财产价值的部分,受害人也享有物质损害赔偿请求权。据此受害人要么可以主张**具体的**(通常很难证明)**损害**,要么可以像在侵害版权时那样请求订立相应约定时本应支付的**适当报酬**。[260] 根据判例,他也可以请求加害人返还其取得的**收益**作为替代。[261]

2. 非物质损害赔偿

13　　最后,受害人基于第823条第1款结合《德国基本法》第1条第1款、第2条第1款(第61节边码3以下)的规定还享有非物质损害的**金钱赔偿**请求权。不过,前提是须涉及不能以其他方式(如撤回)得到补偿的严重人格权侵害行为。[262] 根据新近的判例,严重的过错并不是必不可

---

[256]　参见 Spickhoff LMK 2014, 359158。
[257]　参见 Olzen/Looschelders, Erbrecht, 6. Aufl. 2020, Rn. 75; Stender-Vorwachs NJW 2014, 2831 (2833); Spickhoff LMK 2014, 359158。
[258]　参见 Hager JA 2014, 627 (629)。
[259]　HK-BGB/Staudinger § 823 Rn. 109。
[260]　BGHZ 20, 345 (353)-Paul Dahlke案; BGHZ 143, 214 (232)-Marlene Dietrich案; OLG München NJW-RR 2003, 767; Palandt/Sprau § 823 Rn. 112。
[261]　参见 BGHZ 143, 214 (232); HK-BGB/Staudinger § 823 Rn. 110。
[262]　参见 BGHZ 128, 1 (12f.)。

少的。[263] 不过,可以在人格权侵害的严重程度问题上考虑过错程度。[264]

金钱赔偿的计算与依第 253 条第 2 款进行的抚慰金计算的区别在于,损害预防思想和加害人取得的收益是重要的元素。因此,即便新闻自由不能被过分地限制,赔偿请求权的数额也比身体受侵害和健康受侵害时相应的抚慰金请求权高得多。这也适用于著名人物因人格权的市场化而产生的赔偿请求权(参见拙著《债法总论》第 48 节边码 12 及以下)。[265]

3. 不作为请求权与排除妨碍请求权

如果加害人的行为并无过错,第 823 条第 1 条规定的损害赔偿请求权即被排除。判例基于类推适用第 1004 条并结合第 823 条第 1 款的规定赋予受害人不以过错为要件的**不作为**请求权和**排除妨碍**请求权(参见第 72 节边码 1 及以下)。排除妨碍可以是销毁已经拍摄的照片或者删除网络上损害名誉的叙述。[266] 在不真实的事实陈述上,排除妨碍请求权针对的是**撤回**,但要以不真实性已经被证明为前提。[267] 顾及新闻自由(《德国基本法》第 5 条第 1 款),在损害名誉的价值判断上撤回请求权从一开始即被排除了。[268]

14

参考文献: *Beater,* Öffentliches, inneres und reproduktives Selbst- Der sachliche Schutzbereich des zivilrechtlichen allgemeinen Persönlichkeitsrechts, JZ 2018, 213; *Diederichsen,* Der deliktrechtliche Schutz des Persönlichkeitsrechts, JURA 2008, 1; *Glasmacher/Pache,* Geldentschädigungsanspruch bei Persönlichkeitsrechtsverletzungen, JuS 2015, 303; *v. Gerlack,* Die neuere Entwicklung des Persönlichkeitsrechts, VersR 2012, 278; *Heldrich,* Persönlichkeitsschutz und Pressefreiheit nach der

---

[263] BGH NJW 1982, 635 (636)-Böll/Walden 案;批评观点参见 *Medicus/Lorenz* SchuldR BT § 77 Rn. 8ff.。
[264] 参见 Palandt/*Sprau* § 823 Rn. 130。
[265] 关于区分的正当性参见 BVerfG NJW 2000, 2187; *Wagner* VersR 2000, 1305ff.; 批评观点参见 Erman/*Ehmann*, 12. Aufl. 2008, Anh. § 12 Rn. 383。
[266] HK-BGB/*Staudinger* § 823 Rn. 108.
[267] BGHZ 34, 99 (102); 99, 133 (138)。
[268] *Fuchs/Pauker/Baumgärtner* Delikts-und SchadensersatzR 62; HK-BGB/*Staudinger* § 823 Rn. 108.

Europäischen Menschenrechtskonvention, NJW 2004, 2634; *Hoffmann - Riem,* Die Caroline II- Entscheidung des BVerfG, NJW 2009, 20; *L. Huber,* Medienzivilrecht- Der Geldentschädigungsanspruch zum Ausgleich des immateriellen Schadens bei unzureichender Anonymisierung sog. Ereignisprominenter, JA 2012, 571; *Jansen/Hartmann,* Straining und Mobbing im Lichte des Persönlichkeitsschut-zes, NJW 2012, 1540; *Kirchhoff,* Möglichkeiten einer europaweiten Vereinheitlichung des Persönlichkeitsschutzes vor der Presse, 2005; *Lettmair,* Das allgemeine Persönlichkeitsrecht in der zivilrechtlichen Fallbearbeitung, JA 2008, 566; *Looschelders,* Persönlichkeitsschutz in Fällen mit Auslandsberührung, ZVglRWiss 95 (1996), 48; *Mann,* Auswirkungen der Caroline- Entscheidung des EGMR auf die forensische Praxis, NJW 2004, 3220; *Miserre,* Der deliktische Schutz des Persönlichkeitsrechts, JA 2003, 252; *G. Müller,* Der Schutzbereich des Persönlichkeitsrechts im Zivilrecht, VersR 2008, 1141; *Neuner,* Der privatrechtliche Schutz der Persönlichkeit, JuS 2015, 961; *Ohly,* Der Schutz der Persönlichkeit im englischen Zivilrecht, RabelsZ 65 (2001), 39; *Petersen,* Postmortaler Persönlichkeitsschutz, JURA 2008, 271; *Pils,* Ein neues Kapitel bei der Abwägung zwischen Pressefreiheit und Persönlichkeitsrecht, JA 2008, 852; *Staake/v. Bressensdorf,* Grundfälle zum deliktischen Schutz des allgemeinen Persönlichkeitsrechts, JuS 2015, 683 und 777; *Staudinger/ Schmidt,* Marlene Dietrich und der (postmortale) Schutz vermögenswerter Persönlichkeitsrechte, JURA 2001, 241; *Steffen,* Zur Person der Zeitgeschichte- (k)ein Nachruf, FS G. Müller, 2009, 575; *Stender - Vorwachs,* Vererblichkeit des Geldentschädigungsanspruchs wegen Persönlichkeitsrechtsverletzung, NJW 2014, 2831; *Teichmann,* Abschied von der absoluten Person der Zeitgeschichte, NJW 2007, 1917; *Wagner,* Prominente und Normalbürger im Recht der Persönlichkeitsverletzungen, VersR 2000, 1305; *Wankel,* Personenbezogene Prominentenberichterstattung anlässlich zeitgeschichtlicher Ereignisse, NJW 2011, 726; *Wiese,* Bewertungsportale und allgemeines Persönlichkeitsrecht, JZ 2011, 608. Vgl. auch die Nachweise zu § 56 und § 57.

第62节 营业权

一、概述

根据判例和通说,已经设立且运行的营业权也是第823条第1款意义上的其他权利。[269] 这背后的考虑是,《德国民法典》对经营者财产损害的保护是不充分的。特别是在《德国反不正当竞争法》(UWG)因当事人间不存在竞争关系而不适用时存在保护漏洞。[270]

1

营业概念应在广义上理解,因此它包括营业者和自由职业者。[271] 因此,今天也有部分人说企业权(Recht an Unternehmen)。[272] 相反,在劳动者方面则没有相应的劳动场所权(Recht am Arbeitsplatz)被承认。[273]

已经设立且运行的营业权被理解为**兜底的构成要件**。也就是说,只要有其他请求权基础可适用,营业权即退居为**补充性**的。[274] 具有优先地位的尤其是竞争法。第823条第1款的其他保护法益以及第823条第2款、第824条规定的请求权,亦是如此。[275] 与此相反,第826条(可能)的适用则并不排除营业权侵害制度。[276]

2

示例:在电缆案(参见第60节边码12)中,因腐败的鸡蛋G在所有权侵害的角度下基于第823条第1款的规定享有损害赔偿请求权。因此,对营业权的侵害在这里就不用再进行检验了。

---

[269] BGHZ 45, 296 (306ff.); 69, 128 (138); Palandt/*Sprau* § 823 Rn. 137; *Medicus/Lorenz* SchuldR BT § 77 Rn. 11ff.; 批评观点见 *Larenz/Canaris* SchuldR II 2 § 81 II; *Harke* SchuldR BT Rn. 546。
[270] 参见 *Brox/Walker* SchuldR BT § 45 Rn. 16。
[271] 参见 OLG Düsseldorf VersR 2003, 984; Palandt/*Sprau* § 823 Rn. 138。
[272] Vgl. etwa HK-BGB/*Staudinger* § 823 Rn. 115.
[273] MüKoBGB/*Wagner* § 823 Rn. 357; *Medicus/Lorenz* SchuldR BT § 77 Rn. 12.
[274] BGHZ 69, 128 (138); BGH NJW 2003, 1040 (1041); 2006, 830 (839); *Medicus/Lorenz* SchuldR BT § 77 Rn. 15.
[275] 参见 *Brox/Walker* SchuldR BT § 45 Rn. 18; HK-BGB/*Staudinger* § 823 Rn. 116。
[276] BGHZ 69, 128 (139)。

3　　由于对财产进行普遍性的侵权法保护违背德国侵权法的体系(参见第58节边码5),对"商业经营"法益的保护在剩下的领域里应当谨慎地适用。因此,主流意见将保护限于那些针对商业经营本身的直接侵害,而不仅仅是涉及毫无例外可以从商业经营中分离出来的权利或者法益(所谓的**与营业有关的侵害**)。[277] 这旨在阻止第三人的财产损害通过已经设立且运行的营业权制度获得赔偿。

示例:在花样滑冰案中(参见拙著《债法各论》第58节边码6),法益侵害(身体和健康)仅仅存在于M这一边。相反,F只是遭受了纯粹财产损失。这一损害也不能在营业权侵害的视角下获得赔偿。[278] 某个劳动者(A)被第三人(比如,在一起交通事故中)侵害,且劳动者因此遭受了损害的标准情况,亦是如此。[279] 不过,在第三人故意伤害劳动者,以便使雇主的经营受到损害时,则存在对商业经营及与经营相关的侵害。在电缆案(参见第60节边码12)中,只是电网经营者对电缆的所有权受到了侵害。因此,企业经营者(G)遭受的是生产停顿,属于纯粹财产损失。只要电缆中断的目的并非刚好在于妨碍G的经营,与经营的关联性即不存在。[280] 类似的考虑也适用于运河案(参见第60节边码10)中对尚未被围困的船只的使用损害。也就是说,在所有这些情况中都不是以已经设立且运行的营业权制度来支撑的。因此,与经营的关联性在这些情况中是对无法一目了然的潜在受害人的范围进行适当限制的合适标准。

4　　与一般人格权一样(参见第61节边码5),已经设立且运行的营业权也属于一个开放要件,在这里违法性本身在直接侵害的情况中无法被引用。人们在这里也说"**框架权**"[281]。因此,违法的侵害是否存在,必须在

---

[277] BGHZ 29, 65 (73f.); 69, 128 (139); BGH NJW 1983, 812 (813); 2003, 1040 (1041); 2015, 1174 Rn. 20; *Brox/Walker* SchuldR BT § 45 Rn. 20; *Medicus/Lorenz* SchuldR BT § 77 Rn. 15.

[278] BGH NJW 2003, 1040 (1041).

[279] 参见 BGHZ 7, 30 (36)。

[280] BGHZ 29, 65 (74); 41, 123 (127); 66, 388 (393); KG r+s 2005, 40.

[281] 参见 *Medicus/Lorenz* SchuldR BT § 77 Rn. 1ff.。

个案中基于广泛的利益衡量来确定。[282] 在进行利益衡量时企业经营者这边应当考虑的是所有权(《德国基本法》第14条)以及职业自由(《德国基本法》第12条)。在加害人这边,在一般行为自由外(《德国基本法》第2条第1款)可以考虑的主要是言论自由与新闻自由(《德国基本法》第5条第1款)、艺术自由(《德国基本法》第5条第3款)、集会自由(《德国基本法》第8条)与结社自由(《德国基本法》第9条第3款)(参见第62节边码7)。[283]

二、重要的案例类型

企业经营权可能会以多种多样的方式受到侵害。在实践中处于中心地位的是以下案例类型。

1. 对商业经营所作的有损业务的批评

针对不真实、损害业务的**事实陈述**,商业经营受到第824条(参见第66节边码2及以下)的保护。有关经营业绩的消极**价值判断**在竞争法之外则存在保护漏洞。由于这些价值判断针对的是经营本身,因而存在与经营有关的侵害。不过,关键的问题是价值判断是否为言论自由的基本权(《德国基本法》第5条第1款)所涵盖。这一点必须基于个案中的利益衡量来判断。[284]

在此类案例中通说将言论自由的边界放得非常远。根据主流意见,含有价值内涵的批评**原则上是被允许的**,即便它们是尖锐和表述夸张的。[285] 当涉及在对社会具有深远影响的问题上促进观点碰撞的文章时,尤其如此。[286] 不过,主要是以诽谤所涉及人员为目的的纯粹诽谤性的批评则是不被允许的。[287]

---

[282] BGHZ 45, 296 (307); 65, 325 (331); 138, 311 (318); BGH NJW 2006, 830 (840).

[283] 参见 HK-BGB/*Staudinger* § 823 Rn. 131。

[284] Ausf. dazu *Schaub* JZ 2007, 548ff.

[285] BGH NJW 2002, 1192 (1193) = JZ 2002, 663 mAnm *Kübler*.

[286] BGHZ 45, 296 (308)-Höllenfeuer 案;更狭义的还有 BGHZ 3, 270-Constanze I 案。

[287] 参见 Staudinger/*Hager*, 2017, § 823 Rn. D 28。

示例(BGHZ 45, 296):1962年1月14日出版的"星报"(Stern)中有一篇文章,该文含有对天主教关于"地狱之火(Höllenfeuer)性质"的学说和对教皇的批评意见。随后"时代回声报"(Echo der Zeit)周刊对"星报"发表了一篇带有批评性表述的文章。该文尤其写道:"它们的标准犹如大街,而您多年以来一直听命于这个德国发行量最大的画报。"

联邦最高法院否定"星报"发行人就侵害营业权而对"时代回声报"发行人享有不作为请求权。在此联邦最高法院认为,考虑到"星报"中关于"地狱之火"的文章先前的挑衅以及该主题的社会政治意义,"时代回声报"中的挑衅性表述被《德国基本法》第5条第1款所涵盖。

6   在**产品检验结果**发布时对经营业绩的批评性价值判断具有较大的自由空间。[288] 只要作为公布基础的检验被客观(在追查客观真实性意义上)、中立和符合事实地实施,并且结果并未显得明显不真实地被实施,对营业权的不法侵害在这里即被否定。[289]

  在对**餐饮业的批评**上,消极的价值判断被赋予了更大的自由空间。其背后的考虑是,在餐饮行业中服务的评判深受批评者个人印象和感觉的影响。[290] 如果提供的服务具有瑕疵,则也允许他们被以非常醒目的方式突出出来。不过,诽谤性的批评在这里也是不被允许的。[291]

  示例:杂志Z每周发布一个有关餐馆的检测报告。为此目的它派遣工作人员去各个餐馆,并在那里用餐,然后给出报告。在一份这样的报告中一家埃及餐馆R的餐饮服务受到了批评。批评的大部分表述是切合实际的,然而,在总评价中这样写道:"您在这里得到的菜肴是如此的干燥,就好像沙漠里的沙子。"就一个快餐店(F)人们发现这样的评语,那里提供的菜肴就好像"一坨刚毛小猛犬的粪便"拉到了盘子中。[292] 只要R的菜肴事实上真的有瑕疵,将其比作"沙漠里的沙子"尚处于被允许的夸

---

[288] 参见 *Medicus/Lorenz* SchuldR BT § 77 Rn. 16。
[289] BGHZ 65, 325 (334f.); BGH NJW 1987, 2223; MüKoBGB/*Wagner* § 823 Rn. 393.
[290] BGH NJW 1987, 1082 (1083).
[291] MüKoBGB/*Wagner* § 823 Rn. 394; Staudinger/*Hager*, 2017, § 823 Rn. D 34.
[292] OLG Frankfurt a. M. NJW 1990, 2002; dazu *Wandt* Gesetzl. Schuldverhältnisse § 16 Rn. 82.

张评价框架内。相反,将莱肴比作"刚毛小猛犬的粪便"则是不被允许的诽谤性批评。

2. 抵制(Boykott)、经营封锁(Betriebsblockaden)、罢工(Streiks)

对营业所为的与经营有关的侵害也可能存在于号召抵制、实施针对性的经营封锁或者非法罢工。[293] 不过,这里也总是应当非常谨慎地检验加害人的行为是否被基本权利所保护。在**号召进行抵制**时言论自由(《德国基本法》第5条第1款)会发挥作用。[294] 在**经营封锁**时还必须注意集会自由(《德国基本法》第8条)。目标明确地对第三人的法益施以直接的强制总的来说并不被集会自由所涵盖。[295] 在评判**罢工**时结社自由(《德国基本法》第9条第3款)是重要的。[296] 如果罢工根据结社自由是合法的,第823条第1款的请求权即被排除。[297]

3. 不正当的法律保护警告

长时间以来实践中侵害营业权的另外一个重要案例类型是**不正当的专利权警告函**。[298]

示例(BGHZ 38, 200):P是一个儿童缝纫机生产商。竞争对手K要求其停止生产和销售该机器。对此K主张,他对这些机器享有实用新型(权利)。为避免K可能的损害赔偿请求,P停止了受指责的生产活动。在此过程中P请求注销K的实用新型权利,因为其特征在登记之前就已经被公开了。联邦最高法院将不正当的警告视为对已经设立且运行的营业权的不法侵害,P基于第823条第1款的规定享有生产停顿损失的赔偿请求权。

近期以来,联邦最高法院第一民事庭主张放弃这一较为严苛的判

7

8

---

[293] MüKoBGB/*Wagner* § 823 Rn. 397ff. ; Staudinger/*Hager*, 2017, § 823 Rn. D 35ff. ; 关于罢工的其他观点参见 Larenz/Canaris SchuldR II 2 § 81 Ⅲ 6。
[294] 参见 BVerfGE 7, 198 (215ff.) = BeckRS 9998, 181159-Lüth 案; BGHZ 25, 256 (263ff.) = NJW 1969, 1161-Blinkfüer 案。
[295] 参见 BGHZ 59, 30 (35); 137, 89 (99); MüKoBGB/*Wagner* § 823 Rn. 409。
[296] 参见 BAG NJW 1985, 2545; *Wandt* Gesetzl. Schuldverhältnisse § 16 Rn. 86。
[297] MüKoBGB/*Wagner* § 823 Rn. 403。
[298] 参见 RGZ 58, 24-Jutepüsch; BGHZ 38, 200-Kindernähmaschinen。

例,因为善意主张法律保护是被允许的(符合竞争规则)意见表达,因此不能成立第 823 条第 1 款规定的损害赔偿请求权。[299] 不过,**大民事审判庭会议**并没有采纳这一见解,而是依然坚持传统见解。[300]

参考文献:*Meier-Beck*, Die Verwarnung aus Schutzrechten- mehr als eine Meinungsäußerung, GRUR 2005, 535; *Sack*, Die Haftung für unbegründete Schutzrechtsverwarnungen, WRP 2005, 253; *Sack*, Die Subsidiarität des Rechts am Gewerbebetrieb, VersR 2006, 1001; *Sack*, Das Recht am Gewerbebetrieb, 2007; *Schildt*, Der deliktische Schutz des Rechts am Gewerbebetrieb, WM 1996, 2261; *Schlechtriem*, Eingriff in den Gewerbebetrieb und vertragliche Haftung, FS Deutsch, 1999, 317; *Schaub*, Äußerungsfreiheit und Haftung, JZ 2007, 548; *K. Schmidt*, Integritätsschutz von Unternehmen nach § 823 BGB- Zum »Recht am eingerichteten und ausgeübten Gewerbebetrieb«, JuS 1993, 985; *K. Schmidt*, Das Recht am eingerichteten und ausgeübten Gewerbebetrieb und das Gesetz gegen unlauteren Wettbewerb, FS Canaris I, 2007, 1293; *Wagner/Thole*, Kein Abschied von der unberechtigten Schutzrechtsverwarnung, NJW 2005, 3470. Vgl. auch die Nachweise zu § 58 und § 59.

第 63 节 缺陷产品责任

1 在因其产品缺陷而生的权益侵害上,生产者的责任具有一些重要的特殊性。在 1990 年 1 月 1 日之前,受害人的请求权在这一领域通常情况下只能以**第 823 条第 1 款**为支撑。从那之后,还另外存在《**产品责任法**》规定的无过错责任。

一、问题的提出

2 买受人因买卖物的缺陷而遭受法益侵害时,可以考虑的是基于第 437

---

[299] BGH NJW 2004, 3322; 批评观点参见 *Larenz/Canaris* SchuldR II 2 § 81 III 4。

[300] BGHZ 164, 1; 参见 *Meier-Beck* GRUR 2005, 535ff.; *Wagner/Thole* NJW 2005, 3470ff.; 参见 BGH NJW 2009, 1263。

条第3项、第280条第1款的规定对出卖人享有的损害赔偿请求权。不过,由于**出卖人**并非自己制造该物,其能够成功证明对义务违反无须承担责任的情况并不少见(参见第280条第1款第2句)。这样买受人只能向物的生产者主张权利了。

在买受人和生产者的关系上,**合同请求权**通常会因不存在合同而无法成立。出卖人和买受人之间的买卖合同也不能理解为**附保护第三人(买受人)作用的合同**,因为出卖人对保护买受人通常并无利益(比如,基于照顾义务)(参见拙著《债法总论》第9节边码10)。[301] 由于这里不存在非典型的损害移转,有关**第三人损害清算**的原则也不能适用(参见拙著《债法总论》第46节边码8及以下)。[302]

因此,可以考虑的首先只是**基于第823条第1款享有的损害赔偿请求权**。[303] 由于侵权法并不包含与第280条第1款第2句类似的证明责任倒置规定,受害人因此会面临严重的**证明困难**。因为大多数情况下他至少要证明,其法益是被产品的缺陷侵害的。不过,由于受害人并不能窥探到生产者的组织领域,通常情况下他无法证明生产者的过错。[304]

二、在生产者侵权责任上的证明责任倒置

判例通过证明责任倒置的方式缓解了受害人在第823条第1款规定的一般侵权性产品责任上面临的证明困难。根据1968年基础性的鸡瘟案判决,受害人只需说明和证明,法益侵害是因产品缺陷引起的;生产者要证明自己并无**过错**。[305] 此外,在设计缺陷和制造缺陷(Konstruktion und Fabrikation)上(参见第63节边码9及以下),证明责任倒置被延伸到了**客观的义务违反**;生产商还必须证明,自己在设计和生产产品时没有违反交

3

---

[301] 参见 BGHZ 51, 91 (96); *Larenz SchuldR* II 1 § 41a。
[302] 参见 BGHZ 51, 91 (93ff.); HK-BGB/*Staudinger* § 823 Rn. 159。
[303] 关于《产品责任法》规定的生产者责任参见第63节边码14及以下。
[304] 参见 *Larenz SchuldR* II 1 § 41a; *Medicus/Lorenz SchuldR* BT § 16 Rn. 10, § 16 Rn. 12。
[305] BGHZ 51, 91 (104ff.); 参见 BGH NJW 1999, 1028 (1029); *Larenz SchuldR* II 1 § 41a; Palandt/ *Sprau* § 823 Rn. 189; *Medicus/Lorenz* SchuldR BT § 16 Rn. 13ff.。

往义务。[306]

示例(BGHZ 51, 91):家禽饲养者 G 让兽医 T 博士为其母鸡注射预防鸡瘟的疫苗。但此后几天还是暴发了鸡瘟。超过 4000 只母鸡已经死亡或者必须宰杀。瘟疫暴发是因为生产商 H 使用的疫苗被病毒污染了。

联邦最高法院肯定 G 基于第 823 条第 1 款的规定享有损害赔偿请求权。由于所有权侵害是因 H 有缺陷的产品引起的,H 应当就其对义务违反没有过错进行证明。H 未能成功证明。

4 由于生产者营业的组织符合规定的也可以免责,证明责任倒置因此被强化。也就是说,生产者要证明其自己或其企业的机关(第 31 条)在经营过程的组织和监管中已经采取了所有必要的措施,以便有缺陷的产品根本不会进入流通领域。[307]

根据到目前为止的考虑,只有在受害人证明产品**在进入流通领域时就已经具有缺陷时**,才适用证明责任倒置。不过,针对这个问题个案中也可以考虑证明责任的减轻。

示例(BGHZ 104, 323):3 岁的 G 因其父母住宅地下室里放置的可以循环使用的柠檬汁瓶子破裂而双眼受伤。G 请求柠檬汁灌装企业 L 支付适当的抚慰金。根据鉴定人的调查,事故的发生或者是因为瓶子里装得过少而内部压力过大,或者是因为玻璃瓶上的裂纹。然而,无法查明的是,可能的裂纹究竟是在 L 的责任领域里产生的,还是后来(在销售过程中或 G 的父母的风险领域里)才产生的。

5 根据判例,生产者应当在将产品投入流通时查明其产品的状态并确保取得的数据。如果生产者违反**检查与确保义务**(Befundsicherungspflicht),根据诚实信用原则(第 242 条)他即不能主张,缺陷可能系在投入流通后才产生。不过,只有当产品表现出了特别的损害趋势且缺陷典型地来自生产者的责任领域时,才应适用证明责任倒置。联邦最高法院在矿泉水瓶系

---

[306] 参见 HK‑BGB/*Staudinger* § 823 Rn. 183; *Staudinger*/*Hager*, 2009, § 823 Rn. F 43ff.。

[307] 关于这一组织义务参见 *Medicus*/*Petersen* BürgerlR Rn. 657。

列案件中肯定了这一点。[308] 然而,准确地说,检查与确保义务主要并不是为了给受害人创造更好的证明机会,生产者必须确保没有缺陷产品能够进入流通。因此,"检查与确保义务"的概念似乎是容易被误解的。[309]

三、生产者的交往义务

1. 基础

一般侵权法上的产品责任与**交往义务**(参见第 59 节边码 3 及以下)的违反联系在一起。[310] 据此生产者应当在技术上可能和经济上可期待的框架内采取所有必要的措施,以防止第三人因其产品而受损害。[311] 这种交往义务的范围必须通过利益衡量来确定,在此也应当考虑,受害人自己拥有多少可以期待的自我保护机会。[312]

6

生产者的交往义务主要在于,尽可能地降低产品中的**危险**。如果产品系用来防御风险,那么在使用人信赖有效性而没有去考虑使用其他有效产品时,生产者在(产品)**失效**的情况中也应当承担责任。[313]

7

示例(BGHZ 80, 186):H 将一种用于防治苹果黑星病菌的农药投放到市场上。果农 O 使用了 H 的农药。尽管如此,其果树上还是暴发了黑星病。农药失效是因为随着时间的推移产生了苹果黑星病菌的抗体。

联邦最高法院原则上肯定了因产品失去效用而承担第 823 条第 1 款规定责任的可能性。有问题的似乎是,农药一开始并没有表现出缺陷,抗体直到后来才产生。因此,只有当 H 违反对 O 负担的产品观察义务或警示义务(参见第 63 节边码 13)时,其才应当承担责任。不过,这一点已经无法查明了。

---

[308] 参见 BGHZ 104, 323 (333);129, 353 (361);BGH VersR 1993, 367;1993, 845 (848);在其他产品上受到限制的 OLG Düsseldorf NJW-RR 2000, 833 (835)-灭火设备案;OLG Dresden NJW-RR 1999, 34-液压缸案。

[309] 参见 Staudinger/*Hager*, 2009, § 823 Rn. F 40。

[310] 参见 *Schlechtriem* Schuldrecht BT Rn. 928;Staudinger/*Hager*, 2009, § 823 Rn. F 2。

[311] 参见 BGHZ 104, 323 (328);OLG Düsseldorf VersR 2003, 912;HK-BGB/*Staudinger* § 823 Rn. 172;MüKoBGB/*Wagner* § 823 Rn. 952ff.。

[312] 参见 Staudinger/*Hager*, 2009, § 823 Rn. F 9。

[313] BGHZ 80, 186;80, 199;*Medicus/Petersen* BürgerlR Rn. 650c。

8　　第 823 条第 1 款规定的责任原则上也适用于"**继续侵蚀性**"**瑕疵**(weiterfressende Mängel)(参见第 8 节边码 11 及以下)和**生产损害**(参见第 60 节边码 15 及以下)。这里也适用前述的证明责任减轻。[314]

2. 案例类型

9　　(产品责任)根据所违反交往义务的内容可以区分以下**四种产品缺陷类型**。

(1)设计缺陷(Konstruktionsfehler)

如果产品根据其理念就已经不符合一个普通使用者正当的安全期待,则存在设计缺陷。[315] 如使用者因**建造方式**或者使用的**材料**将会面临在行为符合义务要求时本来可以避免的危险。[316] 这些缺陷通常不仅涉及单个产品,而且涉及整个系列。[317]

示例:(1)汽车制造商 A 开发了一批小轿车,该款车的燃料箱位于车的后备箱中。由于这种设计,燃料箱中的燃料在轻微的追尾事故中存在被点燃的更高危险。[318]

(2)K 购买了一个拉力器,该拉力器由运动产品制造商 S 设计。在该设备上有塑料把手,这些塑料把手是在压力铸造过程中制造的。在训练过程中其中的一个把手脱落。随后拉力器弹了起来,并且伤到了 K 的右眼。事后查明,所使用的塑料并不适合拉力器在训练中产生的负重。[319]

10　　如果存在设计缺陷,则客观的义务违反和生产者的过错即被推定。不过,生产者可以通过主张涉及的是产品投入流通时依当时的科学和技术标准不能发现的所谓**发展缺陷**(Entwicklungsfehler)来免除责任。这样的话,《产品质量法》第 1 条规定的请求权同样会被排除(参见《产品质量

---

[314] 参见 *Medicus/Petersen* BürgerlR Rn. 650b; *Looschelders* JR 2003, 309 (311f.).
[315] BGH NJW 1990, 906 (907); 2009, 2952 (2953); OLG Düsseldorf VersR 2003, 912; MüKoBGB/ *Wagner* § 823 Rn. 970ff.; *Müller* VersR 2004, 1073 (1074f.).
[316] 参见 Staudinger/*Hager*, 2009, § 823 Rn. F 12.
[317] 参见 HK-BGB/*Staudinger* § 823 Rn. 173.
[318] 参见 *Looschelders* JR 2003, 309 (314 Fn. 84).
[319] BGH VersR 1990, 532.

法》第 1 条第 2 款第 5 项）。[320] 不过,因违反产品观察义务(参见第 63 节边码 13)而产生的责任还是可以考虑的。[321]

（2）生产缺陷（Fabrikationsfehler）

生产缺陷的特征在于,生产单个产品时发生了违反计划的属性偏离,而这种属性是设计产品的基础。[322]

11

示例:在鸡瘟案中(参见第 63 节边码 3)只有个别批次疫苗被病毒污染;而在可以循环使用的饮料瓶案(参见第 63 节边码 4)中也只有一个瓶子(可能是这样)没有装满或者有缺陷。

即便谨慎的生产和质量控制也不能排除,单个产品(所谓的"**次品**" Ausreißer)带有生产缺陷而被投入流通。在这种情况下生产者可以在第 823 条第 1 款的框架下主张不存在义务违反或者过错。[323] 这一点与《产品质量法》第 1 条规定的生产者责任并不冲突(参见第 63 节边码 19)。

（3）指示缺陷（Instruktionsfehler）

近期以来,就在指导产品使用者方面的缺陷而承担的责任具有特别重大的意义。判例对此非常严格。因此,生产者不能仅向使用者指示与**按规定使用**产品相关联的危险,指示义务也必须涉及那些从**显而易见的错误使用**(但不是故意)或**极其漫不经心**地对待产品中产生的危险。[324] 指示义务的强度应根据所面临的危险程度以及所危及法益的重要性来判断。[325] 此外还应当考虑的是,产品是完全被确定用于营利还是也可以由消费者使用。

12

示例:(1)婴儿瓶和加糖婴儿茶的生产者应对"长时间吮吸"形成龋齿的危险进行明确提示,如果他能够发现其产品被用作入睡辅助

---

[320] 参见 BGH NJW 2009, 2952 (2955)。

[321] 参见 Staudinger/*Hager*, 2009, § 823 Rn. F 20。

[322] MüKoBGB/*Wagner* § 823 Rn. 974; Palandt/*Sprau* ProdHaftG § 3 Rn. 9.

[323] BGHZ 51, 91 (105); 129, 353 (358); Staudinger/*Hager*, 2009, § 823 Rn. F 17.

[324] 参见 BGHZ 105, 346 (351); 116, 60 (65); BGH NJW 1999, 2815。关于故意错误使用见 BGH VersR 1981, 957; OLG Karlsruhe NJW-RR 2001, 1174；将冷却剂或液化石油气作为麻醉品不当使用。

[325] BGH NJW 2009, 2952 (2954)–Airbag.

工具。[326]

（2）碎纸机生产商必须对与将手伸入机器相关联的危险向使用者作出警示。[327] 此外，他还要提示，由于这一危险，有小孩在场时机器不得保持待机状态。

（3）相反，在与消费嗜好品（香烟、酒精、甜食）相关联的健康风险方面，生产者并不承担说明义务，因为这些危险是普通消费者可以知晓的。[328]

（4）违反产品观察义务

13　　生产者在将产品投入流通之后应当注意，产品在实际使用过程中是否表现出了危险，使得对使用者进行**警示**，甚至**召回**产品成为必要。[329] 这一产品观察义务在发展缺陷（参见第63节边码10）上具有重要意义。这一义务不仅存在于自己的产品上，还涉及那些从自己的产品与其他物的结合中产生的危险。[330]

示例（BGHZ 99, 167）：S驾驶本田牌GL-100型摩托车高速行驶时发生事故，不幸丧生。事故是因摩托车的不稳定性导致的，这种不稳定性是由前占有人装配并由其他生产者生产的车龙头保护套"Cockpit"造成的。在摩托车投入流通时这种车龙头保护套还没有上市。不过，在这起事故发生约一年前从有关情况中就可以看出，加装这种保护套会影响摩托车的稳定性。S的父亲（V）向本田公司及其德国销售公司请求赔偿摩托车的维修费用和S的丧葬费用。

因此，因本田公司违反产品观察义务，联邦最高法院肯定V基于第823条第1款的规定享有损害赔偿请求权。

---

[326]　BGHZ 116, 60 (68)-Milupa；参见 Medicus/Petersen BürgerlR Rn. 650 g。
[327]　BGH NJW 1999, 2815-碎纸机；批评观点见 Littbarski NJW 2000, 1162ff.。
[328]　参见 LG Mönchengladbach NJW-RR 2002, 896；OLG Düsseldorf VersR 2003, 912-Mars；OLG Frankfurt a. M. NJW-RR 2001, 1471；OLG Hamm NJW 2005, 295-Zigaretten；OLG Hamm NJW 2001, 1654-Bier。
[329]　参见 BGHZ 80, 186 (191)；80, 199 (202ff.)；BGH NJW 2009, 1080 (1081) = JA 2009, 387 (Hager)；Staudinger/Hager, 2009, § 823 Rn. F 25；Schlechtriem SchuldR BT Rn. 928。
[330]　BGHZ 99, 167 (172)；Medicus/Petersen BürgerlR Rn. 650e。

在第823条第1款的视角下,生产者在多大程度负有自负费用通过**加装配件或者修理**有危险的物来消除安全风险的义务是有争议的。[331] 联邦最高法院否定了这一义务,因为生产者并不负有提供无瑕疵物的义务。只有当不能以其他方式有效地防止从产品中产生的危险时,例外的情况才被考虑。[332] 因此,相比于消费者,在职业的最终购买人那里得到警示或提供付费的修理机会可能就足够了,如无他人承担费用,消费者可能倾向于继续使用具有危险的产品。[333]

示例(BGH NJW 2009,1080):法定护理保险公司K在卫生用品商场购买了一个护理床,该床由生产者P生产。K在买卖法上的消灭时效届满以后发现,这些床具有设计缺陷,以致存在因电子元件故障起火的危险以及被侧面栏杆夹伤的危险。P以每张床350—400欧元的价格向K提出安装附件的要约,以此消除这些危险。K认为,这些附件的安装费用应由P承担。K请人为这些床实施加固工作,并请求P承担费用。

费用补偿请求权可以从无因管理(第683条、第677条、第670条或者第684条结合第812条及以下)、不当得利法(第812条第1款第1句第2选项)或者连带债务内部求偿的角度(第840条、第426条)产生。不过,其要件可能分别是,P依第823条第1款的规定负有自担费用对那些床进行加固的义务。联邦最高法院否定这一点的理由是,损害的发生可以通过K放弃继续使用这些床或者通过自担费用进行加固来避免。在进行加固时完全属于不受第823条第1款保护的使用利益。[334]

四、《产品责任法》规定的产品责任

1. 教义学归类

自1990年1月1日起,在一般侵权行为责任之外,生产者就缺陷产

---

[331] Zum Streitstand Staudinger/*Hager*, 2009, §823 Rn. F 26; Burckhardt VersR 2007, 1601ff.
[332] BGH NJW 2009, 1080 (1081ff.);批评观点参见 *Hager* JA 2009, 387 (388)。
[333] 关于这一角度参见 Kettler VersR 2009, 274 (275)。
[334] 类似的参见 *Medicus/Lorenz* SchuldR BT § 16 Rn. 23ff.。

品承担《产品责任法》规定的无过错责任,这一责任以《欧共体产品责任指令》[335]为基础。这一责任的教义学归属是有争议的。主流意见认为这是一种危险责任(参见第74节边码34)。[336] 然而,反对这种明确归属于危险责任的理由有,《产品责任法》规定的责任含有不同因素,他们与一般侵权的产品责任表现出了明显的相似性。因此,只有当产品未能提供考虑所有情形下可得合理期待的安全性时,才存在《产品责任法》第3条意义上的产品缺陷。这里涉及的是在生产者的侵权法**交往义务**上也被作为基础的相同交往期待(参见第63节边码36)。[337] 另外一个重要的责任限制来自《产品责任法》第1条第2款第5项规定的以发展风险抗辩免除责任的机会,这种责任免除机会适用与823条第1款规定的过错责任相同的标准。[338] 然而,也应当注意的是,生产者在生产缺陷上刚好不能主张没有认识到缺陷(参见第63节边码19)。因此,最终涉及的是具有行为不法责任和危险责任元素的"混合体系"[339]。由于与一般侵权性产品责任存在大量结合点,在这个地方对《产品责任法》规定的责任进行处理无论如何是合理的。

提示:与教义学归类无关,在考试中要在《德国民法典》第823条第1款规定的一般侵权责任(可能还有《德国民法典》第823条第2款结合《德国刑法典》第222条、第229条)之前对《产品责任法》第1条规定的生产者责任进行检验。只要在此之外也满足侵权法上的请求权基础,则存在请求权竞合。

---

[335] 1985年7月25日欧共体理事会统一成员国关于缺陷产品责任的法律及行政规定的RL 85/374/EG号指令,ABl. 1985 L 210, 29。

[336] Palandt/*Sprau* ProdHaftG § 1 Rn. 1; HK–BGB/*Staudinger* § 823 Rn. 189; *Larenz/Canaris* SchuldR II 2 § 84 VI 1a;关于作为过错责任与危险责任混合体系的归类见 *Wandt* Gesetzl. Schuldverhältnisse § 22 Rn. 1。

[337] 参见 Staudinger/*Oechsler*, 2018, ProdHaftG Einl. Rn. 33; *Wagner* DeliktsR Kap 9 Rn. 11。

[338] 参见 BGHZ 181, 253 = NJW 2009, 2952 Rn. 27ff.; Staudinger/*Oechsler*, 2018, ProdHaftG § 1 Rn. 125。

[339] MüKoBGB/*Wagner* ProdHaftG Einl. Rn. 18ff.; Staudinger/*Oechsler*, 2018, ProdHaftG Einl. Rn. 27ff.。

2.责任的要件

请求权基础是《产品责任法》第 1 条。根据该条的规定,这一责任与第 823 条第 1 款一样以**法益侵害**为前提。被保护的法益有生命、身体、健康和所有权。[340] 除在产品缺陷上本就不重要的自由权外[341],所缺的就只有其他权利了,不过在物上存在的其他权利(如质权)以及占有还是可以被物的损害这一要件所包含。[342]

物的损害适用两个重要的责任限制。首先,依《产品责任法》第 1 条第 1 款第 2 句的规定,在缺陷产品之外必须有**其他物**受到了损害。因此,在"继续侵蚀性"瑕疵(参见第 8 节边码 11 及以下)上《产品责任法》并不适用。[343]

此外被损害的物依其种类还必须通常用于**私人使用或者消费**,并且在此主要是由受害人使用。因此,在经营领域发生的生产损害(参见第 60 节边码 15 及以下)不被包括在内。[344] 在鸡瘟案(参见第 63 节边码 3)中,《产品责任法》第 1 条规定的请求权可能会因母鸡养殖的营业性质而不能成立。[345]

法益侵害必须是**产品缺陷**所引起的。**产品**可以是任何一种动产,即便它已经成为了其他动产或者不动产的组成部分,以及电力(《产品责任法》第 2 条)。农产品也被包括在内。作为对疯牛病(BSE)危机的回应,自 2000 年 12 月 1 日起,《产品责任法》原第 2 条第 2 句规定的农业产品的例外已经被取消了。

《产品责任法》第 3 条对**缺陷**定义为,产品未能提供考虑到所有情况时可以合理期待的安全性。因此,产品缺陷概念应当根据与依第 823 条

---

[340] 参见 *Medicus/Lorenz* SchuldR BT § 16 Rn. 28。
[341] 参见 *Looschelders* JR 2003, 309:电梯因产品缺陷一直卡住。
[342] 参见 *MüKoBGB/Wagner* ProdHaftG § 1 Rn. 5。
[343] *MüKoBGB/Wagner* ProdHaftG § 1 Rn. 9ff.;*Larenz/Canaris* SchuldR II 2 § 84 VI 1c;其他观点参见 *Katzenmeier* NJW 1997, 486 (492)。
[344] 参见 *Looschelders* JR 2003, 309 (310)。
[345] 参见 *Larenz/Canaris* SchuldR II 2 § 84 VI 1c;*Medicus/Lorenz* SchuldR BT § 16 Rn. 30。

第 1 款承担的一般侵权产品责任(参加第 63 节边码 9 及以下)相同的原则确定。[346] 相应地,这里也可以在设计缺陷和制造缺陷之间进行区分。[347] 对设计缺陷承担的责任来自《产品责任法》第 3 条第 1 款 a 字母项与产品的描述相结合。与此相反,违反产品观察义务(参见第 63 节边码 13)不能使已经投入流通的产品成立《产品责任法》规定的责任,因为缺陷的查明完全取决于投入流通的时间(《产品责任法》第 3 条第 1 款 c 字母项)。[348] 不过,尽管这种危险在按照规定对产品进行观察时本来是可以发现的,但生产者却已将同系列的其他产品投入流通,则《产品责任法》规定的责任完全是可以考虑的。[349]

示例:在本田案(参见第 63 节边码 13)中,将摩托车投入流通时并不存在《产品责任法》第 3 条意义上的缺陷。因此,V 并不享有《产品责任法》第 1 条规定的损害赔偿请求权。如果 S 的摩托车是在与护套安装相关联的风险已被知晓或者可以被发现后才被投入流通,则本田公司必须对此作出提示。在违反这一义务时应当肯定指示缺陷的存在(《产品责任法》第 3 条第 1 款字母 a 项)。

17　　缺陷原则上必须在具体的产品上被确认。不过,在用于移植的医疗产品上,如**心脏起搏器**,由于所涉病患特别需要保护以及异常的损害潜质,在**同一批次或系列**设备上发现值得注意的更高损害风险即为已足够。于此则不必在具体案件中证明用于移植的设备的缺陷。[350]

18　　根据《产品责任法》第 4 条第 1 款第 1 句的规定,**生产者**是生产最终产品、原材料或者半成品的人。与**事实上的生产者**同等对待的有所谓的准生产者,他们将自己的名称、商标或其他具有识别能力的标志贴附于产品上而使人产生系生产者的印象(《产品责任法》第 4 条第 1 款第 2

---

[346]　BGH NJW 2009, 2952 (2953); MüKoBGB/*Wagner* ProdHaftG § 3 Rn. 6.
[347]　参见 Palandt/*Sprau* ProdHaftG § 3 Rn. 8f. 。
[348]　HK‐BGB/*Staudinger* § 823 Rn. 197; Staudinger/*Oechsler*, 2018, ProdHaftG § 3 Rn. 112.
[349]　参见 MüKoBGB/*Wagner* ProdHaftG § 1 Rn. 62。
[350]　BGH NJW 2015, 3096 im Anschluss an EuGH NJW 2015, 1163‐Boston Scientific Medizintechnik.

句),以及进口商(《产品责任法》第 4 条第 2 款)。如果生产者不能确定,则作为替代可以向产品的任意供应商追究,除非该供应商在一个月内指出生产者或者上一级供应商(《产品责任法》第 4 条第 3 款)。

3. 排除事由

《产品责任法》第 1 条第 2 款列举了《产品责任法》规定的责任被排除的一些情况。缺陷依据产品投入流通时的科学和技术状况尚不能被发现(《产品责任法》第 1 条第 2 款第 5 项)的抗辩在这里具有特别重大的意义。不过,由于这一抗辩仅仅旨在排除对**发展风险**的责任,因此它只能在设计缺陷和指示缺陷上,而不能在生产缺陷上主张。[351] 也就是说,对于不能发现的"次品"承担的责任并不因此受到限制。

根据《产品责任法》第 1 条第 2 款第 2 项的规定,生产者也可以主张,根据有关情况应当认为,造成损害的产品在投入流通时尚未表现出缺陷。因此,如果生产者能够证明自己已经履行了**检查与确保义务**,则其在矿泉水瓶案(参见第 63 节边码 4)中也不用根据《产品责任法》第 1 条的规定承担责任。[352]

对于**半成品或者原材料的生产者**,《产品责任法》第 1 条第 3 款还规定了其他免除责任的机会。两者均能主张,缺陷是由最终产品的设计或最终生产者的指示造成的。

4. 责任的范围

在**人身损害**上,《产品责任法》的实际意义在很长时间内受到了削弱,因为在危险责任上受害人基于原第 847 条的缘故并不享有**抚慰金请求权**。不过,通过 2002 年 8 月 1 日生效的《第二次损害赔偿修正法》而引入的《产品责任法》第 8 条第 2 句规定,受害人在身体权或健康权受侵害的情况中就其非物质损害可以请求合理的金钱赔偿。这一点在本质上符合第 253 条第 2 款的规定(参见拙著《债法总论》第 48 节边码 1 及以下)。

19

20

---

[351] BGHZ 129, 353 (358ff.); Palandt/*Sprau* ProdHaftG § 1 Rn. 21; *Larenz/Canaris* SchuldR II 2 § 84 VI 1b;特别关于警示缺陷的有 BGHZ 180, 253 Rn. 27ff. = NJW 2009, 2952 (2955) (Airbag)。

[352] 参见 BGHZ 129, 353 (360); Staudinger/*Oechsler*, 2018, ProdHaftG § 1 Rn. 81。

没有提及自由权和性自主权的原因在于,这些法益总的来说不受《产品责任法》第 1 条的保护。

如果人身损害是由某个产品或具有同一缺陷的同类产品造成的,则这一责任依《产品责任法》第 10 条的规定限于 8500 万欧元的**最高限额**。超过这一数额的损害只能根据第 823 条及以下请求赔偿。

21   在**物的损害**上,受害人依《产品责任法》第 11 条的规定在每一案件(也就是说在更高的损害上)中自己最多只要**承担 500 欧元**。在程序经济上这是没有意义的,因为受害人总是被迫要以第 823 条及以下来支撑。[353]

五、《产品安全法》

22   已于 2011 年 12 月 1 日生效的《产品安全法》(ProdSG)旨在转化多个欧盟指令。该法包含生产者大量的公法义务,这些义务是这里不能详述的。[354] 这些义务在责任法上对具体化第 823 条第 1 款规定的生产者**交往义务**具有重要意义。此外,《产品安全法》中的一些规定在第 823 条第 2 款的框架内作为**保护性法律**也具有意义。[355]

六、《药品法》规定的责任

23   依《产品责任法》就缺陷产品承担的责任与根据《药品法》(AMG)就缺陷药品承担的责任之间具有紧密联系。[356] 在与《产品责任法》的关系上,《药品法》属于**特别法**。因为根据《产品责任法》第 15 条第 1 款的规定,如果适用药品(侵权)责任,则《产品责任法》的规定即不再适用。这一规则能否与《产品责任指令》相协调是有疑问的。[357] 对此欧洲法院到

---

[353] 批评观点参见 Staudinger/*Oechsler*,2018,ProdHaftG § 11 Rn. 1;*Looschelders* JR 2003,309 (310)。

[354] Ausf. dazu *Polly/Lack* BB 2012,71ff.

[355] 参见 MüKoBGB/*Wagner* § 823 Rn. 1024ff.。

[356] 参见 *Larenz/Canaris* SchuldR II 2 § 84 VI 2:"特别构成要件"。

[357] 参见 Staudinger/*Oechsler*,2018,ProdHaftG § 15 Rn. 1ff.;*Bomsdorf/Seehaver* NJW 2015,908ff.。

目前为止只是确认,《药品法》第 84a 条规定的咨询请求权并不违反指令。[358]

《药品法》第 84 条就由于药品使用而在生命、身体或健康上产生损害的情况为药品企业主确定了**无过错责任**。这一责任的联结点是药品企业将药品投入流通。根据《药品法》第 84 条第 1 款第 2 句的规定,只有当药品按规定使用具有超出医学知识上可以接受程度的损害效果,或者损害是由于不符合医学知识的标识、专业信息或者使用信息而发生时,才存在赔偿义务。因此,与《产品责任法》规定的责任一样,最终涉及的是对违反交往义务承担的客观赔偿义务。[359] 因此,在教义学的视角上该责任是否是"真正"的危险责任是有疑问的。无论如何可以确定的是,过错是不必要的。[360]

《损害赔偿法第二次修正案》促成了药品责任领域一些重要的责任强化。[361] 首先应当提及的是**对药品损害效果原因方面的证明责任倒置**:药品企业必须证明,这些原因并非存在于(药品)开发和制造领域(《药品法》第 84 条第 3 款)。因此,发展风险(参见第 63 节边码 10、13)的抗辩在《药品法》规定的责任上是不重要的。[362]

此外,《药品法》第 84 条第 2 款第 1 句规定了**因果关系的推定**。如果药品依个案的具体情况适于造成损害,损害的因果关系即被推定。[363] 如果依个案的情况存在其他原因适于造成损害(《药品法》第 84 条第 2 款第 3 句),因果关系的推定即不适用。

在改革时新引入的还有受害人对药品企业的**信息提供权**(《药品法》

24

---

[358] EuGH NJW 2015, 927;参见 den Vorlagebeschluss des BGH VersR 2013, 904。
[359] So *Schlechtriem* SchuldR BT Rn. 956.
[360] 关于作为危险责任的归类 *Larenz/Canaris* SchuldR II 2 § 84 VI 2;其他观点参见 *Harke* SchuldR BT Rn. 572;不同观点参见 Spickhoff/*Spickhoff*, Medizinrecht, 3. Aufl. 2018, AMG § 84 Rn. 2。
[361] 参见 *Wagner* NJW 2002, 2049ff.;*Wagner* VersR 2001, 1334ff.。
[362] 参见 *Larenz/Canaris* SchuldR II/2 § 84 VI 2b;*Wagner* DeliktsR Kap. 9 Rn. 20;Koyuncu, Das Haftungsdreieck Pharmaunternehmen-Arzt-Patient, 2004, 59。
[363] 参见 *Kullmann*, FS G. Müller, 2009, 253(254ff.);*Wagner* NJW 2002, 2049(2050ff.);关于改革前的证明问题参见 BGH NJW-RR 2010, 1331。

第 84a 条）这是为了减轻受害人对请求权成立事实的证明责任。[364]

25 　　只要存在《药品法》第 84 条规定的要件，则**物质损害和非物质损害**（《药品法》第 87 条第 1 款第 2 句）均应予以赔偿。在死亡的情况中遗属中可针对遭受的精神痛苦，在具备《药品法》第 86 条第 3 款规定的要件时，请求适当的金钱赔偿（参见第 71 节边码 12）。与《产品责任法》规定的产品责任和其他大多数特别法上的危险责任（参见第 74 节边码 37）一样，本责任在**数额**上**受到限制**（《药品法》第 88 条）。

参考文献：*Adam/Bornhäuser/Pötschke/Langer/Grunewald*, Die Haftung der Zigarettenhersteller für durch Rauchen verursachte Gesundheitsschäden, NJW 2004, 3657; *Bischoff*, Warnpflichten des Produzenten - auch bei Schokoladenriegeln?, VersR 2003, 958; *Bomsdorf/Seehawer*, Arzneimittelhaftung und EU- Produkthaftungsrichtlinie, NJW 2015, 908; *Burckhardt*, Das Ende kostenloser Nachrüstung beim Rückruf von Produkten?, VersR 2007, 1601; *Fuchs/Baumgärtner*, Ansprüche aus Produzentenhaftung und Produkthaftung, JuS 2011, 1057; *Katzenmeier*, Produkthaftung und Gewährleistung des Herstellers teilmangelhafter Sachen, NJW 1997, 486; *Katzenmeier*, Entwicklungen des Produkthaftungsrechts, JuS 2003, 943; *Klindt/Handorn*, Haftung eines Herstellers für Konstruktions- und Instruktionsfehler, NJW 2010, 1105; *Koch*, »Mängelbeseitigungsansprüche« nach den Grundsätzen der Produzenten- /Produkthaftung, AcP 203 (2003), 603; *Landrock*, Das Produkthaftungsrecht im Lichte neuerer Gesetzgebung und Rechtsprechung, JA 2003, 981; *Littbarski*, Das neue Geräte- und Produktsicherheitsgesetz: Grundzüge und Auswirkungen auf die Haftungslandschaft, VersR 2005, 448; *Looschelders*, Neuere Entwicklungen des Produkthaftungsrechts, JR 2003, 309; *Molitoris/Klindt*, Produkthaftung und Produktsicherheit, NJW 2008, 1203; *Staudinger/Czaplinski*, Rückruf- und Kostentragungspflicht bei In - wie Auslandssachverhalten, JA 2008, 401; *Vieweg/Schrenk*, Produktrückruf als Instrument präventiven Verbraucherschutzes, JURA 1997, 561. 关

---

[364] 参见 Spickhoff/*Spickhoff*, Medizinrecht, 3. Aufl. 2018, AMG § 84a Rn. 1。

于《药品法》*Deutsch/Lippert*, Kommentar zum Arzneimittelgesetz, 3. Aufl. 2010; *Konyuncu*, Das Haftungsdreieck Pharmaunternehmen - Arzt - Patient, 2004; *Kullmann*, Erleichterung der Beweisführung aus § 84 AMG, FS G. Müller, 2009, 253; *Meyer*, Zur Konkurrenz von Produkthaftungsgesetz und Arzneimittelgesetz, MedR 1990, 70; *Rehmann*, Arzneimittelgesetz, 4. Aufl. 2014; *Spickhoff*, Medizinrecht, 3. Aufl. 2018; *Wagner*, Die Reform der Arzneimittelhaftung im Entwurf eines Zweiten Schadensrechtsänderungsgesetzes, VersR 2001, 1334; *Wagner*, Das Zweite Schadensrechtsänderungsgesetz, NJW 2002, 2049. Vgl. auch die Nach - weise zu §§ 58- § 60.

第三章 《德国民法典》的其他责任要件

第 64 节 保护性法律的违反

一、第 823 条第 2 款的功能

1 第二个"小"概括条款是第 823 条第 2 款,该款就违反保护性法律的情况规定了损害赔偿义务。立法者借助该规定与其他法律领域(如刑法)的规范建立了联系,以便改善受害人在责任法上的地位。从体系上看,第 823 条第 2 款存在于第 823 条第 1 款(以及第 826 条)之外。也就是说,这里存在**请求权竞合**。不过,第 823 条第 2 款规定的责任在实践中的重要性是不同的。

只要各保护性法律以有过错的**法益侵害**为要件,就好像刑法上很多结果犯(比如,《德国刑法典》第 211 条及以下、第 223 条及以下、第 242 条、第 303 条)那样,与第 823 条第 1 款相比,本款所规定的责任并没有扩张。也就是说,第 823 条第 2 款在这里很大程度上是无用的。[365] 这并不会因为在这些情况中写作鉴定书时至少也必须简要地对该规定进行检验而改变。[366]

2 如果所涉保护性法律旨在于准备阶段(Vorfeld)防止发生法益侵害的**危险**,则第 823 条第 2 款将获得更大实践意义。[367] 这种例子有《道路交

---

[365] 参见 Soergel/*Spickhoff* § 823 Rn. 182;*Medicus/Lorenz* SchuldR BT § 78 Rn. 1ff.。
[366] 参见 *Larenz/Canaris* SchuldR II 2 § 77 I 2b。
[367] 参见 BGHZ 103, 197 (202);Staudinger/*Hager*, 2009, § 823 Rn. G 2。

通法》(StVG)第 21 条规定的无驾驶证而驾驶机动车以及《德国刑法典》第 316 条规定的醉酒驾驶。在这些情况中,加害人的过错只需与保护性法律的违反相关联,而不必与法益侵害(如身体侵害)相关联,其责任也因此而被强化。也就是说,相对于第 823 条第 1 款,**过错关联**被缩短了。[368] 此外,抽象的危险禁止规定可以被考虑,以便针对加害人提出的**行为要求能够具体化**。[369]

第 823 条第 2 款在不能被第 823 条第 1 款涵盖的利益上具有更重大的意义。属于此类的尤其是受到《德国刑法典》(比如,第 263 条、第 264 条、第 266 条)以及经济法(《德国有限责任公司法》第 41 条、第 43 条、《德国破产法》第 15a 条)的大量规定保护的**财产**本身。[370] 纯粹财产损失也不能根据第 826 条的规定得到赔偿;与其相比,第 823 条第 2 款规定的责任多数时候要件更加宽松一些。

3

二、保护性法律的概念

保护性法律是指不仅旨在服务于公共利益的保护,而且至少也服务于个人或者人员群体保护的法律规范(《德国民法典施行法》第 2 条)。[371] 这里**法律规范**的概念不仅包括形式意义上的法律,也包括行政法规(比如,《道路交通条例》)和规章(Satzungen)。[372] 行政行为并不含有普遍—抽象的规范,因而不能被视为法律规范。不过,主流意见在此以被行政行为具体化的授权基础为标准。[373]

4

某个法律规范是否也具有保护具体个人的目的,必须根据对规范内

5

---

[368] 参见 *Medicus/Lorenz* SchuldR BT § 78 Rn. 4f.；*Larenz/Canaris* SchuldR II 2 § 77 III 1a。

[369] 关于第 823 条第 2 款的具体化功能 MüKoBGB/*Wagner* § 823 Rn. 533。

[370] 参见 *Larenz/Canaris* SchuldR II 2 § 77 III 2；*Medicus/Lorenz* SchuldR BT § 78 Rn. 6f. 。

[371] 参见 BGH NJW 2004, 356 (357)；NZG 2010, 1071 (1072)；Soergel/*Spickhoff* § 823 Rn. 195。

[372] BeckOK BGB/*Förster*, 56. Ed. 1. 11. 2020, § 823 Rn. 267；*Larenz/Canaris* SchuldR II 2 § 77 II 1a。

[373] 参见 BGH NJW 2004, 356 (357)；Soergel/*Spickhoff* § 823 Rn. 88。

容、目的和形成史的解释来确定。[374] 在此尤其取决于,损害赔偿请求权的创设是否并入了**责任法的整个体系**,并且是保护受害人所**必要**的。[375]《**德国刑法典**》的规定通常都(附加)具有保护个人的目的。[376] 首先旨在保护公共—法律利益的规定,亦是如此。因此陈述犯(Aussagedelikt《德国刑法典》第 153 条及以下)也被视为保护性法律,尽管它主要服务于司法管理(Rechtspflege)的保护。[377] 财产犯罪(《德国刑法典》第 253 条及以下、第 263 条及以下)以及破产犯罪的构成要件(《德国刑法典》第 283 条及以下)也具有保护性法律的性质。近期以来,联邦最高法院也将不作为帮助行为(《德国刑法典》第 323c 条)承认为保护性法律。[378] 相反,涉证书犯罪行为(Urkundsdelikte)根据联邦最高法院的观点仅仅旨在保护以证书进行法律交易的安全性和可靠性的公共利益。与此相关联的对具体个人财产的保护并非意欲的,而是反射性的。[379] 然而,这未能认识到,对以证书进行法律交易的保护并非可以与参与者的利益脱离而被追求的目的本身。[380]《**德国民法典**》中被承认为保护性法律的尤其是第 858 条第 1 款关于暴力行为(verbotene Eigenmacht)的规定。[381]

示例(BGH NJW 2009, 2530):如果某人将其小汽车不正当地停在别人的私有土地上,则其以此实施了暴力行为。在这种情况中土地的直接占有人根据第 859 条第 1 款的规定有权以自力救济的途径请人将该小汽车拖走,并可以根据第 823 条第 2 款结合第 858 条第 1 款的规定向汽车驾驶人请求赔偿拖车费用。

---

[374] 参见 BGH NZG 2010, 1071 (1072) = JA 2010, 899 (*Hager*)。
[375] 参见 BGHZ 125, 366 (374);MüKoBGB/*Wagner* § 823 Rn. 564, 567。
[376] 关于刑法上的保护性法律 vgl. ausf. *Deutsch* VersR 2004, 137ff.。
[377] BGHZ 62, 54 (57);100, 13 (15);*Larenz/Canaris* SchuldR II 2 § 77 II 2a。
[378] BGH VersR 2013, 1060。
[379] BGHZ 100, 13 (15ff.)。
[380] 参见 *Larenz/Canaris* SchuldR II 2 § 77 II 2b;Soergel/*Spickhoff* § 823 Rn. 195。
[381] BGH NJW 2009, 2530;Palandt/*Sprau* § 823 Rn. 65。

三、规范的保护领域

对于第823条第2款规定的请求权来说,所涉法律总的来说被视为保护性法律是不够的。相反,在此之外还必须检验,受害人是否属于被保护的人员范围以及具体的损害情况是否处于该规范的保护领域内。[382]

很多保护性法律的保护领域在**人员方面**就已经受到了限制。比如,根据《道路交通法》第21条第1款第2项的规定,机动车保有人不能允许任何人无驾驶证驾车。因此,这一禁止规定仅仅旨在保护那些因无驾驶证的驾驶员而受到威胁的其他交通参与者,而非驾驶员自身。[383] 在《德国有限责任公司法》原第64条第1款(《德国破产法》第15a条)规定的有限责任公司—经理人的破产申请义务上,判例认为,不仅破产界限发生时已经存在的(原)债权人,可能的新债权人也受到保护。[384] 不过,这并不包括那些破产界限发生之后已经参与到公司的股东。[385]

针对很多保护性法律可以在事项方面提出这样的问题,即这些保护性法律是否也旨在保护财产损害。这在《**道路交通法**》和《**道路交通条例**》**的规定**上总的来说应当予以否定。[386] 因此,在建筑工地范围内禁止停车的规定并不旨在保护因他人没有遵守停车禁令而在建筑施工方面受到妨碍的开发商的财产。[387]

此外,保护性法律旨在防止的风险必须在损害事件中已发生(所谓**情境的保护领域**, modaler Schutzbereich)。[388] 如果某个人行横道前停车的禁令旨在防止与行人发生事故,则当受害人在黑暗中撞到加害人违反规

6

7

---

[382] 参见 BGH NJW 2015, 1174 Rn. 10; *Medicus/Lorenz* SchuldR BT §79 Rn. 10ff.; *Harke* SchuldR BT Rn. 554。

[383] 参见 BGH VersR 1991, 196; *Fuchs/Pauker/Baumgärtner* Delikts-und Schadensersatzrecht 157f.。

[384] 关于新债权人(赔偿全部信赖损害)事项上的保护范围 BGHZ 126, 181 (190ff.); NJW 2007, 466; anders noch BGHZ 100, 19 (23ff.)。

[385] 参见 BGHZ 96, 231 (235ff.)。

[386] 参见 BGH NJW 2015, 1174 Rn. 12ff.。

[387] 参见 BGH NJW 2004, 356 (357); *Medicus/Lorenz* SchuldR BT §79 Rn. 12。

[388] MüKoBGB/*Wagner* §823 Rn. 590f.; *Medicus/Lorenz* SchuldR BT §79 Rn. 13。

定停放的小汽车时,受害人并不享有第 823 条第 2 款结合《道路交通条例》第 12 条第 1 款第 6b 项的规定的损害赔偿请求权(参见拙著《债法总论》第 45 节边码 19)。

四、违法性与过错

8 　　违反保护性法律可以引用**违法性**。[389] 虽然加害人也许可以主张违法阻却事由(参见第 59 节边码 14 及以下)。不过,在很多情况中(尤其是在刑法中)违法性在违反保护性法律时就已经要进行检验了。[390]

9 　　只要相关法律以**过错**为要件,则这一要求应当在保护性法律违反的框架下根据对各该法律领域重要的原则进行判断。根据这种观点,在刑事法律上经常必须存在**故意**。[391] 这一点尤其体现在财产犯罪上。也就是说,财产的侵权法保护相较于第 823 条第 1 款的扩张因为更高的主观要求在一定程度上被抵销了。重要的是刑法上的故意概念,根据这一概念,违法意识的缺失并不影响故意的存在。相反,侵权责任能力并非根据《德国刑法典》第 19 条、第 20 条,而是根据《德国民法典》第 827 条、第 828 条来确定。[392] 如果过错根据保护性法律并不必要,则依第 823 条第 2 款第 2 句的规定**至少还必须存在**(第 276 条第 2 款意义上)**过失**。

　　过错只需与**保护性法律的违反**相关联,而无须与法益侵害或者损害相关。[393] 这一点主要是在危险性侵权行为(Gefährdungsdelikten)上具有意义。由于法益侵害在这里并不属于构成要件,过错关联与第 823 条第 1 款相比被缩短了。

　　根据判例,特殊性存在于**证明责任**上。如果被要求的行为已经通过保护性法律被具体描述了,则客观上违反法律即可以引用过错。相反,如果保护性法律只是禁止某个特定侵害后果的发生(比如,《德国刑法典》第

---

[389] 参见 *Schlechtriem* SchuldR BT Rn. 875。
[390] *Brox/Walker* SchuldR BT § 46 Rn. 13.
[391] 参见 *Larenz/Canaris* SchuldR II 2 § 77 IV 2。
[392] 参见 Staudinger/*Hager*, 2009, § 823 Rn. G 38。
[393] 参见 BGHZ 34, 375 (381);Staudinger/*Hager*, 2009, § 823 Rn. G 34f.;*Brox/Walker* SchuldR BT § 46 Rn. 14;*Larenz/Canaris* SchuldR II 2 § 77 IV 1。

211 条及以下、第 223 条及以下),则请求权人必须证明加害人具有过错。[394]

参考文献:Canaris, Schutzgesetze - Verkehrspflichten - Schutzpflichten, FS Larenz, 1983, 27; Coester- Waltjen, Die Haftung nach § 823 Abs. 2 BGB, JURA 2002, 102; Deutsch, Schutzgesetze aus dem Strafrecht in § 823 Abs.2 BGB, VersR 2004, 137; Dörner, Zur Dogmatik der Schutzgesetzverletzung, JuS 1987, 522; Karollus, Funktion und Dogmatik der Haftung aus Schutzgesetzverletzung, 1992; Kothe, Normzweck und Interessenabwägung bei der Auslegung des § 823 Abs. 2 BGB, JURA 1988, 125; Peters, Zur Gesetzestechnik des § 823 Abs. 2 BGB, JZ 1983, 913; Spickhoff, Gesetzesverstoß und Haftung, 1998. Vgl. auch die Nachweise zu § 58.

第 65 节 故意以背于善良风俗之方法所加之损害

一、第 826 条的功能

德国侵权责任法的第三个基本元素是根据第 826 条就故意以背于善良风俗之方法所加损害承担的责任。保护范围在这里非常广泛,也包括**财产本身**。不过,由于含有"故意"和"违背善良风俗"两个特征,因而构成要件非常严格。然而,对潜在加害人行为自由的过度限制因此得以避免。如果依章程选任的第 31 条意义上的代表人实现了第 826 条所规定的客观和主观要件,法人和有权利能力的人合公司也要根据第 826 条的规定定承担责任(参见边码 9)。[395]

第 826 条主要在既非因法益侵害(第 823 条第 1 款)亦非因违反保护

1

---

[394] 参见 BGHZ 116, 104 (114f.);MüKoBGB/Wagner § 823 Rn. 619。
[395] BGH NJW 2017, 250 Rn. 13;Brox/Walker SchuldR BT § 47 Rn. 1;Gutzeit JuS 2019, 649(655)。

性法律(第823条第2款)媒介的财产损害上具有实际意义。[396] 就这点来说,人们可以说第826条对那些特别粗暴,却不被第823条第1款和第2款包括的财产损害具有**兜底功能**(Auffangfunktion)。[397] 然而,第826条绝对不是从属性的,相反,它也可以在第823条第1款和第2款之外适用。[398] 因此,在第823条第1款意义上的故意的权益侵害中在任何情况下都存在第826条的构成要件。[399] 不过,由于从中并不会产生其他请求权,在案例解答中检验通常会被取消。

二、第826条规定的责任要件

1. 损害的引起

2   第826条规定的责任以损害的引起为前提。**损害**的概念应当在广义上理解,因此也包括纯粹财产损失。[400] 也就是说,与第823条第1款不同,这里的法益侵害并不必要。加害人是否**造成**了损害应当根据一般的因果关系标准和归责标准来判断(参见拙著《债法总论》第45节边码1及以下)。也就是说,在自然科学意义上的因果关系之外,损害还必须被所违反行为规范的保护目的所包含。[401] 因此,故意和违反善良风俗也不能证成没有限制的责任。

示例(根据BGHZ 57, 137):二手车经销商V对K恶意隐瞒购买的小轿车是一辆事故车。其后这辆小轿车因K的完全过错在一起交通事故中损毁了。

根据联邦最高法院的观点,第826条的保护目的(与第823条第2款、《德国刑法典》第263条的保护目的一样)也包括小轿车自身的损害。不过,K或者第三人可能的人身损害则在保护目的之外。

---

[396] 参见 *Medicus/Lorenz* SchuldR BT §79 Rn. 4; *Larenz/Canaris* SchuldR II 2 §78 I 1a。
[397] 参见 *Schlechtriem* SchuldR BT Rn. 893。
[398] 参见 *Staudinger/Oechsler*, 2018, §826 Rn. 135; *Larenz/Canaris* SchuldR II 2 §78 I 2a;其他观点见 *MüKoBGB/Wagner* §826 Rn. 5。
[399] *Larenz/Canaris* SchuldR II 2 §78 I 1a.
[400] 参见 BGH NJW 2004, 2668 (2669); *Palandt/Sprau* §826 Rn. 3。
[401] 参见 BGHZ 57, 137 (142); 96, 231 (236); HK-BGB/*Staudinger* §826 Rn. 4。

文献中有人对此正确地提出了反驳,因为保护目的关联在机动车自身的损害上就已经要否定了。[402] 因为机动车的瑕疵刚好在事故中没有出现。撇开这一点,V 的故意也根本不能延伸至机动车的损毁。不过,这并不改变人身损害不能被归责是值得赞同的。

2. 违背善良风俗

(1)"风俗公式"(Anstandsformel)

特别容易出现问题的是违反善良风俗这一特征。它是一个**不确定的、需要补充的法律概念**,其准确的射程只能大致抽象地艰难确定。判例传统上都是回归立法资料中使用的"所有公平、公正思考的人的风俗观念"公式。[403] 不过,这一公式的说服力是有疑问的。应当注意的首先是,在一个多元的社会可能并不存在所有公平、公正地思考的人的统一的、经验上可以确定的风俗感。[404] 因此,人们必须首先确定,谁属于"公平而公正地思考的人"。但是,只有当人们知道在个案中什么是"公平和公正的"时,才能回答这一问题。因此,这一风俗公式最终将通向一个循环论证。[405] 撇开这一点,与法律之外(道德)标准("风俗感")的直接关联在宪法上也是很难合法化的。[406]

3

(2)违反善良风俗作为规范性概念

只有当人们不是在经验意义上,而是在**规范**意义上理解违反善良风俗时,这个问题才能解决。[407] 也就是说,重要的是在法律制度中体现出来的社会伦理价值。**基本权利**在这里具有核心意义。虽然基本权利在市民之间的关系中不能发挥直接效力。不过,它们构成了在解释民法上的一般条款时要顾及的客观价值秩序(参见拙著《债法总论》第 2 节边码 8)。[408]

4

---

[402] 参见 Staudinger/*Oechsler*, 2014, § 826 Rn. 102 mwN。

[403] Mot. II, 727 = *Mugdan* II, 406;参见 RGZ 48, 114 (124); BGHZ 10, 228 (232); BGH NJW 2004, 2668 (2670); HK-BGB/*Staudinger* § 826 Rn. 6。

[404] 参见 Staudinger/*Oechsler*, 2018, § 826 Rn. 26; MüKoBGB/*Wagner* § 826 Rn. 9。

[405] 参见 NK-BGB/*Looschelders* § 138 Rn. 35。

[406] 参见(zu § 138 I) NK-BGB/*Looschelders* § 138 Rn. 83。

[407] 参见 *Larenz/Canaris* SchuldR II 2 § 78 II 1a。

[408] 所谓的基本权利的间接第三人效力;参见 BVerfGE 7, 198 (205) = BeckRS 9998, 181159-Lüth。

与基本权利和其他基本法律原则的关联并不会导致**法律之外的标准**变得完全无关紧要。应当注意的首先是，基本权利自身在许多地方与法律之外的标准发生了联系。《德国基本法》第1条第1款规定的人性尊严概念只有在特定人物形象的背景下才能具体化。[409] 不过重要的是，所讨论的法律之外标准不是直接被考虑进来的，而只是获得了间接的影响。

（3）在个案中进行利益衡量的必要性

5　　对于实际的法律适用这意味着，违反善良风俗必须以法律中体现的社会伦理价值为基础通过**个案中**广泛的**利益衡量**来确定。在这个过程中也应当顾及一些主观的因素，如加害人的动机。[410] 由于违反善良风俗的判断意味着比正常的"违法性"更高的否定，要求谨慎地处理，否则第823条及以下的体系会受到破坏。因此，将违反善良风俗限制在违反**法律伦理的最低值**上似乎比较合理。[411]

（4）与第138条第1款的关系

6　　在第138条第1款中也可以发现违反善良风俗的概念。两个规定使用的是相同的评价标准。不过，评价对象和法律效果却有所不同。在第826条中涉及的是因违反善良风俗的行为发生的损害赔偿义务，而在第138条第1款中规范的是违反善良风俗的法律行为的无效。基于这些差别，在**判断**违反善良风俗的问题上两个规定**并非总是一致**。[412] 因此，从法律行为根据第138条第1款的规定违反善良风俗中并不能肯定得出该行为根据第826条的规定也违反善良风俗的结论。

3. 故意

7　　以违反善良风俗的方法所加之损害必须是故意实施的。至少必须是**间接故意**（bedingter Vorsatz），这在所谓的"睁眼说瞎话"（Angaben ins Blaue hinein）中也可能存在。[413] 重大过失是不够的。[414]

---

[409]　参见 NK-BGB/*Looschelders* § 138 Rn. 81。
[410]　参见 HK-BGB/*Staudinger* § 826 Rn. 7；*Looschelders* JURA 2000, 169 (173)。
[411]　Erman/*Wilhelmi* § 826 Rn. 3；*Larenz/Canaris* SchuldR II § 78 II 1b.
[412]　关于分别考察的必要性 BGHZ 10, 228 (232)。
[413]　参见 BGH NJW 2003, 2825 (2826)；*Brox/Walker* SchuldR BT § 47 Rn. 13。
[414]　*Medicus/Lorenz* SchuldR BT § 79 Rn. 8；HK-BGB/*Staudinger* § 826 Rn. 9。

与第823条第1款(参见第59节边码21、第60节边码33)不同的是,过错(这里也即故意)也必须与**损害**相关联。然而,加害人已经预见到受害人的身份、准确的因果关系发生过程和损害的具体范围则并非必要。[415]

就**违反善良风俗**而言,加害人只需认识到从中可以得出违反善良风俗结论的事实情况即可。违反善良风俗的意识是不必要的。[416]

深化:放弃违反善良风俗的意识无疑与在民法中占统治地位的故意说产生了裂痕,因为根据故意说,在缺乏违法意识(比如,在禁令错误的情况中)时故意即不存在(参见《债法总论》边码471)。不过,在多大程度上应遵循故意说最终取决于各个规范的意旨与目的。[417] 在第826条上对故意说的突破是合适的,否则特别不讲道德的加害人会因此而获益。[418] 虽然对于加害人善意地相信自己能以有问题的方式作出行为的情况,例外是被允许的。[419] 不过,这里通常也已经缺少违反善良风俗的事实。[420]

三、案例类型

为使相关判例体系化,文献形成了一些适用第826条很容易理解的案例类型。[421] 不过,这些案例类型并**不是封闭的**,并且也不得无视个案情况机械地适用。

1. 对合同他方当事人的严重失信行为

如果一方当事人在合同磋商过程中或者在现有合同的框架下做出了严重失信的行为,第826条的适用即是可以考虑的。具有代表性的是**恶意欺诈**(arglistige Täuschung)。[422] 在严重违反公司法上的忠实义务时,亦

---

[415] BGH NJW 1951, 596 (597); 1991, 634 (636).
[416] BGHZ 8, 72 (87); 101, 380 (388); HK-BGB/*Staudinger* § 826 Rn. 10.
[417] 参见 MüKoBGB/*Grundmann* § 276 Rn. 159。
[418] 参见 Staudinger/*Oechsler*, 2018, § 826 Rn. 64。
[419] BGHZ 101, 380 (388).
[420] 参见 *Larenz/Canaris* SchuldR II 2 § 78 III 2b。
[421] 参见 *Brox/Walker* SchuldR BT § 47 Rn. 5ff.; *Medicus/Lorenz* SchuldR BT § 79 Rn. 12ff.。
[422] 参见 BGHZ 57, 137; *Brox/Walker* SchuldR BT § 47 Rn. 5。

是如此。[423] 相反,"普通"违反(先)合同义务则不足以导致致害行为违反善良风俗。[424]

严重的失信行为在(先)合同债务关系的框架下也满足第280条第1款、第241条第2款(必要时结合第311条第2款)规定的要件。在恶意欺诈时还要附加第123条规定的撤销机会,以及基于第823条第2款结合《德国刑法典》第263条而享有的损害赔偿请求权。

针对通过恶意欺诈促使一方合同当事人订立合同的合同外的第三人行使第826条的请求权也是可以考虑的。[425] 在近期制造商对安装了不被允许的关闭装置的柴油车买受人承担的责任上,这一案例类型获得了重大的意义。柴油车购买人对制造商的其他请求并不明显。只要车辆不是直接从制造商处购买,买受人对制造商基于合同的瑕疵担保请求权即被排除。由于制造商既未施加人身信赖,自己也不具有直接经济利益,他也无须根据第280条第1款、第241条第2款以及第311条第3款承担责任(参见拙著《债法总论》第9节边码20及以下)。[426] 由于缺少权益侵害,基于第823条第I款的请求权也无法考虑。基于《德国民法典》第823条第2款结合《德国刑法典》第263条的损害赔偿请求权也无法主张,因为不存在《德国刑法典》第263条所必要的买受人之损害与制造商所追求的不法财产利益之间的内容同一性。[427] 《欧共体机动车许可条例》的相关规定(第6条第1款、第27条第1款)虽然构成第823条第2款意义上的保护性法律,但它们并不具有保护买受人免遭订立不情愿的合同损害的目的。[428] 也就是说,剩下的仅有基于第826条的损害赔偿请求权。

---

[423] 参见 BGHZ 12, 308 (319)。

[424] Jauernig/*Teichmann* § 826 Rn. 17;批评观点见 Staudinger/*Oechsler*, 2018, § 826 Rn. 180ff.

[425] MüKoBGB/*Wagner* § 826 Rn. 68;Staudinger/*Oechsler*, 2018, § 826 Rn. 151;*Oechsler* NJW 2017, 2865.

[426] So auch OLG Braunschweig BeckRS 2019, 2737 Rn. 87ff.;Armbrüster ZIP 2019, 837 (838).

[427] 详见 BGH NJW 2020, 2798 Rn. 29ff. = JuS 2020, 1076 (*Arnold*)。

[428] BGH NJW 2020, 1962 Rn. 76;NJW 2020, 2798 Rn. 11;Armbrüster ZIP 2020, 837 (843).

联邦最高法院支持柴油车买受人基于第 826 条对制造商享有请求权的考虑是,如果制造商在自己于发动机研发期间采取的战略决策的框架下,通过对联邦汽车运输管理局的恶意欺诈而骗取了车辆的型号审批,然后将所涉车辆投入流通,故意利用了机动车购买人的无辜和信任,则在价值上与直接对买受人进行恶意欺诈是等同的。[429] 制造商在此应类推第 31 条对其董事会成员的行为和知悉负责(第 65 节边码 1)。[430] 关于董事会成员的知悉,联邦最高法院给予买受人证明责任减轻。[431] 由于损害存在于签订了不意欲的合同,买受人可以在自己交付并移转机动车所有权的同时要求制造商返还价款。[432] 不过,他必须按照损益相抵的原则扣除因使用车辆而获得的利益(参见拙著《债法总论》第 45 节边码 46 及以下)。[433] 这可能导致损害被使用利益完全耗尽。[434]

如果买受人在 2015 年秋季柴油丑闻曝光后购买车辆,制造商是否也应根据第 826 条对买受人承担责任存在争议。[435] 有时人们以此为依据,主张考虑个别买家在合同签订时是否已经知悉了柴油丑闻。在这种情形中制造商的恶意欺诈与合同的订立间缺乏因果关系。[436] 与之相对,联邦最高法院这样论证到,大众在 2015 年 9 月 22 日根据《有价证券交易法》第 15 条发布的临时公告和新闻稿中已经披露了与柴油发动机软件

---

[429] BGH NJW 2020, 1962 Rn. 13ff. = JuS 2020, 684 (Arnold);批评观点见 Ahrens VersR 2020, 933。

[430] BGH NJW 2020, 1962 Rn. 29ff.;其他的还有 OLG Braunschweig BeckRS 2019, 2737 Rn. 166ff.;Armbrüster ZIP 2019, 837 (845);关于问题的提出另参见 Gutzeit JuS 2019, 649 (655)。

[431] Näher dazu BGH NJW 2020, 1962 Rn. 35ff.:制造商从属的陈述责任。

[432] BGH NJW 2020, 1962 Rn. 48ff.;Oechsler NJW 2017, 2865ff.;allg. dazu Staudinger/Oechsler, 2018, § 826 Rn. 154;MüKoBGB/Wagner § 826 Rn. 69;批评观点见 Pfeiffer NJW 2019, 3337ff.。

[433] Vgl. BGH NJW 2020, 1962 Rn. 64ff.;NJW 2020, 2796 Rn. 11ff.;ebenso Riehm NJW 2019, 1105 (1107ff.);其他观点见 Bruns NJW 2019, 801f.;Bruns NJW 2019, 2211ff.;Heese NJW 2019, 257 (261f.)。

[434] BGH NJW 2020, 2798 Rn. 11ff. = JuS 2020, 1076 (Arnold)。

[435] 参见 Brox/Walker SchuldR BT § 47 Rn. 5;Heese NJW 2019, 257 (262);Petzold NJW 2020, 1326。

[436] So Heese NJW 2019, 257 (262)。

相关的"违规行为"。在进行必须的整体评估时，大众的行为从这个时间点开始不再是违背善良风俗的。[437] 因此，2015年9月22日之后购买大众柴油车的买受人不能再根据第826条向大众主张损害赔偿。联邦最高法院的方法避免了个别买受人知悉的证明问题。该判决虽然仅涉及某个制造商（大众）的行为。不过，针对其他制造商类似的论证也是可以考虑的。

2. 引诱违反合同

10 基于债务关系相对性原则（参见拙著《债法总论》第1节边码29），债法上的债权在与第三人的关系中原则上并不受保护。第823条第1款的规定对于侵害债权并不适用（第60节边码16）。这一价值判断不得因为**将参与他人的违约行为**一概评价为第826条意义上的违反善良风俗而落空。因此，还必须附加在个案中可以说明违反善良风俗判断的其他情况。在具有代表性的**一物二卖**（Doppelverkauf）中，如果第三人（第二个买受人）以承诺他将使出卖人免于承担（第一）买受人的损害赔偿请求权来诱导出卖人违约，这一点尤其应当肯定。[438]

3. 出具有瑕疵的咨询或鉴定书

11 第826条的另外一个重要适用领域是对有瑕疵的咨询（特别是关于顾客的信誉度）、工作证明或者鉴定书承担的责任。[439] 这一责任以积极地知道咨询或者鉴定书错误为前提。刚好在这一领域中，"睁眼说瞎话"的告知获得了一定意义。

示例（BGHZ 127, 378）：建筑鉴定人B就待出售房屋的状态为出卖人（V）出具了一份积极的评估鉴定书。事实上该栋建筑的屋顶已经非常不堪了，以致它需要完全翻新。鉴定书的缺陷是因为B根本没有检查屋顶。人们从B的重大过失中可以得出，B放任了买受人（K）可能的损害的发生，因此，K基于第826条的规定对B享有损害赔偿请求权。

12 然而，在这些情况中也可以考虑因违反以默示方式订立的咨询合同、

---

[437] BGH BeckRS 2020, 19146 Rn. 32ff.
[438] 参见 BGH NJW 1981, 2184 (2185f.); *Medicus/Lorenz* SchuldR BT §79 Rn. 13。
[439] 参见 BGH NJW 2004, 2668 (2669ff.); *Larenz/Canaris* SchuldR II 2 §78 IV 3。

先合同债务关系(第311条第2款第3项)或者附保护第三人效力的合同而发生**第 280 条第 1 款规定的损害赔偿请求权**。此外,应当考虑的是第311 条第 3 款第 2 句规定的责任(参见拙著《债法总论》第 9 节边码 23 以下)。由于这些请求权既不以故意也不以违反善良风俗为要件,在实践中(当然在考试中则不同)很少花费力气去讨论第 826 条。

示例:在建筑鉴定人案中,联邦最高法院考虑了 V 和 B 之间的鉴定合同对 K 的保护效力(参见拙著《债法总论》第 9 节边码 11)。因此,B 是否放任了 K 的损害发生就无须再检验了。

4. 歧视债权人及危害债权人

第 826 条的一些重要适用情况来自破产的前端。[440] 因此,迟延提出破产申请(所谓的**迟延破产**Insolvenzverschleppung)可以成立债权人基于第 826 条享有的损害赔偿请求权。此外,还可以考虑基于第 823 条第 2 款结合《德国破产法》第 15a 条(《德国有限责任公司法》原第 64 条第 1 款、《德国股份法》原第 92 条第 2 款)(参见第 64 节边码 3)享有的请求权。在强制执行和破产程序前端对**个人债权人的优待**也可以合理说明其他债权人基于第 826 条享有的损害赔偿请求权。不过,有关债权人撤销(《德国撤销法》第 1 条及以下)以及破产撤销(《德国破产法》第 129 条及以下)的规则在这里具有优先地位。[441]

13

债权人为处于危机中的债务人提供短期资本,以便债务人在第三人面前显得更有信用,在**信用欺诈**的视角下可以成立第 826 条规定的请求权。[442]

5. 形式的法律地位和垄断地位

第 826 条另外一个被承认的适用情况是滥用形式上的法律地位。[443] 在此处于中心地位的是基于一个能产生既判力,但**实质上错误的执行名**

14

---

[440] 参见 *Larenz/Canaris* SchuldR II 2 § 78 IV 2;*Medicus/Lorenz* SchuldR BT § 79 Rn. 14f. 。

[441] 参见 BGHZ 130, 314 (330);HK-BGB/*Staudinger* § 826 Rn. 15。

[442] *Larenz/Canaris* SchuldR II 2 § 78 IV 2c;NK-BGB/*Looschelders* § 138 Rn. 273ff。

[443] *Brox/Walker* SchuldR BT § 47 Rn. 8ff. ;*Schlechtriem* SchuldR BT Rn. 903。

义实施的强制执行。根据主流意见,执行债务人在这些情况中基于第826条可能享有不作为请求权或者强制执行请求权。[444] 不过,由于既判力不得被破坏,在这里要求尽到特别重大的谨慎义务。必须是执行与正义观念明显无法协调。[445] 因此,债权人知悉执行名义错误本身是不够的。确切地说,还必须能够从获得执行名义或追求的强制执行的方式与方法中得出其他使个案中利用执行名义显得违反善良风俗的情况。[446]

15 如果企业主利用其垄断地位拒绝与一个严重依赖其给付的人订立合同,则可以视为以违反善良风俗之方法所加之损害。受害人在恢复原状的过程中(第249条第1款)基于第826条的规定享有订立合同的请求权。在不被允许的**歧视**上亦是如此,于此并不依赖垄断地位(参见拙著《债法总论》第6节边码8及以下)。这里也可以适用《**平等对待法(AGG)**》(参见第28节边码21)。

6. 家庭法

16 在**违反婚姻中的义务**时,鉴于家庭法的优先性,回归第823条第1款的规定原则上是不被考虑的(参见拙著《债法总论》第60节边码22)。然而,第826条在这里却可以适用。也即不得以违背善良风俗的方法加损害于他人的禁令具有如此基础的正义内涵,以致它在所有生活领域中都具有效力。[447]

参考文献: *Ahrens*, Erstes Dieselskandal- Urteil des BGH- Schadensersatz als Privatstrafe für sittenwidriges Handeln, VersR 2020, 933; *Armbrüster*, Herstellerhaftung für abgasmanipulierte Fahrzeuge, ZIP 2019, 837; *Bruns*, Vorteilsanrechnung beim Schadensersatz für abgasmanipulierte Diesel- Fahrzeuge, NJW 2019, 801; *Bruns*, Aktuelles zur Haftung wegen vorsätzlicher sittenwidriger Schädigung im Diesel- Skandal, NJW 2019, 2211; *Grunsky*, Rechtskraft und Schadensersatzansprüche wegen Er-

---

[444] 参见 BGHZ 50, 115 (117ff.); 101, 380 (383ff.); aA *Medicus/Lorenz* SchuldR BT §79 Rn. 216.
[445] BGH NJW 2002, 2940 (2943); 1999, 1257 (1258).
[446] BGH NJW 1999, 1257 (1258); Palandt/*Sprau* §826 Rn. 52.
[447] 参见 BGH NJW 1990, 707 (709); *Looschelders* JURA 2000, 169 (173)。

wirkung des Titels, ZIP 1987, 1026; *Gutzeit*, Abgasmanipulierte Dieselfahrzeuge: Kauf- und deliktsrechtliche Folgen, JuS 2019, 649; *Heese*, Herstellerhaftung für manipulierte Dieselfahrzeuge, NJW 2019, 257; *Klados*, § 826 BGB- Ein legitimes Mittel zur Durchbrechung der Rechtskraft?, JuS 1997, 705; *Koller*, Sittenwidrigkeit der Gläubigergefährdung und Gläubigerbenachteiligung, JZ 1985, 1013; *Kothe*, Rechtsschutz gegen die Vollstreckung des wucherähnlichen Rechtsgeschäfts nach § 826 BGB, NJW 1985, 2217; *Looschelders*, Schadensersatz bei » einseitiger « Durchkreuzung der Familienplanung durch den kinderwilligen (Ehe -) Partner?, JURA 2000, 169. *Oechsler*, Rückabwicklung des Kaufvertrags gegenüber Fahrzeugherstellern im Abgasskandal, NJW 2017, 2865; *Petzold*, Deliktische Haftung nach Bekanntwerden des Dieselabgasskandals, NJW 2020, 1326; *Pfeiffer*, Dieselschaden durch Zweckverfehlung?, NJW 2019, 3337; *Riehm*, Deliktischer Schadenseratz in den »Diesel- Abgas- Fällen«, NJW 2019, 1105; Sack, Der subjektive Tatbestand des § 826 BGB, NJW 2006, 945. Vgl. auch die Nachweise zu § 58.

第 66 节 补充要件

第824条、第825条中含有一些保护财产或者**性自主决定**的补充要件。当时的立法者想借此填补适用第823条第2款时的漏洞,这些漏洞因刑法并不广泛地保护"商业信誉"(Geschäftsehre)和"性别名誉"(Geschlechtsehre)(《德国刑法典》第185条及以下或者第174条及以下)而产生。

1

一、信用的危害(第824条)

1. 功能与竞合

主张或者传播不真实的事实(比如,某个企业的偿付能力、其产品的质量或者某个人的品质)可能会让所涉人员的信誉状况(Kreditwürdigkeit)产生问题或者为其生计或职业发展带来其他不利益。根据第823条第2款

2

结合《德国刑法典》第187条的规定,在这些情况中只有当加害人的行为是"**违心的**"(wider besseres Wissen)时,所涉人员才享有损害赔偿请求权。第824条扩张了对所涉人员的侵权法保护,如果其应当知悉(所主张或传播的事实)不真实性,也即因**过失**而未能知悉时,其对于信用危害也应当承担责任。[448]

3   人们将已经设立且运行的**营业权**承认为其他权利,则对有关财产损害的保护也可以通过**第823条第1款**来实现。不过,应当注意的是,根据第823条第1款的规定,就侵害已经设立且运行的营业承担的责任是补充性的(参见第62节边码2)。因此,在第824条的适用范围内,也即在不真实的事实陈述上,不能回归这一法律制度。在此第823条第1款只保护因不利的价值判断以及真实但在个案中不被允许的事实陈述造成的损害。[449]

2. 要件

(1) 主张或者传播不真实的事实

4   加害人必须主张或者传播了一个不真实的事实。在这方面可以提出的是与价值判断的区分问题。**事实陈述**的标志是,表述的正确性可以进行真实性的证明。与此相反,**价值判断**则受到意见(Stellungnahme)、认为(Dafürhalten)或以为(Meinen)等元素的影响,因而无法进行客观的验证。[450]

5   如果一个表述包含部分事实陈述和部分价值判断,则应以其重点为依据。[451] 也就是说,如果价值元素处于中心位置,则第824条也不能适用于与此相关联的事实陈述。否则言论自由(《德国基本法》第5条第1款)的保护领域会受到不被允许的限缩。商品检测或者美食评论领域的

---

[448] 关于第824条的功能见 Prot. II, 638;*Larenz/Canaris* SchuldR II 2 §79 I 1a;MüKoBGB/*Wagner* §824 Rn. 1. 在这些情况中不能以《德国民法典》第823条第2款结合《德国刑法典》第186条为依据,因为贷款刚好不能通过这些条文得到保护。

[449] 参见 BGH NJW 2006, 830 (839) = JA 2006, 486 (*Höpfner/Seibl*);Fall Kirch。

[450] BGHZ 132, 13 (21);154, 54 (60);BGH NJW 1993, 930 (931);HK-BGB/*Staudinger* § 824 Rn. 3; *Larenz/Canaris* SchuldR II 2 §79 I 2.

[451] 参见 BGH NJW 1997, 2513;MüKoBGB/*Wagner* §824 Rn. 15ff. 。

表述在多数时候应作为价值判断,并根据有关营业权侵害(第 823 条第 1 款)的原则来判断(参见第 62 节边码 6)。

示例:某人"已经两次完全说错"的表述仍然是事实陈述。[452] 相反,如果一个商品被说成是"便宜货",则属于价值判断。[453] 某个酒馆提供的菜肴"就像沙漠里的沙子那般干燥"的评论(参见第 62 节边码 6)亦是如此,尽管在这背后绝对可以发现一定的事实本质。与联邦最高法院的意见[454]相反,一个地毯清洁机"会撕碎每一条地毯"的表述同样不是事实陈述,因为对表意人来说,它最终涉及的是对产品的消极价值判断。

主张或者传播的事实必须是**不真实**的。(事实)不真实的证明责任根据一般规则应由受害人承担。[455]

(2)危及信用的能力与直接性

不真实的事实依一般生活经验必须**适于**危及他人的信用或对生计或者职业发展造成其他不利益。其他(不成文的)要件是,受害人受到了**直接妨害**。[456] 如果只是一般性地分析某个产品的质量,而不能看出与特定企业的关联的表述,则并不存在妨害的直接性。[457] 6

示例:电子管风琴不具有在教堂使用能力的表述并不会导致这些管风琴的生产者的生计或发展受到直接妨害。[458] 就二手汽车的价格公布不真实的报价在所涉生产者那里顶多会造成间接妨害。[459]

直接性要求与侵害营业权中的经营相关性(参见第 62 节边码 3)相当。两个标准都具有为限制无法预见的责任风险而**限制潜在请求权人范围**的目的。[460] 7

判例还通过仅将所涉人员与现在或潜在**交易相对人**的关系包括在内

---

[452] BGH NJW 1994, 2614 (2615).
[453] 参见 BGH NJW 1965, 35 (36); *Medicus/Lorenz* SchuldR BT §75 Rn. 9。
[454] BGH NJW 1966, 2010 (2011); ebenso *Larenz/Canaris* SchuldR II 2 §79 I 2a.
[455] 参见 *Jauernig/Teichmann* § 824 Rn. 13.
[456] BGHZ 90, 113 (120); BGH NJW 1992, 1312; HK-BGB/*Staudinger* § 824 Rn. 7.
[457] 参见 *Larenz/Canaris* SchuldR II 2 §79 I 3b。
[458] BGH NJW 1963, 1871 (在这里更像是价值判断)。
[459] BGH NJW 1965, 36 (37) 涉及二手 Goggomobilen 车的价格。
[460] *Larenz/Canaris* SchuldR II 2 §79 I 3b; MüKoBGB/*Wagner* §824 Rn. 39, 41.

来限制第 824 条的保护范围。如果是对政治决策承担者、机关或公众拥有的商业声誉受到妨害,则这仅在侵害营业权的视角下是重要的。[461] 然而,针对不真实的事实陈述的保护在这些情况中为何要受到限制却并不清楚。[462]

(3)过错

8　　最后,第 824 条规定的请求权还以加害人不知悉主张或传播的事实不真实或者因过失而不知悉为前提。如果加害人在传播损害信用的事实时没有履行**核查义务**,则过失的责难尤其可以成立。

　　根据第 824 条第 1 款的文义,过错不必与事实具有危害信用的能力相关联。然而,主流意见正确地认为,根据一般原则,过错要求应当延伸到第 824 条第 1 款规定的所有要件特征上。[463]

3.正当利益的实现(第 824 条第 2 款)

9　　如果加害人并不知悉事实不真实,则就加害人或者通知受领人对真实性具有正当利益的情况,第 824 条第 2 款参照《德国刑法典》第 193 条的规定(事实的主张或者传播)排除了损害赔偿请求权。根据主流意见,这是一种特别的**违法阻却事由**。[464] 这一违法阻却事由在过去主要服务于问讯处的保护;在今天它主要涉及的是,为了**新闻自由**的利益(《德国基本法》第 5 条第 1 款第 2 句)而限制媒体在对交易相关领域的弊病进行报道时所面临的责任风险。[465]

10　　只有当媒体在公开(报道)之前已经就内容的真实进行了足够谨慎的调查时,它们方能主张第 824 条第 2 款规定的责任免除。[466] 在个案中进行**利益衡量**是必须的。在进行利益衡量时被保护的利益的重要性越

---

[461] 参见 BGHZ 90, 113 (120); Palandt/*Sprau* § 824 Rn. 8。
[462] 关于批评观点参见 MüKoBGB/*Wagner* § 824 Rn. 38。
[463] 参见 Jauernig/*Teichmann* § 824 Rn. 10; HK–BGB/*Staudinger* § 824 Rn. 14。
[464] 参见 Staudinger/*Hager*, 2009, § 824 Rn. 9; *Medicus/Lorenz* SchuldR BT § 75 Rn. 11;其他观点见 PWW/*Schaub* § 824 Rn. 13; *Larenz/Canaris* SchuldR II 2 § 79 I 4c:责任免除事由。
[465] Prot. II, 638; Jauernig/*Teichmann* § 824 Rn. 11。
[466] 参见 BGHZ 132, 13 (23ff.); Staudinger/*Hager*, 2009, § 824 Rn. 10; *Medicus/Lorenz* SchuldR BT § 75 Rn. 13。

低,且相关人员面临的不利益越大,对"符合媒体要求的注意"的要求就越高。[467]

示例(BGH NJW 1987, 2225):某周刊 W 援引 S 市的行政处分(Ordnungsverfügung)报道某化工企业 C 将剧毒化学废料"简单地排放到公共运河中",并因此危及大量人群的健康。事后查明,在河道中发现的化学物质根本不是从 C 企业中排出的,则 W 可以根据第 824 条第 2 款的规定来免除责任,其在报道之前进行的调查中已经尽到了"符合媒体要求的注意"。因为公众对于知悉环境丑闻和健康危险具有正当利益。

第 824 条第 1 款所必要的过失与第 824 条第 2 款的注意要求存在何种关系是有疑问的。正确的观点是,考虑到言论自由与新闻自由以及受领人的信息利益,在第 2 款上应**降低**第 1 款规定的**一般注意要求**。[468] 因此,最低程度的注意在第 2 款上就够了。[469]

二、关于性行为方面的规定(第 825 条)

第 825 条原先的文本仅保护因使用不被允许的手段(欺诈、胁迫、滥用附属关系)而被迫"许可婚姻关系之外的性交"的"女性"。这一"完全圣经式的表述"[470]直到 2002 年损害赔偿法改革时才被第 825 条现在的文本所取代。本条规定的保护法益已经不再是女性的性别名誉,而是作为一般人格权特别表现形式的**性自主决定权**。[471] 与此相应,男人和小孩均受到保护。[472] 这一规定也不再以婚外性关系为前提,而是包括每一种性行为的实施或者容忍。由于性自主决定权在第 253 条第 2 款中被作为保护法益进行列举,受害人在第 825 条的情况中也享有抚慰金请求权。[473] 此外,在侵害小孩的性自主决定权时还要注意第 208 条规定的消

---

[467] 参见 MüKoBGB/*Wagner* § 824 Rn. 51ff.。
[468] 参见 *Larenz/Canaris* SchuldR II 2 § 79 I 4b; MüKoBGB/*Wagner* § 824 Rn. 46ff.。
[469] HK-BGB/*Staudinger* § 824 Rn. 12.
[470] *Müller* VersR 2003, 1 (7).
[471] 参见 Soergel/*Beater* § 825 Rn. 1。
[472] 关于这一扩张的意义 *Müller* VersR 2003, 1 (7).
[473] 参见 Staudinger/*Hager*, 2009, § 825 Rn. 14; *Jaeger* VersR 2003, 1372ff.。

灭时效不完成。

13　　在新的文本生效之前,第 825 条并不具有很大的实践意义,因为大多数相关案例被作为对**一般人格权**的侵害并根据第 823 条第 1 款判决。在损害赔偿法改革时,立法者决定仍然保留并扩张本条规定,因此并未给人产生性自主决定权的保护受到减弱的印象。[474] 不过主流意见认为,第 825 条的实际意义今后仍然不会很大。[475] 尤其是第 825 条对行为方式(欺骗等)的限定将无法阻止重回一般人格权的侵害。[476]

即便第 825 条不具有封闭性特征,在一些案件中损害赔偿请求权借助这一规定还是要比第 823 条第 1 款更容易成立。如果第 825 条要求的要件具备,则损害赔偿请求权毫无疑问应予肯定。也就是说,**利益衡量**并**不是必须的**。[477] 此外,受害人在这种情况中可以根据第 253 条第 2 款的规定请求抚慰金,而不必去检验因侵害一般人格权(参见第 61 节边码 13)而生的非物质赔偿的特别要件。

14　　不过,真正**有疑问的案例**既不能根据第 823 条第 1 款,也不根据第 825 条令人信服地解决。比如,第 825 条的新文本也仍然没有回答这样的问题,即如果一个已经结婚的人假装有离婚想法而促使女性与其发生性关系,该妇女能否请求抚慰金。[478] 这里是否存在**欺诈**的特征,最终取决于个案的具体情况。

15　　此外,在侵害性自主决定权时,受害人基于**第 823 条第 2 款结合《德国刑法典》第 174 条及以下**的规定享有损害赔偿请求权。这里抚慰金请求权也是从第 253 条第 2 款的规定中产生的。[479]

---

[474]　参见 BT-Drs. 14/7752, 26; Soergel/*Beater* § 825 Rn. 1。

[475]　Palandt/*Sprau* § 825 Rn. 1; Soergel/*Beater* § 825 Rn. 1; 其他观点见 *Strätz* JZ 2003, 448ff。

[476]　MüKoBGB/*Wagner* § 825 Rn. 3; Staudinger/*Hager*, 2009, § 825 Rn. 3。

[477]　参见 *Strätz* JZ 2003, 448（454）。

[478]　Dafür OLG Hamm NJW 1983, 1436; *Karakatsanes* MDR 1989, 1041ff.; *Strätz* JZ 2003, 448（454）; 其他观点见 MüKoBGB/*Wagner* § 825 Rn. 10; BeckOK BGB/*Spindler*, 56. Ed. 1.11.2020, § 253 Rn. 59; LG Saarbrücken NJW 1987, 2241 mit Aufsatz *Pawlowski* JuS 1988, 441ff.; *Pawlowski* NJW 1983, 2809。

[479]　参见 MüKoBGB/*Oetker* § 253 Rn. 25。

参考文献：Beater, Deliktischer Äußerungsschutz als Rechts- und Erkenntnisquelle des Medienrechts, JZ 2004, 889; Jaeger, Schmerzensgeld bei Verletzung des Rechts auf sexuelle Selbstbestimmung gem. § 253 Abs. 2 BGB n. F., VersR 2003, 1372; Karkatsanes, Zum Schmerzensgeldanspruch einer Frau, die durch wahrheitswidrige Vorspiegelung der Scheidungs- und Heiratsabsicht seitens eines verheirateten Mannes zur Aufnahme bzw. Fortsetzung intimer Beziehungen zu ihm bewogen wird, MDR 1989, 1041; Kilian, Schadensersatz bei Verletzung des Rechts auf sexuelle Selbstbestimmung: Der reformierte § 825 BGB, JR 2004, 309; Kübler, Öffentliche Kritik an gewerblichen Erzeugnissen und beruflichen Leistungen, AcP 172 (1972), 177; Messer, Der Anspruch auf Geldersatz bei Kreditgefährdung, § 824 BGB und Anschwärzung, § 14 UWG, FS Steffen, 1995, 347; Müller, Das reformierte Schadensersatzrecht, VersR 2003, 1; Pawlowski, Schmerzensgeld für fehlgeschlagene Ehestörung, NJW 1983, 2809; Pawlowski, Berechtigtes Vertrauen auf Untreue als Folge der Güterabwägung?, JuS 1988, 441; Peters, Die publizistische Sorgfalt, NJW 1997, 1334; Steinmeyer, Bürgerinitiativen und Unternehmensschutz, JZ 1989, 781; Strätz, Wundersame Entwicklung: § 825 BGB neuer Fassung, JZ 2003, 448; Wagner, Zivilrechtliche Haftung für sexuelle Belästigung am Arbeitsplatz, GS Heinze, 2005, 969.

第67节 过错推定责任

在侵权损害案件中,受害人在证明加害人过错方面常常会遇到困难。与既存的债务关系(第280条第1款第2句)框架下发生的侵害不同,侵权法中并不存在普遍性的证明责任倒置,而是仅在第831条至第838条中规定了一些加害人的过错被推定的构成要件。不过,这并不能改变,第831条及以下中涉及的(几乎)全是对**不法**且**有过错的**行为承担的责任。[480] 属于此类的如为避免因他人(第831条、第832条)、动物(第833

1

---

[480] 参见 Brox/Walker SchuldR BT § 48 Rn. 2。

条第2句、第834条)或者建筑物(第836条至第838条)而对第三人造成损害的交往义务。特别应当注意的是对动物(第833条、第834条)承担的责任,因为这一责任在出发点上(第833条第1句)是作为危险责任来构建的(参见第68节边码1及以下)。

过错推定责任还可以在《德国民法典》之外的责任要件中找到。尤其应当提及的是《道路交通法》第18条规定的机动车驾驶人责任(参见第74节边码1)。

一、为事务辅助人承担责任(第831条)

1. 基本思想

2　　实践中最为重要的过错推定责任是雇主对其事务辅助人依第831条第1款的规定承担的责任(也可参见拙著《债法总论》第23节边码43以下)。与在合同领域(第278条)不同的是,立法者在侵权法领域坚持,雇主仅需对**自己的过错**(也即在选任和监督辅助人方面)承担责任。受害人的证明困难通过推定雇主具有过错而得到了考虑。雇主也可以通过证明在选任或者监督辅助人方面已经尽到了交往中必要的注意或者损害在施以此种注意义务时仍然会发生(所谓的**责任免除**Exkulpation)来免责。与第278条不同的是,第831条第1款是一个独立的请求权基础。

从教义学的角度应当注意的是,与雇主的过错相关联的是恰当地选任和监督辅助人的(交往)义务的违反。因此,证明责任倒置在**违法要件**层面就已经要使用了。[481]

在与第823条第1款的关系上,第831条的意义主要在于**证明责任倒置**。此外,第831条并非必须以第823条第1款意义上的法益侵害为前提。确切地说,事务辅助人满足了任一责任规范的客观要件特征就够了。就这一点来说,纯粹财产损失也可以根据第831条(结合第823条第2款或者第826条)的规定获得赔偿。[482]

---

[481] 参见 Larenz/Canaris SchuldR II 2 § 79 III 1a; MüKoBGB/*Wagner* § 831 Rn. 11。
[482] Larenz/Canaris SchuldR II 2 § 79 III 1c。

2. 责任要件

(1) 事务辅助人

第831条第1款规定的责任的前提是,直接加害人是被请求赔偿的雇主的事务辅助人。事务辅助人是**受其指示且具有从属性的地位**,在雇主知悉并意欲的前提下为其工作的人。[483] 必要的是在一定程度上编入雇主的组织领域。被包括的主要是雇主的员工于存在类似的事实上从属性时也可以将商事代理人视为事务辅助人。[484] 相反,独立的企业主虽然可以成为履行辅助人(第278条),但不能作为事务辅助人(参见拙著《债法总论》第23节边码43)。[485] 对于机关和其他代表人(如分支机构负责人),雇主应当根据第31条的规定承担责任,而无责任免除机会。[486] 这不仅适用于法人,也适用于商事公司(普通合伙、有限合伙)和民事合伙(第705条)。第31条的规定在此可以类推适用。[487]

示例:在医院进行医学治疗时,医院经营者原则上应当根据第831条的规定对其雇佣的医生的侵权损害承担责任。对于主治医生(Chefarzt)则适用例外。只要主治医生在医学领域没有受到指示,则其应被视为医院经营者根据组织规则委任的代理人。[488] 也就是说,第31条(如有必要结合第89条)在这里是适用的。

与第278条不同的是,在第831条并不存在对**法定代理人**的责任。因此,未成年人在侵权责任领域不必承受其父母的行为的归责(参见拙著《债法总论》第23节边码44)。

对受指示和从属性的要求源自于第831条规定的责任以雇主具有相应的**施加影响的机会**为前提。在与独立企业主的关系上则不存在这种广

---

[483] 参见 RGZ 51, 199 (201); BGH NJW 2009, 1740 (1741); HK-BGB/*Staudinger* § 831 Rn. 7。

[484] 参见 MüKoBGB/*Wagner* § 831 Rn. 18。

[485] *Larenz/Canaris* SchuldR II 2 § 79 III 2a.

[486] 参见 BGHZ 49, 19 (21); MüKoBGB/*Wagner* § 831 Rn. 20。

[487] MüKoBGB/*Wagner* § 831 Rn. 20. 关于第31条对民事合伙的类推适用见 BGH NJW 2003, 1445 (1446) im Anschluss an BGHZ 146, 341。

[488] BGHZ 77, 74 (76ff.); Staudinger/*Bernau*, 2018, § 831 Rn. 66.

泛的选任和监督义务。确切地说,人们原则上可以信赖,一个独立的企业主能够自负其责地妥当完成其任务。[489]

(2)不法造成第三人损害

5　　事务辅助人必须不法地给第三人造成了损害。第 831 条以不法侵害这一特征与**侵权法上的不法责任**(第 823 条及以下)取得了联系。虽然实践中大多涉及第 823 条第 1 款,但作为联结点,所有其他侵权责任构成要件(第 833 条第 1 句规定的危险责任例外)也都是可以考虑的。

6　　第 831 条规定的请求权还以事务辅助人**不法地**实现了所涉责任规范**的客观要件**为前提。辅助人自身的**过错**并不必要;在这里完全取决于雇主自己被推定的过错。[490] 因此,雇主的担保义务与辅助人根据第 827 条、第 828 条不具有侵权责任能力之间并不冲突。[491]

在一些责任构成要件上,**不法要件**受到了**主观因素**的影响。第 826 条(故意)和第 823 条第 2 款结合刑法上的故意犯罪行为(比如,《德国刑法典》第 263 条),尤其如此。对于这些情况人们普遍承认,辅助人也必须实现了那些属于不法要件的主观要素。[492]

7　　此外,放弃对辅助人过错的要求并不会导致雇主必须根据第 831 条第 1 款的规定承担责任,尽管辅助人的行为完全恰当。联邦最高法院首先尝试通过**符合交往要求行为的违法阻却事由**来解决这一问题(参见第 59 节边码 18 及以下)。部分下级法院赞同这一点。反之,大多数文献则正确地以此为标准,第 831 条以事务辅助人违法并因此也违反交往安全义务的行为为前提。[493]

示例(OLG Hamm NJW-RR 1998, 1402):由于公交车驾驶人 O 急刹车,乘客 F 跌倒并受伤。哈姆(Hamm)高等法院否定了公交车经营者 B 承

---

[489]　参见 BGHZ 24, 247 (248);Staudinger/*Bernau*, 2018, § 831 Rn. 99。
[490]　BGHZ 24, 21 (29);BGH NJW 1996, 3205 (3207);*Medicus/Lorenz* SchuldR BT § 80 Rn. 11.
[491]　参见 *Gursky* SchuldR BT 223;*Schlechtriem* SchuldR BT Rn. 909。
[492]　参见 *Larenz/Canaris* SchuldR II 2 § 79 III 2c。
[493]　MüKoBGB/*Wagner* § 831 Rn. 38;BeckOGK/*Spindler*, 1. 11. 2020, BGB § 831 Rn. 34。

担第831条规定的责任,因为根据举证的结果,O的行为符合交往要求。根据文献中的有力观点,F基于第831条第1款对B的请求权因O并未违反交往安全义务而可能不成立。因此,F对B可以考虑的只有《道路交通法》第7条第1款规定的损害赔偿请求权。

近期判例则倾向于,在考虑**规范保护目的**的前提下否定第831条第1款规定的责任,如果辅助人像任何经过谨慎挑选和监督的人那样行为。[494] 不同的教义学归类对证明责任具有实践意义。根据联邦最高法院的观点,在这里雇主应当证明事务辅助人的行为是妥当的。此处所支持的观点则是,雇主根据第831条第1款所承担的责任以事务辅助人实施了违反交往义务的行为为前提,因而涉及的反过来是受害人负有证明义务的责任成立要件。[495]

(3)行为发生在履行事务过程中

辅助人的加害行为必须发生**在履行**其被雇主委任的事务过程中。与在第278条(参见拙著《债法总论》第23节边码39)一样,这里也可以提出那些仅"**在有机会时**"实施的行为的界定问题。在辅助人违反指示时,雇主的责任根据这种理论无论如何都还没有被排除。[496] 然而,根据主流意见,侵害行为必须与被委托的任务存在内在关联。如果辅助人在其工作框架内纯粹偶然触及受害人的法益,并利用这种机会实施了一个与其被委托的任务没有联系的侵权行为,上述内在关联即应予以否定。[497]

8

反对意见则认为,辅助人因被委托的任务而得以**显著便利**地实施了侵权行为即已足够。[498] 根据这种观点,即便在给第三人造成不利的故意犯罪(如盗窃)中,第831条第1款也要适用。这似乎是合适的,因为雇主

9

---

[494] BGH NJW 2003, 3205 (3207); VersR 2020 180 Rn. 20; Palandt/*Sprau* § 831 Rn. 8.
[495] 参见 MüKoBGB/Wagner § 831 Rn. 36ff.; BeckOGK/*Spindler*, 1. 11. 2020, BGB § 831 Rn. 35; *Looschelders* FS Martinek, 2020, 405 (410)。
[496] 参见 BGHZ 31, 358 (366); *Larenz/Canaris* SchuldR II 2 § 79 III 2d。
[497] 参见 BGH NJW 1989, 723 (725); Staudinger/*Bernau*, 2018, § 831 Rn. 127ff. 。
[498] So *Larenz/Canaris* SchuldR II 2 § 79 III 2d; *Medicus/Lorenz* SchuldR BT § 80 Rn. 12.

在这里也有机会通过谨慎的选任和监督辅助人来防止损害的发生。[499]不被包括的仅仅是那些同时可以归结到辅助人私人领域的侵权行为。[500]

示例：画师（M）的绘画学徒（G）在实施绘画工作时，趁人不备从委托人的抽屉里偷了钱，则 B 根据这里所持的观点基于第 280 条第 1 款结合第 278 条（参见拙著《债法总论》第 23 节边码 39）和第 831 条第 1 款的规定对 M 享有损害赔偿请求权。相反，如果重型卡车的司机（L）出于私人原因，违反规定在一次公差中捎带了一位朋友（F），在 F 因 L 有过错的驾驶方式受到伤害时，L 的雇主并不根据第 831 条第 1 款的规定承担责任。[501]因为捎带朋友 F 完全处于 L 的私人领域。

(4) 雇主不存在排除责任的情形

10   根据第 831 条第 1 款第 2 句的规定，雇主可以通过证明在**选任**和**监督**事务辅助人方面已尽交往中必要的注意或者损害在施以此种注意时亦会发生而免除责任。监督的要求并非直接来自法律。根据主流意见，只有当辅助人在实施侵权行为时本来也还允许被雇佣时，才存在谨慎的选任。因此，如果在谨慎的监督时本来可以找出可能不值得信任的线索，则辅助人即不（再）是按照规定"选任"的。[502]如果雇主已经采取了预防措施、购置了设备或者领导了事务的实施，则其在这里也必须被免除责任。然而，前提是雇主在个案中确实履行了这样的交往义务。[503]

11   判例对辅助人的选任和监督提出了相对**较为严格的注意义务要求**。[504]在此尤其取决于个案中被委托的活动种类、与此联系的危险程度以及辅助人的人格。[505]

示例（OLG Köln NJW-RR 1997, 471）：某个守卫人员具有特别的信赖地位，他以独自负责的方式守卫某大型仓库。在雇用守卫人员时雇主应

---

[499] 参见 Erman/*Wilhelmi* § 831 Rn. 11；MüKoBGB/*Wagner* § 831 Rn. 45ff.。
[500] *Larenz/Canaris* SchuldR II 2 § 79 III 2d；MüKoBGB/*Wagner* § 831 Rn. 33.
[501] 参见 BGH NJW 1965, 391 (392)；*Larenz/Canaris* SchuldR II 2 § 79 III 2d。
[502] 参见 *Medicus/Lorenz* SchuldR BT § 80 Rn. 14；MüKoBGB/*Wagner* § 831 Rn. 41。
[503] 参见 *Medicus/Lorenz* SchuldR BT § 80 Rn. 15；HK-BGB/*Staudinger* § 831 Rn. 11。
[504] Jauernig/*Teichmann* § 831 Rn. 11；*Larenz/Canaris* SchuldR II 2 § 79 III 3a.
[505] BGH NJW 2003, 288 (290)；Erman/*Wilhelmi* § 831 Rn. 17。

让人无遗漏地记录申请人的职业经历,并通过当面的招聘谈话了解其个人关系和经济关系(债务、奢侈的爱好等)。此外,通过定期检查和突出检查进行高强度的监督也是必要的。

免责证明首先针对的是,雇主在选任和监督辅助人的**行为上并无过错**。不过,雇主也可以主张可能的**注意义务违反**与损害**没有因果关系**。 12

示例:如果辅助人缺乏相应的能力或者不值得信赖在实施要求的检验时不会被发现,则应当否定选任过错和监督过错与损害之间的因果关系。与此相反,根据主流意见,雇主不能以辅助人的具体不当行为与那些让辅助人显得不恰当和不值得信赖的有关情况并未表现出关联性来免除责任。[506] 如果辅助人在实施事务时遵守了交往中必要的注意,则在选任和监督方面可能的注意义务违反与损害无论如何都没有因果关系(参见第59节边码19)。

在大企业上判例赋予雇主去中心化(dezentralisiert)**的免责证明机会**。如果由高级雇员(人力资源总监、部门负责人等)负责雇员的选任和监督,则雇主为免除自己的责任可以主张他已经谨慎地选任和监督了该高级雇员,或者即便谨慎地选任和监督该高级雇员损害也可能发生。[507] 13

与此相关联的对大企业的优待在学术文献中遭受了合理的批评。[508] 去中心化的实际意义通过如下方式被削弱了,即雇主在每种情况中必须对自己的**组织过错**和其机关以及根据章程任命的代理人(第31条)的类似疏忽承担责任(参见第63节边码4)。[509] 由于新近的判例在这方面非常严格,去中心化的免责证明在一些学者看来甚至是不合时宜的。[510] 这种评价至少在一般侵权法的产品责任上是合适的,因为判例在这里直接以生产者的交往义务为标准(参见第63节边码6及以下)。

雇主的组织过错在第831条第1款的框架下具有何种意义是有争议

---

[506] Erman/*Wilhelmi* § 831 Rn. 24; MüKoBGB/*Wagner* § 831 Rn. 54。
[507] 参见 BGHZ 4, 1 (2ff.);11, 151 (153ff.); HK-BGB/*Staudinger* § 831 Rn. 13。
[508] 参见 Larenz/*Canaris* SchuldR II 2 §79 III 3b;*Medicus/Lorenz* SchuldR BT § 80 Rn. 18。
[509] HK-BGB/*Staudinger* § 831 Rn. 13; vgl. dazu schon BGHZ 4, 1 (3)。
[510] So Erman/*Wilhelmi* § 831 Rn. 21; ähnlich *Harke* SchuldR BT Rn. 560。

的。有部分观点回归了第823条第1款。然而,在组织过错的问题上根据**去中心化的举证免除**原则来否定雇主的责任免除机会似乎更为简单。[511]

3. 选任和监督义务的承担

14 第831条第2款将事务辅助人的责任移转到他人通过合同承受雇主的选任和监督义务的情况。考虑到与此相关联的责任风险,这一规定应当非常严格地解释。它既不包括法人和人合公司的机关,也不包括那些基于劳动合同而为雇主履行所涉义务的高级雇员。因为在所有这些情况中涉及的是**企业内部管辖权的分配**。第831条意义上的使用人在这里仍然只有企业以及雇主;机关和雇员仅根据第823条第1款的规定承担责任。[512]

15 因此,第831条第2款规定的情况仅是其他的独立企业**自我负责地**承受雇主的义务。这在劳务派遣关系(Leiharbeitsverhältnissen)中是可以考虑的。[513] 因此,这一规定的实际意义并不大。

二、监督义务人的责任(第832条)

1. 基本思想

16 如果某人基于法律规定而对未成年人或者基于其他事由(比如,精神病、身体残疾)需要监督的人负有监督义务,则他必须根据第832条第1款的规定对那些需要监督的人不法施加于第三人的损害承担责任。与那句普遍流行的俗语"**父母应为其子女承担责任**"不同的是,第832条第1款涉及的也并非危险责任,而是对**推定过错**承担的责任。[514] 因此,监督义务人可以依第832条第1款第2句的规定通过证明已善尽监督义务或者损害在施以此种监督义务时亦会发生而免除责任。这种证明责任倒置的原理是,受害人对监督义务的履行无法窥知,相反,监督义务人可以非

---

[511] So Staudinger/*Bernau*, 2018, § 831 Rn. 174ff.
[512] 参见 BGH NJW 1974, 1371 (1372); *Larenz/Canaris* SchuldR II 2 § 79 III 7。
[513] 参见 Erman/*Wilhelmi* § 831 Rn. 27; *Medicus*, FS Deutsch, 1999, 291ff. 。
[514] 关于其教义学归类见 MüKoBGB/*Wagner* § 832 Rn. 1。

常轻松地说明和证明为保护第三人的利益采取了哪些监督措施。[515]

深化：第832条第1款在法政策上的合法性是有争议的。文献中有部分学者指出，在对小孩子的监督义务上，父母并不具有能够合理解释承担比一般原则更为严格责任的经济利益。[516] 其他一些学者刚好持相反观点，即应为父母规定对小孩的危险责任。[517]

法政策思考的出发点应当是，小孩的教育（对需要监督的成年人的照管也是如此）是一项重大的社会政治任务。因此，规定危险责任可能是一个错误的信号。相反，现行规定强调父母的责任，且因存在更好的举证机会在具体构建上对他们而言也是可期待的。因父母可以通过订立责任保险来避免过度的责任风险，这一点就更显合理了。

此外，第832条表现出了与**第831条相同的结构**。也就是说，与后者有关的法教义学的思考（参见第67节边码2）在这里也是适用的。

第832条涉及的仅是**第三人因监督义务的违反而被侵害的情况**。如果是**需要监督的人自己遭受了损害**，则监督义务人应当根据一般侵权法（尤其是第823条第1款）来承担责任。[518] 父母在这里相对其子女可以从第1664条规定的责任优待中获益。因此，父母仅需为处理自己事务的注意（第277条）承担责任。根据占支配地位的判例，如果子女因为父母的监督过错而在普通道路交通中受到侵害，则第1664条规定的优待也是适用的。[519] 仅当子女的损害是因为父母违反作为机动车驾驶人的注意义务所导致时，才适用例外。

17

2. 要件

(1) 监督义务

第823条涉及的是**法定的监督义务**。比较重要的例子是父母对其未

18

---

[515] *Larenz/Canaris* SchuldR II 2 § 79 IV 1b；MüKoBGB/*Wagner* § 832 Rn. 5.
[516] Staudinger/*Bernau*, 2018, § 832 Rn. 3；*Großfeld/Mund* FamRZ 1994, 1504 (1508ff.).
[517] 关于改革的讨论 Staudinger/*Bernau*, 2018, § 832 Rn. 228f. mwN.
[518] BGHZ 73, 190 (194)；BGH NJW 1996, 53.
[519] 参见 OLG Bamberg NJW 2012, 1820 (1821)；OLG Karlsruhe NJW 2012, 3043；*Looschelders*, FS Jaeger, 2014, 371 (382ff.).

成年子女的监督义务(第 1626 条第 1 款、第 1631 条第 1 款)。在成年人方面,照管人的监督义务(第 1896 条及以下)可能是重要的。[520] 相反,基于家庭联系(如在配偶之间)而对成年人的普遍监督义务则不应当被承认。[521] 在这里仅可以考虑因违反一般交往义务而承担第 823 条第 1 款规定的责任。[522]

19 第 832 条第 2 款将责任延伸到了某人**通过合同**承受监督义务的情况。被包括的有儿童保姆、日间保姆、照看婴儿的人、青年领袖(Jugendleiter)等,也包括根据私法运营的学校和幼儿园。[523] 公法设置者(Trägerschaft)的责任则应根据第 839 条结合《德国基本法》第 34 条的规定来判断。不过,根据联邦最高法院新近的判例,如果受害人对作为托儿所设置者的乡镇政府行使**公务责任请求权**(Amtshaftungsanspruch),则其也可以享受证明责任倒置的优待。[524] 赞同这种观点的论据有,市政机构相对于私人机构享受了优待。[525]

在**拼凑家庭**中,将第 832 条第 2 款准用于对伴侣小孩的监督得到了支持。[526] 相反,基于**情谊关系**(比如,亲戚或者邻居)短时间承受此种监督则不能解释准用第 832 条第 2 款的合理性。[527] 这里只能考虑第 823 条第 1 款(没有证明责任倒置)规定的责任。[528] 根据主流意见,合同必须是**有效**的。因此,如果未成年的婴儿照料人未经父母同意而承受了监督义务,则该未成年婴儿照料人并不根据第 832 条第 2 款承担责任。[529]

---

[520] HK-BGB/*Staudinger* § 832 Rn. 6.
[521] 参见 MüKoBGB/*Wagner* § 832 Rn. 16。
[522] Staudinger/*Bernau*, 2018, § 832 Rn 206.
[523] MüKoBGB/*Wagner* § 832 Rn. 19.
[524] BGH NJW 2013, 1233; ebenso Staudinger/*Bernau*, 2018, § 832 Rn. 211; 其他观点尚见 BGHZ 13, 25(27ff.)。
[525] 参见 *Förster* NJW 2013, 1201(1203)。
[526] OLG Düsseldorf NJW-RR 1992, 857; MüKoBGB/*Wagner* § 832 Rn. 13; *Bernau* FamRZ 2006, 82ff.
[527] 参见 Staudinger/*Bernau*, 2018, § 832 Rn. 39。
[528] *Larenz/Canaris* SchuldR II 2 § 79 IV 2a.
[529] 参见 Staudinger/*Bernau*, 2018, § 832 Rn. 48; 批评观点见 MüKoBGB/*Wagner* § 832 Rn. 21f.。

(2)对第三人的不法侵害

第 832 条规定的责任以需要监督的人对第三人造成了不法侵害为前提。也就是说,需要监督的人必须**不法地**实现了某个侵权责任规范的**客观要件**,(主观)**过错**(与在第 831 条一样)则并不重要。[530] 在需要监督的小孩身上,过错能力经常会根据第 828 条的规定被排除。在这种情况中受害人只能求助于负有监督义务的人。如果需要监督的人同样(比如,基于第 823 条第 1 款)需要承担责任,则双方为连带债务人(第 840 条第 1 款)。不过,在内部关系上依第 840 条第 2 款的规定原则上由需要监督的人独自负担义务(参见第 70 节边码 18)。

20

(3)监管义务人没有责任免除的情形

监督义务人可以以自己已经善尽监督义务(第 832 条第 1 款第 2 句)来免除责任。**监督义务的范围和内容**不能概括性地确定,而是必须在个案中进行利益衡量。在**小孩**身上具有意义的主要是年龄、发展状况以及人格特性。[531] 判例以理性的父母为避免给第三人造成损害在具体情况中可能会采取哪些预防措施为标准。[532] 一个重点在于对特定行为方式(比如,如何使用火或危险玩具、道路交通中的行为)危险性的预防性教导。相反,完完全全的监督至少在年龄较大的孩子身上是既不可能,也无法期待的。因此,根据第 1626 条第 2 款第 1 句的规定父母甚至负有义务,为培养独立责任意识对孩子不断增长的能力和需要予以考虑。[533] 在正常发展的小孩身上,联邦最高法院以 4 周岁为年龄界限,4 周岁以上的小孩即便露天玩耍时也不需要进行独立监督。不过,最长间隔 30 分钟左右应当进行一次例行巡查。[534]

21

示例:父母应当使其子女熟悉如何应对道路交通中的危险。年龄较小的孩子在人行道上必须被牵在手里或者至少被照看到。在街道上玩耍

---

[530] BGHZ 111, 282 (284); HK-BGB/*Staudinger* § 832 Rn. 9.
[531] BGH VersR 2009, 788 (789); *Larenz/Canaris* SchuldR II 2 § 79 IV 2c.
[532] BGHZ 111, 282 (285); BGH NJW 1993, 1003.
[533] Erman/*Wilhelmi* § 832 Rn. 6.
[534] BGH VersR 2009, 788 (789).

应当被禁止。[535] 供游玩的街道则适用例外,在这种街道上玩耍即便没有时常照看也是被允许的。[536]

22　　监督义务人也可以以**监督义务的违反**与损害之间**没有因果关系**来免除责任。这里涉及的并非是自然律意义上的因果关系。确切地说,监督义务人也可以主张,因义务违反而创造的危险在损害中并没有发生。[537]

　　示例(BGH VersR 1957, 799):父亲(V)给了其11岁的儿子(S)一个异常大的带箭头的弓箭,让其独自玩耍而没有照看。S在玩耍时将箭头射向一棵树。其中一支箭从树上反弹回来并伤到了在一旁站着的小孩(K)的眼睛。K向V请求损害赔偿。

　　K可能基于第832条第1款的规定对V享有损害赔偿请求权。V作为父亲依第1626条、第1631条第1款的规定对S负有监督义务。S不法侵害了K的身体和健康,因此实现了第823条第1款的构成要件。不过,V可以依第832条第1款第2句的规定被免除责任。基于箭头和弓箭作为射击武器的危险性,我们应当认为,V将这种玩具交给S玩耍即已违反了监管义务。在自然律意义上这对于损害的发生也具有因果关系。不过,具体的损害并非以箭头和弓箭的特别危险性为基础。因此,联邦最高法院正确地否定了请求权。

三、因建筑物造成的损害(第836条至第838条)

23　　另外一种过错推定责任可以在第836条至第838条中找到。这些规定调整的情况是,**建筑**或其他与土地联结的**工作物**(桥梁、粮仓、脚手架、马戏团帐篷、墓碑、交通指示牌等)**的倒塌**[538],或者因建筑物或工作物之**部分**的**脱落**造成他人死亡、受伤或者物的毁损。因此,它属于**违反交往义务**的特别情况。[539] 在与第823条第1款的关系上,第836条及以下的独

---

[535] 参见 MüKoBGB/*Wagner* § 832 Rn. 32 mwN。
[536] 参见 OLG Hamm NJW-RR 2002, 236 (237)。
[537] 参见 Staudinger/*Bernau*, 2018, § 832 Rn. 175f.。
[538] MüKoBGB/*Wagner* § 836 Rn. 9; Palandt/*Sprau* § 836 Rn. 3.
[539] 关于其教义学归类 BGHZ 55, 229 (235)。

立意义来自对**过错**的证明责任倒置。承担安全保障义务的人必须证明他在建筑物的设置和维护上已经遵守了必要的注意义务。[540] 此外被推定的还有,安全保障义务人的过错行为与建筑物的倒塌或者部件的脱落具有因果关系。[541] 这背后的考虑是,安全保障义务人对此具有更强的释明能力。[542] 相反,建筑物或工作物的**客观瑕疵**则必须由受害人证明。然而,建筑物的倒塌或部件的脱落也可以成立表见证据(Anscheinbeweis)。[543]

根据第 836 条第 1 款第 2 句的文义,负担安全保障义务的人(与在第 831 条第 1 款第 2 句和第 832 条第 1 款第 2 句不同)不能主张,损害在施以相当注意的行为时也可能发生。不过,主流意见在这里还是肯定安全保障义务人有责任免除的机会。[544]

主流意见仅将第 836 条及以下适用于被明确包括的情况。在其他从土地或者建筑物中产生的危险(比如,树木、冰柱或者屋顶积雪的坍塌[545])上,则拒绝进行**类推适用**。[546] 这里必须回归违反交往义务的一般责任(第 823 条第 1 款)。[547]

第 836 条及以下规定的责任以法益侵害系建筑物倒塌或部件脱离所具有的**特别危险**引起为前提。据据这一规定,损害必须是由于建筑物倒塌或部件脱离产生的运动作用力(动力能)造成的。如果一个行人被掉落在地上的部件绊倒并受伤,这一点即应被否定。[548] 第 836 条及以下的保护目的也不包括拆房子时因建筑物倒塌而受伤的拆房企

24

---

[540] 参见 OLG Hamm NJW-RR 2002, 92; *Harke* SchuldR BT Rn. 566。
[541] BGH NJW-RR 1988, 853(854); Staudinger/*Bernau*, 2018, § 836 Rn. 2.
[542] 关于举证责任倒置的原理 MüKoBGB/*Wagner* § 836 Rn. 2。
[543] 参见 BGH NJW 1999, 2593(2594)-Baugerüst; Palandt/*Sprau* § 836 Rn. 9。
[544] MüKoBGB/*Wagner* § 836 Rn. 24; HK-BGB/*Staudinger* § 836 Rn. 13.
[545] Zu Dachlawinen OLG Düsseldorf VersR 2012, 732(733).
[546] 参见 *Schmid* VersR 2012, 1098f. mwN。
[547] *Larenz/Canaris* SchuldR II 2 § 79 VI 2a; *Harke* SchuldR BT Rn. 567。
[548] 参见 BGH NJW 1961, 1670(1671); Jauernig/*Teichmann* § 836 Rn. 6; *Schmid* VersR 2012, 1098(1099)。

业主。[549]

建筑物所造成损害的责任主要由土地的**自主占有人**(Eigenbesitzer)承担(第836条第3款结合第872条)。土地先前的自主占有人在其占有结束后一年内仍应承担责任(第836条第2款)。如果某人为行使其权利(如地上权)而在他人的土地上设置建筑物或其他工作物(如脚手架、马戏团帐篷),则其应代替土地的占有人承担责任(第837条)。

示例(OLG Hamm NJW-RR 2002, 92):马戏团Z经营者在E的土地上支起一顶马戏团用的帐篷。如果某个观众因座椅前的地板条固定有瑕疵而受伤,则Z(并且不是E)应当根据第837条结合第836条的规定承担损害赔偿责任。基于第836条第1款第2句的证明责任倒置规定,即便不能排除用于固定的物体是被马戏团的某位参观者恶意移除的,该责任也应当产生。

25 在土地或者建筑物占有人之外,基于**合同**(如房屋管理人)或者以其他方式(如破产管理人)[550]承担(建筑物的)维护义务或者基于某种**使用权**(如用益权Nießbrauch)而对建筑物的维护负责的人也要依第838条的规定承担责任。原则上承租人并不负担租赁物(参见第535条第1款第2句)的维护义务。因此,只有当承租人根据合同承担了维护义务时,他才要根据第838条的规定承担责任。[551]

参考文献:*Bernau*, Haftet die Pachtwork- Familie aus § 832 BGB?, FamRZ 2006, 82; *Bernau*, Die Elternhaftung nach § 832 BGB- Eine Übersicht der seit 2000 veröffentlichten Rechtsprechung, FamRZ 2007, 92; *Brand*, Die Haftung des Aufsichtspflichtigen nach § 832 BGB, JuS 2012, 673; *Coester- Waltjen*, Beweiserleichterungen und Gefährdungshaftung, JURA 1996, 608; *Förster*, Verschuldensvermutung bei der Amtshaftung- Aufsichtspflicht von Kindergartenpersonal, NJW 2013, 1201; *Großfeld/Mund*, Die Haftung der Eltern nach § 832 I BGB, FamRZ 1994,

---

[549] BGH NJW 1979, 309; Palandt/*Sprau* § 836 Rn. 7.
[550] 参见 MüKoBGB/*Wagner* § 838 Rn. 5。
[551] 参见 BGH VersR 1990, 1280; *Larenz/Canaris* SchuldR II 2 § 79 VI 2d。

1504; *Kupisch*, Die Haftung für Verrichtungsgehilfen (§ 831 BGB), JuS 1984, 250; *Medicus*, Zum Anwendungsbereich der Übernehmerhaftung nach § 831 Abs. 2 BGB, FS Deutsch, 1999, 291; *Petershagen*, Die Gebäudehaftung, 2000; *Schmid*, Die Aufsichtspflicht nach § 832 BGB, VersR 1982, 822; *Schmid*, Die Haftung für den Einsturz und die Ablösung von Gebäudeteilen, VersR 2012, 1098; *Schreiber*, Die Haftung für Hilfspersonen, JURA 1987, 647; *Seiler*, Die deliktische Gehilfenhaftung in historischer Sicht, JZ 1967, 525; *Wolf*, Billigkeitshaftung statt überzogener elterlicher Aufsichtspflichten - ein erneutes Plädoyer für die Anwendung des § 829 BGB aufgrund einer Haftpflichtversicherung, VersR 1998, 812. Vgl. auch die Nachweise zu § 58 und § 59.

第 68 节　为动物承担的责任

一、基础

《德国民法典》起草者在动物保有人责任上决定与罗马法[552]对接,引入一个**危险责任**(第 833 条第 1 句)。然而,《德国民法典》生效后不到几年时间,立法者就针对用益动物(Nutztiere)创设了一个责任免除的机会(第 833 条第 2 句),以避免对职业或者营业的动物保有人造成过重负担,尤其是在农业领域。[553] 因此,危险责任被限制在非为职业或者营业目的而作为家畜饲养的奢侈动物上。

法律比较:在大多数欧洲国家,就动物危险承担的责任都被设计为纯粹的危险责任。在德国之外,只能在希腊找到对用益动物的优待。[554] 从法律政策的角度来看,这种优待在今天已经不再合理了,尤其是因为用益

1

---

[552] 在罗马法上对动物的责任不以过错为要件。不过,所有权人可以通过将动物交给受害人免除责任(所谓的加害责任;参见 *Kaser/Knütel/Lohsse* Römisches PrivatR § 50 Rn. 14)。
[553] 参见 MüKoBGB/*Wagner* § 833 Rn. 3。
[554] 参见 *v. Bar*, Gemeineuropäisches Deliktsrecht Bd. 1: Die Kernbereiche des Deliktrechts, 1996, Rn. 210ff.。

动物的保有人至少与奢侈动物的保有人一样可以为其责任风险投保保险。[555] 第833条第2句的责任免除机会并不违背《德国基本法》第3条第1款规定的恣意禁止,因此现行法(de lege lata)仍然要遵守。[556] 不过,在统一欧洲侵权法时应当创造一个统一的危险责任。[557]

相对于第823条第1款规定的常规过错责任,强化动物保有人责任的原因在于,动物基于其不可预测性(Unberechenbarkeit)属于一种**特别危险源**。谁为自己的利益创造或者控制这样的危险源,也就必须承担与此关联的风险。[558]

二、为奢侈动物承担的危险责任(第833条第1句)

1. 法益侵害

2 第833条第1句规定的责任首先以存在**法益侵害**(比如,致人死亡、侵害身体或者健康、损害他人之物)为前提。具体情况可以参见对第823条第1款(参见第60节边码2及以下)的论述。

2. 动物

3 法益侵害必须是由**动物**造成的。动物的概念应当根据一般的语言用法来确定。[559] 像细菌或者病毒这样的**微生物**是否也被包括在内是非常有争议的。[560] 根据文义进行的解释在这里也变得无济于事,因为微生物(至少细菌是)处于"动物"特征的"概念边界"(Begriffshof)[561]范围内。重要的应当是目的论论据。反对适用第833条第1句的观点认为,该规定旨

---

[555] 关于批评意见参见 Staudinger/*Eberl-Borges*, 2018, §833 Rn. 7ff.；*Harke* SchuldR BT Rn. 563。

[556] BGH NJW 2009, 3233 (3234)。

[557] 参见 *v. Bar*, Gemeineuropäisches Deliktsrecht Bd. 1: Die Kernbereiche des Deliktrechts, 1996, Rn. 211。

[558] 参见 MüKoBGB/*Wagner* §833 Rn. 2；*Larenz/Canaris* SchuldR II 2 §84 II 1b。

[559] *Larenz/Canaris* SchuldR II 2 §84 II 1a；*Medicus/Lorenz* SchuldR BT §81 Rn. 2。

[560] 关于第833条第1款的适用见 *Medicus/Lorenz* SchuldR BT §81 Rn. 2；*Deutsch* NJW 1990, 751；其他观点见 *Larenz/Canaris* SchuldR II 2 §84 II 1a；BGH NJW 1989, 2947 在感染病毒时检验 第823条第1款、第831条的要件,而未对第833条第1句进行讨论。

[561] 概念的核心包括所有在语言上能够清楚地归入到该概念下的客体(比如,作为动物的马匹)。在概念边界地带从语言上归入是可能的,但并非强制的。

对那些基于动物的不可预测性产生的外在影响提供保护,从微生物中产生的感染风险则与之不同。[562] 不过,对使用基因技术改造过的微生物存在《基因技术法(GenTG)》第 32 条规定的危险责任(参见第 74 节边码 34 以下)。

3. 因果关系与保护目的关联性

法益侵害必须能够以可归责的方式归咎到动物的行为上。也就是说,必须存在自然律意义上的**因果关系**(等值理论 Äquivalenztheorie)。此外,还第 833 条第 1 句旨在提供保护的**动物特别危险**必须已经发生。[563] 保护目的关联性并不因动物行为"符合其自然秉性"而被排除[564];重要的是,损害是由符合动物本性的**不可预测的独立行为**造成的。[565] 如果在受害人这边也有动物参与,则受害人必须类推适用第 254 条第 1 款的规定忍受其动物危险的折抵。

4

示例:在脱缰逃跑、撕咬、抓伤、蹬踏或者突然发威上,动物的不可预测性和独立性体现得非常明显。此外,被包括的还有杂种猎犬(Mischlings-Rüde)在保有人不知情的情况下与纯种的母狗交配的情况。[566] 即便在行人被躺在地上的动物绊倒时,动物具有的特别危险性也实现了。因为动物的不可预测性和独立性刚好体现在,它会跑到其他地方并在那里躺下来。[567] 相反,如果动物处于人的领导之下,原则上第 833 条第 1 句

---

[562] MüKoBGB/*Wagner* § 833 Rn. 10; 另参见 *v. Bar*, Gemeineuropäisches Deliktsrecht Bd. 1: Die Kernbereiche des Deliktrechts, 1996, Rn. 209。

[563] BGHZ 67, 129 (130); BGH NJW 1999, 3119; *Medicus/Lorenz* SchuldR BT § 81 Rn. 5.

[564] BGHZ 67, 169 (130). 反之,在罗马法上该责任的前提是,动物以"违反其自然、温和的本性"的方式造成了损害(*Kaser/Knütel/Lohsse* Römisches PrivatR § 50 Rn. 14; hieran anknüpfend *Haase* JR 1973, 10ff.)。

[565] 参见 BGHZ 67, 129 (132f.); BGH VersR 1990, 796 (797); 2006, 416 (417)。

[566] BGHZ 67, 129. 然而,联邦最高法院拒绝了对雄性犬只保有人的损害赔偿请求权,因为雌性犬只的保有人应当负担相应的动物危险,此外,还负有重大的与有过错(第 254 条)。(BGHZ 67, 129 [134])。

[567] 参见 OLG Hamm r+s 2013, 357; *Larenz/Canaris* SchuldR II 2 § 84 II 1c; MüKoBGB/*Wagner* § 833 Rn. 22f.; *Schmid* VersR 2014, 555; 其他观点见 *Lehmann/Auer* VersR 2011, 846 (848)。

是不适用的。[568] 因此,如果某个第三人唆使保有人的动物攻击他人[569]或者陌生人驱赶保有人的马匹跑到高速公路上并造成交通事故,则保有人无须承担责任。[570] 不过,这一责任限制是不合理的。因为能够被人用来独立地伤害他人属于动物的典型危险。[571]

5　　根据文献中一个比较流行的观点,如果**骑马者**自愿承受对马匹的支配,该骑马者即不能根据第833条第1句的规定向保有人请求损害赔偿。这背后是**自甘冒险行为**的思想(参见拙著《债法总论》第50节边码30)。[572] 不过,这种观点也不能使人信服。第833条第1句的构成要件层面完全取决于骑行事故是否由动物的特别危险引起。最多在该马匹用于特殊运动目的(比如,军事、马术跨越赛或者驯兽项目)时,这一点要予以否定。[573] 此外,可以考虑的只有因骑马者**与有过错**而根据第254条的规定扣减其请求权。

4. 保有人

6　　第833条第1句规定的危险责任应由动物保有人承担。所谓保有人,是指有意识并为自己的利益而行使对动物**事实上支配力**的人。[574] 保有人的认定并不取决于所有权关系。因此偷盗动物的人也可以是保有人。[575] 不过,根据类推第104条及以下的规定,在未成年人身上须有法定代理人的同意。[576]

---

[568] 参见 BGH VersR 1966, 1073 (1074); Palandt/*Sprau* § 833 Rn. 7; Lehmann/*Auer* VersR 2011, 846 (849)。

[569] *Medicus/Petersen* BürgerlR Rn. 635; *Gursky* SchuldR BT 225.

[570] 参见 BGH VersR 1990, 796 (797)。

[571] Staudinger/*Eberl-Borges*, 2018, § 833 Rn. 57; MüKoBGB/*Wagner* § 833 Rn. 20.

[572] So *Deutsch* HaftungsR Rn. 593f.; *Dunz* JZ 1987, 63 (67)。

[573] 主流意见参见 BGH NJW 1992, 2474; 1993, 2611; 1999, 3119。

[574] 关于保有人概念见 BGH NJW-RR 1988, 655 (656); *Medicus/Lorenz* SchuldR BT § 81 Rn. 3.

[575] 参见 *Medicus/Lorenz* SchuldR BT § 81 Rn. 3; *Eberl-Borges* VersR 1996, 1070 (1071)。

[576] HK-BGB/*Staudinger* § 833 Rn. 6; Larenz/Canaris SchuldR II 2 § 84 I 2 g; aA *Medicus/Lorenz* SchuldR BT § 81 Rn. 4; MüKoBGB/*Wagner* § 833 Rn. 42: §§ 827f. analog.

三、为用益动物承担的责任(第833条第2句)

1. 适用领域

如损害是用于**职业**、营业活动或者动物保有人的生计(*Unterhalt*)的**家畜**(*Haustier*)造成的,则保有人可以依第833条第2句的规定被免除责任。家畜的概念包括已经驯化的动物(狗、猫、牛、猪),被驯养的动物(比如,老虎、狮子、狼)则不被第2句所包括,即便它们是出于职业或者营业目的而被保有(比如,在马戏团中)。[577]

7

并非任何一种家畜都可以适用第833条第2句,该种动物必须是作为**"用益动物"**而被保有的。[578] 与奢侈动物的区分取决于动物被确定的主要目的。[579] 因此,如果用益动物在损害事件中例外地没有用于职业或者营业目的,第833条第2句也是可以适用的。

8

示例(*OLG Koblenz VersR* 1992, 1017):经当地狂欢节庆祝社团的请求,林场主W表示愿意用其两匹马作为拉花车的畜力参与狂欢节游行。当游行队伍还在行进时,两匹马受惊发作,并撞到了街道边上站着的观众Z。

由于两匹马通常是被用于林业上的目的,因此第833条第2句规定的举证免责的机会对W是适用的。

第833条第2句的典型适用情况是鸡、猪和奶牛。狗和其他一些具有"双重功能的"动物(比如马匹)则取决于具体的使用目的。[580] 导盲犬旨在服务保有人的生计,因此被本条规定所包括,而不依赖于保有人的职业活动。[581]

2. 责任的免除

用益动物的保有人可以根据第833条第2句的规定免除责任,如果在

9

---

[577] *Medicus/Lorenz* SchuldR BT §80 Rn.28; HK-BGB/*Staudinger* § 833 Rn.9.

[578] 参见 *Deutsch* JuS 1987, 673 (679)。

[579] BGH NJW-RR 2005, 1183; Palandt/*Sprau* §833 Rn.17; *Harke* SchuldR BT Rn.563.

[580] BGH NJW-RR 2005, 1183 (1184); Palandt/*Sprau* §833 Rn.17. 关于"警卫犬"与"家庭犬"的区分,参见 LG Bayreuth NJW-RR 2008, 976。

[581] *Deutsch* JuS 1987, 673 (679);其他观点见 Jauernig/*Teichmann* §833 Rn.7。

对动物的监管上他已经遵守了交往中必要的注意义务或者损害在施以此种注意义务时仍会发生。动物保有人应当遵守哪些注意义务取决于个案情况。在动物的种类和个别特性之外[582],动物被保有或者使用的活动及环境具有特别重要的意义。

示例:①在狂欢节游行案(参见第68节边码8)中,应当以两匹温驯的重挽马(Kaltblut)原则上并不需要特别监督为出发点。不过,如果动物被用在某个特别情况中(比如,在狂欢节游行中被用作拉花车的畜力,考虑到喧闹的人群),则情况可能有所不同。

②在以放牧方式养牛时应当注意的是,牛群的自然本性会被激发。此外,也无法被排除放牧的牛群中发生惊慌的攻击行为。[583] 因此,在个案中必须检验,保有人使用的篱笆是否足以阻止牛的野性发作。在这里虽然不能要求绝对的安全性,但保有人必须选择"可以期待的最为安全的围栏样式"。[584]

四、动物看管人的责任(第834条)

10　　第834条规定的是动物看管人的责任。该规定在结构上与第831条第2款、第832条第2款、第838条等规定相符。与那些地方规定的情况一样,这里也存在**责任免除的机会**。其适用不取决于所监督的究竟是奢侈动物,还是用益动物。

第834条规定的责任的前提是,所涉人员通过**合同**而不是仅出于情谊关系承担了对动物的监督。[585] 此外,监督者还必须具有一定程度的独立性。[586] 这种独立性在雇佣的放牧者或者马术社团雇佣的马术教练身上即不存在。[587]

---

[582] BGH NJW-RR 2005, 1183 (1184).
[583] BGH NJW 2009, 3233 (3234f.).
[584] OLG München r+s 2010, 434 (436).
[585] 参见Jauernig/*Teichmann* § 834 Rn. 2。
[586] HK-BGB/*Staudinger* § 834 Rn. 2.
[587] 参见RGZ 50, 247; OLG Hamm VersR 2002, 1519 (Ls.)。

五、就野生动物以及狩猎之损害所承担的责任

原先在第 835 条就野生动物和狩猎所致损害规定的责任今天可以在《德国狩猎法》第 29 条及以下中找到。《德国狩猎法》第 29 条就土地和作物**因特定种类的野生动物**(有蹄壳动物、野生兔子或者野鸡)造成的**损害**为狩猎权人规定了无过错责任。这一规定为土地所有权人自己不能通过狩猎而减少动物保有量提供了一定程度的补偿。因此,这一责任可以归为自甘牺牲责任(*Aufopferungshaftung* 参见第 58 节边码 1)的一种。[588]

11

在**滥用**狩猎权时,狩猎权人应依《德国狩猎法》第 33 条第 2 款的规定向土地所有权人或者用益权人承担责任。从"滥用"的用语中可以得出,过错是必要的。[589] 该请求权仅包括对土地的损害。[590] 在人身损害上(比如,使用钢铅子弹伤到了一位狩猎者),责任则完全根据第 823 条第 1 款结合《德国刑法典》第 229 条的规定确定。

参考文献:Deutsch, Der Reiter auf dem Pferd und der Fußgänger unter dem Pferd, NJW 1978, 1998; Deutsch, Die Haftung des Tierhalters, JuS 1987, 673; Deutsch, Gefährdungshaftung für Mikroorganismen im Labor, NJW 1990, 751; Dunz, Reiter wider Pferd oder Ehrenrettung des Handelns auf eigene Gefahr, JZ 1987, 63; Eberl-Borges, Die Tierhalterhaftung des Diebes, des Erben und des Minderjährigen, VersR 1996, 1070; Haase, Zur Schadenszufügung »durch ein Tier« (§ 833 BGB), JR 1973, 10; Lehmann/Auer, Die Tierhalterhaftung nur bei intrinsisch verwirklichter spezifischer Tiergefahr - eine negative Typenkorrektur, VersR 2011, 846; Schmid, Der schlafende Hund, das provozierte Tier und andere ausgewählte Probleme der Tierhalterhaftung, VersR 2014, 555; Schünemann, Die

---

[588] 参见 *Brox/Walker* SchuldR BT § 54 Rn. 54;作为危险责任的归类参见 *Larenz/Canaris* SchuldR II 2 § 84 II 2a。

[589] *Staudinger/Bernau*, 2018, § 835 Rn. 30; *Larenz/Canaris* SchuldR II 2 § 84 II 2b;其他观点参见 *Palandt/Sprau* § 835 Rn. 4。

[590] *Staudinger/Bernau*, 2018, § 835 Rn. 28。

Verantwortlichkeit des Tierhalters - BGH NJW 1976, 2130, JuS 1978, 376; *Staudinger/Schmidt*, »Gutes Reiten, schlechtes Reiten« - Eine weitere Episode der Tierhalterhaftung, JURA 2000, 347; *Westerhoff*, ist die Entscheidung gerecht? - Methodische Wertung am Beispiel eines Reitunfalls, JR 1993, 497. Vgl. auch die Nachweise zu § 58.

第69节 公职人员和司法鉴定人的责任

一、概述

1 那些在行使公职过程中违反义务的人的责任被规定在第839条中。该规定处理的是国家法意义上的公务员**自身的责任**。该规范的构建可以从其形成史中得到解释。立法者在制定《德国民法典》时认为,公务员在违反职责时即已经不在其所授职务的框架内工作了。[591] 其后果是,在任何时候被考虑承担责任的都是公务员,而不是国家。此后人们对违反职责的理解已经发生了变化。因此,《德国基本法》**第34条**规定,只要公职人员系在行使公职过程中(也即主权行为)从事行为,因839条而成立的责任即移转给国家。但公务员自身的责任在私法(国库 fiskalisch)领域也还是重要的。[592]

深化:根据今天的理解,第839条结合《德国基本法》第34条规定的公务员责任构成了国家责任法的重要组成部分。这一领域的其他重要制度有征收侵害和类似侵害、自甘牺牲补偿(Aufoperung)以及后果除去请求权。[593] 由于素材的严重割裂,法律状况令人非常不满意。然而,由于联邦缺乏相应的立法权力,1982年将国家责任规定在一部统一法典中的尝

---

[591] 参见 *Fuchs/Pauker/Baumgärtner* Delikts-und SchadensersatzR 223f. 。
[592] 参见 *Schlechtriem* SchuldR BT Rn. 961。
[593] 关于公法上损害赔偿及补偿请求权的体系参见 MüKoBGB/*Papier/Shirvani* § 839 Rn. 19ff. ; NK-BGB/*Muthers* § 839 Rn. 4ff. 。

试也以失败告终。[594] 虽然相应的立法权力在此期间被创制出来(参见《德国基本法》第74条第1款第25项),但国家责任法的改革还是没有发生。

第839条(如有必要结合《德国基本法》第34条)对**司法鉴定人**仅在例外情况中(尤其是在机关鉴定书上)可以适用。[595] 对该领域适用第839a条的特别规定。

二、公务员在国库行为中承担的个人责任

1. 适用领域

公务员自身根据第839条承担的责任只在私法领域(国库)的行为上才适用。也就是说,公务员并非必须从事**主权**行为。主权行为的概念应在广义上理解。无论如何干预行政(Eingriffsverwaltung)都被包括在内(比如,税收的免除)。与之相反,实施私法上的辅助行为(比如,购买办公用品)肯定不是主权活动。[596] 不过,给付型行政(Leistungsverwaltung)领域似乎是有问题的。这里取决于机关究竟使用了公法行为方式还是私法行为方式(所谓的**行政私法**Verwaltungsprivatrecht)。[597]

示例:大学附属医院具有公务员身份的医生应根据第839条第1款的规定为其诊疗缺陷向病患承担个人责任。[598] 然而,这不适用于对私人病患(Privatpatienten)的门诊治疗,即便它是在医院里进行的。因为医生在这里是从事副业,其责任应当根据一般侵权法来判断。[599]

2. 第839条第1款规定的责任的要件

第839条第1款规定的公务员自身责任以其在国家法意义上因过错违反与第三人相关的职责为前提。

---

[594] 关于1981年6月26日《国家责任法》(StHG)的无效参见 BVerfGE 61, 149 = NJW 1983, 25。

[595] 参见 Soergel/*Spickhoff* § 839a Rn. 4。

[596] 参见 Jauernig/*Teichmann* § 839 Rn. 7。

[597] 参见 MüKoBGB/*Papier/Shirvani* § 839 Rn. 202。

[598] Vgl. BGHZ 85, 393.

[599] BGHZ 120, 376.

(1) 国家法意义上的公务员

5   国家法意义上的公务员是指那些通过递交委任证书而被授予公务员身份的人。[600] 因此，在这一领域中公务员的概念应当在狭义上解释，并且应当进行**身份法**（statusrechtlich）上的考察。[601]

(2) 违反与第三人有关的职责

6   公务员的**职责**可以从所有法律渊源中产生，尤其是《德国基本法》、联邦和联邦州制定的法律、条例、章程、行政规定和工作指示。[602] 这是从《德国基本法》第 20 条第 3 款中得出的，根据该款规定，执行权和司法权均受法律约束。[603] 在这个问题上，公务员不仅要遵守那些使任何人都负有义务的规范（比如，《德国刑法典》），此外他们也要遵守那些专门针对其身份制定的规定。[604]

7   此外，职责还必须刚好是**针对受害人存在的**，也即与第三人有关。如果职责旨在服务个人利益的保护，而不仅旨在维护公共利益，即属于这种情况。[605] 也就是说，重要的是各具体职责的目的。[606] 在这里个人利益本质上与《行政法院法》（Verwaltungsgerichtsordnung）第 42 条意义上的主观公法权利是一致的。[607]

在非主权行为领域，**与第三人有关的职责**例子包括具有公务员身份医生的诊疗义务（参见第 69 节边码 3）或者第 823 条第 1 款框架下的私法上的交往安全义务。依主流意见，立法机关通常仅对公众负责，而非对特定个人或人员群体负责。仅在所谓的措施法和个案法律中例外才被予以

---

[600] BeckOK BGB/*Reinert*, 56. Ed. 1. 11. 2020, § 839 Rn. 3; Staudinger/*Wöstmann*, 2020, § 839 Rn. 37.

[601] Brox/*Walker* SchuldR BT § 49 Rn. 25.

[602] BeckOK BGB/*Reinert*, 56. Ed. 1. 11. 2020, § 839 Rn. 40; 关于国际法的相关性见 BGHZ 169, 349。

[603] 参见 Staudinger/*Wöstmann*, 2020, § 839 Rn. 117。

[604] Staudinger/*Wöstmann*, 2020, § 839 Rn. 117f.; *Schlechtriem* SchuldR BT Rn. 969.

[605] BGHZ 1, 388 (394); BGHZ 31, 388 (390); Brox/*Walker* SchuldR BT § 49 Rn. 9.

[606] MüKoBGB/*Papier/Shirvani* § 839 Rn. 286; Staudinger/*Wöstmann*, 2020, § 839 Rn. 170.

[607] BeckOK BGB/*Reinert*, 56. Ed. 1. 11. 2020, § 839 Rn. 68; MüKoBGB/Papier/Shirvani § 839 Rn. 286; *Hartmann/Tieben* JA 2014, 401 (404).

考虑。[608] 根据《联邦金融服务监管局法》第 4 条第 4 款的明确规定,联邦金融服务监管局同样仅为公共利益履行其任务和行使职权。[609] 因此,遭受损害的投资人不能根据《民法典》第 839 条、《基本法》第 34 条第 1 句以联邦金融服务监管局违反其监管义务为由向德意志联邦提出请求。如果被违反的公务具有保护第三人的作用,那么还需检验受害人是否属于被保护的人员群体,以及已经发生的损害是否被违反的公务职责的保护目的所包含。[610]

(3)过错与损害

只有当公务员因**故意或过失**违反职责时其才承担责任。在这里故意必须扩张及于职务的违反。[611] 依第 276 条的规定,过失应根据公务员是否未尽交往中必要的注意来确定。应以对一个"忠实履行职责的普通公务员"[612]所能要求的注意义务为标准。在因疏忽而没有遵守有关程序规定或者没有按照规定检查法律状况时,公务员的行为尤其是有过失的。 8

还必须因职责的违反发生了**损害**。对于损害的确定适用**第 249 条及以下**的规定。 9

3. 责任免除

(1)补充性条款

根据**第 839 条第 1 款第 2 句补充性条款**的规定,只有当受害人不能以其他方式获得赔偿时,才能在有过失时向公务员请求赔偿。这一优待旨在保护公务员免于承担太过巨大的责任风险,并促进其决断力(Entschlussfreudigkeit)。[613] 在受害人对第三人(比如,其他加害人)享有可以实现的赔偿 10

---

[608] BGHZ 56, 40 (46); 140, 25 (32); BGH NJW 2007, 830 (832); *Brox/Walker* SchuldR BT § 49 Rn. 9; weiter einschränkend MüKoBGB/*Papier/Shirvani* § 839 Rn. 318.

[609] 参见 BGHZ 162, 49 (60ff.) = NJW 2005, 742; *Hartmann/Tieben* JA 2024, 401 (404); verfassungsrechtliche Bedenken bei MüKoBGB/*Papier/Shirvani* § 839 Rn. 312。

[610] 参见 MüKoBGB/*Papier/Shirvani* § 839 Rn. 291ff.; *Hartmann/Tieben* JA 2014, 401 (404)。

[611] MüKoBGB/*Papier/Shirvani* § 839 Rn. 343.

[612] So Staudinger/*Wöstmann*, 2020, § 839 Rn. 199.

[613] 参见 *Fuchs/Pauker/Baumgärtner* Delikts- und SchadensersatzR 228f.; Staudinger/*Wöstmann*, 2020, § 839 Rn. 260。

请求权时,尤其应当认为存在其他赔偿机会。[614]

示例(BGHZ 85,393):就住院治疗框架下因疏忽导致的损害,具有公务员身份的主治医生应当基于第 839 条第 1 款第 1 句的规定向病患承担责任(参见第 69 节边码 3)。不过,他可以根据第 839 条第 1 款第 2 句的规定向遭受损害的病患主张,他因同一损害基于组织过错(在此:具有专业麻醉师的医院的照顾不足)对医院经营者享有合同赔偿请求权或者侵权赔偿请求权。

关于(主要是)主权行为领域对补充性条款的有关**限制**参见第 60 节边码 20。

(2)没有采取法律救济措施

11 如果受害人因故意或者过失而没有使用法律救济手段来避免损害,公务员的责任即**被排除**(第 839 条第 3 款)。法律救济手段的概念应当在广义上理解。被包括的尤其是行政法上的异议(《行政法院法》第 68 条及以下)、撤销之诉或者义务之诉(《行政法院法》第 42 条第 1 款)以及职务监督申诉。[615]

第 839 条第 3 款对第 254 条第 2 款第 1 句规定的尽可能减少损失的不真正义务进行了具体化。[616] 不过,与第 254 条不同的是,错过相关法律救济手段不仅会导致请求权依份额被扣减,还会导致请求权的完全排除。

4. 竞合

12 第 839 条对国家法意义上的公务员就职责违反行为承担责任的规定是**终局性的**。[617] 也就是说,第 823 条及以下的规定被排除了。

三、国家在主权行为上的责任

13 在公务员的主权行为上,《德国基本法》第 34 条将第 839 条规定的责

---

[614] BeckOK BGB/*Reinert*, 56. Ed. 1. 11. 2020, § 839 Rn. 98.

[615] NK-BGB/*Muthers* § 839 Rn. 241, 244; MüKoBGB/*Papier/Shirvani* § 839 Rn. 391.

[616] 参见 MüKoBGB/*Papier/Shirvani* § 839 Rn. 389; Staudinger/*Wöstmann*, 2020, § 839 Rn. 336。

[617] Palandt/*Sprau* § 839 Rn. 3.

任移转给了国家,同时责任要件也被修正了。因此请求权基础是第 839 条结合《德国基本法》第 34 条。

1. 根据第 839 条结合《德国基本法》第 34 条所承担责任之要件

(1) 责任法上的公务员概念

第 839 条结合《德国基本法》第 34 条规定的国家责任以某人行使委托给他的公职为要件。因此,行为人不必是身份法意义上的公务员。[618] 雇员、劳动者或者被借调的人(比如,技术检验社团)也被包括在内。[619] 重要的仅仅是,相关人员被委托了某种主权活动(所谓的责任法上的公务员概念)。[620]

14

职责的违反必须**在行使**公职时发生。"仅仅在有机会时实施"(bei Gelegenheit)的行为是不够的。[621] 在加害行为与职务活动之间必须存在一定的内在关联。公职人员逾越职权原则上并不会使内在关联发生问题。不过,如果加害行为是以纯粹个人动机(如嫉妒)为基础,则适用例外情况。[622]

15

示例(BGHZ 11, 181):士兵 S 在服役期间出于个人原因(这里:愤怒和仇恨)而用公务用枪射杀了其上司 V。

(2) 违反与第三人有关的职责

此外还必须违反了与第三人有关的职责。**职责**概念和对**第三人关联性**的要求适用与公务员自身责任相同的考虑。

16

示例:公立学校教师的职责首先是保护学生免遭健康损害。除此之外也应当保护学校之外的第三人(比如,交通参与者)不受学生的侵害(比如,在学校郊游活动中)。[623] 联邦金融监管局对银行进行监管也旨在服务于对金融机构投资债权人的保护。[624] 相反,根据明确的法律规定[《保

---

[618] Jauernig/*Teichmann* § 839 Rn. 6; Staudinger/*Wöstmann*, 2020, § 839 Rn. 37.
[619] BGHZ 147, 169; *Schlechtriem* SchuldR BT Rn. 966; Palandt/*Sprau* § 839 Rn. 17.
[620] 参见 Erman/*Mayen* § 839 Rn. 30; *Fikentscher/Heinemann* SchuldR Rn. 1649。
[621] MüKoBGB/*Papier/Shirvani* § 839 Rn. 241; *Schlechtriem* SchuldR BT Rn. 968.
[622] MüKoBGB/*Papier/Shirvani* § 839 Rn. 243.
[623] BGHZ 29, 297 (299).
[624] BGHZ 74, 144; MüKoBGB/*Papier/Shirvani* § 839 Rn. 309.

险监管法》(VAG)第81条第1款第3句],监管机构在保险法领域则仅承担维护公共利益的任务。

17 在主权行为领域尚可以提出的问题是,在行为违反有关义务时,让参与**立法**的公职人员承担第839条结合《德国基本法》第34条规定的责任是否也是可以考虑的。判例拒绝就"**立法的不法**"承担此种责任的理由是,立法者原则上承担的完全是对公众的任务。不过,在特殊情况(尤其是在措施法律或个案性法律中)中例外也是可以考虑的。[625]

没有及时将欧共体指令转化为国内法的情况则适用特别规则。根据欧洲法院的判例,只要指令服务于具体特定的个人利益,且立法者的继续不作为(Untätigbleiben)与个人损害之间具有因果关系,则应当赋予受害人赔偿请求权。[626] 不过,联邦最高法院不是以第839条结合《德国基本法》第34条来支持这种请求权,而是直接回归欧盟法。[627]

(3)过错与损害

18 第839条结合《德国基本法》第34条规定的公职人员责任与公务员自己的责任一样也以故意或过失为前提。然而,这里将过错责难个别化(Individualisierung)到特定公务员身上是不必要的。因此,即便国家具有**组织过错**(Organisationsverschulden,如没有雇用履行职责所必要的工作人员),这一责任也会发生。[628] 因此,在上级机构没有为各个行政单位提供充分的配置,以便他们能够在无不可苛求的迟延的情况下履行任务时,公职人员责任的请求权是可以考虑的。[629] 关于在对市属幼儿园的公职人员责任请求权框架下对第832条规定的**证明责任倒置**的适用,参见第67节边码19。

---

[625] BGHZ 56, 40 (46); 84, 292 (300); 140, 25 (32); BGH NJW 2007, 830 (832); 批评观点见 MüKoBGB/*Papier/Shirvani* § 839 Rn. 318。

[626] EuGH NJW 1992, 165-Francovich; 另参见 *Fuchs/Pauker/Baumgärtner* Delikts-und SchadensersatzR 239。

[627] BGHZ 134, 30 (33); 另参见 BGH NVwZ 2007, 362。

[628] 参见 MüKoBGB/*Papier/Shirvani* § 839 Rn. 351; Staudinger/*Wöstmann*, 2020, § 839 Rn. 220。

[629] 参见 BGH NJW 2007, 830 (832) (涉及迟延进行不动产登记的公务员责任)。

基于职责的违反也必须产生**损害**。与自己的责任相比在这里也并不存在特殊性。

2. 责任的排除

(1) 补充性条款

第839条第1款第2句规定的**补充性条款**被判例也适用到了第839条第1款结合《德国基本法》第34条规定的公职人员责任上。[630] 文献中有人正确地对此表示了反对,因为优待原先完全旨在强化各个公务员的决断力(Entschlussfreudigkeit),并保护他们免于承担过高的责任风险。[631] 但人们不理解为何国家在这个问题上同样是需要保护的。

19

在批评的压力之下,判例针对大量案例类型**限制**了补充性条款的适用。根据判例,受害人对其他公法团体的请求权并不属于其他赔偿机会。[632] 基于社会保险或者私人保险产生的请求权以及对雇主的报酬继续支付请求权,亦是如此。[633] 这些请求权旨在使受害人获益,且不会使其法律地位变得更糟。[634] 如果一个公务员因公务而参与道路交通[635],但并没有行使《道路交通法》第35条规定的特别权利(Sonderrechte),则第839条第1款第2句并不适用。[636] 在参与一般性道路交通时,公务员应与任何其他交通参与者一样被同等对待。[637] 在违反主权性的道路交通安全义务时,补充性条款也不适用,因为与一般的交往安全义务相比这里并不存在差异。[638]

20

---

[630] 参见 BGHZ 61, 351 (354); 113, 164 (166); 120, 124 (125f.)。
[631] 参见 MüKoBGB/*Papier/Shirvani* § 839 Rn. 358; *Fuchs* Delikts – und Schadensersatzrecht 208。
[632] BGHZ 50, 271. 反之,在国库行为上公务员可以让受害人去求助于其雇主的私法上的请求权。一个示例参见第69节边码19。
[633] Staudinger/*Wöstmann*, 2020, § 839 Rn. 270ff.; 另参见 *Stangl* JA 1995, 572 (573)。
[634] BGHZ 62, 380 (383f.); MüKoBGB/*Papier/Shirvani* § 839 Rn. 365.
[635] BGHZ 68, 217ff.
[636] MüKoBGB/*Papier/Shirvani* § 839 Rn. 371.
[637] *Stangl* JA 1995, 572 (573f.).
[638] BGHZ 75, 134 (138).

(2)没有使用法律救济手段

21　　与补充性条款一样,因没有使用法律救济手段而发生的责任免除(第839条第3款)也以同样方式适用于第839条第3款结合《德国基本法》第34条规定的公职人员责任。由于这种优待完全旨在服务于**公务员的保护**,将其移转到对国家的请求权上同样遭遇到了法律政策上的质疑。不过,近期以来这一规定的目的越来越多地被视为是,保障**第一次权利保护**在国家违法行为上相对于通过损害赔偿请求权实现的第二次权利保护的**优先性**,而不是"容忍与排除"[639]。

(3)对裁判法官的优待(Spruchsrichterprivileg)

22　　对于法官职业的特别**责任优待**可以在第839条第2款中找到。如果公职人员在对法律案件(Rechtssache)进行裁判时违反其职责,则只有当义务违反构成犯罪时,他才应当对由此造成的损害承担责任。这一优待一方面旨在保护法官的独立性[640],另一方面旨在避免已经发生法律效力的判决不因第839条规定的损害赔偿请求权而遭受质疑。[641]

这一责任优待保护的是那些在国家法院工作的**法官**,不仅包括职业法官,也包括名誉法官,如陪审员(Schöffen),但并不包括《德国民事诉讼法》第1025条及以下意义上的仲裁员(Schiedsrichter)。[642] 不过,判例认为,基于默示的当事人约定,仲裁员也不应当承担比法官更为严格的责任。[643]

此外,职责的违反还必须发生**在对法律案件进行裁判的过程中**。裁判的概念应当进行广义的理解,包括所有具有法律效力的决定(Entscheidung)。[644] 从"在裁判过程"的表述中可以得出,职责的违反并非必须因裁判本身而发生。这种优待也包括那些用以获得事实决定基础的所有措施,如在调查证据(Beweisaufnahme)框架下的决定。

---

[639] 参见 MüKoBGB/*Papier/Shirvani* § 839 Rn. 390。
[640] 参见 BGHZ 50, 14 (19); Staudinger/*Wöstmann*, 2020, § 839 Rn. 313。
[641] 参见 MüKoBGB/*Papier/Shirvani* § 839 Rn. 382; *Smid* JURA 1990, 225 (226ff.)。
[642] NK-BGB/*Muthers* § 839 Rn. 224f.
[643] 参见 BGHZ 42, 313 (316); HK-BGB/*Staudinger* § 839 Rn. 37。
[644] BGHZ 57, 33 (45f.); 64, 347 (348ff.); NK-BGB/*Muthers* § 839 Rn. 227ff。

提示：第839条第2款对裁判法官的优待原先也旨在保护那些承担个人责任的公职人员。然而，在判例和文献中人们承认，该款规定的优待也适用于第839条结合《德国基本法》第34条的公职人员责任。相反，对公务员自身的责任而言，第839条第2款在今天已经不再重要了。也即从与裁判公布的紧密联系中可以得出，该规定在国库领域实际上并不适用。

作为被违反的**犯罪构成**要件首先可以考虑的是《德国刑法典》第339条规定的徇私枉法（Rechtsbeugung）。[645] 如果法官的义务违反在于拒绝履行职责或者履行职责发生迟延，则第839条第2款第2句规定的责任优待就不适用了。

23

3. 竞合

在公职人员责任的适用范围内，公职人员依第823条及以下的规定承担的**个人责任**将**被排除**。[646] 不过，在故意或重大过失时，承担责任的机关（Körperschaft）向有关公职人员［比如，根据《德国联邦公务员法》（BBG）］行使**追偿权**是可以考虑的（《德国基本法》第34条第2句）。

24

四、司法鉴定人的责任（第839a条）

1. 规范目的

第839a条是通过2002年的《第二次损害赔偿法修正案》被并入《德国民法典》中的，以便改善因**鉴定人的错误鉴定书**而受到损害的诉讼当事人获得赔偿的机会。

25

在第839a条生效之前，对司法鉴定人的请求权完全要根据一般规定来行使。[647] 不过，对于受到损害的诉讼当事人的保护根据**一般规定**是有严重漏洞的。由于鉴定人和当事人之间并不存在债务关系，第280条第1款规定的损害赔偿请求权被排除了。由于不存在法益侵害，第823条第1款通常也于事无补。仅当有缺陷的鉴定书在刑事程序中导致了不当的自由刑（Freiheitsstrafe）时，情况才有所不同。然而，就这些情况而言，只要鉴

---

[645] NK-BGB/*Muthers* § 839 Rn. 236.
[646] Palandt/*Sprau* § 839 Rn. 3.
[647] 参见 Staudinger/*Wöstmann*, 2020, § 839a Rn. 3; Soergel/*Spickhoff* § 839a Rn. 3。

定人仅具有轻微过失，判例即拒绝司法鉴定人的责任。[648] 由于伪证罪属（Aussagedelikte）于第 823 条第 2 款意义上的保护性法律，违反保护性法律的责任虽然可以考虑，然而，在这个问题上应当注意的是，证人或鉴定人错误的、未经宣誓的证词根据《德国刑法典》第 153 条的规定仅在故意时具有可罚性。然而，故意的错误鉴定很少见。应当考虑的大多数情况是，已经宣誓过的司法鉴定人因过失作伪证（Falscheid）而根据第 823 条第 2 款结合《德国刑法典》第 163 条的规定承担责任。不过，鉴定人是否已经经过宣誓，从责任法的角度来看并非决定性的。[649] 最后，大多数情况中都不存在第 826 条规定的要件。因为在错误鉴定的情况中鉴定人的行为通常刚好都并非故意，并且一般来说也不希望给诉讼参与者造成损害。

立法者认为这种法律状况是不能令人满意的，因此以第 839a 条创设了**一个请求权基础**，这一请求权基础也包括纯粹财产损失，并将宣誓过的和没有宣誓的司法鉴定人同等对待。[650] 另外，**责任被限制**在故意和重大过失上。[651] 根据这一责任优待的目的，在第 839a 条的适用范围内回归一般规定（特别是第 823 条第 2 款、第 826 条）必须被排除。[652] 就此而言，第 839a 条起到了阻断作用。

2. 要件

26   第 839a 条规定的责任的前提是，司法鉴定人有过错地出具了错误的鉴定书以及诉讼参与者因以此为基础的错误判决受到了损害。也即涉及的是**双幕的发生过程**[653]，在此过程中，鉴定书和判决之间以及判决与损害之间分别必须存在**因果关系**。因此，构成要件可以如下图来显示：

---

[648]　BGHZ 62, 54 (57ff.)；批评观点见 BVerfGE 49, 304 (316ff.) = NJW 1979, 305。
[649]　BT-Drs. 17/7752, 27f.
[650]　参见 MüKoBGB/*Wagner* § 839a Rn. 3。
[651]　参见 BeckOK BGB/*Reinert*, 56. Ed. 1. 11. 2020, § 839a Rn. 17; Soergel/*Spickhoff* § 839a Rn. 6。
[652]　参见 Begr. BT-Drs. 14/7752, 28; BGH NJW 2006, 1733; Palandt/*Sprau* § 839a Rn. 1b。
[653]　BGH NJW 2006, 1733; *Wagner/Thole* VersR 2004, 275 (278)。

错误的鉴定书→ 错误的决定→ 损害

图 7-1 第 839a 条的结构

(1)司法鉴定人

司法鉴定人是指,通过《德国民事诉讼法》第 404 条第 1 款第 1 句规定的**证据调查裁定**(Beweisbeschluss)或者刑事法庭根据《德国刑事诉讼法》第 72 条及以下作出的相应**证据命令**(Beweisanordnung)而任命的人。私人的鉴定人不是司法鉴定人。[654] 向仲裁机构提交的鉴定书也不能成立第 839a 条的鉴定人责任。因为这里鉴定人是基于合同约定而工作的。[655]

如果一个**机关**因被委托出具鉴定书或者某个机关的工作人员因公务而被委托了这样的任务,则第 839a 条是不相干的。因此,要回归第 839 条结合《德国基本法》第 34 条的公职人员责任。[656]

根据文献中比较流行的观点,第 839a 条可以类推适用于**证人证言**。[657] 不过,这种观点应予否定。因为令负有作证义务且只能获得较少补偿的证人面临第 839a 条规定的责任是令人难以理解的。[658]

(2)错误的鉴定书

鉴定人必须出具了**错误的鉴定书**。如果鉴定人为其意见使用了不充分的事实材料、得出了客观上错误的结论或者没有说明科学上所有可行(vertretbar)的方案,即存在错误。[659] 鉴定书是以书面还是口头形式作出的并不重要。[660] 如果鉴定人认为结论很可能是正确的,则他必须告知其怀疑的程度。[661]

---

[654] Soergel/*Spickhoff* § 839a Rn. 8.
[655] NK-BGB/*Huber* § 839a Rn. 22; MüKoBGB/*Wagner* § 839a Rn. 12f.
[656] MüKoBGB/*Wagner* § 839a Rn. 10f; Soergel/*Spickhoff* § 839a Rn. 13.
[657] So Staudinger/*Wöstmann*, 2020, § 839a Rn. 33; *Thole* Haftung 199ff.
[658] 参见 Palandt/*Sprau* § 839a Rn. 1a; *Windthorst* VersR 2005, 1634ff. 。
[659] 参见 Soergel/*Spickhoff* § 839a Rn. 20.
[660] Erman/*Mayen* § 839a Rn. 7; Soergel/*Spickhoff* § 839a Rn. 21.
[661] MüKoBGB/*Wagner* § 839a Rn. 19.

(3)过错

29 鉴定人应对**故意及重大过失**负责任。根据一般原则,**重大过失**是所涉人员客观上以异常高的程度违反了对普通鉴定人所能期待的注意义务。[662] 此外,其行为在主观上还必须是完全不可宽宥的(参见拙著《债法总论》第 23 节边码 18)。[663] 不过,文献中有人主张在第 839a 条上采用完全客观的标准。[664] 然而,对一般原则作这样的突破似乎并无必要。在考虑主观标准的情况下个体缺陷也根本不能一般性地排除重大过失,因为鉴定人在这里多数时候要负担承接的过错(Übernahmeverschulden)。也就是说,如果鉴定人承接了出具鉴定书的任务,尽管他对此并不具有资格,则也必须承受重大过失的责难。[665]

(4)损害因法院的决定而产生

30 法院的**决定**必须以错误的鉴定书为基础,并且对损害的发生具有因果关系。如果法院在无错误鉴定书上作出相同决定,则缺少必要的**因果关系**(参见第 69 节边码 26)。[666]

决定应理解为**每一种法院措施**。[667] 如果诉讼以和解结束,则法院的决定不存在。[668] 目前与立法理由保持一致,据此[669],主流意见认为如果一方当事人因错误的鉴定书而缔结了一个不利的和解,则鉴定人并不根据第 839a 条的规定承担责任。[670] 然而,联邦最高法院在 2020 年 6 月 25 日的判决中认定,只要和解的签订受到了鉴定书的影响,在通过和解实现的程序终结中即可类推适用第 839a 条。[671] 审判庭在这里的依据是,第

---

[662] KG NZV 2007, 462 (463).
[663] 参见 Staudinger/*Wöstmann*, 2020, § 839a Rn. 12。
[664] So MüKoBGB/*Wagner* § 839a Rn. 20f.
[665] So iErg auch MüKoBGB/*Wagner* § 839a Rn. 21; *Kilian* VersR 2003, 683 (687).
[666] MüKoBGB/*Wagner* § 839a Rn. 24.
[667] 参见 BGH NJW 2006, 1733;《强制拍卖与强制管理法》第 90 条规定的拍定决定。
[668] 参见 *Fuchs/Pauker/Baumgärtner* Delikts-und SchadensersatzR 237f.。
[669] BT-Drs. 14/7752, 28.
[670] OLG Nürnberg NJW-RR 2011, 1216; OLG Frankfurt a. M. NJW-RR 2017, 984; Erman/*Mayen* § 839a Rn. 9; Staudinger/*Wöstmann*, 2020, § 839a Rn. 19; *Emmerich* SchuldR BT § 25 Rn. 12f.
[671] BGH NJW 2020, 2471 mAnm *Finkelmeier*.

839a条的利益评价也适合和解程序。

深化:联邦最高法院在和解中类推适用第839a条的判决从方法论角度面言并不具有说服力。根据一般原则,类推不仅以利益状况的相似性为前提,还要求存在违反计划的规范漏洞。[672] 然而,立法者有意地就此决定,将第839a条的适用领域限制在法院裁决上。立法者的这一决定不得通过法律续造的方式而被架空。[673] 虽然审判庭指出,在立法理由中第839a条不能适用于通过和解实现的诉讼终结的表述,可能是单纯从构成要件中得出的结论,因此并非是有意识的价值判断。然而,反对这一观点的论据是,立法理由明确地以如下情况解释了和解的排除,即鉴定书对和解中当事人动机具有的影响很难得到证明。[674]

按照我们在这里支持的第839a条不能适用于通过和解实现的程序终结的观点,则第839a条并不产生阻断作用(第69节边码25)。因此要检验的是,鉴定人根据一般的侵权法规定(《民法典》第823条第2款结合《刑法典》第153条及以下、第161条、第826条)是否负担损害赔偿义务。[675]

损害必须以与决定具有相当因果关系的方式被引起,并且处于鉴定人所违反义务的保护范围内。

30a

在人员方面,保护限于**诉讼参与者**。不过,主流意见超越程序法上形式参与者的范围而对这一概念作了广义解释。因此,一块土地的拍得者(Ersteigerer)虽然不属于强制执行程序形式上的参与人(《强制拍卖与强制管理法》第9条),但如果他因有缺陷的价值评估书而以过高的出价(Gebot)拍得一块土地,则他也处于第839a条的保护范围之内。[676]

3. 责任的排除

根据第839a条第2款结合第839条第3款的规定,如果受害人因过错而没有使用相关法律救济手段来阻止损害的发生,责任即**被排除**。责

31

---

[672] 参见 BGH NJW 2008, 1446 (1447); NK-BGB/*Looschelders* Anh. § 133 Rn. 39。
[673] 参见 *Finkelmeier* NJW 2020, 2474; *Thora* VersR 2020, 1326f.。
[674] BT-Drs. 14/7752, 28.
[675] Staudinger/*Wöstmann*, 2020, § 839a Rn. 19; Erman/*Mayen* § 839a Rn. 4.
[676] BGH NJW 2006, 1733 (1734); 其他观点见 *Wagner/Thole* VersR 2004, 275ff.。

任的排除以损害本来可以通过对错误的鉴定书或法院决定使用法律救济手段避免为前提。[677] 如果使用有关法律救济手段仍然会发生部分损害,则这一部分损害仍然可以获得赔偿。[678]

参考文献：*Coester-Waltjen*, Die Anspruchsgrundlagen und Abgrenzungen bei Amtshaftung und Organhaftung, JURA 1995, 368; *Hartmann/Tieben*, Amtshaftung, JA 2014, 401; *Kilian*, Die Haftung des gerichtlichen Sachverständigen nach § 839a BGB, VersR 2003, 683; *Kilian*, Zweifelsfragen der deliktsrechtlichen Sachverständigenhaftung nach § 839a BGB, ZGS 2004, 220; *Saenger*, Staatshaftung wegen Verletzung europäischen Gemeinschaftsrechts, JuS 1997, 865; *Schenke*, Staatshaftung und Aufopferung - Der Anwendungsbereich des Aufopferungsanspruchs, NJW 1991, 1777; *Schlick*, Die Rechtsprechung des BGH zu den öffentlich-rechtlichen Ersatzleistungen-2. Teil: Amtshaftung, NJW 2008, 127 und NJW 2009, 3487; *Schoch*, Amtshaftung, JURA 1988, 585 und 648; *Schöpflin*, Probleme der Haftung des gerichtlichen Sachverständigen nach § 839a BGB, ZfS2004, 241; *Smid*, Zum prozeßrechtlichen Grund des Haftungsausschlusses nach § 839 Abs.2 S.1 BGB, JURA 1990, 225; *Stangl*, Die Subsidiaritätsklausel des § 839 I 2 BGB in der Rechtsprechung des Bundesgerichtshofes, JA 1995, 572; *Thole*, Die Haftung des gerichtlichen Sachverständigen nach § 839a BGB, 2004; *Voßkuhle/Kaiser*, Grundwissen - Öffentliches Recht: Der Amtshaftungsanspruch, JuS 2015, 1076; *Wagner/Thole*, Die Haftung des Wertgutachters gegenüber dem Ersteigerer, VersR 2004, 275; *Windthorst*, Schadensersatz wegen fahrlässiger Falschaussage? - Zur Haftung von Zeugen für primäre Vermögensschäden nach Erlass des § 839 a BGB, VersR 2005, 1634; *Wittreck/Wagner*, Der Amtshaftungsanspruch nach Art. 34 S. 1 GG/§ 839 I 1 BGB, JURA 2013, 1213; *Wurm*, Drittgerichtetheit und Schutzzweck der Amtspflicht als Voraussetzungen für die Amtshaftung, JA 1992, 1. Vgl. auch die Nachweise zu § 58.

---

[677] MüKoBGB/*Wagner* § 839a Rn. 42.
[678] 参见 Palandt/*Sprau* § 839 Rn. 73。

第四章　多数加害人与责任内容

第 70 节　多数加害人的责任

在实践中我们经常可以发现多人作为加害人参与一个侵权行为的情况。在这里首先要考虑的是**共同实施犯罪行为**(比如,身体伤害、抢劫)。不过,多个加害人之间并不总是存在有意的彼此合作。多数加害人并立令人印象深刻的例子是道路交通中的连环相撞事故。最后,讨论非常热烈的是第三人在暴力抗议活动中的受伤情况。[679] 这里通常也很难确定抗议者之间就具体侵害行为的有意合作。

1

在所有这些情况中,首先可以提出的问题是,单个人还是所有参加者应对具体损害**承担责任**。这一问题被规定在第 830 条。如果根据该条规定得出多人均应承担责任,则第二步必须检验,加害人在与受害人之间的**外部关系**中应以什么方式承担责任,以及在**内部关系**中可能的追偿应根据何种原则进行。于是就必须考虑第 840 条的规定了。[680]

2

一、共同加害人与共同危险行为人(第 830 条)

在多数加害人参与侵权行为时,事后经常不能确定地查明,究竟谁造成了具体的损害。这种**证明难题**根据一般原则本应由受害人来负担。在

3

---

[679] 对此特别是 BGHZ 89, 383 (389ff.); *Emmerich* SchuldR BT § 26 Rn. 5; *Kollhosser* JuS 1969, 510ff.; *Kornblum* JuS 1986, 500ff.。

[680] 关于其区分参见 *Medicus/Lorenz* SchuldR BT § 87 Rn. 9; *Fuchs/Pauker/Baumgärtner* Delikts-und SchadensersatzR 267f.。

这一情况中第830条提供了补救办法。该规定包含两个独立的请求权基础：在这里涉及的首先是加害人根据共犯和从犯的**刑法原则**必须承担其他加害人的行为份额（Tatbeitrag）（第830条第1款第2句、第2款）的情况。仔细观察我们会发现这里根本不存在证明困难，因为根据归责规则，每个加害人均对全部损害负责。[681] 此外，第830条第1款第2句就特定情况为受害人创造了一个真正的证明责任缓和（所谓的第830条的**民法部分**）。[682]

4   即便在第830条规定的情况之外，也可能发生多个加害人应对同一损害共同负责的情况。如果多个加害人彼此独立地实施侵权行为，但它们对损害都具有因果关系，则也存在这种**并发的侵权行为**（Nebentätschaft）。[683]

1. 共同加害人和参与人

5   第830条第1款第1句规定的情况是，多人通过共同实施侵权行为造成了损害。这一规定与**刑法意义上的共犯**（《德国刑法典》第25条第2款）联系在一起。[684] 因此，在加害人之间存在有意和希望的协力，然而，在这里加害人的行为无须满足某个刑事法律的构成要件。[685] 由于每个加害人基于共同的行为决定必须承担其他加害人的因果关系份额，因而他们不能以因果关系份额对具体损害不具有因果关系来免除责任。[686] 每个加害人均应对全部损害承担责任，并应根据第840条第1款的规定作为第421条及以下意义上的连带责任人承担责任（第70节边码14及以下）。

6   第830条第2款将对全部损害的共同责任扩张到了**教唆人**（Anstifter《德国刑法典》第26条）和**帮助人**（Gehilfen《德国刑法典》）身上。这里所涉人员是否亲自为损害的发生提供了因果关系的份额并不重要，重要的

---

[681] 参见 MüKoBGB/*Wagner* § 830 Rn. 7; Soergel/*Krause* § 830 Rn. 7。
[682] 参见 *Medicus/Lorenz* SchuldR BT §87 Rn. 6; MüKoBGB/*Wagner* § 830 Rn. 2, 4。
[683] 参见 Soergel/*Krause* § 830 Rn. 3; *Brox/Walker* SchuldR BT §51 Rn. 12。
[684] BGHZ 8, 288 (292); 137, 90 (102); *Emmerich* SchuldR BT § 26 Rn. 2。
[685] 参见 *Medicus/Lorenz* SchuldR BT §87 Rn. 2。
[686] MüKoBGB/*Wagner* § 830 Rn. 6f.; *Medicus/Lorenz* SchuldR BT §87 Rn. 3; 其他观点见 *Larenz/Canaris* SchuldR II 2 §82 I 1; Staudinger/*Eberl-Borges*, 2018, § 830 Rn. 25。

是通过教唆或者帮助来促进或者支持他人行为的意思。[687] 由于在民法上法律效果并无区别,因此在不同参与形式之间进行准确区分并无必要。

根据一般的刑法规则,所有参与形式均以**故意**为要件。不过,在第823条的框架下要注意的是,故意只需与法益侵害(第1款)或保护性法律的违反相关联,而不必也与从中产生的损害相关联。个别参与者的**逾越行为**(Exzesstaten)就不能根据第830条第1款第1句和第2款归责了。[688] 不过,可以考虑其他参与者在这时根据一般原则就已经需要承担责任了。

示例(根据 BGH VersR 1992, 498):A 与公认为具有暴力倾向的 B 约定,以安眠药来使 F 昏迷并实施抢劫。在 A 不知情的情况下,B 利用 F 无助的境况实施了性侵犯。

B 以其性侵行为逾越了共同的犯罪计划。也就是说,就这一点来说第830条第1款第1句规定的要件并不存在。基于其自己的行为份额(Tatbeitrag),A 必须根据第823条第1款的规定为性侵犯承担责任。通过参与用迷药使 F 昏迷,A 已经共同制造了随后发生性侵犯的危险。因此,性侵犯对她来说在客观上是可归责的。由于 B 是众所周知具有暴力倾向的人,A 在主观上也应当能够预见到 B 对 F 的侵犯,因此她的行为具有过失。因此,A 与 B 应当作为并发的侵权行为人对性侵犯承担责任(也请参见第70节边码15)。

2. 共同危险行为

第830条第1款第2句规定的情况是,多人彼此独立地实施了**适于造成损害的行为**。[689] 如果在事后不能查明,究竟是谁的行为事实上造成了损害,则所有参与者均应根据第830条第1款第2句对损害负责,并应依第840条第1款的规定作为连带债务人承担责任。

---

[687] BGHZ 63, 124 (126).

[688] BGHZ 89, 383 (396); BGH VersR 1992, 498 (499); Jauernig/*Teichmann* § 830 Rn. 5.

[689] 参见 MüKoBGB/*Wagner* § 830 Rn. 58; *Brade/Gentzsch* JA 2016, 895 (897):"因果关系能力。"

示例:(根据 OLG Celle NJW 1950, 951)10 岁的 G 被两个与其同龄的玩伴 S 和 T 用石头掷中。其中一块石头击中 G 的右眼,他因此在很大程度上丧失了视力。不能查明究竟是 S 还是 T 投掷的石头。G 向 S 和 T 请求损害赔偿和慰抚金。有无道理? S 和 T 以投掷石块彼此独立地实施了适于造成损害的行为。因此,他们必须依第 830 条第 1 款第 2 句结合第 840 条第 1 款的规定作为连带债务人为全部损害承担责任。

9   第 830 条第 1 款第 2 句中的**"参与者"**具有何种准确意义是有争议的。可以确定的只是,该概念不能在刑法意义上理解,因为刑法上的不同参与形式已经被第 830 条第 1 款第 1 句、第 2 款包含了。[690] 从中可以得出,参与者之间的主观联系是不必要的。

10   在客观方面经常要求参与者们的行为在事项上、空间上、时间上相互之间与侵害行为形成**统一的过程**。[691] 其具体化可以以"日常生活中的实践观念"以及"危险的相同性"为参考。[692] 不过,这些标准并不非常严格。因此,新近的文献中有人主张,只要以行为适于造成损害为标准即可。[693] 受害人保护的需要也赞成这么做。

第 830 条第 1 款第 2 句意义上的参与不能与并发的侵权行为相混淆(第 58 节边码 4)。在并发的侵权行为上可以确定,两个(所有)加害人对于损害均具有因果关系(所谓的累积因果关系,kumulative Kausalität)。与此相反,参与的问题在于,要么是 A 的行为,要么是 B 的行为造成了损害。因此,第 830 条第 1 款第 2 句规定的是替代(alternativ)因果关系的问题。[694]

11   第 830 条第 1 款第 2 句只是在**因果关系**方面规定了**证明责任倒置**。除此之外,每位参与者还必须都实现了责任成立要件的所有特征。[695] 如

---

[690] 参见 HK-BGB/*Staudinger* § 830 Rn. 22。
[691] 参见 BGHZ 33, 286 (292); 55, 86 (93)。
[692] 参见 OLG Koblenz NJW-RR 2005, 1111 (1113)。
[693] MüKoBGB/*Wagner* § 830 Rn. 58; HK-BGB/*Staudinger* § 830 Rn. 22。
[694] 参见 Soergel/*Krause* § 830 Rn. 14。
[695] MüKoBGB/*Wagner* § 830 Rn. 60ff。

果某个参与者应当对全部损害承担责任,第830条第1款第2句即不适用。[696] 也就是说,无法查明因果关系是一个真正的构成要求特征。[697]

示例(BGHZ 72, 355):A驾驶小汽车撞到了骑轻便摩托车的M。M从轻便摩托车上跌落,并一动不动地躺在了机动车道上。后面跟着的小汽车驾驶人B发现M时已经太晚,在启动刹车装置后还是将其拖带了数米远。M在两个小时后死于所受的严重伤害。M受伤致死究竟完全或部分由第一次或是第二次事故引起,不再能够查清。

因为造成了第一次事故,A也创造了M被后面跟着的小汽车撞到并受伤的危险。因此,M所受的全部伤害都可归责于A。因此,B只需为能够被证明是由第二次事故造成的损害承担责任。由于A应当在全部范围内承担责任,即便对A的请求权因事实上的原因而不能实现,也不能适用第830条第1款第2句而给B造成负担。

只有当能够确定其中某个参与者**以责任成立的方式**造成损害时,第830条第1款第2句才可以适用。因此,如果其中某个潜在加害人能够主张违法阻却事由或者依第827条、第828条的规定不应当为损害承担责任,这一规定即不应适用。[698] 如果受害人可能是自己造成了损害,亦是如此。也即在所有这些情况中不能被排除的是,受害人在能够说明因果关系时也不享有损害赔偿请求权。

示例:在投掷石块案(第70边码8)中,G同样也投掷了石块。不能排除的情况是,一个由G投掷出去的石块被一棵树弹回并造成了伤害。策勒(Celle)高等法院准用了第830条第1款第2句,并依第254条的规定根据可能的因果关系份额扣减了G的损害赔偿请求权。[699] 对此联邦最高法院正确地表示了拒绝。[700] 就这一点来说必须严格地适用第830条第1

12

---

[696] Medicus/Lorenz SchuldR BT § 87 Rn. 6.
[697] BGHZ 72, 355 (358).
[698] 参见 MüKoBGB/*Wagner* § 830 Rn. 62。
[699] OLG Celle NJW 1950, 951 (952);同样观点见 *Larenz/Canaris* SchuldR II 2 § 82 II 3。
[700] BGHZ 60, 177 (181ff.); 67, 14 (20);相同观点见 Medicus/Lorenz SchuldR BT § 87 Rn. 6;另参见 *Brade/Gentzsch* JA 2016, 895 (896)。

款第 2 句,因为那里就可能存在的因果关系规定的责任是对德国责任法上的重要原则的突破,也即因果关系原则。[701]

13　由于第 830 条第 1 款第 2 句并没有规定主观要件,因而与第 830 条第 1 款第 1 句、第 2 款不同,这一规定也可以在**危险责任**上予以考虑。[702] 此外,他也可以适用于因违反保护义务而产生的**合同损害赔偿请求权**(第 280 条第 1 款、第 241 条第 2 款)。[703]

二、连带债务人关系(第 840 条)

1. 概述

14　第 840 条规定的问题是,多个加害人应以何种方式对一个侵权行为产生的损害承担责任。就与加害人之间的外部关系,第 840 条第 1 款规定根据第 421 条及以下承担**连带债务人责任**。因此,受害人可以根据自己的选择向任意加害人请求全部损害的赔偿。不过,在这里赔偿只需被履行一次(参见拙著《债法总论》第 54 节边码 18 及以下)。其背后的考虑是,鉴于与此相关联的费用和风险,难以苛求受害人向每一个具体加害人进行部分请求。[704]

15　第 840 条并**不包含独立的请求权基础**,而是与以其他方式成立的多数加害人的赔偿义务联系起来。[705] 该规定的适用范围并不限于在**第 830 条**中规定的参与形式,而是也包括那些多个加害人根据其他侵权法规定作为**并发的侵权行为人**(第 70 节边码 4)应对同一损害承担责任的情况。[706]

示例:在安眠药案(第 70 节边码 7)中,A 与 B 应依第 840 条第 1 款的规定就性侵犯产生的损害作为连带债务人对 F 承担责任。

---

[701]　Ausf. dazu *Looschelders* Mitverantwortlichkeit 324ff.;关于第 833 条第 1 句尤其可见 BGHNJW2018,3439。

[702]　HK-BGB/*Staudinger* § 830 Rn. 3;其他观点见 *Adam* VersR 1995,1291ff.。

[703]　参见 BGH NJW 2001,2538 (2539);*Eberl-Borges* NJW 2002,949ff.。

[704]　参见 MüKoBGB/*Wagner* § 840 Rn. 1。

[705]　参见 HK-BGB/*Staudinger* § 840 Rn. 1。

[706]　参见 Soergel/*Krause* § 840 Rn. 1,3;*Medicus/Lorenz* SchuldR BT § 87 Rn. 5。

第 840 条不仅适用于**侵权法上的过错责任**,也适用于**危险责任**。其中某个加害人要基于合同承担责任也与该规定的适用并不冲突。[707] 如果加害人仅基于合同承担责任,则第 840 条不能直接适用。文献中有人正确地支持对该规定的准用。[708] 在这类情况中,其他作者则希望从一般标准(参见拙著《债法总论》第 54 节边码 18 及以下)中推导出连带债务。[709] 然而,这并不会导致不同结论。 16

2. 加害人之间的内部关系

在内部关系中,被请求承担责任的加害人根据第 426 条第 1 款、第 2 款的规定对其他加害人享有**追偿权**。根据第 426 条第 1 款第 1 句的基本规则,加害人负担相同的(责任)份额。不过,这一规则的保留条件未另有规定。在侵权法中可以从第 254 条的法律思想中得出不同规定,根据该思想,每一加害人在内部关系中应根据因果关系份额的分量及过错程度来承担责任(参见拙著《债法总论》第 54 节边码 30)。[710] 17

就一些特别情况,可以在第 840 条第 2 款、第 3 款,第 841 条中找到特别规定,它们优先于同第 254 条的法律思想的连接。第 840 条第 2 款、第 3 款以这一思想为基础,因被证明的过错而承担责任的直接加害人在与因过错推定或危险责任而负担赔偿义务的间接加害人的关系中应当承担全部损害。[711] 因此,根据第 831 条的规定被请求承担责任的雇主(Geschäftsherr)可以依第 840 条第 2 款的规定在全部范围内向根据第 823 条及以下的规定负有责任的**事务辅助人**(Verrichtungsgehilfen)行使追偿权。不过,在劳动关系中优先适用企业内部损害分担的原则(参见第 29 节边码 12 及以下条文)。相反,根据这些原则在内部关系中多数时候刚好必须由雇主独自为损害 18

---

[707] 参见 Soergel/*Krause* § 840 Rn. 5。
[708] So NK-BGB/*Katzenmeier* § 840 Rn. 7; tendenziell auch Palandt/*Sprau* § 840 Rn. 1.
[709] So Jauernig/*Teichmann* § 840 Rn. 3.
[710] 参见 MüKoBGB/*Wagner* § 840 Rn. 14ff.; Staudinger/*Looschelders*, 2017, § 426 Rn. 63ff.; *Medicus/Lorenz* SchuldR BT § 87 Rn. 11。
[711] Vgl. BeckOK BGB/*Spindler*, 56. Ed. 1. 1. 2020, § 840 Rn. 22; Soergel/*Krause* § 840 Rn. 13.

承担责任。[712]

在**监督义务人**(第832条)与需要监督者的关系上,在内部关系中原则上应由后者独自承担责任。不过,当需要监督者的责任系从第829条中得出时(第840条第2款第2半句),存在例外。

19　在间接加害人(如雇主)基于自己已被证明的过错对损害负有责任时,第840条第2款、第3款的基本思想就不适合了。因此,在这时要求进行目的限缩。[713] 反过来,第840条第2款、第3款的法律思想不能移转适用于那里明确规定以外的情况。这里应当适用第254条的灵活规则。[714]

20　第841条包含**公务员**与他人之间赔偿义务的特别规则,该他人系公务员为处理对第三人的事务而选任,或应监督其事务的执行。这样的例子有:在与监护人关系中的监护法院法官以及与在破产管理人关系中的破产法院法官。[715] 如果第三人被侵害,则在内部关系中应由其他加害人(并且不是公务员)独自为损害承担责任。

21　如果某个加害人可以主张某种其他加害人不能获益的责任优待,则可能产生特别问题。在这些**发生障碍的连带债务关系**(gestörten Gesamtschuldverhältnissen)中必须检验的是,这种责任优待究竟只在外部关系中发生作用,还是在内部分配损害时也要予以考虑。[716] (参见拙著《债法总论》第54节边码33—40)

最后非常有争议的是,受害人的**与有过错在与多数侵权人的关系中**应以何种方式来估算。在检验这一问题时应区分参与的各种不同形式。如果各加害人应作为**共同加害人**(第830条第1款第1句)或者**参与人**(第830条第2款)承担其他加害人的行为份额,则人们可以根据一般原则将其作为统一体理解的份额(参见拙著《债法总论》第50节边码25)与

---

[712] *Medicus/Lorenz* SchuldR BT § 87 Rn. 12; Staudinger/*Bernau*, 2018, § 831 Rn. 14.

[713] 参见 BeckOK BGB/*Spindler*, 56. Ed. 1. 11. 2020, § 840 Rn. 25; Soergel/*Krause* § 840 Rn. 14, 17.

[714] BeckOK BGB/*Spindler*, 56. Ed. 1.1.2020, § 840 Rn. 24.

[715] Soergel/*Krause* § 841 Rn. 1.

[716] Ausf. dazu Staudinger/*Looschelders*, 2017, § 426 Rn. 158ff.

受害人的份额进行权衡。于是加害人就自己根据第 840 条第 1 款规定分担的比例应作为连带债务人承担责任。[717]

就并发的侵权行为人而言，第 830 条第 1 款第 1 句、第 2 款规定的行为份额相互归责是不被考虑的。因此，主流意见支持对**全盘考虑与个别权衡进行复杂的结合**。[718] 不过，这种模式应予拒绝，因为帮助人根据一般归责规则同样应对全部损害承担责任（参见第 70 节边码 4）。因此，将加害人的份额与受害人的份额进行整体权衡，并使帮助人作为连带债务人对其自身负担的份额承担责任，在这里似乎也是合理的。[719]

参考文献：*Adam,* § 830 Abs. 1 S. 2 BGB und die Gefährdungshaftung, VersR 1995, 1291; *Benicke,* Deliktische Haftung mehrerer nach § 830 BGB, JURA 1996, 127; *Bodewig,* Probleme alternativer Kausalität bei Massenschäden, AcP 185 (1985), 505; *Brade/Gentzsch,* Die Haftung von Beteiligten- Grundwissen zu § 830 I 2 BGB, JA 2016, 895; *Eberl- Borges,* § 830 BGB und die Gefährdungshaftung, AcP 196 (1996), 491; *Eberl- Borges,* Vertragliche Haftungstatbestände im Rahmen des § 830 I 2 BGB, NJW 2002, 949; *v. Hein,* Neutrale Beihilfe im Zivilrecht, AcP 204 (2004), 761; *Heinze,* Zur dogmatischen Struktur des § 830 I 2 BGB, VersR 1973, 1081; *Janda,* Mehrheiten von Schuldnern und unterschiedliche Haftungsmaßstäbe- Ein Beitrag zur Überwindung des »gestörten Gesamtschuldnerausgleichs«, VersR 2012, 1078; *Kollhosser,* Haftung für Demonstrationsschäden, JuS 1969, 510; *Kornblum,* Die folgenreiche Großdemonstration- BGH, NJW 1984, 1226, JuS 1986, 600; *Kruse,* Haftung bei alternativer Kausalität nach § 830 BGB, ZGS 2007, 135; *Looschelders,* Die Mitverantwortlichkeit des Geschädigten im Privatrecht (1999); *E. Lorenz,* Die Lehre von den Haftungs- und Zurechnungseinheiten

---

[717] 参见 BGHZ 30, 203 (206); Palandt/*Grüneberg* § 254 Rn. 68; Staudinger/*Looschelders*, 2017, § 426 Rn. 125; *Looschelders* Mitverantwortlichkeit 620。

[718] 参见 BGHZ 30, 203 (207); Soergel/*Krause* § 840 Rn. 19ff.; *Larenz/Canaris* SchuldR II 2 § 82 III 3.

[719] Ausf. Staudinger/*Looschelders*, 2017, § 426 Rn. 116ff.; *Looschelders* Mitverantwortlichkeit 620ff.; *E. Lorenz* Haftungs-und Zurechnungseinheiten 26ff.

und die Stellung des Geschädigten in Nebentäterfällen, 1979; *G. Müller*, Haftungsrechtliche Probleme des Massenschadens, VersR 1998, 1181; *T. Müller*, Haftung von Erst - und Zweitschädiger bei ungeklärtem Kausalverlauf, NJW 2002, 2841; *T. Müller*, Beteiligungshaftung bei Konkurrenz mit einer Zufallsursache - BGH, NJW 2001, 2538, JuS 2002, 432; *Sedemund*, Zur Haftung von Nebentätern bei Mitverschulden des Geschädigten, ZGS 2003, 337; *Wurm*, Das gestörte Gesamtschuldverhältnis, JA 1986, 177.

第71节 损害赔偿请求权的内容与范围

1   侵权损害赔偿请求权的内容与范围原则上应当根据**第249条及以下**的一般规则确定。此外,在第842条及以下中人们可以发现一些应当补充适用的侵权法特别规定。然而,大部分规定在体系上属于普通损害法的内容[720],因此它们也已经在总论部分讨论过了(参见拙著《债法各论》第43节边码1及以下)。因此,下面的叙述将集中在一些特别方面上。

一、人身损害赔偿义务的范围(第842条、第843条)

1. 物质损害

2   对人身损害而言,**物质损害**的赔偿义务在第842条、第843条中得到了具体化。第842条首先表明,赔偿义务也包括对受害人职业(Erwerb)和发展(Fortkommen)产生的不利。劳动能力的丧失或限制本身则是不能赔偿的(参见拙著《债法总论》第49节边码15以下)。[721]

  第842条规定的赔偿义务首先与现有收入的丧失(职业,Erwerb)有关。此外,对未来职业发展的不利(发展,Fortkommen)也必须得到赔偿。然而,依其本质这一点已经可以从第252条(参见拙著《债法总论》第47

---

[720] 参见 MüKoBGB/*Wagner* § 843 Rn. 1ff. 。
[721] BGHZ 90, 334 (336).

节边码17以下)中得出。

示例(BGH NJW 2000, 3287)：17岁的G因被马蹄踩踏而遭受严重的头部伤害。她向马的保有人请求损害赔偿。对此G主张，如果没有这次受伤，她本来可以完成学校教育，开始作为女骑手的课程学习，并能够成功毕业。联邦最高法院采信了这一论据。对此联邦最高法院指出，在教育上和职业上应以受害人根据事物的通常发展轨迹能够取得的平均成就为出发点。

如果受害人因身体或者健康受侵害而发生了职业能力的妨害或者需求的增加，则原则上应以**定期金**(Geldente)的形式给付损害赔偿。在存在某个重大事由时，受害人可以请求**一次性给付**(Kapitalabfindung 第 843 条第 3 款)。第 843 条第 4 款表明，请求权不因第三人负有抚养义务而被排除。也就是说，在这里并不发生**损益相抵**(参见拙著《债法总论》第 45 节边码 41 及以下)。 3

在身体或者健康损害时另外一种重要的损害项目是**医疗费**。对此第 842 条及以下并不包含独立规定。在这时应以第 249 条第 2 款第 1 句规定的一般规则为标准(参见拙著《债法总论》第 47 节边码 3)。根据**损益相抵**的规则，请求权并不因法定或私立医疗保险赔偿医疗费而被排除。在这种情况中请求权将根据《德国社会法典》(SGB)第 10 编或者《德国保险合同法》第 86 条的规定移转给医疗保险人(参见拙著《债法总论》第 45 节边码 43)。 4

2. 非物质损害

对**非物质损害**的赔偿请求权先前被规定在原第 847 条中。该规定的体系位置是基于，抚慰金请求权过去原则上完全是为**侵权法上的过错责任**规定的。在损害赔偿法改革时，立法者通过 2002 年《第二次损害赔偿法修正案》将该规定移到了一般损害法(第 253 条第 2 款)中，以便在**合同责任**及**危险责任**中也能为受害人创造一个抚慰金请求权。 5

与原第 847 条不同的是，第 253 条第 2 款**不是独立的请求权基础**。该规定以受害人基于其他法律规范能够获得损害赔偿为前提。在这个问题上第 823 条第 1 款一如既往具有重大意义。其原因在于，第 253 条第 2 款 6

在本质上保护与第 823 条第 1 款相同的人格法益(Persönlichkeitsgüter,身体、健康、自由、作为一般人格权体现的性自主决定权)。第 253 条第 2 款规定的抚慰金的各具体要件已经在一般损害法(参见拙著《债法总论》第 48 节边码 3 及以下)中介绍过了。因此,这里不再作进一步的论述。

7　　不被第 253 条第 2 款包含的是侵害一般人格权时对非物质利益的赔偿。这里加害人的赔偿义务是直接从《德国基本法》第 2 条第 1 款中推导出来的。

二、间接受害人的请求权(第 844 条至第 846 条)

8　　侵权法的一个基本原则是,损害赔偿请求权只能由直接受害人行使。因此,在第 823 条第 1 款上,只有被侵害法益的权利人有权行使请求权。第三人没有请求权,即便他们间接地遭受了(财产)损害,亦是如此。

1. 致人死亡时第三人的请求权

9　　在致人死亡的情况中,损害赔偿请求权与被侵害法益权利人的联系也将落空,因为权利人自己将不再能行使损害赔偿请求权。[722] 作为代替,第 844 条就特定项目赋予第三人自己赔偿请求权。个案中涉及的有丧葬费(Beerdigungskosten 第 1 款)和抚养费损失(Unterhaltsschaden 第 2 款)。如果导致死亡的侵害发生在 2017 年 7 月 22 日以后,则与死者存在特别亲近关系的遗属(Hinterbliebene)还可以就其遭受的精神痛苦请求适当的金钱赔偿(第 3 款)。

第 844 条适用的前提是,加害人以第 823 条及以下规定的侵权行为造成他人死亡。[723] 因此,请求权基础如第 844 条结合第 823 条第 1 款。然而,第 844 条不仅适用于侵权法上的过错责任,也适用于第 829 条规定的公平责任以及第 833 条第 1 句规定的动物保有人的危险责任。[724] 在《德国民法典》之外的危险责任中也可以找到与第 844 条类似的规定(参见

---

[722]　关于问题的提出参见 Medicus ZGS 2006, 103。
[723]　参见 Staudinger/*Röthel*, 2015, § 844 Rn. 19; *Wandt* Gesetzl. Schuldverhältnisse § 20 Rn. 8。
[724]　MüKoBGB/*Wagner* § 844 Rn. 8; Staudinger/*Röthel*, 2015, § 844 Rn. 19。

《产品责任法》第 7 条、《道路交通法》第 10 条、《赔偿责任法》第 5 条、《核能法》第 28 条、《药品流通法》第 86 条、《航空交通法》第 35 条）。[725] 反之，在**合同领域**第 844 条原则上是不适用的。不过，在第 618 条（参见第 29 节边码 39）和《德国商法典》第 62 条第 3 款上存在例外。[726]

基于第 844 条第 1 款产生的请求权由应当承担**丧葬费**的人享有。依第 1968 条的规定，首先是继承人。根据主流意见，亲属为寿衣支出的费用也是可以获得赔偿的。不过，由于寿衣属于在其他场合也可以穿戴的，故应肯定损益相抵的适用。[727]

第 844 条第 2 款规定的因失去抚养费而生的赔偿请求权与死者的**法定抚养义务**（比如，对其配偶和子女的抚养义务）联系在一起。根据主流意见，通过合同承受的抚养义务和自愿提供的抚养费给付（比如，在非婚姻生活共同体的框架下）是不够的。[728]

如果被侵害致死的配偶**操持家务**，则第 844 条第 2 款也是适用的。因为根据第 1360 条第 2 句的规定，配偶以操持家务履行了其抚养义务。[729] 遗属的损害赔偿请求权在这里根据替代劳动力的净工资来确定。[730]

赔偿权利人是否必须忍受与可能**发生的继承权**相关联的利益的抵销，是有争议的。反对与继承权本身进行抵销的论据有，继承权在某个时候总是会发生的。因此，主流意见只希望抵销与继承权提前发生相关联的利益。[731] 反之，在基于**人寿保险**产生的给付上，损益相抵则被拒绝了，因为人寿保险根据其旨意与目的并不应使加害人被免除责任。[732] 然而，加害人能够以继承权提前发生来对抗死者的亲属，似乎同样是不公平

10

11

---

[725] 参见 Wagner Deliktsrecht kap. 10 Rn. 61。
[726] 参见 Palandt/Sprau § 844 Rn. 2; speziell zu § 844 III Begr. RegE BT - Drs. 18/11397,12; Katzenmeier JZ 2017, 869 (874 Fn. 81); G. Müller VersR 2017, 321 (324)。
[727] 参见 NK - BGB/Huber § 844 Rn. 14；其他观点见 OLG KarlsruheVersR 1993, 381 (382)。
[728] BGH VersR 2001,648(650); HK - BGB/Staudinger § 844 Rn. 7。
[729] 参见 MüKoBGB/Wagner § 844 Rn. 64。
[730] BGHZ 86,372; Palandt/Sprau § 844 Rn. 10。
[731] 参见 BGHZ 8, 325 (328ff.); 62, 126 (127); MüKoBGB/Wagner § 844 Rn. 81。
[732] 参见 BGHZ 115, 228 (233)。

的。因此,损益相抵在这里也应当予以拒绝。[733]

12 在身边人员死亡时,遗属就其自身遭受的痛苦是否应当享有适当的金钱赔偿请求权,一直以来是有争议的(参见拙著《债法总论》第48节边码6)。[734] 为解决这一问题,2017年7月17日公布的法律在第844条中加入了一个新的第3款。[735] 该规定就2017年7月22日后发生的导致死亡的侵害行为[736],赋予所涉人员**遗属金**(Hinterbliebenengeld)请求权。这一请求权的前提是遗属在侵害发生时与死者处于特别的人身**亲近关系**中。如果遗属是死者的配偶、同居生活伴侣、父母一方或子女,则前述亲近关系根据第844条第3款第2句即被推定。本规定的体系位置表明,它不属于第253条第2款意义上的抚慰金。[737] 它旨在使因失去身边人员而导致的**精神痛苦**能够得到减轻。[738]

根据立法理由书,该请求权的前提是,遗属因为近亲属的死亡**感受到**了精神痛苦。对请求权所必需的与死者的特别人身亲近关系通常是遗属由于近亲属死亡而感受到精神痛苦的指征。只有当遗属与死者并不具有亲近关系或者出于特别原因而没有对其死亡感到失去时,例外才可以被考虑。[739] 然而,所涉者是否真切感受到了精神痛苦,原则上超出了法院的判断范围。[740] 如果遗属与死者之间并不存在内在关系,即已经欠缺了作为前提的特别人身亲近关系。因此,精神痛苦的感受可以不用作为独立的构成要件特征。在有争议的案件中,**请求权数额**的确定仍要听凭法院做主。[741] 法院可以根据《德国民事诉讼法》第287条的规定进行估算。

立法理由书强调,遗属金涉及的只是所涉人员的**精神痛苦**,对逝去生

---

[733] 有说服力的参见 *Medicus* ZGS 2006, 103 (105ff.)。
[734] 相关讨论见 *Brand*, FS Jaeger, 2014, 191ff.。
[735] BGBl. 2017 I 2421.
[736] 关于时间上的适用范围参见 Art. 229 § 43 EGBGB。
[737] 参见 Palandt/*Sprau* § 844 Rn. 25; *G. Müller* VersR 2017, 321 (322f.)。
[738] Begr. RegE, BT-Drs. 18/11397, 8.
[739] Begr. RegE, BT-Drs. 18/11397, 14.
[740] 有说服力的观点见 *G. Müller* VersR 2017, 321 (322f.)。
[741] 参见 Begr. RegE, BT-Drs. 18/11397, 14; *Katzenmeier* JZ 2017, 869 (875)。

命和特别亲近人员失去的评价则不被包括在内。[742] 有关**惊吓损害**的判例可以提供一定线索(参见第60节边码7),即便遗属金刚好并不以自己遭受健康侵害为前提。[743] 立法理由书以10000欧元的平均数额为出发点。文献中有部分人主张,从5000欧元到20000欧元的数额是可以接受的。[744] 比较而言,较低数额的理由在于,遗属金不是对"生命"法益被侵害的赔偿。[745] 遗属金请求权并不排除对惊吓损害范围广泛的赔偿请求权。不过,如有可能,遗属金应当并到惊吓损害赔偿请求权中去。[746]

2. 因丧失的劳务而发生的损害赔偿(第845条)

第845条将对亲属的保护扩张到另外一种特别情况上。如果受害人依法律规定对第三人负有在家务活动或营业活动中**提供劳务**的义务,则该第三人就其基于死亡、侵害或者被剥夺自由而丧失的劳务享有损害赔偿请求权。立法者借此考虑了这种情况,即在这些情况中因侵权行为产生的不利并非发生在受害人自己身上,而是发生在劳务权利人身上。[747]   13

根据当时立法者的观念,第845条主要涉及**妻子**受到伤害和死亡的情况,妻子根据当时的法律负有操持家务以及在丈夫的经营活动中提供协作的义务。然而,这种视角已经无法与平等原则(《德国基本法》第3条第2款》)相协调了。[748] 配偶通过操持家务或者在对方的经营活动中提供协作系在履行其**法定的抚养义务**。因此,在死亡的情况中第844条第2款是可以适用的(参见第71节边码11)。在身体受侵害或者自由被剥夺时,是所涉配偶自身产生了损害(第842条),因为他因此而无法履行其法定的抚养义务(参加拙著《债法总论》第46节边码5)。即便该家庭没有雇用替代劳动力,而是在内部补偿这种损失,也应当肯定赔偿请求权的存   14

---

[742] Begr. RegE, BT-Drs.18/11397, 14.
[743] Begr. RegE, BT-Drs.18/11397, 14;批评观点见 G. Müller VersR 2017,321(324)。
[744] Schubert, in: E. Lorenz(Hrsg.), Karlsruher Forum 2016: Schmerzensgeld, 2017, 3 (38).
[745] 参见 G. Wagner NJW 2017, 2641 (2645)。
[746] Begr. RegE, BT-Drs. 18/11397, 12; G. Müller VersR 2017, 321 (324); G. Wagner NJW 2017, 2641 (2645).
[747] BGHZ 137, 1 (3).
[748] 参见 BGHZ 38, 55 (56ff.); 51, 109 (110ff.)。

在,因为与此相关联的限制不应使加害人得以免除责任。

15   因此,只有当直接受害人是尚在父母的家庭中生活的**小孩**时,第845条才有适用空间,因为根据第1619条的规定,这类小孩在父母的家务或者生意中负有无偿提供劳务的义务。不过,也只有当小孩因为职业受到妨害(第842条)但自己不享有损害赔偿请求权时,这一请求权才存在。[749] 如果该小孩为其他有偿活动投入了其全部劳动力,则父母基于第845条享有的请求权即被排除,即便该小孩尚在父母的家里居住,且在不工作的时候也参与父母的家务。[750]

3. 受害人的过错

16   如果第三人自己依第844条、第845条的规定享有损害赔偿请求权,则他必须根据第846条结合第254条的规定承受**受害人**对损害事件发**生的过错**。这背后的考虑是,第三人不应当对加害人享有比受害人自己更为广泛的请求权。[751] 这一限制也适用于第844条第3款规定的遗属金请求权。[752]

三、物的损害的赔偿请求权(第848条至第851条)

17   第848条至第851条对于物的损害的赔偿含有一些特别规定,不过它们的意义并不大。这一点可以通过**意外事件责任**(Zufallhaftung)来证明:如果加害人因侵权行为侵夺了他人之物,则他必须根据**第848条**的规定对物的意外灭失或者意外恶化承担责任。立法者打算借此与第287条第2句规定的迟延责任相统一(参见《债法各论》第26节边码20)。然而,在以侵权行为侵夺他人之物时,物的灭失或者恶化根据一般规则通常就已经可以归责于加害人了。由于这里涉及的是责任范围因果关系的问题,过错也不是必须的(参见第60节边码33)。因此,只有当物之灭失或者恶化的客观归责因为与物的侵夺不存在特别联系而例外地被排除

---

[749] BGHZ 69, 380 (383ff.).
[750] BGHZ 137, 1 (3ff.).
[751] MüKoBGB/*Wagner* § 846 Rn. 1; HK-BGB/*Staudinger* § 846 Rn. 1.
[752] G. *Wagner* NJW 2017, 2641 (2646).

时,第848条才能获得独立意义。[753] 不过,在这种情况下加害人通常也可以根据第848条第2半句的规定被免除责任。[754]

根据**第849条**的规定,加害人应当就因侵夺或者毁损他人之物而负担的**赔偿金额支付利息**。这里立法者的目的也在于与履行迟延相统一(第290条)。因此,加害人不仅要支付4%的法定利息(第246条),还要支付第288条第1款第2句规定的更高的迟延利息。[755]

四、消灭时效

自2001/2002年债法改革以后,侵权法上请求权的消灭时效也要根据一般规则确定。因此,消灭时效依第195条的规定为**3年**,并自请求权产生且债权人**知悉**请求权产生的情况及加害人身份或者在无重大过失本应知悉的年份结束时起算(第199条第1款)。消灭时效的**客观上限**原则上为自请求权产生之日起10年(第199条第3款第1项)或者不考虑请求权的产生自损害事件发生之日起30年(第199条第3款第2项)。在侵害生命、身体、健康以及自由等人格法益时,不考虑请求权产生的(消灭时效)客观上限延长到自损害事件发生之日起30年(第199条第2款)。

即便在损害赔偿请求权的消灭时效经过后,受害人也可以请求加害人**返还**因侵权行为获得的利益(第852条),如盗取的物或者因出售该物而取得的收益。对于返还义务之范围,第852条第1句参引了有关不当得利的规定,这是对第818条及以下的法律后果参引。[756] 根据第852条的规定,返还请求权自其产生后经过10年或者自损害事件发生后经过30年而消灭。

如果加害人因为侵权行为(如欺诈)而获得了一项可以向受害人主张的债权,赔偿请求权罹于消灭时效也不影响受害人主张可以对抗加害

18

19

20

21

---

[753] 参见 NK-BGB/*Katzenmeier* § 848 Rn. 1; *Larenz/Canaris* SchuldR II 2 § 83 IV。
[754] So zutreffend MüKoBGB/*Wagner* § 848 Rn. 2; *Meincke* JZ 1980, 677f.
[755] MüKoBGB/*Wagner* § 849 Rn. 7; 其他观点见 BGH NJW2018, 2479 Rn. 47; NK-BGB/*Katzenmeier* § 849 Rn. 1. 关于第849条不能适用于柴油机丑闻案见 BGH NJW2020, 2796 Rn. 17ff.。
[756] 参见 BGHZ 71, 86; Palandt/*Sprau* § 852 Rn. 2。

人的拒绝履行权(所谓的**恶意抗辩权**Arglisteinrede)(第853条)。

参考文献: *Brand*, Schockschäden, Angehörigenschmerzensgeld und der dritte Weg, FS Jaeger, 2014, 191; *Burmann/Jahnke*, Hinterbliebenengeld - viele Fragen und etliche Antworten, NZV 2017, 401; *Huber*, Das Hinterbliebenengeld nach § 844 III BGB, JuS 2018, 744; *Jaeger*, Gesetz zur Einführung eines Anspruchs auf Hinterbliebenengeld, VersR 2017, 1041; *Katzenmeier*, Hinterbliebenengeld, JZ 2017, 869; *Medicus*, Der Tod als Schaden, ZGS 2006, 103; *Meincke*, Kann § 848 BGB gestrichen werden?, JZ 1980, 677; *G. Müller*, Der Anspruch auf Hinterbliebenengeld, versR 2017, 321; *Scheffen*, Erwerbsausfallschaden bei verletzten und getöteten Personen (§§ 842-844 BGB), VersR 1990, 926; *Schubel*, Ansprüche Unterhaltsberechtigter bei Tötung des Verpflichteten zwischen Delikts-, Familien- und Erbrecht, AcP 198(1998) 1; *Schubert*, Schmerzensgeld, in E. Lorenz (Hrsg.), Karlsruher Forum 2016: Schmerzensgeld, 2017, 3; *Steenbuck*, Das Hinterbliebenengeld, r + s 2017, 449; *G. Wagner*, Schadensersatz in Todesfällen- Das neue Hinterbliebenengeld, NJW 2017, 2641.

第72节 不作为请求权与排除妨碍请求权

一、概述

1 　　如果**所有权**被以侵夺(Entziehung)占有或者无权(Vorenthaltung)占有之外的其他方式妨害,则所有权人可以根据第1004条的规定向妨害人请求排除妨害。如果存在继续妨害之虞,则其也可以诉请不作为。法律也为**姓名权**(第12条)和**占有**(第862条)规定了相应的排除妨害请求权和不作为请求权。判例和文献中早就有观点认为,为有效的权利保护之利益考虑,在其他受到**第823条第1款**保护的权利和法益上,也应当使所涉人员拥有通过不作为之诉来对抗其所面临的侵害和请求排除已发生妨害的机会。[757] 这一点在**第823条第2款**规定的保护性法律的违反以及**第824条**规定的

---

[757] Grundlegend RGZ 60, 6 (7); 另参见 MüKoBGB/*Raff* § 1004 Rn. 41。

情况中也必须适用。[758] 这些**准消极(quasi-negatorisch)请求权**的基础是对第 12 条、第 862 条、第 1004 条的整体类推适用。[759]

关于术语:第 1004 条规定的请求权经常被称为消极请求权。这里要与准消极请求权区分开来,它们因类推第 1004 条(结合第 12 条、第 862 条)而产生。由于其以侵权构成要件的客观违反(或者这种构成要件违反的危险)为标准,因而也可以说成是侵权法上的防御请求权。[760]

准消极请求权与第 823 条及以下规定的损害赔偿请求权的区别主要在于,它**不以过错**为要件。只要某个客观的侵权责任构成要件的不法实现即将发生或者已经发生就够了。[761] 针对侵权损害的保护因此被大大加强了。

二、不作为请求权

不作为请求权的思想基础是,侵权法的首要目标必须是从一开始就阻止损害事件的发生。[762] 请求权根据第 1004 条第 1 款第 2 句的规定(类推)以存在继续妨害之虞为要件。这一表述关联的情况首先是,某个妨害已经发生并且存在**重复发生的危险**。[763]

示例:S 针对 G 散布了一些不真实且有损名誉的事实。G 陈述到,S 说他将会坚持自己的主张。因此令人担忧的是,S 在将来还会作出相应言论。

然而,从第 1004 条第 1 款第 2 句中并不能得出,法益的主体必须静候第一次侵害来临的结论。相反,判例和文献中均承认,不作为请求权在存在所谓的**首犯危险**(Erstbegehungsgefahr)时就已经可以行使了。人们也称其为预防性的不作为之诉。[764] 不过,与重复侵害危险可因第一次妨害而

---

[758] 参见 BGH NJW 1993,1580; *Medicus/Petersen* BürgerlR Rn. 628。
[759] 参见 MüKoBGB/*Wagner* Vor § 823 Rn. 40; *Fuchs/Pauker/Baumgärtner* Delikts-und SchadensersatzR 143ff. 。
[760] 关于术语参见 MüKoBGB/*Raff* § 1004 Rn. 14。
[761] 关于违法性要求见 MüKoBGB/*Wagner* Vor § 823 Rn. 41。
[762] *Larenz/Canaris* SchuldR II2 § 87 I 1; *Emmerich* SchuldR BT § 26 Rn. 29.
[763] 参见 BGHZ 78, 9 (17ff.); *Brox/Walker* SchuldR BT § 53 Rn. 8。
[764] 参见 *Medicus/Petersen* BürgerlR Rn. 628; *Fuchs/Pauker/Baumgärtner* Delikts-und SchadensersatzR 145f. 。

被引用不同的是,首犯危险必须以具体的事实为依据。[765]

深化:第 1004 条第 1 款第 2 句的程序性表述("起诉")不能掩盖,它是一个**实体法上不作为请求权**的事实。因此,首犯危险以及重复侵害危险不仅是程序要件,而且是实质的请求权要件。[766]

三、排除妨害请求权

1. 要件

5　　此外,如果某个妨害已经发生,则所涉法律地位的权利人可以根据第 1004 条第 1 款第 1 句(类推)的规定请求排除妨害。请求权的相对人是妨害人。主流意见还区分行为妨害人和状态妨害人。所谓**行为妨害人**是通过自己的行为(积极作为或者违反义务的不作为)以客观上可归责的方式引起妨害的人。与此相反,**状态妨害人**是虽然自己并没有做出行为,但妨害的排除很大程度上取决于其意志的人。[767]

示例:某人在他人垃圾场所在的土地上倾倒垃圾,则其为行为妨害人。土地的所有权人也应当作为状态妨害人对从其土地中产生的妨害(比如,伸长到相邻土地上的树根)负责。即便他既没有制造产生妨害的状态,也并不知情。

6　　只有当妨害**持续存在**时,才可以考虑排除妨害请求权。[768] 最后,因妨害而造成的状态还必须是**不法的**。[769] 相反,无论是在状态责任还是在行为责任上,不法行为的存在都是不必要的。[770]

示例:如客观上不真实的事实陈述(Tatsachenbehauptungen)对一般人格权产生了持续妨害,则即便这种事实陈述可以通过正当利益的实现(比如,《德国刑法典》第 193 条)而变得合理,所涉人员也可以请求排除妨害。在不真实的事实陈述上,排除妨害通过撤回来实施(参见第 61 节边码

---

[765]　参见 MüKoBGB/*Raff* § 1004 Rn. 305。
[766]　BGH NJW 2005, 594 (595); MüKoBGB/*Raff* § 1004 Rn. 306.
[767]　BGH NJW-RR 2001, 232; *Larenz/Canaris* SchuldR II 2 § 86 III.
[768]　Brox/Walker SchuldR BT § 53 Rn. 19; *Vieweg/Werner* SachenR § 9 Rn. 17.
[769]　Palandt/*Herrler* § 1004 Rn. 12; *Vieweg/Werner* SachenR § 9 Rn. 28ff.
[770]　BGH NJW-RR 2003, 953 (955); *Larenz/Canaris* SchuldR II 2 § 86 IV 1b.

14)。由于事实陈述在一开始是合理的,这里可以考虑的是受到一定限制的撤回。这种撤回存在于不能再坚持原有陈述的声明上。[771]

如果被妨害人负有容忍妨害的义务(第 1004 条第 2 款),**状态的违法性即被排除**。这种容忍义务可以从合同约定或者法律(比如,第 906 条、第 912 条、第 917 条)中产生。容忍义务人多数时候享有因**自甘牺牲**(Aufopferung)而产生的补偿请求权(参见第 906 条第 2 款第 2 句、第 912 条第 2 款、第 917 条第 2 款)。

2. 与损害赔偿的区分

在第 1004 条第 1 款第 1 句的法律效果层面可以提出的是**与损害赔偿请求权的区分问题**,其在恢复原状(第 249 条第 1 款)的框架下也包括排除妨害。这一区分因第 1004 条第 1 款第 1 句(类推)规定的排除妨害请求权不以过错为要件而获得意义。因此,对于损害赔偿请求权适用的过错要求不得因对排除妨害请求权作太过广泛的理解而被架空。[772]

通说正确地认为,基于第 1004 条第 1 款第 1 句享有的请求权限于**消除**(Rückgängigmachung)**妨害行为**[如通过实施反向行为(contrarius actus)]或者排除原先的妨害来源。[773] 妨害产生的其他后果则必须回归第 823 条及以下规定的损害赔偿请求权来处理。

示例(BGH NJW 2003, 1732):在 E 的土地上矗立着几棵该块土地原所有权人种植的破败不堪的白杨树。在一次暴风雨中一棵白杨树倒在了邻居 N 的土地上,并损害了其园中小屋。

N 基于第 1004 条第 1 款第 1 句享有的排除妨害请求权仅包括清除已经倾倒的白杨树。对被损坏的园中小屋的赔偿,E 仅须在第 823 条第 1 款规定的要件具备时负担。E 须因过错违反了对白杨树的交往安全义务。考虑到白杨树的树龄,联邦最高法院肯定了这一点。

如果对妨害来源的排除会导致其他妨害,则损害赔偿请求权与排除妨害请求权的区分就会产生问题。主流意见将第 1004 条第 1 款第 1 句规定的排

---

[771] 参见 *Larenz/Canaris* SchuldR II 2 § 88 I 2a。
[772] 关于问题的提出参见 BGH NJW 1996, 845 (846); *Waas* VersR 2002, 1205。
[773] MüKoBGB/*Raff* § 1004 Rn. 237; *F. Baur* AcP 160 (1961), 465 (487ff.).

除妨害请求权在这些情况中也延伸到了附带损害(Begleitschäden)上。[774]

示例(BGHZ 135, 235):N 在 E 的土地旁建造了一些网球场。E 的土地上矗立着一些白杨树。随着时间的推移这些白杨树的树根生长进了 N 的土地里,并导致两块场地上的地面材料隆起。

根据联邦最高法院的观点,N 基于第 1004 条第 1 款第 1 句享有的排除妨害请求权不仅包括除去树根,而且包括网球场的重新建造,而出于重建的目的这几块场地必须被掘起。不过,法院认定 N 一定程度上与有过错(类推适用第 254 条),因为妨害对他来说是可以预见的。

10 如果所涉人员自己排除了妨害,则他可以依据无因管理的规定(第 677 条、第 683 条、第 670 条)向妨害人请求**赔偿**因此产生的**费用**。[775] 然而其前提是,自己实施的排除妨害措施并不违背妨害人的意愿(参见第 683 条第 1 句)。[776] 否则可以考虑的仅有基于第 812 条第 1 款第 1 句第 2 选项的请求权(求偿型不当得利 Rückgriffskondiktion)。[777]

参考文献:*Armbrüster*, Eigentumsschutz durch den Beseitigungsanspruch nach § 1004 I 1 BGB und durch Deliktsrecht, NJW 2003, 3087; *F. Baur*, Der Beseitigungsanspruch nach § 1004 BGB, AcP 160 (1961), 465; *Buchholz/Radke*, Negatorische Haftung und Billigkeit, JURA 1997, 454; *Herrmann*, Die Haftungsvoraussetzungen nach § 1004 BGB - Neuere Entwicklungen und Lösungsvorschlag, JuS 1994, 273; *Lohse*, § 1004 BGB als Rechtsgrundlage für Zahlungsansprüche, AcP 201 (2001), 902; *Neuner*, Das nachbarrechtliche Haftungs-system, JuS 2005, 385 und 487; *Waas*, Zur Abgrenzung des Beseitigungsanspruchs gem. § 1004 Abs. 1 S. 1 BGB von dem Anspruch auf Schadensersatz wegen unerlaubter Handlung, VersR 2002, 1205. Vgl. auch die Nachweise zu § 58.

---

[774] 参见 BGHZ 135, 235 (238);*Larenz/Canaris* SchuldR II 2 § 86 VI 1c。
[775] 参见 BGHZ 110, 313 (314ff.)。
[776] 参见 MüKoBGB/*Raff* § 1004 Rn. 290。
[777] 参见 BGHZ 97, 231 (234);106, 142 (143);*Larenz/Canaris* SchuldR II 2 § 69 III 2d;批评观点见 MüKoBGB/*Raff* § 1004 Rn. 290。

第五章　危险责任

第73节　理论基础

一、危险责任的基本思想

《德国民法典》原则上以过错原则为出发点。唯一的例外是第833条第1句规定的奢侈动物保有人责任（参见第68节边码1）。与此相反，《德国民法典》之外的大量法律中规定了无过错责任。最著名的例子是《道路交通法》第7条规定的机动车保有人责任。 1

深化：危险责任的概念可以追溯到马克斯·吕梅林（Max Rümelin）。[778] 第一个实在法的反映可以在1838年的《普鲁士铁路法》第25条中找到。[779] 重要的里程碑则是1908年机动车危险责任（《道路交通法》第7条）的引入。在此期间，不断增长的技术进步，立法者也在其他很多领域中规定了危险责任（参见第74节边码34）。

危险责任对于义务人来说特别严厉，因为其**不以过错**为要件。危险 2
责任的正当性可以从多个视角来讲述：处于中心的是**危险引起**（Gefahrveranlassung）以及**危险控制**（Gefahrbeherrschung）的思想。[780] 这符合**补偿正义**的要求，也即制造或者控制危险来源并且从中获得经济利益的人应当

---

[778] Rümelin, Die Gründe der Schadenszurechnung, 1896, 45.

[779] Brüggemeier, Prinzipien des Haftungsrechts, 1999, 81 说成是现代危险责任构成要件的"典范"。这一规定被《责任义务法》第1条所接受。

[780] 参见 Larenz/Canaris SchuldR II 2 § 84 I 2a。

承担与此相关联的损害。[781] 也有一些人将危险责任视为**对被允许的风险的代价**。[782]

3   最后,规定危险责任的背后存在如下利益**衡量**:基于与其相关联的社会整体利益,一方面应当将具有一定危险性的活动应视为合法,另一方面也不能将风险转嫁到被偶然涉及的各个受害人身上。

风险的可保性则可以作为危险责任正当性的其他标准。根据这种观点,损害的承担应当苛求那些能够更容易投保的人。[783]

4   危险责任并不取决于侵害行为的**违法性**。[784] 也即责任的基础刚好是不被禁止的行为(比如,动物或者机动车的保有)。行为基于其危险性可能导致法益侵害,这并不改变其合法性。也即联结点是一个出于更高层次的原因而为社会所接受的抽象危险。行为的合法性并不改变,所涉人员可以防御在行为中具体面临的法益侵害。如果所涉人员例外地负有容忍法益侵害的义务,则基于危险责任所生的损害赔偿请求权也要被排除。

示例:A 不能禁止其邻居 N 保有一条牧羊犬(抽象的危险)。不过,如果 G 被该牧羊犬咬伤(具体的危险),则他可以根据第 228 条的规定抵御攻击,即便该牧羊犬因此被打伤或者杀害。

S 饲养的蜜蜂带着花粉飞到了 G 的苗圃中,并向花蕊传授花粉。这导致花朵过早凋谢,以致这些植物无法再投向市场。根据第 906 条第 2 款第 1 句的规定,G 必须容忍蜜蜂的影响,因此他不因花朵所有权的侵害而享有第 833 条第 1 句规定的损害赔偿请求权。[785] 此外,应当检验的还有基于第 906 条第 2 款第 2 句享有的因自甘牺牲而生的补偿请求权。

---

[781] 参见 Brox/Walker SchuldR BT § 54 Rn. 1;关于补偿正义与分配正义的区分见 Looschelders Mitverantwortlichkeit 122。

[782] BGHZ 105, 65 (66);107, 359 (367);Medicus JURA 1996, 561 (564);Schlechtriem SchuldR BT Rn. 937;批评观点见 Larenz/Canaris SchuldR II 2 § 84 I 2a。

[783] Dazu Larenz/Canaris SchuldR II 2 § 84 I 2a;Medicus JURA 1996, 561 (563);Looschelders VersR 1996, 529ff.;Staudinger/Hager, 2017, Vorbem. zu §§ 823ff. Rn. 28.

[784] BGHZ 24, 21 (26);34, 355 (361);105, 65 (68);Deutsch/Ahrens DeliktsR Rn. 523;Larenz/Canaris SchuldR II 2 § 84 I 3a;其他观点见 BGHZ 57, 170 (176);117, 110 (111),那里是以结果在法律上的非难为依据。

[785] 参见 Larenz/Canaris SchuldR II 2 § 84 II 1d;iErg auch BGHZ 117, 110 (111ff.)。

责任人在危险责任中承担责任完全是因为所涉危险的出现。此外,也可能存在**违法行为**,这对于案例解答意味着,在危险责任之外还应当检验第 823 条及以下规定的过错责任。

二、法律规定的结构

对于危险责任来说,标志性的是所谓的**类型法定原则**(Enumerationsprinzip)。[786] 根据这一原则,危险责任的确定需要立法者的规定。基于这一原则,在德国并不存在危险责任的封闭体系。反之,存在大量特别法规定的个别(危险责任)构成要件。

通过**整体类推**(Gesamtanalogie)来创造新的危险责任构成要件或者扩张既有的构成要件被多数观点所**拒绝**。[787] 这尤其是因为,属于危险责任的风险在特别法中大多是终局地被列举,因而很难找到一个超越这些列举的、能够一般化的法律思想。[788] 因此,立法者自己必须分别就某个特定设施或者某个特定行为基于其抽象的危险性是否应被课以危险责任而作出决定。[789] 此外,类型法定原则还保护责任人对法律安定性享有的利益。[790] 因为通过在法律上规定危险责任,责任风险可以被清楚地呈现在责任人眼前。

深化:长久以来,在德国人们对是否应当为危险责任规定一般条款(Generalklausel)进行了讨论。[791] 与此相反,法国判例基于《法国民法典》第 1242 条的规定(原《法国民法典》第 1384 条)为危险物创造了一个一般危险责任。[792] 这种一般条款最重要的优势在于,立法者不需要总是跟在

---

[786] 参见 *Larenz/Canaris* SchuldR II 2 § 84 I 1b;批评观点见 *Harke* SchuldR AT Rn. 268。
[787] RGZ 78, 171 (172); 147, 353 (355f.); BGHZ 55, 229 (234); 63, 234 (237); BeckOK BGB/*Förster*, 56. Ed. 1. 11. 2020, § 823 Rn. 78; *Larenz/Canaris* SchuldR II 2 § 84 I 1b。
[788] 参见 MüKoBGB/*Wagner* Vor § 823 Rn. 26。
[789] 参见 BeckOK BGB/*Förster*, 56. Ed. 1. 11. 2020, § 823 Rn. 78。
[790] *Larenz/Canaris* SchuldR II 2 § 84 I 1b。
[791] Dafür *Deutsch* JURA 1983, 617 (624);其他观点见 *Larenz/Canaris* SchuldR II 2 § 84 I 1b; ausf. *Kötz* Gefährdungshaftung 1779ff.。
[792] 参见 Hübner/Constantinesco, Einführung in das französische Recht, 4. Aufl. 2001, 202。

技术发展的后面追赶。[793]

7   尽管存在大量的具体构成要件,人们还是可以看出一些几乎是所有危险责任类型所固有的结构特征:标志性的首先是**危险关联性**或者**归责关联性**。这被视为危险责任的责任成立及限制的核心要素。[794] 根据这一思想,危险责任构成要件旨在防免的危险在损害中必须刚好被实现了。其背后的思想在于,责任人只需为那些从其创造的"特别危险"中产生的损害承担责任。[795] 在这里原则上体现了在与规范的保护目的有关的第823条第1款、第2款规定的过错责任中也应当作为主题的相同考虑。[796]

危险因果关系示例:《道路交通法》第7条规定的"在机动车的运行过程中"(参见第74节边码7);《责任义务法》第1条第1款规定的"在轨道交通的运行过程中"(参见第74节边码30)。

8   此外,大多数危险责任均含有**责任限制规定**[尤其是对"不可抗力"(höhere Gewalt)的情况],以及出于可保性的考虑受到**最高赔偿限额**的限制。

最后应当注意的是,在2002年8月1日《第二次损害赔偿法修正案》生效以后,在危险责任上也存在第253条第2款规定的**抚慰金请求权**(对此一般性的介绍参见拙著《债法总论》第48节边码2)。多数特别法中(参见《产品责任法》第8条第2句、《道路交通法》第11条第2句)对抚慰金请求权的明确规定仅具有宣示意义。[797]

参考文献:Blaschczok, Gefährdungshaftung und Risikozuweisung, 1993; Coester-Waltjen, Beweiserleichterungen und Gefährdungshaftung, JURA 1996, 608; Cosack, Die Gefährdungshaftung im Vordringen - Hintergründe und Entwicklungslinien der aktuellen Tendenz im deliktischen Haftungsrecht, VersR 1992, 1439;

---

[793] 参见 Medicus JURA 1996, 561 (562)。
[794] So Brüggemeier, Prinzipien des Haftungsrechts, 1999, 82。
[795] 关于"特别危险"的概念见 Larenz/Canaris SchuldR II § 84 I 2b。
[796] 参见 Larenz/Canaris SchuldR II 2 § 84 I 1g。
[797] 参见 Hentschel/König/Dauer StVG § 11 Rn. 8; Hentschel NZV 2002, 433 (437); Huber, Das neue Schadensersatzrecht, 2003, § 4 Rn. 2; 关于请求权的衡量见 Jaeger ZGS 2004, 217ff.。

Deutsch, Gefährdungshaftung: Tatbestand und Schutzbereich, JuS 1981, 317; Deutsch, Das Recht der Gefährdungshaftung, JURA 1983, 617; Esser, Grundlagen und Entwicklung der Gefährdungshaftung, 2. Aufl. 1969; Jaeger, Bemessung des Schmerzensgeldes bei der Haftung aus Ge- fährdungstatbeständen, ZGS 2004, 217; Kötz, Haftung für besondere Gefahr, AcP 170 (1970), 1; Kötz, Gefährdungshaftung, in: BMJ (Hrsg.), Gutachten und Vorschläge zur überarbeitung des Schuldrechts, Bd. II, 1981, 1779; Looschelders, Bewältigung des Zufalls durch Versicherung, VersR 1996, 529; Medicus, Gefährdungshaftung im Zivilrecht, JURA 1996, 561; Röthel, Gefährdungshaftung, JURA 2012, 444; Rümelin, Gründe der Schadenszurechnung, 1896; Wagner, Das Zweite Schadensrechtsänderungsgesetz, NJW 2002, 2049; Zech, Gefährdungshaftung und neue Technologien, JZ 2013, 21. Vgl. auch die Nachweise zu § 58.

第74节 《德国民法典》之外的危险责任构成要件

一、《道路交通法》规定的机动车保有人责任

由于每天发生的交通事故数量很多,《道路交通法》规定的机动车保有人责任已成为实践中**最重要的危险责任类型**。根据《道路交通法》第7条第1款的规定,机动车保有人应当赔偿在机动车或者拖车运行过程中因致人死亡、受伤或者侵害某物而造成的损害。

对拖车承担的责任是通过《第二次损害赔偿法修正案》引入的。这一责任扩张旨在保护那些仅知道拖车车牌号,而不知道肇事机动车车牌号的受害人。[798]

与此不同的是,**机动车驾驶人**(Kraftfahrzeugführer)仅承担《道路交通法》第18条第1款规定的**过错推定责任**。这是单纯的证明责任倒置。因此,与保有人不同,在机动车驾驶人已经遵守了交往中必要的注意义务

1

---

[798] 参见 Huber, Das neue Schadensersatzrecht, 2003, § 4 Rn. 97f.。

时,其责任可以被免除。

1. 责任要件

(1)法益侵害

2   《道路交通法》第 7 条第 1 款规定的保有人责任,以在机动车或拖车的运行过程中**造成他人死亡、身体或健康受到侵害**或者**物被毁损**为前提。从法律的列举中可以得出,第 823 条第 1 款提及的核心法益(其他权利除外)都受到了保护。**纯粹财产损失则不被包括在内**。在物被毁损的情况中**占有人**也可以请求损害赔偿。因为《道路交通法》第 7 条第 1 款并不以侵害所有权为标准。然而,单纯的使用妨害并不属于物的"侵害"[799]。在这个问题上适用与第 823 条第 1 款规定的所有权保护和占有保护相同的考量(参见第 60 节边码 10 及以下)。

(2)机动车的概念

3   根据《道路交通法》第 1 条第 2 款的定义,机动车是指所有通过机械力(Maschinenkraft)驱动,而不固定于轨道的陆上车辆。然而,在《道路交通法》第 7 条规定的责任上要注意《道路交通法》第 8 条第 1 项的例外规定。根据该项规定,危险责任不适用于在平整道路上不能以超过 20 公里的时速行驶的机动车及与其联结在一起的拖车。

深化:《道路交通法》第 8 条第 1 项的例外规定被部分学者视为在法律政策上是错误的,因为那些行驶缓慢的车辆在今天的交通关系中不是更为弱小的危险,毋宁说具有更为重大的危险。这一例外规定最大的受益者是农业和建筑业。[800]

(3)请求权相对人的保有人身份

4   被视为保有人的是**为自己之计算**(auf eigene Rechnung)而使用机动车并对机动车拥有**处分权力**(Verfügungsgewalt)的人。[801] 对于处分权力

---

[799] BGH NJW 2015, 1174 Rn. 8(高速公路服务区)。
[800] 参见 Larenz/Canaris SchuldR II 2 § 84 III 1a; Medicus/Lorenz SchuldR BT § 82 Rn. 2。
[801] RGZ 127, 175; BGHZ 13, 351 (354); BGHZ 173, 182 = VersR 2007, 1387 Rn. 7; Hentschel/König/Dauer StVG § 7 Rn. 14.

来说,重要的是**事实上而非法律上**的**支配关系**(Herrschaftsverhältnis)。[802]
"为自己之计算"这一特征取决于,何人承担运行费用并且享受从运行中取得的利益。即便在通常情况下所有权人同时也是保有人,但所有权关系对于保有人身份来说并不是关键性的。[803]

示例:在长期的融资租赁合同中,所有权人和保有人通常是不一致的(关于融资租赁合同参见第24节边码1及以下)。即便融资租赁合同的出租人仍然是所有权人,融资租赁合同承租人在合同存续期间却是唯一的保有人。[804] 对于机动车根据第930条的规定为担保的目的而交付给银行的情况,亦是如此。这里担保权人是保有人。[805]

(4)在机动车或者拖车运行过程中

此外,损害必须是在"机动车或者拖车运行过程中"发生。这一构成要件的检验应当分**两步**来实施:首先应当询问的是,机动车在事故发生时是否处于**运行过程中**;然后必须检验的是,在机动车运行与发生的损害之间是否存在**因果关联性**。[806]

5

根据占据通说地位的**交通技术说**(verkehrstechnische Auffassung),如果机动车在公共交通领域运动或者以可以对交通产生影响的方式静止(ruhen),该机动车即处于运行状态中。[807] 也就是说,与**机械技术说**(maschinentechnische Auffassung)不同,机械能对于损害不必是重要的。[808] 确切地说,完全取决于是否从机动车中产生了**更高的危险**(erhöhte Gefahr)。即便机动车在装货或者卸货、暂停于街道上或者被拖带着,这一点也应当予以肯定。[809] 即

6

---

[802] Hentschel/König/Dauer StVG § 7 Rn.14; *Medicus/Petersen* BürgerlR Rn.632.
[803] *Brox/Walker* SchuldR BT § 54 Rn.5.
[804] BGHZ 87, 133; BGHZ 173, 182 = VersR 2007, 1387 Rn.7; *Becker* ZGS 2008, 415 (416). 关于所有人与保有人分开时的责任法问题见 *Looschelders* VersR 2019, 513ff. 。
[805] BGH VersR 2017, 830.
[806] Zum Einfluss der KH-Richtlinien vgl. *Looschelders* FS C. Huber, 2020, 341ff.
[807] 参见 BGHZ 29, 163; OLG Stuttgart NZV 1993, 436; *Hentschel/König/Dauer* StVG § 7 Rn.5。
[808] 参见 *Coester-Waltjen* JURA 2004, 173 (174); *Greger/Zwickel* § 3 Rn.51。
[809] 参见 BGHZ 58, 162; LG Schweinfurt NJW-RR 1993, 220; *Hentschel/König/Dauer* StVG § 7 Rn.6ff. 。

便机动车按照规定被停放于交通区域(比如,在道路旁),运行本身也并未结束。[810] 联邦最高法院近些时候还广泛地陈述到,即便在保有人停放在一栋房子共用车库里的机动车基于技术故障而因自燃发生火灾,并在燃烧过程中损害了第三人停放在旁边的机动车时,《道路交通法》第7条第1款也是可以适用的。重要的是,事故与运行过程或机动车的驱动装置存在较近的**地点和时间关联**。[811] 这里与造成损害的机动车的驱动装置存在较近的关联。

根据联邦最高法院最近的一份判决,甚至一辆在交通事故中受损的机动车被送去维修车间,并于一天半后因交通事故造成的机械作用引发的前部短路而在那里起火时,也存在《道路交通法》第7条第1款的要件。由此引发的火灾蔓延到一栋住宅楼上并损坏了它。根据联邦最高法院的观点,短路可以归责于事故所涉车辆的运行危险,因为车辆运行和引起事故的情况会在这当中产生了直接影响。[812]

7 此外,在机动车的运行与损害的发生之间还必须存在**特别的归责关联性**(Zurechnungszusammenhang)。据据这种观点,损害的发生必须刚好属于因机动车之运行引起的特别危险的实现。[813] 这一要件在短路案中可以被肯定,因为保有人的责任与对损害发生具有相当因果关系的事故发生有关。不过,事故中的两辆车都处于运行中。[814] 在车库起火案中这种延长虽然是不可能的,不过,根据欧洲法院的判例,停车和停车的时间也构成了将机动车作为交通事故加以使用的核心部分。[815] 因此,联邦最高法院正确地肯定了保有人或保险人的责任(《保险合同法》第115条第1款第1项)。[816] 根据主流意见,即便机动车作为杀人武器而被滥用,归责

---

[810] 参见 *Greger/Zwickel* §3 Rn. 107ff.; *Fuchs/Pauker/Baumgärtner* Delikts - und SchadensersatzR 294ff. 。

[811] BGHZ 199, 377 = NJW 2014, 1182.

[812] BGH NJW 2019, 2227 Rn. 9ff. mAnm *Herbers*; 就此的批评观点见 *Schwab* DAR 2019, 449.

[813] *Coester-Waltjen* JURA 2004, 173(175); *Martis* JA 1997, 45 (46).

[814] Vgl. *Herbers* NJW 2019, 2228 (2229); *Looschelders* FS C. Huber, 2020, 341 (349).

[815] EuGH VersR 2019, 1008 Rn. 41 - Línea Directa Aseguradora.

[816] BGHZ 199, 377 = NJW 2014, 1182; krit. *Lemcke* r+s 2014, 195ff.

关联也是存在的。[817] 不过,如果在损害中实现的是一个**独立的危险领域**(Gefahrenkreis),则归责关联应予否定。[818]

示例(BGHZ 115,84):在所谓的"猪恐慌案"(Schweinepanikfall)中,一起交通事故造成的爆炸声在集中养殖的猪群中引起了恐慌,在此过程中发生了大量动物死亡。联邦最高法院认为猪的死亡不是由于机动车运行的特别危险引起,而是猪的保有人自己因为集中养殖制造的危险在事故中实现了而已。[819]

在受害人基于获悉近亲属遭遇事故的消息而受到**惊吓**时,与机动车运行的特别关联是否存在,是有争议的。帝国法院否定了《道路交通法》第 7 条第 1 款的适用,因为惊吓损害也可能会因任何其他事故引起[820],根据这一观点,可以考虑的只有第 823 条第 1 款规定的请求权。然而,根据《道路交通法》第 7 条第 1 款的意旨和目的,交通事故作为惊吓损害的起因与机动车运行展现出相应的关联性就够了。惊吓损害的可归责性(Zurechenbarkeit)应当根据一般标准来判断(参见拙著《债法总论》第 45 节边码 30 及以下)。[821]

如果受害人因为对事故经过的争执而**中风**,与机动车运行之间的内在关联即不存在。[822] 不过,根据一般原则这里也缺乏可归责性,因而第 823 条第 1 款规定的损害赔偿请求权同样被排除(参见拙著《债法总论》第 45 节边码 21)。

2. 责任的排除

(1) 不可抗力(《道路交通法》第 7 条第 2 款)

根据《道路交通法》第 7 条第 2 款的规定,如果事故因"**不可抗力**"引起,机动车保有人的责任即被排除。在《损害赔偿法第二次修正案》生效

8

---

[817] 参见 BGHZ 37, 311 (313ff.); *Larenz/Canaris* SchuldR II 2 § 84 III 1d。
[818] *Wandt* Gesetzl. Schuldverhältnisse § 22 Rn. 14。
[819] BGHZ 115, 84 (87);批评观点见 *Greger/Zwickel* § 3 Rn. 74; *Larenz/Canaris* SchuldR II 2 § 84 III 1d。
[820] 参见 RGZ 133, 270 (274)。
[821] *Larenz/Canaris* SchuldR II 2 § 84 III 1d;另参见 BGH NJW 2007, 2764。
[822] 参见 BGHZ 107, 359 (367); dazu *Wandt* Gesetzl. Schuldverhältnisse § 22 Rn. 14。

之前,《道路交通法》第 7 条第 2 款规定的责任排除在存在"**不可避免的事件**"时就已经可以适用了。如果事故在施以可能的最大注意义务也不能避免时,这样的事件即被肯定。其范例是"理想的驾驶员"[823]。

9 对责任排除事由的限制旨在为道路交通中的小孩提供**更为强有力的保护**。也就是说,在小孩出人意外地跑到大街上并被机动车撞倒时,尤其存在不可避免的事件。

10 "**不可抗力**"的概念以异常的、与运行无关的、由基础自然力或第三人的行为从外部引起的事件为前提,该事件根据人类的认知和经验是不可预见的,以经济上可以承受的金钱且以最大的注意既无法阻止,也不会因其经常发生而被接受。[824] 也就是说,本质上重要的是三个标准:该事件必须是①**来自外部**(力量);②**异常且不可预见**;③**即便施以最大的注意义务也不能阻止**。[825]

示例:小孩突然跑到街道上并不属于不可抗力,这里起码缺少异常性和不可预见性。保有人也不得以机动车属性(比如,刹车有缺陷)或机动车道存在瑕疵(比如,结冰或者油渍)而免除责任。相反,如果事故是因滑坡或者因第三人投掷石块造成的,则存在不可抗力。

(2)《道路交通法》第 7 条第 3 款规定的未得允许的驾驶(Schwarzfahrten)

11 《道路交通法》第 7 条第 3 款第 1 句包含另外一个(责任)免除事由。根据该句的规定,如果机动车或者拖车**在保有人不知晓且不希望**的情况下被使用,保有人的责任即被排除。在这种情况下,未得允许的驾驶人应代替保有人承担无过错责任。如果保有人因自己的过错而使"未得允许的驾驶"成为可能,则保有人应当在未得允许的驾驶人之外承担责任。比如,在保有人没有关闭机动车或者将钥匙插在车上时,保有人自身即存在过错。

---

[823] 参见 BGHZ 113, 164 (165f.); 117, 337 (340); *Wandt* Gesetzl. Schuldverhältnisse § 22 Rn. 20。

[824] BGHZ 7, 338 (339); 62, 351 (354); *Brox/Walker* SchuldR BT § 54 Rn. 11; *Filthaut* NZV 2015, 161 (162ff.)。

[825] 参见 *Larenz/Canaris* SchuldR II 2 § 84 II 2 d (zu § 1 II 1 HPflG)。

依《道路交通法》第 7 条第 3 款第 2 句的规定,在未得允许的驾驶人系为机动车的运行而**受雇佣**或保有人将机动车**交给**他时,第 1 句规定的责任排除并不适用。由于保有人自己要根据《道路交通法》第 7 条第 1 款的规定承担责任,危险责任并不延伸到使用人身上。也就是说,使用人仅要根据《道路交通法》第 18 条第 1 款和《德国民法典》第 823 条及以下的规定承担责任。

12

(3)《道路交通法》第 8 条规定的责任排除事由

依《道路交通法》第 8 条第 2 项的规定,如果受害人**在机动车或拖车的运行中工作**,保有人的危险责任也被排除。满足这一例外要件的尤其是保有人的员工(比如,雇用的司机)。排除保有人之危险责任的合理性在于,受害人自愿承受了与机动车的运行相关联的危险。[826] 此外,受害人大多对保有人享有合同法上的请求权(比如,基于劳动合同)。[827]

13

根据《道路交通法》第 8 条第 3 项的规定,如果由机动车**运输的物品**受到了损害,则保有人的责任也被排除。

(4)乘客的损害(《道路交通法》第 8a 条)

在《道路交通法》被《第二次损害赔偿法修正案》修改之前,《道路交通法》第 7 条规定的保有人责任原则上不适用于**乘客**,仅就有偿和营业性运输的人员适用例外(《道路交通法》原第 8a 条)。这导致机动车乘客受到的保护要明显弱于机动车之外的受害人。[828]

14

对于无偿或非营业性运输的乘客的歧视因《道路交通法》第 8a 条的新条文而被终结。根据《道路交通法》第 8a 条新条文的规定,基于《道路交通法》第 7 条而对保有人享有的损害赔偿请求权原则上不再取决于有偿、营业性运输的存在。不过,在**无偿**和/或**非营业性人员运输**上存在通过合同免除责任的机会(《道路交通法》第 8a 条的反面结论)。与此相反,对于有偿、营业性旅客运输的责任既不能被排除,也不能被限制。

---

[826] 参见 *Coester-Waltjen* JURA 2004, 173 (175)。
[827] *Larenz/Canaris* SchuldR II 2 § 84 III 1f.
[828] 参见 *Huber*, Das neue Schadensersatzrecht, 2003, § 4 Rn. 136。

3. 责任范围和对保险人的直接请求权

15　　《道路交通法》第 10 条及以下规定了损害赔偿请求权的范围。如果**有人死亡或者受到伤害**,根据《道路交通法》第 10 条及以下的规定只有特定损害才应予以赔偿。与第 844 条第 3 款一样,《道路交通法》第 10 条第 3 款现在规定,遗属在存在特别的人身亲近关系时可以就其遭受的精神痛苦请求适当的金钱赔偿(参见第 71 节边码 12)。对于第 845 条规定的情况,《道路交通法》则没有类似规定。因此,对于丧失收入的赔偿只能根据一般侵权法来请求。根据《道路交通法》第 11 条第 2 句的规定,也可以给予**抚慰金**。

16　　由于缺乏特别规定,在**物被毁损**时应当适用第 249 条及以下的规定。也可以在拟制的维修费用的基础上进行结算(Abrechnung)。不过,根据第 249 条第 2 款第 2 句的规定,营业税只有在实际发生时(参见拙著《债法总论》第 47 节边码 7 以下)才能获得赔偿。

17　　《道路交通法》第 12 条、第 12a 条就《道路交通法》规定的责任确定了特定的**最高限额**。这一限制因不以过错为要件及可保性问题而得以正当化。[829]

18　　受害人根据《保险合同法》第 115 条第 1 款第 1 句第 1 项对机动车强制责任保险人享有的**直接请求权**是一个特色。[830] 根据《强制责任保险法》第 1 条的规定,机动车的保有人负有订立**责任保险**的义务,以便受害人在任何时候都可以面对一个有赔偿能力的债务人。对保险人的直接请求权旨在强化受害人的地位,并简化其请求权的实现。虽然直接请求权与保有人(投保人)和保险人之间的保险合同有一定联系,但直接请求权在根本上具有**侵权法性质**。[831]

对保险人的直接请求权并不改变保有人,也许还有驾驶人的赔偿义务。

---

[829] Siehe *Coester-Waltjen* JURA 2004, 173 (176).
[830] 参见 *Wandt* Gesetzl. Schuldverhältnisse § 22 Rn. 46f. 。
[831] 参见 BGHZ 57, 265 (269f.); 152, 298 (302); Looschelders/Pohlmann/*Schwartze* VVG § 115 Rn. 3。

因此，它属于**法定的债务加入**(Schuldbeitritt)。[832] 机动车保有人或驾驶人应当与保险人承担连带责任(《保险合同法》第 115 条第 1 款第 4 句)。不过，只要保险人不是例外地对保有人被免于承担给付义务，在内部关系中存在的就是保险人的单独义务(《保险合同法》第 116 条第 1 款第 1 句)。

4. 与有过错与告知的不真正义务

对于受害人在损害发生上的**与有过错**，《道路交通法》第 9 条参引了《德国民法典》第 254 条的规定。不过，这一参引原则上仅具有宣示意义。仅对于**物被毁损**的情况存在例外。这里对物行使**事实上权力者**的过错被等同于受害人的过错。因此，所有权人必须忍受骑自己自行车或骑自己马的人的过错的抵消。也就是说，在这个问题上归责超出了第 278 条的一般规定。 19

如果受害人作为机动车保有人或驾驶人也参与到了事故中，则《道路交通法》第 9 条将被《道路交通法》第 17 条（参见第 74 节边码 23 及以下条文）的特别规定排除。[833] 因此，与有过错仅在**非机动的道路参加者**（比如，行人、骑自行车的人、骑马的人）受到伤害时才依《道路交通法》第 9 条的规定判断。 20

在未满 10 周岁的**未成年人**身上，在检验与有过错时要注意**第 828 条第 2 款**的规定（参见拙著《债法总论》第 23 节边码 12 及第 54 节边码 12）。根据该款的规定，10 周岁以下小孩的责任在机动车的交通事故中将被排除。这一责任优待在《道路交通法》第 9 条的框架内也是适用的。与有过错根据该规定可能也要予以否认。 21

此外，《道路交通法》第 15 条规定了一个**告知的不真正义务**（Anzeigeobliegenheit）。根据该条规定，受害人必须在知悉两个月内告知赔偿义务人损害情况。如果受害人因过错未履行这一告知义务，则他将失去《道路交通法》规定的请求权。 22

---

[832] Looschelders/Pohlmann/*Schwartze* VVG § 115 Rn. 3; *Deutsch/Ahrens* DeliktsR Rn. 557.

[833] *Huber*, Das neue Schadensersatzrecht, 2003, § 4 Rn. 55; *Wandt* Gesetzl. Schuldverhältnisse § 22 Rn. 31.

5. 多数赔偿义务人之间的损害补偿

23 对于**至少有两辆机动车参与**的事故应当适用《道路交通法》第17条。对于理解本规定重要的是将各款彼此分开来考察。

在**第三人因一起有多个保有人参与的交通事故而受伤**时,《道路交通法》第17条第1款作为《德国民法典》第426条第1款的特别规定[834],规定了机动车保有人之间的**内部求偿关系**。损害的分担应当根据个案情况判断,尤其应当根据保有人的**因果关系份额**进行衡量。

24 与此相反,《道路交通法》第17条第2款涉及的是多个参与事故的保有人之间,或在**相互侵害**时驾驶人之间在外部关系中的责任。这里可以提出的问题是,被侵害的保有人能否就全部损害请求赔偿,或其请求权因与有过错而应被扣减。根据《道路交通法》第17条第2款的规定,在这个问题上适用与保有人之间内部补偿相同的原则。也就是说,在计算损害时这里也要权衡保有人相互之间的因果关系份额。应当注意的是,受害人作为保有人或者驾驶人在通常情况中至少要抵消其机动车的**一般运行危险**。

深化:所谓一般运行危险,是指与机动车在交通中使用联系在一起的典型危险的总和。[835] 一般运行危险的高低可能是不同的。因而从货车中产生的危险要比从小汽车中产生的危险更大。如果他方参与者具有特别重大的交通违章行为,受损机动车的一般运行危险就要降低。相反,一方机动车的一般运行危险可能会因为特别情况(比如,技术瑕疵、违反交通规则的驾驶方式)而被提高。

25 如果事故对所涉人员来说属于**不可避免的事件**,则《道路交通法》第17条第3款排除了《道路交通法》第17条第1款第2款规定的责任。与《道路交通法》第17条第2款(参见第74节边码8)不同,在多个保有人的关系中一如既往地取决于,事故在遵守可能的最大注意义务时能否避免。[836]

---

[834] *Wandt* Gesetzl. Schuldverhältnisse § 22 Rn. 48.

[835] 参见 *Emmerich* SchuldR BT § 27 Rn. 32;*Palandt/Grüneberg* § 254 Rn. 60.

[836] 参见 *Wandt* Gesetzl. Schuldverhältnisse § 22 Rn. 19ff. 。

如果损害是由一辆机动车和一个**动物**或者一辆机动车和一列**火车**造成的,则准用《道路交通法》第 17 条第 1 款至第 3 款的规定。

6. 与其他规定的关系

《道路交通法》第 16 条表明,《道路交通法》第 7 条规定的机动车保有人责任可以在《德国民法典》第 823 条及以下规定的过错责任之外存在。因此这里存在**请求权竞合**。如果保有人或者驾驶人的行为具有过错,则还必须检验《德国民法典》第 823 条及以下规定的损害赔偿请求权。这在(损害)超过《道路交通法》规定的最高责任限额、违反《道路交通法》第 15 条规定的告知不真正义务以及《德国民法典》第 845 条(参见第 74 节边码 15)规定的情况中具有实际意义。不过,由于对请求权要件的要求更低,总的来说应从检验《道路交通法》第 7 条开始。

26

二、根据《赔偿责任法》为轨道以及能源设施承担的责任

除《道路交通法》规定的机动车保有人的危险责任之外,《赔偿责任法》(HPflG)具有特别重要的意义。《赔偿责任法》取代了 1871 年的《帝国赔偿责任法》。《赔偿责任法》在其第 1 条中为**运营经营者**规定了无过错责任。根据该条规定,这一无过错责任应由那些为自己之计算而经营有轨电车或者悬挂电车的人承担。此外,《赔偿责任法》第 2 条为**能源设施以及能源输送线路**的持有人规定了危险责任。

27

1. 轨道交通经营者的责任(《赔偿责任法》第 1 条)

(1)要件

《赔偿责任法》第 1 条规定的轨道交通经营者的责任首先以**法益侵害**的发生为前提。可以考虑的是致人死亡、侵害他人身体、健康或者导致物的损坏。详情可以参见对第 823 条第 1 款的论述(参见第 60 节边码 2 及以下)。

28

《赔偿责任法》第 1 款仅适用于**有轨电车或者悬挂电车**。所有用于运输人员或货物且固定于轨道或者悬挂设施的电车均属此类。[837]

29

---

[837] 参见 *Larenz/Canaris* SchuldR II 2 § 84 III 2a; *Filthaut*/Piontek/kayster/*piontek* HPflG § 1 Rn. 5ff. 。

示例：例如,火车、有轨电车、齿轮火车、带有吊篮或舱房的缆车、敞开式缆车。《赔偿责任法》第1条对于滑雪者登山缆车并不适用,因为滑雪者仍然通过滑雪板与地面连在一起。[838] 根据主流意见,服务于非公共交通的轨道交通(比如,工厂或港口的轨道交通)也为《赔偿责任法》第1条所包括,只要从其运行中产生了与公共轨道交通相同种类的危险即可。[839]

30　　事故必须是轨道交通"**在运行过程中**"造成的。根据主流意见,这一特征因轨道运行的特别危险而应作广义解释。有轨电车或者悬挂电车作为交通工具的典型运行危险必须在事故中已经发生。[840]

属于运行的有本来意义上的运输活动,以及**与运输存在关联**的所有过程(比如,乘客上车和下车、装货或卸货)均包括在内。[841] 与此相反,如果乘客在旅途中因第三人的故意行为而受到侵害,与运行的关联原则上即不再存在。[842] 因为这些事件不是由与轨道交通作为交通工具使用相关联的危险引起。

(2)责任的排除

31　　依《赔偿责任法》第1条第2款的规定,在**不可抗力**时责任将被排除。[843] 在这个问题上适用与在《道路交通法》第7条第2款(参见第74节边码8及以下)相同的原则。其他责任排除事由参见《责任义务法》第1条第3款。

不可抗力的示例：因地震、暴风雨、洪水、山崩或者雷击、恐怖袭击或破坏行动而造成轨道受损。[844] 在因自杀或有自杀企图而引起的事故

---

[838] 关于细节参见 Filthaut/piontek/kayser/*piontek* HPflG § 1 Rn. 18ff. mwN。

[839] 参见 *Brox/Walker* SchuldR BT § 54 Rn. 21; *Gursky* SchuldR BT 239。

[840] 参见 RGZ 144, 208; *Deutsch/Ahrens* DeliktsR Rn. 544; Filthaut/piontek/kayser/*piontek* HPflG § 1 Rn. 82。

[841] 参见 Filthaut/piontek/kayser/*piontek* HPflG § 1 Rn. 71ff.，100ff.。

[842] RGZ 69, 357; Filthaut/piontek/kayser/*piontek* HPflG § 1 Rn. 88。

[843] 关于《赔偿责任法》第1条第2款中不可抗力的概念参见 *Filthaut* NVZ 2015, 161ff.。

[844] 关于恐怖袭击及破坏活动(Sabotageakten)的归类参见 *Wagner* DeliktsR Kap. 8 Rn. 35。

中,主流意见也肯定了不可抗力的存在。[845]

2. 对能源设施以及能源输送线路承担的责任(《赔偿责任法》第 2 条)

根据《赔偿责任法》第 2 条第 1 款第 1 句的规定,设施的持有人对因电力、瓦斯、电力输送设施或者原油输送设施的蒸汽或液体造成的人身损害或物的损害负有赔偿义务。《赔偿责任法》第 2 条第 1 款第 1 句规定的赔偿责任的前提是,损害刚好由电力或其他被列举的能源载体的作用引起(所谓的**影响责任**Wirkungshaftung)。[846]

32

此外,根据《赔偿责任法》第 2 条第 1 款第 2 句的规定,设施的经营者也要为因设施的单纯存在造成的损害承担责任,而非因所涉能源载体的影响(所谓的**状态责任**)。这方面的例子如电线杆的倒塌或者未输送电流的输电线掉落。[847] 只有当设施未处于符合规定的状态,也即不符合有关技术规则时(《赔偿责任法》第 2 条第 1 款第 2 句、第 3 句),这一责任才成立。就这一点来说,设施的持有人存在一个**免除责任的机会**。根据主流意见,它不是过错推定责任,而是危险责任。[848] 根据《赔偿责任法》第 2 条第 3 款的规定,这一责任在一些情况中会被排除。因此这里也适用**不可抗力**的责任免除事由(第 3 项)。

3. 责任范围

《赔偿责任法》第 5 条及以下规定了根据《赔偿责任法》所承担责任之范围。依《赔偿责任法》第 6 条第 2 句的规定,受害人可以请求适当的**抚慰金**。在致人死亡的情况中,责任的范围应当根据《赔偿责任法》第 5 条确定。与第 844 条第 3 款的规定相同,**遗属**因对其施加的精神痛苦根据《责任义务法》第 5 条第 3 款的规定享有适当赔偿的请求权(参见第 71 节边码 12)。与在《道路交通法》(参见第 74 节边码 17)中一样,这里也确定了**最高责任限额**(《责任义务法》第 9 条、第 10 条)。

33

---

[845] Instruktiv OLG Hamm NZV 2005, 41;另参见 *Filthaut* NZV 2015, 161 (163ff.)。

[846] BGH NJW-RR 2010, 1467; *Fuchs/Pauker/Baumgärtner* Delikts-und SchadensersatzR 310ff.

[847] BGH NJW-RR 2010, 1467 (1468)。

[848] Staudinger/*Kohler*, 2017, HPflG § 2 Rn. 1; *Larenz/Canaris* SchuldR II 2 § 84 IV 1e;其他观点见 *Deutsch/Ahrens* DeliktsR Rn. 566; *Harke* SchuldR BT Rn. 582。

深化：在欧盟层面，乘客在铁路交通中的法律地位通过 2007 年 10 月 23 日公布的（EG）1371/2007 号《欧洲议会和委员会关于**铁路交通中乘客的权利及义务的条例**》(所谓的乘客权利条例)得到了改善。[849] 该条例自 2009 年 12 月 3 日在成员国适用[850]，而且是直接（与指令不同）适用。有关旅游者权利与义务的实质规定被包含在条例的附件Ⅰ中，并在本质上以国家间订立的公约为基础。[851] **在乘客发生事故**时铁路交通企业的责任被规定在《铁路客运和行李运输国际协定》(CIV)第 26 条中。[852] 该请求权仅包括物质损害，抚慰金则没有规定。[853]此外，还存在诸多免责事由。企业尤其可以主张，事故是由铁路运行之外存在的情况导致的，且承运人在遵守所**要求的注意义务**时也不能避免这些情况，也不能克服其后果（协定第 26 条第 2 款字母 a 项）。这一责任免除机会对企业来说要比不可抗力的抗辩更为容易。(EG)1371/2007 号条例第 11 条规定，条例并不影响**成员国的其他请求权**。因此，《责任义务法》第 1 条在条例的适用范围内也可以适用。[854]

三、其他危险责任

1. 概览

34 在《道路交通法》和《赔偿责任法》规定的责任之外，还存在着大量其他特别法上的危险责任。应当提及的是《航空交通法》(《航空交通法》第 33 条及以下)规定的对**航空器**承担的责任、《核子法》(《核子法》第 25 条及以下)规定的对**核能损害**承担的责任、《水资源法》规定的对**水资源被污**

---

[849] ABl. 2007 L 315, 14.

[850] 德国立法者将该条例时间上的适用范围提前到了 2009 年 7 月 29 日，对此参见 BeckOGK/*Vogeler*, 1. 10. 2020, HPflG § 1 Rn. 95；*Filthaut* NZV 2009, 417 (419)。

[851] 参见 BeckOGK/*Vogeler*, 1. 10. 2020, HPflG § 1 Rn. 95；*Staudinger* EuZW 2008, 751ff.。

[852] CIV 是"铁路客运和行李运输国际协定"的缩写；该协定位于《国际铁路运输公约》(COTIF)的附件 A 中。

[853] BeckOGK/*Vogeler*, 1. 10. 2020, HPflG § 1 Rn. 98；*Filthaut* NZV 2009, 417 (421)。

[854] *Filthaut* NZV 2009, 417 (419)；2015, 161 (162)。

染承担的责任(《水资源法》第89条)[855]、《环境责任法》规定的对**环境影响**承担的责任(《环境责任法》第1条)、《基因技术法》规定的对**基因技术改变的组织**承担的责任(《基因技术法》第32条第1款)以及《联邦矿业法》规定的对**矿业损害**承担的责任(《联邦矿业法》第114条及以下)。属于此类的还有根据《药品法》对**药品**承担的责任(《药品法》第84条)。不过,这一责任基于体系上的原因已经在产品责任那里讨论过了(参见第63节边码23及以下)。

《**产品责任法**》规定的产品责任是否属于一种危险责任,是有争议的(参见第63节边码14)。撇开教义学归类不说,《产品责任法》规定的生产者责任与第823条第1款规定的一般侵权性生产者责任展现出了太多的联结点,以至于它同样已经紧接着一般侵权责任处理了(参见第63节边码15及以下)。

下文将只对其他危险责任的构成要件作**概要**的介绍,在此过程中将会展现一些重要的相同点以及可能的特殊性。

2. 状态责任以及行为责任

危险责任典型地与潜在加害人**对某个危险源的支配**联系在一起。《航空交通法》第33条以下、《水资源法》第89条第2款、《环境责任法》第1条均以这样的保有人责任、设施责任或者状态责任为基础。然而,也存在一些以某个**危险行为**为标准的重要构成要件(所谓的行为责任,参见《水资源法》第89条第1款、《基因技术法》第32条第1款、《药品法》第84条)。[856]

35

3. 责任之排除

大多数危险责任都包含一些特别的责任排除事由。尤其普遍的是**不可抗力**的排除事由(参见第74节边码8及以下)。不过,无论是航空器保有人,还是《核子法》规定的设施的持有人都不能通过主张不可抗力来免

36

---

[855] 在水资源法被2009年7月31日的法律重新规定之前,对于水体改变(Gewässerveränderungen)的危险责任被规定在《水资源法》原第22条中。《水资源法》第89条的新规定中包含一些阐释,不过,它们的内容在本质上与《水资源法》原第22条一致(参见Sieder/Zeitler/Dahme/Knopp/*Schwendner* WHG § 89 Rn. 7)。

[856] 关于状态责任与行为责任见 *Larenz/Canaris* SchuldR II2 § 84 I 4a。

除责任。《基因技术法》第32条也没有规定因不可抗力而免除责任。因此,经营者也要对根据基因改变的组织投入流通时的科学和技术水平尚不能发现的发展风险承担责任。[857]

《水资源法》仅对第89条第2款规定的设施责任规定了不可抗力的责任排除事由(《水资源法》第89条第2款第2句)[858],而未对《水资源法》第89条第1款规定的行为责任作此规定。学术文献中有观点认为,为避免评价矛盾,在《水资源法》第89条第1款上也应当考虑不可抗力的责任排除事由。[859] 不过,《水资源法》第89条第1款规定的行为责任的前提是,潜在的加害人**有针对性地**将物质导入或引入水体中。因此,存在不可抗力时这一责任在构成要件上就已经被排除了。[860]

4. 最高责任限额、抚慰金和遗属金

37 几乎所有相关法律都规定了**最高责任限额**以及受害人的**抚慰金请求权**。在致人死亡的情况中,存在特别人身亲近关系的**遗属**因其遭受的精神痛苦,在危险责任的情况中也享有请求适当赔偿的请求权(参见《核能法》第28条第3款、《联邦矿业法》第117条第1款、《基因技术法》第32条第4款第2句、《航空交通法》第35条第3款、《环境责任法》第12条第3款)。它们是第844条第3款的平行规定(参见第71节边码12)。

然而,在《水资源法》中可以发现一些特殊之处。比如,《水资源法》第89条规定的责任在数额上是没有限制的。[861] 此外,《水资源法》自身并不包含对抚慰金请求权的规定。不过,这一点是无伤大雅的,因为特别法中对抚慰金的明确提及仅具有宣示意义。因此,抚慰金请求权可以直接从第253条第2款(结合《水资源法》第89条)中得出。[862] 由于缺少相

---

[857] 参见 Larenz/Canaris SchuldR II/2 § 84 V 4c。

[858] 关于细节参见 Sieder/Zeitler/Dahme/Knopp/*Schwendner* WHG § 89 Rn. 63。

[859] 参见 Larenz/Canaris SchuldR II 2 § 84 V 2e;被 BGHZ 62, 351 (357) 号判例搁置了。

[860] 参见 Sieder/Zeitler/Dahme/Knopp/*Schwendner* WHG § 89 Rn. 37 und 63。

[861] BeckOK Umweltrecht/*Hilf*, 55. Ed. 1. 7. 2020, WHG § 89 Rn. 39; Landmann/Rohmer/*Petersen* Umweltrecht WHG § 89 Rn. 49;对《水资源法》第89条特殊地位的批评意见 *Harke* SchuldR BT Rn. 584。

[862] 参见 BeckOK Umweltrecht/*Hilf*, 55. Ed. 1. 7. 2020, WHG § 89 Rn. 39; *Däubler* JuS 2002, 625, 626。

关的特别规则,第 842 条至第 846 条也应当准用。[863] 因此,在致人死亡的情况中,遗属在满足第 844 条第 3 款要件的前提下,在《水资源法》第 89 条规定的请求权上也享有适当金钱赔偿的请求权。

5. 其他特殊性

《水资源法》第 89 条的另外一个特色在于,这一责任并不限于对特定法益的侵害。因此,**纯粹财产损失**也可以根据《水资源法》予以赔偿。[864] 这一扩张是必要的,因为水体的污染经常并不处于有权使用人的所有权中,因此在有权使用人方面缺少法益侵害这一要件。[865]

受害人很少被赋予特别的**信息提供权**(Auskunftanspruch)。不过,根据《基因技术法》和《环境责任法》的规定,受害人对设施的经营者以及主管机关享有信息提供权(《基因技术法》第 35 条及以下、《环境责任法》第 8 条及以下)。关于《药品法》第 84a 条规定的受害人的信息提供权请参见第 63 节边码 24。

参考文献:关于一般规定: *Filthaut*, Fragen zum Begriff der höheren Gewalt i. S. v. §§ 1 II HPflG und § 7 II StVG unter Berücksichtigung der neueren Rechtsprechung, NZV 2015, 161; 关于《道路交通法》: *Becker*, Die Haftungszurechnung bei Unfällen mit Leasingfahrzeugen, ZGS 2008, 415; *Coester-Waltjen*, Die Haftung nach § 7 StVG, JURA 2004, 173; *Garbe/Hagedorn*, Die zivilrechtliche Haftung beim Verkehrsunfall, JuS 2004, 287; *Greger/Zwickel*, Haftungsrecht des Straßenverkehrs, 5. Aufl., 2014; *Hentschel/König/Dauer*, Straßenverkehrsrecht, 45. Aufl., 2019; *Hirte/Heber*, Haftung bei Gefälligkeitsfahrten im Straßenverkehr, JuS 2002, 241; *Kunschert*, Die Haftung des Kfz-Halters gegenüber seinem Parter und seinem Kind als Insassen, NJW 2003, 950; *Lattka*, Schadensersatzrecht, Gefährdungshaftung, JA 2002, 921; *Lemcke*, Gefährdungshaftung im Straßenverkehr unter Berücksichtigung der Änderungen durch

---

[863] 参见 Sieder/Zeitler/Dahme/Knopp/*Schwendner* WHG § 89 Rn. 76。
[864] 参见 Fuchs/Pauker/*Baumgärtner* Delikts-und SchadensersatzR 319; *Harke* SchuldR BT Rn. 584。
[865] 参见 Larenz/*Canaris* SchuldR II 2 § 84 V 1f.。

das 2. SchadÄndG, ZfS 2002, 318; *Looschelders,* Ansprüche nach einem Verkehrsunfall miteinem geleasten oder finanzierten Fahrzeug, VersR 2019, 513; *Looschelders,* Verwendung, Gebrauch und Betrieb von Fahrzeugen- Einfluss der KH- Richtlinien auf das deutsche Versicherungs- und Haftungsrecht, FS C. Huber, 2020, 341; *Looschelders/ Pohlmann,* Versicherungsvertragsgesetz, 3. Aufl. 2016; *Martis,* Die Haftung des Fahrzeughalters und Fahrzeugführers nach §§ 7, 18 StVG, JA 1997, 45; *Martis,* Mitverursachung und Mitverschulden beim Straßenverkehrsunfall mit einzelnen Haftungsquoten, JA 1997, 141; *v. Sachsen. Gesaphe,* Verbesserter Opferschutz im Straßenverkehr und beim Schmerzensgeld, JURA 2007, 481; *Schreiber/Strupp,* Die Haftung bei Verkehrsunfällen, JURA 2007, 594; *Staudinger/Schmidt - Bendun,* Die Reform des Schadensersatzrechts und ihre Bedeutung für die Haftung im Straßenverkehr, JURA 2003, 441; *C. Vogel,* »Höhere Gewalt« und Haftungsbeschränkungen im StVG nach der Schadensersatzrechtsreform, ZGS 2002, 400.。关于《赔偿责任法》: *Filthaut/piontek/ kayser,* Haftpflichtgesetz, 10. Aufl. 2019; *Filthaut,* Die Zustandshaftung für ordnungswidrige Anlagen nach § 2 Abs. 1 S. 2 HpflG, VersR 1997, 145; *Tschersich,* Die Haftung (auf) der Schiene- Anwendungsbereich des HpflG innerhalb des internen Bahnbetriebes, VersR 2003, 962;。关于《旅客权利条例》: *Filthaut,* Neues Haftungsrecht für Unfälle von Eisenbahnfahrgästen, NZV 2009, 417; *Staudinger,* Zweifelsfragen der Verordnung (EG) Nr. 1371/2007 des Europäischen Parlaments und des Rates vom 23.10.2007 über die Rechte und Pflichten der Fahrgäste im Eisenbahnverkehr, EuZW 2008, 751. 关于其他危险责任类型: *Czychowski/Reinhardt,* Wasserhaushaltsgesetz, WHG 12. Aufl. 2019; *Deutsch,* Umwelthaftung: Theorien und Grundsätze, JZ 1991, 1097; *Giesbert/Reinhardt,* BeckOK Umweltrecht, 55. Ed. 1.7.2020; *Hager,* Das neue Umwelthaftungsgesetz, NJW 1991, 134; *Kreuzer,* Das neue Umwelthaftungsgesetz, JA 1991, 209; *Landmann/Rohmer,* Umweltrecht, Stand: 93. Lfg. 2020; *Larenz,* Die Schadenshaftung nach dem Wasserhaushaltsgesetz im System der zivilrechtlichen Haftungsgründe, VersR 1963, 593; *Sieder/Zeitler/Dahme/Knopp,* Wasserhaushaltsgesetz und Abwasserabgabengesetz, Stand: 53 Lfg. 2019。

缩略语表

aA……anderer Ansicht,其他观点

ABl.……Amtsblatt der Europäischen Gemeinschaft/Europäischen Union,《欧共体/欧盟公报》

Abs.……Absatz,款

AcP……Archiv für die civilistische Praxis,《民法实务档案》

aE……am Ende,末尾

aF……alte Fassung,旧版

AEUV……Vertrag über die Arbeitsweise der Europäischen Union,《欧盟工作方式协议》

AG……Aktiengesellschaft, Amtsgericht,股份公司、基层法院

AGB……Allgemeine Geschäftsbedingungen,一般交易条款

AGG……Allgemeines Gleichbehandlungsgesetz,《平等对待法》

AktG……Aktiengesetz,《股份法》

Alt.……Alternative,选项

AMG……Gesetz über den Verkehr mit Arzneimitteln (Arzneimittelgesetz),《关于药品流通的法律》(《药品法》)

Anh……Anhang,附件

Antidiskriminierungs- RL……Richtlinie 2000/43/EG des Rates zur Anwendung des Gleichbehandlungsgrundsatzes ohne Unterschied der Rasse oder der ethnischen Herkunft,《关于种族或民族出身无差别适用平等对待原则的理事会第2000/43/EG指令》(《反歧视指令》)

AP……Arbeitsrechtliche Praxis (Entscheidungssammlung),《劳动法实务》

（判决汇编）

  ArbG……Arbeitsgericht,劳动法院

  AT……Allgemeiner Teil,总则

  AtG…… Gesetz über die friedliche Verwendung der Kernenergie und den Schutz gegen ihre Gefahren (Atomgesetz),《关于和平利用核能并防范其危险的法律》(《原子能法》)

  Aufl.……Auflage,版本

  AÜG……Gesetz zur Regelung der Arbeitnehmerüberlassung (Arbeitnehmerüberlassungsgesetz)《关于规制劳动者派遣的法律》(《劳务派遣法》)

  ausf.……ausführlich,详细论述

  BAG……Bundesarbeitsgericht,联邦劳动法院

  BAGE……Entscheidungen des Bundesarbeitsgerichts,联邦劳动法院判决

  BayObLG…… Bayerisches Oberstes Landesgericht,巴伐利亚州最高法院

  BB……Betriebs- Berater (Zeitschrift),《企业顾问》(杂志)

  BBergG……Bundesberggesetz,《联邦矿业法》

  Bd.……Band,册

  BeckOGK……beck- online Großkommentar zum Zivilrecht,《贝克网络版大型民法评注》

  BeckOK BGB……Beck'scher Online- Kommentar zum BGB,《贝克网络版民法典评注》

  Begr.……Begründung,理由书

  BJagdG……Bundesjagdgesetz,《联邦狩猎法》

  betr.……betrifft,涉及

  BGB……Bürgerliches Gesetzbuch,《民法典》

  BGB- InfoV…… Verordnung über Informationspflichten nach bürgerlichem Recht,《民法典信息义务条例》

  BGBl.……Bundesgesetzblatt,联邦法律公报

  BGH……Bundesgerichtshof,联邦最高法院

  BGHZ……Entscheidungen des Bundesgerichtshofs in Zivilsachen (Amtliche

Sammlung),《联邦最高法院民事判例集》(官方汇编)

BKR……Zeitschrift für Bank- und Kapitalmarktrecht,《银行法与资本市场法杂志》

BMJ……Bundesministerium der Justiz,联邦司法部

Brüssel.Ia- VO……Verordnung (EU) Nr 1215/2012 des Europäischen Parlaments und des Rates über die gerichtlich- e Zuständigkeit und die Anerkennung und Vollstreckung von Entscheidungen in Zivil- und Handels- sachen,《欧洲议会和欧洲理事会关于法院管辖和民商事判决承认与执行的条例》

BT……Besonderer Teil,分则

BT- Drs.……Drucksachen des Deutschen Bundestages,联邦议会公报

BVerfG……Bundesverfassungsgericht,联邦宪法法院

BVerfGE……Entscheidungen des Bundesverfassungsgerichts (Amtliche Sammlung)《联邦宪法法院判例集》(官方汇编)

c.i.c……culpa in contrahendo,缔约过失责任

CISG……Wiener UN- Übereinkommen über Verträge über den internationalen Warenkauf,《联合国国际货物销售合同公约》

diff.……differenzierend,区分的

DB……Der Betrieb (Zeitschrift),《企业》(杂志)

Digitale- Inhalte- RL……Richtlinie (EU) 2019/770 des Europa 8 1öschen Parlaments und des Rates u 8 1bei bestimmte vertragsrechtliche Aspekte der Bereitstellung digitaler Inhalte und digitaler Dienstleistungen,《欧洲议会和理事会关于数字内容和数字服务提供的合同法若干方面的欧盟 2019/770 指令》

DMT- Bilanz 2011 Artz/Börstinghaus (Hrsg), 10 Jahre Mietrechtsreform - Eine Bilanz, München 2011, Artz/Börstinghaus 主编:《租赁法改革 10 年—回顾》,慕尼黑 2011 年版

EFZG……Gesetz über die Zahlung des Arbeitsentgelts an Feiertagen und im Krankheitsfall (Entgeltfortzahlungsgesetz),《关于节假日和生病期间支付劳动报

酬的法律》(《继续支付报酬法》)

  EGBGB……Einführungsgesetz zum Bürgerlichen Gesetzbuch,《民法典施行法》

  EGMR……Europäischer Gerichtshof für Menschenrechte,欧洲人权法院

  EMRK…… Europäische Konvention zum Schutz der Menschenrechte und Grundfreiheiten,《欧洲保护人权及基本自由公约》

  ErbbauRG……Gesetz über das Erbbaurecht,《地上权法》

  EuGH……Gerichtshof der Europäischen Gemeinschaften,欧共体法院

  EuZW……Europäische Zeitschrift für Wirtschaftsrecht,《欧洲经济法杂志》

  FamRZ……Zeitschrift für das gesamte Familienrecht,《家庭法杂志》

  ff.……folgende,以下1个或数个条款/以下1页或数页

  Fn.……Fußnote,脚注

  GbR……Gesellschaft bürgerlichen Rechts,民事合伙

  GEK……Gemeinsames Europäisches Kaufrecht,《欧洲共同买卖法》

  GEK - VO …… Vorschlag für eine Verordnung über ein Gemeinsames Europäis-ches Kaufrecht,《欧洲共同买卖法条例建议稿》

  gem.……gemäß,依据

  GenTG……Gesetz zur Regelung der Gentechnik (Gentechnikgesetz),《基因基础规制法》(《基因技术法》)

  GewO……Gewerbeordnung,《营业法》

  GG……Grundgesetz für die Bundesrepublik Deutschland,《德意志联邦共和国基本法》

  GmbH……Gesellschaft mit beschränkter Haftung,有限责任公司

  GmbHG …… Gesetz betreffend die Gesellschaften mit beschränkter Haftung,《有限责任公司法》

  GPR……Zeitschrift für Gemeinschaftsprivatrecht,《欧共体私法杂志》

  GrS……Großer Senat,大审判庭

  GRUR……Gewerblicher Rechtsschutz und Urheberrecht,《工业产权与著作

权杂志》

GS……Gedächtnisschrift,《纪念文集》

HGB……Handelsgesetzbuch,《商法典》

HK-BGB……Handkommentar zum Bürgerlichen Gesetzbuch,《口袋版民法典评注》

HKK……Historisch-kritischer Kommentar zum BGB,《民法典历史-批判评注》

hL……herrschende Lehre,通说

hM……herrschende Meinung,主流意见

HPflG……Haftpflichtgesetz,《赔偿责任法》

HWiG……Gesetz über den Widerruf von Haustürgeschäften und ähnlichen Geschäften,《关于上门交易和类似交易撤回的法律》

idR……in der Regel,通常

iErg……im Ergebnis,结果上

InsO……Insolvenzordnung,《破产法》

IPRax……Praxis des Internationalen Privat- und Verfahrensrechts,《国际私法与程序法实务》

iSd……im Sinne der (des)…意义上的

iSv……im Sinne von,…意义上的

iVm……in Verbindung mit,结合

JA……Juristische Arbeitsblätter,《法学工作报》

JR……Juristische Rundschau,《法学评论》

JuS……Juristische Schulung,《法学教育》

JZ……Juristenzeitung,《法学家报》

Kap.……Kapitel,章

KG……Kammergericht,柏林高等法院

krit.……kritisch,批评性的

KSchG……Kündigungsschutzgesetz,《终止保护法》

KunstUrhG……Gesetz betreffend das Urheberrecht an Werken der bildenden Künste und der Photographie,《涉及图片艺术和摄影作品上著作权的法律》

KWG……Gesetz über das Kreditwesen (Kreditwesengesetz),《金融业法》

LAG……Landesarbeitsgericht,州劳动法院

lat.……latein(isch),拉丁语的

lit.……Buchstabe (litera),字母项

LM……Lindenmaier-Möhring, Nachschlagewerk des BGH, Lindenmaier-Möhring,《联邦最高法院参考文献》

LMK……Kommentierte BGH-Rechtsprechung Lindenmaier-Möhring,《Lindenmaier-Möhring 联邦最高法院判例评析》

LPartG……Gesetz über die Eingetragene Lebenspartnerschaft (Lebenspartnerschaftsgesetz),《关于登记的生活伴侣的法律》(《生活伴侣法》)

Ls.……Leitsatz,判决要旨

LuftVG……Luftverkehrsgesetz,《航空交通法》

mAnm……mit Anmerkung,附评析

MDR……Monatsschrift für Deutsches Recht,《德国法月刊》

Mot.……Motive zum Entwurf eines Bürgerlichen Gesetzbuches,《民法典草案理由书》

MüKoBGB……Münchener Kommentar zum Bürgerlichen Gesetzbuch,《慕尼黑民法典评注》

MüKoZPO……Münchener Kommentar zur Zivilprozessordnung,《慕尼黑民事诉讼法评注》

mwN……mit weiteren Nachweisen,附其他证明材料

NJW……Neue Juristische Wochenschrift,《新法学周刊》

NJW-RR……Neue Juristische Wochenschrift-Rechtsprechungsreport,《新法

学周刊—判例报导》

NK- BGB……Nomos Kommentar zum Bürgerlichen Gesetzbuch,《Nomos 民法典评注》

n.v.……nicht veröffentlicht,未公开发表的

NVwZ……Neue Zeitschrift für Verwaltungsrecht,《新行政法杂志》

NZA……Neue Zeitschrift für Arbeitsrecht,《新劳动法杂志》

NZBau……Neue Zeitschrift für Baurecht und Vergaberecht,《新建筑法和发包法杂志》

NZM……Neue Zeitschrift für Miet- und Wohnungsrecht,《新租赁与住房法杂志》

OHG……Offene Handelsgesellschaft,普通合伙企业

OLG……Oberlandesgericht,州高等法院

ProdHaftG……Gesetz über die Haftung für fehlerhafte Produkte (Produkthaftungsgesetz),《关于缺陷产品责任法》(《产品责任法》)

Prot.……Protokoll(e),纪要

PWW……Prütting/Wegen/Weinreich, BGB Kommentar,《Prütting/Wegen/Weinreich 民法典评注》

RabelsZ……Rabels Zeitschrift für ausländisches und europäisches Privatrecht,《拉贝尔外国私法与国际私法杂志》

RegE……Regierungsentwurf,政府提交的法律草案

RG……Reichsgericht,帝国法院

RGBl.……Reichsgesetzblatt,帝国法律公报

RGRK- BGB……Das Bürgerliche Gesetzbuch mit besonderer Berücksich-tigung der Rechtsprechung des Reichsgerichts und des Bundesgerichtshofes, Kommentar, hrsg von Reichs-gerichtsräten und Bundesrichtern (Reichsgerichtsrätekommentar),《帝国法院民法典评注》

RGZ……Entscheidungen des Reichsgerichts in Zivilsachen,《帝国法院民事

判例集》

Rn.……Randnummer,边码

Rom I- VO……Verordnung (EG) Nr 593/2008 des Europäischen Parlaments und des Rates über das auf vertragliche Schuldverhältnisse anzuwendende Recht,《欧洲议会及欧洲理事会关于合同债之关系适用法律的第(EG).Nr..593/2008号条例》

RRa……Reiserecht aktuell,《旅游法动态》

Rspr.……Rechtsprechung,判例

S.……Seite; Satz,页;句

s……siehe,参见

2. SchadRÄndG……Zweites Gesetz zur Änderung schadensersatzrechtlicher Vorschriften,《损害赔偿法规定第二次修正案》

SchiffRG……Gesetz über Rechte an eingetragenen Schiffen und Schiffsbauwerken,《关于登记船舶及建造中船舶上权利的法律》

SchuldR.AT……Looschelders, Schuldrecht Allgemeiner Teil, 15 Aufl 2017, Looschelders,《债法总论》,2017年第15版

SchuldRModG……Gesetz zur Modernisierung des Schuldrechts,《债法现代化法》

SchwarzArbG……Gesetz zur Bekämpfung der Schwarzarbeit und illegalen Beschäftigung (Schwarzarbeits bekämpfungsgesetz),《同非法劳动和不法就业斗争的法律》(《反黑工法》)

SGB……Sozialgesetzbuch,《社会法典》

SGG……Sozialgerichtsgesetz,《社会法院法》

Slg.……Sammlung,汇编

sog.……sogenannt,所谓的

StGB……Strafgesetzbuch,《刑法典》

StHG……Gesetz zur Regelung der Staatshaftung in der Deutschen Demokratischen Republik (Staatshaftungsgesetz),《调整德意志民主共和国国家责任的法律》(《国家责任法》)

str.······streitig,有争议的

StVG······Straßenverkehrgesetz,《道路交通法》

StVO······Straßenverkehrs- Ordnung,《道路交通条例》

StVZO······Straßenverkehrs- Zulassungs- Ordnung,《道路交通许可条例》

SZ······Zeitschrift der Savigny- Stiftung für Rechtsgeschichte,《萨维尼基金会法律史杂志》

TzWRG······ Gesetz über die Veräußerung von Teilzeitnutzungsrechten an Wohngebäuden(Teilzeit- Wohnrechtegesetz),《关于出售住宅建筑物上分时使用权的法律》(《分时居住权法》)

UAbs······Unterabsatz,分款

UKlaG······Gesetz über Unterlassungsklagen bei Verbraucherrechts- und anderen Verstößen(Unterlassungsklagengesetz),《关于侵害消费者权利及其他违法行为时不作为之诉的法律》(《不作为之诉法》)

UrhG······ Gesetz über Urheberrecht und verwandte Schutzrechte (Urheberrechtsgesetz),《关于著作权及邻接权的法律》(《著作权法》)

uU······unter Umständen,在某些情况下

UWG······Gesetz gegen den unlauteren Wettbewerb,《反不正当竞争法》

VAG······ Gesetz über die Beaufsichtigung der Versicherungsunternehmen (Versicherungsaufsichtsgesetz),《关于对保险企业进行监督的法律》(《保险监管法》)

Var.······情形

Verbraucherkredit- RL······ Richtlinie2008/48/EG des Europäischen Parlaments und des Rates über Verbraucherkreditverträge und zur Aufhebung der Richtlinie 87/102/EWG des Rates,《欧洲议会及理事会关于消费者借贷合同及废止理事会第 87/102/EWG 号指令的指令》

Verbraucherrechte- RL······ Richtlinie 2011/83/EU des Europäischen Parlaments und des Rates über die Rechte der Verbraucher,《欧洲议会及理事会关于消费者权利的第 2011/83/EU 号指令》

Verbrauchsgüterkauf- RL······Richtlinie 1999/44/EG des Europäischen Parlaments und des Rates vom 25 Mai1999 zu bestimmten Aspekten des Verbrauchsgüterkaufs und der Garantien für Verbrauchsgüter,《欧洲议会及理事会关于消费品买卖及消费品担保若干方面的第 1999/44/EG 号指令》

  VerbrKrG······Verbraucherkreditgesetz,《消费者借贷法》

  VersR······Versicherungsrecht (Zeitschrift),《保险法》(杂志)

  VOB······Vergabe- und Vertragsordnung für Bauleistungen,《建筑工程发包与合同条例》

  Vorbem.······Vorbemerkung,导言

  VVG······Versicherungsvertragsgesetz,《保险合同法》

  Warenkauf- RL······Richtlinie (EU) 2019/771 des Europäischen Parlaments und des Rates über be- stimmte vertragsrechtliche Aspekte des Warenkaufs,《欧洲议会和理事会关于货物买卖某些方面的欧盟 2019/771 指令》

  WEG······Gesetz über das Wohnungseigentum und das Dauerwohnrecht (Wohnungseigentumsgesetz),《关于住房所有权和长期居住权的法律》(《住房所有权法》)

  WG······Wechselgesetz,《汇票法》

  WHG······Gesetz zur Ordnung des Wasserhaushalts (Wasserhaushaltsgesetz),《水资源管理法》(《水务法》)

  WiStG······Gesetz zur weiteren Vereinfachung des Wirtschaftsstrafrechts (Wirtschaftsstrafgesetz 1954),《经济刑法》

  WM······Wertpapiermitteilungen (Zeitschrift),《有价证券通讯》(杂志)

  Wohnimmobilien- Kredit - RL······Richtlinie 2014/17/EU des Europäischen Parlaments und des Rates vom über Wohnimmobilienkreditverträge für Verbraucher und zur Änderung der Richtlinien 2008/48/EG und 2013/36/EU und der Verordnung (EU) Nr 1093/2010,《欧洲议会及理事会关于向消费者提供住房不动产借贷的合同及修改第 2008/48/EG 号和第 2013/36/EU 号指令以及第(EU).Nr.. 1093/2010 号条例的第 2014/17/EU 号指令》

  WoVermittG······Gesetz zur Regelung der Wohnungsvermittlung,《住房居间规制法》

WRP……Wettbewerb in Recht und Praxis (Zeitschrift),《竞争法律与实务》(杂志)

WuM……Wohnungswirtschaft und Mietrecht (Zeitschrift),《住房经济与租赁法》(杂志)

ZAG……Zahlungsdiensteaufsichtsgesetz,《支付服务监管法》

zB……zum Beispiel,例如

ZEuP……Zeitschrift für Europäisches Privatrecht,《欧洲私法杂志》

ZfIR……Zeitschrift für Immobilienrecht,《不动产法杂志》

ZfPW……Zeitschrift für die gesamte Privatrechtswissenschaft,《综合私法学杂志》

ZfS……Zeitschrift für Schadensrecht,《损害法杂志》

ZGR……Zeitschrift für Unternehmens- und Gesellschaftsrecht,《公司法与企业法杂志》

ZGS……Zeitschrift für das gesamte Schuldrecht,《综合债法杂志》

ZIP……Zeitschrift für Wirtschaftsrecht,《经济法杂志》

ZMR……Zeitschrift für Miet- und Raumrecht,《租赁法与空间法杂志》

ZNR……Zeitschrift für Neuere Rechtsgeschichte,《新法律史杂志》

ZPO……Zivilprozessordnung,《民事诉讼法》

ZRP……Zeitschrift für Rechtspolitik,《法律政策杂志》

zust.……zustimmend,同意的

ZVG …… Gesetz über die Zwangsversteigerung und die Zwangsverwaltung,《强制拍卖与强制管理法》

ZVglRWiss……Zeitschrift für vergleichende Rechtswissenschaft,《比较法学杂志》

ZZP……Zeitschrift für Zivilprozess《民事诉讼法杂志》

本文引用的法律条文未经说明法律名称者,均指《德国民法典》中的条文。

参考文献(节选)

在正文中列举的著作将以简化的形式引用

一、教科书和案例集

1. 债法(重点:各论)

Brox, H./Walker, W. D., Allgemeines Schuldrecht, 44. Aufl. 2020 (zit.: Brox/Walker SchuldR AT)

Brox, H./Walker, W. D., Besonderes Schuldrecht, 44. Aufl. 2020 (zit.: Brox/Walker SchuldR BT)

Deutsch, E., Allgemeines Haftungsrecht, 2. Aufl. 1995 (zit.: Deutsch HaftungsR)

Emmerich, V., BGB Schuldrecht, Besonderer Teil, 15. Aufl. 2018 (zit.: Emmerich SchuldR BT)

Enneccerus, L./Lehmann, H., Recht der Schuldverhältnisse, 15. Aufl. 1958

Esser, J./Weyers, H.- J., Schuldrecht, Bd. II, Besonderer Teil, Teilbd. 1, 8. Aufl. 1998; Teilbd. 2, 8. Aufl. 2000 (zit.: Esser/Weyers SchuldR BT I)

Fikentscher, W./Heinemann, A., Schuldrecht, 11. Aufl. 2017 (zit.: Fikentscher/Heinemann SchuldR)

Fritzsche, J., Fälle zum Schuldrecht I. Vertragliche Schuldverhältnisse, 8. Aufl. 2019 (zit.: Fritzsche Fälle zum SchuldR I)

Fritzsche, J., Fälle zum Schuldrecht II. Gesetzliche Schuldverhältnisse, 6. Aufl. 2021 (zit.: Fritzsche Fällezum SchuldR II)

Fuchs, M./Pauker, W./Baumgärtner, A., Delikts- und Schadensersatzrecht, 9. Aufl. 2016 (zit.: Fuchs/Pauker/Baumgärtner Delikts- und SchadensersatzR)

Gursky, K.- H., Schuldrecht Besonderer Teil, 5. Aufl. 2005 (zit.: Gursky SchuldR BT)

Harke, J. D., Allgemeines Schuldrecht, 2010 (zit.: Harke SchuldR AT)

Harke, J. D., Besonderes Schuldrecht, 2011 (zit.: Harke SchuldR BT)

Huber, P./Bach, I., Examens- Repetitorium Besonderes Schuldrecht/1, Vertragliche Schuldverhältnisse, 7. Aufl. 2020

Larenz, K., Lehrbuch des Schuldrechts, Allgemeiner Teil, 14. Aufl. 1987 (zit.: Larenz SchuldR I)

Larenz, K., Besonderer Teil, Halbbd. 1, 13. Aufl. 1986 (zit.: Larenz SchuldR II 1)

Larenz, K./Canaris, C.- W., Lehrbuch des Schuldrechts, Besonderer Teil, Halbbd. 2, 13. Aufl. 1994 (zit.:Larenz/Canaris SchuldR II 2)

Lorenz, S./Riehm, T., Lehrbuch zum neuen Schuldrecht, 2002 (zit.: Lorenz/Riehm Neues SchuldR)

Medicus, D., Gesetzliche Schuldverhältnisse, 5. Aufl. 2007

Medicus, D./Lorenz, S., Schuldrecht Bd. I, Allgemeiner Teil, 21. Aufl. 2015 (zit.: Medicus/Lorenz SchuldR AT)

Medicus, D./Lorenz, S., Schuldrecht Bd. II, Besonderer Teil, 18. Aufl. 2018 (zit.: Medicus/Lorenz SchuldR BT)

Oechsler, J., Vertragliche Schuldverhältnisse, 2. Aufl. 2017 (zit.: Oechsler Vertragl. Schuldverhältnisse)

Oetker, H./Maultzsch, F., Vertragliche Schuldverhältnisse, 5. Aufl. 2018 (zit.: Oetker/Maultzsch Vertragl. Schuldverhältnisse)

Peifer, K.- N., Schuldrecht- Gesetzliche Schuldverhältnisse, 6. Aufl. 2019 (zit.: Peifer SchuldR)

Reinicke, D./Tiedtke, K., Kaufrecht, 8. Aufl. 2009 (zit.: Reinicke/Tiedtke KaufR)

Röthel, A., Schuldrecht BT/2, Gesetzliche Schuldverhältnisse, 3. Aufl. 2018 (zit.: Röthel SchuldR BT 2)

Schellhammer, K., Schuldrecht nach Anspruchsgrundlagen, 10. Aufl. 2018

Schlechtriem, P., Schuldrecht, Besonderer Teil, 6. Aufl. 2003 (zit.: Schlechtriem SchuldR BT)

Schürnbrand, J., Examens- Repetitorium Verbraucherschutzrecht, 3. Aufl. 2018 (zit.: Schürnbrand Examens- Repetitorium VerbraucherschutzR)

Staake, M., Gesetzliche Schuldverhältnisse, 2014 (zit.: Staake Gesetzl. Schuldverhältnisse)

Wandt, M., Gesetzliche Schuldverhältnisse, 10. Aufl. 2020 (zit.: Wandt Gesetzl. Schuldverhältnisse)

Wieling, H. J., Bereicherungsrecht, 5. Aufl. 2020 (zit.: Wieling BereicherungsR)

2. 其他领域

Baur, F./Stürner, R., Sachenrecht, 18. Aufl. 2009 (zit.: Baur/Stürner SachenR)

Brox, H./Henssler, M., Handelsrecht, 23. Aufl. 2020 (zit.: Brox/Henssler HandelsR)

Brox, H./Walker, W.- D., Allgemeiner Teil des BGB, 44. Aufl. 2020 (zit.: Brox/Walker BGB AT)

Canaris, C.- W., Handelsrecht, 24. Aufl. 2006 (zit.: Canaris HandelsR)

Flume, W., Allgemeiner Teil des Bürgerlichen Rechts, Bd. 2, 4. Aufl. 1992 (zit.: Flume BGB AT, 4. Aufl. 1992)

Greger, R./Zwickel, M., Haftungsrecht des Straßenverkehrs, 5. Aufl. 2014 (zit.: Greger/Zwickel)

Grunewald, B., Bürgerliches Recht, 9. Aufl. 2014 (zit.: Grunewald BürgerlR)

Kaser, M./Knütel, R./Lohsse, S., Römisches Privatrecht, 21. Aufl. 2017 (zit.: Kaser/Knütel/Lohsse Römisches PrivatR)

Köhler, H., Allgemeiner Teil des BGB, 44. Aufl. 2020 (zit.: Köhler BGB AT)

Looschelders, D./Roth, W., Juristische Methodik im Prozeß der Rechtsanwendung, 1996 (zit.: Looschelders/Roth Juristische Methodik)

Looschelders, D., Die Mitverantwortlichkeit des Geschädigten im Privatrecht, 1999 (zit.: Looschelders Mitverantwortlichkeit)

Medicus, D./Petersen, J., Grundwissen zum Bürgerlichen Recht, 11. Aufl. 2019 (zit.: Medicus/Petersen Grundwissen BürgerlR)

Medicus, D./Petersen, J., Bürgerliches Recht, 27. Aufl. 2019 (zit.: Medicus/Petersen BürgerlR)

Oetker, H., Handelsrecht, 8. Aufl. 2019

Pawlowski, H.-M., Allgemeiner Teil des BGB, 7. Aufl. 2003 (zit.: Pawlowski BGB AT)

Vieweg, K./Werner, A., Sachenrecht, 8. Aufl. 2018 (zit.: Vieweg/Werner SachenR)

Wellenhofer, M., Sachenrecht, 35. Aufl. 2020 (zit.: Wellenhofer SachenR)

Zweigert, K./Kötz, H., Einführung in die Rechtsvergleichung, 3. Aufl. 1996 (zit.: Zweigert/Kötz Rechtsvergleichung)

二、评注

Bamberger, H. G./Roth, H./Hau, W./Poseck, R., beck-online Kommentar BGB, Edition: 56, Stand:1.11.2020 (zit.: BeckOK BGB/Bearbeiter)

Blank, H./Börstinghaus, U. P., Miete, Kommentar, 6. Aufl. 2020 (zit.: Blank/Börstinghaus)

Dauner-Lieb, B./Heidel, T./Ring, G., Nomos Kommentar BGB, Bd. 1, Allgemeiner Teil/EGBGB, 4. Aufl. 2020, Bd. 2, Schuldrecht, 4. Aufl. 2020 (zit.: NK-BGB/Bearbeiter)

Erman, W., Bürgerliches Gesetzbuch, Handkommentar, 16. Aufl. 2020 (zit.: Erman/Bearbeiter)

Filthaut, W., Kommentar zum Haftpflichtgesetz und zu den konkurri-erenden Vorschriften anderer Haftungsgesetze, 10. Aufl. 2019 (zit.: Filthaut/Piontek/Kayser/Bearbeiter)

Gsell, B./Krüger, W./Lorenz, S./Mayer J., beck-online Großkom-mentar zum Zivilrecht (zit.:BeckOGK/Bearbeiter)

Hentschel, P./König, P./Dauer, P., Straßenverkehrsrecht, 45. Aufl. 2019 (zit.: Hentschel/König/Dauer StVG)

HK- BGB, BGB- Handkommentar, 10. Aufl. 2019 (zit.: HK- BGB/Bearbeiter)

Jacoby, F./v. Hinden, M., Studienkommentar BGB, 17. Aufl. 2020

Jauernig, O., Bürgerliches Gesetzbuch, 18. Aufl. 2021 (zit.: Jauernig/Bearbeiter)

Münchener Kommentar, Bürgerliches Gesetzbuch, Bd. 1, 8. Aufl. 2018, Bd. 2-4, 8. Aufl. 2019, Bd. 5-6, 8. Aufl. 2020, Bd. 6-8, 8. Aufl. 2020, Bd. 9, 8. Aufl. 2019, Bd. 10, 8. Aufl. 2020, Bd. 11, 8. Aufl. 2020, (zit.: MüKoBGB/Bearbeiter)

Palandt, O., Kommentar zum Bürgerlichen Gesetzbuch, 80. Aufl. 2021 (zit.: Palandt/Bearbeiter)

Prütting, H./Wegen, G./Weinreich, G., BGB Kommentar, 15. Aufl. 2020 (zit.: PWW/Bearbeiter)

Reichsgerichtsrätekommentar, Das Bürgerliche Gesetzbuch, Kommentar, 12. Aufl. 1974ff. (zit.: RGRK- BGB/Bearbeiter)

Schmidt- Futterer, W., Großkommentar Mietrecht, 14. Aufl. 2019 (zit.: Schmidt- Futterer/Bearbeiter)

Soergel, T., Bürgerliches Gesetzbuch, 13. Aufl. 1999ff. (zit.: Soergel/Bearbeiter)

v. Staudinger, J., Kommentar zum Bürgerlichen Gesetzbuch, Neubearb. 2005ff. (zit.: Staudinger/Bearbeiter)

条文索引
（数字代表文中边码）

§§	Rn.	§§	Rn.
BGB		158	§ 11 Rn. 3, 7; § 13 Rn. 1, 6, 14; § 54 Rn. 25
13	§ 14 Rn. 2 ff.; § 21 Rn. 2; § 32 Rn. 9; § 30 Rn. 12; § 32 Rn. 1, 8; § 36 Rn. 14; § 37 Rn. 10	161	§ 11 Rn. 8 f.
		162	§ 54 Rn. 32
14	§ 14 Rn. 5; § 21 Rn. 2; § 30 Rn. 12; § 32 Rn. 1, 9; § 37 Rn. 10	163	§ 54 Rn. 25
		164	§ 3 Rn. 19; § 36 Rn. 15; § 50 Rn. 24
31	§ 31 Rn. 23; § 65 Rn. 9; § 67 Rn. 3	177 ff.	§ 57 Rn. 12
89	§ 31 Rn. 23	185	§ 11 Rn. 13; § 55 Rn. 20, 22 f., 31
90	§ 1 Rn. 7; § 22 Rn. 7, 13; § 23 Rn. 6	194	§ 6 Rn. 6; § 34 Rn. 37
90a	§ 1 Rn. 7	195	§ 6 Rn. 1 ff.; § 7 Rn. 5; § 8 Rn. 13; § 22 Rn. 48; § 34 Rn. 35 ff.; § 36 Rn. 47; § 55 Rn. 15; § 71 Rn. 19
91	§ 27 Rn. 2; § 32 Rn. 2		
94	§ 55 Rn. 37 f.		
97	§ 1 Rn. 7	197	§ 6 Rn. 3
99	§ 22 Rn. 6; § 25 Rn. 2 f.	199	§ 6 Rn. 1 ff.; § 7 Rn. 5; § 8 Rn. 13; § 22 Rn. 48; § 34 Rn. 35 ff.; § 36 Rn. 47; § 55 Rn. 15; § 71 Rn. 19
100	§ 4 Rn. 14 f.; § 10 Rn. 3; § 56 Rn. 2		
103	§ 2 Rn. 6		
104	§ 18 Rn. 9; § 22 Rn. 11; § 28 Rn. 14; § 31 Rn. 5, 13; § 43 Rn. 29; § 56 Rn. 31	202	§ 6 Rn. 9; § 34 Rn. 42
		212	§ 6 Rn. 4; § 52 Rn. 10
		216	§ 11 Rn. 6
106 ff.	§ 56 Rn. 16 f.	218	§ 6 Rn. 6 f.; § 11 Rn. 6; § 34 Rn. 41
112	§ 28 Rn. 14	227 ff.	§ 43 Rn. 17; § 59 Rn. 14
113	§ 28 Rn. 14	228	§ 73 Rn. 4
116	§ 38 Rn. 1, 14	232	§ 33 Rn. 15
118	§ 38 Rn. 1, 14	241	§ 2 Rn. 3, 7, 11; § 3 Rn. 6; § 4 Rn. 27; § 8 Rn. 8 f.; § 18 Rn. 12; § 20 Rn. 13, 15; § 22 Rn. 19; § 33 Rn. 7; § 36 Rn. 21 f.; § 37 Rn. 5; § 39 Rn. 15 ff.; § 45 Rn. 8 f.
119	§ 3 Rn. 42; § 8 Rn. 2 ff., 7; § 22 Rn. 51; § 28 Rn. 15; § 33 Rn. 10; § 37 Rn. 5; § 38 Rn. 6; § 54 Rn. 17		
121	§ 14 Rn. 8		
122	§ 3 Rn. 21	241a	§ 3 Rn. 33, 35; § 43 Rn. 12
123	§ 8 Rn. 7; § 22 Rn. 51; § 28 Rn. 15; § 50 Rn. 39; § 54 Rn. 20 f.; § 65 Rn. 9	242	§ 2 Rn. 3, 7; § 8 Rn. 5 f.; § 14 Rn. 3, 18; § 17 Rn. 7; § 18 Rn. 19; § 22 Rn. 43; § 33 Rn. 2, 7; § 56 Rn. 38
125	§ 17 Rn. 8; § 23 Rn. 30; § 28 Rn. 13; § 37 Rn. 18; § 50 Rn. 19	243	§ 4 Rn. 4, 73; § 10 Rn. 10; § 54 Rn. 12; § 56 Rn. 24a
126	§ 21 Rn. 6; § 50 Rn. 20 f.		
126a	§ 21 Rn. 6; § 37 Rn. 4. 15, 18; § 50 Rn. 21	246	§ 33 Rn. 21
		249	§ 71 Rn. 4; § 74 Rn. 16
131	§ 22 Rn. 64	249 ff.	§ 71 Rn. 1; § 74 Rn. 16
133	§ 2 Rn. 3, 5, 7; § 3 Rn. 15; § 22 Rn. 16; § 29 Rn. 2; § 34 Rn. 10	251	§ 4 Rn. 22; § 34 Rn. 31
		252	§ 56 Rn. 21
134	§ 14 Rn. 14; § 22 Rn. 11; § 28 Rn. 14, 17; § 33 Rn. 2; § 52 Rn. 4; § 54 Rn. 18, 33, 39 f.	253	§ 31 Rn. 11; § 36 Rn. 43 f.; § 39 Rn. 13; § 60 Rn. 35; § 61 Rn. 3, 11; § 66 Rn. 15; § 71 Rn. 5 ff.; § 74 Rn. 10
138	§ 11 Rn. 15; § 12 Rn. 16 f.; § 20 Rn. 8 ff.; § 22 Rn. 11; § 28 Rn. 17; § 33 Rn. 2; § 52 Rn. 27	254	§ 5 Rn. 5; § 29 Rn. 9 f.; § 31 Rn. 19; § 36 Rn. 41; § 43 Rn. 31; § 59 Rn. 18, 22; § 70 Rn. 17 ff.; § 71 Rn. 16
142	§ 22 Rn. 51; § 28 Rn. 16 f.; § 54 Rn. 25; § 56 Rn. 15, 32	258	§ 22 Rn. 20
145 ff.	§ 1 Rn. 9; § 5 Rn. 3; § 20 Rn. 5; § 33 Rn. 2	266	§ 3 Rn. 44; § 21 Rn. 22; § 34 Rn. 6
		267	§ 55 Rn. 41
151	§ 7 Rn. 4	268	§ 55 Rn. 41
157	§ 2 Rn. 3, 5, 7; § 3 Rn. 15; § 22 Rn. 14, 16; § 29 Rn. 2; § 34 Rn. 10	269	§ 4 Rn. 24; § 10 Rn. 7
		271	§ 14 Rn. 8; § 33 Rn. 12

§§	Rn.	§§	Rn.
273	§ 2 Rn. 5; § 4 Rn. 78; § 29 Rn. 30, 32; § 49 Rn. 4; § 40 Rn. 41	307	§ 4 Rn. 13; § 11 Rn. 11; § 22 Rn. 16f.; § 24 Rn. 3 f.; § 32 Rn. 15; § 36 Rn. 21 f.; § 50 Rn. 31, 42, 45
274	§ 29 Rn. 32	307 ff.	§ 32 Rn. 15; § 34 Rn. 33
275	§ 2 Rn. 8, 10; § 4 Rn. 2, 16, 36; § 6 Rn. 6; § 10 Rn. 1; § 14 Rn. 12; § 18 Rn. 25; § 29 Rn. 20; § 33 Rn. 8, 26 ff.; § 54 Rn. 20; § 69 Rn. 8	308	§ 36 Rn. 22
		309	§ 4 Rn. 13; § 5 Rn. 8; § 6 Rn. 9; § 14 Rn. 14; § 33 Rn. 16; § 34 Rn. 33, 42; § 36 Rn. 21 f.
276	§ 3 Rn. 13; § 4 Rn. 53, 62, 65, 70; § 5 Rn. 3, 6; § 18 Rn. 11, 16; § 22 Rn. 29, 53; § 26 Rn. 4; § 29 Rn. 15, 41; § 31 Rn. 6; § 36 Rn. 41; § 39 Rn. 10; § 46 Rn. 13; § 56 Rn. 24a; § 59 Rn. 12, 20, 22; § 60 Rn. 33; § 64 Rn. 9; § 67 Rn. 2; § 69 Rn. 8	310	§ 4 Rn. 13; § 5 Rn. 8; § 22 Rn. 11a; § 28 Rn. 7; § 30 Rn. 12; § 32 Rn. 15
		311	§ 3 Rn. 6; § 8 Rn. 8 f.; § 20 Rn. 6, 15; § 41 Rn. 4
		311a	§ 2 Rn. 8; § 4 Rn. 2, 52 ff.; 62; § 12 Rn. 3; § 18 Rn. 14; § 22 Rn. 53; § 36 Rn. 41
277	§ 4 Rn. 48; § 46 Rn. 13 f.; § 56 Rn. 34, 32	311b	§ 1 Rn. 9; § 13 Rn. 6, 12; § 17 Rn. 8; § 32 Rn. 11; § 33 Rn. 2, 4; § 37 Rn. 4; § 51 Rn. 6; § 52 Rn. 6
278	§ 3 Rn. 19, 25; § 4 Rn. 53, 74; § 10 Rn. 11 ff.; § 22 Rn. 66; § 32 Rn. 3; § 33 Rn. 6; § 34 Rn. 39; § 36 Rn. 9, 10, 41; § 56 Rn. 21; § 67 Rn. 2	311c	§ 1 Rn. 7; § 22 Rn. 69
		312	§ 22 Rn. 11a; § 30 Rn. 12; § 32 Rn. 9; § 36 Rn. 19; § 50 Rn. 32 f.
280	§ 2 Rn. 8 ff.; § 3 Rn. 6; 32; § 4 Rn. 6, 10; § 8 Rn. 12; § 14 Rn. 14; § 20 Rn. 15; § 22 Rn. 66; § 33 Rn. 8 f., 17, 22; § 34 Rn. 34; § 36 Rn. 9; § 39 Rn. 10; § 41 Rn. 2 ff.; § 44 Rn. 6; § 56 Rn. 24; § 65 Rn. 12	312a	§ 36 Rn. 19
		312b	§ 17 Rn. 9; § 22 Rn. 11a; § 30 Rn. 12; § 37 Rn. 4, 21; § 50 Rn. 32 f.
		312c	§ 13 Rn. 3; § 22 Rn. 11a; § 36 Rn. 19; § 37 Rn. 4, 21; § 50 Rn. 34
280 ff.	§ 4 Rn. 52 ff.; § 18 Rn. 14; § 33 Rn. 37; § 36 Rn. 41, 50; § 39 Rn. 10; § 46 Rn. 21 f.	312g	§ 13 Rn. 3; § 14 Rn. 6, 10; § 17 Rn. 9; § 21 Rn. 14, 34; § 22 Rn. 11a; § 30 Rn. 12; § 36 Rn. 19; § 37 Rn. 4, 21; § 50 Rn. 32 ff.
281	§ 2 Rn. 8 ff., 12; § 4 Rn. 1 f., 56 ff., 63 f., 78; § 8 Rn. 12 f.; § 29 Rn. 19 ff.; § 33 Rn. 8 f., 17, 22; § 34 Rn. 34; § 56 Rn. 24	312i	§ 36 Rn. 19
		312j	§ 36 Rn. 19
		312k	§ 36 Rn. 19
282	§ 2 Rn. 10	313	§ 8 Rn. 5, 7; § 18 Rn. 23; § 20 Rn. 23; § 22 Rn. 56, 58; § 24 Rn. 8; § 48 Rn. 4; § 51 Rn. 7
283	§ 2 Rn. 8; § 4 Rn. 2, 60 f.; § 14 Rn. 14; § 29 Rn. 19 ff.; § 33 Rn. 8		
284	§ 2 Rn. 8; § 4 Rn. 75 ff.; § 34 Rn. 32; § 36 Rn. 45	314	§ 20 Rn. 15; § 20 Rn. 23; § 21 Rn. 23; § 22 Rn. 81; § 27 Rn. 6 f.; § 33 Rn. 8; § 35 Rn. 6
285	§ 10 Rn. 1, 14; § 13 Rn. 8; § 54 Rn. 12; § 56 Rn. 24	315	§ 33 Rn. 3
286	§ 2 Rn. 8, 10; § 4 Rn. 68 f.; § 18 Rn. 13; § 20 Rn. 15; § 21 Rn. 23; § 22 Rn. 60; § 33 Rn. 8, 17, 22; § 56 Rn. 24	320	§ 4 Rn. 3, 78 ff.; § 11 Rn. 1; § 22 Rn. 52; § 29 Rn. 30; § 33 Rn. 12
		320 ff.	§ 2 Rn. 5; § 20 Rn. 2; § 32 Rn. 1; § 39 Rn. 12
287	§ 56 Rn. 24; § 71 Rn. 17	323	§ 2 Rn. 8 ff.; § 4 Rn. 1 f., 23, 29 ff., 49, 78 ff.; § 11 Rn. 6, 10; § 14 Rn. 8; § 18 Rn. 25; § 20 Rn. 15; § 21 Rn. 31; § 27 Rn. 6; § 33 Rn. 8, 17, 21
288	§ 18 Rn. 13; § 20 Rn. 15; § 21 Rn. 20 f.; § 33 Rn. 17; § 71 Rn. 18		
289	§ 20 Rn. 15; § 21 Rn. 20		
290	§ 71 Rn. 18		
291	§ 56 Rn. 20, 22	324	§ 2 Rn. 9, 11; § 11 Rn. 6, 10
292	§ 56 Rn. 2, 20 ff.	326	§ 2 Rn. 8; § 4 Rn. 2, 23 ff., 36 ff.; § 10 Rn. 1, 4; § 18 Rn. 25; § 22 Rn. 58; § 29 Rn. 26, 35 f.; § 33 Rn. 24, 26, 28 f.
293 ff.	§ 10 Rn. 4; § 29 Rn. 37 f.; § 33 Rn. 22, 29		
295	§ 33 Rn. 24	328	§ 36 Rn. 16; § 57 Rn. 17
298	§ 29 Rn. 32	334	§ 36 Rn. 12
300	§ 2 Rn. 11; § 10 Rn. 4	335	§ 57 Rn. 17
304	§ 33 Rn. 24	346	§ 4 Rn. 14 f., 45, 48; § 18 Rn. 9; § 24 Rn. 8; § 36 Rn. 37; § 56 Rn. 33 f.
305 ff.	§ 5 Rn. 8; § 22 Rn. 11, 47; § 32 Rn. 14		

§§	Rn.	§§	Rn.
347	§ 36 Rn. 37	439	§ 2 Rn. 2; § 3 Rn. 1, 38; § 4 Rn. 1, 3 ff.; § 6 Rn. 6; § 8 Rn. 12; § 9 Rn. 1 ff.; § 14 Rn. 11 ff.
355	§ 13 Rn. 3; § 17 Rn. 9; § 23 Rn. 8; § 21 Rn. 31, 34; § 33 Rn. 4; § 37 Rn. 12		
356	§ 13 Rn. 3; § 21 Rn. 31, 34	440	§ 2 Rn. 12; § 4 Rn. 18, 29, 32, 33 ff., 59; § 14 Rn. 12; § 34 Rn. 16 f.
356a	§ 17 Rn. 7 ff.		
356b	§ 19 Rn. 5; § 21 Rn. 7 f.	441	§ 3 Rn. 1; § 4 Rn. 38, 49 ff.; § 8 Rn. 11; § 16 Rn. 3; § 29 Rn. 26
356c	§ 19 Rn. 5; § 21 Rn. 34		
356d	§ 21 Rn. 35	442	§ 4 Rn. 3, 9; **§ 5 Rn. 1 ff.**; § 7 Rn. 2
356e	§ 33 Rn. 4	443	Vor § 1 Rn. 14; § 1 Rn. 5; § 3 Rn. 8; **§ 7 Rn. 1 ff.**
357	§ 23 Rn. 8; § 21 Rn. 25, 31		
357a	§ 19 Rn. 5; § 21 Rn. 9, 25	444	§ 4 Rn. 3, 62; **§ 5 Rn. 6 ff.**; § 7 Rn. 2; § 12 Rn. 24; § 14 Rn. 9, 14
357c	§ 21 Rn. 34		
357d	§ 33 Rn. 4	445	§ 4 Rn. 3; **§ 5 Rn. 9;** § 14 Rn. 10
358	§ 21 Rn. 14, 16, 25, 34, 36; § 24 Rn. 7 f.	445a	§ 1 Rn. 6; § 4 Rn. 10; **§ 9 Rn. 1 ff.**; § 14 Rn. 28 ff.
359	§ 21 Rn. 14, 35; § 24 Rn. 7 f.	445b	§ 1 Rn. 6; § 4 Rn. 10; **§ 9 Rn. 1 ff.**; § 14 Rn. 28 ff.
360	§ 21 Rn. 15 f.		
362	§ 18 Rn. 6; § 34 Rn. 44; § 50 Rn. 45; § 55 Rn. 31	446	§ 2 Rn. 6; § 3 Rn. 23; § 4 Rn. 23; § 10 Rn. 1 ff.; § 12 Rn. 26
363	§ 3 Rn. 24	447	§ 3 Rn. 23; § 10 Rn. 1, 5 ff.; § 14 Rn. 9; § 33 Rn. 29
364	§ 12 Rn. 13; § 52 Rn. 4		
365	§ 12 Rn. 11	448	§ 1 Rn. 7; § 2 Rn. 6 f.
367	§ 21 Rn. 22	449	§ 10 Rn. 2; § 11 Rn. 3 ff., 11 f.
383	§ 5 Rn. 9; § 14 Rn. 6, 10	452	§ 1 Rn. 7
387 ff.	§ 49 Rn. 4; § 50 Rn. 45	453	§ 1 Rn. 7; § 74 Rn. 28 ff.; § 12 Rn. 25; § 17 Rn. 7
397	§ 54 Rn. 4		
398	§ 11 Rn. 14; § 12 Rn. 2, 14; § 39 Rn. 8	454	§ 1 Rn. 8; § 12 Rn. 26 ff.
398 ff.	§ 12 Rn. 2, 14, 22, 25	455	§ 13 Rn. 1 ff.
399	§ 12 Rn. 14; § 29 Rn. 6	456	§ 13 Rn. 6
404	§ 21 Rn. 17; § 50 Rn. 48; § 57 Rn. 5	457	§ 13 Rn. 8 f.
404 ff.	§ 21 Rn. 17	458	§ 13 Rn. 8
406	§ 21 Rn. 17; § 23 Rn. 28	460	§ 13 Rn. 6
407	§ 59 Rn. 16; § 23 Rn. 28	463	§ 13 Rn. 10 ff.
407 ff.	§ 21 Rn. 18	464	§ 13 Rn. 10 ff.
412	§ 50 Rn. 48, 53	474	§ 5 Rn. 9; § 10 Rn. 5; § 14 Rn. 2 ff., 8
413	§ 12 Rn. 2, 25	475	§ 2 Rn. 7; § 4 Rn. 5, 9 f., 15, 21; § 5 Rn. 6; § 9 Rn. 2; § 14 Rn. 6, 7 ff.
414 ff.	§ 21 Rn. 5; § 50 Rn. 8		
421 ff.	§ 7 Rn. 7; § 34 Rn. 43; § 50 Rn. 6, 8, 50; § 70 Rn. 5, 14	476	§ 3 Rn. 24; § 4 Rn. 13; § 14 Rn. 14 ff., 16 ff., 26; § 24 Rn. 6
426	§ 14 Rn. 18; § 34 Rn. 43; § 43 Rn. 15; § 50 Rn. 50, 42 ff.; § 55 Rn. 41; § 70 Rn. 17; § 74 Rn. 23	477	§ 7 Rn. 4; § 9 Rn. 2 f.; **§ 14 Rn. 22 ff.**
		478	§ 1 Rn. 6; § 4 Rn. 5; § 9 Rn. 1 ff.; § 14 Rn. 1
433	§ 1 Rn. 7; **§ 2 Rn. 1 ff., 4 ff.**, 8 f.; § 3 Rn. 1, 38, 47; § 4 Rn. 3, 52, 65 ff.; § 12 Rn. 2, 4	479	Vor § 1 Rn. 14; § 7 Rn. 4; § 14 Rn. 31
		480	§ 1 Rn. 8; § 15 Rn. 6 ff.
		481	§ 1 Rn. 1; § 17 Rn. 3 ff.
433 ff.	§ 1 Rn. 2 ff.; § 12 Rn. 1, 20; § 14 Rn. 1, 7	481a	§ 17 Rn. 5, 8
		481b	§ 17 Rn. 5, 8
434	§ 3 Rn. 3 f., **5 ff., 25 ff., 36 ff.**; § 4 Rn. 40, 70; § 32 Rn. 5	482	§ 17 Rn. 7
		482a	§ 17 Rn. 9
434 ff.	§ 3 Rn. 1, 47; § 8 Rn. 1 ff.; § 12 Rn. 23	483	§ 17 Rn. 8
		484	§ 17 Rn. 8
435	§ 3 Rn. 46 ff.	485	§ 17 Rn. 9
436	§ 2 Rn. 6; § 3 Rn. 48	486	§ 17 Rn. 9 f.
437	§ 2 Rn. 9, 10, 42; **§ 4 Rn. 1 ff.**; § 9 Rn. 3 f.; § 35 Rn. 6	487	§ 17 Rn. 10
		488	§ 12 Rn. 11 ff.; § 19 Rn. 2; § 20 Rn. 1 ff., 13 ff.; § 21 Rn. 2
438	§ 3 Rn. 1, 39, 47; § 4 Rn. 3; § 6 Rn. 1 ff.; § 8 Rn. 12 f., 18; § 14 Rn. 21	489	§ 20 Rn. 18 ff.

§§	Rn.	§§	Rn.
490	§ 20 Rn. 21 ff.	539	§ 22 Rn. 20, 39
491	§ 21 Rn. 2 ff., 35; § 37 Rn. 10; § 50 Rn. 35	540	§ 22 Rn. 62, 66
491 ff.	§ 21 Rn. 1 ff.	541	§ 22 Rn. 64
491a	§ 23 Rn. 8 f.	542	§ 22 Rn. 75 ff., 82
492	§ 20 Rn. 7; § 21 Rn. 6, 25; § 50 Rn. 10	543	§ 20 Rn. 23; § 22 Rn. 40 f., 60, 65, 80 f.; § 23 Rn. 37 f.
493	§ 21 Rn. 12	544	§ 22 Rn. 79
494	§ 21 Rn. 7	545	§ 22 Rn. 82
495	§ 23 Rn. 8 ff.; § 21 Rn. 14, 31; § 37 Rn. 12	546	§ 22 Rn. 27, 69 f.; § 23 Rn. 21
496	§ 21 Rn. 17 f.	548	§ 22 Rn. 49, 72 ff.
497	§ 21 Rn. 20 ff.	549	§ 23 Rn. 1
498	§ 21 Rn. 23, 31	549 ff.	§ 22 Rn. 3, 5
499	§ 21 Rn. 24	550	§ 23 Rn. 1 f.
500	§ 21 Rn. 24 ff.	551	§ 23 Rn. 3 f.
501	§ 21 Rn. 23 f.	553	§ 22 Rn. 62
502	§ 21 Rn. 24, 28	555	§ 22 Rn. 4
504	§ 21 Rn. 25	555b	§ 22 Rn. 4, 59c
505	§ 21 Rn. 10, 25	555e	§ 22 Rn. 79
505a ff.	§ 21 Rn. 25	556	§ 22 Rn. 18, 59
505d	§ 21 Rn. 25	556b	§ 22 Rn. 52, 60
506	§ 19 Rn. 2; § 21 Rn. 25 ff.; § 24 Rn. 3, 7 f.	556c	§ 22 Rn. 5
		556d	§ 22 Rn. 59a
507	§ 21 Rn. 29 f.	556g	§ 22 Rn. 59a
508	§ 11 Rn. 6; § 21 Rn. 31 f.	557 ff.	§ 22 Rn. 3, 59c
510	§ 19 Rn. 2; § 21 Rn. 33 f.	557a	§ 22 Rn. 59c
511	§ 21 Rn. 13	557b	§ 22 Rn. 59c
512	§ 19 Rn. 2; § 22 Rn. 1	558	§ 22 Rn. 59c
513	§ 19 Rn. 5; § 21 Rn. 37 f.	559	§ 22 Rn. 59c
514	§ 19 Rn. 5; § 20 Rn. 1; § 21 Rn. 16, 35 ff.	560	§ 22 Rn. 59c
		561	§ 22 Rn. 59c, 79
515	§ 19 Rn. 5; § 21 Rn. 35 ff.	562	§ 23 Rn. 5 ff.
516	§ 17 Rn. 11 ff.	562a	§ 23 Rn. 13 f.
516 ff.	§ 18 Rn. 23 f.; § 20 Rn. 4	562b	§ 23 Rn. 15 f.; § 59 Rn. 14
517	§ 18 Rn. 2	562c	§ 23 Rn. 16
518	§ 18 Rn. 7 f., 11, 29	562d	§ 23 Rn. 17
519	§ 18 Rn. 17 ff.	563	§ 23 Rn. 18 f.
521	§ 18 Rn. 11 ff.	563a	§ 23 Rn. 18 f.
522	§ 18 Rn. 13	565	§ 22 Rn. 70; § 23 Rn. 24
523, 524	§ 18 Rn. 11, 14 ff.; § 26 Rn. 3	566	§ 23 Rn. 22 ff.
525 ff.	§ 18 Rn. 24 ff.	566a	§ 23 Rn. 25
528	§ 18 Rn. 20; § 55 Rn. 34	566b	§ 23 Rn. 27
529	§ 18 Rn. 19 ff.	566c	§ 23 Rn. 28; § 59 Rn. 16
530	§ 18 Rn. 22	566d	§ 23 Rn. 28
530 ff.	§ 18 Rn. 22 f., 29	566e	§ 23 Rn. 28
531	§ 18 Rn. 22	567a	§ 23 Rn. 24
532	§ 18 Rn. 22	569	§ 22 Rn. 46; § 23 Rn. 37 f.
533	§ 18 Rn. 22	571	§ 22 Rn. 71
534	§ 18 Rn. 22	573	§ 22 Rn. 71; § 23 Rn. 20, 32 ff., 39 ff.
535	§ 22 Rn. 13 f.	573 ff.	§ 22 Rn. 70; § 23 Rn. 20
535 ff.	§ 20 Rn. 3	573a	§ 23 Rn. 20
536a	§ 22 Rn. 35 ff., 47 ff.	573c	§ 22 Rn. 77; § 23 Rn. 35 f.
536b	§ 22 Rn. 43	573d	§ 23 Rn. 20, 39
536c	§ 22 Rn. 45, 57, 61	574	§ 23 Rn. 40 f.
536d	§ 22 Rn. 46	574a	§ 23 Rn. 42
537	§ 22 Rn. 58	575	§ 23 Rn. 29
538	§ 22 Rn. 66	575a	§ 23 Rn. 20, 39
		577	§ 13 Rn. 12; § 23 Rn. 42

§§	Rn.	§§	Rn.
577a	§ 23 Rn. 42	631 ff.	§ 12 Rn. 20; § 32 Rn. 4, 6 ff.
578	§ 23 Rn. 2, 5, 14, 20, 38; § 25 Rn. 8	632	§ 33 Rn. 1, 10 f.
580	§ 23 Rn. 20; § 25 Rn. 8	632a	§ 33 Rn. 15, 17
580a	§ 22 Rn. 77; § 25 Rn. 8	633	§ 33 Rn. 6; § 34 Rn. 2 ff.
581	§ 25 Rn. 1, 3 ff.	634	§ 4 Rn. 10, 25; § 33 Rn. 8 f., 21; § 34 Rn. 10, **9 ff.**, 34, 43; § 35 Rn. 6
581 ff.	§ 20 Rn. 3; § 22 Rn. 6		
582	§ 25 Rn. 4, 7	634a	§ 6 Rn. 2; § 33 Rn. 21; § 34 Rn. 35 ff.
583	§ 25 Rn. 7	635	§ 4 Rn. 9, 13; § 33 Rn. 9, 674 ff.
584	§ 25 Rn. 8	636	§ 34 Rn. 16, 20, 29
584a	§ 25 Rn. 8	637	§ 4 Rn. 25; § 22 Rn. 38a; § 34 Rn. 9; § 33 Rn. 9; § 34 Rn. 13 ff., 37
585	§ 25 Rn. 9		
586	§ 25 Rn. 6, 9	638	§ 34 Rn. 22 ff.
594a	§ 25 Rn. 8 f.	639	§ 34 Rn. 33
598	§ 26 Rn. 1 ff.	640	§ 33 Rn. 6, 8, 13, 18 ff., 21 f., 28; § 34 Rn. 34
598 ff.	§ 20 Rn. 3; § 22 Rn. 7		
599	§ 18 Rn. 10; § 26 Rn. 3	641	§ 33 Rn. 8, 12 ff., 21; § 36 Rn. 21
600	§ 26 Rn. 3	642	§ 32 Rn. 2; § 33 Rn. 21 f., 29; § 35 Rn. 5
601	§ 26 Rn. 3 f.		
602	§ 26 Rn. 4	643	§ 32 Rn. 2; § 33 Rn. 24; § 35 Rn. 5
603	§ 26 Rn. 4	644	§ 33 Rn. 21, 24, 26 ff.; § 34 Rn. 8
604	§ 26 Rn. 4, 6	645	§ 32 Rn. 2; § 33 Rn. 18, 24, 30; § 35 Rn. 4 f.
605	§ 26 Rn. 6		
606	§ 26 Rn. 5	646	§ 33 Rn. 8, 19, 28; § 34 Rn. 8; § 36 Rn. 21
607	§ 20 Rn. 3; § 27 Rn. 1 ff.		
607 ff.	§ 19 Rn. 1 ff.; § 22 Rn. 8	647	§ 33 Rn. 33 f.
608	§ 27 Rn. 7; § 46 Rn. 25	647a	§ 33 Rn. 35
609	§ 27 Rn. 5	648	§ 34 Rn. 10, 12, 15
611	§ 28 Rn. 6; § 29 Rn. 1 ff.; § 31 Rn. 2 ff.	648a	§ 33 Rn. 37 f.; § 35 Rn. 6 f.
611a	§ 28 Rn. 8	649	§ 35 Rn. 3 f.
611a aF	§ 28 Rn. 15	650	§ 12 Rn. 20; **§ 32 Rn. 2 ff.**; § 33 Rn. 35; § 34 Rn. 5, 38
612	§ 29 Rn. 27 ff.; § 29 Rn. 9		
613	§ 29 Rn. 4 ff.; § 40 Rn. 3	650a	§ 32 Rn. 6, 8; § 33 Rn. 35 f.
613a	§ 29 Rn. 7	650b	§ 33 Rn. 3
614	§ 29 Rn. 30	650c	§ 33 Rn. 3
615	§ 29 Rn. 32 ff.	650e	§ 33 Rn. 35
616	§ 29 Rn. 42 f.	650f	§ 33 Rn. 37 f.; § 34 Rn. 10
618	§ 29 Rn. 32; § 33 Rn. 25; § 71 Rn. 9	650g	§ 33 Rn. 19
619	§ 33 Rn. 25	650h	§ 35 Rn. 7
619a	§ 29 Rn. 11	650i	§ 32 Rn. 6, 9; § 33 Rn. 1, 34
620	§ 30 Rn. 2	650j	§ 33 Rn. 3
621	§ 28 Rn. 6; § 30 Rn. 3 f.	650k	§ 33 Rn. 3; § 34 Rn. 4
622	§ 30 Rn. 3 ff.	650l	§ 33 Rn. 4
623	§ 30 Rn. 3, 12	650m	§ 33 Rn. 16
625	§ 30 Rn. 2	650o	§ 32 Rn. 6, 9; § 33 Rn. 4, 20
626	§ 30 Rn. 3, 7 ff.	650p	§ 32 Rn. 10
627	§ 28 Rn. 6; § 30 Rn. 6, 9; § 37 Rn. 21	650q	§ 28 Rn. 6; § 32 Rn. 7, 10; § 35 Rn. 7
628	§ 30 Rn. 10; § 37 Rn. 21	650t	§ 34 Rn. 43
629	§ 30 Rn. 10 f.	650u	§ 32 Rn. 7 f.; § 33 Rn. 2, 34; § 34 Rn. 4, 10
630	§ 30 Rn. 10 f.		
630a	§ 31 Rn. 2, 6, 18 f., 22, 23	650v	§ 33 Rn. 16
630b	§ 31 Rn. 3	651a	§ 36 Rn. 3 ff., 21 f.
630c	§ 31 Rn. 7; § 31 Rn. 22	651b	§ 36 Rn. 7 f.
630d	§ 31 Rn. 7 ff., 8	651c	§ 36 Rn. 7
630f	§ 31 Rn. 9	651d	§ 36 Rn. 9, 18, 29, 35
630g	§ 31 Rn. 9	651e	§ 36 Rn. 25
630h	§ 31 Rn. 9, 18 ff.	651f	§ 36 Rn. 22
631	**§ 32 Rn.** 1, 8; § 33 Rn. 2, **6**, 8 f., 10 f., 17	651g	§ 36 Rn. 22

§§	Rn.	§§	Rn.
651h	§ 36 Rn. 23 f.	675b	§ 40 Rn. 5
651i	§ 36 Rn. 26 ff., 50 ff.	675c	§ 40 Rn. 6
651j	§ 36 Rn. 43, 47	675d	§ 40 Rn. 4
651k	§ 36 Rn. 31 ff., 52	675e	§ 40 Rn. 6; § 57 Rn. 8 f.
651l	§ 36 Rn. 33, 38 ff.	675f	§ 40 Rn. 7; § 57 Rn. 8 f.
651m	§ 36 Rn. 35 ff.	675h	§ 40 Rn. 7
651n	§ 36 Rn. 5, 9, 10, 33, 41 ff.	675i	§ 40 Rn. 6
651o	§ 36 Rn. 35, 42	675j	§ 40 Rn. 8; § 57 Rn. 11, 14
651p	§ 36 Rn. 48 f.	675l	§ 40 Rn. 11 f.
651q	§ 36 Rn. 21	675m	§ 40 Rn. 12
651r	§ 36 Rn. 2, 13, 53 f.	675p	§ 40 Rn. 8
651s	§ 36 Rn. 2, 13, 53 f.	675q	§ 40 Rn. 7
651t	§ 36 Rn. 21, 54	675r	§ 40 Rn. 9
651u	§ 36 Rn. 2, 6	675u	§ 40 Rn. 10 f.; § 57 Rn. 14 ff.
651v	§ 36 Rn. 9, 18	675v	§ 40 Rn. 11 f.
651w	§ 36 Rn. 9 f.	675y	§ 40 Rn. 10
651x	§ 36 Rn. 9	675z	§ 40 Rn. 10; § 57 Rn. 15
651y	§ 36 Rn. 1	676a	§ 40 Rn. 10
652	§ 36 Rn. 55 ff.	676c	§ 40 Rn. 11
653	§ 37 Rn. 3	677	§ 4 Rn. 28; § 43 Rn. 1 ff., 25 f.; § 44 Rn. 1, 6
654	§ 37 Rn. 6, 9		
655a	§ 37 Rn. 10 f.	677 ff.	§ 4 Rn. 26; § 22 Rn. 39; § 55 Rn. 28
655a ff.	§ 19 Rn. 5; § 37 Rn. 11 ff.	678	§ 43 Rn. 21; § 44 Rn. 2 ff., 6
655b	§ 37 Rn. 11 f.	679	§ 22 Rn. 39; § 43 Rn. 23
655c	§ 37 Rn. 12	680	§ 39 Rn. 11; § 43 Rn. 26 ff., 31; § 44 Rn. 3 f., 8
655d	§ 37 Rn. 13		
655e	§ 37 Rn. 11	681	§ 43 Rn. 30; § 44 Rn. 7
656	§ 30 Rn. 9; § 37 Rn. 21	682	§ 43 Rn. 29; § 44 Rn. 2
656a ff.	§ 37 Rn. 16 ff.	683	§ 4 Rn. 28; § 22 Rn. 39; § 43 Rn. 19 ff.; § 44 Rn. 1, 7 f.; § 55 Rn. 42
656a	§ 37 Rn. 18		
656b	§ 37 Rn. 19	684	§ 4 Rn. 28; § 22 Rn. 39; § 43 Rn. 19, 24; § 44 Rn. 1, 7, 9
656c	§ 37 Rn. 19 f.		
656d	§ 37 Rn. 19 f.	685	§ 43 Rn. 32
657	Vor § 1 Rn. 5; § 38 Rn. 1 ff.	686	§ 43 Rn. 8
658	§ 38 Rn. 6, 10	687	§ 42 Rn. 2; § 43 Rn. 7; § 45 Rn. 2 ff.
659	§ 38 Rn. 7	688	§ 45 Rn. 10
660	§ 38 Rn. 8	688 ff.	§ 20 Rn. 4; § 22 Rn. 9
661	§ 38 Rn. 9 ff.	689	§ 45 Rn. 7; § 46 Rn. 18
661a	§ 38 Rn. 12 ff.	690	§ 18 Rn. 10; § 46 Rn. 13 ff.
662	§ 39 Rn. 2, 5	691	§ 46 Rn. 7, 16 f.
663	§ 39 Rn. 2	692	§ 46 Rn. 9
664	§ 39 Rn. 5; § 40 Rn. 3	693	§ 46 Rn. 19
665	§ 39 Rn. 5; § 40 Rn. 3; § 57 Rn. 11	694	§ 46 Rn. 22
666	§ 39 Rn. 6 f.; § 40 Rn. 3	695	§ 46 Rn. 8, 10 ff.
667	§ 39 Rn. 8 f.; § 43 Rn. 30	696	§ 46 Rn. 20
668	§ 39 Rn. 9	697	§ 46 Rn. 7; § 47 Rn. 26
669	§ 39 Rn. 12, 14	699	§ 46 Rn. 18
670	§ 4 Rn. 28; § 14 Rn. 18; § 29 Rn. 17; § 39 Rn. 12 ff.; § 40 Rn. 3; § 43 Rn. 31; § 44 Rn. 8; § 50 Rn. 46; § 55 Rn. 42	700	§ 45 Rn. 5; § 46 Rn. 24 ff.
		701	§ 47 Rn. 1 ff.
		702	§ 47 Rn. 6
		703	§ 47 Rn. 6
671	§ 39 Rn. 17 f.	704	§ 47 Rn. 7; § 59 Rn. 14
672	§ 39 Rn. 18	705 ff.	Vor § 1 Rn. 6; § 67 Rn. 3
673	§ 39 Rn. 18	708	§ 59 Rn. 20
674	§ 39 Rn. 19	741 ff.	Vor § 1 Rn. 6
675	§ 36 Rn. 9; § 40 Rn. 1 ff., 5, 12 ff.	759 ff.	§ 48 Rn. 2
675a	§ 40 Rn. 4	761	§ 48 Rn. 3

§§	Rn.	§§	Rn.
762	§ 38 Rn. 4, 10; § 48 Rn. 5 ff.	828	§ 56 Rn. 16; § 59 Rn. 22 ff., 26; § 70 Rn. 12; § 74 Rn. 21
763	§ 38 Rn. 10; § 48 Rn. 7, 10 ff.	829	§ 58 Rn. 4; § 59 Rn. 25 ff.
765	§ 50 Rn. 4, 36, 41	830	§ 70 Rn. 2 ff.
766	§ 50 Rn. 7, 9, 12, 13, 20 ff., 39	831	§ 30 Rn. 11; § 36 Rn. 11; § 59 Rn. 18 f.; § 67 Rn. 2 ff.; § 70 Rn. 18
767	§ 50 Rn. 5, 31, 37 f.	832	§ 67 Rn. 16 ff.; § 70 Rn. 18
768	§ 50 Rn. 5, 41 ff.	833	§ 58 Rn. 1, 4; § 59 Rn. 7; § 68 Rn. 1 ff.; § 73 Rn. 1
769	§ 50 Rn. 50 f.	834	§ 68 Rn. 10
770	§ 50 Rn. 5 f., 48 ff.	835 aF	§ 68 Rn. 11
771	§ 50 Rn. 6, 40	836	§ 59 Rn. 6; § 67 Rn. 21 f.
772	§ 50 Rn. 6	837	§ 67 Rn. 22
773	§ 50 Rn. 40	838	§ 67 Rn. 23
774	§ 50 Rn. 4, 32, 42, 47 f., 51 f.	839	§ 31 Rn. 17, 23, 25; § 59 Rn. 7; § 69 Rn. 1 ff., 31
775	§ 50 Rn. 46	839a	§ 69 Rn. 25 ff., 31
776	§ 50 Rn. 45	840	§ 67 Rn. 20; § 70 Rn. 2, 8, 14 ff.
777	§ 50 Rn. 45	841	§ 70 Rn. 20
778	§ 50 Rn. 13 f.	842	§ 71 Rn. 2, 14 f.
779	§ 50 Rn. 1; § 51 Rn. 1 ff., 10; § 52 Rn. 7	842 ff.	§ 29 Rn. 32; § 71 Rn. 1, 4
780, 781	§ 18 Rn. 7; § 48 Rn. 7; § 51 Rn. 10; § 52 Rn. 1 ff.; § 54 Rn. 4; § 56 Rn. 36	843	§ 71 Rn. 3 f.
782	§ 50 Rn. 1; § 51 Rn. 5, 10; § 52 Rn. 6	844	§ 29 Rn. 32; § 71 Rn. 9 ff., 14, 16
783 ff.	Vor § 1 Rn. 9; § 57 Rn. 11	845	§ 71 Rn. 13 ff., 15
793 ff.	Vor § 1 Rn. 9	846	§ 71 Rn. 16
812	§ 3 Rn. 32, 35; § 4 Rn. 26; § 8 Rn. 6; § 18 Rn. 6, 21; § 20 Rn. 10 ff.; § 43 Rn. 14; § 53 Rn. 1 ff.; § 54 Rn. 1 ff., 7 f., 13 ff., 25 ff.; § 55 Rn. 4, 6 ff., 37 ff.; § 57 Rn. 5; § 72 Rn. 10	847 aF	§ 61 Rn. 3, 11; § 63 Rn. 17; § 71 Rn. 5 f.
		848	§ 71 Rn. 17
		848 ff.	§ 71 Rn. 17 f.
813	§ 54 Rn. 19 ff.	849	§ 71 Rn. 18
814	§ 22 Rn. 44, 59a; § 52 Rn. 5; § 54 Rn. 21 ff., 34	851	§ 59 Rn. 16
		852	§ 71 Rn. 20
815	§ 54 Rn. 32	853	§ 72 Rn. 21
816	§ 55 Rn. 14, 16 ff.; § 56 Rn. 3	854	§ 11 Rn. 7; § 22 Rn. 13; § 60 Rn. 18
817	§ 20 Rn. 11 f.; § 22 Rn. 59a; § 28 Rn. 17; § 33 Rn. 2; § 54 Rn. 1, 33 ff.	858	§ 43 Rn. 17; § 64 Rn. 5
818	§ 18 Rn. 21, 25; § 54 Rn. 5; § 55 Rn. 24 ff., 32; § 56 Rn. 2 ff., 10 ff., 20 ff.	859	§ 59 Rn. 14; § 64 Rn. 5
		860	§ 59 Rn. 14
		862	§ 72 Rn. 1
819	§ 18 Rn. 21, 25; § 55 Rn. 36; § 56 Rn. 2, 13, 15, 18, 21 ff.	866	§ 60 Rn. 19
		868	§ 11 Rn. 7
820	§ 56 Rn. 19	869	§ 60 Rn. 19
821	§ 52 Rn. 5; § 56 Rn. 36 ff.	873	§ 12 Rn. 22; § 13 Rn. 12; § 23 Rn. 22
822	§ 53 Rn. 5; § 55 Rn. 32 ff.; § 57 Rn. 3, 7	892	§ 3 Rn. 36; § 55 Rn. 14, 17, 21
		903	§ 60 Rn. 9
823	§ 3 Rn. 62; § 8 Rn. 10 ff.; § 18 Rn. 16; § 23 Rn. 16; § 31 Rn. 23; § 36 Rn. 43, 47; § 41 Rn. 4; § 58 Rn. 2, 4 ff.; **§ 59 Rn. 1 ff.; § 60 Rn. 1 ff.; § 61 Rn. 11 ff.**; § 62 Rn. 8 ff.; § 63 Rn. 8; § 64 Rn. 1 ff.; § 69 Rn. 25; § 70 Rn. 7; § 71 Rn. 6, 8; § 72 Rn. 1; § 74 Rn. 2	904	§ 43 Rn. 17, 27; § 58 Rn. 1; § 59 Rn. 14
		906	§ 22 Rn. 25; § 58 Rn. 1; § 73 Rn. 4
		910	§ 59 Rn. 14
		925	§ 12 Rn. 22
		929	§ 2 Rn. 4; § 11 Rn. 7 f., 13; § 20 Rn. 3
		929 ff.	§ 11 Rn. 9; § 12 Rn. 22; § 33 Rn. 15
824	§ 62 Rn. 5; § 65 Rn. 17 ff.; § 72 Rn. 1	930	§ 11 Rn. 8 f.; § 23 Rn. 9
825	§ 66 Rn. 15 ff.	931	§ 11 Rn. 8 f.
826	§ 58 Rn. 5; § 60 Rn. 22; § 65 Rn. 1 f., 6 ff.; § 69 Rn. 25	932	§ 11 Rn. 3, 9; § 55 Rn. 14, 20; § 57 Rn. 23 ff.
827	§ 59 Rn. 24 ff.; § 70 Rn. 12	933	§ 11 Rn. 9
827 ff.	§ 56 Rn. 16 f.; § 60 Rn. 33 ff.	934	§ 11 Rn. 9

条文索引 **873**

§§	Rn.	§§	Rn.
935	§ 57 Rn. 24, 26	1904	§ 31 Rn. 14
936	§ 11 Rn. 9; § 23 Rn. 12	1922	§ 23 Rn. 19; § 30 Rn. 1; § 61 Rn. 11
937	§ 55 Rn. 15	1968	§ 71 Rn. 10
946	§ 33 Rn. 2, 15; § 55 Rn. 4, 21	2034	§ 13 Rn. 12
950	§ 11 Rn. 16; § 32 Rn. 4; § 55 Rn. 24; § 57 Rn. 25 f.	2135	§ 22 Rn. 79
		2366	§ 55 Rn. 21
951	§ 53 Rn. 6; § 55 Rn. 4, 15, 37, 39; § 56 Rn. 10; § 57 Rn. 22 ff.	2367	§ 59 Rn. 16
		2368	§ 59 Rn. 16
958	§ 60 Rn. 17	2370	§ 59 Rn. 16
962	§ 59 Rn. 14	**AEUV**	
985	§ 11 Rn. 6; § 23 Rn. 16, 21; § 54 Rn. 40; § 55 Rn. 22	Art. 49	§ 49 Rn. 6
986	§ 11 Rn. 6, 8 f.; § 23 Rn. 21 f.	Art. 56	§ 49 Rn. 6
987	§ 56 Rn. 21 f.; § 60 Rn. 18	Art. 157	§ 29 Rn. 29
989	§ 56 Rn. 21	Art. 267	§ 4 Rn. 6
992	§ 60 Rn. 9		
994 ff.	§ 55 Rn. 39	**AGG**	
996	§ 55 Rn. 39	1	§ 28 Rn. 12, 15; § 29 Rn. 33
1004	§ 22 Rn. 64; § 23 Rn. 16; § 59 Rn. 19; § 61 Rn. 14; § 72 Rn. 1, 3 ff.	2	§ 30 Rn. 5
		3	§ 28 Rn. 15
1030	§ 23 Rn. 24	6	§ 28 Rn. 12
1036	§ 12 Rn. 7	7	§ 28 Rn. 12; § 29 Rn. 37, 33
1093	§ 12 Rn. 7; § 23 Rn. 24	8	§ 28 Rn. 12; § 30 Rn. 5
1094 ff.	§ 13 Rn. 12	15	§ 28 Rn. 12
1113	§ 50 Rn. 5	19	§ 22 Rn. 13; § 36 Rn. 29
1113 ff.	§ 11 Rn. 3; § 50 Rn. 2		
1143	§ 50 Rn. 53; § 55 Rn. 41	**AktG**	
1150	§ 55 Rn. 41	78	§ 43 Rn. 17
1153	§ 50 Rn. 5	92 aF	§ 65 Rn. 13
1184	§ 33 Rn. 35		
1191 ff.	§ 11 Rn. 3	**AMG**	
1204 ff.	§ 23 Rn. 5; § 33 Rn. 33 f.	84	§ 63 Rn. 22 ff.; § 74 Rn. 34 f.
1205	§ 12 Rn. 7	84a	§ 63 Rn. 23
1207	§ 23 Rn. 9; § 33 Rn. 33	86	§ 63 Rn. 24
1225	§ 50 Rn. 53	87	§ 63 Rn. 24
1227	§ 23 Rn. 16	88	§ 63 Rn. 24
1228 ff.	§ 23 Rn. 5; § 33 Rn. 33		
1250	§ 12 Rn. 7	**AtG**	
1251	§ 12 Rn. 7	25 ff.	§ 74 Rn. 34
1252	§ 23 Rn. 14	28	§ 71 Rn. 9; § 74 Rn. 37
1255	§ 23 Rn. 14		
1257	§ 23 Rn. 5, 9 ff.; § 33 Rn. 33 f.; § 47 Rn. 7	**BauGB**	
		24 ff.	§ 13 Rn. 12
1359	§ 59 Rn. 20	28	§ 14 Rn. 14
1360	§ 71 Rn. 11		
1619	§ 71 Rn. 15	**BBergG**	
1626	§ 43 Rn. 17; § 60 Rn. 21; § 67 Rn. 18, 21	117	§ 74 Rn. 37
1629	§ 31 Rn. 13; § 43 Rn. 17	**BImSchG**	
1631	§ 31 Rn. 13; § 59 Rn. 14	14	§ 58 Rn. 1
1631c	§ 31 Rn. 13		
1631d	§ 31 Rn. 13	**BJagdG**	
1632	§ 60 Rn. 21	23	§ 59 Rn. 14
1664	§ 59 Rn. 20; § 67 Rn. 17	25	§ 59 Rn. 14
1835	§ 39 Rn. 14; § 43 Rn. 32	29	§ 58 Rn. 1; § 68 Rn. 11
1896	§ 22 Rn. 64; § 67 Rn. 18	33	§ 68 Rn. 11
1901a	§ 31 Rn. 14		

§§	Rn.
CISG	
Art. 1	§ 15 Rn. 3
Art. 2	§ 15 Rn. 3
Art. 6	§ 15 Rn. 3
DepotG	
3	§ 46 Rn. 7
15	§ 27 Rn. 3; § 47 Rn. 26
16	§ 47 Rn. 26
EFZG	
12	§ 51 Rn. 6
EGBGB	
Art. 1	§ 17 Rn. 7
Art. 2	§ 64 Rn. 4
Art. 3	§ 15 Rn. 1, 4
Art. 27 ff. aF	§ 15 Rn. 1
Art. 43	§ 15 Rn. 3
Art. 46b	§ 17 Rn. 10
Art. 242	§ 17 Rn. 7
Art. 247	§ 21 Rn. 6 ff., 25, 31; § 37 Rn. 12 f.
Art. 248	§ 40 Rn. 4
Art. 249	§ 33 Rn. 3 f.
Art. 250	§ 36 Rn. 9, 18, 20, 29, 35
Art. 251	§ 36 Rn. 9
Art. 252	§ 36 Rn. 54
EMRK	
Art. 8	§ 61 Rn. 4, 8
Art. 10	§ 61 Rn. 8
ErbbauRG	
1	§ 12 Rn. 7
30	§ 22 Rn. 79
EUGVVO	
Art. 15	§ 14 Rn. 3
GenTG	
32	§ 68 Rn. 3; § 74 Rn. 34 ff., 37
35	§ 74 Rn. 3
GVG	
132	§ 4 Rn. 63; § 34 Rn. 31a
GewO	
6	§ 28 Rn. 7
105	§ 28 Rn. 9
106	§ 29 Rn. 3
107	§ 29 Rn. 27
GG	
Art. 1	§ 28 Rn. 17; § 29 Rn. 34; § 36 Rn. 29; § 61 Rn. 2 f., 11; § 65 Rn. 5
Art. 2	§ 29 Rn. 34; § 38 Rn. 13; § 58 Rn. 2; § 61 Rn. 2 f., 11; § 62 Rn. 4; § 71 Rn. 7

§§	Rn.
Art. 3	§ 22 Rn. 70; § 29 Rn. 33; § 36 Rn. 29; § 71 Rn. 14
Art. 4	§ 29 Rn. 3; § 30 Rn. 5
Art. 5	§ 22 Rn. 14; § 29 Rn. 3; § 61 Rn. 5 f., 14; § 62 Rn. 4 f., 7
Art. 6	§ 36 Rn. 35
Art. 8	§ 62 Rn. 4, 7
Art. 9	§ 28 Rn. 7; § 29 Rn. 3; § 62 Rn. 4, 7
Art. 12	§ 28 Rn. 10; § 38 Rn. 13; § 62 Rn. 4
Art. 14	§ 22 Rn. 14; § 23 Rn. 29; § 62 Rn. 4
Art. 20	§ 59 Rn. 6
Art. 34	§ 59 Rn. 7; § 69 Rn. 1; 13, 24
Art. 103	§ 38 Rn. 13
GmbHG	
15	§ 12 Rn. 2, 25
35	§ 43 Rn. 17
64 aF	§ 64 Rn. 6; § 65 Rn. 13
HGB	
62	§ 71 Rn. 9
84	§ 28 Rn. 8; § 36 Rn. 9
93	§ 37 Rn. 11
128	§ 21 Rn. 2
251	§ 50 Rn. 15
343	§ 5 Rn. 10; 40
344	§ 14 Rn. 5
347	§ 47 Rn. 23
349	§ 50 Rn. 40
350	§ 50 Rn. 25; § 52 Rn. 6
354	§ 37 Rn. 12
354a	§ 12 Rn. 14
355	§ 40 Rn. 7
362	§ 39 Rn. 12
377	§ 3 Rn. 35; § 4 Rn. 3; § 5 Rn. 10; § 9 Rn. 4; § 14 Rn. 28
383	§ 32 Rn. 13; § 55 Rn. 18
392	§ 55 Rn. 18
407 ff.	§ 32 Rn. 13
421	§ 10 Rn. 15
425	§ 10 Rn. 15
453 ff.	§ 32 Rn. 13
458	§ 10 Rn. 15
467	§ 47 Rn. 23
HPflG	
1	§ 74 Rn. 27 ff.
2	§ 74 Rn. 27, 32
3	§ 74 Rn. 32
5	§ 71 Rn. 9; § 74 Rn. 33
6	§ 74 Rn. 33
9, 10	§ 74 Rn. 33
InsO	
15a	§ 64 Rn. 3, 6; § 65 Rn. 13
47	§ 11 Rn. 3
103	§ 11 Rn. 3

§§	Rn.
109	§ 22 Rn. 79
111	§ 22 Rn. 79
286 ff.	§ 50 Rn. 29

JugArbSchG

5	§ 28 Rn. 11, 14

KSchG

1	§ 30 Rn. 5

KunstUrhG

22	§ 61 Rn. 11
22 ff.	§ 60 Rn. 20
23	§ 61 Rn. 7, 9

KWG

18	§ 21 Rn. 33

LuftVG

33 ff.	§ 74 Rn. 34 f.
35	§ 71 Rn. 9; § 74 Rn. 37

PflVG

1	§ 74 Rn. 18

ProdHaftG

1	§ 63 Rn. 10 f., 14 f., 18 f.
2	§ 63 Rn. 16
3	§ 63 Rn. 16
4	§ 3 Rn. 19; § 63 Rn. 17
7	§ 71 Rn. 10
8	§ 63 Rn. 19, 1445
10	§ 63 Rn. 19
11	§ 63 Rn. 20
15	§ 63 Rn. 22

ProstG

1	§ 28 Rn. 17

Rom I-VO

Art. 3	§ 15 Rn. 2
Art. 4	§ 15 Rn. 2
Art. 6	§ 15 Rn. 2; § 17 Rn. 10
Art. 7	§ 15 Rn. 2
Art. 8	§ 15 Rn. 2
Art. 9	§ 38 Rn. 17

SchwarzArbG

1	§ 33 Rn. 2

SGB V

76	§ 31 Rn. 4

SGB VII

8	§ 29 Rn. 32
104, 105	§ 29 Rn. 32; § 60 Rn. 37

§§	Rn.

SGB IX

71	§ 28 Rn. 11

SGB X

116	§ 71 Rn. 4

StGB

13	§ 60 Rn. 25 f.
20	§ 59 Rn. 22; § 64 Rn. 9
25	§ 22 Rn. 61
26	§ 22 Rn. 62
27	§ 22 Rn. 62
33	§ 59 Rn. 27
34	§ 59 Rn. 14
35	§ 59 Rn. 27
153 ff.	§ 64 Rn. 5; § 69 Rn. 25, 30
161	§ 69 Rn. 25, 30
193	§ 59 Rn. 14; § 65 Rn. 11; § 66 Rn. 9; § 72 Rn. 6
203	§ 29 Rn. 8; § 31 Rn. 10
222 ff.	§ 31 Rn. 11
228	§ 59 Rn. 15
229	§ 36 Rn. 43
242	§ 45 Rn. 3; § 60 Rn. 9
253 ff.	§ 64 Rn. 5
263	§ 41 Rn. 4; § 64 Rn. 3
265a	§ 4 Rn. 51
266	§ 39 Rn. 9; § 64 Rn. 3
267 ff.	§ 64 Rn. 5
283 ff.	§ 64 Rn. 5
287	§ 49 Rn. 8
289	§ 23 Rn. 15
316	§ 64 Rn. 2
323c	§ 43 Rn. 5, 10; § 60 Rn. 25; § 64 Rn. 5
331	§ 54 Rn. 33
332	§ 54 Rn. 36
334	§ 54 Rn. 36
333	§ 54 Rn. 33

StPO

72 ff.	§ 69 Rn. 27
127	§ 59 Rn. 14

StVG

1	§ 74 Rn. 3
7	§ 43 Rn. 16; § 73 Rn. 1; § 74 Rn. 1 ff., 7 f., 11 f., 14, 26
8	§ 74 Rn. 3, 13
8a	§ 74 Rn. 14
9	§ 74 Rn. 19 ff.
10	§ 71 Rn. 9; § 74 Rn. 15
11	§ 74 Rn. 17
12	§ 74 Rn. 17
12a	§ 74 Rn. 17
15	§ 74 Rn. 22
16	§ 74 Rn. 26

§§	Rn.
17	§ 74 Rn. 20, 23 ff.
18	§ 74 Rn. 1
21	§ 64 Rn. 2, 6

TVG

4	§ 51 Rn. 6

UKlaG

2	§ 14 Rn. 31

UmweltHG

1	§ 74 Rn. 34 f.
8 ff.	§ 74 Rn. 3

UWG

3	§ 14 Rn. 31
5	§ 14 Rn. 31

VVG

81	§ 57 Rn. 18
86	§ 71 Rn. 4
115	§ 74 Rn. 18
116	§ 74 Rn. 18

WEG

1	§ 37 Rn. 17
31	§ 12 Rn. 7; § 17 Rn. 4
37	§ 22 Rn. 79

WHG

89	§ 74 Rn. 34 ff., 37

WiStG

5	§ 22 Rn. 11

Wo VermittG

2	§ 37 Rn. 15

VAG

81	§ 69 Rn. 16

§§	Rn.
VVG	
81	§ 57 Rn. 18
86	§ 71 Rn. 4
115	§ 74 Rn. 18
116	§ 74 Rn. 18

ZAG

1	§ 40 Rn. 6

ZPO

127a	§ 51 Rn. 1
167	§ 61 Rn. 11
253	§ 61 Rn. 11
261	§ 56 Rn. 14
283a	§ 22 Rn. 4
286	§ 52 Rn. 10
287	§ 71 Rn. 12
308a	§ 23 Rn. 42
404	§ 69 Rn. 27
592 ff.	§ 21 Rn. 19
771	§ 11 Rn. 3
794	§ 51 Rn. 1
808	§ 23 Rn. 17
811 ff.	§ 23 Rn. 10
885	§ 22 Rn. 4
885a	§ 22 Rn. 4
940a	§ 22 Rn. 4; § 23 Rn. 42
1025 ff.	§ 69 Rn. 24

ZVG

9	§ 69 Rn. 30
57	§ 23 Rn. 24
57a	§ 22 Rn. 79; § 23 Rn. 24
90	§ 69 Rn. 30

事项索引

（数字指向边码，主要出处已加粗表示）

Abschleppkosten, Ersatz 拖车费；赔偿 §64 Rn.5

Allgemeines Gleichbehandlungsgesetz《一般平等对待法》

　－Arbeitsrecht 劳动法 §28 Rn.12；§29 Rn.29；§30 Rn.5

　－Mietrecht 租赁法 §22 Rn.12

Allgemeines Persönlichkeitsrecht 一般人格权 §61 Rn.1ff.

　－Beseitigungsanspruch 排除妨碍请求权 §61 Rn.14

　－Caroline-Entscheidungen 卡洛琳娜案判决 §61 Rn.7f.

　－Ginseng-Entscheidung 人参案判决 §61 Rn.3

　－Herrenreiter-Entscheidung 骑士案判决 §61 Rn.3

　－historische Entwicklung 历史发展 §61 Rn.1ff.

　－immaterieller Schaden 非物质损害 §61 Rn.13

　－Kunstfreiheit 艺术自由 §61 Rn.5f.

　－Leserbrief-Entscheidung 读者来信案判决 §61 Rn.2

　－postmortaler Persönlichkeitsschutz 死者的人格权保护 §61 Rn.10

　－Pressefreiheit 新闻自由 §61 Rn.5,8

　－Prominente 著名人物 §61 Rn.7ff.

　－Rechtsfolgen 法律效果 §61 Rn.12f.

　－Wahrnehmung berechtigter Interessen 正当利益的实现 §61 Rn.5

　－Widerruf 撤回 §61 Rn.12f.

Amtshaftung 公务员责任 §69 Rn.1ff.

—Amtspllicht, Drittbezogenheit 公务员职责;与第三人相关 §69 Rn. 4,16
—Beamter s. dort 公务员,见该处
—EG-Richulinie, Haftung für Nichtumselzung 欧共体指令;不完成转化的责任 §69 Rn. 17
—Eingriffsverwaltung 干预行政 §69 Rn. 3
—Haftungsausschlüsse 责任免除 §69 Rn. 21ff.
—Kindergarten 幼儿园 §67 Rn. 22
—Konkurrenzen 竞合 §69 Rn. 12, 24
—legislatives Unrecht 立法的不法 §69 Rn. 17
—Leistungsverwaltung 给付行政 §69 Rn. 3
—Nichteinlegung von Rechtsmitteln 没有提供法律救济措施 §69 Rn. 11,21
—Verschulden 过错 §69 Rn. 8,18
—Verwaltungsprivatrecht 行政私法 §69 Rn. 3
—Rechtsbeugung 徇私枉法 §69 Rn. 23
—Schaden 损害 §69 Rn. 8,18
—Spruchrichterprivileg 对裁判法官的优待 §69 Rn. 22
—Staatshaftung 国家责任 §69 Rn. 13ff.
—Subsidiaritätsklausel 从属性条款 §69 Rn. 10,19f.

Anwartschaftsrecht 期待权 §11 Rn. 8ff.
—als sonstiges Recht 作为其他权利 §60 Rn. 17
—Vermieterpfandrecht 出租人留置权 §23 Rn. 7

Arbeitnehmer 劳动者 §28 Rn. 8

Arbeitsrecht 劳动法 §28 Rn. 7,9

Arbeitsunfall 劳动事故 §29 Rn. 32

Arbeitsvertrag 劳动合同 §28 Rn. 9ff.
—Anfechtung 撤销 §28 Rn. 15
—Aufhebungsvertrag 废止合同 §30 Rn. 12
—Betriebsrisikolehre 经营风险理论 §29 Rn. 40f.
—Betriebsübergang 企业转移 §29 Rn. 7

—Beweislastumkehr 证明责任倒置 §29 Rn. 11

—Direktionsrecht 指导权 §29 Rn. 3

—fehlerhaftes Arbeitsverhältnis 瑕疵劳动关系 §28 Rn. 17

—Form 形式 §28 Rn. 13

—Freistellungsanspruch 责任免除请求权 §29 Rn. 17

—Fursorgepflicht des Arbeitgebers 雇主的照管义务 §29 Rn. 31

—Gleichbehandlungsgebot, arbeitsrechtliches 平等对待要求,劳动法上的 §29 Rn. 33

—Haftungsprivilegierung 责任优待 §29 Rn. 12ff. ; §70 Rn. 18

—Konkurrenz-und Wettbewerbsverbote 竞业禁止 §29 Rn. 9

—Kündigungsschutz 终止保护 §30 Rn. 5

—Mobbing 凌霸 §29 Rn. 33

—»Ohne Arbeit kein Lohn« 无劳动无报酬 §29 Rn. 35

—Ordentliche Kündigung 正常终止 §30 Rn. 4f.

—»Recht zur Lüge« 谎言权 §28 Rn. 15

—Treuepflicht 忠实义务 §29 Rn. 9

—Vergitüngshöhe 报酬数额 §29 Rn. 29f.

—Vergütungspflicht 报酬义务 §28 Rn. 2; §29 Rn. 27f.

—Zeugnis 证书 §30 Rn. 11

—s. auch Dienstvertrag 亦见雇佣合同

Architekten-und Ingenieurvertrag 建筑师与工程师合同 §28 Rn. 6; §32 Rn. 7,10

—Gesamtschuldnerische Haftung 连带债务人责任 §34 Rn. 43

Aufopferung 自甘牺牲 §58 Rn. 1; §68 Rn. 11f. §73 Rn. 4

Aufsichtspficht 监督义务 §67 Rn. 16ff.

Arzneimittelgesetz《药品法》§63 Rn. 23ff. ; §74 Rn. 34f.

—Auskunftsanspruch 信息提供请求权 §63 Rn. 24

—Entwicklungsrisiko 发展风险 §63 Rn. 24

—Kausalitätsvermutung 因果关系推定 §63 Rn. 24

Arzthaftung 医生责任 §31 Rn. 11ff.；§60 Rn. 3

—Rechtfertigung 正当化 §31 Rn. 12ff.；§59 Rn. 15ff.

Arztvertrag s. Behandlungsvertrag 医生合同参见医疗合同

Asset deal 资产买卖 §12 Rn. 21ff.

—s. auch Unternehmenskauf 亦见企业买卖

Atypischer Vertrag 非典型合同 §1 Rn. 11f.

Auftrag 委托 §39 Rn. 1ff.

—Abgrenzung 区分 §39 Rn. 2

—Aufwendungen 费用 §39 Rn. 12

—Auskunfts- und Rechenschaftspflichten 报告与计算义务 §39 Rn. 7

—Fremdheit des Geschäfts 他人事务 §39 Rn. 4

—Gehilfe 辅助人 §39 Rn. 5

—Geschäftsbesorgung 事务处理 §39 Rn. 3

—Hafungsprivilegierung 责任优待 §39 Rn. 10

—Herausgabepflicht 返还义务 §39 Rn. 8

—Kündigung 终止 §39 Rn. 18

—Notbesorgungspflicht 紧急处理义务 §39 Rn. 19

—Obhuts- und Schutzpflichten 照顾与保护义务 §39 Rn. 15

—Pflichten des Beauftragten 受托人的义务 §39 Rn. 5ff.

—Schäden 损害 §39 Rn. 13

—Schadensersatz 损害赔偿 §39 Rn. 10

—Schmerzensgeld 抚慰金 §39 Rn. 13

—Schweigen 沉默 §39 Rn. 2

—Substitution 转委托 §39 Rn. 5

—Tod des Auftraggebers 委托人死亡 §39 Rn. 19

—Tod des Beauftragten 受托人死亡 §39 Rn. 19

—Vergutung 报酬 §39 Rn. 14

—Vorschuss 预付费用 §39 Rn. 14

—Weisungen 指示 §39 Rn. 6

-Widerruf 撤回 §39 Rn. 11,17
Ausbau und Einbau 拆除与安装 §4 Rn. 6ff.
Auskunftsvertrag 咨询合同 §41 Rn. 2ff.
Auslobung 悬赏广告 §38 Rn. 1ff.
  -Anfechtung 撤销 §38 Rn. 6
  -Belohnung 报酬 §38 Rn. 2
  -Dasbachsche A. 达斯巴赫悬赏广告 §38 Rn. 4
  -Los 抽签 §38 Rn. 7
  -Mehrfache Vornahme 多人实施 §38 Rn. 7f.
  -öffentliche Bekanntmachung 公告 §38 Rn. 1
  -Widerruf 撤回 §38 Rn. 6
Außerhalb von Geschäftsräumen geschlossene Verträge 在经营场所之外缔结的合同 §30 Rn. 12; §36 Rn. 19; §37 Rn. 15; §50 Rn. 32ff.
Bankrecht 银行法 §40 Rn. 5ff.
Bauträgervertrag 建筑开发商合同 §32 Rn. 7,11; §33 Rn. 1
  -Abschlagszahlungen 分期付款 §33 Rn. 16
  -Form 形式 §32 Rn. 11; §33 Rn. 1
  -Makler- und Bauträgerverordnung《房产经纪人与建筑开发商条例》§32 Rn. 11
  -Widerruf 撤回 §33 Rn. 4
Bauvertrag 建筑合同 §1 Rn. 6; §32 Rn. 6,8
  -Anordnungsrecht 命令权 §33 Rn. 5
  -Bauhandwerkersicherung 承建商的担保 §33 Rn. 36f.
  -Sicherungshypothek 担保抵押权 §33 Rn. 35
  -Vertragsänderung 合同变更 §33 Rn. 5
  -VOB/B《关于建筑给付招标与合同的条例》B 编 §32 Rn. 14f.; §33 Rn. 14
  -s. a. Verbraucherbauvertrag, Werkvertrag 亦见消费者建筑合同、承揽合同
Beamter 公务员

-im staatsrechtlichen Sinne 国家法意义上的 §69 Rn. 5
-im haftungsrechtlichen Sinne 责任法意义上的 §69 Rn. 14f.
-s. auch Amtshaftung 亦见职务责任
Beerdigungskosten 丧葬费 §71 Rn. 10
Behandlungsvertrag 医疗合同 §31 Rn. 2ff.
　-Aufklärungspflicht 说明义务 §31 Rn. 8
　-Behandlungspflicht 治疗义务 §31 Rn. 6
　-Beweislast 证明责任 §31 Rn. 18ff.
　-Chefarzt 主任医生 §31 Rn. 17,24f.；§67 Rn. 3；§69 Rn. 10
　-Dokumentationspflicht 记录义务 §31 Rn. 9
　-Einwilligung 同意 §31 Rn. 12ff.
　-Haftung 责任 §31 Rn. 11f.
　-Informationspflichten 信息提供义务 §31 Rn. 7
　-Kassenpatient 医保患者 §31 Rn. 4,22
　-Schweigepflicht 沉默义务 §31 Rn. 10
　-Krankenhausbehandlung 住院治疗 §31 Rn. 23ff.
　-Zahlungspllicht 支付义务 §31 Rn. 22.
　-Zustandekommen 成立 §31 Rn. 3ff
Bereicherungsrecht 不当得利法 §53 Rn. 1ff.
　-Abtretungsfälle 让与型案例 §57 Rn. 19f.
　-Anweisung 指示 §57 Rn. 11
　-Anweisungsfälle 指示型案例 §57 Rn. 8ff.
　-arglistige Täuschung 恶意欺诈 §54 Rn. 20ff.
　-aufgedrängte Bereicherung 强迫得利 §56 Rn. 10
　-ausgleichende Gerechtigkeit 补偿正义 §53 Rn. 1
　-Deckungsverhältnis 补偿关系 §57 Rn. 10f.,18
　-Direktkondiktion 直接不当得利请求权 §57 Rn. 3f.,7,9f.,13f.
　-Doppelmangel 双重瑕疵 §57 Rn. 3
　-Drohung, widerrechtliche 胁迫；违法的 §56 Rn. 32ff.

-Durchbrechungen der Saldotheorie 差额说的突破 §56 Rn. 31ff.

-Durchgriffskondiktion 直索型不当得利请求权 §55 Rn. 32ff.；§57 Rn. 3,18

-Durchlieferung 缩短给付 §57 Rn. 6f.

-Einbaufälle 安装案 §57 Rn. 22ff.

-Einheitstheorie 统一说 §53 Rn. 3

-Einrede der Bereicherung 得利抗辩权 §56 Rn. 36f.

-Flugreisefall 飞机旅行案 §54 Rn. 5,13,18；§56 Rn. 5,9,16f.,20

-Funktion 功能 §53 Rn. 1ff.

-Geheißerwerb 指示取得 §57 Rn. 6

-Herausgabe von Nutzungen und Surogaten 用益与替代物的返还 §56 Rn. 2f.

-Kenntnis des Mangels 明知瑕疵 §56 Rn. 15

-Kondiktion der Kondiktion 不当得利的不当得利请求权 §57 Rn. 5

-Luxusausgaben 奢侈支出 §56 Rn. 9

-Mehrpersonenverhältnisse 多人关系 §57 Rn. 1ff.

-Rechtshängigkeit 诉讼系属 §56 Rn. 14

- Rückabwicklung gegenseitiger Verträge 双务契约的返还清算 §56 Rn. 25ff.

-Saldotheorie 差额说 §56 Rn. 27ff.

-Sittenwidrigkeit 违背善良风俗 §54 Rn. 18,20,33ff.；§56 Rn. 18

-Sperren eines Schecks 支票挂失止付 §57 Rn. 13

-Systematik 体系性 §53 Rn. 5

-Trennungstheorie 区分说 §53 Rn. 3

-Valutaverhältnis 对价关系 §57 Rn 10

Verarbeitungsfälle 加工型案例 §57 Rn. 25f.

-verschärfte Haftung 加重责任 §56 Rn. 13ff.

-Vertrag zugunsten Driter 利益第三人合同 §57 Rn. 17f.

-Wegfall der Bereicherung 得利丧失 §56 Rn. 7ff.

-Wertersatz 价值赔偿 § 56 Rn. 4ff.

-Widerruf einer Überweisung 撤回转账 § 57 Rn. 13

-Zuwendungsverhältnis 给与关系 § 57 Rn. 10

-Zweikondiktionentheorie 双重不当得利说 § 56 Rn. 25ff.

　-s. auch Leistungskondiktion; Nichtleistungs-kondiktion; Verfügung eines Nichtberechtigten 亦见给付型不当得利、非给付型不当得利、无权处分

BGB-Gesellschaft 民事合伙 Vor § 1 Rn. 6

-als Verbraucher 作为消费者 § 21 Rn. 2

-Haftung für Organe 为机关承担的责任 § 67 Rn. 3

Beseitigungsanspruch 排除妨害请求权 § 72 Rn. 5ff.

-Begleitschäden 附带损害 § 72 Rn. 9

-bei Persönlichkeitsrechtsverletzungen 侵害人格权 § 61 Rn. 14

-Handlungsstörer 行为妨害人 § 72 Rn. 5

-und Schadensersatz 与损害赔偿 § 72 Rn. 7f.

-Zustandsstörer 状态妨害人 § 72 Rn. 5

Bestimmung zu sexuellen Handlungen 诱使发生性行为 § 66 Rn. 12ff.

Bonität 偿付能力 § 12 Rn. 4, 12

　-s. auch Rechtskauf 亦见权利买卖

Bürgschaft 保证 § 50 Rn. 2ff.

-Akzessorietät 从属性 § 50 Rn. 5, 36, 41

-Anfechtung 撤销 § 50 Rn. 19

-auf erstes Anfordern 见索即付 § 50 Rn. 44

-auf Zeit 定期 § 50 Rn. 45

-außerhalb von Geschäftsräumen 在营业场所之外 § 50 Rn. 32f.

-Blankobürgschaft 空白保证 § 50 Rn. 23

-cessio legis 法定转移 § 50 Rn. 47

-Einrede der Vorausklage 先诉抗辩权 § 50 Rn. 6, 40

-Einwendungen des Bürgen 保证人的抗辩 § 50 Rn. 39ff.

-Erlöschen 消灭 § 50 Rn. 45

—Fernabsatzverträge 远程销售合同 § 50 Rn. 34

—Forderungsübergang, gesetzlicher 债权移转;法定的 § 50 Rn. 47

—Form 形式 § 50 Rn. 20ff.

—Formen der Bürgschaft 保证的形式 § 50 Rn. 49 ff.

—Funktion 功能 § 50 Rn. 2f.

—Globalbürgschaften 概括保证 § 50 Rn. 31

—Hauptschuld 主债务 § 50 Rn. 36f.

—Haustürgeschäft 上门交易 § 50 Rn. 32f.

—Heilung des Formmangels 形式瑕疵的治愈 § 50 Rn. 25

—Höchstbetragsbürgschaft 最高额保证 § 50 Rn. 37

—Konkurrenz 竞合 § 50 Rn. 53 ff.

—Mitbürgschaft 共同保证 § 50 Rn. 50

—Nachbürgschaft 再保证 § 50 Rn. 51

—Rechtsnatur 法律性质 § 50 Rn. 5

—Rückbürgschaft 反担保 § 50 Rn. 52

—Rückgriff 追偿 § 50 Rn. 46ff.

—selbstschuldnerische Bürgschaft 自愿的债务人保证 § 50 Rn. 40

—Sicherungsfall 担保事件 § 50 Rn. 38

—Sittenwidrigkeit 违背善良风俗 § 50 Rn. 27 ff.

—Struktur 结构 § 50 Rn. 4

—Subsidiarität 从属性 § 50 Rn. 6

—Verbraucherkredite 消费者借贷 § 50 Rn. 35

—Vollmacht 代理权 § 50 Rn. 24

—Wettlauf der Sicherungsgeber 担保人的赛跑 § 50 Rn. 53

—Widerrufsrecht 撤回权 § 50 Rn. 32ff.

—Wirksamkeit 有效性 § 50 Rn. 19ff.

Corona-Pandemie 新冠肺炎疫情

—Mietvertrag 租赁合同 § 22 Rn. 56a; § 23 Rn. 38

—Pacht 用益租赁 § 23 Rn. 38

—Pauschalreisevertrag 包价旅游合同 §36 Rn. 24
　　—Verbraucherdarlehen 消费者借贷 §21 Rn. 24a
Darlehensverträge 借贷合同 §19 Rn. 1ff.
　　—unentgeltliche 无偿的 §19 Rn. 5；§21 Rn. 35
　　—s. auch Gelddarlehen、Sachdarlehen、Verbraucherdarlehensverträge 亦见金钱借贷、物之借贷、消费者借贷合同
Darlehensvermittlungsvertrag 借贷居间合同 §37 Rn. 11ff.
　　—Auszahlung des Darlehens 贷款的支付 §37 Rn. 12
　　—Gewerbsmäßige Vermittlung 营业性居间 §37 Rn. 11
　　—Hauptvertrag 主合同 §37 Rn. 12
　　—Informationspflichten 信息提供义务 §37 Rn. 13
　　—Nebenentgelte 附加费用 §37 Rn. 14
　　—Schriftformerfordernis 书面形式的要求 §37 Rn. 13
　　—Umschuldungsdarlehen 债务重组贷款 §37 Rn. 14
　　—Verbraucherdarlehen 消费者借贷 §37 Rn. 12
　　—Widerrufsrecht 撤回权 §37 Rn. 13
Deliktsrecht s. Gefährdungshaftung，unerlaubte Handlungen 侵权法见危险责任、侵权行为
Dienstvertrag 服务合同 §28 Rn. 1ff.
　　—Abschluss 缔结 §28 Rn. 10ff.
　　—Anfechtung 撤销 §28 Rn. 15f.；§30 Rn. 2
　　—Annahmeverzug 受领迟延 §29 Rn. 37
　　—Arbeitsvertrag s. dort 劳动合同，见该处
　　—Aufhebungsvertrag 废止合同 §30 Rn. 12
　　—Aufklärungs-und Verschwiegenheitspflichten 说明与沉默义务 §29 Rn. 8
　　—außerordentliche Kündigung 特别终止 §30 Rn. 6ff.
　　—Dienstverhinderung 服务障碍 §29 Rn. 42f.
　　—Form 形式 §28 Rn. 13
　　—freie Dienstverträge 自由的服务合同 §28 Rn. 18；§29 Rn. 3

-Haftungserleichterung 责任减轻 §29 Rn. 12

-Konkurrenz-und Wettbewerbsverbote 竞业禁止禁令 §29 Rn. 9

-Kündigung zur Unzeit 在不恰当的时间终止 §30 Rn. 10

-Minderung 减少报酬 §29 Rn. 26

-ordentliche Kündigung 正常终止 §30 Rn. 4f.

-persönliche Diensterbringung 亲自提供服务 §29 Rn. 4

-Schlechtleistung 瑕疵给付 §29 Rn. 22ff.

-Schutzpflichtverletzung 违反保护义务 §29 Rn. 22

-Teilvergütung 部分报酬 §30 Rn. 10

-Tod des Dienstverpflichteten 服务义务人死亡 §30 Rn. 1

-und Werkvertrag 与承揽合同 §28 Rn. 3ff.

-Vergütungshöhe 报酬数额 §29 Rn. 29f.

-Vergütungspflicht 支付报酬义务 §28 Rn. 2; §29 Rn. 27f.

-Zeugnis 证书 §30 Rn. 11

Dieselskandal 柴油丑闻

-deliktische Haftung des Herstellers 生产者的侵权责任 §65 Rn. 9

-kaufrechtliche Gewährleistung 买卖法上的瑕疵担保 §3 Rn. 17; §4 Rn. 4

Digitale Inhalte 数字内容

-Kaufvertrag 买卖合同 §12 Rn. 20

-Richtlinie《指令》§12 Rn. 20aff.

Drittschadensliquidation 第三人损害清算 §10 Rn. 13ff.；§22 Rn. 71; §63 Rn. 2

Eigentumsvorbehalt 所有权保留 §11 Rn. 1ff.

-einfacher 简单的所有权保留 §11 Rn. 4ff.

-erweiterter 扩张的所有权保留 §11 Rn. 11ff.

-verlängerter 延长的所有权保留 §11 Rn. 13ff.

Eingriffskondition 权益侵害型不当得利 §55 Rn. 3ff.

Einwilligung s. Rechtfertigungsgründe 同意见正当化事由

Erbensucher 继承人搜寻者 §43 Rn. 12

Existenzgründer 创办人 §19 Rn. 2；§21 Rn. 37f.；§37 Rn. 12
Factoring 保理 §12 Rn. 8ff.
　　-Delkrederefunktion 保证付款功能 §12 Rn. 10
　　-echtes 真正的保理 §12 Rn. 10f.，16，18
　　-unechtes 不真正的保理 §12 Rn. 12f.，17f.
　　-Prioritätsprinzip 优先性原则 §12 Rn. 15f.
Fahrgastrechteverordnung《乘客权利条例》§74 Rn. 33
Fernabsatz 远程销售 §13 Rn. 3；§37 Rn. 4，21；§50 Rn. 32，34
Finanzierungshilfen 金融协助
　　-entgeltliche 有偿的 §21 Rn. 26ff.
　　-unentgeltliche 无偿的 §19 Rn. 5；§21 Rn. 36
Finanzierungsleasing 融资租赁 §21 Rn. 27；§24 Rn. 2
Frachtvertrag 运输合同 §32 Rn. 13
Garantie 担保 §3 Rn. 13；§4 Rn. 70ff.；§7 Rn. 1ff.；§14 Rn. 31
Gastwirtshaftung 旅店主人的责任 §47 Rn. 1ff.
Gebäude 建筑物
　　-Schäden durch Gebäude 建筑物造成的损害 §67 Rn. 23ff.
Gefährdungshaftung 危险责任 §73 Rn. 1ff.
　　-Bahn 铁路 §74 Rn. 28ff.
　　-Betriebsgefahr 运行危险 §74 Rn. 6
　　-Energieanlagen 能源设施 §74 Rn. 32
　　-Enumerationsprinzip 类型法定原则 §73 Rn. 5f.
　　-Haftpflichtgesetz《赔偿责任法》§73 Rn. 5ff.
　　-Haftungsausschlüsse 责任排除 §74 Rn. 8ff.
　　-Halter 保有人 §74 Rn. 4
　　-höhere Gewalt 不可抗力 §74 Rn. 8ff.，36
　　-Kraftfahrzeug 机动车 §74 Rn. 3
　　-Kraftfahrzeughalter, Haftung 机动车保有人;责任 §74 Rn. 1ff.
　　-Mitverschulden 与有过错 §74 Rn. 19ff.

-Schadensausgleich 损害填补 § 74 Rn. 23ff.

-Schock 惊吓 § 74 Rn. 7

-Schwarzfahrten 未得允许的驾驶 § 74 Rn. 11f.

-Schweinepanikfall 猪恐慌案 § 74 Rn. 7

-sonstige Gefährdungshaftungen 其他危险责任 § 74 Rn. 34ff.

Gelddarlehen 金钱借贷 § 19 Rn. 1ff.

  -außerordentliche Kündigung 特别终止 § 20 Rn. 21ff.

  -Begriff 概念 § 20 Rn. 1

  -Fälligkeit 到期 § 20 Rn. 16ff.

  -historische Entwicklung 历史发展 § 19 Rn. 4f.

  -Konsensualvertrag 诺成合同 § 20 Rn. 5

  -ordentliche Kündigung 正常终止 § 20 Rn. 17ff.

  -Pflichten 义务 § 20 Rn. 13ff.

  -Schutz des Darlehensnehmers 对借款人的保护 § 20 Rn. 8f.

  -Vereinbarungsdarlehen 约定借贷 § 20 Rn. 6

  -Zinsen 利息 § 20 Rn. 12

  -Zustandekommen 成立 § 20 Rn. 5ff.

  -s. auch Verbraucherdarlehensverträge 亦见消费者借贷合同

Gemeinsames Europäisches Kaufrecht 欧洲共同买卖法 § 15 Rn. 5

Gemeinschaft nach Bruchteilen 按份共有 Vor § 1 Rn. 6

gemischter Vertrag 混合合同 Vor § 1 Rn. 12f.

Gesamtschuld 连带债务

  -Bürgschaft 保证 § 50 Rn. 6,8,50f. ,55f.

  -Geschäftsführung ohne Auftrag 无因管理 § 43 Rn. 15

  -gestörte Gesamtschuld 发生障碍的连带债务 § 70 Rn. 21

  -unerlaubte Handlung 侵权行为 § 70 Rn. 14ff.

  -Regressanspruch 追偿权 § 70 Rn. 17

Geschäftsbesorgung 事务处理 § 40 Rn. 1ff.

  -Aufwendungsersatz 费用补偿 § 40 Rn. 3

- Herausgabeanspruch 返还请求权 §40 Rn. 3
- öffentlich bestellter Geschäftsbesorger 公开选任的事务处理人 §40 Rn. 4
- Substitutionsverbot 禁止转委托 §40 Rn. 4

Geschäftsführung ohne Auftrag 无因管理 §4 Rn. 28; §42 Rn. 1ff.; §72 Rn. 10
- Abschleppen als GoA 拖车作为无因管理 §43 Rn. 21
- Anzeigepflicht 通知义务 §43 Rn. 30
- auch-fremdes Geschäft 同属他人的事务 §4 Rn. 28; §43 Rn. 4f., 10ff.
- Auftrag 委托 §43 Rn. 17f.
- Aufwendungen 费用 §43 Rn. 31; §44 Rn. 8
- bei unberechtigtem Nacherfüllungsverlangen 不正当的继续履行请求 §4 Rn. 28
- berechtigte 正当的 §43 Rn. 1ff.
- Eigengeschäftsführung, irrtümliche 管理自己的事务；误认的 §45 Rn. 2
- Erbensucher 继承人搜寻者 §43 Rn. 12
- Fremdheit des Geschäfts 他人的事务 §43 Rn. 3
- Fremdgeschäftsführungswille 管理他人事务的意思 §43 Rn. 7ff.
- Gefälligkeitsverhältnis 情谊关系 §43 Rn. 12
- Genehmigung 追认 §43 Rn. 24
- Geschäftsanmaßung 假想的事务 §45 Rn. 3
- Geschäftsbesorgung 事务处理 §43 Rn. 2
- Geschäftsführer 事务管理人 §42 Rn. 3
- Geschäftsherr 本人 §42 Rn. 3
- Haftungsprivilegierung 责任优待 §43 Rn. 26f.; §44 Rn. 3f.
- Herausgabe 交还 §43 Rn. 30; §44 Rn. 9
- Interesse und Wille des Geschäftsherrn 本人的利益与意思 §43 Rn. 20ff.
- objektiv fremde Geschäfte 客观的他人事务 §43 Rn. 4, 8
- öffentlich-rechtliche Dienstpflicht 公法上的职责 §43 Rn. 5, 11
- Schadensersatzanspruch des Geschäftsherrn 本人的损害赔偿请求权 §43

Rn. 26ff. ; § 44 Rn. 1ff.

- Selbstmord 自杀 § 43 Rn. 23
- subjektiv fremde Geschäfte 主观的他人事务 § 43 Rn. 6, 9
- Übernahmeverschulden 承担方面的过错 § 44 Rn. 2
- Unbeachtlichkeit entgegenstehenden Willens 冲突的意思并不重要 § 43 Rn. 23
- unberechtigte 不当的 § 44 Rn. 1ff.
- unechte 不真正的 § 45 Rn. 1ff.
- Vergütung 报酬 § 43 Rn. 32

Geschäftsehre 商业信誉
- s. Kreditgefährdung 见危害信用

Geschäftsgrundlage 交易基础 § 8 Rn. 7

Geschlechtsehre 性别声誉 § 66 Rn. 12ff.

Gewerbebetrieb 营业经营 § 62 Rn. 1ff. ; § 66 Rn. 3, 5, 7
- betriebsbezogener Eingriff 与经营相关的侵害 § 62 Rn. 3
- Boykott 抵制 § 62 Rn. 7
- Fallgruppen 案例类型 § 62 Rn. 5ff.
- Gastronomiekritik 对餐饮业的批评 § 62 Rn. 6
- Höllenfeuer-Entscheidung 地狱之火案判决 § 62 Rn. 5
- Schutzrechtsverwarnung 法律保护警告 § 62 Rn. 8
- Stromkabel-Fall 电缆案 § 60 Rn. 12 ; § 62 Rn. 2
- Warentests 产品检测 § 62 Rn. 6

Gewinnzusagen 获奖允诺 § 38 Rn. 12ff.
- Anspruch auf Leistung 给付请求权 § 38 Rn. 13
- Briefkastenfirma 空壳公司 § 38 Rn. 17
- Gewinnmitteilung 获奖通知 § 38 Rn. 14f.
- Preis 奖项 § 38 Rn. 15
- Zusendung der Mitteilung 寄送通知 § 38 Rn. 16f.

Girokarte 结算卡 § 40 Rn. 8, 11f.

Girovertrag 结算合同 §40 Rn. 7

Globalzession 概括让与 §11 Rn. 15；§12 Rn. 16

   —s. auch Eigentumsvorbehalt 亦见所有权保留

Haftung für vermutetes Verschulden 过错推定责任 §67 Rn. 1ff.

   —Aufsichtspflichtiger 监督义务人 §67 Rn. 16ff.

   —Schäden durch Gebäude 因建筑物造成的损害 §67 Rn. 23ff.

   —Verrichtungsgehilfen 事物辅助人 §67 Rn. 2ff.

   —s. auch Gefährdungshaftung, 亦见危险责任

unerlaubte Handlungen 侵权责任 §67 Rn. 1, 8

Haftung für Tiere 为动物承担的责任 §68 Rn. 1ff.

   —Exkulpation 免责 §68 Rn. 9

   —Handeln auf eigene Gefahr 自甘冒险行为 §68 Rn. 5

   —Halter 保有人 §68 Rn. 6

   —Kausalität 因果关系 §68 Rn. 4f.

   —Luxustiere 奢侈动物 §68 Rn. 2ff.

   —Nutztiere 用益动物 §68 Rn. 7f.

   —Schutzzweckzusammenhang 保护目的关联性 §68 Rn. 4f.

   —Tier 动物 §68 Rn. 2

   —Tieraufseher 动物看管人 §68 Rn. 10

Handeln auf eigene Gefahr 自甘冒险行为 §59 Rn. 17

Haustürgeschäft s. außerhalb von Geschäftsräumen geschlossene Verträge 上门交易 见在经营场所之外缔结的合同

Heiratsvermittlung 婚姻居间 §37 Rn. 21

Höhere Gewalt 不可抗力 §74 Rn. 8ff. , 36

Immobiliar-Verbraucherdarlehensverträge 不动产-消费者借贷合同 §19 Rn. 2; §21 Rn. 2ff. , 12ff. , 23ff.

   —Bedenkzeit 考虑时间 §21 Rn. 11

   —Beratungsleistungen 咨询给付 §21 Rn. 13

Internationale Kaufverträge 国际买卖合同 §15 Rn. 1ff.
-UN-Kaufrecht《联合国国际货物销售合同公约》§15 Rn. 3ff.
Jagd- und Wildschäden 狩猎与野生动物造成的损害 §68 Rn. 11
Kauf auf Probe 试用买卖 §13 Rn. 1ff.
Kauf nach Probe 试用后买卖 §13 Rn. 5
Kaufvertrag 买卖合同 §1 Rn. 1ff.
　-Aufwendungen, vergebliche 费用,无益的 §4 Rn. 75ff.
　-Ausschluss der Gewährleistung 瑕疵担保的排除 §5 Rn. 1ff.
　-Beschaffenheit 属性 §3 Rn. 3ff.
　-Beschaffenheitsgarantie 属性担保 §7 Rn. 1ff.
　-Beschaffenheitsvereinbarungen 属性约定 §3 Rn. 12ff.
　-behebbare Mängel 可消除的瑕疵 §4 Rn. 30ff., 56ff.
　-Einbaufälle 安装案例 §4 Rn. 6ff.
　-Ersatzlieferung 换货 §4 Rn. 4
　-Falschlieferung 错误给付 §3 Rn. 35ff.
　-Fristsetzung 设定时间 §4 Rn. 31ff.
　-Garantie 担保 §4 Rn. 70ff.; §7 Rn. 1ff.
　-Gefahrtragung 风险承担 §10 Rn. 1ff.
　-Gefahrübergang 风险转移 §3 Rn. 23ff.
　-gewöhnliche Verwendung der Kaufsache 买卖物的通常用途 §3 Rn. 16f.
　-Haftungsausschluss 责任排除 §5 Rn. 6ff.; §14 Rn. 10
　-Haltbarkeitsgarantie 保质期担保 §7 Rn. 1ff.
　-IKEA-Klausel 宜家条款 §3 Rn. 28
　-Mängelbeseitigungskosten, fiktive 消除瑕疵的费用;假设的 §4 Rn. 63
　-Mängeleinrede 瑕疵抗辩 §4 Rn. 78ff.
　-Mangelfolgeschäden 瑕疵后果损害 §4 Rn. 65ff.
　-Minderlieferung 给付不足量 §3 Rn. 35ff.
　-Minderung 减价 §4 Rn. 49ff.
　-Montageanleitung 安装说明 §3 Rn. 28ff.

-Montagefehler 安装瑕疵 §3 Rn. 25ff.

-Nachbesserung 修理 §4 Rn. 4

-Nacherfüllung 继续履行 §4 Rn. 3ff.

-Nacherfüllungskosten, Ersatz 继续履行费用,赔偿 §4 Rn. 5

-Nachlieferung 逾期交付 §4 Rn. 4

-Nutzungsausfallschaden 无法使用的损害 §4 Rn. 69

-Pflichten des Käufers 买受人的义务 §2 Rn. 4ff.

-Pflichten des Verkäufers 出卖人的义务 §2 Rn. 1ff.

-Pflichtverletzungen des Käufers 买受人的义务违反 §2 Rn. 11f.

-Pflichtverletzungen des Verkäufers 出卖人的义务违反 §2 Rn. 8ff.

-Recht zur zweiten Andienung 第二次提供的权利 §4 Rn. 1

-Rechtsmangel 权利瑕疵 §3 Rn. 46ff.

-Rückgriff gegen den Lieferanten 对供货商的追偿 §9 Rn. 1ff.

-Rücktritt 解除 §4 Rn. 29ff.

-Sachmangel 物之瑕疵 §3 Rn. 2ff.

-Schadensersatz 损害赔偿 §4 Rn. 52ff.

-Schadensersatzstatt der Leistung 替代给付的损害赔偿 §4 Rn. 55ff.

-Selbstvornahme 自行消除瑕疵 §4 Rn. 25f.

-unbehebbare Mängel 不可消除的瑕疵 §4 Rn. 36f. ,60ff.

-Verbrauchsgüterkauf s. dort 消费品买卖见该处

-vertraglich vorausgesetzte Verwendung 合同预定的用途 §3 Rn. 15

-Verzögerungsschaden 迟延损害 §4 Rn. 68

-Verjährung 消灭时效 §6 Rn. 1ff.

-Vorschuss 预付费用 §4 Rn. 5, 9, 24; §14 Rn. 13

-Werbung 广告 §3 Rn. 18ff.

-Zustandekommen 成立 §1 Rn. 9

-Zuvielleistung 给付过量 §3 Rn. 45

Kommissionsgeschäft 委托业务 §32 Rn. 13; §55 Rn. 20

Kreditauftrag 委托贷款 §50 Rn. 13f.

Kreditgefährdung 危害信用
 -berechtigtes Interesse 正当利益 §66 Rn. 9ff.
 -unwahre Tatsachenbehauptung 不实的事实主张 §66 Rn. 4f.
Kreditkarte 信用卡 §40 Rn. 8
 -Missbrauch 滥用 §40 Rn. 11f.
Kreditwürdigkeit, Prüfungspflicht 信用状况；检验义务 §21 Rn. 25
Kontokorrentvorbehalt 往来账户保留 §11 Rn. 11
Konzernvorbehalt 康采恩式保留 §11 Rn. 12
Leasing 商业租赁 §1 Rn. 13；§24 Rn. 1ff.
 -Abtretungskonstruktion 让与的构造 §24 Rn. 5f.
 -Arten 种类 §24 Rn. 1ff.
 -Dreipersonenverhältnis 三人关系 §24 Rn. 4
 -Einwendungsdurchgriff 抗辩接续 §24 Rn. 7
 -Finanzierungsleasings. dort 融资租赁见该处
 -Operatingleasing 经营租赁 §24 Rn. 1, 3
 -Umgehungsgeschäft 规避行为 §24 Rn. 6
 -verbundene Verträge 关联合同 §24 Rn. 7
 -Wegfall der Geschäftsgrundlage 交易基础丧失 §24 Rn. 8
Leibrente 终身定期金合同 §48 Rn. 1ff.
 -abstrakter Bestellungsvertrag 抽象的设立合同 §48 Rn. 4
 -Dauerschuldverhältnis 继续性债务关系 §48 Rn. 5
 -Rechtsnatur 法律性质 §48 Rn. 3ff.
 -Schriftform 书面形式 §48 Rn. 4
 -Stammrecht 源权利 §48 Rn. 3ff.
 -Störung der Geschäftsgrundlage 交易基础发生障碍 §48 Rn. 5
Leihe 使用借贷 §26 Rn. 1ff.
 -Beendigung 终结 §26 Rn. 6
 -Gebrauchsgestattung 许可使用 §26 Rn. 2
 -Haftungsausschluss 责任排除 §26 Rn. 3

-Haftungsprivilegierungen 责任优待 §26 Rn. 3
-Handleihe 现场借贷 §26 Rn. 2
-Leihversprechen 借贷允诺 §26 Rn. 2
-Rückgabepflicht 返还义务 §26 Rn. 4
-Verjährung 消灭时效 §26 Rn. 5
Leistung an Nichtberechtigten 向无权之人给付 §55 Rn. 30f.
Leistungskondiktion 给付型不当得利 §54 Rn. 1ff.
 -Ausschlussgründe 排除事由 §54 Rn. 21ff. ,25,32,36ff.
 -Bereicherungsgegenstand 得利的客体 §54 Rn. 3ff.
 -condictio indebiti 非债清偿的不当得利返还 §54 Rn. 2ff.
 -condictio ob causam finitam 目的落空的不当得利返还 §54 Rn. 25；§56 Rn. 19
 -condictio ob rem 目的不达的不当得利返还 §54 Rn. 26ff.
 -condictio ob turpem vel iniustam causam 不法原因的不当得利返还 §54 Rn. 33ff.
 -Erfüllung trotz dauernder Einrede 尽管存有持续性抗辩权仍为履行 §54 Rn. 19f.
 -Fehlen des rechtlichen Grundes 缺少法律原因 §54 Rn. 17ff.
 -Flugreisefall 飞机旅行案 §54 Rn. 5,13；§56 Rn. 5,9,16,20
 -Generalprävention 普遍预防 §54 Rn. 37
 -Leistungsbegriff 给付概念 §54 Rn. 7ff.
 -objektive Rechtsgrundtheorie 客观的法律原因理论 §54 Rn. 15
 -subjektive Rechtsgrundtheorie 主观的法律原因理论 §54 Rn. 15f.
 -Zweckrichtung 目的方向 §54 Rn. 8
Maklervertrag 居间合同 §37 Rn. 1ff.
 -Alleinauftrag 独家委托 §37 Rn. 10
 -Aufwendungen 费用 §37 Rn. 8
 -Doppelmakler 双重居间人 §37 Rn. 6
 -Doppeltätigkeit, unerlaubte 不被允许的双重工作 §37 Rn. 6

-erfolgsunabhängiger Maklerlohn 不取决于成果的居间人报酬 § 37 Rn. 7

-Form 形式 § 37 Rn. 4

-Handelsmakler 商事居间人 § 37 Rn. 1

-Hauptvertrag 主合同 § 37 Rn. 5f.

-Nebenpflichten des Maklers 居间人的附随义务 § 37 Rn. 9

-Provision 佣金 § 37 Rn. 2,5ff.

-Schadensersatzanspruch 损害赔偿请求权 § 37 Rn. 9

-Tätigkeitspflicht 从事工作的义务 § 37 Rn. 10

-Vergütungsvereinbarung 报酬约定 § 37 Rn. 3

-Vorkenntnis des Auftraggebers 委托人的事先知悉 § 37 Rn. 7

-Wohnungsvermittlung 房屋居间 § 22 Rn. 5；§ 37 Rn. 15

Mehrheit von Schädigern 多数加害人 § 70 Rn. 1ff.

-alternative Kausalität 替代因果关系 § 70 Rn. 4

-Anstifter 教唆犯 § 70 Rn. 6

-Beteiligung 共同危险行为 § 70 Rn. 8

-Beweislastumkehr 证明责任倒置 § 70 Rn. 11

-Exzesstat 逾越行为 § 70 Rn. 7

-Gehilfe 帮助犯 § 70 Rn. 6

-kumulative Kausalität 累积因果关系 § 70 Rn. 10

-Mittäter und Beteiligte 共同加害人与共同危险人 § 70 Rn. 3

-Mittäterschaft und Teilnahme 共同加害与共同危险行为 § 70 Rn. 5ff.

-Nebentäterschaft 并发的侵权行为 § 70 Rn. 4,7

-s. auch Gesamtschuldnerschaft 亦见连带债务

Mietpreisbremse 租金刹车 § 22 Rn. 5,59a

Mietpreisdeckel 租金上限 § 22 Rn. 59b

Mietrechtsänderungsgesetz 2013《2013 年租赁法变更法》§ 22 Rn. 4, 34; § 23 Rn. 4, 43

Mietrechtsreform 租赁法改革 § 22 Rn. 3

Mietvertrag 使用租赁合同 § 22 Rn. 2ff.

-Abschluss 缔结 §22 Rn. 11

-Anfechtung wegen Eigenschaftsirrtums 因性质错误而撤销 §22 Rn. 51

-Aufklärungspflicht des Vermieters 出租人的说明义务 §22 Rn. 19

-Aufwendungsersatz 费用赔偿 §22 Rn. 38f.

-außerordentliche Kündigung 特别终止 §22 Rn. 78ff.；§23 Rn. 37ff.

-Ausschluss der Haftung 责任排除 §22 Rn. 43ff.

-Beseitigungsanspruch 排除请求权 §22 Rn. 64

-Dauerschuldverhältnis 继续性债务关系 §22 Rn. 1, 40

-Duldungspflicht 容忍义务 §22 Rn. 20

-Eigenbedarf 个人需要 §23 Rn. 32

-Einrede des nicht erfüllten Vertrages 同时履行抗辩权 §22 Rn. 32, 52

-energetische Modernisierung 能源现代化 §22 Rn. 4, 34

-Fälligkeit der Miete 租金到期 §22 Rn. 60

-Form 形式 §22 Rn. 11a；§23 Rn. 2

-fristlose Kündigung 随时终止 §22 Rn. 40f.；§23 Rn. 37ff.

-Gebrauchserhaltung 获得使用 §22 Rn. 14

-Gebrauchsgewährung 提供使用 §22 Rn. 13

-Gebrauchsüberlassung 转让使用 §22 Rn. 14f.

-Gleichbehandlung 平等对待 §22 Rn. 12

-Indexmiete 指数租金 §22 Rn. 59c

-Instandhaltung 修缮 §22 Rn. 16

-Kappungsgrenze 截断界限 §22 Rn. 4, 59c

-»Kauf bricht nicht Miete« 买卖不破租赁 §23 Rn. 21ff.

-Kaution 押金 §23 Rn. 3f.

-Konkurrenzschutz 竞业保护 §22 Rn. 17, 24

-Kündigungsfristen 终止期间 §23 Rn. 35f.

-Kündigungsschutz 终止保护 §23 Rn. 29ff.

-Mängelbeseitigung durch den Mieter 承租人实施的消除瑕疵 §22 Rn. 38

-Mangelfolgeschaden 瑕疵后果损害 §22 Rn. 36

-Miethöhe 租金的数额 §22 Rn. 5, 59ff.
-Mietsicherheiten 租赁担保 §23 Rn. 3
-Mietzahlung 租金支付 §22 Rn. 58ff.
-Minderung 减少租金 §22 Rn. 33
-Nebenleistungspflichten 从给付义务 §22 Rn. 18
-Nutzungsentschädigung 用益赔偿 §22 Rn. 71
-Obhuts- und Sorgfaltspflichten 保护与注意义务 §22 Rn. 61
-ordentliche Kündigung 正常终止 §22 Rn. 77; §23 Rn. 32ff.
-Parabolantenne 抛物面天线 §22 Rn. 14, 64
-Rechtsmangel 权利瑕疵 §22 Rn. 26ff.
-Rückgabepflicht 返还义务 §22 Rn. 69f.
-Sachmangel 物之瑕疵 §22 Rn. 23ff.
-Schadensersatz 损害赔偿 §22 Rn. 35ff.
-Schönheitsreparaturen 外观修缮 §22 Rn. 16, 49, 67f.
-Schuldrechtsreform 债法改革 §22 Rn. 4
-Schutz der Angehörigen 对家属的保护 §23 Rn. 18ff.
-Schutzpflichten 保护义务 §22 Rn. 19
-Staffelmiete 阶梯式租金 §22 Rn. 59c
-Störung der Geschäftsgrundlage 交易基础丧失 §22 Rn. 56f.
-Systematik 体系 §22 Rn. 6
-Unmöglichkeit 给付不能 §22 Rn. 53
-Verjährung 消灭时效 §22 Rn. 48ff.,72ff.
-Vermieterpfandrecht 出租人的留置权 §23 Rn. 5ff.
-Verschulden bei Vertragsverhandlungen 合同磋商中的过错 §22 Rn. 19, 55
-Vertrag mit Schutzwirkung für Dritte 附保护第三任作用的合同 §22 Rn. 37, 71
-vertragsgemäßer Gebrauch 依约使用 §22 Rn. 62ff.
-Verwertungskündigung 终止利用 §23 Rn. 33

-Verzug des Mieters 承租人迟延 §22 Rn. 60；§23 Rn. 32,38
-Vorausverfügungen 预先处分 §23 Rn. 27
-Wegnahmerecht 取走权 §22 Rn. 20
-Widerrufsrecht 撤回权 §22 Rn. 11a
-Widerspruchsrecht des Mieters 承租人的异议权 §23 Rn. 40ff.
-Wohnraummiete 住房租赁 §23 Rn. 1ff.
-zugesicherte Eigenschaft 所保证的品质 §22 Rn. 28f.
-s. auch Mietpreisbremse，Mietpreisdeckel 亦见租金管制、租金上限
Missbrauch von Zahlungskarten 支付卡滥用 §40 Rn. 11
Mitverschulden 与有过失 §59 Rn. 17, 23, 26f.；§60 Rn. 37；§71 Rn. 16；§74 Rn. 19ff.
Mobbing 霸凌 §29 Rn. 33
Nacherfüllung 继续履行 §4 Rn. 3ff.
　-Ausbau und Einbau 拆卸与安装 §4 Rn. 6ff.
　-Erfüllungsort 履行地 §4 Rn. 24
　-Grenzen 区分 §4 Rn. 16ff.
　-Reichweite 射程 §4 Rn. 9ff.
　-Selbstvornahme 自行消除瑕疵 §4 Rn. 25f.
　- Unberechtigtes Nacherfüllungsverlangen 不当的继续履行请求 §4 Rn. 27f.
　-Unmöglichkeit 给付不能 §4 Rn. 16
　-Unverhältnismäßigkeit 显失比例 §4 Rn. 17ff.
　-Werkvertrag 承揽合同 §34 Rn. 10ff.
Naturalobligation 自然债务 §37 Rn. 21；§49 Rn. 2
Nichtleistungskondiktionen 非给付型不当得利请求权 §55 Rn. 1ff.
　-Doppelkondiktion 双重不当得利请求权 §55 Rn. 29
　-Durchgriffskondiktion 直索型不当得利请求权 §55 Rn. 32ff.
　-Rechtswidrigkeitstheorie 违法性理论 §55 Rn. 6
　-Subsidiarität 从属性 §55 Rn. 2

-Tilgungsbestimmung 清偿意思 §55 Rn. 44f.
-Verwendungskondiktion 费用支出型不当得利请求权 §55 Rn. 37ff.
-Zuweisungstheorie 权益归属说 §55 Rn. 6,8
-s. auch Eingriffskondiktion, Leistung an Nichtberechtigten, Rückgriffskondiktion, Verfügung eines Nichtberechtigten 亦见权益侵害型不当得利请求权、向无权之人作出给付、追偿型不当得利请求权、无权处分

Online-Banking 网上银行 §40 Rn. 8
Operatingleasing 经营租赁 §24 Rn. 1, 3
Organisationsverschulden 组织过错 §67 Rn. 13；§69 Rn. 18
Pacht 用益租赁 §25 Rn. 1ff.
 -Ausbesserungspflicht 修缮义务 §25 Rn. 9
 -Beendigung 终结 §25 Rn. 8
 -Begriff 概念 §25 Rn. 2
 -Dauerschuldverhältnis 继续性债务关系 §25 Rn. 2
 -Gebrauchsgewährung 提供使用 §25 Rn. 4
 -gesetzliches Pfandrecht 法定留置权 §25 Rn. 7
 -Gewährleistung 瑕疵担保 §25 Rn. 4,9
 -Inventar 附属物 §25 Rn. 4
 -Landpacht 农地用益租赁 §25 Rn. 9
 -Nebenpflichten 附随义务 §25 Rn. 5
 -Unterverpachtung 用益转租 §25 Rn. 8
 -Zahlung des Pachtzinses 支付用益租金 §25 Rn. 6
Partnervermittlung 伴侣关系居间 §37 Rn. 21
Patientenrechtegesetz《患者权利法》§31 Rn. 1ff.；§59 Rn. 15
Patientenverfügung 患者处分 §31 Rn. 14
Patronatserklärung 保护人声明 §50 Rn. 15ff.
Pauschalreisevertrag 包价旅游合同 §36 Rn. 1ff.
 -Abgrenzung 界定 §36 Rn. 5ff.
 -Abhilfe 救济 §36 Rn. 31ff.

-Anrechnung 抵销 §36 Rn. 49

-Aufwendungen, vergebliche 费用；徒劳的 §36 Rn. 45

-Ausschlussfrist 除斥期间 §36 Rn. 46

-Begriff 概念 §36 Rn. 3

-Beistandspflicht 救援义务 §36 Rn. 20

-Buchungsfehler 预订错误 §36 Rn. 9

-Corona-Pandemie 新冠疫情 §36 Rn. 24

-Entschädigung 补偿 §36 Rn. 41ff.

-Ersatzleistungen 替代给付 §36 Rn. 33

-Ersetzungsbefugnis 替换权 §36 Rn. 25

-Familienreisen 家庭旅游 §36 Rn. 16

-Fluggastrechte 航空旅客权 §36 Rn. 49

-Frankfurter Tabelle 法兰克福旅游价款减价表格 §36 Rn. 36

-Gastschulaufenthalte 寄宿留学 §36 Rn. 6

-Geschäftsreisen 商业旅游 §36 Rn. 4, 19

-Haftungsbeschränkung 责任限制 §36 Rn. 48

-Höhere Gewalt 不可抗力 §36 Rn. 24

-Informationspflichten 信息提供义务 §36 Rn. 9, 18, 20

-Insolvenzsicherung 破产担保 §36 Rn. 53f.

-Kündigung 终止 §36 Rn. 38ff.

-Leistungserbringer 给付承担者 §36 Rn. 11

-Mängelanzeige 瑕疵告知 §36 Rn. 35, 42

-Mängelrechte 瑕疵权利 §36 Rn. 31ff.

-Minderung 减价 §36 Rn. 35ff.

-Online-Buchungen 网上预订 §36 Rn. 4, 7

-Pflichten des Reisenden 旅游者的义务 §36 Rn. 21

-Pauschalreise 包价旅游 §36 Rn. 3ff.

-Pauschalreiserichtlinien 关于包价旅游的指令 §36 Rn. 2

-Pflichten des Reiseveranstalters 旅游组织者的义务 §36 Rn. 20

-Reisebüro 旅行社 §36 Rn. 8f.

-Reiseleistungen 旅游给付 §36 Rn. 3ff.

-Reisemangel 旅游活动瑕疵 §36 Rn. 27ff.

-Reisender 旅行者 §36 Rn. 14ff.

-Reiseveranstalter 旅游组织者 §36 Rn. 7ff.

-Reisevermittler 旅游居间 §36 Rn. 9

-Rücktrittsrecht 解除权 §36 Rn. 23f.

-Schadensersatz 损害赔偿 §36 Rn. 41ff.

-Unmöglichkeit 给付不能 §36 Rn. 50f.

-unvermeidbare, außergewöhnliche Ereignisse 不可避免的、异常的事件 §36 Rn. 24,34,41

-verbundene Reiseleistungen 关联旅游给付 §36 Rn. 9f.

-Verjährung 消灭时效 §36 Rn. 47

-Vermittlerklauseln 居间条款 §36 Rn. 8

-Vertragsänderungen 合同变更 §36 Rn. 22

-Vertragsübertragung 合同转让 §36 Rn. 25

-Vertrag zugunsten Dritter 利益第三人合同 §36 Rn. 12f. ,16,54

-Widerrufsrecht 撤回权 §36 Rn. 19

-Vermittlerklauseln 居间条款 §36 Rn. 8

Personen der Zeitgeschichte 当代历史人物 §61 Rn. 7ff.

Pfandrecht 留置权

-des Gastwirts 旅店主人的 §47 Rn. 7

-des Vermieters 出租人的 §23 Rn. 5ff.

-des Werkunternehmers 承揽人的 §33 Rn. 32ff.

-gutgläubiger Erwerb 善意取得 §23 Rn. 8f. ; §33 Rn. 33

Preisausschreiben 优等悬赏广告 §38 Rn. 9ff.

-Bewerbung 申请 §38 Rn. 10

-Los 抽签 §38 Rn. 11

-Preisrichter 奖项评委 §38 Rn. 11

-unechte Preisausschreiben 不真正的优等悬赏广告 §38 Rn. 10
Produkthaftung 产品责任 §63 Rn. 1ff.
　　-Ausreißer 次品 §63 Rn. 11
　　-Befundsicherungspflicht 结果确保义务 §63 Rn. 5, 19
　　-Beweislastumkehr 证明责任倒置 §63 Rn. 3ff.
　　-Drittschadensliquidation 第三人损害清算 §63 Rn. 2
　　-Entwicklungsfehler 发展缺陷 §63 Rn. 10
　　-Fabrikationsfehler 生产缺陷 §63 Rn. 11, 16
　　-Fallgruppen 案例类型 §63 Rn. 9ff.
　　-Hühnerpest-Entscheidung 鸡瘟案判决 §63 Rn. 3, 11, 15
　　-Instruktionsfehler §63 Rn. 12, 16 指示缺陷
　　-Konstruktionsfehler 设计缺陷 §63 Rn. 9, 16
　　-Produktbeobachtungspflicht 产品观察义务 §63 Rn. 13, 16
　　-Sprudelflaschen-Fälle 矿泉水瓶案 §63 Rn. 5, 11, 19
　　-Verkehrspflicht 交往义务 §63 Rn. 6ff.
　　-Vertrag mit Schutzwirkung für Dritte 附保护第三人作用的合同 §63 Rn. 2
Produkthaftungsgesetz《产品责任法》§63 Rn. 14ff.
　　-Ausschlussgründe 排除事由 §63 Rn. 19
　　-Entwicklungsrisiko 发展风险 §63 Rn. 19
　　-Haftungsumfang 责任范围 §63 Rn. 20ff.
　　-Haftungsvoraussetzungen 责任构成要件 §63 Rn. 14ff.
Produktsicherheitsgesetz《产品安全法》§63 Rn. 22
Prostitution 卖淫 §28 Rn. 17
Rahmenrechte 框架权利 §61 Rn. 5; §62 Rn. 4
Ratenlieferungsverträge 分期供给合同 §21 Rn. 33f.
Rechtfertigungsgründe 正当化事由 §59 Rn. 14ff.
　　-Einwilligung 同意 §31 Rn. 12ff.; §59 Rn. 15
　　-mutmaßliche Einwilligung 可推知的同意 §31 Rn. 16; §59 Rn. 16

-verkehrsrichtiges Verhalten 符合交往要求的行为 §59 Rn. 18f.

Rechtskauf 权利买卖 §12 Rn. 2ff.

 -Rechtsmangel 权利瑕疵 §12 Rn. 4

Reisevertrag s. Pauschalreisevertrag Restschuldversicherung 旅游合同见包价旅游合同 §21 Rn. 15

Rückerwerb vom Nichtberechtigten 从无权利人处回复所有权 §55 Rn. 29

Rückgriffskondiktion 求偿型不当得利请求权 §55 Rn. 41ff.；§72 Rn. 10

 -Tilgungsbestimmung 清偿意思 §55 Rn. 44

 -Zahlung fremder Schulden 清偿他人债务 §55 Rn. 42f.

Sachdarlehen 物之消费借贷 §27 Rn. 1ff.

 -Begriff 概念 §27 Rn. 2

 -Fälligkeit 到期 §27 Rn. 7

 -Rückerstattungspflicht 偿还义务 §27 Rn. 5

 -Überlassungspflicht 转让义务 §27 Rn. 4

 -Zustandekommen 成立 §27 Rn. 3

Sachverständigenhaftung 鉴定人责任 §69 Rn. 25ff.

 -gerichtlicher Sachverständiger 司法鉴定人 §69 Rn. 27

 -Haftungsausschluss 责任排除 §69 Rn. 31

 -unrichtiges Gutachten 错误的鉴定书 §69 Rn. 28

 -Verschulden 过错 §69 Rn. 29

 -Schaden 损害 §69 Rn. 30ff.

 -Zeuge 证人 §69 Rn. 27

Schenkung 赠予 §18 Rn. 1ff.

 -dogmatische Einordnung 教义学上的归类 §18 Rn. 6

 -Einrede des Notbedarfs 紧急需要抗辩权 §18 Rn. 18ff.

 -gemischte 混合的 §18 Rn. 27ff.

 -grober Undank 严重的忘恩负义 §18 Rn. 22

 -Haftungsmilderung 责任减轻 §18 Rn. 11ff.

 -Handschenkung 实物赠与 §18 Rn. 2ff.

-Rückforderung 返还请求 §18 Rn. 20f.
-Schenkungsversprechen 赠与允诺 §18 Rn. 7ff.
-unter Auflage 附负担 §18 Rn. 24ff.
-Widerruf 撤回 §18 Rn. 22f.
-Zuwendung 给与 §18 Rn. 2ff.

Schuldanerkenntnis 债务承认 §52 Rn. 1ff.
-Abstraktheit 抽象性 §52 Rn. 3ff.
-Anerkenntnis am Unfallort 事故现场的承认 §52 Rn. 11ff.
-Anerkenntnis ohne Vertragscharakter 无合同特征的承认 §52 Rn. 10
-kausales Schuldanerkenntnis 有因的债务承认 §52 Rn. 7f.
-Rechtsnatur 法律性质 §52 Rn. 1
-Schriftform 书面形式 §52 Rn. 6

Schuldversprechen 债务允诺 §52 Rn. 1ff.
-s. auch Schuldanerkenntnis 亦见债务承认

Schutzgesetz 保护性法律 §64 Rn. 1ff.
-Begriff 概念 §64 Rn. 4f.
-Funktionen 功能 §64 Rn. 1ff.
-Rechtswidrigkeit 违法性 §64 Rn. 8
-Schutzbereich 保护范围 §64 Rn. 6f.
-Verschulden 过错 §64 Rn. 9

Schwarzarbeit 非法劳动 §33 Rn. 2；§54 Rn. 42

Selbstaufopferung im Straßenverkehr 道路交通中的自甘牺牲 §43 Rn. 16

Share deal 股权买卖 §12 Rn. 25
-s. auch Unternehmenskauf 亦见企业买卖

Sittenwidrige Schädigung 违反善良风俗的侵害 §65 Rn. 1ff.
-Fallgruppen 案例类型 §65 Rn. 9ff.
-fehlerhafte Auskünfte und Gutachten 有瑕疵的咨询或鉴定书 §65 Rn. 11
-Funktion 功能 §65 Rn. 1
-Gläubigerbenachteiligung 歧视债权人 §65 Rn. 13

-Gläubigergefährdung 危害债权人 § 65 Rn. 13
-grob illoyales Verhalten 严重失信行为 § 65 Rn. 9
-Insolvenzverschleppung 迟延破产 § 65 Rn. 13
- Missbrauch formaler Rechtspositionen 滥用形式上的法律地位 § 65 Rn. 14
-Monopolstellung 垄断地位 § 65 Rn. 14
-Sittenwidrigkeit 违反善良风俗 § 65 Rn. 3ff.
-Verhältnis zu 138 与第 138 条的关系 § 65 Rn. 6
-Verleiten zum Vertragsbruch 引诱违反合同 § 65 Rn. 10
-Verletzung ehelicher Pflichten 违反婚姻中的义务 § 65 Rn. 16

Speditionsvertrag 运输合同 § 32 Rn. 13

Spiel und Wette 赌博与博彩 § 49 Rn. 1ff.
-Lotterie und Ausspielungsvertrag 乐透与抽奖合同 § 49 Rn. 6ff.
-Naturalobligation 自然债务 § 49 Rn. 2
-Nichtklagbarkeit 不可诉 § 49 Rn. 8
-Rückabwicklung 请求返还 § 49 Rn. 8
-Sportwetten 体育博彩 § 49 Rn. 7
-staatliches Wettmonopol 博彩业的国家垄断 § 49 Rn. 6

Tausch 互易 § 16 Rn. 1ff.

Teilzahlungsdarlehen 分期付款借贷 § 21 Rn. 23

Teilzahlungsgeschäfte 分期付款交易 § 19 Rn. 6；§ 21 Rn. 29ff.

Teilzahlungskauf 分期付款买卖 § 11 Rn. 6

Teilzeit-Wohnrechteverträge 分时居住权合同 § 17 Rn. 1ff.
-Begriff und Rechtsnatur 概念与法律性质 § 17 Rn. 3ff.
-dingliches Timesharing 物权上的分时享用 § 17 Rn. 4
-langfristige Urlaubsprodukte 长期度假产品 § 17 Rn. 5
-mitgliedschaftliches Timesharing 成员的分时享用 § 17 Rn. 4
-schuldrechtliches Timesharing 债法上的分时享用 § 17 Rn. 4
-Verbraucherschutz 消费者保护 § 17 Rn. 67ff.

-Widerrufsrecht 撤回权 §17 Rn.9
Tierhalterhaftung 动物保有人责任 §68 Rn.1ff.
　-s. auch Haftung für Tiere 亦见为动物承担的责任
Überweisung 转账 §19 Rn.6；§40 Rn.6f.，9f.；§52 Rn.2；§54 Rn.11；§57 Rn.8ff.
Überziehungskredit 透支贷款 §20 Rn.5；§21 Rn.10, 26
Unbenannte Zuwendung 未具名的增益 §18 Rn.23
Unerlaubte Handlungen 侵权行为 §58 Rn.1ff.
　-Adäquanztheorie 相当因果关系说 §60 Rn.31
　-Äquivalenztheorie 条件说 §60 Rn.30
　-ärztlicher Heileingriff 医生的治疗侵害 §60 Rn.3
　-Beerdigungskosten 丧葬费 §71 Rn.10
　-Besitz 占有 §60 Rn.18ff.
　-Billigkeitshaftung 公平责任 §59 Rn.25f.
　-Ehe 婚姻 §60 Rn.22
　-Eigentum 所有权 §60 Rn.9ff.
　-eigentumsähnliche Rechte 类似所有权的权利 §60 Rn.17
　-elterliche Sorge 父母的照管 §60 Rn.21
　-entgangene Dienste 丧失的劳务 §71 Rn.13ff.
　-Entschuldigungsgründe 免责事由 §59 Rn.27
　-Erfolgsunrecht 结果不法 §59 Rn.3
　-Freiheit 自由 §60 Rn.8
　-Funktionen des Haftungsrechts 责任法的功能 §58 Rn.2
　-Garantenstellung 担保人地位 §60 Rn.25
　-Gesamtschuldnerschaft s. dort 连带责任，见该处
　-haftungsausfüllende Kausalität 责任范围的因果关系 §60 Rn.36
　-haftungsbegründende Kausalität 责任成立的因果关系 §60 Rn.30ff.
　-Haftungsausschluss 责任排除 §60 Rn.37
　-Handlung 行为 §60 Rn.23f.

—Handlungsunrecht 行为不法 §59 Rn. 3

—Herausforderungsfälle 挑起的案件 §60 Rn. 31

—Hinterbliebenengeld 遗属金 §63 Rn. 20, 25；§71 Rn. 12ff.；§74 Rn. 15, 33, 37

—Körper und Gesundheit 身体和健康 §60 Rn. 3ff.

—Leben 生命 §60 Rn. 2

—mittelbar Geschädigte 间接受害人 §71 Rn. 8ff.

—Persönlichkeitsrechte 人格权 §60 Rn. 20

—Produktionsschäden 产品损害 §60 Rn. 15；§63 Rn. 8

—Rechtsfolgen 法律后果 §60 Rn. 38

—Rechtsgutsverletzung 权益侵害 §60 Rn. 1ff.

—Rechtswidrigkeit 违法性 §59 Rn. 2；§60 Rn. 32

—Sachschäden 物之损害 §71 Rn. 17f.

—Schaden 损害 §60 Rn. 35

—Schmerzensgeld 慰抚金 §71 Rn. 5ff.

—Schockschaden 惊吓损害 §60 Rn. 7, 27；§71 Rn. 12

—Schuld 债务 §59 Rn. 20ff.

—Schutzzweck der Norm 规范的保护目的 §60 Rn. 31

—Systematik 体系 §58 Rn. 7

—Tatbestandsaufbau 要件事实构成 §59 Rn. 1

—Tatbestandsmäßigkeit 构成要件该当性 §59 Rn. 2

—Überblick 概览 §58 Rn. 1

—Unterhaltsschaden 生活费损害 §71 Rn. 11

—Unterlassungen 不作为 §59 Rn. 3ff.；§60 Rn. 25ff.

—Verjährung 消灭时效 §71 Rn. 19ff.

—Verschulden 过错 §60 Rn. 33f.

—Verschuldensfähigkeit 过错能力 §59 Rn. 22ff.

—Verschuldensprinzip 过错原则 §58 Rn. 3f.

—s. auch allgemeines Persönlichkeitsrecht, Gewerbebetrieb, Produkthaftung,

Rechtfertigungsgründe, Verkehrspflichten 亦见一般人格权、营业经营、产品责任、正当化事由、交往义务

Unfallversicherung, gesetzliche 意外保险;法定的 §29 Rn. 32

Unterlassungsanspruch 不作为请求权 §72 Rn. 3f.

Unternehmenskauf 企业买卖 §12 Rn. 21ff.

Unternehmer 经营者 §14 Rn. 5; §21 Rn. 2

Verarbeitungsklausel 加工条款 §11 Rn. 16

   −s. auch Eigentumsvorbehalt 亦见所有权保留

Verbraucher 消费者 §4 Rn. 10ff.; §10 Rn. 5; §14 Rn. 2ff.; §21 Rn. 2

Verbraucherbauvertrag 消费者建筑合同 §32 Rn. 6, 9; §33 Rn. 3ff.

   −Abschlagszahlungen 分期付款 §33 Rn. 15f.

   −Bauhandwerkersicherung 承建商的担保 §33 Rn. 36f.

   −Informationspflichten 信息提供义务 §33 Rn. 3f.

   −Unabdingbarkeit 不得约定排除 §33 Rn. 4

   −Widerrufsrecht 撤回权 §33 Rn. 4

   −s. a. Bauvertrag, Werkvertrag 亦见建筑合同、承揽合同

Verbraucherkredite 消费者信贷 §21 Rn. 1ff.

Verbraucherdarlehensverträge 消费者借贷合同 §21 Rn. 1ff.

   −Anwendungsbereich 适用范围 §21 Rn. 2

   −Entgeltlichkeit 有偿 §21 Rn. 2

   −Formbedürftigkeit 形式要求 §21 Rn. 6

   −Formen 形式 §21 Rn. 2ff.

   −Informationspflichten 信息提供义务 §21 Rn. 12

   −Kündigung bei Verzug 迟延时的终止 §21 Rn. 23

   −Schutzvorschriften 保护性规定 §21 Rn. 17ff.

   −Überziehungskredit 透支信贷 §21 Rn. 10

   −Umschuldung 债务重组 §21 Rn. 10

   −verbundene Verträge 关联合同 §21 Rn. 14ff.

   −vorzeitige Rückzahlung 提前偿还 §21 Rn. 24

—Widerrufsrecht 撤回权 §21 Rn.8

Verbraucherrechte-RL《消费者权利指令》§1 Rn.5；§3 Rn.43；§7 Rn.1；§10 Rn.5；§14 Rn.3,6,8f.；§19 Rn.1,5；§30 Rn.12；§32 Rn.9；§50 Rn.33f.

Verbrauchsgüterkauf 消费品买卖 §14 Rn.1ff.

 —Agenturgeschäfte 代办商交易 §14 Rn.17ff.

 —Anwendungsbereich 适用范围 §14 Rn.2ff.

 —Beweislastumkehr 证明责任倒置 §14 Rn.22ff.,29

 —Haftungsbeschränkung 责任限制 §14 Rn.9ff.

 —Garantien 担保 §14 Rn.31

 —Rückgriff des Unternehmers 经营者的追偿 §14 Rn.28ff.

 —Strohmanngeschäfte 影子交易 §14 Rn.17

 —Umgehungsgeschäfte 虚伪行为 §14 Rn.15ff.

 —Unternehmer 经营者 §14 Rn.5ff.

 —Verbraucher 消费者 §14 Rn.2ff.

 —Versendungsverkauf 寄送买卖 §14 Rn.9

 —Zeitpunkt der Leistung 给付时间 §14 Rn.8

Verbrauchsgüterkauf-RL《消费品买卖指令》§1 Rn.2ff.,6a

Verbundene Verträge 关联合同 §21 Rn.14

Verfügung eines Nichtberechtigten 无权处分 §55 Rn.16ff.

 —entgeltliche Verfügung 有偿处分 §55 Rn.19

 —unentgeltliche Verfügung 无偿处分 §55 Rn.28f.

 —Verfügungserlös 处分收益 §55 Rn.24ff.

Vergleich 和解 §51 Rn.1ff.

 —Begriff 概念 §51 Rn.1

 —Dispositionsbefugnis 处分权能 §51 Rn.6

 —Form 形式 §51 Rn.4f.

 —Irrtum 错误 §51 Rn.7f.

 —Novation 债务更新 §51 Rn.10

-Prozessvergleich 诉讼和解 §51 Rn. 1
-Rechtsfolgen 法律后果 §51 Rn. 9f.
-Schuldanerkenntnis 债务承认 §51 Rn. 5
-Schuldversprechen 债务允诺 §51 Rn. 5
Verität 真实性 §12 Rn. 3ff., 10f-.
　-s. auch Rechtskauf 亦见权利买卖
Verkehrspflichten 交往义务 §29 Rn. 32; §59 Rn. 3ff.; §69 Rn. 7, 20
　-Begründung 成立 §59 Rn. 6
　-Einordnung 归类 §59 Rn. 5
　-Fallgruppen 案例类型 §59 Rn. 7ff.
　-Funktion 功能 §59 Rn. 3
　-Konkretisierung 具体化 §59 Rn. 10
　-mittelbare Verletzungen 间接侵害 §59 Rn. 4
　-Sporthaftung 体育活动责任 §59 Rn. 4
　-und Fahrlässigkeit 与过失 §59 Rn. 12f.
　-und Garantenpflicht 与担保人的义务 §60 Rn. 25
　-unmittelbare Verletzungen 直接侵害 §59 Rn. 3f.
　-Unterlassungen 不作为 §59 Rn. 3ff.; §60 Rn. 23, 25
vermutetes Verschulden 推定过错
　-Haftung für 为…承担的责任 §67 Rn. 1ff.; §74 Rn. 1
Verrichtungsgehilfen 事务辅助人
　-Begriff 概念 §67 Rn. 3f.
　-dezentralisierter Entlastungsbeweis 去中心化的免责证明 §67 Rn. 13
　-Exkulpation 免责 §67 Rn. 10ff.
　-in Ausführung der Verrichtung 执行事务 §67 Rn. 8f.
　-Übernahme von Auswahl- und Überwachungspflichten 承担选任与监督义务 §67 Rn. 14f.
Versteigerung 拍卖 §5 Rn. 9; §14 Rn. 6
Vertrag mit Schutzwirkung für Dritte 附保护第三人作用的合同 §22 Rn. 37;

§36 Rn. 13；§63 Rn. 2；§65 Rn. 12

Verwahrung 保管 §46 Rn. 1ff.

  -Aufwendungsersatz 费用赔偿 §46 Rn. 19

  -Haftungsmaßstab 责任标准 §46 Rn. 13ff.

  -Lagergeschäft 仓储行为 §46 Rn. 1, 23

  -Rückgabepflicht 返还义务 §46 Rn. 8

  -Rücknahmepflicht 取回义务 §46 Rn. 20

  -unregelmäßige Verwahrung 不规则保管合同 §46 Rn. 24ff.

  -Vergütung 报酬 §46 Rn. 18

  -Verwahrungspflicht 保管义务 §46 Rn. 6f.

Vorkaufsrecht 优先购买权 §13 Rn. 10ff.

  -des Mieters 出租人的优先购买权 §23 Rn. 43f.

Warenkauf-RL《货物买卖指令》§1 Rn. 6a；§4 Rn. 22；§12 Rn. 20cf.

Wasserhaushaltsgesetz《水资源法》§74 Rn. 34ff.

Weiterfressende Mängel 继续侵蚀性瑕疵 §8 Rn. 11ff.；§60 Rn. 14；§63 Rn. 8

Werklieferungsvertrag 承揽供给合同 §32 Rn. 2

Werkvertrag 承揽合同

  -Abnahme 验收 §33 Rn. 18ff.

  -Abnahmefiktion 验收拟制 §33 Rn. 20

  -Abschlagszahlungen 分期付款 §33 Rn. 15f.

  -AGB 一般交易条款 §32 Rn. 14f.；§34 Rn. 33, 42

  -aliud 他种工作 §34 Rn. 5

  -Architektenvertrag s. dort 建筑设计合同, 见该处

  -Arglist 恶意 §34 Rn. 39

  -Aufwendungsersatz 费用赔偿 §34 Rn. 19, 32, 37

  -AusschlussderMängelrechte 排除瑕疵权利 §34 Rn. 33f.

  -Bauvertrag s. dort 建筑合同, 见该处

  -Beendigung des Werkvertrags 承揽合同的终结 §35 Rn. 1ff.

—Beschaffenheitsvereinbarung 品质约定 § 34 Rn. 3f.
—Fälligkei tder Vergütung 报酬到期 § 33 Rn. 12ff.
—Form der Kündigung 终止的形式 § 35 Rn. 7
—Form des Vertragses 合同形式 § 33 Rn. 1
—Fürsorgepflicht Besteller 定作人的照管义务 § 33 Rn. 25
—Gefahrübergang 风险转移 § 33 Rn. 26ff. ; § 34 Rn. 8
—Gegenleistungsgefahr 对待给付风险 § 33 Rn. 28ff.
—Gewährleistungsrechte 瑕疵担保权 § 34 Rn. 1ff.
—Kostenvoranschlag 费用预估 § 33 Rn. 11 ; § 35 Rn. 3
—Kündigung aus wichtigem Grund 基于重大原因的终止 § 35 Rn. 6
—Kündigung durch Besteller 定作人终止 § 35 Rn. 2ff.
—Kündigung durch Unternehmer 承揽人终止 § 35 Rn. 5
—Leistungsgefahr 给付风险 § 33 Rn. 26ff.
—Mängelbeseitigungskosten, fiktive 瑕疵消除费用；假设的 § 34 Rn. 31a
—Mangelfolgeschaden 瑕疵结果损害 § 34 Rn. 26,36
—Mengenabweichung 数量偏差 § 34 Rn. 5
—Minderung 减价 § 34 Rn. 22ff. ; § 34 Rn. 41
—Mitwirkungsobliegenheit 协助的不真正义务 § 33 Rn. 23f. ; § 35 Rn. 5
—Nacherfüllung 继续履行 § 34 Rn. 10ff.
—Ohne-Rechnung-Abrede 无账单约定 § 33 Rn. 2
—Pflichten des Unternehmers 承揽人的义务 § 33 Rn. 6ff.
—Pflichtverletzung des Unternehmers 承揽人的义务违反 § 33 Rn. 8ff. ; § 34 Rn. 1ff.
—Rechtsmangel 权利瑕疵 § 34 Rn. 7
—Rücktritt 解除 § 33 Rn. 17,22 ; § 34 Rn. 16,20ff.
—Sachmangel 物之瑕疵 § 34 Rn. 2ff.
—Schadensersatz 损害赔偿 § 33 Rn. 17, 22 ; § 34 Rn. 25ff.
—Schiffshypothek 船舶抵押 § 33 Rn. 34
—Selbstvornahme 自行消除瑕疵 § 34 Rn. 13ff. , 37

-Sicherung des Vergütungsanspruchs 报酬请求权的担保 §33 Rn. 31ff.
-Sonderregelungen 特别规则 §32 Rn. 13
-subjektiver Mangelbegriff 主观的瑕疵概念 §34 Rn. 2
-Unmöglichkeit 给付不能 §33 Rn. 8, 26；§34 Rn. 11, 14, 30
-Unternehmerpfandrecht 承揽人留置权 §33 Rn. 32ff.
-Verantwortlichkeit des Bestellers 定作人的责任 §33 Rn. 30
-Vergütung 报酬 §33 Rn. 10ff.
-Verjährung 消灭时效 §34 Rn. 35ff.
-Verzögerungsschaden 迟延损害 §33 Rn. 17, 22；§34 Rn. 27
-Vorschuss 预付费用 §33 Rn. 9；§34 Rn. 19
-Werklieferungsvertrag 承揽供给合同 §32 Rn. 2
-s. a. Bauvertrag, Verbraucherbauvertrag 亦见建筑合同、消费者建筑合同

Wertpapiere, Übertragung 有价证券；移转 §40 Rn. 5

Wettmonopol 博彩业垄断 §49 Rn. 6

Widerruf 撤回
  -des Auftrags 委托的撤回 §39 Rn. 17

Widerrufsrecht 撤回权
  -Aufhebungsvertrag 废止合同 §30 Rn. 12
  -Bürgschaft 保证 §50 Rn. 32ff.
  -Fernabsatz 远程销售 §13 Rn. 3
  -Heiratsvermittlung 婚姻居间 §37 Rn. 21
  -Leasing 商业租赁 §24 Rn. 3
  -Pauschalreiseverträge 包价旅游合同 §36 Rn. 19
  -Ratenlieferungsverträge 分期供给合同 §21 Rn. 34
  -Teilzahlungsgeschäfte 分期付款交易 §19 Rn. 5；§21 Rn. 29ff.
  -Teilzeit-Wohnrechte 分时居住权 §17 Rn. 7ff.
  -unentgeltliche Darlehensverträge 无偿的借贷合同 §21 Rn. 35, 38
  -Verbraucherbauverträge 消费者建筑合同 §33 Rn. 4
  -Verbraucherdarlehensverträge 消费者借贷合同 §19 Rn. 4；§37 Rn. 13

Wiederkauf 买回 § 13 Rn. 6ff.

Wiederverkauf 再次出售 § 13 Rn. 9

Wohnimmobilienkreditrichtlinie《居住不动产借贷指令》§ 19 Rn. 5

Wohnungsvermittlung 住房居间 § 22 Rn. 5；§ 37 Rn. 15

Wucherähnliches Geschäft 类似暴利行为的交易

　–Bereicherungsrecht 不当得利法 § 56 Rn. 35

　–Gelddarlehen 金钱借贷 § 20 Rn. 8f

Zahlungsaufschub, entgeltlicher 延期支付；有偿的 § 21 Rn. 26

Zahlungsdienste 支付服务 § 40 Rn. 6ff. ; § 57 Rn. 15

　–Autorisierung 授权 § 40 Rn. 8, 10; § 57 Rn. 15

　–Kontoinformationsdienst 账户信息服务 § 40 Rn. 7

　–Missbrauch durch Dritte 第三人的滥用 § 40 Rn. 11f.

　–Sofortüberweisung 即时转账 § 40 Rn. 7

　–s. dort

　–Zahlungsauslösedienst 支付启动服务 § 40 Rn. 7

　–Zahlungsdienstevertrag 支付服务合同 § 40 Rn. 7

　–Zahlungsinstrument 支付工具 § 40 Rn. 8

Zahnriemenfall 齿形皮带案 § 14 Rn. 23

Zusammenhängende Verträge 关联合同 § 21 Rn. 15

判决索引
(顺序依照叙述的先后,数字指代边码)

1. 买卖法
a. 瑕疵担保

BGH NJW 2016, 2874	Fehlen der Herstellergarantie,生产者担保的缺失	§ 3 Rn. 6
BGH NJW 1962, 1196	Motorsäge,电锯	§ 3 Rn. 7
BGHZ 52, 51; 203, 98	Verdacht eines Mangels,瑕疵的怀疑	§ 3 Rn. 10f.
BGH NJW 2013, 1074; 2016, 1815; 2018, 150	Beschaffenheitsvereinbarung,属性约定	§ 3 Rn. 12
BGH NJW 2017, 2817	Vertraglich vorausgesetzte Verwendung (Ebersamen),合同预定用途(公猪精液)	§ 3 Rn. 15
BGHZ 132, 55 = NJW 1996, 1337; NJW 2007, 2111	Kraftstoffmehrverbrauch,更多燃油消耗	§ 3 Rn. 20; § 4 Rn. 38
BGH MDR 2018, 1109	Einbauküche,嵌入式厨房	§ 3 Rn. 27
BGH NJW 1989, 218	Glykolwein,精选葡萄酒	§ 3 Rn. 35
BGHZ 110, 196	Boris-Becker	§ 3 Rn. 46; § 5 Rn. 5
BGHZ 174, 61 = NJW 2007, 3777	Eigentumsverschaffungspflicht,使买受人取得所有权的义务	§ 3 Rn. 47

(续表)

BGH NJW 2017, 1666; NJW 2020, 1669	Eintragung eines Kfz in Fahndungsliste des Schengener Informationssystems,根据申报信息系统登记进入缉捕名单的机动车	§ 3 Rn. 48
BGHZ 113, 106	Heizöldiesel,柴油	§ 3 Rn. 49; § 10 Rn. 9
BGH ZIP 2018, 2272 = BeckRS 2018, 27613	Ersatzlieferung,换货	§ 4 Rn. 4f.
BGHZ 168, 64; 170, 86; OLG Braunschweig NJW 2003,1053	Ersatzlieferung beim Stückkauf, 特定物买卖时的换货	§ 4 Rn. 4
BGH NJW 2014, 2351	Sachverständigenkosten zur Feststellung des Mangels,为查明瑕疵的专家鉴定费用	§ 4 Rn. 5
BGHZ 177, 224	Parkettstäbe,镶木地板的小木条	§ 4 Rn. 6
BGH NJW 2009, 1660; 2012, 1073	Bodenfliesen,地板砖	§ 4 Rn. 6ff., 19ff.
EuGH NJW 2011, 2269	Ein-und Ausbau bei Ersatzlieferung,在换货时的安装与拆除	§ 4 Rn. 7ff., 19ff.
BGH NJW 2013, 220; BGHZ 200,337 = NJW 2014, 2183	Ein-und Ausbau bei Verträgen zwischen Unternehmern,经营者之间合同的安装与拆除	§ 4 Rn. 8, 10, 74; § 8 Rn. 12
EuGH NJW 2008, 1433; BGH NJW 2006, 3200; NJW 2009, 427	Nutzungsentschädigung bei Ersatzlieferung (Quelle-Herd),换货时使用利益的赔偿(Quelle-炉灶)	§ 4 Rn. 14f.; § 14 Rn. 11
BGH ZIP 2018, 2272 = BeckRS 2018, 27613	Relative Unverhältnismäßigkeit, 相对显失比例	§ 4 Rn. 15
BGHZ 200, 350 = NJW 2015, 468	Schadensersatz statt der Leistung bei absoluter Unverhältnismäßigkeit, 在绝对显失比例时代替给付的损害赔偿	§ 4 Rn. 22
BGHZ 189, 196 = NJW 2011, 2278; BGH NJW 2017, 2758	Erfüllungsort der Nacherfüllung, 继续履行的履行地点	§ 4 Rn. 24
BGHZ 162, 219 = NJW 2005, 1348; BVerfG ZGS 2006, 470	Selbstvornahme,自行实施(继续履行)	§ 4 Rn. 26

(续表)

BGH NJW 2008, 1147	Lichtrufanlagen-Fall, 灯光信号呼叫设备案	§ 4 Rn. 27f.
BGH NJW 2009, 3153; 2015, 2564	Anforderungen an Fristsetzung, 对期限设定的要求	§ 4 Rn. 31, 59
BGH BeckRS 2020, 25907	Erfolglosigkeit der Fristsetzung, 期限设定无效	§ 4 Rn. 31
BGH NJW 2006, 1195	Anforderungen an ernsthafte und endgültige Verweigerung der Nacherfüllung, 对认真且最终地拒绝继续履行的要求	§ 4 Rn. 32
BGH NJW 2007, 835; 1534; 2008, 1371; 2010, 1805	Entbehrlichkeit der Fristsetzung bei Arglist, 在恶意时期限设定并不必要	§ 4 Rn. 32
BGH NJW 2015, 1669	Unzumutbarkeit der Nacherfüllung, 继续履行不可期待	§ 4 Rn. 35
BGH NJW 2006, 1960; 2007, 2111; 2009, 508; 2014, 3229	Unerheblichkeit des Mangels, 瑕疵并不严重	§ 4 Rn. 38f.
BGH NJW 2010, 148	Nutzungsentschädigung bei Rücktritt, 在解除时的使用利益赔偿	§ 4 Rn. 48
BGHZ 181, 317 = NJW 2009, 2674	Sorgfaltspflicht des Verkäufers; 出卖人的注意义务; Einordnung des Nutzungsausfallschadens, 使用丧失损害的归类	§ 4 Rn. 56, 69, 74
BGHZ 193, 326 = NJW 2012, 2793; BGHZ 200, 350 = NJW 2015, 468; BGH ZfBR 2020, 552	Fiktive Mängelbeseitigungskosten, 拟制的瑕疵去除费用	§ 4 Rn. 63
BGH NJW 2018, 2863	Minderung und Schadensersatz, 减价和损害赔偿	§ 4 Rn. 64
BGH NJW 1993, 2103; 1995, 1673	Burra, 名为 Burra 的油画	§ 4 Rn. 70f.
BGHZ 122, 256; 170, 67	Garantie (»Fahrbereit«) 担保（驾驶性能）	§ 4 Rn. 72
BGHZ 200, 337 = BGH NJW 2014, 2183	Hersteller kein Erfüllungsgehilfe, 生产者并非履行辅助人	§ 4 Rn. 74

(续表)

BGHZ 163, 381	Ersatz vergeblicher Aufwendungen，徒劳支出费用的赔偿	§ 4 Rn. 76
BGH NJW 2020, 2104	Mängeleinrede des Käufers，买受人的瑕疵抗辩权	§ 4 Rn. 79f.
BGH NJW 2011, 2953；2012, 2793	Kenntnis des Käufers vom Mangel，买受人知悉瑕疵	§ 5 Rn. 5
BGH NJW 2011, 3640	Haftungsausschluss und Arglist，责任排除与恶意	§ 5 Rn. 6
BGHZ 170, 31 = NJW 2007, 674	Rücktritt und Verjährung，解除与消灭时效	§ 6 Rn. 6,9
BGH NJW 1988, 2597	Duveneck/Leibl	§ 8 Rn. 5,7
BGH NJW 1989, 2051	Chemische Reinigungsanlagen，化学清洁设备	§ 8 Rn. 8

b. 继续侵蚀性损害

BGH NJW 1978, 2241	Sportwagen，跑车	§ 8 Rn. 10ff.
BGHZ 67, 359	Schwimmerschalter，浮子开关	§ 8 Rn. 11ff.
BGHZ 86, 256	Gaszug，排气管	§ 8 Rn. 11ff.
BGH NJW 1983, 812	Hebebühne，升降台	§ 8 Rn. 11ff.；§ 62 Rn. 3

c. 风险负担/特种买卖

BGH NJW 2003, 3341	Camcorder-Fall，便携式摄录机案	§ 10 Rn. 5
BGH NJW 2001, 284	Wiederkauf，买回	§ 13 Rn. 7
BGHZ 140, 218	Wiederverkauf，再次出售	§ 13 Rn. 9

d. 消费品买卖

BGH NJW 2017, 2752	BGB-Gesellschaft als Verbraucher?，民事合伙能作为消费者吗?	§ 14 Rn. 2
BGH NJW 2005, 1045	Barchetta-Fall，Barchetta型汽车案	§ 14 Rn. 4

(续表)

EuGH NJW 2005, 653	Verbraucher,消费者	§ 14 Rn. 4
BGH NJW 2011, 3435; 2018,150	Unternehmer,经营者	§ 14 Rn. 5
BGHZ 167, 40 = NJW 2006, 2250	Sommerekzem,夏季湿疹	§ 14 Rn. 5, 23, 27
BGHZ 170, 31 = NJW 2007, 674; BGHZ 223, 235 = NJW 2020, 759	»Gebrauchte« Tiere,"二手的"动物	§ 14 Rn. 6
OLG Oldenburg ZGS 2004, 75	Matrosen-Fall,水手案	§ 14 Rn. 16
BGHZ 170, 67; BGH NJW 2005, 1039	Agentur- und Strohmanngeschäfte,代办商交易及影子交易	§ 14 Rn. 17f.
BGHZ 159, 215	Zahnriemen,齿形皮带	§ 14 Rn. 23
EuGH NJW 2015, 2237	Beweislastumkehr nach Art. 5 III Verbrauchsgüter kauf-RL (Faber)《消费品买卖指令》第5条第3款规定的证明责任倒置(Faber)	§ 14 Rn. 24
BGHZ 2012, 224 = NJW 2017, 1093	Beweislastumkehr beim Verbrauchsgüterkauf,在消费品买卖时的举证责任倒置	§ 14 Rn. 25
BGH NJW 2007, 2619	Zuchtkater,饲养的雄猫	§ 14 Rn. 27

2. 互易

BGH NJW 2006, 988	Gewährleistung beim Pferdetausch,马匹互易时的瑕疵担保责任	§ 16 Rn. 2

3. 分时居住权

BGH NJW 1997, 1697	Gran Canaria,大加那利岛	§ 17 Rn. 1

4. 赠与

BGHZ 93, 23	Kartoffelpülpe,马铃薯浆	§ 18 Rn. 12f.

(续表)

BGH NJW 2010, 2655	Verarmung des Schenkers, 赠与人陷入贫困	§ 18 Rn. 21
BGHZ 116, 167; 177, 193; BGH NJW 2010, 998	Unbenannte Zuwendungen, 不具名的增益	§ 18 Rn. 23
BGHZ 184, 190 = NJW 2010, 2202; BGH NJW 2010, 2884; 2015, 1014	Schenkungen an Schwiegerkinder, 对媳妇或女婿的赠与	§ 18 Rn. 23

5. 金钱借贷

BGHZ 104, 102; 110, 336	Wucherähnliches Darlehen, 准暴利性借贷	§ 20 Rn. 8ff.
BGHZ 149, 80; BGH NJW 2017, 2752; EuGH NJW 2002, 205	GbR als Verbraucher, 民事合伙作为消费者	§ 21 Rn. 2
BGHZ 179, 126	Begriff des Unternehmers, 经营者的概念	§ 21 Rn. 2

6. 租赁与商业租赁

BVerfGE 90, 27 = NJW 1994, 1147; BVerfG NZM 2005, 252; BGH NJW 2006, 1062; 2010, 436	Parabolantenne, 抛物面天线	§ 22 Rn. 14
BGHZ 92, 363; 101, 253; 204, 302 BGH NJW 2004, 2586; 2006, 2915; 3778; 2008, 2499, 3772; 2009, 62, 2590, 3716; 2010, 674; BeckRs 2018, 20922	Schönheitsreparaturen, 外观修缮	§ 22 Rn. 16, 67f.
BGH NJW 2013, 44	Konkurrenzschutz und Sachmangel, 竞合保护与物的瑕疵	§ 22 Rn. 17, 24
BGH NJW 2010, 3152	Haftung für anfängliche Mängel, 对自始存在之瑕疵的责任	§ 22 Rn. 35, 37
BGH NJW 2008, 1216	Eigenmächtige Mängelbeseitigung, 擅自排除瑕疵	§ 22 Rn. 39

(续表)

BGH NJW 2009, 1266	Anfechtung wegen arglistiger Täuschung, 因恶意欺诈而撤销	§ 22 Rn. 51
BGH NJW 1999, 635	Arztpraxis, 诊所	§ 22 Rn. 53
BGHZ 157, 1	Lebensgefährte als »Dritter«, 生活伴侣作为"第三人"	§ 22 Rn. 62
BGH NJW 2018, 1746	Schadensersatz bei Rückgabe einer beschädigten Mietsache, 返还受损租赁物时的损害赔偿	§ 22 Rn. 61
BGH NJW 2007, 2180	Beseitigungsanspruch, 排除请求权	§ 22 Rn. 64
BGH NJW 2006, 2915; 2015, 2023	Rauchen in der Wohnung/auf dem Balkon, 在住房/阳台上吸烟	§ 22 Rn. 66
BGHZ 124, 186	Fischzucht, 养鱼业	§ 22 Rn. 72
BGH VersR 2006, 1076	Zündelnde Kinder, 引起火灾的小孩	§ 22 Rn. 74
BGHZ 136, 357; BGH NJW 2008, 2178	Schriftformerfordernis, 书面形式要求	§ 23 Rn. 2
BGHZ 117, 200	Vermieterpfandrecht, 出租人质权	§ 23 Rn. 9
BGH NJW 2007, 2177	Schimmelpilz, 霉菌	§ 23 Rn. 29, 37
BVerfGE 79, 292 = NJW 1989, 970; BGHZ 165, 75; BGH NJW 2003, 2604; 2015, 3368	Eigenbedarfskündigung, 因自身需要而终止	§ 23 Rn. 32
BGH NJW 2009, 1200	Verwertungskündigung, 因变价而终止	§ 23 Rn. 33
BGH NJW 2006, 1066	Leasing, 商业租赁	§ 24 Rn. 6
BGH NJW 2014, 1519	Unanwendbarkeit der §§ 358ff. auf das Finanzierungsleasing, 第358条及以下不适用于融资租赁	§ 24 Rn. 7
BGH NJW 2010, 2798; 2014, 1583	Leistungsverweigerungsrecht des LN, 承租人的给付拒绝权	§ 24 Rn. 8
BGHZ 81, 298; 97, 135; BGH NJW 2010, 2798	Geschäftsgrundlage des Leasingvertrags, 商业租赁合同的交易基础	§ 24 Rn. 8

7. 雇佣合同

BAG NZA 2009, 945	Altersdiskriminierung, 年龄歧视	§ 28 Rn. 12
BAG NZA 2009, 1016	Mädcheninternat, 寄宿女子学校	§ 28 Rn. 12
EuGH NJW 1994, 2077; BAG NZA 2003, 848	Schwangerschaft, 怀孕	§ 28 Rn. 15
BAG NJW 1999, 3653	Vorstrafen, 前科	§ 28 Rn. 15
BGHZ 67, 119	Prostitution, 卖淫	§ 28 Rn. 17
LAG Schleswig-Holstein NZA 1987, 669	Führerschein, 驾驶证	§ 29 Rn. 4
EuGH NJW 1997, 2039; 2004, 45; 2006, 889; BAG NZA 2007, 793, 927.	Betriebsübergang, 营业转让	§ 29 Rn. 47
BAG NJW 1999, 1049	Spielcasino, 赌场	§ 29 Rn. 11
BAGE 78, 56 = BAG NJW 1995, 210	Arbeitnehmerhaftung, 雇员责任	§ 29 Rn. 12ff.
BGH NJW 1990, 2549	Lager-Diebstahl, 仓库-盗窃	§ 29 Rn. 26
BAG NZA 2008, 223	Mobbing, 凌霸	§ 29 Rn. 33
BGH NJW 2002, 595	Beleuchtungstechniker, 灯光师	§ 29 Rn. 41
EuGH NZA 2010, 85	Altersdiskriminierung, 年龄歧视	§ 30 Rn. 4
BAG NJW 2003, 1685; BVerfG NJW 2003, 2815	Kopftuch, 头巾	§ 30 Rn. 5
BAG NZA 2009, 361	AGG und KSchG,《一般平等对待法》及《终止保护法》	§ 30 Rn. 5

8. 医疗合同

BGHZ 63, 306	Zahnprothese, 义齿	§ 31 Rn. 3
BGHZ 88, 248	Arzthaftung-Beweislast, 医师责任-证明责任	§ 31 Rn. 17, 20

9. 承揽合同

BGH NJW 2009, 2877	Abgrenzung zum Kaufrecht, 与买卖法的区分	§ 32 Rn. 2

(续表)

BGHZ 200, 337 = NJW 2014, 2183	Werklieferungsvertrag, 承揽供给合同	§ 32 Rn. 3
BGHZ 201, 1 = NJW 2014, 1805; BGH NJW 2013, 3167; 2015, 2406; 2017, 1808	Ohne-Rechnung-Abrede (Schwarzarbeit), 无账单约定（打黑工）	§ 33 Rn. 2; § 54 Rn. 42
BGH NJW 2017, 1604; 1607; ZfBR 2017, 340	Mängelhaftung ohne Abnahme, 未验收的瑕疵责任	§ 33 Rn. 8f.
BGHZ 143, 32	Mitwirkungspflicht des Bestellers, 定作人的协力义务	§ 33 Rn. 23
BGHZ 40, 71	Scheunenbrand, 谷仓火灾	§ 33 Rn. 30
BGH NJW 2008, 511	Blockheizkraftwerk, 中央供暖站	§ 34 Rn. 3
BGH NJW-RR 2003, 1285	Werbefilm-Komponist, 广告片作曲家	§ 34 Rn. 7
BGH NJW 2014, 3365	Anfängliche Unmöglichkeit, 自始给付不能	§ 34 Rn. 11, 30
AG München NJW 2012, 2452	Nachbesserung einer Tätowierung, 纹身的修正	§ 34 Rn. 20
BGH NJW 2019, 1867	Schadensersatz statt und neben der Leistung, 替代给付以及与给付并存的损害赔偿	§ 34 Rn. 28
BGH NJW 2013, 370	Schadensersatz statt der Leistung bei Unverhältnismäßigkeit der Mängelbeseitigungskosten, 瑕疵去除费用显失比例时替代给付的损害赔偿	§ 34 Rn. 31
BGHZ 186, 330 = NJW 2010, 3085; BGHZ 218, 1 = NJW 2018, 1463; BGH ZfBR 2020, 552	Fiktive Mängelbeseitigungskosten, 拟制的瑕疵去除费	§ 34 Rn. 31a
BGH NJW 2007, 366	Verjährung, 消灭时效	§ 34 Rn. 39

10. 旅游合同

BGHZ 119, 152	Ferienwohnung, 度假屋	§ 36 Rn. 5
BGHZ 130, 128	Segelyacht, 游艇	§ 36 Rn. 5

(续表)

BGH NJW 2006, 2321; 3137; NJW 2011, 599	Stellung des Reisebüros, 旅行社的地位	§ 36 Rn. 9
BGHZ 93, 271	Karibik, 加勒比海	§ 36 Rn. 12
BGH NJW 2005, 1047	Malediven, 马尔代夫	§ 36 Rn. 33, 44
BGH NJW 2008, 2775	Beinahe-Absturz, 几近坠机	§ 36 Rn. 37
BGHZ 103, 298	Balkonbrüstung, 阳台栏杆	§ 36 Rn. 43
BGH NJW 2006, 3268	Wasserrutsche, 水坡道	§ 36 Rn. 43

11. 居间合同

BGH NJW 1983, 1849; 1984, 232; NJW-RR 1991, 371	Kausalitätserfordernis, 因果关系要求	§ 37 Rn. 7
BGH NJW-RR 2007, 711	Schutzpflichten, 保护义务	§ 37 Rn. 9
BGH NJW-RR 2005, 1033	Wohnungsvermittlung, 房屋居间	§ 37 Rn. 15
BGHZ 112, 122; BGH NJW-RR 2004, 778	Partnervermittlung, 伴侣居间	§ 37 Rn. 156

12. 悬赏广告

LG Trier v. 7. 6. 1904 (n. v.); OLG Köln v. 30. 3. 1905 (n. v.)	Dasbachsche Auslobung, 达斯巴赫悬赏广告	§ 38 Rn. 4
OLG München NJW 1983, 759	Eishockey, 冰球	§ 38 Rn. 45
BGH NJW 2003, 3620; NJW 2006, 230	Gewinnzusagen, 获奖允诺	§ 38 Rn. 13, 17

13. 委任和有偿事务处理

BGHZ 21, 102	Spediteur, 货运商	§ 39 Rn. 10
BGHZ 45, 223	Architekt, 建筑师	§ 40 Rn. 2

14. 无因管理

BGHZ 40, 28	Funkenflug, 飞溅的火花	§ 43 Rn. 11
BGH NJW 2000, 72; NJW-RR 2006, 656	Erbensucher, 继承人搜寻者	§ 43 Rn. 12
BGH NJW-RR 2004, 956	Generalunternehmer, 总承建商	§ 43 Rn. 13
BGH NJW 2009, 2590	Unwirksame Renovierungsklausel, 无效的修缮条款	§ 43 Rn. 14
BGHZ 38, 270	Selbstaufopferung, 自我牺牲	§ 43 Rn. 16
BGH NJW 2016, 2407	Abschleppfall, 拖车案	§ 43 Rn. 21
BGH NJW 2012, 1648	Bestattung als GoA, 丧葬事务作为无因管理	§ 43 Rn. 23

15. 保管

OLG Zweibrücken NJW-RR 2002, 1456	Schaustellerwagen, 流动售货老板	§ 46 Rn. 14f.
BGH NJW 2019, 2920	Unregelmäßiger Verwahrungsvertrag, 不规则保管合同	§ 46 Rn. 22ff.

16. 关于风险的合同

BGH NJW-RR 1991, 1035	Leibrente, 终身定期金	§ 48 Rn. 2
BVerfG NJW 2006, 1261; EuGH 2007, 209; EuZW 2010, 759 und 760	Staatliches Wettmonopol, 博彩业国家垄断	§ 49 Rn. 6

17. 保证

BGH NJW 1981, 47	Abgrenzung Schuldbeitritt, 与债务加入的区分	§ 50 Rn. 9
BGHZ 117, 127; BGH NJW 2010, 3442	Harte Patronatserklärung, 严格的保护人声明	§ 50 Rn. 17
BGHZ 132, 119; BGH NJW 2000, 1179	Blankobürgschaft, 空白保证	§ 50 Rn. 23

(续表)

BGH WM 1986, 939	Formmangel,形式瑕疵	§ 50 Rn. 26
BVerfGE 89, 214 = NJW 1994, 36; BGHZ 125, 206; 146, 37; 151, 34; BGH NJW 2002, 744; 2009, 2671; 2013, 1534;	Bürgschaft naher Angehöriger,近亲属的保证	§ 50 Rn. 28ff.
BGHZ 130, 19; 143, 95; 151, 374	Globalbürgschaft,概括保证	§ 50 Rn. 31
EuGH NJW 1998, 1295; BGH ZIP 2020; 2175	Widerrufsrecht des Bürgen,作为门前交易的保证	§ 50 Rn. 32f.
BGHZ 138, 321	Verbraucherkredit,消费者借贷	§ 50 Rn. 35
BGHZ 147, 99; 150, 299; 151, 229; NJW 2009, 378	Bürgschaft auf erstes Anfordern,见索即付的保证	§ 50 Rn. 44

18. 不当得利法

BGHZ 55, 128	Flugreise-Fall,飞机旅行案	§ 54 Rn. 5, 13, 18; § 56 Rn. 5, 7, 9, 16, 17, 20
BGH NJW-RR 1990, 827	Strafanzeige,刑事指控	§ 54 Rn. 27
OLG Düsseldorf NJW-RR 1998, 1517	»Freikauf« einer Prostituierten,妓女的"赎身"	§ 54 Rn. 27
BGH NJW-RR 2013, 618	Schenkung zur Aufgabe der Prostitution,为使她人放弃卖淫而赠与	§ 54 Rn. 27
BGHZ 44, 321	Erbeinsetzung,继承人指定	§ 54 Rn. 28
BGH NJW 2013, 3364	Hausbau durch Pächter,由用益租赁人建造房屋	§ 54 Rn. 28
RGZ 132, 238	Festungsbaufall,要塞建设案	§ 54 Rn. 30
BGHZ 177, 193; BGH NJW 2010, 998; 2202; 2884	Zuwendungen auf den Bestand einer Ehe bzw. Lebensgemeinschaft,基于婚姻或者生活共同体存续的给予	§ 54 Rn. 30

(续表)

BGHZ 201, 1 = NJW 2014, 1805; BGH NJW 2015, 2406	Ausschluss der Rückabwicklung bei Verstoß gegen das SchwarzArbG,在违反《反黑工法》时回复的排除	§ 54 Rn. 42
BGHZ 131, 297	Untervermietung,转租	§ 55 Rn. 6
BGHZ 20, 345	Paul Dahlke	§ 55 Rn. 9
BGHZ 169, 340 = NJW 2007, 689	Oskar Lafontaine	§ 55 Rn. 9
BGH NJW 2013, 793	Playboy am Sonntag,周日女郎	§ 55 Rn. 9
BGHZ 56, 131	Leder zu Handtaschen,被加工成手套的皮革	§ 55 Rn. 23
RGZ 138, 45	Gestohlenes Gemälde,被盗的画作	§ 55 Rn. 24
BGHZ 40, 272	Einbau eigener Sachen,将自己的物装入他物之中	§ 55 Rn. 38
BGHZ 53, 144; 57, 137	Saldotheorie,差额说	§ 56 Rn. 27ff.
BGHZ 36, 30	Doppelmangel,双重瑕疵	§ 57 Rn. 5
BGHZ 147, 269; 152, 307; 158, 1; 176, 234; BGH NJW-RR 2010, 858; NJW 2011, 66; 2015, 3093	Anweisungsfälle,指示的情形	§ 57 Rn. 59ff.
BGHZ 56, 228	Einbau fremder Sachen,将他人之物装入自己的物中	§ 57 Rn. 2f.
BGHZ 55, 176	Jungbullen,小公牛	§ 57 Rn. 25f.

19. 侵权法

a. **基本问题**

BGH NJW 2003, 1040	Eiskunstlaufpaar,花样滑冰双人滑组合	§ 58 Rn. 6; § 62 Rn. 3
BGH VersR 2018, 829	Amoklauf,乱杀无辜	§ 58 Rn. 7
BGH NJW 1968, 1182	Bierflasche,啤酒瓶	§ 59 Rn. 9
BGH NJW 2007, 762	Kühlung von Sprudelflaschen,矿泉水瓶的冷藏	§ 59 Rn. 10

(续表)

BGH NJW 1997, 582	Löschwasserteich, 消防水池	§ 59 Rn. 11
BGH NJW 1995, 2631	Güterwagenfall, 货运列车案	§ 59 Rn. 12
BGHZ 24, 21	Straßenbahnfall, 有轨电车案	§ 59 Rn. 18
BGH NJW 2005, 354; 2007, 2113; 2009, 3231; LG Saarbrücken NJW 2010, 944	Haftungsprivilegierung für Kinder im Straßenverkehr, 儿童在道路交通中的责任优待	§ 59 Rn. 23
BGH NJW 2002, 2232	Fenstersprung-Fall, 跳窗案	§ 60 Rn. 31, 34

b. 第 823 条第 1 款的保护法益

BGHZ 8, 243	Lues-Fall, 梅毒案	§ 60 Rn. 5
BGHZ 124, 52	Spermakonservierung, 精子保存	§ 60 Rn. 6
BGHZ 56, 163; 132, 341; 172, 263; 193, 34; BGH NJW 2015, 1451	Schockschaden, 惊吓损害	§ 60 Rn. 7
BGHZ 55, 153	Fleet-Fall, 水渠案	§ 60 Rn. 10
BGH NJW 1977, 2264	Zufahrtsperrung, 入口封锁	§ 60 Rn. 11
BGHZ 29, 65; 41, 123	Stromkabelfälle, 电缆案	§ 60 Rn. 12; § 62 Rn. 3
OLG Stuttgart NJW-RR 2002, 25	Zeitschaltuhr, 计时器	§ 60 Rn. 15
BGHZ 146, 144	Elektroofenschlacke, 电炉渣	§ 60 Rn. 15
BGH NJW 2015, 1174	Autobahnraststätte, 高速公路餐馆	§ 60 Rn. 18
BGHZ 73, 355	Formosa, 名为"Formosa"的牝马	§ 60 Rn. 18
LG Aachen FamRZ 1986, 713	Schlagersänger, 流行歌手	§ 61 Rn. 21
BGHZ 13, 334	Leserbrief, 读者来信	§ 61 Rn. 2
BGHZ 26, 349	Herrenreiter-Fall, 骑士案	§ 61 Rn. 3
BGHZ 30, 7	Catarina Valente, 人名	§ 61 Rn. 3
BGHZ 35, 363	Ginseng, 人参	§ 61 Rn. 3
BGHZ 39, 124	Fernsehansagerin, 电视台女播音员	§ 61 Rn. 3

(续表)

BVerfGE 34, 269 = NJW 1973, 1221	Soraya,索拉亚	§ 61 Rn. 3
BVerfG NJW 1995, 3303	Geborener Mörder,天生的杀人犯	§ 61 Rn. 6
BVerfGE 30, 173 = NJW 1971, 1645	Mephisto,(歌德《浮士德》中的魔鬼)靡菲斯特	§ 61 Rn. 6
BGH NJW 2005, 2844; BVerfG NJW 2008, 39	Esra,人名	§ 61 Rn. 6
BGH VersR 2009, 1085	»Kannibale von Rotenburg«,"罗腾堡的食人者"	§ 61 Rn. 6
BGHZ 131, 332; BGHZ 171, 275; BVerfGE 101, 361 = NJW 2000, 1021; BVerfG NJW 2008, 1793; EGMR NJW 2004,2647	Caroline von Monaco,摩纳哥的卡洛琳娜	§ 61 Rn. 7ff.
BGH NJW 2008, 3134; NJW 2008, 3138; VersR 2009, 841; NJW 2009, 3032; NJW 2011, 744; 2013, 2890	Heide Simonis-Sabine Christiansen I-Sabine Christiansen II -» Wer wird Millionär? «-Party,-"谁将成为百万富翁？-聚会 Prinzessin - Rosenball von Monaco, 公主-摩纳哥的玫瑰舞会 Eisprinzessin,冰上公主 Alexandra	§ 61 Rn. 9
BGHZ 143, 214	Marlene Dietrich	§ 61 Rn. 10
BGH NJW 2000, 2201	Blauer Engel,蓝色天使	§ 61 Rn. 10
BGHZ 201, 45 = NJW 2014, 2871; 215, 117 = BGH NJW 2017, 3004	Vererblichkeit des Anspruchs auf Entschädigung in Geld wegen Verlezung des APR,金钱赔偿请求权的继承性	§ 61 Rn. 10f.
BGHZ 29, 65; 69, 128; BGH NJW 2015, 1174	Betriebsbezogenheit des Eingriffs,侵害与经营的关联性	§ 62 Rn. 3
BGHZ 45, 296	Höllenfeuer,地狱之火	§ 62 Rn. 5
BverfGE 7, 198; 25, 256	Boykott（Lüth-Blinkfüer）,抵制（Lüth-Blinkfüer）	§ 62 Rn. 7
BGHZ 59, 30; 137, 90	Betriebsblockade,经营封锁	§ 62 Rn. 7
BGHZ 38, 200	Kindernähmaschine,儿童缝纫机	§ 62 Rn. 8

(续表)

BGHZ 164, 1	Unberechtigte Schutzrechtsverwarnung, 不正当的专利权警告函	§ 62 Rn. 8

c. 产品责任

BGHZ 51, 91	Hühnerpest, 鸡瘟	§ 63 Rn. 3
BGHZ 104, 323	Sprudelflasche, 矿泉水瓶	§ 63 Rn. 4, 18
BGHZ 80, 186	Apfelschorf, 苹果黑星病菌	§ 63 Rn. 7
BGHZ 180, 253	Entwicklungsfehler, 发展缺陷	§ 63 Rn. 10, 19; § 74 Rn. 34
BGHZ 116, 60	Milupa, 食品公司 Milupa	§ 63 Rn. 12
OLG Düsseldorf VersR 2003, 912	Mars, 零食品牌 Mars	§ 63 Rn. 12
OLG Frankfurt a. M. NJW-RR 2001, 1471; OLG Hamm NJW 2005, 295	Zigaretten, 香烟	§ 63 Rn. 12
OLG Hamm NJW 2001, 1654	Bier, 啤酒	§ 63 Rn. 12
BGH NJW 1999, 2815	Reißwolf, 碎纸机	§ 63 Rn. 12
BGHZ 99, 167	Honda, 本田	§ 63 Rn. 13
BGH NJW 2009, 1080	Pflegebetten, 护理床	§ 63 Rn. 13
BGH NJW 2009, 2952	Airbag, 气囊	§ 63 Rn. 16
EuGH NJW 2015, 1163; BGH NJW 2015, 3096	Herzschrittmacher, 心脏起搏器生产商	§ 63 Rn. 17

d. 其他构成要件

BGH NJW 2009, 2530	§ 858 als Schutzgesetz (Abschleppkosten) 第 858 条作为保护性法律(拖车费用)	§ 64 Rn. 5
BGH NJW 2003, 2825	Angaben ins Blaue, 睁眼说瞎话	§ 64 Rn. 7

(续表)

BGH NJW 2020, 1962; NJW 2020, 2796; NJW 2020, 2798	Haftung des Herstellers im »Dieselskandal«,制造商在柴油机丑闻中的责任	§ 65 Rn. 9
BGHZ 127, 378	Bausachverständiger,建筑鉴定人	§ 65 Rn. 11f.
BGH NJW 2006, 830	Kirch,基希	§ 66 Rn. 3
BGH NJW 1966, 2010	Teppichkehrer,地毯清洁机	§ 66 Rn. 5
BGH NJW 1963, 1871	Elektronische Orgeln,电子管风琴	§ 66 Rn. 6
BGH NJW 1965, 36	Gogomobil,品牌为Gogomobil的微型车	§ 66 Rn. 6
OLG Köln NJW-RR 1997, 471	Wachmann,守卫	§ 67 Rn. 11
BGH NJW 2013, 1233	Aufsichtspflicht im städtischen Kindergarten,市政幼儿园的监督义务	§ 67 Rn. 19
BGH VersR 2009, 788	Aufsichtspflicht über kleinere Kinder,对小孩子的监督义务	§ 67 Rn. 21
BGH VersR 1957, 799	Flitzebogen,弓箭	§ 67 Rn. 22
BGH NJW 1999, 2593	Baugerüst,脚手架	§ 67 Rn. 23
OLG Hamm NJW-RR 2002, 92	Zirkuszelt,马戏团帐篷	§ 67 Rn. 24
BGH NJW 2009, 3233	Privilegierung des Nutztierhalters,用益动物保有人的优待	§ 68 Rn. 1
BGH NJW 1989, 2947	Mikroorganismen,微生物	§ 68 Rn. 3
BGHZ 67, 129	Mischlings-Rüde,杂种猎犬	§ 68 Rn. 4
OLG Koblenz VersR 1992, 1017	Karnevalspferde,狂欢节所用马匹	§ 68 Rn. 8f.
BGH NJW 2009, 3223	Panik bei weidender Rinderherde,放牧牛群的惊慌	§ 68 Rn. 9
BVerfGE 61, 149 = NJW 1983, 25	Nichtigkeit des StHG,《国家责任法》的无效	§ 69 Rn. 1
BGHZ 56, 40; 140, 25	Legislatives Unrecht,立法的不法	§ 69 Rn. 17
BGH NJW 2006, 1733	Wertgutachter,鉴定人	§ 69 Rn. 26, 30a

（续表）

BGH NJW 2020, 2471	Haftung des Sachverständigen bei Vergleich, 和解中鉴定人的责任	§ 69 Rn. 30

e. 多数加害人

BGH NJW 2007, 830	Verzögerte Grundbucheintragung, 不动产登记簿登记迟延	§ 69 Rn. 18
BGHZ 89, 383	Grohnde	§ 70 Rn. 1
BGH VersR 1992, 498	Zurechnung von Exzessen, 逾越行为的归责	§ 70 Rn. 7, 15
OLG Celle NJW 1950, 951	Steinwurf, 投掷石块	§ 70 Rn. 8, 12
BGHZ 72, 355	Haftung von Beteiligten, 共同危险行为人的责任	§ 70 Rn. 11

f. 内容与范围

BGH NJW 2000, 3287	Huftritt, 踩踏	§ 71 Rn. 2
BGH NJW 2003, 1732; BGHZ 135, 235	Pappeln, 白杨树	§ 72 Rn. 8f.

g.《民法典》之外的危险责任

BGH NJW 2015, 1174	Autobahnraststätte, 高速公路餐馆	§ 74 Rn. 1
BGHZ 199, 377 = NJW 2014, 1182	Zurechnung zur Betriebsgefahr (Garagenbrandfall), 燃烧事故	§ 74 Rn. 6f.
BGH NJW 2019, 2228	Zurechnung zur Betriebsgahr (Kurzschlussfall), 运营风险的归属（短路案）	§ 74 Rn. 6f.
BGHZ 115, 84	Schweinepanik, 猪的惊慌	§ 74 Rn. 7
BGH NJW-RR 2010, 1467	Haftung für Energieanlagen, 对能源设施的责任	§ 74 Rn. 32

译后记

近年来,一些经典的德国民商法著作陆续被翻译成中文。与一二十年前相比,今天我们能阅读到的德国法优秀著作已经较为丰富。尽管如此,优秀的债法体系教科书仍然较为缺乏。十年前我和张金海教授将罗歇尔德斯教授的《德国债法总论》翻译过来,在一定意义上填补了德国债法改革后债法总论教科书的空白。与债法总论相比,有关债法各论的译著更为稀缺。梅迪库斯的《德国债法分论》曾于二十年前被翻译成中文出版,但由于各种原因该书在学界的影响力较为有限。《德国民法典》债法分则在过去二十年里发生了较大的变化,这些新变化反映了社会变迁对民事法律的新要求,尤其值得我国立法和学术研究关注。

早期我国学界对德国民法的关注点在于立法论,随着我国《民法典》的生效,关注的重心逐渐转向解释论。本书对债法各论知识的介绍非常注重体系化,配套案例也重点关注请求权基础的核心要件。我们有理由相信,本书对我国《民法典》的解释与适用具有较高的参考价值。本书的翻译由我和华东政法大学的陈丽婧老师共同负责,其中陈丽婧老师负责第22—35节,我负责其余部分(第1—21节以及第36—74节)。

本书的完成需要感谢的人很多。首先,感谢本书的作者歇尔德斯教授,我因翻译《德国债法总论》教科书与其结缘并成为好友,承蒙信任将其《德国债法各论》翻译出版,可谓一桩美事。其次,感谢本书的编辑陆建华、张博文、陆飞雁、王睿老师,他们的编辑工作细致、严格,确保了本书的质量。过去几年时常有学友关心本书翻译出版的进展,在此对各位学友的鼓励一并致谢。最后,翻译本书耗费了很多非工作时间,感谢家人的理解与支持。

沈小军
2024年6月于上海

法律人进阶译丛

⊙ 法学启蒙

《法律研习的方法：作业、考试和论文写作（第10版）》，〔德〕托马斯·M.J.默勒斯 著，2024年出版
《如何高效学习法律（第8版）》，〔德〕芭芭拉·朗格 著，2020年出版
《如何解答法律题：解题三段论、正确的表达和格式（第11版增补本）》，〔德〕罗兰德·史梅尔 著，2019年出版
《法律职业成长：训练机构、机遇与申请（第2版增补本）》，〔德〕托尔斯滕·维斯拉格 等著，2021年出版
《法学之门：学会思考与说理（第4版）》，〔日〕道垣内正人 著，2021年出版

⊙ 法学基础

《法律解释（第6版）》，〔德〕罗尔夫·旺克 著，2020年出版
《法律推理：普通法上的法学方法论》，〔美〕梅尔文·A.艾森伯格 著，待出版
《法理学：主题与概念（第3版）》，〔英〕斯科特·维奇 等著，2023年出版
《基本权利（第8版）》，〔德〕福尔克尔·埃平 等著，2023年出版
《德国刑法基础课（第7版）》，〔德〕乌韦·穆尔曼 著，2023年出版
《刑法分则I：针对财产的犯罪（第21版）》，〔德〕伦吉尔 著，待出版
《刑法分则II：针对人身与国家的犯罪（第20版）》，〔德〕伦吉尔 著，待出版
《民法学入门：民法总则讲义·序论（第2版增订本）》，〔日〕河上正二 著，2019年出版
《民法的基本概念（第2版）》，〔德〕汉斯·哈腾豪尔 著，待出版
《民法总论》，〔意〕弗朗切斯科·桑多罗·帕萨雷里 著，待出版
《德国民法总论（第44版）》，〔德〕赫尔穆特·科勒 著，2022年出版
《德国物权法（第32版）》，〔德〕曼弗雷德·沃尔夫 等著，待出版
《德国债法各论（第16版）》，〔德〕迪尔克·罗歇尔德斯 著，2024年出版

⊙ 法学拓展

《奥地利民法概论：与德国法相比较》，〔奥〕伽布里菈·库齐奥 等著，2019年出版
《所有权的终结：数字时代的财产保护》，〔美〕亚伦·普赞诺斯基 等著，2022年出版
《合同设计方法与实务（第3版）》，〔德〕阿德霍尔德 等著，2022年出版
《合同的完美设计（第5版）》，〔德〕苏达贝·卡玛纳布罗 著，2022年出版

《民事诉讼法（第4版）》，〔德〕彼得拉·波尔曼 著，待出版
《德国消费者保护法》，〔德〕克里斯蒂安·亚历山大 著，2024年出版
《日本典型担保法》，〔日〕道垣内弘人 著，2022年出版
《日本非典型担保法》，〔日〕道垣内弘人 著，2022年出版
《担保物权法（第4版）》，〔日〕道垣内弘人 著，2023年出版
《日本信托法（第2版）》，〔日〕道垣内弘人 著，2024年出版
《公司法的精神：欧陆公司法的核心原则》，〔德〕根特·H. 罗斯 等 著，2024年出版

⊙ 案例研习

《德国大学刑法案例辅导（新生卷·第三版）》，〔德〕埃里克·希尔根多夫 著，2019年出版
《德国大学刑法案例辅导（进阶卷·第二版）》，〔德〕埃里克·希尔根多夫 著，2019年出版
《德国大学刑法案例辅导（司法考试备考卷·第二版）》，〔德〕埃里克·希尔根多夫 著，2019年出版
《德国民法总则案例研习（第5版）》，〔德〕尤科·弗里茨舍 著，2022年出版
《德国债法案例研习Ⅰ：合同之债（第6版）》，〔德〕尤科·弗里茨舍 著，2023年出版
《德国债法案例研习Ⅱ：法定之债（第3版）》，〔德〕尤科·弗里茨舍 著，待出版
《德国物权法案例研习（第4版）》，〔德〕延斯·科赫、马丁·洛尼希 著，2020年出版
《德国家庭法案例研习（第13版）》，〔德〕施瓦布 著，待出版
《德国劳动法案例研习（第4版）》，〔德〕阿博·容克尔 著，待出版
《德国商法案例研习（第3版）》，〔德〕托比亚斯·勒特 著，2021年出版
《德国民事诉讼法案例研习：裁判程序与强制执行（第3版）》，〔德〕多萝特娅·阿斯曼 著，待出版

⊙ 经典阅读

《法学方法论（第4版）》，〔德〕托马斯·M. J. 默勒斯 著，2022年出版
《法学中的体系思维与体系概念（第2版）》，〔德〕克劳斯-威廉·卡纳里斯 著，2024年出版
《法律漏洞的确定（第2版）》，〔德〕克劳斯-威廉·卡纳里斯 著，2023年出版
《欧洲合同法（第2版）》，〔德〕海因·克茨 著，2024年出版
《民法总论（第4版）》，〔德〕莱因哈德·博克 著，2024年出版
《合同法基础原理》，〔美〕麦尔文·A. 艾森伯格 著，2023年出版
《日本新债法总论（上下卷）》，〔日〕潮见佳男 著，待出版
《法政策学（第2版）》，〔日〕平井宜雄 著，待出版